·本书是国家社会科学基金"十二五"规划2015年度教育学一般课题"免费师范教育的改革路径与监测体系研究"(项目编号:BIA150103)的最终成果。

·本书获陕西省第九批"百人计划"(青年百人计划项目)资助。

刘全国 著

Teacher Education in China

中国教师教育

中国社会科学出版社

图书在版编目(CIP)数据

中国教师教育/刘全国著. —北京：中国社会科学出版社，2021.4
ISBN 978 - 7 - 5203 - 8380 - 6

Ⅰ.①中… Ⅱ.①刘… Ⅲ.①教师教育—研究—中国
Ⅳ.①G451.2

中国版本图书馆 CIP 数据核字(2021)第 082785 号

出 版 人	赵剑英
策划编辑	侯聪睿
责任编辑	张冰洁
责任校对	王　龙
责任印制	王　超

出　　版	中国社会科学出版社
社　　址	北京鼓楼西大街甲 158 号
邮　　编	100720
网　　址	http://www.csspw.cn
发 行 部	010 - 84083685
门 市 部	010 - 84029450
经　　销	新华书店及其他书店

印刷装订	北京君升印刷有限公司
版　　次	2021 年 4 月第 1 版
印　　次	2021 年 4 月第 1 次印刷

开　　本	787×1092　1/16
印　　张	58.25
字　　数	1210 千字
定　　价	339.00 元

凡购买中国社会科学出版社图书，如有质量问题请与本社营销中心联系调换
电话：010 - 84083683
版权所有　侵权必究

自　序

一

国将兴，必贵师而重傅。

——荀子

回望人类教育的历史长河，师范教育或教师教育虽然形态各异，或为涓涓细流，或为大河巨江，但是这股脉流从未中断。

在教育还是稀缺资源的古代，知识的启蒙与传承是在家学和私塾里的朗朗书声和严厉训诫中完成的。在古代知识分子的教育记忆中，严厉的父辈和刻板的塾师构成了他们师者形象的记忆底色。从这些家庭和私塾走出来的学子，或金榜题名，功成名就后以同样严格的方式教育着自家之子，完成纵向的代际家庭教育传承；或名落孙山后，操塾师业，以同样刻板的方式教育着他家之子，承担起原始的大众启蒙教育的重任。两种形态相互交织，构成了中国古代教师教育的基本图景。

先秦时期，中国历史出现了思想解放和教育创新的第一次高潮。以"万世师表"孔子为代表的百家诸子都纷纷立说兴学，广收门徒，传播思想。儒家主张以德化民，道家主张无为而治，法家主张信赏必罚，墨家主张兼爱尚同。各种学派争相竞放、异彩纷呈，在中国历史的穹苍中放射出耀眼的光芒，成为中国众多思想流派的活水源头。经过时光的涤荡，儒家思想和道家思想已经内化为中国基本的哲学思想和社会伦理，像润物细雨一样融入国人的集体意识。就教师教育的发展成就而言，这是一个一提起来就让人会心一笑的时代。师者孔子不仅将中国教师的地位提升到教育家这一前所未及的高度，而且以自己学术体系中广泛的政治关怀与社会意识奠定了中国政治哲学和社会伦理的基本框架。颜回、子贡、子路、子夏、冉有等孔子的众位高足也在与其师一问一答中演绎着对知识意义的追求，也都因与其师的对话留名青史。在这一时期浓郁的生活化教学中，师生问答对话体的广泛应用，既适应了百家争鸣时期对意义的叩问、探究和传承，也大大改善了此前严厉、刻板的教师角色。典籍中的孔子也并非完全满口"之乎者也"的刻板人师，而是一个练达人情、颇通幽默的睿智长者。

及至唐代，书院诞生，教师教育完成了历史上再次蝶变，焕发出前所罕有的学术气象。如果说私塾是基础教育的原始形态，书院则是高等教育的古代前身。这一集修书、整书、藏书及研讨式教学于一体的教育机构，汇聚了唐宋以来中国社会大批的知识精英与名流大士。众所周知，程朱理学、阳明心学大都源于书院，兴于书院，传于书院。由此可见，书院是培育、创新和传承古代思想的重要场域。历代书院兴学理念各异，但是追求学术自由，倡导学研结合、知行并重是多数时期弥漫在书院里的核心理念，这些理念今天看来仍显弥足珍贵。从书院走出的翩翩学子大都成长为各朝历代的知识精英和社会栋梁，以或显性或隐性的方式承担起传承思想、教化民众的师者使命。

正式意义上的中国教师教育起源于1897年成立的上海南洋公学师范院和1901年成立的京师大学堂师范馆。世纪之交的晚清中国处在政治动荡、文化更替的风雨飘摇之中，早期的教师教育在跌宕起伏的时局中犹如海中叶舟，孤悬一线。幸运的是，新生的中国教师教育的雏形——京师大学堂师范馆并未因维新派与保守派之间的政治斗争而夭折襁褓。教师教育的种子在近代中国的血雨腥风和动荡起伏中历经沉浮嬗变，在栉风沐雨中得以艰难保留，生根发芽，破土成木，最后成长为参天巨木。两所学堂的创办者盛宣怀和张百熙等也因其开疆拓土、筚路蓝缕之功而被后世的教师教育人永远缅怀。

民国教师教育发展虽然举步维艰，但还是在曲折探索中奠定了现代教师教育的基本模式。在政局动荡、经济凋敝的历史语境下，训育教育、乡村师范教育、女子师范教育等成为中国教师教育的本土形态与独特景观，并得到了长足的发展。基于"四维"（礼义廉耻）"八德"（忠孝仁爱信义和平）的训育教育虽然对民主教育理念下的道德教育内涵及其实践模式都进行了探索，但终究难以摆脱封建思想的桎梏，成为一个进步和落后、传统和革新并存的复杂矛盾混合体。乡村教育体现了民国乡村教育家群体对乡土中国文化特质的深刻洞察和认知，推动了民间教育权利的自主实现，成为民众主导乡村教育权利实践的典型范例；女子师范教育则是在民主革命后社会政治结构、性别权利结构、教育需求等综合博弈的产物。高等师范教育机构首开"女禁"，不仅保障妇女受教育的权利，而且也给教师这一职业刻上了深深的女性印记，影响了一个世纪以来中国教师的性别角色与性别期待，这一点从今天任何一所师范大学学生的性别比例可见一斑。

新中国教师教育早在中央苏区时期已初现雏形，在白色恐怖中艰难成长的教员训练班、列宁师范学校和干部训练学校，是马克思主义教师教育中国化的成功创举，从诞生伊始就表现出顽强的生命力和创造力，成为中国教师教育精神的重要源流。此后，经由陕甘宁、晋察冀等抗日根据地和解放区教师教育在战火中的锤炼，新中国教师教育在极端严酷的条件下走过了最卓绝艰苦的十余年时光，以无坚不摧的战斗力和绝境逢生的生命力延续了新中国教师教育的脉流。苏区和解放区各种形态的教师教育是在白色恐怖的土壤中破土而出，向着红色希望艰难成长起来的教育之树、精神之木，是共产党人植于中国大地的红色种子，苏区和解放区教师教育奠定了中国教师教育扎根基层、披荆斩棘、砥砺前行的精神本色。

改革开放后，中国教师教育进入了全新的发展时期。这一时期的中国教师教育在审视和反思中国教师教育历史经验的基础上奋力革新，破茧成蝶，以纵横开合的国际视野在融合、借鉴、创新中开启了全新的发展篇章。优化教师教育资源配置、提升教师教育水平的制度频出，举措连连。

中等师范教育与高等师范教育并轨运行，优化了教师教育资源配置，增进了不同学段教师教育的联动与互补，提升了中国教师教育人才培养的规格与层次；开放综合性大学教师教育准入机制，准许综合型大学加入中国教师教育的时代洪流，不仅打破了师范大学一花独放的教师教育一元化格局，促进了中国教师教育培养主体的多元化和立体化发展，而且以教育文化传承的方式从深层拓展了新时代的中国教师群体的知识结构和文化人格；启动师范生公费教育模式，不仅大大缓解了优势教师资源上行流动的趋势，以制度形式为中国基础教育，特别是教育欠发达地区的基础教育注入优质的教师资源，也大大促进了当代中国教育的公平发展和均衡发展，成为教育大国教师教育创造的一道靓丽景观；推进"乡村特岗教师支持计划"（2015—2020年），鼓励和吸引大批的有志青年返乡执教，教育报国，补偿长期制约中国乡村教育的资源短板，从神经末端为中国教育肌体供氧输血，释放中国乡村教育的办学自主和办学活力，促进整个教师教育的健康良性发展。

自2010年6月启动以来，"中小学教师国家级培训计划"（简称"国培计划"）成为新时代中国教师教育的重大事件，这一举全国之力的教师培训项目已累计培训中小学各级各类教师1500多万名。项目集结财力物力之巨，培训受众范围之广，培训学科门类与层次之齐全，在人类教师教育史上都写下了浓墨重彩的一笔。项目承载和传递的教育公平、终身学习、持续发展、体验反思等理念与文化也已通过项目注入当代中国教师群体的精神肌体。"国培计划"与各地方政府启动实施的"省培计划""市培计划""县培计划"，以及各校自主开展的校本教师培训，一同构成了中国基础教育师资职后继续教育的立体交互网络，为教师职后继续教育提供了制度保障和平台支持。

近年来，中国教育现代化和法制化进程节奏明显加快，教师教育也呈现出风靡云蒸、日异月殊的发展态势，教育大国的教师教育改革在与时代的同频共振中释放出空前的制度活力，焕发出勃勃生机。

2017年10月教育部印发《普通高等学校师范类专业认证实施办法（暂行）》，我国师范类专业认证工作正式启动，以横向三类、纵向三级的认证标准为指导，构建了纵向三级递进、横向三类覆盖的教师教育质量保障体系。师范专业认证是在教师教育准入开放的历史语境下保证教师教育办学方向、提升教师教育质量的重要举措。"学生中心""产出导向""持续改进"等认证理念奠定了中国教师教育的时代主题和发展走向，开启了中国教师教育治理现代化的全新征程，并通过培养目标、毕业要求、课程与教学、合作与实践、师资队伍、支持条件、质量保障、学生发展八个维度的认证指标体系全面引导和规约了教师教育的办学质量和培养规划。发端于工程科学认证理念的师范专业认证不仅促进了教师教育发展的科学性,而且通过强调合作与实践拓展了教师教育的办学空间,打造了师范院校—教育管理机构—中小学校联动合作的教师教育共同体,这一共同体也将形成今后教师教育发展的重要路径依赖。

2018年1月,中共中央、国务院发布《关于全面深化新时代教师队伍建设改革的意见》,从师德师风、专业素质、教师管理、教师待遇和政策落实几个方面提出改革意见,这是中华人民共和国成立以来党中央出台的第一个专门指向教师队伍建设的里程碑式政策文件。

2018年2月,教育部等五部门出台了《教师教育振兴行动计划(2018—2022年)》,提出了五大目标任务和十大行动措施,计划用5年左右的时间造就一支高素质专业化创新型教师队伍,基本健全教师培养培训体系,为我国教师教育的长期可持续发展奠定坚实基础。同时,启动实施"互联网+教师教育"创新行动,充分利用云计算、大数据、虚拟现实、人工智能等新技术,推进教师教育信息化教学服务平台建设和应用,启动实施教师教育在线开放课程建设计划,吹响了教师教育信息化的时代号角。

2018年9月,全国教育大会在北京召开,习近平总书记在会上系统阐释了教师的职业定位、教师的时代重任、教育的定位、教育的首要问题和根本任务、教育评价导向等问题,从国家视角厘清了大国教育步入新时代所要解决的诸多认识论问题,尤其是对教师政治地位、社会地位和职业地位的精辟阐释,使中国师者的角色内涵更加立体丰满。教师三维角色定位不仅传承了中国传统文化中儒家教育积极参与政治生活的教育传统,彰显了中国传统文脉中"治国、齐家、平天下"的教育抱负和价值追求,也融入了专业发展范式下教师承载的价值塑造、社会服务、文明传承、专业发展等价值远景,奠定了新时代师者形象的基本内涵。

2019年2月,中共中央、国务院颁布了《中国教育现代化2035》,将"建设高素质专业化创新型教师队伍"列入十大战略任务之一,作为实现教育现代化、建设教育强国的重要战略支撑。同时提出"健全以师范院校为主体、高水平非师范院校参与、优质中小学(幼儿园)为实践基地的开放、协同、联动的中国特色教师教育体系。强化职前教师培养和职后教师发展的有机衔接。夯实教师专业发展体系,推动教师终身学习和专业自主发展"①。《中国教育现代化2035》彰显出创新、人文、公平、协调、开放、共享等教师教育理念,擘画出社会主义现代化

---

① 中华人民共和国教育部:《中共中央 国务院印发〈中国教育现代化2035〉》,http://www.moe.gov.cn/jyb_xwfb/s6052/moe_838/201902/t20190223_370857.html,2019年10月24日[2020-05-31]。

强国教师教育的美好愿景。

我国教师教育的演进和发展不仅体现出教师教育科学范式的当代应用，而且体现出教育大国在教师教育之路上做出的可贵探索和模式创新。人本价值、反思体验、实践导向、赋权增能、技术融合、研究引领等教师教育的当代特征日益明晰，呈现出方兴未艾的发展态势，也预示着大国教师教育稳健繁荣的发展图景。

二

教育的终极目标是培养学生面对一丛野菊花而怦然心动的情怀。

——泰戈尔

河岳根源，羲轩桑梓。

甘肃省地处西北内陆，历史跨越八千余年，是中华民族和华夏文明的重要发祥地之一，相传为中华民族的人文始祖伏羲、女娲和黄帝诞生之地，周人崛起于庆阳，秦人肇基于天水、陇南，天下李氏源于陇西。甘肃地理版图东西狭长，形似如意，其地理风物和文化资源可以概括为"一河（黄河），一路（丝绸之路），一面（兰州牛肉面），一窟（敦煌莫高窟），薄厚两书（《读者》杂志、甘肃文溯阁藏《四库全书》）"。省会兰州古称"金城"，中华民族的母亲河——黄河在汇集湟水、洮河等支流后流量渐增，自西向东夺路而来，穿城而过，在金城兰州的南北两山之间冲击出一条狭长的河谷，西北师范大学就坐落于黄河与北山之间，依山傍水，静静聆听着母亲河的滔滔水声，见证着黄土高原的沧桑变迁。

寻教育根，逐师者梦。

如前所述，正式意义上的中国教师教育发端于上海南洋公学师范院和京师大学堂师范馆。无独有偶，西北师范大学前身为国立北平师范大学，也发端于1902年建立的京师大学堂师范馆，1912年改为"国立北京高等师范学校"，1923年改为"国立北平师范大学"。抗日战争爆发后，1939年西北联合大学师范学院独立设置，改称"国立西北师范学院"，1941年迁往甘肃兰州。抗日战争胜利后，国立西北师范学院继续在兰州办学并于1988年更名为"西北师范大学"。

西北师范大学的教育学科渊源久远、学统深厚。先有李蒸、李建勋、胡国钰、李秉德、杨少松、刘问岫、陈震东、王明昭、吕方、郭士豪、景时春、沈庆华、赵鸣九等老一辈教育学人筚路蓝缕，开山启林，后有胡德海、李定仁、万明钢、王嘉毅、王鉴、李瑾瑜、刘旭东等知名专家栉风沐雨，薪火相传，把西北师范大学教育学科建设成黄土高原上的一颗璀璨明珠。从这里走出来的教育学人，大都成长为教育学的业界翘楚和行业精英，与全国教育学同侪联手，守望并守护着祖国的教育研究和教育事业。

西北师范大学南校区钟毓灵秀，古朴厚重中流露着现代和灵动。寒来暑往，春去秋回，我曾在这个美丽的校园度过了青年人生的22年时光。2007年于西北师范大学教育学博士毕业，一晃也过去十多年。尽管长期从事与外国语言文学相关的教学与研究工作，但我时刻警醒自己不能淡忘教育人的身份。于是，在纷繁缠身的日常杂务中，与教育学科的亲密接触便成为一件乐事。每每忆起攻读博士学位时度过的那段披荆斩棘、幸福峥嵘的成长岁月，心生无限感慨。在胡德海、李定仁、王嘉毅、万明钢、姜秋霞等众位先生的课堂上，关于教育与教育学的智慧启迪与意义探究有如横贯金城的黄河之水，时而雄厚深沉、时而隽永清澈，谆谆教诲与拳拳爱心在日月沧桑中浇铸了吾辈后学的教育之魂、师者之梦。因胡先生和李先生年事渐高，每次上课都由博士生陪护接送，从先生寓所到教育学院所在的田家炳书院，途径图书馆旁的一条林荫大道，道路两旁的洋槐荫翳蔽日，陪着众先生踩着一路斑驳树影，穿行其间，聆听先生对我辈后学学业和生活的关切垂问，成为印在我脑海中最温馨的教育画面。

日月经天，江河行地。在教育的土壤上精耕细作，本是所有师者的崇高使命和精神梦想，这一使命和梦想因为教育人和师者身份的叠加更显神圣庄严，长期在师范大学工作的经历使自己的这一身份认同更加迫切。与我国庞大的各级从事教育实践的教师群体相比，从事教育研究的人员数量仍显不足，对教育和教育学的研究虽然已呈现出繁花遍地的可喜景象，但也留下了一些有待开拓和推进的研究领域，贡献有学术价值的学术作品应成为所有教育人的学术自觉和学术共识。

本书就是基于这一认识进行的粗浅尝试。

三

人之教育，或受之于天，或受之于人，或受之于事。

——让·雅克·卢梭

本书是国家社会科学基金"十二五"规划2015年度教育学一般项目"免费师范教育的改革路径与监测体系研究"的最终成果之一。

2015年1月，在国家免费师范政策（2018年教育部颁文改称"公费师范生"，后文称"公费师范生"）颁布实施七年多后，因工作调动，我有机会在课堂内外接触到了公费师范生这一当代中国教师教育的特殊群体。长期在师范大学工作，我对师范生勤学奋进的学业状态和质朴担当的人格特征了然于心，异常熟悉。我也深知，这些品质已成为中国教师的道德基因和精神密码，薪火相继，代代相传。但面对这一特殊群体还是颇感好奇，处于中国本科师范教育金字塔尖的他们在大学期间的学业成长状况如何，入职后的职业状态如何，返校攻读硕士学位后的学业状态又是如何？这一群体的持续专业发展能力怎样？这些都是我极感兴趣、又是我颇为担忧的问题。在课堂内外跟学生的教学交流中，在课后跟同事的工作交流中，在指导公费师范生撰写本科毕业论文的指导交流中，在指导公费师范生返校攻读教育硕士学位的学术交流中，在跟职后公费师范生的专业发展交流中，这一群体的群像特征逐渐明晰。

师范生公费教育项目因平台优质、就业保障、经费补免、免试读研等措施吸引了大批优质生源。项目初期只限于北京师范大学、华东师范大学、东北师范大学、华中师范大学、陕西师范大学和西南大学等教育部直属的六所师范大学招收培养。2012年开始，国家鼓励和支持部分地方师范大学参与公费师范生人才培养。在师范生就业压力日益紧张的形势下，由于稳定的就业保障机制，在读期间的经费补免措施，以及毕业后不经过入学考试、经考核符合要求可申请攻读教育硕士专业硕士学位，公费师范生这一群体一直是师范生中的"香饽饽"。

在与公费师范生零距离接触的过程中，体会到这一群体在本科学期间学习动力似乎相对不足。当年以优异成绩考入部属师范大学的公费师范生在职后攻读硕士学位期间面临学术输入和产出能力都相对滞后的尴尬局面。特别是在返校攻读教育硕士期间，由于学习方式主要为平时线上教学和远程教学，假期返校面授，加之入职初期的职业压力，以及科研训练不足，他们在攻读教育硕士学位期间面临着深刻的双重困境，既无力潜心教书育人，也难以专心精进学业。

如何优化这一项目的实施效果，使这一群体在服务国家战略和自身专业发展的使命中达到平衡，实现最大程度的双赢，如何对其本科四年、本科职后、返校攻读硕士和硕士职后学业和专业状况进行监测跟踪，以便及时发现问题，纠偏校误，于国不负项目初心，于私不负青春韶华，成为我经常思考的问题。带着对这些问题的粗浅思考，我于2015年申报获批了国家社会科学基金"十二五"规划2015年度教育学一般项目"免费师范教育的改革路径与监测体系研究"。按照设计，项目依据学程等距取样的原则，从本科一年级、本科三年级、本科后、硕士在读、硕士后五个学段对公费师范教育从学习动机、学习成效、职业认同、教学信念、教学知识、教学方法、教学创新、教研意识、教研能力以及未来职业愿景规划等维度对其进行监测，先后采集了来自北京师范大学、华中师范大学、陕西师范大学3所部属师范大学中文、数学和英语三个专业的4153名各学段公费生的数据，其中有效样本数据4101份。项目的主要成果有三种形态，一是有关中国教师教育的专著一部，二是研究论文数篇，三是调研报告一份（后拓展为本项目的另外两份成果《公费师范生学业与职业状态调查报告》与《公费师范教育质量监测体系》），本书就是以专著形式呈现的项目成果之一。

四

师范学校立，而群学之基悉定。

——梁启超

本书分五篇对中国教师教育进行全景式透视。篇一为中国教师教育理论嬗变，篇二为中国教师教育形态演进，篇三为中国教师教育政策沿革，篇四为中国教师教育课程范式变迁，篇五为中国教师教育研究索迹。篇下设章，章下分节。

"篇一——中国教师教育理论嬗变"以西方教师教育理论的中国接受为纬，以我国传统教师教育的历史旅行为经，擘画了中国教师教育的当代图景，勾勒了中国教师教育理论的未来发展走向。篇以下设四章。

第一章分四节阐述了中国对西方教师教育理论的接受、吸收和融合。第一节从模式内涵、西方实践和中国实践三方面论述了匠才型教师教育思想及其实践方式；第二节从理论基础、主要内容和制度实践等角度论述了基于专业进阶的应用科学型教师教育思想及其在中国的制度实践；第三节从理论基础、主要内容、理论观照与实践三个维度论述了反思实践型教师教育思想的中国实现；第四节从理论基础、主要内容及实践影响三个层面论述了建构主义教师教育思想对中国教师教育的影响。

第二章描写了我国传统教师教育理论的历史旅行，梳理了从先秦至明清各代教师教育思想的代表人物及其主要的教师教育主张。第一节系统论述了孔子的"仁爱礼智"、孟子的"教亦多术"、荀子的"师法之化"、《礼记·学记》中的"教学相长"等先秦诸子的教师教育思想，指出这些思想是中国传统教师教育理论的活水源头；第二节呈现了以董仲舒"名师圣化"和王充"才高知大"为代表的两汉时期教师教育思想；第三节描写了魏晋南北朝时期的中国教师教育思想图景，具体论述了徐干的"礼乐教化"和徐遵明的"持经执疏"教师教育思想；第四节论述了以韩愈"尊师重道"和柳宗元"顺天致性"为代表的隋唐教师教育思想；第五节分析了宋元时期以程颢"明理修德"和朱熹"尊礼体道"为代表的教师教育思想的勃兴及其影响；第六节论述了王守仁"外内若一"和颜元"实学教育"等明清教师教育思想的发生与发展。

第三章在共时对比西方教师教育理论的中国接受和历时梳理中国传统教师教育思想的基础上，描绘了当代教师教育理论融合互鉴的发展图景，分析了当代中国教师教育理论对行为主义、认知主义和社会建构主义等西方教师教育思想的借鉴和传承，进而论述了当代语境下，中国传统教师教育在教师道德素养、教师专业素养、教师专业角色等方面的发展与创新，讨论了教师德育要求、教师专业知识和教师专业发展等在教师教育理论观照下的协同发展。

第四章对中国教师教育理论的未来走向进行了展望。本章首先分析了中国传统哲学智慧、文化体认和社会价值等对中国教师教育理论的涵育，在此基础上阐释了中国教师教育理论中人本向度和技术范式之间的辩证互生，最后讨论了中国教师教育理论的跨学科建构。

"篇二——中国教师教育形态演进"包括五章，梳理了从私塾、书院、上海南洋公学、京师大学堂、民国训育教师教育、新中国大众教师教育以及当代科学教师教育等教师教育形态的嬗演历程。

第五章追溯了我国教师教育的古代形态——私塾和书院。首节从私塾的内涵、演变历程及其教育功能等方面分析了私塾在古代中国教师教育史上积厚流光、泽惠后世之功勋。次节从书院的内涵、发展历程、教育功能及其教师教育功能等视点剖析了书院在中国古代教师教育史上兴微继绝、雪泥鸿爪之印记。

第六章从创建、发展历程等视角梳理了上海南洋公学、京师同文馆、京师大学堂、"五四"新学等中国教师教育的近代萌芽形态，评价了萌芽期中国教师教育的历史贡献与思想遗产。

第七章描绘了20世纪上半叶民国教师教育的基本图景，评析了训育教师教育、乡村师范教育、师范学院教育、综合性大学师范教育以及女子高等师范教育等民国教师教育的各种教师教育形态起源、嬗演历程及形态特征。

第八章、第九章论述了新中国红色教师教育的前世与今生。

第八章以中央苏区教师教育、幼儿师范教育、中等师范教育、高等师范教育等教育形态为分析框架，探析了各教育形态生成的历史语境与教育生态，梳理了其发展历程、形态特征及教育贡献。

第九章聚焦21世纪以来中国教育从"增量"向"优质"发展转型过程中普通高等师范教育、师范生公费教育、教师职后继续教育、特岗教师计划、教师教育标准体系研发与建构、教师资格认证等教师教育事件生成的历史语境、教育逻辑、内涵旨趣及其历史贡献。

"篇三——中国教师教育政策沿革"聚焦中国教师教育政策沿革，回溯了晚清教育政策的历史足音，梳理了教师教育政策的迂回演进，评析了日臻完善的新中国教师教育政策。

第十章梳理了上海南洋公学师范院、京师大学堂师范馆、北洋女子师范学堂等机构的教师教育政策生成的历史语境，评述了各期教师教育的政策内涵及其历史贡献。

第十一章基于壬子·癸丑学制、壬戌学制、"三民主义"教育等政策文本分析，论述了民国师范教育的肇始与发展、复辟教育沉渣的泛起与消亡、"三民主义"教育政策的确立与实践，描述了民国教师教育政策的曲折演进历程。

第十二章以历史分期为框架，从中央苏区师范教育政策、抗日根据地师范教育政策、解放区师范教育政策、新中国社会主义师范教育政策（1949—1966）、"文革"教师教育大滑坡（1966—1976）、改革开放初期师范教育政策的恢复与发展（1976—1993）、新中国教师教育政策的改革与探索（1993—2001）、当代教师教育政策体系的成型与发展（2001—今）、公费师范教育——当代教师教育的中国创造等九方面论述了新中国教师教育政策的逐步完善。

篇四题为"中国教师教育课程范式变迁"，从我国教师教育的课程价值取向、教师教育课程范式的国际借鉴、我国教师教育课程范式描写、我国教师教育课程设置等维度梳理了中国教师教育课程范式的发展变迁。

第十三章在对课程与价值的概念进行厘定的基础上，呈现了文化价值、知识价值、学术价值、职业价值、实践价值、人本价值、社会价值、生态整合价值等课程价值取向的内涵，探究了文化传统、社会环境、教育思潮、教育政策、教育资源在课程价值取向生成过程中的作用机理。

第十四章梳理了日本、苏俄、美国、英国、澳大利亚、芬兰六国的教师教育课程范式，描写了上述各国教师教育课程范式的价值取向与范式特征，以期为中国教师教育课程范式建构提供共时借鉴。

第十五章在对课程范式内涵、类别和组成要素等进行厘定的基础上，描写了我国教师教育史上文化知识本位、学科本位、知识本位、学术本位和多元融合等课程范式的形态表征，在此基础上分析了课程范式在涵育课程理论、确定课程目标、指导课程实施、选择课程内容、组织课程结构、生成课程评价等方面发挥的教育功能。

第十六章在课程范式理论的观照下，分晚清、民国、中央苏区和解放区、新中国成立以来四个时期论述了我国教师教育的课程设置。从初步发展（1912—1922）、迂回发展（1922—1927）、复兴发展（1927—1937）、曲折发展（1937—1949）四个时期论述了民国政府教师教育的课程设置；从建设期（1949—1956）、混乱期（1959—1966）、衰退期（1966—1976）、重建期（1976—1985）、改革期（1986—1993）、改革发展期（1993—2001）、创新发展期（2001—今）七个时期论述了新中国教师教育课程设置的发展变迁。

篇五题为"中国教师教育研究索迹"，基于对教师教育研究文献的量化统计（文献池涵盖专著219部、文集8本、期刊论文724篇、科研项目141项），描写分析了中国教师教育的研究图景、研究热点、研究方法和研究展望。

第十七章基于文献量化统计，本研究自建了"中国教师教育研究文献资源数据库"，描述了该数据库中教师教育研究的共时分布与历史沿革，分析了教师教育研究的逻辑演进，即培养旨趣从师范性与学术性的对立走向融合、培养主体从独立封闭走向混合开放的逻辑进路。

第十八章在文献统计分析的基础上，析出了教师教育本体研究、教师教育史研究、教师教育国际比较研究、教师教育学科研究四个研究热点领域，在此基础上对中文文献和英文文献中教师教育研究热域的分布进行描写分析，对中国教师教育研究进行全景式透视。

第十九章基于对教育研究范式的哲学溯源，建构了基于思辨研究和实证研究的教师教育研究方法论谱系，区分了量化研究、质化研究和混合研究等实证研究方法，并对每种方法的谱系特征进行了描写。在此基础上，基于文献统计，对"中国教师教育研究文献资源数据库"中的所有文献使用的研究方法型态进行计量分析与描写，勾勒出中国教师教育研究的方法型态及其应用现状。

第二十章从研究主题选择、研究路径撷取、研究学科互鉴等方面展望了中国教师教育研究的未来蓝图。未来教师教育研究在主题选择上将秉持促进群体和个体互惠共生的人本理念，坚持教师教育研究应为实践赋能的应用导向，促进和实现多元教师教育主体的跨层互动。从研究型态撷取和研究方法遴选两个层面论述了未来中国教师教育的路径依赖，同时从跨学科方法互动和技术耦合等视角展望了中国未来教师教育研究的学科互鉴与跨界融通。

教师教育是与人类文明相伴相生的教育形态。教师教育理论图景纷繁复杂，实践形态异彩纷呈，研究成果浩瀚繁渺，本书中所呈现的，仅是笔者对教师教育的粗浅理解和大致梳理，权做引玉之砖。囿于著者学力、学识、学养所限，书中如有浅薄谬言之处，敬请学界先贤、师友、同行和后学批评指正。

是为自序。

刘全国
2020 年 5 月 31 日于古都西安

目 录

篇一 中国教师教育理论嬗变

第一章 共时观照：西方教师教育理论的中国接受 …………………… （3）

第一节 日升月恒：匠才型教师教育思想与其实践方式 …………… （3）
    一 学徒制：匠才型教师教育思想的模式内涵 …………… （3）
    二 以生教生：匠才型教师教育思想的西方实践 …………… （5）
    三 东渐西被：匠才型教师教育思想的中国实践 …………… （7）

第二节 专业进阶：应用科学型教师教育思想与其在中国的
制度实践 ………………………………………………… （10）
    一 技术理性：应用科学型教师教育思想的理论基础 …………… （10）
    二 工具理性：应用科学型教师教育思想的主要内容 …………… （13）
    三 双重认证：应用科学型教师教育思想在中国的制度实践 …………… （15）

第三节 行思致远：反思实践型教师教育思想与其在中国的理论
观照及实践 ………………………………………………… （23）
    一 认知实践：反思实践型教师教育思想的理论基础 …………… （23）
    二 研精毕智：反思实践型教师教育思想的主要内容 …………… （26）
    三 以行促知：反思实践型教师教育思想在中国的理论观照及
实践 ………………………………………………………… （30）

第四节 方兴日盛：社会建构主义教师教育思想与其对中国教师
教育的影响 ………………………………………………… （32）
    一 交往理性：社会建构主义教师教育思想的理论基础 …………… （32）
    二 意义共享：社会建构主义教师教育思想的主要内容 …………… （36）
    三 换羽移宫：社会建构主义教师教育思想对中国教师教育
改革的影响 ……………………………………………… （38）

第二章 历时传承：传统教师教育理论的历史旅行 …………………… （42）

第一节 源头活水：先秦时期的教师教育思想 …………………… （42）

一　仁爱礼智：孔子的教师教育思想 …………………………………（42）
　　二　教亦多术：孟子的教师教育思想 …………………………………（48）
　　三　师法之化：荀子的教师教育思想 …………………………………（49）
　　四　教学相长：《礼记·学记》中的教师教育思想 …………………（53）
　第二节　兼容并包：两汉时期的教师教育思想 ………………………………（57）
　　一　明师圣化：董仲舒的教师教育思想 ………………………………（58）
　　二　才高知大：王充的教师教育思想 …………………………………（61）
　第三节　反正还淳：魏晋南北朝时期的教师教育思想 ………………………（63）
　　一　礼乐教化：徐干的教师教育思想 …………………………………（63）
　　二　持经执疏：徐遵明的教师教育思想 ………………………………（64）
　第四节　师道尊严：隋唐时期的教师教育思想 ………………………………（65）
　　一　尊师重道：韩愈的教师教育思想 …………………………………（65）
　　二　顺天致性：柳宗元的教师教育思想 ………………………………（68）
　第五节　厚积薄发：宋元时期的教师教育思想 ………………………………（71）
　　一　明理修德：程颢的教师教育思想 …………………………………（71）
　　二　尊礼体道：朱熹的教师教育思想 …………………………………（72）
　第六节　知行合一：明清时期的教师教育思想 ………………………………（75）
　　一　外内若一：王守仁的教师教育思想 ………………………………（75）
　　二　实学教育：颜元的教师教育思想 …………………………………（78）

第三章　融合互鉴：教师教育理论的当代图景 …………………………………（82）

　第一节　兼收并蓄：当代中国教师教育理论的西方借鉴 ……………………（82）
　　一　应用科学：行为主义范式教师教育思想 …………………………（82）
　　二　内化实践：认知主义范式教师教育思想 …………………………（91）
　　三　交互生成：社会建构主义范式教师教育 …………………………（98）
　第二节　掇菁撷华：中国传统教师教育理论的当代发展 ……………………（103）
　　一　教育情怀：教师的道德素养 ………………………………………（104）
　　二　知识结构：教师的专业素养 ………………………………………（107）
　　三　教学方法：教师的专业角色 ………………………………………（110）
　第三节　众川赴海：教师教育理论的协同发展 ………………………………（114）
　　一　正己化人：教师的德育要求 ………………………………………（114）
　　二　日新其业：教师的专业知识 ………………………………………（116）
　　三　知行贯通：教师的专业发展 ………………………………………（125）

第四章 多元共生：中国教师教育理论的未来走向 ……………………（129）

第一节 引申触类：中国教师教育理论的多维涵育 …………………（129）
一 思维润泽：中国教师教育理论的哲学智慧 ………………（129）
二 文化氤氲：中国教师教育理论的文化体认 ………………（131）
三 公民教育：中国教师教育理论的社会价值 ………………（132）

第二节 辩证互生：中国教师教育理论的人本向度与技术范式 ……（133）
一 价值旨归：人本向度的中国教师教育理论 ………………（133）
二 推陈致新：技术范式下中国教师教育理论的重构 ………（135）
三 相待而成：人文价值与技术理性相得益彰 ………………（137）

第三节 互鉴融通：中国教师教育理论的跨学科建构 ………………（137）
一 共生互为：多学科跨界融合发展中国教师教育理论 ……（138）
二 经世致用：多元专业学科视角下的应用型教师教育理论 …（142）

篇二 中国教师教育形态演进

第五章 从私塾到书院：我国教师教育的古代形态 ………………（147）

第一节 积厚流光：中国古代私塾教育 ………………………………（147）
一 渊源流长：私塾的内涵 ……………………………………（147）
二 盛衰相乘：私塾的演变历程 ………………………………（155）
三 沂水春风：私塾的教育功能 ………………………………（165）

第二节 雪泥鸿爪：中国古代书院教育 ………………………………（167）
一 博大精深：书院的内涵 ……………………………………（167）
二 兴微继绝：书院的发展历程 ………………………………（169）
三 体大思精：书院的教育功能 ………………………………（175）
四 崇论宏议：书院的教师教育功能 …………………………（176）

第六章 从上海南洋公学到"五四"新学：我国教师教育的近代萌芽 ……（180）

第一节 革故鼎新：南洋公学 …………………………………………（180）
一 改弦易辙：南洋公学的发展 ………………………………（180）
二 分层设学：南洋公学的历史贡献 …………………………（182）

第二节 吐故纳新：京师同文馆 ………………………………………（187）
一 应时而生：京师同文馆的创建 ……………………………（187）
二 改柱张弦：京师同文馆的发展历程 ………………………（188）

三　亦官亦学：京师同文馆的人才培养 …………………………………（189）
　第三节　围木蘖枝：京师大学堂 ………………………………………………（192）
　　　一　运势而生：京师大学堂的创建 …………………………………………（192）
　　　二　方兴日盛：京师大学堂的发展 …………………………………………（194）
　　　三　救国图存：京师大学堂的贡献 …………………………………………（199）
　第四节　"五四"新学：我国教师教育的近代萌芽 ……………………………（202）
　　　一　科学民主：我国教师教育近代萌芽的历史语境 ………………………（202）
　　　二　壬戌学制：我国教师教育近代萌芽的制度成果 ………………………（205）

第七章　一波三折：民国教师教育的中国探索（1911—1948）……………（212）
　第一节　德育创造：民国教师教育训育的发展 ………………………………（212）
　　　一　春草权舆：独立封闭型教师教育训育的萌芽 …………………………（212）
　　　二　关山迢递：独立封闭型教师教育训育的演进 …………………………（216）
　第二节　风靡云蒸：民国乡村师范教育的蓬勃发展 …………………………（225）
　　　一　大辂椎轮：民国乡村师范教育起源 ……………………………………（225）
　　　二　日新月著：民国乡村师范教育嬗演历程 ………………………………（227）
　　　三　教学做合一：民国乡村师范教育培养模式 ……………………………（232）
　　　四　生活教育：民国乡村师范教育的贡献 …………………………………（236）
　第三节　苍黄翻复：民国中后期教师教育的"师范学院"体制的
　　　　　建立 ……………………………………………………………………（237）
　　　一　十年论辩：师范学院体制产生的背景 …………………………………（237）
　　　二　闭环设计：师范学院体制的培养模式 …………………………………（239）
　第四节　星离月会：民国综合性大学教师教育的发展 ………………………（243）
　　　　　推陈出新：民国综合性大学教师教育的历史背景 ……………………（243）
　　　二　两"合"两"离"：民国综合性大学教师教育的嬗演历程 …………（243）
　　　三　时异事殊：民国综合性大学和师范学校教师教育培养目标的
　　　　　比较 ……………………………………………………………………（245）
　　　四　三足鼎立：民国综合性大学教师教育的形态 …………………………（246）
　　　五　主辅双修：民国综合性大学教师教育的特征 …………………………（248）
　第五节　自出机杼：民国女子高等师范教育 …………………………………（249）
　　　一　比肩齐声：民国女子高等师范教育的历史背景 ………………………（249）
　　　二　荆天棘地：民国女子高等师范教育的发展 ……………………………（251）
　　　三　家国兼济：民国女子高等师范教育的特征 ……………………………（259）

第八章 筚路蓝缕：新中国教师教育的曲折演进（1949—1998）……（262）

第一节 栉风沐雨：中央苏区时期师范教育 ……（262）
一 战地书声：苏区师范教育发展的教育背景 ……（262）
二 逆流而上：苏区师范教育的发展 ……（269）
三 博施济众：苏区师范教育的特征 ……（276）

第二节 积基树本：新中国幼儿师范教育 ……（277）
一 补偏救弊：新中国成立以来幼儿师范教育的改造 ……（277）
二 日新月盛：改革开放以来幼儿师范教育的发展 ……（283）
三 "三学""六法"：新中国幼儿师范教育的特征 ……（291）

第三节 秉要巩本：新中国精英人才模式下的中等师范教育 ……（292）
一 鸾翔凤集：新中国中等师范教育的思想奠基 ……（292）
二 解弦更张：新中国中等师范教育的发展 ……（295）
三 "量""质"并举：中等师范教育的特征 ……（308）

第四节 时雨春风：新中国普及型英才模式下的高等师范教育 ……（309）
一 "三个面向"：新中国高等师范教育发展的教育背景 ……（309）
二 借鉴创新：高等师范教育的发展 ……（311）
三 专业发展：高等师范教育发展特征 ……（318）

第九章 从增量到优质：当代科学教师教育的蓬勃发展（1999年至今）……（320）

第一节 举纲持领：普通高等职前师范教育 ……（320）
一 三级进阶：普通高等师范教育的培养模式 ……（321）
二 骋怀游目：普通高等师范教育的发展 ……（329）

第二节 如日方中：师范生公费教育的发展 ……（334）
一 平流缓进：师范生公费教育的背景 ……（334）
二 顺时施宜：师范生免费教育制度的确立 ……（336）
三 新益求新：师范生公费教育体系的建立 ……（337）

第三节 进德修业：教师继续教育的发展 ……（342）
一 踵事增华：教师继续教育制度的完善 ……（342）
二 革故立新：教师继续教育制度体系的建立 ……（352）

第四节 嘉谋善政：教师教育资源动态补偿机制 ……（356）
一 资源补偿：特岗教师计划 ……（356）
二 结构调整：乡村教师支持计划 ……（360）

第五节　圭端臬正：教师教育标准体系的确立 …………………………（362）
　一　酌古准今：中小学教师教育技术标准的确立 ………………………（362）
　二　发脉准绳：教师教育课程标准的确立 ………………………………（363）
　三　玉尺量才：教师专业标准的确立 ……………………………………（365）
　四　规绳矩墨：校长专业标准的确立 ……………………………………（367）
　五　规圆矩方："国培计划"课程标准的确立 ……………………………（368）
第六节　顺风张帆：教师资格认证 …………………………………………（369）
　一　方言矩行：教师资格制度的法律、政策依据 ………………………（369）
　二　与时偕行：教师资格首次认定 ………………………………………（371）
　三　谨本详始：教师资格证书 ……………………………………………（373）
　四　先事虑事：教师资格考试与定期注册制度改革试点 ………………（374）
　五　量凿正枘：普通高等学校师范类专业的认证 ………………………（375）

篇三　中国教师教育政策沿革

第十章　滥觞所出：晚清教师教育政策的历史溯源 ……………………（407）

第一节　上海南洋公学：中国师范教育的开端 ……………………………（407）
　一　层台累土：南洋公学师范院的创立 …………………………………（408）
　二　明体达用：南洋公学师范教育政策 …………………………………（408）
第二节　京师大学堂：中国高等师范教育制度的雏形 ……………………（413）
　一　应运而生：京师大学堂师范教育的创立 ……………………………（413）
　二　矩周规值：京师大学堂师范教育的制度化 …………………………（414）
　三　惟益专精：京师大学堂师范教育政策 ………………………………（415）
第三节　北洋女子师范学堂：中国第一所公立女子师范学堂 ……………（423）
　一　展土拓境：北洋女子师范学堂的创立 ………………………………（423）
　二　中学为体：北洋女子师范学堂的教育政策 …………………………（423）
　三　母教强国：女子师范学堂章程法制化 ………………………………（426）

第十一章　千回百转：民国教师教育政策的迂回演进 …………………（429）

第一节　弃旧开新：民国师范教育政策新开端 ……………………………（429）
　一　破旧立新：壬子·癸丑学制的确立 …………………………………（429）
　二　通时合变：师范教育政策的制定 ……………………………………（430）
第二节　补敝起废：复辟教育的泛起与消亡 ………………………………（440）
　一　尊孔复古：复辟教育沉滓的泛起 ……………………………………（440）

二　壬戌教育：复辟教育沉渣的消亡 …………………………………… (443)
　第三节　"三民主义"：民国师范教育政策的发展 …………………………… (446)
　　一　"三民"方针："三民主义"师范教育方针的确立 ………………… (446)
　　二　本土探源："三民主义"师范教育政策的制定 …………………… (447)

第十二章　日就月将：新中国教师教育政策的日臻完善 …………………… (458)
　第一节　晨光熹微：苏区师范教育政策 ……………………………………… (458)
　　一　大众教育：苏区师范教育政策奠基 ………………………………… (458)
　　二　灵活应变：苏区师范教育政策 ……………………………………… (460)
　　三　通权达变：苏区师范教育政策特征 ………………………………… (465)
　第二节　星火燎原：抗日根据地师范教育政策 ……………………………… (466)
　　一　边区师范：陕甘宁边区师范教育体系的确立 ……………………… (467)
　　二　燎原之火：陕甘宁边区师范教育政策 ……………………………… (469)
　　三　辅弼之勋：敌后抗日民主根据地师范教育政策 …………………… (476)
　　四　众擎易举：抗日根据地师范教育政策特征 ………………………… (479)
　第三节　群星璀璨：解放区师范教育政策 …………………………………… (480)
　　一　继往开来：解放区师范教育政策的继承与发展 …………………… (481)
　　二　一脉相通：解放区师范教育政策的确立 …………………………… (482)
　　三　通时达务：解放区师范教育政策特征 ……………………………… (488)
　第四节　花明柳暗：新中国社会主义师范教育政策（1949—1966）………… (489)
　　一　重振旗鼓：师范教育政策体制的回归时期 ………………………… (489)
　　二　反躬自省：师范教育政策体制的反省与调整时期 ………………… (495)
　　三　峰回路转：回归与反省时期师范教育政策特征 …………………… (497)
　第五节　破璧毁珪："文革"十年教师教育政策大滑坡
　　　　　（1966—1976）……………………………………………………… (498)
　　一　遍地荆棘：师范教育的滑坡局面 …………………………………… (498)
　　二　离弦走板：师范教育滑坡局面的政策表征 ………………………… (499)
　第六节　枯木逢春：改革开放初期师范教育政策的恢复与发展
　　　　　（1976—1993）……………………………………………………… (501)
　　一　实事求是：师范教育政策的全面恢复 ……………………………… (501)
　　二　火然泉达：师范教育政策的全面发展 ……………………………… (509)
　　三　星移斗转：恢复发展时期师范教育政策特征 ……………………… (511)
　第七节　望尘追迹：新中国教师教育政策的改革与探索
　　　　　（1993—2001）……………………………………………………… (512)
　　一　改革创新：师范教育政策改革发展新阶段 ………………………… (512)

二　开放包容：师范教育政策改革探索新征程 …………………… (514)
　　三　冥行擿埴：改革探索时期师范教育政策特征 ………………… (518)
第八节　卷甲倍道：当代教师教育政策体系的成型与发展
　　　　（2001年至今）………………………………………………… (519)
　　一　乘风破浪：教师教育政策体系的成型 ………………………… (519)
　　二　倍道而进：教师教育政策体系的发展 ………………………… (521)
　　三　独具内涵：成型发展时期教师教育政策特征 ………………… (529)
第九节　拔新领异：当代教师教育政策的中国创造 …………………… (530)
　　一　免费回归：师范生免费教育政策的回归 ……………………… (530)
　　二　实践反思：师范生公费教育政策的完善 ……………………… (531)
　　三　制度创新：公费师范的中国创造 ……………………………… (533)

篇四　中国教师教育课程范式变迁

第十三章　奉为圭璧：中国教师教育的课程价值取向 ……………… (539)
第一节　剥丝抽茧：课程与价值的概念厘定 …………………………… (539)
　　一　信而有征：课程的概念界定 …………………………………… (539)
　　二　一字不苟：价值的概念界定 …………………………………… (543)
　　三　典章文物：课程的价值 ………………………………………… (544)
　　四　瑰意琦行：教师教育课程的价值 ……………………………… (545)
第二节　秉轴持钧：教师教育课程的价值取向 ………………………… (547)
　　一　承前启后：文化价值取向 ……………………………………… (547)
　　二　连城之璧：知识价值取向 ……………………………………… (549)
　　三　学高为师：学术价值取向 ……………………………………… (551)
　　四　身正为范：职业价值取向 ……………………………………… (552)
　　五　力学笃行：实践价值取向 ……………………………………… (554)
　　六　民胞物与：人本价值取向 ……………………………………… (555)
　　七　安邦定国：社会价值取向 ……………………………………… (556)
　　八　融合贯通：生态整合价值取向 ………………………………… (558)
第三节　探幽索胜：课程价值取向的生成 ……………………………… (560)
　　一　独有千秋：文化传统 …………………………………………… (560)
　　二　断杼择邻：社会环境 …………………………………………… (561)
　　三　拨云睹日：教育思想 …………………………………………… (562)
　　四　嘉言懿行：教育政策 …………………………………………… (566)
　　五　地尽其利：教育资源 …………………………………………… (567)

第十四章 他山之石：教师教育课程范式的国际借鉴 …………………（569）

第一节 蜕故挈新：日本教师教育课程范式 …………………………（569）
一 敏而好古：文化知识本位课程范式 …………………………（569）
二 以枢应环：学科本位课程范式 ………………………………（572）
三 曲尽其妙：能力本位课程范式 ………………………………（574）

第二节 与民更始：苏俄教师教育课程范式 …………………………（577）
一 师道为尊：教师本位课程范式 ………………………………（577）
二 充类至尽：技术本位课程范式 ………………………………（579）
三 大匠运斤：能力本位课程范式 ………………………………（581）

第三节 涤故更新：美国教师教育课程范式 …………………………（583）
一 专一而精：学科知识本位课程范式 …………………………（583）
二 研精覃思：专业技术本位课程范式 …………………………（584）
三 捭阖纵横：多元融合本位课程范式 …………………………（587）

第四节 铸新淘旧：英国教师教育课程范式 …………………………（589）
一 知教相从：知识教义本位课程范式 …………………………（589）
二 刮摩淬励：学术本位课程范式 ………………………………（590）
三 度己以绳：标准本位课程范式 ………………………………（593）

第五节 除旧布新：澳大利亚教师教育课程范式 ……………………（596）
一 薪火相传：文化知识本位课程范式 …………………………（596）
二 学问思辨：学术本位课程范式 ………………………………（598）
三 金科玉臬：标准本位课程范式 ………………………………（599）

第六节 兴利除弊：芬兰教师教育课程范式 …………………………（601）
一 创业垂统：文化知识本位课程范式 …………………………（601）
二 研精钩深：学术本位课程范式 ………………………………（602）
三 教研合一：研究本位课程范式 ………………………………（604）

第十五章 蹈机握杼：中国教师教育的课程范式 ……………………（607）

第一节 追本溯源：教师教育课程范式概念界定 ……………………（607）
一 谈言微中：教师教育课程范式概念 …………………………（608）
二 目别汇分：教师教育课程范式的类别 ………………………（609）
三 山鸣谷应：课程范式的组成要素 ……………………………（613）

第二节 纲举目张：我国教师教育课程范式形态 ……………………（621）
一 笃学好古：文化知识本位课程范式 …………………………（622）
二 条修叶贯：学科本位课程范式 ………………………………（626）

  三　智圆行方：知识本位课程范式 …………………………………………（631）
  四　砥志研思：学术本位课程范式 …………………………………………（633）
  五　合纵连横：多元融合课程范式 …………………………………………（635）

第三节　推轮捧毂：教师教育课程范式功能 ………………………………………（637）
  一　良苗怀新：涵育课程理论 ………………………………………………（637）
  二　有的放矢：确定课程目标 ………………………………………………（638）
  三　循名核实：指导课程实施 ………………………………………………（639）
  四　排沙拣金：选择课程内容 ………………………………………………（641）
  五　遥相应和：组织课程结构 ………………………………………………（642）
  六　水到渠成：生成课程评价 ………………………………………………（643）

第十六章　张设布列：中国教师教育的课程设置 ……………………………（645）

第一节　春木发枝：晚清教师教育课程设置 ………………………………………（645）
  一　风云变幻：教育背景 ……………………………………………………（646）
  二　草创未就：教师教育课程设置 …………………………………………（647）

第二节　斗折蛇行：民国教师教育课程设置 ………………………………………（654）
  一　云程发轫：教师教育初步发展时期的课程设置
    （1912—1922）……………………………………………………………（655）
  二　峰回路转：教师教育迂回发展时期的课程设置
    （1922—1927）……………………………………………………………（657）
  三　行随事迁：教师教育复兴发展时期的课程设置
    （1927—1937）……………………………………………………………（663）
  四　曲径通幽：教师教育曲折发展期的课程设置
    （1937—1949）……………………………………………………………（665）

第三节　星火燎原：中央苏区和解放区教师教育课程设置 ………………………（670）
  一　星星之火：中央苏区教师教育课程设置 ………………………………（670）
  二　燎原之势：解放区教师教育课程设置 …………………………………（673）

第四节　行远自迩：新中国教师教育课程设置 ……………………………………（678）
  一　旭日东升：教师教育课程建设期（1949—1956）………………………（678）
  二　红紫乱朱：教师教育课程混乱期（1956—1966）………………………（681）
  三　珠零玉落：教师教育课程衰退期（1966—1976）………………………（684）
  四　拨乱反正：教师教育课程重建期（1976—1985）………………………（685）
  五　朝气蓬勃：教师教育课程改革期（1985—1993）………………………（693）
  六　日新月异：教师教育课程改革发展期（1993—2001）…………………（696）
  七　与时俱进：教师教育课程创新发展期（2001 年至今）…………………（699）

篇五 中国教师教育研究索迹

第十七章 多象海汇：中国教师教育研究图景 (707)

第一节 卷帙浩繁：中国教师教育研究共时分布 (707)
一 专著及论文集 (708)
二 科研项目 (710)
三 期刊论文 (711)

第二节 中外融彻：中国教师教育研究历时沿革 (726)
一 第一阶段（1992年至1995年） (728)
二 第二阶段（1996年至1998年） (728)
三 第三阶段（1999年至2002年） (730)
四 第四阶段（2003年至2009年） (738)
五 第五阶段（2010年至今） (741)

第三节 兼包并容：中国教师教育研究逻辑演进 (743)
一 培养旨趣：从二元对立到融合统一 (743)
二 办学主体：从独立封闭到混合开放 (746)

第十八章 廓道明理：中国教师教育研究热点 (750)

第一节 经世济学：中国教师教育研究的热点范畴 (750)
一 固本培元：教师教育本体研究 (751)
二 探源溯流：教师教育史研究 (752)
三 酌盈剂虚：教师教育国际比较研究 (754)
四 研以致用：教师教育学科研究 (756)

第二节 旗布星峙：中国教师教育研究的热点分布 (757)
一 改革驱动：中文文献中国教师教育研究热点分布 (757)
二 群体凸显：英文文献中国教师教育研究热点分布 (761)

第三节 并行不悖：中国教师教育研究热点 (765)
一 兴制拓轨：中文文献中国教师教育研究热点 (765)
二 行明知澄：英文文献中国教师教育研究热点 (773)

第十九章 善事利器：中国教师教育研究方法 (778)

第一节 达地知根：教育研究的范式、型态及方法 (778)
一 哲学溯源：教育研究的范式 (778)

二　较若画一：教育研究的型态与方法 …………………………………（783）

第二节　张本继末：中国教师教育研究型态 ………………………………（793）
　　一　思辨为重：国内中国教师教育研究型态 …………………………（794）
　　二　实证为主：国外中国教师教育研究型态 …………………………（799）
　　三　千秋各具：国内外中国教师教育研究型态比较 …………………（803）

第三节　异同互现：中国教师教育的实证研究方法 ………………………（806）
　　一　精意覃思：国内中国教师教育实证研究方法 ……………………（807）
　　二　查实访证：国外中国教师教育实证研究方法 ……………………（813）
　　三　慎思明辨：国内外中国教师教育实证研究方法比较 ……………（827）

第二十章　日臻多元：中国教师教育研究展望 …………………………（833）

第一节　不名一格：中国教师教育研究的主题选择 ………………………（833）
　　一　人本理念：建构教师群体与个体的互生关系 ……………………（833）
　　二　应用导向：教师教育研究的实践赋能 ……………………………（836）
　　三　现实路向：多元教师教育主体的跨层互动 ………………………（837）

第二节　山鸣谷映：中国教师教育研究的路径选择 ………………………（838）
　　一　渐次充盈：中国教师教育研究的型态撷取 ………………………（838）
　　二　互动融合：中国教师教育研究的方法选择 ………………………（840）

第三节　相得益彰：中国教师教育研究的学科互鉴 ………………………（842）
　　一　多元视角：中国教师教育研究的跨学科方法互动 ………………（842）
　　二　相辅相成：中国教师教育研究的跨学科技术耦合 ………………（843）

参考文献 ………………………………………………………………………（845）

索　引 …………………………………………………………………………（891）

后　记 …………………………………………………………………………（895）

表 目 录

表 1-1　中学教育专业认证标准（第一级）　……………………………（20）
表 1-2　中学教育专业认证标准（第二级）　……………………………（20）
表 1-3　中学教育专业认证标准（第三级）　……………………………（21）
表 1-4　匠才型、应用科学型、反思实践型、社会建构主义教师教育
　　　　思想对比　………………………………………………………（41）
表 3-1　教师专业能力与专业道德培养的行为主义依据　………………（86）
表 3-2　《中学教育专业认证标准（第三级）》"毕业要求"指标的
　　　　涵盖内容　………………………………………………………（88）
表 3-3　行为主义与认知主义教师角色对比　……………………………（93）
表 3-4　行为主义、认知主义及社会建构主义教师教育范式对比　……（103）
表 3-5　舒尔曼的教师知识基础分类　……………………………………（117）
表 3-6　格罗斯曼的教师知识基础分类　…………………………………（118）
表 3-7　中西方学者关于教师知识结构模型对比　………………………（119）
表 3-8　中西方关于显性知识与隐性知识的理论　………………………（123）
表 5-1　私塾分类和名称　…………………………………………………（149）
表 5-2　明清时期塾师的称谓及其内涵　…………………………………（151）
表 5-3　唐代常科条例表　…………………………………………………（154）
表 5-4　历代私塾文教政策沿革　…………………………………………（156）
表 5-5　隋唐五代时期的文教政策　………………………………………（160）
表 5-6　明清蒙学的教育方法　……………………………………………（164）
表 5-7　书院的功能　………………………………………………………（169）
表 6-1　南洋公学教学组织系统　…………………………………………（185）
表 6-2　南洋公学师范生分格五层　………………………………………（186）
表 6-3　京师同文馆八年课表计划和五年课程安排　……………………（190）
表 6-4　京师大学堂组织机构和人员设置　………………………………（197）
表 6-5　壬戌学制学校系统图的说明　……………………………………（206）
表 6-6　壬戌学制确立的师范教育培养模式　……………………………（208）
表 6-7　壬戌学制后期师范学校与高中师范科课程分配表　……………（209）

表 7 - 1	抗战时期中国教师教育的发展	(222)
表 7 - 2	1935 年教育部颁行乡村师范学校教学科目和每周课时安排	(233)
表 7 - 3	1936 年教育部颁行简易乡村师范学校教学科目和每周课时安排	(234)
表 7 - 4	1938 年教育部颁发修正师范学院共同必修科目表	(255)
表 8 - 1	1957 年教育部颁布的《幼儿师范学校教学计划》	(281)
表 8 - 2	1985 年教育部颁布的《幼儿师范学校教学计划》具体要求	(286)
表 8 - 3	1985 年教育部颁布的三年制幼儿师范学校教学计划表	(287)
表 8 - 4	1985 年教育部颁布的四年制幼儿师范学校教学计划表	(287)
表 8 - 5	1984 年后中国幼儿师范教育职前培养体系	(290)
表 8 - 6	1951 年颁布的《政务院关于改革学制的决定》规定的中等师范教育学制分类表	(295)
表 8 - 7	1956 年教育部颁布的教学进程表	(297)
表 8 - 8	1987 年教育部颁布的《中等师范学校培养目标（初稿）》（节选）	(301)
表 8 - 9	1986 年调整后的三年制师范学校教学时数表	(304)
表 8 - 10	1986 年调整后的四年制师范学校教学时数表	(305)
表 8 - 11	1989 年国家教委颁布的三年制中等师范学校必修课周课时参考	(307)
表 9 - 1	2017 年全国教育专业学位研究生教指委公布修订的教育硕士学位课程设置	(329)
表 9 - 2	教育部直属师范大学免费师范毕业生在职攻读教育硕士专业学位实施办法	(341)
表 9 - 3	2001 年颁布的《关于首次认定教师资格工作若干问题的意见》的规定	(372)
表 9 - 4	2001 年教育部颁布的《教师资格证书管理规定》解读	(373)
表 9 - 5	2017 年教育部颁布的《普通高等学校师范类专业认证实施办法》的规定	(376)
表 9 - 6	2017 年教育部颁布的《中学教育专业认证标准（第一级）》规定的指标	(377)
表 9 - 7	2017 年教育部颁布的《中学教育专业认证标准（第二级）》规定的指标	(378)
表 9 - 8	2017 年教育部颁布的《中学教育专业认证标准（第三级）》规定的指标	(381)
表 9 - 9	2017 年教育部颁布的《小学教育专业认证标准（第一级）》规定的指标	(385)

表9-10	2017年教育部颁布的《小学教育专业认证标准（第二级）》规定的指标	(386)
表9-11	2017年教育部颁布的《小学教育专业认证标准（第三级）》规定的指标	(389)
表9-12	2017年教育部颁布的《学前教育专业认证标准（第一级）》规定的指标	(393)
表9-13	2017年教育部颁布的《学前教育专业认证标准（第二级）》规定的指标	(394)
表9-14	2017年教育部颁布的《学前教育专业认证标准（第三级）》规定的指标	(397)
表10-1	南洋公学师范院课程设置表	(411)
表10-2	南洋公学师范院管理与考核政策表	(412)
表10-3	京师大学堂师范馆学年课程安排表	(417)
表10-4	北洋女子师范学堂课程设置表	(424)
表10-5	北洋女子师范学堂简易科及选科要求对比表	(426)
表10-6	《女子师范学堂章程》（节选）	(426)
表11-1	壬子·癸丑学制中等师范教育课程科目安排表	(431)
表11-2	壬子·癸丑学制女子中等师范教育课程科目安排表	(437)
表11-3	"三民主义"中等师范教育服务义务表	(450)
表11-4	"三民主义"中等师范教育毕业会考表	(451)
表11-5	师范学院共同必修科目表	(453)
表12-1	陕甘宁边区师范学校初级部第一学年课程表	(470)
表12-2	陕甘宁边区师范学校初级部第二学年课程表	(470)
表12-3	陕甘宁边区师范学校速成科课程表	(471)
表12-4	陕甘宁边区师范学校预备班课程表	(472)
表12-5	各解放区初级师范学校教育学科门类表（节选）	(482)
表12-6	华北区1949年短期师范学校各科每周教学时数表	(486)
表12-7	华北区1949年师范学校各学年各科教学时数表	(487)
表12-8	新中国师范学校教学计划表（1952—1956）	(490)
表12-9	新中国师范速成班教学计划表（1952—1956）	(492)
表12-10	1966—1976年各级师范学校及学生统计数字	(498)
表12-11	1980年三年制师范学校教学计划表	(503)
表12-12	1980年四年制师范学校教学计划表	(504)
表12-13	1980年三年制幼儿师范学校教学计划表	(506)
表12-14	1980年四年制幼儿师范学校教学计划表	(507)
表13-1	教师教育课程价值取向	(559)

表14-1	1881年日本师范课程设置	(570)
表14-2	1886年日本寻常师范学校开设科目	(571)
表14-3	1886年日本高等师范学校开设科目	(571)
表14-4	20世纪80年代日本师范教育课程概况	(573)
表14-5	20世纪50年代日本教师进修事业的实施状况表	(574)
表14-6	21世纪日本"教师教育核心科目群"	(576)
表14-7	1918年起苏联师范学院课程安排	(578)
表14-8	20世纪80年代苏联师范学院课程安排	(580)
表14-9	1995年起俄罗斯教师教育课程设置	(582)
表14-10	20世纪初美国中小学教师教育培训课程	(585)
表14-11	20世纪90年代美国三类课程的学时与学分比例分布	(586)
表14-12	班克斯多元文化教育模式概述	(588)
表14-13	20世纪60年代英国教育学士学位课程	(591)
表14-14	20世纪70年代末英国研究生教育证书课程	(592)
表14-15	19世纪50年代澳大利亚师范学校课程	(597)
表14-16	21世纪澳大利亚教师教育课程国家认证标准	(600)
表14-17	芬兰"Vokke"项目所建议的小学教师培养课程的结构	(605)
表14-18	芬兰"Vokke"项目所建议的中学教师培养课程的结构	(605)
表15-1	癸卯学制师范教育类别表	(623)
表15-2	癸卯学制初级、优级师范学堂课程设置	(623)
表15-3	癸卯学制实业教员讲习所课程设置	(624)
表15-4	民国初期师范学校课程设置	(627)
表15-5	民国初期高等师范学校课程设置	(627)
表15-6	民国时期师范学校类别设置表	(629)
表15-7	新中国初期师范学校类别设置表	(631)
表15-8	1950年北京师范大学课程设置表	(632)
表15-9	1980年起中等师范学校课程计划表	(634)
表16-1	南洋公学师范院课程设置	(647)
表16-2	《钦定京师大学堂章程》师范馆课程分年级表	(649)
表16-3	《钦定京师大学堂章程》师范馆课程一星期时刻表	(649)
表16-4	《钦定中学堂章程》中学堂课程一星期时刻表	(650)
表16-5	《女子师范学堂章程》女子师范学堂一星期时刻表	(650)
表16-6	《学部订定优级师范选科简章》预科科目	(651)
表16-7	《学部订定优级师范选科简章》本科通习科目	(652)
表16-8	《学部订定优级师范选科简章》历史地理本科主课科目	(652)
表16-9	《学部订定优级师范选科简章》理化本科主课科目	(653)

表16-10	《学部订定优级师范选科简章》博物本科主课科目	(653)
表16-11	《学部订定优级师范选科简章》数学本科主课科目	(654)
表16-12	民国初期师范学校课程设置	(656)
表16-13	民国初期女子高等师范学校课程设置	(656)
表16-14	壬戌学制师范教育培养方式	(657)
表16-15	1923年"新学制"六年制师范学校课程设置标准表	(658)
表16-16	1923年"新学制"高中师范科和后期师范学校课程设置标准表	(660)
表16-17	1923年北京师范大学课程设置表	(661)
表16-18	晓庄师范学校课程设置表	(662)
表16-19	1933年起民国各类师范学校课程设置表	(664)
表16-20	20世纪30年代北平师范大学教师教育科目设置表	(665)
表16-21	20世纪30年代北平师范大学教师教育课程设置表	(665)
表16-22	20世纪40年代民国师范学校课程设置表	(667)
表16-23	20世纪40年代民国专业师范科课程设置表	(667)
表16-24	1938年起民国师范学院课程设置表	(669)
表16-25	中央苏区师范学校课程科目表	(672)
表16-26	苏皖边区师范学校课程科目表	(674)
表16-27	东北解放区初级师范学校课程项目及时数	(675)
表16-28	东北解放区高级师范学校课程项目及时数	(676)
表16-29	华北大学第二部教育学院课程信息	(677)
表16-30	1952年起中等师范学校课程设置表	(679)
表16-31	1954年起师范学院课程设置表	(680)
表16-32	1963年起三年制中等师范学校课程设置表	(682)
表16-33	1963年起一年制师范科课程设置表	(682)
表16-34	1963年起高等师范学校教育课程设置表	(684)
表16-35	1980年起中等师范学校课程设置表	(687)
表16-36	1980年起高等师范学校本科各专业课程设置基本情况	(687)
表16-37	1980年起高等师范专科学校专业课程设置基本情况	(689)
表16-38	20世纪80年代专科学校进修课程设置表	(691)
表16-39	20世纪80年代本科学校进修课程设置表	(692)
表16-40	1988年颁发二年制师范专科学校课程设置表	(694)
表16-41	1989年颁发三年制中等师范学校课程设置表	(695)
表16-42	1989年高等师范学校基本专业设置情况	(695)
表16-43	1995年起三年制中等幼儿师范学校课程设置表	(697)
表16-44	1995年起大学专科程度小学教师课程设置表	(698)

表 16-45	1998年起三年制中等师范学校课程设置表	(698)
表 16-46	2011年《教师教育课程标准（试行）》幼儿园职前教师教育课程设置	(700)
表 16-47	2011年《教师教育课程标准（试行）》小学职前教师教育课程设置	(701)
表 16-48	2011年《教师教育课程标准（试行）》中学职前教师教育课程设置	(702)
表 17-1	中国教师教育研究英文专著信息一览	(708)
表 17-2	中国教师教育研究相关科研项目数据一览	(711)
表 17-3	WoS数据平台中国教师教育论文作者及所在机构分析数据结果	(722)
表 17-4	Rui Yuan所贡献英文文献信息一览	(725)
表 17-5	第一阶段（1992年至1995年）中国教师教育研究期刊论文一览	(728)
表 17-6	第三阶段（1999年至2002年）21世纪中国师范教育相关研究论文一览	(731)
表 17-7	第三阶段（1999年至2002年）高等师范教育相关研究论文一览	(733)
表 17-8	第三阶段（1999年至2002年）国际视域下的中国师范教育相关研究论文一览	(735)
表 17-9	第三阶段（1999年至2002年）教师职业与专业发展相关研究论文一览	(736)
表 17-10	"知网"数据库中国教师教育论文关键词分析数据结果	(740)
表 18-1	我国近代师范教育的中国化历程	(752)
表 18-2	美国等国家及地区的教师教育课程标准的内在逻辑组织部分及内涵	(754)
表 18-3	"知网"数据库中国教师教育研究文献关键词共现分析计量结果	(758)
表 18-4	"知网"数据库中国教师教育研究文献关键词聚类术语序列	(760)
表 18-5	WoS数据平台中国教师教育研究文献关键词共现分析计量结果	(762)
表 18-6	WoS数据平台中国教师教育研究文献关键词聚类术语序列	(763)
表 18-7	与改革开放相关的中国教师教育研究文献信息一览	(771)
表 18-8	Chan, Kwok Wai有关中国教师教育认识论信念研究文献信息一览	(776)
表 19-1	方法分类及其特征一览	(783)

表19-2	教育研究方法的分类	(785)
表19-3	质性研究、量化研究及混合研究路径	(789)
表19-4	量化研究方法	(790)
表19-5	质性研究方法	(791)
表19-6	混合研究方法	(792)
表19-7	样本文献的刊发数量分布	(794)
表19-8	国内中国教师教育研究型态统计量	(794)
表19-9	国内中国教师教育研究所采用的研究型态	(795)
表19-10	国内中国教师教育研究论文发表年份与研究型态分布	(797)
表19-11	国外中国教师教育研究型态统计量	(799)
表19-12	国外中国教师教育研究所采用的研究型态	(799)
表19-13	国外中国教师教育研究论文发表年份与研究型态分布	(801)
表19-14	国内外中国教师教育一级研究型态均值比较组统计量	(803)
表19-15	国内外中国教师教育一级研究型态独立样本检验	(803)
表19-16	国内外中国教师教育实证研究二级型态均值比较组统计	(805)
表19-17	国内外中国教师教育实证研究二级型态独立样本检验	(805)
表19-18	国内中国教师教育研究方法统计	(807)
表19-19	国内中国教师教与量化研究方法时间分布	(808)
表19-20	国内中国教师教育质性研究采用个案研究方法的期刊论文一览	(810)
表19-21	国内中国教师教育质性研究采用混合研究方法的期刊论文一览	(811)
表19-22	国外中国教师教育研究方法统计	(813)
表19-23	国外中国教师教育质性研究采用文本分析方法的期刊论文一览	(822)
表19-24	国内外中国教师教育研究量化研究方法均值比较组统计	(827)
表19-25	国内外中国教师教育研究量化研究方法独立样本检验	(828)
表19-26	国内外中国教师教育研究质性研究方法均值比较组统计	(828)
表19-27	国内外中国教师教育研究质性研究方法独立样本检验	(830)
表19-28	国内外中国教师教育研究混合研究方法均值比较组统计	(830)
表19-29	国内外中国教师教育研究混合研究方法独立样本检验	(831)

图 目 录

图 1-1	匠才型教师教育	(4)
图 1-2	应用科学型教师教育	(13)
图 1-3	反思实践型教师教育	(29)
图 3-1	行为主义范式下教师学习者的地位	(85)
图 3-2	教师知识结构模型	(122)
图 17-1	"知网"数据库中国教师教育研究论文来源期刊分布	(713)
图 17-2	WoS数据平台中国教师教育研究论文来源期刊分布	(713)
图 17-3	WoS数据平台中国教师教育研究论文期刊共被引网络	(715)
图 17-4	WoS数据平台中国教师教育研究论文期刊共被引网络聚类	(716)
图 17-5	中国教师教育相关中文论文责任作者文献贡献量占比	(717)
图 17-6	"知网"数据库中国教师教育研究论文责任作者及科研机构分布	(718)
图 17-7	"知网"数据库中国教师教育论文作者及关键词分布	(719)
图 17-8	WoS数据平台中国教师教育论文作者及国家分布	(721)
图 17-9	WoS数据平台中国教师教育论文作者及所在机构分布	(723)
图 17-10	WoS数据平台中国教师教育论文作者及关键词分布	(724)
图 17-11	中国教师教育研究相关论文发表时间分布	(727)
图 17-12	第三阶段（1999年至2002年）中国教师教育研究主题分布图	(730)
图 17-13	第四阶段（2003年至2009年）文章标题含"师范教育"或"教师教育"文献计量分布	(738)
图 17-14	第四阶段"知网"数据库中国教师教育论文关键词共现分布	(740)
图 17-15	第五阶段"知网"数据库中国教师教育论文关键词共现分布	(742)
图 17-16	中国教师教育发展脉络	(746)
图 18-1	中国教师教育研究主要范畴	(751)
图 18-2	中国教师教育学科研究中的学科分布	(756)

图 18-3 "知网"数据库中国教师教育研究文献关键词共现分析 ………(758)
图 18-4 "知网"数据库中国教师教育研究文献关键词聚类时间线 ……(759)
图 18-5 "知网"数据库中国教师教育研究文献关键词突变检测分析 …(760)
图 18-6 WoS 数据平台中国教师教育研究文献关键词共现分析 …………(761)
图 18-7 WoS 数据平台中国教师教育研究文献关键词聚类时间线 ………(763)
图 18-8 改革开放三十年来我国教师教育形态的演变历程 ……………(772)
图 19-1 Olatz Lopez-Fernandez 与 Jose F. Molina-Azorin 的研究
方法分类 …………………………………………………………(784)
图 19-2 教育研究型态 ……………………………………………………(788)
图 19-3 教育研究方法谱系图示…………………………………………(793)
图 19-4 国内中国教师教育研究论文实证研究型态分布 ………………(795)
图 19-5 1992—2019 年国内中国教师教育研究论文研究型态分布 ………(796)
图 19-6 1992—2019 年国内中国教师教育研究实证研究型态分布 ………(798)
图 19-7 2007—2019 年国外中国教师教育研究论文实证研究型态
分布 ………………………………………………………………(800)
图 19-8 2007—2019 年国外中国教师教育研究论文研究型态分布 ………(800)
图 19-9 2007—2019 年国外中国教师教育研究实证研究型态分布 ………(802)
图 19-10 1992—2019 年国内外中国教师教育研究型态分布 ……………(804)
图 19-11 2007—2019 年国内外中国教师教育实证研究型态分布 ………(805)
图 19-12 国内中国教师教育质性研究方法占比 …………………………(808)
图 19-13 聚敛式混合研究方法 ……………………………………………(812)
图 19-14 国外中国教师教育研究量化研究方法占比 ……………………(814)
图 19-15 国外中国教师教育研究质性研究方法占比 ……………………(817)
图 19-16 2009—2019 年国外中国教师教育质性调查研究分布 …………(818)
图 19-17 2008—2019 年国外中国教师教育个案研究分布 ………………(819)
图 19-18 现象学研究方法实施步骤 ………………………………………(820)
图 19-19 行动研究方法模型 ………………………………………………(821)
图 19-20 国外中国教师教育研究混合研究方法占比 ……………………(824)

篇 一

中国教师教育理论嬗变

教师教育模式、教师教育体系的建构在很大程度上受教师教育理论的影响，教师教育形态变化、教师教育政策变化、教师教育课程范式以及教师教育研究范式的转变是教师教育理论嬗变的具体表征形式。回顾我国教师教育的理论嬗变过程，理论生成兼顾了对西方教师教育理论的吸收与本土化建构，以及对我国传统教师教育思想的传承发展。本篇从共时维度探讨西方教师教育理论在中国的接受与嬗变，从历时维度梳理我国传统教师教育理论的历史渊源与发展脉络，呈现出一幅既融合国际理念，又符合中国教育语境与文化语境的中国教师教育理论图景。

本篇分四章阐释"中国教师教育理论嬗变"。第一章梳理西方主流教师教育理论的源起，包括哲学、心理学和不同教育思想提供的学理支撑，对比不同教师教育思想的知识观、教学观和教师观，分析西方主流教师教育思想在我国的接受路径与实践方式。

第二章叙述了传统教师教育理论的历史旅行。回眸中国历史，以我国传统教师教育思想的源头活水——先秦时期教育家的思想为起点，以两汉时期、魏晋南北朝时期、隋唐时期、宋元时期、明清时期灿若星辰的教育家为历时坐标，探寻其璀璨的教师教育思想光芒。

第三章关注当代，探究西方主流教师教育思想在我国的发展路径与现状，及其对我国教师教育理论与体系产生的影响，梳理了现代教师教育理论对我国传统教师教育理论的传承与发展。最后描写了中西方教师教育理论在多个维度的交汇与融合，在借鉴与传承中勾勒出融通内外、纵观古今的现代教师教育理论图景。

第四章展望未来，探讨我国教师教育理论的未来走向，提出从哲学、文化学和社会学对教师教育理论进行多维观照，积极应对技术发展对教师教育理论提出的挑战与机遇，融合人本向度与技术理性之间的辩证关系。同时，注重应用心理学、经济学等学科与教师教育理论之间的跨学科互鉴，关注不同专业学科的应用型教师教育理论生成，结合中国教育语境与文化，构建独特的本土化教师教育理论。为世界教师教育理论发展做出贡献，将是中国教师教育研究者的重要使命。

第一章　共时观照：西方教师教育理论的中国接受

西方教师教育理论经历了从匠才型教师教育向应用科学型教师教育、反思实践型教师教育以及社会建构主义教师教育的转变，这些理论或是与植根于中国的教师教育思想产生共时观照，在引入中国后发展成为具有中国特色的教师教育理论与实践方式，或是直接推动了中国教师教育的专业化发展。本章主要探讨西方主流教师教育理论兴起的背景、主要内容以及其对中国教师教育的理论观照。

第一节　日升月恒：匠才型教师教育思想与其实践方式

匠才型教师教育思想是西方教师教育理论的萌芽。匠才型模式中，有经验的教师掌握着教学的智慧，但尚未形成系统的、显性的理论体系，教师学习者只能通过模仿有经验教师的教学实践习得教师行为，由此形成了以学徒制为核心的教师教育模式。本节主要介绍西方匠才型教师教育思想的模式内涵以及其在西方的主要实践形态，以及晏阳初、陶行知、俞庆棠等中国教育家对匠才型教师教育思想的本土化实践，在中西互鉴中写就了中国教师教育思想发展史上的重要篇章。

一　学徒制：匠才型教师教育思想的模式内涵

迈克尔·J. 华莱士（Michael J. Wallace）认为"专业教育主要有三种模式，按其先后顺序，这三种模式分别是：匠才型模式（the craft model）、应用科学模式（the applied science model）、反思模式（the reflective model）"。[1] 他认为，在匠才型模式中，"专业技能掌握在有经验的专业实践者手中，即有经验的专业实践者是教学这一技艺（craft）的专家，年轻的受训者通过模仿专家的技巧，遵照专家的指导和建议学习专业技艺"[2]（见图1-1）。

---

[1] Michael J. Wallace, *Training Foreign Language Teachers: A Reflective Approach*, Cambridge: Cambridge University Press, 1991, p. 6.

[2] Michael J. Wallace, *Training Foreign Language Teachers: A Reflective Approach*, Cambridge: Cambridge University Press, 1991, p. 6.

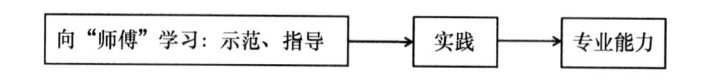

```
向"师傅"学习:示范、指导 → 实践 → 专业能力
```

图 1-1 匠才型教师教育①

资料来源:Michael J. Wallace, *Training Foreign Language Teacher: A Reflection Approach*, Cambridge: Cambridge University Press, 1991, p.6.

(一) 缄默知识:匠才型教师教育的知识观

匠才型教师教育思想中,有关教学这一工艺的知识是教师在反复犯错、尝试中积累起来的碎片化知识,缺乏系统的理论。② 有经验的教师或师傅(master)掌握着教学这一工艺的智慧,这些智慧大部分是缄默的(tacit),没有系统的规则。③ 因此,在教师教育过程中,师傅不向新手教师系统地解释教学背后的理论或规则,新手教师主要通过模仿师傅的行为学习教学方法。

英国学者迈克尔·波兰尼(Michael Polanyi)于20世纪50年代提出了缄默知识(tacit knowledge)这一概念,为匠才型教师培养方式提供了理论依据。波兰尼指出,人类有两种知识:显性知识和缄默知识。

> 显性知识是指那些通常意义上可以用概念、命题、公式、图形等加以陈述的知识;缄默知识则指人类知识总体中那些无法言传或不清楚的知识。④

波兰尼认为,专家知道的知识多于他们所能表达的知识,因此,在工艺技能的传递中存在着大量的缄默知识,即技能传递过程具有不可言说性。在匠才型模式中,有经验的教师掌握的教学智慧多于可以表达出来的知识,教学技能和技巧不是都可以用明确的规则表达出来,这些不可言说的知识只有在实践中才能体会到。新手教师或徒弟(apprentice)通过模仿有经验教师或师傅的示范教学,在具体教学实践中不知不觉地学会工艺的规则,包括那些连师傅本人也不太明确的默会知识和隐性规则。

(二) 工艺传授:匠才型教师教育的教师观和教学观

匠才型教师教育中,教师是匠才(craftsperson),有经验的教师或教学专家是教学实践的权威,教师学习者通过模仿专家的技能、听从专家的指导和建议习得

---

① 本图在引用时进行了翻译。
② Alan R. Tom, "Teaching as a Moral Craft: A Metaphor for Teaching and Teacher Education", *Curriculum Inquiry*, Vol.10, No.3, December 1980, pp.317-323.
③ Kenneth M. Zeichner, "Alternative Paradigms of Teacher Education", *Journal of Teacher Education*, Vol.34, No.3, May-June 1983, pp.3-9.
④ 石中英:《波兰尼的知识理论及其教育意义》,《华东师范大学学报》(教育科学版) 2001年第2期。

教学技能。

匠才型教师教育采用的教学方法是工艺模式法，即传统师徒制的教师培训方式。教学被视作一种工艺，掌握一种工艺需要技师学习如何将详尽的工艺技能序列形成常规化操作。① 教师学习者通过模仿教师教育者或有经验的教师，习得一整套教学技能序列。教学过程中，教师教育者不解释教学方法背后的理论或原则，教师学习者通过观察和模仿教师教育者的演示学习教学。因此，教学技能的传递是一个渗透的过程。在匠才型教师教育中，建立师徒关系是未来教师学习文化知识、提升道德素养的有效途径。教师学习者（徒弟）和经验丰富的老教师（师傅）一起工作，徒弟通过观察师傅学会教学，教学过程在本质上是一个模仿过程。

在匠才型教师教育模式中，成为教师的最有效方法是新手教师沉浸在学校中，与经验丰富的教师一起工作。由于教师学习者主要通过模仿教师的行为学习教学，有经验的教师和教师学习者在一个专业实践社区中共同开展教学实践活动，被认为是最有效的教师教育方式。在共同的实践社区中，新手教师可以观摩经验丰富的教师示范，学习班级组织的惯例，熟悉课程材料和过程，并练习教学技能。

总之，匠才型教师教育中，教学被视为工艺，教师被视为匠才，教师教育采用的是学徒制（apprenticeship）的培养方式。②

二 以生教生：匠才型教师教育思想的西方实践

匠才型教师教育模式是第二次世界大战结束前西方教师教育的主要组织形式，历史上，英、法、美、意等国家都曾采用匠才模式培养师资，扩大教育范围。因篇幅所限，本书只介绍英国和美国的匠才型教师教育实践形态。

（一）导生制：英国的匠才型教师教育模式实践

英国最早用来培养初级学校教师的方法就是匠才型教师教育模式，其创造的导生制（monitorial system）是19世纪40年代以前英国培养初级学校师资的主要形式。导生制后来发展为教生制、学习教师制，并传播到法、意、美等国，推动了西方早期教师教育的发展。

导生制又称兰卡斯特制（Lancasterian system），是由英国教育家约瑟夫·兰卡斯特（Joseph Lancaster）和安德鲁·贝尔（Andrew Bell）于18世纪90年代分别创行的一种教学组织形式。其具体做法是，教师先在学生中遴选一些成绩较好、年龄在12岁左右的学生当导生，然后再由导生执行教师的职责，将知识教给其他学生。导生每天花2小时跟教师学习知识，在接受为期3个月的简单的教学方法

---

① Kenneth M. Zeichner, "Alternative Paradigms of Teacher Education", *Journal of Teacher Education*, Vol. 34, No. 3, May-June 1983, pp. 3–9.

② Kenneth M. Zeichner, "Alternative Paradigms of Teacher Education", *Journal of Teacher Education*, Vol. 34, No. 3, May-June 1983, pp. 3–9.

训练后，将学到的知识转教给其他学生。一个教师在导生的帮助下可教数百名学生，导生制以廉价、高效的教师培养方式有效地解决了当时英国师资匮乏的问题，推动了初等教育的发展。[①] 但是，由于导生制学校不是正规的教师培训机构，导生接受的专业教师训练不足，导致教学方法机械、教学质量低下，不利于导生和其他学生的学习与成长，导生制逐渐退出教师教育的历史舞台。

19世纪40年代开始，英国参照荷兰的模式，开始采用"教生制"（pupil teacher scheme）培养教师。教生制的具体做法是，选择年龄至少在13岁的成绩优异的高年级学生作为"教生"，即见习教师，由校长用带徒弟的方式对他们进行教师培训。教生每天跟随校长学习一个半小时的各科知识，每周学习5天，培训期大约为5年，即13岁到18岁。此后，教生制不断改进，主要表现为：由个别培训发展为集体培训、教生的年龄不断提高、培训年限逐渐延长。19世纪70年代以后，教生开始在独立的师资培训学院接受培训，在小学进行教学实践。从培训对象和培训时长来看，教生制其实是兰卡斯特制的"高阶版"。在正式的师范学校成立以前，导生制一直是英国教师培训的主要形式。

（二）现场教学：美国的匠才型教师教育模式实践

导生制在1808年左右传到美国后，成为1840年前在美国极为流行的一种教师培养方式。此外，美国在19世纪60年代开展的奥斯威戈运动（Oswego movement）和20世纪60年代开展的以教学现场为基础的师范教育（field-based teacher education）都采用了匠才型教师教育思想培养教师。

19世纪60年代在美国兴起的奥斯威戈运动采用的就是匠才型模式培养教师。1839年，美国马萨诸塞州在贺拉斯·曼（Horace Mann）的领导下建立了美国历史上第一所师范学校。19世纪70年代初，教育家爱德华·A. 谢尔顿（Edward A. Sheldon）开办了奥斯威戈培训学校（Oswego Training School），以瑞士教育家约翰·亨里希·裴斯泰洛齐（Johann Heinrich Pestalozzi）的教育思想和方法培养教师，改善教师教育质量，并以此掀起了奥斯威戈运动。在培训学校中，师范生观摩示范课，在教师的指导下学习教学方法。[②]

20世纪60年代后，美国进行师范教育改革实验，主张开展以学校为基地的师范教育，即以在学校现场实施师范教育为主，在大学四年制本科的基础上，采用"师徒制"与"教学实习"等方法，由教育学院教授与学校教师在学校共同负责指导学生。[③] 以学校现场为主要实践平台，师徒共同进行实践教学被认为是提高师范生实际教学能力的重要方式。

---

① 教育大辞典编纂委员会编：《教育大辞典》第11卷《外国教育史》，上海教育出版社1991年版。
② 刘静：《20世纪美国教师教育思想的历史分析》，北京师范大学出版社2009年版，第64页。
③ 教育大辞典编纂委员会编：《教育大辞典》第2卷《师范教育 幼儿教育 特殊教育》，上海教育出版社1990年版。

三 东渐西被：匠才型教师教育思想的中国实践

20世纪20年代至30年代，为解决当时文盲数量众多、师资严重匮乏的问题，中国的教育家们将导生制引入中国。其中，晏阳初推行的平民识字运动、陶行知的乡村师范教育实践和俞庆棠的平民教师师资培养实践都曾吸收英国导生制的思想，并在具体实践中对其加以改造，不仅扩大了教育范围，而且有效地解决了当时中国教师教育经费缺乏、师资匮乏的问题，在中国教师教育思想发展史上写下重要的一笔。①

（一）平民教育运动计划：晏阳初的"导生制"实践

20世纪20年代，我国著名平民教育家晏阳初发起了全国识字运动，其中就借鉴了英国的导生制，在短时间内为当时的扫盲运动培训了大量师资。

1918年，晏阳初在法国华人劳工中开启了他的平民教育实践。当时法国因第一次世界大战爆发，人口外流严重，劳动力市场存在巨大缺口。法国与中国的劳务公司签订合同，招募了约15万中国劳工。这些华工赴法后，主要负责战壕挖掘等工作。但是，很多华工因不识字，与当地官兵无法交流，也无法给家人书写家信。当时的基督教青年会战时工作会号召从美国大学毕业的中国学生到欧洲战场担任翻译工作，晏阳初就是其中之一。他赴法后，在华工中开办了识字班，教华工识字，取得了良好的成效。随着识字班不断壮大，师资匮乏问题日益严重。晏阳初采用导生制的办法，对毕业的劳工进行培训后，让他们当老师，教授其他学生。这种教学组织形式教学效果良好，在较短的时间内培训出大量的师资。

1920年，晏阳初回到中国后，开启了大规模的导生制实践。1922年，他发起全民识字运动，在长沙推行其"全城平民教育运动计划"②，这是他的平民教育理论的第一次大规模实验，取得了重大影响。他在其《九十自述》中指出：

> 一九二〇年后，我回到中国，在各地推行识字运动，教学的基本原则，大致上本之于在法国所实验的。此法后称为"导生制"，意思是以学生引导学生。③

他主张将教、学、做融为一体来培养教师。

> 教师不能为教而教，而是要教人以如何习、传、用；学的人不是为学而

---

① 梁漱溟等其他教育家也曾在其教育实践中应用导生制的思想，本书限于篇幅，不再赘述。
② 晏阳初：《平民教育新运动》，载宋恩荣主编《晏阳初全集：全4册》，天津教育出版社2013年版，第10页。
③ 晏阳初：《九十自述》，载宋恩荣主编《晏阳初全集：全4册》，天津教育出版社2013年版，第568—569页。

学，而是要学了以后去习、传、用；教者为用而教，学者为用而学；教的人站在学生的地位去教，学的人站在教人的地位去学，互帮互学，教学相长。①

这种导生制的教学方法强调即习、即传、即用，把学、教、做综合为一个过程，使新手教师的能力训练更加规范化和系统化。晏阳初主张的即习、即传、即用的导生制教学方法不但有效地普及了大众教育，而且以教学相长的方式培养了教师的实践能力，为解决当时农村师资匮乏问题做出了贡献。

(二) 艺友制师范教育：陶行知的"导生制"实践

20世纪20年代至30年代，陶行知在推动平民教育运动、乡村教育的过程中，采用匠才型的教师教育模式，并根据中国当时的情况对导生制进行修正，提出了"连环教学法""艺友制师范教育理论"和"小先生制"。

1923年，陶行知在推进平民教育运动时创立了"连环教学法"作为一种成人识字教学法。识字教学法是指：

> 不识字的人也可以一面学，一面教。只要家里有一个人识字，就可以教全家大大小小、男男女女一齐读书明理。一个人会读了，必得要温习才能记得长久。他温习的时候就可以一面温习，一面教别的人。等到他温习好了，在旁边的人也学会了。②

连环教学法将家庭、店铺的识字者作为"助教"，联络不识字者组成平民读书处，以此形成无穷的"连环"，如此，便可能使平民教育普及。③

1928年，陶行知借用导生制提出"艺友制师范教育理论"。他联合南京6校在《申报》和《民国日报》刊载公告，征集幼稚园和小学"艺友"，试行"艺友制师范教育"。该制度改变了由师范学校培养师资的传统，主张幼儿园培养幼儿园教师、小学培养小学教师，以师傅带徒弟的方式在幼儿园和小学中培训师资，旨在补充师范教育培养之数量不足。④

以"连环教学法"和"艺友制师范教育理论"为基础，20世纪30年代，陶行知创立了"小先生制"普及大众教育。"小先生制"不是英国的"导生制"的简单重现，而是陶行知根据中国当时的历史语境对导生制加以修正后提出的师范教育模式。其具体做法是让上学的儿童担任扫盲教师，即"小先生"，一个教师

---

① 萧焜:《晏阳初的农村教育思想与实验方法的现实意义》，载宋恩荣主编《教育与社会发展——晏阳初思想国际学术研讨会论文集》，湖南教育出版社1991年版，第160页。
② 陶行知:《能使全家识字的连环教学法——给胡适之夫人的信》，载方明主编《陶行知全集》第8卷，四川教育出版社2009年版，第18—19页。
③ 喻本伐、熊贤君:《中国教育发展史》，华中师范大学出版社2011年版，第528页。
④ 顾明远主编:《中外教育思想概览》，广东教育出版社2009年版，第461页。

教授一批学生，再由这些学生把学到的知识教给其他学生或低年级学生。"如果是成人无偿担当扫盲师资者，则称为'大先生制'或'传递先生制'。"① 这种教学组织形式采用简单的教学技艺传授，不但解决了普及教育师资不足的矛盾，而且有效扩大了学生数量。

陶行知对英国的导生制加以改进，不仅是大同学教小同学，而是把整个学校的学生都变成小先生，小先生所教的同学也不仅限于其他同学或低年级同学，而是自己去寻找学校之外的人，如不识字的家人或邻居。陶行知将小先生的定义由高年级学生拓展至全部学生，而且拓展了受教育对象的范围，即不但扩展了"谁教"的主体，而且扩展了"教谁"的对象。陶行知发起的"小先生运动"本土教师教育实践，曾波及全国 23 个省市，为补充平民教育师资、积极推动普及人众教育做出了贡献。

（三）民众教育：俞庆棠的"导生制"实践

我国著名教育家俞庆棠于 1919 年赴美哥伦比亚大学教育学院深造，用两年时间修完大学课程，取得哥伦比亚大学教育学院学士学位。毕业归国后，提出大力推行民众教育的主张。

1928 年，俞庆棠创办了以培养民众教育师资为目的的江苏省立教育学院，并在江苏省立教育学院推行导生制。俞庆棠认为导生制不一定需要固定的学校制度加以保障，尤其适合民众教育之需，因为民众教育采用的更多是不固定的学校式教育。② 她不但提倡导生制，还大力推崇"连环教学法"和陶行知的"小先生制"，认为这两种方法是民众教育、普及教育的有效办法。她注意到陶行知对导生制的改造，提倡用即知、即传的方法培养师资。

俞庆棠采用"连环教学法"普及城市民众教育。她提出：

> 把一区或一乡的识字的民众组织起来，把不识字的民众也组织起来。师资和学生都有了，组织才易进行。③
> 把各种不同职业中的识字分子组织起来，同工教同工，使教育容易普及。师傅教徒弟，马夫教马夫，矿工教矿工，老板教学徒。④

针对普通民众，俞庆棠将识字的民众发展为教师，将知识传授给不识字的民众，既扩大了师资数量，又扩展了受教育对象。她提出的相同职业的民众互相教学，以个人职业能力的发展激发民众的学习动力。针对儿童及青年，俞庆棠主张"应有集

---

① 喻本伐、熊贤君：《中国教育发展史》，华中师范人学出版社 2011 年版，第 528 页。
② 熊贤君：《俞庆棠教育思想研究》，辽宁教育出版社 1997 年版，第 259 页。
③ 俞庆棠：《努力推进民众教育，加强抗战力量》，载茅仲英、唐孝纯编《俞庆棠教育论著选》，人民教育出版社 1992 年版，第 370 页。
④ 俞庆棠：《努力推进民众教育，加强抗战力量》，载茅仲英、唐孝纯编《俞庆棠教育论著选》，人民教育出版社 1992 年版，第 370 页。

中的班级教学。采用小先生制及导生制，一乡至少有一学校"①。在城市民众教育中实施"连环教学法"有效扩大了教育范围，在学校中实施"小先生制"和导生制解决了当时学校教育师资匮乏的问题，培养了大批民众教育和学校教育人才。

第二节 专业进阶：应用科学型教师教育思想与其在中国的制度实践

随着社会经济的发展，传统的学徒制教师教育模式无法满足社会对师资的数量和质量要求，应用科学型教师教育思想应运而生，并在20世纪五六十年代成为西方教师教育的主流范式。应用科学型教师教育思想认为专业活动是应用科学理论和科学事实的理性实践，教师通过接受规范或标准化的训练与培养，理性应用教学理论与技能，成为技术熟练的专业教学实践者，并以此推动了教师以及教师教育的专业化。

一 技术理性：应用科学型教师教育思想的理论基础

20世纪80年代，美国学者唐纳德·A.舍恩（Donald A. Schön）对当时专业教育的技术倾向进行了批判，认为专业知识的专门化和标准化倾向不适用于专业实践中可能出现的复杂多变的问题。他基于德国社会学家马克思·韦伯（Max Weber）的形式理性（formal rationality）的概念，提出了"技术理性"（technical rationality）这一观念，并对其进行了批判。

韦伯把理性分为形式理性和实质理性（substantive rationality）。其中，形式理性是"一种客观的合理性，它涉及不同事实之间的因果关系判断，主要体现为手段（工具）和程序的可计算性"②。形式理性是一种思维方式和逻辑推理方法，人们用形式理性决定实现既定目标需采取的最有效办法。舍恩认为，技术理性模式下，专业实践是应用科学理论和技术严格地解决问题的过程，技术理性观念使人们认为只有基于专业科学知识的专业实践才能严格解决技术问题，这种认知忽略了专业实践的复杂性与不确定性。③

华莱士认为"应用科学"比"技术理性"这一术语"更能明确地表达这一教学模式的内涵"④。他提出，应用科学型教师教育模式是从理论到实践的模式，教

---

① 俞庆棠：《努力推进民众教育，加强抗战力量》，载茅仲英、唐孝纯编《俞庆棠教育论著选》，人民教育出版社1992年版，第371页。
② 周晓红：《西方社会学历史与体系》第1卷，上海人民出版社2002年版，第371页。
③ Donald A. Schön, *The Reflective Practitioner: How Professions Think in Action*, New York: Basic Books, 1983, pp. 21–22.
④ Michael J. Wallace, *Training Foreign Language Teachers: A Reflective Approach*, Cambridge: Cambridge University Press, 1991, p. 8.

学是教师向专家学习理论后应用到具体实践的过程。

(一) 实证主义：应用科学型教师教育思想的哲学基础

应用科学型教师教育思想的哲学基础是实证主义（positivism）。实证主义肇始于19世纪三四十年代，由法国哲学家、社会学家奥古斯特·孔德（Auguste Comte）吸收了克劳德·昂利·圣西门（Henri de Saint-Simon）的实证思想后创建。实证主义以经验主义、客观主义和自然主义为认识论基础，从中提取了观察、实验等基本方法以及客观、准确、肯定、可检验等精神，主张"科学唯一的目的是发现自然规律或存在于事实中间的恒常的关系，这只有靠观察和经验才能做到"[1]。实证主义的中心原则是：科学是基于经验的证实，任何正确的知识都基于感官经验，并通过观察和实验证实，唯有能以科学证实的实证知识才能正确运用到人类实践中。

此外，实证主义认为，社会是客观且可衡量的。实证主义反对仅通过理性理解社会，强调科学方法的价值，致力于人类知识分类和系统化。所以，实证主义的认识论主张建立知识的客观性，认为对理论和现象进行演绎推理即可得到科学知识。实证主义重视科学知识和技术理念，成为推动人们寻求应用科学技术、增进人类福祉的有效方法。在应用科学型教师教育中，教师教育研究者理论构建的主要任务包括：确定教师采用何种教学方法才能实现学生学习效果最大化，教师教育者如何将科学的教学方法传授给教师学习者。

(二) 要素主义：应用科学型教师教育思想的教育思想基础

应用科学型教师教育思想的教育思想基础是要素主义（essentialism）。作为当代西方重要的教育思想流派之一，要素主义主要代表人物有威廉·C. 巴格莱（William C. Bagley）、詹姆斯·B. 柯南特（James B. Conant）等。要素主义的主要观点为，"文化的价值具有永恒性和客观性，在人类的文化遗产中有着'文化上各式各样的最好的东西'，即共同的、不变的文化'要素'"[2]。"要素主义"由此而得名。要素主义认为，教育的目的就是把这些共同的、不变的文化要素完整地传授给年青一代。要素主义教育思想重视学生的道德训练和智力训练，强调学校课程设置的系统性和逻辑性，重视向学生进行系统的知识传授。学校应该限制学生自发的经验式学习，并通过完善的纪律、严格的学业标准、严格的考核制度确保学生接受完整的智力训练。[3]

具体而言，在课程设置方面，要素主义反对进步主义主张的活动式课程，活动式课程以在经验中学习知识为思想基础，认为学生在具体社会活动中通过解决问题学习各科知识，这种课程设置打破了学科之间的界限。与此相反，要素主义

---

[1] [美] 梯利：《西方哲学史》，葛力译，商务印书馆2015年版，第553页。
[2] 陆有铨：《现代西方教育哲学》，北京大学出版社2012年版，第52页。
[3] 单中惠主编：《西方教育思想史》，中国人民大学出版社2017年版，第445页。

认为活动式课程向学生提供的知识过于分化、零碎，容易导致学生混淆各科之间的内容，削弱了学科内容的系统性。要素主义主张按照严格的逻辑系统编写教材、组织课程，这种逻辑性主要表现为按照严格的学科分类向学生传授知识。每门学科都有自身的系统性，以分类方式向学生系统地传递各个学科的知识，才能保证学生接受各个学科提供的完整的智力训练。①

要素主义认为真理是需要人去发现的，而不是去创造的。学生的主要任务是发现知识，而不是创造知识。这一基本主张反映在师生关系方面，表现为教师在教育中处于中心地位，这种中心地位首先表现在知识维度，教师是知识的拥有者，学生只能被动地接受教师传递的知识。要素主义认为学生必须明白，教师所传授的知识"都是在过去的历史上经过检验证明是正确的真理，他的首要任务是吸收它们"②。其次表现在教学维度，教师掌握着主动权，具有较大的权威，学生在教师指导下才能发挥潜能。③ 教师"带领学生去发现知识。在这个促使学生去发现知识的过程中，主动性在教师，而不在学生"④。学生的主要任务是服从，服从教师的指导与学校的纪律。

（三）行为主义：应用科学型教师教育思想的心理学基础

应用科学型教师教育思想的心理学基础是行为主义。行为主义的学习观认为刺激—反应是学习行为的基本方式，学习是刺激与联结的巩固与加强。在学校环境中，联结或迁移的产生是基于"学校科目的内容或方法与所教的内容或方法相似"⑤。行为主义学习观认为，学生为了一定目的而接受教育，应该学习那些与目的直接相关的科目，才能使学生形成强有力的刺激—反应联结。在教师教育方面，教师教育的目的是培养教师，教师学习者接受教育的目的明确，应该学习与教学直接相关的科目，包括专业科目知识和教学法知识。

在具体的教学步骤上，伯尔赫斯·F. 斯金纳（Burrhus F. Skinner）基于操作性反射原理提出了程序教学理论。程序教学理论坚持小步原则、积极反应原则和即时反馈原则。为了构建有效的学习顺序，必须清楚地指定教学行为的最终目的，通过对教材进行分解，以精心安排的一系列步骤介绍所教的科目，以适当的提示鼓励学生对每个步骤的学习做出积极反应，教师对学生的反应进行即时反馈，以此强化学生对教学目标的掌握。程序教学理论应用于教师教育领域主要表现为，教师教育者提前确定教学所需的能力和知识，通过程序设计课程帮助教师学习者快速掌握教学知识和技能。

总之，应用科学型教师教育思想吸收了实证主义哲学、要素主义教育思想

---

① 陆有铨：《现代西方教育哲学》，北京大学出版社2012年版，第66—67页。
② 陆有铨：《现代西方教育哲学》，北京大学出版社2012年版，第73页。
③ 周钧：《美国教师教育理论与实践》，北京师范大学出版社2015年版，第84—85页。
④ 王飞：《论教师专业发展的教育哲学基础》，《教育理论与实践》2016年第28期。
⑤ ［美］伯茨：《西方教育文化史》，王凤玉译，山东教育出版社2013年版，第598页。

和行为主义心理学的主要内容，其核心内容是对教师进行教学技术训练，主张教师应学习程序化设计的教学知识和技能，具备将教育理论应用到教学实践中的能力。

二 工具理性：应用科学型教师教育思想的主要内容

应用科学模式的专业教育采用的是单向培养方式（见图1-2），专家将科学理论和实验的研究结果传授给接受培训的教师，教师将这些科研结论应用到教学实践中。应用科学型模式的兴起与当时的社会背景和教师教育机构的发展密不可分。

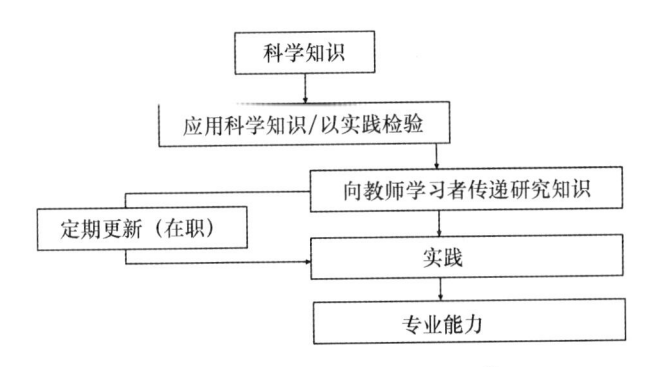

图1-2 应用科学型教师教育[①]

资料来源：Michael J. Wallace, *Training Foreign Language Teacher: A Reflection Approach*, Cambridge: Cambridge University Press, 1991, p.9.

第二次世界大战后，国际社会进入相对和平的发展时期，经济逐渐复苏，各国人口增长迅速，学龄儿童的极速增加迫切需要提升教师数量和质量。在这样的社会背景下，如何快速培养出业务熟练的教师，满足社会的学习需求成为欧美各国教师教育的主要导向。20世纪60年代兴起的以能力为本位的教师教育模式（Competency Based Teacher Education，CBTE）和以表现为本位的教师教育模式（Performance Based Teacher Education，PBTE）主要关注教师的教学能力的培养，其本质是应用科学型教师教育思想的具体实践模式。

此外，20世纪50年代，美国的教师教育体系从封闭走向开放，完成了从师范学院向综合性州立大学或大学教育学院的教师教育的升格，为教师教育理论构建提供了良好的学术环境。对业务熟练教师的巨大需求以及教师教育体系的开放推动了应用科学型教师教育的兴起，成为20世纪六七十年代教师教育的主流思想。

---

① 本图在引用时进行了翻译。

(一) 实证知识：应用科学型教师教育思想的知识观

应用科学模式下，知识具有专业化和标准化的性质，教师知识来源于教学理论，教师是知识的被动接受者。

首先，应用科学型模式下，教育理论占据主导地位，教育理论是教学实践的来源，教学实践是对理论的应用。20世纪50年代至60年代，欧美各国的教师教育体系从封闭走向开放，完成了从师范学院向综合性州立大学或大学教育学院教师教育的提升，为教育学术性研究、教育理论的产生创造了条件，进而为自上而下、理论到实践的应用科学型教师教育范式奠定了理论基础。教师教育者通过科学研究确定教师学习者应具备的知识和技能，这些知识与技能主要与学生的学习效果密切相关。教师的知识具有既定性、可操作性和技术性，教学是一个将既定教学理论应用到实践的过程。要提高教学效果，教师学习者就必须掌握教师教育研究者确定的、与学生学习效果密切相关的知识和方法。

其次，应用科学型模式下，任何实践知识的本质都是为实现既定目标所应采取的有效工具性行动。因此，知识的本质是工具性的（instrumental）。教师所学习的知识是由研究人员预先规定的，这些知识来源于固定情境中的一项任务，而这个确定的教学情境或任务与实际情况的契合度不是应用科学型教师教育关注的主要内容。因此，应用科学型教师教育对相同行为下可能有不同的动机、教师掌握教学技能和学科知识后的个人发展、帮助教师反思自身的教学实践等内容关注较少。[①]

(二) 理性运用：应用科学型教师教育思想的教师观和教学观

应用科学型模式中，教师被视为理论的执行者，教师教育的培养目标是掌握系统教学理论和规则的教学技术人员。教学不是一种过程性的交往活动，而是纯粹的工具。

第一，大学教育者构建理论，教师是课程知识的接受者和教学实践的执行者。应用科学型教师教育模式重视技术和科学，认为大量的专业知识产生专业认知，专业实践是对科学理论的应用。技术理性认为教育理论和技术具有普遍适用性，教育理论是专家针对教育的某个方面构建的一整套理论知识，教师从教育学科中习得理论知识，然后应用到实际的教学实践中。因此，教育实践是应用理论、检验理论的环节。

第二，教师的主要学习内容是与学生学习相关的具体教学技能。应用科学型教师教育强调未来教师知识和技能的产出。教师学习的内容限于教师教育者提前规定的专业学科知识，以及将这些理论知识运用到教学实践中的技术。基于这种教学技艺观，教师教育课程体系坚持知识本位技术论取向，将重点放在教学法，

---

① Kenneth M. Zeichner, "Alternative Paradigms of Teacher Education", *Journal of Teacher Education*, Vol. 34, No. 3, May-June 1983, pp. 3–9.

以教学法课程搭建学科专业知识与教学实践二者之间的桥梁。

第三，在师生关系中，教师教育者处于权威地位，是教育理论的建设者。教师教育者向教师传授既定理论，教师只能被动接受和应用教学理论。

三 双重认证：应用科学型教师教育思想在中国的制度实践

应用科学型教师教育的重要特征是采取最有效的方法实现既定目标，并用一定的标准检验目标达成的程度。在应用科学型思想影响下，西方教师教育领域开启了注重教师技能的第一次专业化运动。受西方教师教育思潮的影响，20世纪90年代中后期，中国教师教育思想向"专业化"发展。①

> 专业化是教师职业在长时期向专业性职业的标准接近的过程，实际包括了两个同步进行又各自独立的过程，即提高行业地位的专业性职业化和职业实践所需要的知识和技能的专业性职业化。②

我国教师教育专业化主要体现在两个方面：一是以教师职业的专业化严格教师标准提高教师职业地位；二是以教师培养的专业化赋予教师所需知识提高职业技能。

（一）资格认证：教师职业的专业化

教师资格制度是对教师教育产品的检验，而教师教育专业认证则是对教师教育机构培养质量的检验。我国实行的教师资格制度、普通高等学校的师范专业认证制度是应用科学型教师教育思想在中国的制度实践方式，为教师职业专业化和教师培养专业化提供制度保障。

受西方技术理性主义思想的影响，和律师、医生、工程师职业一样，教师是一种技术人员。1994年，我国开始实施的《中华人民共和国教师法》（以下简称《教师法》）规定："教师是履行教育教学职责的专业人员"③，从法律角度确认了教师的专业地位。2015年，我国修订颁布了《中华人民共和国职业分类大典：2015年版》，将我国职业归并为8个大类，其中，教学人员属于"专业技术人员"一类，分为高等教育教师、中等职业教师、中小学教育教师、幼儿教育教师、特殊教育教师和其他教学人员六个小类。④

证书制度是各种职业、岗位专业化的必然结果，也是社会分工及管理进步的

---

① 顾明远主编：《中外教育思想概览》，广东教育出版社2009年版，第462页。
② 曾天山：《教师教育应由满足数量向调整结构和提高质量转变》，《教育研究》2004年第9期。
③ 中华人民共和国中央人民政府：《中华人民共和国教师法》，http://www.gov.cn/banshi/2005-05/25/content_937.htm，1993年10月31日［2020-05-08］。
④ 国家职业分类大典修订工作委员会组织编写：《中华人民共和国职业分类大典：2015年版》，中国劳动社会保障出版社、中国人事出版社2015年版，第18—38页。

表现，它直接影响到职业和行业的质量及其社会声誉和地位。① 教师资格制度"是教师与教育行政部门之间的教育行政许可行为"②，通过对教师的身体、道德、学历、知识、能力等方面的素质设定明确的高标准，以严格的考核确定教师职业的准入门槛。我国的教师资格认证制度始于 20 世纪下半叶。1994 年，我国开始实施的《教师法》提出"国家实行教师资格制度"③，从法律的角度确认了教师的专业地位。1995 年，国务院颁布《教师资格条例》，确定了教师行业的专业标准。2000 年，教育部制定《〈教师资格条例〉实施办法》，从法律制度上开启了教师专业化进程。这一系列的法律条例为我国教师职业专业化和教师资格的认定提供了法律保障和制度保障。2001 年，全国首次开展全面的教师资格认定工作，我国逐步建立、推行和普遍实施教师资格证书与相应的资格考试。④

2012 年，《国务院关于加强教师队伍建设的意见》发布，要求全面实施中小学教师资格考试与定期注册制度，严把教师队伍入口关。⑤ 2015 年，《教育部办公厅关于进一步扩大中小学教师资格考试与定期注册制度改革试点的通知》发布，决定进一步扩大中小学教师资格考试和定期注册改革试点范围。在浙江、湖北等 15 个省（区、市）试点基础上，新增 13 个省（区、市）为试点省份。⑥ 自 2012 年至 2017 年下半年，共组织了 11 次全国教师资格考试，累计参加笔试考试的人数 515.8 万人，通过考试 180.8 万人；累计参加面试人数 192.1 万人，134.2 万人通过面试。⑦ 2019 年中小学教师资格考试人数近 900 万人，共认定发放 199.6 万本教师资格证书。⑧ 以教师资格证为保障，我国教师职业入口制度逐步完善。

教师资格认证制度是我国教师教育体系走向开放化、一体化和高等教育化的客观要求，推动了我国教师专业化的发展。"教师资格证考试是对教师教育的检测，教师的养成与教师资格证考试是统一的关系。"⑨ 国家教师资格统一考试政策

---

① 朱旭东：《国外教师教育的专业化和认可制度》，《比较教育研究》2001 年第 3 期。
② 陈鹏：《重新确立教师的法律地位是〈教师法〉修订的核心问题》，《中国教育学刊》2020 年第 4 期。
③ 中华人民共和国中央人民政府：《中华人民共和国教师法》，http：//www.gov.cn/banshi/2005 – 05/25/content_937.htm，1993 年 10 月 31 日［2020 – 05 – 08］。
④ 中华人民共和国教育部：《教育部关于印发〈关于首次认定教师资格工作若干问题的意见〉的通知》，http：//old.moe.gov.cn/publicfiles/business/htmlfiles/moe/moe_16/201301/147248.html，2001 年 5 月 14 日［2020 – 05 – 08］。
⑤ 中华人民共和国中央人民政府：《国务院关于加强教师队伍建设的意见》，http：//www.gov.cn/zwgk/2012 – 09/07/content_2218778.htm，2012 年 8 月 20 日［2020 – 05 – 08］。
⑥ 中华人民共和国教育部：《教育部办公厅关于进一步扩大中小学教师资格考试与定期注册制度改革试点的通知》，http：//www.moe.gov.cn/srcsite/A10/s7151/201507/t20150731_197045.html，2015 年 7 月 20 日［2020 – 05 – 08］。
⑦ 中华人民共和国教育部：《党的十八大以来教师队伍建设进展成效》，http：//www.moe.gov.cn/jyb_xwfb/xw_fbh/moe_2069/xwfbh_2017n/xwfb_20170901/sfcl_20170901/201709/t20170901_312866.html，2017 年 9 月 1 日［2020 – 05 – 08］。
⑧ 任友群：《2020 年教师政策支撑体系将更加"全方位、全领域"》，http：//www.moe.gov.cn/s78/A10/moe_882/202003/t20200316_431788.html，2020 年 3 月 16 日［2020 – 05 – 08］。
⑨ 贺永平：《中小学教师准入制度存在的问题与完善》，《教学与管理》2019 年第 31 期。

以国考的形式为师范生的培养设置了门槛,是提升教师队伍整体质量的催化剂,既有助于促进师范院校提高教师教育培养质量,又能激发师范生学习动力,成为提升教师质量和水平的最后保障。

同时,有学者认为国家教师资格统一考试制度在教师准入公平性与师范生培养层面存在一定弊端。陆道坤、蒋叶红认为,师范毕业生与非师范毕业生同时参加国家教师资格统一考试,一定程度上削弱了师范生的学习意义,而考试的可训练性掩盖了非师范生的教育素养与真实教育能力,引发了教师准入不公平现象。[①]蒋平认为国家教师资格统一考试政策打破了教师职业的专业门槛,可能导致师范生培养数量过剩。同时,面对国家教师资格统一考试政策,高师院校面临着国考标准与自身特色培养方案的两难选择,容易陷入应试教育的尴尬,引发教师教育培养目标和方向的迷失。[②]

教师资格制度的进一步完善,一是规范教师资格证制度的教育要求,为非师范生提供教师教育。[③] 非师范生未经过系统的教师教育训练,仅通过参加考试进入教师队伍,一定程度上制约了教师专业化进程,而且由于缺乏教师专业技能和专业素养训练,其专业能力无法得到充分保障。如何进一步开放教师教育体系,使非专业师范生接受更多的教师教育训练,是提高教师准入公平性,巩固教师职业专业化地位,提高教师整体质量的必然选择。

二是积极协同与教师教育发展之间的关系。教师资格证制度需要在指导思想和路径设计上体现教师教育规律,在实践层面有针对性地解决教师教育面临的关键问题。[④] 国家教师资格统一考试政策,打破了师范生与非师范生之间的专业门槛,但这并非是对师范生学习的否定,而是为教师教育培养质量与教师质量提供了制度保障。国家教师资格统一考试制度的实施凸显了教师教育的职业教师培养、教师研究能力、教师发展能力、教师实践能力的优势,为教师教育提供了新的发展机遇,以教师资格考试的开放性推动了非师范生以及职后教师接受教师教育,扩大了教师教育的培养范围。

三是注重差异,构建完善的教师资格考试制度。注重不同区域之间教师资格制度的差异化特征。不同区域之间教育水平的差异性决定了对教师素养要求的差异性,根据不同地区的具体情况设定区域性的教师资格标准,能有效满足各地区的师资需求,同时解决经济、教育欠发达地区师资数量不足、结构不合理等问题。[⑤]

---

① 陆道坤、蒋叶红:《思想的混乱与发展的迷茫——对教师资格证制度改革背景下教师教育发展的思考》,《湖北社会科学》2016 年第 10 期。
② 蒋平:《国家教师资格统一考试政策的价值审视:影响师范生培养的利弊分析》,《教师教育研究》2018 年第 3 期。
③ 贺永平:《中小学教师准入制度存在的问题与完善》,《教学与管理》2019 年第 31 期。
④ 陆道坤、蒋叶红:《思想的混乱与发展的迷茫——对教师资格证制度改革背景下教师教育发展的思考》,《湖北社会科学》2016 年第 10 期。
⑤ 林群、周春艳:《差异视角下对国家教师资格证统一考试制度的思考》,《教学与管理》2014 年第 36 期。

（二）专业认证：教师培养的专业化

专业性不仅包含专业知识和能力，而且蕴含着专业行为质量和标准的持续提升。对教师教育专业机构进行专业认证，通过制定严格的专业质量标准，对教师教育质量进行评估，规范教师教育的专业训练，是提升教师教育的培养质量和专业化水平、促进教师专业化和提高教师整体素质的制度保障。

我国教师教育机构走向专业化的制度实现是普通高等学校师范专业认证政策的实施。我国教育部于 2017 年 10 月印发《普通高等学校师范类专业认证实施办法（暂行）》，对师范类专业人才培养建立了统一的认证标准程序，全国范围内正在逐步形成统一的教师教育质量保障体系。我国的师范专业认证体系由教育部发布统一认证标准程序，确立师范专业办学基本要求，通过组建专家认证委员会评价其办学是否满足认证标准，以国家权力保障并监督全国的教师教育质量。同时引入专业化教育评估机构和基础教育机构对高校培养工作实施外部评价，由此以顶层设计的认证标准为依托，形成政府主导和社会参与的外部质量评价机制。

师范类专业认证实行三级监测认证，按照基本、合格、卓越的办学质量建立了纵向递进的监测认证体系，如表 1-1、表 1-2、表 1-3 所示（以中学教育专业认证为例），以一级认证标准确立师范专业办学的基本要求，二级认证保障师范专业办学达到合格标准，三级认证确立了师范专业办学的卓越标准。依据中学教育、小学教育、学前教育、职业教育、特殊教育不同的师资要求，建立了不同类别的专业认证标准，以此形成了纵向递进、横向延展，覆盖各级各类师范专业的认证体系。

专业认证以"学生中心、产出导向、持续改进"[1] 为基本理念。"学生中心，强调遵循师范生成长成才规律，以师范生为中心配置教育资源、组织课程和实施教学。"[2] 其中，认证标准中的"学生发展"指标集中体现了以学生为中心的认证理念，以中学教育专业认证三级标准为例，以生源质量、学生需求、成长指导、学业监测、就业质量、社会声誉、持续支持为二级指标促进师范生的全面持续发展。认证以生源质量从源头保障师范生的质量基础。在培养过程中，关注学生的共性与个性需求，从学习、生活、职业生涯、心理健康等方面为师范生提供全方位指导。同时以形成性评价为机制，对师范生的整个学习过程进行跟踪评估，激励师范生努力提升自身素养，达到毕业要求。在培养结果方面，以初次就业率、教师资格证书比例、用人单位满意度形成跟踪式外部评价，以

---

[1] 中华人民共和国教育部：《教育部关于印发〈普通高等学校师范类专业认证实施办法（暂行）〉的通知》，http://www.moe.gov.cn/srcsite/A10/s7011/201711/t20171106_318535.html，2017 年 10 月 26 日 [2020-05-08]。

[2] 中华人民共和国教育部：《教育部关于印发〈普通高等学校师范类专业认证实施办法（暂行）〉的通知》，http://www.moe.gov.cn/srcsite/A10/s7011/201711/t20171106_318535.html，2017 年 10 月 26 日 [2020-05-08]。

市场反馈反拨培养单位调整培养体系，提升毕业生质量。在职后阶段，关注师范毕业生的发展需求，提供多种形式的学习渠道，推动师范毕业生的可持续专业发展。由此可见，"学生中心"理念贯穿于师范生培养全过程，在师范生入学、培养过程、入职、职后各个阶段关注学生的需求与专业发展，营造职前职后一体化的培养生态系统。

> 产出导向，强调以师范生的学习效果为导向，对照师范毕业生核心能力素质要求，评价师范类专业人才培养质量。①

其中，认证标准中的"毕业要求"指标集中体现了产出导向的认证理念，以中学教育专业认证三级标准为例，"毕业要求"秉持"一践行三学会"的认证理念，即践行师德、学会教学、学会育人、学会发展，要求培养单位"立足社会需要和人的全面发展，关注师范生学习的最终成效，即毕业后学到了什么和能做什么"②。一方面满足师范生基于就业能力提出的学习需求；另一方面关注用人单位的需求，以毕业要求满足用人单位对师范生的能力需求。以社会需求和学生发展需求反拨培养体系，形成师范生能力与社会需求的有效衔接。

> 持续改进，强调对师范类专业教学进行全方位、全过程评价，并将评价结果应用于教学改进，推动师范类专业人才培养质量的持续提升。③

在制度设计上，专业认证以评价形成反馈，激励培养单位改进培养体系中的不足，以质量评价机制激励高校建设动态的质量持续提升体系。一方面以认证程序与认证结论相结合，激励并保持高校不断提升培养质量的工作状态。具体而言，以纵向三级递进的认证设计激励高校不断追求上一级的认证标准，"通过，有效期6年""有条件通过，有效期6年""不通过"的认证结论设计有助于督促培养单位按照认证标准，保证培养质量。另一方面，基于大数据建设的教师教育质量监测平台"将常态监测与周期性认证相结合，多维度、全程性跟进专业建设发展"④。

---

① 中华人民共和国教育部：《教育部关于印发〈普通高等学校师范类专业认证实施办法（暂行）〉的通知》，http://www.moe.gov.cn/srcsite/A10/s7011/201711/t20171106_318535.html，2017年10月26日[2020-05-08]。
② 刘莉莉、陆超：《高校师范类专业认证的历史必然与制度优化》，《教师教育研究》2019年第5期。
③ 中华人民共和国教育部：《教育部关于印发〈普通高等学校师范类专业认证实施办法（暂行）〉的通知》，http://www.moe.gov.cn/srcsite/A10/s7011/201711/t20171106_318535.html，2017年10月26日[2020-05-08]。
④ 周晓静、何菁菁：《我国师范类专业认证：从理念到实践》，《江苏高教》2020年第2期。

表 1-1　　　　　　　　　中学教育专业认证标准（第一级）

维度		监测指标	参考标准
课程与教学	1	教师教育课程学分	必修课≥10 学分 总学分≥14 学分
	2	人文社会与科学素养课程学分占总学分比例	≥10%
	3	学科专业课程学分占总学分比例	≥50%
合作与实践	4	教育实践时间	≥18 周
	5	实习生数与教育实践基地数比例	≤20∶1
师资队伍	6	生师比	≤18∶1
	7	学科课程与教学论教师	有
	8	具有高级职称教师占专任教师比例	≥学校平均水平
	9	具有硕博士学位教师占专任教师比例	≥60%
	10	中学兼职教师占教师教育课程教师比例	≥20%
支持条件	11	教学日常运行支出占生均拨款总额与学费收入之和的比例	≥13%
	12	生均教学日常运行支出	≥学校平均水平
	13	生均教育实践经费	≥学校平均水平
	14	生均教育类纸质图书	≥30 册 每 6 个实习生配备中学学科教材≥1 套
	15	微格教学、语言技能、书写技能、学科实验教学实训室等教学设施	有

资料来源：中华人民共和国教育部：《教育部关于印发〈普通高等学校师范类专业认证实施办法（暂行）〉的通知》，http://www.moe.gov.cn/srcsite/A10/s7011/201711/t20171106_318535.html，2017 年 10 月 26 日 [2020-05-08]。表格为笔者根据该资料自制。

表 1-2　　　　　　　　　中学教育专业认证标准（第二级）

一级指标	二级指标		
培养目标	目标定位、目标内涵、目标评价		
毕业要求	维度	践行师德	师德规范、教育情怀
		学会教学	学科素养、教学能力
		学会育人	班级指导、综合育人
		学会发展	学会反思、沟通合作
课程与教学	课程设置、课程结构、课程内容、课程实施、课程评价		
合作与实践	协同育人、基地建设、实践教学、导师队伍、管理评价		
师资队伍	数量结构、素质能力、实践经历、持续发展		

续表

一级指标	二级指标
支持条件	经费保障、设施保障、资源保障
质量保障	保障体系、内部监控、外部评价、持续改进
学生发展	生源质量、学生需求、成长指导、学业监测、就业质量、社会声誉

资料来源：中华人民共和国教育部：《教育部关于印发〈普通高等学校师范类专业认证实施办法（暂行）〉的通知》，http：//www.moe.gov.cn/srcsite/A10/s7011/201711/t20171106_318535.html，2017年10月26日［2020-05-08］。表格为笔者根据该资料自制。

表1-3　　　　　　　　　　中学教育专业认证标准（第三级）

一级指标	二级指标		
培养目标	目标定位、目标内涵、目标评价		
毕业要求	维度	践行师德	师德规范、教育情怀
		学会教学	知识整合、教学能力、技术融合
毕业要求	维度	学会育人	班级指导、综合育人
		学会发展	自主学习、国际视野、反思研究、交流合作
课程与教学	课程设置、课程结构、课程内容、课程实施、课程评价		
合作与实践	协同育人、基地建设、实践教学、导师队伍、管理评价		
师资队伍	数量结构、素质能力、实践经历、持续发展		
支持条件	经费保障、设施保障、资源保证		
质量保障	保障体系、内部监控、外部评价、持续改进		
学生发展	生源质量、学生需求、成长指导、学业监测、就业质量、社会声誉、持续支持		

资料来源：中华人民共和国教育部：《教育部关于印发〈普通高等学校师范类专业认证实施办法（暂行）〉的通知》，http：//www.moe.gov.cn/srcsite/A10/s7011/201711/t20171106_318535.html，2017年10月26日［2020-05-08］。表格为笔者根据该资料自制。

根据教育部公布的《2019年通过普通高等学校师范类专业认证的专业名单》显示，2019年，北京师范大学汉语言文学专业、华东师范大学汉语言文学专业通过第二级专业认证，东北师范大学思想政治教育专业等34个专业通过第二级专业认证。江苏省、广西壮族自治区2016—2017年通过师范类专业认证试点的专业，经教育部高等教育教学评估中心组织专家复评、普通高等学校师范类专业认证专家委员会审定，南京师范大学数学与应用数学专业等26个专业通过第二级专业认证。[1] 认证类别覆盖了中学教育、小学教育与学前教育，认证结论均为有条件通过。

---

[1] 中华人民共和国教育部：《教育部办公厅关于公布2019年通过普通高等学校师范类专业认证的专业名单的通知》，http：//www.moe.gov.cn/srcsite/A10/s7011/201908/t20190829_396489.html，2019年8月16日［2020-05-08］。

通过认证的高等学校师范类专业一方面以认证标准为内容，以有条件通过为程序，以"评价—反馈—改进"为持续监督方式，激发教师教育培养单位的质量提升动能，保证师范生的培养质量。另一方面可充分发挥已通过认证专业的示范作用，驱动教师教育培养单位积极参与认证，追求达到更高层级的认证标准，在全国范围形成追求卓越和持续改进的质量文化，推动全国师范专业培养质量进阶式发展。

教师资格认证制度统一确定了教师职业入口的标准，师范生与非师范生均可通过参加教师资格考试获得教师的职业入口资格，但教师资格证书与教师专业教育之间的衔接仍显不足。一方面，师范生在经过在校学习师范专业后仍需与非师范生一同参加教师资格考试，在一定意义上削弱了师范专业的吸引力；另一方面，非师范生虽然没有接受过正规的教师教育，但通过教师资格考试，也可取得教师资格证，在一定程度上造成了教师职业资格认定中师范生与非师范生之间的不公平竞争。

2018年1月，中共中央、国务院颁布了《关于全面深化新时代教师队伍建设改革的意见》，提出：

> 完善教师资格考试政策，逐步将修习教师教育课程、参加教育教学实践作为认定教育教学能力、取得教师资格的必备条件。[①]

这就意味着我国开始在教师资格证书认定与教师专业教育之间建立明确的制度关联，在教师资格证书的申请、认定与教师专业教育之间建立相互衔接的机制。[②]《普通高等学校师范类专业认证实施办法（暂行）》提出："通过第二级认证专业的师范毕业生，可由高校自行组织中小学教师资格考试面试工作。"[③] "通过第三级认证专业的师范毕业生，可由高校自行组织中小学教师资格考试笔试和面试工作。"[④] 这一措施从国家层面实现了师范教育培养认证标准与职业入口标准之间分级分类的有效衔接，二者相辅相成，既保证了教师职业准入标准的公平，又从培养质量和入口标准两个源头保障了教师质量。

总之，受应用科学型教师教育思想影响，我国的教师教育基于教师资格制度、

---

① 中华人民共和国中央人民政府：《中共中央 国务院关于全面深化新时代教师队伍建设改革的意见》，http：//www.gov.cn/zhengce/2018-01/31/content_5262659.htm，2018年1月20日 [2020-05-08]。
② 荀渊：《当前我国教师专业制度与专业教育的冲突及其融合的策略》，《教师教育研究》2018年第2期。
③ 中华人民共和国教育部：《教育部关于印发〈普通高等学校师范类专业认证实施办法（暂行）〉的通知》，http：//www.moe.gov.cn/srcsite/A10/s7011/201711/t20171106_318535.html，2017年10月26日 [2020-05-08]。
④ 中华人民共和国教育部：《教育部关于印发〈普通高等学校师范类专业认证实施办法（暂行）〉的通知》，http：//www.moe.gov.cn/srcsite/A10/s7011/201711/t20171106_318535.html，2017年10月26日 [2020-05-08]。

普通高等学校师范专业认证制度等路径依赖，逐步迈向教师职业专业化和教师培养专业化。

第三节　行思致远：反思实践型教师教育思想与其在中国的理论观照及实践

反思实践型教师教育的提出始于对应用科学型教师教育模式的批判。应用科学型模式下，教师被视为单纯的技术人员，是理论的执行者，处于被动地位。随着人们对教师角色和教师作用认识的不断深入，争取教师地位与权利的运动日益频繁，激发了人们对重新界定教学性质和教师教育目的的思考。重视培养教师的思维能力与决策能力，重视教师实践知识的反思实践型教师教育思想兴起，成为20世纪80年代以来西方教师教育思想的主流范式，并推动了中国教师教育思想的实践取向。

一　认知实践：反思实践型教师教育思想的理论基础

20世纪80年代，基于技术理性模式，专业实践无法应对复杂的专业实践状况，舍恩提出了行动中反思（reflection-in-action）与行动后反思（reflection-on-action）等概念。华莱士借用舍恩有关反思的概念，提出了教师教育的反思模式（reflective model）。[1] 在反思模式中，教师通过反思和评估来调整自身的专业实践行为。约翰·杜威（John Dewey）关于反思的思想和舍恩的反思实践理论为反思实践型教师教育思想提供了理论基础。此外，反思实践型教师教育思想还吸纳了解释主义哲学、进步主义教育思想和认知心理学的精神内涵。

（一）反思性实践：杜威和舍恩关于反思的思想

杜威关于反思的理论是反思实践型教师教育思想的主要来源之一。杜威认为，反思是解决问题的一种特殊形式，是一种通过主动联结，将实践前后思想进行仔细整理的思维方式。反思即：

> 对一种事物建立信念，是相信或者决定不相信信念的建立不是根据对这一事物的直接观察，而是借助其他的事物，并将其作为自己的信念的依据理由或凭证。[2]

因此，反思可被看作一种积极的、有意识的认知过程。人们的思想中包含着潜在

---

[1] Michael J. Wallace, *Training Foreign Language Teachers: A Reflective Approach*, Cambridge: Cambridge University Press, 1991, p.48.

[2] ［美］约翰·杜威：《我们如何正确思维》，常春藤国际教育联盟译，现代出版社2016年版，第8页。

的信念与知识，反思是将这些互相联结的知识进行排序的过程。杜威最早将反思与教学结合起来，他认为教学在本质上是具有反思性质的。

有关杜威反思思想的一个重要问题是关于反思与行动的关系，关于这个问题学界见解分为两个派系，一派认为反思仅仅是关于行动的思维过程，另一派认为反思与行动密不可分。舍恩是反思实践主义教师教育的主要发起人之一，他认为反思与行动密不可分，不应该将专业实践看作一种将科学理论应用于实际问题的行为，技术理性的模式不适用于专业实践的复杂要求。舍恩认为专业实践中的问题经常是复杂的、不确定的，专业人员应当学会构建和重构所面临的问题、测试不同的解释，最后修正自己的行动。他提出了行动中反思与行动后反思，其中，行动中反思指实践中有意识的思考和修正，行动后反思指实践后对实践的回溯性思考。两种反思形式都反映了专业人员为选择有效的行为方式，在做出合乎逻辑的决定过程中具备的理性选择和道德选择。[①]

（二）解释主义：反思实践型教师教育思想的哲学基础

反思型教师教育思想的哲学基础是解释主义。解释主义的核心观点是：人类对于复杂世界的认知不可能靠外部的客观观察实现，而是通过研究生活在这个世界中人群的经验以及观点，在个人的直接经验过程中自发获得的。

从认识论角度而言，解释主义"注重描述、了解人的内部世界及其对行为的影响"[②]，即解释实践。美国哲学家唐纳德·戴维森（Donald Davidson）是解释主义的主要倡导人物之一。他认为，人能互相理解对方的行为和话语，每个人既是解释者，又是被解释者。解释者能够理解说话者的话语原因之一是，解释者具备非语言的知识，与说话者有共同的世界。以此为基础，解释主义的认识论认为：

> 实在不能与我们关于它们的认知、知识分离开，研究者、认知者的知识、价值观、世界观渗透到了全部研究过程及其结果之中，以至于浸透在所认识的实在之中，真理是通过对话而完成的协商的产物。[③]

因此，人作为认识主体，不能将自己与所知道的东西分裂看待，人如何理解世界与理解他人、理解自己密不可分。

在知识观上，解释主义认为，与一个人的行为相关的直觉因素并不一定是设计或学习获得的。"知识从实践中产生，真理不再由研究者生产，而是与被研究

[①] Neville Hatton and David Smith, "Reflection in Teacher Education: Towards Definition and Implementation", *Teaching and Teacher Education*, Vol. 11, No. 1, January 1995, pp. 33–49.

[②] 张晓光：《研究性反思：芬兰师范生教育实习探析》，《教育研究》2019年第5期。

[③] 高新民、张蔚琳：《心灵研究的"归属论"走向：解释主义及其最新发展》，《社会科学研究》2019年第5期。

者共同达成。"① 在反思的过程中，个人考虑行动的处理、行动的结果，以及获得与行动相关的知识。总之，解释主义的认识论观点认为，知识是通过个人经历获得的，主张通过归纳创建理论。在教师教育领域，解释主义注重对教师的社会行动进行解释性理解，主张教师社会化过程中发挥个体的能动性及情境调适。② 教师对教学的理解不仅来源于直接知识，而且来自在实践中与教学对象的对话互动，以反思形式进行自我对话，才能获得真正的知识。

（三）实用主义：反思实践型教师教育思想的教育思想基础

反思实践型教师教育思想的教育思想基础是实用主义。杜威是实用主义教育思想的主要代表人物之一，他认为经验是：

> 人的有机体与环境相互作用的结果（或称为统一体），是人的主动的尝试行为与环境的反作用而形成的一种特殊的结合。③

杜威主张学习者应从经验中学，即从做中学。胡适曾用珍珠在海里老蚌中的形成过程形容杜威的教育思想，他说：

> 人的整个经验，一点一滴都是真理，都是宝贝。那宝贝是看不见的；但是在脑子里，在心灵里，一天一天的积累，就愈来愈灵活了。这个经验，就是教育。这种教育哲学，就是杜威先生的基本思想。④

可见，杜威强调从实践、经验中获取的知识是隐形的、缄默的，但是这些缄默知识通过逐渐积累和继续实践，形成个人独有的知识。

实用主义教育思想的另一位代表人物威廉·H. 克伯屈（William H. Kilpatrick）认同杜威的实用主义教育思想。克伯屈认为，学习者的经验在学习中有着重要作用，因此，学校课程不仅应包括学科知识，也应包括学校活动中涉及的学生经验。这种重视学生经验的理念要求学校生活组织、课程设置、教学方法都应服从于学生的需求。在师生关系中，学生处于中心地位。实用主义的教师教育思想反映到教师教育领域，表现为教师教育以教师学习者为中心，充分发挥教师学习者的主动性和知识创造能力，重视教师在自身的实践经验中获取知识。

（四）认知心理学：反思实践型教师教育思想的心理学基础

反思实践型教师教育思想的心理学基础是认知心理学。20世纪70年代以来，心理学界发生了一场认知革命，认知心理学反对行为主义心理学的单向"刺激—

---

① 张晓光：《研究性反思：芬兰师范生教育实习探析》，《教育研究》2019年第5期。
② 朱旭东、周钧：《教师专业发展研究述评》，《中国教育学刊》2007年第1期。
③ 单中惠主编：《西方教育思想史》，中国人民大学出版社2017年版，第381页。
④ 胡适：《胡适品人录》，华文出版社2014年版，第256页。

反应"理论,注重主体与客体的互动。认知心理学研究取得了丰硕成果,成为西方心理学的主要方向之一。认知心理学关注概念结构内在表征的性质、起因和动态,寻求描述和解释复杂活动中人的认知过程。在教师教育方面,认知心理学关注教师的内部思维而非外显行为,如关注教师如何考虑教学、教师如何解决问题、教师如何反思等决策思维。① 因此,反思实践型教师教育的目的是使未来的教师具备在教学实践中根据产生的问题和具体的情境进行反省的能力,即教师教育应注重培养教师的思维能力而非标准化的教学能力。

另外,认知心理学的学习模式认为,个人是学习活动的积极参与者,学习是学习者主动建构知识的过程。这个过程中的重要因素之一是,学习者能够意识到自己参与知识建构的必要性,从而参与到导致思维变化的任务中,即学习者在实践中进行反思和自我调节。

二 研精毕智:反思实践型教师教育思想的主要内容

应用科学型模式的教师教育通过制定严格的专业标准提高教师整体素质,促进了教师的专业化,但教师的专业化运动为反思性教学的兴起提出了内生式要求。

> (教师)专业制度的建设,起到一个筛选作用,却无法保证每一位教师专业知识、技能、情意的不断改进和提高。②

教师的个人发展无法依靠外在的专业标准实现,而是要以尊重教师个体独特性为基础,激发教师的内在思维能力与主动性,实现自身专业能力的持续发展。

因此,20世纪80年代后,教师教育越来越重视教师的内在思维、理性决策能力和批判分析能力,在教育改革中,主动批判和建构的能力受到重视。反思实践教育思想开始兴起,成为20世纪80年代以来西方教师教育思想的主流范式之一。

(一)以类相从:关于反思教学的分类问题

舍恩是"反思性实践"的最初倡导人之一,他关于反思实践的论述始于对技术理性的批判。舍恩提出,技术理性主义认为知识是专门化的、有严格界限的、科学的和标准化的,在专业实践中只关注如何解决问题,忽视提出问题。舍恩认为专业实践所面临的问题是复杂的、多变的、独特的,所以技术理性模式下的知识观不适用于专业实践的复杂要求。③ 他提出了两种反思方式:"行动中反思"与"行动后反思",前者指教师在教学过程中有意识的思考,或产生的直觉的、即兴

---

① 洪明:《教师教育的理论与实践》,福建教育出版社2002年版,第218页。
② 荀渊:《从政策转变看教师专业化的发展》,《教师教育研究》2004年第2期。
③ 周钧:《技术理性与反思性实践:美国两种教师教育观之比较》,《教师教育研究》2005年第6期。

的决策；后者指教师在结束教学后，对已发生的教学实践进行的回溯性沉思（retrospective contemplation）。舍恩主张以"行动中反思"代替技术理性主义范式下的"技术性实践"，利用"反思实践"将科学的作用与专业实践相融合。

除此之外，不同的学者依据不同的标准对反思教学进行了不同的分类。英国学者莫文娜·格里菲斯（Morwenna Griffiths）和莎拉·唐（Sarah Tann）按照反思的深度与速度以及反思发生的时间顺序，区分了五个层次的反思：即时的快速反思（rapid reflection）、修复反思（repair reflection）、回顾反思（review reflection）、研究反思（research reflection）和再理论化的反思（retheorizing and reformulating reflection）。[1] 美国学者琳达·瓦利（Linda Valli）将反思性教学分为五类：技术性反思（technical reflection）、行动中和对行动的反思（reflection-in and on-action）、缜密性反思（deliberative reflection）、个性化反思（personalistic reflection）和批判性反思（critical reflection）。[2]

虽然分类方式和分类名称不同，但这些关于反思教学的分类都围绕以下几个问题展开：一是关于反思的时间跨度以及其延展性问题，即反思是即时性、短暂性思考还是延展性、系统性思考；二是反思的本质是否以问题为导向；三是在寻求实践问题的解决方案时，个体的有意识的反思如何将历史、文化、政治观念融入其中。

就第一个问题反思的时间跨度或其延展性而言，一方面，有些反思具有即时性，即在教学实践后，对教学技能的有效性进行即时评价，这种即时性的评价依赖于反思是基于明确的外在权威标准进行的，如瓦利提出的"技术性反思"、格里菲斯和唐提出的"即时的快速反思"。即时性的反思中，教师反思的目的是将自己的教学实践与外部专家和研究者事前确定好的标准进行匹配。在这种反思模式下，未来的教师学习的是如何使自己的教学实践符合教学研究的结论。

另一方面，有些反思鼓励在相对延伸的时间范围内进行深思熟虑的反思。如瓦利提出的"缜密性反思"，格里菲斯和唐提出的修复反思、回顾反思、研究反思和再理论化的反思。这些反思要求教师通过权衡各种对立性主张，寻找未来可实行的最佳教学方案，强调反思的系统性。这就要求教师学习者在处理复杂的专业实践状况时，对理论"不是不加选择地照搬使用，而是要对其进行斟酌和判断，继而选择出适宜的策略和方法"[3]。在这种反思模式下，教师教育的目的是帮助未来的教师深入思考各种相互冲突的教学观点，考察各种资源的可信度，结合特定的教学情境思考，最终作出适合学生情况和具体情境的理性决策，即帮助未

---

[1] Morwenna Griffiths and Sarah Tann, "Using Reflective Practice to Link Personal and Public Theories", *Journal of Education for Teaching*, Vol. 18, No. 1, January 1992, pp. 69–84.

[2] Linda Valli, "Listening to Other Voices: A Description of Teacher Reflection in the United States", *Peabody Journal of Education*, Vol. 72, No. 1, January 1997, pp. 67–88.

[3] 周钧：《技术理性与反思性实践：美国两种教师教育观之比较》，《教师教育研究》2005年第6期。

来教师成为优秀的决策者。①

第二个问题是关于反思和解决问题的关系，大部分反思模式都以解决教学问题为导向，而"个性化反思"以个人发展为导向，包括对教师自身的职业发展的反思、与学生关系的反思、对学生需求的反思以及提升学生全面素质的反思。这种反思模式反映到教师教育中，教师教育者要注重培养未来教师的同理心或移情能力，关注学生的情感需求。

第三个问题是关于个体如何对自身的行动进行建构性自我批评。"批判性反思"将反思的外延由反思教学拓展至反思一切影响教学的社会环境，如道德和伦理标准、社会公平和正义。"批判性反思"不仅强调质疑和批判，而且还强调社会行动，在具体的教师教育中采取哪种反思模式取决于该教师教育项目的任务和关注点。

综合上述几种反思实践模式可以看出反思实践型教师教育的知识观、教师观和教学观。

（二）实践知识：反思实践型教师教育的知识观

反思实践型教师教育模式下，教师的教学知识始于自己对教学实践的反思。教师的实践中蕴含着大量的专业知识，即关于有效教学行为的知识或理论产生不再仅仅是大学等教育研究机构的特权，教师自身也可产生知识。

舍恩认为知识可分为正式知识（formal knowledge）和实践知识（practical knowledge）。正式知识是源于书本或教师的显性知识或理论，而实践知识是通过直接经验的积累获取的缄默知识。②华莱士主张，反思模式中两种知识共同促进了教师的专业能力发展：一是间接知识（received knowledge），主要包括科学研究中必要且重要的信息；二是经验知识（experiential knowledge），与专业实践者当前的实际经验相关。③舍恩和华莱士都强调通过专业实践获得的直接知识对教师个人专业发展的重要性。教师通过反思，将间接知识与自身经验结合，在实践中将间接知识与直接知识融为一体，内化为自身的专业能力（见图1-3）。

实践知识是以行动为导向的个体性知识。由于实践知识是教师在具体工作情境中构建的，实践知识是经验知识、正式知识和个人信念的结合体。要实现可持续的专业发展，教师必须具备不断更新实践性知识的能力。在教师教育中要培养教师的实践反思能力通常采用的培训策略包括交互式网络学习（learning in networks）、同行辅导（peer coaching）、合作行动研究（collaborative action research）、

---

① 洪明：《教师教育的理论与实践》，福建教育出版社2002年版，第230页。
② Virginia Richardson, "From Behaviorism to Constructivism in Teacher Education", *Teacher Education and Special Education*, Vol. 19, No. 3, July 1996, pp. 263–271.
③ Michael J. Wallace, *Training Foreign Language Teachers: A Reflective Approach*, Cambridge: Cambridge University Press, 1991, p. 17.

案例法（the use of cases）。① 通过这些活动对教师目前的实践知识展开评价，经过同行或专家的指导后，教师的实践知识发生改变，以此提升教师的专业知识和技能。

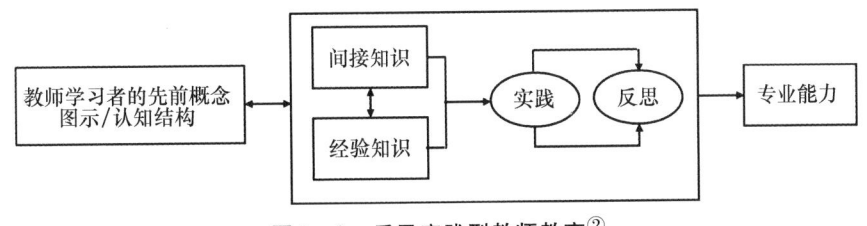

图 1-3 反思实践型教师教育②

资料来源：Michael J. Wallace, *Training Foreign Language Teacher: A Reflection Approach*, Cambridge: Cambridge University Press, 1991, p. 49.

（三）学习决策：反思实践型教师教育的教师观和教学观

反思实践型教师教育的目标是将教师培养为反思实践者，主张发挥教师学习者的主动性，要求教师学习者在行动中反思，对行动进行反思，在实践中获得知识。

首先，反思实践型模式强调教师在解决实际教学问题中的积极作用，将教师培养成为面对具体情境和实际教学问题时，做出理性决策的优秀决策者。反思实践教师教育思想始于对应用科学型教师教育的批判。应用科学型模式下，教师的行为被视为教育学理论的科学应用，这一思想导致教师面临的实际问题是，教师无法应用统一的理论处理复杂多变的教育状况。而反思实践型教师教育的目的就是使教师能够基于具体情境，而非抽象理论，对实践中的下一步行动做出适切的决定。

其次，反思教学是一种情景性实践，是教师在不确定的情境中发现问题、解决问题、反思解决方法的过程。教师学习者观察有经验的教师后，不再进行模仿，而是进行反思。反思能够提供新的行动方法，帮助教师明晰问题、解决问题，以此提升技能。在反思实践中，行动者能够认识到自身的构成性力量，即行动者能够意识到自己采取的行动会对目前的情况所产生的影响。培养未来教师反思实践能力的方法包括行动研究法、分析性思维实践法、个案研究法、人种志研究法、辅导法、反思日记法、结构化的课程任务等。

最后，反思实践型模式的培养目标之一是培养未来教师的学习能力，使其具

---

① Jan H Van Driel, Douwe Beijaard and Nico Verloop, "Professional Development and Reform in Science Education: The Role of Teachers' Practical Knowledge", *Journal of Research in Science Teaching*, Vol. 38, No. 2, February 2001, pp. 137-158.

② 本图在引用时进行了翻译与修改。

备在未来职业生涯中持续提升专业素养的能力。教师教育者的任务是帮助未来的教师将自身的教学能力、教学经验内化为专业素养，在实际的教学实践中不断提升自身的教学水平。教师不但要"学会教学"（learning how to teach），还要"学会学习"（learning how to learn），从而为其专业化成长奠定能力基础。此外，教师教育者还要注重培养教师的批判反思能力，帮助教师在教学过程中注意伦理因素、文化因素和社会因素，反思实践型教师教育模式要培养的是"具有知识、技能和品性的多向度的教师"①。

三 以行促知：反思实践型教师教育思想在中国的理论观照及实践

伴随"五四"新文化运动的兴起后，陶行知、陈鹤琴、蒋梦麟、胡适、俞庆棠等杜威的弟子回国后，大力宣传并实践杜威的实用主义教育思想。同时，他们邀请杜威和克伯屈等人来华讲学。其中，20世纪20年代至40年代，杜威多次访问中国，并在全国多地就社会和政治学、教育哲学和伦理学开展了多次讲学活动。民国时期，中国本土教育家们的宣传和教育实践极大地推动了实用主义教育思想在中国的传播，"实用主义教育理论便成为中国师范教育发展的指导思想"②。限于篇幅，本章主要介绍陶行知的"教学做合一"的理论和陈鹤琴的"活教育"理论。

（一）生活即教育：陶行知的"教学做合一"理论

1915年，陶行知开始在美国哥伦比亚大学学习教育学，曾修读过杜威主讲的课程。回国后，陶行知对杜威的思想进行改造，并通过亲自创办师范学校，将实用主义思想应用于中国教师教育实践。

陶行知对杜威的思想进行改造，将杜威的"教育即生活"转变为"生活即教育"，将杜威的"从做中学"转变为"教、学、做合一"。他反对将教师称为"教员"，认为教师的任务不仅是教学生书本上的知识，而且要在教学实践过程中继续学习知识、提升教学能力。

> 一、先生的责任在教学生学；二、先生教的法子必须根据学的法子；三、先生须一面教一面学。这是教学合一的三种理由。③

他借鉴墨子对知识的分类，将知识分为亲知、闻知和说知三种：

> 亲知是亲身得来的，就是从"行"中得来的。闻知是从旁人那儿得来

---

① 周钧：《技术理性与反思性实践：美国两种教师教育观之比较》，《教师教育研究》2005年第6期。
② 顾明远主编：《中外教育思想概览》，广东教育出版社2009年版，第460页。
③ 陶行知：《教学合一》，载方明主编《陶行知全集》第1卷，四川教育出版社2009年版，第20页。

的，或由师友口传，或由书本传达，都可以归为这一类。说知是推想出来的知识。①

反映到教师教育领域，闻知可以理解为教师从书本或教师教育者获得的知识，而亲知和说知可以理解为教师在教学实践中以及通过反思获得的知识。陶行知认为实践是知识的来源，"亲知为一切知识之根本。闻知与说知必须安根于亲知里面方能发生效力"②。

可见，陶行知认为教师在行动或教育实践中获得的知识才是真正有效的知识。这一思想与西方20世纪80年代兴起的反思实践型教师教育思想中重视教师的实践性知识，尤其是舍恩的"实践认识论"或在行动中求知（knowing-in-action）的思想是一致的。陶行知与舍恩都吸收了杜威的实用主义教育思想，强调在实践中缄默知识的获取。

1927年，陶行知创办南京晓庄实验乡村师范学校，这是对其对反思实践型教师教育思想的具体实践。陶行知指出，师范学校传授给教师的不是简单的专业基础课加教育学、教学法，未来的老师不仅要学会教学，还要学会学习。陶行知强调师范学校与一线中小学的合作，他主张中小学和幼儿园是师范学校的中心，认为一线学校是"教育学的实验室""试验教育原理的机关"。③陶行知创办的晓庄实验乡村师范学校及其教师教育思想极大地推动了中国教师教育实践取向模式的发展。

（二）以做为本：陈鹤琴的"活教育"理论

陈鹤琴于1914年赴美留学后，曾就读于哥伦比亚大学教育学院，受业于美国教育家杜威和克伯屈，二者都是实用主义教育思想的代表人物。1918年，陈鹤琴获教育学硕士学位，毕业归国后，陈鹤琴致力于教育事业改革、译介西方教育理论。20世纪40年代，陈鹤琴通过江西省立实验幼稚师范学校的实践经验，提出了"活教育"的系统理论，推动了我国幼儿师范教育的发展。

在"活教育"的教学原则方面，陈鹤琴吸收了杜威的实用主义教育思想，同时受陶行知"教学做合一"理论的影响，提出活教育理论应"侧重在做人（做人、做中国人、做现代中国人），活教育的方法也在'做'（做中教、做中学、做中求进步）"④。以"做"为出发点，陈鹤琴提出了活教育理论的教学原则和教学步骤。

第一，在教学原则方面，他强调"凡儿童自己能够做的应当让他自己做"⑤，

---

① 陶行知：《行是知之始》，载方明主编《陶行知全集》第2卷，四川教育出版社2009年版，第5页。
② 陶行知：《行是知之始》，载方明主编《陶行知全集》第2卷，四川教育出版社2009年版，第5页。
③ 虞伟庚主编：《陶行知教育思想概论》，武汉大学出版社2012年版，第57页。
④ 陈鹤琴编著：《活教育理论与实施》，立达图书服务社1947年版，第4页。
⑤ 陈鹤琴编著：《活教育理论与实施》，立达图书服务社1947年版，第6页。

"凡是儿童自己能够想的应当让他自己想"①。他将"做"作为教学的基本原则，提出应当使儿童在亲身思考和亲自实践中获取直接可见的经验，了解事物的性质，"鼓励儿童去发现他自己的世界"②。可见，活教育理论不仅强调学生在教学过程中的主体地位，而且注重从直接经验中求知。

第二，在教学过程方面，陈鹤琴提出将教学过程分为四个步骤：实验观察、阅读思考、发表创作、批评研讨。首先，实验观察是教学过程的第一个步骤也是最重要的步骤。他认为，知识分为直接知识和间接知识：从书本、教师得来的知识是间接知识，间接知识是前人实践经验的总结；从实验观察中获得的知识是直接知识，直接知识的获得过程是加深知识记忆的过程。其次，陈鹤琴也注重从阅读中获取间接知识的重要性，通过思考将直接知识和间接知识合为一体。主张将儿童在亲身经验中发现的问题或无法解决的问题，通过阅读在间接知识中寻找答案。最后，陈鹤琴提出通过让学生发表创造，将他们在直接经验和阅读思考中获得的直接知识和间接知识融会贯通，通过报告的形式和批评研讨加深认识、相互启发、达到知识的完善。

1940 年 10 月，由陈鹤琴担任校长的江西省立实验幼稚师范学校正式成立，该学校成为利用"活教育"理论培养教师的实践基地。学校从培养目标、教学、教程、教材各个方面都依据活教育理论进行教师的培养。在学校，他将大自然作为教材，带领学生共同劳动、共同建设学校，同时要求学生去小学、幼儿园进行实习锻炼，注重教师在具体的实践锻炼中获取知识。陈鹤琴在幼师学校进行的活教育理论实践，推动了实用主义教育思想在中国的本土发展，也推动了教师教育的实践取向在中国的普及。

第四节 方兴日盛：社会建构主义教师教育思想与其对中国教师教育的影响

反思实践型教师教育思想关注教师的内在思维能力与其自身专业实践的相互作用，关注教师的内源式专业发展。社会建构主义教师教育思想不仅关注教师的能动主体性，还进一步将关注点集中在教师与社会情境的互动中，与其他社会主体合作共建知识，帮助教师"在构筑合意的教育环境中发挥更大的作用"③。

一 交往理性：社会建构主义教师教育思想的理论基础

建构主义认识论经历了从激进建构主义向社会建构主义的转变，激进建构主

---

① 陈鹤琴编著：《活教育理论与实施》，立达图书服务社 1947 年版，第 8 页。
② 陈鹤琴编著：《活教育理论与实施》，立达图书服务社 1947 年版，第 10 页。
③ 余进利、张雪：《关于教师教育范式的思考》，《浙江师范大学学报》（社会科学版）2009 年第 3 期。

义只关注学习者内部的认知机制和心理机制,社会建构主义不仅关注个体的认知机制,而且关注社会文化因素在学习中的作用。受激进建构主义影响的教师教育主张,教师教育者直接指导教师,帮助教师学会建构主义教学方法;社会建构主义教师教育强调教师教育者和教师共同合作,帮助教师内化知识。[①] 社会建构主义的理论基础可以追溯到伊曼努尔·康德(Immanuel Kant)的哲学思想、让·皮亚杰(Jean Piaget)和列夫·维果斯基(Lev Vygotsky)的认知心理学思想以及杜威的实用主义教育思想。

(一)康德的批判哲学:社会建构主义教师教育思想的哲学基础

社会建构主义教师教育思想的哲学基础可以追溯到康德的批判哲学。康德的批判哲学对唯理论与经验论关于知识问题上的争论进行了调和。康德同意经验主义关于知识内容来源于经验的观点,认为感觉是知识的材料,同时同意唯理主义的观点,认为心灵对经验进行加工,普遍和必然的知识不能来自经验。

> 知识的内容来自经验(经验主义),但是,心灵思维它的经验,按照它先验或固有的,即唯理的方式来思考这些经验(唯理主义)。[②]

可见,康德克服了经验论和唯理论各自的局限,强调人的认知作用,将人置于认识论的中心位置。他的"全部理性批判是围绕着人的主体性而展开的"[③]。

康德认为:

> 不是事物在影响人,而是人在影响事物,是人在建构现实世界,在人认识事物的过程中,人比事物本身更重要。[④]

他认为,"已往哲学知识论的失误在于'主体'围绕着'客体'转,'主体'力求'符合''客体',以取得关于'客体'的正确知识——真理。"[⑤] 康德认为这种以认识对象为中心,让人围绕着客观存在的知识论路线是行不通的,无法保证认识主体与认识对象的一致性。他将传统的知识认识论进行了翻转,认为"客体"应围绕着"主体"转,认识对象是由认识主体建构的。

> 让认识主体去构造对象而不是让主体的认识去符合对象,这用今天建构

---

① Virginia Richardson, "Constructivist Teaching and Teacher Education: Theory and Practice", in Virginia Richardson ed., *Constructivist Teacher Education: Building New Understandings*, London and Washington, D. C.: The Falmer Press, 1997, pp. 3–14.
② [美]梯利:《西方哲学史》,葛力译,商务印书馆2015年版,第434页。
③ 任友群:《建构主义学习理论的哲学社会学源流》,《全球教育展望》2002年第11期。
④ 高鸾:《当代西方建构主义教师教育思想简述》,《比较教育研究》2016年第9期。
⑤ 叶秀山:《康德之启蒙观念及其批判哲学》,《中国社会科学》2004年第5期。

主义的术语来说便是：知识不是被动吸收的，而是认知主体主动建构的。①

康德不仅明确了人在认识过程中的主体地位，并且描绘了人作为认知主体主动构建知识的路径。他认为人类具有独立于经验的先天知识，这些知识来自先天条件和理性自身。"吾人具有某种先天的知识。"②

> 所谓先天的知识非指离某某个别经验而独立自存之知识，乃指绝对离开一切经验而独立自存之知识。与此相反者为经验的知识，此仅后天的可能，即仅由经验而可能之知识。③

他认为没有联系的知觉、经验不是知识，知识存在于先验的综合判断中，即只有通过主体的先天知识进行综合判断才能构成确实的知识。

> 仅仅有关于太阳的知觉，随后有关于热石头的知觉，这和认识到太阳晒热了石头不同，只有在思想上以某种方式把这两种经验联系起来，才能构成太阳是石头发热的原因的判断。必须对对象加以联系、联结、思考或思维。④

人感受、体验认识对象，而后这些对象必须为理性进行思维、判断，在理性中形成概念。即人通过先验的综合判断，运用理性将纷繁复杂的感性经验形成确定的知识，感觉与理性在知识的形成过程中缺一不可。康德的主体建构思想"深深地影响了社会建构主义，也奠定了社会建构主义的理论基础"⑤。

(二) 实用主义：社会建构主义教师教育思想的教育思想基础

社会建构主义教师教育思想吸收了杜威的实用主义教育思想。"经验"是杜威教育思想体系的核心概念，他认为经验是：

> 人的有机体与环境相互作用的结果（或称为统一体），是人的主动的尝试行为与环境的反作用而形成的一种特殊的结合。⑥

杜威认为教育就是经验的重构或重组，人的先前经验在应对环境变化过程中或在教育过程中发生转向或合作，即教育使先前经验和后天环境相互作用，在此

---

① 江峰：《客观与主观：当代课程哲学的两种知识观评析》，《北京大学教育评论》2006 年第 4 期。
② [德] 康德：《纯粹理性批判》，蓝公武译，商务印书馆 1960 年版，第 30 页。
③ [德] 康德：《纯粹理性批判》，蓝公武译，商务印书馆 1960 年版，第 30 页。
④ [美] 梯利：《西方哲学史》，葛力译，商务印书馆 2015 年版，第 442 页。
⑤ 安维复：《社会建构主义：后现代知识论的"终结"》，《哲学研究》2005 年第 9 期。
⑥ 单中惠主编：《西方教育思想史》，中国人民大学出版社 2017 年版，第 381 页。

过程中，先前经验和环境不断进行调整，可见，杜威认为教育的目的应该是对人的经验不断进行重塑。

杜威强调沟通交流在传承知识和构建知识中发挥着重要作用。他认为：

> 社会是通过传承和沟通得以持续存在的。就"共同（common）"、"共同体（community）"和"沟通交流（communication）"这几个词而言，它们之间不仅仅在字面上存在着联系。人们因拥有共同的东西而生活在一个共同体内；沟通交流则是他们为了拥有共同的东西而运用的方法。①

可见，杜威强调沟通交流是获取知识、传承知识的有效途径。同时，杜威认为一切交流都具有教育性。

> 做一个交流的接受者，就会获得更为广泛的和改变过的经验。一个人分享别人所想到的和所感受到的东西，他自己的态度就会多多少少有所改变。交流的发起者也会受到影响。②

他强调通过社会交往，人们才会对自己已有的知识或经验进行总结、反思并最终形成批判性的观点，即人们在互相沟通中得以构建新知。可见，杜威强调，人的学习不是个体能独立完成的，而是基于"共同体"的实践过程。

（三）认知心理学：社会建构主义教师教育思想的心理学基础

社会建构主义教师教育思想的心理学基础是认知心理学，其中皮亚杰和维果斯基的思想对建构主义认识论的提出产生了较大影响。建构主义在认知心理学关注主体与客体互动关系的基础上，将关注点转向了主体内部的新旧经验之间的互动。激进的建构主义认识论（radical constructivism）是在皮亚杰的基础上发展起来的建构主义，认为：

> 客观世界是不能被人真实地反映的，人所认识的世界图像是按照人的已有的认知图式，有目的地建构的。因此，由于不同的人有不同的认知图式，或不同的旧有经验，所以对同一种事物的认知会产生不同的建构方式与结果。③

即激进的建构主义主要关注学习个体以及学习的心理机制，通过共同构建学习环

---

① ［美］杜威（Dewey, J.）：《民主主义与教育》，陶志琼译，中国轻工业出版社2014年版，第4页。
② ［美］杜威（Dewey, J.）：《民主主义与教育》，陶志琼译，中国轻工业出版社2014年版，第5页。
③ 张红霞：《建构主义对科学教育理论的贡献与局限》，《教育研究》2003年第7期。

境产生的个体内部的认知发展,以理性的非情景化的认知发展为目标。

与激进建构主义相比,较为柔和的社会建构主义(social constructivism)学派以交往理性为思想基础,主张在知识的建构和使用中,不仅需要关注个体,社会因素也起着重要作用。社会文化建构主义思想来源于维果斯基。维果斯基的理论核心在于,人类精神机制的重要因素来源于社会生活,主张个人的发展依赖于社会互动。理解个人行动和社会活动的关键之一是理解协调(mediate)社会活动的工具和符号。他认为,在教学中,师生对话可以激活学生的最近发展区(Zone of Proximal Development)。另外,社会建构主义主张,同一群体内的成员拥有共同的文化意义(cultural meanings),这种共同的文化意义在社会互动中被个人内化。

总之,社会建构主义倾向于宏观层面下情境式的微小发生(microgenesis)和个体发生(ontogenesis)。社会建构主义模式中,学习的主体是处于情境中的个体(contextualized individual),知识的建构是在社会互动活动中产生的。① 在社会建构主义模式下,教师的学习行为是:

> 发展教师的自主诠释情境、建构意义与理解言语的能力,就是以经验学习、情境学习、对话学习和反思学为主的自我成长。②

二 意义共享:社会建构主义教师教育思想的主要内容

20世纪90年代,弗吉尼亚·理查森(Virginia Richardson)注意到在中小学校中,教育不再是教师按照固定的步骤向学生传递知识的单向行为,而是将学生看作意义的产生者,学生自身的背景知识对其理解和获得新知识有着重要的影响。基于这种教育现实的变化,理查森提出教师教育应该从行为主义范式向建构主义范式转变,注重教师在知识产生中的积极作用。③

社会建构主义认为:知识和经验紧密相连,强调学习者基于实践经验构建知识;学习具有社会性,注重在师生对话中构建知识。基于社会建构主义的知识观和学习观,社会建构主义教师教育思想的知识观、教师观和学习观具有显著的个体性、社会性和实践性。

(一)情境知识:社会建构主义教师教育的知识观

实证主义范式下,知识独立于个体的、孤立的真实世界,只有当知识真实地反映客观世界时,知识才被认为是真实的,而个人靠观察现象解释知识。在建构

---

① Virginia Richardson, "Constructivist Teaching and Teacher Education: Theory and Practice", in Virginia Richardson ed., *Constructivist Teacher Education: Building New Understandings*, London and Washington, D. C.: The Falmer Press, 1997, pp. 3 – 14.
② 杜海平:《外促与内生:教师专业学习范式的辩证》,《教育研究》2012年第9期。
③ Virginia Richardson, "From Behaviorism to Constructivism in Teacher Education", *Teacher Education and Special Education*, Vol. 19, No. 3, July 1996, pp. 263 – 271.

主义范式下，知识存在于个体的行动、行为方式和思维方式中。建构主义强调知识的适应性、社会活动的重要性：

> 建构主义对知识的客观性和准确性提出了质疑，强调知识不是对现实的准确表征，而是对客观世界的一种解释和假设。①

总之，实证主义范式和建构主义范式采用的是两种对立的知识观：实证主义范式坚持知识外源论，即知识以世界为中心；建构主义范式坚持知识内源论，即以心理为中心。②

传统的教师教育模式以知识的普适性为认知前提，认为通过系统研究得出的理论和知识具有普遍性。社会建构主义教师教育认为教师所面临的日常教学环境是复杂多变的、不确定的，对抽象知识的普遍适用性提出质疑。社会建构主义范式下，知识不是客观的、绝对的，是人在自身基础上建构的；知识是动态的、发展的；知识不是绝对的。教师学习知识不是被动地接受信息的过程，而是解释信息、建构意义的过程。优秀的教师所需要的知识是特定情况和特定情境中的知识，而这种知识来源于情景化的实践中，是由个体根据自己的经验在特定的情境中构建的，或者个体在社会交往中产生的。所以，教师的知识具有实践性、个体性、情境性和互动性。

（二）交往合作：社会建构主义教师教育的教师观和教学观

社会建构主义教师教育充分考虑学生的认知主体作用，发挥学生的主动性，帮助他们认识到经验世界的丰富性和差异性，从而使未来的教师能够在复杂的教育情境下做出理性和适切的决策。

首先，教师教育者的角色"从权威角色转变为学生学习的辅导者或高级合作者"③。教师教育者通过为学生提供一定的辅导，与教师学习者共同构建知识。在社会建构主义教学观中，自我知识建构途径的特征为：

> 不强调灌输大量的专业理论，而是更注重引导学习者在一定的行动、情境和文化中，通过实际体验、自主反思、问题探究和解决、主体间交往等途径。④

教学不是由教师向学生的单向传授，而是教师与学生的互动构建。

---

① 王沛、康廷虎：《建构主义学习理论述评》，《教师教育研究》2004年第5期。
② ［美］莱斯利·P. 斯特弗等编：《教育中的建构主义》，高文等译，华东师范大学出版社2002年版，第15页。
③ 王沛、康廷虎：《建构主义学习理论述评》，《教师教育研究》2004年第5期。
④ 周成海：《国际教师教育范式转移及其哲学基础》，《外国教育研究》2008年第12期。

其次，社会建构主义强调情境式学习，即学习是在具体的情境中进行的。新手教师在与导师、同侪以及有经验的教师的交流过程中学习。因此，教师教育者的职责与任务不再是单向地向学生传递知识，而是通过创建具体的问题以及情境，如图像法、叙事法、案例法，提供给学生现实世界复杂的真实问题。以具体的教学问题为背景，教师在与教师教育者的互动中构建意义，产生新的认知结构。

最后，社会建构主义视角下，学习是一种社会过程。

> 知识不是通过教师传授得到的，而是学习者在一定的情境（社会文化背景）下，借助他人的帮助，利用必要的学习资源，通过意义建构方式而获得。[①]

从社会文化的角度来看，教学不再是知识的转移，而是在为通过社会参与来共同构建知识创造条件。教师不再是一个寻求掌握内容知识，掌握教学维度的个体。教师的思维不再是只接受教育理论的直线型思维，而是从其他教师、教育实践、科研文章或对经验的反思中得到相互冲突的观点，当这些观点与自身对教学已有的理解相互作用时，就会产生新的理解。[②] 在教师教育中，对话式教学（dialogic teaching）就是一种共建策略。对话式教学是围绕与其他教师的对话而进行的教学，重点是教与学的问题。在此过程中，教师会检查自己的信念和实践，并参与协作计划，解决问题和决策。通过对话教师学习者可以创造并体验自身在教学中的不同表现形式（representation）。[③] 所以，建构主义教师教育的培养目标不再是教育研究与实践的被动接受者和消费者，而是可以调节不同的观点自主构建知识，并据此付诸行动的主动型教师。

三　换羽移宫：社会建构主义教师教育思想对中国教师教育改革的影响

基础教育新课程改革的内容集中体现了建构主义对我国教育理念影响，新课程改革对我国教师教育发展提出了新的要求，我国开始注重培养教师的建构主义教学理念，并在转变教师教学思维方面取得了一定的成绩。

（一）合作探究：社会建构主义思想对中国基础教育课程改革的影响

2001年，教育部颁发了《基础教育课程改革纲要（试行）》和《全日制义务教育课程标准》。2003年，教育部颁发了《普通高中课程标准》。这些文件对课程的结构、内容以及教学价值观进行了变革，改变了课程对知识传授的过度重视，

---

① 张文兰：《建构主义学习环境下教师角色的再定位》，《电化教育研究》1999年第4期。
② Virginia Richardson, "From Behaviorism to Constructivism in Teacher Education", *Teacher Education and Special Education*, Vol. 19, No. 3, July 1996, pp. 263–271.
③ Jack C. Richards, "Second Language Teacher Education Today", *RELC Journal*, Vol. 39, No. 2, July 2008, pp. 158–177.

强调学生主动构建知识、教师积极学习专业技能。培养新型教师是落实新课程改革要求的重要环节。课程改革为基础教育课程的转变创造了条件：

> 基础教育的课程需要从"科学中心主义课程"转型为"社会建构中心课程"——一种基于新的知识观和学习观，求得学生人格健全发展的社会建构主义的课程。①

2017年教育部印发了《普通高中课程方案和语文等学科课程标准（2017年版）》，《普通高中课程方案（2017年版）》要求普通高中课程改革要"关注学生学习过程，创设与生活关联的、任务导向的真实情境，促进学生自主、合作、探究地学习"②。课程标准对课程改革的要求进行了具体化实施，以《普通高中英语课程标准（2017年版）》为例，课程标准"倡导指向学科核心素养发展的英语学习活动观和自主学习、合作学习、探究学习等学习方式"。③"以主题意义为引领，以语篇为依托"④ 的课程内容为主体，"创设具有综合性、关联性和实践性的英语学习活动"⑤，新课程改革的背景下，教师的教学范式需要从传授式教学转变为探究式教学，为学生的自主、合作、探究的学习方式提供教学内容和教学方法支撑。

新课程改革对教师教学技能的要求充分体现了社会建构主义的思想，主要表现在：在知识观方面，改革要求教师关注学生自主构建知识的过程以及探究活动设计，帮助学生基于自己与世界相互作用的个人经验建构知识、基于自己学习的先前经验与现有经验的相互作用构建知识。

在教学观方面，改革要求改变以现有教材为基础的教学，教师的任务不再是向学生传递教材知识，而是要发展基于案例、基于具体情境、基于具体问题的教学，教学是以沟通和合作等社会性交往活动为基础的知识建构过程。

在师生关系方面，改革要求教师从"权威人物"转变为学生学习的高级合作者或引导者，教师与学生在教学过程中进行平等对话，二者互教互学，形成学习共同体。

（二）情境引导：社会建构主义思想对中国教师教育课程改革的影响

教师是课程的实施者，新课程改革的实现需依托教师的教学实践。为推动基础教育课程改革，教师需要更新教学理念和实践来促进建构主义模式的教学观和

---

① 钟启泉：《中国课程改革：挑战与反思》，《比较教育研究》2005年第12期。
② 中华人民共和国教育部：《普通高中课程方案（2017年版）》，人民教育出版社2018年版，第11页。
③ 中华人民共和国教育部：《普通高中英语课程标准（2017年版）》，人民教育出版社2018年版，第2—3页。
④ 中华人民共和国教育部：《普通高中英语课程标准（2017年版）》，人民教育出版社2018年版，第8页。
⑤ 中华人民共和国教育部：《普通高中英语课程标准（2017年版）》，人民教育出版社2018年版，第8页。

学习观。因此，基于建构主义的基础教育课程改革必然对教师教育的课程改革提出了要求。

依据新课程改革对教师教育的要求，2011年，教育部发布《关于大力推进教师教育课程改革的意见》（以下简称《意见》），将改进教学方法和手段作为教师教育课程改革的核心环节，其目的是使基础教育课程改革精神落实到教师教育中，全面提高新教师实施新课程的能力。《意见》以育人为本、实践取向、终身学习为理念，充分体现了提倡情境教学、师生共建知识等建构主义教师教育思想。《意见》指出教师教育课程中要充分利用模拟课堂、现场教学、情境教学、案例分析等多样化的教学方式，加深未来教师对学科知识的理解。增强师范生学习兴趣，提高教学效率，着力提高师范生的学习能力、实践能力和创新能力。改革内容反映了我国教师教育课程改革对社会建构主义教师教育思想的吸收和发展，改革也对转变教师教学思维、推动教学实践产生了一定的积极影响。有研究发现建构主义的教学观和学习观已经成为基础教育学校中的主导思想。[1]

教师的认识论观点通过对其教学观和学习观的影响，可以直接或间接地影响教师的教学实践。[2] 教师教育者要积极推动教师学习者进行认识论的转化。受儒家文化影响，我国长期以来一直沿用传统的教授式教学方式。在教师教育课程改革中，教师教育者要帮助教师学习者转变认识论观点，通过反思过去以教师为中心的教学方式，了解课程改革蕴含的价值观，充分认识建构主义教学观和学习观的重要性和可行性。

观念的转变不可能一蹴而就，教师教育者在转变教师学习者的认知时要避免强行灌输，而是要采用建构主义的教学方式，通过互动式教学、情景式教学、案例分析等方法向教师呈现真实的教学问题，通过共同讨论培养学生的批判性思维和态度，帮助教师对不同的教学理念持辩证的观点，避免全盘否定和反对传统观念，也避免全盘接收新的教学理念。

本章梳理了包括匠才型、应用科学型、反思实践型以及社会建构主义教师教育思想在内的西方主流的教师教育思想以及其在中国的传播与接受，这四类思想产生的理论基础，以及其知识观、教学观和教师观异中有同、同中有异（见表1-4），其在中国的传播与接受经历了符合中国教育语境的本土化理论重建与实践方式，推动了中国教师教育的发展。

---

[1] John Chi-Kin Lee, et al., "Effects of Epistemological and Pedagogical Beliefs on the Instructional Practices of Teachers: A Chinese Perspective", *Australian Journal of Teacher Education*, Vol. 38, No. 12, December 2013, pp. 120-146.

[2] John Chi-Kin Lee, et al., "Effects of Epistemological and Pedagogical Beliefs on the Instructional Practices of Teachers: A Chinese Perspective", *Australian Journal of Teacher Education*, Vol. 38, No. 12, December 2013, pp. 120-146.

表1-4　　　　　　　匠才型、应用科学型、反思实践型、
社会建构主义教师教育思想对比

类型	匠才型	应用科学型	反思实践型	社会建构主义
哲学基础	/	实证主义	解释主义	批判哲学
教育思想	/	要素主义	实用主义	实用主义
心理学基础	/	行为主义心理学	认知心理学	建构主义心理学
知识观	缄默知识	显性知识	缄默知识	情境化知识
教师观	匠才	执行者	理性决策者	合作者、决策者
教学观	工艺	专业技术	情景实践	师生共建知识

资料来源：笔者自制。

第二章　历时传承：传统教师教育理论的历史旅行

中国自古以来就有尊师重教的传统，强调教师在国家治理、教化民风以及指导个人成长方面的重要作用。本章对先秦至明清时期著名教育家的教师教育思想进行梳理，对他们有关教师地位、教师作用、教师的道德标准和知识标准、教师的施教方法以及教师发展等方面的观点进行梳理，挖掘传统文化中璀璨的教师教育思想和理念，以供现代教师教育理论对其精华进行传承和发展。

第一节　源头活水：先秦时期的教师教育思想

春秋战国时期，各诸侯国竞争激烈，纷纷招揽人才，寻求治国思想，出现了百家争鸣的学术氛围。同时，西周奴隶制的崩塌，使教育不再局限于少数贵族阶级，各诸侯国对人才的需求促使私学大放异彩，诞生了孔子、孟子、荀子等一批私学大师。一方面他们本人的素养为教师标准树立了典范；另一方面，他们在其教育实践中总结出了丰富的教师教育思想，《礼记·学记》对先秦时期的教师教育思想进行了系统总结。先秦时期的教育家们以简洁凝练却富有逻辑性的语言表达了精深璀璨的教育思想，为中国古代的教师教育思想奠定了理论基础。

一　仁爱礼智：孔子的教师教育思想

孔子，名丘，字仲尼，东周时期鲁国人。孔子自30岁开始授徒讲学，一生讲学50年，其弟子布满天下。在长期的教育实践中，孔子积累总结了各种教育思想和原则，尤其是在教师的道德素养、专业知识、教师角色方面，为教师教育留下了丰富且富有深刻见解的思想，对中国教师教育思想产生了深远影响。

（一）正身诲人：孔子关于教师职业道德的思想

孔子认为教师要具备高尚的品德，做到身正为范、修己安人，以规范的礼法规则约束自己，同时要具备仁爱之心，关爱学生，坚持教学，即"教不倦，仁也"[①]。

[①] 《孟子》，万丽华、蓝旭译注，中华书局2016年版，第60页。

1. 以德育人：孔子的人格师德思想

孔子认为教师应是君子，"不仅富于知识，实优于品性"①。孔子认为教师既要具有渊博的知识，而且要坚持提升自身的修养品德。只有通过修身，才能成为道德模范。只有教师自身在德行和学识上成己，才能成人、成物。

教师要端正自己的品性，才能信服于学生。"不能正其身，如正人何？"② 如果教师德行不端，即使学识渊博，也无法信服于学生。对学生进行德育的途径之一就要靠教师的身教。他认为教师品行端正，才能以模范作用对学生进行"身教"。"其身正，不令而行；其身不正，虽令不从。"③ 这强调教师要端正自己的行为，为学生树立榜样，以自己高尚的德行影响、培育学生。孔子曾用风之于草的作用比喻以德服人："君子之德风，小人之德草。草上之风，必偃。"④ 教师只有自身具备高尚的品德，以身作则，才能赢得学生的尊重，在一言一行中以自然的方式感化学生。若教师身不正，即使以命令形式教导学生，学生也不会听从老师的教诲。

孔子自己就是以德服人的人师典范，孟子曾评价："以德服人者，中心悦而诚服也，如七十子之服孔子也"⑤。教师拥有高尚的品德，学生才会对其心悦诚服。教师要修身修己，就要"约之以礼"⑥，按礼的规定来约束自己。孔子要求教师要做到视听言动都要遵循礼法，"非礼勿视，非礼勿听，非礼勿言，非礼勿动"⑦。只有以礼为准则规约自己，教师才能做到"仁"。

教师不仅要通过向学生传授《诗》《书》《礼》《乐》中的道德规范，而且要以自身的道德行为、道德修养为学生树立示范榜样，并通过发现其他道德榜样，帮助学生认识人的道德品质，以此种种方法提高学生的道德修养。⑧

孔子提出教学内容不只限于外在知识，而且包括内在品性。"子以四教：文、行、忠、信。"⑨ "忠""信"属于道德教育内容，向学生传授道德伦理规范。他将学习与修身结合起来，向学生阐述道德的重要性，认为具备良好的道德修养是求学的前提。"弟子入则孝，出则弟，谨而信，泛爱众而亲仁。行有余力，则以学文。"⑩ 一个人应该先提高自身的道德品行，做到孝顺父母、敬爱师长、言行谨慎、诚实可信、博爱大众、亲近贤人，才有资格求学。

---

① 陈青之：《中国教育史》，中国文史出版社2016年版，第39页。
② 《论语》，陈晓芬译注，中华书局2016年版，第171页。
③ 《论语》，陈晓芬译注，中华书局2016年版，第169页。
④ 《论语》，陈晓芬译注，中华书局2016年版，第161页。
⑤ 《孟子》，万丽华、蓝旭译注，中华书局2016年版，第65页。
⑥ 《论语》，陈晓芬译注，中华书局2016年版，第159页。
⑦ 《论语》，陈晓芬译注，中华书局2016年版，第152页。
⑧ 余维武：《论先秦儒家的榜样教化思想》，《教育科学研究》2018年第6期。
⑨ 《论语》，陈晓芬译注，中华书局2016年版，第87页。
⑩ 《论语》，陈晓芬译注，中华书局2016年版，第4页。

同时，孔子主张，培养学生的德行既要发挥正面道德形象的示范作用，又要利用反面典型的警示作用。教师要向学生引荐道德模范，引导学生认识、尊重道德品性优良之人，发挥榜样的示范作用；同时以"不贤"为反面教材，引导学生反思自身的素养。他说："见贤思齐焉，见不贤而内自省也。"① 要做到"思齐"与"内省"，教师要帮助学生认清人的品行，亲仁远利。

由此可见，教师不仅要具有高尚的品德修养，为学生树立道德榜样，以德服人，以德化人，而且要采用言传以及引导等方法向学生传授道德伦理规范，对学生施以道德教育。

2. 诲人不倦：孔子的仁爱师德思想

孔子要求教师要做到坚持教学，教师坚持育人才是真正做到仁爱。据《孟子》记载：

> 昔者子贡问于孔子曰："夫子圣矣乎？"孔子曰："圣则吾不能，我学不厌，而教不倦也。"子贡曰："学不厌，智也；教不倦，仁也。仁且智，夫子既圣矣。"②

孔子作为人师，主张坚持学习与教学是对教师的基本要求。他认为，教师要育人，就要坚持"学"，坚持"教"。孔子曾谦虚地评价自己："若圣与仁，则吾岂敢？抑为之不厌，诲人不倦，则可谓云尔已矣。"③ 孔子认为坚持诲人是教师的责任，教师如果只求学问，而不进行教学，就是对学生不负责任。

孔子主张教师要热爱学生，对学生有高度的责任心。热爱学生，就要尽职尽责地劝导学生、教会学生。他说："爱之，能勿劳乎？"④ 具体表现为在教学中应对学生倾囊相授，不应有所保留。他自己作为老师，将全部的知识传授给学生，没有任何隐瞒。"二三子以我为隐乎？吾无隐乎尔。吾无行而不与二三子者，是丘也。"⑤

孔子热爱学生的思想还表现在他有教无类的思想上。"所谓有教无类，就是使受教育权利平等，人们受教育的机会均等。"⑥ 孔子说："自行束脩以上，吾未尝无诲焉。"⑦ 他对所有的学生都一视同仁，倾心教导。只要学生有学习的意向，拜师肯学，孔子都会予以指导。

---

① 《论语》，陈晓芬译注，中华书局2016年版，第43页。
② 《孟子》，万丽华、蓝旭译注，中华书局2016年版，第60页。
③ 《论语》，陈晓芬译注，中华书局2016年版，第92页。
④ 《论语》，陈晓芬译注，中华书局2016年版，第183页。
⑤ 《论语》，陈晓芬译注，中华书局2016年版，第87页。
⑥ 高闰青、胡德海：《中国传统文化的主要内容、基本特性及其价值意义——专访胡德海先生》，《当代教育与文化》2020年第2期。
⑦ 《论语》，陈晓芬译注，中华书局2016年版，第80页。

孔子要求教师"诲人不倦"①，一是要求教师具备敬业精神和奉献精神，将教书育人作为自己的本职工作；二是要有仁爱之心，热爱学生，认真教导学生。敬业与奉献成为几千年来教师职业道德的基本要求之一。

（二）博学于文：孔子关于教师职业素养的思想

"仁""爱""礼"是孔子对教师的职业道德提出的规范，而"智"是孔子对教师的职业素养提出的要求，"学不厌，智也"②。教师不仅要在德性上树立典范，而且要在学识上成为楷模；不仅做到身正为范，而且要做到学高为师。孔子关于教师职业素养的思想包括教师要做到坚持学习、处理新旧知识之间的关系、学习与思考之间的关系、博学与专长之间的关系，提供了教师的专业成长路径和应有的知识素养结构。

1. 学而不厌：孔子的教师学习观

孔子认为具备更新知识储备的能力是成为教师的先决条件。"学而不厌"③要求教师坚持学习、虚心好学，对学习毫不倦怠。做到"学而不厌"才能有渊博的知识，并进一步实现知识的不断更新与积累。

教师在学习的过程中首先要处理好新旧知识之间的关系。"温故而知新，可以为师矣。"④教师要不断摄入新知识，以新知识加深对旧知识的认知，实现二者的整合。正如孔子的学生子夏所说："日知其所亡，月无忘其所能，可谓好学也已矣"⑤。教师需每天学习未知知识，同时将未知知识与已知知识结合思考，才能将旧知识内化。如此循环往复，日日不断，不断学习，坚持思考，才有资格为师，教师才能实现自身的专业成长。

孔子认为教师不仅要整合新旧知识，而且要妥善处理记诵与思考之间的关系，"学而不思则罔，思而不学则殆"⑥。孔子认为教师要想具备较强的学习能力，就必须处理好学习与思考之间的关系。教师若只记诵不思考，便无法做到将知识内化吸收，遑论将知识准确地传授给学生；若只思考不学习，教师就会局限于旧知识的思维中，只有通过学习新知识、开拓新视角，教师才会找到问题的答案。对教师而言，学习与思考二者缺一不可。只有在学习中不断思考，才能实现新旧知识的整合与内化，"只有既注意继承又能够创新，既掌握已知又能够推及未知的人，才能成为教师"⑦。

---

① 《论语》，陈晓芬译注，中华书局2016年版，第92页。
② 《孟子》，万丽华、蓝旭译注，中华书局2016年版，第60页。
③ 《论语》，陈晓芬译注，中华书局2016年版，第78页。
④ 《论语》，陈晓芬译注，中华书局2016年版，第15页。
⑤ 《论语》，陈晓芬译注，中华书局2016年版，第257页。
⑥ 《论语》，陈晓芬译注，中华书局2016年版，第16页。
⑦ 广少奎、孔祥爱主编：《中国古代儒家教育生活及教育思想研究》，北京师范大学出版社2017年版，第199页。

2. 博中有专：孔子的教师知识结构观

孔子不仅要求教师"学而不厌"①，而且要求教师处理好博学与专长之间的关系，提出教师的知识储备要做到博中有专、专中有博，即对教师的知识结构提出了要求。

孔子为教师应具备的知识素养和结构树立了榜样。"达巷党人曰：'大哉孔子！博学而无所成名。'子闻之，谓门弟子曰：'吾何执？执御乎？执射乎？吾执御矣。'"②可见，孔子堪称教师知识素养的典范。他不仅知识渊博，而且在各个专业领域都有所专长。教师要处理好博学与专长的关系，一方面需通晓一般的逻辑思维，广泛涉猎知识，不断拓展自己的知识面。孔子在《论语·为政篇》曾说"君子不器"③，要求君子不能像器皿那样"才识狭隘而不博通"④，不能只精通某一学科的知识，而是要"博学于文"⑤，勤学广涉，成为一个全方位的通才。只有做到博通，才能在教学中旁征博引。另一方面，教师必须在自己的具体专业领域有所专长，做到博中有专。

概而言之，教师只有做到坚持学习，才能实现对旧知识和新知识的整合与内化，才能拓展知识范围，成长为真正的通才。

（三）不悱不发：孔子关于教师角色的思想

孔子主张教学要以学生为中心，他主张的循循善诱和因材施教的思想中蕴含着教师作为启发者和引导者的角色意蕴。孔子认为，教师要"以启发者自居，尊重受启发者的个性"⑥。教师以启发者自居就要在教学中循循善诱，尊重受启发者的个性就要注重因材施教，在尊重学生的基础上采用互动教学，实现教学相长。

1. 循循善诱：孔子的教学艺术观

孔子主张教师应是学生求知路上的启发者和引导者，反对以教师为中心的单向型灌输式教学法。他说："不愤不启，不悱不发。举一隅不以三隅反，则不复也。"⑦教师要注意学生的学习状态，在适当的时机给予学生指点，提升学生举一反三的能力。

"吾有知乎哉？无知也。有鄙夫问于我，空空如也。我叩其两端而竭焉。"⑧孔子以谦虚的姿态称自己没有知识，意在指出教师在向学生传授时应避免单向式的直接授予，而是要通过就知识本身向学生提出问题，启发学生思考，引导学生

---

① 《论语》，陈晓芬译注，中华书局2016年版，第78页。
② 《论语》，陈晓芬译注，中华书局2016年版，第106页。
③ 《论语》，陈晓芬译注，中华书局2016年版，第15页。
④ 《论语》，陈晓芬译注，中华书局2016年版，第16页。
⑤ 《论语》，陈晓芬译注，中华书局2016年版，第159页。
⑥ 刘洪祥：《论教师引导者角色的内涵定位及实践优化》，《中国教育学刊》2018年第3期。
⑦ 《论语》，陈晓芬译注，中华书局2016年版，第80页。
⑧ 《论语》，陈晓芬译注，中华书局2016年版，第109页。

在独立思考中求知。颜渊评价自己的老师道:"夫子循循然善诱人"①。可见,孔子身体力行地引导学生自主提出问题、发现问题,培养学生独立思考、举一反三的能力。

孔子认为教师应注意了解学生的个性,据此采用不同的教学内容和方法,因材施教。在自己的教学实践中,他注意观察学生的言行,根据学生不同的性格采取不同的教育内容和教学方法。关于"闻斯行诸"②的问题,他根据冉求和仲由一个易退缩、一个好勇过人的性格特征给出不同的答案。③

2. 切磋琢磨:孔子的教学交往观

以启发者的教师角色定位为基础,孔子主张教师应采用互动式教学,建立平等、和谐、互教互学的师生关系。"三人行,必有我师焉。择其善者而从之,其不善者而改之。"④ 教师和学生应该是亦师亦友、相互学习的关系。

孔子认为,在与学生的互动过程中,教师会对知识产生新颖的视角或更深刻的见解。在他的教学实践中,孔子对此深有体会。"巧笑倩兮,美目盼兮,素以为绚兮。何谓也?子曰:'绘事后素。'曰:'礼后乎?'子曰:'起予者商也!'"⑤ 可见,学生的思想会给教师提供知识的新视角,师生之间应该相互尊重、互相启发。"《诗》云,如切如磋,如琢如磨,其斯之谓与?"⑥ 师生之间切磋探讨可以实现以教促学、以学促教。

孔子在道德修养、知识学问、为人处事等方面为教师树立了典范。颜渊对孔子作为教师的形象和品质做出了总结。

> 仰之弥高,钻之弥坚。瞻之在前,忽焉在后。夫子循循然善诱人,博我以文,约我以礼,欲罢不能。既竭吾才,如有所立卓尔,虽欲从之,末由也已。⑦

可见,教师必须做到德才兼备、以身作则、以德服人;具备修己爱生、诲人不倦的仁爱之心,坚持育人;具备学而不厌、循循善诱的明智,启发学生不断思考。

孔子的为师思想已经蕴含了现代建构主义的教师教育思想,包括强调学生的认知主体作用,教师是学习的促进者等内涵。孔子的教师教育思想仍对现代的教师教育有着重要的启示。

---

① 《论语》,陈晓芬译注,中华书局2016年版,第110页。
② 《论语》,陈晓芬译注,中华书局2016年版,第144页。
③ 《论语》,陈晓芬译注,中华书局2016年版,第144—145页。
④ 《论语》,陈晓芬译注,中华书局2016年版,第86页。
⑤ 《论语》,陈晓芬译注,中华书局2016年版,第26页。
⑥ 《论语》,陈晓芬译注,中华书局2016年版,第9页。
⑦ 《论语》,陈晓芬译注,中华书局2016年版,第110页。

二 教亦多术:孟子的教师教育思想

孟子,名轲,字子舆,战国时期邹国人。孟子认为教师必须先接受教育,才能育人。"贤者以其昭昭,使人昭昭;今以其昏昏,使人昭昭。"① 因为要让别人理解,教师自己必须先理解。反之,教师若对知识一知半解,便是误人子弟。在教师的道德、施教方法和专业学习方面,孟子都有重要的论述。

孟子的思想中蕴含着教师要以身作则、树立典范、以德化人的思想。教师身正为范,就可以德化人,学生自会反思,提升修养。

> 圣人,百世之师也,伯夷、柳下惠是也。故闻伯夷之风者,顽夫廉,懦夫有立志。闻柳下惠之风者,薄夫敦,鄙夫宽。奋乎百世之上,百世之下,闻者莫不兴起也。非圣人而能若是乎?而况于亲炙之者乎?②

孟子认为教师应采用启发式、引导式教学方法。教师不能只是向学生灌输知识,而是要在适当时期予以启发。"君子引而不发,跃如也。中道而立,能者从之。"③ "教亦多术矣,予不屑之教诲也者,是亦教诲之而已矣。"④ 孟子认为,教师应采用多种教学方法,有时教师不以语言教诲,也算是一种教育方式。这种方法实际是教师激发学生自我反思、主动学习的教学方法,是一种超越以言语教学,以不教而教之的教学艺术。⑤

孟子还将孔子教学中尊重学生个体差异的思想进行了总结。

> 君子之所以教者五:有如时雨化之者;有成德者;有达财者;有答问者;有私淑艾者。此五者,君子之所以教也。⑥

教师要根据学生的学业程度、学习专长、学习位置等决定教学内容和方法,对程度较高的学生,稍加以点化,学生就能够通达理解,教师的点化如春风化雨。能力稍微差一点的,教师要注意培养品德、发展其专长。对无法或无力专门学习的学生,采用问答法,学生随问,老师随答。对那些因居住地不同等造成的教师无法面授的情况,教师可以"用间接法,以书面相授"。⑦ 学生通过间接教学,自

---

① 《孟子》,万丽华、蓝旭译注,中华书局2016年版,第328页。
② 《孟子》,万丽华、蓝旭译注,中华书局2016年版,第326页。
③ 《孟子》,万丽华、蓝旭译注,中华书局2016年版,第313页。
④ 《孟子》,万丽华、蓝旭译注,中华书局2016年版,第287页。
⑤ 冯文全、冯碧瑛:《论孟子对孔子德育思想的传承与弘扬》,《教育研究》2013年第1期。
⑥ 《孟子》,万丽华、蓝旭译注,中华书局2016年版,第313页。
⑦ 陈青之:《中国教育史》,中国文史出版社2016年版,第57页。

己修身、治学。朱熹将"私淑艾者"①注为:"人或不能及门受业,但闻君子之道于人,而窃以善治其身"②。

孟子认为教师要具有批判意识和独立思考的能力。教师只有通过思考和研究理解书中的原意,形成自己独到的见解才能教导学生。"故说诗者不以文害辞,不以辞害志。"③只记诵书本知识,对学问未融会贯通,满足于机械地向学生灌输书本知识的人不足以为师。

三 师法之化:荀子的教师教育思想

荀子,名况,字卿,战国末期赵国人。荀子一生主要的时间都在从事教育活动,他提倡贵师重傅,在有关教师标准、教师对国家和个人的重要作用等方面都有丰富的论述。

(一)天地君师:荀子的教师地位思想

荀子认为国家应尊师重教。他将教师与天、地、君并提,将教师置于至高无上的地位。

> 礼有三本:天地者,生之本也;先祖者,类之本也;君师者,治之本也。无天地恶生?无先祖恶出?无君师恶治?三者偏亡焉,无安人。故礼上事天,下事地,尊先祖而隆君师,是礼之三本也。④

可见,荀子将君与师联系起来,强调隆君师。对于为何要尊师、隆师,强调教师的地位,荀子从教师对于君王治国理政的作用以及教师对国家兴盛的作用给出了解答。

荀子曾给教师下过一个定义:"故近者歌讴而乐之,远者竭蹶而趋之,四海之内若一家,通达之属莫不从服,夫是之谓人师。"⑤儒师能够用其尊贵的名声帮助君王统一四海,"则贵名白而天下治也"⑥。

> 国将兴,必贵师而重傅,贵师而重傅则法度存。国将衰,必贱师而轻傅,贱师而轻傅则人有快,人有快则法度坏。⑦

国家强、民族兴必须依赖教育,而教育的兴盛必须依靠教师。教师是立教之

---

① 《孟子》,万丽华、蓝旭译注,中华书局2016年版,第313页。
② (宋)朱熹:《四书章句集注》,曾军整理,岳麓书社2007年版,第496页。
③ 《孟子》,万丽华、蓝旭译注,中华书局2016年版,第204页。
④ 《荀子》,方达评注,商务印书馆2016年版,第334页。
⑤ 《荀子》,方达评注,商务印书馆2016年版,第106页。
⑥ 《荀子》,方达评注,商务印书馆2016年版,第106页。
⑦ 《荀子》,方达评注,商务印书馆2016年版,第499页。

本,兴教之源,是一个国家教育事业最重要的人力资源。若教师不受重视,优秀的人才难以进入教师行业,最终损害教育的根基。荀子"贵师重傅"的思想实际是提升了教师的社会地位和职业地位,强调尊师重教对国家强盛的重要性。

(二)为师四术:荀子的教师标准思想

荀子在道德、品性、知识、年龄、语言等方面提出了为师的道德标准和知识标准。

> 师术有四,而博习不与焉:尊严而惮,可以为师;耆艾而信,可以为师;诵说而不陵不犯,可以为师;知微而论,可以为师。①

教师不仅要具备良好的品性,知识渊博,还需具备思路缜密、有洞察力且能清楚表达自己独到见解等特质。

1. 身正贵安:孔子的为师道德标准

荀子继承了孔子关于教师修德的思想,强调德行的教导,提出"以善先人者谓之教"②。教师要具备良好的品德,遵守礼法,以身作则,为学生树立榜样。"夫师,以身为正仪而贵自安者也。"③ 荀子认为,只有修养精深的君子才能懂得有关仁义的核心内涵以及《诗》《书》《礼》《乐》等经典的要义,即"非孰修为之君子莫之能知也"④。可见,修身、修德是教师获得渊博知识的前提。

荀子认为教师高尚的品德在于懂得礼法。"《礼》者,法之大分、类之纲纪也,故学至乎《礼》而止矣。夫是之谓道德之极。"⑤ 教师需要学习《礼》,懂得各种法律规范和条例,通过长期的积累,并在日常行为中付诸实践。

荀子认为"尊严而惮,可以为师"⑥,就是对教师德行的诉求。教师要有尊严,学生才会敬畏。"尊"是指教师要做到学识渊博,品性高尚,才是值得尊敬的、高贵的;"严"是指教师要严格要求学生,做到严肃而威重。只有教师有"尊"有"严",学生才会敬畏老师,学生畏师才会敬学。所以,教师要具有尊而严的品格,德才兼备,才能具有影响学生的权威和力量。⑦

荀子认为,人只有到达一定年龄才能做到有尊严、有威信,才能为师,"耆艾而信,可以为师"⑧。人到耆艾之年,即五六十岁,才能为人师。他认为人在这个年龄,有了丰富的社会阅历后,"人才能达到'信'的境界,即有信念、有威

---

① 《荀子》,方达评注,商务印书馆2016年版,第248页。
② 《荀子》,方达评注,商务印书馆2016年版,第17页。
③ 《荀子》,方达评注,商务印书馆2016年版,第25页。
④ 《荀子》,方达评注,商务印书馆2016年版,第56页。
⑤ 《荀子》,方达评注,商务印书馆2016年版,第8页。
⑥ 《荀子》,方达评注,商务印书馆2016年版,第248页。
⑦ 乔清举:《儒道尊严思想简论》,《社会科学》2013年第4期。
⑧ 《荀子》,方达评注,商务印书馆2016年版,第248页。

信、守信用、讲诚信"①，教师才能信服于学生。荀子对为师提出的年龄要求虽不适于现代教育，但是其对教师"信"的要求对现代教师有一定的启示意义。青年教师可能因年龄原因社会阅历不够丰富、知识结构不够完善、为师角色不够坚定，未能达到荀子要求的"信"的境界，这就要求青年教师要不断提升自身的道德修养和知识素养，坚定为师角色，努力做到信服于学生。

2. 知微而论：荀子的教师知识标准

荀子认为教师要富有渊博的知识，"君子博学而日参省乎己，则知明而行无过矣"②。教师不仅要广泛涉猎各种知识，而且需每日反省自己所学，只有这样才能做到智慧通达，才能做到向学生传授儒家经典的时候，不违背其本身的道理。

要做到向学生准确传授知识，不违背儒家经典的大义，教师必须做到"知微而论"③。一方面，教师必须能够体会到礼法的精微道理，并能够加以阐发；另一方面，教师要具备高明的讲解能力，以精当的语言向学生传授书中的深刻道理。④

（三）正身周世：荀子关于教师作用的思想

荀子十分重视教师的作用，主要从人性、礼法、学习方面阐述了教师的指导作用。只有依靠教师的引导，才能抑制人之性恶，才能去恶向善；只有依靠教师的言传身教，人才能通礼法，提高自身修养；只有依靠教师的指导，学习才可以通达。

1. 化性起伪：荀子的性本教师作用观

荀子主张人性本恶，他认为人性贪婪自私，只有通过后天的学习才能向善。"人之生固小人，无师无法则唯利之见耳。"⑤荀子认为只有通过贤师的指导，人才能克服自私贪婪的愿望，不断向善。教师和良友善意的批评，才能使人进步。"故非我而当者，吾师也；是我而当者，吾友也；谄谀我者，吾贼也。故君子隆师而亲友，以致恶其贼。"⑥人必须尊重老师，侍奉老师，才能不断取得进步。"夫人虽有性质美而心辩知，必将求贤师而事之，择良友而友之。"⑦"故有师法者，人之大宝也，无师法者，人之大殃也。人无师法则隆性矣。"⑧只有教师才能帮助人抑制本性，成为圣人。

2. 正身正礼：荀子的礼本教师作用观

荀子认为，"礼"是最高的社会规范，是指导人的思想和行为的准则。人若失去礼，便容易误入歧途。人要获得"礼"，必须依靠教师的指导和身教，即教

---

① 明庆华、程斯辉：《论榜样示范与教师成长》，《教育科学》2002年第6期。
② 《荀子》，方达评注，商务印书馆2016年版，第1页。
③ 《荀子》，方达评注，商务印书馆2016年版，第248页。
④ 施克灿：《中国古代教育家理想中的教师标准探究》，《教师教育研究》2006年第1期。
⑤ 《荀子》，方达评注，商务印书馆2016年版，第53页。
⑥ 《荀子》，方达评注，商务印书馆2016年版，第15页。
⑦ 《荀子》，方达评注，商务印书馆2016年版，第424页。
⑧ 《荀子》，方达评注，商务印书馆2016年版，第122页。

师是人通向"礼"的唯一道路。即若无教师，不知礼法。

> 礼然而然，则是情安礼也；师云而云，则是知若师也。情安礼，知若师，则是圣人也。故非礼，是无法也；非师，是无师也。①

荀子强调教师在帮助学生修养身心、端正礼仪方面的重要作用。"凡治气养心之术，莫径由礼，莫要得师，莫神一好。"② 遵守礼仪、求得良师是修身最好的途径。要遵守礼仪，必须依靠教师的示范和指导。"礼者，所以正身也；师者，所以正礼也。无礼，何以正身？无师，吾安知礼之为是也？"③ 只有听从教师的教诲，遵从礼数，人才可以成为圣人。"不是师法而好自用，譬之是犹以盲辨色，以聋辨声也，舍乱妄无为也。"④ 没有教师的指导，学生的学习就失去了方向，教师的指导在学生的礼法学习中发挥着导向性作用。

3. 周遍学习：荀子的联通教师作用观

首先，荀子认为教师对学生的学习起着解释指导的作用。荀子认为学习从《尚书》开始，学完《诗经》《乐经》《春秋》，以《礼经》为终点。天地间的一切道理、知识都包含在五经之中。荀子在学习五经文字时以及书本之外的种种道理时，若不效仿教师、若无教师的指导，学习便不够全面。

> 学莫便乎近其人。《礼》《乐》法而不说，《诗》《书》故而不切，《春秋》约而不速。方其人之习君子之说，则尊以遍矣，周于世矣。故曰：学莫便乎近其人。⑤

若不亲近老师，只是自己读死书，无法将书中的道理理解透彻。通过教师的口讲身导、言传身教，学习教师研习君子学说的方法和心得，学习才能周遍。他说"学之经莫速乎好其人，隆礼次之"⑥。老师的指导是学习最佳的途径。

其次，荀子主张只有将教与学结合起来，学习才能通达。他不赞成"多知而无亲，博学而无方"⑦，强调老师对习得知识的重要性。他认为："君子壹教，弟子壹学，亟成。"⑧ 强调只有将亲师与学习结合起来，才能获得成功。"人有师有

---

① 《荀子》，方达评注，商务印书馆2016年版，第25页。
② 《荀子》，方达评注，商务印书馆2016年版，第19页。
③ 《荀子》，方达评注，商务印书馆2016年版，第25页。
④ 《荀子》，方达评注，商务印书馆2016年版，第25页。
⑤ 《荀子》，方达评注，商务印书馆2016年版，第9—10页。
⑥ 《荀子》，方达评注，商务印书馆2016年版，第10页。
⑦ 《荀子》，方达评注，商务印书馆2016年版，第496页。
⑧ 《荀子》，方达评注，商务印书馆2016年版，第497页。

法而知，则速通……有师法则隆积矣。"① 只有老师的指导才能帮助学生高效学习，坚持长期学习。

荀子将教师与天、帝、君并列，不仅继承了孔子关于师德的标准，指出了教师指导学生以礼正身的作用，而且从教师的道德、职业形象、学识以及语言等方面提出了明确的为师标准，尤其是要求教师打磨自身的语言功力、逻辑能力，才能更有效地传授知识，这些教师教育思想对当代教师有着重要的启示。

四 教学相长：《礼记·学记》中的教师教育思想

《礼记·学记》是中国最早的专门论述教育和教学问题的论著，它系统而全面地总结了中国先秦时期的教育思想，其中包含着丰富的有关教师的地位、作用、角色等教师教育思想。

（一）为长为君：《礼记·学记》中有关教师地位的思想

首先，《礼记·学记》总结了春秋战国时期关于教师地位的思想，尤其是荀子将教师与天、地、君并列的思想。《礼记·学记》将教师与君主置于同等地位，提出要尊敬教师，崇敬教师，提高教师的社会地位。"能为师然后能为长，能为长然后能为君。故师也者，所以学为君也。"② 教师是用以学做君主的。君主需具备的品质与教师的品质是一致的，教师培养的人才未来也是可以"为长""为君"的。不仅教师自身可以成为治理国家的人才，而且教师培养的对象也会成为治国栋梁，所以国家必须以教师为重，才会有优秀、贤德的君主及官员。"是故君之所不臣于其臣者二，当其为尸则弗臣也，当其为师则弗臣也。"③ 君子来探学时，教师可以不行君臣之礼，可见国家及君主对教师的尊重。

其次，《礼记·学记》将尊师置于教育之首，认为只有尊师才能重道。"凡学之道，严师为难。师严然后道尊，道尊然后民知敬学。"④ 只有尊敬老师，知识才受到重视；知识受到重视，民众才会认真对待学习；民众认真对待学习，国家才会强盛。

> 这是把尊重教师作为实行全民重教的一个前提，只有全民族都尊重教师，才会使全体民众重视学习。⑤

可见，《礼记·学记》将尊师放在教育的源头，指出国家和民众对知识及学习的

---

① 《荀子》，方达评注，商务印书馆 2016 年版，第 122 页。
② 《礼记译解》，王文锦译解，中华书局 2016 年版，第 466 页。
③ 《礼记译解》，王文锦译解，中华书局 2016 年版，第 467 页。
④ 《礼记译解》，王文锦译解，中华书局 2016 年版，第 467 页。
⑤ 顾久幸：《论中国古代教育的状况及功能》，《华中师范大学学报》（人文社会科学版）1998 年第 4 期。

尊重始于对教师的尊重。

此外,《礼记·学记》从阐述教师作用的角度论述了尊师重道的必要性。它强调了教师指导对知识学习的重要性,以及在伦理教化中发挥的重要作用。善于学习的人、懂得学习方法的人一定是跟随教师教导的人。"善学者,师逸而功倍,又从而庸之;不善学者,师勤而功半,又从而怨之。"[①]《礼记·学记》以鼓点调节对五音和谐的重要性、水对于色彩调节的重要性、学者对于公事治理的重要性为类比,提出"师无当于五服,五服弗得不亲"[②]。教师虽不属于"五服"[③]中的任何亲属,但是若无教师的教导,人就不会懂得伦理道德。只有依赖教师的教导,人才会懂得伦理道德,获得亲情,家庭才会稳定。所以,"君子如欲化民成俗,其必由学乎!"[④]

(二) 善喻为师:《礼记·学记》中有关教师标准的思想

《礼记·学记》中对何人可以为师有较为明确的标准,即教师的应知应会,包括教学的技能、反思能力以及语言能力等专业素养与标准。

1. 和易以思:《礼记·学记》中的教师教学技能观

君子要知晓教育成功的原因以及教育失败的原因,即要具备一定的教学理论知识,才有资格为师。"君子既知教之所由兴,又知教之所由废,然后可以为人师也。"[⑤]

《礼记·学记》继承并发展了孔子的循循善诱的教学观念,指出教师的角色是学习的启发者和引导者,同时吸收了孔子关于学习与思考之间的智慧以及和谐平等的师生关系,提出了教师善教的具体原则。

> 故君子之教喻也,道而弗牵,强而弗抑,开而弗达。道而弗牵则和,强而弗抑则易,开而弗达则思。和易以思,可谓善喻矣。[⑥]

君子之教,要引导学生,而不要强迫学生;要严格要求学生但不能抑制学生的自由发挥;要教给学生学习的途径,而不是将知识灌输给学生。只有做到引导而不强迫,师生关系才能和谐、融洽;只有做到严格但不抑制,才能充分激发学生的潜力,学习才会更容易;只有教给学习方法,而不是直接告诉答案,学生才能独立思考。师生关系和谐,通达学习途径,启发学生思考才是善教。《礼记·

[①]《礼记译解》,王文锦译解,中华书局2016年版,第467页。
[②]《礼记译解》,王文锦译解,中华书局2016年版,第469页。
[③] "五服"制度是旧时中国礼治中的丧服制度。它规定,血缘关系亲疏不同的亲属,服丧的制服不同,据此把亲属分为五等,由亲至疏依次是:斩衰、齐衰、大功、小功、缌麻。
[④]《礼记译解》,王文锦译解,中华书局2016年版,第460页。
[⑤]《礼记译解》,王文锦译解,中华书局2016年版,第465页。
[⑥]《礼记译解》,王文锦译解,中华书局2016年版,第465页。

学记》认为教学不是单向的传授知识，而是要通过师生沟通培养学生解决问题的能力，所以教师要尊重学生的主体地位，尊重学生的个性与能力。

《礼记·学记》还对当时教师教学过程中出现的问题进行了批判：

> 今之教者，呻其占毕，多其讯言，及于数进而不顾其安，使人不由其诚，教人不尽其材，其施之也悖，其求之也佛。夫然，故隐其学而疾其师，苦其难而不知其益也。虽终其业，其去之必速。①

这段话指出了当时教师的教学中存在五大问题，包括教师只知朗读课文，不求学生理解其意义；教师一味注入灌输；教师只顾教学速度，忽略教学质量；教学以教师为中心，未从学生的志趣出发；教师没有因材施教，未能激发不同学生的潜能。从《礼记·学记》对当时教学风气的批评可以看出，它主张要注重培养以学生为中心的教师角色，尊重学生的个体差异和学习意愿。

2. 知困自反：《礼记·学记》中的教师反思能力观

《礼记·学记》概括了孔子关于师生之间互相切磋、互相启发的思想，提出了教学相长的概念，阐述了"教"与"学"的关系。"是故学然后知不足，教然后知困。知不足，然后能自反也；知困，然后能自强也。故曰，教学相长也。"②教学相长这一概念阐明"教学是一件事情，而这一件事情包括着'教'与'学'不可分割的两个方面"③。这就要求教师需具备教学实践反思能力，只有在教学中亲身实践，教师才能反思自身知识和能力的不足，激励自己不断学习，实现自身的专业化成长。《礼记·学记》中提出的教学相长的思想与20世纪80年代美国的杜威和舍恩主张的反思教学在内涵上有一定的一致性。杜威认为教师的反思始于教学实践中的困惑，在问题的刺激下，教师会在教学过程中或教学活动结束后，回顾并分析自己的教学经历；舍恩认为教师的角色是反思实践者，主要表现在教师既可以在课前思考和计划教学，在课后反思教学过程，也可以在教学过程中根据学生的课堂反应，当场反思自身的教学方法和教学内容。④

可见，《礼记·学记》中提出的教学相长的思想和杜威与舍恩主张的反思实践教学都强调在实践中教师通过反思获得实践性知识，并通过反思刺激教师不断学习，提高自己的专业能力，推动自身专业的可持续发展。

3. 言约而达：《礼记·学记》中的教师语言能力观

《礼记·学记》对教师的语言能力和表达能力提出明确的标准，"善教者使人

---

① 《礼记译解》，王文锦译解，中华书局2016年版，第464页。
② 《礼记译解》，王文锦译解，中华书局2016年版，第461页。
③ 丛立新：《教学概念的形成及意义》，《北京师范大学学报》（社会科学版）2007年第5期。
④ 徐学福、艾兴、周先进编著：《反思教学》，四川教育出版社2006年版，第8页。

继其志。其言也约而达，微而臧，罕譬而喻，可谓继志矣"①。可见，教师的语言应该简约明了，以缜密的逻辑、精辟的语言完整地表达自己的意思，"论述深奥而道理却不晦涩，举例典型精当却能说明问题"②。语言要简洁但通达，就需要教师对知识有独特的见解。教师如果只记诵知识，不求甚解，便无法以简练的语言向学生传授知识的精髓。教师只有具备终身学习的意识和能力，才能不断扩展自身的知识结构，提升自身的教学能力。

（三）善问博喻：《礼记·学记》中有关教师角色的思想

《礼记·学记》中多次提到教师应尊重学生的资质、学业水平，进行适时施教，同时要按照循序渐进的原则对学生进行启发式提问和针对性回答，体现了教师尊重学生的主体性，努力为学生营造良好学习环境的教师角色。

1. 长善救失：《礼记·学记》的个性化教学教师角色观

教师要尊重学生的个体心理差异，采用有差别的教学方法，发挥学生的优点，帮助学生改正缺点。

> 学者有四失，教者必知之。人之学也，或失则多，或失则寡，或失则易，或失则止。此四者，心之莫同也。知其心，然后能救其失也。教也者，长善而救其失者也。③

有的学生追求知识广泛但不精深，有的学生不知道扩展知识面，有的学生对学业不存敬畏之心，有的学生满足现状、学习动机不足。教师要认识学生的学习风格差异和学习态度差异，进行差异教学。此外，教师还要了解学生的资质，即"知其美恶，然后能博喻"④。

教师要尊重学生在不同学习阶段的心理状态，进行适时教学、适度教学。《礼记·学记》揭出的适时教学符合现代心理学有关思维激活的理论。现代心理学认为，个体需要尚未得到满足时，思维处于中间唤醒状态，此时如果激活学习者的神经系统，使学习者对出现的刺激有加工倾向，学习者的效果会达到最佳效率。⑤《礼记·学记》中提出"当其可之谓时，不陵节而施之谓孙"⑥，要在学习者可以接受教育的时候，按照学生的学习阶段予以适时教育，教学中要"时观而弗语"⑦，注意观察学生，不要轻易进行说教式教学，只有在发现学生"力不能

---

① 《礼记译解》，王文锦译解，中华书局2016年版，第466页。
② 张传燧、周文和：《〈学记〉教学艺术思想探微》，《教育评论》2002年第5期。
③ 《礼记译解》，王文锦译解，中华书局2016年版，第465页。
④ 《礼记译解》，王文锦译解，中华书局2016年版，第466页。
⑤ 李丽丽、王凌皓：《论先秦儒家的师生友朋思想》，《教育研究》2011年第8期。
⑥ 《礼记译解》，王文锦译解，中华书局2016年版，第464页。
⑦ 《礼记译解》，王文锦译解，中华书局2016年版，第462页。

问，然后语之"①。这些观点都主张注意观察学生的心理状态，在学生处于思维可被唤醒的最佳状态时，及时进行教学，启发学生思考。

2. 循序渐进：《礼记·学记》的进阶教师教学观

《礼记·学记》以学生为中心的教师角色思想不仅体现在尊重学生的差异，而且体现在教师向学生提问以及回答学生的问题时，尊重学生的认知发展规律，以不同的方式提问和回答。

《礼记·学记》提出了教师要善于提问。"善问者，如攻坚木，先其易者，后其节目，及其久也，相说以解；不善问者反此"②，即教师提问要尊重学生的认知规律，由易到难、由浅至深，如同伐木一样，一步步引导学生思考。

教师不仅要善于提问，同时更要善于回答学生的问题。

> 善待问者，如撞钟，叩之以小则小鸣，叩之以大者则大鸣，待其从容，然后尽其声；不善答问者反此。此皆进学之道也。③

教师根据问题的深浅、难易程度给予学生不同的回答。对于浅显的问题，教师的回答要简洁明了；对于深刻的问题，教师的回答要以精当的语言向学生传授其中精深切要的道理。善于回答问题就是必须尊重学生的原有认知结构和能力结构，针对不同情况进行回答。④ 要做到一步步引导学生提问，在学生无法提问时，教师以适合于问题的回答方式帮助学生解决问题。

《礼记·学记》总结了先秦时期教育家的教师教育思想，对教师的地位、教师标准和教师角色进行了系统的阐述，尤其是提出了教学相长这一概念，强调教师的反思能力和职业发展为后世教育家们纷纷继承并发展，对现代教师的反思教学有重要启示。

第二节 兼容并包：两汉时期的教师教育思想

秦朝以法治天下，推崇法家的思想。秦始皇实行焚书坑儒政策，对教育造成了毁灭性打击，几乎导致秦朝"没有教育可言"⑤。两汉时期，国家教育制度逐渐成熟，国家设立太学，担任太学教学工作的教官被称为博士，受教的学生被称为博士弟子；国家在各郡都设置了学校。同时，由于汉代独尊儒术，并推行察举制选拔人才，要求为官之人必须学习五经，大大促进了私学的发展。官学和私学的

---

① 《礼记译解》，王文锦译解，中华书局2016年版，第468页。
② 《礼记译解》，王文锦译解，中华书局2016年版，第467页。
③ 《礼记译解》，王文锦译解，中华书局2016年版，第467页。
④ 李丽丽、王凌皓：《论先秦儒家的师生友朋思想》，《教育研究》2011年第8期。
⑤ 陈青之：《中国教育史》，中国文史出版社2016年版，第72页。

蓬勃发展促进了社会对教师的巨大需求,两汉时期的著名教育家们纷纷阐述了教师教育思想。其中,以董仲舒为代表的学者以儒家思想统一社会,儒家经典成为教师需掌握和传授的知识核心。但学者王充等提出了教师应通百家之言,具有渊博的知识结构,呈现出兼容并包的教师教育思想。

一 明师圣化:董仲舒的教师教育思想

董仲舒是汉代著名的哲学家和教育家,被称为"汉代孔子"。自30岁起,他开始招收学生,精心讲授儒学,为汉朝培养了大批人才。汉景帝、汉武帝时,董仲舒都曾被任命为经学博士。他"进退容止,非礼不行,学士皆师尊之"[①]。董仲舒吸收了前人的教育思想,同时结合自己的教学实践,提出了丰富的教师教育思想。

(一)美道慎行:董仲舒关于教师标准的思想

董仲舒在向汉武帝提出国家要置明师时,提到教师的职责。明师要"数考问以尽其材,则英俊宜可得矣。"[②] 教师只有多了解学生,观察学生的特征,才能充分发挥学生的才能。

关于什么样的人才能成为教师,董仲舒曾在其《春秋繁露·玉杯篇》中明确提出"善为师"的标准:

> 是故善为师者,既美其道,有慎其行,齐时早晚,任多少,适疾徐,造而勿趋,稽而勿苦,省其所为,而成其所湛,故力不劳而身大成。此之谓圣化,吾取之。[③]

首先,他提出教师要做到"美道慎行",表明教师应德才兼备。既要具备丰富的学识,又要注意自身的道德修养,做到学为人师,行为世范。董仲舒十分重视学习和德育的重要性:

> 良玉不瑑,资质润美,不待刻瑑,此亡异于达巷党人不学而自知也。然则常玉不瑑,不成文章;君子不学,不成其德。[④]

教学的主要任务就是要引导学生学习,培养学生的德行。教师具备高尚的品德,以身作则,才能感化学生。

其次,董仲舒就教师进度和速度提出要求。他提出教师要根据学生的学龄安

[①] (东汉)班固:《汉书》,谢秉洪注评,凤凰出版社2011年版,第203页。
[②] (汉)董仲舒:《春秋繁露·天人三策》,岳麓书社1997年版,第314页。
[③] (汉)董仲舒:《春秋繁露·天人三策》,岳麓书社1997年版,第21—22页。
[④] (东汉)班固:《汉书》,谢秉洪注评,凤凰出版社2011年版,第214页。

排教学进度,"齐时早晚,任多少"①,抓住学生成长的关键期因势利导、及时施教。"适疾徐,造而勿趋"② 是对教师把握教学分量的要求,指教师根据学生的情况安排教学进度,教学要量力而行,循序渐进。

再次,董仲舒就教学原则和考核原则提出标准。"稽而勿苦"③ 是指教师在发挥主导作用的同时,必须积极发挥学生学习的主动性、积极性。在对学生的考核方面,要注意学生的接受度,防止因考核打击学生的积极性。

最后,董仲舒提出了教师应注意因材施教的教学原则。他指出"省其所为,而成其所湛,故力不劳而身大成"④,就是说教师要注意观察学生的行为和学习状况,以此了解学生的性格和学习习惯。在了解学生的基础上,根据学生的兴趣和特长采取不同的施教方法,这样学生才可以优化学习效果,取得学业成就。

董仲舒认为教师应德才兼备,适时、适量、适度地施教,才是掌握了"圣化"的功力。"圣化"是指德才兼备的教师具备高超的教学艺术,具备"如圣人"般培养人才的能力。

(二)兴学置师:董仲舒关于教师作用的思想

董仲舒认为教师是国家实现其教育目的的人力资源。首先,他提出国家要实现其教化众人的目的,就必须设太学,置明师。为巩固统治,汉武帝曾向董仲舒进行三次策问,因第一次策问专谈"天人关系",故史称"天人三策"。《天人三策》由班固全文收录在《汉书·董仲舒传》中。在第二次策问中,汉武帝主要是问治理国家的政术,如何从历史经验中总结治国之道,保证汉朝的长治久安。董仲舒在贤良二策的对答中,提出:

> 夫不素养士而欲求贤,譬犹不琢玉而求文采也。故养士之大者,莫大乎太学;太学者,贤士之所关也,教化之本原也。⑤

他提出人才是国家兴亡的保证,君主欲治国必先求贤,而求贤必须兴教。他向汉武帝提议,兴太学,置明师,以培养天下人才。他认为办小学是教化的本源,而太学要培养人才,就必须聘请明师作为师资保障,通过"请名师教授从全国各地选拔来的学员,再经过各种方式的考试,这样就可以培养出英俊之才"⑥。

其次,董仲舒提出以吏为师,让官吏充当教师的角色以教化人民。"今之郡守、县令,民之师帅,所使承流而宣化也;故师帅不贤,则主德不宣,恩

---

① (汉)董仲舒:《春秋繁露·天人二策》,岳麓书社1997年版,第21—22页。
② (汉)董仲舒:《春秋繁露·天人三策》,岳麓书社1997年版,第22页。
③ (汉)董仲舒:《春秋繁露·天人三策》,岳麓书社1997年版,第22页。
④ (汉)董仲舒:《春秋繁露·天人三策》,岳麓书社1997年版,第22页。
⑤ (汉)董仲舒:《春秋繁露·天人三策》,岳麓书社1997年版,第314页。
⑥ 栗洪武、郭向宁:《"五经博士"的设置与儒学尊崇地位的形成》,《教育研究》2006年第10期。

泽不流。"① 官吏是"民之师帅",以教师的标准培养官吏,做人民的表率,国家才能长治久安。

（三）次相授业：董仲舒关于教师培养方式的思想

董仲舒是汉代的名师大儒,学徒众多,无法对所有学生直接教学。他采用"弟子传以久次相授业"②的方法。具体做法是让入学时间较长且学业程度较高的学生,向学习时间短、学识程度较低的学生传授知识。董仲舒办学规模较大,弟子众多,导致很多学生追随其求学多年,却很少有机会见到董仲舒本人。董仲舒实施的这种高年级教授低年级的教学方法适应汉代太学负责授经的博士较少,而学生日益增多的办学现状,成为汉代太学的一种主要的教学形式,而且成为汉代私学大师们惯常采用的教学形式。东汉著名的经学家马融"常坐高堂,施绛纱帐,前授生徒,后列女乐,弟子以次相传,鲜有入其室者"。③ "弟子传以久次相授业"的教学办法是当时缺乏教材的教学现实以及口耳相传的教学方式相结合的产物,体现了"学业有成的学生给教师做助教工作,同时也体现教学实习的意义"④。

这种次相传授的教学方式既保障了众多的学生都能得到名师的教诲,又充分发挥了优秀弟子的才能,为以后的私学和官学所采用和继承。元朝国子学继承并发展了"弟子传以久次相授业"的教学方法,制定了助教和伴读制度。据《元史·选举志一》记载,当时的国子学设"博士、助教亲授句读、音训,正、录、伴读以次传习之"⑤。

20世纪早期,中国的教育家们为解决当时师资短缺、教育需求巨大的教育现实,继承并发展了这种"传递式"的教授方法。我国著名平民教育家晏阳初在其发起的全国识字运动中采用即习、即传、即用的"导生制"教学方法,以学生引导学生,在短时间内为当时的扫盲运动培训了大量师资。陶行知在其平民教育实践中提出了"连环教学法"作为识字运动的主要教学形式,即让识字的人边学边教,教周围不识字的人,以此传递。此外,陶行知还提出了"小先生制",即一个教师教授一批学生,再由学生担任教师,把学到的知识教授给其他学生。俞庆棠就曾在其民众教育实践中大力推崇陶行知先生提出的"连环教学法"和"小先生制"。这些教育家提出的教师教育理念都体现了对董仲舒"弟子传以久次相授业"教学思想的继承和发展,有效地解决了当时师资匮乏的问题。

董仲舒提出的"弟子传以久次相授业"的教学组织形式不仅扩大了受业者的数量,实现了教化众人的教育目的,而且以教学实习的方式帮助学生积累教学经

---

① （汉）董仲舒：《春秋繁露·天人三策》,岳麓书社1997年版,第314页。
② （东汉）班固：《汉书》,谢秉洪注评,凤凰出版社2011年版,第203页。
③ （南朝宋）范晔：《后汉书》,罗文军编,太白文艺出版社2006年版,第436页。
④ 张鸣岐：《董仲舒教育思想初探》,吉林教育出版社1988年版,第121页。
⑤ 《内蒙古教育志》编委会编：《内蒙古教育史志资料》第2辑,内蒙古大学出版社1995年版,第2页。

验，培养了一批教师。虽然董仲舒没有关于教师教育理论的具体阐述，但是这种教学形态可以说是中国最早的师徒制教师教育模式，并在以后的教育实践中得到了继承和发展。

二 才高知大：王充的教师教育思想

王充，字仲仁，东汉思想家、教育家。王充针对当时教师知识面狭窄，机械传递知识的现象进行了批判，对教师提出了博古通今的知识要求和具有批判精神的能力要求。

（一）成熟于师：王充关于教师角色的思想

王充认为教师要认识到自身对学生成长的重要性，同时要敢于接受学生的质疑，在与学生的讨论过程中受启发和触动，使教学更为深刻和明晰，实现"激而深切，触而著明也"①。

王充强调教师对个人学习以及成长的重要性，反映了他的唯物主义哲学思想在其教育思想中的应用。王充在《论衡·实知篇》中批判了"生而知之"②的先验论，主张"知物由学，学之乃知，不问不识"③。他认为，人只有通过学习、求教才能获得知识。世界上不存在生来知所有、无师自通的人。"不学自能，无师自达，非神如何？"④ 人的成长既要靠个人在学术技艺上下功夫，也需要老师的教导才能更加成熟、通达，即"学士简练于学，成熟于师"⑤。

王充一方面强调教师对个人学习的重要作用，同时也主张教师要勇于面对学生的质疑，在教学中实现自我成长。他认为做学问"不为无才，难于距师，核道实义，证定是非也"⑥。他主张"问难"⑦的学习方法，学生要敢于就不理解之处向教师提问，追根问底。在提问的过程中，教师和学生"相呵难，欲极道之深，形是非之理也。不出横难，不得从说；不发苦诘，不闻甘对"⑧。王充认为学生和教师要具有强烈的批判精神，学生要敢于质疑教师，具有独立思考的能力；教师既要敢于质疑权威，打破崇拜古人的心理，也要勇敢面对学生的质疑和提问。⑨ 教师和学生可以通过相互辩论，以追求真知、辨明是非。一方面，在讨论中，学生在教师的责难和评论中对问题有更加深刻的认识；另一方面，在学生的不断提

---

① （东汉）王充：《论衡》，岳麓书社1991年版，第137页。
② （东汉）王充：《论衡》，岳麓书社1991年版，第402页。
③ （东汉）王充：《论衡》，岳麓书社1991年版，第404页。
④ （东汉）王充：《论衡》，岳麓书社1991年版，第402页。
⑤ （东汉）王充：《论衡》，岳麓书社1991年版，第195页。
⑥ （东汉）王充：《论衡》，岳麓书社1991年版，第138页。
⑦ （东汉）王充：《论衡》，岳麓书社1991年版，第137页。
⑧ （东汉）王充：《论衡》，岳麓书社1991年版，第242页。
⑨ 胡卫平、刘丽娅：《中国古代教育家思维型课堂教学思想及其启示》，《教育理论与实践》2011年第28期。

问下，教师对问题有明晰的看法，并最终给出完美的回答。

（二）通百家言：王充关于教师标准的思想

王充认为，教师一方面要才智过人、学识渊博，他以海和水的强大生命孕育力为类比，认为人只有胸怀广阔、博古通今，才具有培养人才的能力。另一方面，要有广阔的胸怀和高尚的道德修养，教师既要敢于责难经典，又要勇于面对学生的质疑和问难。

> 东海之中，可食之物，集糅非一，以其大也。夫水精气渥盛，故其生物也众多奇异。故夫大人之胸怀非一，才高知大，故其于道术无所不包。学士同门，高业之生，众共宗之。何则？知经指深，晓师言多也。夫古今之事，百家之言，其为深多也，岂徒师门高业之生哉！①

首先，王充认为教师应该是"通人"。"通书千篇以上，万卷以下，弘畅雅闲，审定文读，而以教授为人师者，通人也。"②他主张如果一个人没有终身学习的意识和能力，无法将新旧知识融会贯通，是没有资格被称为老师的。能够博览群书、贯通古今，才有资格为人师，向学生传授知识。"温故知新，可以为师，今不知古，称师如何？"③他对当时的经师专攻儒家经典，只以儒家经典教授学生而忽视其他知识的现象进行了批判。④ 王充认为教师以狭窄的知识水平从事教学，"徒能说经，不晓上古"⑤，其教学无异于愚弄学生。

其次，王充对当时的教师只知机械地传递知识，缺乏批判思维的现象进行了批判，指出教师应当具有独立思考能力和批判精神。如果学者只知"传先师之业，习口说以教，无胸中之造，思定然否之论"⑥，没有独立的见解，这种教师无异于传递消息的"邮人、门者之类也"⑦。因此，教师必须有广博的胸怀和开阔的思维，既要敢于"问难"，即提问和批评，形成独立的思想，又要勇于接受学生的提问和质疑，明晰对问题的认识。

王充的教师教育思想体现了教师必须具有全面的知识素养和开放包容的思维素养。就教师知识结构而言，教师要从横向和纵向两个维度分别扩展知识领域和提升认知深度。在教师心理维度，王充的"距师"和"问难"的思想既要求教师以开放的思维对知识进行批判思考，敢于提问，又要以包容和学习的心态面对学

---

① （东汉）王充：《论衡》，岳麓书社1991年版，第209页。
② （东汉）王充：《论衡》，岳麓书社1991年版，第213页。
③ （东汉）王充：《论衡》，岳麓书社1991年版，第430页。
④ 施克灿：《中国古代教育家理想中的教师标准探究》，《教师教育研究》2006年第1期。
⑤ （东汉）王充：《论衡》，岳麓书社1991年版，第198页。
⑥ （东汉）王充：《论衡》，岳麓书社1991年版，第420页。
⑦ （东汉）王充：《论衡》，岳麓书社1991年版，第420页。

生提出的问题和质疑，激励自己继续学习并加深对知识的理解。此外，东汉教育家马融和郑玄也对教师教育思想有过阐述，在此囿于篇幅，不再赘述。

第三节 反正还淳：魏晋南北朝时期的教师教育思想

魏晋南北朝时期，神州大地割据混战，各豪族占有大量土地。为争夺人才，巩固各自统治，中央创立了九品中正制以选拔人才，使"士族有了做官的特权不需要认真读书了"①。这一时期，官学发展缓慢，私学较为发达，拜师求学的风气蔚然成风，私学教育家的教学实践充实了教师教育思想的发展。

一 礼乐教化：徐干的教师教育思想

徐干，字伟长，"建安七子"之一。徐干自14岁开始习读五经，20岁时已能背诵《五经》，"言则成章，操笔成文"②。因对当时权臣当政、仕风沦丧的政治氛围不满，徐干辞去官职，致力于学术研究和教授门徒，提倡师生关系回归教学本质。在其教育实践中，蕴含着丰富的教师教育思想，对当代的教师教育具有重要的启示意义。

(一) 圣人上务：徐干关于教师作用的思想

徐干通过批评东汉末年学风败坏的现象，提出教师的主要作用和任务应是教学。两汉时期以察举和征召为取士手段，求师逐渐演变为博取官职的工具。求官者多投靠在权臣门下做"门生"。毫无学术知识的外戚，乃至宦官因位高权重皆可招收自己的"门徒"。学生多为求官者，无意求知，教师多为权臣，意在扩大自己的派别。徐干对此种师生关系以及求学现象进行了深刻批评："为师无以教训，弟子亦不受业"③，他认为师生关系应当回归教学和求学的本质。

徐干十分强调学习的重要性，认为学习是圣人最为看重的事情。他说："学也者，所以疏神达思，怡情理性，圣人之上务也"④。学习可以使人通明精神、畅达思想、陶冶情操、修养品性。人的学习离不开教师的指导，否则便失去了方向。他曾说："故君子心不苟愿，必以求学；身不苟动，必以从师；言不苟出，必以博闻"⑤。君子一定要努力学习，学习不能鲁莽行动，而是一定要追随老师，这样才能做到说话不信口开河，广泛听取各家之长。

徐干认为教师应为学生讲解求知的途径。"于是乎闿张以致之，因来以进之，

---

① 程舜英编著：《中国古代教育制度史料》，北京师范大学出版社2011年版，第171页。
② 冯克诚主编：《魏晋南北朝时期的教育学说与论著选读》，人民武警出版社2010年版，第20—21页。
③ (魏) 徐干：《中论 (附札记)》，中华书局1985年版，第24页。
④ (魏) 徐干：《中论 (附札记)》，中华书局1985年版，第1页。
⑤ (魏) 徐干：《中论 (附札记)》，中华书局1985年版，第1页。

审谕以明之,杂称以广之,立準以正之,疏烦以理之。"① 教师需详细讲解,多方引证将渊博的知识传递给学生,同时又要确立标准,以使学生学有正道,疏通线索,以使学生学有条理,对教师的知识结构以及逻辑思维提出了很高的要求。

(二)因性导人:徐干关于教学方法的思想

徐干主张教师"导人必因其性"②,即"本性近于某方面,即向某方面引导"③。首先,教师要根据学生不同的志向、兴趣以及本性进行施教。即"君子将与人语大本之源,而谈性义之极者,必先度其心志,本其器量,视其锐气,察其堕衰"④。如在教授儿童时,不仅要注意根据儿童的心性,避免灌输死知识;而且要照顾他们的理解力,"故君子之与人言也,使辞足以达其知虑之所至,事足以合其性情之所安,弗过其任而强牵制也"⑤。

其次,在教学过程中,要注意随时观察学生的知识接受情况和心理状态,"唱焉以观其和,导焉以观其随"⑥。随时观察学生,调整教学的速度和内容。教师要观察学生的语言、视听、神色以及动作来判断学生此时的心理状态,以此为依据,及时调整教学内容。"和之徵发乎音声,形乎视听,著乎颜色,动乎身体;然后可以发幽而步远,功察而治微。"⑦

按照学生的本性、先前知识、理解能力以及课堂的心理状态,而施行适当、适量、适度的教育,使他们欣然自得。陈青之对徐干所持的教学观大为赞赏,认为徐干所持有的教学观最为先进,"两汉二百年来的教育学者讲论本性固然先后继起,各有发挥,至于教学方法的理论前贤应当让后生"⑧。可见,徐干所持的"导人必因其性"的教学思想是对传统儒家思想的一大继承与发扬。

二 持经执疏:徐遵明的教师教育思想

徐遵明,字子判,北魏著名的儒学家、教育家。北魏时期,私学发达,教育内容和教学方式多元化,培养出大批平民人才。⑨ 徐遵明是北魏时期著名的私学大师,他一生讲学20余年,曾"招收一万学生"⑩。在其长期的教学实践中,蕴含着教师作用、教学方法等丰富的教师教育思想,在中国教师教育史上留有声名。

徐遵明强调教师对学习的指导作用,求学路上曾四次易师,旨在寻找适合自

---

① (魏)徐干:《中论(附札记)》,中华书局1985年版,第10页。
② (魏)徐干:《中论(附札记)》,中华书局1985年版,第10—11页。
③ 陈青之:《中国教育史》,中国文史出版社2016年版,第121页。
④ (魏)徐干:《中论(附札记)》,中华书局1985年版,第10页。
⑤ (魏)徐干:《中论(附札记)》,中华书局1985年版,第10页。
⑥ (魏)徐干:《中论(附札记)》,中华书局1985年版,第10页。
⑦ (魏)徐干:《中论(附札记)》,中华书局1985年版,第10页。
⑧ 陈青之:《中国教育史》,中国文史出版社2016年版,第121页。
⑨ 胡克森:《论北朝私学与科举制诞生的关系》,《贵州社会科学》2006年第4期。
⑩ 徐仲林:《中国传统文化与教育》,西南师范大学出版社2015年版,第78页。

己的教师指导学问,在其更改教师的缘由中蕴含着丰富的有关教师作用的思想。他师从其第二任教师张吾贵数月后,决定更换教师,并向友人陈述了其中的缘由,"张生名高而义无检格,凡所讲说,不惬吾心。请更从师。"① 可见,徐遵明认为学生拜师求学,最重要的是要用心求师,寻找真正适合自己的教师。他将其最后一任教师唐迁视为"真师",并从此跟随老师闭关学习6年,为其日后的讲学奠定了深厚的知识底蕴。

徐遵明后来开办私学,授徒讲学,采取一手持"经",一手持"疏"的教学方法,对为师者应具备的能力提出了更高的要求,蕴含着丰富的有关教师标准的思想。徐遵明在教学时不是机械地讲授经文,而是将经文内容与经文注释融合授课。"是后教授门徒,每临讲坐,先持经执疏,然后敷讲"②。可见,徐遵明反对教师只记诵书本知识,然后向学生机械地灌输,而是主张教师既要熟知经学内容,同时深入了解前人对经学的注释与解释,做到博通经史,丰富教师博学的内涵。此外,与传统的儒学主张"述而不作"③ 不同,徐遵明主张在讲授经学内容与前人论述中,教师要对其进行评价,并陈述自己的观点,这就对教师的批判思维能力与论证能力提出了要求。徐遵明主张的教学方法在一定程度上蕴含着教师应具备一定的科学研究能力的思想萌芽,主张将科学研究内容融入教学中,有助于提升教学内容的科学性。"持经执疏,然后敷讲"④ 的教学方法深受徐遵明的学生推崇,"学徒至今,浸以成俗"⑤。他的门生在教学时,也采用此种教学方法,推动了儒学的传承与发展。

第四节　师道尊严:隋唐时期的教师教育思想

隋唐时期,中央政府加强了对教育的管理,设立了管理教育事业的专门机构,从学生入学到毕业都有严格的教学管理制度,教育内容更为丰富,学校类型多样化且覆盖面较广。⑥ 教育事业的蓬勃发展对教师的数量和质量提出了要求,促进了教师教育思想的发展。本章主要介绍唐代两大教育家韩愈和柳宗元的教师教育思想。

一　尊师重道:韩愈的教师教育思想

韩愈,字退之,唐朝杰出的文学家、思想家、哲学家、政治家。韩愈曾多次

---

① 中华书局编辑部编:《二十四史》,中华书局2000年版,第1802页。
② 中华书局编辑部编:《二十四史》,中华书局2000年版,第1802页。
③ 陈晓芬译注:《论语》,中华书局2016年版,第78页。
④ 中华书局编辑部编:《二十四史》,中华书局2000年版,第1802页。
⑤ 中华书局编辑部编:《二十四史》,中华书局2000年版,第1802页。
⑥ 曲铁华主编:《中国教育史》,武汉大学出版社2011年版,第92—93页。

担任唐代中央官学——国子监的博士，提倡复兴儒学道统，以此为基础，在其作品《师说》中集中阐述了其关于教师教育的思想。

（一）学必有师：韩愈关于教师地位的思想

唐朝时期，佛道盛行，科举制发展成熟，"文学风靡，儒学失尊，师道日微，读书人耻学于师"①。韩愈对当时社会不尊重教师的风气予以尖锐批评，倡导尊师重道。

> 嗟乎！师道之不传也久矣！欲人之无惑也难矣！古之圣人，其出人也远矣，犹且从师而问焉。今之众人，其去圣人也亦远矣。而耻学于师。是故圣益圣，愚益愚，圣人之所以为圣，愚人之所以为愚，其皆出于此乎？②

韩愈感慨于古代的圣人学识已经远远高于众人之上，仍问师求学，而今人之学识远低于众人却以求师为耻，对耻学于师的现象进行了深刻批评。为了改变忽视教师作用的社会现象，韩愈不仅积极倡导敢为人师，自己也"乐为人师，热心奖掖后进"③，对向他求学之人从不拒之门外。柳宗元曾评价韩愈说："独韩愈奋不顾流俗，犯笑侮，收召后学，作《师说》，因抗颜而为师。"④可见，韩愈敢于与当时社会风气对抗，肯定教师的地位，倡导尊师从师。

韩愈通过阐述求知与求师的关系，论述了尊师求师的必要性。韩愈指出："古之学者必有师"⑤。至于学为何必有师，韩愈指出"人非生而知之者，孰能无惑？惑而不从师，其为惑也终不解矣"⑥。就是说人的知识并非天生就有的，而是靠后天习得。若不求师，求知难以实现。可见，韩愈提出从师是求知的必由之路。

（二）为师三业：韩愈关于教师角色的思想

韩愈在《师说》中提出："师者，所以传道、受业、解惑也。"⑦韩愈的论述"是历史上首先对教师任务完整而明确的表述"⑧。教师的作用包括对学生进行道德教育、文化教育和发展学生的智力。

教师首先应做到传道，即传授儒家的伦理道德思想。韩愈认为传道教人是对教师的基本要求。⑨关于"道"的内涵，韩愈在《原道》一文中解释为："博爱

---

① 教育大辞典编纂委员会编：《教育大辞典》第9卷《中国古代教育史》下，上海教育出版社1992年版，第155页。
② （唐）韩愈：《师说》，载《韩愈集》，严昌校点，岳麓书社2000年版，第158页。
③ 黄明喜：《韩愈与柳宗元师道观之比较》，《华南师范大学学报》（社会科学版）2001年第5期。
④ 孟宪承等编：《中国古代教育史资料》，华东师范大学出版社2010年版，第266页。
⑤ （唐）韩愈：《师说》，载《韩愈集》，严昌校点，岳麓书社2000年版，第157页。
⑥ （唐）韩愈：《师说》，载《韩愈集》，严昌校点，岳麓书社2000年版，第157页。
⑦ （唐）韩愈：《师说》，载《韩愈集》，严昌校点，岳麓书社2000年版，第157页。
⑧ 教育大辞典编纂委员会编：《教育大辞典》第9卷《中国古代教育史》下，上海教育出版社1992年版，第155页。
⑨ 施克灿：《中国古代教育家理想中的教师标准探究》，《教师教育研究》2006年第1期。

之谓仁，行而宜之之谓义，由是而之焉之谓道，足乎己无待于外之谓德"①。韩愈以博爱为仁，认为以合适的方法实践仁就做到了义，而按照仁义的思想行事就可以获得道。可见，韩愈所说的"传道"是指教师要传授儒家的仁义道德和观念。

教师的第二个角色是授业者，即教授《诗》《书》《礼》《易》《春秋》等儒家经典。我国古代的教育内容知识较单一，主要集中在儒家经典文卷中，对传统的学习和梳理是为了认识当下和未来的趋势，因此，必须具备触类旁通的学习能力。这就要求教师既要身怀能够传授他人的广博知识，又要对儒家经典有独立的思考，才能引导学生对经典知识有所思考。

教师的第三个角色是答疑解惑者，解答学生在学习"道"与"业"的过程中遇到的困惑。韩愈强调教师不仅是传授知识和技能的匠人，而且要为学生解答疑惑。"彼童子之师，授之书而习其句读者也，非吾所谓传其道、解其惑者也。"②可见，韩愈认为教师的任务不仅仅是授业或传递知识，解惑这一任务对教师提出了更高的要求。

(三) 师道相依：韩愈关于教师标准的思想

韩愈通过阐述"师"与"道"的关系提出了为师的标准。他说：

> 生乎吾前，其闻道也固先乎吾，吾从而师之，生乎吾后，其闻道也，亦先乎吾，吾从而师之。吾师道也，夫庸知其年之先后生于吾乎？是故无贵无贱，无长无少，道之所存，师之所存也。③

可见，韩愈提出"师"与"道"是相互依存的，二者的关系中蕴含了为师标准。一是韩愈将"闻道"作为为师的标准。无论人的社会地位高低、年龄大小，先掌握了儒家之道者即有资格为师。韩愈认为"闻道有先后，术业有专攻"④。他提出闻道有先后之分，学业上各有专长，所以先闻道者、学有专长者就可以为师。⑤ 二是为师者自身必须具备"道"，即教师要有很高的道德修养，为人师表。只有教师存道，才能承担传道的责任。⑥

此外，韩愈以孔子为例，以圣人尚且求道的典范行为提倡教师应具备终身学习的意识和能力。

> 圣人无常师。孔子师郯子、苌弘、师襄、老聃。郯子之徒，其贤不及孔

---

① （唐）韩愈：《师说》，载《韩愈集》，严昌校点，岳麓书社2000年版，第145页。
② （唐）韩愈：《师说》，载《韩愈集》，严昌校点，岳麓书社2000年版，第158页。
③ （唐）韩愈：《师说》，载《韩愈集》，严昌校点，岳麓书社2000年版，第157—158页。
④ （唐）韩愈：《师说》，载《韩愈集》，严昌校点，岳麓书社2000年版，第158页。
⑤ 黄明喜：《韩愈与柳宗元师道观之比较》，《华南师范大学学报》（社会科学版）2001年第5期。
⑥ 胡相峰：《为人师表论》，《教育研究》2000年第9期。

子。孔子曰："三人行，则必有我师。"是故弟子不必不如师，师不必贤于弟子。[1]

韩愈继承了孔子有关师生互教互学的思想，认为教师一方面要尊重学生，向学生学习，发现不足后要更新知识储备，坚持学习，不断提升自身的专业素质。同时，学生要向教师虚心学习，要以超越教师的勇气坚持学习，这也是对荀子"青，取之于蓝而青于蓝"[2]思想的继承。

韩愈以"道"为核心概念，阐述了师与道的关系。一是以教师的任务指明教师对教育的重要性，因此，必须提高教师的社会地位，提倡尊师重道；二是提出了"先闻道"者即为师的教师标准，进而指明教师和学生之间平等互学的关系。

二 顺天致性：柳宗元的教师教育思想

柳宗元，字子厚，唐代文学家、思想家。他"下笔成章，为文璨若珠贝"[3]。很多参加科举考试之人均向他求师问道或求写作之术，柳宗元或以写书信的方式，或以亲自面授的方式教育后学，对教师的作用以及为师的标准均有过深刻的阐述。

（一）明道行道：柳宗元关于教师作用的思想

柳宗元和韩愈一起对当时社会耻学于师的现象进行了深刻批评，"由魏晋氏以下，人益不事师。今之世不闻有师，有辄哗笑之以为狂人"[4]。他认为只有求学于师，才能获得知识的全部要领。他在《与李睦州论服气书》中以自己少时学琴、读书的亲身经历为例，说明了求师的重要性。柳宗元年轻时爱琴、嗜书，自己勤学苦练数十年，以为自己的技艺和知识达到了极致，最后却遭到知琴者和知书者的耻笑。柳宗元将个人勤奋好学，最后却无所成就归因于没有教师的指导，"二者皆极工而反弃者，何哉？无所师而徒状其文也"[5]。因此，求学之人要想学业有成，必须靠教师的指导，才能学有所法。他多次强调教师的指导对学习以及个人成长的重要作用。"不师如之何，吾何以成？"[6]柳宗元面对教师对个人成长的重要作用与当时社会不尊重教师的矛盾深感痛心。当时社会学子想从师，却无人敢为师，即使步入师门，也面临着举世笑之的尴尬现实。

（二）博极群书：柳宗元的教师知识结构观

柳宗元认为教师应具有渊博的知识结构。他在《送易师杨君序》中说："宗

---

[1] （唐）韩愈：《师说》，载《韩愈集》，严昌校点，岳麓书社2000年版，第158页。
[2] 《荀子》，方达评注，商务印书馆2016年版，第1页。
[3] 程舜英编著：《中国古代教育制度史料》，北京师范大学出版社2011年版，第577页。
[4] 孟宪承等编：《中国古代教育史资料》，华东师范大学出版社2010年版，第266页。
[5] （唐）柳宗元：《与李睦州论服气书》，载《柳宗元集》，易新鼎校点，中国书店2000年版，第440页。
[6] 孟宪承等编：《中国古代教育史资料》，华东师范大学出版社2010年版，第267页。

元以为太学立儒官,传儒业,宜求专而通、新而一者,以为冑子师。"① 要求教师不仅要精通儒家经典,还要触类旁通,扩大知识面。他反对学术上固执于一派的偏狭态度,批评一些宗派学者"专其所学,以訾其所异,党枯竹,护朽骨。"② 柳宗元主张教师要学习不同学派的观点,博众家之长,才能取得新的进步。

他在《送元十八山人南游序》中对元十八山人这位云游之人的学识大为推崇,赞赏其能吸收不同学派理论中的合理内容,做到"悉取向之所以异者,通而同之"③。他提倡师道,认为:

> "道"的内涵不仅仅限于儒家经典的范围,还包括老、庄、杨、墨、申、韩、刑、名、纵横、浮图诸家学说中有助于佐世的思想成分。④

柳宗元自身就是"博极群书"⑤的绝好典范,他对经史、诸子和百家之言均有涉猎,其开放、包容的学术品格为教师树立了良好的典范。教师只有博学多能,不断取得学术进步,才能向学生系统地、客观地传递知识。柳宗元认为,只有教师具备渊博的知识结构,并进行深入钻研,形成独立的见解,才可以向学生传授思想而非一味灌输刻板的知识。

(三) 中焉可师:柳宗元的教师道德观

柳宗元提出"中焉可师"⑥,即有良好品性之人才可为师,这条规则必须牢牢记住。与韩愈乐为人师的思想不同,柳宗元不愿承师之名,不肯接受别人请他为师的要求,拒绝表面上的师生关系名义,对真心求教的学生不吝教育,以通信和面授的方式向求学之人传授求学之道。⑦

教师的良好品性一方面表现在教师的教学态度。柳宗元认为,为师者应做到"不敢倦,不敢爱,不敢肆"⑧。首先,教师要坚持教学,诲人不倦,不能懈怠。柳宗元在《报袁军陈秀才避师名书》中提到,他在长安任职时,"后学之士到仆门,日或数十人,仆不敢虚其来意,有长必出之,有不至必惎之"⑨。其次,教师

---

① (唐) 柳宗元:《送易师杨君序》,载《柳宗元集》,易新鼎点校,中国书店2000年版,第352—353页。
② (唐) 柳宗元:《唐故给事中皇太子侍读陆文通先生墓表》,载《柳宗元集》,易新鼎点校,中国书店2000年版,第115页。
③ (唐) 柳宗元:《送元十八山人南游序》,载《柳宗元集》,易新鼎点校,中国书店2000年版,第354页。
④ 施克灿:《中国古代教育家理想中的教师标准探究》,《教师教育研究》2006年第1期。
⑤ 程舜英编著:《中国古代教育制度史料》,北京师范大学出版社2011年版,第593页。
⑥ 孟宪承等编:《中国古代教育史资料》,华东师范大学出版社2010年版,第267页。
⑦ 黄明喜:《韩愈与柳宗元师道观之比较》,《华南师范大学学报》(社会科学版)2001年第5期。
⑧ (唐) 柳宗元:《送元十八山人南游序》,载《柳宗元集》,易新鼎点校,中国书店2000年版,第460页。
⑨ (唐) 柳宗元:《送元十八山人南游序》,载《柳宗元集》,易新鼎点校,中国书店2000年版,第460页。

向学生传授知识，要将自己所知倾囊相授，不能吝啬。对于真正求学的学生，柳宗元把自己的一切心得体会倾囊相授。再次，教师要持有严谨的教学态度，对教学要有敬畏之心，不能任意妄为。

另一方面，教师要尊重学生个性。柳宗元在《种树郭橐驼传》中，借种树为喻表达了教师应尊重学生个性发展，给予学生发展空间，才能充分发展学生的天赋与能力。郭橐驼善于种树，问其诀窍，他回答："能顺木之天，以致其性焉尔"[1]。为人师者，须持有正确的师爱观，只有尊重学生个性，顺应学生性情，才能尽人之材，才是真正的爱护学生。教师过分干涉学生的学习过程，不给学生自主思考的空间，并不是真正的爱护学生。因此，教师对学生的教育要尊重学生的个性差异，因势利导，为学生创造宽松的学习环境，给学生的个性化发展留以广阔的空间，才能充分激发学生个性潜能，促进学生能力的充分发展。

（四）交以为师：柳宗元的师生互动发展观

柳宗元主张交以为师，意即教师与学生相互为师、相互学习的师友观。他在《答严厚舆秀才论为师道书》中说：

> 仆之所拒，拒为师弟子名，而不敢当其礼者也。若言道、讲古、穷文辞，有来问我者，吾岂尝瞋目闭口！……苟去其名，全其实，以其馀易其不足，亦可交以为师矣。如此，无世俗累而有益乎己，古今未有好道而避是者。[2]

柳宗元主张教师与学生无须建立师生之名分，学生向教师问道，教师予以诚恳教导。同时，教师也可以在教学过程中学习学生的优点，弥补自身的不足。

> 师生之间应该像朋友一样，相互交流、切磋、帮助，在学术研讨上是平等的，而不是单纯的教导与被教导的单向关系。[3]

柳宗元主张师友型的师生关系，教师与学生相互学习，取长补短，"以师为友，以友为师，师友并提"[4]，在交往中实现共同成长与发展。柳宗元主张的相互为师的关系实际上体现了教学相长的思想，他认为这种师生关系不但避免了世俗的烦扰，而且师生都可以从中受益，真正求道、求学的人都倾向于交以为师的师生关系。

---

[1]（唐）柳宗元：《送元十八山人南游序》，载《柳宗元集》，易新鼎点校，中国书店2000年版，第257页。

[2]（唐）柳宗元：《答严厚舆秀才论为师道书》，载《柳宗元集》，易新鼎点校，中国书店2000年版，第460页。

[3] 黎利云：《柳宗元"交以为师"师生观的哲学意蕴与教育价值》，《当代教育论坛》2018年第5期。

[4] 张良才：《中国古代教育家的师爱及其现代价值》，《教育研究》1999年第9期。

交以为师继承了孔子"三人行，必有我师焉"① 以及韩愈"弟子不必不如师，师不必贤于弟子"② 思想中的辩证思维，并提出了师友型师生关系观。交以为师体现了民主、平等的教育思想。教学不是教师传授、学生接受的单向灌输，而是教师与学生共同探讨、互教互学的双向交往。教师与学生无地位高低之分，教师既是授教者，也可取学生之长而学习。

唐朝时期，随着科举制的逐渐完善，求学之人为考取功名，纷纷提升自己的文学才华，忽视了传统的儒家传统道德。韩愈和柳宗元对这种现象进行了深刻批评，强调从师求学，对教师作用、教师任务和教师标准的论述影响颇深。

第五节　厚积薄发：宋元时期的教师教育思想

宋代和元代的教育制度不仅继承了唐代的科举制度，还广设学校，大力发展官学。宋代出现了具有学校讲学性质的书院——集教育、教学和学术研究于一身的教育机构。元代时期，书院继续发展，书院对教师的管理以及教育家在书院的教育实践中产生了丰富的教师教育思想。

一　明理修德：程颢的教师教育思想

程颢，字伯淳，号明道，世称"明道先生"，北宋理学家、教育家。程颢从国家治理的角度提倡重视人才的培养和选拔，强调发挥教师在人才培养中的重要作用，他在教师作用、教师选拔和培养方面提出了较为完善的思想。

(一) 道业双成：程颢关于教师作用的思想

程颢将教化民风和获得人才看作治理国家之根本，而二者的实现都离不开教师的作用。他在《请修学校尊师儒取士札子》中提出宋兴百余年来，民风仍不纯正的主要原因是不修学校，不尊师儒，无法教化百姓。程颢认为培养人才就要修学校和择教师。要建学校，则先要"择其学业大明、德义可尊者，为太学之师"③，认为应该从太学和州郡之学"择其道业之成，可为人师者"④ 教于县级学校。可见，程颢认为只有在道德修养和学业上均有所成者，才有为师的资格。程颐曾对其教育实践和思想评价道："先生之门，学者多矣。先生之言，平易易知，贤愚皆获其益，如群饮于河，各充其量"⑤。

---

① 《论语》，陈晓芬译注，中华书局2016年版，第86页。
② (唐) 韩愈：《师说》，载《韩愈集》，严昌校点，岳麓书社2000年版，第158页。
③ (宋) 程颢：《请修学校尊师儒取士札子》，载《二程文选译》，郭齐译注，巴蜀书社1994年版，第7页。
④ (宋) 程颢：《请修学校尊师儒取士札子》，载《二程文选译》，郭齐译注，巴蜀书社1994年版，第7—8页。
⑤ (宋) 程颐：《明道先生行状》，载《二程文选译》，郭齐译注，巴蜀书社1994年版，第226页。

先生教人，自致知至于知止，诚意至于平天下，洒扫应对至于穷理尽性，循循有序，病世之学者舍近而趋远，处下而窥高，所以轻自大而卒无得也。①

从程颢为人师的素质可以看出他很重视教师的语言、教学内容以及教学方法。首先，教师的语言要简洁易懂，要考虑到学生资质和理解能力的差异，使所有学生都可以根据自身情况从中获益。其次，教师不仅要传授知识以及获取知识的途径，而且要教授对知识的诚心以及穷尽事理的态度。再次，教师要尊重学生的认知发展规律，教学内容应由易至难，做到循循有序。

（二）材良行修：程颢关于选拔和培养教师的思想

程颢提出以推举的方式从民间选拔预备教师，选拔的标准是品性良好、知识丰富、意志坚定、热爱学习，即"德业充备，足为师表者；其次有笃志好学，材良行修者"②。

选拔后将预备教师集中管理和教育，教学内容既包括"讲明正学"③"明乎物理"④等知识教育，而且注重道德教育，通过劳动教育和待人接物的处事教育，提高道德修养，使行为符合礼仪规范。即"其教自小学洒扫应对以往，修其孝悌忠信，周旋礼乐"⑤。其中，程颢特别重视预备教师的道德教育，他曾明确指出人才培养"其要在于择善修身，至于化成天下"⑥，预备教师要精修道德，才能完成教化民风的职责。培养结束后选择知识渊博通达、道德修养受人尊敬之人为太学之师。其后，以知识水平和道德修养为标准，其余人安排至府级或郡级任教。

二　尊礼体道：朱熹的教师教育思想

朱熹，字元晦，一字仲晦，号晦庵，别号考亭、子阳，南宋哲学家、教育家，儒学集大成者，世尊称为朱子。朱熹一生主要从事儒学的研究和教学，不仅大力整顿了其主政地区的县学、州学，创建了福建武夷精舍、福建沧州精舍，主持了江西庐山白鹿洞书院和湖南岳麓书院的重建工作，而且亲自授徒讲学，培养了一大批知识分子。朱熹的教育管理和教学实践中蕴含着丰富的教师教育

---

① （宋）程颐：《明道先生行状》，载《二程文选译》，郭齐译注，巴蜀书社1994年版，第227页。
② （宋）程颢：《请修学校尊师儒取士劄子》，载《二程文选译》，郭齐译注，巴蜀书社1994年版，第6页。
③ （宋）程颢：《请修学校尊师儒取士劄子》，载《二程文选译》，郭齐译注，巴蜀书社1994年版，第7页。
④ （宋）程颢：《请修学校尊师儒取士劄子》，载《二程文选译》，郭齐译注，巴蜀书社1994年版，第7页。
⑤ （宋）程颢：《请修学校尊师儒取士劄子》，载《二程文选译》，郭齐译注，巴蜀书社1994年版，第7页。
⑥ （宋）程颢：《请修学校尊师儒取士劄子》，载《二程文选译》，郭齐译注，巴蜀书社1994年版，第7页。

思想。

(一) 穷理笃行：朱熹关于教师标准的思想

首先，朱熹认为教师必须掌握教学之法。教师要善教，不仅是传授知识，而且要教授给学生学习之法。教师只有掌握教学法，教育才能产生应有之效。

教师掌握教学之法的必要性在于教之有方，帮助学生实现学之有法，学之有成。朱熹认为："师舍是则无以教，弟子舍是则无以学。"① 教与学都要有一定的方法。教师舍弃方法就无法进行教育，学生舍弃方法就无法学习。

> 君子教人，但授以学之之法，而不告以得之之妙，如射者之引弓而不发矢，然其所不告者，已如踊跃而见于前矣。②

其次，教师采用师生"商量式"③教学，教师允当引导者的角色，反对采用灌输式教学法。他说：

> 某此间讲说时少，践履时多，事事都用你自去理会，自去体察，自去涵养。书用你自去读，道理用你自去究索。某只是做得个引路底人，做得个证明底人，有疑难处同商量而已。④

朱熹认为教学的本质是师生互相商量的交互过程。一方面朱熹强调学生要自己去探究、理会、体察、涵养，教师不应代替学生思考，而是要灵活地启发学生，鼓励学生提问，引导学生积极思考。教师的作用是引路者，主要发挥引导学生、指导学生学习方向的作用。教学中出现问题不应以教师的知识为标准，而是要靠师生相互交流，共同寻找答案。另一方面，教师可以从学生身上学习更多的知识，同时反思自身的教学和知识储备，不断完善自身的教学方法和专业知识。

朱熹继承了孟子以不教而教之的启发式教学思想，将孟子"不屑之教诲"⑤的教育思想注解为："不以其人为洁而拒绝之，所谓不屑之教诲也。其人若能感此，退自修省，则是亦我教诲之也"⑥。此处朱熹意在：一是教师要让学生自己领悟、自主思考。凡学生能自己领悟的知识，教师则不必教，不教有时候是最高层次的教，即以不教而教。二是指出教师的作用在于以自身的德行感化学生，激励

---

① （宋）朱熹：《四书章句集注》，曾军整理，岳麓书社2007年版，第459页。
② （宋）朱熹：《四书章句集注》，曾军整理，岳麓书社2007年版，第497页。
③ 张立文：《朱熹思想研究》，中国社会科学出版社1981年版，第615页。
④ （宋）黎靖德编：《朱子语类》，岳麓书社1997年版，第199页。
⑤ 《孟子》，万丽华、蓝旭译注，中华书局2016年版，第287页。
⑥ （宋）朱熹：《四书章句集注》，曾军整理，岳麓书社2007年版，第476页。

学生自我反省。

（二）各因其材：朱熹关于教学方法的思想

朱熹坚持因材施教的教育理念始于其对学校设置的主张。他认为应该按照人的年龄、心理及理解能力设置学校，设立小学和大学两类学校。

首先，小学和大学所教之事各有不同，"小学者，学其事；大学者，学其小学所学之事之所以"①。朱熹认为教师要尊重儿童的成长规律，小学的教学内容主要是教导学生按照规定的道德伦理标准规范自身的行为，包括劳动教育和待人接物方面的教育。朱熹认为："教小儿，只说个义理大概，只眼前事。或以洒扫应对之类作段子，亦可。"②反对当时教育中"自小即教做对，稍大即教作虚诞之文，皆坏其性质"③。要注重儿童的礼仪教育，反对进行应试教育。大学应"教之以理，如致知、格物及所以为忠信孝弟者"④。大学主要教授格物致知之道，教导学生能对宇宙间的所有道理能有深刻的理解，重点教给学生穷理、修身、齐家、治国、平天下之道。

其次，大学和小学教学原则各异。由于儿童只是学习应该怎样做，而不明白做事方法及其中的原因，所以教师在教儿童时要特别慎重。

> 所以圣人教小儿洒扫应对，件件要谨。某外家子侄，未论其贤否如何，一出来便齐整，缘是他家长上元初教诲得如此。⑤

只有在小学时帮助学生在心性、道德方面打下良好的基础，儿童在长大后才能养成良好的学习习惯。

因材施教不仅要注意大学和小学之异，而且要注意各个学生资质、心性之差异。他吸收了孔子和孟子关于因材施教的教学理念，他说："目其所长，分为四科。孔子教人各因其材"⑥。他追随孔子的教育思想，认为教师要根据学生的不同长处，施以不同方法，充分发挥学生的独有优势。

另外，针对孟子所总结的"有如时雨化之者，有成德者，有达财者，有答问者，有私淑艾者"⑦五种教育方法时，朱熹认为：

> 草木之生，播种封植，人力已至而未能自化，所少者，雨露之滋耳。及

---

① （宋）黎靖德编：《朱子语类》，岳麓书社1997年版，第113页。
② （宋）黎靖德编：《朱子语类》，岳麓书社1997年版，第115页。
③ （宋）黎靖德编：《朱子语类》，岳麓书社1997年版，第114页。
④ （宋）黎靖德编：《朱子语类》，岳麓书社1997年版，第113页。
⑤ （宋）黎靖德编：《朱子语类》，岳麓书社1997年版，第115页。
⑥ （宋）朱熹：《四书章句集注》，曾军整理，岳麓书社2007年版，第168页。
⑦ （宋）朱熹：《四书章句集注》，曾军整理，岳麓书社2007年版，第496页。

此时而雨之，则其化速矣。教人之妙，亦犹是也，若孔子之于颜曾是已。①

因此，教师必须向孔孟等圣贤学习"各因其材，小以成小，大以成大，无弃人也。"② 对不同的学生实施不同的教育方法，同时坚持诲人，做到有教无类。朱熹在《四书集注》中多次提到因材施教的教学理念和方法，表明朱熹十分重视教师具备能够尊重学生个性而进行施教的能力。

程颢和朱熹在其书院教学实践中，继承了儒家的教师教育思想，要求教师德行兼备，坚持引导式、渐进式的教学方法。此外，元代的教育家金履祥和吴澄在为师标准方面也有着重要的论述。金履祥提出教师要对知识进行精细研究，避免高谈空论；吴澄主张教师既要教学生德行又要教学生穷理。③ 他们的思想都对教师教育有所启示和观照。

第六节 知行合一：明清时期的教师教育思想

明清时期沿袭了宋元的教育制度，建立了中央官学和地方官学相辅的教育网络。同时，科举制度在走向成熟的同时，其弊端日渐暴露，包括科举考试时写作的内容和形式都有严格的规定，禁锢了学人的思想。这一时期的教育家们针对当时的教育背景，致力于改善当时教育重知不重行的流弊，认为教师应兼顾内在修身与亲身实践。

一 外内若一：王守仁的教师教育思想

王守仁，字伯安，别号阳明。明代著名的思想家、哲学家、教育家。王守仁自34岁开始讲学，期间虽亦从政，但从未停止讲学。他大力兴建书院，有赣州的濂溪书院、信丰县的阳明书院，此外还有义泉、正蒙、富安等书院，王守仁遴选优秀的子弟进入书院学习，教他们诗书习礼，孝悌教化。

（一）平地泰山：王守仁关于教师角色的思想

王守仁认为教师在学生的求知之路上发挥着点化作用。他认为对知识的追求是无止境的，求知的道路上要坚持思考，并提出问题，去向老师求解。知识是无穷无尽的，人需要日日勤奋，并做到认真探究、精细研究，养成反思和思考的习惯，并及时向老师求解。教师的作用在于点化、开悟学生，使学生做到"自学自反，反观自得"④。《传习录》中曾有王守仁与其学生间一段对话反映了其点化开悟的教学思想。"对曰：'先生譬如泰山在前，有不知仰者，须是无目人。'先生

---

① （宋）朱熹：《四书章句集注》，曾军整理，岳麓书社2007年版，第496页。
② （宋）朱熹：《四书章句集注》，曾军整理，岳麓书社2007年版，第496页。
③ 陈青之：《中国教育史》，中国文史出版社2016年版，第306—310页。
④ 王晓昕主编：《王阳明与阳明文化》，中华书局2011年版，第97页。

曰：'泰山不如平地大，平地有何可见？'"① 对话中不仅反映了教师应教导学生谦虚，不可自以为知之甚多，而且充分反映了王守仁将辩证法的哲学思想应用于点化教学的理念。学生认为泰山大，王守仁就指出不起眼的平地更大，他善于抛出与学生思想相反的概念，以此开拓学生的多角度思维，做到举一反三、触类旁通。

王守仁关于教师点化作用的思想与其师生关系观是一致的。王守仁认为教师和学生应是互相学习的关系。一方面，他提倡学生求师问道的同时，反对盲目尊师信师，认为学生可以对教师直言相谏。另一方面，教师要虚心接受学生指出的问题，并心存感激，对学生指出的错误加以改正，实现教学相长。

> 人谓事师无犯无隐，而遂谓师无可谏，非也。谏师之道，直不致于犯，而婉不至于隐耳。使吾而是也，因得以明其是；吾而非也，因得以去其非：盖教学相长也。②

（二）诚教致知：王守仁关于教师标准的思想

王守仁认为教师首先应做到严格且庄重，以获得学生尊敬。他指出，严师是最难能可贵的，只有教师严格庄重，学生才会尊道，才能实施教育。教师的庄重不仅表现在外表具有威仪，而且要做到言行一致、内外如一，为学生树立榜样。

> 古之教者，莫难严师。师严道尊，教乃可施。严师维何？庄敬自持，外内若一，匪徒威仪。施教之道，在胜己私，孰义孰利，辨析毫厘。③

其次，教师要具有奉献精神，重义轻利，诚心诚意地教导学生。他说："教不由诚，日惟自欺。"④ 这就要求教师要致良知。

> 圣人之学，惟是致此良知而已。自然而致之者，圣人也；勉然而致之者，贤人也；自蔽自昧而不肯致之者，愚不肖者也。⑤

---

① （明）王阳明：《传习录下·门人黄省曾录》，载《王阳明全集：新编本》，吴光等编校，浙江古籍出版社2011年版，第128页。
② （明）王阳明：《续编一·责善》，载《王阳明全集：新编本》，吴光等编校，浙江古籍出版社2011年版，第1023页。
③ （明）王阳明：《杂著·箴一首》，载《王阳明全集：新编本》，吴光等编校，浙江古籍出版社2011年版，第1084页。
④ （明）王阳明：《杂著·箴一首》，载《王阳明全集：新编本》，吴光等编校，浙江古籍出版社2011年版，第1084页。
⑤ （明）王阳明：《杂著·书魏师孟卷乙酉》，载《王阳明全集：新编本》，吴光等编校，浙江古籍出版社2011年版，第297页。

只有圣人才能不经学习而自然获得良知，自圣人以下之人必须格物以致其知。他认为人必须格物以致知，能够辨别是非即是良知，能够去恶为善是格物。所以，一方面教师要通过自身努力获得良知，并将其推己及人，教师才能做到关怀学生、尊重学生。① 另一方面，教师要帮助学生致良知、提升学生的道德修养。"种树者必培其根，种德者必养其心。"② 可见，王守仁认为教师不仅要在学术上有所建树，而且要知礼仪，行为端正。

最后，王守仁提出教师要处理好教学质量和数量之间的关系。

> 凡授书不在徒多，但贵精熟。量其资禀，能二百字者，止可授以一百字。常使精神力量有余，则无厌苦之患，而有自得之美。③

教师的教学不能贪图数量，要将知识讲解透彻，确保学生熟练掌握。要按照学生的资质决定教学内容，教学不能求多，以此保证学生对学习持有热情、从学习中获得满足感。

（三）省察克治：王守仁关于教学方法的思想

首先，王守仁认为教师要尊重学生的认知发展和心理发展，应根据学生的学业程度、能力和资质进行适度适量教学。他提倡教师要遵循循序渐进的教学原则。他曾说：

> 与人论学，亦须随人分限所及。如树有这些萌芽，只把这些水去灌溉。萌芽再长，便又加水。自拱把以至合抱，灌溉之功皆是随其分限所及。若些小萌芽，有一桶水在，尽要倾上，便浸坏他了。④

王守仁提倡教师要根据学生所处的阶段实施教学。致知是一个循序渐进的过程，对于初求知的学生，教师如果只追求速度，结果只能是适得其反，无异于揠苗助长。老师应该就学生的力所能及，有的放矢，循循善诱。

其次，王守仁主张教师采用启发式教学方法，引导学生独立思考、修身学习。具体而言，教师要采用问答式教学方法，引导学生独立思考，解决问题，反对教师向学生全盘灌输。"学问也要点化，但不如自家解化者，自一了百当。不然，

---

① 季轩民、程红艳：《溯本追源：现代教师道德建设的良知之维》，《现代大学教育》2019年第2期。
② （明）王阳明：《传习录上》，载《王阳明全集：新编本》，吴光等编校，浙江古籍出版社2011年版，第35页。
③ （明）王阳明：《传习录中·教约》，载《王阳明全集：新编本》，吴光等编校，浙江古籍出版社2011年版，第97页。
④ （明）王阳明：《传习录下·门人黄直录》，载《王阳明全集：新编本》，吴光等编校，浙江古籍出版社2011年版，第106页。

亦点化许多不得。"① 教师点化作用的发挥以学生独立发现问题、解决问题的能力为前提，学生若缺乏独立思考问题的能力，无法做到触类旁通、举一反三，教师便无法发挥点化作用。王守仁主张采用问答式教学方法，教师提问，引导学生思考和解决问题，教师对学生的提问进行反馈与评价，促进学生加深思考和理解。

最后，启发式教学法的教育目的是引导学生处理好求学时内省与外求之间的关系。

> 故学无内外；讲习讨论，未尝非内也；反观内省，未尝遗外也。夫谓学必资于外求，是以己性为有外也，是义外也，用智者也；谓反观内省为求之于内，是以己性为有内也，是有我也，自私者也：是皆不知性之无内外也。②

王守仁主张以辩证的视角处理教学时内省与外求的关系，教学时要结合讲习与反观内省的方法，教学与互相讨论既是外求，同时也是引导学生内省。同时，教师要引导学生以"省察克治"③的方法进行反思：

> 纷杂思虑，亦强禁绝不得，只就思虑萌动处省察克治，到天理精明后，有个物各付物的意思，自然静专，无纷杂之念。大学所谓"知止而后有定"也。④

王守仁反对一念皆无的静坐修身，教师要指点学生自我反省、用心体会。同时，王守仁认为自省不只是求内，而是要将自我与外在世界结合起来进行自我省察。

一　实学教育：颜元的教师教育思想

颜元，原字易直，更字浑然，号习斋，明末清初思想家、教育家。颜元一生以行医、教学为业，提倡实学，认为教育的目的是培养实用人才，猛烈抨击宋明理学家"居敬、穷理"⑤"静坐"⑥的教育主张。颜元对中国古代教师教育思想的

---

① （明）王阳明：《传习录下·钱德洪录》，载《王阳明全集：新编本》，吴光等编校，浙江古籍出版社2011年版，第125页。
② （明）王阳明：《传习录下·答罗整庵少宰书》，载《王阳明全集：新编本》，吴光等编校，浙江古籍出版社2011年版，第83页。
③ （明）王阳明：《续编一·与滁阳诸生书并问答语》，载《王阳明全集：新编本》，吴光等编校，浙江古籍出版社2011年版，第1030页。
④ （明）王阳明：《续编一·与滁阳诸生书并问答语》，载《王阳明全集：新编本》，吴光等编校，浙江古籍出版社2011年版，第1030页。
⑤ （宋）黎靖德编：《朱子语类》，岳麓书社1997年版，第136页。
⑥ （宋）黎靖德编：《朱子语类》，岳麓书社1997年版，第187页。

主要贡献在于教师要从实习中习得教学之法。

(一) 敬尊师长: 颜元关于教师地位的思想

颜元强调尊师重道,并在其教育实践中多次制定有关条规督促学生执行。颜元制定的"习斋教条",仍强调尊师敬师。如在其中"行学仪"一条中写道:"每日清晨饭后,在师座前一揖,散学同。每遇朔望、节令,随师拜至圣先师四;起,北面序立,以西为上,与师为礼;再分东西对立,长东幼西相再拜"①。

颜元不仅要求学生尊师,他自身也是尊师的典范。他在自己的第一任业师在世期间,便常去探望,去世后不仅捐资助葬,而且撰文以祭,使师名垂千古。他亲自为自己的第二任业师集方,供老师行医之用,并在老师去世时,不顾年迈,带领弟子为老师奔丧,在老师去世后,仍时时悲痛悼念。②

(二) 习性致用: 颜元关于教师培养的思想

颜元认为孔子之教十分注重弟子的实际活动,孔子之弟子或习礼、或鼓瑟、或问仁孝、或商谈政事,而宋儒理学教育却主张静坐读书、呆坐思考,丢弃了孔子的实学精神,有违孔子的教育思想。他主张学"六艺"等实学,认为必须通过自己亲身实践,才能获得真正实用的知识。"读尽天下书而不习行六府、六艺,文人也,非儒也,尚不如行一节、精一艺者之为儒也。"③ 在其实学教育思想的基础上,颜元主张习行教学法,即在教学过程中坚持练习与躬行实践的方法,反对传统的"主静"与"闭门读书"。

> 仆妄谓性命之理,不可讲也;虽讲,人亦不能听也;虽听,人亦不能醒也;虽醒,人亦不能行也。所可得而共讲之、共醒之、共行之者,性命之作用,如《诗》、《书》六艺而已。即《诗》、《书》六艺,亦非徒列坐讲听,要惟一讲即教习;习至难处来问,方再与讲。讲之功有限,习之功无已。惟愿卞开儒坛者,远溯孔孟之功如彼,近察诸儒之效如此,而垂意于"习"之一字,使为学为教,用力于讲读者一二,加功于习行者八九,则生民幸甚!吾道幸甚!④

颜元强调在教学中,必须注重"习行",即亲自观察,亲身实践,以获得真知。他反对教师只靠诵说或从纸墨获得真知,强调在实践教学中获得知识,在教学实践中检验知识。同时,颜元重视"习行"教学法,认为只有接触事物,躬行实践,才能获得真正有用的知识。另外,他重视"习行"教学法是为了反对理学

---

① (清) 李塨:《颜习斋先生年谱(节选)》,载陈山榜编《颜李学派教育论著选》,人民教育出版社2015年版,第274页。
② 陈山榜:《颜元评传》,人民教育出版社2004年版,第248页。
③ (清) 颜元:《存学编·学辨一》,载《颜元文集》上,河北教育出版社2009年版,第51页。
④ 孟宪承等编:《中国古代教育史资料》,华东师范大学出版社2010年版,第324页。

家静坐读书、空谈心性的教学方法。

此外，清代的黄宗羲认为"道之未闻，业之未精，有惑而不能解，则非师矣"①。知识不精，不能答惑之人，不能为师。清代的王夫之提出教师要因材施教。② 这一时期的教育家们纷纷提倡教师将知与行结合起来，在教学中学习，在参与社会事务中学习。

本章梳理和分析了历史上教师教育思想，可以看出，我国古代教育家们对教师道德、教师知识、教师的施教原则以及教师的发展有着丰富的阐述，各个教育家之间的思想既有传承，又有发展，相互交融又各具特色。

古代的教育家从道德方面提出了教师的职业标准，并从教师的个人修养、职业形象以及职业道德进行了论述。首先，教师要具有高尚的道德修养，以德化人。孔子认为"不能正其身，如正人何？"③ 教师必须以身作则，言传身教，这就要求教师以道德礼法严格要求自己，提升自己的道德修养。董仲舒提出具备高尚道德的人方可为师。其次，教师要严格对待学生和自己，只有师严才能尊道。荀子重视教师的道德修养，并提出了教师应具备的职业形象"尊严而惮"④"耆艾而信"⑤。明代的王守仁也对教师的职业形象提出了要求，即"庄敬自持，外内若一"⑥，要求教师树立庄重、威严、可信的教师形象。此外，教师要具有奉献精神，孜孜不倦地教导学生、爱护学生，对学生负责，这是对教师职业道德的要求。孔子提出"诲人不倦"⑦，柳宗元认为为人师者，要做到"不敢倦，不敢爱"⑧。教师要忠于自己的教职，对学生倾囊相授。综上所述，古代教育家对教师的道德要求有着丰富的阐述，教师首先要修己，进而修人。教师既要有威严，能信服于学生，同时又要爱护学生，尽职尽责地对待教学和育人。

教师既要具有高尚的道德修养，还要具有渊博的知识，处理好博学与专精之间的关系。孔子以及荀子都从宏观的角度阐述了教师要具备广博的知识。王充提出了博学的具体标准，教师的知识不能局限于儒家经学，不能局限于只做"经师"，他提出教师要做到贯通古今，无所不包。此外，在知识标准方面，教师还要做到既通又专。柳宗元提出教师既要对专业知识有自主观点，也需要具备渊博的知识结构。可见，古代教育家们要求教师不仅要懂得儒家经典，还要学贯古今。

---

① （清）黄宗羲：《续师说》，载陈乃乾编《黄梨洲文集》，中华书局1959年版，第479页。
② 毛礼锐主编：《中国教育史简编》，教育科学出版社1984年版，第227页。
③ 《论语》，陈晓芬译注，中华书局2016年版，第171页。
④ 《荀子》，方达评注，商务印书馆2016年版，第248页。
⑤ 《荀子》，方达评注，商务印书馆2016年版，第248页。
⑥ （明）王阳明：《杂著·箴一首》，载《王阳明全集：新编本》，吴光等编校，浙江古籍出版社2011年版，第1084页。
⑦ 《论语》，陈晓芬译注，中华书局2016年版，第78页。
⑧ （唐）柳宗元：《答严厚舆秀才论为师道书》，载《柳宗元集》，易新鼎点校，中国书店2000年版，第460页。

对于现代教师而言，教师要将知识的范围扩展至自身专业范围以外，还要做到对自己的专业要深入研究，做到"诵说而不陵不犯"[1]。

教师要尊重学生的认知发展和心理发展，注意教学的速度，做到循循善诱；尊重学生的认知和心理异同，因材施教，充分发挥学生的潜力，实现以教师为指导与尊重学生发展之间的平衡，促进学生的全面发展。首先，古代教育家们都主张启发式教学。孔子"循循然善诱人"[2]，认为教师要善于发问，引导学生思考。《礼记·学记》中提出教师提问要由易至难、由浅至深，由此启发学生。朱熹继承了儒家主张的启发式教学，认为教师的角色是引路人。可见，教师是学生的引导者和启发者，要做到鼓励学生自主思考。其次，教师在教学中要注意尊重学生的心理和认知异同，扬其长补其短，激发每个学生的潜力。徐干主张教师"导人必因其性"[3]，朱熹继承了孔子和孟子因材施教的教学思想，提出小学和大学的教学内容和教学方法应有所区别。

教师要育人，就要持续更新自己的知识结构和教学方法，做到善于反思、终身学习。教师要在教学中勤反思、补不足。古代教育家提出教师和学生互相学习的平等关系：孔子提出了师生相互学习的思想，师生之间可相互切磋。《礼记·学记》中提出了"教然后知困"[4]，主张教师应做到教学相长。柳宗元提出教师要学习学生的优点，弥补自己的不足，"以其余易其不足"[5]。王阳明提出了学生可以"谏师"[6]的思想，教师要谦虚接受学生的问题和质疑，补充自己的不足。只有具备终身学习的意识和能力，才能成为一名合格的人师。

教师是教育发展重要的人力资源，教师教育思想是指导教师培养和发展的思想利器。对古代教师教育思想的历史梳理有助于后人吸取传统的精华思想，促进现代教师教育发展，培养德才兼备、教之有术、勤于学习、善于反思的新时代教师。

---

[1] 《荀子》，方达评注，商务印书馆2016年版，第248页。
[2] 《论语》，陈晓芬译注，中华书局2016年版，第110页。
[3] （魏）徐干：《中论（附札记）》，中华书局1985年版，第10—11页。
[4] 《礼记译解》，王文锦译解，中华书局2016年版，第461页。
[5] （唐）柳宗元：《答严厚舆秀才论为师道书》，载《柳宗元集》，易新鼎点校，中国书店2000年版，第460页。
[6] （明）王阳明：《续编一·责善》，载《王阳明全集：新编本》，吴光等编校，浙江古籍出版社2011年版，第1023页。

第三章　融合互鉴：教师教育理论的当代图景

当前，我国的教师教育理论借鉴并吸收了西方教师教育理论中适合中国教育语境的合理内容，融合了以行为主义、认知主义和社会建构主义为学理依据的教师角色观、教师知识观和教师发展观，同时传承和发展了中国古代传统教师教育理论中的德育思想、教师知识能力标准、教师角色、教学方法等精华要素，使当前中国教师教育理论兼具国际性与本土性，呈现出了异彩纷呈、百花齐放的理论图景。

第一节　兼收并蓄：当代中国教师教育理论的西方借鉴

正如前章所述，在中国教师教育发展历程中，工匠型教师教育思想、应用科学型教师教育思想、反思实践型教师教育思想和社会建构主义教师教育思想都曾在一定的历史语境下被中国接受，促进了当时中国教师教育的发展。当前，我国的教师教育中仍存在着以行为主义为心理学基础的应用科学型教育思想、以认知主义为心理学基础的反思实践型教师教育思想和以社会建构主义理论为基础的社会建构主义教师教育思想。

一　应用科学：行为主义范式教师教育思想

行为主义心理学，是西方现代心理学的主要流派之一。受自然科学研究范式的影响，行为主义心理学以人的行为为研究对象，主张以客观、科学的方法研究人与动物的外在的、可观察的行为。行为主义心理学主张，行为的本质是人与动物对外界环境的适应，具体是指外部刺激改变并塑造了人的行为。

行为主义是"最早经由实验研究而建构系统学习理论"[①]的现代心理学流派。行为主义心理学家们利用自然科学的研究范式，以控制实验的方法研究动物的学习行为，产生了很多经典的学习理论，包括美国心理学家爱德华·L. 桑代克

[①] 张春兴：《从思想演变看教育心理学发展宜采的取向》，《北京大学教育评论》2005 年第 1 期。

(Edward L. Thorndike) 的联结—试误说、伊万·巴甫洛夫 (Ivan Pavlov) 的经典性条件反射论、斯金纳的操作性条件反射论。① 这些行为主义学习理论的基本主张是学习是刺激与反应之间相互作用的结果。

美国学者舍恩提出并批判了以行为主义为基础的技术理性型教师教育。技术理性型教师教育认为，教师的具体实践是应用科学理论和技术按照严格的程序解决问题的过程。② 华莱士将行为主义范式下的教师教育称为应用科学型教师教育。③ 虽然提法各异，但二者均指出行为主义范式下，教师教育培养的教师是熟练的理论应用者，培养方式是向教师学习者传授科学理论和技术，使其能够将知识和技能熟练应用到教学实践中。当前，我国教师教育在培养目标和培养方式的路径上蕴含着行为主义范式的要素。

（一）专业人员：行为主义范式的教师角色观

以行为主义心理学为基础的教师教育将教师视为专业技术人员，教师是教育理论的执行者和接收者，教师需掌握既定的教学知识、程序和策略，即可完成教育任务。在我国的教师教育中，教师的专业化以及自上而下制定的教师课程标准均反映了行为主义教师教育的内涵元素。

1. 程序规范：教师的专业化

行为主义范式教师教育关注教师可观察、可操作行为的获得，认为：

> 教学是一系列的知识传递程序，教师就是教学程序的承担者。教师角色被化约为操作表演的集合。④

教师的学习内容主要包括教师能够在教学中使用的技能、任务、程序以及策略。⑤ 20世纪60年代至70年代在美国兴起和发展的能力本位的教师教育模式就是以行为主义为理论基础的。⑥ 能力本位教师教育的培养目标是培养教师应有的教学技能，这些技能主要与学生学习效果密切相关，以提高学生的学习成绩为目标。教师作为一种技术人员，"只要掌握了各种规定的教学技能，按规定的程序进行操作，就能保证教学效能，学生就能取得预期成绩"⑦。因此，教学是一种程序性、

---

① 张大均主编：《教育心理学》，人民教育出版社2015年版，第71—77页。
② Donald A. Schön, *The Reflective Practitioner: How Professions Think in Action*, New York: Basic Books, 1983, p.21.
③ Michael J. Wallace, *Training Foreign Language Teachers: A Reflective Approach*, Cambridge: Cambridge University Press, 1991, p.8.
④ 李育球：《论当代西方分析教师教育哲学思想》，《比较教育研究》2017年第1期。
⑤ Janet S. Stuart and María Teresa Tatto, "Designs for Initial Teacher Preparation Programs: An International View", *International Journal of Educational Research*, Vol. 33, No. 5, December 2000, p.498.
⑥ 杨尊伟：《美国教师教育：从"能力本位"到"标准本位"》，《比较教育研究》2004年第1期。
⑦ 朱旭东：《论当代西方教师教育思想》，《比较教育研究》2015年第10期。

技术性专业，教师是执行既定程序的技术员，教师教育的目标就是训练教师掌握既定的程序。

我国通过推行一系列法律法规和制度确立了教师的专业技术人员的定位。1994年，我国开始实施的《教师法》规定："教师是履行教育教学职责的专业人员"[①]。2015年，我国修订颁布了《中华人民共和国职业分类大典：2015年版》，将我国职业归并为八个大类，其中，教学人员属于"专业技术人员"一类。[②] 上述法律法规从制度上确立了教师的专业技术人员的地位。2001年5月，教育部印发了《关于首次认定教师资格工作若干问题的意见》，对教师作为专业人员提出了具体的要求，保证符合既定知识与能力范围的人员才能进入教师岗位，进一步推动了教师的职业化。[③] 教师资格证书制度的实施逻辑在于将教师等同于医生、律师等其他专业人员，只要通过既定的认定程序就可以成为教师的逻辑起点是行为主义范式下关注教师程序性知识的体现。

2. 系统输入：教师的知识学习

行为主义范式下的教师教育要培养的教师是"承载知识的容器"[④]。这种范式下的教师教育模式中，就知识维度而言，如图3-1所示，"教师学习者处于最底层，被认为具有极少的知识，甚至没有任何关于教师的知识；教师学习者之上，是教师教育者负责传授知识；教师教育者之上是行政管理者，负责决定选择何种以研究为基础的实践方式；行政管理者之上是课程材料；课程之上是研究人员"[⑤]。

教师学习者被认为不具备任何与教学有关的先前知识，在教师教育项目中教师学习者的任务就是首先从教师教育项目中学习理论知识和技能，充实自身的容器。随后，教师将容器中的知识和技能应用到教学实践中，将知识传授给学生。所以，教师是教师教育中的被动接受的客体。而在具体的教育中，教师角色从客体转化为教育的主体，其角色是执行教育理论，向学生传授知识。从职前阶段到职后阶段，教师的角色从接受者转化为执行者。

在专业素养方面，《教师教育课程标准（试行）》明确规定了教师基本教学技能的掌握，其潜在逻辑是行为主义强调知识与技能的目标性获得，通过技术与原

[①] 中华人民共和国中央人民政府：《中华人民共和国教师法》，http://www.gov.cn/banshi/2005-05/25/content_937.htm，1993年10月31日[2020-05-08]。

[②] 国家职业分类大典修订工作委员会组织编写：《中华人民共和国职业分类大典：2015年版》，中国劳动社会保障出版社、中国人事出版社2015年版，第18—38页。

[③] 中华人民共和国教育部：《教育部关于印发〈关于首次认定教师资格工作若干问题的意见〉的通知》，http://old.moe.gov.cn/publicfiles/business/htmlfiles/moe/moe_16/201301/147248.html，2001年5月14日[2020-05-08]。

[④] 裴淼、谭士驰、刘静：《教师教育变革的理念演进及其启示》，《教师教育研究》2012年第6期。

[⑤] Virginia Richardson, "From Behaviorism to Constructivism in Teacher Education", *Teacher Education and Special Education*, Vol. 19, No. 3, July 1996, p. 264.

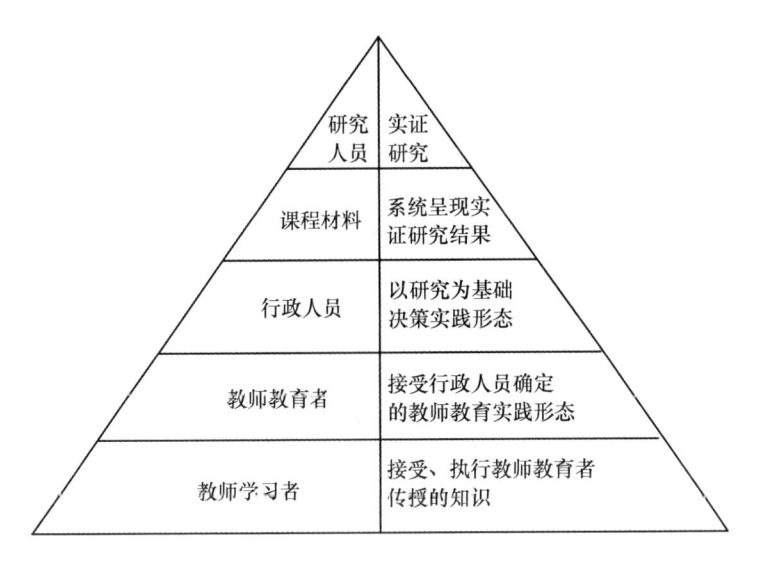

```
         研究   实证
         人员   研究
       课程材料   系统呈现实
                证研究结果
      行政人员    以研究为基础
                决策实践形态
     教师教育者    接受行政人员确定
                的教师教育实践形态
    教师学习者     接受、执行教师教育者
                传授的知识
```

图 3-1 行为主义范式下教师学习者的地位

资料来源：Virginia Richardson, "From Behaviorism to Constructivism in Teacher Education", *Teacher Education and Special Education*, Vol. 19, No. 3, July 1996, p. 264. 图为笔者根据该资料自制。

理的刺激，逐步建构教师身份。[①] 行为主义范式下，教师是一个输入—输出系统，教师学习者通过外在的知识理论学习以及在有经验教师示范课刺激下，形成教师行为，取得教师学习的效果。

（二）能力形塑：行为主义范式的教师培养观

行为主义范式下的教师培养以塑造具有教师特征的行为养成为旨趣，采用教师教育者向教师学习者的知识传输式培养方法，以分解法培养教师的单维能力，以此形成教师的多维综合能力，培养教师学习者应具备的教师行为。我国教师教育培养模式中蕴含着以课程形成刺激，以评价与考核形成强化的行为主义范式培养教师的专业能力和专业道德，对教师的能力进行单维培养，以形成多维综合能力为旨趣。

1. 刺激强化：教师的行为养成

行为主义范式的教师培养观主张知识传输式的教学方法。教师教育者的作用是将知识传授给教师学习者，教会教师学习者如何将知识传授给学生。教师教育的培养目标是使教师学习者养成教学行为，这些行为已被教育科学研究证明是促进教学效果的有效行为。

具体而言，行为主义范式教师教育认为教师培养的实质是行为训练，这一方式来源于行为主义心理学的基本主张。行为主义心理学认为人的行为在很大程度

[①] 中华人民共和国教育部：《教育部关于大力推进教师教育课程改革的意见》，http://old.moe.gov.cn/publicfiles/business/htmlfiles/moe/s3702/201110/xxgk_125722.html，2011年10月8日 [2020-05-08]。

上受环境的影响，人的行动会影响之后的行为，这一影响被称为强化。① 行为主义教育心理学进一步"把教学过程看作 S-R 过程，重视可以观察和测量的行为"②，而学习是对刺激（知识输入）的反应与强化。因而，教师学习的本质是掌握和复制教师教育者传输的知识和技能，其学习过程是一种"'输入—输出'的机械流水线过程"③。"教师教育者采用已被科学研究证实的有效理论训练教师"④，将教育研究者确定的有效知识和技能按照研究者确定的步骤传授给教师学习者，这一过程即为外部刺激（stimulus）；教师输入知识，即对此做出反应（response）；同时教师教育者辅以经常性评价，刺激教师掌握相关知识，即产生强化作用；最后达成教师教学行为的变化。⑤

当前我国的教师教育在教师道德素养和专业素养方面皆表现出了行为主义的教师培养要素（见表 3-1）。在培养教师的专业素养方面，我国教师教育主要采用的方式是教学理论输入和教学技能示范——输入（刺激），教师学习者通过观摩优秀教师的示范教学产生正强化作用，逐步将教学理论应用到实践中，形成专业能力；在培养教师道德素养维度，我国教师教育采取的途径之一是通过系统的道德教育课程和制度法规向学生传输师德知识，同时辅以制度与法规发挥行为主义的强化作用，规约教师道德行为。

表 3-1　　教师专业能力与专业道德培养的行为主义依据

行为主义主要要素	教师专业能力	教师专业道德
刺激	知识与能力传授	道德课程
强化方式	观摩示范、评价考核	道德示范、惩罚机制

资料来源：笔者自制。

在教师专业素养方面，《教师教育课程标准（试行）》的制定以及普通高等学校师范专业认证对教师教育课程的具体质量要求保证了教师学习者知识和技能的输入内容与质量，而且以评价方式对师范生的核心素质能力进行考核，进而对教师教育单位的培养质量进行考核，以此在微观层面刺激师范生努力提高自身能力，在中观层面激励教师教育培养单位改进教学质量，在宏观层面保障并持续提升我国教师教育产出的质量。

---

① Peter A. Cooper, "Paradigm Shifts in Designed Instruction: From Behaviorism to Cognitivism to Constructivism", *Educational Technology*, Vol. 33, No. 5, May 1993, pp. 12–19.
② 林正范、贾群生：《教师行为研究：课程与教学论的重要研究方向》，《教育研究》2006 年第 10 期。
③ 朱旭东：《论当代西方教师教育思想》，《比较教育研究》2015 年第 10 期。
④ Virginia Richardson, "From Behaviorism to Constructivism in Teacher Education", *Teacher Education and Special Education*, Vol. 19, No. 3, July 1996, p. 264.
⑤ 杨尊伟：《美国教师教育：从"能力本位"到"标准本位"》，《比较教育研究》2004 年第 1 期。

在教师道德行为方面，我国教师教育以正向引导和反向惩戒为刺激机制，塑造教师的规范行为。在教师的职前阶段，以师范专业认证为指导，对师范生的师德教育应以有利于师范生师德体验和行为养成为目标，加强师德教育课程的建设。① 以道德示范和道德认同强化培养教师的道德行为。在普通高等学校师范专业认证标准中，在毕业要求的二级指标中对师范生的师德规范提出了要求，对师范生的师德规范、教育情怀、学科素养、教学能力、班级指导、综合育人、学会反思、沟通合作指标采取融合表现性评价、过程性评价与结果性评价多种评价方式。对师范生师德规范养成、学科素养教育情况、教学能力和研究能力、班级管理能力、育人能力、反思能力、沟通合作能力实施全方位严格评价。② 以评价为主的培养方式形成刺激—反应—强化学习模式，促进师范生的专业素养与道德素养的提升。

同时辅以政策性文件对教师的道德进行规约性引导，2018年11月教育部印发了《新时代高校教师职业行为十项准则》《新时代中小学教师职业行为十项准则》《新时代幼儿园教师职业行为十项准则》，同时印发了《幼儿园教师违反职业道德行为处理办法》《中小学教师违反职业道德行为处理办法（2018年修订）》。职业行为准则是教师职业行为的基本规范，对塑造教师行为起着正向指导性作用，同时以违反职业道德行为处理办法作为反向惩戒形成刺激机制，强化教师的规范行为。

2. 分步进阶：教师的能力形成

行为主义范式下的教师教育采用程序教学法培训教师的能力。行为主义代表人物斯金纳提出的程序教学法主张将复杂的学科知识、学习任务按照内在的结构，分解成一系列简单的知识和任务，采用递进式、分步式教学法，并通过反馈产生刺激，强化学习效果。③ 教师培训的行为主义能力模型"认为个体的能力是由分离的成分构成的"④。教师的培训采用将能力"分解为若干成分或要素，再把这些分解成分或要素整合为系统的培训计划"⑤。因此，教师的培养过程由一个个相对独立的行为构成，每个行为对应一组具体的任务，这组具体的任务主要是培养学生能力的一种成分。教师学习者开始学习简单的成分、要素或能力，通过逐步整合，最终形成整体的能力。

---

① 中华人民共和国教育部：《教育部关于印发〈普通高等学校师范类专业认证实施办法（暂行）〉的通知》，http：//www.moe.gov.cn/srcsite/A10/s7011/201711/t20171106_318535.html，2017年10月26日[2020-05-08]。

② 中华人民共和国教育部：《教育部关于印发〈普通高等学校师范类专业认证实施办法（暂行）〉的通知》，http：//www.moe.gov.cn/srcsite/A10/s7011/201711/t20171106_318535.html，2017年10月26日[2020-05-08]。

③ 周详、潘慧主编：《教育心理学》，南开大学出版社2014年版，第168页。

④ 张学民、申继亮：《国外教师职业发展及其促进的理论与实践》，《比较教育研究》2003年第4期。

⑤ 张学民、申继亮：《国外教师职业发展及其促进的理论与实践》，《比较教育研究》2003年第4期。

师范专业认证中，对师范生的毕业要求是对毕业师范生的质量要求，是整个认证工作的核心。以《中学教育专业认证标准（第三级）》为例，认证将师范生的毕业要求分解为践行师德、学会教学、学会育人和学会发展4个维度，分别对应师德规范、教育情怀、知识整合、教学能力、技术融合、班级指导、综合育人、自主学习、国际视野、反思研究和交流合作11个二级指标逐条分解（见表3-2），形成可教、可学、可测的具体指标，然后逐步达成。① 可见，师范认证工作将师范生应具备的能力具象为可观察、可操作的行为，将师范生置于行为主义主张的分步式、要素式学习程序，最终达成毕业要求。

表3-2 《中学教育专业认证标准（第三级）》
"毕业要求"指标的涵盖内容

维度	二级指标
践行师德	师德规范、教育情怀
学会教学	知识整合、教学能力、技术融合
学会育人	班级指导、综合育人
学会发展	自主学习、国际视野、反思研究、交流合作

资料来源：中华人民共和国教育部：《教育部关于印发〈普通高等学校师范类专业认证实施办法（暂行）〉的通知》，2017年10月26日［2020-05-08］，http://www.moe.gov.cn/srcsite/A10/s7011/201711/t20171106_318535.html。表格为笔者根据该资料自制。

（三）技术理性：行为主义范式的教师知识观

行为主义范式下的教师知识具有客观性和固定性，独立于教师学习者之外，由教育研究者经过科学研究既定的，与学生的学习效果密切相关的工具性知识。② 我国教师教育以自上而下的政策制定对教师应具备的知识与能力进行规定，同时注重发展教师的工具性知识，辅助提升教师的教学能力。

1. 程序知识：教师的能力基础

行为主义范式的教师知识与专业发展具有既定性和规约性，由教育管理机构根据教育研究成果制定教师应具备的知识与能力，同时通过优秀教师的典型特征，通过示范传输给教师学习者。这种以理论刺激，通过典型例证进行强化的教学方式，使教师所学的知识具有外显性与普适性。③

2012年，教育部印发了《幼儿园教师专业标准（试行）》《小学教师专业标

---

① 中华人民共和国教育部：《教育部关于印发〈普通高等学校师范类专业认证实施办法（暂行）〉的通知》，http://www.moe.gov.cn/srcsite/A10/s7011/201711/t20171106_318535.html，2017年10月26日［2020-05-08］。

② 傅维利、王维荣：《关于行为主义与建构主义教学观及师生角色观的比较与评价》，《比较教育研究》2000年第6期。

③ 黎平辉：《唤醒"自我"：论教师专业发展中的教师教学个性》，《全球教育展望》2010年第2期。

准（试行）》《中学教师专业标准（试行）》（以下简称《教师专业标准》），从国家层面对教师的合格资格要求做出了具体的界定。《教师教育课程标准（试行）》对幼儿园、小学、中学教师的教育课程，包括教育信念与责任、教育知识与能力、教育实践与体验在内的培养目标以及课程设置的领域、模块、学时、学分方面进行了细致规定。通过普通高等师范类专业认证等监测性政策保障教师教育课程的质量，通过内容设置以及质量监测对教师教育的培养目标和方式进行了调控。

2017年10月26日，教育部印发《普通高等学校师范类专业认证实施办法（暂行）》，2018年推出《普通高等师范类专业认证工作指南》。师范类专业认证从培养目标、毕业要求、课程与教学、合作与实践、师资队伍、支持条件、质量保障、学生发展8个一级指标和若干个二级指标对师范专业建设提出质量要求，并通过"网络平台数据采集方式，对师范类专业办学基本信息进行常态化监测及动态评估"①，促使各级各类专业形成自主式、常态式的教师教育质量保障体系。自上而下的认证程序不仅对教师应具备的知识与能力做出了明确规定，而且以认证为工具促使各级各类师范专业积极执行，这一具有既定性和规约性的管理方式体现了教师学习既定知识与能力，并应用到实践中的行为主义要素。

2. 效能导向：教师的实用知识

行为主义范式下的教师教育学习具有技能性和工具性。"值得学习的知识是由知识的有效性决定的，是一种理性和客观的决定。"② 教师学习的知识和技能与学生的学习密切相关，以行为主义为理论基础，教师的知识学习侧重掌握基础知识、发展基本技能。③

我国《教师教育课程标准（试行）》对幼儿教师、小学教师和中学教师的教育知识和能力做出了明确规定，要求幼儿教师、小学教师与中学教师分别了解幼儿园教育的目标和基本原理、小学学科教育与活动指导、中学学科教育与活动指导，即要求教师掌握与学习效果相关的知识与理论。此外，在信息化时代，教师的教育技术能力、信息技术与课程整合能力已成为教师能力的重要组成部分。教师运用各种理论与技术，融合课程内容开发、教学、评价，大大优化了学生的学习效果。2004年，我国颁布了《中小学教师教育技术能力标准（试行）》，首次提出了中小教师专业能力标准。2014年，教育部发布了《中小学教师信息技术应用能力标准（试行）》，从技术素养、计划与准备、组织与管理、评估与诊断、学习与发展5种能力维度对教师专业能力提出要求，旨在应用信息技术优化课堂教学和转变学习方式。2016年，教育部发布的《教育信息化"十三五"规划》提

---

① 刘莉莉、陆超：《高校师范类专业认证的历史必然与制度优化》，《教师教育研究》2019年第5期。
② Helen Harrington, "Teaching and Knowing", *Journal of Teacher Education*, Vol. 45, No. 3, May-June 1994, p. 192.
③ 黄初平：《核心素养视域下教师知识的解构与建构》，《上海师范大学学报》（哲学社会科学版）2019年第2期。

出将信息化教学能力培养纳入师范生培养课程体系。一系列政策的颁布表明当前我国教师教育积极应对当前信息化时代背景对教师提出的能力要求。

学界为应对技术发展对教育带来的影响，也提出了与技术相关的教学能力，其中整合技术的学科教学知识（Technological Pedagogical and Content Knowledge，TPACK）"被认为是教师必备的知识"[1]。自马修·科勒（Matthew Koehler）、旁亚·米什拉（Punya Mishra）提出将TPACK作为教师的能力要求之一[2]以来，我国学者也纷纷提出了教师TPACK能力发展的途径与策略。赵磊磊等提出以提高教师的技术感知度提升教师信念和基本知识素养，通过技术与情境的结合，明确教师TPACK的内涵，将教师的技术应用能力提升至自动化水平等途径提升教师的TPACK能力，努力构建本土化的TPACK评价模型。[3] 总体而言，周莹、莫宗赵对2011年至2017年我国有关TPACK的研究梳理发现，我国的TPACK研究已取得很大的进展，但在理论本土化研究、测评工具本土化等方面仍存在一定的局限性。[4] 未来我国有关TPACK研究应注重结合中国教育情境，开展更多的本土化研究与探索。

综上所述，行为主义范式下教师教育主要表现出以下特征：首先是教师的培养具有预设性和规约性，即教育内容和教育方法都是根据科学研究成果预先制定的，一定程度上忽视了教师的主动性和创造性。其次，教师的培养具有技能性和工具性，主要表现为教师的学习内容与学生的学习息息相关，强调知识的实用性。最后，教师的培养模式采用直线型教育方式，将教育内容分成若干成分按照确定的步骤传授给教师学习者，教师学习者在职后将教学理论和知识应用到实际教学中。

当前，我国教师教育仍以行为主义范式为主导，主要表现在：首先，自上而下推行的教师教育课程标准、普通高等师范类专业认证等政策都致力于建设世界水平的教师教育质量监测体系，保证教师培养与教师学习者的能力素质达到既定标准的要求，以事先确定的教育理念、课程、教学方式等实施并监测，教师培养具有明显的预设性和规约性等行为主义特征。其次，教师学习者知识能力的培养仍与教学对象密切相关。普通高等学校师范专业认证要求教师教育课程要支撑教师中小学教师专业标准的要求，学生的毕业能力符合市场需求，注重实用知识和能力的培养。最后，教师学习者对教师培养的内容和方向的决定权仍非常有限，教师的学习多以教师教育项目中输入、教学实践中输出的直线型方式为主。

---

[1] 于勇、卜娟娟、张海：《TPACK理论研究面临的挑战》，《中国电化教育》2014年第5期。
[2] Matthew Koehler and Punya Mishra, "What is Technological Pedagogical Content Knowledge（TPACK）?", *Contemporary Issues in Technology and Teacher Education*, Vol. 9, No. 1, March 2009, pp. 60–70.
[3] 赵磊磊、赵可云、侯丽雪、徐进：《技术接受模型视角下教师TPACK能力发展研究》，《教育理论与实践》2015年第11期。
[4] 周莹、莫宗赵：《我国TPACK研究的回顾、反思与展望》，《黑龙江高教研究》2019年第8期。

二 内化实践：认知主义范式教师教育思想

认知主义源于西方心理学的另一大主要流派——认知心理学。与行为主义主张通过观察人的行为研究问题不同，认知主义主张"通过检验人的心理内部过程来理解人类行为的复杂性"①，将关注的焦点从外在行为转至人的内在思维。认知主义的主要代表人物是瑞士认知心理学家皮亚杰和美国认知心理学家杰罗姆·S.布鲁纳（Jerome S. Bruner）。

认知主义学习观反对行为主义将学习看作是刺激和反应的联结，认为这一主张忽略了影响学习的其他变量。认知主义的学习观虽然也认为现实是客观的，但是强调现实是由象征性的精神构念为中介协调的。学习知识是一种精神活动，涉及学生对知识的精神编码与结构化处理。成功的学习不仅取决于教师的教学方式，而且与学生如何处理知识输入密切相关。

美国学者舍恩提出的反思实践学习模式与杜威提出的反思教学都是以认知主义为理论基础的。反思实践型教师教育注重教师对教学理论的元认知能力培养，使教师能够根据具体的情境在实践中或实践后通过反思实现知识内化和更新。

（一）知识主体：认知主义范式的教师角色观

认知主义教师教育范式不再将教师视为知识的被动接受者，而是学习的认知主体。教师教育的课程设置与教学组织围绕教师学习者的认知发展展开，充分发挥教师学习者的认知能力对知识进行再加工。

1. 认知主体：以教师学习者为中心

认知主义范式下的教师被视为认知主体。教师作为认知主体，通过知识与技能的掌握，提升自身的认知能力。行为主义范式下，教学是一种程序性、技术性操作，教师无须理解教育理论或理念，只需忠实于既定程序即可，这种理念具有浓厚的技术理性倾向，教师教育以塑造教师行为为目标。与此相反，认知主义教师教育关注教师的认知过程，包括教师的思维、决策、策略和计划，强调教师的认知能力在知识输入与输出中的作用。认知主义范式下，教师认知是：

> 教师行为背后的驱动力，教师对教学各因素的认知直接影响着教师的知觉、判断与决策，支配着教师的教学行为和专业发展。②

因此，培养教师的认知能力有助于发展教师的创造性与自主性，促进教师在实际教学中因时因地自主提出解决问题的策略。

---

① ［美］费奥斯坦（Lynda Fielstein）、［美］费尔普斯（Patrica Phelps）：《教师新概念：教师教育理论与实践》，王建平等译，中国轻工业出版社2002年版，第164页。
② 张凤娟、刘永兵：《教师认知研究的综述与展望》，《外国教育研究》2011年第1期。

我国实施的《教师专业标准》充分体现并激发教师专业学习与发展的主体性意识，要求教师要具备认同教师"专业性和独特性，注重自身专业发展"[①]的专业理念，将认同感作为教师的基本专业要求之一。教师角色不再是单一的理论的执行者和知识的传输者，而是具有主观能动性的创造者，教师具备自身知识的创造意识和发展意识。赵明仁认为：

> 这实际上体现出看待教师的立场从文化客位的局外人向文化主位的局内人转换。这种转换的实质是对教师主体性的尊重，期望教师追寻工作的意义，以获得内在的认同。[②]

认可并尊重教师的主体性有助于教师职业价值与自我价值的实现，激励教师持续学习获得专业发展的能力。

此外，我国的师范专业认证坚持学生中心（student-centered，SC）、产出导向（outcome-based education，OBE）、持续改进（continuous quality improvement，CQI）的认证理念，以教师学习者为中心进行教学资源、教学课程的组织与安排，并以教师学习者的核心素质能力反向评价教师教育单位的培养质量，激励其持续提升教师的培养质量。教师教育尊重学生的学习规律与发展规律，将教师学习者视作专业发展的主体，在尊重学生个体差异的基础上，在知识的供给维度满足师范生的共性需求与个性需求，在知识产出维度融合综合评价与个体评价充分激发学生的主动性，以此支撑学生的个性化发展。[③]

2. 知识加工：教师的主动构建

认知主义心理学认为个体的学习过程并非单一的知识输入—输出，而是经由个体的思维为中介进行调节的认知过程，即个体具有对知识进行处理或再加工的认知能力。教师的认知能力是支撑教师学习与专业实践的基础，教师的学习过程是教师认知对输入知识进行再加工的过程，"教学行为和过程是教师内在认知活动的外在产品"[④]。因此，教师角色不再是行为主义范式下静态的知识仓库，而是一个动态的、活跃的知识加工厂（见表3–3）。

---

① 中华人民共和国教育部：《教育部关于印发〈幼儿园教师专业标准（试行）〉〈小学教师专业标准（试行）〉和〈中学教师专业标准（试行）〉的通知》，http://old.moe.gov.cn//publicfiles/business/htmlfiles/moe/s6991/201212/xxgk_145603.html，2012年2月10日［2020–05–08］。

② 赵明仁：《培养反思性与研究型卓越教师：新师范教育的内涵与体系建构》，《西北师大学报》（社会科学版）2018年第5期。

③ 中华人民共和国教育部：《教育部关于印发〈普通高等学校师范类专业认证实施办法（暂行）〉的通知》，http://www.moe.gov.cn/srcsite/A10/s7011/201711/t20171106_318535.html，2017年10月26日［2020–05–08］。

④ 张凤娟、刘永兵：《教师认知研究的综述与展望》，《外国教育研究》2011年第1期。

表3-3　　　　　　　　　行为主义与认知主义教师角色对比

教师知识	行为主义	认知主义
知识特点	静态知识	动态知识
教师角色	知识仓库	知识加工厂
教师作用	储　存	再加工

资料来源：笔者自制。

在教师教育理论方面，行为主义范式下，教师处于教师教育知识体系生产的末端，教师教育研究者以与学生学习效果的相关显著性为依据确定教师的应知应会，缺乏结构性和系统性。教师的作用是被动接收和在实践中执行理论。在认知主义范式下，教师是具备自主构建知识的认知主体。教师教育注重以系统的知识结构奠定教师自主构建知识的基础，为教师的决策和计划提供支撑。教师的知识结构不再是行为主义范式下与学生密切相关的单一知识结构，而是基于教师认知的复杂性知识结构。

我国的《教师专业标准》将教师应掌握的专业知识具体分为教育知识、学科知识、学科教学知识和通识性知识，要求教师掌握多维的知识结构，并通过教学设计、教学实施、班级管理与教育活动、教育教学评价的具体教学实践活动促进知识的应用，采用沟通与合作、反思与发展充分发挥教师认知能力促进教师对知识进行再加工。

（二）实践反思：认知主义范式教师培养观

实践与反思是提升教师认知能力的重要策略。作为教师专业发展的基本准则，我国实施的《教师专业标准》注重通过实践与反思发挥教师的认知能力，"坚持实践、反思、再实践、再反思，不断提高专业能力"[1]。实践与反思已成为我国教师培养的重要路径。

1. 实践取向：发挥教师认知能力的外在策略

认知主义范式下，教师的专业学习和发展不是直线形的知识输入与输出，即将被动接收的客观理论直接应用到教育实践中，而是教师在知识输入过程中就用思维进行加工，并在实践应用中继续深加工的过程。舍恩提出的"反思性实践"专业发展模式要求教师在专业实践中，通过自我反思，不断改进自身的教学行为。[2] 教师要发展个人知识必须依赖于真实的教育实践，在具体情境中，通过理解与发展促进知识与专业的发展。

---

[1] 中华人民共和国教育部：《教育部关于印发〈幼儿园教师专业标准（试行）〉〈小学教师专业标准（试行）〉和〈中学教师专业标准（试行）〉的通知》，http://old.moe.gov.cn//publicfiles/business/htmlfiles/moe/s6991/201212/xxgk_145603.html，2012年2月10日［2020-05-08］。

[2] Donald A. Schön, *The Reflective Practitioner: How Professions Think in Action*, New York: Basic Books, 1983, p.321.

教育部 2011 年颁布的《教育部关于大力推进教师教育课程改革的意见》与《教师教育课程标准（试行）》将实践取向作为其核心理念之一，将教师视为反思性实践者，在研究自身经验和改进教育教学行为的过程中实现专业发展，表明我国教师教育课程向实践性转变。2014 年教育部颁布的《教育部关于实施卓越教师培养计划的意见》中提出，教师教育要突出实践导向的教师教育课程内容改革，推动以师范生为中心的教学方法变革，进一步确定了我国教师教育改革的实践取向。①

同时，我国师范院校积极调整课程体系，加大实践课程比重，培养学生的实践能力以及在实践中提升专业能力的水平。以实践取向为理念的教师教育政策和课程体系体现了我国教师教育将师范生视为具有认知能力的发展体，以更为综合的理论学习和反思能力培养充分发挥和发展师范生的认知能力，蕴含着通过参与教学和教育改革实践，自主建构知识，提升教师创造性和自主性的旨趣。同时，认知主义的理论使我国的教师教育研究开始关注教师个体、教师思维以及教学反思。伍远岳、杨莹莹通过改革开放 40 多年来的文献统计发现，2012 年至 2017 年我国的教师教育研究进入教师教育实践取向和制度反思期，研究倾向于关注教师的实践知识、卓越教师培养以及教师教育学科群建设等实践层面的问题。②

2. 反思实践：发挥教师认知能力的内在策略

反思是提高师范生认知能力的重要策略，是师范生将知识内化的重要途径，是教师在实际教学中仍具备持续学习的意识与能力的重要手段。反思实践型教师教育认为教师将理论应用到实践中，并对教学进行反思，才能提升教师的教学行为。教师学习的过程是：

> 学习者内在的信息加工过程、问题解决过程以及认知与思维的发展过程，学习既是思考（思维）的过程，又是思考（思维）的结果。③

教学应注重利用学生的内在认知结构，启发学生思维。当前我国教师教育培养目标中蕴含着丰富的反思实践教师教育理论的思想。④

在保障教师教育质量方面，我国的教师教育将体现学生认知发展的反思能力作为其核心能力之一。2018 年实施的普通高等学校师范类专业认证将教师的反思

---

① 中华人民共和国教育部：《教育部关于实施卓越教师培养计划的意见》，http：//www.moe.gov.cn/srcsite/A10/s7011/201408/t20140819_174307.html，2014 年 8 月 18 日 [2020-05-08]。
② 伍远岳、杨莹莹：《迈向多元化的教师教育研究——改革开放 40 年的回顾与展望》，《教育研究与实验》2019 年第 1 期。
③ 程耀忠：《教师学习理论的流变与融合》，《教学与管理》2015 年第 6 期。
④ 周钧：《技术理性与反思性实践：美国两种教师教育观之比》，《教师教育研究》2005 年第 6 期。

能力作为师范毕业生的基本能力要求之一,要求:

> 初步掌握反思方法和技能,具有一定创新意识,运用批判性思维方法,学会分析和解决教育教学问题。①

通过学习专业内容、方法与发展路径,师范生对所教学科与教育学具备宏观认知,了解学科发展的历史与趋势,形成终身学习意识,并通过在具体情境中实践培养教师的反思能力,提升学生独立思考、自主学习、发现问题的能力,促进教师在职后阶段通过反思促进专业发展。

在我国推行的普通高等学校师范类专业认证工作中,将利用学生认知与思维能力的反思性培养途径贯穿在师范生的培养方式中。具体表现为,通过道德实践反思提升师范生的师德规范;以反思性案例分析提升学生对教育情怀的认知,帮助师范生实现教师身份认同,理解教师职业的社会价值;通过教学反思改变教师教育者的教学方法和教师的学习方式;促进学习者逐步提升自己的思维能力,形成独立解决问题的能力。

(三)内外相生:认知主义范式的教师知识观

认知主义范式下,教师知识在教师的先前知识、经验、思维能力以及实践的相互作用中产生。认知主义范式教师教育注重实践与思维在教师显性知识和隐性知识相互转换中的中介作用,同时充分发挥教师在学习中的认知主体作用,培养教师促进自身专业持续发展的意识与能力。

1. 隐性知识:教师知识的个体表征

行为主义范式教师教育主要关注教师的外在行为,注重以教学方法和技能为核心要义的教师行为对学生学习效果的影响,即注重知识的实用性。认知主义的兴起使教师教育开始关注教师的认知世界,强调教师的思维能力对教师知识获得产生的影响。

具体而言,教师的思维与教师的实践相互作用,教师在实践中获得知识。20世纪80年代以来,西方教师知识结构研究主要包括"概念性的和分析性的"② 教师知识结构研究和"情境性和实践性的"③ 教师知识结构研究两种研究路径:"概念性的和分析性的"教师知识结构探索构成教师教育内容的知识基础(knowledge

---

① 中华人民共和国教育部:《教育部关于印发〈普通高等学校师范类专业认证实施办法(暂行)〉的通知》,http://www.moe.gov.cn/srcsite/A10/s7011/201711/t20171106_318535.html,2017年10月26日[2020-05-08]。

② 朱晓民、张德斌:《近二十年来教师知识结构研究述评》,《山西师大学报》(社会科学版)2006年第2期。

③ 朱晓民、张德斌:《近二十年来教师知识结构研究述评》,《山西师大学报》(社会科学版)2006年第2期。

base),"情境性和实践性的"教师知识结构研究探索教师在教学实践中的实践性知识。① 教师的知识基础为其隐性知识的产生奠定理论前提,教师将具有普遍意义的显性知识应用到具体的教育情境,解决教学中出现的问题。在一般显性知识的应用过程中,通过共性知识与具体情境的交互作用,教师不仅实现显性知识的内化,而且在具象的实践情境中产生新的隐性知识。

认知主义视角下,从知识的时间范畴而言,教师的知识体系由前知识(先前经验)和新知识构成,通过认知的调节中介作用,新旧知识相互作用,深化教师对问题的认知;就知识的性质而言,教师的知识可分为显性知识和隐性知识。显性知识为教学奠定理论基础,并在教学实践的调节中介作用下,内化为教师个体独有的隐性知识。我国《教师教育课程标准(试行)》中注重教师显性知识与隐性知识共同构建,在中小学幼儿园教师的课程目标中既包括显性的教育知识与能力,同时注重教师的教育实践与体验。通过观摩、参与、研究教育实践的经历与体验,以各种形式的实践经历与科学研究自主建构理论知识。②

2. 元知识:教师知识的系统特性

认知主义教师教育以培养教师的元认知能力为途径,提升教师的专业发展能力。行为主义范式下,教师的认知能力被忽视,教师机械地、被动地接受与学生学习相关的知识与技能,随后应用到实际教学中。这些具有预设性的教学内容是教育学科科学研究的结果,教师无须了解这些知识与技能背后的理念与原理。与行为主义不同,认知主义认为教师的学习是教师的经验与内在认知相互作用的结果,教师学习具体知识与教学技能背后的原理与机制,不仅了解"如何教",而且要理解"为何这样教",用抽象知识认知具体知识,以此加深对知识的认知,灵活地将其应用到实践中。

具体而言,强调教师应掌握学科的基本结构和原理,认知主义范式下的教师教育学科的基本结构和基本概念是相互联系的,有内在逻辑的系统知识体系。教学应帮助学习者理解和获得相互关联的、有象征意义的基本的思维构念,这些构念构成了知识和技术的基础。③ 相互关联的构念的本质是学科的基本架构,是部分或零散知识的指导思想。认知主义的代表人物布鲁纳强调,学生掌握学科的基本结构是学习具体知识的基础,掌握学科基本原理后,学生就可以缩小抽象知识与具体知识之间的距离。④ 受认知主义影响,教师教育者认为教师的培养应该从

---

① 朱晓民、张德斌:《近二十年来教师知识结构研究述评》,《山西师大学报》(社会科学版)2006年第2期。

② 中华人民共和国教育部:《教育部关于大力推进教师教育课程改革的意见》,http://old.moe.gov.cn/publicfiles/business/htmlfiles/moe/s3702/201110/xxgk_125722.html,2011年10月8日[2020-05-08]。

③ Chris Dede, "Theoretical Perspectives Influencing the Use of Information Technology in Teaching and Learning", in Joke Voogt and Gerald Knezek eds., *International Handbook of Information Technology in Primary and Secondary Education*, New York: Springer, 2008, p. 45.

④ 谭顶良主编:《高等教育心理学》,河海大学出版社2002年版,第37页。

确定教师应该掌握何种知识入手。① 教师教育研究者为对教师的基础知识进行详细描述，提出了不同的教师知识结构模型。② 教师教育者可以此为依据设置课程类别，以具体的课程分类奠定教师的知识基础。认知主义认为，学习是经验和思考的产物，学习者输入知识的同时用思维加工信息，教师能够在教学过程中以自主思维能力为依托，应用并内化各种知识，提高反思能力和认知能力。

以完整的知识结构为依托，教师不仅掌握"教什么"，而且理解"为什么教"，即具备了元认知的能力。在实践中，教师不仅利用元认知思维解决具体问题，深化对已有知识的认识，而且具备构建个人知识的意识与能力。

我国普通高校师范类专业认证标准的毕业要求指标要求教师学会教学，在学会教学这一维度方面要求教师：

> 掌握所教学科的基本知识、基本原理和基本技能，理解学科知识体系基本思想和方法。了解所教学科与其他学科的联系。③

这一要求既注重学科知识的内部系统性，又强调学科知识与其他学科的外部关联性，旨在培养师范生对学科知识的整体把握，以及通过了解所学学科在大知识体系内的定位，理解学科的价值，以此培养学生的探究型学习能力。

总之，认知主义范式下的教师教育表现出以下特征：首先，注重培养教师的元认知能力，帮助教师了解教育学科背后的原理，充分发挥教师在应用知识中的主观能动性。其次，教师的培养具有知识取向性，通过对教师认知规律的研究，提出了系统性的教师知识模型，使教师教育课程的设置更具科学性。最后，将教师的认知思维能力贯穿整个职前职后教师教育的过程中，将教师学习者置于主动理解知识，甚至建构知识的地位。

我国教师教育吸收了认知主义范式注重教师认知能力发展的核心内容，一是培养单位注重教师教育课程的完善。从课程体系的综合性而言，以模块化和实践化的课程内容重塑体系；从课程内容的历时性角度而言，课程既注重基础知识的学习，又强调学科前沿和趋势，以立体化的课程体系为依托发展教师的认知与思维。二是在职前职后阶段，通过创造多样化实践途径，充分发挥教师在自身知识体系建构中的积极作用。

---

① 聂志成：《教师教育与教师教育课程研究》，西南交通大学出版社 2007 年版，第 145 页。
② [美] 格罗斯曼：《专业化的教师是怎样炼成的》，李广平、何晓芳等译，人民教育出版社 2012 年版，第 5—6 页。
③ 中华人民共和国教育部：《教育部关于印发〈普通高等学校师范类专业认证实施办法（暂行）〉的通知》，http://www.moe.gov.cn/srcsite/A10/s7011/201711/t20171106_ 318535. html，2017 年 10 月 26 日 [2020 - 05 - 08]。

三 交互生成：社会建构主义范式教师教育

自20世纪90年代以来，社会建构主义的兴起对教师教育产生了重大影响。社会建构主义认为应：

> 关注个体与环境互动建构的过程，强调个体通过参与共同体活动，从而实现知识的转化、身份的建构过程。①

社会建构主义认为学习在于建构自我知识，教学应围绕帮助学生主动从经验中创造个人意义。② 融合了认知主义的知识源于经验和思考的知识观，社会建构主义又进一步强调人在产生知识方面的主动性和能动性。社会建构主义主张学习者在与自身原有知识、社会环境、实践共同体的交互作用中协同建构知识。

（一）协作建构者：社会建构主义范式教师角色观

社会建构主义范式下，教师是依据具体教育情境自主建构知识的探究型教师，教师通过参与专业实践共同体，在专业实践中与教师教育者、教师同侪、学生等教育实践主体合作建构知识。

1. 内源式发展：探究型教师

社会建构主义范式下，教师教育的培养目标为在具体教学环境中自主建构理论知识和实践知识的探究型教师。社会建构主义范式下知识是以经验为基础的，教师从书本或教师教育者获得的间接知识具有抽象性，教师通过使用自身的知识，在具体的教学情境中对抽象知识进行解释，才能真正实现知识的内化。另外，反思教学的倡导者舍恩认为显性的专业知识与处于变化中的专业实践无法做到匹配，因为专业实践具有变化性、复杂性、不确定性、不稳定性以及观念的相互冲突性。③ 教师需根据教学实践中出现的各种因素选择教学策略，决定教学实践行为，并在此过程中建构自己的专业知识和信念体系，提升自身的专业能力。所以，理论专业知识的普遍性与具体专业实践的复杂性决定了教师教育的培养目标是能够依据个体语境自主构建知识和理论的探究型教师。

师范类专业认证在师范生"学会教学"这一维度方面对师范生的学科素养提出要求，要求培养单位：

---

① 郑鑫、尹弘飚：《美国教育研究协会教师与教学研究的百年脉络》，《外国教育研究》2019年第1期。
② Chris Dede, "Theoretical Perspectives Influencing the Use of Information Technology in Teaching and Learning", in Joke Voogt and Gerald Knezek eds., *International Handbook of Information Technology in Primary and Secondary Education*, New York: Springer, 2008, p. 45.
③ Donald A. Schön, *The Reflective Practitioner: How Professions Think in Action*, New York: Basic Books, 1983, p. 14.

改变单一讲授教学陈规，引导师范生开展自主、合作和探究性学习，创设深度学习情境，积极推进问题解决学习、项目学习和研究性学习。①

以项目为平台、以情境创设为策略，为学生营造合作式解决问题的情境，在合作与探究中共建知识。

2. 合作产出：参与专业实践共同体

社会建构主义范式下，教师被认为是教学语境中的意义建构体之一。教师是在课堂、学校等实践共同体构成的社会环境中形成教学信念、策略和行为，即情境在教师的认知和学习中发挥着重要作用。作为情境学习理论的提出者之一，埃蒂纳·温格（Etienne Wenger）将实践共同体定义为共同参与实践、拥有共同追求的事业的一组参与者。② 实践共同体具有共同任务、共同实践标准、共同的话语体系三个特征。③ 学习者通过参与实践社区中的具有社会文化性质的实践行为掌握专业知识和技能。教师在实践共同体中通过观察、模仿、讨论及参与共同实践建构自我身份的过程就是学习如何成为教师的过程。

我国普通高等学校师范专业认证将教师学习者的交流合作能力视为毕业核心能力之一。交流合作既体现在职前的教师学习阶段，通过沟通合作学习理解专业实践知识与活动，同时掌握沟通合作方式。将此能力延伸至职后阶段，一方面通过参与教师学习共同体能够与同侪教师沟通合作共同解决问题，提升专业能力；另一方面能够与家长、社区等教学语境外的相关方进行沟通，推动教学的有效进展。有学者提出，提高教师沟通合作能力的核心路径是实施课堂开放。对内将课堂之门向同事、教育管理者开放，对外向其他学校、家长、专业研究人员等开放，形成教师专业学习共同体，通过对话交流、资源共享、相互借鉴，反思和提升自身的能力。④ 教师通过与教育语境的多元主体进行对话与合作，既有助于在宏观语境中深化教师角色与教师认知，以多维专业视角提升专业能力，也有助于"提升教师群体的教育智能，实现教师个体与教师社群的互依互助互推式发展"⑤。

（二）情境创设：社会建构主义范式教师培养观

社会建构主义范式下，教师的培养方式主要是依靠搭建教师专业实践共同体，

---

① 教育部教师工作司 教育部高等教育教学评估中心：《普通高等学校师范类专业认证工作指南（试行）》，2018年6月，第55页。

② Etienne Wenger, *Communities of Practice: Learning, Meaning, and Identity*, New York: Cambridge University Press, 1998, p. 73.

③ Vanessa P. Dennen and Kerry J. Burner, "The Cognitive Apprenticeship Model in Educational Practice", in J. Micheal Spector, M. David Merrill, Jeroen Van Merrienboer and Marcy P. Driscoll eds., *Handbook of Research on Educational Communications and Technology*, New York: Taylor and Francis Group, 2008, p. 428.

④ 李瑾瑜、吴冬华：《追寻课堂开放的实践真义——促进教师专业发展的有效途径》，《教育科学研究》2010年第2期。

⑤ 陈晓端、龙宝新：《教师专业学习共同体的实践基模及其本土化培育》，《课程·教材·教法》2012年第1期。

为教师营造情境化、社会化的学习环境，以交互讨论、共同探讨为主要教学方式提升教师的专业实践能力。

1. 社会化学习：参与专业实践共同体

社会建构主义范式下的教师教育主张社会化的教师学习，即教师在教师专业实践共同体中实现教师学习。社会建构主义范式主张参与社会实践是学习和构建身份的基本途径，参与实践是通过参与实践者共同体（communities of practioners）实现的。让·莱夫（Jean Lave）和温格认为学习是一种情境活动，是在参与真实的情境或任务中实现的，[①] 是学习者合法的边缘性参与过程（legitimate peripheral participation）[②]。学习者通过参与实践者共同体，接触和模仿共同体中的专家行为，获得共同体成员的资格，以此获得参与实践的资源与机会，最后完全参与到实践中。因此，合法的边缘性参与是新手发展成为实践共同体核心成员的过程。"合法"强调学习者学习共同体资源的合理性；"边缘性"是一个动态的、有积极意义的概念，强调学习者通过逐步参与，获得越来越多实践共同体中的资源，与成为核心成员之间的距离越来越近，直至最后完全参与到实践共同体中。

我国《教师教育课程标准》对教师的教育实践提出明确要求，规定教师要具有观摩、参与、研究教育实践的经历与体验。这三个阶段层层递进，促使教师学习者从合法的边缘参与，通过观察和模仿专家教师的专业教育实践，对教学获得初步了解；通过参与教学方案设计、参与教研活动，以及亲自与教学场域之外的家庭和社区沟通，获得更多的教师实践共同体中的资源；以实践经历与资源为基础，以思考与科学的研究方法为工具，对问题展开科学研究，提出解决问题的策略并共享结果。教师学习者从外围参与走入教师实践共同体的核心区域，这一过程一方面是建构教师身份的过程，另一方面也是基于情境进行探究式学习、建构个体知识的过程。

2. 情境学习：师生共建知识

实践共同体的教师学习依赖于教师教育项目为教师营造社会化的学习环境和学习方式。社会建构主义范式下新教师的专业学习和职后教师的知识更新取决于社会环境的支撑。教师教育的培养方式不再局限于直线型的知识传授，而是要为教师学习者参与实践共同体创造条件，让教师通过实践构建共同体中的社会实践行为，逐步建构教师身份。加拿大学者克里夫·贝克（Clive Beck）等通过对多伦多大学安大略教育研究所的职前教师教育研究生项目案例进行分析发现，社会建构主义范式下，教师教育项目的核心是整合、探究和创立学习共同体。[③] 教师教

---

① Etienne Wenger, *Communities of Practice：Learning, Meaning, and Identity*, New York：Cambridge University Press, 1998, p. 4.

② Jean Lave and Etienne Wenger, *Situated Learning：Legitimate Peripheral Participation*, Cambridge：Cambridge University Press, 1991, p. 29.

③ 高鸾：《当代西方建构主义教师教育思想简述》，《比较教育研究》2016年第9期。

育者要努力为教师在专业实践共同体中的专业发展提供环境，为教师的建构性学习、合作学习创造条件。教师的学习方法不再是依赖于教师教育者的解释理解理论，而是在具体的情境中探讨理论对复杂教学环境和因素的适切性。这一方法将教师的学习从教师的培训环境延展至对个人发展产生重要影响的社会化过程。

当前我国的教师教育采用多种方式为教师的学习创造情景化学习环境。在理念层面，师范类专业认证提出"应用摸拟课堂、现场教学、情境体验、案例分析、教学反思和行动研究等"① 改进教学方式和学习方法，充分体现了将教育情境与教师思维融合发展的综合性教育方式。在实施层面，充分利用人工智能技术推动情境教学。《教育部关于实施卓越教师培养计划 2.0 的意见》提出：

> 推动人工智能、智慧学习环境等新技术与教师教育课程全方位融合，充分利用虚拟现实、增强现实和混合现实等，建设开发批交互性、情境化的教师教育课程资源。②

同时结合教师教育最新成果，"建立短小实用的微视频和结构化、能够进行深度分析的课例库"③。模拟现实的情景化课程以及结构化的案例课程一方面展现了现实教育实践的复杂多变性；另一方面，通过师生共同讨论与分析案例，师生之间、生生之间共同建构意义，为教师学习者加深普适性理论应用，以合作探究具体情境中的问题建构知识理论提供了立体的信息化平台。

（三）宏微俱观：社会建构主义范式教师知识观

社会建构主义范式下的教师教育一方面横向拓展了教师的知识广度，教师知识不再限于教学知识或技能，而是包含教育场域之外的包括家庭、社区、社会等宏观语境；另一方面纵向延伸了教师的知识深度，教师的知识不再局限于具有普适性的理论知识或技能，而是需要发展教师在具体教育情境中应对独特的微观语境的针对性知识，以横向知识的宽度与纵向知识的深度完善教师的知识网络。

1. 社会化知识：教师知识的社会网络

社会建构主义范式下的教师教育是一种全人型的教育，教师是一个独立的、完整的主动学习者。行为主义下教师的知识被外化为各种可观测的行为，认知主义关注教师认知与思维在知识产生中的作用，而社会建构主义下，"教师知识的

---

① 教育部教师工作司 教育部高等教育教学评估中心：《普通高等学校师范类专业认证工作指南（试行）》，2018 年 6 月，第 104 页。
② 中华人民共和国教育部：《教育部关于实施卓越教师培养计划 2.0 的意见》，http：//www.moe.gov.cn/srcsite/A10/s7011/201810/t20181010_350998.html，2018 年 9 月 17 日 ［2020 – 05 – 08］。
③ 中华人民共和国教育部：《教育部关于实施卓越教师培养计划 2.0 的意见》，http：//www.moe.gov.cn/srcsite/A10/s7011/201810/t20181010_350998.html，2018 年 9 月 17 日 ［2020 – 05 – 08］。

获得是通过社会参与、在与其他社会主体或情境互动中转化和创造的"①。知识是在个体与环境互动中产生的,教学被镶嵌于由各种社会构念组成的网络中,完成这一专业实践教师不仅需要专业内容知识和教学法知识,而且需要了解学习者及相关社会语境等知识。"社会建构主义认为知识的产生不仅来源于上述的社会互动,而且依赖于学习者的其他特质,包括态度、情绪、价值观和行动。"② 教师自身就是认识主体,知识应由教师主动建构,教师的学习过程是教师与情境、信念、先前经验的互动。

我国的教师教育政策以及教师教育理论的知识论述都对教师应具备的宏观教育语境知识进行了描述和探讨。在教育政策方面,《教师教育课程标准（试行）》和师范专业认证要求教师应理解教师自身、理解教学对象以及教学场域以外的宏观语境。首先,教师应树立正确的教师观,将自己定位于学生学习的促进者;其次,了解教学对象,《教师教育课程标准（试行）》要求教师具备了解学生的知识,了解他们的共性认知发展规律以及个体差异性;再次,要求教师具有与家庭、社区沟通的意识和能力,利用教学场域的外围资源帮助理解教学过程,深化对教学对象和教学环境的认知。

2. 情境化知识:教师知识的针对性

社会建构主义范式下,教师需具备根据具体情境提出针对性解决策略的能力,并通过设计适切的学习环境,促进学生的自主学习与建构。教师要了解教学情境中的基本要素以及其对于学生学习与发展的普遍意义,并针对具体的教学情境与学生述评等设计适当的情境,最大限度地促进学生的学习与发展。③

有学者通过大数据分析教师的成长路径,发现教师的情境知识是教师专业发展的重要变量,而付诸应用的实践行为可有效促进教师情境知识的增长。④ 因此,通过创造平台帮助教师学习者边学习、边应用是发展教师情境知识的重要途径。以《教育部办公厅、财政部办公厅关于做好2013年"国培计划"实施工作的通知》为例,文件要求推行实践性培训,以教学现场、真实课堂为培训场域,以现场诊断和案例教学为培训策略,通过跟岗培训和情境体验切实解决真实教学中的问题。⑤ 在情境体验和案例分析中,教师通过探讨具体教学情境中的个性问题,将具有普遍意义的知识具象化、特殊化,同时试图寻求适合具体情境的规律性知

---

① 郑鑫、尹弘飚:《美国教育研究协会教师与教学研究的百年脉络》,《外国教育研究》2019年第1期。
② Clive Beck and Clare Kosnik, *Innovations in Teacher Education: A Social Constructivist Approach*, Albany: State University of New York Press, 2006, p. 13.
③ 谢安邦、朱宇波:《教师素质的范畴和结构探析》,《教师教育研究》2007年第2期。
④ 王陆、彭功、马如霞、杨佳辰:《大数据知识发现的教师成长行为路径》,《电化教育研究》2019年第1期。
⑤ 中华人民共和国教育部:《教育部办公厅 财政部办公厅关于做好2013年"国培计划"实施工作的通知》, http://www.moe.gov.cn/srcsite/A10/s7034/201304/t20130411_150803.html, 2013年4月9日 [2020 – 05 – 08]。

识,以此适应不同的教学情境。

总之,社会建构主义范式下,教师的学习是教师在自然环境和社会环境中的社会实践行为,具有社会性。教师的知识是在与专业实践成员的共同实践中建构的。教师教育者的主要任务是为教师学习搭建社会化的专业实践平台。教师的培养不再是教育者向教师传递知识与经验的单向活动,而是教师教育者与教师依据具体的实践经历,通过共同探讨建构知识,乃至教师的实践经验进而影响教师教育的理论建构。教师教育过程从教师被动接收知识的单向模式转变为师生共建,或是教师实践影响教师教育理论生成的往复过程。

当前,我国教师教育积极吸收社会建构主义要素提升培养质量。一方面注重创建实践共同体平台,以情境化教学推动教师教育者与教师学习者,以及教师学习者与教师学习者合作共建知识;另一方面充分利用信息技术发展教师的情境化知识与能力,横纵向拓展教师情境知识的宏观性与针对性,帮助教师应对多变复杂的信息时代教学环境。社会建构主义发展了教师认知主体的角色观,教师不仅能对知识进行再加工,而且还是知识的建构者,当前我国的教师教育正在逐步迈向以教师学习者为主体的培养方式。

综上所述,我国教师教育中行为主义、认知主义与社会建构主义范式下的教师角色观、教师知识观和教师培养观并置共存、交融叠加、相互博弈(见表3-4)。在各种范式之间选择适合当前我国教育语境的元素,以政策形式使其在中国落地并推动我国教师教育质量的提升。

表3-4　行为主义、认知主义及社会建构主义教师教育范式对比

教师教育范式	教师角色观	教师知识观	教师培养观
行为主义	接受者、执行者、知识仓库	可观察行为、可衡量行为	塑造行为、分解教学
认知主义	认知主体、加工者、知识加工厂	隐性知识、元知识	实践取向、反思导向
社会建构主义	知识建构者	社会化知识、情境化知识	实践教学、情境教学

资料来源:笔者自制。

第二节　掇菁撷华:中国传统教师教育理论的当代发展

中国古代丰富璀璨的教师教育思想经过在历史长河中的漫长旅行,凝聚了深厚的教师教育文化底蕴,为中国本土的教师教育理论贡献了富有哲理和影响力的思想和信念,是生成中国本土教师教育理论的源头活水。读史明鉴,知古察今。梳理中国传统教师教育理论,唤醒中国传统的教师教育理念,探索传统理论的现

代性，将其融入当代教师教育，传承传统理论的精髓，有助于立足本土实践，建构中国本土教师教育理论体系。

一 教育情怀：教师的道德素养

中国古代教育中因教授内容和教师要求不同出现了两种不同类型的教师，一类是人师，一类是经师。人师以教人如何做人为任，经师以授业于人为任。就教师的培养而言，培养"人师"即注重道德修养的提升，培养"经师"则注重教师知识与能力的塑造。我国现代教师教育理论通过挖掘与拓展教师德育的内涵，将人师的培养理念融合到现代教师教育实践中。

当前我国的教师教育理论传承了自古以来注重教师德育和伦理的思想，对教师的道德素养有了更为深刻和广阔的认知与实践，加深了对教师德育的认知。

（一）能动意识：教师道德教育的心理路径

"道德教育的实质是人的理性的培养、智慧的形成。"① 教师具有道德修养的先决条件是教师自身的道德意识状态，教师的道德意识的主动构建是道德教育的起点。②

教师德育内涵的核心概念是以身作则，教师道德修养的主要作用在于形成榜样的力量，辐射于学生。其中，影响最大的思想流派——儒家学派就教师教育的方式认为：

> 榜样最为紧要，因而也就是最有效的教育手段。必须遵照"道"来生活，而好老师的言传身教与身体力行是真正具有效力的。③

传统文化对教师的道德要求以树立榜样为准则，存在单一性和抽象性，缺乏具象的形象和要求，不能满足现代知识型和学习型社会的需要。素质教育要求培养全面型人才，对教师的道德要求也从单一的榜样示范转变为整体德性的培养。"道德教育的目的在于造就具有德性的整体人，在于引导教育对象形成独特的自我。"④ 注重主动培养教师的道德意识，如同教师不再是知识的被动接收者一样，教师不再是"道德模范—道德规范的服从者与表现者；而被当作'具有反思能力的道德行为者'"⑤。教师要在专业实践活动中"有意识地加深对教育专业伦理性

---

① 刘长欣：《道德教育及其知识化路径》，《教育研究》2014 年第 8 期。
② 刘峻杉：《教师道德意识澄清：道德教育的起点》，《教师教育研究》2012 年第 3 期。
③ [美] 杜维明：《道、学、政：论儒家知识分子》，钱文忠、盛勒译，上海人民出版社 2000 年版，第 43 页。
④ 李琰、易连云：《从"道德榜样"到"道德能动者"——教师道德形象的当代变迁》，《教育发展研究》2014 年第 10 期。
⑤ 李琰、易连云：《从"道德榜样"到"道德能动者"——教师道德形象的当代变迁》，《教育发展研究》2014 年第 10 期。

的认识、反思自己的道德实践，特别是要有意识地培养道德敏感性"①。

此外，培养教师的道德建构自主意识需吸收中国传统文化思想，通过历史传承使教师形成对中华民族教师传统价值的认可，认识到教师在历史长河中的位置，从而更为主动地建构专业道德。陈磊、栗洪武认为西方教师教育思想对中国教师教育专业课程的影响具有技术价值取向，主要在教育知识与教学范式上使教师教育课程更为科学，但是这种试图建立统一的普适性方法忽略了教师的伦理品性，从而提出重塑教师教育课程，加大中国教育史、中国教育思想史和中国教育名著选读等传统文化课程的比重，以此塑造教师学习者的人文底蕴、伦理品性、专业素养。② 刘峻杉进一步提出传统文化融入教师教育的思路不仅表现在融入课程，而是将哲学思辨型的传统文化通过中西文化的有效知识体系整合与当代技术理性主导型教育思想进行融合。③ 通过中西教育思想对比与融合，教师学习者对教师专业道德素养有着更为宏观的认知，从而进一步提升自身道德素养的自主性。

总之，当前我国的教师德育寻求将儒家道德榜样的规约性、教师道德能动性融于一体的路径，以被动规约与主动建构推动教师的德育建设。在教师德育意识的建构过程中，充分发挥中国传统文化的教育作用。

（二）思政融合：教师道德教育的知识路径

中国古代的很多思想家在论述为师标准时都将德行列为教师的首要要求。孔子认为教师"不能正其身，如正人何？"④ 荀子提出教师须"身为正仪"⑤。人师这一具体概念是由荀子提出的，"故近者歌讴而乐之，远者竭蹶而趋之，四海之内若一家，通达之属莫不从服，夫是之谓人师"⑥。可见，荀子强调教师提升自我道德素养，为人树立榜样，具有以德服人、以德化人的人格魅力。此外，董仲舒认为只有做到"既美其道，有慎其行"⑦，方可为师。韩愈提出的"道之所存，师之所存也"⑧，柳宗元提出的"中焉可师"⑨ 都将教师的道德修养作为为师的先决条件。

当前，我国不仅沿承中国古代对教师的高标准道德要求，而且道德标准趋于具体化和可操作化，这从 2008 年发布的《教育部、中国教科文卫体工会全国委

---

① 朱小蔓：《回归教育职场　回归教师主体——新时期师德建设的思考》，《中国教育学刊》2007 年第 10 期。

② 陈磊、栗洪武：《传统文化教育：我国教师教育课程"精神转向"的重要路径》，《当代教育科学》2013 年第 5 期。

③ 刘峻杉：《复兴传统文化对教师教育的需求及其应对》，《教育科学研究》2017 年第 3 期。

④ 《论语》，陈晓芬译注，中华书局 2016 年版，第 171 页。

⑤ 《荀子》，方达评注，商务印书馆 2016 年版，第 25 页。

⑥ 《荀子》，方达评注，商务印书馆 2016 年版，第 106 页。

⑦ （汉）董仲舒：《春秋繁露·天人三策》，岳麓书社 1997 年版，第 22 页。

⑧ （唐）韩愈：《师说》，载《韩愈集》，严昌校点，岳麓书社 2000 年版，第 158 页。

⑨ 孟宪承等编：《中国古代教育史资料》，华东师范大学出版社 2010 年版，第 267 页。

员会关于重新修订和印发〈中小学教师职业道德规范〉的通知》①中对教师道德规范的细致要求中可见一斑。与此相呼应，当前我国的教师教育继续加大对教师职业道德的培养，教育部2011年发布的《教育部关于大力推进教师教育课程改革的意见》中提出要"加强教师职业道德教育，将《中小学教师职业道德规范》列为教师教育必修课程"②。可见，当前我国教师的道德教育应破解视教师为道德榜样这一抽象的概念认知，构建教师道德教育的知识路径，切实从策略层面落实教师道德教育。

当前我国的教师教育理论正在探索从教师的职业道德向专业道德转变的路径。③ 专业道德是：

> 教师在从事教育教学这一专业工作时所遵循的能体现教师专业特性、教师道德价值以及教师人格品质的道德规范和行为准则。④

传统的教师道德教育带有行为主义范式的明显特征，道德教育采取自上而下的灌输式方法，教师学习并执行顶层设计的教师道德规范和准则。专业道德教育一改传统教育中将教师技术性知识与教师道德知识割裂的行为，通过发挥教师的能动性积极探索教师道德与教师专业化之间的关系，具有认知主义教师教育的特征。

2019年9月，教育部印发的《关于深化本科教育教学改革全面提高人才培养质量的意见》中提出：

> 把课程思政建设作为落实立德树人根本任务的关键环节，坚持知识传授与价值引领相统一、显性教育与隐性教育相统一，充分发掘各类课程和教学方式中蕴含的思想政治教育资源。⑤

课程思政建设的要求对教师教育课程建设以及教学方式提出新的要求，探索教师教育课程中的思想政治教育资源，融合教师的道德教育、思想教育、政治教育，拓展和丰富教师的道德素养内涵，实现思想政治教育、教师道德教育与教师专业素养教育的融合统一是构建新时代教师教育课程体系的重要任务。

---

① 中华人民共和国教育部：《教育部 中国教科文卫体工会全国委员会关于重新修订和印发〈中小学教师职业道德规范〉的通知》，http://www.moe.gov.cn/jyb_xxgk/gk_gbgg/moe_0/moe_1964/moe_2462/tnull_39978.html，2008年9月1日 [2020-05-08]。
② 中华人民共和国教育部：《教育部关于大力推进教师教育课程改革的意见》，http://old.moe.gov.cn/publicfiles/business/htmlfiles/moe/s3702/201110/xxgk_125722.html，2011年10月8日 [2020-05-08]。
③ 娄立志、张玉：《教师教育应关注学生专业道德的养成》，《教师教育研究》2014年第5期。
④ 张凌洋、易连云：《专业化视域下的教师专业道德建设》，《教育研究》2014年第4期。
⑤ 中华人民共和国教育部：《教育部关于深化本科教育教学改革全面提高人才培养质量的意见》，http://www.moe.gov.cn/srcsite/A08/s7056/201910/t20191011_402759.html，2019年9月29日 [2020-05-08]。

2019年10月，教育部印发《关于一流本科课程建设的实施意见》，指出："推动课程思政的理念形成广泛共识，构建全员全程全方位育人大格局"。① 将课程思政理念融入教师教育课程，提高教师的专业知识能力与价值引领能力，全方位培养教师的育人大格局，是我国教师教育课程面对的新命题。

> 教师教育课程思政是一种全新的教师培养课程观，是将教师教育与思想政治教育工作深度融合的重要抓手，是高等师范院校实现培养新时代合格教师的重要保障。②

教师教育课程建设要以课程思政理念为背景，以《教师教育课程标准（试行）》为依据，将道德教育、思想教育和政治教育融合于教师教育课程体系中，拓展教师的专业道德内涵。教师教育课程建设要增强教师的德育意识，践行课程思政的理念，同时提高教师培养学生道德素质的技能，培养能够践行全方位育人的新时代教师。

二 知识结构：教师的专业素养

在古代，"经师"是指传授儒家经典的教师。西汉实行独尊儒术的治理政策后，"经学盛行，出现专门授经的老师，中央太学有五经博士，地方官学则有经师"③。经师的主要任务是教人以专业。在现代教师教育领域，培养"经师"就是要注重教师知识素养和教学技能的培养。中国古代和近现代学者们都重视教师两个知识维度的培养。就知识的范围而言，注重处理好广博知识与专业知识的关系；就知识的性质而言，注重处理理论知识与实践知识之间的关系。

（一）博专兼济：广博知识与专业知识

自古代以来，我国教育家和思想家们就对教师的知识范围提出要求，主要围绕处理博学与专业的关系，做到博中有专，专中有博。

孔子作为万世师表，不仅博学而且精通各个专业领域，做到博与专的理想境界，他要求教师要做到"君子不器"④。荀子认为教师不仅要有渊博的知识，还要通过经常反思更新知识，"君子博学而日参省乎己，则知明而行无过矣"⑤。王充更为具体地提出了博学的标准，提出教师的知识不能局限于儒家经学，不能局限

---

① 中华人民共和国教育部：《教育部关于一流本科课程建设的实施意见》，http://www.moe.gov.cn/srcsite/A08/s7056/201910/t20191031_406269.html，2019年10月24日［2020-05-08］。
② 付道明：《课程思政视角下教师教育课程重构的内涵与当代关照》，《教育评论》2019年第11期。
③ 蒋纯焦：《中国传统教师文化的特点与意蕴》，《教师教育研究》2019年第2期。
④ 《论语》，陈晓芬译注，中华书局2016年版，第15页。
⑤ 《荀子》，方达评注，商务印书馆2016年版，第1页。

于只做"经师",而是要贯通古今。柳宗元提出"专而通、新而一"①,教师要做到专业而且通达,不断学习新知识才能有独到的见解。

现代学者沿承了古代教育家对教师知识的要求,"'知识既专且博,技能一专多能'成为衡量教师人才规格的主要指标"②。打破了以儒家经典为主的狭义渊博知识的概念,在尊重教师职业性与专业性的基础上对教师的博雅知识与专业知识进行了科学分类,对两类知识的内涵进行了挖掘与拓展,并据此提出了教师应具备的知识结构。

辛涛、申继亮、林崇德从知识的功能角度将知识分为本体性知识、条件性知识、实践性知识和文化知识。③ 其中,本体性知识指教师具有的所教学科的知识,条件性知识是指与学生发展、教学等相关的辅助性知识,二者是关于教学内容与教学方法的知识,属于专业知识的范畴;实践性知识是指教师对微观的课堂情境以及宏观的学校、社会环境的认知,文化知识强调教师具备广博的文化知识,此二者是教师关于教学以外的环境以及其他学科的知识,是博雅知识的范畴。叶澜将教师的知识结构分为三层,其中,第一层是教学的知识基础,包括关于当代科学和人文方面的知识、工具性学科的扎实基础和熟练应用工具性学科的技能,将对教师广博知识的要求从人文拓展至工具性知识与技能;第二层知识——具备1—2门学科的专门性知识与技能;第三层知识——教育学科类知识,二者皆与专业知识相关。④ 此外,刘捷认为教师知识包含科学文化知识、学科专业知识与教育专业知识三部分,强调广博知识与专业知识之间的整合。⑤

概观可见,我国当代教师教育理论对教师的知识培养继承了中国古代对教师博学与专业的理念,对两个维度提出了更为具体的知识点,使这一理念更加完善。

(二)闻知亲知:理论知识与实践知识

《墨子》对知识进行了系统的分类,提出"知,闻、说、亲"⑥,将知识分为亲知、闻知、说知三类。亲知是指亲身观察和体验获得的直接知识;闻知是指通过别人传授、告知而获得的间接知识;说知是指通过思维推理获得的知识。⑦ 陶行知引用《墨子》对于知识的分类,认为知识分为亲知、闻知和说知。

> 亲知是亲身得来的,就是从"行"中得来的。闻知是从旁人那儿得来的,或由师友口传,或由书本传达,都可以归为这一类。说知是推想出来

---

① (唐)柳宗元:《送易师杨君序》,载《柳宗元集》,易新鼎点校,中国书店2000年版,第352页。
② 冯铁山:《卓越教师培养的"本"与"道"》,《教育科学研究》2018年第7期。
③ 辛涛、申继亮、林崇德:《从教师的知识结构看师范教育的改革》,《高等师范教育研究》1999年第6期。
④ 叶澜等:《教师角色与教师发展新探》,教育科学出版社2001年版,第23—24页。
⑤ 刘捷:《建构与整合:论教师专业化的知识基础》,《课程·教材·教法》2003年第4期。
⑥ (清)毕沅校注:《墨子》,吴旭民点校,上海古籍出版社2014年版,第168页。
⑦ 张岱年主编:《中国哲学大辞典》,上海辞书出版社2010年版,第138页。

知识。①

教师的闻知是指教师从书本获得的直接知识，亲知是指教师在教学实践获得的间接知识，说知是指教师通过反思获得的知识。他对王阳明"知是行之始，行是知之成"②的思想进行了改造，提出"行是知之始，知是行之成"③，以个人经验和科学发明为例强调知识首先源于实践，亲知就是源于实践，亲知是所有知识的根本。

以此为基础，1926年，陶行知在《中国师范教育建设论》中对"教学做合一"理论做了系统阐述。他通过对教师教育中的教学内容、教学方法、教学对象和教学主体进行论述，提出"教法、学法、做法是应当合一的"④。教学方法与学习方法一致，学习方法要与做事方法一致，即"事怎样做就怎样学；怎样学就怎样做；怎样教就怎样训练教师"⑤。

"教学做合一"教师教育的基本内涵包括：一是"教学做合一"既是生活现象的说明，即生活法，也是教育现象的说明，即教育法。生活中，人们在做事后，便会从中有所收获，会做的便可以教其他人，不会做的便做学生去跟其他人学。在教育中，教与学都以做为中心，教师与学生之间没有严格的区分，因为他们可以通过做互教互学。1927年3月，陶行知创办的晓庄实验乡村师范学校成为其"教学做合一"理论的实践场所，晓庄师范学校将师范生教育与中小学教育结合起来，要求师范生在做中学，在教中学。陶行知将杜威的"教育即生活"转变为"生活即教育"⑥，强调教师学习者在具体的教学实践中学习技能。

由此可见，陶行知提出了传统教师教育中论述的不可言说的知识的获取路径，即通过实践学习知识、学习教学，将"做"作为贯穿教师学习和教学的一条主线，强调亲身实践中获得的知识——亲知，即教师通过实践应用知识、在实践中反思理论知识，在亲知中融合闻知与说知，实现知识的内化。

当代一些学者沿承了陶行知重视教师实践知识的获取路径，提出了更为系统和完整的教师知识结构。陈向明将教师的知识结构分为理论性知识与实践性知识：理论性知识属于显性知识，是教师与学术研究者共有，可用文字或语言传授，包括学科教学法、课程、教育学、心理学和一般文化等原理类知识；实践性知识是

---

① 陶行知：《行是知之始》，载方明主编《陶行知全集》第2卷，四川教育出版社2009年版，第5页。
② （明）王阳明：《传习录上》，载《王阳明全集：新编本》，吴光等编校，浙江古籍出版社2011年版，第5页。
③ 陶行知：《行是知之始》，载方明主编《陶行知全集》第2卷，四川教育出版社2009年版，第4页。
④ 陶行知：《中国师范教育建设论》，载方明主编《陶行知全集》第1卷，四川教育出版社2009年版，第76页。
⑤ 陶行知：《中国师范教育建设论》，载方明主编《陶行知全集》第1卷，四川教育出版社2009年版，第76页。
⑥ 陶行知：《生活即教育》，载方明主编《陶行知全集》第2卷，四川教育出版社2009年版，第7页。

教师在教育教学实践中使用和（或）呈现的知识，具有显性和内隐性双重特性，基于教师个体的经验与特征，隐含在教师日常的教学活动中，包括教育信念、自我知识、人际知识、情境知识、策略性知识与批判反思知识。[1] 他认为实践性知识将纯理论学习与以模仿为主的实践学习通过教师的自主性融于一体，因而是教师专业发展的知识基础。[2] 王鉴、徐立波认同实践知识是教师专业发展的核心，认为教师的实践知识包括经验性知识、个性体知识、反思性知识、整合性知识和情景性知识，并指出教师可通过日常教学实践、教师反思、校本教研、进修培训等路径获取实践知识。[3]

三 教学方法：教师的专业角色

我国传统教育思想中主要推崇的教学方法和教学理念包括启发式教学、讨论式教学以及差异性教学，主张教师在专业知识传授方面扮演引导者与促进者的角色，通过因材施教，引导学生充分发挥各自优势，以适切的方法实现个体教师最大限度的发展。

（一）启发讨论：教师的促进者角色

首先，启发式教学是以学生为主体、教师为主导教学理念的具象表现。[4] 中国古代很多教育家都主张启发式教学法，将教师定位为学生知识学习的促进者。例如，孔子提出"不愤不启，不悱不发"。[5] 朱熹将其注释为"愤者，心求通而未得之意。悱者，口欲言而未能之貌。启，谓开其意，发，谓达其辞"。[6] 可见，启发教学注重激发学生的内在动力，以循循善诱之法给予学生思考的空间，培养学生的自主探究与思维能力。孟子主张"教亦多术矣，予不屑之教诲也者，是亦教诲之而已矣"[7]。《礼记·学记》进一步提出教师需做到"道而弗牵，强而弗抑，开而弗达"[8]"力不能问，然后语之"[9] 才是真正掌握了教学之法。可见，启发式教学是学生在教师引导下，通过主动探究和解决问题获取知识、提高思辨能力的教学方法和教学指导思想。

其次，师生讨论式教学是我国传统教育思想中的重要元素，通过讨论与问答，师生互相学习，既提高了学生的批判思维能力，又提高了语言表达能力，最终达

---

[1] 陈向明：《实践性知识：教师专业发展的知识基础》，《北京大学教育评论》2003 年第 1 期。
[2] 陈向明：《实践性知识：教师专业发展的知识基础》，《北京大学教育评论》2003 年第 1 期。
[3] 王鉴、徐立波：《教师专业发展的内涵与途径——以实践性知识为核心》，《华中师范大学学报》（人文社会科学版）2008 年第 3 期。
[4] 曾明、徐晨：《深化教学方式方法改革 探寻创新人才培养新路》，《中国高等教育》2011 年第 Z3 期。
[5] 《论语》，陈晓芬译注，中华书局 2016 年版，第 80 页。
[6] （宋）朱熹：《四书章句集注》，曾军整理，岳麓社 2007 年版，第 129 页。
[7] 《孟子》，万丽华、蓝旭译注，中华书局 2016 年版，第 287 页。
[8] 《礼记译解》，王文锦译解，中华书局 2016 年版，第 465 页。
[9] 《礼记译解》，王文锦译解，中华书局 2016 年版，第 468 页。

到师生共同建构知识、更新知识的目的。孔子主张"三人行,必有我师焉。择其善者而从之,其不善者而改之"①,强调师生之间互相学习。东汉教育家王充提出"问难"②的教学思想,学生与教师在提问与回答之间明晰问题、共建知识。韩愈提出的"弟子不必不如师,师不必贤于弟子"③弱化了教师知识的主导地位,通过互相学习提升师生的能力。宋代大儒朱熹主张教师采用师生"商量式"④教学,即教师发挥引导者作用,教师与学生探讨解决问题。

在教师教育领域,启发式与讨论式教学突出教师教育中教师学习者为中心的地位,教师教育者发挥学习促进者的作用。反对向教师学习者灌输教师知识理论,而是培养教师学习者举一反三、触类旁通的能力,具备研究或探究问题的能力与批判性思维能力。当代教师教育融合中国传统的启发式教学思想,将探究教学融入教师教育的课程实施方法,充分发挥教师学习者的自主性,培养探究型教师。启发式教学拓展了教师学习者独立思考的时空,对培养自主学习与思辨能力贡献颇丰;讨论式教学有助于开阔教师的批判性思维能力,在沟通过程中反思自己的不足。

师范类专业认证标准要求教师教育的课程实施要采取案例教学、探究教学、现场教学等多种教学方法。⑤以案例为教学对象,教师教育与教师学习者之间、教师学习者与教师学习者之间通过互相问答、讨论,共同探讨解决问题,在此过程中师生合作共建知识,同时培养了学生的批判思维能力、沟通能力与语言表达能力。

当前我国教师教育充分利用信息技术手段,丰富了启发式教学和互动式教学的实施方法。《教育部等五部门关于印发〈教师教育振兴行动计划(2018—2022年)〉的通知》中提出:

> 充分利用云计算、大数据、虚拟现实、人工智能等新技术,推进教师教育信息化教学服务平台建设和应用,推动以自主、合作、探究为主要特征的教学方式变革。⑥

引领教师培训注重提高教师学习者的信息技术能力应用水平,改革传统以教

---

① 《论语》,陈晓芬译注,中华书局 2016 年版,第 86 页。
② (东汉)王充:《论衡》,岳麓书社 1991 年版,第 137 页。
③ (唐)韩愈:《师说》,载《韩愈集》,严昌校点,岳麓书社 2000 年版,第 158 页。
④ 张立文:《朱熹思想研究》,中国社会科学出版社 1981 年版,第 615 页。
⑤ 中华人民共和国教育部:《教育部关于印发〈普通高等学校师范类专业认证实施办法(暂行)〉的通知》,http://www.moe.gov.cn/srcsite/A10/s7011/201711/t20171106_318535.html,2017 年 10 月 26 日 [2020-05-08]。
⑥ 中华人民共和国教育部:《教育部等五部门关于印发〈教师教育振兴行动计划(2018—2022 年)〉的通知》,http://www.moe.gov.cn/srcsite/A10/s7034/201803/t20180323_331063.html,2018 年 2 月 11 日 [2020-05-08]。

师教育者为中心的传统讲授方式，促进教师的自主学习能力和探究能力。《教育部关于实施卓越教师培养计划2.0的意见》中进一步提出充分利用信息技术改变教学方法的明确要求：

> 建设200门国家教师教育精品在线开放课程，推广翻转课堂、混合式教学等新型教学模式，形成线上教学与线下教学有机结合、深度融通的自主、合作、探究学习模式。①

以人工智能与虚拟现实技术为技术依托推动教师学习者在真实的教学情境中研究问题。2019年，教育部印发《关于一流本科课程建设的实施意见》，要求：

> 完善以质量为导向的课程建设激励机制，形成多类型、多样化的教学内容与课程体系。经过三年左右时间，建成万门左右国家级和万门左右省级一流本科课程（简称一流本科课程"双万计划"）。②

具体而言，要求：

> 从2019年到2021年，完成4000门左右国家级线上一流课程（国家精品在线开放课程）、4000门左右国家级线下一流课程、6000门左右国家级线上线下混合式一流课程、1500门左右国家虚拟仿真实验教学一流课程、1000门左右国家级社会实践一流课程认定工作③。

"双万计划"的实施可有效提高线上课程、线下课程以及线上线下混合式课程的质量，为启发式、引导式教学提供高质量教学平台。

正如顾明远指出，"人工智能+教育"正在引起一场教育革命，其中最主要的是教学方式从教师的教转变为学生的学。④ 信息技术在教师教育领域的广泛应用为启发式与互动式教学注入了新的元素和方法，线上线下结合的教学方法拓展了学生学习与思考的时空，融合线上沟通技术的翻转课堂强化了教师学习者的主体地位，激发其学习的自主性。

---

① 中华人民共和国教育部：《教育部关于实施卓越教师培养计划2.0的意见》，http://www.moe.gov.cn/srcsite/A10/s7011/201810/t20181010_350998.html，2018年9月17日［2020-05-08］。

② 中华人民共和国教育部：《教育部关于一流本科课程建设的实施意见》，http://www.moe.gov.cn/srcsite/A08/s7056/201910/t20191031_406269.html，2019年10月24日［2020-05-08］。

③ 中华人民共和国教育部：《教育部关于一流本科课程建设的实施意见》，http://www.moe.gov.cn/srcsite/A08/s7056/201910/t20191031_406269.html，2019年10月24日［2020-05-08］。

④ 顾明远：《"人工智能+"正引起一场教育革命》，《新华文摘》2019年第20期。

（二）个性化教学：教师个体的独特性

因材施教是我国传统教育思想中极具人文关怀的要素，旨在"让每一个学生接受适切的教育，让每一个学生获得最大限度的发展"。[①] 因材施教这一概念虽未在《论语》中明确提出，但孔子在其教学实践中践行因材施教的原则。孟子对此进行如是点评："君子之所以教者五：有如时雨化之者，有成德者，有达财者，有答问者，有私淑艾者"[②]。朱熹将此点评注释为"圣贤施教，各因其材"[③]。朱熹继承了孔子和孟子因材施教的思想，注重学生的资质、心性差异以及认知规律，在宏观的学校设置及微观的教学方法上予以践行。《礼记·学记》提出"教也者，长善而救其失者也"。[④] 教师要根据学生的不同资质与学习特点实施教学。

当前我国教师教育一方面要求教师培养过程中注重教师学习者的个体差异，以满足不同学生的不同需求为目标进行人才培养，注重教师个体发展的独特性；另一方面培养教师的个性化教学知识与能力，使教师能够在职后阶段进行因材施教。

一方面，教师教育要注重培养教师的个性化教学意识和能力。我国《教师教育课程标准（试行）》要求教师具备教学对象的知识，了解学生的一般认知发展规律以及个体差异性，有针对性地开展教学，对教师如何开展因材施教提出了要求。[⑤] 一方面教师教育要加强教师的信息技术应用能力，以数据为依托充分了解学生的个体差异性，对学生的学习过程以及学习效果进行历时性追踪，更为综合和客观地了解学生的个性发展。另一方面，正如茹秀芳提出，通过培养教师的循证教学能力（evidence-based teaching）开展更为科学的个性化教学，通过发展教师的循证教学意识、增强基于"实践取向"的教育研究类课程、提高教师信息素养以及对师范生进行系统的循证实践培训等策略提高教师的循证教学能力。[⑥] 循证教学能力使教师具备通过科学的教学研究科学系统地掌握学生的个性，满足学生的个性化学习需求。

另一方面，运用个性化教学、差异化的教学方式贯彻落实教师个性化教学能力的培养。我国教师教育以教师学习者为中心，充分尊重教师的个体化发展需求。师范类专业认证一方面在具体教学组织形式上实施因材施教的理念，以每个教师的发展与提升为旨趣。例如，要求对教师的技能训练课实行小班教学，以此可关注每个教师学习者的资质以及能力。另一方面在课程设置与指导方面以"学生需

[①] 梁秋英、孙刚成：《孔子因材施教的理论基础及启示》，《教育研究》2009 年第 11 期。
[②] 《孟子》，万丽华、蓝旭译注，中华书局 2016 年版，第 313 页。
[③] （宋）朱熹：《四书章句集注》，曾军整理，岳麓书社 2007 年版，第 496 页。
[④] 《礼记译解》，王文锦译解，中华书局 2016 年版，第 465 页。
[⑤] 中华人民共和国教育部：《教育部关于大力推进教师教育课程改革的意见》，http://old.moe.gov.cn/publicfiles/business/htmlfiles/moe/s3702/201110/xxgk_125722.html，2011 年 10 月 8 日［2020-05-08］。
[⑥] 茹秀芳：《教师循证教学能力及培养研究》，《教育理论与实践》2016 年第 7 期。

求"为认证指标反拨专业建设。同时，要求教师教育以教师学习者为中心，兼顾师范生的共性与个性需求，建立"同异并存"的专业培养方案；"成长指导"认证指标要求培养单位从生活、学习、就业、心理各个方面为学生提供全方位的指导和服务，确保师范生的健康成长。

学界结合现代技术理性，运用现代技术工具，寻求将个性化教学从理念层面的经验式教学转化为可操作的具体路径。在意识方面，转变教师的经验式个体化教学意识，通过融合循证教学理念实施更为科学的个性化、差异化教学。循证教学"主张教师经验、智慧与教学证据的最佳结合，旨在提高教学的针对性和实效性"。[①] 通过充分利用现代信息技术提供的有关学生特质、学习过程与学习结果的数据开展科学的差异化教学，使因材施教有证可循。在实施方面，利用数字化技术对学习内容和学习方式进行时空变革，使教师的个体化学习更为便利。

中国古代教师教育理念中，将教师的形象定义为君子，故"人师"这一概念强调教师道德修养的内涵。顾明远认为，以儒家学说为核心的中国传统文化以培养君子为教育目标，这一思想导致中国传统教育重学术轻技术，重伦理道德轻科学技术。[②] 中国古代的教师教育重视培养教师的德行、修养，对教师应具备的与技能相关的教学法思想不甚丰富。其中，"经师"这一概念强调教师须具备的知识，但对教学方法有所忽视。我国现代教师教育理论融合了"人师"与"经师"对教师要求的德行与知识要求，以适合现代教育国情的专业途径提升教师的综合能力，同时通过积极应用人工智能时代的信息技术，沿承了以学生为中心的教学组织方式和教师角色观，使传统的教师教育思想在现代技术的辅助下熠熠生辉。

第三节 众川赴海：教师教育理论的协同发展

中西方在教师的道德标准、知识标准、教师的培养方式等多个维度的内涵和旨趣上存在一致性，探讨中国教师教育与西方教师教育理论在关于教师的知识要求和培养方式上的相互融合，有助于构建既融合国际理念，又符合中国国情的中国教师教育理论体系。

一 正己化人：教师的德育要求

中国和西方自古以来皆注重教师的道德教育，将道德作为衡量教师能力的重要评价内容，在教师道德教育内容和道德教育方式上同异并存、相互融合。

（一）以德育人：教师道德教育的内涵

古希腊教育思想是西方教育思想发展史的开端。在古希腊教育思想中，道德

---

① 郑红苹、崔友兴：《"互联网+教育"下循证教学的理念与路径》，《教育研究》2018年第8期。
② 顾明远：《中国教育路在何方——教育漫谈》，《课程·教材·教法》2015年第3期。

教育受到极大的关注。古希腊哲学家都十分重视道德教育，认为人类活动的最终目的是美德。围绕道德是否可教、道德是否需教的问题，苏格拉底（Socrates）认为人才培养的目标是使人们获得美德，人是道德教育的结果，所以培养美德是教育的主要任务之一。① 亚里士多德（Aristotle）认为人具有获得美德的先天性的潜能，而美德的最终获得须依靠教育后天获得，强调采用德育实践的办法培养人的道德，即通过实际的训练从实践中获得美德。② 教学就是一种道德实践，教学的目的和方式都应从属于培养人的美德这个最高目的。教师作为实施教学的主体，代表着道德权威和道德典范。因此，教师教育更应当重视教师的德行养成。

19世纪上半叶，美国的文理学院基于古希腊的经典德育思想，认为培养教师就是培养有仁慈品行和出众才能的个体和公民，因此，古典教育完全能够满足教师培养的要求。在教师教育专业课程设置方面，文理学院既强调通过传授知识培养学生终身学习的意识和能力，同时让学生学习精神哲学和道德哲学的内容。③ 随着教师专业化和职业化的推进，道德成为教师专业发展模式中的重要考量。

我国传统的教育思想向来重视教师的道德素养以及其在育人方面的重要作用。孔子认为"不能正其身，如正人何？"④ 教师必须以身作则，言传身教。孟子认为教师须提升自己的道德修养，做到身正为范、以德化人。董仲舒提出具备高尚道德的人方可为师。"言教"与"身教"是德育的两种主要形式："言教"是指向学生讲解道德知识，"身教"是指以身示范。只有教师的实践行为与言语传授相一致，才能使学生信服，实现德育的目标。⑤ 可见，我国传统德育思想主张的以身示范与亚里士多德主张的德育路径在内涵上存在一致性，都主张德育的实践性，在实际行动中积累道德知识，提升道德修养。

(二) 情境建构：教师道德教育的方式

我国的教师道德教育正在寻求从抽象的概念向道德专业化迈进的路径，融合了西方理性的道德教育理念。

中国吸收了西方教师道德专业化的思想，积极探索培养教师专业道德的路径。艾沃德·特哈特（Ewald Terhart）认为道德是构成教学这一完整活动不可或缺的要素，他提出了教师专业发展的新模式，将以往传统的教师专业发展两维模式提升成三维模式，即从通常的认知与实践发展维度扩展到认知、实践与道德维度。⑥ 教师的道德知识从传统的教师的理想道德转变为可实现的专业道德，教师学习者

---

① 单中惠主编：《西方教育思想史》，中国人民大学出版社2017年版，第11—12页。
② 檀传宝、王啸主编：《中外德育思想流派》，人民教育出版社2015年版。
③ 周钧：《美国教师教育理论与实践》，北京师范大学出版社2015年版，第60页。
④ 《论语》，陈晓芬译注，中华书局2016年版，第171页。
⑤ 檀传宝、王啸主编：《中外德育思想流派》，人民教育出版社2015年版，第155—156页。
⑥ Edward Terhart, "Formalised Codes of Ethics for Teachers: Between Professional Autonomy and Administrative Control", *European Journal of Education*, Vol. 33, No. 4, December 1998, pp. 433 – 444.

从受道德的规范对象转变为主动建构道德知识的行为主体。教师的道德知识积累应植根于日常教学中，通过与学生的互动成就师德。在实践中将外在的道德规范内化为自身的道德需求，将教师道德教育由预设和规约转变为理解和自主。

在具体实施层面，中国的教师道德教育吸收了社会建构主义思想，主张教师自主建构道德知识，教师教育者根据具体情境选择不同的道德教育策略与知识。教师道德的教育空间不应局限于教室，教学内容不应局限于课本，教学方法不应局限于教师教育者向教师的直接灌输，教师的道德教育要冲破"知性德育重解决认知问题而轻解决行为问题"①的局限性，拓展教师道德的教育空间、挖掘教学内容、探索内化式教学方法。教师的德育空间应从教师教育项目延伸至具体的教学实践，通过学校赋权和营造良好的社会环境使教师成为建构道德知识的主体。②教师在实践中产生的道德需求激励教师自发地学习和理解道德知识，从而实现知识的内化。

社会建构主义教师教育主张师德教育应是情景式的教育。根据教师专业发展阶段的不同特点，以及对师德的不同要求，师德教育有必要根据具体情况对德育目标做有区分性、针对性的设计，避免一刀切式的教师道德教育内容和教育方法。③ 在职前阶段，由于教师的专业能力尚未发展成熟，教师投入道德学习的精力不足，因此，在这个阶段要注重对教师道德的底线要求，师范生应具有普遍性和基础性的教师道德修养知识；在职后阶段的初期，要注重引导新手教师将道德知识应用于实践，同时开展与教学课程相关的特殊性道德教育，引导新手教师将道德理念与道德实践结合起来，避免在职前阶段的基础性知识因缺乏应用而僵化。此后，随着教师专业能力的不断提升，对教师的道德知识要开展更高层次的教育，注重培养教师的道德反思能力和解决与道德问题相关的能力，帮助教师形成具有稳定性和一贯性的专业道德。④ 以此将师德教育贯穿整个教师教育过程中，满足各个教育阶段对师德水平的要求。⑤

二　日新其业：教师的专业知识

挖掘西方教师教育理论对教师的知识要求与传统教师教育观中对教师提出的知识标准之间的共性，一方面有助于促进我国当前的教师教育理论与国际接轨，另一方面可以强化中国传统文化中教师教育的理论自信。据此而制定的教师教育

---

① 张凌洋、易连云：《专业化发展视域下师范生专业伦理培养研究》，《教育研究》2012 年第 3 期。
② 朱小蔓：《回归教育职场　回归教师主体——新时期师德建设的思考》，《中国教育学刊》2007 年第 10 期。
③ 傅淳华、杜时忠：《论当前师德教育的困境与超越——基于教师道德学习阶段性特质的反思》，《教师教育研究》2016 年第 3 期。
④ 张凌洋、易连云：《教师专业道德的一体化培养——价值与路径》，《教育研究》2017 年第 8 期。
⑤ 王兆璟、陆红燕：《论新时代精神指引下的师范教育》，《西北师大学报》（社会科学版）2018 年第 5 期。

标准和教师标准,才能培养出既具有国际视野,又符合我国语境的兼容国际性与本土性的教师。

(一)合而不同:中西方教师知识结构观对比

我国学者的教师知识结构观与西方学者的教师知识结构观在内涵上存在着异同与融合。在西方有关教师知识结构的论述中,美国学者李·S. 舒尔曼(Lee S. Shulman)提出的"教师知识基础理论框架是迄今为止最有影响力的教师知识研究框架之一,对后来的教师研究产生了深远的影响"[1]。他认为教师的知识基础至少包括以下七大类[2](见表3-5)。

表3-5　　　　　　　　　　舒尔曼的教师知识基础分类

学科知识 (content knowledge)	学科的基本规则、原理和概念,以及他们之间的相互关系
一般教学法知识 (general pedagogical knowledge)	超越一般学科知识的课堂组织和管理策略
课程知识 (curriculum knowledge)	构成教师教学工具的教材和其他课程资料
学科教学知识 (pedagogical content knowledge)	内容知识和教学法的特殊融合,是教师作为专业人员区别于其他专业人员的独有知识,是关于如何组织、使用和传授知识的融合体
学习者及其特点的知识 (knowledge of learners and their characteristics)	理解学习理论和学习者的特征,可通过教育心理学获得,可用于学生辅导
教育背景知识 (knowledge of educational contexts)	有关小组或课堂的工作,学校的管理与财政、社区及其所处文化的特点
教育目标、目的和价值观及其哲学和历史背景的知识(knowledge of educational aims, purpose, values and their philosophical and historical grounds)	有关教育哲学、教育社会学、教育价值的知识

资料来源:Lee S. Shulman, "Knowledge and Teaching: Foundations of the New Reform", *Harvard Educational Review*, Vol. 57, No. 1, February 1987, p. 8. 表格为笔者根据该资料自制。

其中学科教学知识是舒尔曼对教师知识理论的一大贡献,学科教学知识融合了学科内容知识和教学法知识,基本涵盖了"教什么"和"怎么教",关注"具体情境中学科内容的教学,是教师在专业实践中获得的对自己专业独特的理解"[3]。学科教学知识是教师能够成功地将专业学科知识应用到具体教学实践中,要求教师熟悉教学所处的社会文化语境,包括宏观的社会环境、中观的学校环境

---

[1] 张凤娟、刘永兵:《教师认知研究的综述与展望》,《外国教育研究》2011年第1期。
[2] Lee S. Shulman, "Knowledge and Teaching: Foundations of the New Reform", *Harvard Educational Review*, Vol. 57, No. 1, February 1987, p. 8.
[3] 王玉萍:《论外语教师PCK发展路径》,《外语界》2013年第2期。

以及微观的与学生相关的情境要素。

教师在掌握学科专业知识的基础上，依据具体教学情境，遵循一定的教学法，将专业知识传授给学生。学科教学知识与学科内容相关，具有实践性、个体性和情境性。[①] 具体而言，学科教学知识与教师所教的特定学科内容、特定学科主题密切相关；与教学实践密切相关，是在教师的教学实践、经验积累与教学反思的循环往复中积累的实践性知识；与教师个人经验、背景密切相关，是教师个人通过与特定教学对象、特定教学情境的互动实践，将公共知识内化的个体性知识；与教学内容、教学对象等教学情境密切相关，是学科内容知识的"情境版"。这一概念对教师知识的一般性与特殊性进行了区分。其中，一般性是指适用于所有学科的教师知识，特殊性是指适用于某一具体学科内容的教师知识。这一区分是对教师知识研究的一大贡献，对中西方的教师教育理论产生了极大的影响。[②]

继舒尔曼之后，很多学者都吸收了舒尔曼学科教学知识的思想，对教师的知识结构进行了再分类。其中，帕梅拉·L. 格罗斯曼（Pamela L. Grossman）总结了包括舒尔曼在内的西方学者对教师的知识框架分类，认为教师的知识基础可概括为四大类（见表3-6）[③]。

表3-6　　　　　　　　　　　格罗斯曼的教师知识基础分类

1	一般教学法知识（general pedagogical knowledge）	与教学相关的一般性知识、信念与技能体系；关于学习和学习者的知识与信念的知识；关于教学一般原则方面的知识
2	学科内容知识（subject matter knowledge）	某一学科领域的内容知识、实体结构（substantive structure）和句法结构（syntactic structure）
3	学科教学法知识（pedagogical content knowledge）	某一具体学科教学所必需的特定知识
4	情境性知识（knowledge of context）	关于教师工作所在学区的知识；学校情境的知识；对特定学生与特定社区的知识；学生的背景、家庭、优缺点及兴趣爱好的知识

资料来源：[美] 格罗斯曼：《专业化的教师是怎样炼成的》，李广平、何晓芳等译，人民教育出版社2012年版，第5—10页。表格为笔者根据该资料自制。

此外，西方学者平查斯·塔米尔（Pinchas Tamir）、安妮·雷诺兹（Anne Reynolds）、罗伯特·J. 斯滕伯格（Robert J. Sternberg）与约瑟夫·A. 霍瓦斯

[①] 杨彩霞：《教师学科教学知识：本质、特征与结构》，《教育科学》2006年第1期。
[②] 潘小明：《学科教学知识（PCK）的理论及其发展》，《教育探索》2015年第1期。
[③] [美] 格罗斯曼：《专业化的教师是怎样炼成的》，李广平、何晓芳等译，人民教育出版社2012年版，第5—10页。

（Joseph A. Horvath）都对教师知识结构进行了论述①（见表3-7）。

我国的学者吸收了中国传统教师教育理论的教师知识结构观，援引了西方教师知识理论中适用于我国教育语境的概念，建立了本土的教师知识理论。

李秉德、李定仁认为教师应具备与其承担课程有关的专门知识（专业知识）、广博的文化知识素养（文化知识）以及关于了解教学对象发展和学习的特点和教学方法和技能的知识（教育科学知识）。②叶澜等将教师的知识结构从点拓展至面，从宏观的角度强调教师知识结构的复杂性，提出了多层复合的立体型教师知识结构，具体的知识点包含三层：第一层是基础层面包括关于当代科学和人文方面的知识、工具性学科的扎实基础和熟练应用工具性学科的技能；第二层知识是指具备1—2门学科的专门性知识与技能，是教师胜任教学工作的基础性知识；第三层是指教育学科类知识，帮助教师认识教育对象、教育教学活动和展开教育研究的专门知识，这三层知识相互支撑、相互融合，构成了教师知识的统一体。③对比可知，叶澜等对教师知识的分类与李秉德、李定仁的分类在内涵上基本一致，认为教师的知识应囊括广博的文化知识、与所教课程相关的专业知识、辅助教学内容有效地传授给学生的教育学科知识。此外，傅道春、刘清华、辛涛等学者都提出了教师知识结构模型④（见表3-7）。

表3-7　　　　　　　中西方学者关于教师知识结构模型对比

中国		西方	
辛　涛 申继亮 林崇德	本体性知识、条件性知识、实践性知识、文化知识	舒尔曼	学科知识、一般教学法知识、课程知识、学科教学知识、学习者及其特点的知识、教育背景知识、教育目标、目的和价值观及其哲学和历史背景的知识
李秉德 李定仁	专业知识、文化知识、教育科学知识	塔米尔	通识教育知识、个人表现技能、学科知识与技能、一般教学法、学科特定教学法、教学的基础知识与技能
叶　澜	基础知识、专门知识、教育学科类知识	格罗斯曼	一般教学法知识、学科内容知识、学科教学法知识、情境性知识

---

① Pinchas Tamir, "Subject Matter and Related Pedagogical Knowledge in Teacher Education", *Teaching and Teacher Education*, Vol. 4, No. 2, December 1988, pp. 99-110; Anne Reynolds, "What is Competent Beginning Teaching? A Review of the Literature", *Review of Educational Research*, Vol. 62, No. 1, March 1992, pp. 1-35; ［美］R. J. 斯腾伯格、［美］J. A. 霍瓦斯：《专家型教师教学的原型观》，高民、张春莉译，《华东师范大学学报》（教育科学版）1997年第1期。
② 李秉德主编：《教学论》，人民教育出版社2001年版，第138—139页。
③ 叶澜等：《教师角色与教师发展新探》，教育科学出版社2001年版，第23—24页。
④ 傅道春主编：《教师的成长与发展》，教育科学出版社2001年版，第138—142页；刘清华：《教师知识的模型建构研究》，博士学位论文，西南师范大学，2004年；辛涛、申继亮、林崇德：《从教师的知识结构看师范教育的改革》，《高等师范教育研究》1999年第6期。

续表

	中国		西方
傅道春	学科知识、条件性知识、教育情境知识	雷诺兹	一般学科/通识教育知识、教与学的一般原理、学科教学知识、学科内容知识
刘清华	学科内容知识、课程知识、一般性教学知识、学生知识、教师自身知识、教育情境知识、教育目的及价值知识、学科教学知识	斯滕伯格霍瓦斯	学科内容知识、一般教学法知识、与具体教学内容有关的教学法知识、教学得以发生的社会和政治背景知识

资料来源：笔者自制。

此外，有学者对教师知识的性质和特点进行了探究。依照弗里德利希·A. 哈耶克（Friedrich A. Hayek）的"分立知识"观——知识具有高度个人化、地方化和情境化的特点，刘旭东认为教师知识具有内隐性、情境性、探究性和行动性，教师教育需尊重教师个人知识的独特价值。[①]

对比发现，中西方关于教师知识的分类有相同，也有迥异，主要表现在以下几个方面：

首先，中西方学者都重视专业学科知识、教学法知识和学科教学知识。如舒尔曼的教师知识基础分类中，第一类学科知识与第三类课程知识与我国学者提出的专业知识内涵较为一致；第二类一般教学法知识、第四类学科教学知识、第五类学习者及其特点的知识、第六类教学背景知识与我国学者提出的教育学科知识内涵较为一致；辛涛等提出的本体性知识与格罗斯曼提出的学科内容知识内涵一致；条件性知识指教育学和心理学知识，其内涵与格罗斯曼提出的一般教学法知识内容一致。[②]

傅道春提出的条件性知识，回答了教师如何将专业学科知识以学生可理解的方式与内容进行传授，与以舒尔曼为代表的西方学者主张的学科教学知识有异曲同工之妙。舒尔曼提出的学科教学知识这一概念，强调教师知识的特殊性，教师针对具体学科、具体教学情境进行专业实践的知识。[③] 二者都融合了专业学科知识与教育学科知识，是具体教学内容知识与一般教学法知识的结合体，使教师能够针对具体教学情境，将专业学科知识转化为学生可理解的知识。

其次，我国学者在建构教师知识结构时，将教师知识的广博性，尤其是教师的文化知识融入其中。如李秉德、李定仁提出的文化知识，叶澜提出的基础知识，辛涛等提出的文化知识都强调教师知识的人文性与广博性。对比而言，舒尔曼提

---

① 刘旭东：《论分立知识视野中的教师知识》，《华东师范大学学报》（教育科学版）2016年第1期。
② 辛涛、申继亮、林崇德：《从教师的知识结构看师范教育的改革》，《高等师范教育研究》1999年第6期。
③ 章勤琼、[澳]麦克斯·斯蒂芬斯：《西方教师知识研究发展的专业化路径》，《比较教育研究》2016年第4期。

出的第七类知识——教育目标、目的和价值观及其哲学和历史背景的知识，在内涵上是文化知识的一部分，但在强调教师知识结构的广博性以及知识学习的持续性方面有所欠缺。其他西方学者也鲜有提及教育背景知识以外的文化知识。究其原因，我国学者注重教师文化知识的倾向，延续了中国古代教师教育理论注重处理教师广博与专业知识的传统，也补充了西方教师教育中对教师博雅知识素养论述的缺乏。

最后，应注意到中西方学者在论述教师知识分类时，存在概念表征类似，但实质内涵相差较大的现象。如傅道春将教师知识结构分为学科知识、条件性知识和教育情境知识。其中，教育情境知识是指教师"在变幻的教育情境中，由教育经验提供的应对教育现场的实践知识"[①]。他认为，情境知识具有个人性和实践性，是个体通过直接经验积累或情境学习获得的个人实践性知识。其与西方学者提出的情境性知识内涵迥异，西方学者提出的情境性知识关注教师所处的学区环境、学校环境与学生的知识。傅道春提出的教育情境知识与西方学者主张的实践性知识内涵更为接近。因此，在对比中西方学者的相关理论时，要避免从字面意思入手，而是要关注其内涵。

总之，我国的教师教育理论融合了西方行为主义范式下注重一般教学能力提高学生学习效果的主张，注重教师学科知识和条件性知识的培养，认知主义范式下注重教师认知思维能力培养的主张，培养教师的学科教学知识以及建构主义对于教师的情境知识的要求。中国的学者们援引了西方学者提出的学科教学法知识这一具体概念，将我国自古以来对教师文化知识的要求融入其中，构建了中国本土的教师知识结构理论。

综合国内外教师知识结构模型，以及现代社会发展对教师能力提出的新要求，教师的知识应主要包括专业知识（professional knowledge）、通识知识（general knowledge）、实践知识与伦理知识（ethical knowledge）（见图3-2），具体内容如下。

一是专业知识，包括学科知识（content knowledge）、课程知识（course knowledge）、教学知识（pedagogical knowledge）、技术知识（technological knowledge）4个维度，是教师开展教学活动的知识基础。学科知识既包括教师关于所教学科的概念、事实等内容性知识，也包括关于学科结构、教学信念等教师对学科的理解性知识，二者共同构成了教师专业知识的基本内容；课程知识是学科知识的具体载体，是教师对课程程序、课程内容安排的理解，是教师教学实际依托的知识；教学知识是关于教育的一般教学法知识以及关于所教特定学科的教学法知识；技术知识是教师处理信息、应用信息技术于教学中的工具性知识，是信息技术时代教师开展教学的必要支撑。

---

① 傅道春主编：《教师的成长与发展》，教育科学出版社2001年版，第141页。

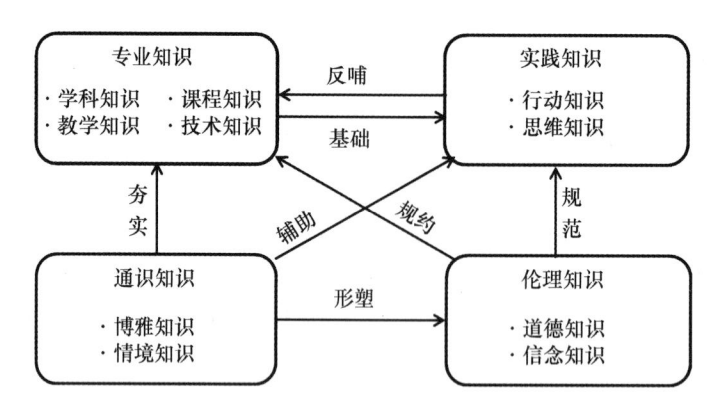

图 3-2 教师知识结构模型

资料来源：笔者自制。

二是通识知识，包括博雅知识（arts knowledge）和情境知识（context knowledge）两个维度，是教师开展教育活动的宏观知识语境与社会语境支撑。其中，博雅知识是关于现代科学和人文方面的基础知识，是培养教师完善知识结构、健全教师人格的底蕴知识；情境知识是关于教师所处宏观社会语境与教育语境的社会文化知识，包括有关国家教育语境的知识、所处社区的知识、学校管理制度文化的知识以及关于学生的知识。

三是实践知识，包括行动知识（action knowledge）和思维知识（thinking knowledge），是教师将专业知识和通识知识应用于具体教育实践语境中必备的知识，具有个体性、应用性和内隐性。行动知识是在长期的专业实践中，教师依据不同教育情境而对理论知识产生的多元认识与实践方式，通过经验积累与反思建构的情境知识与策略知识，是教师个体独有的隐性知识；思维知识是教师管理、应用理论知识，并在实践中构建行动知识的认知基础，包括感性认知、理性认知等能力，是教师理解教学内容、教学实践、教学对象、教学语境的认知能力，具体表现为教师的反思实践能力、课堂管理能力、决策能力等。

四是伦理知识，包括道德知识（moral knowledge）、信念知识（belief knowledge）两个维度，是培养教师职业道德的规范性知识。道德知识体现在道德意识与道德知识两个层面，共同构成了教师的职业操守与职业道德。道德意识包括教师的职业道德模范意识、教师的道德教育作用意识；道德知识包括教师应具备的道德修养、应向学生传授的道德信念知识。信念知识是关于教育目的、教育价值的知识，旨在培育教师的育人情怀、社会责任感、职业使命感和职业荣誉感。道德知识与信念知识共同为教师的自我角色定位奠定了知识基础，教师的使命并非仅限于"授业"，还在于"育人"。

专业知识为教学实践奠定知识基础，实践知识的积累反哺专业知识的提升。

通识知识夯实了教师对专业知识的理解深度与广度，并且以人类知识体系的广阔视角与实践情境的具体需求形塑教师的伦理知识。教师将专业知识应用于专业实践中，借助通识知识辅助培养的思维能力与具体情境知识，构建个体的、独特的、情境的实践知识。伦理知识对教师的专业知识具有规约性，并在教师的专业实践中发挥规范性指导作用，保证教师在工作中选择正确的教育行动。四类知识相互支撑、相互融合，构成了四位一体的教师知识结构。

（二）知识冰山：中西方教师知识性质之对比

中西方教师教育理论都注重分析教师不同性质的知识之间的关系。中国传统文化中，中国倾向于使用知与行的关系论述教师知识的性质。西方学界提出了显性知识与隐性知识的概念，教师的知识一部分在冰山之上，为显性知识，一部分在冰山之下，为隐性知识。虽提法不同，但本质都是在关注理论与实践的关系（见表3-8）。

表3-8　　　　　　　　　中西方关于显性知识与隐性知识的理论

中国		西方	
墨　子	亲知、闻知、说知	波兰尼	显性知识/隐性知识
王阳明	知行合一	斯滕伯格	实践知识/隐性知识
颜　元	习行		
陶行知	教学做合一；行是知之始，知是行之成	舍恩	反思实践/隐性知识
陈向明	理论知识与实践知识		

资料来源：笔者自制。

中国传统教师教育理论中虽尚未出现"显性"或"隐性"之概念，但其思想中已经蕴含了知识具有不同性质的理念。如孔子提出的"不愤不启，不悱不发"[1]。孟子提出的"君子引而不发"[2]，"教亦多术矣，予不屑之教诲也者，是亦教诲之而已矣"[3]。《礼记》中主张做到"和易以思"[4]，才是善于教学。从知识观的角度看，这些思想都注重不可言说、不可传授的隐性知识的教育迁移，以引导启发式帮助学生在反思中获得知识。上述理论都强调通过教师启发、学生思考获得知识。

中国传统文化中的墨家学派"重视伦理道德也重视科学技术，而且极重视体行实践"[5]。重视实践的理念主要体现在两方面：一是注重实用性知识技能的获

---

[1] 《论语》，陈晓芬译注，中华书局2016年版，第80页。
[2] 《孟子》，万丽华、蓝旭译注，中华书局2016年版，第313页。
[3] 《孟子》，万丽华、蓝旭译注，中华书局2016年版，第287页。
[4] 《礼记译解》，王文锦译解，中华书局2016年版，第465页。
[5] 杨启亮：《儒、墨、道教学传统比较及其对现代教学的启示》，《南京师大学报》（社会科学版）2002年第4期。

得，二是注重在实践中获取知识。《墨子》对知识进行系统分类，提出"知，闻、说、亲"①，将知识分为亲知、闻知、说知三种，亲知即实践知识，闻知即通过书本或他人告知获得的知识，说知即通过反思获得的隐性知识。清代的颜元提出注重习行的教育思想，主张在实践中学习，通过理论在实践中的应用，给予理论新的理解和启发。② 近代以来，中国著名教育家陶行知吸收了墨子和王守仁的教育思想，提出了知行合一和教学做合一的教师教育思想。二者皆强调在实践中获得知识、在实践中应用知识、在实践中反思知识的思想，将实践作为教与学的中心环节。

在西方学界，英国著名思想家波兰尼首次提出了显性知识和隐性知识的概念。波兰尼认为人们习惯于将知识看作客观的而非个人的即时体验，即人们常常认为理论是非个人的、非个人所能撼动的理性产品。③ 他提出了个人知识（personal knowledge）这一概念，反对这种经验主义和理性主义下纯粹客观和理性的观点，认为知识应具有个人的主观性，这一主观性塑造着客观知识。个人知识这一概念并非认为知识是纯主观的，而是连接客观知识与主观认知之间的桥梁，个人有能力超越自身的主观性，对现有的客观知识产生影响。

为进一步阐述其个人知识的理论，波兰尼提出了隐性知识这一概念。④ 隐性知识与显性知识（explicit knowledge）对立，显性知识是可以被表达、被言说的知识。波兰尼认为个体拥有很多无法被言说的知识，这些知识只能通过模仿而不能通过言传，即隐性知识。隐性知识不能通过语言表达，不能以规则性、系统性传达，因此只能通过以模仿为主的学徒制形式传授。⑤ 波兰尼关于隐性知识作用的理论在教师教育领域备受关注，教师教育者们开始研究教师学习者隐性知识对教育教学工作的影响。

教师的隐性知识源于教师作为认知主体的角色，布鲁斯·托夫（Bruce Torff）认为"未来教师的头脑决非是一块缺乏教育知识的'白板'，他们的先前信念、期待、知识会影响到他们对在教师教育课程中所学知识的理解、评价与应用"⑥。教师的教学行为不只是教师对于理论的机械应用，而是在应用的过程中融入教师的先前教育经验、知识和思维，这些知识是教师的独有知识、个人知识，他们与在教师教育中学得的知识相互作用，塑造着个体教师独有的知识体系。

美国学者舍恩是反思实践型教师教育模式的提出者，他同样强调教师缄默知

---

① （清）毕沅校注：《墨子》，吴旭民校点，上海古籍出版社2014年版，第168页。
② 王晓华、钱丽欣：《颜元实学教育思想及其现代意义》，《教育研究》1999年第12期。
③ Michael Polanyi, *Personal Knowledge: Towards a Post-Critical Philosophy*, London: Routledge, 1958.
④ Michael Polanyi, *The Tacit Dimension*, Chicago and London: University of Chicago Press, 1966.
⑤ 石中英：《波兰尼的知识理论与教育意义》，《华东师范大学学报》（教育科学版）2001年第2期。
⑥ Bruce Torff, "Tacit Knowledge in Teaching: Folk Pedagogy and Teacher Education", in Robert J. Sternberg and Joseph A. Horvath eds., *Tacit Knowledge in Professional Practice: Researcher and Practitioner Perspectives*, Mahwah: Lawrence Erlbaum Associates, 1999, p.196.

识的重要性。舍恩主张通过反思性实践"调动经验所赋予的缄默知识（tacit knowledge）来考察问题，在同情境进行对话的同时展开反思性思考"。[①] 他认为"有能力的专业实践者掌握的知识多于其能表达出来的知识，这种知识是缄默的，无法用适切的语言表达或传授的，而是隐藏在实践中"。[②] 教师教育的作用就在于帮助教师有效处理显性知识与隐性知识的关系。教师教育者通过指导和支持教师学习者进行反思性学习或反思性教学，在反思中将隐性知识转变为显性知识，教师教育者的作用就是在教师学习者的理论学习与教学实践之间架起桥梁。

综上而述，西方反思实践型教师教育的学者主张，教师的专业知识包括显性知识和隐性知识，教师在教学实践中隐性知识的获得就是建构教师身份的过程。因此，学会教学是一种在具体实践中成长的过程。对隐性知识这一概念的重视与中国重视教师"行"这一思想内涵多有重合，二者都强调实践在教师教育中的重要作用。

三　知行贯通：教师的专业发展

我国传统教师教育理念提倡教师应持续学习，与西方社会建构主义主张的终身学习皆关注教师的持续性专业发展。我国传统的教学相长理念与西方认知主义提倡的反思能力在内涵上存在一定的一致性，皆注重教师在实践中获取的隐性知识。当前我国的教师教育通过沿承传统，吸收西方理论的学理支撑，赋予了教师终身学习者与反思实践者的新型角色，其核心意蕴在于让教师穿行往返于教育理论与教育实践之间，实现可持续的专业能力发展。

（一）持续发展：终身学习

西方社会建构主义范式下的教师学习具有动态性，要求教师不断学习、不断改变。社会建构主义认为学习是教师与外部情境的互动中产生的，外部情境既包括物理的教育环境，也包括文化的教育环境，如社会文化、社会符号以及人际关系。教育情境的变化性、教学对象的发展性决定了静态的教师知识与变化复杂的教育情境之间会产生落差。

> 教师社会建构学习是教师在与外在中介的互动中产生落差，而以个体经验为出发点，经过个体知识与中介间的不断循环而合法化知识的社会和个体的意义建构过程。[③]

教师要通过学习适应教学情境的变化，并在适应过程中结合自身的经验以及新知

[①] ［日］佐藤学：《教育方法学》，于莉莉译，教育科学出版社2016年版，第89页。
[②] Donald A. Schön, *The Reflective Practitioner: How Professions Think in Action*, New York: Basic Books, 1983.
[③] 毛菊：《教师社会建构学习理论框架与启示》，《外国教育研究》2017年第2期。

识，对新产生的情境进行再适应，如此循环往复，实现知识的更新与建构。

中国传统教师教育思想自孔子提出"学而不厌"①的主张以来，很多教育家提出为师者不但要具有渊博的知识结构，而且要不断进行知识更新，具有终身学习的意识和能力。我国当代教师教育理论继承了传统文化终身学习的理念，吸收了西方建构主义"求变"的教师学习方式，通过职前阶段的能力与意识培养，赋予教师职后持续发展的能力。

终身学习能力是嫁接教师职前知识与职后实践与发展的桥梁，是实现教师专业持续发展的路径。造成教师专业发展路径不畅通的主要原因包括：一是教师自我专业发展意识薄弱，专业发展能力有限；二是缺乏有效的教师专业发展支持系统。②职前职后割裂式的教师教育支持系统"忽视了教师对学生终身发展的意义和教师职业终身发展的内在需要"③。大学的职前培养给学生的专业知识无法覆盖整个教师生涯，教师的职前培养并不是一次性的、终结性的。④如何培养教师的终身学习能力与意识，建立终身教师教育支持体系是当前教师教育需要积极探索的问题。姜秋霞、刘全国提出在信息化教学时代，建立以自我发展为中心、以学历教育、项目培训和校本教研为支点的教师职后专业发展模式，推动教师的职后专业能力提升。⑤何茜、张学斌提出以构建教师教育一体化课程体系为核心载体，促进教师的终身学习。⑥肖瑶、陈时见提出以教师专业发展为核心，科学构建教师专业发展的目标体系，构建教师职前培养和职后培训相衔接的课程体系，创新"高校、地方政府、教研机构和中小学四位一体"教师教育体制。⑦张婷提出终身学习理念下的教师教育改革可通过深化教师终身学习的意识，提升职前阶段教师的教育专业知识储备以及科研能力为终身学习奠定知识与能力基础，以完善的一体化培训机制为教师的终身学习创造更多平台。⑧可见，实现终身学习需以教师学习为核心，以职前职后一体化培养模式为依托，使教师周期性地穿行于教师学习平台与教育实践之间，通过教育理论与实践经验的互动，创生新的教育智慧。⑨培养教师的终身学习意识，提高学习的自主性，以完善的培训体制和平台支持搭载终身教师教育体系。

总之，西方社会建构主义关于个体与情境互动构建知识的主张对教师的终身

---

① 《论语》，陈晓芬译注，中华书局2016年版，第78页。
② 王嘉毅：《教师教育的课程设置与教学方法》，《课程·教材·教法》2007年第1期。
③ 李军：《终身教育视角下的教师教育体系》，《教师教育改革》2008年第3期。
④ 万明钢：《教师教育课程体系研究——以师范大学教育学院教师教育课程体系建构为例》，《课程·教材·教法》2005年第7期。
⑤ 姜秋霞、刘全国：《西北农村和牧区中小学英语信息化教育教学模式研究》，《电化教育研究》2008年第4期。
⑥ 何茜、张学斌：《教师教育一体化课程体系及其实施保障》，《教育研究》2013年第8期。
⑦ 肖瑶、陈时见：《教师教育一体化的内涵与实现路径》，《教育研究》2013年第8期。
⑧ 张婷：《终身学习理念下教师教育改革》，《中国教育学刊》2019年第S1期。
⑨ 龙宝新：《教师学习：当代教师教育变革的第三条道路》，《教育科学研究》2010年第5期。

学习提出了必然要求。我国教师教育需以教师终身学习意识养成为目标、以教育学知识与研究能力为主体、以完善的职前职后一体化培训体系为制度保障，统摄职前教育与职后培训，形成"意识—能力—制度"三位一体的终身教师教育体系。

（二）行成于思：反思实践

教师的反思是指教师在教育教学实践中，立足自身之外，批判地考察和修正自我行为表现及其行为之依据，进而不断提高自身教育教学效能和素养的过程。[1] 教师具备反思能力是实现终身学习的重要能力基础。《礼记·学记》是我国第一部教育专论，其中就提出"教然后知困。知不足，然后能自反也；知困，然后能自强也。故曰，教学相长也"[2]。教师通过在教学实践中发现、反思自身在知识与能力方面的不足，从而激励持续学习。舍恩强调反思性教学对教师发展的重要性，主张通过反思性训练帮助教师建立反思能力与倾向，使教师能够在教学经验中学习，以反思为策略促进专业能力的内在发展。[3] 我国的教师教育理论通过兼收中西方关于教师反思能力的思想，结合当代中国教育语境赋予教师反思实践者以专业角色，将反思能力作为教师的核心素养能力，以反思促进教师的持续性专业发展。

刘丽强、谢泽源通过梳理欧盟、联合国教科文组织、美国以及新加坡关于教师核心素养的框架后发现其中都蕴含着强调教师反思素养的价值追求；梳理国内学者对核心素养的内涵界定发现我国学者也将反思创新素养作为教师核心素养，并据此建构了涵盖教育知识、教育情怀、反思学习能力3个层面的我国教师核心素养模型。[4] 我国"教师核心素养和能力建设研究课题组"通过征求国内外专家的意见建立了教师核心素养与能力的双螺旋结构，核心素养与能力二者自成体系又多向耦合，将教师的学习与反思能力作为教师的核心能力。[5]

无论是将反思归为核心素养或核心能力，我国学者都将反思实践能力视作教师的必备素质，使教师具有了反思实践者的教师角色。教师通过对亲身教学经验的反思，一方面可以了解自身之不足，激励自主性的专业学习；另一方面，通过反思提高了教师的批判思维能力，使教师对普适性知识在具体情境中的适切性形成批判性思考，形成个人隐性知识，并以此改进教学方式、优化教学效果。

概而述之，通过融合中国传统的教师角色思想以及西方现代的教师教育理论，我国的教师承载着学习促进者、合作者、终身学习者以及反思实践者的教师角色。

---

[1] 张立昌：《试论教师的反思及其策略》，《教育研究》2001年第12期。
[2] 《礼记译解》，王文锦译解，中华书局2016年版，第461页。
[3] 洪明：《反思实践取向的教学理念——舍恩教学思想探析》，《外国教育研究》2003年第8期。
[4] 刘丽强、谢泽源：《教师核心素养的模型及培育路径研究》，《教育学术月刊》2019年第6期。
[5] 王光明、黄蔚、吴立宝、卫倩平：《教师核心素养和能力双螺旋结构模型》，《课程·教材·教法》2019年第9期。

积极探索以教师教育知识与技能培训塑造促进者与合作者角色、以个人研究反思塑造反思型教师、以反思与学习塑造终身学习者,将多重角色融为一体,赋予师者丰富立体的角色与形象。

本章描绘了当前我国教师教育异彩纷呈的理论图景,既传承与发扬了中国传统教师教育理论遗产,同时吸收借鉴西方教师教育理论中的合理元素。无论是沿承我国古代教育文化遗产还是学习西方现代教育理论,都需在革新与创造中根据我国教育发展的趋势与现状辩证吸收、有扬有弃。[1] 未来中国的教师教育理论建构将继续向纵深挖掘,构建适合当代教育语境的理论体系;同时横向拓展,借鉴融合国外教师教育理论,在历时传承与共时观照中构建纵观古今、融通内外的中国教师教育理论体系。

---

[1] 陈桂生:《略论教育学"西学中化"问题的症结——三谈教育学究竟是怎么一回事》,《教育学报》2019年第3期。

第四章 多元共生：中国教师教育理论的未来走向

中国教师教育理论在接受西方教师教育理论的同时，对中国传统的教师教育理论进行传承和发展，在中西理论的融合互鉴中呈现出一幅异彩纷呈的中国教师教育理论图景。展望未来，中国教师教育理论如何应对信息技术发展的蓬勃浪潮对教师教育理论的冲击，在哲学、社会、文化等学科的交互观照下，把握教师教育以人为本的价值取向，构建本土化的教师教育理论和独特的教师教育文化，并为世界教师教育理论发展做出贡献，将是中国教师教育研究者的时代使命。

第一节 引申触类：中国教师教育理论的多维涵育

教师具有属人性与塑人性的职业特性，促进教师的高质量全面发展是教师教育的核心旨趣。从哲学、文化、社会的高度对教师教育理论进行多维观照，提升其理论逻辑与价值意蕴是教师教育塑人旨趣的必然要求。只有扎根中国哲学智慧、文化底蕴与社会价值，才能为建构中国本土的教师教育理论奠定思想根基。

一 思维润泽：中国教师教育理论的哲学智慧

阿尔伯特·爱因斯坦（Albert Einstein）认为，哲学这一学科"可以被认为是全部科学研究之母"[1]。哲学是一门区别于其他学科的独立学科，但其关注事物本质的学科特征也赋予其超学科的形态。哲学的学科界限并没有限定于特定的经验领域和对象，而是能够跨越不同学科之间的界限，从整体的视角理解世界，赋予其学科性与超学科性的双重品格[2]。以哲学视角指导教师教育理论建构，有助于接近教师教育的本质，展示教师教育理论的宏大图景。

未来中国教师教育的理论建构应以中国哲学与文化为核心灵魂。叶澜提出，中国传统哲学中的价值取向、核心内容及思维方式蕴含着丰富的教育精神和智慧，对于中国本土的教育理论建设是亟待开发的丰富资源，要坚定中国教育学研究扎

---

[1] 许良英、范岱年编译：《爱因斯坦文集》第1卷，商务印书馆1976年版，第519页。
[2] 杨国荣：《学科性与超学科性：哲学的二重品格》，《哲学动态》2012年第4期。

根中国哲学传统之土的决心。① 这一观点同样适用于中国的教师教育理论,未来的中国教师教育理论要汲取中国传统哲学中的教育资源。

胡德海认为:

> 中国传统的世界观注重世界的整体性、系统性,注重事物的变化、发展和相互联系,具有朴素的辩证思维方法。②

关注整体与关系认识的综合思维、寻找事物之间关系泛型的互通互化思维是中国传统哲学思维的重要特征。③ 以综合思维建构中国本土的教师教育理论,才能突破局限于某一要素就事论事,综合教师教育的各种维度以宏观的视角观照具体问题,同时将教师教育置于教育学科以外的其他学科的关系网络中,将其理论触角与感知路径向全部学科拓展。除了从多学科视角运用整体思维建构教师教育理论,将教师教育置于宏观的社会文化背景下,分析其本质与发展趋势,也是未来整合教师教育理论的方向。

运用综合性的哲学思维审视未来出现的多角度、多元化教师教育理论。在纷繁复杂乃至相互冲突的观点中,以自上而下的宏观哲学思维鸟瞰纵横交错、阡陌贯织的思想原野,探求其中的内在规律,寻求各个理论之间的互相观照,实现多维度理论的并行不悖。以教师教育对技术的应用与接纳为例,从后现代视角理性审视教师教育领域对技术的盲目趋从与应用,运用批判思维形成辩证观点,在教师教育理论构建中实现技术理性与人文精神的互补与双赢。

中国传统哲学中互通有无的哲学思维为中国教师教育理论建构提供了"跨界"与"互化"的学科生长理念。一是反映在以互通思维促进教师教育与其他学科的交叉。教师的培养本身涉及多个学科,单一的教育学理论体系无法支撑横跨多个学科的教师培养,普遍的教师教育理论无法精准适用于所有学科,这就要求教师教育理论与其他学科之间的跨界生长。二是体现在以互化思维处理技术与人文之间的关系。互化不仅指同质性事物的"相邻、相关,而且包括相对立的事物间相生相克式的关系,一种特殊的认识、处理矛盾关系的思维方式"。④ 这一思维为学科处理相互矛盾事物之间的关系提供了辩证思路。在技术发展日新月异的未来社会,教师教育理论如何调适技术理性与教师人文角色的重叠与冲突也需要互化思维的智慧。

从哲学视角来看,"知识的最高境界决不在于理论或词语的表述,而是融会

---

① 叶澜:《中国哲学传统中的教育精神与智慧》,《教育研究》2018 年第 6 期。
② 胡德海:《关于什么是儒家传统修养问题的学理解读》,《中国教育科学》2019 年第 2 期。
③ 叶澜:《中国哲学传统中的教育精神与智慧》,《教育研究》2018 年第 6 期。
④ 叶澜:《中国哲学传统中的教育精神与智慧》,《教育研究》2018 年第 6 期。

在实践活动中的智慧"①。未来教师教育理论的建构要以哲学高度俯瞰教师教育的本质及发展态势,为新时代中国教师教育理论建构与发展注入哲学智慧。

二 文化氤氲:中国教师教育理论的文化体认

文化是一个民族区别于其他民族的本质特征,是一个民族在漫长的历史长河中沉淀下来的精神密码。中国传统文化博大精深、内容丰富,是"中华民族生生不息、发展壮大的精神命脉"②。缺乏文化底蕴的中国教师教育理论无法承载传承中国传统文化的使命,也难以指导中国本土的教师教育实践。

当前中国教师教育研究者引进国外理论、应用国外理论,为推动中国教师教育迈向国际化提供了学理支撑。很多学者在介绍国外教师教育理论的同时,结合中国教育的特征建构了本土化的理论体系,但在挖掘教师教育的文化价值尤其是对我国传统文化遗产的传承方面尚有提升空间。我国的优秀传统文化氤氲着深厚的智慧,复兴中国优秀传统文化是增强我国文化自信、提升中华文化软实力的根本路径。

教育是文化传承的重要路径,教师教育的旨趣不仅在于培养专业知识渊博与技能精湛的技术型人才,还在于培养兼具专业与情怀的人类灵魂的建造者。教师对于传统文化的认同是实现文化传播与传承的重要前提。教师教育通过培养教师的传统文化涵养,提升教师传播传统文化的自觉意识,在复兴传统文化中发挥着搭建桥梁的重要作用。因此,夯实教师教育理论的中国传统文化底蕴需将传统文化的精髓要义融合在具象层面的教师教育体系建构。

在微观层面,未来的教师教育理论可在教师教育的培养目标、课程设置、核心素养等理论方面积极探索传统文化与教师教育的融合路径与策略,强化教师的文化传承使命,赋予教师强大的传统文化感召力量。教师对于传统文化的认同与自信是复兴传统文化的前提。教师以崇高的人文情怀践行专业工作,将传统文化的精髓以课程教授、榜样示范或在教育中以潜移默化的方式传递给学生。在宏观层面,如何汲取中国传统文化的智慧,致力于构建本土化的教师教育概念和话语体系是未来教师教育研究者的重要任务。中国传统文化的核心——儒家文化主张人文教育,意在通过教育实现其和谐家国、打通天下的宏观旨趣,以及促进人的内在潜力与人文精神全面发展的微观旨趣。中国的教师教育理论要以儒家提倡的人文教育内涵为支撑,实现教师教育服务社会需求,形成满足个人需求与社会需求和谐发展的格局。

观往知来,几千年以来的中国传统文化积淀了广博而深厚的智慧,为未来中

---

① 吴宗杰:《外语教师发展的研究范式》,《外语教学理论与实践》2008年第3期。
② 高闰青、胡德海:《中国传统文化的主要内容、基本特性及其价值意义——专访胡德海先生》,《当代教育与文化》2020年第2期。

国教师教育理论的建构奠定了稳固的文化基础。如何基于中国本土实践与本土文化，完善中国教师教育理论体系，为世界教师教育理论的发展做出更多的中国贡献，是未来教师教育研究的应有之义与时代命题。

三 公民教育：中国教师教育理论的社会价值

宋希仁认为：

> 一般说来，具有实践特性的学科都以一定的社会生活领域为研究对象，并在此基础上圈定相对稳定的知识范围。所以，理解一门学科，关键是要看它研究的社会生活领域究竟是什么。①

教师职业的实践性特征决定了教师教育理论具有较强的实践关怀。因此，教师教育理论必须关注社会语境，教师教育的社会影响以及教师在社会群体中的行为、地位及影响。

教师教育理论的建构应超越教育语境本身，关注教育所处的社会语境。在西方兴起的批判教育理念关注教育如何推动社会进步、公平正义、民主、人的解放等，批判教育思想已经在教师教育领域有所体现，主要表现为教师身份与公民身份的关系、教师的社会文化意识、以教师的赋权推动社会正义。② 目前，从社会公平正义角度探视的中国教师教育理论亟待补充，尤其是中国消除贫困，步入小康后的社会背景对教师的公民意识、社会责任意识提出了全新的时代要求。如何在理论层面处理教师的知识传授身份、学者身份与公民身份，将教师培养成为育人者、理论研究者与对社会承担一定责任的公民，是未来教师教育研究者需要关注的议题。

教师通过反思与实践，将知识与技能传授给学生，帮助学生获得发展，这种发展不仅体现在个人的职业发展层面，还体现在赋予学生社会公民的身份、学会观察世界、改变世界等方面。教师教育的社会价值一方面体现在培养教师的职业信念，帮助教师理解教育的目的与价值，理解教师的社会价值在于帮助各种不同资质、不同环境的学习者获得发展。处于学习环境、资源环境边缘的群体不仅能通过接受教育改变现状，并且能改变和促进自己社区的良性循环发展。教师是教育的载体，教师通过培养人才，促进受教育者的公平发展，最终推动社会的整体进步。将教师置于宏观的社会语境下建构其身份，有助于深化其职业价值观与人生观。另一方面，教师教育的价值体现在教育的社会价值传递。教师以关于教育与社会发展的关系认知为信念基础，在教育实践过程中向学生传达教育的社会价

---

① 宋希仁：《中国传统伦理学的特点》，《光明日报》2019年7月8日第15版。
② 张梦雨、陈倩娜、周钧：《美国批判取向的教师教育》，《比较教育研究》2016年第1期。

值,培养更多具有社会意识的公民。[①] 教师的价值不仅在于培养具有专业知识与技能的人才,而且要注重受教育者社会能动者身份的重构,促进受教育者承担社会责任,以此形成良性循环,共同推动社会的公平发展。

教师教育理论的建构不仅要关注教师的社会价值,而且要将教师置于宏观的社会关系网络中,探究其身份的社会性。教师的社会性一方面体现在教师是宏观社会语境中的个体存在。教师行为研究要超越教育语境,将其置于宏观的社会语境中,探究政治、经济、文化、社会等宏观因素与教师教育的相互作用。另一方面,教师是各个社会群体构成的巨型社会网络中的一个节点,未来教师教育的理论建构应关注教师外在行为与内在特征的产生与其他社会成员之间的关系效应。教师教育的研究要突破教育场域,将视域延伸至其直接服务的中小学以及中小学所在的社区。教师的研究不仅要关注教师自身,而且要注重通过研究教师与其他社会成员之间的互动对教师各个维度的影响。

教师教育以培养人为旨趣,人的社会性决定了教师教育必然具有社会性的特征。未来教师教育理论的建构要关注宏观社会语境下教师的多重身份、社会价值以及社会交往维度。

第二节 辩证互生:中国教师教育理论的人本向度与技术范式

现代科学技术发展日新月异,其对于教育的变革性影响也日益明显,从而对未来教师教育理论的建构提出了新的要求。如何破解技术范式下传统教师教育理论的水土不服,以高度的技术敏感与素养重构教师角色与教师信念等新型教师教育理论,需要保持教师教育以人为本的核心要义,辩证审视人与技术之间敏感复杂的依存关系。

一 价值旨归:人本向度的中国教师教育理论

人本主义是当代西方哲学中的主要思潮之一。从历史纵向视角而言,西方人本主义经历了中世纪宗教神学的压制、文艺复兴运动的拯救以及近代以来科学理性主义的挤压,但是,将科学技术对人类生存方式的改变认定为对人本主义的侵害是不合实际的。[②] 人本身就是兼具理性与感性的主体,科学理性主义与人本主义不应成为二元对立的思潮,科学理性主义应服务于人的发展。以人本主义哲学为基础发展起来的人本主义教育思潮认为:"教育的目的是关注和帮助每个人达

[①] Joel Westheimer and Karen Emily Suurtamm, "The Politics of Social Justice Meets Practice: Teacher Education and Social Change", in William Ayers, Therese Quinn and David Stovall eds., Handbook of Social Justice in Education, New York: Routledge, 2009, pp. 589–593.

[②] 潘洪林:《西方人本主义的沉浮》,《云南社会科学》2000年第1期。

到他所能达到的最佳状态,应该使学生自由地、充分地发挥他的内在潜力"①,力求按照人的内在需求去塑造人。

教师教育以培养教师为核心要义,若忽略教师主体性,就丧失了教师教育最重要的旨趣。未来的教师教育面临着不断升级的技术革命对人本主义进行的持续冲击,教师教育理论的出发点与落脚点需牢牢把握教师培养的人本向度。教师教育理论的建构要冲破将教师视为一种职业或专业人员的思想藩篱,从教师主体的多重人本向度进行探究。人的理性与人的情感是人不同的两个侧面。教师教育要培养的教师不是单一维度的技术理性人员,而是兼具理性与情怀的育人者。只有教师教育理论回归人本向度,教师才能充分发挥其育人功能,培养出人格、能力全面发展的学生。

展望未来,建立普遍适用、整齐划一的教师教育理念或体系的倾向日渐式微。教师并非流水线上的产品,而是充满个性的行动主体,即使按照统一标准与程序执行培养流程,培养出的教师在知识、技能、道德等各个维度上仍存在很大差异。科学理性范式下,自然科学追求方法的普遍性被应用于社会、人类等社会科学,其适切性仍有待商榷。教师教育的根本旨趣在于培养具有独特感情、气质与思维的教师。科学理性范式下,教师教育理论寻求以科学的方法建立普遍适用于所有教师的理念体系与具象实施方法,忽略了理论的普适性取向与教师个体的特殊性之间的鸿沟,这一鸿沟可导致教师教育人文精神与创新理念的流失。因此,未来的教师教育要从教师作为人类社会生存个体的角度建构理论,通过对个体教师的阐释性与描述性研究,构建共性与个性共存、理性与人文并置的教师教育理论体系。

交往理性是西方人本主义的一个重要流派。法兰克福学派代表人物尤尔根·哈贝马斯(Jürgen Habermas)的交往行为理论将人本主义的关注视角从人的内部思维、思辨精神转至关注主体间的互动,交往理性研究突破了传统哲学对理性的理解,加深了对人的社会本质的认识。② 在未来社会,教师传播知识的部分功能被技术逐渐取代,教师的知识传播价值被弱化,教师与学生之间的交流场域可能转化为虚拟空间。未来教师面临着身份危机、价值认同危机,需要在教师教育研究中予以更多关注。同时,虚拟空间的交流与教师与学生之间的交流相比,缺乏有效的情感沟通。未来的教师教育理论需积极探究教师与包括其他社会主体在内的社会环境进行语言沟通与情感沟通的内在精神需求与人文价值,探索人工智能时代教师与其他社会主体的交流方式如何推动教师身份的转型与重构,追求教师身份与职业的人文价值。

创造性是人的本质属性,与动物适应世界的生存方式不同,人类具有改变世

---

① 丁东红:《现代西方人本主义思潮》,《中共中央党校学报》2009年第4期。
② 丁东红:《现代西方人本主义思潮》,《中共中央党校学报》2009年第4期。

界和创造世界的主动性与能动性。未来的教师教育理论要充分尊重教师的创造性与能动性,一方面在理论的建构过程中,抛弃以理论、标准、信念对教师进行规约性倾向,而是秉承描写范式,重构理论体系,解释教师的教学行为、教学认同及发展需求等。另一方面,在理论构建主体方面,教师从理论的研究对象转变为理论构建的主体,教师以实际教学经验和理论学养为支撑,建构更为接地气的理论构念。

当前我国教师教育理论的关注视角已经开始转向教师本身,未来的理论走向应坚持教师作为教师教育的中心主体地位,坚守教师教育的人文价值,关注教师个体的独特性、精神需求以及创造性,才能彰显未来人工智能时代下教师的人本价值。

二 推陈致新:技术范式下中国教师教育理论的重构

当今世界,以信息技术引领的科技革命方兴未艾,数字化、网络化、信息化、智能化日新月异,不仅重构了人们的生产、生活、学习与思维方式,而且深刻影响了各学科的发展走向。在教育领域,人工智能技术已经推动了教学方式和教学手段的革新,丰富和发展了教育学科的内涵。信息技术的蓬勃发展对教育各个维度的影响有增无减,教育无法回避技术的冲击与呼唤。教育推动技术创新,技术的发展必然反哺教育,二者的互动共生是未来教育进步的必然路径。教师教育作为教育事业的工作母机,直接影响着教师的质量,进而影响整个基础教育的质量。信息技术对教师的学习内容、学习路径、教师角色、教师信念等多个维度产生变革性影响,未来的教师教育要从外在的方式变革以及内容变化两个维度应对信息技术带来的挑战。

所谓理论,是人们关于事物认识的理解和论述,是关于某个客观或主观存在的信息认知体系。教师教育理论是有关教师培养的学理性建构,既包括教师的培养环境、培养路径、专业素养等提升教师质量的外在资源,又涉及教师自身的信念、角色、价值观等内在维度,未来的教师教育研究将深度探求如何在两个维度实现技术融合。

技术范式下的教师教育理论需重塑教师角色。在人工智能技术发展的蓬勃浪潮中,远程教育技术的广泛应用、在线课程内容与形式的不断创新一方面突破了学习时空的限制,未来的教师及学生可能无须现身实体课堂环境,学生与教师之间的相互认知可能仅仅局限于没有温度的屏幕乃至冰冷的字符中。教师与学生的双重隐形是对传统教师角色与师生关系的颠覆,重塑技术主导型教学组织形式下的师生关系,探求教师在虚拟课堂中的功能是未来教师教育理论必须思忖的时代话题。另一方面,知识获取渠道的多元化使教师知识权威角色日渐式微,教师作为知识传播者的角色维度在未来人工智能化教育中逐渐模糊。人工智能时代,教师作用将向"激发学生学习兴趣、启迪学生智慧、涵养学生健全人格"①倾斜，弱化教师的"教人"角色，强化其"育人"的角色。

技术范式下的教师教育理论需探索重构教师信念的有效路径。教师信念是教师关于自身在多大程度上改变学生的效能感。② 教师的知识地位与功能在未来信息化时代可能会受到日益增多的攻击与质疑，对教师信念提出了严峻挑战。

> 教师信念是教师人生的精神支柱，是教师职业的奉守信条，是教师文化的核心要素，是教师行为的隐性导引，是教师发展的内在力量。③

失去了教师信念，教师就失去了继续进行教育事业的内在动力。未来信息技术的发展易造成教师在课堂的实体性缺席，与学生面对面情感交流的减少以及教师传知授业角色的弱化必然对其职业信念、效能感乃至人生价值提出严峻挑战。教师教育理论必须结合信息技术带来的变革性影响，赋予重塑自身形象与教师情怀的使命与理论自觉，通过分析技术在人文方面的缺失解构传统的教师功能，探索构建融合技术素养的教师信念。

重构教师角色与教师信念的最终实现路径是调整教师的核心素养和专业能力，因此，技术范式下的教师教育理论需重新提炼教师的核心素养。有学者提出，在未来人工智能时代，教师教育需以教师的道德素养、情感素养、批判性思维的创新素养以及哲学与美学素养为核心，将这些素养传递给学生，才能成功应对智能时代的挑战。④ 传统的教师核心素养结构主要表现为以知识、情感、技能为支撑点形成的三维结构。随着人类知识与学习方式的网络化，教师的素养结构可从多个视角进行重塑。一方面是各个素养之间力量的重新角逐，技术发展使知识获取途径方式日益多元，导致教师的知识和技能维度的权重逐渐被削弱。教师教育理论应赋予教师情怀或道德更多的关注，以此引导教师教育政策对教育情怀培养的倚重。另一方面，研究者可从"下义拓展"或者"同级重构"两个路径进行构建。下义拓展是指对教师的知识、情感与技能素养的要义进行拓展，其中，教师的知识素养可更侧重技术知识、心理学知识；情感维度内涵可延展至技术伦理、技术文化等与技术相关的价值追求；技能维度内涵突破传统的教学能力，更多地包含信息应用能力、教育信息开发能力。同级重构是指完全打破当前的模型构建，以信息化对教师的要求为依据，以技术为核心重塑教师素养结构。

---

① 钟秉林、王新凤：《迈入普及化的中国高等教育：机遇、挑战与展望》，《中国高教研究》2019 年第 8 期。
② Sherri Gibson and Myron H. Dembo, "Teacher Efficacy: A Construct Validation", *Journal of Educational Psychology*, Vol. 76, No. 4, August 1984, p. 569.
③ 肖正德：《基于教师发展的教师信念：意蕴阐释与实践建构》，《教育研究》2013 年第 6 期。
④ 项贤明：《在人工智能时代如何学为人师》，《中国教育学刊》2019 年第 3 期。

当前人工智能技术、虚拟现实技术的日新月异让我们憧憬技术可能对未来教师教育产生的变革性影响。未来的教师教育面临着已建理论的重新洗牌，承担着应对技术挑战、重构教师教育理论的严峻使命。教师教育研究者要持有高度的技术自觉与理论建构意识，才能使未来的教师教育理论在新技术时代与时俱进，焕发生机，发挥其对教师教育形态、政策、课程以及研究的学理引导与支撑作用。

三 相待而成：人文价值与技术理性相得益彰

展望未来的教师教育理论，一方面以教师全面发展为本的人文精神不可撼动，另一方面需面对技术发展对教师的人文性带来的威胁与挑战。表面看来是技术进步与人文的抗争、技术理性与个人精神的角逐，但二者并非是不可通约的二元对立概念。教师教育理论要辩证处理技术与人文之间的关系，推动技术进步服务于人的精神需求，挖掘技术的伦理性与人文性，二者融合发展共同推动教师教育向前发展，持续演进。

"未来教育离不开技术，但也绝不唯于技术。"[①] 教育的本质不是哺育技术型专业人才，而是促进人的全面发展。未来的技术或许能代替教师的授业角色，但就"传道"而言，教师的道德示范作用，以情感交流为途径的精神哺育是技术所力不能及的，只能靠教师发挥人类灵魂工程师的角色。在以教师人文性为核心要义的同时，未来的教师教育要充分发挥技术在塑造人的精神文化方面发挥的工具性作用。给予人类希冀的技术理性、以人类福祉为目标的实用理性以及以公平正义为引导的道德理性是人类用以改造客观世界的三种与生俱来的理性。[②] 技术理性与实用理性以人类福祉为终极旨趣，充分利用技术等实用性工具推动人的全面发展即是实现技术的存在价值。技术并非是与人对立的客观存在，只有在为人所用时，技术才能焕发并展示出强大的生命力。归根结底，技术是为人创造、为人使用、助人发展的工具。未来教师教育理论必然围绕着如何应用技术促进教师成长，但同时也注重技术的伦理向度与人文特性，坚持教师的道德理性，技术范式下的教师教育理论需融合道德理性与技术理性于一体。

第三节 互鉴融通：中国教师教育
理论的跨学科建构

教育是人类社会的一个子系统，与社会的政治、经济、文化、人口等各个维度共同构成了人类社会系统，系统内的各个子系统相互影响。教师教育是事关人

---

① 朱德全、许丽丽：《技术与生命之维的耦合：未来教育旨归》，《中国电化教育》2019年第9期。
② [德]奥特弗利德·赫费、黄竞欧：《培育我们的世界：论技术与教育的人道旨归》，《社会科学战线》2019年第3期。

类全面发展的事业，与其他有关人的心理活动、生活方式、生产方式等学科之间有着千丝万缕的联系。从不同学科视角探寻教师的培养与发展，推动教师教育理论的跨学科构建，为未来教师全面发展提供多学科学理支撑，是未来教师教育发展的主流趋势。此外，与其他学科不同，教师教育以培养具有某学科专业知识的教师为旨趣，决定了它与教师所教学科之间的紧密关系，体现了教师教育跨学科的另一种形态。未来的教师教育理论要焕发新的生机，必须跨越教育学的学科边界，走向开放和学科融合的学科新视野。

一 共生互为：多学科跨界融合发展中国教师教育理论

教师的学与教都是人类的认知活动，科学的心理学科理论融入教师教育理论建构，以心理学的视角探求教师发展的认知规律，才能更科学地理解教学的本质，并且帮助教师深入了解教学的心理学原理，解决教育中的现实问题。

我国的教师教育自创立起就将心理学设为必修学科，心理学为教师教育理论与实践提供了重要的发展条件，教师教育的发展也推动了西方心理学在中国的应用以及中国近代心理学研究。[1] 教师教育教学生"如何教"的核心要义决定了未来的教师教育理论与心理学持续互通共生的关系。心理学与教师教育的融合共生涉及心理学的知识体系重构以及心理学科如何帮助教师处理专业实践两大主题。

首先，就心理学科的知识体系而言，人工智能时代的教育变革对心理学学科建构是挑战，也是机遇。科技的发展必然使教师教育体制与体系发生巨大的变化，物质环境的改变必然对教师与学生的心理产生影响，这就对心理学科提出了新的使命要求。

2018年4月，教育部印发《高等学校人工智能创新行动计划》，对人工智能时代的学科布局和人才培养提出要求，提出：

> 完善学科布局。加强人工智能与计算机、控制、量子、神经和认知科学以及数学、心理学、经济学、法学、社会学等相关学科的交叉融合。[2]

同时提出：

> 在教师职前培养和在职培训中设置人工智能相关知识和技能课程，培养教师实施智能教育能力。[3]

---

[1] 朱金卫、霍涌泉：《探究心理学科服务于教师教育发展的应用路径》，《教育研究》2016年第10期。
[2] 中华人民共和国教育部：《教育部关于印发〈高等学校人工智能创新行动计划〉的通知》，http：//www. moe. gov. cn/srcsite/A16/s7062/201804/t20180410_ 332722. html，2018年4月2日［2020－05－08］。
[3] 中华人民共和国教育部：《教育部关于印发〈高等学校人工智能创新行动计划〉的通知》，http：//www. moe. gov. cn/srcsite/A16/s7062/201804/t20180410_ 332722. html，2018年4月2日［2020－05－08］。

人工智能时代下，教学环境、教学模式、教学监测以及评价的变化对教师能力和教师教育提出了新的要求。"我国心理学科的研究从选题到成果转化都应呼应教师教育变革对其提出的新需求，服务于教师教育中问题的解决"。[1] 人工智能时代的教育变革为心理学科的发展提供了新的研究方法和研究内容。

人工智能时代，心理学需关注智能教育中教师与学生的认知变化与发展。心理学科的发展始终以人为关注对象，技术的发展为心理学研究的突破提供了可能性，同时也在人的认知发展、人际交往等方面对心理学提出了新的要求。有学者指出，过去的半个世纪，教育心理学与教师教育的关系发生了显著变化。教育心理学不再是将在实验室中得出的理论直接应用于教学的学科，而是成为直接研究课堂与教学问题的学科，其研究内容也从学习者特征、学习过程扩展至教学设置与模式。[2] 面对技术教师教育范式对教学与教师提出的新挑战，教育心理学以及教师教育理论研究需坚持对教师以及教学的关注倾向，重构教师的心理学知识范畴，探索教师的心理学知识学习路径。此外，人工智能技术为心理学研究提供了新型的研究方法。虚拟课堂等虚拟技术在教育中的应用进一步扩展了心理学的研究空间与深度。教育心理学的研究不再局限于实验室或实体课堂，虚拟空间的开发和应用也大大拓展了科学研究的范畴。

其次，教师教育理论与心理学融合建构以促进教师提高专业能力为主要旨趣，这种融合主要表现在理论应用、研究范式借鉴两个方面。一方面，教师教育理论建构需将心理学研究的前沿成果，尤其是关于教学的研究成果应用到教师教育中。教师应具备什么样的教育心理学知识以及教师应如何学习这些知识是有关教师标准与教师教育改革文献中的重要主题。[3] 教师教育以帮助教师学习者学会教学、学会学习、学会发展为主要任务，理解学习、认知发展、动机和个人差异等教育心理学知识是教师实施有效教学，实现自身专业发展的重要前提。当前，我国教师教育与心理学的融合主要体现在，教师教育课程中设置教育心理学，使教师学习者理解学习的认知和发展规律，从而更好地开展专业实践活动，为教师实施教学实践提供心理学学理支撑。然而，当前我国心理学科的研究现状如下：

> 心理学科的主流研究仍停留在经验和实证层面，研究内容越来越远离教师教育，从而导致心理学科远远不能满足教师教育对象成长的新需求。[4]

---

[1] 朱金卫、霍涌泉：《探究心理学科服务于教师教育发展的应用路径》，《教育研究》2016年第10期。
[2] Anita Woolfolk Hoy, "Educational Psychology in Teacher Education", *Educational Psychologist*, Vol. 35, No. 4, December 2000, pp. 257–270.
[3] Anita Woolfolk Hoy, "Educational Psychology in Teacher Education", *Educational Psychologist*, Vol. 35, No. 4, December 2000, pp. 257–270.
[4] 朱金卫、霍涌泉：《探究心理学科服务于教师教育发展的应用路径》，《教育研究》2016年第10期。

教师教育理论与心理学的融合共生，需要心理学理论更为关注教师的教，将其研究对象向课堂与教师转变，关注教师的需求，研究关于教的心理机制，为教师教育理论建构提供更为适切、相关的心理学依据。

因此，有学者提出教师教育者"应当重构教育心理学，使之成为与教师教学准备和专业成长内在关联的有机组成部分，而非现在教师教育或培训中设置的一门课程"①。教师教育理论的建构要在宏观层面强化教师教育理论的科学性，充分汲取心理学研究的最新成果，促进教师认识智能时代下教与学的本质与规律，以此形成教师教育理论与心理学的融合共生。

教师教育与心理学的融合不仅体现在将心理学知识应用到教师教育，另外，教师教育理论建构可借鉴心理学学科的研究范式，包括内容借鉴和方法论借鉴。重视假设和理论的实证证据是心理学研究的重要程序，也已经成为循证教学概念的核心要义。此外，基于研究的学习（research-based learning）是心理学教学的主要方法，也正在成为教师教育的一种范式。② 教师教育利用这两种方法培养教学能力和发展能力，可有效提高教师基于实证研究和证据进行专业实践的决策能力。如何充分培养和发挥教师的研究思维，提高教师基于教学的研究能力，推动以教师为主体的教师教育研究，是教师教育理论建构的主要趋势。将教师作为研究者培养，提高其研究能力，并不是忽视教师作为教育行动主体的地位，而是旨在训练教师的思维，使教师能够有意识地进行教学反思，在动态复杂的教学环境中做出科学的理性判断，有效培养学生学习的能力。③

除了需要心理学理论的跨学科借鉴，教师教育理论建构还需要以关注人类生产力与生产关系的经济学为依托。经济学视角下，教师教育的理论建构主要表现在应用经济学的话语内容阐释教师教育理论或政策，运用经济学的研究方法研究教师教育的有关问题，构建教师教育的经济学话语体系，推动教师教育的社会价值与经济价值理论构建。

经济学视域下，教师教育是生产人类财富的特殊经济活动。从经济学视角出发，以经济学话语内容分析与教师教育相关的个体行为（教师教育者、教师、学生）、专业实践（教师的教学、教师的培训）、管理实践（教师教育实施主体、政策等），阐释教师教育的经济属性，梳理其与教师、受教育者、政府以及社会之间的经济关系，有助于厘清教师教育在宏观社会、经济背景中的地位。

当前，我国教师教育理论的经济学视点之一是对教师教育的产品属性的界定。关于教师教育的经济学属性，不同的学者观点不一。

---

① 王沛：《教师教育视野下的教育心理学：贡献、问题与启示》，《教育科学研究》2009 年第 7 期。
② Stephan Dutke, Manfred Holodynski and Elmar Souvignier, "What Psychology can Contribute to Contemporary Teacher Education: Basic Concepts and Exemplary Implementations", *Pedagogika*, Vol. 68, No. 4, January 2018, p. 374.
③ 张华军：《论教师作为研究者的内涵：教师研究性思维的运用》，《教育学报》2014 年第 1 期。

部分学者认为教师教育是公共产品，如管培俊[①]、丁福兴[②]等。一部分学者，如闫建璋[③]、曹夕多[④]等则认为教师教育是准公共产品。公共产品具有消费非竞争性（任何消费者消费不会引起生产成本的增加）和受益排他性（任何人消费公共产品都不排除或限制他人消费）；私人产品则具有消费的竞争性（一部分消费者的消费会导致生产成本的增加）和受益的排他性（一个人消费私人产品就排除他人获得该产品的权益）；准公共产品则是介于公共产品和私人产品之间的产品，具备非竞争性但不具备非排他性。[⑤]对教师教育的经济学属性界定，有助于理解教师教育的经济价值以及教师教育政策的合理性与适切性。

例如，曹夕多利用美国经济学家保罗·A.萨缪尔森（Paul A. Samuelson）的公共产品理论，认为教师教育属于准公共产品范畴，教师教育的直接产品，即对学生和教师进行的教育和培训具有私人产品的属性；而教师教育的间接产品，即受教育者个人和全社会效用的增加具有公共产品的属性。[⑥]闫建璋从教师教育准公共产品属性的视角出发，分析了免费师范教育政策的必要性与可行性。[⑦]教师教育的经济学属性研究，为我国以政府为主要提供者的教师教育以及公费师范教育政策提供了经济学理支撑。因此，从经济学视角诠释教师教育实践以及政策，分析其在宏观经济学中的经济地位和效用，有助于加深教师教育理论与宏观社会语境的衔接。

利用经济学原理和机制，提高教师学习者与教师教育者的经济学素养和经济学行为，提高教师教育的培养效能均是教师教育理论可探究的议题。一方面通过吸收经济学理论构建新型的话语体系，如教师教育与教师的关系可作供给与需求或投入与产出之解，以此探求教师教育的投资与产出之间的关系、教师的教育投资效益等。另一方面，从经济的公平原则出发，教师教育理论构建要关注具有不同文化、经济、社会特征的教师群体，注重教师教育在缓解个人、地区之间发展不公平的社会价值，公正合理地分配教师教育的投入与产出。

除了借用经济学话语内容观照教师教育理论，我国一些学者还采用经济学方法开展教师教育研究，丰富了教师教育研究的方法论体系。王欢、史耀疆等使用实证计量模型构建与模型实证分析方法，测量了农村教师对后进学生的刻板印象，

---

① 管培俊：《以科学发展观指导教师队伍建设的认识论和方法论问题》，《教育研究》2009年第1期。
② 丁福兴、周琴：《师范教育的公共产品属性辨析——兼论其免费供给的适切性》，《学术论坛》2011年第4期。
③ 闫建璋：《对全面恢复师范生免费教育制度的经济学思考——教师教育产品属性的视角》，《教育与经济》2007年第4期。
④ 曹夕多：《论公共产品理论视野下的教师教育产品属性及政府责任》，《教师教育研究》2013年第6期。
⑤ 陈承明、曹艳春、王宝珠编著：《微观经济学》，上海财经大学出版社2016年版，第206页。
⑥ 曹夕多：《论公共产品理论视野下的教师教育产品属性及政府责任》，《教师教育研究》2013年第6期。
⑦ 闫建璋：《对全面恢复师范生免费教育制度的经济学思考——教师教育产品属性的视角》，《教育与经济》2007年第4期。

量化了教师刻板印象对学生成绩的影响。① 常芳等借鉴经济学的随机干预实验研究方法,探究教师绩效激励对农村学生学业表现的影响及其作用机制,以精确的量化数据描述了教师绩效激励与农村学生学业之间的关系。② 借鉴经济学方法研究教师教育相关问题,不仅有助于提高现象描述的精确性,而且可以依靠计量建模等方法创建理论。未来的教师教育研究可继续挖掘适切的经济学方法,使其量化优势服务于教师教育理论建构。

因此,教师教育与经济学的跨界合作使未来教师教育理论兼具客观理性与社会价值,将经济学理论模型与研究方法融入教师教育理论构建中,也会提升教师教育各维度资源的利用率。

二 经世致用:多元专业学科视角下的应用型教师教育理论

教师教育旨在培养某一专业学科的教师,不同的学科对教师的能力素养提出不同的要求。探讨不同学科教师能力结构与培养路径,增强教师教育理论的学科针对性与应用性是未来教师教育研究者关注的重要维度。

就理论建构主体而言,应用型教师教育理论要求教师教育理论的构建主体从单一走向多元,教师教育研究者、其他学科的理论构建者、专业学科教师组成三位一体的理论建构群体,三者分别从普适性教师教育理论视角、单一学科理论的独特性视角、教师的实践性知识角度完成学科型教师教育理论构建。当前,就专业学科的教师教育的研究主体而言,不同学科背景研究人员之间的合作仍需加强,尤其是加强与中小学教师的合作研究。郑晨等对收录在中国知网的数学教师学科知识研究的论文进行了探析,研究发现,我国数学学科知识研究队伍结构分布不均衡。其中,高校研究人员占据了数学学科知识研究队伍的主要部分,而中小学教师的参与度较低。③

在教师教育理论建构方法上,建构某一学科的教师教育理论要注重普遍教师教育理论与具体学科研究内容、研究方法与研究趋势的结合,把握具体学科的发展动态,提升教师教育理论的学科专业性与动态发展,借此培养出的教师才能紧跟学科发展趋势,适应当前该学科的教师素质需求。

在理论内容方面,未来不同学科的教师教育理论要扩展研究视角和研究主题,并努力建构本土化的应用型教师教育理论。目前,我国学界关于应用型教师教育研究述评发现,我国学者对学科型教师教育专业的研究主要集中在专业学科型教师教育的课程设置。有学者关注具体学科教师学习者的专业素养结构,但尚未形成统一

---

① 王欢、史耀疆、王爱琴、罗朴尚、罗思高、诸彦杰:《农村教师对后进学生刻板印象的测量研究》,《经济学》2017 年第 3 期。
② 常芳、党伊玮、史耀疆、刘承芳:《"优绩优酬":关于西北农村教师绩效工资的实验研究》,《华东师范大学学报》(教育科学版) 2018 年第 4 期。
③ 郑晨、李淑文:《中国数学教师学科知识研究的现状与展望》,《数学教育学报》2018 年第 4 期。

的标准。① 应用型教师教育理论的研究视角与主题的深度和广度有待进一步扩展。

郑晨等对我国数学教师学科知识研究现状的梳理发现，关于数学学科知识的比较及评价研究较为缺失。② 姜霞等对 1990—2015 年我国外语类、教育类核心期刊发表的外语教师知识论文的梳理发现，我国外语教师知识研究内容呈现多元化，但在研究内容的广度与深度上仍需提升，对教师教育者知识结构的模型构建以及对英语教师整合技术的学科教学知识的研究关注较少。③ 有关专业学科的教师教育研究要突破以教师教育课程设置为主的研究对象，紧跟国内学科发展趋势以及技术发展背景，拓展研究范围和主题。

此外，教师教育研究者要对接我国英语、数学、语文、地理等具体学科的课程标准和专业标准，建构符合我国学科教育发展的本土化应用型教师教育理论。例如，顾泠沅及其研究团队经过长期的实践与理论探索，提出了数学教师的"实践知能"这一概念，实践知能是指教师在学情前端分析、任务设计、过程测评、教学改进之过程中的智慧。④ "数学教师的核心知识不仅包括数学知识、数学教学法知识，而且包括实践知能，它是数学教师素养的核心。"⑤ 实践知能这一概念得到了国内学术界的持续关注，并逐渐为国际数学教育界认可，必将成为中国特色数学教育理论的一个重要基石和亮点，为我国数学教师教育专业提供理论支持。⑥ 如何基于我国的学科教育语境与实践形态建构本土化的学科专业教师教育理论，是教师教育研究者需努力的方向。

除了注重教师理论的学科型细致划分与探究，教师教育研究者需按照学术型和职业技术型教师的不同角色和专业要求，构建多元化的教师教育理论。2019 年 8 月，教育部等四部门印发了《深化新时代之职业教育"双师型"教师队伍建设改革实施方案》，补足具备理论教学和实践教学能力的"双师型"教师和教学团队短缺，突破职业教育教师队伍的数量与质量无法满足当前我国职业教育改革发展的瓶颈。⑦ 面对国家职业教育改革对技术型人才的巨大需求，教师教育理论的

---

① 章勤琼、徐文彬：《试论义务教育数学教师专业素养及其结构——基于教师专业标准与数学课程标准的思考》，《数学教育学报》2016 年第 4 期。
② 郑晨、李淑文：《中国数学教师学科知识研究的现状与展望》，《数学教育学报》2018 年第 4 期。
③ 姜霞、王雪梅：《我国外语教师知识研究：回顾与展望——基于外语类和教育类 CSSCI 期刊论文的分析》，《外语界》2016 年第 6 期。
④ 顾泠沅、周超：《教师专业化的实践与反思——顾泠沅教授专访》，《苏州大学学报》（教育科学版），2017 年第 2 期。
⑤ 李海、彭刚、程靖、毛耀忠、鲍建生：《数学教师实践知能研究述评与展望》，《数学教育学报》2019 年第 5 期。
⑥ 李海、彭刚、程靖、毛耀忠、鲍建生：《数学教师实践知能研究述评与展望》，《数学教育学报》2019 年第 5 期。
⑦ 中华人民共和国教育部：《教育部等四部门关于印发〈深化新时代职业教育"双师型"教师队伍建设改革实施方案〉的通知》，http：//www.moe.gov.cn/srcsite/A10/s7034/201910/t20191016_403867.html，2019 年 8 月 30 日［2020 - 05 - 08］。

建构要考量实践型与理论型教师在知识与能力等方面的差异性特征，建构分别适用于学术型与职业技术教师的培养路径。职业教育教师的技术能力素养的培养、教学方法方面与学术型教师的对比研究都是未来教师教育理论的主要研究方向。

综上所述，将教师教育理论构建置于宏观的学科语境中，探究其哲学性、社会性及文化性等。在技术与人文并行、学科间相互交融互鉴的学术语境中，"变"既是教师教育理论的建构路径依赖，也是其转型路向的核心理念，以"变"为导向努力实现教师教育理论的范式转型与多元发展将是未来我国教师教育研究的发展路向。

篇二

中国教师教育形态演进

本篇由五章组成，主要介绍中国古代教育形态、中国近代教育和教师教育形态、中国现代教师教育形态，探源中国古代教育、中国近代教育嬗演历程，搜寻中国现代教师教育演变过程，透视中国古代教育、近代教育的教育功能和教育精神，梳理中国现代教师教育发展特征，吸取中国古代教育、近代教育、现代教师教育的历史经验，借鉴其人才培养模式，为完善当代教师教育培养模式与建立当代教师教育制度体系、课程体系，探寻当代教师教育发展路径，推动当代教师教育的发展。

第五章分两节描写中国古代教育形态，第一节从私塾的内涵、发展历程、教育功能三个方面介绍中国古代基础教育形态——私塾；第二节从书院的内涵、发展历程、教育功能和教师教育功能四个方面介绍中国古代高等教育形态——书院。

第六章由四节构成，第一节从南洋公学的发展和南洋公学的历史贡献说明南洋公学在我国教育史上的历史地位和贡献；第二节从京师同文馆的创建、发展历程、教育教学特点三个方面介绍京师同文馆；第三节从京师大学堂的创建、发展探寻京师大学堂的贡献；第四节从新文化运动的科学民主斗争、推动壬戌学制、促成师范教育培养体系的建立三个方面探究新文化运动的教育意义。

第七章由五节构成，从民国教师教育的德育创造、民国乡村师范教育、民国中后期教师教育的"师范学院"体制的建立、民国综合性大学教师教育的演进、女子高等师范教育的发展五节内容，探究民国教师教育的中国创造。

第八章从中央苏区时期师范教育、新中国幼儿师范教育、新中国精英人才模式下的中等师范教育、新中国普及性英才模式下的高等师范教育四个方面进行探究在中国共产党领导下的四种师范教育形态的特征、人才培养模式和曲折的发展历程。

第九章对普通高等师范教育、继续教育的发展、教师教育资源动态补偿机制、教师教育标准体系的确立、教师资格认证的准入机制和师范生公费教育的发展共六节内容进行探究当代科学教师教育从增量到优质的蓬勃发展。

第五章 从私塾到书院：我国教师教育的古代形态

中国古代教育存在两种影响深远的教育形态：私塾和书院，存在两种办学体制：官学和私学。本章分两节探源私塾和书院两种教育形态的历史嬗演轨迹，同时，探究官学和私学两种办学体制的发展历程。第 节从私塾的内涵、发展历程、教育功能三个方面探寻古代"塾"的含义，塾师的来源，私塾的教学任务、原则、方法、特点和私塾两千年的演变历程，旨在透视我国古代教师教育的萌芽形态及其含义、特征及功能，借鉴和吸取古代教师教育的经验教训，完善现代教师教育制度体系。第二节从书院的内涵、发展历程、教育功能和教师教育功能四个方面探源书院的起源及其八百年的绵延历程，旨在挖掘我国古代书院积淀的教师教育文化和蕴含的教师教育精神，学习其教师专业品质，探索古代中国教师教育培养模式和专业发展路径。

第一节 积厚流光：中国古代私塾教育

一 渊源流长：私塾的内涵

私塾具有深厚的文化内涵，私塾名称的来源、私塾的产生、私塾的类型、塾师的含义、私塾的教学模式都蕴含着渊源流长的文化精神，积厚流光，恩泽后世。

（一）私塾名称的来源

"塾"最早出现于中国古籍《尚书·顾命》，"大辂在宾阶面，缀辂在阼阶面，先辂在左塾之前，次辂在右塾之前"。[①] 意思是说宾客所站立的西阶前面放大辂车，主人所站立的东阶前面放缀辂车；左侧的堂屋之前放先辂车，大殿右侧的堂屋之前放次缀辂车。这里的"塾"指门侧之堂，不是指教学场所，更无教育之意。"塾"成为教学场所，始于春秋战国《礼记·学记》，"古之教者，家有塾，党有庠，术有序，国有学"[②]。由此可见，"家有塾"中的"塾"已有教学场所之意。南宋时期，造纸、印刷技术的发展为私塾的发展提供了条件，官学式微，科

[①] 《尚书译注》，樊东注，上海三联书店2013年版，第220页。
[②] 《礼记译解》，王文锦译解，中华书局2016年版，第461页。

举盛行，推动了私塾的迅速发展。南宋时期，出现"私"与"塾"合一"私塾"①，私塾成为民间私人教学组织名称。

（二）私塾的产生

西周官学衰落，春秋产生私塾。西周建国后，实施宗法制度，统治者把教育、道德从属于政治，合政治、教育、道德于一体，即"学在官府"。"学在官府"体制下，教育权和受教育权被奴隶贵族掌握，学校教育资源被奴隶主阶级占有，只有奴隶主阶级享有受教育的权利，而庶民没有享受教育的权利。

西周，在继承夏、商礼乐文化传统的基础上，提出"制礼作乐"，把夏、商、周三代的礼乐文化推向高峰。到成康之世，形成"六艺"教育，即"礼""乐""射""御""书""数"，以"礼""乐"为中心，"书""数"为基础。随着"六艺"教育的推行，西周官学兴盛，官学教育制度渐趋完善，设有"国学""乡学"，分大学、小学两级；教学场所固定，制度较规范。西周是奴隶社会，宗法制的条件，造成"学在官府"，官师一体，形成只有官学，没有私塾的特征，"六艺"标志着奴隶社会鼎盛时期的教育目标。

到西周后期，官学积病日深，"六艺"教育徒剩其形，西周官学式微。政治上，奴隶制度腐朽，封建地主阶级势力逐步强大，周天子失去"共主"地位，奴隶主的土地"国有制"逐渐被封建地主阶级的私有制所替代，各诸侯国政权逐渐被地主阶级掌控。

春秋时期，封建社会代替奴隶社会，社会矛盾不断加剧，"士"族产生并不断发展、分化，在这一过程中，"士"族产生对教育的需求，私塾应运而生。春秋时期的私塾是在西周官学的衰落中产生并发展起来的。私塾兴起，文化教育重心下移，满足了封建社会地主阶级的文化教育需求，推动社会进步发展。

（三）私塾的类型

《古汉语常用字字典》解释，"塾"即"古代家庭或家族内设立的学校"。②《礼记·学记》有言："古之教者，家有塾，党有庠，术有序，国有学"③，"家有塾"中的"塾"就指教育场所具有教育机构的含义，但不同于"庠""序"和"学"。"学"指中央教育机构。"庠"和"序"指以地方行政区划级别的大小而设的教育机构。自南宋时期，"私"与"塾"结合，私塾名称形成，"都城内外，自有文武两学、宗学、京学、县学之外，其余乡校、家塾、舍馆、书会，每一里巷须一二所，弦诵之声，往往相闻"④。这说明南宋时期，官学兴起，私学也兴盛发展，私塾的类型和名称多种多样，无统一标准。中国教育史上从春秋至清代，一直存在两种教育形态，一种是官学，一种是私塾。官学的办学主体是各级政府，

---

① 左松涛：《近代中国的私塾与学堂之争》，生活·读书·新知三联书店2017年版，第88页。
② 王力、岑麒祥、林焘等编：《古汉语常用字字典》，商务印书馆2016年版，第383页。
③ 《礼记译解》，王文锦译解，中华书局2016年版，第461页。
④ 李国钧主编：《中国教育大系·历代教育制度考》上卷，湖北教育出版社1994年版，第854页。

私塾的办学主体是民间私人、家族、村等。

左宋涛在《近代中国的私塾与学堂之争》中收集的私塾名称在书面称谓中有间学、租赁房屋、书馆、书斋4类,私塾名称在民间口头语中有乡下斋、风门(蚊子)斋、卜卜斋、子曰馆、鸡婆学、停馆或敬馆或车馆、缝馆、开馆8类。蒋纯焦在《中国私塾史》中把私塾按性质分为散馆、家塾、村塾、族塾、义塾5类(见表5-1)。

表5-1　　　　　　　　　　私塾分类和名称

私塾分类和名称		内涵
办学主体	官办、民办	官学的办学主体是各级政府
		民间私塾的办学主体是民间私人、家族、村等
书面语	间学	在一乡之中设馆教授乡党子弟之处所
	租赁房屋	在先生自家,或因自家住宅狭窄则租赁房屋,以聚集学生以教导的处所
书面语	书馆	广东、福建等地称呼私塾为"书馆"
	书斋	福建的福州话称私塾为"书斋"
民间口头语	乡下斋	私塾设在乡下
	风门(蚊子)斋	私塾的学生在私塾读书时发出的嗡嗡之声似蚊子叫声
	卜卜斋	广东、广州地区对私塾的俗称,意思指塾师常持戒方,敲击书桌或击身体,发出卜、卜声
	子曰馆	因私塾宜讲孔孟之道,"子曰诗云",故用"子曰"来称私塾
	鸡婆学	私塾的学生读书、背诵声不一,类似母鸡产蛋后的叫声或形容塾师教学如同母鸡带领一窝小鸡
	停馆或敬馆、车馆	自行延聘塾师教授的私塾
	缝馆	三五家合办的私塾
	开馆	以广告等形式招来学生的私塾
私塾性质	散馆	亦称门馆,有塾师在自己家中或在别处租房坐馆
	家塾	请塾师到家中来,专门开设一间书房,授教自家的子弟或亲戚、朋友家中的子弟
	村塾	亦称村学,由一个或几个村的村民联合办的私塾
	族塾	某地某姓宗族所设立的专教授本族子弟的私塾
	义塾	亦称义学,指地方士绅捐助,免费或减费,创办的私塾

资料来源:1.左松涛:《近代中国的私塾与学堂之争》,生活·读书·新知三联书店2017年版,第91—95页;2.蒋纯焦:《中国私塾史》,山西教育出版社2017年版,第31—48页。表格为笔者根据该资料自制。

表5-1从办学主体、书面语、民间口头语、私塾性质四个方面介绍了私塾的类型和名称,每一私塾名称都赋予了不同的含义,映射出私塾的历史发展足迹。

按办学主体划分,私塾分官学和民间私塾。官学的办学主体是各级政府,私塾的办学主体是民间私人、家族、村等。官学和私塾的办学主体不同，也体现其不同的办学性质和功能。官学和私塾并存，说明政府办学力量薄弱，政府的教育无法顾及下层社会的教育需求。私塾的存在与兴盛从一个侧面反映出社会下层对教育的需求和向往。因此，民间积极办学，补充官学的单一和不足，彰显了民间创办教育力量对社会的贡献，同时也反映出私塾强大的生命力。

私塾所在地域不同，其类型和名称各不相同，在沿海地区尤为突出。如广东、福建等地称呼私塾为"书馆"，福建福州话则称私塾为"书斋"。私塾的名称与私塾设立的地点密切相关，如私塾设在乡，称间学；私塾如设在先生自己家或租赁房屋，称租赁房屋。

私塾的名称能反映当时中国古代私塾的现状、学生学习情况、塾师的教学状况及中国古代民众对私塾的认识和重视程度，如风门（蚊子）斋、鸡婆学，说明私塾学习中学生的学习情况，私塾中学生学习的特点，反映当时私塾教学的现状；卜卜斋，生动描述了私塾教育的教学情境，以及私塾教育中塾师的教学形态和特征，反映出塾师责任心和教学方式；子曰馆反映私塾教育的教学内容；开馆，说明招收学生容易，更说明当时中国古代私塾的普及。

因私塾办学方式不同，私塾类型和名称各不相同，表明古代社会各个阶层对教育的重视和对教育的需求。散馆，表明塾师办塾的教学条件；家塾在隋唐时期的民间就有，通常是在家中专门开设一间书房，请塾师到家教授自家的子弟或亲戚、朋友家中的子弟。家塾的教学组织有3类：第一类，聘师教其子弟，多由贵族、官僚、富商、地主等有地位或有政治特权、经济条件好的家庭创办，这些人以特权或充足的资金聘请塾师到家里教授自家子弟；第二类，由父母兄姐亲自教授，由一些诗书传家，但并不富裕的读书人创办，塾师则是父母兄长或姐姐，传授知识、教授子弟；第三类，聚亲属或族人而教，由一些有钱、有地位族人所办，他们不仅重视自家子弟教育，而且重视亲属或族人的子弟的教育。家塾说明私塾的教学地点的灵活性，村塾、家塾、义塾等称谓反映出创办私塾资金来源，办塾地点不同显示私塾教育的范围和普及程度。

古代私塾的类型和名称因地域、办塾主体、办塾方式、办塾性质不同而异。私塾的类型和名称不仅反映出古代私塾教育的政治、经济、文化等社会背景，而且显示出古代私塾教育的现状、特点和功能及塾师的社会地位，同时描述了私塾的教学和学生学习的状况，表明古代社会各个阶层的教育价值观和教育需求观。私塾的类型和名称虽各不相同，但私塾教育的功能、任务却基本一致，均为初级教育。

（四）塾师的含义

中国古代塾师的称谓含义丰富，塾师的来源折射出塾师的社会地位，塾师的生计反映塾师的生活境况。

1. 塾师的称谓

塾师晚于私塾。根据《说文解字》,"塾,门侧堂也。从土,孰声"。①《古汉语常用字字典》解释:"'塾',宫门外两侧的房屋或正门内两侧的房屋"。《汉书·食货志上》中有"里胥平旦坐于右塾,邻长坐于左塾"之句。② 意即,初春的清晨,劳作者离开居住的屋里去田地之时,里胥坐于里门的右侧,邻长坐在里门的左侧,督促劝导劳作者要认真劳作。劳作者都到田地去了,里胥与邻长方回到自己的住宅。黄昏之时也是如此。蒋纯焦在《中国私塾史》中指出,这里的"塾"没有专职的教师和学生,里胥与德高的长者担任教育者,劳作者是受教育者,这种教育是一种教化活动。后来,这种训诫逐渐演化为教育行为,直到"塾"指称教育机构时,"塾师"才出现。在私塾教育中从事"启蒙养正"的授教者,称为"塾师"。塾师称谓,以明清鼎盛时期变体最多,刘晓冬在《明代的塾师与基层社会》中详细阐述了明清时期不同的塾师称谓(见表5-2)。

表5-2　　　　　　　　　明清时期塾师的称谓及其内涵

称谓	内涵
塾师	一般称谓
西席/西宾	古人待客以西为尊,为表达对客人的尊重,客人坐西边而主人坐东边
馆师	私塾在中国古代有书馆之称,故有馆师之称
蒙师/经师	私塾有其教育层次的不同,有"蒙馆"或"经馆"之分,由此就有"蒙师"或"经师"之称
里社师	乡里社会一般设有"乡学""义学""社学",是为乡里儿童启蒙的场所,因此就有里社师的称谓
社学教读/社师	主要是对"社学"塾师的一种特定称呼
村学究	中国古代社会中对乡村塾师的一种称呼
冬烘先生	中国古代社会中对书生气十足、迂腐不堪的酸儒塾师的一种称呼

资料来源:刘晓冬.《明代的塾师与基层社会》,商务印书馆2010年版,第8—12页。表格为笔者根据该资料自制。

表5-2表明,因私塾办塾形式、授教对象、谋生手段、授教地域、授教层次不同,塾师的称谓也就大同相异,所隐含的意思及表达的社会地位也不相同,如"西席"或"西宾"显示塾师的尊贵、学识的渊博、教学能力强,东家对塾师的尊重、对教育的重视和需求;"蒙师"或"经师"表明私塾有教育层次之分,"蒙师"指从事启蒙教育的塾师,"经师"指高级私塾教育的塾师;"里社师"说明办学地点在乡村、办学主体是乡里、办学资金来源靠捐赠等形式;"村学究",说明

---

① 王贵元编著:《说文解字校笺》,学林出版社2002年版,第608页。
② 王力、岑麒祥、林焘等编:《古汉语常用字字典》,商务印书馆2016年版,第383页。

私塾地点设在乡下，塾师为人教学都古板迂腐；"冬烘先生"则说明塾师的书卷气、迂腐、穷困。塾师称谓变迁透视出中国古代私塾教育的各种形态、特征及其发展过程。

2. 塾师的来源

私塾兴起于封建社会，塾师的来源与科举制度密切相关。科举制度是封建社会选拔人才的一种政治制度，客观上吸引社会下层重视教育，注重文化学习。科举考试是社会底层破解社会阶层限制、实现科层上行的唯一出路。"科举又用系列考试进行淘汰性选拔，进士科仅有百分之一的参加者能够及第，明经科也只有十分之一的参加者能够及第"[①]，由于残酷的科层竞争，落第书生面临着经商资金不足、种田体力不支，做工手艺不精等现实窘境，不得不另谋生路，做塾师便成为他们职业的重要选项。

落第书生充任塾师是由科举制度、教育需求和塾师自身承载的教育文化资本所共同决定的。第一，在科举制度下，众多下层社会读书人以考取功名作为他们的人生梦想，然而残酷的科举考试一次又一次把他们打回社会底层。落魄书生考虑生计或为再次应举做准备，他们首选做塾师。一方面，便于有时间准备再次应举，其原因是他们所教内容与应举内容基本一致，有利于再次准备，考取功名；另一方面，塾东及家人常以塾师中榜为荣，甚至于捐资，激励塾师赶赴科场，猎取功名。第二，在科举制度和官学体系下，启蒙养正，完全依靠民间自行解决，社会底层和乡村私塾需要大量的塾师，提升了失意举子做塾师的社会期望。第三，社会、私塾对做塾师的门槛要求很低，只要能识文断句，都能成为塾师。第四，在封建社会，举子虽然落榜，但还是受人尊敬，塾师与商贾、讼师等相比，还算不失文人风雅，顾及脸面情愿做塾师。因此，源源不断的落第举子成了补充塾师的基本来源。

3. 塾师的生计

塾师的生计主要来源是私塾学生向塾师缴纳束脩，即"馆资""学奉"。束脩是由家长自愿送纳，并非有数量标准规定，形式上表示对塾师的礼敬，实际上是呈缴给塾师的微薄酬劳。束脩数量有限，尤其在村学等乡下私塾，束脩更是微薄，塾师以束脩为生，过着清贫的生活。除了束脩，塾师也有其他微薄的收入渠道，如膳食之供，即塾师在私塾任教期间，家长要提供膳食；贽见，即初入学塾童的家长要送见面礼；赠仪，即逢年过节送的礼；冰敬，即降温费。塾师也可以有自己增加经济收入的渠道，如笔墨服务，即代写信函、讼词、祭文、碑文、对联等；风水占卜，即建房、葬坟看风水，祸福算命等，来补充生活费用。从束脩、膳食之供、赠仪以及塾师自创经济收入等形式可以看出，古代塾师收入微薄，生活清

[①] 孙培青主编：《隋唐分卷》，陈学恂主编《中国教育史研究》，华东师范大学出版社2009年版，第226页。

贫。塾师的微薄收入说明塾师的社会地位的低微，反映出古代民间对教育的需求和对教育的重视，但民间经济收入无法支付塾师工资，难以承担教育费用。中国古代私塾发展艰难，塾师为中国古代基础教育做出了卓越奉献，以私塾为代表的民间办学是中国古代基础教育的伟大创举。

（五）私塾的教学模式

私塾是中国古代初级基础教育形态，有着朴素的教育观念，形成有深远影响的教学模式，体现中国古代私塾的教学特点。

1. 私塾的教学目标

私塾在中国古代一直承担着初级基础教育任务。私塾有朴素的教育观念，其目标是培养参加科举考试的人，为社会所用。私塾的基本教学任务如下：

> 就是使学生学习识字、写字，具有一定的读写能力和初步的计算能力，养成一些基本生活习惯，知道一些礼节规矩，有了初等程度的文化，为进一步接受专门的高等教育打好基础。[①]

2. 私塾的教学原则

私塾教学遵循先易后难、循序渐进、逐步提高的原则。私塾教学实行个别教学，不分班级，无论学生年龄大小、识字程度，在一起上课、学习。同时塾师针对每个学生的实际情况进行个别教学，给他们安排学习任务、练习内容和学习进度，根据各自情况提出学习要求，因人而异，因材施教。

3. 私塾的教学方法

私塾有一定的教学方法，如经书，采用诵读法；习字，进行机械训练；作文，采用科举考试的八股文形式等。私塾教学中的体罚是中国古代教育的一种普遍的教育手段，体罚的教育逻辑是"严师出高徒"。体罚的主要原因是：第一，不能按时完成学习任务和背书任务；第二，违反私塾学规；第三，嬉戏玩耍，不刻苦学习；第四，缺乏礼教、不尊敬师长。体罚方式常为用竹制或木制的戒尺、藤条等打学生的手心、屁股等，以示训诫，规劝学生刻苦学习。体罚教育折射出古代教育形态中前制度时代的教育管理诉求以及塾师、家长等利益相关方面朴素的教育质量意识。

4. 私塾的学规

中国古代私塾教育都有自己严格的学规，不仅对学生言谈、行为、衣帽、学习、起居、礼节、尊师、尊长等有规定，而且对塾师的教学也有相应规范和要求。虽然私塾形式各异，但学规内容基本无大异，主要体现在学生的道德、品行、习

[①] 孙培青主编：《隋唐分卷》，陈学恂主编《中国教育史研究》，华东师范大学出版社2009年版，第222页。

惯、纪律及奖惩等方面。

5. 私塾的教材

私塾有自己的教材。私塾有不同的层次，有初级的、高级的，所使用的教材也各不相同。初级私塾是初等基础教育阶段，属于启蒙教育，即蒙学，用的启蒙教材，如识字教材：《咏史诗》《三字经》《急就篇注》《开蒙要训》《蒙求》《千家诗》《千字文》等；道德教材：《女论语》《百行章》《女孝经》《太公家教》等。私塾教育的主要目的是帮助学生在科举考试中获得较好的名次，考试科目内容各异，仅从唐代常科可窥见一斑（见表5-3）。

表5-3　　　　　　　　　　唐代常科条例表

科目	考试条例
秀才	试方略第五道。以文理通粗分为上上、上中、上下、中上四等，为及第
明经	先帖经，然后口试（经问大义十条），答时务策三道。亦分四等
进士	试杂文（诗赋），及时务策，并帖经（一大经）。经策全通为甲第；策通四，帖过四以上为乙第
明法	试律七条，令三条。全通为甲第，通八为乙第
明书	先口试通，乃墨试《说文》《字林》二十条，通十八为第
明算	录大义本条为问答，明数造术，详明术理，然后为通
开元礼	通大义百条，策三道者，超资与官；义通七十，策通二者及第。散试官能通者依正员
三传	《左氏传》问大义五十条，《公羊》《穀梁》传各三十条，策皆三道。义通七以上，策通二以上，为第
史科	每史科问大义百条，策三道。义通七，策通二以上为第
童子	十岁以下能通一经，及《孝经》《论语》，每卷诵文十通者予官，通七予出身
道举	官秩荫第因国子举送，课试各明经

资料来源：陈青之：《中国教育史》，中国文史出版社2016年版，第162页。

表5-3表明，常科考试科目包括11项：秀才、明经、进士、明法、明书、明算、开元礼、三传、史科、童子、道举。每科考试条例中，所列考试内容各不相同并且要求不同，说明中国古代科举考试科目繁多，内容庞杂。唐科举考试方法有四种：一是口试，二是墨义，三是作文，四是帖经。科举考试选士制度在一定程度上折射出中国古代私塾的人才培养目标。

6. 私塾的教学特点

私塾的教学特点体现在四个方面：教学实施灵活机动、教学管理宽严有度、教学理念注重身教、教学过程注重德智融合。

（1）教学实施灵活机动

私塾教学灵活性表现在三个方面，一是教学场地灵活，可在学堂内上课，也可在学堂外上课。二是教学方法灵活多样，例如孔子教学就采用鼓励提问、讨论、谈话等方式进行教学，《论语·述而篇》中"不愤不启，不悱不发。举一隅不以三隅反，则不复也"①，说明孔子所用为启发式教学。三是教学策略灵活，采用个别教学，依据学生的个性、特长、优缺点、爱好、志向等，因材施教，实行有利于学生个性发展的教学。

（2）教学管理宽严有度

春秋时期，孔子的私塾对当时的私塾影响最大。《论语·为政》曰："由，诲女知之乎！知之为知之，不知为不知，是知也。"② 由此可见，孔子在教学过程中，严格要求学生，对待知识要有踏实谨慎的作风。《论语·阳货》曰："饱食终日，无所用心，难矣哉！"③ 孔子特别反对学生的懒惰行为，对学生的懒惰予以责备。孔子教学中也彰显和谐、民主、自由的教学风格。《论语·阳货》曰："子之武城，闻弦歌之声。夫子莞尔而笑，曰：'割鸡焉用牛刀？'"④ 说明孔子对学生的爱护、宽容、温和，体现了他民主、自由的教学风格。孔子的教学思想直接影响着中国古代私塾的教育，在中国古代私塾教育中，塾师一般都会宽严有度地对待学生。

（3）教学理念注重身教

孔子的教育思想之所以对中国古代教育产生深远的影响，一个重要原因是孔子的言传身教。《论语》中有很多处记载孔子重身教的语录。《论语·卫灵公》曰："躬自厚而薄责于人，则远怨矣。"⑤ 这说明孔子非常注重身教，不先要求他人，而是首先要求自己，严于律己。《论语·子路》曰："苟正其身矣，于从政乎何有？不能正其身，如正人何？"⑥ 更说明孔子要先正其身，再正其人，体现了孔子注重身教的教育思想。

（4）教学过程注重德智融合

从私塾的识字教材（《咏史诗》《三字经》《急就篇注》《开蒙要训》《蒙求》《千家诗》《千字文》等）和道德教材（《女论语》《百行章》《女孝经》《太公家教》等）可以看出，私塾将道德教育寓于教材之中，贯穿于教学过程，学生既接受了知识，又受到道德熏陶，将道德教育与知识教育融为一体，极大地提升了道德教育的效果。

二 盛衰相乘：私塾的演变历程

中国古代私塾教育走过了两千年的漫长岁月，每一朝代都有私塾发展的足迹，

---

① 《论语》，陈晓芬译注，中华书局2016年版，第80页。
② 《论语》，陈晓芬译注，中华书局2016年版，第17页。
③ 《论语》，陈晓芬译注，中华书局2016年版，第242页。
④ 《论语》，陈晓芬译注，中华书局2016年版，第232页。
⑤ 《论语》，陈晓芬译注，中华书局2016年版，第210页。
⑥ 《论语》，陈晓芬译注，中华书局2016年版，第171页。

展现出私塾从发展到兴盛再到衰落的演变历程。私塾的发展与各朝代的政治、经济、军事、文化有着密切的关系。同时,更与各朝代的文教政策密不可分,在私塾演变历程中,历代文教政策见表5-4。

表5-4　　　　　　　　　　历代私塾文教政策沿革

朝代	文教政策
西周	宗法制度,"学在官府"体制下的教育体制,社会教化体制
春秋	"学在四夷""学术扩散"
秦代	"禁私学""以法为教"的文教政策;"行同伦",推进社会教化的措施
汉代	汉初"黄老之治"下的文教政策;汉武帝之后,实行"独尊儒学"的文教政策
魏晋南北朝	三国时期的崇儒文教政策;两晋的崇儒文教政策;南朝重教贵学的文教政策;十六国的汉化文教政策;南朝的崇儒贵学;北朝的汉化文教政策
隋代	大力发展教育事业,倡导经学教育,南北经学统一
唐代	崇圣尊儒的文教政策
宋代	"尚文抑武",鼓励臣民读书修文;改革科举制度,扩大录取名额;大力振兴图书事业;尊孔崇儒与封建纲常秩序的重建
元代	尊孔崇儒,以文治国;遵用汉法,推崇理学;民族歧视,尚文禁武
明代	强权压制思想言论的自由;教育灌输统治思想
清代	崇儒重道,确定共同的行为规范;对汉族士子笼络、压制并用;科举与学校紧密结合,以科举调控学校;提高官学地位,调控非官办学校

资料来源:李国钧、王炳照总主编:《中国教育制度通史》第1—6卷,山东教育出版社1999年版。表格为笔者根据该资料自制。

表5-4表明,历代的文教政策各不同,文教政策决定着私塾的兴盛与衰落。中国古代私塾教育在缘起、发展、鼎盛、抗争、衰落直至灭亡的演变过程中走完两千年的绵延历程,对后世教育产生了深远的影响。

(一)春秋时期的私塾

春秋时期,社会巨变,阶级矛盾深化,奴隶宗法制解体,封建土地私有制产生,封建小农经济逐步建立,西周"学在官府"的教育体制瓦解。春秋时期推行"学在四夷""学术扩散"的文教政策。学术挣脱官府桎梏,向民间扩散,各种新思潮、新流派相继涌现,学术出现百家争鸣的繁荣景象。"学在四夷",文化重心下移,庶民享有教育权利,满足了士族和庶民对教育的需求,推动了中国古代私塾教育的发展。

春秋时期,地主阶级夺取奴隶主阶级的教育特权,"士"族崛起、官学衰落,私塾产生并兴起。师、保、傅制度有了新的发展,教育科目比传统"六艺"更为丰富,"六艺"教育得到新发展。

春秋时期,最具有代表性和影响意义的私塾当属孔子创办的私塾和墨家私塾,其中孔子的儒家私塾影响最为深远，是学术平民化的开端。孔子私塾在中国教育史上解决了许多教育实践和理论问题，为中国古代教育的发展奠定了基础。《论语》记载了诸多的孔子教育思想，如有教无类、因材施教等至今影响着中国的教育，值得后人继承、借鉴和发扬。

春秋时期，墨家和儒家被并称"显学"。墨家私塾的教学制度对春秋时期的教育也产生了极大的影响。墨子，出身于社会下层。所以墨子私塾招收学生大都来自社会下层。在当时的历史语境下，这无疑堪称教育平民化的一大创举。墨家私塾以自然科学、逻辑学、生产技术为主要教学内容，教学特点是不仅聚徒讲学，还以周游列国的游说形式传播墨家思想。墨家私塾主要依据教义教规进行管理，教规控制着墨家弟子的政治生活和经济生活，教义以天下之利为核心内容，使墨家弟子具有共同的信仰和精神追求，规范墨家弟子的思想行为。儒家私塾和墨家私塾深远地影响着春秋时期的教育形态及其发展。

（二）战国时期的私塾

战国时期，社会生产关系发生巨大变革，生产者得到解放，生产积极性得到提高，生产技术得到迅速发展。"亲亲"贵族世袭被推翻，"举贤"政治在地主阶级政权中占主导地位。新政权招贤纳士，"养士"达到高潮，一时学派林立，其中儒、墨、道、法四大学派影响最大，尤其儒、墨被并称"世之显学"，极大地推动了战国时期私塾的发展，形成儒家私塾、墨家私塾、道家私塾、法家私塾等百家争鸣的盛况，私塾呈现出一副百花齐放、异彩纷呈的繁荣景象。

（三）秦代的私塾

秦在统一六国之后，为教化民众，实施"行同伦"，推进社会教化，采取"禁私学""以法为教"的文教政策，实施"焚书坑儒"，[①]教育遭到极大的破坏，私塾在文化空间上失去了存在的基础，推行"禁私学"，秦代私塾在制度上失去了保障，新私塾不得创办，原私塾逼迫停止，整个私塾处于沉寂、停滞状态，私塾发展遭受到严重的打击和破坏。战国时期私塾繁荣景象荡然无存，秦代的私塾不但没有发展，反而呈现出寸进尺退的尴尬局面，严重阻碍了中国古代私塾教育的发展。

（四）汉代的私塾

汉初，朝廷已经认识到秦朝灭亡的原因，吸取秦覆灭的经验教训，在政策上进行调整，"实行黄老之治，'无为而治'的休养生息政策，为私学的发展提供了宽松的氛围"[②]。汉代的私塾从秦代的私塾废墟中得到恢复和发展。汉武帝确立"罢黜百家""独尊儒学"的文教政策，官学体系得到建立、私塾得到恢复与发

---

① 金忠明主编：《秦汉魏晋南北朝分卷》，陈学恂主编《中国教育史研究》，华东师范大学出版社2009年版，第188页。

② 金忠明主编：《秦汉魏晋南北朝分卷》，陈学恂主编《中国教育史研究》，华东师范大学出版社2009年版，第189页。

展。西汉中期,"独尊儒学"政策得到实施,儒学成为治国理政的主流理论,教育成为治国之本,儒家经学成为教育的主体内容,官学体系逐步得到完善,私塾在文教政策的推动下,得到大力发展。及至东汉末,社会腐败,许多学者避居讲学,私塾数量和规模不断发展壮大,私塾更加繁荣。

(五)魏晋南北朝的私塾

"魏晋南北朝时期的私学教育可分为四个时期,即汉末三国时期、两晋时期、十六国北朝时期、南朝时期。"①

汉末三国时期,由于黄巾起义导致汉政权分离,形成割据政权并立,天下大乱,私塾发展一波三折。由于三国时期各政权恢复崇儒文教政策,私塾教育更具特色:第一,游学,春秋时已产生,经两汉延绵至此,已成这一时期求学的主要方式。第二,学风自然,汉代经学受到儒家学者的批判和反思,道家经典受到关注,私塾讲学内容和治学风格与汉代不同,学风日趋自然。第三,私塾分布区域相对集中,蜀、吴两地的私塾得到迅速发展,如向朗在蜀地办的私塾最具盛名。

两晋时期推行崇儒文教政策,西晋崇儒文教政策由盛转衰,东晋崇儒文教政策失控。西晋崇儒文教政策导致了两个结果,第一,西晋前期的学校教育曾有过迅速发展,其因是晋武帝发布独尊儒术的政策,得到门阀士族的支持。虽然晋武帝的崇儒文教政策只是一种象征性的政治姿态,但一些儒臣积极促成崇儒文教政策的落实,最终形成国子学与太学并行的状况,这是西晋官学发展最为辉煌的时期。第二,西晋后期,特别是到晋惠帝之后,随着儒学自身的衰败和西晋教育士族化的兴盛,学校教育日益衰退。东晋时期门阀政治达到顶峰,门阀士族获得特权,热衷于玄学思想,东晋崇儒文教政策失控。东晋时期,教育最为显著的特点是门第教育兴盛,私塾以家学为主,注重家风培养,传承家学渊源。两晋时期,因门阀政治造成社会昏暗腐败,士人失意、辞官归里、闭门教授、聚徒讲学一时增多,延绵不绝的私人讲学之风兴起。西晋私塾虽没有汉代私塾发达,但也延绵未绝,这一时期,私塾的教授内容以经学为主。

十六国时期实行汉化文教政策,促进了北方的教育普及与民族融合。这一时期,私人讲学不断,教授内容为儒家经典,汉民族文化在少数民族地区得以传播。

北朝时期借助教育推行汉化文教政策,把尊奉儒学放在主导地位,加速汉化,重用汉人。在这种汉化文教政策的推动下,北朝的私塾教育空前昌盛,世家大族设家学、开家馆、乡里开门授徒、学子游学兴盛。"北朝的私塾在官学发达的时候昌盛,在官学衰落的情况下仍很繁荣,可见官学与私塾并不存在此消彼长的关

---

① 金忠明主编:《秦汉魏晋南北朝分卷》,陈学恂主编《中国教育史研究》,华东师范大学出版社2009年版,第392页。

系。北朝人才的培养、文化的传承主要在私学。"①

南朝时期，统治者认识到了儒学的重要性，大力推行崇儒贵学的文教政策，积极兴学，私塾教育得到发展。宋武帝、宋文帝、宋孝帝、齐高帝下诏兴学，梁武帝屡屡发布兴学令、下诏书，大力推行和积极落实文教政策，如制定选士制度，激励私塾，聚徒讲授之风盛行，士族之家的私塾兴起。南朝时期士族之家的私塾兴衰见证了魏晋南北朝时期世族教育从发展至鼎盛再到衰败的变迁。"世族教育是魏晋南北朝教育的一个亮点，在此基础上产生的家族教育理论和家族教育实践时至今日仍对家庭教育具有借鉴价值。"②

（六）隋唐的私塾

隋代的文教政策体现在三个方面：一是大力发展教育事业，二是倡导经学教育，三是南北经学统一。在弘扬儒学政策的推动下，隋代继承了两种中国古代私学教育制度，一种是父母、长辈、兄姐教授家中子弟，这是中国古老的私学教育形式的家学教育制度；另一种是私人讲学，这是中国古代私学教育制度中最常见的教育形式。

唐代推行崇圣尊儒的文教政策。唐代君臣对历史上各王朝统治政策、历史教训进行总结，认识到儒学的重要性和对维护统治阶级的利益的重要作用，认为儒学是政治之本、治世之策和根本大法。于是，树立儒家思想的权威地位，确立崇圣尊儒的文教政策，对其做了完善和发展，逐步使儒家思想体系化。在体系化的儒家思想指导下，唐代的政治、文化、教育得到了发展，维护和巩固了封建政权，对于唐代的政教合一教育制度起到巨大的影响作用，推动唐代文化教育的大力发展。

私塾从春秋肇始，历经秦、汉、魏、晋、南北朝的历史沉淀，已经形成历代相承的传统。隋唐私塾在继承这些传统的基础上，有了全新的发展。首先，自主办学。朝廷鼓励民间自主办学，不仅不加以限制，而且倡导创办私塾，因此隋唐五代时期，民间自主创办的私塾很多，呈现出民间私塾的繁荣景象。其次，聚徒教授。继承传统实行开放式招生，不论年龄大小、文化程度高低，只要主动要求入学，都来者不拒，在隋唐五代时期，聚徒讲学的现象处处可见，大力推动了私塾的发展。最后，自由求学。这一传统就是学生有自由择师的权利。

隋唐五代时期，隋文帝、隋炀帝、唐高祖、唐太宗、唐玄宗都总结各朝各代灭亡的原因，从中吸取经验教训，认识到教化民众的政治意义，重视文教的重要作用，先后颁布诏令，落实文教政策，鼓励民间办学，促进私塾的发展（见表5-5）。

---

① 金忠明主编：《秦汉魏晋南北朝分卷》，陈学恂主编《中国教育史研究》，华东师范大学出版社2009年版，第424页。
② 金忠明主编：《秦汉魏晋南北朝分卷》，陈学恂主编《中国教育史研究》，华东师范大学出版社2009年版，第434页。

表 5-5　　　　　　　　　　　隋唐五代时期的文教政策

帝王	时间	政令	文教政策
隋文帝	开皇三年（公元 583 年）	《劝学行礼诏》	建国重道，莫先于学，尊主庇民，莫先于礼
隋炀帝	大业元年（公元 605 年）	下诏书	君民建国，教学为先，移风易俗，必自兹始
唐高祖	武德初年	《阅武诏》	安人静俗，文教为先
唐高祖	武德七年（公元 624 年）	《兴学敕》	自古为政，莫不以学为先。学则仁义礼智信五者俱备，故能为利深博
唐太宗	继位后		确定"偃武修文"为政治路线
唐玄宗	开元二十一年（公元 733 年）		许百姓任立私学，其寄州县学授业者亦听

资料来源：孙培青主编：《隋唐分卷》，陈学恂主编《中国教育史研究》，华东师范大学出版社 2009 年版，第 209—210 页。表格为笔者根据该资料自制。

开皇三年（公元 583 年），隋文帝颁布《劝学行礼诏》；大业元年（公元 605 年），隋炀帝下诏书申明，君民建国，教学为先，说明隋文帝、隋炀帝都认识到教育民众的政治意义和对统治阶级的作用；唐高祖的《阅武诏》以文教为先，认识到教育的重要性，把教育放在首位，推动教育发展，并在武德七年（公元 624 年）颁布《兴学敕》认为自古为政，要以学为先，把办学定为头等大事，鼓励民间办学；唐太宗确定"偃武修文"为政治路线，切实贯彻实施文教政策；开元二十一年（公元 733 年），唐玄宗敕令规定：允许百姓任立私学，明确民间设学自由、入学自由、办学自由，这些举措极大地推动民间教育的发展，使教育普及民间，民间享有教育的权利。

隋唐五代对民间私塾不但不加限制，而且予以提倡鼓励，私塾得到大力发展，呈现出私塾新图景：第一，私塾向农村发展，地域分布广泛。民间的教育需求增加，尤其是边远乡村地区对教育的需求，推动了私塾向乡村发展，所以隋唐五代的私塾分布广泛、遍布全国。第二，私塾数量增多，规模扩大。隋朝建立后，为了加强中央集权，实行均田制、颁布《劝学行礼诏》，为私塾发展提供了政治保证。唐朝进一步统一了中央集权，出现"贞观之治"和"开元之治"的盛景，为私塾的发展创造了经济条件。朝廷确定崇儒兴学的政策，加之科举选士制度，营造出良好的社会文化氛围。政治、经济、文化的保障，极大地促进私塾的大力发展。私塾的规模进一步扩大、数量不断增多。第三，私塾教学内容更加具有针对性和适用性，首先是经学。在南北朝对峙的历史条件下，南方经学受玄学影响，重义理思辨，北朝经学重章句训诂，直到唐贞观、永徽年间，经学才走向统一，经学成为科举考试的内容。其次是史学。隋唐时期，编纂和研究史学极其盛行，如研究《史记》《汉书》并在私塾传授。再次是文学。隋唐时期，由于政治、经济、文化的一系列重大变革，文学进入繁荣阶段，文学成为私塾必学、科举考试必考的内容。私塾教学内容更加具有针对性和适用性，是隋唐五代时期私塾教育的显著特点和重要成就。

（七）宋代的私塾

宋代文教政策的实施体现在四个方面："尚文抑武"；大力改革科举制度；振兴图书事业；以尊孔崇儒为治国理念。① 在文教政策的推动下，私塾所承担的蒙养教育任务得到充分发展，私塾教育更加社会化，得到广泛的普及。宋代私塾教育的发展分为3个阶段：第一，北宋初期：建隆元年（公元960年）至乾兴元年（公元1022年）；第二，北宋三次兴学期间：庆历三年（公元1043年）至崇宁五年（公元1106年）；第三，南宋时期。②

北宋初期，政权统一、经济复苏，社会急需大量可用之才，太平兴国二年（公元977年），宋太宗大力改革科举制度，扩大科举录取名额，实施"兴文抑武"，鼓励民众读书修文，民间对教育需求日益增长，而官学未及时得到发展。为满足对人才的需要和民间对教育的需求，振兴图书事业，鼓励民间兴办私塾，私塾迅速得到发展，逐渐走向兴盛。

自庆历四年（公元1044年）起至靖康二年（公元1127年），北宋经历了仁宗时的庆历兴学、神宗时的熙宁元丰兴学、徽宗时的崇宁兴学三次兴学运动，这三次兴学运动的共同点是兴办官学，官学数量迅速扩大，但官学数量难以满足社会需要，加之官学力量不足，为私塾的发展营造了发展的空间，促进了私塾进一步发展。在北宋三次兴学期间，宋代理学的发展也促进了北宋私塾发展。周敦颐、程颢、程颐等宋代理学奠基人，学于私塾，授徒讲学。私塾为理学研究创造了条件，理学研究为私塾发展营造了发展氛围并产生了极大的影响。

南宋时期，官学虽有发展，但名存实亡，加之科举考试弊端层出不穷，民间仍寄希望于私塾。著名学者朱熹、陆九渊、吕祖谦等热衷私塾，授徒讲学，私塾获得进一步发展。

（八）元代的私塾

元代私塾继承汉、唐、宋的传统，并在此基础上有较大发展。首先，元代大力推行崇尚儒学，遵循汉法；尚文禁武，以文治国；推崇理学，实行"汉化"等一系列积极的文教政策。③ 在这些文教政策的推动下，政府支持私塾的发展，为私塾的发展营造了良好的政治环境。其次，元朝的建立，政府急需人才，而官学数量有限，不能满足社会需求和发展，为私塾发展创造了机遇。再次，出现一批私塾大师，如刘因、吴澄等，从事私塾教学活动，对元代文化产生了深远的影响。

---

① 乔卫平：《宋辽金元（公元960—1368年）》，李国钧、王炳照总主编《中国教育制度通史》第3卷，山东教育出版社1999年版，第15—37页。
② 王炳照、郭齐家主编：《宋元分卷》，陈学恂主编《中国教育史研究》，华东师范大学出版社2009年版，第281—283页。
③ 乔卫平：《宋辽金元（公元960—1368年）》，李国钧、王炳照总主编《中国教育制度通史》第3卷，山东教育出版社1999年版，第466—478页。

另外，蒙古族、女真族、契丹族等贵族热衷儒学私塾，促成民间文化融合，也是元代私塾发展的一个重要原因。

元代私塾逐步走向兴盛，在继承宋代私塾传统的基础上有了新的发展，逐步形成了家长督课、学生自学、里师教诲、名儒传授等多种授教形式，其中里师教诲是私塾的基本形式，一般称"乡学""村学""私塾""义学"。名儒传授，指读书人在奠定蒙学基础之后，自主寻求名儒或名师，提高学问，使之成人成才。元代有许多有名学者，如赵秉温、阎复等人都曾在此类私塾得到培养。元代的名儒传授不仅培养了一大批杰出人才，而且营造了良好的社会学习风气，有力推动了私塾发展。

元代的私塾教学内容具有包容性，不仅以儒家经典为主，而且理学也成为当时私塾教学内容。元代私塾教学不仅注重生产技术教育，如学者姚枢把毕昇的先进活字印刷术传给弟子，而且非常注重科学发展，如数学家朱世杰著书《算学启蒙》《四元玉鉴》，推动科技发展。

（九）明清时期的蒙学

秦汉时期蒙学就受到关注并形成蒙学制度，魏晋南北朝至隋唐有了进一步的发展，宋代形成蒙学基本框架，明清时期蒙学发展至鼎盛。

"蒙学是中国古代启蒙教育机构的统称。"[①] 明清时期，蒙学教育机构由私塾、社学、义学，即义塾构成。明清时期，按私塾设置方式可分为三种："塾师在自己家里，或借祠堂、庙宇，或租借他人房屋设馆招收附近学童就读，称'门馆'、'家塾'；由一族一村延师择址建馆以课其子弟，称'村塾'、'族塾'；由富裕人家独自一家聘请教师在家设馆，专教自家子弟及亲友子弟，称'坐馆'、'教馆'。"[②] 明清时期，私塾、社学、义学是府、州、县学的重要补充，遍布全国城乡，承担蒙学的教育任务。因此，蒙学在明清时期处于非常重要的教育地位。

"蒙学教育是指中国古代对儿童实施的有目的、有计划、有组织的启蒙教育或普通基础教育。"[③] 明清时期，蒙学教育在教育实践、教育理论、教育制度、教育教材编写等方面都在前代基础上有进一步的发展。

1. 蒙学的教育理论

明清时期，出现一大批蒙学教育思想家和理论家，创造了大量的蒙学教育教学理论。因此，明清时期的蒙学教育是集大成者，代表古代中国蒙学教育理论的最高水平。明清时期蒙学教育理论思想主要体现在："适时施教，提早入学"[④]，

[①] 周德昌、王建军主编：《明清分卷》，陈学恂主编《中国教育史研究》，华东师范大学出版社2009年版，第158页。
[②] 毛礼锐、沈灌群主编：《中国教育通史》第3卷，山东教育出版社1987年版，第448页。
[③] 周德昌、王建军主编：《明清分卷》，陈学恂主编《中国教育史研究》，华东师范大学出版社2009年版，第156—157页。
[④] 周德昌、王建军主编：《明清分卷》，陈学恂主编《中国教育史研究》，华东师范大学出版社2009年版，第167页。

教育要选择合适的时间，儿童要尽早受到教育；"去诱全纯，蒙以养正"①，儿童教育要尽量避免各种不利因素的影响，确保儿童受到良好的教育，使儿童纯真的品行得以保障并得到发展；"顺其天性，导其发展"②，教育要顺应儿童自然天性，因势利导，促进儿童发展；"教养同道，严慈合一"③，儿童教育既要注重道德教育也要注重儿童个人的修养，既要严格要求又要赋予慈爱。

明清时期的教育理论思想大部分是继承中国古代的教育理论思想，如适时施教和提早入学，顺其天性，导其发展，但教育理论思想在继承中结合实际有新的发展。明清时期的教育理论思想特别强调教育环境的影响，如"去诱全纯，蒙以养正"。明清时期的教育思想深邃、丰富，不仅在古代达到顶峰而且具有超前性、民主性，对当今教育也具有一定的指导意义。

2. 蒙学的教育实践

明清时期的蒙学教育实践总体上继承了唐宋的传统，在识字教育、知识教育、道德教育等方面虽有发展和完善，但也没有超越唐宋的蒙学范畴。

识字教育在中国古代一直受到重视，是蒙学的第一任务，是读书、作文的基础，但也制约着儿童的发展，到明清时期仍然保留这一传统，并没有得到改进，正如王筠说："蒙养之时，识字为先，不必遽读书，先取象形、指事之纯体教之"④。

明清时期，知识教育有3类：文法知识教育、社会及生活常识教育、自然及生产常识教育。这一时期，科举考试，八股盛行，文法知识教育重应试训练、提倡八股文；社会及生活常识教育重文史、脱离实际；自然及生产常识教育，重知识缺少实践操作。

中国古代一直注重道德教育，道德教育是蒙学教育的重点内容。蒙学教育有专门的道德教育教材，每天要进行"德考"活动，其中"忠""孝"教育是道德教育的核心。

3. 蒙学的教育方法

自春秋时期私塾产生，中国古代蒙学教学方法程序是先识字、写字，然后读书，最后写作文。这一程序经过长期的实践沉淀，形成固定的教学模式。明清时期，蒙学教育的方法既继承了前代固定的教学模式又做了一些新的探索和改进，注重开展教学活动，以一系列教学活动的实施促进教学内容的完成，形式多样

---

① 周德昌、王建军主编：《明清分卷》，陈学恂主编《中国教育史研究》，华东师范大学出版社2009年版，第168页。
② 周德昌、王建军主编：《明清分卷》，陈学恂主编《中国教育史研究》，华东师范大学出版社2009年版，第170页。
③ 周德昌、王建军主编：《明清分卷》，陈学恂主编《中国教育史研究》，华东师范大学出版社2009年版，第171页。
④ 王筠：《教童子法》，载璩鑫圭主编《鸦片战争时期教育》，陈元晖主编《中国近代教育史资料汇编》，上海教育出版社2007年版，第397页。

（见表 5-6）。

表 5-6　　　　　　　　　　　明清蒙学的教育方法

类型	方法
识字教学方法	利用汉字特点，循序渐进，通过对字形字义的分析帮助学生认读 利用蒙童心理特点，强调记忆在识字中的作用，把常用字编成有意义的韵语 把知识教育内容与道德教育内容糅合，识字教学"文""意"结合
写字教学方法	先扶手润字，继而描红、描影、跳格，最后临帖
阅读教学方法	重视朗读指导；强调先"明"后"熟"；提倡"精读"与"博读"相结合，主张读书与写作训练相结合，要求构思严谨，思想纯正，用词切当，行文和"格"；多作多改
道德教育方法	说教、约束、体罚、榜样、习礼、考德

资料来源：周德昌、王建军主编：《明清分卷》，陈学恂主编《中国教育史研究》，华东师范大学出版社 2009 年版，第 176—186 页。表格为笔者根据该资料自制。

从表 5-6 中所列举的识字教学、写字教学、阅读教学、写作训练、道德教育等教学方法来看，明清时期的蒙学教育的方法是多种教学方法的综合使用，强调道德教育，注重学生日常行为习惯的培养，识字教学、写字教学、阅读教学、写作训练符合学科知识的发展规律，值得肯定，但明清时期的蒙学教育的方法体现出专制性，例如体罚，存在严重摧残学生身心健康的隐患，不利于学生的身心发展。

（十）晚清的私塾改良

甲午兵败后，维新志士探寻救弊良方，维新代表人梁启超在《变法通议·论变法不知本源之害》中认为："变法之本，在于育人才，人才之兴，在开学校，学校之立，在变科举。而一切要其大成，在变官制。"[①] 清政府对待私塾的主要政策是改良。私塾改良开始有组织地进行，但从晚清兴学到民国，私塾改良一直争论不休，主要争论有两次：第一次，1909 年 10 月 28 日在江苏咨议局会场上的争辩；第二次，1911 年学部召开的第一届中央教育会议上，两次争论均以无结果而告终。

私塾要改良，原因复杂。一方面，改良源于私塾内部的复杂性和多样性等内部因素。中国古代私塾分布广、类型多、数量大，无私塾标准、无塾师标准、无教学规范，塾师素质参差不齐、教育质量高低不一。另一方面，改良由新政兴学的外部因素构成。废除科举以后，新政兴学的过程中，中国教育要向现代教育转

---

① 梁启超：《变法通议·论变法不知本源之害》，载易鑫鼎编《梁启超选集》上卷，中国文联出版社 2006 年版，第 50 页。

型。中国传统教育机构率先转型的是书院改制,各级书院迅速改为学堂。私塾情况特殊,私塾是民间创办,政府不能强制下令改制,私塾办学条件简陋,不具备改为学堂的条件。此外,私塾分布广、数量大、塾师数量众多,新学堂不能完全替代私塾,如果停止或改制私塾,广大的塾师会面临大面积的失业,可能产生社会问题,清政府为求保社会稳定,对私塾采取改良政策。

私塾改良过程中,改良的主体是多元的,有开明私塾自发改良,民间的私塾改良会,朝廷与直省、各地行政部门的改良。私塾改良的内容涉及管理体制、课程、教学内容、教学方法、塾师等各方面。改良措施主要从培训塾师、改良私塾教学、塾师资格鉴定、塾师设塾实行登记注册制等方面进行。"私塾改良的本质实际上就是初等教育的近代化,同时也是中国社会变革的重要组成部分。没有私塾改良的不断深入,中国初等教育近代化的历程就不可能完成。"[①]

纵观两千多年漫长岁月,私塾,始于春秋,兴起于唐,发展于宋,盛于明清,晚清以降,私塾衰微。

三 沂水春风:私塾的教育功能

私塾,在整个古代封建社会教育体系中发挥着巨大的历史作用并占据着重要的历史地位。在两千多年的封建社会中,私塾一直挣扎、起伏、兴衰,直至完成其历史使命。

(一) 承担基础教育的使命

封建社会时期,学校教育由官学和私塾构成。官学由各级政府主办,官学从县学开始,起点较高,学生来源主要是从民间私塾选拔。官学不办初级教育,初级教育的任务由民间私塾来完成。私塾是整个国家教育体系中必不可少的组成部分,没有私塾的发展,就没有古代高等教育的发展,私塾对古代基础教育的贡献不可忽视。

(二) 补偿官学教育体系不足

官学以经学为教育内容,知识结构受到局限,人才培养单一,不能完全满足国家、社会对人才的多元化需求;而私塾教育形式灵活,自由传授知识,培养出多种多样的人才。国家和社会可依据不同需求,机动选拔人才,私塾弥补官学单一化的不足,平衡了社会对人才的需求和供给。

(三) 为科举选拔输送人才

国家人才的选拔是通过科举制度进行的,而科举考试又与教育密切相关。教育为科举考试源源不断地输送人才,学校的基础教育又是由私塾来完成,因此,作为科举教育的底层形态,私塾教育对科举取士的贡献不容小视。

---

① 田正平、杨云兰:《中国近代的私塾改良》,《浙江大学学报》(人文社会科学版) 2005 年第 1 期。

(四) 传承和维系民族文化

封建社会中，战乱不断，官学常常在战乱中停止；而私塾分布于乡村，受战乱影响较小，私塾持续不断地开展教学活动，一直承担传承和保存民族文化的使命。

(五) 思想传播与学术创造

官学以经学为传授内容，有规定的课程、规定的教材、统一的考试标准，这些易于形成统一的思维模式，思想趋于僵化，不利于学术争鸣。一些学者不甘于受到限制和禁锢，以私塾为依托，自由传播思想、自由求知、自由授徒讲学，学术百家争鸣、百花齐放，私塾成为学术创造的园地。

私塾，一种民间办学的教育形式。从其产生、兴起、发展、鼎盛、衰弱到消亡，以民间教育的形式，为封建社会撑起了基础教育的半壁江山，为书院涵养生源、为科举考试和治国理政培育人才；同时也源源不断地充实塾师队伍，在古代中国的教育生态链中起到了承上启下的中坚作用。一个民间教育形态能走过两千多年的艰难岁月，不得不慨叹民间力量和民间智慧的伟大。然而，这个民间办学的教育形式，在封建社会的土壤中生长，在科举制度的桎梏下成长，在与传教士和官办新学的博弈中，在现在学校制度的冲击下，最终完成其历史使命，走向消亡。

私塾虽然走向消亡，但它以顽强的生命力保存和延续了中华民族的文化血脉和精神基因，为当代教师教育留下了诸多借鉴和启示：

1. 塾师的职业道德与奉献精神

私塾的民间办学和私学的性质决定塾师收入微薄、生活清贫、社会地位低微，但是塾师却从不计较待遇，依然清贫乐道，默默耕耘于私塾。塾师走向乡村，安心于乡村教育，服务于乡村教育，塾师奉献自己满足民间和社会教育需求。可以说，塾师以其清贫乐道、恪业奉献的人格形象奠定了中国师者的精神底色，撑起了中国古代基础教育的历史穹苍。

2. 私塾彰显乡村教育和平民教育理念

古代私塾在鼎盛时期，遍布全国各地，城郭内外、大街小巷并不断向农村延伸。私塾兴起，文化教育重心下移，社会底层获得了享受教育的机会，开创了平民教育理念的古代实践。私塾产生于民间，发展于民间，服务于民间，同时，私塾扎根于乡村，发展于乡村，服务于乡村。乡村私塾教育的发展推动了中国古代基础教育的普及，私塾教育彰显的乡村教育和平民教育的理念是古代教育在历史旅行中沉淀下来的宝贵财富，以今天的教育眼光审视，仍然熠熠生辉。

3. 私塾发展折射出儒家教育教学思想的嬗变

中国古代私塾，尤其孔子私塾，在教育教学原则、教育教学方法、教学内容等方面的教育教学理念非常符合教育规律，对中国教育产生了深远的影响。

在教育教学原则方面，私塾遵循先易后难、循序渐进的教学原则，既符合教育规律，又符合学生发展规律。在教育教学方法方面，私塾采取个别教学、因材施教、启发式教学等，从学生实际出发，有利于学生个性发展，至今被人们沿用。在德育教育方面，私塾寓道德教育于教学过程中，道德教育与知识教育融为一体，塑造德才兼备的人，促进学生全面发展。

在教学风格方面，孔子的自由、民主、宽严有度、言传身教的教学风格，活跃了学习气氛，学生感受到了爱和宽容，体验到了做人、做事、做学问要严格、认真、细致、一丝不苟，孔子更主张老师的身教重于言传，教师要做学生的楷模和典范，用自己来感染学生，教化学生。

中国古代私塾教育教学理念、方法和孔子的教育思想具有丰富、深邃的教育内涵。当代教师教育理应挖掘、探研、继承、发展和创新私塾教育教学理念和孔子教育思想。积厚流光，中国古代私塾教育为中国古代教育做出了不可磨灭的历史贡献，在中国教师教育史上也书写了浓墨重彩的一笔。

第二节 雪泥鸿爪：中国古代书院教育

一 博大精深：书院的内涵

本节从书院之名的起源、书院产生的历史条件、官方设立的书院和私人创办的书院及书院教育的起源四个方面来探究书院的内涵。

（一）书院之名的起源

邓洪波在《中国书院史》中提及，"'书'表现的是特色，'院'显示的是规模"。① 中国古代士人将藏书和校书的一些房舍用围墙围起来的地方称为书院。

对于书院之名何时而起，众多学者有不同的解释，邓洪波在《中国书院史》中提出了自己的观点，书院产生于唐代初年，最明显的例证是今日湖南攸县的光石山书院以及地方志记载的唐初书院：陕西蓝田的瀛洲书院、山东临朐的李公书院、河北满城的张说书院。②

（二）书院产生的历史条件

书院由唐代高等私学发展而来。书院产生的历史条件有书院以私学为基础，士人对教育有新的要求，印刷术促使书籍供应的变化，以儒学为教育核心四个方面。

书院是在私学的基础上逐步发展起来的。隋唐时期，经济开始繁荣，平民的生活发生变化，过上安定的生活。政治、经济的变化，必然会激发庶民对教育的需求。古代官学有等级和数量的限制，满足不了平民教育需求，平民受教育就需要大量的私学，形成以广读书本和聚徒讲学为特征的新的教育形式——书院。书

---

① 邓洪波：《中国书院史》，武汉大学出版社2012年版，第56页。
② 邓洪波：《中国书院史》，武汉大学出版社2012年版，第2—6页。

院以私学发展为基础，是私学的历史承续，是私学发展繁荣的必然教育形态。

隋代实行中央集权制，政治、经济、文化等方面实行改革，以加强中央集权的权利、扩大政权的阶级基础。隋朝把改革吏制和选士制度作为重点，实行科举取士制度。科举取士制度打破了门阀士族政治权力的垄断，门阀势力的失落，寒门势力的上升，改变了社会风气，形成重视教育的观念，极大调动了平民入学、求学、办学的积极性。科举考试，录取的人数少，参加考试的人数多，士人学习的目的是进士及第，内容围绕科举考试的需要，以功名为动力。进士考试内容要求比经科考试更高，知识范围更广，知识的深度更深。加之官学的等级制和数量的限制，士人对教育提出新的需求，只有高等私学才能满足士人读书入仕的教育期望。

社会的变革，科举取士制度的实施，士人对教育新的需求，必然刺激书籍的需求量大增。在隋唐时代，书籍主要依靠手抄，很难适应社会的需求。雕版印刷术的发明，大大提高印刷的速度和效率，书籍供应适应了社会的需要，同时满足了私家藏书的需求，这就为书院的产生创造了历史条件。

私学，从本质上讲是民间创办学校，其特点是自主办学、自由讲学、自由求学。大众接受不同的文化思想，形成不同的文化信仰，儒、道、释三教也各有自己的教育载体。佛家开展佛学传授的基地是寺院，道家开展道学之地则是道观，儒学开展儒学教育则是以精舍、塾堂为基地。在精舍、塾堂的基础上形成并发展成新的教育形式，形成书院。书院是继承、传播儒家思想的主要场域，以儒学为精神支柱。

（三）官办书院和民建书院

书院起源于唐代初年。书院的办学主体有官府和民间，书院初始阶段，官办书院和民建书院共存的初始状况是，"唐五代72所书院中，除7所书院不明创建人之外，其他65所可以确知其出身情况。65所书院中，9所为中央政府所建，3所为地方官员所建，合计官建书院12所，占总数的18.46%，另有一所书院得到过皇帝的赐额；民建书院53所，占总数的81.53%"①。这些统计数据表明，唐五代书院既有官方设立的书院也有民间创建的书院，说明民建书院是书院的主要形式，而官建书院在数量上处于次要地位。同时，说明书院初始阶段，官府教育资源短缺，无法承担全部社会教育义务，民建书院弥补了官方教育力量的不足，承担了一定的社会教育责任。官方设立的书院和民间创建的书院相互联系，相互补充，彼此影响，完成书院的历史使命，走完始于唐、兴于宋、推广于元、普及于明、衰落于清的漫长历程。在书院初期，官府书院和民间书院的功能同异共存（见表5-7）。

---

① 邓洪波：《中国书院史》，武汉大学出版社2012年版，第55页。

表 5-7 书院的功能

书院	功能
官府书院	1. 征求图书、刊辑经籍；2. 收藏典籍、类分甲乙；3. 讲论儒道、申表学术；4. 燕饮诗酒、撰集文章；5. 招贤论典、顾问应对
民间书院	1. 藏书读书；2. 游宴会友；3. 吟诗作文；4. 学术交流；5. 教学授受；6. 讨论政治；7. 研究著述

资料来源：邓洪波：《中国书院史》，武汉大学出版社 2012 年版，第 59 页。表格为笔者根据该资料自制。

官府书院具有出书、藏书、赋诗、讲学、顾问五大功能；民间书院具有藏书、会友、吟诗、学术、教学、著述、讨论七大功能，呈现出书院功能的多样性。无论官府书院还是民间书院都具有藏书、出书等功能，说明书院功能的文化继承性。表 5-7 中还体现出民间书院功能的灵活性、丰富性，与官府书院相比较具有发展性，这也是书院从诞生初期就显示出强大的生命力，八百年绵延不绝的原因所在。

（四）书院教育的起源

官方设立的书院，如丽正书院、集贤书院，其职责主要为收集整理、校勘修订书籍，帮助皇帝了解经典史籍。

民间创建的书院是私人聚书、读书治学并聚徒讲学的地方。书院教育起源于民间创建的书院。邓洪波在《中国书院史》中指出，福建的松洲书院服务于公众，组织传道授业等教学活动。[1] 这说明从唐松洲书院开始，书院教育就已形成。王炳熙在《中国古代书院》中认为，书院教育起于唐末五代民间创建的书院。他从三个方面进行论证：首先，唐代雕版印刷发明之前，只靠抄书已无法满足人们对图书日渐增长的需求量，唐代雕版印刷技术的发展为民间藏书创造条件，这也是书院教育产生的前提。其次，在《全唐诗》中，以书院为题的诗有 11 首，这说明唐代就有私人创建的书院。再次，列举唐末五代各地方史志中记载的 30 多所书院中，有明确记载讲学活动的有 3 所书院（原书所注）：江西的皋獠书院，"唐通判刘庆霖建以讲学"[2]；福建的松洲书院，"唐陈珣与处士讲学处"[3]；江西的东佳书堂（亦称陈氏学堂、义门书院）及江西的梧桐书院，"唐罗靖、罗简讲学之所"[4]。从邓洪波和王炳熙的结论看，唐末五代书院具有书院教育的雏形，书院从聚书到读书再到聚徒讲学，实际上已演变为具有教育性质的机构。

二 兴微继绝：书院的发展历程

纵观书院八百多年的发展历程，书院的演变，肇始于唐，兴起于五代，鼎盛

---

[1] 邓洪波：《中国书院史》，武汉大学出版社 2012 年版，第 6 页。
[2] 王炳照：《中国古代书院》，中国国际广播出版社 2009 年版，第 17 页。
[3] 邓洪波：《中国书院史》，武汉大学出版社 2012 年版，第 6 页。
[4] 邓洪波：《中国书院史》，武汉大学出版社 2012 年版，第 18 页。

于宋,转型于元,起伏于明,衰落于清。

(一)唐代的书院

隋朝高等私学的发展,到了唐代产生书院。书院源于私学的书斋和官学,书院在官学和私学影响下,开始它的历史使命和发展历程。唐代书院发展缓慢,350多年的书院发展经历3个时期的艰难成长:第一阶段,自唐初至唐中期;第二阶段,自唐中期至唐末;第三阶段为五代十国时期。[1]

第一阶段,自唐初至唐中期。在百年(公元618年至公元712年)的书院成长期间,书院数目极少,邓洪波在《中国书院史》中统计,自唐初至唐中期95年,"共5所书院,年平均0.0526所"[2]。这一数据说明,民间书院发展缓慢,书院的发展处于孕育阶段。在这一时期,书院主要是士人读书、治学和聚徒讲学之所,书院逐渐发展具有学校性质的教育机构。

第二阶段,自唐中期至唐末。在近两百年(公元713年至公元907年)的漫长发展期间,"共54所书院,年平均0.2769所"[3]。这一数据说明,自唐中叶至唐末,书院数量比第一阶段5所净增长49所,这一时期,书院数量有大幅度的增长,书院处于迅速发展期。书院的迅速发展有一定的历史原因,第一,唐代推行崇圣尊儒文教政策,树立儒家政治思想的权威地位,统一教育内容,建立新儒学。第二,唐代建立相对完善的私学教育制度体系,相继制定隐居读书的教育制度、私人讲学制度、私塾制度、家学制度等,形成私学与官学教育制度相统一,教学内容丰富,教学形式多样,教育具有层次性和广泛的社会性的特点。在教学内容上,官学与私学使用统一教材《五经正义》;在培养目标上,私学与官学都以参加科举考试为目标。第三,唐代发展近百年的书院引起朝廷的关注并给予其肯定,同时赋予其新的功能,官学与私学相辅相成,共同承担教育责任,官府书院和民间书院同时得到迅速发展。

第三阶段,五代十国时期。近半个世纪(公元907年至公元960年),战乱频繁、政局不稳,政治、经济、文化、教育受到严重破坏,官学名存实亡,书院在战乱中求生存,但书院继续聚徒讲学。书院弥补了官学的不足,为朝廷培养了大批人才。这一时期,"共有书院13所,年平均数为0.2407"[4]。从年平均数看,第三阶段年平均0.2407所,比第一阶段年平均0.0526所多,与第二阶段年平均0.2769所略少,说明虽然适逢战乱,书院在这一时期仍然有所增长,民间书院仍然在战乱中苦苦挣扎、努力生存。仅存的13所书院给天下读书人一线光明和希望,维系着中国古代教育和教师教育的发展,为宋代书院的发展奠定基础。

---

[1] 邓洪波:《中国书院史》,武汉大学出版社2012年版,第56页。
[2] 邓洪波:《中国书院史》,武汉大学出版社2012年版,第57页。
[3] 邓洪波:《中国书院史》,武汉大学出版社2012年版,第57页。
[4] 邓洪波:《中国书院史》,武汉大学出版社2012年版,第57页。

(二) 宋代的书院

宋代的书院分为北宋的书院和南宋的书院。北宋的三次兴学对书院产生了极大的影响，阻碍北宋书院的发展。南宋书院一直处于勃兴发展，是中国历史上书院发展的鼎盛时期。

1. 北宋的书院

北宋初，书院兴起。三次兴学，书院走向官学化，导致官学兴起，书院衰弱，直接影响北宋书院的发展。

(1) 北宋书院的兴起

北宋初，书院的兴起源于以下历史原因。首先，书院兴起与北宋时期政治、军事、经济有直接的关系。唐末至五代，长期的战乱，使政治、经济、文化、教育都受到严重的破坏和打击。宋统一后，结束割据战乱，重新建立中央集权制，恢复经济、发展生产、繁荣文教。其次，最为重要的是推行"兴文教，抑武事"的基本国策，宋初实施"兴文教，崇儒术"的文教政策，极大地推动了文化教育的发展，调动了民间的学习热情和积极性，激发民众读书。当时，国家刚刚统一，官学在战乱中受到严重破坏，一时难以恢复，难以满足民众的读书和接受教育的需求。民间就自发组织私学，建立书院。书院数目增多，藏书增加，规模扩大，游学、讲学蔚然成风。最后，宋初从战乱中重建，百废待兴，政府亟需人才，完善科举考试制度，扩大科举名额，待遇优厚，读书人的教育积极性高涨。而官学规模小，数量少，不能满足社会对人才培养的需求。在这种历史条件下，书院获得广阔的发展空间。宋初书院的发展满足了社会的需要并帮助政府解决了急需人才的问题，民间书院受到了朝廷的褒奖，提升了书院的影响，进一步促进书院的发展。

(2) 北宋的三次兴学对书院的影响

北宋初，国家刚刚统一，国家急需各方面人才，但由于长期战乱，官学受到严重破坏，朝廷无暇顾及兴建学校。为解决这一社会矛盾，提倡科举，从社会招贤纳士，导致科举制度积弊日深，造成优秀人才的培养和选拔机制不畅。为解决这一矛盾，朝廷推行兴学育才的策略，由此形成三次规模巨大的兴学运动。

第一次兴学运动是范仲淹在仁庆四年发起的，第二次兴学运动是王安石在神宗熙宁、元丰年间主持的，第三次兴学运动是由蔡京在哲宗绍圣至徽宗崇宁年间掀起的。三次兴学运动，均为兴办官学。官学数量增加、规模迅速扩大，学生人数增多，官学办学条件得到进一步的改善，教学质量得到提升。朝廷推行太学三舍法，更增强了官学的吸引力。朝廷注意力由书院转向官学，结果官学兴起，书院式微。

北宋三次兴学运动，对书院影响深远，但书院并未因此"尽废"，书院仍有一定程度的发展。这一时期，出现了一批颇具影响的书院，宋明理学的创始人周敦颐所创办的濂溪书院就是一例。

2. 南宋的书院

南宋书院的发展将中国历史上书院发展推向鼎盛。书院勃兴发展的盛况表现在多方面，南宋书院数量增多、规模扩大、分布区域广，书院在数量和规模上超越北宋，是南宋书院发展的重要标志。朱熹于淳熙六年复兴白鹿洞书院并于绍熙五年复兴岳麓书院，重建了北宋著名书院，说明南宋重视书院教育，书院才得以发展；书院的设施得以完善，书院教育制度走向成熟；供祭的范围更加扩大，书院学术活动和教学活动形式多样，书院的宗旨和意义进一步彰显。南宋时期，书院教学已出现老师答疑解惑，学生自由讨论的形式，强调师生共同研习，教学形式开放、灵活，学习气氛活跃。南宋建立完善的书院规章制度，标志着书院管理体制走向完善。南宋书院的课程、教学、管理步入制度化，也是这一时期书院蓬勃发展的重要原因。

如前所述，北宋时期，宋明理学的创始人，理学的集大成者——周敦颐所创办的濂溪书院对北宋后期的书院产生重要的影响，同时也奠定了理学基础，而南宋书院勃兴的发展与理学的成熟密切相关，可以说，理学的成熟发展是南宋书院勃兴发展的直接动因之一。南宋时期，理学家广泛传播自己的思想，扩大影响，发展书院，并创办新书院。南宋理学家支持书院教育，以书院为论坛，提倡学术争鸣，极大推动南宋书院的学术繁荣。南宋时期，官学的教学内容就是科举考试的内容，教学形式单调、乏味，无学术气氛，更无思想争鸣、学术争论，加之科举制度下的官学教学死板、教学内容的单一，以及科举制度的腐败，导致官学的衰微，为书院提供发展的机会并加速了书院繁荣。南宋时期，印刷术的发展也是促进书院发展的重要原因，通过知识传播推动了南宋书院发展的进程。

宋代书院的发展主要是以学术研究为中心，推动书院教育逐步规范化、专业化，逐步建立和完善书院制度，推进书院教育快速发展。

（三）元代的书院

元代的文教政策极大地推动了元代书院的发展。元代书院的最大特点是书院走向以官办为主体的官学化，促进了元代书院的发展。

1. 元代书院发展

元统一中国后，推行了一系列治国方针政策。元继承辽、金、西夏和本族优秀的文化教育传统，并吸收、借鉴南宋先进的社会制度、政策法令、文化教育政策，提出"尊孔崇儒"、以儒治国，推行"汉化"，以及崇尚理学，兴学重教，重才养士的文教政策，推动了元代书院的发展。

元代书院较宋代有进一步的发展，书院数量比宋代有所增多。首先，元朝奉行"遵用汉法"，采取了比较缓和的文教政策。其次，南宋王朝隐居不仕的遗臣和知识分子自办书院。最后，元朝对某些不合政意的书院并未采取强硬措施，禁毁书院，而是发挥国家力量，帮助有名官吏、学者兴办书院，这些措施有力地推进了元代文化教育的发展和繁荣。

元代书院的教学在教学管理、学风、教学方法等方面都有进一步的改进。首先，元代书院由南宋名儒及其门生担任山长，加强了教学管理，提高了教学质量。其次，名儒在书院自由讲学，活跃学术气氛，吸引大量当时著名学者讲学，书院教学水平得到提高。最后，书院教学主张个人研修，教师指导，改进教法和学法，大大提高了书院的教学质量。

2. 元代书院官学化

元朝建立的第一所书院是建元之前太宗八年（公元1236年）在燕京建立的太极书院，延聘赵复、王粹讲学。其后相继建多所书院，据曹松叶在《元代书院概况》一文中统计，"元代书院共227所，其中新建书院143所，复兴书院65所，改建书院19所"①。元代书院的发展盛况，可见一斑。

元代书院最大的特点是官学化。元代书院走向官学化有一定的历史起因，第一，元代推行"尊孔崇儒"的一整套治国方针，其中文教政策发挥了巨大作用，如重教兴学，重才养士。第二，朝廷设立书院，宋代书院，虽然受到赐额、赐书、赐田等官助的成分，但书院主体仍是私办，而元代书院的主体是官办。第三，朝廷加强书院管理，朝廷礼部等行政组织任命山长、学正、学录、教谕等，官学书院和私学书院享受同等待遇，如山长授官衔并领官俸，鼓励民间绅士、官僚出资捐学。第四，官学书院和私学书院，在教学内容上基本一致，以理学为主。

（四）明代的书院

从洪武、建文、永乐、正统、宣德、天顺、成化、弘治、正德、嘉靖、万历、天启、隆庆到崇祯，明代书院的发展状况和特点各不相同，显示出发展不平稳且有起有伏的历史变化过程。明代书院发展分两个阶段：第一阶段，自洪武、永乐、正统、宣德至天顺成化年间；第二阶段，自弘治、正德、嘉靖至万历年间。②

第一阶段，自洪武、建文、永乐、洪熙、宣德、正统、景泰、天顺至成化年间的书院没有建树，处于平稳过渡。120年间，明代"创建兴复书院共计143所，年平均数只有1.474所"③。将这组数据与元代书院数据相比，时间比元代仅仅只少一年，可书院数量比元代少84所，年平均数几乎是元代的一半。数据表明，明代在120多年间，书院数量没有明显增长，书院发展非常缓慢。这种状况有其历史原因，如明初对书院采取改山长为训导的管理政策；又如倡导官学，推行科举，实行八股。

第二阶段，自弘治、正德、嘉靖至万历年间，书院发展走出了第一阶段的停滞期，在嘉靖和万历年间有很大发展。"从广东省来看，整个明代，创办书院168

---

① 王炳照、郭齐家主编：《宋元分卷》，陈学恂主编《中国教育史研究》，华东师范大学出版社2009年版，第358页。

② 周德昌、王建军主编：《明清分卷》，陈学恂主编《中国教育史研究》，华东师范大学出版社2009年版，第51页。

③ 邓洪波：《中国书院史》，武汉大学出版社2012年版，第286页。

所，而嘉靖一朝占 78 所，万历一朝占 43 所。在安徽省，整个明代创办书院 98 所，而嘉靖年间占 38 所。全国明代书院共建 1239 所，其中嘉靖年间占 37.13%，万历年间占 22.71%。"① 数据表明，在这一时期，明代书院处于兴盛发达期。究其原因，首先，君主专制统治的腐败，加剧统治集团内部矛盾，激化了社会矛盾，农民起义风起云涌，君主专制受到动摇，统治集团无暇强化思想禁锢，为书院的发展创造了空间；其次，官学的腐败，民间的教育需求与日俱增，民间书院得到发展机遇；最后，王阳明"心学"崛起，王守仁、湛若水等名流大儒纷纷设坛讲学，不同学派的思想碰撞，进一步促进了学术争鸣与融合，推动明代书院发展走向鼎盛。

（五）清代的书院

"清统治者对于书院有前后两种不同的政策。清初至雍正中期采取限制与笼络并行的政策，此后则推行发展与加强控制相结合的政策。"②

清初顺治至雍正朝中期，社会尚存明代讲学遗风。清初，兴起颜元的事功之学、王夫之的哲学思想、顾炎武的"实事求是"的考据之学，出现黄宗羲著的《明儒学案》《宋元学案》。同时，涌现出清初讲学三大儒：黄宗羲讲学于南、孙其峰讲学于北、李颙讲学于西，这些都对书院的发展起到影响。但是，清初，书院讲学之风未能传开，究其原因，是清政府实行不准别建书院的禁令，对书院采取压制政策，这也是自顺治至雍正朝中期 90 年间书院沉寂的原因。然而，清政府不像明朝采取强硬措施，压制书院发展，而是采取怀柔政策，一方面压制，一方面笼络。清政府对书院的笼络，仅仅是针对个别规模大、有影响的著名书院给予重视和支持，但不准别建书院的禁令仍未解除。

雍正朝中期，清政权已巩固，靠文化专制形成的朱学独尊的局面已定。清政府开始转变对书院的政策，由限制与笼络并行政策调整为推行发展与加强控制相结合的政策，清代书院才真正获得发展。

清朝书院的发展主要靠书院的官学化政策推动，清政府对书院的控制也主要是靠书院的官学化的实施、控制与发展同步进行。书院官学化，从清世宗开始，推行 3 条措施：第一条是省会设立书院；第二条是朝廷承担书院经费；第三条是官府对书院直接管理。至高宗朝，官学化的政策得到加强和完善，书院官学化获得进一步的发展。在清世宗的书院官学化基础上，高宗推行更加具体的书院管理措施，在书院体制上，政府直接管理书院，有权聘请山长、教师；在书院录生上，学生由政府考核录取；在书院课程上，政府规定教学内容，将八股文作为教学重点；在书院管理上，官府直接参与和操纵教学活动。清政府这一时期对书院政策

---

① 周德昌、王建军主编：《明清分卷》，陈学恂主编《中国教育史研究》，华东师范大学出版社 2009 年版，第 55 页。

② 马镛：《清代（上）（公元 1644—1840 年）》，李国钧、王炳照总主编《中国教育制度通史》第 5 卷，山东教育出版社 1999 年版，第 202 页。

的改变，通过书院官学化措施的推进，加速了书院发展的进程。

三　体大思精：书院的教育功能

书院是在私学的基础上发展起来的，是对私学的继承、延绵、提升和发展，是中国私学发展历程中的新形态，是中国古代学校教育系统中的重要组成部分，书院在八百年的演变历程中彰显出强大的教育功能。

（一）古代高级教育形态发展的里程碑

书院是私学的高级教育形态，是中国古代教育发展的必然产物。书院推进了中国古代教育的发展，是中国古代教育由私学的初级教育形态转向私学高等教育形态的里程碑。

（二）教育走向民间，弥补官学教育资源不足

书院打破了封建中央集权制的官学垄断地位，使文化教育重心下移，平民享受教育，满足了民间对教育的需求。民建书院的办学主体是私人或民间组织，书院的性质是私学。民间自主办学，满足民间自身的文化教育需求，同时弥补官学的不足，为历朝历代培养需要的人才，促进社会的发展，为中国古代教育做出巨大贡献。

（三）保存、传承、传播和创新文化

书院具有保护和保存文化的功能，书院通过藏书，保护和保存大量中国古代优秀文化遗产。书院是中国古代高等教育形态，藏书、修书、读书，使中国古代文化血脉得以延续。书院具有传承和传播文化的功能，书院，虽然是民间私学，但书院聚徒讲学、学术著述、讨论研究等传承、传播着中国古代优秀传统文化。书院不断探索、提高、推动中国古代教育的发展，保存、传承、传播、创新中国古代文化。

（四）传播和创新学术思想的基地

书院的产生和发展是以儒学为精神支柱，与学术思想的形成和发展密不可分。书院学术气氛浓厚，是学术交流、学术研究的场域。许多学术思想，如儒家思想、程朱理学、阳明"心学"等都源于书院、产生于书院、传播于书院、发展和创新于书院。书院自主办学、自由讲学、自由求学、自由求师、自由聚徒授课，灵活多样的办学方式、自由的学术氛围，使各家学派百家争鸣、百花齐放。各家学派又积极反哺书院并推动书院的发展。

（五）倡导学研结合、知行合一

书院既是教学之地，又是学术研究之地，以学促研，以研带学，开创学习和研究的有机结合。书院既注重教学，又注重实践，践行学行并重。学行并重、学研结合的学术理念推动书院不断地向前发展，进而推进中国古代教育迈向高级形态。

（六）彰显办学思想，践行求学精神

书院的办学性质多为私学，可书院更多的是肩负为社会培养人才和补充官学办学资源的不足。书院的办学主体虽然多为民间，但书院担当着下层民众文化教育的使命，推动普及教育和教育民间化的重任。在漫长历史演变历程中，书院始终艰难而又出色地完成其历史使命。书院的求学精神更值得后人借鉴学习，为学术而不只为科举，求学问而不求出身，这也是书院绵延不绝的生命力之源。

书院的教育功能多样、深刻、丰富，需要后人不断地探究、挖掘、借鉴、学习。书院的精神更是博大精深，更值得后人探源、深研、传承、发扬并不断创新。

四 崇论宏议：书院的教师教育功能

（一）书院蕴含的教师教育精神

探源书院产生、兴起、鼎盛、转型、起伏、衰落的千年演变历程，透视书院的内在本质，书院和官学的本质区别是办学性质，书院的性质是私学。书院的性质决定了书院和官学的最大区别在于书院在千年漫长岁月中凝聚了书院精神，也蕴含了丰富的教师教育思想。

1. 办学精神

书院办学精神体现在为学术而不只为科举。书院不以科举入仕为主要目的，而是为了追求继承、传播、创新文化，探求学术与真理，这一办学思想催生书院的学术活力和生命力，表现在百家争鸣、百花齐放的学术繁荣，具有完备的管理制度、明确的培养目标和灵活多样的教学形式等，这也正是书院绵延不绝，走向兴盛的原因所在。官学追求的是呆板和僵化的科举教育，教化学子，为国取士，缺乏相应的活力和生命力。政府推进书院官学化进程，书院失去它的本质特性，丧失了其办学精神，必然逐步走向衰亡。

2. 育人精神

书院育人精神源于书院办学精神。书院育人坚持求学问而不求出身，不为出身入仕、飞黄腾达、光宗耀祖、暮登天子堂，而是为了获得知识，探究真理，完善人格，提升自己。书院育人精神使书院充满生机，学术氛围更加浓厚，表现在学子具有探究精神、创新精神，不断传播中华民族优秀文化。书院提倡的自由求学更是一种宝贵的育人精神，这种精神激发学子自由求学，遍访名师，吸收不同学派思想，丰富完善自我，传承文化，创新文化。

3. 学术精神

私塾是中国古代的基础教育，是书院的初级阶段，书院是私塾的继承和发展。学术自由，自春秋时期私塾产生就已形成，在当时百家争鸣、百花齐放的学术氛围中，学派林立，百家争鸣，开创了空前的学术繁荣。书院继承和发展了先秦时期的学术自由核心要义。

唐代尊孔崇儒，以儒家学派理论为治国方略，书院产生、兴起；宋代书院的

兴盛与理学的形成、发展密不可分；明朝心学的兴起推进书院再度繁荣。学术自由的精神不仅有其丰富、深邃的内涵，而且有着丰富多元的外在形态表征。教学方式上，学生可自由提问，教师认真解惑，师生、生生之间自由辩论；办学制度上，书院逐渐形成讲会制度，不同思想相互碰撞，营造了活跃的学习气氛，形成了良好的学风；在人才培养上，书院以学术自由的精神为思想武器，冲破科举制度的桎梏，不为科举兴学，培养了一批颇具影响的学术大师和治国理政的社会精英；在学术研究上，各学派以学术自由为理念，相互包容、理解、尊重，兼容并蓄，相互促进，共同发展。这种学术自由精神鼓励求学者登上学术顶峰，推动着书院繁荣发展。

4. 社会责任

书院虽为私学性质，但既承载着完成民间教育的功能，又肩负着为国育才的社会功能。在书院发展历程中，书院一直与官学相辅相成，相望而行。既补充官学教育资源不足，与官学共同承担完成社会高等教育的历史使命，又为政府解决了教育经费不足等问题。书院不断为社会培养可用之才，既满足了民间的教育需求，又满足了国家的教育需求。这种社会责任精神是书院千年不衰的动力源泉，推动书院发展、教育进步和社会前进。

5. 教学创新

书院的典型教学组织形式就是"讲会"。书院教学创新精神集中体现在具有典型特色、一直相传的"讲会"上。"讲会"起源于南宋书院，后经书院的发展，"讲会"制度逐步完善，形成制度，演变成一种学术交流、研究、辩论、传承知识等紧密结合的重要教学组织形式。"讲会"形式多样，内容丰富，既可是各家学派理论，也可是道德教化。书院将学术和教学相结合、理论与实践相结合，创生的"讲会"制度和教学组织形式一直被大学沿用至今，体现出了中国古代书院教学学术创新的永恒魅力。

书院教育蕴含着丰富、深邃的教育精神、教师精神、教师教育精神。书院办学精神、求学精神、学术自由精神、社会责任精神、教学创新精神都是教师教育精神的重要内涵和核心要素，是古代教师教育发展的动力源泉。挖掘中国古代书院蕴含的教师教育精神，对当代教师教育仍有可贵的启示价值和借鉴意义。首先，教师要继承书院办学精神，为求真理孜孜探究；其次，教师要发扬求学精神和人本精神，促进学生的全面发展；最后，教师要具有教学创新意识，不断创新教学模式，改革教学方法，提高教学质量。

(二) 书院承载的教师教育文化

书院在千年嬗演历程中积淀了深厚的文化精华。在千年演变中，书院以兼容并蓄、包容兼储的博大胸怀，继承并融合儒、道、释三教思想，把儒学、墨学、理学、心学等各家流派的理论思想融为一体，经过继承和发扬光大逐渐积淀成书院文化。书院文化继承、传播、创新了中华优秀文化，推动书院繁荣兴盛，为后世留下宝贵的文化遗产。

书院文化是我国优秀传统文化的瑰宝。中国古代书院文化是以儒家思想为基础。书院文化的基本内涵是求真、求善、求美；其精髓是明德正心，正心在于追求真理，明德在于发扬光明之德。书院文化的显著特征是书院文化的人文精神，人文精神追求人格的发展和完善，注重人的价值和需求，强调人的价值实现和社会实践，关注道德教育。书院教育践行人文精神，把道德教育放在人才培养的首位，按儒家道德模式培养社会需要人才。

书院文化承载了深厚的中华优秀传统文化，蕴含着丰富、深邃的教师教育文化，挖掘书院教师教育文化的精华，将其转换成现代教师教育文化精神，引领现代教师教育发展，具有深远影响的现实意义。

(三) 书院蕴含的教师专业品质

中国古代书院大多都是民间创办。创建主体主要有两种：第一是一些饱学之士为官不顺或不愿进入仕途，而热心于钻研学术，追求真理，于是创建书院，并以书院及其门徒为载体，实现文化的传承与创新，实现自身远大抱负。第二是以光大本门学派的学术为目的的学派代表人物创建书院，把书院作为传播本门学派学术的基地。古代书院创建人具有共同的特征，或为学界翘楚，或为名流大士，他们既有深邃的思想，又有广博的知识，并在本门学派或社会上颇具影响。

古代书院师资也具有共同的特征：第一，书院云集一批当时最有影响、最具盛名的学者；第二，书院学者一般都具有自己的学术建树并得到社会的认可；第三，书院讲学内容大都是学者的思想成果。名人创建书院，名师讲学于书院，提高了书院的教学质量，扩大了书院的影响，推动了书院的进一步发展，书院师资都是具有一定专业素养和专业成就并在学术上具有一定建树的人，代表了当时社会的最高学术水平，引领当时社会学术发展方向。

(四) 书院开创的教师教育专业发展路径

书院始于唐代，源于私人治学的书斋。书院与书斋不同的是它向社会开放，成为公众学术活动的场所。书院是在继承、探索、创新的过程中发展壮大，完成其历史使命的。在漫长的发展历程中，书院探索出可贵的发展路径，为教师教育提供了可资借鉴的历史经验。

1. 自由讲学

书院主张自由讲学、自由聚徒授课。书院自由聘请名师讲学，名师可自由在不同书院传播学术思想。自由讲学增强了学术交流与传播，活跃学习气氛，形成了浓厚的学术氛围，提高了书院的教学质量，极大地推动了书院的发展。

2. 教、学、研、行合一

书院自产生伊始，就主张学习要以学生自学为主，教师个别指导为辅，教学相长；大师讲学，提纲挈领，学生自行体会；教学注重启发诱导，因材施教，允许学生存在差异的教学理念。书院教学形式灵活多样，采用自主钻研、互问互答、开展辩论、集中讲解相结合的教学方式。书院注重人才能力的培养，鼓励学生提问，培养批判能力，强调学生自主学习，培养学生自学能力，提高教学效果。

书院具有多种教育组织功能，既是教育教学组织，又是学术研究机构，同时还是文化传播的场域。学术研究促进书院教育教学，教育教学推动学术研究，二者密切相关，共生共融，相互协同，共同发展。

书院教育特别强调理论与实践相结合，主张知行合一。"讲会"就是最好的读书穷理与躬行践履相结合的例子。在书院，教是研究，学是研究，学术将教与学紧密联系起来。书院主张教与实践结合，学与实践结合，研与实践结合，教、学、研、行有机结合，达到教、学、研、行合一。

书院教育发展路径不仅对于书院具有合理性和实用性，而且对于当代大学教育也具有启示意义和借鉴价值。现代大学实行书院制、书院模式等都是对古代书院教育的发展路径的继承和践行。

(五) 书院探索的教师教育人才培养模式

书院的人才培养目标非常明确，为学术，而不仅为科举。书院既可培养科举人才，也可培养学术人才，尊重人才发展和个性成长，既有利于发掘人才的社会价值，更有利于促进人才的个性发展。

书院在人才培养上，既注重学生的品德教育，又注重学识培养，将品德教育放在首位，培养德才兼备的人才。书院教育始终将德育教育渗透于教育全过程，以儒家"道"为核心的人文精神培养人才。书院培养出来的人，大多有两类：一类参加科举考试进入仕途；一类热衷学术成为名流大儒，或传承与发展本门学派，或创立新的学派。书院开创的人才培养模式对当代教师教育"良师""全人"等育人理念有着重要启示价值，昭示出在学术进步、服务社会和个人发展中协同平衡的当代教师教育人才培养新路径。

第六章 从上海南洋公学到"五四"新学：我国教师教育的近代萌芽

本章由南洋公学、京师同文馆、京师大学堂、"五四"新学4个部分构成。从南洋公学的创办到京师同文馆并入京师大学堂再到"五四"新学，这一时期是我国教师教育的近代萌芽阶段。南洋公学开创我国近代师范教育先河；京师同文馆是洋务派办的第一所新式学堂，是中国近代教育事业的起点；京师大学堂也是中国综合性大学的标志，其师范馆是中国现代高等师范教育的开端；新文化运动推动了学制改革，标志着中国近代师范教育培养体系的建立。

第一节 革故鼎新：南洋公学

一 改弦易辙：南洋公学的发展

1896年，盛宣怀在《奏请筹设南洋公学》中提出创建南洋公学，到1897年创建南洋公学的奏折得到清政府的正式批准，再到1896年，盛宣怀提出创建南洋公学师范院，最终到1905年，南洋公学归属商部，南洋公学完成了它十年的光辉历史使命。

（一）南洋公学的创建

南洋公学创始人盛宣怀，1844年出生于江苏武进（今常州市），字杏荪，号愚斋。盛宣怀被誉为中国近代史上"处于非常之世、做了非常之事的非寻常之人"[1]。1896年3月，盛宣怀面陈地方实力派人物、两广总督刘坤一，提出"准备在上海捐购基地，筹款开办一所新式学堂——南洋公学"[2]。1896年10月，盛宣怀在《奏请筹设南洋公学》中提出："其设馆之地，京师由专司学政大臣酌定，上海附于南洋公学"[3]，首次向朝廷提出创办南洋公学。1896年10月，盛宣怀在

---

[1] 王宗光主编：《上海交通大学史》第1卷《南洋公学》，上海交通大学出版社2016年版，第8页。
[2] 盛懿、孙萍、欧七斤编著：《三个世纪的跨越：从南洋公学到上海交通大学》，上海交通大学出版社2006年版，第4页。
[3] 盛宣怀：《奏请筹设南洋公学》，载汤志钧、陈祖恩、汤仁泽编《戊戌时期教育》，陈元晖主编《中国近代教育史资料汇编》，上海教育出版社2007年版，第268页。

《奏请筹设南洋公学》中提出办学目的为"育才之要"[1]并解释其原因:"西国人才之盛皆由于学堂。然考其所为学堂之等,入学之年,程课之序,与夫农工商兵之莫不有学"[2]。1897年1月,盛宣怀在《开办铁路总公司并启用关防折》的附奏《筹建南洋公学及达成馆舍片》中再次提出兴建南洋公学。1897年1月26日,盛宣怀创建南洋公学的奏折最终得到清政府的正式批准。

《南洋公学章程》明确指出,"西国以学堂经费,半由商民所捐,半由官助者为公学。今上海学堂之设,常费皆招商电报两局众商所捐,故定名曰南洋公学"[3]。学习西方各国以经费来源确定学校之名,南洋公学之经费由招商电报两局众商所捐,故取名为公学,学校设在上海,故有南洋之称,因此,取"南洋公学"之名。

南洋公学校址,首选上海老城厢高昌庙附近。1898年6月,南洋公学最终确定选在今日的徐家汇校区作为永久校址。南洋公学首任总理为何嗣焜。随后,陆续聘请张焕纶、伍光建、李维格、福开森、薛来西、乐提摩等做中外教习,分派职务,各有所司。[4]

盛宣怀在《南洋公学历年办理情形折》中提出,学校经费来源于商家捐助,不局限于某一省,不狭隘于地方性,来自全国各地;学生毕业颁发文凭;学生身份与国家大学堂学生身份相同。[5]《南洋公学章程》提出,学生毕业后从事政法工作。[6]从《南洋公学历年办理情形折》和《南洋公学章程》来看,南洋公学是由盛宣怀直接创建的,培养以从事政法人员为主的专业人才的正规学校。

(二) 南洋公学师范院的创建

在南洋公学筹建初期,盛宣怀就有创办南洋公学师范院的想法。1896年8月,盛宣怀在《南洋公学纲要》第十三条提出:"现就公学内设立师范院"[7]。盛宣怀在《南洋公学纲要》中明确呈述了设立师范院的原因,一是西方及日本各国学堂的教师都出自师范院校;二是虽然中国儒生多,但能成为教师的少,设立师范院目的是培养专职的教师。盛宣怀对师范院做出了具体规划,师范院预招学生30人,按实际情况分3个班,3年后每次以才选出10人当教师,然后再补充10

---

[1] 盛宣怀:《奏请筹设南洋公学》,载汤志钧、陈祖恩、汤仁泽编《戊戌时期教育》,陈元晖主编《中国近代教育史资料汇编》,上海教育出版社2007年版,第266页。

[2] 盛宣怀:《奏请筹设南洋公学》,载汤志钧、陈祖恩、汤仁泽编《戊戌时期教育》,陈元晖主编《中国近代教育史资料汇编》,上海教育出版社2007年版,第266页。

[3] 盛宣怀:《奏为筹集商捐开办南洋公学折(附章程)》,载汤志钧、陈祖恩、汤仁泽编《戊戌时期教育》,陈元晖主编《中国近代教育史资料汇编》,上海教育出版社2007年版,第271页。

[4] 盛懿、孙萍、欧七斤编著:《三个世纪的跨越:从南洋公学到上海交通大学》,上海交通大学出版社2006年版,第8—11页。

[5] 夏东元:《盛宣怀传》,上海交通大学出版社2007年版,第191页。

[6] 盛宣怀:《奏为筹集商捐开办南洋公学折(附章程)》,载汤志钧、陈祖恩、汤仁泽编《戊戌时期教育》,陈元晖主编《中国近代教育史资料汇编》,上海教育出版社2007年版,第271页。

[7] 王宗光主编:《上海交通大学史》第1卷《南洋公学》,上海交通大学出版社2016年版,第61页。

人,则师道立不患师资缺乏。①

盛宣怀创办南洋公学师范院也有外因的推动。在南洋公学筹建期间,有两件事促进了盛宣怀创办南洋公学师范院的想法。首先,1892 年 12 月,梁启超在上海《时务报》发表《论师范》一文,为创办师范院进行了舆论启蒙。其次,南洋公学筹备人之一钟天纬致信盛宣怀,申请补助经费以设师范学堂。二者共同促成盛宣怀坚定筹建师范院的信念,经过一番努力,终于 1897 年 4 月 8 日,南洋公学师范院正式开学。

> 南洋公学师范院建成,标志着南洋公学正式建校,同时也意味着将梁启超、钟天纬等有识之士建立师范学堂的倡言变为现实,我国近代最早的师范教育机构宣告诞生。②

(三) 南洋公学的归属

1901 年《辛丑条约》签订后,清政府推行新政,实行改革管制。1903 年 9 月,新设商部认为,振兴工商业,应从教育着手。商部于 1904 年 10 月,遂函请盛宣怀将南洋公学划归商部。由于南洋公学经费短缺,1904 年 11 月,盛宣怀复函表示同意。1905 年 3 月,由于商部急需商务人才,商部呈奏《奏改南洋公学为高等事业学堂折》,随后盛宣怀上奏《南洋高等商务学堂移交商部接管折》,1905 年 4 月准奏,至此,南洋公学归属商部。虽然南洋公学归属了商部,但它成为高等教育事业的组成部分,给中国近代教育留下了深远的历史影响。

二 分层设学:南洋公学的历史贡献

南洋公学虽仅走过短暂的十年历程,却开创了中国近代教育先河,掀起中国近代教育之先风,留给中国近代教育丰厚的教育遗产,推动了中国近代教育发展。

(一) 开创师范教育之先河

南洋公学是在科举制度一统天下的情况下建起的几所新式学堂之一,而南洋公学的师范院是中国近代教育中最早的师范教育机构。南洋公学师范院是中国近代师范教育的开端,实行的办学思想、办学目的、培养目标、办学形式、教学内容、教学方法等开师范教育之先河,成为中国近代教育史上第一所专门培养师资的师范院校。师范院虽然短短十年,但在师范教育培养模式、师范教育课程设置、师范教育教材、师范教育社会实践、师范教育管理等多方面进行了尝试和探索,为中国近代教育、现代教育,特别是为教师教育积累了宝贵的经验。当代教师教育应当挖掘、探源南洋公学师范教育思想精髓,继承、发扬、创新南洋公学师范

---

① 王宗光主编:《上海交通大学史》第 1 卷《南洋公学》,上海交通大学出版社 2016 年版,第 61—62 页。
② 王宗光主编:《上海交通大学史》第 1 卷《南洋公学》,上海交通大学出版社 2016 年版,第 65 页。

教育的办学模式、培养模式、教学模式，推动当代教师教育发展。

(二) 开创自编教材之先声

南洋公学成立之时，我国没有统一的教科书。当时，教会学校有教科书，但教科书承载国家意志，承担国家培养什么人的使命，教会的教科书是为教会服务，不适合南洋公学使用。为解决教科书的问题，《南洋公学章程》确定，效仿日本编写教科书的方法，实行自行编纂教科书。①

日式教科书编写，需经过多次修改，最终确定，最后，由文教省审定颁布。南洋公学教科书编写需参考东西方编写教科书的方法，经过试用，在实践中不断修改，最后，经多次修改更定，由总理与华教习和洋教习逐字逐句研讨、校订，最终确定。关于南洋公学教科书编写工作，《南洋公学章程》确立了实施办法，设立译书院，由于师范院及中上两院学生，本身有翻译课程，因此，在师范院及中上两院学生中选有学识、能胜任的学生，翻译图书院购藏东西各国新书，陆续出版发行。②

南洋公学所编所译教科书涉及范围比较广泛，既有学生用书，又有教师用书。例如，有初等教育国文、修身、历史、地理、算学、音乐、美术等各门学科的学生用书，有《统合教授法》《地理教授法》之类的教师用书等。在南洋公学所编所译教科书中，《蒙学课本》影响最大，它也是第一本中国人自编的教科书，开中国人自编教材之先河，标志着中国近代教育史上教科书的诞生，具有划时代的意义。

(三) 首次确立分层设学的学制

南洋公学是中国近代教育史以来三级学制的开拓者和先行者。南洋公学四院的建制在中国教育史上具有重要的历史地位和影响意义。

《南洋公学章程》确定设立四院，即师范院、外院、中院、上院，实际上已经确立了外院属初等教育、中院属中等教育、上院属高等教育的三级教育学制。③这在中国教育史上开三级学制先河，意义深远。

《南洋公学章程》确立的三级学制，在南洋公学分为上中外三院，实际上，上院属大学，中院属中学，外院属小学。④三级学制的确立，形成了南洋公学自成系统的学校制度。南洋公学开创了学校管理制度的先河，在中国教育史上的作用和意义不可忽视。

南洋公学开创了中国近代教育的多项先河，充分说明南洋公学为我国近代教

---

① 盛宣怀：《奏为筹集商捐开办南洋公学折（附章程）》，载汤志钧、陈祖恩、汤仁泽编《戊戌时期教育》，陈元晖主编《中国近代教育史资料汇编》，上海教育出版社2007年版，第272页。
② 盛宣怀：《奏为筹集商捐开办南洋公学折（附章程）》，载汤志钧、陈祖恩、汤仁泽编《戊戌时期教育》，陈元晖主编《中国近代教育史资料汇编》，上海教育出版社2007年版，第272—273页。
③ 盛宣怀：《奏为筹集商捐开办南洋公学折（附章程）》，载汤志钧、陈祖恩、汤仁泽编《戊戌时期教育》，陈元晖主编《中国近代教育史资料汇编》，上海教育出版社2007年版，第271—273页。
④ 盛宣怀：《奏为筹集商捐开办南洋公学折（附章程）》，载汤志钧、陈祖恩、汤仁泽编《戊戌时期教育》，陈元晖主编《中国近代教育史资料汇编》，上海教育出版社2007年版，第271—273页。

育事业做出了巨大贡献，也奠定了南洋公学在我国近代教育史的非凡地位。南洋公学为中国近代教育发展探索了发展路径，为中国教育发展做出了巨大贡献，毫无疑问，盛宣怀作为中国近代教育的先驱、开拓者和推动者被后辈学人缅怀铭记。

（四）审定近代高等学府首部管理章程

1897年10月，何嗣焜着手拟定《南洋公学章程》。1898年重新修订，随后呈报朝廷，形成正式的《南洋公学章程》。

《南洋公学章程》共分九章二十节。第一章设学宗旨，开宗明义南洋公学的办学宗旨，提出"公学所教，以通达中国经史大义厚植根柢为基础，以西国政治家日本法部文部为指归"①；第二章分立四院，主要规定公学设立师范院、外院、中院、上院；第三章学生班次等级，强调师范生分格五层；第四章学规学课，主要规定学规；第五章考试，规定各类考试要求；第六章试业给据，按五格分层依次发白、蓝、绿、黄、紫、红据，递进递给；第七章藏书译书；第八章出洋游学；第九章教习人役名额。②

《南洋公学章程》是南洋公学第一份管理章程，是中国近代教育史最详细的、完整的、具有可操作性的教育规程，是新式教育体制的第一份管理章程，也是中国近代高等教育的首部管理章程。

（五）首次创建中国教育组织系统

1898年，《南洋公学章程》规定了南洋公学办学组织系统。1902年10月，盛宣怀在《南洋公学历年办理情形折》中提出：

> 查公学所分设之目凡八：曰上院，视西国专门学校，肄习政治、经济、法律诸科；曰中院，视西国中学校，肄习中西文普通诸学；曰师范班，视西国师范学校，肄习师范教育管理学校之法；曰蒙学堂，视西国小学校，专教幼童，为中院储才之地，分高等补习二级，略加西国寻常高等之意；曰特班，变通原奏速成之意，专教中西政治、文学、法律、道德诸学，以储经济特科人才之用；其附属公学者，曰译书院，专译东西国政治教育诸书，以应时需及课本之用；曰东文学堂，考选成学高才之士专习东文，讲授高等普通科学，以备译才；曰商务学堂，当以中院毕业学生递年升入，并招考外生，另延教习，分门教授，以备将来榷税兴商之用。③

《南洋公学章程》规定了南洋公学办学组织系统，《南洋公学历年办理情形

---

① 盛宣怀：《奏为筹集商捐开办南洋公学折（附章程）》，载汤志钧、陈祖恩、汤仁泽编《戊戌时期教育》，陈元晖主编《中国近代教育史资料汇编》，上海教育出版社2007年版，第271页。

② 盛宣怀：《奏为筹集商捐开办南洋公学折（附章程）》，载汤志钧、陈祖恩、汤仁泽编《戊戌时期教育》，陈元晖主编《中国近代教育史资料汇编》，上海教育出版社2007年版，第271—273页。

③ 王宗光主编：《上海交通大学史》第1卷《南洋公学》，上海交通大学出版社2016年版，第29页。

折》提出南洋公学所学科目，《南洋公学章程》和《南洋公学历年办理情形折》共同构成完备的南洋公学教学组织系统（表6-1）。

表6-1　　　　　　　　　　南洋公学教学组织系统

南洋公学	主体部分	师范院	比照西方师范学校，学习师范教育管理方法
		中院	比照西方中学校，学习中西文普通学等
		上院	比照西方专门学校，学习政治、经济、法律等学科
		蒙学堂	比照西方小学校，专门教授幼童，为中院储备人才，分高等、补习两级
		特班	专门教授中西政治、文学、法律、道德等学科
	附属部分	译书院	专门翻译东方和西方各国政治、教育类等书，以适应社会需求和各类课本
		铁路班	—
		东文学堂	专门学习日文，讲授高等普通科学，以备翻译人才
		商务学堂	以中院毕业学生递年升入，并招考外来学生，延聘教习，分门教授，以储备将来征税兴商人才

资料来源：1. 王宗光主编：《上海交通大学史》第1卷《南洋公学》，上海交通大学出版社2016年版，第29页；2. 盛宣怀：《奏为筹集商捐开办南洋公学折（附章程）》，载汤志钧、陈祖恩、汤仁泽编《戊戌时期教育》，陈元晖主编《中国近代教育史资料汇编》，第271—273页。表格为笔者根据该资料自制。

南洋公学教学组织系统由主体部分和附属部分两大部分组成。主体部分由师范院、中院、上院、蒙学堂、特班组成；附属部分由译书院、铁路班、东文学堂、商务学堂组成。南洋公学设立四院：外院，即相当于小学；中院，即相当于中学；上院，即相当于大学；师范院，即师范教育，四院逐级上升；南洋公学设立三学堂：蒙学堂、东文学堂、商务学堂；南洋公学还设立特班。

南洋公学是分层设学，包括从低到高的全程普通教育，形成层次递进的教育系统。在南洋公学教学组织系统中还设立师范、外语、商务、政治、铁路等专门教育。南洋公学将外院、中院、上院相互衔接，由低到高，循序渐进，依次递升的分层次的办学模式构成中国近代大、中、小学三级制教育的雏形，也是普通教育、师范教育、专科教育融为一体的综合性学校。

南洋公学办学组织系统体现了南洋公学已经具有完整体系的教学组织系统，是中国教育有系统组织教学体系的开端。

（六）建构首个师范教育培养模式

《南洋公学章程》对南洋公学师范院招收学生、聘任教习、课程设置、学生考核、学生任用、教育教学等方面做出了相应的规定。为了切实培养中西贯通的师范生，南洋公学师范教育主要采取以下四种培养方式：

第一，师范院对学生采用五格层级培养方法。《南洋公学章程》规定，对师范院学生实行划分班次等级管理，采用五格层级培养方法（表6-2）。

表 6-2　　　　　　　　　　　南洋公学师范生分格五层

层格等级	格次具体要求
第一层格	学有门轻，材堪造就，质地敦实，趣绝卑陋，志慕远大，性近和平
第二层格	勤学诲劳，抚字耐烦，碎就范围，通商量，先公后私
第三层格	善诱掖，密稽察，有条理，能操纵，能应变
第四层格	无畛域计较，无争无忌，无娇矜，无吝啬，无客气，无火气
第五层格	性厚才精，学广识通，行正度大，心虚气静

资料来源：盛宣怀：《奏为筹集商捐开办南洋公学折（附章程）》，载汤志钧、陈祖恩、汤仁泽编《戊戌时期教育》，陈元晖主编《中国近代教育史资料汇编》，上海教育出版社2007年版，第271页。表格为笔者根据该资料自制。

南洋公学对师范生实行五格层次等级并依次递升等级进行管理，具体实施办法遵照《南洋公学章程》第六章试业给据中第一节的规定：师范生考取后，发试业白据，试业两月，经考察合第一层格，换发第一层格蓝据，合第二层格发绿据，合第三层格发黄据，合第四层格发紫据，合第五层格发红据，层层递进，递进递发。[①]

第二，知行合一，理论与实践相结合。《南洋公学章程》第三章规定："师范生合第五层格，准充教习"[②]，这说明师范院学生有双重身份，在师范院是学生，在外院是教师。在师范院学习符合第五层要求者，准许到外院教书任教。既当学生又当老师，学与教相结合，知行合一，学生学习理论知识，将其用于实践中，既丰富实践经验，又指导理论知识学习，促进学生全面成长。《南洋公学章程》第七章规定："师范院及中上两院学生，本有翻译课程，另设译书院一所，选诸生之有学识而能文者，将图书院购藏东西各国新出之书课令择要翻译陆续刊行。"[③] 让学生边学习，边翻译，边编写教材，由理论到实践，培养学生动手、动脑能力、实际操作能力和实践运用能力。

第三，专心治学，免岁、科两试。为了让学生专注新学，师范院免去岁、科考试。1898年6月，盛宣怀在《新设各学堂学生请免岁科两试片》中奏请免去岁科两试。1898年7月，光绪帝准奏。师范院免去岁、科考试是盛宣怀孜孜努力的结果。《南洋公学章程》第五章规定："上中外三院学生未卒业之日，均不应学堂外各项考试。惟师范院及上中两院高等学生，经学政调取录送经济科岁举者不在

[①] 盛宣怀：《奏为筹集商捐开办南洋公学折（附章程）》，载汤志钧、陈祖恩、汤仁泽编《戊戌时期教育》，陈元晖主编《中国近代教育史资料汇编》，上海教育出版社2007年版，第272页。

[②] 盛宣怀：《奏为筹集商捐开办南洋公学折（附章程）》，载汤志钧、陈祖恩、汤仁泽编《戊戌时期教育》，陈元晖主编《中国近代教育史资料汇编》，上海教育出版社2007年版，第271页。

[③] 盛宣怀：《奏为筹集商捐开办南洋公学折（附章程）》，载汤志钧、陈祖恩、汤仁泽编《戊戌时期教育》，陈元晖主编《中国近代教育史资料汇编》，上海教育出版社2007年版，第272—273页。

此例。"① 这一结果对当时的科举制度来说，是一种意义非凡的教育尝试，为师范生赢得了专心治学的时间、空间，为其全面发展提供了制度保障。

第四，注重德育，促进学生成长。为了培养德才兼备的师范生，南洋公学遵循德育教育规律和学生成长规律，采用师范生的五格层次培养方式，对学生进行道德、品行、习惯、性格、情操、志向、理想、报国等方面的培养，采用逐级递升的方法，促进学生的成长。因此，南洋公学师范院在短短的几年里培养了大批优秀的师范生，如辛亥革命烈士白毓昆为革命事业奉献生命、史学家孟森为中国历史谱写新章、著名教育家王植善为中国近代教育事业而奋斗。南洋公学注重德育教育，促进学生成长，在中国教师教育史上写下了浓墨重彩的一笔。

第二节　吐故纳新：京师同文馆

京师同文馆是中国近代第一所新式、官办洋务学堂，是培养"译员""通事"的外语学校，附属于总理各国事务衙门。1902年并入京师大学堂后，改名译学馆，并走完它40年的历程。

一　应时而生：京师同文馆的创建

1861年1月，恭亲王奕䜣在《通筹善后章程折》中主张："查与外国交涉事件，必先识其性情。今语言不通，文字难辨，一切隔膜，安望其能妥协！"② 请求创办同文馆。恭亲王奕䜣提出了设立同文馆的原因：第一，与外国交涉，语言不通，文字难认，一切都有隔阂，引起误会。第二，要效仿俄罗斯，在京师设立同文馆，为朝廷培养外交人才。③

奕䜣在《通筹善后章程折》中认为，学生来源有两种途径：第一，请广东、上海省挑选诚实可靠者各2名，共派4人来京。第二，在八旗中挑选资质聪慧年龄在十三四岁以下者，各四五人。教学方式仿照俄罗斯馆，两年后成绩优异，给予奖励，能精通掌握外文为止。④ 1861年2月，皇帝准奏，恭亲王奕䜣等着手筹办。

1862年8月，奕䜣在《遵议设立同文馆（附章程）》中提出："因于上月十五日先令挑定之学生十人来馆试行教习，并与威妥玛豫为言明，只学语言文字，

---

① 盛宣怀：《奏为筹集商捐开办南洋公学折（附章程）》，载汤志钧、陈祖恩、汤仁泽编《戊戌时期教育》，陈元晖主编《中国近代教育史资料汇编》，上海教育出版社2007年版，第272页。
② 奕䜣等：《通筹善后章程折（节录）》，载高时良、黄仁贤编《洋务运动时期教育》，陈元晖主编《中国近代教育史资料汇编》，上海教育出版社2007年版，第6页。
③ 奕䜣等：《通筹善后章程折（节录）》，载高时良、黄仁贤编《洋务运动时期教育》，陈元晖主编《中国近代教育史资料汇编》，上海教育出版社2007年版，第6页。
④ 奕䜣等：《通筹善后章程折（节录）》，载高时良、黄仁贤编《洋务运动时期教育》，陈元晖主编《中国近代教育史资料汇编》，上海教育出版社2007年版，第6页。

不准传教；仍另请汉人徐澍琳教习汉文，并令暗为稽察。即以此学为同文馆。"①"上月十五日"指1862年6月15日，"即以此学为同文馆"意思是同文馆开学，说明同文馆于1862年6月15日开学。

同文馆开学，教师不足，恭亲王奕䜣挑选十名学生来担任教习。由英国公使威妥玛豫推荐，聘请懂汉语、英文的英国人包尔腾担任洋教习，特意言明，聘请汉人徐澍琳为汉教习，并命令徐澍琳暗地督察外籍教师只准传授语言知识，不得传教。

二 改柱张弦：京师同文馆的发展历程

京师同文馆自1862年创建，实行改革京师同文馆体制、增设天文馆、扩大同文馆规模，1902年归入京师大学堂，完成它40年的历史历程。

（一）改革体制

1862年6月，同文馆开学。为了尽快使同文馆的各项工作进入正轨，1862年8月，奕䜣在《遵议设立同文馆（附章程）》中提出："嗣遵筹未尽事宜"②。因此，奕䜣等在所附章程中提出六项未尽事宜："请酌传学生以资练习也""请分设教习以专训课也""请设立提调以专责成也""请分期考试以稽勤惰也""请限年严试以定优劣也""请酌定俸饷以资调剂也"③。奕䜣在所附章程中提出六项未尽事宜的具体内容是：第一，学生的练习；第二，教师专业授课；第三，专人负责管理；第四，考试考勤、限年严考；第五，评定优劣；第六，教师工资和学生钱粮。由此来看，奕䜣对同文馆的各方面工作都细致考虑，做出相应规定，其目的是积极推进同文馆的发展。

1865年12月，奕䜣等在《酌拟变通同文馆章程片（附清单）》中请求变通同文馆章程六条并附清单。清单内容有六项："请添设膏火以省甲缺也""请酌定奖赏以资鼓励也""请饬助教常川住馆以资照料也""请严定学生告假日期以免作辍也""请定去留限制以免滥厕也""酌给各官米折银两以昭平允也"④。这次奕䜣上奏，实际上是同文馆体制的一次改革，使同文馆的体制更加具体化、合理化，同文馆的管理更加制度化，进一步推动同文馆的发展。

（二）增设天文算学馆

1866年12月，奕䜣在《请添设一馆讲求天文算学折》中请求在同文馆增设

---

① 奕䜣等：《遵议设立同文馆（附章程）》，载高时良、黄仁贤编《洋务运动时期教育》，陈元晖主编《中国近代教育史资料汇编》，上海教育出版社2007年版，第41—42页。
② 奕䜣等：《遵议设立同文馆（附章程）》，载高时良、黄仁贤编《洋务运动时期教育》，陈元晖主编《中国近代教育史资料汇编》，上海教育出版社2007年版，第41页。
③ 奕䜣等：《遵议设立同文馆（附章程）》，载高时良、黄仁贤编《洋务运动时期教育》，陈元晖主编《中国近代教育史资料汇编》，上海教育出版社2007年版，第42—45页。
④ 奕䜣等：《酌拟变通同文馆章程片（附清单）》，载高时良、黄仁贤编《洋务运动时期教育》，陈元晖主编《中国近代教育史资料汇编》，上海教育出版社2007年版，第45—47页。

天文算学馆。奕䜣提出增设天文算学馆的缘由是，洋人制造机器、火器、船等无一不自天文、算学中来，因此天文、算学非常重要。奕䜣规定了招收学生要符合一定条件：既招收满人也招收汉人，汉文要达到通顺流利的水平，年龄在二十岁以下，特别指出，五品以下满汉京外各官，少年聪慧，愿入馆学习者，也可报名。奕䜣盼望人才的出现，渴望国家富强，招收的这些学生学艺而成，几年以后，一定学有所成。奕䜣认为，华人聪明、智慧，不比洋人差，一定能学会计算、推理、掌握事物规律，也能掌握制造机器的方法，只要华人务实、求精，一定能获得科学技术，这就是中国富强之道。①

（三）扩大规模

京师同文馆增设天文算学馆以后，京师同文馆进一步扩大规模。《同文馆题名录》中记载，1871年，同文馆开设德文馆；② 1888年，同文馆开设格致馆；③ 1888年，同文馆添设翻译处。④《堂谕》中记载，1897年，同文馆开设东文馆。⑤京师同文馆扩大规模，办学实力得到加强和提高。

（四）归入大学堂

1898年戊戌变法，经光绪皇帝下诏在北京创立京师大学堂。1902年1月11日，光绪皇帝在《著将同文馆归入京师大学堂谕》中下诏"所有从前设立之同文馆，毋庸隶外务部，着即归入大学堂"。⑥ 至此，京师同文馆归入京师大学堂。

三 亦官亦学：京师同文馆的人才培养

京师同文馆是中国近代第一所新式洋务学堂，具有鲜明的人才培养特点：教学内容中西并重，文理兼备；考试科目多、次数繁、考纪严；培养中重视选拔、亦官亦学。

---

① 奕䜣等：《请添设一馆讲求天文算学折》，载高时良、黄仁贤编《洋务运动时期教育》，陈元晖主编《中国近代教育史资料汇编》，上海教育出版社2007年版，第48页。
② 高时良、黄仁贤编：《〈同文馆题名录〉关于同治十年（1871年）开设德文馆的记载》，载高时良、黄仁贤编《洋务运动时期教育》，陈元晖主编《中国近代教育史资料汇编》，上海教育出版社2007年版，第52页。
③ 高时良、黄仁贤编：《〈同文馆题名录〉关于光绪十四年（1888年）开设格致馆的记载》，载高时良、黄仁贤编《洋务运动时期教育》，陈元晖主编《中国近代教育史资料汇编》，上海教育出版社2007年版，第52页。
④ 高时良、黄仁贤编：《〈同文馆题名录〉关于光绪十四年（1888年）添设翻译处的记载》，载高时良、黄仁贤编《洋务运动时期教育》，陈元晖主编《中国近代教育史资料汇编》，上海教育出版社2007年版，第52—53页。
⑤ 高时良、黄仁贤编：《〈堂谕〉关于光绪二十三年（1897年）开设东文馆的记载》，载高时良、黄仁贤编《洋务运动时期教育》，陈元晖主编《中国近代教育史资料汇编》，上海教育出版社2007年版，第53页。
⑥ 光绪帝：《著将同文馆归入京师大学堂谕》，载高时良、黄仁贤编《洋务运动时期教育》，陈元晖主编《中国近代教育史资料汇编》，上海教育出版社2007年版，第58页。

(一) 教学内容：中西并重，文理兼备

1898 年，在《光绪二十四年（1898 年）续同文馆条规八条》第三条中规定了同文馆的教学内容："馆中功课以洋文、洋语为要，洋文、洋语已通，方许兼习别艺"①。由第三条规定看出，同文馆教学内容以洋文、洋语为主要，洋文、洋语不通不准学其他课程，洋文、洋语通，也只能学一门其他课程。

同时，在《光绪二十四年（1898 年）续同文馆条规八条》第六条中规定了同文馆学生必须学习汉文："后馆学生向例早晨学习汉文，午后学习洋文。近来竟有午刻始行到馆，并不学习汉文，殊属有违馆规"②。由此可见，同文馆也非常重视汉文的学习，同文馆既要求学生必须学习洋文，又要学习汉文。当然，同文馆的教学内容也是动态变化的，随着同文馆增设不同的分馆，其教学内容也做了相应的变化。同文馆制定了八年课表计划和五年课程安排两种课程计划实施课程教学（如表 6-3 所示）。

表 6-3　　　　　　京师同文馆八年课表计划和五年课程安排

八年课表计划		五年课程安排	
年份	课程	年份	课程
第一年	认字写字，浅解辞句，讲解浅书	第一年	数理启蒙，九章算法，代数学
第二年	讲解浅书，练习文法，翻译条子	第二年	学四元解，几何原本，平三角，弧三角
第三年	讲各国地图，读各国史略，翻译选编	第三年	格物入门，兼讲化学，重学测算
第四年	数理启蒙，代数学，翻译公文	第四年	微分积分，航海测算，天文测算，讲求机器
第五年	讲求格物，几何原本，平三角，弧三角，练习译书	第五年	万国公法，富国策，天文测算，地理金石
第六年	讲求机器，微分积分，航海测算，练习译书		
第七年	讲求化学，天文测算，万国公法，练习译书		
第八年	天文测算，地理金石，富国策，练习译书		

资料来源：高时良、黄仁贤编：《京师同文馆的八年课程表》，载高时良、黄仁贤编《洋务运动时期教育》，陈元晖主编《中国近代教育史资料汇编》，上海教育出版社 2007 年版，第 92—93 页。表格为笔者根据该资料自制。

如表 6-3 所示，八年课表计划要求：洋文及诸学共须八年，洋文指英文、法

---

① 高时良、黄仁贤编：《光绪二十四年（1898 年）续同文馆条规八条》，载高时良、黄仁贤编《洋务运动时期教育》，陈元晖主编《中国近代教育史资料汇编》，上海教育出版社 2007 年版，第 56 页。

② 高时良、黄仁贤编：《光绪二十四年（1898 年）续同文馆条规八条》，载高时良、黄仁贤编《洋务运动时期教育》，陈元晖主编《中国近代教育史资料汇编》，上海教育出版社 2007 年版，第 56 页。

文、俄文、德文四种外语，兼备学习汉文和算术等学科。① 五年课程安排要求：学生始终学习经文，初学者每日要用一半时间学习汉文，一半时间学习洋文，有提高的学生可随时练习作文。② 这说明，不论八年课程计划还是五年课程安排都要求学生既要学习洋文也要学习汉文，以洋文学习为主，汉文学习也不可忽视，同文馆教学内容采取中西并举。

同文馆各科专业课程内容，各有另行安排。各专业不同，其内容不同。以天文馆为例，《清会典》记载，天文馆科目课程内容包括：使用望远镜，观测太阳系各星，推算各种天文规律等，同文馆教学内容采取文理兼备。③

（二）考试：科目多、次数繁、考纪严

恭亲王奕䜣对同文馆的考试非常重视。为了同文馆的考试。奕䜣两次上奏折。1865年4月，奕䜣在《请将英文馆学生展缓考试片》中请求延缓英文馆学生考试并说明原因。奕䜣主张"惟该馆外国教习屡次更换，学生功课难免作辍……应请将英文馆学生展缓数月"④，认为教习多次更换，学生课程有所耽误，学生对外语语言不能熟练掌握，所以延缓英文馆学生考试。

1865年12月，奕䜣在《奏陈同文馆学生考试情形折》中请求确立法、俄两文馆学生考试的时间和方式。奕䜣主张"兹查法、俄两文馆学生学习三年限期将满……经臣等定期于十月十一日至二十日，按馆分日由臣等在大堂公同面试"⑤。由此可知，奕䜣确定法、俄两文馆考试的时间是10月11日至20日，考试方式是面试。同文馆考试分不同类型。1898年，《同文馆章程》中规定："大考、岁考、季考、月课，各学生除穿孝、完姻告假外，俱不准托故不到，如不到者，月课罚扣膏火三日。"⑥

由恭亲王奕䜣的两次上奏和《光绪二十四年（1898年）以前的同文馆章程》中的规定来看，奕䜣非常重视同文馆的考试。同文馆考试，种类繁多，次数频繁，考纪严厉，严肃处理违纪行为。

（三）培养方式：重视选拔、亦官亦学

恭亲王奕䜣非常重视同文馆的人才选拔，同治六年就同文馆人才选拔曾两次上奏折。1867年7月，奕䜣在《请钦定招考天文算学各员折》中请求同文馆招生

---

① 高时良、黄仁贤编：《京师同文馆的八年课程表》，载高时良、黄仁贤编《洋务运动时期教育》，陈元晖主编《中国近代教育史资料汇编》，上海教育出版社2007年版，第92页。
② 高时良、黄仁贤编：《京师同文馆的八年课程表》，载高时良、黄仁贤编《洋务运动时期教育》，陈元晖主编《中国近代教育史资料汇编》，上海教育出版社2007年版，第93页。
③ 陈元晖主编：《〈清会典〉关于同文馆各科课程内容的记载》，载高时良、黄仁贤编《洋务运动时期教育》，陈元晖主编《中国近代教育史资料汇编》，上海教育出版社2007年版，第94—95页。
④ 奕䜣等：《请将英文馆学生展缓考试片》，载高时良、黄仁贤编《洋务运动时期教育》，陈元晖主编《中国近代教育史资料汇编》，上海教育出版社2007年版，第99—100页。
⑤ 奕䜣等：《奏陈同文馆学生考试情形折》，载高时良、黄仁贤编《洋务运动时期教育》，陈元晖主编《中国近代教育史资料汇编》，上海教育出版社2007年版，第100页。
⑥ 高时良、黄仁贤编：《光绪二十四年（1898年）以前的同文馆章程》，载高时良、黄仁贤编《洋务运动时期教育》，陈元晖主编《中国近代教育史资料汇编》，上海教育出版社2007年版，第54页。

实行一律招考，时间定于 5 月 20 日和 26 日，地点是恭亲王奕䜣衙门，考试方式是策论、四书文和复考，阅卷形式是当堂共同阅卷，招收人数 30。① 1867 年 10 月，奕䜣在《请调取上海广东学有成效者来京考试片》中为添设天文算学馆招收学生请求通过考试方式招收学生，考试时间是 5 月 20 日，地点在恭亲王奕䜣衙门，录取 31 名。②

1886 年 1 月，奕劻在《招考满汉学生情形折》中请求同文馆招考满汉学生，应试者 394 名，进行分期考试，考试时间是 11 月 26、27、28、29 等日，考试方式分策论和复试，以策论看笔试成绩，以复试详加甄别，共同审阅策论试卷。③ 从奕䜣同治六年两次的奏折和《招考满汉学生情形折》可以看出，同文馆注重人才选拔，既笔试又面试，当堂考试，当堂共同阅卷，以保证生源质量。

同文馆是洋务派创办的，隶属总理衙门的培养外语人才的新式学校。同文馆办学主体是政府，性质是官学，学校主管是总理衙门。为了激励学生认真学习，总理衙门为同文馆学生规定了特殊待遇。总理衙门"制定了学生学有所成后的升途路线，按照路线设计，被授予八品、九品的学生，需在馆学习 9 年以上，被授为主事后才能到各衙门行走，而之前还需在馆学习，期间他们的身份就不仅仅是学生，也是拿俸禄的官员"④。这就说明，同文馆的学生是亦官亦学。

洋务运动的兴起，急需外语人才，尤其需要高水平的外交人才，如出洋使团与驻外使馆的人才。同文馆为洋务运动培养了大量的人才，为外语学科教师教育的发展探索了培养模式，并做出了开疆拓土的探索性贡献。

京师同文馆，自 1862 年开学至 1902 年归入京师大学堂，虽然已走完了 40 年的历史，但它的精神得以延续和升华。同文馆是洋务派创办的第一所新式学堂，是中国近代教育事业的起点；站在现代教育历史坐标回望过去，同文馆放射出的教育光芒依然璀璨耀眼。

第三节 围木蘖枝：京师大学堂

一 运势而生：京师大学堂的创建

十围之木，始生如蘖。

1896 年 6 月，刑部左侍郎李瑞棻在《奏请推广学校折》中推行新式教育，申

---

① 奕䜣等：《请钦定招考天文算学各员折》，载高时良、黄仁贤编《洋务运动时期教育》，陈元晖主编《中国近代教育史资料汇编》，上海教育出版社 2007 年版，第 77 页。
② 奕䜣等：《请调取上海广东学有成效者来京考试片》，载高时良、黄仁贤编《洋务运动时期教育》，陈元晖主编《中国近代教育史资料汇编》，上海教育出版社 2007 年版，第 77 页。
③ 奕劻等：《招考满汉学生情形折》，载高时良、黄仁贤编《洋务运动时期教育》，陈元晖主编《中国近代教育史资料汇编》，上海教育出版社 2007 年版，第 79—80 页。
④ 陈海燕：《同文馆外语人才培养困境与破解途径的研究》，博士学位论文，北京外国语大学，2015 年。

请创建京师大学,主张进行课程改革,提出创建藏书楼、创建仪器院、开办译书局、广泛设立报馆、选派游历五项建议。光绪帝将此折交总理衙门进行复议,总理衙门委派管书局孙家鼐办理此事。① 这是第一次正式提议设立"京师大学",对近代中国教育的发展产生了一定的历史影响,反映了近代中国教育发展的必然趋势,在中国高等教育史上占有重要的历史地位。

1896年8月,书局大臣孙家鼐在《议复开办京师大学堂折》中建议筹办京师大学堂的六件大事,要确定办学宗旨、要启动学堂建设、课程需分科教学、要延聘老师、慎重选定学生、学生出身要放宽。主张课程分科教学,基本拟分10科:(1)天学科,算学;(2)地学科;(3)道学科,附各教源流;(4)政学科,附西国政治及律例;(5)文学科,附各国语言文字;(6)武学科,附水师;(7)农学科,附种植水利;(8)工学科,附制造格致各学;(9)商学科,附轮舟铁路电报;(10)医学科,附地产植物各化学。② 孙家鼐的建议得到光绪帝的赞同,但反对变法的顽固派以经费困难为理由极力反对,于是,创建京师大学堂之事不得不暂且搁置。

1898年年初,康有为再次提出建京师大学堂。在《应诏统筹全局折》中康有为提出了国家、省、府县三级办学的思想,主张京师要创建京师大学堂,各省要创立高等中学,府县要创立中小学及专门学。③

1898年7月,光绪帝在《开京师大学堂》中下诏:"京师大学堂,为各行省之倡,必须规模宏远,始足以隆观听而育英才。"④ 至此,搁置了两年的创建京师大学堂,由光绪帝正式下谕,批准创建京师大学堂。

1898年8月,孙家鼐积极筹建京师大学堂。在《奏筹备京师大学堂大概情形折》中提出8条具体提议:为进士、举人出身的京官设立仕学院,以习西学专门为主;为学生代筹出路,已授职者,由管学大臣出具鉴定,各就所长,请旨优奖;未授职者,由管学大臣严核其品学,请旨录用;学会融合中学、西学学科门类、以精简学科门类;慎重对待毕业生身份认定;译书院编译书要遵循"信""达""雅"原则;西学要设立总教习;专门西学教习薪水宜从优;变学生生活补贴为奖赏。孙家鼐认为,当务之急是建成校舍,校舍一日不竣工交付使用,京师大学堂一日不能开学,请赶紧催办,期望早日竣工,学堂早日开学。⑤

---

① 李端棻:《奏请推广学校折》,载汤志钧、陈祖恩、汤仁泽编《戊戌时期教育》,陈元晖主编《中国近代教育史资料汇编》,上海教育出版社2007年版,第221—223页。
② 孙家鼐:《议复开办京师大学堂折》,载汤志钧、陈祖恩、汤仁泽编《戊戌时期教育》,陈元晖主编《中国近代教育史资料汇编》,上海教育出版社2007年版,第225—227页。
③ 康有为:《应诏统筹全局折》,载(清)朱寿朋编《光绪朝东华录》第4册,张静庐等校点,中华书局1958年版,第40—41页。
④ 汤志钧、陈祖恩、汤仁泽编:《开京师大学堂》,载汤志钧、陈祖恩、汤仁泽编《戊戌时期教育》,陈元晖主编《中国近代教育史资料汇编》,上海教育出版社2007年版,第239页。
⑤ 孙家鼐:《奏筹备京师大学堂大概情形折》,载汤志钧、陈祖恩、汤仁泽编《戊戌时期教育》,陈元晖主编《中国近代教育史资料汇编》,上海教育出版社2007年版,第240—242页。

1898年8月，光绪帝在《著孙家鼐认真办理，以专责成》中赞同孙家鼐提议的8条具体计划，但要求博采众长，学会折中处事，认真办理，以专责成。① 然而，正当孙家鼐积极筹建并认真办理各项事务之时，政变发生，维新新政全废，但"北京尘天粪地之中，所留一线光明，独有大学堂一举而已"②，唯京师大学堂得以保留，1898年12月17日，京师大学堂正式成立。

二 方兴日盛：京师大学堂的发展

自1896年提出创建京师大学堂，到1898年正式成立，京师大学堂在它的发展历程中，一直闪耀着对中国近代教育事业所做出的历史贡献。创办师范馆标志着中国现代高等师范教育的开端，建立高等教育体系为现代教育制度体系的创立奠定了基础。

（一）创办师范馆

梁启超的师范教育思想为创办京师大学堂师范馆奠定了理论基础，京师大学堂师范馆课程设置促进了京师大学堂师范馆的发展，是中国现代高等师范教育的里程碑。

1. 师范馆的教育思想基础

创办京师大学堂师范馆是高等师范教育的一项伟大创举，是中国近代致力于教育事业的仁人志士长期思考的结晶。梁启超是中国教育史上第一位专门论述师范教育问题的人，他的师范教育思想最为典型，也最具影响力。

梁启超的师范教育思想主要体现在他所撰写的《论师范》一文中。梁启超在《论师范》中论及了师范教育的重要性，认为"夫师也者，学子之根核也"，③"师范学校立，而群学之基悉定"④，提出"欲革旧习、兴智学，必以立师范学堂为第一义"⑤。他强调要立大学必先从小学立起，各省州县都要设小学并附设师范学堂，以师范学校学生做小学教师，并建议师范教育的学制应学习日本的学制，师范课程开设18门，即修身、教育、国语、汉文、史志、地理、数学、物理、化学、博物、习字、图画、音乐、体操、西文、农业、商业、工艺。他提出中国要创办自己的师范学校，建立初级、中等、高等师范教育完整体系。⑥

---

① 汤志钧、陈祖恩、汤仁泽编：《著孙家鼐认真办理，以专责成》，载汤志钧、陈祖恩、汤仁泽编《戊戌时期教育》，陈元晖主编《中国近代教育史资料汇编》，上海教育出版社2007年版，第242页。
② 《中国近代史资料丛刊》编委会编：《戊戌变法》第3册，上海书店出版社2000年版，第462页。
③ 梁启超：《论师范》，载汤志钧、陈祖恩、汤仁泽编《戊戌时期教育》，陈元晖主编《中国近代教育史资料汇编》，上海教育出版社2007年版，第79页。
④ 梁启超：《论师范》，载汤志钧、陈祖恩、汤仁泽编《戊戌时期教育》，陈元晖主编《中国近代教育史资料汇编》，上海教育出版社2007年版，第79页。
⑤ 梁启超：《论师范》，载汤志钧、陈祖恩、汤仁泽编《戊戌时期教育》，陈元晖主编《中国近代教育史资料汇编》，上海教育出版社2007年版，第81页。
⑥ 梁启超：《论师范》，载汤志钧、陈祖恩、汤仁泽编《戊戌时期教育》，陈元晖主编《中国近代教育史资料汇编》，上海教育出版社2007年版，第81页。

梁启超的师范教育思想，促进了京师大学堂师范馆的创建，开启了我国近代高等师范教育理论的先河，为中国近代教育史上高等师范教育的发展奠定了理论基础。

2. 师范馆的发展

1898年12月，京师大学堂成立，但由于庚子之役，京师大学堂被迫停办。1902年1月10日，京师大学堂恢复办学。1902年2月，管学大臣张百熙在《筹办京师大学堂情形疏》中请求成立仕学馆和师范馆。1902年12月17日，京师大学堂正式开学，师范馆正式诞生。京师大学堂师范馆成立，标志着中国现代高等师范教育的开端。

1904年，京师大学堂师范馆改为优级师范科。1908年，京师大学堂优级师范科改为独立设置的京师优级师范学堂。京师大学堂师范馆是北京师范大学的前身，1912年改名为北京高等师范学校，1923年更名为北京师范大学，成为中国教育历史上第一所师范大学。中华人民共和国成立后，继续以北京师范大学作为校名，沿用至今。

3. 师范馆的课程设置特点

《总理衙门筹议京师大学堂章程》第二章学堂功课条例对课程提出相应的规定："功课之完善与否，实学生成就所攸关，故定功课为学堂第一要著"[1]。因此，课程设置要坚持两个原则："一曰中西并重，观其会通，无得偏废；二曰以西文为学堂之一门，不以西文为学堂之全体，以西文为西学发凡，不以西文为西学究竟。"[2] 课程设置学习日本通行学校的课程设置。

《钦定京师大学堂章程》规定京师大学堂师范馆开设14门课程。依次是"伦理第一，经学第二，教育学第三，习字第四，作文第五，算学第六，中、外史学第七，中、外舆地第八，博物第九，物理第十，化学第十一，外国文第十二，图画第十三，体操第十四"[3]。师范馆开设课程结构，呈现出以下特点：

第一，强化师范生专业发展。首先，注重师范生职业道德教育，伦理学习考究以历代学案、本朝圣训、实践为主，将伦理放在第一位，以示其重要性，以道德统领师范生灵魂，强化师范生职业道德。其次，注重教育理论学习和教育实践，教育学四学年都要修习——第一学年主要学习教育宗旨，第二学年学习教育原理，第三年学习教育原理及学校管理法，第四学年教育实习。[4] 师范馆设置的课程结

---

[1] 汤志钧、陈祖恩、汤仁泽编：《总理衙门筹议京师大学堂章程》，载汤志钧、陈祖恩、汤仁泽编《戊戌时期教育》，陈元晖主编《中国近代教育史资料汇编》，上海教育出版社2007年版，第231页。
[2] 汤志钧、陈祖恩、汤仁泽编：《总理衙门筹议京师大学堂章程》，载汤志钧、陈祖恩、汤仁泽编《戊戌时期教育》，陈元晖主编《中国近代教育史资料汇编》，上海教育出版社2007年版，第231页。
[3] 璩鑫圭、唐良炎编：《钦定京师大学堂章程》，载璩鑫圭、唐良炎编《学制演变》，陈元晖主编《中国近代教育史资料汇编》，上海教育出版社2007年版，第251页。
[4] 璩鑫圭、唐良炎编：《钦定京师大学堂章程》，载璩鑫圭、唐良炎编《学制演变》，陈元晖主编《中国近代教育史资料汇编》，上海教育出版社2007年版，第251—252页。

构既注重师范生的职业道德发展,又非常注重师范生教育理论学习,提升师范生专业素养,促进师范生专业发展。

第二,注重师范生综合能力的提高。京师大学堂师范馆开设的 14 门课程,分普通课程和专业课程。普通课程,即公共课,注重基础知识与通识教育;专业课程,即主修课程,注重专业知识与技能的学习和专业能力的培养。14 门课程结构非常注重普通课程和专业课程的相辅相成、有机结合,提升师范生综合素养,提高专业综合能力。

第三,强调教育课程与专业课程有效结合。《钦定京师大学堂章程》规定:"师范馆照原奏招生考举贡生监入学肄业,其功课如普通学,而加入教育一门"①。由此看,师范馆课程实行每类课程必须是课程教育课程与专业课程混编,确保师范生具备专业综合素养,提高师范生胜任力。

第四,中西并重,突出科学。在 14 门课程中,既有经学又有外文,既有中国史又有外国史,还有中、外舆地,师范馆课程设置是中西学并重;在 14 门课程中,有算学、物理、化学、博物 4 门科学课程,并且四学年必修 4 门课程。由此看,京师大学堂师范馆设置突出科学课程。

由京师大学堂师范馆课程设置特点来看,师范馆课程设置符合当时师范馆和社会教育实际情况,具有科学性和实践性,京师大学堂师范馆课程设置促进了京师大学堂师范馆的发展。

(二) 建立管理制度体系

京师大学堂先后建立了组织管理制度、教学管理制度、考核管理制度、学生管理制度、德育管理制度等,建立了京师大学堂制度体系,推动了中国高等教育事业的发展。

1. 组织管理制度

京师大学堂的组织机构安排得非常具体,1898 年 7 月,总理衙门颁布的《总理衙门筹议京师大学堂章程》规定了京师大学堂组织机构和人员安排并详细说明各机构和各人员的职责(见表 6-4)。

京师大学堂由管学大臣(1 人)总管京师大学堂一切事务,下设教学和总务后勤两个职能部门,教学由总教习(1 人)管理,总务后勤由总办(1 人)管理。管学大臣由大学士、尚书侍郎担任,其职责略像履行掌管国子监事务大臣之职;总教习之职责略似履行管国子监、祭酒、司业之职;总办由小九卿、各部院司员担任。教学管理人员共 25 人,其中总教习 1 人,分教习 24 人;总务后勤共 49 人,提调 8 人(管支应 1 人、分股稽查学生功课 5 人、管堂中杂务 2 人)、供事 16 人、眷录 8 人、藏书楼提调 1 人,供事 10 人,仪器提调 1 人,供事 4 人,京师大学堂共 74 名

---

① 璩鑫圭、唐良炎编:《钦定京师大学堂章程》,载璩鑫圭、唐良炎编《学制演变》,陈元晖主编《中国近代教育史资料汇编》,上海教育出版社 2007 年版,第 251—252 页。

教职员工。章程进一步规定,除官学大臣外,其余各员必须常住学堂。

表6-4　　　　　　　　　　京师大学堂组织机构和人员设置

管学大臣（1人）	总教习（1人）	分教习（24人）	
	总办（1人）	提调（8人）	管支应（1人）
			分股稽查学生功课（5人）
			管堂中杂务（2人）
		供事（16人）、眷录（8人）	
		藏书楼提调（1人）、供事（10人）	
		仪器提调（1人）、供事（4人）	

资料来源：汤志钧、陈祖恩、汤仁泽编：《总理衙门筹议京师大学堂章程》，载汤志钧、陈祖恩、汤仁泽编《戊戌时期教育》，陈元晖主编《中国近代教育史资料汇编》，上海教育出版社2007年版，第236页。表格为笔者根据该资料自制。

2. 教学管理制度

1899年1月颁布的《京师大学堂规条》明确强调："学校分班最为要义，不持以区别为鼓励，且使同班功课一律，不至参差"。① 分班教学的目的不是区别对待，而是教学统一，不致于参差不齐。因此，京师大学堂将教学班分为三等：头等班，即中学已通，西学又知门径者；二等班，即中学已通而西学尚不知门径者；三等班，即仅通中文而未通中学者。三等之外者归入小学堂内。②

3. 考核管理制度

1898年7月，总理衙门颁布的《总理衙门筹议京师大学堂章程》第二章学堂功课条例对学生考核做出规定，考查学生学习效果，依据西方的考查方法，实行积分法，具体做法是：第一，阅读分及格和不及格，每日读编译局编薄通用课书，能通一课者，为及格。第二，西文功课分背诵、默写、解说3项记分。第三，功课之外，每天读指定读物，写出札记，写出心得，教习评阅记分。第四，按月统计分数，张榜公布。第五，实行月考，试卷内容是溥通学中的10门课程内容，以专业学科内容命题，由教习阅定，评定上、次等级，择优公布，以为楷模。③

4. 学生管理制度

（1）入学管理制度

京师大学堂对学生入学条件及入学目的做出了相应的规定。1898年7月颁布

---

① 汤志钧、陈祖恩、汤仁泽编：《京师大学堂规条》，载汤志钧、陈祖恩、汤仁泽编《戊戌时期教育》，陈元晖主编《中国近代教育史资料汇编》，上海教育出版社2007年版，第246页。
② 汤志钧、陈祖恩、汤仁泽编：《京师大学堂规条》，载汤志钧、陈祖恩、汤仁泽编《戊戌时期教育》，陈元晖主编《中国近代教育史资料汇编》，上海教育出版社2007年版，第246页。
③ 汤志钧、陈祖恩、汤仁泽编：《总理衙门筹议京师大学堂章程》，载汤志钧、陈祖恩、汤仁泽编《戊戌时期教育》，陈元晖主编《中国近代教育史资料汇编》，上海教育出版社2007年版，第232页。

的《总理衙门筹议京师大学堂章程》对学生入学条件做出两项规定，第一，翰林院编检、各部院司员、大门侍卫、候补选道府州县以上及大员子弟，八旗世职，各省武职后裔，愿意在学堂学习者。第二，各省中，学堂学成领有文凭，被咨送来京学习者。除两项规定外，要求 1 个月以后，由教习提调等考察入学者的人品，然后决定是否留去在校学习。①

在1899 年3 月颁布的《京师大学堂禁约》对学生入学的目的做出规定，所有愿意参加京师大学堂学习者，都应自重，为报效国家而努力学习，积极向上。②由此来看，京师大学堂招收学生非常看重政治表现，须以报效国家为己任。

（2）课堂管理制度

京师大学堂对课堂纪律做出了详细具体的规定。《总理衙门筹议京师大学堂章程》对课堂学习时间规定：每天必须确保课堂学习 6 小时，一半是中文、一半是西文；每天上 4 小时自习课，由总教习督课；除休息日外，每天课程不得缺席，③"不遵依者，即当屏出"④；学生上课前，首先要向老师作揖，方可就座，下课也要向老师作揖，方可下课离去。⑤

学生课堂提问或回答问题时，要"戒言语淆乱，凡同堂言语，必俟一人说话既毕、答者已尽，然后他人可接次回答"⑥。学生在老师之前询问问题时，"亦当有条有理，不可抱前乱说，致涉躁妄之愆"⑦。课堂上说话声音高低，"亦当有节制，此事有关学养，最言切戒，违者记过"⑧。学生座位住房也有相应规定："学生坐位住房皆贴名条，不得乱坐乱住"⑨。

（3）考勤管理制度

京师大学堂对学生进行严格考勤并对违纪者加以处罚。《总理衙门筹议京师大学堂章程》对学生考勤管理规定：学生到校上课情况有专门记录簿，每个学生

---

① 汤志钧、陈祖恩、汤仁泽编：《总理衙门筹议京师大学堂章程》，载汤志钧、陈祖恩、汤仁泽编《戊戌时期教育》，陈元晖主编《中国近代教育史资料汇编》，上海教育出版社 2007 年版，第 232 页。
② 汤志钧、陈祖恩、汤仁泽编：《京师大学堂禁约》，载汤志钧、陈祖恩、汤仁泽编《戊戌时期教育》，陈元晖主编《中国近代教育史资料汇编》，上海教育出版社 2007 年版，第 247 页。
③ 汤志钧、陈祖恩、汤仁泽编：《总理衙门筹议京师大学堂章程》，载汤志钧、陈祖恩、汤仁泽编《戊戌时期教育》，陈元晖主编《中国近代教育史资料汇编》，上海教育出版社 2007 年版，第 232 页。
④ 汤志钧、陈祖恩、汤仁泽编：《总理衙门筹议京师大学堂章程》，载汤志钧、陈祖恩、汤仁泽编《戊戌时期教育》，陈元晖主编《中国近代教育史资料汇编》，上海教育出版社 2007 年版，第 232 页。
⑤ 汤志钧、陈祖恩、汤仁泽编：《京师大学堂禁约》，载汤志钧、陈祖恩、汤仁泽编《戊戌时期教育》，陈元晖主编《中国近代教育史资料汇编》，上海教育出版社 2007 年版，第 248 页。
⑥ 汤志钧、陈祖恩、汤仁泽编：《京师大学堂禁约》，载汤志钧、陈祖恩、汤仁泽编《戊戌时期教育》，陈元晖主编《中国近代教育史资料汇编》，上海教育出版社 2007 年版，第 247 页。
⑦ 汤志钧、陈祖恩、汤仁泽编：《京师大学堂禁约》，载汤志钧、陈祖恩、汤仁泽编《戊戌时期教育》，陈元晖主编《中国近代教育史资料汇编》，上海教育出版社 2007 年版，第 247 页。
⑧ 汤志钧、陈祖恩、汤仁泽编：《京师大学堂禁约》，载汤志钧、陈祖恩、汤仁泽编《戊戌时期教育》，陈元晖主编《中国近代教育史资料汇编》，上海教育出版社 2007 年版，第 247 页。
⑨ 汤志钧、陈祖恩、汤仁泽编：《京师大学堂禁约》，载汤志钧、陈祖恩、汤仁泽编《戊戌时期教育》，陈元晖主编《中国近代教育史资料汇编》，上海教育出版社 2007 年版，第 248 页。

有档案记录簿，每天考勤由教习稽查，学生每天要到教习处当面签名；例假除外，每个学生每月3日假，如有要事，拟给假3天半，所差功课返校后补齐功课；例假之外超过天数者皆记过。有两种形式，一是记大过，一是属犯过，例假之外超过10天以上记大过，无故旷课3天以上，例假之外超过两天以上皆属犯过；学生因事要请假，不得只以学生本人口说为凭，须由家长声明何事请假。如家长不在京，则本生自行声明，由同班同学作保，方可准假。①

5. 德育管理制度

京师大学堂非常注重学生的德育管理，教育学生尊师，尤其要尊重先师孔子，每年有三次尊敬先师活动。《京师大学堂规条》规定：为崇敬先师，在学堂正厅安奉圣先师孔子牌位。第一次，每学期开学之始，由管学大臣带领学生，一起到先师神位前行三跪九叩礼。第二次，春秋丁祭，官学大臣，汉总教习，总办、提调，分教习，什学院诸院率各堂学生致祭，行三跪九叩礼。第三次，每月朔望，提调、分教习率各堂学生行三跪九叩礼。②

京师大学堂非常注重学生养成教育，强化学生的道德品行教育。在《京师大学堂禁约》中对学生行为养成规定：注重仪容仪表，衣着整齐，不得华丽；注意卫生，不得便溺污秽、随意吐痰；日常尊老爱幼，行走坐立长幼有序；自强自立，自整内务；提高素养，不准殴斗、赌博、吸烟、酗酒、言语邪淫、搬弄是非；尊敬师长、爱护物品。③

三 救国图存：京师大学堂的贡献

京师大学堂首次确立高等教育大学立学宗旨、确立首批中国近代高等教育大学章程、开创中国现代高等师范教育之先河、建立高等教育制度体系、开创中国综合性大学之先河，为中国近代教育事业做出了巨大贡献，为现代高等教育事业发展奠定了坚实的基础。

（一）首次确立高等教育大学立学宗旨

1896年8月，书局大臣孙家鼐在《议复开办京师大学堂折》中明确提出京师大学堂立学宗旨："今中国京师创立大学堂，自应以中学为主，西学为辅；中学为体，西学为用；中学有未备者，以西学补之，中学有失传者，以西学还之。以中学包罗西学，不能以西学凌驾中学，此是立学宗旨"。④ 孙家鼐奏折中的京师大

---

① 汤志钧、陈祖恩、汤仁泽编：《京师大学堂禁约》，载汤志钧、陈祖恩、汤仁泽编《戊戌时期教育》，陈元晖主编《中国近代教育史资料汇编》，上海教育出版社2007年版，第247—248页。
② 汤志钧、陈祖恩、汤仁泽编：《京师大学堂规条》，载汤志钧、陈祖恩、汤仁泽编《戊戌时期教育》，陈元晖主编《中国近代教育史资料汇编》，上海教育出版社2007年版，第243页。
③ 汤志钧、陈祖恩、汤仁泽编：《京师大学堂禁约》，载汤志钧、陈祖恩、汤仁泽编《戊戌时期教育》，陈元晖主编《中国近代教育史资料汇编》，上海教育出版社2007年版，第247—248页。
④ 孙家鼐：《议复开办京师大学堂折》，载汤志钧、陈祖恩、汤仁泽编《戊戌时期教育》，陈元晖主编《中国近代教育史资料汇编》，上海教育出版社2007年版，第225页。

学堂的宗旨，概括起来就是"中学为体，西学为用"的宗旨。他主张中西并重的思想，西学和中学互补，相互汲取精华、相互借鉴、兼容并蓄；坚持学要有源，以中学为主，以西学为辅；批判把"中学"与"西学"对立的思想，更不能以西学凌驾中学，而应该以中学包容西学。京师大学堂的宗旨体现了既要传承传统文化，又要吸纳西方文化，对传统文化要自信、自觉。

京师大学堂立学宗旨是中国近代教育史上第一个高等教育大学立学宗旨，开创中国近代高等教育立学宗旨之先河，具有非常重要的历史地位，为中国高等教育办学思想奠定基础，成为后来中国高等教育发展中创建大学立学宗旨的典范。

（二）确立首批中国近代高等教育大学章程

随着京师大学堂的发展，京师大学堂章程也在不断发展变化。从1898年至1904年6年间，先后颁布三个京师大学堂章程：1898年的《奏拟京师大学堂章程》、1902年的《钦定京师大学堂章程》、1904年的《奏定京师大学堂章程》。3个《京师大学堂章程》的更替，内容的变化，其演变历程显示了京师大学堂的办学历史，体现中国近代高等教育的发展历程。

1898年的《奏拟京师大学堂章程》，总理衙门邀请康有为起草，由于康有为事务繁忙，命梁启超起草。因此，初期《奏拟京师大学堂章程》的草稿，融合康有为和梁启超两位维新派思想，代表维新派教育思想和培养人才模式的确立。《奏拟京师大学堂章程》采用核准程序，即草案上奏，皇帝和政府审批，实际是行政机构组织立法模式。因此，《奏拟京师大学堂章程》属于法律性质文本，是中央教育行政管理的法律文件，是中央政府直接参与高等教育的文本表征。梁启超起草的《奏拟京师大学堂章程》是京师大学堂的第一个章程，也是中国近代高等教育的最早的学制纲要，在中国教育史上具有重要的历史意义。

1902年的《钦定京师大学堂章程》，由京师大学第三任管学大臣张百熙主持修订，于1902年8月上奏所拟章程。又由于慈禧太后钦准，故称《钦定京师大学堂章程》，史称"壬寅学制"。《钦定京师大学堂章程》共8章，84节，包含大学堂以及考选入学、高等学堂、中等学堂、小学堂、蒙学堂的6个章程。因此，《钦定京师大学堂章程》是一份教育纲领性法律文件，统领全国教育，将新学堂纳入政府新政管辖内，推动了中央教育管理模式的创新和教育机构与体系的改革，是京师大学堂的第二个章程，首次全面反映了中国近代教育史上新式学堂的教育体系，构成了中国近代教育第一个学制系统。

1904年颁布的《奏定京师大学堂章程》，由张之洞、荣庆参与修订，历经半年，7次修改。《奏定京师大学堂章程》由10个章程、2个通则、1个纲要构成。10个章程包括初等小学堂、高等小学堂、中学堂、高等学堂、大学堂附通儒院、初级师范学堂、优级师范学堂、任用教员、初等农工商实业学堂（附实业补习普通学堂及艺徒学堂）、中等农工商实业学堂、高等农工商实业学堂、实业教员讲习所；2个通则包括实业学堂、各学堂管理；1个纲要是学务纲要。10个章程、2

个通则、1个纲要融合了新旧教育精髓，构成完整的癸卯学制。《奏定京师大学堂章程》改变了旧的教育形式，统一了课程体系，使京师大学堂办学和课程体系走向正规化，为现代教育探索了教育教学模式并树立了典范。

（三）开创中国现代高等师范教育之先河

在中国近代师范教育的发展历程中，南洋公学师范院和京师大学堂师范馆的创设和发展是不能忽略的。1897年由盛宣怀创立的南洋公学师范院是我国近代初级师范的起点，开创了中国近代初级师范的先河。1902年创建的京师大学堂师范馆是我国高等师范教育的开端，开创了中国近代高等师范教育的先河。两所师范学堂有如中国教师教育创始之初的双子星座，一南一北，遥相呼应，奠定了早期中国教师教育的基本图景。

京师大学堂师范馆的创建，标志着中国近代高等师范教育的正式兴起。京师大学堂师范馆课程设置及教学特点，为高等教师教育发展探索了人才培养模式，为中国高等师范教育的发展探索了发展路径。京师大学堂创办的师范馆推动中国高等师范教育迈出了历史性步伐。

（四）建立高等教育制度体系

京师大学堂在发展过程中，逐渐形成京师大学堂的组织管理制度、教学管理制度、考核管理制度、学生入学条件的管理制度、课堂管理制度、学生考勤管理制度、德育管理制度等，确立了比较完整的高等教育管理制度。作为中国高等教育的雏形，京师大学堂为后来高等教育改革与发展提供了制度性经验积累。京师大学堂管理制度是中国近代高等教育制度确立的标志。

京师大学堂在发展过程中锐意改革，京师大学堂章程的演变史就是最好的见证。《奏拟京师大学堂章程》尝试探索高等教育管理制度，《钦定京师大学堂章程》创新高等教育管理制度，《奏定京师大学堂章程》深化改革高等教育制度，形成法律性教育行政管理制度。由单一的学校管理制度发展到多维的管理制度、由京师大学堂的管理制度发展到包括初等教育、中等教育、高等教育的立体管理制度体系；由大学堂管理制度发展到统领全国的纲领性的教育管理体系；由大学堂管理制度发展到壬寅学制，最终形成系统化、体系化的癸卯学制。京师大学堂制度体系的确立不仅推动了中国高等教育的发展，而且推动了中国整个教育系统的发展和完善，也为现代教育制度体系的创立奠定了基础。

（五）开创中国综合性大学之先声

1896年6月，刑部左侍郎李瑞棻在《奏请推广学校折》中提出创建京师大学堂，1898年7月，光绪皇帝下谕批准创建京师大学堂，直至1898年12月，京师大学堂正式成立，标志着中国近代教育史上综合性大学堂成立。这一曲折的历程，本身就具有非凡的意义。洋务派提出并创建京师大学堂，守旧顽固派坚决反对，京师大学堂的创建和发展步履维艰，历经曲折，但无论洋务派和顽固派谁胜谁负，京师大学堂都得以保留，这也真正体现京师大学堂的生命力和历史价值。京师大学堂是中国近代大学的雏形,是中国近代综合性大学的开端和标志,也是中国教育史上第一所由中央政府建立的综合性大学。京师大学堂标志着中国综合性大学由近代化迈向现代化。

第四节 "五四"新学:我国教师教育的近代萌芽

"中国的新教育始自清末,1904 年癸卯学制的颁布,宣告延续二千多年的传统教育体制的结束。但癸卯学制是清王朝的学制,具有一定的封建性,我国教育具有民主性的改革和现代化的进程是从辛亥革命后开始的。"① 辛亥革命是我国教育民主化、现代化发展的开端。1915 年 9 月陈独秀创办的《新青年》是新文化运动开始的标志,1919 年五四运动是中国文化教育发展的历史转折点。

一 科学民主:我国教师教育近代萌芽的历史语境

新文化运动的宗旨是科学、民主,文化教育的斗争体现在:与封建主义思想和教育沉渣两次泛起的斗争和反封建反帝制的文化斗争,新文化运动推动文化教育的转折。

(一)文化教育的斗争

辛亥革命标志着我国教育民主化、现代化的发展。第一,辛亥革命促使教育改革社会因素的产生。辛亥革命是中国民族资产阶级领导的革命。辛亥革命后,颁布的《临时约法》确立了民族资产阶级私有财产不可侵犯,有经营资本主义企业之自由权。② 于是,1912 年 1 月,南京临时政府设立实业部,上海成立中华工学会、中华民国商学会,南京成立中华民国实业协会。全国兴办实业的热情和民族工商业的大力发展,为教育改革营造了社会基础。第二,在辛亥革命中资产阶级革命派积极进行教育改革。辛亥革命后,资产阶级革命派积极实施一系列教育改革措施,提出"注重道德教育,以实利教育、军国民教育辅之,更以美感教育完成其道德"③ 的新教育宗旨,制定壬子学制,颁布《普通教育暂行办法》《普通教育课程标准》等,这些教育改革措施和辛亥革命营造的社会环境奠定了辛亥革命是我国教育民主化、现代化的基点。

1. 封建主义思想和教育沉渣两次泛起

自辛亥革命至 1915 年,中国历史上出现两次复辟帝制,第一次是袁世凯复辟帝制,第二次是张勋复辟帝制,封建主义思想和教育沉渣两次泛起。

1912 年 3 月,袁世凯篡夺革命政权,建立北洋军阀政府,为了铺平复辟帝制

---

① 郭齐家:《中国教育史》下卷,人民教育出版社 2015 年版,第 531 页。
② 高奇主编:《现代分卷》,陈学恂主编《中国教育史研究》,华东师范大学出版社 2009 年版,第 1 页。
③ 高奇主编:《现代分卷》,陈学恂主编《中国教育史研究》,华东师范大学出版社 2009 年版,第 1 页。

道路，在思想、文化教育领域大造影响，掀起复古封建主义逆流。

在思想领域，1914 年袁世凯发布"祭孔告令"，祭孔朝圣、恢复读经，鼓吹孔教为国教。在文化教育领域，1913 年，在《天坛宪法》第 19 条中提出："国民教育以孔子之道为修身大本"①，为袁世凯复辟提供了法律依据。1915 年 1 月，北洋军阀政府颁布的《特定教育纲要》规定："各学校均应崇奉古圣贤以为师法，宜尊孔以端其基，尚孟以致其用"②。1915 年 2 月，在《颁定教育要旨》中公开推翻民国初年的教育宗旨，恢复尊孔读经和儒学的正统地位，进一步阐明教育宗旨的总精神是"矩矱本诸先民，智慧求诸世界""忠于孝节义植其基，于智识技能求其阙"，规定"爱国、尚武、崇实、法孔孟、重自治、戒贪争、戒躁进"为教育宗旨。③这一教育宗旨其实是清末颁布的教育宗旨的复制版，只不过加了"戒贪争、戒躁进"④。教育宗旨的复辟倒退，体现在教育内容上尊孔读经，体现在学制的变化上，1915 年颁布的《特定教育纲要》规定复辟贵胄学堂，教育等级性及封建特权。⑤

袁世凯复辟帝制失败不久，又出现张勋复辟的闹剧，封建主义思想和教育沉渣再次泛起。在中国近代教育史上，两次复辟逆流中，教育宗旨、学校课程、专业设置和学制都未进而退，与民国初年的教育宗旨和学制所体现的民主、平等的精神背道而驰。这种教育复辟，不顾时代发展的需要，把传统的经史志学看作民族精神之唯一所在而大力提倡，忽略了现代教育的发展规律和学科特征，逆历史潮流而动，最终必然被历史洪流所淹没。

2. 反封建反帝制的文化斗争

袁世凯复辟帝制，在文化教育上，推行尊孔复古的文教政策。1914 年 9 月，袁世凯颁布《祭孔告令》，使历史车轮倒转，资产阶级革命派在中国实现民主共和的理想化成泡沫。民众经过一段痛心的思索，终于掀起了"以'科学'和'民主'为旗帜，以'改造国民性'为根本宗旨"⑥的新文化运动。在这场运动中，以 1915 年 9 月陈独秀创办的《新青年》为主要理论阵地，以一批激进的民主主义者为核心，汇集一批先进的知识分子，组成坚强的联合阵线，向封建主义、复

---

① 于述胜：《民国时期（1912 年—1949 年）》，李国钧、王炳照总主编《中国教育制度通史》第 7 卷，山东教育出版社 1999 年版，第 31 页。
② 袁世凯：《特定教育纲要（1915 年）》，载陈学恂主编《中国近代教育史教学参考资料》中册，人民教育出版社 1987 年版，第 225 页。
③ 袁世凯：《颁定教育要旨（1915 年）》，载陈学恂主编《中国近代教育史教学参考资料》中册，人民教育出版社 1987 年版，第 234—242 页。
④ 袁世凯：《颁定教育要旨（1915 年）》，载陈学恂主编《中国近代教育史教学参考资料》中册，人民教育出版社 1987 年版，第 234 页。
⑤ 袁世凯：《特定教育纲要（1915 年）》，载陈学恂主编《中国近代教育史教学参考资料》中册，人民教育出版社 1987 年版，第 225 页。
⑥ 于述胜：《民国时期（1912 年—1949 年）》，李国钧、王炳照总主编《中国教育制度通史》第 7 卷，山东教育出版社 1999 年版，第 34 页。

辟帝制展开了针锋相对的斗争。这场斗争以1915年9月陈独秀创办的《新青年》为标志，是辛亥革命思想的继续，更是新民主主义的开端。

为揭露袁世凯复辟的野心，有革命斗志的知识分子拿起手中的笔作为武器与封建文化进行了针锋相对的斗争。1917年8月，陈独秀撰文《复辟与尊孔》，声讨袁世凯："祀天者，帝政之典礼也""复辟论相依为命之尊孔论，依旧盛行于国中也。孔教与共和乃绝对不相容之物……盖以孔子之道治国家，非立君不足以言治""若尊孔而不主张复辟，则妄人也，是不知孔子之道者也"。[①] 1917年1月，共产党人李大钊撰写《孔子与宪法》一文，猛烈抨击封建文化，揭露复辟阴谋。文中写道："孔子与宪法，渺不相涉者也""孔子者，历代帝王专制之护符也。宪法者，现代国民自由之证券也""总之宪法与孔子发生关系，为最背于其性质之事实"[②]。陈独秀和李大钊的文章，猛烈抨击封建文化、揭露复辟野心、惊醒国人、提振国人精神，使更多国人投入了反封建反帝制的文化斗争洪流之中。

鲁迅是这场控诉封建礼教的罪恶的反封建文化运动的先锋者。他深刻、猛烈地揭露了封建礼教残害人性的本质，发表《狂人日记》，控诉封建礼教是"吃人"的礼教。鲁迅借狂人之言，说道："我翻开历史一查，这历史没有年代，歪歪斜斜的每页上都写着'仁义道德'几个字。我横竖睡不着，仔细看了半夜，才从字缝里看出字来，满本都写着两个字是'吃人'"[③]。鲁迅描写了许多生动形象的人物，如祥林嫂、孔乙己就是被封建礼教"吃掉"的人物，狂人是反封建礼教的勇士，这些人物描写深刻揭露了封建礼教的罪恶。

(二) 文化教育的转折

五四运动是中国文化教育发展的历史转折点，其产生有着深远的国际和国内政治、经济、外交、思想等方面的根源。第一，国内经济因素。在第一次世界大战期间，帝国主义放松了对中国经济的掠夺，为中国民族工商业的发展赢得了发展空间，资产阶级的力量得到加强。与此同时，无产阶级的力量也都得到壮大，尤其是中国工人阶级力量进一步壮大，逐渐形成独立的政治力量。第二，国内政治因素。1919年，五四运动提出"外抗强权，内除国贼"的反封建反帝制的口号，新文化运动是反封建反帝制的文化斗争，极大地推动了新教育改革运动。第三，外交失利。1919年1月18日，中国在巴黎召开的战胜国"和平会议"上的外交失败，推动和加速了五四运动的爆发进程。第四，国际影响。1917俄国十月革命的胜利，鼓舞了中国人民革命热情，更加坚定追求"科学"和"民主"。第五，马克思主义思想在中国的传播。马克思主义者在中国传播马克思主义思想，

---

① 陈独秀:《复辟与尊孔》，载陈学恂主编《中国近代教育史教学参考资料》中册，人民教育出版社1987年版，第265—268页。

② 李大钊:《孔子与宪法》，载陈学恂主编《中国近代教育史教学参考资料》中册，人民教育出版社1987年版，第261—262页。

③ 鲁迅:《鲁迅小说集》，黑龙江人民出版社2004年版，第14页。

并积极参加新文化运动,为五四运动的发生奠定了思想舆论基础。

"五四"新文化运动涉及政治、思想、道德、文学、教育等领域的各个方面,直接把中国文化教育运动推向一个崭新的阶段。毛泽东指出:"五四运动所进行的文化革命则是彻底地反对封建文化的运动,自有中国历史以来,还没有过这样伟大而彻底的文化革命。"[①] 这场伟大的文化运动是由早期马克思主义者领导参与的文化教育活动,从此,在中国历史上,首次诞生了中国工人阶级自己的教育形态——无产阶级新教育。五四运动是中国教育的里程碑,中国文化教育发展的历史转折点,中国新民主主义教育的开端,推动了教育领域一系列的全面改革。

二 壬戌学制:我国教师教育近代萌芽的制度成果

随着马克思主义思想在中国的传播,民主与科学思想在民众思想中不断深入,"五四"新文化运动更加有力地推动了中国教育的发展。为适应新形势下教育发展需要,以民主主义教育和科学主义教育为中心,在教育宗旨、教育内容、教育方法、教育制度等方面推行了一系列全面的教育改革,集中体现在学制改革,形成1922年新学制(亦称"壬戌学制")。

(一) 壬戌学制的酝酿和制定

壬子·癸丑学制虽然反映了资产阶级改革教育的一些主张,但由于没有进行深入研究和充分考虑各方面的情况,壬子·癸丑学制在实践应用中暴露出很多问题。因此,新文化运动中,有一些专家和教育团体提出要改革学制的问题。1915年,在第一次全国教育联合会上,湖南省提出改革学制系统案。1919年,全国教育会第五次大会上,浙江省提出改革师范教育案。1921年10月,全国教育会联合会第七届年会上,11个省代表提出11件学制系统改革议案。经过反复研讨,于1921年10月30日形成并通过《新学制系统草案》,通过报刊向全国征求意见,以便在第八届会上进一步修改确定。1922年9月在北京举行全国学制会议。1922年10月,在济南召开的全国教育会联合会上讨论教育部提交的学制修改稿。1922年11月1日,大总统颁布《学校系统改革案》,即壬戌学制。

(二) 壬戌学制的制定标准

壬戌学制的制定标准是:"(一)适应社会进化的需要。(二)发挥平民教育精神。(三)谋个性之发展。(四)注意国民经济力。(五)注意生活教育。(六)使教育易于普及。(七)多留给地方伸缩余地。"[②] 这7项标准体现出教育即生活,生活即教育,学校即社会,以儿童为中心,注重个性发展、地方分权、富有弹性的教育思想。壬戌学制制定标准注重教育适应社会需求的指导思想,强调教育要符

---

① 毛泽东:《毛泽东选集》第2卷,人民出版社1991年版,第700页。
② 宋恩荣、章咸编:《学校系统改革案》,载宋恩荣、章咸编《中华民国教育法规选编》,江苏教育出版社2005年版,第32—33页。

合儿童发展的规律，体现了民主主义、科学主义精神，是新文化运动的结晶。

（三）壬戌学制的具体内容

壬戌学制由初等教育、中等教育、高等教育、附则4部分构成，共29款。初等教育包括（一）至（七），共7款；中等教育包括（八）至（二十），共13款；高等教育包括（二十一）至（二十七），共7款；附则包括（二十八）至（二十九），共2款（见表6-5）。

表6-5　　　　　　　　　　壬戌学制学校系统图的说明

各级教育		培养模式
初等教育	（一）小学校修业年限	六年，依据地方情况，可延长一年
	（二）小学校设置	分初级和高级两级，前四年为初级，须单独设立
	（三）义务教育	年限暂时以四年为准，但各地方在适当时期可延长年限。义务教育入学年龄，各省区可依据各地方情况自行确定
	（四）小学课程	在较高年级，视各地方情况增置职业准备的教育
	（五）初级小学	修完后，须给予相当年期的补习教育
	（六）幼稚园	招收六岁以下儿童
	（七）对于年长失学者	设立补习学校为宜
中等教育	（八）中学校修业年限	六年，分初级和高级两级，初级三年，高级三年；依据所设科目性质，也可定为初级四年，高级二年；或初级二年，高级四年
	（九）初级中学	须单独设立
	（十）高级中学	与初级中学并行设立，有特殊情形的可单独设立
	（十一）初级中学	实行普通教育，依据地方需要，须同时设立各种职业科
	（十二）高级中学	设农、工、商、普通、师范、家事等科。须酌情考量地方情况，单独设立一科或同时设立数科（依据旧学制设立的甲种实业学校，酌情改为职业学校，或高级中学工、商、农学科）
	（十三）中等教育	须采取选科制
	（十四）补习学校或补习科	程度为中等，种类及年限依据地方情况确定
	（十五）职业学校	须酌情考量各地方的实际需要情况确定期限及程度（依据旧学制设立的乙种实业学校，酌情改为职业学校，招收高级小学毕业生，依据地方情况，也可招收相当年龄的修完初级小学的学生）
	（十六）职业学校	须在相当学校内酌情设立职业教员养生，推广职业教育
	（十七）师范学校修业年限	六年
	（十八）师范学校学制	须单独设立后二年或后三年，招收初级中学毕业生
	（十九）后三年师范学校	须酌情实行分组选修制
	（二十）师范学校或师范讲习科	须单独设立相当年期的师范学校或师范讲习科，补充初级小学教员不足

续表

各级教育		培养模式
高等教育	（二十一）大学	设立一科或数科，其中单独设立一科的大学称某科大学校，如法科大学校、医科大学校等
	（二十二）大学修业年限	四年至六年。（各科须按其性质的繁简，在此限度内酌情确定。）法科大学校、医科大学校修业年限至少五年；师范大学修业年限四年（依据旧学制设立的高等师范学校，应在相当时期内提高程度，招收高级中学毕业生，修业年限四年，称为师范大学校）
	（二十三）大学校	采用选科制
	（二十四）专门学校	修业年限三年以上，招收高级中学毕业生，年限与大学校相同的专门学校，其待遇与大学校相同（依据旧学制设立的专门学校，应在相当时期内提高程度，招收高级中学毕业生）
	（二十五）大学校及专门学校	须辐射专科，修业年限不等（招收有相当程度的志愿修习某种学术或职业的学生）
	（二十六）二年师范专修科	须设立二年师范专修科补充初级中学教员的不足，设立于大学校教育科或师范大学校；也可设立于师范学校或高级中学，招收师范学校及高级中学毕业生
	（二十七）大学院	大学毕业及具有同等学历者做研究的地方，年限不定
附则	（二十八）须变通年期及教程，注重天才教育，使其优异的智能得到尽可能的发展	
	（二十九）对精神上或身体上有缺陷的学生，须给予相应的特殊教育	

资料来源：璩鑫圭、唐良炎编：《大总统颁布施行之学校系统改革案》，载璩鑫圭、唐良炎编《学制演变》，陈元晖主编《中国近代教育史资料汇编》，上海教育出版社2007年版，第1009—1012页。表格为笔者根据该资料自制。

壬戌学制充分体现了五四运动以来我国教育改革发展需求，同时，也满足了当时我国文化教育国情，遵循了我国教育自身规律。壬戌学制与壬子·癸丑学制相比，它的发展变化主要体现在以下几个方面：

第一，遵循儿童和青少年身心发展规律，总体上将初、中级教育按"六、三、三、四制"划分学段，整体上理顺了普通教育各学段的关系。

第二，与壬子·癸丑学制相比，小学校修业年限六年，学制缩短一年，有利于初等教育的普及；中学学制由四年二、二两段制改为六年三、三两段制，易于中学的长远发展，利于与高级中学衔接。

第三，采用分科制、选科制，谋求学生个性发展，有利于学生成长和人才培养。

第四，大学取消预科，更利于对学生进行系统的专业教育和提高学生科研能力。

第五，改革师范教育制度，设立四年制师范大学、改旧制设立的高等师范学校为师范大学，提高了师范教育地位，有利于师范教育全方位发展。

第六，确立职业教育系统，以职业教育代替清末的实业教育，推进职业技术教育发展。

第七，壬子·癸丑学制实行双轨制，而壬戌学制实行单轨制。壬戌学制彻底解放了封建两性双轨思想，第一次在学制上规定了男女平等地享受教育的权利，为女子教育提供了发展平台。壬戌学制是我国第一个不分男女性别的单轨学制，这是教育史上巨大的思想解放，体现了新民主主义的教育思想。

第八，新学制规定：幼稚园收受六岁以下儿童，说明新学制重视儿童教育。

第九，新学制规定：对于精神上或身体上有缺陷者，应施以相当之特种教育，体现新学制重视特殊教育。

第十，多留各地方伸缩余地，体现了新学制的富有弹性，给地方、学校自主权的设计理念。

壬戌学制是中国近代教育史上经过提议、试点、专家审议、反复研讨后形成的影响最大，执行时间最长的学制。新学制实行"六三三制"的框架经受住了历史的检验，一直沿用至1927年。南京国民政府成立后对新学制系统做了部分调整，充分说明新学制是我国近代教育发展史上的里程碑，推动了中国近代教育的发展，标志着我国现代教育体制的确立。新文化运动在文化教育上的最大成果是形成师范教育培养体系、确立师范教育课程标准，推动了中国近代教师教育的发展。

（四）师范教育培养模式的形成

在新文化运动的影响下，教育发生了巨大转折，由旧学转向新学。新学制壬戌学制确立了师范教育培养模式。师范教育培养模式包括中等师范教育培养模式和高等师范教育培养模式（见表6-6）。

表6-6　　　　　　　　壬戌学制确立的师范教育培养模式

各级教育	培养模式	
中等师范教育	（十二）高级中学	设立师范科
	（十七）师范学校修业年限	六年
	（十八）师范学校学制	须单独设立后二年或后三年，招收初级中学毕业生
	（十九）后三年师范学校	须酌情实行分组选修制
	（二十）师范学校或师范讲习科	补充初级小学教员不足
高等师范教育	（二十二）大学修业年限	四年至六年。师范大学修业年限四年（附注四：依据旧学制设立的高等师范学校，应在相当时期内）
	（二十六）二年师范专修科	补充初级中学教员的不足，附设在大学校教育科，或师范大学校；也可设立于师范学校或高级中学，招收师范学校及高级中学毕业生

资料来源：璩鑫圭、唐良炎编：《大总统颁布施行之学校系统改革案》，载璩鑫圭、唐良炎编《学制演变》，陈元晖主编《中国近代教育史资料汇编》，上海教育出版社2007年版，第1010—1011页。表格为笔者根据该资料自制。

中等师范教育培养模式下，高级中学设师范科，为补充初级小学教员不足，依据实际情况可设相当年期的师范学校或师范讲习科,师范学校修业年限为六年,也可单设后二年或后三年的师范,招收初级中学毕业生。

高等师范教育培养模式下,高等师范教育设置为高等师范大学,为补充初级中学教员不足,设师范专修科,师范大学修业年限为四年,师范专修科修业年限为两年。师范大学校招收高级中学毕业生,师范专修科招收师范学校及高级中学毕业生。

与壬子·癸丑学制相比,壬戌学制建构的师范教育培养模式具有以下特点:第一,新学制加强师范教育,将五年制师范学校改为六年制,或单设后二年、后三年的师范,或设相当年期之师范学校或师范讲习科。第二,提升高等师范学校规格,收受高级中学毕业生,修业年限四年,称为师范大学校。第三,从第二十六项和第十二项看,新学制将高师并入大学、中师并入中学。

《学校系统改革案》极大地提高了我国师范教育水平,推动了师范教育的发展,奠定了我国现代师范教育的基点,建立了我国现代师范教育的培养体系。

(五)师范教育课程标准的确立

按照新学制规定,师范教育分高等教育阶段师范教育和中等教育阶段师范教育。中等教育阶段师范教育包括:初级中学的师范学校、后期师范学校、高中师范科三种形式。对大学和专门学校课程,由于新学制课程标准委员会未做具体方案,所以师范教育仍依据民国初年的课程标准执行。后期师范学校和高中师范科课程设置相同(表6-7)。

表6-7　　　　壬戌学制后期师范学校与高中师范科课程分配表

科目	(一)公共必修课(与高中普通课同,加音乐课)	必修课	(二)师范专业课 选修课 分组选修 第一组	第二组	第三组	教育选修	(三)纯粹选修课(由各校自定)
科目	(一)公共必修课(与高中普通课同,加音乐课)	1 心理学入门 2 教育心理 3 普通教学法 4 各科教学法 5 小学各科教学研究 6 教育测验与统计 7 小学校行政 8 教育原理 9 实习	1 选修国语 2 选修外国语 3 本国史 4 西洋近代史 5 地学通论 6 政治概论 7 经济概论 8 乡村社会学	1 算数(含珠算) 2 代数 3 几何 4 三角 5 物理学 6 化学 7 生物学 8 矿物地质学 9 园艺学 10 农业大意	1 图画 2 手工 3 音乐 4 体育 5 家事	1 教育史 2 乡村教育 3 职业教育概论 4 儿童心理学 5 教育行政 6 图书馆管理法 7 现代教育思潮 8 幼稚教育 9 保育学	
总学分	68	48	39 至少选修20学分	55 至少选修20学分	40 至少选修20学分	31 各组均须选修,至少选修8学分	学分不限

资料来源:高奇主编:《现代分卷》,陈学恂主编《中国教育史研究》,华东师范大学出版社2009年版,第33页。

第一，后期师范与高中师范科课程分为五类：公共必修课、师范必修课、师范选修课、教育选修课、纯粹选修课。公共必修课共八门：国语、外语、人生哲学、社会问题、世界文化史、科学概论、体育、音乐。公共必修课学分：音乐4学分、体育10学分、科学概论6学分、世界文化史6学分、社会问题6学分、人生哲学4学分、外语16学分、国语16学分，共68学分。

第二，纯粹选修课：由各学校自定，学分不限，这说明课程标准尊重学校的课程选择，给学校充分的课程开发自主权，让各学校能自主、自觉、主动地选择和开发课程，体现了师范课程设置弹性灵活的特点。

第三，师范必修课共9门，48学分。九门课程学分构成是：实习20学分、教育原理3学分、心理学入门2学分、小学各科教学研究6学分、教育心理3学分、普通教学法2学分、小学校行政3学分、各科教学法6学分、教育测验与统计3学分。从学分比例看，9门课程非常重视学生的实习，注重培养学生的实践活动教育，让学生在实践中学习、在实践中成长。

第四，师范选修课分三组，第一组文科，注重人文素养教育和社会科学教育，科目共8门，学分共39学分，至少选修20学分，其学分分别是：乡村社会学3学分、选修国语8学分、经济概论3学分、选修外国语8学分、政治概念3学分、西洋近代史4学分、地学通论4学分、本国史6学分。第二组理科，注重数学逻辑培养和自然科学知识的了解，科目共10门，学分共55学分，至少选修20学分，其学分分别是：园艺学4学分、算数（含珠算）8学分、矿物地质学4学分、物理学6学分、代数6学分、生物学6学分、几何6学分、化学6学分、三角3学分、农业大意6学分。第三组艺术科，注重艺术培养和体育技能训练，科目共5门，学分共38学分，至少选修20学分，其学分分别是：图画8学分、手工8学分、音乐8学分、体育6学分、家事8学分。

第五，教育选修课共9门，学分共32学分，各组均须选修，至少选修8学分，包括教育史、乡村教育、保育学、现代教育思潮、幼稚教育、职业教育概论、教育行政等9门课程。

第六，课程设置的特点：一是对课程分类、分组；二是设立选修课；三是增加教育学科的课程；四是增加课程分量；五是设有学分最低底线；六是纯粹选修课由各学校自定，给学校自主权。

师范学校课程方案的确立，完善了师范教育培养模式，提高了师范教育质量，促进了我国近代教师教育的发展。虽然课程方案设置仿照美国学制，但它仍然反映了新文化运动以来教育改革的成果和成绩，符合当时中国教育的现实语境，适应了社会发展需求，充分给予地方自主权，体现了统一性和灵活性相结合的特点。课程标准的制定以发扬平民教育为精神，将适应社会发展需要与追求学生的个性发展相结合，注重生活教育与普及教育相结合，体现了共性化和个性化发展相结合的课程理念。新学制配套的课程方案是以民主主义教育和科学主义教育为中心制订的课程方案,确立了我国师范教育课程体系,具有深远的历史意义。

新文化运动推动了学制改革。壬戌学制的颁布,中等师范教育和高等师范教育的设立,标志着中国近代师范教育培养体系的建立。壬戌学制的颁布对中国近代教育史上教师教育产生了巨大的影响,促进了教师教育的一系列变革,推动了中国近代教师教育的发展。

第七章 一波三折：民国教师教育的中国探索（1911—1948）

本章分五节探究中国本土化创造的民国教师教育的5种教师教育形态。第一节探究民国训育教师教育的德育创造，第二节探寻民国乡村师范教育的发展，第三节探寻民国中后期教师教育的"师范学院"体制的发展轨迹和培养模式，第四节探源民国综合性大学教师教育的演进历程，第五节探寻女子高等师范教育的嬗演历程，旨在探究民国教师教育5种形态的发展路径、特征和教师教育功能。

第一节 德育创造：民国教师教育训育的发展

中国训育的教育思想是来源于赫尔巴特学派的教育学。约翰·F.赫尔巴特（Johann F. Herbart）的教育思想主要体现在他的著作《普通教育学》中，《普通教育学》将教育工作分为3个部分：管理、教学、训育。赫尔巴特的训育思想被引入中国之初，只是一些被肢解的、零碎的观点，并不是系统的训育思想，逐步经过中国本土化实践，形成中国教师教育训育思想。中国教师教育训育思想发展经历主要表现为独立封闭型教师教育训育，其发展经历了萌芽阶段、确立阶段、取消阶段、重构阶段、发展阶段和调节阶段。

一 春草权舆：独立封闭型教师教育训育的萌芽

清朝末年，独立封闭型教师教育训育经过了两个发展阶段：师范教育训育萌芽和本土化阶段。

（一）师范教育训育的萌芽

南洋公学首开中国师范教育之先河，同时南洋公学亦首开中国师范教育训育之先河。虽然当时并无正式的学制系统，缺乏对教师教育训育本质、特点等属性深入的认识，仅仅是适应当时急需师资的社会需求，只是对教师教育训育提出部分要求，但南洋公学师范院对师范生的五格培养要求（参见表6-2），却能体现当时的教育旨趣，及其对教师人格才能的重视。将师范生分为五格层次等级，并依次递升等级进行管理，体现了对学生的爱好、性格、气质、品行、道德、志向、才学等五格层次的多维考量，南洋公学的办学主旨和师范生的培养目标也蕴含着南洋公学对学生教育管理的训育思想。五格教育管理是我国师范教育训育思想的萌芽形态,书写了我国教师教育训育的始篇。

(二) 师范教育训育的本土化

清末师范教育的训育思想只是从思想引入训育思想的本土化的过程。训育思想的本土化的过程是教师教育训育思想适应的阶段,主要有两次大的训育目标的变迁,一是《初级师范教育总要》对师范生提出训育规定;二是《女子师范教育总要》对师范生提出训育规定。

1904年1月13日,学部颁布《奏定初级师范学堂程》,其中《初级师范教育总要》对师范教育提出7条训育目标:

一、一切教育事宜,必应适合小学堂教员应用之教法分际。

二、变化学生气质,激发学生精神,砥砺学生志操,在充教员者最为重要之务;故教师范者务当化导各生,养成其良善高明之性情,使不萌邪妄卑鄙之念。

三、尊君亲亲,人伦之首,立国之纲;必须常以忠孝大义训勉各生,使其趣向端正,心性纯良。

四、孔孟为中国立教之宗,师范教育务须恪遵经训,阐发要义,万不可稍悖其旨,创为异说。

五、国民之智愚贤否,实关国家之强弱盛衰;师范生将来有教育国民之重任,当激发其爱国志气,使知学成以后当勤学诲人,以尽报效国家之义务。

六、膺师范之仟者,必当敦品养德,循礼奉法,言动威仪足为模楷。故教师范者宜勉各生以谨言慎行,贵庄重而戒轻佻,尚和平而忌暴戾;且须听受长上之命令训诲,以身作则,方能使学生服从。

七、身体强健,成业之基;须使学生常留意卫生,勉习体操,以强固其精力。①

《初级师范教育总要》对师范教育提出的6条训育目标表明,第一,《初级师范教育总要》对师范教育提出的训育目标是在壬子·癸丑学制的基础上设立的训育目标。壬子·癸丑学制的颁布,设立《初级师范教育总要》,以法规性的学制形式首次提出标志着教师教育训育制度的正式确立,在中国教师教育史上具有划时代的意义。

第二,在壬子·癸丑学制的基础上,《初级师范教育总要》设立训育目标,第一次认识到"师范生将来有教国民之重任",关系到国家之强盛衰弱,说明

---

① 璩鑫圭、唐良炎编:《奏定初级师范学堂章程》,载璩鑫圭、唐良炎编《学制演变》,陈元晖主编《中国近代教育史资料汇编》,上海教育出版社2007年版,第405—406页。

壬子·癸丑学制已经认识到教师教育的重要性，更认识到教师教育训育的重要性和必要性，体现了《初级师范教育总要》对师范教育提出训育目标的价值取向。

第三，在学生的气质、精神、趣向、心性等方面做出规定，尤其是对学生勤学品德、敦品养德、尽忠报国提出要求，特别是注重学生的身体素质、卫生习惯、加强锻炼，体现了训育思想的积极性。

第四，体现了教师职业的垂范性的特点，第五条指出"以身作则，方能使学生服从"就要求教师要以身作则，身正为范，教其生必先正其自身。

第五，《初级师范教育总要》对师范教育提出训育目标是以"孔孟为中国立教之宗"为教育宗旨，带有浓厚的封建色彩。再如，在第三条中提出"君亲亲，人伦之首，立国之纲；必须常以忠孝大义训勉各生，使其趣向端正，心性纯良"，这种忠君的立教宗旨思想只能对学生造成极大的残害，对教师教育和教师教育训育只能起到阻碍，而且限制中国教师教育和教师教育训育的发展。但站在教师教育训育发展的起点来看，不能苛求前人。在封建社会，中国教师教育训育制度化的起始阶段，能提出第一、第四、第五、第六条的内容，已经是难能可贵，毕竟它是我国第一个教师教育训育目标。

1907年3月8日，学部颁布《奏定女学堂章程折》，其中《女子师范教育总要》对师范教育提出4条训育目标：

一、中国女德，历代崇重，凡为女、为妇、为母之道，征诸经典史册先儒著述，历历可据。今教女子师范生，首宜注重于此务，时勉以贞静、顺良、慈淑、端俭诸美德，总期不背中国向来之礼教与懿嫕之风俗。其一切放纵自由之僻说，（如不谨男女之辨及自行择配，或为政治上之集会演说等事。）务须严切屏除，以维风化。（中国男子间有视女子太卑贱，或待之失平允者，此亦一弊风；但须于男子教育中注意矫正改良之。至于女子之对父母、夫婿，总以服从为主。）

二、国家关系至为密切，故家政修明，国风自然昌盛；而修明家政，首在女子普受教育，知守礼法。又女子教育为国民教育之根基，故凡学堂教育，必有最良善之家庭教育以为补助，始臻完美。而欲家庭教育之良善，端赖贤母；欲求贤母，须有完全之女学。凡为女子师范教习者，务于此旨体认真切，教导不息。

三、无论男女均须各有职业，家计始裕。凡各种科学之有关日用生计即女子技艺者，务注意讲授练习，力袪坐食交谪之弊风。

四、女子必身体强健，斯勉学持家能耐劳瘁。凡司女子教育者，须常留意卫生，勉习体操，以强固其精力。至女子缠足，尤为残害肢体，有乖体育之道,务劝令逐渐解除,一洗积习。①

《女子师范教育总要》对师范教育提出4条训育目标表明,第一,《奏定女学堂章程折》是中国教育史上第一次肯定女子教育的文件。壬子·癸丑学制第一次设立女子师范教育,是中国教师教育的一大进步和飞跃。《女子师范教育总要》对师范教育提出的训育目标是中国女子教师教育的第一个训育目标,对中国教师教育训育发展具有重要的历史意义。

第二,《女子师范教育总要》对师范教育提出训育目标能认识到"女子教育为国民教育之根基"② 实为可贵,确立了女子师范教育的地位。壬子·癸丑学制认为,"国家关系至为密切,故家政修明,国风自然昌盛;而修明家政,首在女子普受教育,知守礼法",③ 说明壬子·癸丑学制厘清了女子师范教育与国家、社会、家庭之间的关系,充分认识到了女子教育的重要性。

第三,在训育目标中,体现了女性解放的思想,如在第四条中提出,"至女子缠足,尤为残害肢体,有乖体育之道,务劝令逐渐解除,一洗积习"④ 是对女性的解放,实属一次巨大的进步,给后来学制关于男女平等的建立奠定了坚实的基础,实际上也是清末训育思想的一大飞跃。

第四,《女子师范教育总要》对师范教育提出的训育目标具有封建性和局限性。第一条"中国女德,历代崇重,凡为女、为妇、为母之道,征诸经典史册先儒著述,历历可据"⑤ 是对女性的禁锢和束缚,是对女性的偏视。第一条"至于女子之对父母、夫婿,总以服从为主"⑥ 体现了"三从四德"的封建思想。

《女子师范教育总要》对师范教育提出训育目标既有对女性解放的一面又有对女性束缚禁锢的一面,但在当时能提出和确定女子师范教育却是一大进步,并对女子教师教育提出正式的训育目标,首开女子教师教育和女子教师教育训育,意义非凡。

---

① 璩鑫圭、唐良炎编:《奏定女学堂章程折》,载璩鑫圭、唐良炎编《学制演变》,陈元晖主编《中国近代教育史资料汇编》,上海教育出版社2007年版,第584—585页。
② 璩鑫圭、唐良炎编:《奏定女学堂章程折》,载璩鑫圭、唐良炎编《学制演变》,陈元晖主编《中国近代教育史资料汇编》,上海教育出版社2007年版,第585页。
③ 璩鑫圭、唐良炎编:《奏定女学堂章程折》,载璩鑫圭、唐良炎编《学制演变》,陈元晖主编《中国近代教育史资料汇编》,上海教育出版社2007年版,第585页。
④ 璩鑫圭、唐良炎编:《奏定女学堂章程折》,载璩鑫圭、唐良炎编《学制演变》,陈元晖主编《中国近代教育史资料汇编》,上海教育出版社2007年版,第585页。
⑤ 璩鑫圭、唐良炎编:《奏定女学堂章程折》,载璩鑫圭、唐良炎编《学制演变》,陈元晖主编《中国近代教育史资料汇编》,上海教育出版社2007年版,第584页。
⑥ 璩鑫圭、唐良炎编:《奏定女学堂章程折》,载璩鑫圭、唐良炎编《学制演变》,陈元晖主编《中国近代教育史资料汇编》,上海教育出版社2007年版,第585页。

二 关山迢递：独立封闭型教师教育训育的演进

民国时期，独立封闭型教师教育训育经过了 5 个发展阶段：教师教育训育的确立、取消、重构、发展、调整阶段。

（一）独立封闭型教师教育训育的确立（1912—1922）

在独立封闭型教师教育训育的确立阶段，教师教育训育以壬子学制为背景，提出师范生教养要旨，确立师范生训育目标，促进教师教育训育的发展。

1. 背景

1912 年 1 月 1 日，中华民国宣告成立。1912 年 1 月 9 日，中华民国教育部正式成立。1912 年 7 月，"临时教育会议"在北京召开，拉开全国教育改革的帷幕。1912 年 9 月 2 日，教育部颁布的《教育宗旨令》明确提出教育宗旨："注重道德教育，以实利教育、军国民教育辅之，更以美感教育完成其美德"[①]，确立教育核心任务是"注重道德教育"，德育教育的策略"以美感教育完成其美德"为方针。1912 年 9 月 3 日，教育部公布的《学校系统令》，即壬子学制，是民国第一个学制。壬子学制分普通教育、师范教育、实业教育 3 个系统，具体规定师范教育设立师范学校和高等师范学校两级，相当于中等和高等教育阶段。1912 年 9 月 29 日，教育部公布的《师范教育令》强调"专教女子之师范学校称女子师范学校，以造就小学校教员及蒙养园保姆为目的。高等师范学校以造就中学校、师范学校教员为目的"[②]。一系列有关师范教育的法令法规对清朝末年师范教育训育目标进行了改革，奠定了《师范学校规程》的制定和颁布。

2. 训育目标的确立

1912 年 12 月 10 日，教育部颁布的《师范学校规程》第一章教养学生之要旨对师范生提出教养要旨，规定了师范生的 5 条训育目标：

> 一、健全之精神，宿于健全之身体，故宜使学生谨于摄生，勤于体育。
> 二、陶冶情性，锻炼意志，为充任教员者之要务，故宜使学生富于美感，勇于德行。
> 三、爱国家、遵法宪，为充任教员者之要务，故宜使学生明建国之本原，践国民之职分。
> 四、独立、博爱为充任教员之要务，故宜使学生尊品格而重自治，爱人道而尚大公。
> 五、世界观与人生观为精神教育之本，故宜使学生究心哲理而具高尚

[①] 宋恩荣、章咸编：《教育宗旨令》，载宋恩荣、章咸编《中华民国教育法规选编》，江苏教育出版社 2005 年版，第 1 页。

[②] 宋恩荣、章咸编：《师范教育令》，载宋恩荣、章咸编《中华民国教育法规选编》，江苏教育出版社 2005 年版，第 423 页。

之志趣。①

师范生的五条训育目标表明：第一，训育目标体现了民主性，教养要旨体现的是资产阶级的教育思想，具有民主、科学精神。与清末的训育目标体现的封建教育思想相比较，《师范学校规程》提出的教养要旨以资产阶级的民主思想代替清末的尊孔、忠君、尚武、尚实的教育思想，如在第四条、第五条的规定中，体现了强烈的资产阶级的民主思想。

第二，训育目标体现了科学性，教养要旨建立在壬子学制基础之上，显示出对教师教育训育规律的更进一步的探索和认识，对教师教育提出更为全面和具体的要求，教师要有强健的身体，健康的精神；教师要陶冶其情性，有坚强的意志；教师要爱国家、遵宪法；教师要具有独立、博爱的精神；教师要有正确的世界观与人生观。

第三，训育目标凸显了专业品质，教养要旨较清末的训育目标更加注重师范专业的品质培养，训育内容更加专业化，如在第二条中提出的"使学生富于美感，勇于德行"，在第四条中提出的"使学生尊品格而重自治，爱人道而尚大公"②。

第四，训育目标也有其不足，如训育目标的内容偏向于形式化，缺乏实践指导性和操作性。

3. 训育的发展

1913年6月，大总统袁世凯颁布《注重德育整饬学风令》，重申"国体有专制共和之分，而教育本原，首重道德，古今中外，殆有同规"③，强调加强道德教育，整饬学风。

1914年12月，教育部颁布的《教育部整理教育方案草案》明确规定："师范学生采严格训育主义，俾将来克尽教师之天职"④，表明教师必须具备五个方面的素质：第一，"必具可为人师之模范也"；第二，"为人师亦有其必须之学与术"；第三，为人师"最要者莫过于教师人格之养成"；第四，为人师使"对己有自治力"；第五，为人师"对人有责任心"，然后才可当教师，恪尽天职，"此严格训育之要首也"⑤。1916年1月，教育部修订的《师范学校规程》再次确立教养学

---

① 璩鑫圭、唐良炎编：《教育部公布师范学校规程》，载璩鑫圭、唐良炎编《学制演变》，陈元晖主编《中国近代教育史资料汇编》，上海教育出版社2007年版，第687页。
② 璩鑫圭、唐良炎编：《教育部公布师范学校规程》，载璩鑫圭、唐良炎编《学制演变》，陈元晖主编《中国近代教育史资料汇编》，上海教育出版社2007年版，第687页。
③ 宋恩荣、章咸编：《注重德育整饬学风令》，载宋恩荣、章咸编《中华民国教育法规选编》，江苏教育出版社2005年版，第3页。
④ 宋恩荣、章咸编：《教育部整理教育方案草案》，载宋恩荣、章咸编《中华民国教育法规选编》，江苏教育出版社2005年版，第10页。
⑤ 宋恩荣、章咸编：《教育部整理教育方案草案》，载宋恩荣、章咸编《中华民国教育法规选编》，江苏教育出版社2005年版，第10页。

生之要旨。

从《注重德育整饬学风令》《教育部整理教育方案草案》和教育部修正颁布的《师范学校规程》中的训育目标的整体性和连贯性来分析，三个文件都强调教师教育训育的重要性，训育目标的规定和要求，层层递进，规制了教师教育训育的培养目标。

（二）独立封闭型教师教育训育的取消（1922—1927）

在独立封闭型教师教育训育取消阶段。壬戌学制的颁布是教师教育训育被取消的重要因素，阻碍了独立封闭型教师教育训育的发展。

1. 背景

1922年11月1日，大总统颁布了《学校系统改革案》，即壬戌学制，学制对师范教育产生了巨大的影响和推动作用，具体体现在两方面，第一方面是选修制，第二方面是学校设置。涉及中等师范教育改革的第十二条："高级中学分普通、农、工、商、师范、家事等科。但得酌量地方情形，单设一科，或兼设数科。"[①] 意思是师范学校与高中合并，即"师中合并"；涉及高等师范教育改革的有第二十二条："大学校修业年限四年至六年。（各科得按其性质之繁简，于此限度内斟酌定之。）医科大学校及法科大学校修业年限至少五年。师范大学修业年限四年。附注四：依旧制设立之高等师范学校，应于相当时期内提高程度，收受高级中学毕业生，修业年限四年，称为师范大学校。"[②] 意思是高等师范学校改制成师范大学，或与普通大学合并，变成综合性大学，即"高师改大"。

2. 教师教育训育被取消的原因

壬戌学制是独立封闭型教师教育训育取消的直接原因。第一，壬戌学制没有制定专门的师范教育规程，也没有对师范生设置训育内容。第二，在学校设置上，壬戌学制采取"师中合并""高师改大"。师范教育与普通教育界限模糊，忽视了师范教育的本质特质和特征；师范学校、教师教育的独立性被取消，削弱了教师教育的地位，忽视或忽略了教师教育训育。第三，选修制使学生和学校过多注重知识的传授，师范教育缺乏统一的培养目标，忽视对师范生的训育，淡化了师范教育的特质。第四，师范学校的独立性被取消，师范生的特殊待遇随之取消，导致生源枯竭，学生数量减少，生源质量下滑。

（三）独立封闭型教师教育训育的重构（1927—1937）

在独立封闭型教师教育训育的重构阶段，戊辰学制恢复了教师教育的独立地位，《三民主义教育实施原则》正式恢复了教师教育训育，并确立教师教育训育目标，独立封闭型教师教育训育得到重构。

---

① 璩鑫圭、唐良炎编《大总统颁布施行之学校系统改革案》，载璩鑫圭、唐良炎编《学制演变》，陈元晖主编《中国近代教育史资料汇编》，上海教育出版社2007年版，第1010页。
② 璩鑫圭、唐良炎编《大总统颁布施行之学校系统改革案》，载璩鑫圭、唐良炎编《学制演变》，陈元晖主编《中国近代教育史资料汇编》，上海教育出版社2007年版，第1011页。

1. 背景

1927年4月18日，南京政府成立后，实施"党化教育"的方针，此后，军政时期结束，训政时期开始，"三民主义"的教育宗旨开始推行。当时教育弊端积习日深，教育重理论、轻实践，学校教育与实际生活脱离，教育未能促进人的身心健康等。为此，国民政府开始整饬全国教育，制定各级各类教育法规、确立教育的基本体系。

壬戌学制是借鉴美国教育体制建立起来的，其结果造成在1922—1927年，师范学校大幅度减少、生源数量降低、师范生质量下滑。严重摧残了师范教育和教师训育教育，在一定程度上阻碍了师范教育和教师训育教育的发展。人们开始认识到仿美学制既不能满足社会对教师教育"量"的需要，更不能满足社会对教师教育的"质"的呼唤，民众呼吁教师教育改革。

自壬戌学制开始实施，民众对教师教育的改革呼声不止，要求恢复师范教育，力求独立发展教师教育。1925年8月，中华教育改进社在第四届年会上提出《呈请教育部恢复国立高等师范学校区，改进师范大学，以发展师范大学教育案》的议案。1927年，教育界明达之士罗廷光撰写的《师中合并之利弊及个人对本问题的意见》论证师范教育独立的必要性。① 1928年，北京大学和北京女子师范大学学生抗议国民政府将北平几所国立高等学校合并为国立北平大学，组织并开展声势浩大的复校运动。1929年7月1日，国民政府发布《国民政府停止大学区制令》，学生、社会明达、民间组织都强烈要求独立设置师范院校。

2. 独立封闭型教师教育训育重构阶段训育的重构

1928年5月颁布的《中华民国学校系统》，即戊辰学制，确立了小等教育中师范教育的独立地位，恢复了教师教育的独立地位，其中第八条规定："农、工、商、师范等科，得单独设立为高级职业中学校，修业年限，以三年为原则"②。然而，师范教育的独立地位在高等教育中仍未得到确立。还依附于大学的组织系统中，其中第十四条规定："为补充初级中学教员之不足，得设二年之师范专修科，附设于大学教育学院，收受高级中学及师范学校毕业生"③。从这两条规定看，教师教育独立地位只在中等教育恢复，高等教育并未得到确立。戊辰学制对教师教育独立性改革不够彻底，教师教育独立性在整个教育体系中并未完全恢复。

1929年4月26日，民国政府颁布的《中华民国教育宗旨及其实施方针》指出："师范教育为实现三民主义的国民教育之本源，必须以最适宜之科学教育及最严格之身心训练，养成一般国民道德、学术上最健全之师资为主要之任务。于

---

① 曾煜编著：《中国教师教育史》，商务印书馆2016年版，第108页。
② 中国第二历史档案馆编：《中华民国学校系统原则、系统表及说明》，载中国第二历史档案馆编《中华民国史档案资料汇编》第5辑第1编，江苏古籍出版社1994年版，第11页。
③ 中国第二历史档案馆编：《中华民国学校系统原则、系统表及说明》，载中国第二历史档案馆编《中华民国史档案资料汇编》第5辑第1编，江苏古籍出版社1994年版，第11页。

可能范围内使其独立设置,并尽量发展乡村师范教育。"① 独立性的教师教育体制完全恢复。

1931年9月3日,第三届中央执行委员会第17次常务会议通过的《三民主义教育实施原则》正式恢复教师教育训育。在《三民主义教育实施原则》第四章师范教育中对师范生提出了10条训育目标:

> 一 根据本党师范教育宗旨并采用党员训练方式,以指导其全部生活。
> 二 由思想上之诱导及各种纪念集会之剀切指示,以养成其对于三民主义之明确的认识和坚定的信仰。
> 三 指示教育救国之真义及中外大教育家献身教育事业的精神,以坚定其毕生尽瘁教育事业的志向。
> 四 由国民道德之提倡,民族意识之灌输,以唤起其爱护国家、发扬民族的精神。
> 五 由军事训练、运动竞技,以锻炼其健全的体格,规律的生活及坚苦耐劳的习惯。
> 六 由科学研究的实验和成绩考查的厉行,以养成其彻底探讨和精密观察的能力。
> 七 由各种节约运动及合作事业的指导,以养成其俭朴的习惯,合群的兴趣。
> 八 利用正当的娱乐及适度的郊外旅行,以陶冶其审美的情绪。
> 九 由家庭伦理观念之指导及勤劳操作之鼓励(对于女生尤应注意),以唤起其改进家庭生活之责任。
> 十 由学生自治会及其他团体事业之指导,以养成其运用四权之能力,和其他关于公民生活的准备。②

《三民主义教育实施原则》提出的10条训育目标表明:第一,真正体现"三民主义"思想,训育师范生坚定"三民主义"信仰,以培养实施"三民主义"教育的师资。

第二,实行党化教育,采用党员训练方式训练师范生并指导其全部生活。

第三,学校与社会融合,贯彻教、学、做三者合一教育理念,培养师范生树立以毕生的精力致力于教育事业的志向和奉献教育事业的精神,以教育师范生的国民道德、国民意识唤起师范生的爱国精神,发扬民族精神。

---

① 宋恩荣、章咸编:《中华民国教育宗旨及其实施方针》,载宋恩荣、章咸编《中华民国教育法规选编》,江苏教育出版社2005年版,第36页。
② 中国第二历史档案馆编:《三民主义教育实施原则》,载中国第二历史档案馆编《中华民国史档案资料汇编》第5辑第1编,江苏古籍出版社1994年版,第1038—1039页。

第四，要求师范生强化德育、增强体育、提高智育，具有科研能力和观察、探索精神。

第五，学会生活，具有吃苦耐劳的习惯、勤俭节约生活俭朴的品质、家庭伦理观念；学会工作，具有合作意识和能力；学会娱乐，培养审美情操；学会自律，学会尊权、享权、用权。

第六，更多体现教育即生活、学校即社会，以学生为中心，注重个性发展、全面发展，实行"教""学""做"三者合一。与1912年颁布的教养之要旨的训育目标相比，对师范生要求更全面，更贴近生活、更赋予实践性。

1935年6月22日，教育部颁布《师范学校规程》，其中总纲规定实施下列各项训练：

一 锻炼强健身体；
二 陶融道德品格；
三 培育民族文化；
四 充实科学知能；
五 养成勤劳习惯；
六 启发研究儿童教育之兴趣；
七 培养终身服务教育之精神。①

在《师范学校规程》第六章训育（从第三十九条至四十八条）中，规定训育目标：师范学校训育要以中华民国教育宗旨及其实施方针为方向，采用科学教育对师范生进行严格的身心训练，培养德才兼备的师资；学生要进行劳动实习，承担校内整理、清洁、消防、修路、造林、水利、卫生、识字运动等项目的劳动；训育人人有责，学校校长及全体职员要以身作则，担当训育责任，年级设专管训育教员；训育形式既可采用团体也可采用个别训练，既可校内也可校外；校役及专任教员要与学生同住、同生活，负责管理；学生一律要穿校服；师范学校学生旷课、不上自修或不参加劳动作业，要在操行鉴定成绩中减去。②

这一阶段的训育具有鲜明的特点：第一，训育目标更加具体、操作性强，贴近学生的生活；第二，推行导师制，加强训教合一；第三，加强管理和控制，管理更加细致、严格，采用责任制，全员负责，全天负责；第四，训育目标与实践相结合，要求学生劳动实习；第五，实行训育结果与学生操行综合评定相结合。

---

① 宋恩荣、章咸编：《师范学校规程》，载宋恩荣、章咸编《中华民国教育法规选编》，江苏教育出版社2005年版，第466页。
② 宋恩荣、章咸编：《师范学校规程》，载宋恩荣、章咸编《中华民国教育法规选编》，江苏教育出版社2005年版，第470—471页。

(四) 独立封闭型教师教育训育的发展（1937—1945）

在独立封闭型教师教育训育的发展阶段，正值抗日战争爆发，虽然我国的教师教育受到严重的破坏，但中国教师教育将教师教育训育与抗战相结合，极大地促进了教师教育训育的发展。

1. 背景

1937年7月7日，抗日战争全面爆发，我国的教师教育事业受到极大破坏。国土沦丧，校舍毁于战火，教育处于危机，国民政府出台系列应急措施，改革学制、设置课程，颁布教育法令，维持教育正常发展。

1938年3月30日，中国国民党临时全国代表大会通过《战时各级教育实施方案纲要》，教育部贯彻执行此纲要，先后制定师范教育的相关文件，推进师范教育的发展，抗战时期，国统区师范教育、陕甘宁抗日根据地师范教育都得到大力发展（表7-1）。

表7-1　　　　　　　**抗战时期中国教师教育的发展**

区域	师范教育类别	具体发展状况
国统区教师教育	中等师范教育	推进学区制，增设师范学校
		设立国立师范学校
		发展边疆师范学校
		发展艺术专业师范科及专业师范学校
		扩大幼稚师范教育规模
	高等师范教育	建立国立师范学院并得到发展
		大学的教育学院改为师范学院并得到发展
		设立国立女子师范学院并得到发展
陕甘宁抗日根据地教师教育	中等师范教育	成立鲁迅师范学校
		成立第一师范学校
	高等师范教育	抗日军政大学
		陕北公学
		延安大学

资料来源：曾煜编著：《中国教师教育史》，商务印书馆2016年版，第201—230页。表格为笔者根据该资料自制。

表7-1表明：第一，依据《战时各级教育实施方案纲要》，教育部先后发布3份文件，1938年4月发布《战时各级教育实施方案》，5月发布《关于确定教育实施方案的训令》，同年拟定《第一师范教育方案》，据此各省纷纷划分师范学校区，设立师范学校或简易师范学校。

第二，1935年6月22日，教育部公布的《师范学校规程》规定，在师范学校附设特别师范科和幼稚师范科。① 于是，艺术专业师范科、专业师范学校得到发展，幼稚师范教育规模得到扩大和发展。

第三，1939年4月，第三次全国教育会议通过的《关于推进边疆教育方案的决议案》提出大力推进边疆师范学校的发展。

第四，1942年8月17日，教育部颁布的《师范学院规程》提出，大学的教育学院改为师范学院，建立国立师范学院，设立国立女子师范学院，大力推动高等师范教育发展。

第五，陕甘宁抗日根据地教师教育虽然基础薄弱，但无论是中等教育还是高等教育都得到充分的发展。1937年2月，鲁迅师范学校成立；1939年鲁迅师范学校和边区中学合并，成立第一师范学校；1940年，陕北公学成立师范部培养师范干部，延安大学设立教育学院，下设教育系，培养了大批优秀师资。

2. 教师教育训育的发展

在这一阶段，随着师范教育的发展，教师教育得到大力的推进，独立封闭型教师教育训育在曲折中强化，在艰难中发展。

1938年3月30日，中国国民党临时全国代表大会通过的《战时各级教育实施方案纲要》提出三育并进的教育方针，② 计划制定各级学校训育标准，切实推行导师制，重立师道之尊严。③ 为贯彻实施《战时各级教育实施方案纲要》，1939年9月25日，教育部颁布的《训育纲要》分4个部分，即：一，训育之意义，二，道德之概念，三，训育之目标，四，训育之实施。《训育纲要》指出：中华民国教育所需要的训育是三民主义，以理想的人生标准（人格）教育学生，使学生具有高尚的志愿，坚守信仰，智慧、仁义、勇敢的美德，培养学生做善良和守信之人，守法公民，维护正义，强调训育的意义在于陶冶健全的品格，合乎集体的利益，以好学、力行、知耻培养实践道德的能力。《训育纲要》赋予的道德是指团队精神、进取精神、科学精神，道德的内容是修己、善群。④ 训育的目标是："1. 高尚坚定的志愿，与纯一不移的共信——自信信道（主义）；2. 礼义廉耻的信守，与组织管理的技能——自治治事；3. 刻苦俭约的习性，与创造服务的精神——自育育人；4. 耐劳健美的体魄，与保卫卫国的智能——自卫卫国"⑤。

---

① 宋恩荣、章咸编：《师范学校规程》，载宋恩荣、章咸编《中华民国教育法规选编》，江苏教育出版社2005年版，第466页。
② 宋恩荣、章咸编：《战时各级教育实施方案纲要（节录）》，载宋恩荣、章咸编《中华民国教育法规选编》，江苏教育出版社2005年版，第681页。
③ 宋恩荣、章咸编：《战时各级教育实施方案纲要（节录）》，载宋恩荣、章咸编《中华民国教育法规选编》，江苏教育出版社2005年版，第682页。
④ 宋恩荣、章咸编：《训育纲要》，载宋恩荣、章咸编《中华民国教育法规选编》，江苏教育出版社2005年版，第147页。
⑤ 宋恩荣、章咸编：《训育纲要》，载宋恩荣、章咸编《中华民国教育法规选编》，江苏教育出版社2005年版，第148—149页。

1942年8月17日，教育部公布的《师范学院规程》第三章训导规定了4条（从第十八条至第二十一条）训育目标：师范学院必须对学生实行严格训练，以养成优良的学风，教员要辅导并负责对学生的品格修养的培养、专业的训练和学术的研究；师范学院要对学生的生活训练采取严格统一的管理；教员要详细考核并记录学生的操行、思想、学业、生活规律、身体状况等，每月向训导处或师范生管训部汇报并汇总；训导处或师范生管训部每月一次例会，汇报训导实际情况，研究训导所存在的共性问题，加以有针对性的解决。①

这一阶段的训育有5个特点：第一，加强信仰教育，强化三民主义；第二，注重自治；第三，将训育与抗战相结合；第四，严厉管理和控制师范生；第五，开展训育研究，实行月开会、月汇报、月汇总、月研讨。这些特点一定程度上提高了训育的质量和效果，将训育教育推向了发展的新阶段。

（五）独立封闭型教师教育训育的调整（1945—1948）

在独立封闭型教师教育训育的调整阶段，抗战胜利，教育复原，中等师范教育和中等师范教育得到及时调整，提出了相应的教师教育训育目标，推动了教师教育训育的发展。

1. 独立封闭型教师教育训育调整的背景

1945年8月15日，日本天皇广播《停战诏书》，宣布无条件投降，抗战胜利。教育部颁布的《战区各省市教育复原紧急办理事项》要求战区各省市遵照办理，在各收复区分设教育复原辅导委员会，同时，颁布的《教育复原机关等紧急处理办法要项》要求各收复区教育复原辅导委员会协助各区开展复原工作。1945年9月20日，在重庆召开全国教育善后复原会议，商讨全国教育复原中的重大问题及战后教育调整问题。

2. 教师教育训育的调整

（1）中等师范教育训育的调整

为贯彻1946年1月教育部颁布的《全国实施国民教育第二次五年计划》的精神，1946年6月，教育部颁布《战后各省市五年师范教育实施方案》，其内容包括总则、方案要点、实施程序、经费4个部分。该实施方案对教师教育训育提出新的目标：力求逐渐提高师范生素质，加强师范生的精神训练。②

（2）高等师范教育训育的调整

1946年12月9日，教育部公布的《改进师范学院办法》对高等师范教育训育进行调整，"国立大学师范学院内，设立管训部，辅助院长办理师范生一切特殊训练与管训事宜"，"国立大学未设师范学院者，得于文学院内增设教育学系，

---

① 宋恩荣、章咸编：《师范学院规程》，载宋恩荣、章咸编《中华民国教育法规选编》，江苏教育出版社2005年版，第485页。

② 教育部教育年鉴编撰委员会编：《战后各省市五年师范教育实施方案》，载教育部教育年鉴编撰委员会编《第二次中国教育年鉴》，商务印书馆1948年版，第938页。

并在教育系内设置类似设管训部之机构,由教育系主任主持办理师范生一切特殊训练与管训事宜","独立师范学院学生之管训,由训导处办理,不另设管训部"。①

1947年4月9日,教育部修正公布《师范学校规程》,其训育内容与1935年6月22日教育部公布的《师范学校规程》基本相同,教育部公布以示强调。1948年12月25日,教育部修正公布《师范学院规程》,其训育内容基本与1942年8月17日教育部公布的《师范学院规程》基本相同,教育部公布以示再次强调。

在这一时期,教师教育训育主要在调整中发展。抗战胜利后,国民党为了强化党化教育,加强了对师范生的管理,厉行导师制,加强训导制度,做到教训合一。三次公布《师范学校规程》,两次修改,加强对师范生的管理,达到党化教育的目的。

训育源于西方教育学,扎根于中国教育,根植于教师教育,实属中国教师教育德育创造。中国教师教育训育不仅提高了教师教育的数量和质量,而且完善了教师教育体系,一定程度上有利于中国教师教育的稳步发展。

第二节　风靡云蒸:民国乡村师范教育的蓬勃发展

一　大辂椎轮:民国乡村师范教育起源

民国乡村师范教育兴起于民国乡村教育的孕育,是中国历史语境的本土抉择,是解决中国教育问题的现实路径。

(一)民国乡村师范教育:乡村教育的孕育

民国乡村教育思潮和运动的产生,是中国社会政治、经济、文化思想、教育的多元因素的交织推动下的必然产物。

民国乡村教育思潮和运动发轫于新文化运动的五四运动时期,中华民族正处于内外交困之际。民族独立、国家尊严、领土完整受到威胁和欺凌;连年军阀混战、政局混乱、政权争夺交替,统治者无心顾及教育,教育处于无政府状态。多元因素的交织、碰撞,影响着中国思想领域和教育领域。中华民族思考、求索中国的出路,乡村教育应时而生。

辛亥革命后,中华民族面临帝国主义、官僚军阀、封建势力的三重压迫,中国仍然处在半封建半殖民地的社会,中国农村仍然是小农经济,中国是农业国,80%的人口在农村,面对农业、农村、农民,灾难深重的中华民族不得不思考,中国要出路、民族要富强,必须发展农村、必须发展农村教育。

西方各种文化思想的侵入、中西文化的碰撞,催发人们反思中国教育,中国

---

① 宋恩荣、章咸编:《改进师范学院办法》,载宋恩荣、章咸编《中华民国教育法规选编》,江苏教育出版社2005年版,第465页。

教育应该走怎样的道路。中国的国情、中国教育的实际情况决定中国教育必须走向农村、服务于农村、发展于农村。

中国以农业立国,农村是中国求生存、求发展、求富强的主要领域。农业、农村、农民是中国的主要问题,要解决农业、农村、农民的问题,就要发展乡村教育,发展乡村教育就必须要有师资,就必须发展师范教育。因此,乡村师范教育孕育于乡村教育,乡村教育滋长于乡村师范教育,乡村师范教育和乡村教育是共生共存关系,共同推进中国教育的发展。

(二)民国乡村师范教育:中国历史语境的本土抉择

中国现实国情决定中国教育必然走发展乡村教育的道路,中国教育存在的问题决定中国教育必然走发展乡村师范教育的路径。

1. 民国乡村教育:中国现实语境的必然选择

20世纪二三十年代,中国是农业社会,民生依靠农业,国民经济以农业为基础,农业是国之根本,因此,农村稳定、发展,国家才会稳定、发展。当时,民生难以为继,势必威胁到社会稳定,农村亟须治理和重建。

中华民族具有悠久的历史文化,中华民族文化源于人民的创造,扎根于乡村。乡村文明则人民文明、人民文明则民族文明,民族文明则国家昌盛。因此,乡村是20世纪二三十年代中国文化的发源地,聚居于农村的人口占绝大多数,乡村文化发展具有非常重要的地位。因此,乡村问题才是中国文化的根本问题。

一是自辛亥革命至民国初期,中国教育过早选择走城市化的道路。大量的学校、学院、大学设立在城市,重视城市教育,轻视或忽视农村教育,使中国教育远离了生活在乡村的占受教育人口85%多的受教育主体,教育脱离中国教育实际情况,中国教育走错了发展道路。随着中国教育的发展和教育实践的需要,越来越多的人意识到这一问题,例如,早期共产党人李大钊注意到农民和农民教育问题,余家菊较早地关注到乡村教育。二是中国教育直接移植外国教育思想,未经本土化实践检验和改良。五四运动之后,教育救国的呼声高涨,中国教育探索、引进、吸纳西方先进教育思想。当西方乡村教育思想和实践方面的成功经验传播到中国时,中国教育界开始意识到一味模仿和照搬国外教育,不加本土化地直接移植是不适合中国教育国情的,更会造成严重后果。

民国初期教育资源分布极不平衡,教育基础极度薄弱,教育生态异常脆弱。85%的受教育主体在农村,城市只是少部分受教育者;[①] 但中等以上学校主要集中在城市,广大乡村缺学少教;农家子弟难以进入城市中学,更难进入大学;少数农村出身的青年学生,受较高层次教育后,不愿回乡村服务;城市学校所教内容,脱离农村生产和实际生活;传统文化教育形式普遍存在,教学内容、方式极

[①] 陶行知:《师范教育之新趋势》,载方明主编《陶行知全集》第1卷,四川教育出版社2009年版,第319页。

为落后。在这种教育语境下,中国要发展,中国教育呼唤改革,特别是乡村教育改革,以乡村教育推动乡村的改造、乡村的发展,最终解决中国的社会问题。

2. 民国乡村师范教育:中国教育问题的现实路径

普及义务教育需要扩大学校规模、建设新学校,更需大量的师资。但在当时的农村,师资严重缺乏,因此,在乡村教育运动中,主张并提出在乡村创办师范学校,大力培养服务于乡村学校的师资。普及义务教育推动乡村师范教育的产生、发展,形成乡村师范下乡运动。

中国寻求救国良策,以教育救国,解决中国问题。陶行知在《中国乡村教育之根本改造》一文中认为:"教育没有农业,便成为空洞的教育,分利的教育,消耗的教育。农业没有教育,就失了促进的媒介。"① 农村问题是中国最根本的问题,解决农村问题最重要的是解决乡村教育问题,解决乡村教育问题首先就要解决师资问题。因此,乡村师范教育是解决农村问题的根本途径。乡村师范教育是指学校设在乡村,以培养乡村小学教员为基本目的,学生毕业以后愿意改造乡村,服务于乡村教育的师范教育。只有办好乡村师范教育才能培养出具有一定素养的乡村师资人才,才能办好高质量的乡村学校,进而改造乡村、建设乡村,推动国家、民族的发展。

二 日新月著:民国乡村师范教育嬗演历程

20世纪二三十年代,乡村师范教育与乡村教育相依相存,乡村师范教育是乡村教育的重要组成部分。在此期间,兴起乡村教育运动和师范教育下乡运动,乡村师范教育历经萌芽阶段(1912—1926)、发展阶段(1927—1930)、勃兴阶段(1931—1936)和调整阶段(1937—1949)。

(一)民国乡村师范教育的萌芽

民国乡村教育思潮催发民国乡村师范教育思想的萌芽,乡村师范教育思想孕育乡村师范教育理论的产生,推动民国乡村师范教育下乡运动的兴起。

1. 民国乡村教育思潮的萌芽

乡村教育思潮发轫于五四运动前后。新文化运动宣传和引进了西方教育理论,推动了中国教育改革。西方教育理论在中国的传播有三大来源:第一,一批留学于欧美及日本的留学生是这场运动的先锋,如胡适、陈独秀、李大钊、陶行知、陈鹤琴、晏阳初,他们胸怀中国教育平民化和把中国教育与世界接轨的教育思想,尤其深受新村思想影响的王拱璧,孜孜致力于欧美的乡村教育理论的介绍和推荐,这些都有利于乡村教育思潮在中国大地的移植和滋长。第二,欧美著名学者、教育家来华讲学,如罗素、克伯屈、杜威等。他们带来的教育思想、教育理念、教

---

① 陶行知:《中国乡村教育之根本改造》,载方明主编《陶行知全集》第1卷,四川教育出版社2009年版,第86页。

育制度、教育内容、教育方法等促进了乡村教育思潮在中国的形成、传播和接受。第三，一批教育家走出国门、寻欧访美，探求教育救国的济世良策，如蔡元培、陶行知、袁希涛等，他们带回的思想催化了中国乡村教育思潮的酝酿和形成。中国乡村教育思潮就此萌芽。

2. 民国乡村师范教育的思想萌芽

乡村教育思潮的萌发产生了对师范教育下乡的强烈呼求。最早把眼光投向农村、呼求重视乡村师范教育的是余家菊。1919年，余家菊撰写的《乡村教育的危机》分析乡村教育危险有两个原因："（一）乡村的教育已经破了产，（二）乡村的教育事业大家都不愿干"。① 1921年4月，他撰写的《乡村教育运动的含义和方向》阐明了乡村教育的含义，分析了乡村教育不振的原因，提出乡村教育运动的三个方向："（一）向师范学校运动，教育的发源地是师范学校，教育的根本是师范教育""（二）向乡村学校运动，师范学校是乡村教育的发源地，乡村学校则是乡村教育的实施地""（三）向乡村社会去运动，学校的伟大援助，只有社会能给"②。他提出，要改良师范教育，不改良，乡村教育无从改进，而且应从四个方面改良：第一，授课着眼于乡村化；第二，设置乡村教育学科；第三，创立乡村实验学校；第四，训育服务乡村的精神。③ 余家菊指明了乡村教育的发展方向，提出了师范教育改良的具体措施，提供了服务乡村教育的可行性方案，呼吁师范教育下乡，推动了乡村教育运动。

陶行知是呼吁、推行师范教育下乡的重要人物。1921年，陶行知在《做师范教育之新趋势》的演讲中指出："我国人民，乡村占百分之八十五，城市占百分之十五。……然而乡村的学校只有百分之十。"④ 由此可见，乡村教育不发达，城乡教育失衡积弊已达极点。他说"怎样才可以使乡村的儿童受同等的知识，享同等的待遇，这就是师范教育的一个新趋势。"⑤ 促使城乡平衡，走向乡村是师范教育改革的历史选择。陶行知的师范教育新趋势和余家菊的向乡村学校运动不谋而合，都倡议师范教育下乡，改造乡村、服务乡村、建设乡村。

3. 民国师范教育下乡运动的兴起

余家菊和陶行知呼吁创建乡村师范是舆论层面，而实践层面是江苏省立师范

---

① 余家菊：《乡村教育的危机》，载余子侠、郑刚编《中国近代思想家文库·余家菊卷》，中国人民大学出版社2013年版，第31页。

② 余家菊：《乡村教育运动的含义和方向》，载余子侠、郑刚编《中国近代思想家文库·余家菊卷》，中国人民大学出版社2013年版，第103—106页。

③ 余家菊：《乡村教育运动的含义和方向》，载余子侠、郑刚编《中国近代思想家文库·余家菊卷》，中国人民大学出版社2013年版，第103—104页。

④ 陶行知：《师范教育之新趋势》，载方明主编《陶行知全集》第1卷，四川教育出版社2009年版，第319页。

⑤ 陶行知：《师范教育之新趋势》，载方明主编《陶行知全集》第1卷，四川教育出版社2009年版，第319—320页。

学校设立农村分校，师范教育下乡由此产生，掀起"师范教育下乡"运动。最早提出创建乡村师范的是袁希涛。[1] 为解乡村教师之急，袁希涛、顾述之在江苏义务教育期成会上，倡议"每个师范学校在乡间设立分校，以为造就乡村师资之所；每分校并设附属小学一所，以资乡村师范学生之实习。现在一师、二师、三师、四师、五师都设有分校和分校的附属小学"。[2] 自江苏省设立乡村师范试点成功以后，其他各省也纷纷效仿，于是"师范教育下乡"运动兴起。

（二）民国乡村师范教育的发展

"师范教育下乡"运动兴起促进民国乡村师范教育的发展，民国乡村师范教育的改造直接推动乡村师范教育的发展，晓庄乡村师范学校的创办使民国乡村师范教育从理论走向实践。

1. 民国乡村师范教育的改造

随着"师范教育下乡"运动兴起，乡村学校有所增多，校舍有所改观，但仍然存在很多问题。因此，陶行知撰写《中国乡村教育之根本改造》一文，开篇就说"中国乡村教育走错了路！"[3] 告诫人们"务须把马勒住，另找生路！"[4] 在陶行知看来，生路就是"建设适合乡村实际生活的活教育"[5]。陶行知的乡村教育愿景是，用活的环境构造活的乡村教育，活的乡村教育发展学生活的本领，即征服自然改造社会的活本领，最后"叫中国一个个的乡村都有充分的新生命，合起来造成中华民国的伟大的新生命"[6]。

2. 晓庄乡村师范学校的创办

为了寻找中国教育的生路，践行活的乡村教育的思想。1927年3月，陶行知在南京和平门外郊区晓庄创办著名的晓庄实验乡村师范学校，于3月15日正式开学。陶行知自任校长，学校初期，设立两院：小学师范院，赵叔愚任院长；幼稚师范院，陈鹤琴任院长。随着晓庄乡村师范学校的发展，1928年8月其改名为晓庄学校，附设中心小学9所、中心幼儿园4所、实验民众学校、民众教育研究会、《乡教丛刊》杂志、崂山中学、晓庄医院、晓庄剧社、晓庄商店、中心茶园、中心木匠店等。

---

[1] 王炳照、阎国华总主编，董葆良、陈桂生、熊贤君主编：《中国教育思想通史》第7卷，湖南教育出版社1994年版，第304页。

[2] 陶行知：《师范教育下乡运动》，载方明主编《陶行知全集》第2卷，四川教育出版社2009年版，第242页。

[3] 陶行知：《中国乡村教育之根本改造》，载方明主编《陶行知全集》第1卷，四川教育出版社2009年版，第85页。

[4] 陶行知：《中国乡村教育之根本改造》，载方明主编《陶行知全集》第1卷，四川教育出版社2009年版，第85页。

[5] 陶行知：《中国乡村教育之根本改造》，载方明主编《陶行知全集》第1卷，四川教育出版社2009年版，第85页。

[6] 陶行知：《中国乡村教育之根本改造》，载方明主编《陶行知全集》第1卷，四川教育出版社2009年版，第86页。

晓庄学校的校舍、图书馆、大礼堂、科学馆、教室、宿舍、办公室、陈列室、动物园等，都是师生自己动手建造的。晓庄学校的全部生活是"教学做"。教法来自学法，学法来自做法；学校的实际生活，就是全部课程，课程即实际生活。晓庄学校生活和课程的安排是：早晨五点开十分钟至十五分钟寅会，筹划一天的工作。寅会结束，上武术课。上午大部分时间阅读学校规定的和自己爱好的书。下午做农活、学习简单制造、深入乡村等。晚上开办有平民夜校、学生做笔记、写日记、复习功课、完成作业等。① 晓庄学校坚持以"生活即教育""社会即学校""教学做合一"为办学原则，"以宇宙为学校，奉万物为宗师"②为办学宗旨。陶行知最后的希望"是各省各县都有这样的乡村教育做改造事业的中心。因为我们最后的目标是培养一百万个乡村教师，使全国一百万村庄都得到新生命，合起来造成中华民国的新生命"③。

（三）民国乡村师范教育的勃兴

在陶行知等一批乡村教育家的积极倡导和晓庄师范学校的带动下，全国掀起了师范教育下乡运动，加上乡村师范教育对自身的成功改造和国民政府以及各地教育行政机构的大力倡导，乡村大力兴建乡村师范学校，乡村师范教育制度和合法地位得到确立，乡村师范教育走向勃兴阶段。

1. 民国乡村师范教育制度的确立

从乡村教育思潮的形成到乡村师范教育的萌芽直至乡村师范教育的发展，乡村师范教育都是由社会组织或学校自发进行。乡村师范教育得到政府的认可、赞同、提倡到制度的确立是从《中华民国学校系统》的颁布开始。

1928 年 5 月颁布的《中华民国学校系统》中等教育第十二条规定："为补充乡村小学教员之不足，得酌设乡村师范学校，以受初级中学毕业生或相当程度学校肄业生之有教学经验且对于乡村教育具改革之志愿者，修业年限一年以上"。④《中华民国学校系统》确立了乡村师范学校制度，标志着我国乡村师范教育制度在中国教育体制中得到确立，促进了乡村师范教育的进一步发展。

1928 年 5 月举行的全国教育会议将乡村师范教育提上了议事日程，陶行知与中山大学等单位合作提出的《整顿师范教育制度案》明确将乡村师范学校列入了师范教育制度中，并提出"乡村师范学校，收受初中毕业生，或相当程度学校肄业生之有教学经验，且对于乡村教育具改革之志愿者。此项学生修业年限，得暂

---

① 陶行知：《晓庄试验乡村师范学校创校旨趣》，载方明主编《陶行知全集》第 2 卷，四川教育出版社 2009 年版，第 289 页。
② 苗春德主编：《中国近代乡村教育史》，人民教育出版社 2004 年版，第 131 页。
③ 陶行知：《中国乡村教育运动之一斑——中国代表致送坎拿大世界教育会议报告之一》，载方明主编《陶行知全集》第 2 卷，四川教育出版社 2009 年版，第 300 页。
④ 中国第二历史档案馆编：《中华民国学校系统原则、系统表及说明》，载中国第二历史档案馆编《中华民国档案资料汇编》第 5 辑第 1 编，江苏古籍出版社 1994 年版，第 11 页。

定为一年以上。如收受高小毕业生，则其入学时之年龄，应有十六岁以上；修业年限，至少两年"①。

1928年8月，大学院拟定的《训政时期施政大纲》指出，要用三年时间来促进乡村师范教育发展，第一年选择地点试办乡村师范学校，第二年根据各地对教员的不同需要，逐渐增加乡村师范学校的数量，在第三年对该计划进一步完善。②

1929年4月26日，民国政府公布的《中华民国教育宗旨及其实施方针》规定：师范教育"于可能范围内使其独立设置，并尽量发展乡村师范教育"③。

1931年9月3日，第三届中央执行委员会第17次常务会议通过的《三民主义教育实施原则》提出："乡村师范教育应注重改善农村生活，并适应其需要，以养成切实从事乡村教育或社会教育的人才"，并要求"乡村师范课程，应注重农业生产及农村改良教材"④。

《中华民国学校系统》的颁布、《整顿师范教育制度案》的提议、《训政时期施政大纲》《中华民国教育宗旨及其实施方针》和《三民主义教育实施原则》的实施确立，逐步完善了乡村师范教育制度，推动了乡村师范教育的发展。

? 民国乡村师范学校合法地位的确立

1932年，教育部颁布《师范教育法》，乡村师范学校被正式纳入师范教育体制之中。1935年6月22日，教育部公布的《师范学校规程》规定："以养成乡村小学师资为主旨之师范学校得称乡村师范学校"，⑤ 并指出"师范学校应视地方情形，分设于城市或乡村，于可能范围内应多设在乡村地方"，⑥ 规定乡村师范学校课程开设"公民、体育、军事训练（女生习军事看护及家事）、卫生、国文、算学、地理、历史、生物、化学、物理、论理学、劳作、美术、音乐、农业及实习，农村经济及合作、水利概要、教育概论、教育心理、小学教材及教学法、小学行政、教育测验及统计、乡村教育、实习"，⑦ 要求简易乡村师范学校开设"公民、体育、卫生、国文、算学、地理、历史、植物、动物、化学、物理、劳作（工艺）、美术、音乐、农业及实习、水利概要、农村经济及合作、教育概论、教育

---

① 李友芝、李春年、柳传欣、葛嘉训编：《整顿师范教育制度案》，载李友芝、李春年、柳传欣、葛嘉训编《中国近现代师范教育史资料》，内部交流资料，第655页。
② 古楳编著：《乡村师范概要》，商务印书馆1936年版，第39页。
③ 宋恩荣、章咸编：《中华民国教育宗旨及其实施方针》，载宋恩荣、章咸编《中华民国教育法规选编》，江苏教育出版社2005年版，第36页。
④ 宋恩荣、章咸编：《三民主义教育实施原则》，载宋恩荣、章咸编《中华民国教育法规选编》，江苏教育出版社2005年版，第43页。
⑤ 宋恩荣、章咸编：《师范学校规程》，载宋恩荣、章咸编《中华民国教育法规选编》，江苏教育出版社2005年版，第466页。
⑥ 宋恩荣、章咸编：《师范学校规程》，载宋恩荣、章咸编《中华民国教育法规选编》，江苏教育出版社2005年版，第467页。
⑦ 宋恩荣、章咸编：《师范学校规程》，载宋恩荣、章咸编《中华民国教育法规选编》，江苏教育出版社2005年版，第469页。

心理、小学教材及教学法、教育测验及统计、乡村教育、小学行政及实习"①。

《师范教育法》和《师范学校规程》的颁布,不仅对乡村师范学校的定义、目标、设置、课程、修业年限等方面做了详细的规定,更重要的是乡村师范教育合法地位得到正式确立,推动了乡村师范教育的发展。

(四)民国乡村师范教育的调整

1937年7月7日,抗日战争全面爆发,抗日战火严重破坏和摧残了起步不久的乡村师范教育。这一阶段乡村师范教育主要任务是在调整中发展。1938年3月30日,中国国民党临时全国代表大会通过的《战时各级教育实施方案纲要》,形成了一系列重要的决议案,确定了国民党在抗日时期的基本政策。1938年4月1日,中国国民党临时全国代表大会通过的《抗战建国纲领》,补充和完善了以前制定的各级各类教育法令、法规,并强调其重要性和必要性。抗战胜利后,针对教育的复原工作,教育部及时调整中等师范教育体制结构,实行以普通师范教育为主体,乡村师范学校、简易乡村师范学校、简易师范学校、简易师范科、各种专业师范科与师范学校、边疆师范学校、特别师范科为辅的并存体制结构,确保了乡村师范教育在教育体制中的合法地位,推动了乡村师范教育的发展。

1945年,抗战胜利,国民政府将工作重点转向恢复、巩固、发展师范教育。其间,乡村师范教育获得了一定的发展。1946年内战爆发,师范学校无法维持正常的教学秩序,整个师范教育的发展处于停滞状态。解放战争胜利后,乡村师范教育作为师范教育的重要组成部分,结束了在民国时期的发展历程,开启社会主义新时期的发展征程。

三 教学做合一:民国乡村师范教育培养模式

民国乡村师范教育明确提出了乡村师范教育培养目标,制定了乡村师范学校和简易师范学校课程培养标准,形成了民国乡村师范教育的培养模式。

(一)民国乡村师范教育的培养目标

陶行知曾提出乡村师范教育的培养目标,乡村师范教育所培养的教师应具备"康健的体魄""农夫的身手""科学的头脑""艺术的兴味"和"改造社会的精神"②,这五个方面体现了生活教育思想。健康身体是做乡村师范生的基础,农人的知识、技能、勤劳习惯是做乡村师范生的必备素质,科学的头脑是做师范生的方法论,艺术的兴味是做师范生的世界观,改造社会是做乡村师范生的价值观,体现乡村师范生的价值取向。只有从这五方面培养乡村师范生,才能培养具有科学的、健全人格的乡村师范教师,才能实现乡村师范教育的培养目标。

---

① 宋恩荣、章咸编:《师范学校规程》,载宋恩荣、章咸编《中华民国教育法规选编》,江苏教育出版社2005年版,第481页。
② 陶行知:《湘湖教学做讨论会记——罗谦笔记》,载方明主编《陶行知全集》第2卷,四川教育出版社2009年版,第12页。

(二) 民国乡村师范教育培养标准

民国乡村师范教育培养标准分两类，一类是乡村师范学校课程培养标准，另一类是简易师范学校课程培养标准。

1. 民国乡村师范学校课程培养标准

乡村师范学校学制有两类，一类是修业年限为3年，招收初中毕业生；一类是修业年限至少为2年，招收高级小学毕业生，入学年龄要在16岁以上，无论是三年制还是两年制的毕业生都需要在乡村小学服务3年。为了提高乡村师范生的培养质量，更好地服务于乡村教育，1935年，教育部颁布的《乡村师范学校课程标准》规定了乡村师范学校开设科目和每周教学时数（见表7-2）。

表7-2　　1935年教育部颁行乡村师范学校教学科目和每周课时安排

项目	第一学年 第一学期	第二学期	第二学年 第一学期	第二学期	第三学年 第一学期	第二学期
公民	2	2	2	2		
体育	2	2	2	2	2	2
军事训练	3	3				
军事看护（女生习）	3	3				
家事（女生习）			3	3		
卫生			1	1		
国文	5	5	5	5	3	3
算术	3	3	3	3		
地理	3	3				
历史			4	4		
生物	3	4				
化学			3	3		
物理					6	6
伦理学	2	2				
工艺	2	2	2	2	2	2
美术	2	2	2	2	2	
音乐	2	2	2	2	2	
农业	4	4	4	4	3	3
农村经济及合作					3	
水利概要					3	
教育概论	3	4				
教育心理			3	3		
小学教材及教学法			3	3	3	3

续表

项目	第一学年		第二学年		第三学年	
	第一学期	第二学期	第一学期	第二学期	第一学期	第二学期
小学行政						4
教育测验及统计					4	
乡村教育						3
实习					3	18

资料来源：张沪编：《张宗麟乡村教育论集》，湖南教育出版社 1987 年版，第 497 页。表格为笔者根据该资料自制。

表 7-2 表明，第一，乡村师范学校的课程安排有普通课程：历史、公民、地理、音乐、体育、国文、算术等学科；教育课程：小学行政、教育概论、教育测验及统计和乡村教育、小学教材及教学法、教育心理；乡村教育专业课程：水利概要、农村经济及合作、农业及实习。普通课程，即通识课程；教育课程，即教育专业课程及乡村教育专业课程，3 种课程有机结合体现了乡村师范学校的课程安排的科学性和专业性。第二，将实习设置为独立的课程，注重学生的实践，培养了学生的实践能力。第三，设置农业及实习、农村经济及合作、水利概要 3 门课程，强调农业知识和技能，促进学校与农村紧密联系，体现教育走向农村、改造农村、服务农村、建设农村的乡村教育思想。

2. 民国简易乡村师范课程培养标准

四年制的简易乡村师范学校，修业年限为四年，招收年满 15 周岁的中心国民学校或高级小学毕业的学生，学生毕业后需要在乡村服务四年。为了更好地发展简易乡村师范学校，1936 年，教育部颁布的《简易乡村师范课程标准》规定了简易乡村师范学校开设科目和每周教学时数（见表 7-3）。

表 7-3　1936 年教育部颁行简易乡村师范学校教学科目和每周课时安排

项目	第一学年		第二学年		第三学年		第四学年	
	第一学期	第二学期	第一学期	第二学期	第一学期	第二学期	第一学期	第二学期
公民	2	2	2	2	2	2	2	2
体育	2	2	2	2	2	2	2	2
卫生	2	2	1	1	1	1		
国文	6	6	6	6	6	6	4	3
算术	4	4	3	3	2	2	2	
地理	3	3	3	3				
历史	3	3	3	3				
植物	2	2						
动物	2	2						

续表

项目	第一学年		第二学年		第三学年		第四学年	
	第一学期	第二学期	第一学期	第二学期	第一学期	第二学期	第一学期	第二学期
化学			3	3				
物理					3	3		
工艺	2	2	2	2	2	2	1	
美术	2	2	2	2	2	2		
音乐	2	2	2	2	2	2	1	
农业及实习	5	5	5	5	5	5	5	3
水利概要					2			
农村经济及合作							4	
教育概论			3	3				
教育心理					3	3		
小学教材及教学法					3	3	4	
教育测验及统计								3
乡村教育							3	
小学行政							3	
实习							3	24

资料来源：张沪编：《张宗麟乡村教育论集》，湖南教育出版社1987年版，第497—498页。表格为笔者根据该资料自制。

表7-3表明，第一，延长了修业年限，有利于加强学生的基础知识的巩固，提高学生的教育程度。第二，实习课课时增多，加强了学生实践能力的培养。第三，减去其他科目，保留农业及实习、农村经济及合作、水利概要三门课程，增加农业及实习课时数，确保了学生的农业知识和技能的提高，大力促进了教育走向农村、改造农村、建设农村。

表7-2和表7-3表明，教育部所制定的乡村师范学校课程标准是为培养乡村教师而定的课程，所以在两种课程标准的首页都注着"设在乡村之师范学校及乡村师范学校适用"[1]一语，"全部科目及时数与普通师范学校及普通简易师范学校相差亦不多"[2]。

乡村师范学校和简易乡村师范学校课程更加"乡村化"，更贴近生活，更走近乡村，体现了教学做合一的教育理念，包含着学校即社会，生活即教育的生活

---

[1] 张宗麟：《现行的乡村师范课程》，载张泸编《张宗麟乡村教育论集》，湖南教育出版社1987年版，第498页。
[2] 张宗麟：《现行的乡村师范课程》，载张泸编《张宗麟乡村教育论集》，湖南教育出版社1987年版，第498页。

教育思想，努力将师范生培养成具有农夫的身手，科学的头脑，改造社会的精神的真正乡村师范生。

四 生活教育：民国乡村师范教育的贡献

乡村师范教育，从萌芽到社会组织或自发形成发展，直至乡村师范教育地位的确立、被纳入师范教育体制中，乡村教育在曲折中发展，在艰难中改造自己，在发展中壮大自己，在挽救中国教育的历史征程中做出了巨大的贡献。

（一）对乡土中国哲学的教育践行

乡村师范教育的发展促进了中国教育思想的转型。任何的思想、理论、制度、模式、方法的借鉴，都需要实情化、本土化。乡村师范教育实践本土化为中国师范教育本土化，乃至中国教育本土化，探索出了路径和发展模式，为中国教育做出了应有贡献。

中国师范教育从南洋公学开始就是仿照日本，中国教育的学制是移植美国，中国师范教育则"移型他国"，乡村师范教育的发展和制度的确立，纠正了中国直接照搬、移植的错误思想，乡村师范教育为师范教育探索出了发展渠道与培养模式，促进了中国教育思想的转型，探索出中国教育发展的路径：中国教育发展必然要走发展乡村教育的道路，发展乡村教育必须走发展乡村师范教育的道路。

（二）创生了中国乡土语境的教育思想和教育理论

乡村师范教育的实践躬行使政府高度重视改造农村，发展农村，建设农村，农村教育也随之得以重视。乡村师范教育的发展推进了中国教育思想的转型，丰富和完善了中国师范教育思想体系，促成了一批教育家的教育思想的成熟和教育理论的生成，如晏阳初的平民教育、梁漱溟的乡村建设理论等，尤其是陶行知的"活教育"思想，更成熟、影响最大。陶行知的"活教育"的思想就是五"活"，即活的中心学校、活的乡村师范、活的乡村教师、活的学生、活的国民。活的乡村教师是"有农夫身手、科学头脑、改造社会精神的教师"[①]。他认为，生活即教育、社会即学校。关照现实，这些教育思想和教育理论对解决农村问题、农村教育、师范教育、师资培训均有借鉴价值和指导意义。

（三）探索出适合中国乡土语境的师范教育模式

在乡村师范教育的发展历程中，探索出了乡村师范教育培养目标、学校设置、修业年限、乡村师范教育制度、乡村师范学校类型及课程培养标准，形成了较为完善的、符合当时实际情况的乡村师资培养模式。不仅对当时的乡村师范教育培养人才具有指导意义和实践价值，而且为当代乡村教育发展积累了经验，提供了人才培养模式。陶行知在乡村师范教育发展历程中，探索出的乡村教师教育培养

---

① 陶行知：《中华教育改进社改造全国乡村教育宣言书》，载方明主编《陶行知全集》第1卷，四川教育出版社2009年版，第83页。

模式最为典型、最有影响、最具实践性，例如晓庄学校的师范生培养模式，推行"即知即传"的"小先生制"，实行实践见习，创造出新的教师培养的新模式。陶行知的"小先生制"教师培养模式具有丰富的理论内涵与实践价值。

（四）丰富和发展了课程思想与教学理论

陶行知提出的"教学做合一"教育理论既是一种生活方法，也是方法论，同时也是教学论。他认为，只有活的方法才能有活的乡村教育，活的方法是教学做合一：教法依据学法、学法依据做法，做法来源于生活。

陶行知的乡村生活教育理论，"教学做合一"教学论蕴含着知行合一，实践与理论有机结合，凸显学生的主体地位，发展学生的自主性、主体性、能动性和创造性的教育理念。"教学做合一"是在改造乡村教育过程中总结凝练出来的，同时又用以指导乡村教育，指引师范教育走向乡村。"教学做合一"不仅在乡村师范教育发展中起到巨大的推动作用，而且对当代的教育具有深远的影响。

（五）为乡村教育的发展树立了典范

陶行知创办晓庄学校，不仅是对教育实践的一次伟大探索，也是乡村教育早期尝试；不仅是农村教育的试点，也是农村师范教育的经典范例。在晓庄学校的办学过程中，陶行知逐渐从实践到理论，继承、践行和创新了乡村教育思想和乡村师范教育思想，形成"生活教育"理论，探索出了乡村师范教育培养模式。

晓庄学校是中国乡村教育的引领者，师范下乡运动的实践者，给中国乡村教育带来了曙光。晓庄师范学校遵循从城市到乡村、由理论到实践，又在实践中建构理论的教育路径，开创了师范教育下乡和本土乡村教育互补的办学模式。晓庄师范学校的办学实践对乡村师范教育、乡村教育乃至中国教育产生了深远的影响。

第三节　苍黄翻复：民国中后期教师教育的"师范学院"体制的建立

一　十年论辩：师范学院体制产生的背景

壬戌学制和戊辰学制的颁布是师范学院体制产生的历史原因，促使"仿美思想"（合并派）和"本土思想"（独立派）的形成，直接导致其展开长达十年的论战。

（一）师范学院体制产生的历史背景

1922年11月1日《学校系统改革案》颁布，即壬戌学制，规定中等师范教育改革实行"师中合并"，即师范学校与高中合并；高等师范改革实行"高师改大"，即高等师范学校改为师范大学或变成综合性大学或与普通大学合并。壬戌学制直接导致师范教育不能满足社会需求，民众对师范教育的呼声强烈，因此，国民政府整顿教育，独立封闭型师范教育不得不调整重构。1928年5月，《中华民国学校系统》颁布，即戊辰学制，确定在中等教育中恢复师范教育独立地位。1929年4月

26日，民国政府颁布的《中华民国教育宗旨及其实施方针》指出，师范教育"于可能范围内使其独立设置"①，独立性的师范教育体制完全得到恢复。

(二) 师范学院体制产生的思想动因

壬戌学制是仿照美国学制模式建立起来的，只注重追求师范生的"质"，未经过本土化实践，与既求"质"又求"量"的中国教育国情产生巨大反差，导致"仿美思想"（合并派）和"本土思想"（独立派）展开论战。合并派主张"师中合并""高师改大"，实行大学区制，取消高等师范教育，而独立派则坚持认为师范教育必须独立办校或院，两种思想展开了激烈的论战抑或斗争。

1928年，南京国民政府实行大学区制，将北平九所高等学校合并成国立北平大学，北平师范大学和北京女子师范大学分别改为第一师范学院和第二师范学院。北平九所高校学生罢课，请求复校；北平师范大学学生成立"独立运动委员会"，提交《北平师范大学实行师范教育独立请愿书》，陈述了十条关于实行师范教育独立的理由和依据。迫于压力，1929年7月26日，教育部颁布的《大学组织法》规定："大学分文、理、法、教育、农、工、商、医各学院"②。1929年8月14日，教育部颁布《大学规程》，规定"大学教育学院或独立学院教育科：分教育原理、教育心理、教育行政、教育方法及其它各学系，大学或独立学院之有文学院或文科而不设教育学院或教育科者，得设教育学系于文学院或文科"。并指出"大学各学院或独立学院各科得分别附设师范、体育……等专修科"③。学生运动虽然取得一定成绩，但高等师范教育的独立地位并未从法律上得到确立。

南京国民政府仍然坚守合并派主张。1929年12月，国民政府对北平大学第二师范学院实行"师中合并"，改名为国立北平女子师范学院。④ 1931年7月，国民政府对北平师范大学与北平女子师范大学推行"高师改大"，合并为国立北平师范大学。⑤ 一时，学潮运动再起，1932年7月，为镇压学潮运动，国民政府教育部令：北平师范大学及北平大学（除农、工、医三学院外），本届停止招生。随之，北师大护校委员会、校务整理委员会，于1932年7月26日草拟《国立北平师范大学整理计划书》，提出要"充分表现师大之特性，即师大之组织、课程、训育、教法等，必与其他大学显有不同"⑥。1932年10月，国民政府教育部在

---

① 宋恩荣、章咸编：《中华民国教育宗旨及其实施方针》，载宋恩荣、章咸编《中华民国教育法规选编》，江苏教育出版社2005年版，第36页。
② 宋恩荣、章咸编：《大学组织法》，载宋恩荣、章咸编《中华民国教育法规选编》，江苏教育出版社2005年版，第395页。
③ 宋恩荣、章咸编：《大学规程》，载宋恩荣、章咸编《中华民国教育法规选编》，江苏教育出版社2005年版，第387—390页。
④ 曾煜编著：《中国教师教育史》，商务印书馆2016年版，第116页。
⑤ 曾煜编著：《中国教师教育史》，商务印书馆2016年版，第116页。
⑥ 北京师范大学校史编写组编：《北京师范大学校史》（1902—1982），北京师范大学出版社1984年版，第90页。

《大公报》上发表《改革我国教育之倾向及其办法》，提出"大学以农、工、医为主，将现行师范教育一律取消"①。1932年11月北京师范大学教授会向国民政府教育部提交《本校教授为师范大学具有特别任务事呈教育部长文》，强调中学师资必由师大专业训练；师范院校的师资必由师大专业训练；师大的课程与普通大学课程性质不同；大学的教育学系不能替代师范大学；师大年限应延长，仅一年或两年的师范训练，时间太短等。②1932年12月，国民党中央组织委员会向国民党四届三中全会提出《改革高等教育案》，阐述了三方面理由：第一，普通大学和师大内部组织基本相同；第二，师大毕业供给大于社会需求；第三，校方无力应对层出不穷的学潮，③主张"师范教育不应另设专校，以免畸形发展之流弊"④。所幸在北平师范大学师生和各界的十年不懈的抗争下，1932年12月，国民党四届三中全会通过《确定教育目标与改革教育制度案》，正式恢复了师范教育的独立体制。⑤

二 闭环设计：师范学院体制的培养模式

《确定教育目标与改革教育制度案》的颁布，虽然只是在名义上确立了师范学院的独立性，但却为师范学院体制的建立奠定了制度基础。1935年6月22日，教育部颁布的《师范学校规程》对师范学校做出独立性的规定。为了对师范学院体制进行改革，1938年7月，教育部颁布的《师范学院规程》规定："师范学院单独设立，或于大学中设置之"⑥，"独立师范学院或大学师范学院由教育部审察全国各地情形分区设立之"⑦，师范学院的实质性合法地位得到确立。

教育部在颁布《师范学校规程》与《师范学院规程》后，先后于1940年7月21日公布《师范学院辅导中等教育办法》，1941年8月6日公布《教育部设置师范学院初级部办法》，1944年12月30日公布《师范学院学生教学实习办法》，1946年12月9日修正颁布的《改进师范学院办法》等一系列关于师范学院体制的指导性文件。随后，又相继出台《师范学院第二部招生及升学办法》《师范学院学生实习及服务办法》《师范学院辅导地方教育办法》《师范学院附设中心学校及国民学校进修班及函授学校办法》《师范学院附设中等学校教员进修班办法》《师范学院分系必修及选修科目表及其实施要点》《修正师范学院必修科目表》等

---

① 曾煜编著：《中国教师教育史》，商务印书馆2016年版，第116页。
② 李溪桥主编：《李蒸纪念文集》，中国社会科学出版社1996年版，第70—74页。
③ 曾煜编著：《中国教师教育史》，商务印书馆2016年版，第117页。
④ 李友芝、李春年、柳传欣、葛嘉训编：《中国近现代师范教育史资料》，内部交流资料，第1589页。
⑤ 曾煜编著：《中国教师教育史》，商务印书馆2016年版，第117页。
⑥ 宋恩荣、章咸编：《师范学院规程》，载宋恩荣、章咸编《中华民国教育法规选编》，江苏教育出版社2005年版，第483页。
⑦ 宋恩荣、章咸编：《师范学院规程》，载宋恩荣、章咸编《中华民国教育法规选编》，江苏教育出版社2005年版，第483页。

11份文件，共同构成师范学院体制。师范学院体制各项具体细节规定，分别体现于这11份文件和其他部分文件之中，共同构成师范学院体制的培养模式：

（一）师范学院的培养目标

贯彻落实中华民国教育宗旨及其实施方针，为中等学校培养合格的师资。

（二）师范学院设置

经过教育部审查全国各地情形后，决定分区设立独立师范学院或大学师范学院。独立师范学院与区内教育机关通力合作，研究辅导本区的中等教育。教育系、体育两系及管训部分设于国立大学师范学院内，酌情设立第二部及教育研究所。教育系接纳被取消的原公民训育系的学生，体育系、音乐院、艺术专科学校接纳原音乐、艺术、童子军等专科的学生，管训部辅助院长办理师范生一切特殊训练与管教事宜。

（三）修业年限

师范学院学生修业年限一律5年，其中学习课程4年、实习1年。

（四）入学资格

1. 师范学院招收符合下列条件之一者：

第一，招收在公立或已立案高级中学的学生；第二，招收同等学校的毕业生；第三，招收师范学校毕业服务满3年的学生；第四，招收具有高级中学毕业的同等学力，经考核合格者。

2. 师范学院第二部招收符合下列条件者：

招收大学及专科学校毕业生，授予教育专门科目及专业训练，修业二年（学习1年，实习1年），期满考试及格，教育部核准者。

3. 师范学院专修科收符合下列条件之一者：

第一，招收高级中学或同等学校毕业生；第二，招收具有高级中学毕业的同等学力者，修业三年（学习两年实习一年），期满考试及格经教育部核准者。

4. 师范学院教育研究所招收符合下列条件者：

第一，招收教育系毕业生的非师范生及师范学院毕业服务两年者；第二，招收大学其他院系毕业生并具有两年以上教学经验者。

（五）师范学院学生转学

第四年不招收转学生，但转学生要符合下列条件：必须在其他师范学院肄业并有转学证明，经转学考试合格者。

（六）师范学院的学位

学位授予分两类。第一，师范学院学生修业满五年，其中学科四年、实习一年，期满考试及格，教育部审核，由（院）系授予学士学位。第二，师范学院教育研究所招收的学生，研究期限满两年，期满经硕士学位考试及格，授予硕士学位。

（七）师范学院组织

独立师范学院分10个系和5个专修科。10个系是国文系、英语系、史地系、数学系、理化系、博物系、教育系、体育系、音乐系、家政系；5个专修科是体育专修科、音乐专修科、劳作专修科、图画专修科、家政专修科。大学师范学院设教育系、体育系、艺术系并设师范生管训部。管训部设主任一人，由院长商请校长聘任，主持师范生管训事宜。

（八）师范学院组织课程

师范学院组织课程分三类科目：基本科目、专门科目、教材教法研究即教学实习。各系必修课分为基本科目和教材教法研究即教学实习，各系必修课或选修课为专门科目。

（九）师范学院训育

师范学院训育遵照1939年9月25日教育部颁布的《训育纲要》执行。训育的目标是："1.高尚坚定的志愿，与纯一不移的共信——自信信道（主义）；2.礼义廉耻的信守，与组织管理的技能——自治治事；3.刻苦俭约的习性，与创造服务的精神——自育育人；4.耐劳健美的体魄，与保卫卫国的智能——自卫卫国"[①]。

（十）师范学院考试

师范学院考试分4类：

第一，入学考试。入学考试由体格检查、笔试、口试组成，内容为应试者思想、仪容、应对、演说能力。

第二，平时考试。平时考试由教员组织随堂考试，每学期举行至少一次，平时成绩由五部分成绩合并核计：随堂考试成绩、听讲笔记成绩、读书札记成绩、参观报告成绩、练习实验成绩。

第三，学期考试。学期考试由学校或学院组织的每学期末的考试。学期成绩由学期考试成绩与平时成绩合并核计。

第四，毕业考试。毕业考试由学科毕业考试委员会组织。由院长或校长聘请校内教员、该地区教育行政长官、校外专门学者组成委员会，院长或校长任主席，教育部派监试员。学科毕业考试形式有两种：笔试和口试，笔试内容是基本科目、专门科目、教材教法研究即教学实习三科分类综合命题，口试主要考查思想、学力、态度、修养、说话技术。

（十一）学生毕业

学生毕业有三个条件：

第一，毕业论文。毕业论文由学生自选题目，时间一般在第四学年第一学期，在撰写期间由系主任或任课教员指导，在学科毕业考试前提交，由毕业考试委员会评定。

---

① 宋恩荣、章咸编：《训育纲要》，载宋恩荣、章咸编《中华民国教育法规选编》，江苏教育出版社2005年版，第148—149页。

第二，社会实践。暑假或寒假，由院或校组织在本学区内研究辅导工作或自行选择参观研究，开学提交报告，经审核后，按平时成绩计算。

第三，毕业总成绩。由各学期平均成绩、毕业考试成绩、毕业论文成绩、社会实践成绩合并核计。

（十二）学生服务年限

师范学院学生毕业后服务年限为五年；专修科毕业服务年限为三年；第二部毕业服务年限为二年。

（十三）学生待遇

师范学院学生待遇实行公费制，分别体现在三份文件中。1941年8月6日，教育部公布的《教育部设置师范学院初级部办法》第十一条规定："师范学院初级部学生，一律免收学膳费，并得酌给公费"。[1] 1944年颁布的《师范学院附设中等学校教员进修班办法》规定："师范学院附设中等学校教员进修班学员一律免缴学杂费并供膳宿"[2]。1947年4月9日，教育部修正公布的《师范学校规程》第八十七条规定："师范学校学生一律免收学费，各省市应斟酌情形免收学生膳费之全部或一部"[3]。

（十四）教师资格检定

师范学院体制对高级中学教师实行严格、规范的资格检定。1944年7月7日，教育部颁布的《中学及师范学校教育检定办法》对高级中学教师的资格检定做出了严格的规定。1935年6月21日，教育部颁布的《中学规程》对高级中学教师和校长资格检鉴定做了更为详细、具体的规定：高级中学教师必须具备以下情况之一："第一，经高级中学教员考试或检定合格者；第二，国内外师范大学毕业者；第三，国内外大学本科、高等师范本科或专修科毕业后，有一年以上之教学经验者；第四，国内外专科学校或专门学校本科毕业后，有二年以上之教学经验者；第五，有价值之专门著述发表者"[4]。同时，规定有下列情形之一者不得被任用为中学教师：第一，违法者；第二，成绩不及格者；第三，玩忽职守者；第四，轻视怠慢训育及校务者；第五，患精神病或身有痼疾者；第六，行为不检点或有不良嗜好者。[5]

十年之久的争辩，师范学院体制终于在战火中艰难完善，在战火中得到确立。师范学院体制能在战火中成长，"战时应当平时看"的指导方针为它提供了良好

---

[1] 宋恩荣、章咸编：《教育部设置师范学院初级部办法》，载宋恩荣、章咸编《中华民国教育法规选编》，江苏教育出版社2005年版，第449页。
[2] 李友芝、李春年、柳传欣、葛嘉训编：《师范学院附设中等学校教员进修班办法》，载李友芝、李春年、柳传欣、葛嘉训编《中国近现代师范教育史资料》，内部交流资料，第483页。
[3] 宋恩荣、章咸编：《师范学校规程》，载宋恩荣、章咸编《中华民国教育法规选编》，江苏教育出版社2005年版，第476页。
[4] 宋恩荣、章咸编：《中学规程》，载宋恩荣、章咸编《中华民国教育法规选编》，江苏教育出版社2005年版，第381页。
[5] 宋恩荣、章咸编：《中学规程》，载宋恩荣、章咸编《中华民国教育法规选编》，江苏教育出版社2005年版，第381页。

政治环境，全民抗战为它供给了民族精神，教育家们为它促发了理论动因，全体师生为它保障了实践的行动。从历史场景来看，这是师范教育的一场不小的变革，逐步完善了师范教育体制，促进了师范教育的发展。然而，当反观历史，长达十年的争辩，未免时间太长，延迟了师范学院体制的变革。民国政府钟摆式的改革思想，体现出它的妥协性，使师范学院体制的变革不彻底，给中国教师教育发展带来阻碍。

第四节 星离月会：民国综合性大学教师教育的发展

一 推陈出新：民国综合性大学教师教育的历史背景

京师大学堂是中国近代大学的雏形，是综合性大学的标志。1902年8月15日颁布的《钦定京师大学堂章程》第二章第一节中规定："其附设名目：曰仕学馆，曰师范馆。"[①] 至此，京师大学堂设立师范馆，其目的是专门培养师资，也是中国教育史上综合性大学教师教育的开端。

1904年1月13日颁布《优级师范学堂章程》，同年，颁布的《奏定大学堂章程（附通儒院章程）》中，"京师大学堂现在办法章第七"的第四节规定："师范馆可作为优级师范学堂，照优级师范学堂章程办理。"[②] 随着《癸卯学制》的颁布，京师大学堂师范科改为京师优级师范学堂，成为独立的高等师范学校。综合性大学第一次与教师教育分离，独立的师范教育制度在我国建立。

二 两"合"两"离"：民国综合性大学教师教育的嬗演历程

从癸卯学制至壬戌学制期间，师范教育是独立的教育体制。1922年10月，在济南召开的全国教育会联合会上，讨论教育部提交的学制修改稿。1922年11月1日颁布的《大总统颁布施行之学校系统改革案》，即壬戌学制，对大学做出了相关的规定：

> （二十一）大学校设数科或一科，均可。其单设一科者称某科大学校，如医科大学校，法科大学校之类。
>
> （二十二）大学校修业年限四年至六年。（各科得按其性质之繁简，于此限度内斟酌定之。）
>
> 医科大学校及法科大学校修业年限至少五年。

---

① 璩鑫圭、唐良炎编：《钦定京师大学堂章程》，载璩鑫圭、唐良炎编《学制演变》，陈元晖主编《中国近代教育史资料汇编》，上海教育出版社2007年版，第244页。

② 璩鑫圭、唐良炎编：《奏定大学堂章程（附通儒院章程）》，载璩鑫圭、唐良炎编《学制演变》，陈元晖主编《中国近代教育史资料汇编》，上海教育出版社2007年版，第396页。

师范大学校修业年限四年。

附注四：依旧制设立之高等师范学校，应于相当时期内提高程度，收受高级中学毕业生，修业年限四年，称为师范大学校。

（二十三）大学校选科制。

（二十四）因学科及地方特别情形得设专门学校，高级中学毕业生入之，修业年限三年以上，年限与大学校同者待遇亦同。

附注五：依旧制设立之专门学校，应于相当时期内提高程度，收受高级中学毕业生。

（二十五）大学校及专门学校得设专修科，修业年限不等。（凡志愿修习某种学术或职业而有相当程度者入之。）

（二十六）为补充初级中学教员之不足，得设二年师范专修科，附设于大学校教育科，或师范大学校；亦得设于师范学校或高级中学，收受师范学校及高级中学毕业生。

（二十七）大学院为大学毕业及具有同等程度者研究之所，年限无定。[①]

在上述二十一条至二十七条中，第二十六条规定普通高中设师范科，大学设立教育系，从此，师范教育独立体制被取消，师范教育再次走进综合性大学，附设于大学校教育科，或师范大学校，综合性大学再次成为肩负起培养教师的一支重要力量。

于是，各大学纷纷合并，1922年，民国政府提出南京高等师范大学并入东南大学，第二年正式并入。1923年，沈阳高等师范学校与文学专门学校合并为综合性东北大学，武昌高等师范学校改为武昌师范大学，翌年，改名为国立武昌大学。1924年，北京女子高等师范学校改名为北京女子师范大学，成为近代教育史上第一所女子师范大学。同年，广东高等师范学校与广东农业专门学校、广东法科大学合并为国立广东大学。1927年，成都高等师范学校改为国立成都师范大学，随后与四川成都大学、四川大学合并为国立四川大学。同年，北洋政府下令，将工业大学、北京师范大学、法政大学、北京大学、医科大学、艺术专科、北京女子师范大学、女子大学、农业大学9所学校合并为"国立京师大学校"。至此，相应的高等师范学校成为大学的教育学院或教育系，实际上，仅仅是大学的一个组成部分。

这种状况严重阻碍了民国教师教育的发展，造成师资力量匮乏、教师素质降低等严重后果。以1930年的统计数据为例：全国中等学校教师中，师范大学毕业生占4.39%，高等师范专修科毕业生占11.42%，普通大学毕业生占24.83%，

[①] 璩鑫圭、唐良炎编：《大总统颁布施行之学校系统改革案》，载璩鑫圭、唐良炎编《学制演变》，陈元晖主编《中国近代教育史资料汇编》，上海教育出版社2007年版，第1011页。

专科学校毕业生占20.74%，将近80%多的教师未受专门的训练。① 这些数据说明，这一时期，民国教育处于低迷期。

1935年6月22日，教育部颁布的《师范学校规程》对师范学校做出独立性的规定。为了对师范学院体制进行改革，1938年7月，教育部颁布的《师范学院规程》规定："师范学院单独设立，或于大学中设置之。独立师范学院或大学师范学院由教育部审察全国各地方情形分区设立之"②。这三个法规的颁布，师范学校的实质性合法地位得到确立，师范学校再次从综合性大学中分离，又一次获得独立体制。这一结果促使综合性大学的教育系或教育学院相继独立，成为师范学院，如1939年西南联大、中山大学、浙江大学、四川大学、西北联合大学等综合性大学均设立师范学院；1940年，在重庆设立国立女子师范学院；1941年，增设国立四川大学师范学院。

耙梳大学教师教育的嬗演历程，清末至民国，自京师大学堂的建立——综合性大学教师教育的开端，《优级师范学堂章程》的颁定、癸卯学制的实施——师范教育是独立的教育体制、壬戌学制的实施——师范教育独立体制被取消，师范教育再次走进综合性大学。《师范学院规程》的颁定——又一次获得独立体制。中国近代教育上，综合性大学两次肩负培养教师的重任，师范学校两次获得独立体制，综合性大学与师范学校发展路径呈现出"两合两离"的嬗演轨迹。

三 时异事殊：民国综合性大学和师范学校教师教育培养目标的比较

通过对民国综合性大学和师范学校教师教育培养目标沿革的比较，来探究民国综合性大学和师范学校教师教育功能的异同。

（一）民国综合性大学教师教育培养目标的沿革

1912年10月22日，教育部颁布的《专门学校令》第一条规定："专门学校以教授高等学术、养成专门人才为宗旨"③。1921年，教育部颁布的《大学令》第一条规定："大学以教授高深学术、养成硕学闳材、应国家需要为宗旨"④。

《专门学校令》和《大学令》明确指出，综合性大学的培养目标，一是教授高等学术，二是培养国家需要的专门人才。1929年8月14日，教育部颁布的《大学规程》第二章规定："大学教育学院或独立学院教育科：分教育原理、教育

---

① 曾煜编著：《中国教师教育史》，商务印书馆2016年版，第96页。
② 宋恩荣、章咸编：《师范学院规程》，载宋恩荣、章咸编《中华民国教育法规选编》，江苏教育出版社2005年版，第483页。
③ 宋恩荣、章咸编：《专门学校令》，载宋恩荣、章咸编《中华民国教育法规选编》，江苏教育出版社2005年版，第383页。
④ 宋恩荣、章咸编：《大学令》，载宋恩荣、章咸编《中华民国教育法规选编》，江苏教育出版社2005年版，第384页。

心理、教育行政、教育方法及其他各学系"①，为此，综合性大学教师教育的培养目标是两方面：一是学术性，培养国家需要的教育学专业人才；二是师范性，培养中小学学科师资，秉承学术性和师范性相结合的发展路径。

（二）师范学校教师教育的培养目标的沿革

1935年6月22日，教育部颁布的《师范学校规程》第二条规定："师范学校为严格训练青年身心，养成小学健全师资之场所"②。1942年8月17日教育部颁布的《师范学院规程》第一条规定："师范学院遵照中华民国宪法第一五八条之规定，以养成中等学校健全师资为目的"③。《师范学校规程》和《师范学院规程》明确指出，师范学校的培养目标是专门培养中等学校师资。

通过比较，可以看出，师范学校充分发挥其师范性特点，专门培养中等学校师资，而综合性大学选择的是学术性和师范性相结合的发展路径。

四　三足鼎立：民国综合性大学教师教育的形态

民国时期，我国高等教育依据办学主体来分，有三类大学：公立大学、国人自办私立大学、教会大学。三类大学虽然在形式上无明显差异，但在目的和功能上则有明显的不同。

（一）公立大学教师教育

公立综合性大学教师教育必须遵照一系列高等教育法令法规的相关规定，既要遵守《专门学校令》《大学令》《大学规程》《大学组织法》等相关规定，同时，还要遵守《师范学校规程》《师范学校规程》等相关规定。因此，公立综合性大学设立教育（师范）科或教育系（学院），培养教师及教育人才，设教育原理、教育心理、教育行政、教育方法等科目为主要学科。

（二）国人自办私立大学教师教育

国人自办的私立大学在民国教育中占据十分重要的位置。民国政府采取鼓励和提倡的政策，同时通过相关法规、法令进行引导和规范私立高等教育。1912年11月，教育部颁布《公立私立专门学校规程》；1913年教育部订定《私立专门学校等报部办法布告》；1913年1月，教育部颁布《私立大学规程》；1913年12月，教育部颁布《整顿私立大学办法布告》，一系列法令、法规的颁布推进了这一时期国人自办的私立大学的发展，学校数量比清末明显增多，但私立大学明显暴露出缺乏规范化管理的弊病。

---

① 宋恩荣、章咸编：《大学规程》，载宋恩荣、章咸编《中华民国教育法规选编》，江苏教育出版社2005年版，第387页。

② 宋恩荣、章咸编：《师范学校规程》，载宋恩荣、章咸编《中华民国教育法规选编》，江苏教育出版社2005年版，第466页。

③ 宋恩荣、章咸编：《师范学院规程》，载宋恩荣、章咸编《中华民国教育法规选编》，江苏教育出版社2005年版，第483页。

自1926年起，民国政府开始对私立大学进行整顿。1926年10月18日，教育部颁布《私立学校规程》《私立学校董事会设立规程》及《私立学校立案规程》。1927年12月，教育部颁布《私立学校及专门学校立案条例》《私立中等学校及小学立案条例》。1928年2月，教育部颁布《私立学校条例》和《私立学校董事会条例》。这些法规、法令颁布后，合并、修正成综合性的《私立学校规程》于1929年8月29日颁布。之后，在1933年、1943年、1947年三次进行修订，对私立学校做出更加明确的规定。民国政府对私立大学进行整顿，使私立大学更加规范，教育教学质量更高，促进了私立大学的迅速发展。

国人自办私立大学教师教育在遵守公立综合性大学应该遵守的相关高等教育法令法规的基础上，还要遵守私立大学的相关法令法规。因此，国人自办私立大学也是设立教育（师范）科或教育系（学院），培养教师及教育专业人才。

（三）教会大学教师教育

自1842年，清政府先后与西方国家签订《南京条约》《望厦条约》《黄埔条约》《天津条约》《北京条约》等一系列不平等条约，不仅导致割地赔款、开放港口等，而且导致西方的宗教文化渗透。教会办学校是宗教文化渗透的基本途径之一。教会办学校的目的有两方面：一是培养牧师；二是培养教会学校教师。

后期教会教育的扩张主要是通过创办高等学校。19世纪末，各派教会认识到在华创办高等教育的重要性。于是，各派教会积极在中初等教育的基础上开始创办高等学校，例如，先后创办圣约翰大学（1905年）、金陵大学（1913年）、金陵女子大学（1913年）、燕京大学（1919年）等。20世纪20年代以前，教会学校在中国高等教育占绝大多数。当时，中国仅有的北京华北协和女子大学、南京金陵女子大学和福州华南女子大学三所女子大学，都是由美国人办的基督教女子大学。当时，在中国教会大学占绝对优势，共16所；中国国立大学最少，仅有一所北京大学，省立大学有山西、北洋两所；国人自办私立大学有五所。[①] 教会学校是作为外国列强文教渗透的重要手段，带有一定的政治目的，为殖民中国这一目的服务。但教会学校在客观上对中国教育产生了一定的影响，在教育思想、教学论等各方面给中国教育注入了新的思潮并为中国培养了一批人才。

民国时期，教会大学按私立学校管理，因此教会大学和国人自办私立大学一样必须遵守相关高等教育法令法规。只不过，为了维护中国的教育主权，《私立学校规程》对教会学校另有一些相关的规定，教会大学必须严格执行照办。因此，教会大学的教师教育是设立教育（师范）科或系（学院），培养教会学校的师资。整体而言，教会大学是为教会学校培养师资，而公立综合性大学和国人自办大学是为培养国家急需师资和教育专门人才，其目的和功能截然不同。

---

① 赵国权主编：《中国教育史》，河南大学出版社2014年版，第402页。

五　主辅双修：民国综合性大学教师教育的特征

民国综合性大学教师教育具有办学自主性、培养目标多元化、主辅修并行制、志愿师范生制度和教育类课程设置内容丰富、形式多样五大特征。

（一）办学自主性

1922年11月1日，国民政府颁布《学校系统改革案》，即壬戌学制，其中规定："多留各地方伸缩余地"① 就体现出地方分权、富有弹性、留给地方和学校自主权的教育理念，使地方能依据地方实际情况自主办学，充分发挥地方和学校优势，形成具有地方特色的人才培养模式，促进人才的成长。在这一教育理念下，综合性大学在教师培养上具有较大的自主权，有利于复合型人才的培养，教师队伍综合素质得到全面提高。

（二）培养目标多元化

综合性大学教师教育走的道路是学术性和师范性相结合的发展路径，既培养教育学、教育科学研究和教育管理等人才，又培养各级各类学校师资；既培养学术型专业人才，又培养师范性人才。不仅注重培养教育理论的研究型人才，更注重培养理论与实践相结合的实践型人才，服务于教育，服务于社会。综合性大学培养目标的多元化，有利于多层次、多规格、多样化的高素质复合型的教师的培养。

（三）主辅修并行制

1929年8月14日，教育部颁布的《大学规程》第二章第七条明确规定："大学各学院或独立学院各科学生（医学院除外），从第二年起，应认定某学系为主系，并选定他学系为辅系。"② 《大学规程》为综合性大学规定了主辅修制，拓宽了综合性大学办学目标。以某大学教育系或教育学院为例，主辅修制是指教育系或教育学院的学生在第二年就选定教育专业为主要专业，同时选定其他学院或系作为辅助专业，也就是说，其他学院或系的学生也可选教育系或教育学院作为辅助专业。学生修满学分，考试合格，获得教育证书，毕业以后可选择从事教育职业当教师。由此表明，主辅修制有两大功能：一是扩大了学生的就业面；二是拓宽了综合性大学培养师资的渠道。

（四）志愿师范生制度

1946年12月9日，教育部修正颁布的《改进师范学院办法》第三条规定："师范生无论其主科属于文、理、工、农或教育、体育系者，均应于入学时填具师范生志愿书，履行登记手续。"③ 同时，指出学生一要修满规定的必修学分；二

---

① 宋恩荣、章咸编：《学校系统改革案》，载宋恩荣、章咸编《中华民国教育法规选编》，江苏教育出版社2005年版，第33页。
② 宋恩荣、章咸编：《大学规程》，载宋恩荣、章咸编《中华民国教育法规选编》，江苏教育出版社2005年版，第387—388页。
③ 宋恩荣、章咸编：《改进师范学院办法》，载宋恩荣、章咸编《中华民国教育法规选编》，江苏教育出版社2005年版，第465页。

要修满选修学分；三要修满规定的共同必修课学分；四要参加一年的教育实习，满足这四个条件者，与师范生同等对待，一律享受公费待遇。① 由此可见，志愿师范生制度增加了综合大学培养师资的数量。

（五）教育类课程设置内容丰富、形式多样

1929年8月14日，教育部修正颁布的《大学规程》规定：教育类课程为教育原理、教育心理、教育行政、教育方法等。② 1938年7月，教育部颁布的《师范学院规程》规定：师范院课程为基本科目、专门科目、教材教法研究暨教学实习等三大类，基本科目、教材教法研究暨教学实习为共同必修课，专门科目为各系必修或选修。③ 比较《改进师范学院办法》和《师范学院规程》的课程设置，可以发现，民国综合性大学在曲折中总结、在艰难中探索，终于探寻出课程设置的发展路径：由少科目走向多科目，由单一科目走向多样化科目。由必修走向必修与选修相结合，由理论走向实践。

在中国近代教育史上，民国综合性大学教师教育可谓是艰难"两合"、曲折"两离"，忍辱负重，承担起培养师资的重任。其"两合两离"的嬗演轨迹，也给后来的高等教育的发展探寻了发展路径。20世纪90年代，我国综合性大学再次承担教师教育任务，可以说，中国近现代教育史上，综合性大学教师教育的嬗演轨迹是"三合两离"。"合""离"之间，综合性大学和专门教师教育机构都为教师教育做出巨大贡献，联手促进教师教育的发展；"合""离"之势，是当时文化进步、社会发展、教育演进合力交互作用的结果。

第五节　自出机杼：民国女子高等师范教育

一　比肩齐声：民国女子高等师范教育的历史背景

壬子·癸丑学制的颁布，确立男女教育权平等；政府奖励女学，形成社会风尚；直接掀起全国兴起女学热潮，产生民国女子高等师范教育。

（一）壬子·癸丑学制的颁布，男女教育权平等

民国时期，女子教育权备受关注，相继体现在一系列文件中。1912年1月19日，教育部颁布的《普通中学教育暂行办法》规定："初等小学校可以男女同校；特设之女学校章程暂时照旧"④。1912年，教育部拟议学校系统草案，其中第二条

---

① 宋恩荣、章咸编：《改进师范学院办法》，载宋恩荣、章咸编《中华民国教育法规选编》，江苏教育出版社2005年版，第465页。

② 宋恩荣、章咸编：《大学规程》，载宋恩荣、章咸编《中华民国教育法规选编》，江苏教育出版社2005年版，第387页。

③ 宋恩荣、章咸编：《师范学院规程》，载宋恩荣、章咸编《中华民国教育法规选编》，江苏教育出版社2005年版，第485页。

④ 璩鑫圭、唐良炎编：《电各省颁发普通教育暂行办法》，载璩鑫圭、唐良炎编《学制演变》，陈元晖主编《中国近代教育史资料汇编》，上海教育出版社2007年版，第606页。

规定："女学不别立统系，但就各种学校，增损其学科"①。1912年9月28日，教育部颁布的《学校系统令》，即壬子·癸丑学制对学校系统草案予以肯定。同日，教育部颁布的《中学校令》第二条规定："专教女子之中学校称为女子中学校"②。1912年9月29日，教育部颁布的《师范教育令》第一条规定："专教女子之师范学校称女子师范学校，以造就小学校教员及蒙养园保姆为目的。高等师范学校以造就中学校、师范学校教员为目的"③。

上述文件及壬子·癸丑学制的规定表明：第一，壬子·癸丑学制在女子与男子平等教育方面迈出了一大步，初等小学可以男女同校就是最好的证明。第二，壬子·癸丑学制不分性别的单轨制标志着清末的两性双规制性别教育结构的瓦解，为1922年的壬戌学制的确立奠定了基础。第三，壬子·癸丑学制体现了对女性同校学习的解禁和对中国女性的解放，如"女学不别立系统"就说明承认了男女无区别的教育权，但这种解放具有不完整性和不彻底性，具体体现在："初等小学可以男女同校"，只限定在初级小学，仍然存在"女子学校""女子师范学校""女子高等师范学校"的实质性的名称。但应该指出，壬子·癸丑学制在中国女性享受同等教育权，自由、平等的公民权，获得法律上的解放迈出了可喜的一步，推动了中国近代教育向现代教育的转型。

（二）政府奖励女学，形成社会风尚

自中华民国成立，为真正体现民主共和，以临时大总统孙中山为首的资产阶级革命派非常重视女子教育，实施奖励女学，促进女学发展。

1912年2月6日，临时大总统孙中山在致女界共和协进社批中指出："天赋人权，男女本非悬殊，平等大公……而谋联合全国女界，普及教育……"④。由此可见，孙中山重视女权、重视女学，对女界共和协进社请办女子法政学校和《共和日报》赞同并予以支持。1912年5月6日，孙中山在广东女子师范第二校做《女子教育之重要》的演讲中指出："今民国既已完成，国民之希望甚大，然最要者为人格。我中国人民受专制者已数千年。近二百六十余年，又受异种族专制，丧失人格久矣。今日欲回复其人格，第一件须从教育始"⑤。他认为，国民要生活的有尊严、人格，第一要务是发展教育，而教育中最重要的是女子师范教育。他说："中国人数四万万人，此四万万之人皆应受教育。然欲四万万人皆得受教育，

---

① 璩鑫圭、唐良炎编：《教育部拟议学校系统草案》，载璩鑫圭、唐良炎编《学制演变》，陈元晖主编《中国近代教育史资料汇编》，上海教育出版社2007年版，第644页。
② 璩鑫圭、唐良炎编：《教育部公布中学校令》，载璩鑫圭、唐良炎编《学制演变》，陈元晖主编《中国近代教育史资料汇编》，上海教育出版社2007年版，第669页。
③ 璩鑫圭、唐良炎编：《教育部公布师范教育令》，载璩鑫圭、唐良炎编《学制演变》，陈元晖主编《中国近代教育史资料汇编》，上海教育出版社2007年版，第670页。
④ 中国社会科学院近代史研究所中华民国史研究室、广东省社会科学院历史研究室、中山大学历史系孙中山研究室合编：《孙中山全集》第2卷，中华书局1982年版，第52—53页。
⑤ 中国社会科学院近代史研究所中华民国史研究室、广东省社会科学院历史研究室、中山大学历史系孙中山研究室合编：《孙中山全集》第2卷，中华书局1982年版，第358页。

必倚重师范，此师范学校所宜急办也。而女子师范尤为重要。"① 孙中山重视女子教育，各地政府也纷纷响应并实施奖励女学措施，在社会上已形成一种风尚。1917 年，在政府奖励女学思想的推动下，第三次全国教育联合会召开，议决《推动女子教育案》提交教育部，教育部作专案办理，有力推动了女子教育发展。

（三）全国兴起女学热潮

民国成立后，壬子·癸丑学制的颁布，为女子教育发展提供了制度保障；政府奖励女学，各省积极实施，为女学教育赢得了政治环境和社会氛围。一些女士，发起并成立了许多女子教育团体。1912 年 3 月 20 日，湖北女子教育总会成立，1913 年 3 月，中华民国女子教育研究会成立。在他们的影响下，相继成立了湖南女子教育会、北京女学维持会、男女联合教育会，这些女子团体对保障和发展女学起到了宣传和积极的推动作用。于是，全国兴起女学热潮。除了原来全国仅有的女子初等小学、女子高等小学、女子师范学校，在女学热潮中，办起了培养具有政治才能、军事才能的女子学校、女子职业学校、女子中学、女子高等学校等。

全国女学热潮此起彼伏、女子团体纷纷成立，女学理论不断传播，推动了女子教育的发展。随着女子教育的发展，提出女子应与男子同享高等教育的权利，其结果是大学开放女禁。1915 年 4 月，第一届全国教育联合会召开，在会上，湖南省教育会提议改革学制，指出壬子·癸丑学制的六大弊害：第一，学校种类太简单，不足谋教育多方面的发展；第二，学校名称不正确，误以为小学为中学做准备、中学为大学做准备，小学、中学失去独立性；第三，学校目的各不相同，没有连贯性，学生三四年就改变其宗旨，损害学生的发展，贻误国家事业；第四，学校教育不完整，经常充其所教，罄其所学，学生生活能力低，毕业后危害社会；第五，学段不衔接，要么失之太过、要么失之不及、劳民伤财、耗时误人；第六，学校年限失调不当。② 在教育界各方人士的不懈努力下，1922 年 8 月 1 日颁布《学校系统改革草案》，即壬戌学制。壬戌学制的颁布，第一次在学制上规定了男女享受同等的教育权利，彻底确立了不分男女的单轨学制，清除了壬子·癸丑学制双轨学制的劣根，女子教育进一步得到实质性的发展和提高。

二　荆天棘地：民国女子高等师范教育的发展

民国女子高等师范教育的发展经历 4 个历程：民国初期（1921—1927）、土地革命时期（1927—1937）、全面抗日战争时期（1937—1945）、解放战争时期（1946—1949）。

---

① 中国社会科学院近代史研究所中华民国史研究室、广东省社会科学院历史研究室、中山大学历史系孙中山研究室合编：《孙中山全集》第 2 卷，中华书局 1982 年版，第 358 页。
② 璩鑫圭、唐良炎：《湖南省教育会提议：改革学校系统案》，载璩鑫圭、唐良炎编《学制演变》，陈元晖主编《中国近代教育史资料汇编》，上海教育出版社 2007 年版，第 851—852 页。

(一) 民国初期 (1921—1927): 女子高等师范教育

中华民国成立时,女子高等学校只有教会创办的北京协和女大(后改称华北协和女子大学)。中华民国成立后,1912年9月29日,教育部颁布的《师范教育令》规定:"女子高等师范学校以造就女子中学校、女子师范学校教员为目的"[①]。为贯彻实施《师范教育令》,1913年2月,教育部颁布《高等师范学校规程》,但当时民国没有高等女子师范学校,只能是名存实亡,中国女子并未获得实惠,但却反映了民国政府对女子高等教育的重视,为后来女子真正享受实质性的高等教育打下了基础。在《师范教育令》《高等师范学校规程》的推动下,高等女子学校相继建立,如教会办理的金陵女子大学、华南女子学院、北京协和女医校、广州夏葛女医校、北京女子师范大学。

北京女子师范大学是唯一一所国人自办的国立女子高校。北京女子师范大学前身是1908年设立的京师女子师范学校,1912年改名北京女子师范学校,1917年改为高等师范。1919年3月12日,教育部颁布的《女子高等师范学校规程》规定:"第一条,女子高等师范学校设预科、本科。前项预科本科外,得设选科、专修科、研究科;第二条,本科分文科、理科、家事科。"[②] 同时,对各科课程做出规定:"文科:伦理、教育、国文、外国语、历史、地理、家事、乐歌、体操;理科:伦理、教育、国文、数学、物理、化学、植物、动物、生理及卫生、矿物及地质、外国语、家事、图画、乐歌、体操;家事科:伦理、教育、国文、家事、应用理料、缝纫、手艺手工、园艺、图画、外国语、乐歌、体操"[③]。《女子高等师范学校规程》还规定,对学习科目,校长认为必要时,经教育总长许可,可增减。本科课程和授课时数,由校长决定,呈报教育总长认可。专修科科目,由校长视情况,临时决定,呈报教育总长认可。研究科就本科各部的一科或数科专攻。选科除伦理、教育必选外,还得选修本科或专修科的一科或数科。[④]

依据《女子高等师范学校规程》,1919年4月23日,高等师范正式改名为国立北京女子师范学校,以培养女子师范、女子中学师资为目标。1922年,颁布的壬戌学制第二十二条附注四规定:"依旧制设立之高等师范学校,应于相当时期内提高程度,收受高级中学毕业生,修业年限四年,称为师范大学校"[⑤]。1924年

[①] 宋恩荣、章咸编:《师范教育令》,载宋恩荣、章咸编《中华民国教育法规选编》,江苏教育出版社2005年版,第423页。

[②] 宋恩荣、章咸编:《女子高等师范学校规程》,载宋恩荣、章咸编《中华民国教育法规选编》,江苏教育出版社2005年版,第440—441页。

[③] 宋恩荣、章咸编:《女子高等师范学校规程》,载宋恩荣、章咸编《中华民国教育法规选编》,江苏教育出版社2005年版,第441页。

[④] 宋恩荣、章咸编:《女子高等师范学校规程》,载宋恩荣、章咸编《中华民国教育法规选编》,江苏教育出版社2005年版,第441页。

[⑤] 璩鑫圭、唐良炎编:《大总统颁布施行之学校系统改革案》,载璩鑫圭、唐良炎编《学制演变》,陈元晖主编《中国近代教育史资料汇编》,上海教育出版社2007年版,第1011页。

5月,"高师改大",正式更名为国立北京女子师范大学。随着国民革命的不断发展,女子享有更多的参政权和平等的教育权,女子高等教育逐渐发展壮大。

(二) 土地革命时期(1927—1937):女子高等师范教育

在土地革命时期(1927—1937),女子高等师范教育在国统区、革命根据地、敌伪统治区都得到一定的发展。

1. 国统区:女子高等师范教育

1927年8月,北洋政府下令,将北京师范大学、法政大学等九校合并为"国立京师大学校",合并后依据各校情况分为10部,其中,女子学院师范大学部为国立京师大学女子第一部,大学部为京师大学女子第二部。1928年,南京国民政府实行大学区制,将北平9所高等学校合并成国立北平大学,北平师范大学和北京女子师范大学分别改称第一师范学院和第二师范学院。

1929年,大学区制废除,师范大学与女子师范学院合并为国立北平师范大学。在这一时期,国民政府还设立了一所独立的女子高等学校——河北女子师范学院。河北女子师范学院源于河北省省立第一女子师范学校。1929年,河北女子师范学院设国文系、家政系。1930年,增设英文系、史地系。1931年至1932年,又增设教育系、音乐系(附设体育)。1937年,河北女子师范学院已设国文、英文、史地、教育、家政、音乐、体育7个系和音乐专修科。河北女子师范学院的院系课程设置逐年增多,科目齐全,从一个侧面反映出这一时期女子高等师范学校的发展状况。

2. 革命根据地:女子高等师范教育

中国共产党倡导男女性别平等,极其重视女子教育,采用从实际出发、务实求真的精神积极开展女子教育,探索出独具特色的根据地女子教育模式,促进了妇女的解放,有力推动了女子教育发展。

在各革命根据地,中国共产党提出了一系列的女子教育主张,主张男女享有平等教育权,以不同形式对女子进行革命教育。1940年,陕甘宁边区政府颁布《陕甘宁边区师范学校暂行规程》,1942年8月,陕甘宁边区政府颁布《陕甘宁边区暂行师范学校规程草案》,两份文件都决定发展中等师范教育。

其时,陕甘宁边区政府没有建立独立的高等师范学校,没有制定专门的高等师范教育制度。1944年,陕甘宁边区政府颁布《延安大学教育方针及暂行方案》,对陕甘宁边区的高等师范教育做出相关的规定。因此,陕甘宁边区的高等师范教育主要是由延安大学承担完成的。

延安大学是由陕北公学、中国女子大学、泽东青年干部学校合并建成的一所综合性大学。延安大学最初设立社会科学院、教育学院、法学院,后增设俄文专修科和英文专修科。1943年2月,将三院两科合并为3个单位:俄文专修科和英文专修科为一个单位,教育学院为一个单位,社会科学院、法学院为一个单位。1943年4月至1944年5月,先后将一部分学院及学校,如鲁迅艺术学院、新文学干部学校、行政学院等，并入延安大学。行政学院分设四系：行政、司法、财经、教育。延安大学学制为两年。开设的课程分全校共同课和各院系专修课。全校共同课占学习时间30%，各院系专修课占学习时间70%。在各院系专修课中，理论政策课占30%，业务知识课和技术课占70%。延安大学教学方法有三大特点：第一，在学中做，在做中学；第二，自学为主，教授为辅；第三，发扬民主精神。①

3. 敌伪统治区：女子高等师范教育

在敌伪统治区，为达到奴化东北人民的目的，伪满政府实行女子奴化教育，重视师范教育，以文化教育奴化东北人民。1934年8月17日，伪满文教部颁布的《师范教育令》规定："高等师范学校以养成中等学校教员为目的，师范学校以养成初等学校教员为目的"②，其中，第一条规定教育宗旨为"注重实践躬行，涵养德性，传习知识及技能，并锻炼身体，造就国民师表之人才"③。1934年8月31日，伪满文教部颁布的《高等师范学校规程》规定：高等师范学校分男子部、女子部。女子部课程为："一、必修学科目为经学、齐家、教育、国文、日语、历史、地理、家事、裁缝、手艺、书法、图画、音乐、体育。二、特修学科目由前款之学科目及校长认为有必要之学科目中，选择一科目精细研究之"④。

从伪满文教部颁布的《师范教育令》和《高等师范学校规程》可以看出：第一，伪满重视教育之目的是奴化人民并长期侵占东北；第二，伪满已经建立起一整套奴化教育制度；第三，对女子奴化教育主要是通过学校教育；第四，课程设置体现了浓厚的奴化思想。为了抵制伪满实行女子奴化教育的方针，中国共产党领导东北人民针对伪满实行女子奴化教育进行了坚决的反奴化教育的斗争，为中国人民抗日救亡运动做出了贡献。

(二) 全面抗日战争时期：女子高等师范教育

1937年7月7日，抗日战争全面爆发。1937年7月17日，中国国民党和中国共产党举行庐山会谈达成两党一致抗日的协定，国共两党制定了抗日战争时期的女子教育方针，指引抗日战争时期女子教育的开展。在这场持久、残酷、伟大的战争中，中国女子高等师范教育经受了战争的洗礼，在战火中孕育、在战火中成长、在战火中为中国教师教育和女子教育做出了伟大贡献。

1. 国统区：女子高等师范教育

1938年3月30日，中国国民党临时全国代表大会通过的《战时各级教育实施方案纲要》提出十七个要点，其中第十四条对女子教育提出："中小学中之女

---

① 曲士培：《中国大学教育发展史》，山西教育出版社1993年版，第479—480页。
② 武强主编：《东北沦陷十四年教育史料》第1辑，吉林教育出版社1989年版，第270页。
③ 武强主编：《东北沦陷十四年教育史料》第1辑，吉林教育出版社1989年版，第270页。
④ 武强主编：《东北沦陷十四年教育史料》第1辑，吉林教育出版社1989年版，第274页。

生应使之注重女子家事教育，并设法使学校教育与家庭教育相辅推行。"① 1938 年 4 月 1 日，中国国民党临时全国代表大会通过的《抗战建国纲领》第三十二条指出："训练妇女，俾能服务于社会事业，以增加抗战力量"②。

为贯彻《战时各级教育实施方案纲要》和《抗战建国纲领》的精神，1938 年 7 月，教育部公布的《师范学院规程》对女子高等师范教育起着重要的指导作用，推动着女子高等师范教育的发展。1938 年 9 月，教育部召开第一次课程会议，依照应有伸缩性的原则，规定了各科最低标准，各校可视情形，增加内容，决议了文、理、法三学院共同必修科目表并公布实行③（见表 7-4）。

表 7-4　　　　　1938 年教育部颁发修正师范学院共同必修科目表

科目	规定学分	第一学年 第一学期	第一学年 第二学期	第二学年 第一学期	第二学年 第二学期	第三学年 第一学期	第三学年 第二学期	备注
国文	8	4	4					1. 政治学、经济学、社会学、法学通论任选两种各 6 学分 2. 物理学、化学、生物学、人类学、地理学任选一种 6 学分 3. 三民主义、军训、体育、音乐，均为当然必修科目，不给学分
外国文	8	4	4					
社会科学	12	3	3	3	3			
自然科学	6	3	3					
哲学概论或高等数学	4			2	3			
中国文化史	6	3	3					
西洋文化史	6			3	3			
教育概论	6	3	3					
教育心理学	6			3	3			
中等教育学	6			3	3			
普通教学法	4					2	2	
总计	72	20	20	14	14	2	2	

资料来源：李友芝、李春年、柳传欣、葛嘉训编：《修正师范学院共同必修科目表》，载李友芝、李春年、柳传欣、葛嘉训编《中国近现代师范教育史资料》，内部交流资料，第 410 页。

1941 年，教育部通令改三民主义为共同必修科目（4 学分）；1942 年 12 月，教育部通令各院校设置伦理学一科（2—3 学分）；1945 年，为适应战时需要，节省国家财力，改变军事训练办法，一律停止军训。

---

① 宋恩荣、章咸编：《战时各级教育实施方案纲要》，载宋恩荣、章咸编《中华民国教育法规选编》，江苏教育出版社 2005 年版，第 683 页。
② 宋恩荣、章咸编：《抗战建国纲领（节录）》，载宋恩荣、章咸编《中华民国教育法规选编》，江苏教育出版社 2005 年版，第 684 页。
③ 李友芝、李春年、柳传欣、葛嘉训编：《修正师范学院共同必修科目表》，载李友芝、李春年、柳传欣、葛嘉训编《中国近现代师范教育史资料》，内部交流资料，第 410 页。

1939年3月，第三次全国教育大会在重庆举行，会议主题是讨论抗战时期教育实施方案问题。在会议上，蒋介石作了《今后教育的基本方针》的训词，主张"战时应作平时看"的教育方针。抗战期间，日寇轰炸学校，肆意屠杀学生，我国高等教育受到惨重的摧毁。针对日寇的残暴行径，高校师生不甘屈辱，寻求抗日救国之路，高校纷纷内迁。在"战时应作平时看"的教育方针指导下，国民政府教育部多方努力，使高校在抗战时期仍然坚持教学和科研活动；救济学生、优待教员、整饬学风、增设学校、调整院系、整理课程、审查师资等；颁布多种法令法规，确保高等教育的正常进行。

1940年，在教育部的鼎力支持下，国立女子师范学院建立。在此情况下，河北省立女子师范学院、金陵女子文理学院、华南女子学院，这些原有的女子高等学校也有一定程度的发展。

1942年8月17日，教育部修订颁布的《师范学院规程》（后又于1948年12月25日修正公布）对师范学院的"总纲、设置、培养目标、课程设置、训导、学生待遇及服务、考试及成绩"等都做出了相应规定。[1] 1944年12月，教育部颁布的《师范学院学生教学实习办法》提出师范教育要注重学生的实践，强调学生要见习、试教、充任实习教师。[2]

高校女生的战时服务受到国民政府的重视。1937年7月，教育部颁布的《高中以上学校学生战时后方服务组织与训练办法大纲》规定高中以上学生在战时，除正常教育以外，应加强实施特种教育，预备充实后方服务。1937年9月，教育部、军政部、训练总监部会同制定《高中以上学校学生志愿参加战时服务办法大纲》。1944年5月，教育部将《学生参战奖励办法》修订后，改为《高中以上学校学生志愿从军办法》。由此可见，无数的女大学生积极投身抗日，为日后妇女的解放起着积极的推动作用，女子高等师范教育在炮火中艰难发展、曲折成长，贡献巨大。

2. 抗日革命根据地：女子高等师范教育

中国共产党对全国女子教育非常重视。为了将抗日战争统一战线的方针落实在全国妇女工作中，1937年8月，中共中央组织部颁布了《妇女工作大纲》。1938年5月，邓颖超在全国妇女庐山谈话会作《我们对于战时妇女工作的意见》的发言中重申中国共产党领导的妇女工作的立场和发展方向，主张妇女应"受军事训练，参加军事工作"[3]。中国共产党制定的女子教育方针和邓颖超的发言对抗

---

[1] 宋恩荣、章咸编：《师范学院规程》，载宋恩荣、章咸编《中华民国教育法规选编》，江苏教育出版社2005年版，第483—487页。
[2] 宋恩荣、章咸编：《师范学院学生教学实习办法》，载宋恩荣、章咸编《中华民国教育法规选编》，江苏教育出版社2005年版，第458—459页。
[3] 邓颖超：《我们对于战时妇女工作的意见》，载中华全国妇女联合会编《蔡畅 邓颖超 康克清妇女解放问题文选》，人民出版社1983年版，第8页。

日革命根据地的女子教育起到巨大的鼓舞和指导作用，推动着抗日根据地女子高等教育的发展。

为了培养具有一定理论素养的女干部，陕甘宁边区政府创办了各种女子干部学校。1937年，在延安创办八路军抗日军人家属学校——抗日根据地第一所女子学校；1938年11月，成立抗日军政大学总校第八大队——女生大队；1939年，中国女子大学创办于延安，6月招生、7月中旬上课，7月20日正式举行开学典礼。中国共产党创办的三所女子干部学校培养了大批的抗日女子干部，为抗日战争的胜利做出了巨大的贡献。

除了八路军抗日军人家属学校、抗日军政大学总校第八大队、中国女子大学等，陕北公学、延安女帅、鲁迅女师、鲁迅艺术学院、延安大学都招收女生，实施女子教育，为边区政府、各地抗日根据地、抗日军队输送了大批优秀的女子干部、宣传人员、文化教员，推动抗日革命根据地女子高等教育的发展，为全国抗日事业贡献不菲。

3. 敌伪统治区：女子高等师范教育

抗日战争爆发后，国土沦丧、人民遭受残酷屠杀和百般蹂躏，沦陷区敌伪采用各种手段对我国妇女进行奴化教育。在女子高等教育方面，伪满采取单设女子学校，创办伪满女子国民高等学校、伪满师道高等女学校、伪满女子职业学校等各种女校，推行奴化教育。

为了达到奴化目的，1937年5月2日，伪满颁布的《女子高等学校令》明确规定："女子国民高等学校以涵养国民道德，特别注重妇德，修炼国民精神，锻炼身体，授与女子所必需之知识、技能，培养劳作习惯，养成堪为良妻贤母者为目的"①。1937年10月10日，在伪满颁布的《女子国民高等学校规程》"教则"中第一条规定："应阐明建国之由来及建国精神，并使知访日宣诏之缘由，借使深刻体会日满一德一心不可分之关系，培养忠君、爱国、孝悌、仁爱之至情及民族协和之美风，而努力涵养妇德，以期自觉为女子之本分"②，第六条规定："师道科应依女子国民高等学校所授之基础，更提高其为教师之教养"③。这些规定充分体现伪满一心想奴化中国女子，以达到统治之目的。沦陷区人民对此进行了坚决的反抗和斗争，掀起反女子奴化教育的斗争运动，推动妇女抗日运动发展。

(四) 解放战争时期 (1946—1949)：女子高等师范教育

解放战争时期 (1946—1949)，在国统区，女子高等师范教育有一定的发展，但内战爆发使女子高等师范教育受到打击；在解放区，女子高等师范教育在共产党领导下，逐渐发展壮大。

---

① 武强主编：《东北沦陷十四年教育史料》第1辑，吉林教育出版社1989年版，第531页。
② 武强主编：《东北沦陷十四年教育史料》第1辑，吉林教育出版社1989年版，第534页。
③ 武强主编：《东北沦陷十四年教育史料》第1辑，吉林教育出版社1989年版，第534页。

1. 国统区：女子高等师范教育

抗战胜利后，国民政府教育部为了使教育尽快复原，对高等院校的复原工作做出了一系列的规定。1945年，教育部颁布的《战区各省市教育复原紧急办理事项》要求战区各省市遵照办理。在随后的教育复原工作中，国民政府教育部对国立女子师范学院复原，拟迁南京，但后决定将其仍留四川。这一决议激起师生强烈不满，引起两次罢教罢课运动。1946年2月，教育部强令解散国立女子师范学院，成立院务整理委员会，对国立女子师范学院进行整理。经过师生的不懈努力，1946年4月12日，教育部决定将重庆九龙坡国立交通大学旧址作为国立女子师范学院新址。1946年10月15日，国立女子师范学院正式开学，国立女子师范学院的复原工作从此结束，其他女子高等师范学院或大学复原工作相继进行。金陵女子文理学院迁回南京、华南女子文理学院迁回福州，河北省立女子师范学院的复原工作虽然艰难曲折，但最终走向和平发展的道路。

通过女子高等师范学院或学校的复原工作，国统区的女子高等教育有了明显的发展，但随着内战的爆发，女子教育再一次受到打击和摧残。国民政府忙于扩大内战，无心顾及教育，女子教育随之冷落。国民政府不重视教育激起全国人民的不满和反对，一大批女学生积极参加反蒋爱国争取民主自由的学生运动，极大地推动了国统区妇女革命工作的开展，有力地配合了解放区妇女解放运动的开展，为解放战争胜利做出了贡献。

2. 解放区：女子高等师范教育

抗日战争胜利后，1945年8月13日，毛泽东在延安作了《抗日战争胜利后的时局和我们的方针》的报告，从国际国内形势出发，以战略眼光，高瞻远瞩，敏锐深刻地分析了抗日战争胜利后中国的时局，提醒全国人民，要保持清醒头脑，充分认识内战爆发的可能性，捍卫抗战胜利果实。在《抗日战争胜利后的时局和我们的方针》的指引下，随着解放战争的逐步胜利，长期处于非正规化的解放区女子高等师范教育经过整顿、改革、提高，有了一定的发展。在解放区，中国共产党领导创办了3所大学，分别是东北解放区成立的东北大学、晋察冀解放区成立的华北联合大学、山东解放区成立的华东大学。解放区的女子高等师范教育主要由解放区的3所大学的教育学院或教育系承担完成。

（1）东北大学

1946年，东北大学建校。在建校初期，设立文学、社会科学、自然科学、医学、教育、经济六个学院，后来只留下社会科学院和教育学院。1948年，学校开始办正规教育。1949年8月，中共中央东北局行政委员会做出《关于整顿高等教育的决定》，首次明确东北大学是培养中学师资的高等师范学校。1950年3月，更名为东北师范大学。

（2）华北大学

1948年8月，华北联合大学与北方大学合并为华北大学。华北大学共设四个部两个学院,其中第二部为教育学院性质,专门培养中等学校师资。教育学院分设 6 个系,其中教育系设置教育概论、教学方法、教育行政、教育统计、中国近代教育史等 6 门课程。

(3) 华东大学

为适应开辟华东解放区工作和培养革命干部的需要,1948 年,华东局决定在潍坊市建立华东大学。学校初期设立政治经济、文学艺术、教育 3 个研究班。新中国成立后,迁入济南,学校设立社会科学院、教育学院、文学院 3 个学院。教育学院设置共同必修课程和业务课程,共同必修课程有马列主义基本理论、新民主主义论、社会发展史、中国近代史、时事政策等;业务课程有教育方法、教育行政、教育概论、解放区教育政策。

解放区的三所大学,为女子高等师范教育的发展做出了巨大贡献,培养了大批优秀的女子人才,为中国解放事业做出了巨大的贡献,为新中国教育事业奠定了基础。

三 家国兼济:民国女子高等师范教育的特征

女子高等师范教育是中国近代教育史上一个特殊的女子教育形态。女子高等师范教育产生、发展、消亡的历史演变,折射出女性解放和中国女子教育的历程,女子高等师范教育在中国近代教育史和妇女解放运动中影响巨大、意义深远。

(一) 首次创建于教会女子大学

中国近代女子高等教育有 3 种途径和形式:女子留学教育、教会女子高等教育、国人自办女子高等教育。中国近代女子高等师范教育最早产生并得以发展于一直保持着较高水平的教会女子大学。虽然教会女子大学是外国列强文化入侵的重要手段,带有殖民中国的政治目的,但教会女子大学在思想领域,把男女平等思想传入中国;在教育领域,教会女子大学把男女平等享有教育的思想和女性教育观念及欧美各国的先进女子教育理念介绍到中国;在课程与教学方面,为中国女子师范教育引进了全新的课程论与方法论。在中国文化教育与教会女子大学传入的思想和教育理念的碰撞和斗争中,中国人自己创办了女子高等师范教育。从此,中国女子高等师范教育得以发展和壮大。

(二) 培养目标的师范性与学术性相结合

民国时期女子高等师范教育经历了高等师范学校、高等师范大学、高等师范学院 3 个时期。女子高等师范教育在 3 个时期有不同的培养目标。在高等师范学校时期,女子高等师范学校以培养女子中学校、女子师范学校教员为目标。这一时期女子高等师范教育培养目标集中体现师资的培养,目标非常具体明确,真正体现师范教育的功能。在高等师范大学时期,由于"高师改大",女子高等师范教育培养目标有所扩大,以培养学术型专业人才、教育学专业人才和培养师资为目标。这一时期女子高等师范教育培养目标有所偏离师范教育培养中等学校教师的目的，注重培养教育学专业人才。在高等师范学院时期，女子高等师范学校以培养中等学校健全师资为目的。这一时期女子高等师范教育培养目标再次回归培养师资的目标上。女子高等师范教育培养目标在师范性和学术性之间几度游离、几经变迁，体现出女子高等师范教育自创办伊始就追求专业卓越和服务社会的本色与担当。

（三）注重女子家政教育

南京临时政府及北洋政府时期，女子高等师范教育开始设置家事（政）科并获得大力发展。家事科课程包括伦理、教育、国文、家事、应用理料、缝纫、手艺手工、园艺、图画、外国语、乐歌、体操。土地革命时期，河北女子师范学院设立家政系。家事（政）科得到大力发展是在抗日战争时期，国民政府号召注重女子家事教育，使学校教育与家庭教育相互推行，服务于社会事业，增强抗战力量，为全民抗战做出贡献。国民政府女子高等师范教育设置家事（政）科，使家事知识系统化、科学化，充分体现女性特点，符合女子教育规律，说明民国政府重视女子家事教育，妇女得到解放，社会地位得到提高，更好地为抗战服务和贡献力量。

（四）积极参加抗战，彰显抗战精神

在抗战期间，无论是国统区、抗日革命根据地，还是伪满沦陷区的女子高等师范院校，都积极采取多种形式投入抗战，为抗日战争做出了不菲的贡献。在国统区，女子高等师范院校的无数女大学生积极投身抗日，有的弃笔从戎，只身投入抗日战争；有的积极组织宣传抗日，唤起民众积极抗战等。女子高等师范教育在抗日战争中，培养了无数高素质的师资，在战火中维持和发展教育。在抗日革命根据地，中国共产党创办的各种大学为各抗日革命根据地、抗日军队培养和输送了大批党、政、军急需的妇女人才，有的成为女干部，积极宣传组织群众支持抗战；有的成为文化教员，普及文化知识，提高民众抗日思想和觉悟等，革命根据地的高等师范教育在抗日战争中做出了不可磨灭的教育贡献。在沦陷区，女子高等师范学校的师生不畏日寇的残暴统治，采取各种方式进行了英勇顽强的反奴化教育的斗争，唤醒一批又一批中国妇女的文化觉醒，勇敢投身于反奴化斗争和抗日斗争中，激发全国妇女抗日热情，有力推动国统区、抗日革命根据地的妇女运动的开展，为争取抗日战争的全面胜利发挥了积极作用。

（五）倡导两性平等，推动妇女解放

近代中国女子高等师范教育是中国教师教育史的一道靓丽景观，不仅具有鲜明的性别特色，而且为中国妇女解放运动做出了巨大贡献。第一，女子高等师范教育为中国近代教育培养了无数优秀的师资，推动了中国教育的发展。第二，中国女子高等师范教育唤醒了妇女平等意识、政治意识和权利意识，推动了妇女享有平等教育权利，提升了妇女在社会中的政治、经济地位，为中国妇女树立了典范。第三，女子高等师范教育在中国教育体系中占有非常重要的地位，在女子教育中起着引领和垂范作用。女子高等师范教育的发展推动了妇女从家庭走向社会，服务社会。第四，在女子高等师范教育的带领下，中国妇女增强了国家意识、社会意识、革命意识，带动了更多妇女接受正规学校教育，投身于革命事业中，为抗日战争做出了巨大贡献，女子高等师范教育大大推动了中国的妇女解放事业。

（六）完善了师范教育体制

中国女子教育和女子高等教育经历了从两性双轨制到混合双轨制的演变。五四运动前，中国没有女子高等教育；五四运动后，中国女子高等教育才得以萌芽、发展。女子高等师范教育是中国师范教育的重要组成部分，是中国教育特殊的教育形态。女子高等师范教育是近代中国女子教育的典范，是女子教育的引领者。女子高等师范教育在培养目标、学科设置、课程体系、教学制度等方面，形成了具有女性特点、师范特点的专门高级师资培养模式，探索出女子高等师范教育的发展路径，完善了高等师范教育制度，推进了中国近代师范教育体制和中国教育体系的完善，加快了高等师范教育的发展，为中国近代教育事业做出了巨大贡献。

第八章　筚路蓝缕：新中国教师教育的曲折演进(1949—1998)

第八章由4节内容构成。第一节从苏区师范教育发展的教育背景，探究苏区师范教育的发展和苏区师范教育的特征；第二节从新中国成立的幼儿师范教育的改造到改革开放幼儿师范教育的发展，探究新中国幼儿师范教育的特征；第三节从新中国中等师范教育发展的背景，探究新中国精英人才模式下的中等师范教育的发展和特征；第四节从新中国高等师范教育发展的背景和高等师范教育的发展历程，探究新中国普及性英才模式下的高等师范教育的发展特征。本章描写了苏区师范教育、新中国成立的幼儿师范教育、新中国中等师范教育和新中国高等师范教育发展路径和培养模式，评价了新中国大众教师教育的历史贡献。

第一节　栉风沐雨：中央苏区时期师范教育

一　战地书声：苏区师范教育发展的教育背景

苏区师范教育是在中国共产党领导下，在依据战时需要和苏区实际情况制定的苏区教育方针政策的指导下，建立起战时背景下具有共产主义特色的苏区教育体系，形成独具一格的苏区学制的背景下发展壮大。

（一）苏区的教育方针政策

1927年，国共第一次合作破裂，中国革命要走什么样的道路？中国共产党人选择了以武装建立和发展革命根据地，以农村包围城市，最终夺取城市的道路。1927年至1937年，中国共产党先后创建井冈山革命根据地、赣南和闽西苏区、湘赣苏区、湘鄂赣苏区等12个革命根据地。这些革命根据地的政权都采用苏维埃代表大会的形式，建立以江西中央苏区为中心，瑞金为首都的中华苏维埃共和国。中华苏维埃共和国建立起了新民主主义教育制度，制定了苏区的教育方针政策。

1. 教育为革命战争服务

1932年秋，《第二次闽浙赣省苏大会文化工作决议案》指出："在目前日益开展的国内阶级战争中，加紧工农群众的革命的阶级的政治教育，提高工农群众的文化水平，激励工农群众的斗争情绪，坚定工农群众对革命斗争的胜利信心与决心，粉碎反动统治阶级麻醉工农群众的精神工具——封建迷信和国民党教育，团结工农群众在革命的阶级战线上,争取革命战争的完全胜利,这是文化教育工作的中心任务"。① 文化教育工作的中心任务的确定,提高了工农群众的文化政治水平和斗争热情,实现了文化教育促进革命斗争的目标。

1933年4月15日,《中华苏维埃共和国临时中央政府教育人民委员部训令(第一号)——目前的教育任务》指出:"苏区当前文化教育的任务,是要用教育与学习的方法,启发群众的阶级觉悟,提高群众的文化水平与政治水平,打破旧社会思想习惯的传统,以深入思想斗争,使能更有力的动员起来,加入战争,深入阶级斗争,和参加苏维埃各方面的建设。"② 这一教育方针被各革命根据地贯彻执行,各革命根据地发动群众、提高群众的政治阶级觉悟和文化水平,调动苏区群众积极投入革命斗争中,参加苏维埃的革命建设。

1933年7月7日,《中华苏维埃共和国中央教育人民委员部训令(第四号)——文化教育工作在查田运动中的任务》指出:"在目前一切给与战争,一切服从斗争利益这一国内战争环境中,苏区文化教育不应是和平的建设事业,恰恰相反,文化教育应成为战争动员中一个不可少的力量,提高广大群众的政治文化水平,吸引广大群众积极参加一切战争动员工作,这是目前文化教育建设的战斗任务,各级教育部必须以最大的努力,来完成这一战斗任务。"③ 第四号令说明了苏区文化教育的重要性和发动群众、提高革命群众的政治文化水平,投身革命斗争的必要性。1933年10月30日,《少共中央局中央教育人民委员部联席会议》指出:"把教育为着战争,就是说满足战争需要,用教育工作帮助战争的动员、战争的发展……需要经过教育的工作去提高广大工人与劳苦群众的阶级觉悟。"④《中华苏维埃共和国中央教育人民委员部训令(第四号)——文化教育工作在查田运动中的任务》和《少共中央局中央教育人民委员部联席会议》都强调发动群众、提高群众的革命阶级政治觉悟和文化水平,要求文化教育应为革命阶级斗争服务。苏区一再强调"教育为革命战争服务"有两个原因:第一,苏区处于"围剿"与反"围剿"的战争环境中,捍卫苏维埃政权、解放劳苦大众的革命战争是苏区工作的重点;第二,劳苦大众要获得解放、获得充分的受教育的权利和机会,只能通过革命战争。

---

① 顾明远总主编:《第二次闽浙赣省苏大会文化工作决议案》,载顾明远总主编《中国教育大系·马克思主义与中国教育》下卷,湖北教育出版社1994年版,第1031页。

② 顾明远总主编:《中华苏维埃共和国临时中央政府教育人民委员部训令(第一号)——目前的教育任务》,载顾明远总主编《中国教育大系·马克思主义与中国教育》下卷,湖北教育出版社1994年版,第1033页。

③ 顾明远总主编:《中华苏维埃共和国中央教育人民委员部训令(第四号)——文化教育工作在查田运动中的任务》,载顾明远总主编《中国教育大系·马克思主义与中国教育》下卷,湖北教育出版社1994年版,第1036页。

④ 顾明远总主编:《少共中央局中央教育人民委员部联席会议》,载顾明远总主编《中国教育大系·马克思主义与中国教育》下卷,湖北教育出版社1994年版,第1037页。

"教育为革命战争服务"方针就是要不断提高人们的文化水平和思想觉悟，要加强教育在发动群众、使人民支持革命、参加革命斗争中的功能，坚决反对两种错误思想认识：第一，教育不为革命战争服务；第二，革命战争不需教育服务。这两种错误思想认识实际是没有了解文化教育工作在革命斗争中的重要意义，都会给革命造成严重的危害甚至阻碍革命。只要战争，不要文化，实际是将文化与政治分离，导致的结果是人民仍然不能提高思想觉悟，群众的斗争情绪低落、文化水平不高，不能适应战争的需要。脱离战争实际的教育方式是将教育与战争割裂，是片面思想，没有认识到教育在战争中的功能作用。针对这两种倾向，《中华苏维埃共和国临时中央政府教育人民委员部训令（第一号）——目前的教育任务》指出："目前帝国主义国民党用其全力来对付革命，战争日益扩大激烈，打破敌人进攻，争取一省数省首先胜利，成了苏维埃十分紧急的任务，这就越发加重了……（缺字）教育上动员群众的责任，对于文化教育的怠工，简直是革命战争的罪人……"[①]。1934年4月，教育人民委员部修正颁布的《教育行政纲要（原名教育工作纲要）》强调要"消灭过去把政治斗争和教育工作对立起来的错误，应该以战争动员做教育的中心目标"[②]。

"教育为革命战争服务"表现在培养目标上，就是把培养革命干部和具有革命觉悟的群众放在第一位。"教育为革命战争服务"表现在教育内容上，就是以马克思主义的观点指导斗争教育，提高阶级斗争觉悟和政治觉悟。

2. 教育与生产劳动相结合

为了使教育与生产劳动在革命斗争中得到统一，教育更好地为革命斗争服务，1932年5月7日，《中华苏维埃共和国湘鄂赣省苏维埃政府训令（文字第一号）——确定教育原则，为今后实施教育方针》指出："教育与工业生活农业生活结合，即劳动与教育结合，劳心与劳力结合，理论与实际结合，达到消灭精神劳动与肉体劳动的对立"[③]。为了进一步将教育与劳动统一，以教育提高劳动者的政治觉悟和劳动技术，1934年2月，《中华苏维埃共和国临时中央政府人民委员会命令（第八号）》强调："要消灭离开生产劳动的寄生阶级的教育，同时要用教育来提高生产劳动的知识和技术，使教育与劳动统一起来"[④]。当时，苏区教育存

---

① 顾明远总主编：《中华苏维埃共和国临时中央政府教育人民委员部训令（第一号）——目前的教育任务》，载顾明远总主编《中国教育大系·马克思主义与中国教育》下卷，湖北教育出版社1994年版，第1033—1034页。

② 顾明远总主编：《教育行政纲要（原名教育工作纲要）》，载顾明远总主编《中国教育大系·马克思主义与中国教育》下卷，湖北教育出版社1994年版，第1050页。

③ 顾明远总主编：《中华苏维埃共和国湘鄂赣省苏维埃政府训令（文字第一号）——确定教育原则，为今后实施教育方针》，载顾明远总主编《中国教育大系·马克思主义与中国教育》下卷，湖北教育出版社1994年版，第1030页。

④ 顾明远总主编：《中华苏维埃共和国临时中央政府人民委员会命令（第八号）》，载顾明远总主编《中国教育大系·马克思主义与中国教育》下卷，湖北教育出版社1994年版，第1041页。

在将劳动与教育对立起来的现象，严重破坏了劳动与教育统一的教育思想。为统一教育思想，1934年4月，教育人民委员部修正颁布的《教育行政纲要（原名教育工作纲要）》第二章《反对文化战线上的错误倾向的斗争》提出，要"消灭过去生产工作和教育工作对立起来的错误：在农忙的时候，要有计划的有定期的休业，使儿童参加生产"①。

这3个文件都强调教育与劳动相结合的重要性和必要性，并指出将劳动与教育对立的危害性，体现了教育与生产劳动相结合的教育方针就是强调在革命斗争中的教育必须将脑力劳动和体力劳动相结合。

3. 以共产主义思想教育工农群众

以共产主义精神教育工农群众的含义，就是苏区文化教育的发展必须以马克思主义为指导思想，教育苏区群众必须用马克思主义阶级斗争观点和方法，提高人民群众反帝反封建的阶级觉悟，达到反对帝国主义教育、封建主义教育、国民党的"党化教育""三民主义教育"的目的。

在当时，苏区群众长期处在封建压迫下，封建迷信等严重侵蚀革命群众的思想，为了破除封建思想，就必须用共产主义精神教育工农群众。1931年11月，《中华苏维埃共和国第一次全国工农兵代表大会宣言》提出要"取消一切麻醉人民的、封建的、宗教的和国民党的三民主义的教育"②，就体现了用共产主义精神教育工农群众的思想。1933年4月15日，《中华苏维埃共和国临时中央政府教育人民委员部训令（第一号）——目前的教育任务》提出的教育为革命服务，用什么教育人民群众，就是用马克思主义阶级斗争的思想和方法来教育人民群众，其目的就是"启发群众的阶级觉悟，提高群众的文化水平与政治水平，打破旧社会思想习惯的传统，以深入思想斗争，使能更有力的动员起来，加入战争，深入阶级斗争，和参加苏维埃各方面的建设"③。

为了明确苏维埃的教育的性质，1933年10月20日，《中央文化教育建设大会决议案》提出"苏维埃的教育应当是共产主义的教育"④，也就是说，苏维埃的教育就是用共产主义精神教育工农群众的教育，以马克思主义阶级斗争的观点和方法进行教育工农群众的教育。1934年1月，在第二次全国苏维埃大会报告中，毛泽东指出"苏维埃文化教育总方针"就是"在于以共产主义的精神来教育广大

---

① 顾明远总主编：《教育行政纲要（原名教育工作纲要）》，载顾明远总主编《中国教育大系·马克思主义与中国教育》下卷，湖北教育出版社1994年版，第1050页。
② 张挚、张玉龙主编：《中华苏维埃共和国第一次全国工农兵代表大会宣言》，载张挚、张玉龙主编《中央苏区教育史料汇编》上册，南京大学出版社2016年版，第3页。
③ 顾明远总主编：《中华苏维埃共和国临时中央政府教育人民委员部训令（第一号）——目前的教育任务》，载顾明远总主编《中国教育大系·马克思主义与中国教育》下卷，湖北教育出版社1994年版，第1033页。
④ 张挚、张玉龙主编：《中央文化教育建设大会决议案》，载张挚、张玉龙主编《中央苏区教育史料汇编》上册，南京大学出版社2016年版，第24页。

的劳苦民众，在于使文化教育为革命战争与阶级斗争服务，在于使教育与劳动联系起来"①。毛泽东依据当时中国革命斗争的实际情况和革命斗争的发展需要，对苏维埃文化教育总方针做出了准确的定位，高度概括了苏区教育的思想精神和发展方向，对苏维埃教育起到了指导和积极推动的作用。

4. 保障工农群众男女平等优先享受教育的权利

为了在苏区实行男女平等，确保工农群众优先享受教育的权利，1931年11月，《中华苏维埃共和国第一次全国工农兵代表大会宣言》提出"工农劳苦群众，不论男子和女子，在社会、经济、政治和教育上，完全享有同等的权利和义务"②。同时，进一步指出"一切工农劳苦群众及其子弟，有享受国家免费教育之权"③。这都说明，苏区教育充分体现男女平等享有教育权；工农劳苦大众及其子弟，不分贵贱，同等享有教育权；苏区教育不但实行男女平等的优先享受权利的教育，而且实行免费的普及教育。1934年1月，《中华苏维埃共和国宪法大纲》更加明确指出："中华苏维埃政权以保证工农劳苦民众有受教育的权利为目的，在进行革命战争许可的范围内，应开始施行完全免费的普及教育"④。中华苏维埃共和国以宪法确定要全面实施确保工农劳苦民众有受教育的权利和享受免费教育的权利，真正体现苏维埃政权是人民当家作主，始终把男女平等和保障工农群众优先享受教育的权利及实行免费普及教育作为一条基本的教育方针，大力推进了苏区教育的发展。

5. 群众教育群众办

为了发动群众、依靠群众、实行群众教育群众办，1933年4月15日，《中华苏维埃共和国临时中央政府教育人民委员部训令（第一号）——目前的教育任务》指出："文化运动完全是广大群众的，要发动群众自己来干，政府极力的领导"⑤。第一号令充分体现文化运动是人民群众的文化事业，发动群众，调动群众的积极性，加强政府的领导，让广大群众在文化运动中享有教育权和办教育事业，群众的教育由群众自己来办。

为了更好地贯彻《中华苏维埃共和国临时中央政府教育人民委员部训令（第

---

① 江苏省档案馆、中共江西省委党校党史教研室选编：《中华苏维埃共和国中央执行委员会对第二次全国苏维埃代表大会的报告》，载江苏省档案馆、中共江西省委党校党史教研室选编《中央革命根据地史料选编》下，江西人民出版社1982年版，第331页。
② 顾明远总主编：《中华苏维埃共和国第一次全国工农兵代表大会宣言（节录）》，载顾明远总主编《中国教育大系·马克思主义与中国教育》下卷，湖北教育出版社1994年版，第1029页。
③ 顾明远总主编：《中华苏维埃共和国第一次全国工农兵代表大会宣言（节录）》，载顾明远总主编《中国教育大系·马克思主义与中国教育》下卷，湖北教育出版社1994年版，第1029页。
④ 顾明远总主编：《中华苏维埃共和国宪法大纲》，载顾明远总主编《中国教育大系·马克思主义与中国教育》下卷，湖北教育出版社1994年版，第1055页。
⑤ 顾明远总主编：《中华苏维埃共和国临时中央政府教育人民委员部训令（第一号）——目前的教育任务》，载顾明远总主编《中国教育大系·马克思主义与中国教育》下卷，湖北教育出版社1994年版，第1034页。

一号）——目前的教育任务》的精神，1934年4月，《教育行政纲要（原名教育工作纲要）》提出："要利用一切群众的力量，群众的物质条件，来帮助教育工作；尤其是消灭文盲协会的会员，日夜学校的学生和教员，必要用组织的方法，吸收他们参加工作，反对脱离群众，专靠政府供给经费的主张。"① 在实际教育工作中，坚决"要消灭离开群众的工作方式，例如以前的工农剧社，必须利用群众所了解的形式（不论新旧），充实以革命的内容，去教育群众"②。

苏区教育走发动群众，依靠群众，多种形式办教育的道路。在苏区教育发展中，广大人民群众既是教育的享有者，同时是受教育者，更重要的是他们是办教育的创造者和发展者。因此，发动群众是根本、依靠群众是保障、群众教育群众办是方针。这一方针在苏区的实施和落实，使苏区教育有了坚实的群众基础和根本保障，苏区教育得到了空前的发展。

（二）苏区的教育体系

自1927年至1949年间，遵照中国共产党的教育方针政策，革命根据地逐渐形成了具有中国共产党特色的教育体系。这一独具特色的教育体系由干部教育、群众教育和普通教育3部分构成。这3种教育形态，形成于苏区、充实于苏区、发展于抗日革命根据地，形成较为完备的教育体系。

1. 红军教育和干部教育

在革命根据地的开辟和发展壮大中，苏区的教育首先产生的是红军教育和干部教育，然后才是群众教育和普通教育。红军教育的目的是培养红军战士和干部；教育方式是利用战斗间隙进行日常教育；教育内容是政治教育、军事教育、文化教育、纪律教育。1931年11月，苏维埃中央工农民主政府成立后，红军教育逐渐走向正规化发展，教育内容逐渐走向理论化，学科教育逐渐走向专门化。

1932年后，苏区创办正规的干部学校。干部学校分为中级干部学校和高级干部学校。中级干部学校有中央农业学校、中央列宁师范学校、高尔基喜剧学校、其他苏区创办的红军军官学校、地方党校等；高级干部学校有中央党校、苏维埃大学、红军大学等。这些学校依据培养的对象和任务的实际情况，确定学制年限，一般年限是几个月至1年。

2. 群众教育

苏区的群众教育主要任务是以识字教育为主要内容的扫盲教育。群众教育的主要方式是：军队以连为单位，地方以村为中心点，开办夜校、半日学校、识字班、识字牌、读报组等。

---

① 顾明远总主编：《教育行政纲要（原名教育工作纲要）》，载顾明远总主编《中国教育大系·马克思主义与中国教育》下卷，湖北教育出版社1994年版，第1049页。

② 顾明远总主编：《中华苏维埃共和国临时中央政府教育人民委员部训令（第一号）——目前的教育任务》，载顾明远总主编《中国教育大系·马克思主义与中国教育》下卷，湖北教育出版社1994年版，第1034页。

3. 普通教育

苏区的普通教育主要是小学教育，通常称"劳动小学""列宁小学""红色小学"等，学制为五年免费义务教育，学生入学年龄为8岁到12岁的工农子弟。1934年后，苏区所有小学统称为"列宁小学"，列宁小学分两段实施，前3年为初级列宁小学，后两年为高级列宁小学，列宁小学采用全日制和半日制的学习方式。①

（三）苏区教育的学制

为适应国内外的革命形势，满足苏区急需政治、军事、工业、文化教育人才的需求，苏维埃人民政府确定统一学制，发展苏区教育。1933年10月20日，中央文化教育建设大会通过的《苏维埃学校建设决议案》规定："苏维埃学校制，是统一的学校制，没有等级，对于一切人民，施以平等的教育。"② 根据《苏维埃学校建设决议案》的学制规定，苏区在学校种类、科目、修业年限、课程标准、教材等方面均采取极大的伸缩性，苏区建立了四类学校：

1. 第一类学校：青年或成年的教育

学校的任务是消灭文盲，提高青年人或成年人的文化和政治水平。青年人或成年人的教育有四种类型：

（1）夜校或星期学校

学校的任务是消灭文盲，课程以识字为内容，学习年限是依据学生原有文化程度而定，达到能看懂普通文件为目标，农村一村一校，城市或人口集中市场集中开办教育，教员由小学教员兼任。

（2）短期职业学校

学校的任务是提高青年或成年群众一般生活知识和技术，课程内容分城市和乡村，城市以工业为主，乡村以农业为主，学习年限以学完必修课程来定，最低限度要以相当于劳动学校的后期期限为目标。

（3）短期政治学校

学校的任务是提高青年或成年群众的政治水平，课程内容主要为整理斗争经验，了解实际问题并联系马克思列宁主义。

（4）短期教员训练班

学校的任务以培养初级的教员为目的，主要招收年长的儿童或青年，修业年限一般为1个月至3个月。③

---

① 于述胜：《民国时期（1912年—1949年）》，李国钧、王炳照总主编《中国教育制度通史》第7卷，山东教育出版社1999年版，第292—293页。
② 张挚、张玉龙主编：《中央文化教育建设大会决议案》，载张挚、张玉龙主编《中央苏区教育史料汇编》上册，南京大学出版社2016年版，第25页。
③ 张挚、张玉龙主编：《中央文化教育建设大会决议案》，载张挚、张玉龙主编《中央苏区教育史料汇编》上册，南京大学出版社2016年版，第26页。

2. 第二类学校：劳动小学校

学校的任务以培养共产主义的新后代为目标，学校设置劳动学校和儿童补习学校，修业年限是五年免费的强制教育，分为两期（前期三年、后期两年），早完成课程或不能如期完成课程，可减少或增加修业年限，入学对象是7岁至13岁儿童。[1]

3. 第三类学校：劳动学校和大学中间的学校。学校的种类如下：

（1）列宁师范学校

学校的任务是培养劳动学校和程度相当于劳动学校的教员。

（2）职业学校

学校以培养从事工业、农业、其他职业的教师及管理人员为己任。

（3）政治学校

学校以培养中级工作干部为任务。

（4）兰衫团学校

学校以造就带专门性的艺术人才为职责。[2]

4. 第四类学校：大学

学校的任务是培养高等专门人才。需建立的学校如下：

（1）开1月毕业的教员训练班18所，每所学生60名。训练班区域设在宁化、长汀、上杭、筠岭、会昌、雩都、西岗、广昌、乐安、博生、石城、永丰、公略、兴国、千县、胜利、瑞金、万太等地。

（2）开办中学两所，每班200人。学校地点设在兴国、瑞金。

（3）开办高等列宁师范1所，学员名额是200名。学校地点设在洋溪。

（4）开办教育干部班，学员名额是200名。教育干部班属苏大一部分。[3]

二 逆流而上：苏区师范教育的发展

为了巩固、发展苏区，以文化教育服务革命斗争和推动苏区发展，中国共产党制定了苏区文化教育发展方针政策，开展文化教育建设，有力推动了苏区师范教育制度的确立、师范教育的形成和发展。

（一）苏区师范教育政策

在苏区教育发展方针政策的指导下，中共中央对师范教育非常重视，先后在不同的政策中强调师范教育的重要性和必要性。1931年，在颁布的《湘鄂赣省工

---

[1] 张挚、张玉龙主编：《中央文化教育建设大会决议案》，载张挚、张玉龙主编《中央苏区教育史料汇编》上册，南京大学出版社2016年版，第26页。

[2] 张挚、张玉龙主编：《中央文化教育建设大会决议案》，载张挚、张玉龙主编《中央苏区教育史料汇编》上册，南京大学出版社2016年版，第26页。

[3] 张挚、张玉龙主编：《中央文化教育建设大会决议案》，载张挚、张玉龙主编《中央苏区教育史料汇编》上册，南京大学出版社2016年版，第26页。

农兵苏维埃第一次代表大会文化问题决议案》中决定，制定师范教育方案，发展师范教育。①

为了进一步贯彻落实《湘鄂赣省工农兵苏维埃第一次代表大会文化问题决议案》精神，1932年5月，《江西省苏维埃第一次工农兵代表大会文化教育工作决议》明确指出："省政府继续开办列宁师范，以期养成苏区能担任文化教育工作的人才，本年度省政府至少还要办两期列宁师范班"②，重点强调开办列宁师范的目的是培养能担任苏区文化教育工作的人才，计划在1932年开办至少两期列宁师范。

为进一步贯彻《江西省苏维埃第一次工农兵代表大会文化教育工作决议》，苏区在1932年至1934年间，先后创办多所列宁师范学校。1932年秋，《第二次闽浙赣省苏大会文化工作决议案》指出，为了培养小学教员，列宁师范原有学生毕业后，将继续开办师范班4个班，每班60人。③ 1933年9月15日，《中华苏维埃共和国临时中央政府教育人民委员部训令第十七号》指出："设立列宁师范与各种教育干部训练学校，来造就一支发展、普及教育与扫除文盲的战线上必须的、强大的教育者军队"④。1933年10月20日，《中央文化教育建设大会决议案》规定，开办列宁师范学校，任务是培养劳动学校和程度相当于劳动学校的教员。⑤ 1934年4月，《教育行政纲要（原名教育工作纲要）》第一章第八条明确规定："短期师范，初级师范以省立为原则"⑥。

这些政策和文件，充分体现了各革命根据地重视文化建设，以文化教育建设为革命战争服务。师范教育是文化教育建设的重要内容，要建设好文化教育建设必须发展师范教育，通过教育动员发动群众，使劳苦大众为革命服务。在苏区文化教育方针的指导和各种政策的推动下，各革命根据地对师范教育在思想上有了足够的认识，在实践上非常重视，在客观条件允许的情况下，积极发展师范教育。

（二）苏区师范教育的形成

1927年至1937年间，中国共产党相继开辟和发展了井冈山革命根据地、中央苏区、湘鄂西苏区、湘鄂川黔苏区、左右江革命根据地等14个革命根据地。各

---

① 张挚、张玉龙主编：《湘鄂赣省工农兵苏维埃第一次代表大会文化问题决议案》，载张挚、张玉龙主编《中央苏区教育史料汇编》上册，南京大学出版社2016年版，第70页。
② 张挚、张玉龙主编：《江西省苏维埃第一次工农兵代表大会文化教育工作决议》，载张挚、张玉龙主编《中央苏区教育史料汇编》上册，南京大学出版社2016年版，第35页。
③ 张挚、张玉龙主编：《第二次闽浙赣省苏大会文化工作决议案》，载张挚、张玉龙主编《中央苏区教育史料汇编》上册，南京大学出版社2016年版，第77页。
④ 张挚、张玉龙主编：《中华苏维埃共和国临时中央人民委员会训令 第十七号》，载张挚、张玉龙主编《中央苏区教育史料汇编》上册，南京大学出版社2016年版，第7页。
⑤ 张挚、张玉龙主编：《中央文化教育建设大会决议案》，载张挚、张玉龙主编《中央苏区教育史料汇编》上册，南京大学出版社2016年版，第26页。
⑥ 顾明远总主编：《教育行政纲要（原名教育工作纲要）》，载顾明远总主编《中国教育大系·马克思主义与中国教育》下卷，湖北教育出版社1994年版，第1049页。

苏区的经济、文化、教育相当落后，师范学校更是很少，难以满足苏区教育的发展。因此，为了建设一支懂军事、讲政治、讲纪律、有文化的革命军队，苏区亟须培养大批合格的教师，苏区决定有计划地创办一批师范学校，如1930年创办的中央闽西苏区师范学校、湘鄂西苏区简易师范学校、湘赣苏区师范学校，1931年创办的闽浙赣苏区的赣东北省列宁师范学校、鄂豫皖苏区师范学校，1932年创建的中央苏区的中央列宁师范学校和广东苏区琼东教师速成学校，1933年创办的闽北列宁师范学校，1934年创办的中央干部学校、中央赣南苏区的江西省立第一短期师范学校、江西省立第二短期师范学校，1937年创办的鲁迅师范学校等。在这期间，为了培养更多新教员，各苏区不同程度还开办了各类师范讲习所，如赤色教师讲习所、小学教员研究所、赤色师范学校、短期教育干部训练班等。①

在这些师范学校中，最具特色的师范学校是徐特立主持创办的中央列宁师范学校。学校的宗旨是培养初级师范学校教员、短期师范学校教员、训练班教员、社会教育和普通教育的高级干部以满足革命斗争之急需。教育方法是以马克思主义唯物辩证法的方法解决实际问题，理论与实践相结合，培养小学教员。修业年限为1年，可按战争环境情况调整，但最低不少于6个月。学校开设国文文法、教育学、社会行政、教育行政、自然科学等课程。教学内容具有强烈的革命性，并积极开展革命性的实践活动，如开展宣传扩大红军、慰劳红军家属、师生自己动手开荒种菜、种棉等，以节约费用、丰富学校生活、提高教学质量。因此，中央列宁师范学校办学生动活泼，既赋有革命性又有学习情趣，成为各苏区师范学校的典范。②

苏区师范从一无所有，到在各革命根据地创办师范学校和开办讲习所，其发展主要依靠苏维埃正确的文化教育方针政策的指引和重视，发动群众，依靠群众，以多种形式解决各苏区的师资短缺问题。各苏区采取以下8种方式促进苏区师范教育的发展。

1. 抽调红军干部和战士、地方干部和识字青年，经严格审查、培训后，担任列宁小学教员。

2. 遵照苏区文化教育方针政策，吸收、利用愿意为革命服务的旧知识分子，通过短期培训后，担任列宁小学教员。

3. 广开门路，吸收、引进非苏区的革命文化教育工作者来苏区担任教员。

4. 请各级苏维埃政府的党、政干部讲课或担任兼职教员。

5. 注重在职教员的培训，提高苏区师资队伍质量，确保师资队伍的革命化、知识化、专业化。

6. 寒暑假开办各种训练班，对各级学校教员进行政治思想和教育教学培训。

---

① 崔运武编著：《中国师范教育史》，山西教育出版社2006年版，第184页。
② 崔运武编著：《中国师范教育史》，山西教育出版社2006年版，第184—186页。

7. 设立教育教学研究组织，开展多种形式的教育教学研究活动，提高现有教员的理论和教育教学能力，提高教育教学水平。

8. 开展示范教学活动，提高各级学校教员教学水平。①

以上8种方式表明，苏区充分利用各种现有资源，采用多种渠道解决急缺师资的问题。不仅提高教员的专业水平，更注重提高实际教学水平，开展职前、在职、职后的培训，提高现有教员的教育教学水平。这些措施有效解决了苏区缺乏教员的问题，提高了苏区师资的质量，促进了师范教育的发展，推动苏区文化教育建设。

（三）苏区师范教育体制的确立

遵照苏区的文化教育指导方针，为了适应革命斗争和文化教育建设的需要，苏区及时对师范教育的政策、培养目标、师范学校任务、课程设置等进行调整，进一步推进师范教育的发展，苏区中央教育人民委员部制定并颁布了发展师范教育的一系列政策文件。

1933年10月20日，中央文化教育建设大会通过的《苏维埃学校建设决议案》确立了苏区的师范教育的学制。1934年，苏区中央教育人民委员部颁布《高级师范学校简章》《初级师范学校简章》《短期师范学校简章》《小学教育训练班简章》，各章程对高级师范学校、初级师范学校、短期师范学校、小学教育训练班提出要求和规定，苏区师范学校分为高级师范学校、初级师范学校、短期师范学校、小学教育训练班四类，对四类学校的培养目标、课程设置、修业年限、招生对象等提出明确的规定。1933年制定的学制和1934年苏区中央教育人民委员部制定并颁布的4个章程，说明苏区的师范教育已经从形成阶段到成熟阶段，标志着苏区师范教育体制的确立。

（四）苏区师范教育的培养模式

苏区文化教育建设总方针为苏区师范教育发展确定了明确方向和具体实践指导，苏区师范教育逐渐形成符合苏区师范教育实际情况和革命斗争发展需要的培养模式，推动了苏区师范教育的发展。

1933年颁布的《苏维埃学校建设决议案》和1933年10月20日颁布的《中央文化教育建设大会决议案》及1933年10月颁布的《目前教育工作的任务决议案》对苏区师范教育的培养目标、任务、性质、教育原则都做了相应的规定。

1. 苏区师范教育培养目标

在《中央文化教育建设大会决议案》中对第三类学校——列宁师范学校做出了规定："他的任务，是培养劳动学校和程度相当于劳动学校的教员"②，这实际

---

① 崔运武编著：《中国师范教育史》，山西教育出版社2006年版，第186—187页。
② 张挚、张玉龙主编：《中央文化教育建设大会决议案》，载张挚、张玉龙主编《中央苏区教育史料汇编》上册，南京大学出版社2016年版，第26页。

上就确定了苏区师范教育的基本任务和培养目标就是为劳动学校培养教员。

2. 苏区师范教育性质

《中央文化教育建设大会决议案》提出:"苏维埃的教育应当是共产主义的教育。"① 确定了苏区师范教育的性质是共产主义教育。

3. 苏区师范教育原则

《中央文化教育建设大会决议案》指出:苏维埃教育制度的基本原则是"为着实现对一切男女儿童免费的义务教育到十七岁止,但是估计着我们在战争的情况之下,特别是实际的环境对于我们的需要,大会同意把义务教育缩短为五年,为着补救在义务教育没有实现以前,以(已)超过义务教育年限的青年和成年,应当创造补习学校,职业学校,中等的学校,专门学校,等等"②。

4. 苏区师范教育的小学教员待遇和奖励

1934年2月16日,颁布了《中华苏维埃共和国临时中央政府人民委员会命令(第九号)》,其中《小学教员优待条例》规定了小学教员待遇和对小学教员实施的奖励办法。

《小学教员优待条例》共有九条,第一条至第五条是对小学教员所享受待遇的规定:小学教员享受当地政府工作人员同等生活费的待遇;小学教员享受苏维埃工作人员同等待遇,乡苏维埃发动群众帮助小学教员耕田;小学教员任课期在半年以上者,享受与苏维埃工作人员同样减纳土地税的待遇;城市小学教员没有田地,市苏维埃发动群众帮助小学教员家属劳动或给予其他物质帮助;小学教员在任课期间生病,享受与苏维埃工作人员同等待遇,有权到国家医院医治并不收取诊断费和药费。

第六条至第九条是对小学教员实施奖励办法的规定:对小学教员的奖励实行每半年奖励一次,奖励条件和等次如下:第一,所任教的学区入学率达70%至80%者(先进学区已达到70%至80%者,必须达到90%)并且学生平时出勤率要占全校学生出勤率70%(先进学区必须达80%);第二,大多数学生必须学完和能了解中央教育部所规定课程;第三,大多数学生能经常参加革命斗争工作;第四,符合上三条的为一等,一条较差的为二等。奖金数是半年生活费的5%至20%;对连续获得一等奖两次者,实行增加原有奖金的2%至3%,按年累计奖励。区教育部与当地乡政府联合审核获奖教员的成绩并登记上报,经县教育部和省教育部报告教育人民委员部审查后,再颁奖。受奖学校,区教育部须发动群众团体再给予名誉奖励。③

---

① 张挚、张玉龙主编:《中央文化教育建设大会决议案》,载张挚、张玉龙主编《中央苏区教育史料汇编》上册,南京大学出版社2016年版,第24页。
② 张挚、张玉龙主编:《中央文化教育建设大会决议案》,载张挚、张玉龙主编《中央苏区教育史料汇编》上册,南京大学出版社2016年版,第24页。
③ 李友芝、李春年、柳传欣、葛嘉训编:《小学教员优待条例》,载李友芝、李春年、柳传欣、葛嘉训编《中国近现代师范教育史资料》,内部交流资料,第819—821页。

这份文件由苏维埃人民政府主席张闻天签署,实行对小学教员给予优待和奖励,确定了小学教育与当地政府工作人员和苏维埃工作人员相同的身份,保障了小学教员的社会地位和权利,体现了苏维埃政府对小学教育的重视,提高了苏维埃小学教员的热情和积极性,极大促进了苏区师范教育发展。

5. 多层次师范学校的建立

为了贯彻《苏维埃学校建设决议案》和《小学教员优待条例》等苏区文化教育建设总方针的精神,1934年3—4月间,苏区中央教育人民委员部制定并颁布了四个师范学校章程:《高级师范学校简章》《初级师范学校简章》《短期师范学校简章》《小学教育训练班简章》。四个师范学校章程落实了《苏维埃学校建设决议案》和《小学教员优待条例》的精神,推动了苏区师范教育的发展。

(1) 高级师范学校

高级师范学校的任务是"培养目前实际上急需党的初级及短期师范学校教员、训练班教员及社会教育与普通教育的高级干部;用马克思主义唯物辩证法的教育方法,来批评传统教育理论与实际,培养中小学校的教员,以建立苏维埃教育的真实基础;利用附属小学校,与成人补习学校,进行实习,以实验我们苏维埃新的教育方法"[①]。

课程设置采取分科制,坚持以学习关于教育文化的专门知识为原则,主张以综合教学为主要内容。学科分为自然科学及国文文法、教育行政、社会政治科学、教育学。修业年限为至少6个月至1年。招生对象是,能看普通文件的工农劳动群众;妇女降低要求,不限定识字;愿意为苏维埃服务的旧知识分子。

高级师范学校成立学校管理委员会,即学校最高领导机关,校长为管理委员会主任,学校管理委员会成员由教育人民委员部任命。校务、教务,各设一专员,由校长委任。学生管理采取自管为主,校长和管理委员会监督为辅。设立"学生公社",干事会领导由全体学生大会选举,其目的是提高学生自管。学生须经常进行军事训练,其目的是使学生受到军事化管理。实行免费教育,即学校不收学生的学膳书籍等费,但其他日常生活用品,学生自理。学生需要参加社会实践。高级师范学校须设立附属小学校。高级师范学校的社会功能是协助搞好附近夜校识字班补习学校工作。高级师范学校的教育科研功能是为取得实际教育教学经验,开展并领导农村工场的教育,借鉴并探究苏维埃新的教育方法。[②]

(2) 初级师范学校

初级师范学校"以养成能用新的方法,从事实际的儿童教育及社会教育的干

[①] 张挚、张玉龙主编:《高级师范学校简章》,载张挚、张玉龙主编《中央苏区教育史料汇编》上册,南京大学出版社2016年版,第487页。

[②] 张挚、张玉龙主编:《高级师范学校简章》,载张挚、张玉龙主编《中央苏区教育史料汇编》上册,南京大学出版社2016年版,第487页。

部为任务"①。课程设置以围绕解决实际问题为原则，以教学一般基础理论为主要内容，以30%的时间，讨论实际问题、开展教学实习、参加社会工作为方法，开设政治常识与自然科学的常识、教授方法总论、小学组织与设备、教育行政概论、社会教育问题、小学五年课程的教授法等课程。初级师范学校修业年限一般为至少3个月至6个月。招生对象是，以政治上积极为原则，能看普通文件的工农劳动者；妇女降低要求，不限制文化程度；愿为苏维埃服务的旧知识分子必须有相当的文化水平。

初级师范学校设校长一人及管理委员会，即学校最高领导机关，校长任主任，校长及其他委员均由省教育主任任命，报人民委员部备案。学生管理以自主管理为主，校长和管理委员会监督为辅。设立"学生公社"，干事会领导由学生大会选举。学校不收学生的学膳书籍费，但其他生活日常用品由学生自理。②

（3）短期师范学校

短期师范学校"以迅速养成教育干部和小学教员为任务"③，课程有主要课程和必学课程。主要课程有小学5年课程的教授原则、小学管理法、社会教育问题；必学课程有教育行政略论、政治常识、科学常识。学生必须以30%的时间参加小学教授的实习和参加社会实践工作。修业年限至少2个月至3个月。招生对象是，政治上积极的、能了解小学前三年的全部教科书者；不限制文化程度的劳动妇女；愿意为苏维埃服务的旧知识分子。

校长负责管理全校事务，省或县教育部任命校长之职，并报教育人民委员部备案。校长委任负责校务、教务人员，学生数不足一百人的，不设专门负责人，可由教员兼任。设立学生公社，干事会领导由校长监督下学生大会选举产生，其职责是管理学生。学生须经常进行军事训练，其目的是使学生受到军事化管理。实行免费教育，即学校不收学生的学膳书籍等费，但其他生活日常用品，学生自理。④

（4）小学教育训练班

小学教育训练班的任务以培养小学教员教育教学能力、提升小学教员教学水平为目的。小学管理法、小学五年级教科书是主要课程，特别强调小学教育的实习，开展以讨论社会教育问题及政治问题为主题的批评会。招生对象有3类：第一类是现任或将任列宁小学教员，第二类是能看懂前三册小学教科书的男女工农

---

① 张挚、张玉龙主编：《初级师范学校简章》，载张挚、张玉龙主编《中央苏区教育史料汇编》上册，南京大学出版社2016年版，第488页。
② 张挚、张玉龙主编：《高级师范学校简章》，载张挚、张玉龙主编《中央苏区教育史料汇编》上册，南京大学出版社2016年版，第487页。
③ 张挚、张玉龙主编：《短期师范学校简章》，载张挚、张玉龙主编《中央苏区教育史料汇编》上册，南京大学出版社2016年版，第489页。
④ 张挚、张玉龙主编：《短期师范学校简章》，载张挚、张玉龙主编《中央苏区教育史料汇编》上册，南京大学出版社2016年版，第489页。

分子,第三类是对苏维埃政权忠诚的旧知识分子。设校长职位,由县教育部任命。学生管理,是在校长指导之下,由学生组织"学生公社",选举干事会,管理学生的日常生活。实行免费教育,不收学费,伙食费以自备为原则,一切日常用品概由学生自备。①

三 博施济众:苏区师范教育的特征

苏区师范教育从无到有,经过艰难的发展,苏区师范有了一定的规模,形成了苏区师范教育培养模式,具有完善的教育体制,建立了基本的师范教育体系,充分体现了苏区师范教育的共产主义教育的鲜明特征。

(一)党领导教育,群众办教育

苏区师范教育紧紧围绕苏区文化教育总方针作为思想统领,以苏区文化教育总方针为指导,以党的领导为核心,以马克思主义阶级斗争的观点和方法为方法论,以共产主义精神教育工农群众,充分体现了苏区的教育是党领导的教育,是共产主义的教育的性质。在党的领导下,以马克思主义思想武装头脑,坚持教育为革命战争服务,动员群众,发动群众,依靠群众,调动群众的革命热情和参加教育的积极性,开展群众教育群众办,使苏区师范教育迅速发展壮大。

(二)从实际出发,办学形式灵活

首先,苏区文化教育总方针和苏区教育政策是从国内、国际实际情况出发制定的,适应中国当时的实际情况和革命阶级斗争发展形势。其次,师范教育办学政策的制定,能够依据革命斗争发展需要和军队作战需要,非常符合当时苏区教育发展的现实语境。因此,苏区采用多种形式、多种渠道,开办多种类型、多种层次的师范学校,如开办高级师范学校、初级师范学校、短期师范学校、训练班、识字班等,充分挖掘苏区教育资源,提高苏区工农群众的文化水平。苏区师范教育从实际出发,办学形式机动灵活,极大地促进了苏区师范教育的发展。

(三)政治审查,学制灵活

苏区师范教育,实行政治审查,要求学员思想政治觉悟高,尤其对旧知识分子注重其政治表现,强调要忠于苏维埃政权,愿意为苏区服务。实行政治审查,既体现了教育为革命战争服务,满足了革命斗争发展的需要,又确保了苏区师范教育的人才培养质量,极大地提高了苏区师范教育的质量水平。为了充分适应革命战争和阶级斗争发展需要,依据苏区的政治、经济、军事和苏区教育发展的实际情况,苏区各级各类师范学校采取灵活的学制。如根据学校的不同特点和亟需人才的需求,缩短修业年限,有的1—3个月,有的几个月,有的半年,有的1年,以速成的方式培养苏区亟需人才,充分体现了教育为革命战争服务,大力推

---

① 张挚、张玉龙主编:《小学教育训练班简章》,载张挚、张玉龙主编《中央苏区教育史料汇编》上册,南京大学出版社2016年版,第489—490页。

进了苏区师范教育的发展。

（四）公费教育，群众享有平等教育权

群众享有平等教育权在多个政策文件中均有体现，尤其体现在《苏维埃学校建设决议案》，即苏区学制中。《高级师范学校简章》《初级师范学校简章》《短期师范学校简章》《小学教育训练班简章》4个章程的具体落实和实施，既体现了群众享有平等教育权，又体现了公费教育制度，苏区工农群众及其子弟真正享受教育平等和免费教育的福利。苏区师范教育实行免费教育，既符合苏区的实际情况又满足了苏区革命斗争的需要，既给予了苏区工农子弟的学习机会又为苏区学校提供了大量的生源，确保了苏区教育质量的提高，保障苏区工农群众受教育的权利，体现了男女平等和教育平等，极大地推动了办区师范教育的发展。

（五）开展教研，重视教员的全程培养

面对苏区师范教育面临的经济基础差、办学条件落后、教育资源不足的实际困难，尽快提高苏区师范教育的师资既适应革命战争的需求、又满足了苏区师范教育的发展。苏区政府采取多种渠道提高苏区师资的革命思想和专业能力，对教员进行职前革命教育、培养和在职培训，例如请各级苏维埃政府的党政干部讲课，进行职前革命教育；采用多种形式、多层次学校对师范生进行培养；对小学教员在职培训，形成对教员进行职前培养和在职培训的全程培养模式。苏区师范教育开展教育教学研究，注重教育实践，实行教育实习，提高教员专业能力和教学水平，例如设立教育教学研究组织，开展多种形式的教育教研活动，提高现有教员的理论和教育教学能力。苏区师范教育开展教研、注重教员的全程培养，提升了苏区师资专业素养，推动了苏区师范教育的发展。

苏区师范教育从无到有，由形成走向成熟，由师范制度的确立到师范教育体系的建立再到师范教育具有共产主义特色的发展，这些伟大成就离不开文化教育总方针的指引和政策的导向，从苏区的实际出发，动员群众，发动群众，依靠群众，开展理论与实践有机结合，探索出具有共产主义特色的苏区师范教育发展道路，将苏区师范教育推向更高层次的发展阶段，为新中国成立后师范教育的发展积累了丰富的经验，奠定了坚实的基础。

第二节　积基树本：新中国幼儿师范教育

一　补偏救弊：新中国成立以来幼儿师范教育的改造

新中国成立至改革开放期间，新中国幼儿师范教育坚持教育改造方针，对幼儿师范教育学制、课程等进行改造，推动新中国幼儿师范教育的发展。

（一）新中国幼儿师范教育改造的教育背景

新中国幼儿师范教育的改造是以新民主主义教育方针为指导，对新中国幼儿师范教育学制进行改造的背景下，确立新中国幼儿师范教育的目标和任务。

1. 新中国教育方针的确立

1949年9月21日至30日，中国人民政治协商会议第一次全体会议在北京举行。会议通过的《中国人民政治协商会议共同纲领》（简称《共同纲领》）规定了新民主主义教育纲领。1949年10月1日，中华人民共和国中央人民政府主席毛泽东发布政府公告，接受《共同纲领》为中华人民共和国中央人民政府的施政纲领。

在《〈共同纲领〉规定的文化教育政策》第41条明确规定："中华人民共和国的文化教育为新民主主义的，即民族的、科学的、大众的文化教育。人民政府的文化教育工作，应以提高人民文化水平、培养国家建设人才、肃清封建的、买办的、法西斯主义的思想、发展为人民服务的思想为主要任务"[1]。该政策高度概括了新民主主义教育的性质和任务，是中华人民共和国成立后的第一个教育指导方针，即新民主主义教育方针。

新民主主义教育方针的理论基础是毛泽东的"新民主主义论"，实践基础是苏区、抗日革命根据地、解放区的教育经验，借鉴苏联初期教育政策和经验，考虑了当时中国的政治、经济、文化教育等实际国情。因此，新民主主义教育方针是一个比较成熟、完善、科学的，具有很强的指导性的教育方针。在新民主主义教育方针的指导下，1949年至1956年7年间，坚持"教育改造"的方针，新中国初期的教育事业取得了巨大的发展。

2. 新中国学制的改革

1951年10月1日，中央人民政府政务院颁布的《关于改革学制的决定》决定对幼儿教育、初等教育、中等教育、高等教育四个阶段的学制进行改革，其中对幼儿师范学校规定：幼儿师范学校，修业年限和招生条件与师范学校相同，即修业年限为3年，招收初级中学毕业生或具有相同学力者；幼儿师范科设立于师范学校和初级师范学校；幼儿师范学校、初级师范学校、师范学校的毕业生须在小学或幼儿园服务一定期限，服务期满以后，经考试合格者，分别升入师范学校、高级中学、师范学院或其他高等学校。[2] 为了逐步贯彻《关于改革学制的决定》的精神，从1952年起在全国各地具体落实学制改革。中华人民共和国学制改革摒弃了美国教育模式，借鉴苏联教育经验，体现了5个明显的特点：第一，保障劳动人民及其子女优先享受教育的机会，学制中规定举办专门的工农干部学校、工农群众学校，确保了工农干部和工农群众享受教育的权利。第二，体现民族平等、人人平等。第三，设置各类技术学校，确保各类人才的培养，满足社会建设需要。第四，高等学校多元化发展，为国家培养多种类型的高级专门人才。第五，学制

---

[1] 顾明远总主编：《〈共同纲领〉规定的文化教育政策》，载顾明远总主编《中国教育大系·马克思主义与中国教育》下卷，湖北教育出版社1994年版，第1327页。

[2] 顾明远总主编：《政务院关于改革学制的决定》，载顾明远总主编《中国教育大系·马克思主义与中国教育》下卷，湖北教育出版社1994年版，第1335页。

设置具有灵活性。1951年的学制，后来经修改补充，又经1958年的"教育改革"，直至改革开放，虽经不断变革，但我国一直沿用1951年的学制。

（二）新中国幼儿师范教育的改造

1949年10月1日，中华人民共和国成立。1949年9月21日至30日，中国人民政治协商会议第一次全体会议通过了《共同纲领》，其中在第五章文化教育政策中的第四十六条明确规定："人民政府应有计划有步骤地改革旧的教育制度、教育内容和教学法"[①]。

1949年12月23日至31日，钱俊瑞副部长在第一次全国教育工作会议上的报告指出，这一时期坚持"教育改造"的方针，提出具体的改造设想："以老解放区新教育经验为基础，汲取旧教育有用经验，借助苏联经验，建设新民主主义教育"，要求"老区教育，现在以巩固与提高为主，解决师资、教材问题""新区教育工作的关键，是争取团结改造知识分子。此外，必须维持原有学校，逐步改善"[②]。

马叙伦部长在《第一次全国教育工作会议上的开幕词》中表达了教育改造的决心："我们相信，我们在毛主席思想的领导下，只要我们团结努力，我们一定能克服一切困难，完成中国教育改造和建设的任务，并争取辉煌的文化建设高潮的到来"[③]。在这一阶段，新中国师范教育在新民主主义教育方针的指导下，以"教育改造"为指针，首要是进行学制改革，以学制促进教育的整顿、改造和发展。然后国务院、教育部发布一系列文件规定，要求新中国幼儿师范教育、中等师范教育、高等师范教育进行教育整顿、改造，适应新中国成立初期的新民主主义建设的需要。

1. 中等幼儿师范学校的改造

为了贯彻《中国人民政治协商会议共同纲领》的精神，落实《第一次全国教育工作会议上的总结报告要点》的总体部署，中等幼儿师范教育进行调整、改造，主要体现在：

第一，幼儿师范学校学制的确立。1951年10月1日，《政务院关于改革学制的决定》对幼儿师范学校规定："幼儿师范学校，修业年限和招生条件相当于师范学校。师范学校和初级师范学校均得附设幼儿师范科。"[④] 结合在《政务院关于改革学制的决定》中对师范学校的规定："师范学校，修业年限为三年，招收初

[①] 顾明远总主编：《〈共同纲领〉规定的文化教育政策》，载顾明远总主编《中国教育大系·马克思主义与中国教育》下卷，湖北教育出版社1994年版，第1327页。

[②] 顾明远总主编：《钱俊瑞副部长在第一次全国教育工作会议上的总结报告要点》，载顾明远总主编《中国教育大系·马克思主义与中国教育》下卷，湖北教育出版社1994年版，第1330—1331页。

[③] 顾明远总主编：《马叙伦部长在第一次全国教育工作会议上的开幕词》，载顾明远总主编《中国教育大系·马克思主义与中国教育》下卷，湖北教育出版社1994年版，第1329页。

[④] 顾明远总主编：《政务院关于改革学制的决定》，载顾明远总主编《中国教育大系·马克思主义与中国教育》下卷，湖北教育出版社1994年版，第1335页。

级中学毕业生或具有同等学历者"①，可见中央人民政府是先从改革学制入手，把幼儿师范学校的学制以法令的形式确定，确立幼儿师范教育在师范学校的地位，以期达到改造幼儿师范教育的目的。

第二，幼儿师范学校的教育任务的确定。1951年8月27日至9月11日，中央教育部在北京召开第一次全国初等教育会议和第一次全国师范教育会议。"会议讨论了发展和建设初等教育和师范教育的方针、任务，提出必须以革命的精神和革命的方法办好人民教育。"同时，提出"师范教育当前的工作方针是正规师范教育与大量短期训练相结合"②。会议通过了《师范学校暂行规程》《关于高等师范学校的规定》等8个文件草案。

1952年7月16日，教育部颁布试行的《师范学校暂行规程（草案）》提出，师范教育的任务"是根据新民主主义教育方针，以理论与实际一致的方法，培养具有马克思列宁主义和马克思列宁主义与中国革命实际相结合的毛泽东思想的初步基础，中等文化水平和教育专业的知识、技能，全心全意为人民教育事业服务的初等教育和幼儿教育的师资"③。

为完成师范教育任务，应对师范教育任务有正确的认识和理解。首先，师范教育任务着重提出了人民教师必须以马克思主义和毛泽东思想武装头脑并成为马克思主义者。对人民教师提出这样的要求是必要的，作为培养下一代的革命接班人的教育事业就必须从思想上为社会主义事业扫除思想障碍，而且要扩大共产主义思想的宣传。作为新中国教育事业的人类灵魂工程师的人民教师就要担此重任，必须具有马克思列宁主义的世界观，用马克思主义武装自己。其次，师范教育任务提出必须培养全心全意为人民教育事业服务的师资，就是要求人民教师必须具有专业知识、专业思想，能全心全意为人民教育事业而奋斗。最后，要理解两个"相结合"：理论与实践相结合、马克思列宁主义与中国革命实际相结合的毛泽东思想。师范教育任务为师范学校指明了方向、给出了思想理论依据、提供了两个"相结合"的实践方法论。

为了使师范学校更好地发展幼儿师范教育，《师范学校暂行规程（草案）》对师范学校做出规定："培养幼儿园师资的师范学校称幼儿师范学校。师范学校得附设幼儿师范科"④，指出幼儿师范教育的培养目标是培养幼儿园师资，师范学校分幼儿师范学校和幼儿师范科，通过提出幼儿师范教育的培养目标，明确幼儿师

---

① 顾明远总主编：《政务院关于改革学制的决定》，载顾明远总主编《中国教育大系·马克思主义与中国教育》下卷，湖北教育出版社1994年版，第1335页。

② 顾明远总主编：《中国教育大系·马克思主义与中国教育》下卷，湖北教育出版社1994年版，第1716页。

③ 李友芝、李春年、柳传欣、葛嘉训：《师范学校暂行规程（草案）》，载李友芝、李春年、柳传欣、葛嘉训编《中国近现代师范教育史资料》，内部交流资料，第917页。

④ 李友芝、李春年、柳传欣、葛嘉训：《师范学校暂行规程（草案）》，载李友芝、李春年、柳传欣、葛嘉训编《中国近现代师范教育史资料》，内部交流资料，第917页。

范教育的任务。在 1957 年 7 月 16 日，教育部颁布试行的《师范学校暂行规程（草案）》中对初级师范学校也做出规定："在幼儿教育师资特别缺乏的地方，初级师范学校亦得附设幼儿师范科，招收年龄较长的高小毕业生或具有同等学力者"①。

第三，幼儿师范学校的课程改革。为了深化幼儿师范教育改革，1957 年 7 月 16 日，教育部颁布试行的《师范学校暂行规程（草案）》规定幼儿师范学校学制为 3 年，首次制定了幼儿师范学校教学计划（见表 8-1）。

表 8-1　　　　　　1957 年教育部颁布的《幼儿师范学校教学计划》

科目 / 每周时数 学期 学年		第一学年 上	下	第二学年 上	下	第三学年 上	下	三学年 总计
语文及语言教学法	语文	7	7	7	7	6	6	696
	语言教学法					1	1	32
数学及计算教学法	代数	2	2	2	2			144
	几何	3	3					108
	三角			2	2			72
	计算教学法					1	1	32
	物理	4	4	2	2			218
	化学			2	2	3	3	168
	达尔文理论基础	2	2					72
	地理	2	2	2				144
	历史	2	2	2	2	2	2	208
政治	社会科学基础知识	2	2	2	2			144
	共同纲领					2	1	50
	时事政策	1	1	1	1	1	1	14
	幼儿心理			2	2			72
	幼儿教育			2	2	2	2	136
	幼儿卫生及生活管理					3	3	96
	社会环境教学法					2	2	64
体育及教学法	体育	2	2	2	2	1	1	176
	体育教学法					1	2	46
音乐及教学法	音乐	3	3	2	2	2	2	244
	音乐教学法					1	1	32

---

① 李友芝、李春年、柳传欣、葛嘉训编：《师范学校暂行规程（草案）》，载李友芝、李春年、柳传欣、葛嘉训编《中国近现代师范教育史资料》，内部交流资料，第 930 页。

续表

每周时数　学期　学年　科目		第一学年		第二学年		第三学年		三学年
		上	下	上	下	上	下	总计
美工及教学法	美工	3	3	2	2			212
	美工教学法					1	1	32
参观实习				1	1	2	2	100
每周教学时数		33	33	33	33	32	32	
每学期上课周数		18	18	18	18	18	14	
每学期上课总时数		594	594	594	594	576	448	3400

说明：除语文课中之儿童文学为幼儿文学外，其余说明部分与师范学校教学计划说明相同。

资料来源：李友芝、李春年、柳传欣、葛嘉训编：《幼儿师范学校教学计划》，载李友芝、李春年、柳传欣、葛嘉训编《中国近现代师范教育史资料》，内部交流资料，第922页。

表8-1表明，幼儿师范学校教学计划具有显著特点：一方面，幼儿师范学校教学计划所列科目均为必修。另一方面，各科任课老师讲授各科教学法，各科任课老师具有学科专业知识和实践经验，能够有效结合本学科特点及幼儿教育实际情况的需求，有利于进行有效的幼儿教学。

1957年的幼儿师范学校教学计划经过两次修订。第一次，将1952年教育部颁布的《师范学校暂行规程（草案）》中各类师范学校（四年制初级师范学校除外）的教学计划都做了修订，教育部于1953年7月29日颁布修订各类师范学校（师范、三年制初师、幼师）教学计划（修订草案）。修订后的教学计划主要体现在：减少三角、时事政策、化学的课时，总课时减少28节；增加幼儿教育、物理、几何、人体解剖生理学等课程及课时。第二次，在1953年修订基础上再作修订，教育部于1956年5月19日颁布修订《师范学校教学计划》和《幼儿师范学校教学计划》，这次修订体现了实施基本生产技术教育和加强专业教育的精神，调整了1953年《幼儿师范学校教学计划》存在的两大问题：一是专业课程比重太轻；二是未能更好地贯彻落实全面发展的教育方针。主要体现在取消"计算教学法""生活管理""世界近代史"三科，增加"动物学"和"植物学"；将"环境教学法"改为"自然教学法"；增加幼儿教育学、语言教学法、幼儿园活动性游戏体操及其教法、教育实习等教学课时数，减少物理、数学等课时数；增加选修课，如钢琴。1956年修订的《幼儿师范学校教学计划》真正与幼儿师范学校的教学实践相结合，推动了幼儿师范学校教学质量的提高。

第四，初等及中等教育师资的培养。为了解决新中国成立以来初等教育和中等教育急需大量师资的问题，1952年7月16日，教育部颁布的《关于大量短期培养初等及中等教育师资的决定》指出："随着人民生活的安定和改善，国家建设事业的开展，全国初等教育（包括儿童及青年，成人的）和中等教育将有广大和迅速的发展。为适应这种需要,一方面,中央和地方应切实调整、改造和增设师范学院、师范专科学校、师范学校和初级师范学校,……另一方面,还应采取各种不同的方法,在较短时间内,迅速和有效地训练大批初等和中等教育的师资"①。在这一精神的指导下,各级师范学校附设训练班。短期师资训练班的学生一律享受人民助学金。短期培养初等及中等教育培养师资的方式是多种多样,主要开办短期训练班,其修业年限则比较灵活,根据不同的对象来定,有3个月、半年、1年或1年半等。短期培养初等及中等教育师资解决了新中国幼儿师资缺乏的问题,促进了新中国的幼儿师范教育的发展。

2. 高等幼儿师范教育的改造

新中国成立前,我国高等幼儿师范教育基础薄弱,新中国成立后,党中央对高等师范教育极为重视。1952年7月16日,教育部颁布的《关于高等师范学校的规定(草案)》规定,高等师范学校应根据学校教学计划设置,增加教育系,分设学校教育及学前教育组,其目标是培养中等幼儿师范学校的师资。② 1953年12月11日,《政务院关于改进和发展高等师范教育的指示》指出:"综合大学有培养一部分中等学校师资的任务"③。经过高等院校的院系调整,全国各高等院校形成了幼儿教育系或学前教育专业,具体调整的结果是形成五大行政区的高等师范学院建立幼儿师范学校师资培养基地,北京师范大学形成教育系学前教育专业、东北师范大学教育系中增设学前教育专业、西北师范学院教育系设立学前教育专业、西南师范学院教育系成立学前教育专业、南京师范学院教育系形成学前教育专业。④ 五大行政区的高等师范学院建立的幼儿师范学校师资培养基地培养了大批的幼儿师范教师和干部,为新中国幼儿师范教育的起步打下了坚实的基础,奠基了新中国幼儿师范教育的稳步发展。

二 日新月盛:改革开放以来幼儿师范教育的发展

改革开放以来,幼儿师范教育的发展是在新中国幼儿师范教育调整、改造的基础上,依据国情和社会对人才的需求,确立"三个面向"为教育发展的基本指导方针,不断探索幼儿师范教育培养模式,促进幼儿师范教育的发展。

(一)改革开放以来的幼儿师范教育发展的教育背景

新中国幼儿师范教育经过调整和改造,幼儿师范学校学制确立,幼儿师范学

---

① 李友芝、李春年、柳传欣、葛嘉训编:《教育部关于大量短期培养初等及中等教育师资的决定》,载李友芝、李春年、柳传欣、葛嘉训编《中国近现代师范教育史资料》,内部交流资料,第935—936页。
② 李友芝、李春年、柳传欣、葛嘉训编:《关于高等师范学校的规定(草案)》,载李友芝、李春年、柳传欣、葛嘉训编《中国近现代师范教育史资料》,内部交流资料,第915页。
③ 顾明远总主编:《政务院关于改进和发展高等师范教育的指示》,载顾明远总主编《中国教育大系·马克思主义与中国教育》下卷,湖北教育出版社1994年版,第1342页。
④ 何晓夏编:《简明中国学前教育史》,北京师范大学出版社2002年版,第342页。

校的教育任务确定，幼儿师范学校的课程得到改革，幼儿师范教育的发展取得巨大成就。然而，从1958年到"文化大革命"，其间新中国幼儿师范教育历经了艰难、曲折的发展历程。1978年12月18日至22日，党的十一届三中全会胜利召开，开启了改革开放和社会主义建设新时期。中国幼儿师范教育迎来了春天，幼儿师范教育走进社会主义建设新时期。

党的十一届三中全会对"文化大革命"时期的教育方针、路线、政策给予批判和纠正，吸取总结历史经验教训，重新阐释1957年毛泽东提出的社会主义教育方针和1958年党的教育方针。1978年4月22日，邓小平在全国教育工作会上的讲话中强调指出，要"把毛泽东同志提出的培养德智体全面发展、有社会主义觉悟的有文化的劳动者的方针贯彻到底"[1]。为此，邓小平从两个方面对毛泽东提出的社会主义教育方针进行了精辟的论述：一方面是政治与业务的关系，他说："毛泽东同志一贯强调要提高科学文化水平，从来没有讲过大学不要保证教育质量，不要提高科学文化水平，不要出人才"[2]；另一方面是教育与生产劳动的关系，他说："现代经济和技术的迅速发展，要求教育质量和教育效率的迅速提高，要求我们在教育与生产劳动结合的内容上、方法上不断有新的发展"[3]。显然，从经济和技术的角度思考教育与生产劳动的关系，真正领悟到了马克思主义教育与生产劳动的真谛。

在这种历史语境下，必须依据中国国情的发展，提出新的教育方针适应社会主义建设的需要。1983年10月1日，邓小平为景山学校题词："教育要面向现代化，面向世界，面向未来"[4]，"三个面向"就反映了当时中国社会主义建设发展的需要，成为我国教育改革和发展的重要导向。在"三个面向"的精神指导下，根据社会主义建设新时期党和国家的工作重点，中央制定了一系列新的教育方针，以适应中国社会主义建设的发展需要。

（二）中等幼儿师范教育的发展

中等幼儿师范教育是在一系列符合中国幼儿教育发展的政策指导下，注重提高幼儿师范学校数量，探索幼儿师范教育培养模式，积极推动幼儿师范课程改革，提高幼儿师范教育质量，推动中等师范教育发展。

1. 中等幼儿师范教育的发展政策沿革

1978年10月，《教育部关于加强和发展师范教育的意见》指出："要积极办

---

[1] 中华人民共和国教育部、中共中央文献研究室编：《毛泽东邓小平江泽民论教育》，人民教育出版社2002年版，第142页。

[2] 中华人民共和国教育部、中共中央文献研究室编：《毛泽东邓小平江泽民论教育》，人民教育出版社2002年版，第125页。

[3] 中华人民共和国教育部、中共中央文献研究室编：《毛泽东邓小平江泽民论教育》，人民教育出版社2002年版，第143页。

[4] 中华人民共和国教育部、中共中央文献研究室编：《毛泽东邓小平江泽民论教育》，人民教育出版社2002年版，第164页。

好幼儿师范学校,为幼儿教育培养骨干师资。在一九八〇年前,要做到每一个地区有一所幼儿师范,或在有条件的中等师范学校举办幼师班"①,据此,各地积极创办幼儿师范学校,幼儿师范院校数量有所增加,推进了幼儿师范教育发展。

为了进一步贯彻落实《教育部关于加强和发展师范教育的意见》精神,深化幼儿师范教育的改革和发展,1980年8月22日,教育部颁布的《教育部关于办好中等师范教育的意见》(以下简称《意见》)指出,要大力推进幼儿师范教育的发展,幼儿教育是整个学校教育的基础,幼儿教育的质量对提高小学教育质量和人才培养有重要影响,关系到国家和民族的兴旺发达。《意见》分析了近年来,我国幼儿师范教育的现状,各地的幼儿师范发展缓慢,远远落后于形势发展的需要。

《意见》强调,要重视这一问题,根据需要,积极创造条件,迅速恢复、发展幼儿师范教育。《意见》进一步指出,幼儿师范学校的任务是:"培养幼儿园师资,培训在职保教人员"②。同时,《意见》整体规划了幼儿师范学校的发展蓝图:"各省、市、自治区在一九八二年前,至少要办好一所幼儿师范学校,并列为省级重点学校。有条件的地、市也可以举办幼儿师范学校或幼师班。已开设学前教育专业的高等师范院校应积极培养幼儿师范师资、幼教干部和幼教科研人员"③。《意见》规定:幼儿师范学校的学制是4年和3年。招收初中毕业生和具有同等学力的女青年及在职年轻保教人员。④

《教育部关于加强和发展师范教育的意见》和《教育部关于办好中等师范教育的意见》的颁布,确保了幼儿师资数量和质量,扩大了幼儿师范学校的数量,有力地推动了我国在新时期幼儿师范教育的发展。

2. 幼儿师范学校培养模式

1980年6月13日至28日,教育部在北京召开全国师范教育工作会议,会议后颁发《幼儿师范学校教学计划(试行草案)》,对幼儿师范教育起到积极的推动作用。但经过各地试行后,反馈《幼儿师范学校教学计划(试行草案)》存在一些不切实际的问题:第一,课时过多,学生负担过重。第二,学生自学时间过少。第三,学生课外时间过少。这些不利因素直接影响学生的全面发展和能力的开发,要求及早采取措施并改进。为此,教育部再次征求各地意见,针对存在和反馈的问题,对《幼儿师范学校教学计划(试行草案)》进行修订,1985年5月6日,

---

① 李友芝、李春年、柳传欣、葛嘉训编:《教育部关于加强和发展师范教育的意见》,载李友芝、李春年、柳传欣、葛嘉训编《中国近现代师范教育史资料》,内部交流资料,第1138页。
② 李友芝、李春年、柳传欣、葛嘉训编:《教育部关于办好中等师范教育的意见》,载李友芝、李春年、柳传欣、葛嘉训编《中国近现代师范教育史资料》,内部交流资料,第1158页。
③ 李友芝、李春年、柳传欣、葛嘉训编:《教育部关于办好中等师范教育的意见》,载李友芝、李春年、柳传欣、葛嘉训编《中国近现代师范教育史资料》,内部交流资料,第1158—1159页。
④ 李友芝、李春年、柳传欣、葛嘉训编:《教育部关于办好中等师范教育的意见》,载李友芝、李春年、柳传欣、葛嘉训编《中国近现代师范教育史资料》,内部交流资料,第1154—1159页。

教育部颁布《幼儿师范学校教学计划》，具体要求见表8-2。

表8-2　　1985年教育部颁布的《幼儿师范学校教学计划》具体要求

计划项目	具体要求
培养目标	幼儿师范学校的培养目标是培养初步树立辩证唯物主义和历史唯物主义的基本观点，具有社会主义觉悟、共产主义道德品质和从事幼儿教育工作必备的文化与专业知识、技能，热爱幼儿教育，全心全意为社会主义教育事业服务，成为身体健康的幼儿园教养员
修业年限	3年至4年
招生条件	只招收初中毕业的女生
课程设置	开设政治、语文、数学、物理、化学、生物、历史、地理、外语、幼儿心理学、幼儿教育学、幼儿卫生学、幼儿语言教学法、幼儿计算教学法、幼儿常识教学法、体育及幼儿体育教学法、音乐及幼儿音乐教学法、美术及幼儿美术教学法、舞蹈19门课程
教育实习与劳动技术教育	包括见习和实习，是幼儿师范学校专业教育的重要组成部分，能使学生理论联系实际，能培养学生具有从事幼儿教育工作的实际能力。三年制幼师教育实习，共9周；四年制幼师教育实习，共11周，分散或集中使用，视各地各校实际情况而定
时间分配（共52周）	三年制幼师 第一学年：上课33周，其中包括：复习、考试、机动时间4周；教育实习1周；生产劳动2周；寒暑假、节假日共12周 第二学年：上课32周，其中包括：复习、考试、机动时间4周；教育实习2周；生产劳动2周；寒暑假、节假日共12周 第三学年：上课30周，其中包括：复习、考试、机动时间4周；教育实习6周；寒暑假、节假日共12周 四年制幼师 第一学年：上课33周，其中包括：复习、考试、机动时间4周；教育实习1周；生产劳动2周；寒暑假、节假日共12周 第二学年：上课32周，其中包括：复习、考试、机动时间4周；教育实习2周；生产劳动2周；寒暑假、节假日共12周 第三学年：上课32周，其中包括：复习、考试、机动时间4周；教育实习2周；生产劳动2周；寒暑假、节假日共12周 第四学年：上课30周，其中包括：复习、考试、机动时间4周；教育实习6周；寒暑假、节假日共12周

资料来源：刘问岫主编：《当代中国师范教育》，教育科学出版社1993年版，第182—186页。表格为笔者根据该资料自制。

表8-2表明，《幼儿师范学校教学计划》对培养目标提出了详细要求；对修业年限做出灵活的规定；设置了三年制和四年制的具体要求并做出了相关说明；加强了教育实习与劳动技术教育并做出具体安排；对三年制和四年制的教学时间做出了合理的分配；尤其，分别制定了三年制和四年制幼儿师范学校的具体教学计划，做出具体教学计划时间安排并规定上课总时数（见表8-3和表8-4）。①

---

① 刘问岫主编：《当代中国师范教育》，教育科学出版社1993年版，第182—186页。

表 8-3　　　1985 年教育部颁布的三年制幼儿师范学校教学计划表

科目\课时\学年	一	二	三	上课总时数	各科占总时数的百分比
政治	2	2	2	190	7.14
语文	6	6	2	450	16.92
数学	4	4		260	9.77
物理学	3			99	3.72
化学		2		64	2.41
生物学			3	90	3.38
历史			2	60	2.26
地理			2	60	2.26
幼儿心理学		3		96	3.61
幼儿教育学		2	2	124	4.66
幼儿卫生学	3			99	3.72
幼儿语言教学法			2	60	2.26
幼儿计算教学法			2	32	1.20
幼儿常识教学法			2	28	1.05
体育及幼儿体育教学法	2	2	3	220	8.27
音乐及幼儿音乐教学法	4	4	4	380	14.29
美术及幼儿美术教学法	3	2	3	253	9.51
舞蹈	1	1	1	95	3.57
每周上课时数	28	28	28	2660	100
每学年上课周数	33	32	30		
教育实习	1 周	2 周	6 周	324	
劳动技术	2 周	2 周		144	

注：教育实习课和劳动技术课每天按 6 课时计算。

资料来源：刘问岫主编：《当代中国师范教育》，教育科学出版社 1993 年版，第 187 页。

表 8-4　　　1985 年教育部颁布的四年制幼儿师范学校教学计划表

科目\课时\学年	一	二	三	四	上课总时数	各科占总时数的百分比
政治	2	2	2	2	254	7.67
语文	6	6	6	2	642	19.40
数学	5	5			325	9.82
物理学	3				99	2.99
化学		2			64	1.93

续表

科目 \ 课时 \ 学年	一	二	三	四	上课总时数	各科占总时数的百分比
生物学			3		96	2.90
历史			2		64	1.93
地理				2	60	1.81
幼儿心理学		3			96	2.99
幼儿教育学			2	2	124	3.75
幼儿卫生学	3				99	2.90
幼儿语言教学法				2	60	1.81
幼儿计算教学法				2/	32	0.97
幼儿常识教学法				/2	28	0.85
体育及幼儿体育教学法	2	2	2	3	284	8.58
音乐及幼儿音乐教学法	4	4	4	4	508	15.35
美术及幼儿美术教学法	2	3	3	3	348	10.51
舞蹈	1	1	1	1	127	3.84
（选修课）			(3)	(5)	(246)	
每周上课时数	28	28	25(28)	23(28)	3310(3556)	100
每学年上课周数	33	32	32	30		
教育实习	1周	2周	2周	6周	396	
劳动技术	2周	2周	2周		216	

注：教育实习课和劳动技术课每天按6课时计算。

资料来源：刘问岫主编：《当代中国师范教育》，教育科学出版社1993年版，第188页。

表8-3和表8-4表明，第一，原教学计划每周上课的课时为30—31节，新教学计划每周上课的课时调整为28节，减少2—3节。第二，延长假期时间，每学年上课周数比原教学计划周数减少2周。第三，进一步合理安排各门课程的教学时数，减少理化课时，增加教育专业课和教育实习时间。第四，适当调整了文化课、教育专业课、艺术课等各类课程的比重。第五，四年制幼儿师范增设选修课。

《幼儿师范学校教学计划》的颁布和实施，完善了中等幼儿师范教育培养模式，充分调动了各幼师参与课程改革的积极性，极大地推动了幼儿师范教育的发展。

（三）高等幼儿师范教育的发展

高等幼儿师范教育的发展经历了由高等幼儿师范教育培养体系的形成到完善再到培养体系的确立的演变历程。

1. 高等幼儿师范教育培养体系的形成

十年动乱结束,教育得到快速的恢复和重建。1978年10月,《教育部关于加强和发展师范教育的意见》指出:"要积极办好幼儿师范学校,为幼儿教育培养骨干师资。"[①] 同时,对高等幼儿师范教育提出"原有学前教育专业的师范校院,应积极办好这个专业,扩大招生名额,为各地幼师培养师资"[②],这里的原有学前教育专业的师范院校指1953年院系调整的全国各高等院校形成的幼儿教育系或学前教育专业。这些院校通过增加招生名额,扩大学前教育专业的规模,为幼儿教育培养大批的师资,推动了高等幼儿师范教育的发展。

为了贯彻落实《教育部关于加强和发展师范教育的意见》精神,1953年进行院系调整的五大行政区的高等师范学校相继恢复学前教育专业,南京师范学院教育系恢复学前教育专业、北京师范大学恢复教育系学前教育专业、西南师范学院恢复教育系学前教育专业、西北师范学院恢复教育系学前教育专业、东北师范大学恢复教育系学前教育专业。五大行政区的高等师范学校恢复学前教育专业,对高等幼儿师范教育起到示范和带动作用,推动了高等幼儿师范教育的进一步发展。

为了进一步发展高等幼儿师范教育,1980年,《教育部关于办好中等师范教育意见》指出:"一九八五年前,在原来的大行政区范围内,应有一所高等师范院校开设学前教育专业"[③]。这就说明党中央扩大高等师范院校开设学前教育专业的范围,加大高等师范院校发展高等幼儿师范教育。为了认真贯彻落实这一精神,陕西师范大学、华中师范大学、华东师范大学以及有些地方师范学院增设学前教育专业。例如,在1985年,以原上海幼儿师范学校为基础,成立的上海幼儿师范高等专科学校,就是这一精神的典范,成为当时唯一的高等幼儿师范培训基地。高等幼儿师范得到进一步的发展。

在提高高等幼儿教育数量发展的基础上,党中央也非常重视发展高等幼儿教育的质量。1981年2月24日,国务院学位委员会颁布《关于审定学位授予单位的原则和办法》,1981年5月20日,颁布《中华人民共和国学位条例暂行实施办法》,在这两个文件精神的指导下,一些高等学校相继获得幼儿教育学硕士学位授予权,提高高等幼儿师范教育的学历层次,进一步从提高质量来发展高等幼儿师范教育。1984年5月21日,邓小平同志在会见美籍华人李政道教授时说"设立博士后流动站的办法好"[④]。党中央领导对高等幼儿师范教育工作的肯定和重

[①] 李友芝、李春年、柳传欣、葛嘉训编:《教育部关于加强和发展师范教育的意见》,载李友芝、李春年、柳传欣、葛嘉训编《中国近现代师范教育史资料》,内部交流资料,第1138页。

[②] 李友芝、李春年、柳传欣、葛嘉训编:《教育部关于加强和发展师范教育的意见》,载李友芝、李春年、柳传欣、葛嘉训编《中国近现代师范教育史资料》,内部交流资料,第1138页。

[③] 李友芝、李春年、柳传欣、葛嘉训编:《教育部关于办好中等师范教育意见》,载李友芝、李春年、柳传欣、葛嘉训编《中国近现代师范教育史资料》,内部交流资料,第1159页。

[④] 中华人民共和国教育部、中共中央文献研究室编:《毛泽东邓小平江泽民论教育》,人民教育出版社2002年版,第165页。

视,更进一步推动了高等幼儿师范的发展。一部分高等院校相继获得学前教育博士生培养点,高等幼儿师范教育的质量更上一个层次。这些成绩说明高等幼儿师范教育的水平正在逐步提高而且获得大力发展,中国幼儿师范教育的职前培养体系基本形成(见表8-5)。

表8-5　　　　　　　1984年后中国幼儿师范教育职前培养体系

层次		招生对象	机构	学制	毕业生去向
中等幼儿师范教育		初中毕业生	幼儿师范学校中师附属幼师班、职高幼师班	3年或4年	幼儿园
高等幼儿师范教育	专科本科	有中专以上学历的幼教在职人员、幼师毕业生、高中毕业生	幼儿师范专科学院、师范学院、师范大学	3+2制 2年制 4年制	幼儿园、幼师、政府部门、社区教育机构、大众传媒、幼教科研机构、大专院校
	硕士博士	本科生硕士研究生			

资料来源:马啸风主编:《中国师范教育史》,首都师范大学出版社2003年版,第408页。

表8-5表明,随着社会的发展和对幼儿教师的需求,幼儿师范教育的学校层次由中等师范教育提升到高等师范教育;高等幼儿师范教育职前培养的学历发展为专、本、硕、博四个层次,逐步提高;高等幼儿师范教育由注重量到注重质的发展。至此,中国高等幼儿师范教育形成了纵横交错的网络状结构,促进了高等幼儿教育的发展。

2. 高等幼儿师范教育培养体系的完善

中国高等幼儿师范教育不仅形成了完整的职前培养体系,而且非常注重高等幼儿教师在职培训。1983年1月20日,教育部颁布《关于加强中小学、幼儿园在职教师和干部的培训工作》,当时"全国有幼儿园教师40万余人,大多数未受过系统的专业训练"[①],按照文件精神,教育部要求各地制定在职教师培训、进修规划,对"将未受过专业训练的幼儿园主任、年轻的教师轮训一遍,有条件的地方也可以举办系统的幼儿师范课程的进修"[②]。

虽然对未受过专业训练的幼儿园主任、年轻的教师轮训一遍,但幼儿园教师整体素质仍然不能适应社会和教育事业的发展需求。1996年1月25日,教育部颁布的《关于开展幼儿园园长岗位培训工作的意见》要求"要采取多种形式开展

---

① 《中国教育年鉴》编辑部编:《关于加强中小学、幼儿园在职教师和干部的培训工作》,载《中国教育年鉴》编辑部编《中国教育年鉴(1982—1984)》,湖南教育出版社1986年版,第104页。

② 《中国教育年鉴》编辑部编:《关于加强中小学、幼儿园在职教师和干部的培训工作》,载《中国教育年鉴》编辑部编《中国教育年鉴(1982—1984)》,湖南教育出版社1986年版,第104页。

培训工作，争取用五年左右的时间将全国幼儿园园长轮训一遍"①。同时，附件《全国幼儿园园长岗位培训指导性教学计划（试行草案）》，对培训目的和要求、课程设置、教学要求、考试结业做了相应规定和要求。至此，高等幼儿师范教育在职培训体系逐步形成，也促进了我国高等师范教育的发展。

三 "三学""六法"：新中国幼儿师范教育的特征

在新中国幼儿师范教育发展历程中，形成了"师范性"与"学术性"相结合、理论与实践相结合、数量与质量相结合、必修课与选修课相结合、职前培养与职后培训相结合的"五结合"特征。

（一）"师范性"与"学术性"相结合

新中国成立初期，幼儿师范学校的课程结构调整、改造波动比较大，显示出最大的特点是：调整"师范性"与"学术性"的平衡关系，初步形成幼儿师范教育的"三学"，即幼儿教育学、幼儿心理学、幼儿卫生学和"六法"，即语言教学法、自然教学法、体育教学法、音乐教学法、美术教学法、数学教学法的专业课程的结构框架。"师范性"与"学术性"相结合，提高了幼儿师范教育的质量，促进了幼儿师范教育的发展。

（二）理论与实践相结合

在幼儿师范学校的课程结构中，增加理论知识学习科目和课时数，加强专业知识学习，提高理论专业水平。从第二学年开始，增加教育实习及其课时数，提高实践运用能力。同时，幼儿师范学校的课程结构注重基本生产技术教育和加强专业教育相结合，以理论知识指导教育实习；同时，在实习中丰富、完善、提高理论知识，将理论专业知识与教育实习相结合，增强了综合素质，提升了综合实践能力，提高了幼儿师范教育质量。

（三）数量与质量相结合

新中国幼儿师范教育不仅注重发展数量，而且注重发展质量，将重数量与重质量相结合，推进幼儿师范教育的发展。在数量上，既大力发展中等幼儿师范教育，又积极推进高等幼儿师范教育的发展；既增设师范学院、师范专科学校、师范学校和初级师范学校，又开办多种形式的短期师资训练班；既在师范学校设立幼儿师范科，又在高等大学设立学前教育组，确保幼儿师范教育的数量发展，适应社会的需要。在质量上，幼儿师范教育的学校层次逐步提高，由中等幼儿师范教育提升到高等幼儿师范教育，幼儿师范教育的学历层次逐步提高，由专、本提升到硕、博，形成4个层次的培养，大大提升了幼儿师范教育的人才培养质量。将重数量与重质量相结合，提高了师范教育的综合质量，满足了社会对幼儿师范

---

① 中华人民共和国教育部：《关于开展幼儿园园长岗位培训工作的意见》，http://old.moe.gov.cn/publicfiles/business/htmlfiles/moe/s3327/201001/xxgk_81986.html，1996年1月25日［2020-05-08］。

教育数量和质量的要求，推进了幼儿师范的发展。

（四）必修课与选修课相结合

在幼儿师范教育课程改革中，幼儿师范学校的课程由必修课走向必修课与选修课相结合。必修课保障了幼儿师范教育的基础性和均衡性；选修课是个性化教育，促进了个性化发展。必修课和选修课相互渗透、相互作用，二者有机统一，既保障了幼儿师范教育的基本教育质量，又赋予幼儿师范教育个性化的特色，提高了幼儿师范教育整体质量，促进了幼儿师范教育的发展。

（五）职前培养与职后培训相结合

通过调整、改革，新中国幼儿师范教育学制得到确立，教育任务得到确定、改革课程结构、培养初等及中等教育师资等，逐步形成了完整的幼儿师范教育职前培养体系。幼儿师范教育不仅注重加强在职教师进修，对幼儿园教师进行在职培训，而且注重对全国幼儿园园长广为培训，逐步形成了幼儿师范教育的在职培训体系。新中国幼儿师范教育在发展过程中，不仅形成了完整的职前培养体系，而且逐步形成了在职培训体系，注重职前培养与在职培训相结合，完善幼儿师范教育体系，推动幼儿师范教育发展。

综观新中国幼儿师范教育，历经了幼儿师范教育的改造、曲折发展、恢复重建、改革、稳步发展的阶段，新中国幼儿师范教育在艰难曲折中构建了幼儿师范教育完整的培养体系。在这一培养体系中，拥有中等幼儿师范教育和高等幼儿师范教育的分层发展、职前培训和在职培训连续发展、成人教育的终身发展的多个阶段。尤其，在改革开放以来，幼儿师范教育快速发展，不仅表现在数量上的增多，而且表现在质量上的提高；幼儿师资水平由幼师、职高幼师、中师到大专、本科、硕士、博士逐步提升；课程设置更加正规化和科学化；教学改革不断深入，推进新中国的幼儿师范教育稳步发展。

第三节　秉要执本：新中国精英人才模式下的中等师范教育

一　鸾翔凤集：新中国中等师范教育的思想奠基

新中国中等师范教育的发展源于近代教育家的中等师范教育思想。梁启超、张謇、陶行知、徐特立等人的中等师范教育思想和中等师范教育实践，为新中国成立后中等师范教育的整顿、改造提供了理论基础。

（一）思讲实学：梁启超的中等师范教育思想

1896年，梁启超撰写的《论师范》是我国近代最早论述师范教育的文章。他认为，师范教育的指导思想是中学为体，西学为用。在借鉴日本学制基础上，梁启超将师范学校的教学内容概括为六个方面："一须通习六经大义，二须讲求历朝掌故，三须通达文字源流，四须周知列国情状，五须分学格致专门，六须仞习诸国言语。"① 他倡导师范教育的教学方法为"能以授人"，循序《学记》的教学原则，主张"思讲实学"，首先掌握实用性强的知识，例如"历朝掌故"等。②

梁启超提出的师范教育的课程设置、倡导的师范教育的教学方法符合当时的中国国情，符合师范教育的发展，对我国早期的师范教育起到积极的作用，对以后的师范教育产生直接的影响。

（二）养成教育：张謇的中等师范教育思想

张謇的中等师范教育思想别具特色，尤其体现在他创办的通州师范的教育实践中，概括起来，具体体现在以下3点：

第一，以严格的规章制度，规范学生的行为。在他撰写的《通州师范学校议》一文中指出："师范生为他日儿童之表率，不习焉是犹以惰教也，非所以重师范生也"③，提倡师范生不仅要言传而且要身教，要以身作则，不能让怠惰的风气侵染师范生，强调环境对人的影响和作用。

第二，立校风、讲校训。以校风规范师范生的行为，以校训培养师范生的道德品质。在《师范学校开校演说》一文中，他提出的"忠实不欺，坚苦自立，成我通州之学风"④ 成为通州师范学校的校训，校训体现了通州师范学校对学生的要求，今天看来也颇具启示。

第三，强化师范生自我管理，注重教学管理能力养成。在《通州师范学校议》一文中，他提倡师范生应该"整洁教室内之尘垢，启闭教室内之门窗，排列会食堂之食器"⑤。他认为，要让师范生参与学校的大量的工作和一般的劳动，在参与学校的工作中培养学生勤劳的习惯和劳动的品质，使师范生获得教学管理的方法，提高他们的能力。张謇的中等师范教育思想对后来和现今的师范生教育产生深远的影响。

（三）生活教育：陶行知的中等师范教育思想

陶行知之所以是人民的教育家，不仅是因为他的教育思想，一个重要的因素是他创办晓庄师范学校，开创了乡村师范教育的先河。晓庄师范学校为当时中国培养了第一批乡村教师，同时也产生了陶行知的生活教育理论。陶行知的中等师

---

① 梁启超：《论师范》，载汤志钧、陈祖恩、汤仁泽编《戊戌时期教育》，陈元晖主编《中国近代教育史资料汇编》，上海教育出版社2007年版，第81页。

② 梁启超：《论师范》，载汤志钧、陈祖恩、汤仁泽编《戊戌时期教育》，陈元晖主编《中国近代教育史资料汇编》，上海教育出版社2007年版，第79—82页。

③ 张謇：《通州师范学校议》，载沈行恬编注《张謇教育文论选注》，南京大学出版社2016年版，第34页。

④ 张謇：《师范学校开校演说》，载沈行恬编注《张謇教育文论选注》，南京大学出版社2016年版，第43页。

⑤ 张謇：《通州师范学校议》，载沈行恬编注《张謇教育文论选注》，南京大学出版社2016年版，第34页。

范教育思想主要体现在有关师范教育的文章中，如《师范生应有之观念》（1918年）、《师范教育之新趋势》（1921年）、《师范教育下乡运动》（1926年）、《中国师范教育建设论》（1926年）、《试验乡村师范学校答客问》（1926年）、《晓庄试验乡村师范学校创校概念》（1927）、《教学做合一》（1927年）等，其中等师范教育思想主要体现在以下方面：

1. 生活教育理论

陶行知曾道："生活教育的意思是生活所原有，生活所自营，生活所必需的教育。它是由联系生活引起的生活的变化。他通过有目标有计划的生活去改造或重构无目标无计划的生活。"① 生活即教育，社会即学校，这是对教育本质的诠释。

2. 教学做合一

在《教学做合一》（1927年）一文中，他主张教法和学法应该"事怎样做就怎样学，怎样学就怎样教；教的法子要根据学的法子，学的法子要根据做的法子"②。学来源于生活，教来自于学，教学做要合一。"教学做合一"的教育思想有助于"教"和"学"在"做"中得到统一，真正体现知行合一，有利于培养学生的实践能力。

（四）三合原则：徐特立的中等师范教育思想

徐特立是无产阶级革命家、教育家，在中央苏区、抗日革命根据地、解放区、新中国成立后的教育中做出了杰出的贡献。徐特立的中等师范教育思想体现在他创办长沙师范学校、长沙女子师范学校、列宁师范学校的办学实践中。

1. 加强专业思想教育

1963年5月17日，徐特立在《给湖南省幼儿师范学校的一封信》中要求："搞幼儿教育工作的同志自身要有高尚的共产主义的道德修养，热爱自己的专业，专心致志，钻研业务，对培养好幼儿具有高度的责任感。"③ 他提倡师范学校要对学生进行树立革命的人生观，专业思想观，为教育事业贡献力量的教育。

2. 德育教育思想

徐特立认为，对学生要严格而不严厉，用民主说服的方法，尊重学生、以理服人。这些原则也成为今天德育工作的基本原则。

3. 教学方法

徐特立提出的教学原则是"三结合"，即劳心与劳动结合、生产与学习结合、理论与实践结合。

---

① 陶行知：《生活教育的理论及若干实验》，载方明主编《陶行知全集》第12卷，四川教育出版社2009年版，第35页。
② 陶行知：《教学做合一》，载方明主编《陶行知全集》第1卷，四川教育出版社2009年版，第106页。
③ 徐特立：《给湖南省幼儿师范学校的一封信》，载中央教育科学研究所编《徐特立教育文集》，人民教育出版社1986年版，第307页。

二 解弦更张：新中国中等师范教育的发展

新中国中等师范教育在坚实的中等师范教育理论的基础上，进行中等师范教育改造，确立中等师范教育学制，调整中等师范教育培养模式，积极推动新中国中等师范教育的发展。

（一）新中国中等师范教育的改造

1949年9月21日至30日，中国人民政治协商会议第一次全体会议通过的《中国人民政治协商会议共同纲领》提出了新民主主义教育方针。为了认真贯彻《共同纲领》精神，1949年12月23日至31日，教育部颁布的《第一次全国教育工作会议上的总结报告要点》提出，这一时期为"教育改造"的方针。中等师范教育的调整、改造主要体现在以下几个方面：

1. 中等师范教育学制的确立

1951年10月1日，中央人民政府政务院颁布的《政务院关于改革学制的决定》明确规定，这次学制分为幼儿教育、初等教育、中等教育、高等教育四个阶段。其中，对中等师范教育的学制做出相应规定（见表8-6）。

表8-6　　　1951年颁布的《政务院关于改革学制的决定》规定的中等师范教育学制分类表

名称	师范学校分类	修业年限	招生条件	其他规定
中等师范教育	初级师范学校	三年至四年	小学毕业生或同等学力者	须设幼儿师范科
	师范学校	三年	初级中学毕业生或同等学力者	须设幼儿师范科
	幼儿师范学校	三年	初级中学毕业生或同等学力者	
	初级师范学校、幼儿师范学校、师范学校的毕业生，须到小学或幼儿园服务一定期限，服务期满以后，经考试合格者，升入师范学校、高级中学、师范学院或其他高等学校			

资料来源：顾明远总主编：《政务院关于改革学制的决定》，载顾明远总主编《中国教育大系·马克思主义与中国教育》下卷，湖北教育出版社1994年版，第1335页。表格为笔者根据该资料自制。

表8-6表明，《政务院关于改革学制的决定》对中等师范教育学制的学校分类、修业年限、招生条件和3类学校的服务期进行了详细具体的规定，中等师范教育学制得到确立，推动了中等师范教育的发展。

2. 中等师范教育培养模式的调整

1952年7月16日，教育部颁布《师范学校暂行规程（草案）》，对中等师范教育的培养目标、学制、教学计划、修业年限等做出了详细的规定。

（1）培养目标

"师范学校的任务，是根据新民主主义教育方针，以理论与实际一致的方法，培养具有马克思列宁主义和马克思列宁主义与中国革命实际相结合的毛泽东思想的初步基础,中等文化水平和教育专业的知识、技能,全心全意为人民教育事业服务的初等教育和幼儿教育的师资。"①

(2) 学校设置

师范学校须设置师范速成班和短期师资训练班,其中师范速成班修业年限为一年,招生条件是初中毕业生或具有同等学力者。

(3) 修业年限和招收学生

师范学校的修业年限是 3 年。招收学生条件:1. 初中毕业生或具有同等学力者。2. 入学年龄暂定为 15 周岁至 30 周岁。3. 必须经过考试,合格者方可入学。4. 不受民族、宗教信仰的限制,除专收女生的女子师范学校外,并不受性别的限制。5. 初级中学毕业生成绩优异者,由原学校保送免试入学。6. 下列情况者予以照顾:工农子女、工农干部、少数民族青年。

(4) 师资培训

师范学校设函授部,培训在职小学教师,将教育教学水平提高至师范学校毕业程度。

(5) 实习

师范学校实行观摩实习,实习场所有两种:一是师范学校设附属小学或幼儿园;二是由所在地教育行政机关指定附近小学、幼儿园。

(6) 学习时间

每学期在校时间为 20 周,除入学、注册、考试外,实际上课(包括实习)18 周;学生每日学习时间不得超过 9 小时(包括上课和课外作业);教学时间,每节课 45 分钟,课间休息 10 分钟,每日第二节后休息时间延长至 30 分钟;数学等联系较多的科目,每节课讲授 30 分钟,15 分钟指导练习。

(7) 教材

师范学校教材是由中央教育部审定或指定的教科书。②

1953 年 7 月、1954 年 6 月、1956 年对 1952 年的教学计划进行如下调整:

第一,培养目标的调整。1956 年教育部颁布的《师范学校规程》对 1952 年教育部颁布的《师范学校暂行规程(草案)》规定的师范学校的任务和培养目标进行了调整:"师范学校的任务是培养具有社会主义的政治觉悟、辩证唯物主义的世界观、共产主义的道德,中等文化水平与教育专业知识技能,身体健康、全心全意为社会主义教育事业服务的初等教育和幼儿教育师资。"③ 1957 年 3 月,教

---

① 李友芝、李春年、柳传欣、葛嘉训编:《师范学校暂行规程(草案)》,载李友芝、李春年、柳传欣、葛嘉训编《中国近现代师范教育史资料》,内部交流资料,第 917 页。

② 李友芝、李春年、柳传欣、葛嘉训编:《师范学校暂行规程(草案)》,载李友芝、李春年、柳传欣、葛嘉训编《中国近现代师范教育史资料》,内部交流资料,第 916—921 页。

③ 刘英杰主编:《中国教育大事典》上册,浙江教育出版社 1993 年版,第 975 页。

育部颁布的《关于修改中等师范学校教学计划的意见》规定:"师范学校毕业生基本上能担任小学各科教学工作,对语文、算术二科的教学尤其要能胜任愉快。"①

第二,课程设置的调整。1953年7月29日,教育部颁布的《师范学校教学计划（修订草案)》和《三年制初级师范学校教学计划（修订草案)》对1952年教育部颁布的《师范学校暂行规程（草案)》规定的师范学校教学计划做出修订。1954年6月12日,教育部颁布《四年制初级师范学校教学计划（修订草案)》,三个文件形成系统的教学计划。对1952年颁发的《师范学校暂行规程（草案)》进行修订的内容主要体现在:第一,增加科目:人体解剖生理学；第二,改换科目:化学改称化学及矿物学；第三,减少科目内容:数学中减去三角；第四,减去科目:时政不列入课表；第五,减少课时的学科:语文（减36课时)、化学（减60课时)、自然教学法（减32课时)、三角（减72课时)、时事政策（减104课时)；第六,增加课时的学科:算术教学法（增14课时)、几何（增72课时)、物理（增36课时)、历史（增10课时)、共同纲领（增18课时)、人体解剖生理学（增72课时)。

1956年5月19日,教育部颁布的《师范学校教学计划》的主要内容体现在教学进程表中（见表8-7)。

表8-7　　　　　　　　1956年教育部颁布的教学进程表

题序	学科名称	举行考试的学期	时数 共计	时数 小计	第一学年 十八周 第一学期	第一学年 十七周 第二学期	第二学年 十八周 第三学期	第二学年 十七周 第四学期	第三学年 十八周 第五学期	第三学年 十三周 第六学期
1	语文及语文教学法	2,4	637							
	(1) 汉语	1,3,5		140	2	2	2	2		
	(2) 文学及儿童文学			435	4	4	4	4	5	5
	(3) 语文教学法			62						
2	数学及算术教学法		408							
	(1) 算术	4		121		2	2	3		
	(2) 代数	2		88	3	2				
	(3) 几何	1,3		124	2	2	3			
	(4) 算术教学法			75					2	3
3	物理学	1,2,4	211	211	4	3	3	2		

---

① 刘英杰主编:《中国教育大事典》上册,浙江教育出版社1993年版,第975页。

续表

题序	学科名称	举行考试的学期	时数 共计	时数 小计	第一学年 十八周 第一学期	第一学年 十七周 第二学期	第二学年 十八周 第三学期	第二学年 十七周 第四学期	第三学年 十八周 第五学期	第三学年 十三周 第六学期
4	化学及矿物学	2	105	105	3	3				
5	人体解剖生理学	2	70	70	2	2				
6	达尔文主义基础	4	70	70			2	2		
7	自然教学法	5	36	36					2	
8	地理及地理教学法		176							
	（1）自然地理			36	2					
	（2）中国地理	3		70			2	2		
	（3）外国地理			34				2		
	（4）地理教学法	5		36					2	
9	历史及历史教学法		304							
	（1）世界近代现代史			70	2	2				
	（2）中国历史	3，5		198			3	3	3	3
	（3）历史教学法	5		36					2	
10	政治		101							
	（1）社会科学常识	4		70			2	2		
	（2）中华人民共和国宪法			31					1	1
11	心理学	3	54	54			3			
12	教育学	4	161	161				4	3	3
13	少年先锋队的工作		13	13						1
14	学校卫生学		39	39						3
15	体育及体育教学法		202	202	2	2	2	2	2	2
16	音乐及音乐教学法		184	184	2	2	1	2	2	2
17	图画及图画教学法		185	185	2	2	2	1	2	2
18	教育实习		122	122					2	4
19	教学工厂实习		88	88	1	1	1	1	1	
20	农业生产基本知识及实习		88	88	1	1	1	1	1	
	总计时数		3254	3254	32	32	32	33	33	31
	各学期举行考试的学科数	24			3	5	5	6	5	

资料来源：刘英杰主编：《中国教育大事典》上册，浙江教育出版社1993年版，第985页。

表8-7表明，第一，1956年师范学校教学计划新增4门课：教学工厂实习、农业生产基本知识及实习、少年先锋队的工作、算术，重视社会实践，提高学生实践能力。第二，增加课时数：语文教学法、地理教学法、历史教学法、教育实习。第三，减少了周学时和总学时。

1952年至1956年，教育部陆续制定了中等师范学校统一的教学大纲，1953年至1956年间，出版完整的师范学校课本，1953年教育部印发苏联师范学校的《教育实习教学大纲》，1956年教育部颁布的《师范学校教育实习大纲（草案）》规定了师范学校教育实习的具体内容。

（二）改革开放以来中等师范教育的发展

改革开放以来，中等师范教育坚持以"调整、改革、整顿、提高"为指导方针，确立中等师范教育的学制、任务、培养目标，调整中等师范教学计划，积极推进中等师范教育的教学工作，推动中等师范教育的发展。

1. 中等师范教育的方针

1976年，"文化大革命"结束后，经过1977年至1979年间的努力，中等师范教育重新得到一定的恢复和发展。至1979年，"中等师范学校一千多所，在校学生48万多人，都比一九六五年增长了两倍多"[1]。1980年6月，教育部在北京召开第四次全国师范教育工作会议。在师范教育工作会议上，《教育部关于师范教育的几个问题的请示报告》中提出：师范教育"要继续进行调整、改革、整顿、提高，在提高质量的基础上稳步发展，建立一个健全的师范教育体系"[2]。在会议上，教育部副部长高沂作了《办好师范教育，提高师资水平，为四化建设培养人才做出贡献》的报告并提出："各省、市、自治区应当根据需要和可能条件，统筹规划本省各级师范院校的设置"，强调在经济条件好的地方，一个专区应有"几所中等师范学校（包括幼儿师范学校或幼师班）"[3]。1980年8月，教育部颁布的《关于办好中等师范教育的意见》提出："为了办好中等师范教育，必须从中等师范教育的实际情况出发，继续贯彻'调整、改革、整顿、提高'的方针"[4]。

1985年5月27日，中共中央在《中共中央关于教育体制改革的决定》中指出："建立一支有足够数量的、合格而稳定的师资队伍，是实行义务教育、提高基础教育水平的根本大计"，并确定"把发展师范教育和培训在职教师作为发展

---

[1] 李友芝、李春年、柳传欣、葛嘉训编：《教育部关于师范教育的几个问题的请示报告》，载李友芝、李春年、柳传欣、葛嘉训编《中国近现代师范教育史资料》，内部交流资料，第1366页。

[2] 李友芝、李春年、柳传欣、葛嘉训编：《教育部关于师范教育的几个问题的请示报告》，载李友芝、李春年、柳传欣、葛嘉训编《中国近现代师范教育史资料》，内部交流资料，第1361页。

[3] 高沂：《办好师范教育，提高师资水平，为四化建设培养人才做出贡献》，载李友芝、李春年、柳传欣、葛嘉训编《中国近现代师范教育史资料》，内部交流资料，第1370页。

[4] 李友芝、李春年、柳传欣、葛嘉训编：《关于办好中等师范教育的意见》，载李友芝、李春年、柳传欣、葛嘉训编《中国近现代师范教育史资料》，内部交流资料，第1154页。

教育事业的战略措施"①。

为了贯彻全国师范教育工作会议精神，落实《中共中央关于教育体制改革的决定》的指示，1986年4月12日，第六届全国人民代表大会第四次会议通过了《中华人民共和国义务教育法》，其中第十三条规定："国家采取措施加强和发展师范教育，加速培养，培训师资，有计划地实现小学教师具有中等师范学校毕业生以上水平，初级中等学校的教师具有高等师范专科学校毕业生以上水平"②。同时，确定以"调整、改革、整顿、提高"为中等师范教育的方针。在这一方针指导下，各地对本地区中等师范学校的设置、分布、规模、招生人数等进行调整，对师范学校的办学方向、教学内容、教学方法、学校管理等方面进行改革，中等师范学校的教育质量得到提高，有力推动了中等师范学校的发展。

2. 中等师范教育的学制

1980年8月，教育部颁布的《中等师范学校规程（试行草案）》规定："中等师范学校学制为三年和四年两种，招收初中毕业生或具有同等学力的社会青年"③。为了提高民办教师的专业素养，巩固小学教师队伍，坚持以小学教师地方化为原则，1980年8月教育部颁布的《关于办好中等师范教育的意见》指出："中等师范学校也可招收民办（或代课）教师。招收的条件必须是教小学的民办（或代课）教师，年龄可适当放宽。招收民办教师，应经过文化考试，政治审查和体格检查，择优录取。学制定为二年"④。1986年3月26日，教育部颁布的《〈关于加强和发展师范教育的意见〉的通知》强调，"中等师范学校（含幼师）以三、四年制为基本学制"⑤。以上这些文件确定了改革开放以来，我国中等师范学校的学制为两年、三年和四年。中等师范学校的学制的确立使中等师范教育走向正轨，中等师范教育得到进一步的发展。

3. 中等师范教育的任务

1980年6月，为了总结30年来师范教育的历史经验和教训，推动师范教育发展，教育部在北京召开第四次全国师范教育工作会议。会议进一步明确了师范教育在整个教育事业中的地位，分析了师范教育的形势，讨论了师范教育的任务和培养目标，从师范教育的实际出发，深入研究了办好师范教育的有关问题。会议重新确定师范教育的基本任务是"培养师资"，中等师范学校的任务是"培养

---

① 顾明远总主编：《中共中央关于教育体制改革的决定》，载顾明远总主编《中国教育大系·马克思主义与中国教育》下卷，湖北教育出版社1994年版，第1403页。

② 顾明远总主编：《中华人民共和国义务教育法》，载顾明远总主编《中国教育大系·马克思主义与中国教育》下卷，湖北教育出版社1994年版，第1410页。

③ 李友芝、李春年、柳传欣、葛嘉训编：《中等师范学校规程（试行草案）》，载李友芝、李春年、柳传欣、葛嘉训编《中国近现代师范教育史资料》，内部交流资料，第1143页。

④ 李友芝、李春年、柳传欣、葛嘉训编：《教育部关于办好中等师范教育的意见》，载李友芝、李春年、柳传欣、葛嘉训编《中国近现代师范教育史资料》，内部交流资料，第1155—1156页。

⑤ 刘英杰主编：《中国教育大事典》上册，浙江教育出版社1993年版，第975页。

小学师资"①。1980年8月，教育部颁布的《中等师范学校规程（试行草案）》规定："中等师范学校的任务是：培养具有社会主义觉悟、辩证唯物主义世界观、共产主义道德品质，从事小学或幼儿教育工作必备的文化与专业知识、技能，热爱儿童，全心全意为社会主义教育事业服务，身体健康的小学和幼儿园师资"，同时规定"中等师范学校还应根据需要和可能承担培训在职小学教师和幼儿园保教人员的任务"②。

4. 中等师范教育的培养目标

1980年10月，教育部颁布的《中等师范学校教学计划试行草案》规定，中等师范教育的培养目标是："培养合格的小学教师。要把学生培养成为德育、智育、体育全面发展的，具有社会主义觉悟、辩证唯物主义世界观、共产主义道德品质，从事小学教育工作必备的文化与专业知识、技能，热爱教育事业，热爱儿童，全心全意为社会主义教育事业服务，身体健康的小学教师。"③ 经过几年的试行，各地反映本次规定的中等师范教育的培养目标不能适应四个现代化建设、改革开放的需要。鉴于此，教育部经过调研，1987年4月，制定并下发《中等师范学校培养目标（初稿）》，以供各地中等师范学校参考。《中等师范学校培养目标（初稿）》由思想品德、知识与技能、基本能力和体育卫生四部分组成（见表8-8）。

表8-8　1987年教育部颁布的《中等师范学校培养目标（初稿）》（节选）

项目	中等师范学校具体培养目标
思想品德	1. 热爱祖国、热爱社会主义，热爱中国共产党，初步树立为人民服务的思想；认真学习马克思主义，初步树立辩证唯物主义和历史唯物主义的观点，具有社会主义道德品质、集体主义精神和良好的文明习惯 2. 热爱教育事业，热爱儿童，愿意为小学教育做出自己的贡献，服从国家分配 3. 遵纪守法，文明礼貌，诚实公正，团结友爱 4. 勤奋好学，意志坚强，理智热情，性格开朗
知识与技能	1. 掌握从事小学教育教学工作所必备的文化科学知识和相应的技能。要有比较扎实的语文、数学知识基础和较宽的知识面 2. 掌握心理学、教育学的基础知识，了解小学各科教学大纲、教材和基本的教学方法 3. 掌握从事小学教育教学工作所必备的体育、音乐、美术等学科的基础知识和技能，并在某一方面学有所长 4. 根据各地不同情况，掌握一定的工农业生产知识和技能

---

① 李友芝、李春年、柳传欣、葛嘉训编：《教育部关于师范教育的几个问题的请示报告》，载李友芝、李春年、柳传欣、葛嘉训编《中国近现代师范教育史资料》，内部交流资料，第1361页。

② 李友芝、李春年、柳传欣、葛嘉训编：《中等师范学校规程（试行草案）》，载李友芝、李春年、柳传欣、葛嘉训编《中国近现代师范教育史资料》，内部交流资料，第1143页。

③ 李友芝、李春年、柳传欣、葛嘉训编：《中等师范学校教学计划试行草案》，载李友芝、李春年、柳传欣、葛嘉训编《中国近现代师范教育史资料》，内部交流资料，第1171页。

续表

项目	中等师范学校具体培养目标
基本能力	1. 自学能力。掌握正确的学习方法，养成良好的自学习惯 2. 表达能力。能说标准的普通话，能使用钢笔、毛笔、粉笔规范地书写汉字；能用语言和文字准确地表达自己的思想和感情 3. 审美能力。具有较强的审美感觉能力和一定的审美判断能力以及培养小学生表达美、创造美的能力，并具有初步的美化环境、艺术创造等方面的能力 4. 教育、教学的组织能力。会做小学班主任工作，能组织好班级、少先队和其他活动；会分析教材，编写教案，能较好地讲授知识，组织课堂教学（含复式教学），会实验操作，会辅导学生，会组织和指导小学生的手工习作或科技活动 5. 使用和制作教具的能力。会使用小学常用教具和电化教具，能制作小学简易教具
体育卫生	1. 积极参加体育活动，坚持锻炼身体，具有良好的身体素质 2. 具有良好的卫生习惯和生活习惯，懂得青少年的保健常识

资料来源：刘英杰主编：《中国教育大事典》上册，浙江教育出版社1993年版，第976页。表格为笔者根据该资料自制。

表8-8表明，第一，改变了1980年教育部颁布的《中等师范学校教学计划试行草案》规定的中等师范学校培养目标过于原则化的内容；第二，培养目标更具体化，易于在实践中实施操作；第三，注重中等师范生的全面培养；第四，强调中等师范生的思想品德教育；第五，注重专业能力的培养。

1989年6月21日，国家教委颁布的《三年制中等师范学校教学方案（试行）》规定：

> 中等师范学校的培养目标是培养学生热爱社会主义祖国，热爱中国共产党，热爱小学教育事业，初步树立马克思主义的基本观点，具有良好的社会公德和教师的职业道德，艰苦奋斗和求实创新的精神；使学生掌握从事小学教育教学工作必备的文化知识、技能和基本能力，懂得小学教育教学的基本规律，具备一定的审美能力、初步的生产劳动知识和技能，养成良好的卫生习惯，具有健康的体魄，使他们成为合格的小学教师。[①]

中等师范教育培养目标的不断深化，是适应中等师范教育发展的自身调适，依据社会对中等师范教育培养人才规格的需求而制定的培养目标，适应了改革开放以来社会发展的需求，推动了中等师范教育的改革和发展。

5. 中等师范学校的教学工作

1980年8月22日，教育部颁布的《中等师范学校规程（试行草案）》分8章，共60条。其中教学工作共13条：

[①] 《中国教育年鉴》编辑部编：《三年制中等师范学校教学方案（试行）》，载《中国教育年鉴》编辑部编《中国教育年鉴（1990）》，人民教育出版社1991年版，第114页。

(1) 中等师范学校教学工作原则

全面安排学校工作，必须贯彻以教学为主的原则，每年授课时间不少于9个月（包括上课和复习考试时间），生产劳动半个月，寒假和暑假共2个半月。

(2) 中等师范学校课程设置

中等师范学校课程设置：政治、语文及小学语文教材教法、数学及小学数学教材教法、物理、化学、生物、小学自然常识教材教法、外语、地理、历史、心理学、教育学、体育、音乐、美术、教育实习16门课程。民族师范学校增设民族语文。

(3) 中等师范学校教学原则

必须贯彻理论与实际相结合原则和面向小学（或幼儿园）的原则。注重培养学生的自觉性、创造性、独立思考能力、自学能力和独立工作能力。

(4) 中等师范学校的教学基本组织形式

教学基本组织形式是课堂教学，教师要做到：第一，要发挥主导性；第二，要以身作则、起示范作用；第三，要依据教学原则、教学目的、学科内容的特点和学生的实际情况，确定教学方式，如启发式教学，积极开发学生智力，使学生掌握系统的科学文化知识、专业知识和技能。

(5) 从学情出发、提高教学质量

从学生的实际水平出发，严要求、严训练，特别加强语文、数学两科的教学。

(6) 多方面培养学生的能力

为培养学生的审美观和从事小学教育的多种才能，加强对学生进行体育、音乐、美术、写字等方面的技能、技巧的训练，利用课外时间，辅导学生练习。

(7) 注重教材教法、加强教育实习

努力提高教育学、心理学教学质量，注重教材教法、加强教育实习。

(8) 学习成绩评定

中等师范学校学生的学业成绩包括：学期成绩、学年成绩、毕业成绩，均由任课教师评定。各学科的学年成绩都及格的，准予升级；不及格满3门的，不准升级；不及格的学科不满3门的，准许下学期开学前补考，及格的准予升级；仍有两科不及格的，不准升级；仍有一科不及格的，经校委会讨论，确定其留级或升级。学生在学期间，只准留级1次，超过此限，勒令退学。

(9) 学校设备标准

中等师范学校应具备以下设施：普通教室、物理实验室、化学实验室、生物实验室、音乐实验室、美术实验室、乐器练习实验室、舞蹈室（幼师）、体育场、风雨操场、图书馆、阅览室、资料室、电化教室、生物实验园地等。学校设备力求充实实用、合乎标准。

(10) 实验设施管理

物理、化学、生物实验室，由专人管理，负责实验用品等级、保管和使用消耗的统计，担负实验前后仪器、标本、药品、图标的准备和整理工作。

（11）设立图书馆

重视和加强图书馆的建设和管理，使之为教学服务。

（12）教研活动

以教学科目设教研组（室），其职能是研究各科教学大纲和教材，拟定学期教学计划，掌握、分析学情，研究改进、组织观摩教学，交流教学经验，与附属小学（或幼儿园）有关学科的教师建立经常性的教学研究联系制度。

（13）组织教学科研活动

中等师范学校在保证完成教学任务的前提下，积极组织教学方面的科学研究，以促进教学质量和师资水平的提高。[①]

《中等师范学校规程（试行草案）》的颁布，加强了全国各地中等师范学校的教学管理，提高了中等师范学校的教育教学质量，促进了中等师范教育的发展。

6. 中等师范学校的教学计划

1980年10月，教育部颁布的《中等师范学校教学计划试行草案》主要从培养目标、修业年限、课程设置、教育实习、生产劳动、时间分配六个部分设计中等师范学校教学计划，并附有三年制、四年制师范学校教学计划表。经过试行，教育部征询各地反馈意见，决定对《中等师范学校教学计划试行草案》进行调整，1986年8月29日，教育部颁布的《关于调整中等师范学校教学计划的通知》重点调整了七个方面："第一，严格控制教学时数和课程门类；第二，适当延长假期，每学年上课周数相对减少；第三，适当增加政治课的课时；第四，妥善安排选修课；第五，加强教育理论课程和教育实习；第六，加强学生基本功训练；第七，适应课时调整，对教学内容和教材做相应安排"[②]。随《关于调整中等师范学校教学计划的通知》附发有调整后的三、四年制师范学校教学时数表（见表8-9和表8-10）。

表8-9　　　　　1986年调整后的三年制师范学校教学时数表

科目	课时/学时	一	二	三	上课总时数	比原计划增(+)、减(-)课时
政治		2	2	2	192	+21
语文	文选和写作	5	5	4	582	-32
	语文基础知识	2	2			
	小学语文教材教法			2	60	-2

[①] 李友芝、李春年、柳传欣、葛嘉训编：《中等师范学校规程（试行草案）》，载李友芝、李春年、柳传欣、葛嘉训编《中国近现代师范教育史资料》，内部交流资料，第1144—1147页。

[②] 刘英杰主编：《中国教育大事典》上册，浙江教育出版社1993年版，第989页。

续表

课时学时 科目		一	二	三	上课总时数	比原计划增（+）、减（-）课时
	政治	2	2	2	192	+21
数学	数学	6	5		364	-56
	小学数学教材教法			4	120	-4
	物理学	3	3	2	258	-45
	化学	3	3		198	-12
	生物学	3			102	-42
	生理卫生		2		64	-4
	历史			3	90	-3
	地理			2	60	-33
	心理学		2		64	-4
	教育学			4	120	-4
	体育及体育教学法	2	2	3	222	-11
	音乐及音乐教学法	2	2	2	192	-10
	美术及美术教学法	2	2	2	192	-10
	每周上课总时数	30	30	30		
	每学年上课周数	34	32	30		
	教育实习（周）		2	6		
	生产劳动（周）	2	2			

资料来源：刘英杰主编：《中国教育大事典》上册，浙江教育出版社1993年版，第990页。

表8-10　　　　　1986年调整后的四年制师范学校教学时数表

课时学时 科目		一	二	三	四	上课总时数	比原计划增（+）、减（-）课时
	政治	2	2	2	2	256	+17
语文	文选和写作	5	5	4	4	774	-44
	语文基础知识	2	2	2			
	小学语文教材教法				2	60	-2
数学	数学	4	4	4		392	-24
	小学数学教材教法				4	120	-4
	物理学		3	3	4	312	-16
	化学	4	3			232	-14
	生物学	3				102	-42
	生理卫生		2			64	-4

续表

课时 科目	一	二	三	四	上课总时数	比原计划增（+）、减（−）课时
历史	3				102	−99
地理				2	64	−38
心理学		3			96	−6
教育学			2	2	124	−6
体育及体育教学法	2	2	3	3	318	−17
音乐及音乐教学法	2	2	2	2	256	−14
美术及美术教学法	2	2	2	2	256	−14
每周必修课上课时数	29	30	26	24		
选修课	(1)		(4)	(6)	(312)	
每周上课最高时数	(30)	(30)	(30)	(30)		
每学年上课周数	34	32	32	30		
教育实习（周）		2	2	6		
生产劳动（周）	2	2	2			

资料来源：刘英杰主编：《中国教育大事典》上册，浙江教育出版社1993年版，第991页。

表8-9和表8-10表明，1986年国家教委对1980年的教学计划做了适当的调整，主要严格控制教学时数和课程门类。极大地减少课时，其目的是适当增加政治课的课时、妥善安排选修课、加强教育理论课程和教育实习、加强学生基本训练，提高中等师范生的政治素养、理论专业水平和实践能力。同时允许有条件的学校，经批准可自拟教学计划，给地方中等师范学校放权，给其自主办学创造发展空间。

经过三年实践，1989年6月，国家教委颁布的《三年制中等师范学校教学方案（试行）》规定了三年制中等师范学校课程设置必修课和选修课及其课时数。必修课包括：语文（包括小学语文教材教法，570课时左右）、数学（包括小学数学教材教法，420课时左右）、思想政治（190课时左右）、物理学（170课时左右）、化学（130课时左右）、生物学（含少年儿童生理卫生）（130课时左右）、历史（130课时左右）、地理（130课时左右）、小学心理学教程（100课时左右）、小学教育学教程（130课时左右）、体育（190课时左右）、音乐（190课时左右）、美术（190课时左右）、劳动技术（150课时左右）。选修课一般开设文化知识、小学各科教学法、艺术、体育及适应本地经济发展需要的职业技术教育等类课程。选修课时是总课时数的7%—15%（250—510课时）。①《三年制中等师范学校教学方案（试行）》给出了三年制中等师范学校必修课周课时参考（见表8-11）。

表8-11　1989年国家教委颁布的三年制中等师范学校必修课周课时参考

科目	第一学年	第二学年	第三学年
思想政治	2	2	2
语文	6	6	4
小学语文教材教法			?
数学	5	5	
小学教学教材教法			3
物理	3	2	
化学	2	2	
生物学（含少年儿童生理卫生）	4		
历史		2	2
地理		2	2
小学心理学教程	3		
小学教育学教程		2	2
体育	2	2	2
音乐	2	2	2
美术	2	2	2
劳动技术	2	2	

资料来源：《中国教育年鉴》编辑部编：《三年制中等师范学校教学方案（试行）》，载《中国教育年鉴》编辑部编《中国教育年鉴（1990）》，人民教育出版社1991年版，第836页。

表8-11表明，《三年制中等师范学校教学方案（试行）》列示的只是参考，而没有提出统一要求，充分说明尊重各学校的自主权，给中等师范学校充分的自由发展空间，对中等师范学校的发展起到很好的指导作用。

《三年制中等师范学校教学方案（试行）》是贯彻党中央《关于教育体制改革的决定》精神的重要文件，国家教委只对中等师范学校做基本要求并未做统一规定，各中等师范学校可依据自己的实际情况制订相应的教学计划，这一举措极大

---

① 《中国教育年鉴》编辑部编：《三年制中等师范学校教学方案（试行）》，载《中国教育年鉴》编辑部编《中国教育年鉴（1990）》，人民教育出版社1991年版，第834—836页。

地推动了中等师范教育的平衡发展。

三 "量""质"并举：中等师范教育的特征

中等师范教育发展具有强化选修课，发展学生特长；加强能力培养，提升综合素养；开展全科教育，培养全科教师；夯实基础知识，加强基本功训练的"量""质"并举的特征。

（一）强化选修课，发展学生特长

《三年制中等师范学校教学方案（试行）》规定中等师范学校课程设置必修课和选修课，首次确立了中等师范教育选修课在中等师范教育的地位及必要性和重要性。选修课的实施符合师范生的成长规律，促进了师范生的个性发展，有利于培养师范生的特长，提高师范生的学习兴趣，提升师范生全方位的综合能力，为将来入职做好充分准备。必修课和选修课相结合，提高了中等师范学校教育教学质量。

（二）加强能力培养，提升综合素养

《中等师范学校培养目标（初稿）》要求，中等师范学校应从养成良好的自学习惯、掌握正确的学习方法着手，培养师范生自学能力；从能说标准的普通话、能用各种笔书写汉字、准确地表达自己的思想和感情着手，培养师范生口头和书面表达能力；培养师范生审美感觉能力和一定的审美判断能力以及培养小学生表达美、创造美的能力，并具有初步的美化环境、艺术创造等方面的能力；培养师范生使用电化教具能力和制作教具能力；从学会做班主任做起，组织开展各类教育教学活动，提高师范生组织能力。通过对师范生自学能力、表达能力、审美能力、组织能力等的培养，提升师范生的综合素养，建设高素质教师队伍。

（三）开展全科教育，培养全科教师

从中等师范学校课程设置结构、教学计划、教学进程和三、四年制师范学校教学时数可以看出，中等师范学校课程设置逐渐走向合理化、科学化，课程门类齐全，课时符合教育现状，既开设必修课，又开设选修课；既设置教育学、心理学等理论课程，又设置教育实习和生产劳动；既有基础知识课程，也有各科教材教法等，充分体现了中等师范学校开展全科教育，确保师范生全科发展，提升师范生综合素养，促进师范生德、智、体、美、劳五育全面发展，培养全科式教师，促进中等师范教育发展。

（四）夯实基础知识，加强基本功训练

中等师范学校教学坚持面向小学的原则，从学生实际出发，理论联系实际，培养从事小学教育教学工作所必备的文化科学基础知识学习和相应的技能训练，尤其培养学生扎实的语文、数学知识基础和较宽的知识面，加强学生的基础知识学习，提升学生的基本技能；加强心理学、教育学等基础知识的教学，让学生掌握教育基本理论知识；强化理论与实践相结合，注重教授各学科教材教法，提高学生实践运用能力；从多方面培养学生能力，让学生掌握从事小学教育教学工作所必备的音乐、体育、美术等学科的基础知识和技能。中等师范学校教学重视基本功训练，提高中等师范教育教学质量。

第四节　时雨春风：新中国普及型英才模式下的高等师范教育

一　"三个面向"：新中国高等师范教育发展的教育背景

新中国成立以来，新中国的教育方针经历了由新中国成立初期的新民主主义教育方针转向社会主义教育方针，由毛泽东提出的教育方针和党的教育方针到"文化大革命"时期的教育方针，改革开放以来，由"三个面向"和新时期的教育方针到《中华人民共和国教育法》中的教育方针，最终获得法律化的教育方针，这一过程经历了曲折的嬗演历程。

（一）社会主义教育方针的确定

1958年9月19日，中共中央、国务院颁布的《中共中央、国务院关于教育工作指示》提出："党的教育工作方针，是教育为无产阶级的政治服务，教育与生产劳动相结合；为了实现这个方针，教育工作必须由党来领导。"①

党的教育工作方针体现了三方面内容：第一，"教育为无产阶级的政治服务"，就是教育为社会主义革命和社会主义建设服务、为消灭一切剥削阶级和一切剥削制度的残余服务、为消灭城乡差别服务、为消灭脑力和体力劳动差别服务、为建设共产主义社会服务；第二，"教育与生产劳动相结合"，各级各地学校必须让生产劳动进课程、进教材、进课堂，在生产劳动过程中改造思想，形成正确的世界观、人生观和价值观，把学生培养成全面发展的社会主义新人。第三，"教育工作必须由党来领导"，没有党的领导，社会主义教育就偏离或失去了方向，党必须发挥在各级各类学校的指挥和领导作用，要在学校师生中发展党和青年团的组织；中央各部属学校，在政治上受当地党委领导；高校实行校党委领导下的校务委员会负责制；在学校师生中开展政治思想工作、开设政治工作课，党委书记和委员担任教学；校党委在学校师生中开展思想改造工作。②

（二）社会主义建设新时期教育方针的确立

自改革开放以来，为了贯彻"三个面向"精神，落实在社会主义建设新时期，党和国家工作的总体部署，党中央制定了一系列新的教育方针，适应中国社会主义建设的发展需要。

---

① 顾明远总主编：《中共中央、国务院关于教育工作指示》，载顾明远总主编《中国教育大系·马克思主义与中国教育》下卷，湖北教育出版社1994年版，第1348页。
② 顾明远总主编：《中共中央、国务院关于教育工作指示》，载顾明远总主编《中国教育大系·马克思主义与中国教育》下卷，湖北教育出版社1994年版，第1348—1350页。

1. 《中共中央关于教育体制改革的决定》中提出的教育方针

1985年5月27日，中共中央颁布的《中共中央关于教育体制改革的决定》提出，教育必须为社会主义建设服务，社会主义建设必须依靠教育；教育要坚持面向现代化、面向世界、面向未来，培养有理想、有道德、有文化、有纪律，热爱社会主义祖国和社会主义事业的人才。"两个必须""三个面向""四有"是我国社会主义建设新时期第一个明确表述的教育方针。①

《中共中央关于教育体制改革的决定》提出的教育方针总结了历史经验和教训，反映了社会主义发展的客观需求，遵循了教育发展规律，体现了教育为社会主义建设服务，社会主义建设依靠教育，是新中国成立以来教育方针的重大转折，对当时和后期社会主义建设和教育改革起到巨大的推动作用。

2. 《中华人民共和国义务教育法》中提出的教育方针

1986年4月12日，第六届全国人民代表大会第四次会议通过了《中华人民共和国义务教育法》。《中华人民共和国义务教育法》第三条规定："义务教育必须贯彻国家教育方针，努力提高教育质量，使儿童、少年在品德、智力、体质等方面全面发展，为提高全民族的素质，培养有理想、有道德、有文化、有纪律的社会主义建设人才奠定基础"②。该教育方针是针对义务教育阶段，主要强调教育目标培养的素质结构和人才规格，首次明确提出"提高全民族的素质"，推动了20世纪90年代义务阶段素质教育的发展。

3. 《中国教育改革和发展纲要》中提出的教育方针

1993年2月13日，中共中央、国务院颁布的《中国教育改革和发展纲要》明确提出：我国现阶段的教育方针是"教育必须为社会主义现代化建设服务、必须与生产劳动相结合，培养德、智、体等全面发展的建设者和接班人"。③ 这一教育方针为中国社会主义建设和教育改革与发展规划了宏伟蓝图。

4 《中华人民共和国教育法》中提出的教育方针

1995年3月18日，第八届全国人民代表大会第三次会议通过的《中华人民共和国教育法》第五条明确规定："教育必须为社会主义现代化建设服务，必须与生产劳动相结合，培养德、智、体全面发展的社会主义事业的建设者和接班人"④。

《中华人民共和国教育法》中提出的教育方针综合了《中国教育改革和发展纲要》《中共中央关于教育体制改革的决定》《中华人民共和国义务教育法》中提

---

① 顾明远总主编：《中共中央关于教育体制改革的决定》，载顾明远总主编《中国教育大系·马克思主义与中国教育》下卷，湖北教育出版社1994年版，第1402页。
② 顾明远总主编：《中华人民共和国义务教育法》，载顾明远总主编《中国教育大系·马克思主义与中国教育》下卷，湖北教育出版社1994年版，第1409页。
③ 国家教育委员会政策法规司编：《中国教育改革和发展纲要》，载国家教育委员会政策法规司编《中华人民共和国基础教育现行法规汇编》，北京师范大学出版社1993年版，第8页。
④ 中华人民共和国中央人民政府：《中华人民共和国教育法》，http://www.gov.cn/xinwen/2015-12/28/content_5028401.htm，1995年3月18日［2020-05-08］。

出的教育方针并结合《中华人民共和国未成年人保护法》中的教育法律规定,经过反复论证,形成了新中国成立以来第一个以立法形式,将教育方针法律化表述完整的、体现社会主义特色的教育方针,对中国教育改革和发展起着深远的影响。

二 借鉴创新:高等师范教育的发展

高等师范教育的发展经历了院系调整、借鉴苏联教育教学模式、本土化的探索和创新,逐步走向蓬勃发展的演变历程。

(一)高等师范教育的院系调整

1951年8月,教育部在北京召开第一次全国师范教育会议,会议深入全面地分析了高等师范学校结构不合理的原因及存在的问题。第一,全国29所高等师范学校中,独立设置的高等师范学校只有17所,其余为普通大学,学校院系设置单调,只有教育学、师范学院两类。第二,高等师范学校系科设置不合理,在大学文学院中设置教育系的共有32个。第三,高等师范学校分布结构不合理,很难充分适应各地教育发展的需要。第四,高等师范学校在教育制度、教育内容等方面,都缺乏统一标准,不能满足社会需要大批中等师范学校师资的要求。[1]

为了解决高等师范学校所面对的问题和根除其积病,会议一致同意纠正不合理的情况,对高等师范学校进行调整、改革,并确定了高等师范学校调整原则:第一,以培养高级中等学校师资为主要任务,调整高等学校分布,在每一大行政区至少建一所师范学校,各省和大城市设立一所师范专科学校,若有条件,可设立师范学院。第二,大力整顿和巩固现有师范学院,逐渐增添设备,充实其内容。第三,逐步独立设置现在大学中的师范学院或教育学院,并增设文理方面的系科。第四,根据需要和条件,将个别大学的文理学院改组为独立的师范学院。第五,以培养师范学校的教育学、心理学等科目的教师为师范学院教育系的主要任务,将大学文学院中的教育系与师范学院逐渐归并,明确规定语文教育系、社会教育系等各专门教育系的具体任务,进行调整或归并。第六,在条件许可的学校改设1—2所幼儿师范专科学校。[2]

1952年,教育部逐步对高等师范学校的院系进行调整,调整后的成效显著:独立设置的师范学院增4所,设在普通大学内的师范学院、教育学院、文教院减少了5所,普通大学内设置的教育系减少了31个系,师范专科学校增至16所。[3]高等师范学校的院系调整使学校分布更为平衡、校院系设置更为合理,教学设备更为健全,这些举措推动了高等师范学校的快速发展。

---

[1] 刘英杰主编:《中国教育大事典》上册,浙江教育出版社1993年版,第816页。
[2] 《中国教育年鉴》编辑部编:《中国教育年鉴(1949—1981)》,中国大百科全书出版社1984年版,第258页。
[3] 刘英杰主编:《中国教育大事典》上册,浙江教育出版社1993年版,第816页。

（二）高等师范教育培养模式的演变

自新中国成立以来，高等师范教育的培养目标、任务、学制、教学计划等构成的培养模式随着社会发展不断的演变，以适应社会对人才的需求，进一步推动高等师范教育的快速发展。

1. 高等师范教育的任务

高等师范教育的任务分两个阶段，第一阶段是新中国成立初期高等师范教育的任务；第二阶段是改革开放以来高等师范教育的任务。

（1）新中国成立初期高等师范教育的任务

1949年12月23日至31日，教育部在北京召开第一次全国教育工作会议，会议强调"建设新教育要以老解放区新教育经验为基础，吸收旧教育某些有用的经验，特别要借助苏联教育建设的先进经验"①。为了促进高等师范教育的恢复和发展，"会议还讨论了改革北京师范大学的问题"②。为了认真贯彻落实会议精神，教育部制定《北京师范大学暂行规程》。1950年5月19日，教育部颁布的《北京师范大学暂行规程》规定：北京师范大学的任务是"培养中等学校师资（即普通中学、工农速成中学、师范学校的教员、中等技术学校的政治、文化教员），其次是培养和训练教育行政干部与社会教育干部"③。但是，由于当时教育政策、制度不配套，不能满足培养大批中等学校师资的需求，教育部于1951年8月在北京召开第一次全国师范教育会议，明确提出：高等师范学校的任务是"培养普通中学、工农速成中学、师范学校的师资以及其他中等专业学校普通课的师资"④。

为贯彻第一次全国师范教育会议精神，1952年7月16日，教育部颁布的《关于高等师范学校的规定（草案）》对高等师范学校的任务做了具体的规定："根据新民主主义教育方针，以理论与实际一致的方法，培养具有马克思列宁主义和马克思列宁主义与中国革命实际相结合的毛泽东思想的基础、高级文化与科学水平和教育的专门知识与技能、全心全意为人民教育事业服务的中等学校师资"⑤。《关于全国高等师范教育的基本情况和今后方针、任务的报告》经过一年的试行，为进一步加强高等师范教育，1953年9月，教育部在北京召开全国高等

---

① 顾明远总主编：《中国教育大系·马克思主义与中国教育》下卷，湖北教育出版社1994年版，第1710页。

② 李友芝、李春年、柳传欣、葛嘉训编：《中国近现代师范教育史资料》，北京师范学院1983年版，内部交流资料，第1622页。

③ 李友芝、李春年、柳传欣、葛嘉训编：《北京师范大学暂行规程》，载李友芝、李春年、柳传欣、葛嘉训编《中国近现代师范教育史资料》，内部交流资料，第876页。

④ 马叙伦：《第一次全国初学教育及师范教育会议开幕词》，载李友芝、李春年、柳传欣、葛嘉训编《中国近现代师范教育史资料》，内部交流资料，第1233页。

⑤ 李友芝、李春年、柳传欣、葛嘉训编：《关于高等师范学校的规定（草案）》，载李友芝、李春年、柳传欣、葛嘉训编《中国近现代师范教育史资料》，内部交流资料，第914页。

师范教育会议，提出"高等师范学校的任务是培养中等学校师资"①。

（2）改革开放以来高等师范教育的任务

为了贯彻党的十一届三中全会精神，加快高等师范教育发展，1980年6月，教育部在北京召开全国师范教育工作会议。会议期间，教育部在《教育部关于师范教育的几个问题的请示报告》中指出："师范教育是教育事业中的'工作母机'，是造就培养人才的人才基地。为了使我国的教育事业在八十年代有一个大的发展，以适应社会主义现代化建设的需要，必须重视师范教育，办好师范教育，摆正和提高它在整个教育事业中的地位。"并且，确定"师范教育的基本任务是培养师资。高等师范院校本科，主要是培养中等学校师资"②。

为了贯彻《中共中央关于教育体制改革的决定》的精神，1986年3月，教育部颁布的《关于加强和发展师范教育的意见》进一步规定："师范专科学校培养初级中等学校师资；高等本科院校培养中等学校师资"③。各阶段的高等师范学校的任务就是培养中等学校师资，高等师范学校明确了培养任务，加快推进了高等师范学校的自身建设和发展，推动了基础教育的快速发展。

2. 高等师范教育的培养目标

高等师范教育的培养目标分两个阶段，第一阶段是新中国成立初期提出的高等师范教育培养目标；第二阶段是改革开放以来提出的高等师范教育培养目标。

（1）新中国成立初期高等师范教育的培养目标

为了尽快恢复、整顿、改造高等师范教育，贯彻新中国成立第一次全国教育工作会议精神，1950年5月19日，教育部颁发《北京师范大学暂行规程》，对北京师范大学培养目标做出规定："培养中等学校师资（即普通中学、工农速成中学、师范学校的教员、中等技术学校的政治、文化教员），其次是培养和训练教育行政干部与社会教育干部。这些师资的干部必须具有为人民教育服务的专业精神，能够掌握马列主义、毛泽东思想的基本内容，进步的教育科学、教育技术，以及有关的专门知识。"④。随着新中国教育形势的发展，北京师范大学的培养目标不适应当时初级中学的发展需要，教育部及时对高等师范学校培养目标做出调整。

1952年7月，教育部颁布的《关于高等师范学校的规定（草案）》对高等师范学校的培养目标做了具体的规定："根据新民主主义教育方针，以理论与实际一致的方法，培养具有马克思列宁主义和马克思列宁主义与中国革命实际相结合

---

① 李友芝、李春年、柳传欣、葛嘉训编：《关于全国高等师范教育的基本情况和今后方针、任务的报告》，载李友芝、李春午、柳传欣、葛嘉训编《中国近现代师范教育史资料》，内部交流资料，第1244页。
② 李友芝、李春年、柳传欣、葛嘉训编：《教育部关于师范教育的几个问题的请示报告》，载李友芝、李春年、柳传欣、葛嘉训编《中国近现代师范教育史资料》，内部交流资料，第1361页。
③ 刘英杰主编：《中国教育大事典》上册，浙江教育出版社1993年版，第822页。
④ 李友芝、李春年、柳传欣、葛嘉训编：《北京师范大学暂行规程》，载李友芝、李春年、柳传欣、葛嘉训编《中国近现代师范教育史资料》，内部交流资料，第876页。

的毛泽东思想的基础,高级文化与科学水平和教育的专门知识与技能、全心全意为人民教育事业服务的中等学校师资。师范学院培养高级中学及同等程度的中等学校师资,师范专科学校培养初级中学及同等程度的中等学校师资"①,强调高等师范学校的培养目标要用理论联系实际的方法,培养具有马克思列宁主义、毛泽东思想,具备高水平的专业知识,能为人民教育事业服务的中等学校师资。

这一培养目标促进了高等师范学校的发展,但在1958年的"大跃进"中,新中国教育盲目的发展,造成各地急需大量的师资,结果高等师范学校培养目标被改变。因此,1961年10月,教育部召开全国师范教育工作大会,反思总结了1958年以来的我国高等师范教育的经验教训,再次明确高等师范学校培养目标,并提出高等师范学校培养目标的具体要求。

在政治态度和世界观方面,高等师范学校和其他高等学校要求一致,但道德品德方面的要求比其他高等学校要高,要能以身作则、为学生垂范;在专业知识方面,要打好专业基础、提高专业水平、注意师范特点。本科师范生要做到:第一,基本概念与基础理论要学透彻、掌握牢固。第二,要具有充实宽泛的基础知识。第三,加强基本训练,达到熟练程度,具体体现在习题、实验、使用工具、写作、朗读、批改作业等方面。第四,提高基础理论水平。第五,了解本门学科的前沿科研成果。第六,了解本门学科的某一领域内的专门知识。第七,具有初步的科研能力。专科学生要做到:第一,扎实学好基础课、加强基本训练。第二,从实践中学习,具有独立钻研能力。第三,具备一定教育素养,理解马克思主义教育理论和党的教育方针,具有一定的教育教学能力,愿意为教育事业而努力。第四,具有一定文化素养,知识面要广博。②

(2) 改革开放以来高等师范教育的培养目标

为加快师范教育发展,加强师范教育建设,1978年10月,教育部颁布的《教育部关于加强和发展师范教育的意见》规定,师范学院(师范大学)"培养高中、中师教师"③、师范专科学校"为本地区培养初中教师"④。

为了进一步推进我国师范教育的发展,提高师资水平,建设师资队伍,1980年6月,教育部召开全国师范教育工作会议。在会上,教育部副部长高沂作《办好师范教育,提高师资水平,为"四化"建设培养人才做出贡献》的讲话,提出高等师范学校的培养目标:"坚持又红又专的方向",要求"各级师范院校的学

---

① 李友芝、李春年、柳传欣、葛嘉训编:《关于高等师范学校的规定(草案)》,载李友芝、李春年、柳传欣、葛嘉训编《中国近现代师范教育史资料》,内部交流资料,第914页。
② 刘英杰主编:《中国教育大事典》上册,浙江教育出版社1993年版,第824页。
③ 李友芝、李春年、柳传欣、葛嘉训编:《教育部关于加强和发展师范教育的意见》,载李友芝、李春年、柳传欣、葛嘉训编《中国近现代师范教育史资料》,内部交流资料,第1136—1137页。
④ 李友芝、李春年、柳传欣、葛嘉训编:《教育部关于加强和发展师范教育的意见》,载李友芝、李春年、柳传欣、葛嘉训编《中国近现代师范教育史资料》,内部交流资料,第1137页。

生，将来要当人民教师，为人师表，能够'一讲，二带'，'言传身教'，'以身作则'，'教书教人'"①。高沂在会上的总结讲话重申："高等师范院校本科，培养中等学校师资；师范专科学校，培养初级中等学校师资"②。

为了贯彻落实《中共中央关于教育体制改革的决定》精神，1986年3月，教育部颁布的《教育部关于加强和发展师范教育的意见》对高等师范学校的培养目标做出具体规定："师范专科学校培养初级中等学校师资；高师本科院校培养中等学校师资，同时，还要为职业技术学校培养文化课和专业基础课师资"③。高等师范学校要培养学生形成正确的教育思想，领悟教育规律，具有扎实的业务基础和运用知识的能力，富有一定的文化艺术修养，夯实教师的基本功，把学生培养成为有理想、有道德、有文化、有纪律、热爱教育事业，终生奉献中小学教师工作的一代新师资。④

3. 高等师范教育的学制

高等师范教育的学制分两个阶段，第一阶段是新中国成立初期制定的高等师范教育学制；第二阶段是改革开放以来制定的高等师范教育学制。

（1）新中国成立初期高等师范教育的学制

为了贯彻新民主主义教育方针精神，1950年5月，教育部颁布的《北京师范大学暂行规程》规定：本科"各系修业年限依该系课程之繁简，分别规定为三年或四年"，"本校专修科修业年限，视各科性质及所收学生之程度，分别规定为半年至二年"⑤。

为了加快教育改造，推动教育事业发展，1951年10月，政务院颁布的《政务院关于改革学制的决定》确定："大学和专门学院修业年限以三年至五年为原则（师范学院修业年限为四年）"，"专科学校修业年限为二年至三年"⑥。

为了贯彻《政务院关于改革学制的决定》精神，依据当时高等师范学校的实际情况，1952年7月，教育部颁布的《关于高等师范学校规定（草案）》对高等师范学校学制规定："师范学院修业年限定为四年，师范专科学校修业年限定为二年"⑦。

---

① 高沂：《办好师范教育，提高师资水平，为四化建设培养人才做出贡献》，载李友芝、李春年、柳传欣、葛嘉训编《中国近现代师范教育史资料》，内部交流资料，第1372页。
② 高沂：《办好师范教育，提高师资水平，为四化建设培养人才做出贡献》，载李友芝、李春年、柳传欣、葛嘉训编《中国近现代师范教育史资料》，内部交流资料，第1371页。
③ 刘英杰主编：《中国教育大事典》上册，浙江教育出版社1993年版，第825页。
④ 刘英杰主编：《中国教育人事典》上册，浙江教育出版社1993年版，第825页。
⑤ 李友芝、李春年、柳传欣、葛嘉训编：《北京师范大学暂行规程》，载李友芝、李春年、柳传欣、葛嘉训编《中国近现代师范教育史资料》，内部交流资料，第878页。
⑥ 顾明远总主编：《政务院关于改革学制的决定》，载顾明远总主编《中国教育大系·马克思主义与中国教育》下卷，湖北教育出版社1994年版，第1335页。
⑦ 李友芝、李春年、柳传欣、葛嘉训编：《关于高等师范学校规定（草案）》，载李友芝、李春年、柳传欣、葛嘉训编《中国近现代师范教育史资料》，内部交流资料，第914页。

（2）改革开放以来高等师范教育的学制

为了提高师范院校教学质量，1980年5月，教育部颁布的《教育部关于试行高等师范学校理科五个专业教学计划的通知》规定本科学制为四年。① 同年10月，教育部颁布的《关于大力办好高等师范专科学校的意见》规定："目前师专的学习年限，有二年制和三年制两种"②。

为了进一步加强师范教育，加快推进师范教育发展，1986年3月，教育部颁布的《关于加强和发展师范教育的意见》对高等师范学校学制明确规定："师范专科学校的学制可以二、三年制并存，以二年制为主；高等师范院校本科学制为四年，为了适应农村初级中学规模小、班次少的情况，三年制师范专科学校和四年制本科专业可实行主副修制或双科制"③。

4. 高等师范教育的本科教学计划

我国高等师范教育的本科教学计划的实施经历了两个阶段，第一是新中国成立初期借鉴苏联模式阶段；第二是改革开放以来经过本土化适应、创新阶段。

（1）新中国成立初期高等师范教育的本科教学计划

经过1952年的高等师范学校的院系调整，高等师范学校开始独立设置，逐步提高教学质量，摒弃美国教学模式，效仿借鉴苏联教学经验和教学模式。为了进一步推进高等师范教育发展，实行高等师范学校使用统一的教学计划。

1952年11月5日，教育部在《中央人民政府教育部关于试行师范学院教育计划（草案）的通知》中指出："我部师范教育司于本年七月间曾印发师范学校教学计划草案供各校参考，这个草案是参考苏联1951年颁布的师范学校教学计划……并结合我国的实际而拟定的"④。这一教学计划主要是学习苏联教育中教学要有计划性、教学设计要有科学性、教学目标要有目的性，借鉴苏联的教学经验再加以本土化，无疑对我国师范学校教学工作具有指导意义，为各高等师范学校指明了方向，改变了教学无目的性、无计划性的状况，真正推动高等师范学校教学质量的提高。

由于1952年《关于颁发〈师范学院暂行教学计划〉的通知》的主要缺点是"结合中国实际不够，要求偏高，而各院校在执行时又未能很好地结合学校具体情况，以致造成学校工作一定程度的忙乱现象"⑤，因此，教育部经过1年多的调

---

① 李友芝、李春年、柳传欣、葛嘉训编：《教育部关于试行高等师范学校理科五个专业教学计划的通知》，载李友芝、李春年、柳传欣、葛嘉训编《中国近现代师范教育史资料》，内部交流资料，第1142页。
② 李友芝、李春年、柳传欣、葛嘉训编：《关于大力办好高等师范专科学校的意见》，载李友芝、李春年、柳传欣、葛嘉训编《中国近现代师范教育史资料》，内部交流资料，第1185页。
③ 刘英杰主编：《中国教育大事典》上册，浙江教育出版社1993年版，第823页。
④ 李友芝、李春年、柳传欣、葛嘉训编：《中央人民政府教育部关于试行师范学院教育计划（草案）的通知》，载李友芝、李春年、柳传欣、葛嘉训编《中国近现代师范教育史资料》，内部交流资料，第904页。
⑤ 李友芝、李春年、柳传欣、葛嘉训编：《关于颁发〈师范学院暂行教学计划〉的通知》，载李友芝、李春年、柳传欣、葛嘉训编《中国近现代师范教育史资料》，内部交流资料，第969—970页。

研，经过多次修订，1954年4月12日，教育部颁布《师范学院暂行教学计划的通知》《师范学院暂行教学计划》和《师范学院暂行教学计划说明》。

这次对师范学院教学计划的修订是依据以下原则进行：第一，根据培养目标，确定师范学院负责培养中等学校师资；第二，将苏联的先进科学和教育经验与中国实际有机结合作为方针；第三，教学计划要具有方向性和实现性。① 修订的主要内容是：第一，原教学计划的13个系修订为中国语文、俄语、历史、地理、数学、物理、化学、生物、教育（学校教育专业）9个系；第二，四系（即数学、物理、化学、生物系）的双重培养任务修订为单一任务；第三，共同政治理论科目修订为中国革命史、马列主义基础、政治经济学（中国语文、历史、教育系下设辩证唯物主义与历史唯物主义），开设顺序、教学时数有所变动、安排更集中。另外，教育史和学校卫生的教学时数减少；第四，原第八学期的六周毕业考试修订为四周；第五，原每周教学时数修订减少；第六，调整各系专业课；第七，调整政治科目、教育科目（包括教学法）、共同必修科目（俄语、体育）、教育实习与见习和专业科目在四年教学总时数所占比重。②

为贯彻党的八届九中全会于1961年1月14日至18日确立的"调整、巩固、充实、提高"的指导方针的精神，教育部具体落实，再次依据师范学校的实际情况，对师范院校教学计划进行修订。1961年4月，制定汉语文学、历史、哲学、政治、政治经济学、教育学、外语共7类，14个专业的新教学方案。1961年10月教育部召开的全国师范教育会议，"会议针对当时存在的认识问题……拟定了关于高等师范院校教学计划的若干原则规定和师范院校的教学计划"③。为了贯彻全国师范教育会议，落实会议讨论的具体设想，教育部组织制定教学计划。1963年8月8日，教育部颁发高等师范学校本科化学、生物、地理、汉语言学、历史、俄语、英语、体育等专业的教学计划（草案），并通知实行之。

（2）改革开放以来高等师范教育的本科教学计划

经过拨乱反正，为了稳定正常教学秩序，保证教学质量，1978年，教育部颁布《高等师范院校教育系学校教育专业学时制教学方案（修订草案）》和《高等师范院校教育系学校教育专业学分制教学方案（修订草案）》征求意见稿。随后，教育部相继颁发不同专业教学计划。1979年4月12日，教育部颁布《高等师范英语专业四年制教学计划（试行草案）》和《高等师范日语专业四年制教学计划（试行草案）》。

---

① 李友芝、李春年、柳传欣、葛嘉训编：《关于〈师范学院暂行教学计划〉的几点说明》，载李友芝、李春年、柳传欣、葛嘉训编《中国近现代师范教育史资料》，内部交流资料，第972—975页。
② 李友芝、李春年、柳传欣、葛嘉训编：《关于〈师范学院暂行教学计划〉的几点说明》，载李友芝、李春年、柳传欣、葛嘉训编《中国近现代师范教育史资料》，内部交流资料，第977—979页。
③ 顾明远总主编：《中国教育大系·马克思主义与中国教育》下卷，湖北教育出版社1994年版，第1755—1756页。

为了进一步完善高等师范学校教学计划，1980年5月，教育部颁布《关于试行高等师范学校理科5个专业教学计划的通知》，并附高等师范学校数学、物理、化学、生物、地理专业的教学计划（试行草案）。该教学计划包括培养目标、时间安排、课程设置、教学时间分配等四个部分。1980年8月21日，教育部颁布《关于试行高等师范学校四年制本科物理专业教学计划（第二方案）的通知》，并附发物理专业教学计划第二方案（试行草案）。第二方案缩减第一方案中理论力学、热力学与统计物理、电动力学、量子力学，只开设理论物理概论一门课。为了进一步提高体育教学质量和完善整个高等师范学校教学计划体系，1986年10月20日，教育部颁发《高师体育专业教学计划试点改革方案（讨论稿）》，在部分条件具备的高等师范院校试点。

高等师范学校教学计划的制定和修订是在学习借鉴苏联的先进教学计划基础上发展起来的，经过本土化的改造、适应和创新，高等师范学校各科教学计划逐渐成熟，形成完整的高等师范学校教学计划体系，提高了高等师范学校的教学质量，推动了高等师范教育发展。

三 专业发展：高等师范教育发展特征

建立高等师范学校教学计划体系、形成科学的高等师范教育培养模式、注重师范性与专业性相结合是高等师范教育发展的三个特征。

（一）建立高等师范学校教学计划体系

新中国成立初期，高等师范大学教学计划是学习借鉴苏联教学经验，并对其加以本土化。1952年制定并实施了13个系的教学计划；经过调整后，1954年制定并实施9个系的教学计划；1961年制定并实施7大类，14个专业教学方案；1963年制定并实施8个系的教学计划，基本形成高等师范大学教学计划体系。改革开放以来，高等师范大学教学计划是自主创新，1978年，制定并实施教育专业学时教学方案、教育系学校专业学分制教学方案；1979年制定并实施英语和日语专业四年制教学计划；1980年，制定并实施数学、物理、化学、生物、地理五个专业的教学计划、四年制本科物理专业教学计划；1986年制定并实施体育专业教学计划。教育部制定并实施的师范大学教学计划科目齐全，培养目标更适应社会需求、时间安排更合理、课程设置更科学、教学时间分配符合实际，构成了完整的高等师范大学教学体系。

高等师范大学教学体系的建立，为高等师范学校指明了方向，对教学工作具有重要的指导意义，使教学更加具有目的性、计划性、科学性，真正提高了高等师范大学教学质量，推动了高等师范教育发展。

（二）形成科学的高等师范教育培养模式

从高等师范教育任务的演变过程看，从新中国成立初期到改革开放以后，高等师范教育任务逐步走向单一的培养中等学校师资，体现高等师范教育任务的师范性。从高等师范教育培养目标的演变过程来看，培养目标虽然以社会需求进行调整，但以下几点始终贯穿每一个培养目标：社会主义性质永远是根本，培养人才为社会建设服务，坚持德、智、体、美、劳全面发展，强调德育为首，显示出培养目标的科学性。高等师范教育的学制，始终体现其灵活性和伸缩性。在高等师范教育发展过程中，高等师范教育任务、培养目标、学制、教学计划构成了科学的高等师范教育培养模式，逐步形成了科学的高等师范教育本科教学计划体系，提高了高等师范教育人才培养质量，满足了社会的需求，促进了高等师范教育发展。

（三）注重师范性与专业性相结合

高等师范教育发展在高等教育任务、培养目标、教学计划等方面体现注重其师范性和专业性相结合的特征。在高等师范教育任务上，高等师范大学的责任始终是培养中等学校师资，既强调了其师范性的特点也体现了其专业性特点。在培养目标上，1950年，强调为人民服务的专业精神和掌握进步的教育科学、教育技术，以培养有关的专门知识；1952年，强调要具有高级文化与科学水平和教育的专门知识与技能，具备高水平的专业知识；1961年，要求打好专业基础、提高专业水平、注意师范性特点；1986年，要求具有扎实的业务基础和运用知识能力，领悟教育规律，掌握好教师的基本功。在高等师范大学教学计划上，注重从各学科特点、学科教学规律来设计教学。在培养目标、时间安排、课程设置、教学时间分配等方面充分体现了高等师范教育将师范性和专业性相结合的特征，提高人才培养质量，适应社会对人才的需求，有力推动了高等师范教育的发展。

第九章 从增量到优质：当代科学教师教育的蓬勃发展（1999年至今）

本章由6节构成。第一节主要介绍普通高等师范教育的专科、本科和硕士研究生的三级培养，探究普通高等师范教育的发展体系；第二节透视师范生公费教育的制度背景，政策演进、教育内涵及其实施成效；第三节从教师继续教育制度的完善和教师继续教育制度体系的建立两个视角探寻21世纪以来我国继续教育的发展历史；第四节探究21世纪我国教师教育发展的两种补偿机制：特岗教师计划和乡村教师支持计划及其实施成效；第五节考察了中小学教师教育技术标准、教师教育课程标准、教师专业标准、校长专业标准、"国培计划"课程标准的确立及其教师教育标准体系的建立；第六节从教师资格制度的法律政策依据，教师资格的首次认定、教师资格证书的管理、教师资格考试与定期注册制度改革试点和普通高等学校师范类专业的认证五个方面，分析教师资格认证的准入机制及其对教师教育的反拨效应。本章从职前教师教育、职后教师教育、师范生公费教育、教师教育资源动态补偿机制、准入机制和教师教育标准体系的建立等视点梳理探究当代科学教师教育的蓬勃发展及从增量到优质的演进特征。

第一节 举纲持领：普通高等职前师范教育

21世纪普通高等师范教育面临的巨大挑战。世纪之交，世界局势剧烈变化，科技进步日新月异。科学技术的进步以信息技术为主要标志，科学技术是第一生产力，高科技研究成果越来越快地转化为生产力，知识经济正推动着社会的进步，改变着人类社会生活和知识经济生活。从20世纪迈向21世纪之时，高新科学技术是知识经济的核心，主导和引领社会的变革，教育传承知识和生产知识的功能越来越凸显其重要性，国家综合实力、国际竞争力越来越取决于国家的教育发展、科学技术水平和知识创新，教育成为衡量一个国家综合实力的标志。社会要进步，教育要发展，教育一直备受国家重视，处于优先发展的战略地位，信息技术在教育中的广泛使用必将引起教育变革。同时，终身教育的理念是社会发展和进步的必然诉求，振兴教育是面向21世纪的必然选择。

21世纪以来，普通高等师范教育面临巨大的挑战。社会、经济和科技的发展突飞猛进,国际竞争激烈,人才强国战略越来越显示其重要性和必要性。教育需要不断地满足社会、经济更高的需求,高等师范教育是教育的"工作母机",教育的发展很大程度上取决于高等师范教育的人才供给。社会、经济、文化、科技等对普通高等师范教育提出了严峻的挑战。

知识经济时代对普通高等师范教育提出了挑战。知识经济时代的到来,工业化、信息化和知识化是现代化发展的三个阶段。必然要求教育向社会输出更多、更优秀的高素质人才,高等师范教育是培养高素质人才的摇篮。这就要求,教师传统教育观念要转变、教师角色地位要转换、教师素质要不断提升。

市场经济对普通高等师范教育提出了更高需求。社会主义市场经济体制不断完善,必然要求教师教育由封闭性向综合开放性转换,高等师范教育必然要面向经济市场、面向世界、面向未来;同时也要求高等师范教育改革师范教育体制、调整高等师范教育结构、制定高等师范教育的培养目标、探索高等师范教育的培养模式等系列的改革,适应社会、经济、科技的需求,普通高等师范教育的改革势在必行。因此,中共中央、国务院相继出台一系列政策,调整、改革新世纪的中国高等师范教育。

一 三级进阶:普通高等师范教育的培养模式

我国普通高等师范教育结构由专科、本科、研究生三个层次构成,实行专科培养、本科培养、研究生培养三级培养模式,推动普通高等师范教育的发展。

(一)专科培养

为了贯彻党的十五大精神,落实科教兴国的战略部署,全面推进教育的改革和发展,具体落实《面向21世纪教育振兴行动计划》,2002年2月6日,教育部颁布的《关于"十五"期间教师教育改革与发展的意见》提出,推进教师教育的发展,关键是调整教师教育结构,教师资源得到高效的重新组合。各地要在省级人民政府的统筹规划、宏观指导下,积极稳妥地对各级各类师范院校的布局、层次和类性等方面进行结构调整,调整我国高等师范教育专科、本科、研究生3个层次结构,"实现本省(自治区、直辖市)师范院校和其他承担教师教育机构的合理整合,使教师教育机构的办学层次由'三级'向'二级'适时过渡,明显提高教师教育一体化程度"。[①] 在这一精神指导下,高等师范专科由"三级"向"二级"过渡将有3种形式:第一,处在三级的高等师范专科将逐渐改办为学科、专业较为综合的本科院校。第二,一部分高等师范专科在高校的结构调整中并入高校。第三,一部分老、少、边、穷地区的高等师范专科学校仍然将独立设置,服务于当地的九年义务教育和提高基础教育。[②]

[①] 中华人民共和国教育部:《教育部关于"十五"期间教师教育改革与发展的意见》,http://www.moe.gov.cn/srcsite/A10/s7058/200203/t20020301_162696.html,2002年3月1日[2020-10-30]。

[②] 中华人民共和国教育部:《教育部关于"十五"期间教师教育改革与发展的意见》,http://www.moe.gov.cn/srcsite/A10/s7058/200203/t20020301_162696.html,2002年3月1日[2020-10-30]。

(二) 本科培养

自 1999 年起，国家实施高等学校本科教学质量与教学改革工程、强化高等师范院校师范生教育实习、推行"教师教育创新平台项目计划"、加快建设高水平本科教育、努力建设一流本科课程等一系列政策，推动普通高等师范教育的发展。

1. 培养政策

1999 年 6 月 15 日至 18 日，党中央、国务院在北京举行召开全国教育工作会议。会议的主题是，以提高民族素质和创新能力为重点，深化教育体制和结构改革，全面推进素质教育，振兴教育事业，实施科教兴国战略。高等师范本科的培养制度也随着教育改革的深化不断完善。

（1）实施高等学校本科教学质量与教学改革工程

为全面贯彻落实科学发展观，扎实提高高等教育质量，2007 年 1 月 22 日，教育部、财政部颁布的《关于实施高等学校本科教学质量与教学改革工程的意见》决定，高等院校实施"高等学校本科教学质量与教学改革工程"（以下简称"质量工程"），提高高等教育质量，为我国经济社会的快速、健康和可持续发展以及高等教育自身的改革发展做出贡献。

"质量工程"的指导思想是，高举邓小平理论的伟大旗帜，坚持以"三个代表"重要思想为指导，全面落实科学发展观，贯彻落实党的教育方针，积极推进素质教育；坚持"巩固、深化、提高、发展"的方针，以遵循高等教育的基本规律，牢固树立人才培养作为高校的根本任务、以质量作为高校的生命线、以教学作为高校的中心工作的理念；按照分类指导、注重特色为原则，加大教学投入，强化教学管理，深化教学改革，提高人才培养质量。

为了使高等学校教学质量得到提高，"质量工程"提出建设目标：第一，逐步形成高等教育规模、结构、质量、效益协调发展和可持续发展的机制，不断深化教育改革和创新人才培养模式，培养学生创新精神，增强学生的实践能力，提高教师队伍整体素质，使科技创新和人才培养的结合更加紧密。第二，健全高等学校管理制度，更好地发挥高等教育在落实科教兴国、人才强国战略、建设创新型国家、构建社会主义和谐社会中的作用，使高等教育的发展适应我国经济社会发展的需求。依据"质量工程"的指导思想和建设目标，"质量工程"提出了具体实施内容：第一，深化改革实施专业结构调整和推进专业认证；第二，加强课程、教材建设，促进资源共享；第三，加强实践教学改革，不断创新人才培养模式；第四，加强教学团队建设，建设高水平教师队伍；第五，改进教学评估，逐步实行教学状态基本数据向社会公布；第六，力争推进对口支援西部地区高等学校工作。[①]

[①] 中华人民共和国中央人民政府：《教育部 财政部关于实施高等学校本科教学质量与教学改革工程的意见》，http://www.gov.cn/zwgk/2007 - 01/31/content_ 513448. htm, 2007 年 1 月 22 日 [2020 - 05 - 08]。

高等师范院校肩负着培养高素质专门人才和教师的重要教育使命。高等师范院校质量工程的实施，就要"以提高高等学校本科教学质量为目标，以推进改革和实现优质资源共享为手段，按照'分类指导、鼓励特色、重在改革'的原则，加强内涵建设，提升我国高等教育的质量和整体实力"①，推动我国高等师范教育发展。

（2）强化高等师范院校师范生教育实习

为了贯彻《国家教育事业发展"十一五"规划纲要》精神，落实《关于教育部直属师范大学师范生免费教育实施办法（试行）》的具体措施，2007年7月5日，教育部颁布的《关于大力推进师范生实习支教工作的意见》指出，高等师范院校要大力推进师范生实习支教工作，师范生教育实习是中小学教师培养过程中的重要环节。为此，《关于大力推进师范生实习支教工作的意见》对高等师范院校提出具体要求：要不断完善师范生教育实习制度，努力强化高等师范院校师范生的教育教学实践，组织师范生，到中小学进行教育实习，实习时间不得少于一学期；以实际情况，深化改革课程体系和教学内容，调整培养方案和教学计划，强化师范生培养过程实践教学环节，全面提高师范生的综合素质和实践适应能力；将师范生实习支教与加强农村教师队伍建设紧密结合，鼓励高师院校师范生到农村学校进行实习支教。

《关于大力推进师范生实习支教工作的意见》强调，高等师范院校要建立健全师范生实习支教工作规章制度，精心组织实施师范生实习支教工作；要在省级教育行政部门统筹指导下，会同市、县级教育行政部门共同建立相对稳定的师范生实习基地，创新开展师范生实习支教工作，确保师范生实习支教工作取得良好成效。②

（3）实施"教师教育创新平台项目计划"

为了进一步落实教育部直属师范大学师范生免费教育的示范性举措，提高教师教育质量水平，推动教师教育改革发展，加大对高等师范教育的支持力度，2009年6月12日，教育部颁布《关于"教师教育创新平台项目"实施工作的意见》。

《关于"教师教育创新平台项目"实施工作的意见》对"教师教育创新平台项目计划"的实施工作提出了四条要求：第一，为了提高免费师范生培养质量，继续加强在职中小学教师培训，进一步推进全国教师教育网络联盟计划，项目资金要全部投入教师教育的创新与发展，构建教师终身学习体系。第二，要努力创新教师培养模式、中小学教师培训模式、教学和科研的组织方式，深化学科专业、课程教学改革，推进师范生实习支教、强化教育实践环节。第三，为深入推进全

---

① 中华人民共和国中央人民政府：《教育部 财政部关于实施高等学校本科教学质量与教学改革工程的意见》，http://www.gov.cn/zwgk/2007-01/31/content_513448.htm，2007年1月22日 [2020-05-08]。

② 中华人民共和国中央人民政府：《教育部关于大力推进师范生实习支教工作的意见》，http://www.gov.cn/zwgk/2007-07/11/content_680592.htm，2007年7月5日 [2020-05-08]。

国教师教育网联计划，努力建设"免费师范毕业生攻读教育硕士远程教育""免费师范生优质课程教学资源共享""中小学教师培训优质资源共享"3个应用系统，实现全国教师教育网络联盟公共服务平台，促进资源共享。第四，通过深化高等师范院校的体制机制改革、加强课程和教学改革、大力推进人才培养模式、高质量高水平培养师范生，充分发挥高等师范院校的示范和引领作用。①

(4) 加快建设高水平本科教育

为深入贯彻习近平新时代中国特色社会主义思想和党的十九大精神，全面贯彻落实全国教育大会精神，紧紧围绕以全面提高人才培养能力为核心，构建高水平人才培养体系，培养德智体美劳全面发展的社会主义建设者和接班人。2018年9月17日，教育部颁布的《关于加快建设高水平本科教育全面提高人才培养能力的意见》指出，中华民族伟大复兴基础工程的关键是建设教育强国，国家发展水平和发展潜力的重要标志是高等教育，提高高等教育质量的最重要基础是本科教育，应把本科教育放在人才培养的核心地位，形成高水平人才培养体系。②

《关于加快建设高水平本科教育全面提高人才培养能力的意见》指出，要以落实立德树人为根本任务，遵循高等教育基本规律和人才成长规律，努力培养德智体美劳全面发展的社会主义建设者和接班人，为实现中华民族伟大复兴的中国梦提供强有力的人才保障为指导思想。以德育为先，立德树人；以学生为本，促进全面发展；坚持服务需求，成效导向；完善机制，持续改进；以分类指导、特色发展为基本原则。力争实现经过5年的努力，形成高水平的人才培养体系，到2035年，实现形成中国特色、世界一流的高水平本科教育的总体目标。

《关于加快建设高水平本科教育全面提高人才培养能力的意见》强调，高等教育应把思想政治教育贯穿高水平本科教育全过程，紧紧围绕激发学生学习兴趣和潜能，深化教学改革，全面提高教师教书育人能力，大力推进一流专业建设，加快建设高水平本科教育全面提高人才培养能力。③

(5) 建设一流本科课程

为贯彻落实习近平总书记关于教育的重要论述和全国教育大会精神，落实新时代全国高等学校本科教育工作会议要求，必须深化教育教学改革，把教学改革成果落实到课程建设上。2019年10月24日，教育部颁布的《关于一流本科课程建设的实施意见》提出：以贯彻落实党的十九大精神，习近平新时代中国特色社

---

① 中华人民共和国中央人民政府：《教育部日前启动实施"教师教育创新平台项目计划"》，http://www.gov.cn/gzdt/2009-06/12/content_1338691.htm，2009年6月12日 [2020-05-08]。

② 中华人民共和国教育部：《教育部关于加快建设高水平本科教育全面提高人才培养能力的意见》，http://www.moe.gov.cn/srcsite/A08/s7056/201810/t20181017_351887.html，2018年9月17日 [2020-05-08]。

③ 中华人民共和国教育部：《教育部关于加快建设高水平本科教育全面提高人才培养能力的意见》，http://www.moe.gov.cn/srcsite/A08/s7056/201810/t20181017_351887.html，2018年9月17日 [2020-05-08]。

会主义思想为指导，落实立德树人根本任务，深入挖掘各类课程和教学方式中蕴含的思想政治教育元素，促进课程更优、教师更强、学生更忙、管理更严、效果更实，建设适应新时代要求的一流本科课程，构建具有中国特色、世界水平的一流本科课程体系和更高水平人才培养体系为指导思想。以坚持分类建设、扶强扶特、提升高阶性、突出创新性、增加挑战度为基本原则。树立经过三年左右，建立并完成一流本科课程"双万计划"的总体目标。以转变观念，促成理念新起来；以目标为导向，聚焦课程优起来；提升能力，让教师强起来；改革方法，推动课堂活起来；采用科学评价，激励学生忙起来；强化管理，使制度严起来；以政策激励，促进教学热起来为方法，力争实现一流本科课程建设内容。

《关于一流本科课程建设的实施意见》强调，课程质量直接决定人才培养质量，课程是人才培养的核心要素。树立课程建设新理念，实施科学课程评价，严格课程管理，推进课程改革创新，全面开展一流本科课程建设，形成多类型、多样化的教学内容与课程体系。[①]

2. 培养模式

普通高等师范教育实行定向性师资培养模式和非定向性师资培养模式相结合，两种培养模式并存的教师教育体制。北京师范大学、陕西师范大学、四川大学、天津大学等大学依据社会需求探索出多元、多层人才培养模式。

（1）定向性师资培养模式和非定向性师资培养模式

在中国师范教育的发展过程中，定向和非定向师资培养模式一直存在。在我国近代教育史上，开师范教育先河的南洋公学的师范院就实行的是定向性师资培养模式。民国时期，以非定向性培养模式为主；在中国共产党领导下的中央苏区、抗日革命根据地、老解放区、新解放区都是采用定向性师资培养模式。在中华人民共和国成立后，20世纪50年代至80年代初，独立设置的师范院校培养师资的体制下，也一直采用定向性师资培养模式。20世纪90年代，随着经济体制的完善和转轨及教育的勃兴，社会和人民对高质量教育的需求，教师教育由注重数量为主逐渐转向注重质量。自综合性大学参与师范教育，我国师范教育定向性培养模式被打破，实行师范院校采用定向性师资培养模式为主，综合性大学和其他非师范类院校采用非定向性师资培养模式为辅，两种培养模式并存的教师教育体制。

（2）师资培养模式的探索

2010年5月5日，国务院常务会议审议并通过的《国家中长期教育改革和发展规划纲要（2010—2020年）》提出，深化教育体制改革，核心是改革人才培养体制，创新人才培养模式，适应国家和社会发展需要。探索人才培养模式，首先

---

① 中华人民共和国教育部：《教育部关于一流本科课程建设的实施意见》，http://www.moe.gov.cn/srcsite/A08/s7056/201910/t20191031_406269.html，2019年10月24日［2020-05-08］。

要遵循教育规律和人才成长规律。其次，以深化教育教学改革为动力，创新教育教学方法手段，探索多种培养方式。最后，形成各类人才辈出、拔尖创新人才不断涌现的局面。① 在《国家中长期教育改革和发展规划纲要（2010—2020 年）》精神指导下，部分重点师范大学开始积极地探索师资培养模式。

北京师范大学师资培养模式：自 2001 年起，实施"4+2"培养模式。"4+2"模式的培养目标是，为基础教育培养具有扎实的专业功底、宽厚的理论基础、较强的教育教学实践与研究能力、熟悉并掌握现代教育技术的高素质研究性教师。具体培养方案是，学生在本科阶段前三年与各专业其他学生一起按照综合性大学的教学计划进行培养，第四学年按分流后的计划组织教学，修满本科专业教学计划课程和学分及相应要求，获得本科学士学位，第五学年开始进入教育学院研究生阶段学习，修满规定课程学分、教学实践（环节）成绩合格，通过硕士学位论文答辩，获得教育学硕士学位。②

陕西师范大学师资培养模式：自 2006 年起，开始实施"2+2"培养模式。"2+2"培养模式的原则是，坚持厚基础、宽口径、高素质、强能力、文理渗透的原则。具体培养方案是：第一学年、第二学年按一级学科为基础的大类进行通识培养，主要课程包括通识课程模块、学科基础课程模块；第一学年结束进行专业分流，可在学科之间和学科内部重新选择专业（特殊专业除外），转入与转出比例均控制在 10% 以内；第三学年、第四学年进行专业培养，学生主要学习专业课程模块、教师教育模块（专业技能模块）、实践教学模块。陕西师范大学加强"2+2"培养模式下的专业导引，加入专业导引课程，探索管理部门、学校（院系）、教师、学生四位一体的研究—实践模式，提高人才培养质量。③

天津师范大学师资培养模式：自 2013 年起，开始探索"3+1+2 模式"。"3+1+2 模式"的培养目标是：培养具备高尚职业道德和坚定的教育教学信念，具有现代教育理念、扎实的基础理论、系统的教学技能和学科专业知识，能够胜任基础教育教学工作；具有较强的信息素养和较高的实践能力，能够在现代教育理论指导下，解决基础教育实践中的问题，能够灵活应用所学理论开展教育教学实践和研究工作的实践应用型教师。"3+1+2 模式"的具体培养方案是在"4+2"模式的基础上对教师教育本硕一体化培养进一步完善。学生在完成本科第一学年、第二学年、第三学年的学习任务后，成绩优异（符合学校推荐免试相关规定）者经过笔试、面试合格后，进入"3+1+2"实验班。本科第四学年，进行本科与

---

① 中华人民共和国中央人民政府：《国家中长期教育改革和发展规划纲要（2010—2020 年）》，http://www.gov.cn/jrzg/2010-07/29/content_ 1667143. htm，2010 年 7 月 29 日 [2020-05-08]。
② 北京师范大学教务处：《创新教师教育模式，构建中国特色教师教育体系》，《教师教育研究》2005 年第 3 期。
③ 宋捷、陈钿、拜根兴：《"2+2"人才培养模式下的专业导引——以陕西师范大学为例》，《陕西师范大学学报》（哲学社会科学学报），2009 年第 S1 期。

研究生衔接学习，完成研究生阶段的教育理论基础课程学习。教育硕士阶段2年，学习部分专业课程、进行"在岗职业融入式"实习、撰写学位论文。①

四川师范大学师资培养模式："2+2"培养模式的培养目标是：培养品德优、素质高、基础实、能力强的合格中学教师及其他领域的专门人才。具体培养目标是：学生进校后，不分专业和专业方向，第一、第二、第三学期集中学习共同的基础课、专业基础课和公共必修课；第四学期，学生依据人才市场的导向和自己的兴趣、特长填报志愿，选择专业和专业方向；第三学年根据学生志愿，按师范、非师范及非师范中不同的专业和专业方向进行分流培养。师范专业的学生开设教育理论、教育学、心理学、学科教学论、基础教育研究、多媒体课件制作、"三字一话"、中学课程教材教法、教育实习等课程；非师范专业的学生的课程则在专业系列课程上进一步加深和拓展。②

4所高等师范院校的培养模式的探索，充分说明高等师范教育培养模式的多元性、多层性，启示高等师范教育仍须不断深入地探索高等师范院校培养模式，培养符合社会需求的复合型的高层次人才。

（三）研究生培养

自1996年起，我国高等师范院校实行专业学位教育硕士培养。2017年全国教育专业学位研究生教育指导委员会颁布《全日制教育硕士专业学位研究生指导性培养方案（修订）》，提高师资质量。我国高等师范教育逐步走向内涵式发展。

1. 教育硕士培养背景

高等师范院校研究生培养主要是教育硕士专业的培养。教育硕士是一种专业学位。我国教育硕士专业学位是1996年在国务院学位委员会第十四次会议上批准的第四个专业学位。首次批准北京师范大学、东北师范大学、华东师范大学、陕西师范大学、西北师范大学等16所高等师范院校为教育硕士专业学位的试点高等院校。

教育硕士专业学位分全日制教育硕士专业学位和非全日制教育硕士专业学位。两者最大的区别在于学习方式和修业年限，全日制教育硕士专业学位学习方式和修业年限是"采用全日制学习方式，学习年限一般为2年"③。非全日制教育硕士专业学位采用半脱产或兼读相结合的方式学习，注重理论与实践相结合。

2. 教育硕士培养方案

2017年，全国教育专业学位研究生教育指导委员会公布《全日制教育硕士专

---

① 王光明、苏丹等：《教师教育本硕一体化培养模式的探索与成效——以天津师范大学"3+1+2"模式为例》，《学位与研究生教育》2017年第12期。
② 钟仕伦等：《"2+2"人才培养模式改革的实践与思考——以四川师范大学为例》，《西南民族大学学报》（人文社会科学版）2004年第4期。
③ 中国教育专业学位研究生教育网：《关于公布〈全日制教育硕士专业学位研究生指导性培养方案（修订）〉的通知》，http://edm.eduwest.com/viewnews.jsp?id=1114，2017年3月6日［2020-10-29］。

业学位研究生指导性培养方案（修订）》（教指委发〔2017〕04号）。这一方案确定了教育硕士的培养目标、招生对象、学习方式、学制、课程设置、教学方式、学位论文及学位授予等。

教育专业学位培养目标是"培养高素质的基础教育学校和中等职业技术学校专任教师和管理人员"[①]。具体人才培养规格有5项要求：

1. 热爱祖国，拥护中国共产党领导。热爱教育事业，教书育人，为人师表，积极进取，勇于创新。
2. 掌握现代教育理论，具有良好的知识结构和扎实的专业基础，了解学科前沿和发展趋势。
3. 具有较强的实践能力，胜任并创造性地开展教育教学和管理工作。
4. 具有发现和解决问题、终身学习与发展的意识与能力。
5. 能较为熟练地运用一种外国语阅读本专业的外文文献资料。[②]

人才培养规格要求表明，第一，要求有较强的政治表现、道德品质、法律观念、创新意识；第二，强调专业知识和修养，注重了理论与实践相结合，掌握现代教育理论和教育技术并在实践中解决教育教学的问题；第三，强调用新理念、新内容和新方法进行课程改革；第四，注重人才的全面发展，要求精通一门外语，了解学科前沿和发展趋势。

教育硕士招收具有大学本科学历或本科同等学力者，学习年限一般为2年，采用全日制学习方式。教学方式采用合作学习、自主探究、研讨交流等方式，既注重学习教育教学理论，又重视教育实践，教育硕士培养实行双导师制（培养学校导师指导教育教学理论学习，聘请经验丰富的中小学高级教师担任导师指导教学实践）。[③]

课程设置注重理论与实践相结合，采用学分制，总学分不少于36学分，分学位基础课程（12学分）、专业必修课程（10学分）、专业选修课程（6学分）、实践教学（8学分）四类课程（见表9-1）。

表9-1表明，第一，全日制教育硕士专业学位课程设置采用学分制。第二，课程设置具有灵活性。例如，增加专业选修课程（6学分）的伸缩性，视不同学科具体情况加设2—4门课程。第三，重视实践教学，采取顶岗实习的方式。例

---

① 中国教育专业学位研究生教育网：《关于公布〈全日制教育硕士专业学位研究生指导性培养方案（修订）〉的通知》，http://edm.eduwest.com/viewnews.jsp? id=1114，2017年3月6日［2020-10-29］。
② 中国教育专业学位研究生教育网：《关于公布〈全日制教育硕士专业学位研究生指导性培养方案（修订）〉的通知》，http://edm.eduwest.com/viewnews.jsp? id=1114，2017年3月6日［2020-10-29］。
③ 中国教育专业学位研究生教育网：《关于公布〈全日制教育硕士专业学位研究生指导性培养方案（修订）〉的通知》，http://edm.eduwest.com/viewnews.jsp? id=1114，2017年3月6日［2020-10-29］。

如，实践教学时间不少于1年，中小学的实践活动时间不少于半年。第四，注重知行合一，理论与实践相结合，用理论指导实践，在实践中丰富和完善理论。

表9-1　　　　　　2017年全国教育专业学位研究生教指委公布修订的
教育硕士学位课程设置

类型	具体课程
学位基础课（12学分）	外语（2学分） 政治理论（2学分，含教师职业道德教育） 教育原理（2学分） 课程与教学论（2学分） 教育研究方法（2学分） 心理发展与教育（2学分）
专业必修课（10学分）	学科课程与教材研究（3学分） 学科教学设计与实施（2学分） 自设课程（3门，6学分）
专业选修课（6学分）	专业理论知识类课程 教学专业技能类课程 教育教学管理类课程 （每一类专业必修课至少设置2门课程，每门课程1—2学分）
实践教学（8学分）	校内实训（2学分） 校外实践（5学分）

资料来源：中国教育专业学位研究生教育网：《关于公布〈全日制教育硕士专业学位研究生指导性培养方案（修订）〉的通知》，http：//edm.eduwest.com/viewnews.jsp？id＝1114，2017年3月6日［2020-10-29］。表格为笔者根据该资料自制。

依据《全日制教育硕士专业学位研究生指导性培养方案（修订）》，各高等师范学校根据本校实际情况，不断探索教育硕士的培养模式，提高教师队伍整体素质。例如，陕西师范大学制定"4+2+1"硕士研究生培养方案，从培养目标、学习年限、课程设置、培养方式、教学策略等方面探索出独具特色的免费师范生教育硕士培养模式，提高了免费师范教育硕士培养质量。[①]

教育硕士专业学位课程设置表明，社会经济结构的变化和基础教育高质量的快速发展对高等师范教育提出了更高的要求，高等师范教育设置教育硕士专业学位是对基础教育的一种反哺，充分体现我国高等教育从注重教师数量的培养模式正走向追求教师数量与教师质量相结合的培养模式。

二　骋怀游目：普通高等师范教育的发展

我国普通高等师范教育发展历程经过了由注重师资"量"的开放式发展走向

[①] 吕洋、刘生良：《免费师范生教育硕士培养模式的实证研究——以陕西师范大学的培养方案为研究范本》，《当代教师教育》，2013年第3期。

"量质"并举的内涵式发展,由开放式教师教育发展走向内涵式教师教育发展。

(一) 开放式发展

1999年6月15日至18日,在北京召开第三次全国教育工作会议,会议的主题是"动员全党同志和全国人民,以提高民族素质和创新能力为重点,深化教育体制和结构改革,全面推进素质教育,振兴教育事业,实施科教兴国战略,为实现党的十五大确定的社会主义现代化建设宏伟目标而奋斗"①。会后,中共中央、国务院颁布的《关于深化教育改革全面推进素质教育的决定》提出,"加强和改革师范教育,大力提高师资培养质量。调整师范学校的层次和布局"②。

为了贯彻《中华人民共和国教育法》《中华人民共和国义务教育法》《中华人民共和国教师法》的精神,实施《中华人民共和国国民经济和社会发展第十个五年计划纲要》的总体规划,2001年5月29日颁布的《国务院关于基础教育改革与发展的决定》指出:"完善以现有师范院校为主体、其他高等学校共同参与、培养培训相衔接的开放的教师教育体系"③。基础教育是科教兴国的奠基工程,对提高中华民族素质具有基础性、全局性和先导性作用。以高等师范学校为主体,其他高等学校为辅,完善开放的教师教育体系,为基础教育培养师资,推进素质教育。

为了全面贯彻《中共中央国务院关于深化教育改革全面推进素质教育的决定》和《国务院关于基础教育改革与发展的决定》的精神,落实《全国教育事业第十个五年计划》的部署,加快建设一支高素质的教师队伍,2002年3月1日,教育部颁布《关于"十五"期间教师教育改革与发展的意见》。

《关于"十五"期间教师教育改革与发展的意见》指出:"教师教育是我国教育的重要组成部分,是基础教育师资来源和质量提高的重要保证。教师教育是在终身教育思想指导下,按照教师专业发展的不同阶段,对教师的职前培养、入职教育和在职培训的统称。"④ 教师教育发展与高等师范教育发展密不可分,高等师范教育不仅要保障职前培养、入职教育和在职培训,更重要的是保障和促进教师教育的终身化发展。《关于"十五"期间教师教育改革与发展的意见》提出,教师教育改革与发展要继续进行战略性调整教师教育结构,将教师教育资源高效益重组,调整师范院校的布局、层次和类性,逐步推进办学层次由"三级"向"二级"适时过渡,鼓励高水平的综合大学参与教师培养、培训,实现合理整合师范院校和其他

---

① 《中国教育年鉴》编辑部编:《中国教育年鉴(2000)》,人民教育出版社2000年版,第78页。
② 《中国教育年鉴》编辑部编:《中共中央国务院关于深化教育改革全面推进素质教育的决定》,载《中国教育年鉴》编辑部编《中国教育年鉴(2000)》,人民教育出版社2000年版,第6页。
③ 中华人民共和国教育部:《国务院关于基础教育改革与发展的决定》,http://www.gov.cn/gongbao/content/2001/content_60920.htm,2001年5月29日[2020-05-08]。
④ 中华人民共和国教育部:《教育部关于"十五"期间教师教育改革与发展的意见》,http://www.moe.gov.cn/srcsite/A10/s7058/200203/t20020301_162696.html,2002年3月1日[2020-10-28]。

承担教师教育机构，共同做好教师的职前培养、入职教育和在职培训。①

为实施科教兴国战略和人才强国战略，实现教育优先发展的战略，2004年2月10日，教育部颁布的《2003—2007年教育振兴行动计划》指出，"全面推动教师教育创新，构建开放灵活的教师教育体系"②，就是独立的高等师范大学的教师教育体系向外开放，让其他高水平的综合性大学参与教师教育，带领专科、本科、研究生3个层次培养模式协调发展，灵活处理职前职后教育、学历与非学历教育的关系，实现相互沟通、两者并举，促进教师专业发展和终身学习的现代教师教育体系。③ 这为教师教育的创新和发展指明了方向和改革的新思路，对教师教育的发展具有开创性的指导意义。

为深入贯彻科学发展观，全面落实教育优先发展，遵循《中华人民共和国国民经济和社会发展第十一个五年规划纲要》总体部署，2007年5月18日，教育部颁布的《国家教育事业发展"十一五"规划纲要》指出，要加强教师教育与培训，不断提高教师的师德水平和业务水平，逐步完善现代教师管理制度，严格教师资格准入制度和中小学新任教师公开招聘制度，弘扬尊师重教的良好社会风尚，维护教师合法权益，切实加强教师队伍建设，全面提高教师队伍素质。④

（二）内涵式发展

为贯彻党的十七大精神，落实"优先发展教育，建设人力资源强国"战略部署，2010年5月5日，国务院常务会议审议并通过的《国家中长期教育改革和发展规划纲要（2010—2020年）》提出，全面提高高等教育质量水平，提高人才培养质量，"到2020年，高等教育结构更加合理，特色更加鲜明，人才培养、科学研究和社会服务整体水平全面提升，建成一批国际知名、有特色、高水平的高等学校，若干所大学达到或接近世界一流大学水平，高等教育国际竞争力显著增强"⑤，《国家中长期教育改革和发展规划纲要（2010—2020年）》的颁布促进了教育事业科学发展，全面提高了国民素质，加快了社会主义现代化进程。

为了进一步贯彻执行《国家中长期教育改革和发展规划纲要（2010—2020年）》的精神，推进国家中长期教育改革和发展规划，2012年9月7日，国务院颁布的《关于加强教师队伍建设的意见》提出："到2020年，形成一支师德高

---

① 中华人民共和国教育部：《教育部关于"十五"期间教师教育改革与发展的意见》，http://www.moe.gov.cn/srcsite/A10/s7058/200203/t20020301_162696.html，2002年3月1日［2020-10-28］。

② 中华人民共和国教育部：《2003—2007年教育振兴行动计划》，http://www.moe.gov.cn/jyb_sjzl/moe_177/201003/t20100304_2488.html，2004年2月10日［2020-11-08］。

③ 中华人民共和国教育部：《2003—2007年教育振兴行动计划》，http://www.moe.gov.cn/jyb_sjzl/moe_177/201003/t20100304_2488.html，2004年2月10日［2020-11-08］。

④ 中华人民共和国教育部：《国家教育事业发展"十一五"规划纲要》，http://www.moe.gov.cn/jyb_xwfb/gzdt_gzdt/moe_1485/tnull_22875.html，2007年5月31日［2020-11-08］。

⑤ 中华人民共和国中央人民政府：《国家中长期教育改革和发展规划纲要（2010—2020年）》，http://www.gov.cn/jrzg/2010-07/29/content_1667143.htm，2010年7月29日［2020-05-08］。

尚、业务精湛、结构合理、充满活力的高素质专业化教师队伍"①，从五方面加强高素质专业化教师队伍建设：第一，资源合理配置，补足配齐，提高专任教师数量，满足各级各类教育发展需要。第二，提高教师培养质量，使教师具有扎实的专业知识基础、先进的教育理念；建立教师培训制度，增强教师的教育教学能力；加强教师思想政治教育和师德建设，提高教师职业道德素养，大幅提高教师队伍整体素质。第三，完善教师培养培训体系，提升教师学历、职务（职称），调整学科结构，合理布局城乡分布结构，促进教育事业相协调发展。第四，切实保障教师合法权益，提高教师待遇；实施倾斜政策，增强农村教师职业吸引力，鼓励优秀教师到乡村从教。第五，严格教师资格和准入制度，实现教师管理制度科学规范化，推动富有效率、更加开放的教师工作体制机制的形成。②

为了贯彻《国家中长期教育改革和发展规划纲要（2010—2020年）》精神，落实《关于加强教师队伍建设的意见》，2012年9月6日，教育部、国家发展改革委、财政部联合发布的《关于深化教师教育改革的意见》对深化教师教育改革提出八方面意见：构建开放灵活的教师教育体系，健全教师教育标准体系，完善教师培养培训制度，创新教师教育模式，深化教师教育课程改革，加强教师教育师资队伍建设，开展教师教育质量评估，加强教师教育经费保障。③ 八方面意见的实施，深化了教师教育改革，推进了教师教育内涵式发展，全面提高了教师教育质量，培养造就了一支高素质专业化教师队伍。

2014年9月9日，习近平总书记在与北京师范大学师生代表座谈时，号召每一位老师要有理想、有追求，做好老师。总书记提出4条标准："要有理想信念、要有道德情操、要有扎实学识、要有仁爱之心"④，做"四有"好老师是加强新时代教师建设的要求，"四有"好老师的提出为高等师范教育培养师范生指明了方向，推动着新时代教师队伍建设的发展。

为深入贯彻落实党的十九大精神，造就党和人民满意的高素质专业化创新型教师队伍，2018年1月20日，中共中央、国务院颁布的《关于全面深化新时代教师队伍建设改革的意见》指出，要着力提升教师思想政治素质、不断提高教师专业素质能力、大力振兴教师教育、全面加强师德师风建设。⑤

为进一步规范高校教师履职履责行为，落实立德树人根本任务，弘扬新时代

---

① 中华人民共和国中央人民政府：《国务院关于加强教师队伍建设的意见》，http://www.gov.cn/zwgk/2012-09/07/content_2218778.htm，2012年8月20日［2020-05-08］。
② 中华人民共和国中央人民政府：《国务院关于加强教师队伍建设的意见》，http://www.gov.cn/zwgk/2012-09/07/content_2218778.htm，2012年8月20日［2020-05-08］。
③ 中华人民共和国中央人民政府：《教育部 国家发改委 财政部关于深化教师教育改革的意见》，http://www.gov.cn/zwgk/2012-12/13/content_2289684.htm，2012年9月6日［2020-05-08］。
④ 教育部课题组：《深入学习习近平关于教育的重要论述》，人民出版社2019年版，第133页。
⑤ 中华人民共和国中央人民政府：《中共中央 国务院关于全面深化新时代教师队伍建设改革的意见》，http://www.gov.cn/zhengce/2018-01/31/content_5262659.htm，2018年1月20日［2020-05-08］。

高校教师道德风尚，努力建设有理想信念、有道德情操、有扎实学识、有仁爱之心的高校教师队伍，2018 年 11 月 8 日，教育部颁布的《关于高校教师师德失范行为处理的指导意见》强调加强高校师德师风建设。①

为了落实立德树人的根本任务，推进新时代学校思想政治理论课改革，提高思政课教育质量，2019 年 8 月，中共中央办公厅、国务院办公厅印发的《关于深化新时代学校思想政治理论课改革创新的若干意见》提出，要以全面贯彻党的教育方针，坚持马克思主义指导地位，贯彻落实习近平新时代中国特色社会主义思想，坚持社会主义办学方向，落实立德树人根本任务；坚持教育为人民服务，努力培养担当民族复兴大任的时代新人，培养德智体美劳全面发展的社会主义建设者和接班人为指导思想；坚持以党对思政课建设的全面领导，特别是习近平在学校思想政治理论课教师座谈会上的重要讲话精神，全面推动习近平新时代中国特色社会主义思想讲教材讲课堂进学生头脑，解决好培养什么人、怎样培养人、为谁培养人这个根本问题。落实新时代思政课改革创新要求，不断增强思政课的思想性，思政课在课程体系中的政治引领和价值引领作用，培养高素质专业化思政课教师队伍，推动思政课建设内涵式发展。以全面提升学生思想政治理论素养为原则，逐步完善思政课课程教材体系，坚持不懈地用习近平新时代中国特色社会主义思想铸魂育人，"建设一支政治强、情怀深、思维新、视野广、自律严、人格正的思政课教师队伍"②。

为了深入落实《关于深化新时代学校思想政治理论课改革创新的若干意见》，全面开展"新时代高校思想政治理论课创优行动"，2019 年 9 月 2 日，《中共教育部党组关于印发〈"新时代高校思想政治理论课创优行动"工作方案〉的通知》印发。《"新时代高校思想政治理论课创优行动"工作方案》要求，高校思政课要充分发挥落实立德树人根本任务关键课程作用，全面推动习近平新时代中国特色社会主义思想进教材进课堂进学生头脑，引导学生深化对马克思主义思想的认识，坚定对马克思主义、社会主义、共产主义的信仰，增强对实现中华民族伟大复兴中国梦的信心，形成正确的世界观、人生观、价值观，打造一大批内容准确、思想深刻、形式活泼的优质示范课堂，努力培养担当民族复兴大任的时代新人，培养德智体美劳全面发展的社会主义建设者和接班人。③

为深入贯彻落实全国教育大会、全国高校思想政治工作会议、学校思想政治

---

① 中华人民共和国教育部：《教育部关于高校教师师德失范行为处理的指导意见》，http://www.moe.gov.cn/srcsite/A10/s7002/201811/t20181115_354923.html，2018 年 11 月 8 日 [2020-05-08]。

② 中华人民共和国中央人民政府：《中共中央办公厅 国务院办公厅印发〈关于深化新时代学校思想政治理论课改革创新的若干意见〉》，http://www.gov.cn/zhengce/2019-08/14/content_5421252.htm，2019 年 8 月 14 日 [2020-05-08]。

③ 中华人民共和国教育部：《中共教育部党组关于印发〈"新时代高校思想政治理论课创优行动"工作方案〉》，http://www.moe.gov.cn/srcsite/A13/moe_772/201909/t20190916_399349.html，2019 年 9 月 2 日 [2020-05-08]。

理论课教师座谈会精神,实施好"新时代高校思想政治理论课创优行动",2019年4月17日,《教育部关于印发〈普通高等学校思想政治理论课教师队伍培养规划(2019—2023年)〉的通知》提出,2019年至2023年,普通高等学校思想政治理论课教师队伍培养要坚持以马克思列宁主义、毛泽东思想、邓小平理论、"三个代表"重要思想、科学发展观、习近平新时代中国特色社会主义思想为指导,贯彻党的教育方针,落实立德树人根本任务,充分发挥思政课的传播知识、传播思想、传播真理、塑造灵魂、塑造生命、塑造新人的作用,培养德智体美劳全面发展的社会主义建设者和接班人为指导思想。"建设一支专职为主、专兼结合、数量充足、素质优良的高校思想政治理论课教师队伍"[①]。

为深入贯彻落实习近平总书记关于教育的重要论述和全国教育大会精神,落实《新时代公民道德建设实施纲要》和《中共中央 国务院关于全面深化新时代教师队伍建设改革的意见》,加强和改进新时代师德师风建设,2019年11月15日,教育部、中央组织部、中央宣传部、国家发展改革委、财政部、人力资源社会保障部、文化和旅游部研究制定的《关于加强和改进新时代师德师风建设的意见》提出,加强和改进新时代师德师风建设,要坚持思想铸魂,用习近平新时代中国特色社会主义思想武装教师头脑;坚持价值导向,引导教师带头践行社会主义核心价值观;坚持党建引领,充分发挥教师党支部和党员教师作用,全面提升教师思想政治素质。要求教师:突出课堂育德,在教育教学中提升师德素养;突出典型树德,持续开展优秀教师选树宣传;突出规则立德,强化教师的法治和纪律教育,大力提升教师职业道德素养。[②]

高等师范教育发展由封闭型单一式教师教育体系转向开放性灵活的教师教育体系,由开放式教师教育向内涵式教育发展,高等师范教师教育走向由注重教师教育的数量到注重教师教育的数量和质量相结合的内涵式发展途径,推动了我国高等师范教育蓬勃发展。

第二节 如日方中:师范生公费教育的发展[③]

一 平流缓进:师范生公费教育的背景

自中国共产党成立以来,党和国家就对师范教育非常重视。早在1934年,苏

[①] 中华人民共和国中央人民政府:《教育部关于印发〈普通高等学校思想政治理论课教师队伍培养规划(2019—2023年)〉的通知》,http://www.gov.cn/xinwen/2019-04/29/content_5387361.htm,2019年4月17日[2020-05-08]。

[②] 中华人民共和国教育部:《教育部等七部门印发〈关于加强和改进新时代师德师风建设的意见〉的通知》,http://www.moe.gov.cn/srcsite/A10/s7002/201912/t20191213_411946.html,2019年11月15日[2020-05-08]。

[③] 2007年国办发[2007]34号文件使用表述"师范生免费教育",2018年国办发[2018]75号文件使用"师范生公费教育",本文遵循国办发[2018]75号的表述,一律使用"师范生公费教育"。

区中央教育人民委员部订定的《高级师范学校简章》《初级师范学校简章》《短期师范学校简章》《小学教育训练班简章》就对师范教育提出"学生不收学膳书籍等费,被服及其他日常用品,由学生自备"①。在战争年代,条件极为艰苦的条件下,开办各类师范教育并实施免费教育,这充分体现中国共产党对师范教育的重视,以公费教育促进苏区师范教育的发展。

改革开放以来,经过拨乱反正,教育得到恢复。为了使教育得到更大的发展,适应国家对人才的需要,教育需要改革,1985年5月27日,国务院颁布的《中共中央关于教育体制改革的决定》指出:鼓励高等学校发挥资源多招学生,推行和扩大用人单位委托学校培养学生的制度,"委托单位要按议定的合同向学校交纳一定数量的培养费,毕业生应按合同规定到委托单位工作"②;在国家计划外招收少数自费生,"学生应交纳一定数量的培养费,毕业后可以由学校推荐就业,也可以自谋职业"③。以两种收费形式招生补充国家招生计划,满足社会对人才的需求。《中共中央关于教育体制改革的决定》鼓励高等学校多招生,满足社会对人才的需要,提倡高等学校招收委培生、自费生,委培生由委培单位缴纳一定数量的学费,既解决了人才需要的问题又解决了财政不足问题。

为了贯彻《中共中央关于教育体制改革的决定》精神,继续扩大教育领域改革,1994年7月3日,国务院下发的《关于〈中国教育改革和发展纲要〉的实施意见》指出:"学生实行缴费上学制度。缴费标准由教育行政主管部门按生均培养成本的一定比例和社会及学生家长承受能力因地、因校(或专业)确定"④。《中国教育改革和发展纲要》为我国教育事业发展规划了宏伟蓝图,是党的教育方针的重要文本体现,建设有中国特色社会主义教育体系的总纲领,标志着中国高等教育由免费教育正式走向收费教育。

为了贯彻《中共中央关于教育体制改革的决定》和《中国教育改革和发展纲要》的精神,1996年12月16日,国家教育委员会、国家计划委员会、财政部颁布的《高等学校收费管理暂行办法》规定:"高等教育属于非义务教育阶段,学校依据国家有关规定,向学生收取学费"。"农林、师范、体育、航海、民族专业等享受国家专业奖学金的高校学生免缴学费"⑤。指出学费标准按年生均教育培养成本的一定比例,比例最高不得超过25%,由国家教委、国家计委、财政部共同

---

① 张挚、张玉龙主编:《中央苏区教育史料汇编》上册,南京大学出版社2016年版,第487—490页。
② 中华人民共和国教育部:《中共中央关于教育体制改革的决定》,http://old.moe.gov.cn/publicfiles/business/htmlfiles/moe/moe_177/200407/2482.html,1985年5月27日[2020-05-08]。
③ 中华人民共和国教育部:《中共中央关于教育体制改革的决定》,http://old.moe.gov.cn/publicfiles/business/htmlfiles/moe/moe_177/200407/2482.html,1985年5月27日[2020-05-08]。
④ 中华人民共和国教育部:《国务院关于〈中国教育改革和发展纲要〉的实施意见》,http://old.moe.gov.cn/publicfiles/business/htmlfiles/moe/moe_177/200407/2483.html,1994年7月3日[2020-05-08]。
⑤ 中华人民共和国教育部:《高等学校收费管理暂行办法》,http://www.moe.gov.cn/srcsite/A02/s5911/moe_621/199612/t19961216_81884.html,1996年12月16日[2020-05-08]。

统计计算并做出原则规定。教育培养成本包括公务费、业务费、设备购置费、修缮费、教职工人员经费等正常办学费用支出等。①《高等学校收费管理暂行办法》颁布之后，我国高等教育从 1997 年起，高等学校开始按不超出 25% 的教育培养成本收取学费。

为了贯彻《中国教育改革和发展纲要》精神，进一步落实《中共中央关于教育体制改革的决定》，2001 年 2 月 12 日颁布的《教育部 国家计委 财政部关于 2001 年高等学校招生收费工作有关问题的通知》要求对高等学校进行"双轨"收费严管严治，规定"2001 年的学费、住宿费标准一律稳定在 2000 年的水平，不得提高"。强调"师范、农林、民族、体育、航海等享受国家专业奖学金的高校学生，继续实行免收学费制度"。② 高等学校招生收费改革是一项重要、复杂和长期的过程，事关广大人民群众的切身利益，国家规定 2001 年高等学校收费稳定在 2000 年的水平，体现国家对人民利益的保护，确保人民的利益和高等教育事业的持续、健康发展。

回顾改革开放以来，高等学校的收费嬗演过程，高等学校由公费教育到招收委培生、自费生，再到收取不得超过 25% 的培养成本费，最终达到全额收费，高等学校的实行缴费上学制推动和促进了高等教育的发展，为国家培养了大批的社会需要的人才。

二 顺时施宜：师范生免费教育制度的确立

为了培养终生致力于教育事业的优秀教师，提高教师队伍整体素质，让全社会尊师重教，使教育成为全社会最受尊重的事业，2007 年 5 月 9 日，国务院颁布的《国务院办公厅转发教育部等部门关于教育部直属师范大学师范生免费教育实施办法（试行）的通知》（国办发〔2007〕34 号），决定在教育部直属师范大学实行师范生免费教育。③ 为了从 2007 年秋季入学的新生起实行师范生免费教育，教育部、财政部、人事部、中央编办颁布的《教育部直属师范大学师范生免费教育实施办法（试行）》（以下简称《实施办法》）决定，实行"两免一补"（免学费、免住宿费、补助生活费），经费来源由中央财政统一直拨。师范生免费教育招生条件是热爱教育事业、志愿终身从教的优秀高中毕业生，实行提前批次录取。确定北京师范大学、华东师范大学、东北师范大学、华中师范大学、陕西师范大

---

① 中华人民共和国教育部：《高等学校收费管理暂行办法》，http://www.moe.gov.cn/srcsite/A02/s5911/moe_621/199612/t19961216_81884.html，1996 年 12 月 16 日 [2020 - 05 - 08]。

② 中华人民共和国中央人民政府：《教育部 国家计委 财政部关于 2001 年高等学校招生收费工作有关问题的通知》，http://www.gov.cn/gongbao/content/2001/content_60735.htm，2001 年 2 月 12 日 [2020 - 05 - 08]。

③ 中华人民共和国中央人民政府：《国务院办公厅转发教育部等部门关于教育部直属师范大学师范生免费教育实施办法（试行）的通知》，http://www.gov.cn/zwgk/2007-05/14/content_614039.htm，2007 年 5 月 9 日 [2020 - 05 - 08]。

学、西南大学6所部属师范大学为首批实行师范生免费教育试点师范院校，精心制订免费师范生培养方案，探索免费师范生培养模式，建立免费师范生培养导师制度，构建免费师范生培养制度框架，为推进师范生免费教育发展奠定基础。

《实施办法》规定了师范生免费教育具体实施办法，采取免费师范生与学校和生源所在地省级教育行政部门签订三方协议的措施，免费师范毕业生必须履行协议，三方协议的具体内容是：免费师范毕业生回生源所在省份农村义务教育学校从事中小学教育10年以上；在农村义务教育学校服务期满两年，方可到城镇学校工作；服务期内可在校际间流动或从事教育管理工作；服务期内不得报考脱产研究生，只能报考教育硕士专业学位研究生；免费师范生若未履行协议，按规定退还已享受的免费教育费用并缴纳违约金。免费师范生就业采取双向选择、确保编制、确保有编有岗。

为了广开免费师范生渠道，《实施办法》鼓励非师范专业优秀学生在入学两年内按核定的计划转入师范专业，享受免费师范生同等待遇，按"两免一补"标准由学校返还原所缴费用。为提高培养免费师范生培养机制的灵活性，允许免费师范生可进行二次专业选择，条件是在学校规定的师范专业范围内。

《实施办法》强调各试点院校要以造就优秀教师和教育家为目标，加强免费师范生的课程管理，安排名师授课；强化免费师范生师德教育，树立终生从教理想；重视实践教学环节，完善师范生到中小学实习半年制度；大力推进教师教育改革，担当教育使命，务实笃行，确保师范生免费教育重大举措的顺利实施，推动师范生免费教育发展。[①]

三 新益求新：师范生公费教育体系的建立

党和国家非常重视普通高等师范教育，将师范生免费教育升级到师范生公费教育，逐步完善并建立师范生公费教育体系，推动师范生公费教育的发展。

（一）师范生公费教育的发展

首届免费师范生从2007年秋季入学，到2011年6月毕业。2011年6月17日，中共中央政治局常委、国务院总理温家宝出席北京师范大学首届免费师范生毕业典礼并发表了重要讲话，首先肯定了师范生免费教育试点工作取得的成绩，重申师范生免费教育的重要性和意义，对免费师范生提出4点希望："一要充满爱心；二要敢于奉献；三要刻苦学习；四要勇于创新"[②]，指明了师范生免费教育发展方向和措施，进一步确定了新时期我国教师教育改革发展方向。

为全面贯彻落实温家宝总理重要讲话精神，教育部颁布的《关于学习贯彻温

---

① 中华人民共和国中央人民政府：《国务院办公厅转发教育部等部门关于教育部直属师范大学师范生免费教育实施办法（试行）的通知》，http://www.gov.cn/zwgk/2007-05/14/content_614039.htm，2007年5月9日［2020-05-08］。

② 《中国教育年鉴》编辑部编：《中国教育年鉴（2012）》，人民教育出版社2013年版，第44页。

家宝总理在北京师范大学首届免费师范生毕业典礼上重要讲话精神的通知》（以下简称《通知》）要求，各地各校要深入学习温家宝总理重要讲话，领悟讲话精神，以高度责任感和使命感做好师范生免费教育工作，为建设高素质专业化教师队伍做出新的贡献。《通知》指出要认真总结经验，全面落实讲话精神，加快完善师范生免费教育的配套政策，切实做好首届免费师范生到农村学校任教工作，引领免费师范毕业生，积极投身农村教育事业。《通知》强调要深入贯彻讲话精神，推进教师教育改革，借鉴师范生免费教育试点经验，创新师范生免费教育培养模式，探索师范生免费教育新机制，提高师范生免费教育培养质量，全面加强教师教育和教师队伍建设。[①]

经过4年的实践探索，教育部6所直属师范大学师范生免费教育试点工作积累了丰富经验，取得了显著成效。为了及时总结4年师范生免费教育试点工作的经验、探索免费师范生培养模式，2012年1月7日，国务院办公厅颁布《国务院办公厅转发教育部等部门关于完善和推进师范生免费教育意见的通知》。教育部、财政部、人力资源社会保障部、中央编办颁布的《关于完善和推进师范生免费教育意见》提出，要科学制定免费师范生招生计划，健全免费师范生录取和退出机制、完善师范生免费教育经费保障机制。在实践中，积极推进教师教育改革创新，进一步改进免费师范生就业办法，支持免费师范毕业生专业发展，逐步在全国推广师范生免费教育政策；部属师范大学要加强免费师范生职业理想和师德教育，各地区、各有关部门和学校要深刻认识完善和推进师范生免费教育的重要意义，建立健全跨部门工作机制，明确分工，密切合作，抓好落实，确保师范生免费教育培养质量。[②]

《关于完善和推进师范生免费教育意见》的颁布，使师范生免费教育制度更加完善，极大地推进了师范生免费教育的发展。为贯彻落实《中共中央国务院关于全面深化新时代教师队伍建设改革的意见》精神，建立健全师范生公费教育制度，吸引优秀人才从教，培养大批有理想信念、有道德情操、有扎实学识、有仁爱之心的"四有"好教师，2018年7月30日，国务院办公厅颁布《国务院办公厅关于转发教育部等部门教育部直属师范大学师范生公费教育实施办法的通知》（国办发〔2018〕75号）。教育部、财政部、人力资源社会保障部、中央编办颁布的《教育部直属师范大学师范生公费教育实施办法》（以下简称《实施办法》）共6章，27条。

[①] 中华人民共和国教育部：《教育部关于学习贯彻温家宝总理在北京师范大学首届免费师范生毕业典礼上重要讲话精神的通知》，http://old.moe.gov.cn//publicfiles/business/htmlfiles/moe/s5878/201212/xxgk_145912.html，2011年6月24日［2020-05-08］。

[②] 中华人民共和国中央人民政府：《国务院办公厅转发教育部等部门关于完善和推进师范生免费教育意见的通知》，http://www.gov.cn/zhengce/content/2016-08/24/content_5101954.htm，2012年1月7日［2020-05-08］。

第一章（1—3条）首次对师范生公费教育和公费师范生做出了明确定义。师范生公费教育是指国家在北京师范大学、华东师范大学、东北师范大学、华中师范大学、陕西师范大学和西南大学六所教育部直属师范大学面向师范专业本科生实行的，由中央财政承担其在校期间学费、住宿费并给予生活费补助的培养管理制度。①公费师范生是指"接受师范生公费教育的学生"。②《实施办法》指出，建立师范生公费教育制度，公费师范生享受免缴学费、住宿费和补助生活费，即"两免一补"，实行公费培养，毕业后安排就业并保证入编入岗等优惠政策，因此，将"师范生免费教育"改为"师范生公费教育"。

第二章（4—6条）主要规定了选拔录取办法，健全免费师范生录取和退出机制，确定了在校期间公费师范生进入、退出的具体办法。

第三章（7—14条）主要规定公费师范生履约任教，完善公费师范生乡村从教的服务年限；规定公费师范生从事中小学教育工作6年以上，比国办发〔2007〕34号文件减少了四年；在农村义务教育学校任教服务至少1年，方可到城镇学校工作，比国办发〔2007〕34号文件少一年。

第四章（15—18条）增加了激励措施机制，实行公费师范生的生活补助动态调整：实行奖学金制度，为优秀公费师范生设立非义务性奖学金、给公费师范生设立专项奖学金；组织优秀公费师范生参加国内外学习交流、开展教学技能比赛等多种类型活动；落实优惠政策，实行乡村教师生活补助、艰苦边远地区津贴等；实行职后培训制度，落实五年一周期的全员培训制度。

第五章（19—25条）主要是完善师范生公费教育条件保障制度。完善师范生免费教育经费保障机制，为确保师范生公费教育质量，新增内容实行"双导师"制度，安排中小学名师、高校高水平教师给公费师范生授课。集中最优质的资源用于公费师范生培养，强化实践教学环节，探索优秀教师培养新模式，落实公费师范生在校期间教育实践，全面提高公费师范生培养质量。

第六章（26—27条）附则，明确办法适用于签订《师范生公费教育协议》的公费师范生，且正在履约的免费师范生亦按照公费师范生政策管理，各方若需补充权利、义务等，可签订补充协议。③

---

① 中华人民共和国中央人民政府：《国务院办公厅关于转发教育部等部门教育部直属师范大学师范生公费教育实施办法的通知》，http://www.gov.cn/zhengce/content/2018－08/10/content_5313008.htm，2018年7月30日［2020－05－08］。

② 中华人民共和国中央人民政府：《国务院办公厅关于转发教育部等部门教育部直属师范大学师范生公费教育实施办法的通知》，http://www.gov.cn/zhengce/content/2018－08/10/content_5313008.htm，2018年7月30日［2020－05－08］。

③ 中华人民共和国中央人民政府：《国务院办公厅关于转发教育部等部门教育部直属师范大学师范生公费教育实施办法的通知》，http://www.gov.cn/zhengce/content/2018－08/10/content_5313008.htm，2018年7月30日［2020－05－08］。

（二）公费师范生的就业

党和国家非常重视做好公费师范生就业的工作，教育部每年都印发做好公费师范生就业的工作的通知。为贯彻落实全国教育大会精神，根据《国务院办公厅关于转发教育部等部门教育部直属师范大学师范生公费教育实施办法的通知》（国办发〔2018〕75号）的要求，2018年12月21日，教育部办公厅颁布的《关于做好2019届教育部直属师范大学公费师范毕业生就业工作的通知》（以下简称《通知》）要求做好2019年毕业的部属师范大学公费师范生就业工作，保证2019年毕业的部属师范大学公费师范生全部安排到中小学校任教。

《通知》要求，以全国教育大会精神为指导，通过组织政策解读宣讲、一线优秀校长教师报告会、优秀公费师范生谈体会等多种形式加强就业教育。教育公费师范生在思想上树立正确的人生观、价值观和成才观，在工作岗位上做好学生典范，做学生锤炼品格、学习知识、创新思维、奉献祖国的人生导师，努力争做"四有"好老师。

《通知》指出，通过做好公费师范生编制计划，采用手机信息、App等途径，及时公布、针对性地推送用人信息及人事招聘政策，部属师范大学要采取"走出去，请进来"等多种形式改进公费师范生就业服务，为公费师范生提供就业支持和信息服务。各级教育行政部门要组织公费师范生专场招聘活动，优先利用空编接收等办法，保障公费师范生全部入校、入编、入岗，严禁"有编不补"。

《通知》强调，要加强公费师范生的履约管理，鼓励并支持公费师范生跨省任教，建立定期会商机制、就业工作督查机制，确保公费师范生就业政策落到实处。各地教育行政部门，制定激励措施，引进教师、完善待遇保障、吸引公费师范生回省任教、终身从教。完善入编入岗、工资发放、待遇落实等方面的保障，落实乡村教师生活补助、艰苦边远地区津贴优惠等政策，确保公费师范生顺利就业、安心从教。为公费师范生创造终身学习机会和空间，将公费师范生的在职培训纳入国培计划、省培计划，加强入职培训、岗位胜任能力培训，促使公费师范生专业发展和终身成长。[1]

（三）公费师范生在职攻读教育硕士专业学位

《国务院办公厅关于转发教育部等部门教育部直属师范大学师范生公费教育实施办法的通知》（国办发〔2018〕75号）指出："公费师范生按协议履约任教满一学期后，可免试攻读非全日制教育硕士专业学位"。[2]

---

[1] 中华人民共和国教育部：《教育部办公厅关于做好2019届教育部直属师范大学公费师范毕业生就业工作的通知》，http://www.moe.gov.cn/srcsite/A10/s7058/201901/t20190102_365712.html，2018年12月21日［2020-05-08］。

[2] 中华人民共和国中央人民政府：《国务院办公厅关于转发教育部等部门教育部直属师范大学师范生公费教育实施办法的通知》，http://www.gov.cn/zhengce/content/2018-08/10/content_5313008.htm，2018年7月30日［2020-05-08］。

为贯彻国办发〔2018〕75号文件精神，落实师范生免费教育示范性举措，做好免费师范毕业生在职攻读教育硕士专业学位研究生工作，继续沿用2010年5月21日教育部颁布的《教育部直属师范大学免费师范毕业生在职攻读教育硕士专业学位实施办法（暂行）》，对公费师范生非全日制教育硕士的培养目的、培养目标、修业年限、课程设置等都做了相应规定（见表9-2）。

表9-2 **教育部直属师范大学免费师范毕业生在职攻读教育硕士专业学位实施办法**

实施项目	具体实施办法
培养目标	教育理念先进，职业道德良好，创新意识较强，专业知识基础扎实、教育教学实践反思能力突出
招生计划	在全国研究生总规模之内单列，全部为国家计划
招生方式	采用申请制
申请条件	到农村义务教育中小学任教满一学期，经任教学校考核合格者
录取方式	部属师范大学依据本科学习成绩、工作考核结果、综合表现考核录取
修业年限	2—3年，实行学分制
课程学习	采用远程教育和寒暑假集中面授方式相结合
学习方式	采取在职学习方式
课程设置	凸显教育硕士的培养特点：一、实践性，密切结合中小学教育教学实践；二、整体设计，与本科阶段所学课程相衔接
导师队伍	高校优秀教师和培养基地的中小学优秀教师组成双导师指导组
课程考查与考试	深入实际写调查报告、结合学校教学写课程论文、依据教材做教学设计、录制教学视频等
实践环节考查	完成至少一篇实践调查报告和一项教学设计
综合实践考查	综合考查重在工作岗位的实际表现
论文选题	从教育教学实践中选题，凸显专业性，透视教育教学现象，将教育原理、课程论、教学论与中小学教育教学实践相结合，发现问题，分析和解决问题。论文要具有创新性和实践价值
论文形式	论文形式必须结合自己的教学实践，可以是教育教学案例分析报告、研究报告、调研报告等
论文评阅与答辩委员会	至少有一名相关学科的中小学特级教师参加学位论文的评阅和成为答辩委员会成员
答辩条件	修满规定课程学分，论文评阅合格
学位授予程序	答辩委员会鉴定论文答辩通过、校学位评定委员会审核批准，授予教育硕士专业学位和硕士研究生毕业证书。获得教育硕士专业学位者，必须履行《师范生免费教育协议》，否则部属师范大学将取消学籍

资料来源：中华人民共和国教育部：《教育部直属师范大学免费师范毕业生在职攻读教育硕士专业学位实施办法（暂行）》，http：//www.moe.gov.cn/srcsite/A10/s7011/201005/t20100526_145913.html，2010年5月21日［2020-05-08］。表格为笔者根据该资料自制。

表9-2表明,《教育部直属师范大学免费师范毕业生在职攻读教育硕士专业学位实施办法(暂行)》的颁布是建设高素质专业化教师队伍的一项重要举措,公费师范毕业生在职攻读教育硕士专业学位提升了公费师范毕业生的专业素养、培养了职业道德品质、掌握了先进的教育理念、提高了教师队伍整体素质,起到了师范生公费教育的师范作用,推动了我国教师队伍建设。

从2007年师范生免费教育制度升级为2018年师范生公费教育制度,从公费师范生的就业制度到公费师范生在职攻读教育硕士专业学位制度的完善和确立,普通高等师范学校建立了完整的师范生公费教育制度体系,确保了师范生公费教育的质量,有力推动了师范生公费教育和普通高等师范学校的蓬勃发展。

第三节 进德修业:教师继续教育的发展

一 踵事增华:教师继续教育制度的完善

为了使中国教育事业拥有一支具有良好思想品德修养和业务素质的教师队伍,使教师的合法权益得到保障,1993年10月31日颁布的《中华人民共和国教师法》规定,教师有权利享受参加进修或其他各类形式的培训,同时也应该履行不断提升思想政治觉悟水平和提高教育教学业务水平的义务,教师进修和培训既是教师的基本权利又是教师必须履行的义务。各级人民政府必须采取各类措施,保障教师接受培训;各级人民政府教育行政部门、学校主管部门、学校三级要以加强对教师进行思想政治教育,保障教师业务培训为目标,制定教师培训计划;各级教师进修学校承担培训中小学教师的义务,师范学校应当承担培养和培训中小学教师的任务。[1]

(一)加强继续教育

为了落实《中华人民共和国教育法》《中华人民共和国教师法》的规定,贯彻《中国教育改革和发展纲要》的精神,全面推进素质教育,加强基础教育,2001年5月29日,国务院颁布的《国务院关于基础教育改革与发展的决定》(以下简称《决定》)指出:要扎实推进素质教育,关键是建设一支高素质的教师队伍,高素质的教师队伍就要"完善以现有师范院校为主体、其他高等学校共同参与、培养培训相衔接的开放的教师教育体系"[2]。《决定》强调要转变教育理念,继续加强中小学教师继续教育工作,加大培训力度,尤其加强中青年教师的培训工作。逐渐健全教师培训制度,充分利用远程教育的方式,对贫困地区教师应实行免费培训。《决定》要求认真实施"跨世纪园丁工程"等教师培训计划,加强

---

[1] 中华人民共和国中央人民政府:《中华人民共和国教师法》,http://www.gov.cn/banshi/2005-05/25/content_937.htm,1993年10月31日[2020-05-08]。

[2] 中华人民共和国中央人民政府:《国务院关于基础教育改革与发展的决定》,http://www.gov.cn/gongbao/content/2001/content_60920.htm,2001年5月29日[2020-05-08]。

骨干教师队伍建设,促进中小学教师队伍建设。①

(二) 新课程师资培训

为贯彻落实《国务院关于基础教育改革与发展的决定》,教育部决定从2001年秋季开始,将在全国范围内实行基础教育新课程体系,用五年左右时间完成。为了做好基础教育新课程师资培训工作,2001年10月17日,教育部颁布的《关于开展基础教育新课程师资培训工作的意见》(以下简称《工作意见》)指出,教师是新课程实施的主体,新课程师资培训工作是新课程试验推广工作顺利进行的保障,当前和今后一个时期内,中小学教师继续教育的中心任务是做好新课程师资培训工作。

《工作意见》强调,新课程师资培训工作的主要任务是,领会新一轮课程改革的指导思想、转变教育观念、明确改革目标、落实政策措施等;增强实施新课程的自觉性和责任感;组织教师认真学习课程标准、研究课程目标、领悟课程内容、准确把握评估要求等;在教学实践中逐步掌握新课程实施的教学方法,不断提高专业素养,使教师能胜任新课程的教学工作。

《工作意见》指出,要加强新课程师资培训工作的组织与实施,要求各级教育行政部门高度重视、精心组织、确保新课程师资培训任务顺利完成。各省要统一领导协调新课程的师资培训工作,对新课程师资培训制定规划、设计计划、有步骤地实施新课程培训工作。同时,指出了开展新课程师资培训工作应注意的4个问题:第一,要保障新课程的师资培训工作的经费;第二,新课程的师资培训工作要贯穿新课程改革始终;第三,充分开发新课程师资培训资源;第四,培训骨干力量,带动广大教师投身新课程改革实践中。②

(三) 教师教育改革与发展

高等师范教育是我国教育的重要组成部分,是基础教育发展的重要性保障。教师教育改革与发展,对提高教师队伍整体素质,建设一支高素质的教师队伍,具有重要的战略意义。

1. "十五"期间教师教育改革与发展

"教师教育是在终身教育思想指导下,按照教师专业发展的不同阶段,对教师的职前培养、入职教育和在职培训的统称"。③ 教师教育是基础教育师资来源的重要保证、教学质量提高的主体、高素质的教师队伍建设的必要条件、推进素质

---

① 中华人民共和国中央人民政府:《国务院关于基础教育改革与发展的决定》,http://www.gov.cn/gongbao/content/2001/content_60920.htm,2001年5月29日 [2020-05-08]。

② 中华人民共和国教育部:《教育部关于印发〈关于开展基础教育新课程师资培训工作的意见〉的通知》,http://old.moe.gov.cn//publicfiles/business/htmlfiles/moe/s7058/201401/xxgk_162695.html,2001年10月17日 [2020-05-08]。

③ 中华人民共和国教育部:《教育部关于"十五"期间教师教育改革与发展的意见》,http://www.moe.gov.cn/srcsite/A10/s7058/200203/t20020301_162696.html,2002年3月1日 [2020-05-08]。

教育的实施者。为加快教师教育的发展，提高教师教育水平，建设一支高素质的教师队伍，2002年2月6日，教育部颁布的《关于"十五"期间教师教育改革与发展的意见》（以下简称《意见》）指出，教师教育的改革和发展的指导思想是："高举邓小平理论的伟大旗帜，以江泽民同志'三个代表'的重要思想为指导，全面贯彻落实《中共中央国务院关于深化教育改革全面推进素质教育的决定》、《国务院关于基础教育改革与发展的决定》和《全国教育事业第十个五年计划》，解放思想，实事求是，开拓创新，与时俱进，深化教师教育改革，大力提高教师教育质量，努力实现我国教师教育持续发展，为建设一支高素质教师队伍奠定坚实的基础"。[①]

教师教育改革和发展的基本原则，是坚持"四个一"原则，即一核心、一导向、一主题、一主线。一核心是提高教育质量；一导向是教师专业化；一主题是发展；一主线是结构调整。

教师教育改革与发展的主要任务是，调整教师教育的结构，完善教师教育制度；提高新师资的学历层次，开创教师培养的新格局；深化教学改革，调整教师教育专业结构，探索培养模式改革，推进课程体系改革，培养新型教师；实施中小学教师继续教育工程，推进继续教育健康发展，提高教师队伍的整体素质，努力实现教师教育改革与发展任务。

教师教育改革和发展，坚持以政策为导向，优化改革措施，重组教师教育资源，调整教师教育结构；努力培养具有创新精神和实践能力的高素质教师，不断深化教育教学改革，提高教育教学质量；加大力度推进中小学教师继续教育工作、教师教育信息化建设，落实这些具体措施，深化教师教育改革。[②]

《意见》的颁布，明确了教师教育的意义和重要作用，统一了教师教育的思想，指明了教师教育发展的方向，确定了教师教育的任务，落实了教师教育的具体步骤和实施措施，推进了教师教育的发展。

2. 建立教师教育网络体系

根据党的十六大精神和教育事业实现新的跨越式发展的要求，为了贯彻落实《教育部关于"十五"期间教师教育改革与发展的意见》的精神，2003年9月4日教育部颁发《关于实施全国教师教育网络联盟计划的指导意见》。实施教师网联计划是建设学习型社会、提高农村教师队伍整体素质、教育信息化带动教育现代化、推进教师教育创新发展的迫切需要，构建教师终身学习体系的必然要求。其目的是建立教师教育系统（"人网"）、卫星电视网（"天网"）与计算机互联网

---

① 中华人民共和国教育部：《教育部关于"十五"期间教师教育改革与发展的意见》，http：//www.moe.gov.cn/srcsite/A10/s7058/200203/t20020301_162696.html，2002年3月1日［2020-05-08］。
② 中华人民共和国教育部：《教育部关于"十五"期间教师教育改革与发展的意见》，http：//www.moe.gov.cn/srcsite/A10/s7058/200203/t20020301_162696.html，2002年3月1日［2020-05-08］。

("地网")相融通、学校教育与现代远程教育相结合、学历教育和非学历教育相沟通,共建覆盖全国城乡的教师教育网络体系。教师网联计划的实施,实现了以信息化带动教师教育现代化,推进了教师教育改革创新,推动了教师继续教育的发展。①《关于实施全国教师教育网络联盟计划的指导意见》的颁布标志着我国教师教育发展进入信息化时代,极大地推动了教师教育的进程和发展。

(四) 教师培训

教育发展,教师为本。教师培训是促进教师专业发展、提升教师队伍整体素质、加强教师队伍建设的重要环节,提高教育质量的重要保障。

1. 中等职业学校教师培训

为了贯彻《国务院关于大力发展职业教育的决定》的精神,发展职业教育,以就业为导向,建设一支适应职业教育、强化技能性和实践性教学要求的教师队伍,2006年9月28日教育部颁布的《关于建立中等职业学校教师到企业实践制度的意见》(以下简称《意见》)指出,组织中等职业学校教师到企业实践是教师在职培训的重要形式之一,是提高教师专业技能水平、增强实践教学能力的有效途径。

《意见》要求中等职业学校专业课教师、实习指导教师到企业或生产服务一线实践的时间必须在每两年两个月以上,采取参与企业的产品开发和技术改造、现场观摩、生产岗位上操作演练、接受企业组织的技能培训等多种形式进行实践;对于职业学校文化课教师和相关管理人员,要定期到企业进行考察、开展调研。《意见》强调要逐步建立职业教育教师到企业实践制度,建设一支素质过硬的教师队伍。②

2. 中小学班主任培训

为了贯彻落实《中共中央国务院关于进一步加强和改进未成年人思想道德建设的若干意见》,提高中小学班主任队伍的整体素质和能力,充分发挥中小学班主任在贯彻党的教育方针,全面推进素质教育,加强和改进未成年人思想道德建设等方面的骨干作用,根据《教育部关于进一步加强中小学班主任工作的意见》,2006年8月31日,教育部颁布的《教育部办公厅关于启动实施全国中小学班主任培训计划的通知》(以下简称《计划》)指出了班主任工作的重要意义,"中小学班主任是教师队伍的重要组成部分,是班级工作的组织者、班集体建设的指导者、中小学生健康成长的引领者,是中小学思想道德教育的骨干,是沟通家长和社区的桥梁,是实施素质教育的重要力量"③。《计划》为班主任培训设立了目标

---

① 中华人民共和国教育部:《关于实施全国教师教育网络联盟计划的指导意见》,http://www.moe.gov.cn/srcsite/A10/s7011/200309/t20030904_146042.html,2003年9月4日 [2020-05-08]。

② 中华人民共和国教育部:《教育部关于建立中等职业学校教师到企业实践制度的意见》,http://old.moe.gov.cn//publicfiles/business/htmlfiles/moe/moe_1444/201006/xxgk_88962.html,2006年9月28日 [2020-05-08]。

③ 中华人民共和国教育部:《教育部办公厅关于启动实施全国中小学班主任培训计划的通知》,http://www.moe.gov.cn/srcsite/A10/s7058/200608/t20060831_81509.html,2006年8月31日 [2020-05-08]。

和任务,从 2006 年 12 月起,建立中小学班主任岗位培训制度,班主任在岗前岗后半年时间内接受培训不少于 30 学时的主体培训。《计划》为班主任培训确立了培训原则,即坚持针对性、实效性、创新性原则。同时,《计划》进一步强调,加强中小学班主任工作是贯彻新时期党的教育方针、教育未成年人思想道德建设的迫切需要,是实施素质教育,提高教育质量的必然要求。《计划》指出,实施班主任培训计划的目的和任务是提升班主任履行工作职责的能力并建立中小学班主任培训制度,坚持用针对性、实效性、创新性原则来指导班主任培训工作,提高班主任队伍整体素质和班主任工作水平。①

（五）加强教师教育,规划继续教育的未来发展

教育在现代化建设中具有基础性、先导性、全局性的作用。为了坚持教育优先发展,全面落实科学发展观,依据《中华人民共和国国民经济和社会发展第十一个五年规划纲要》的总体部署,党中央对教育事业制定第十一个五年规划,2007 年 5 月 18 日,国务院颁布的《国家教育事业发展"十一五"规划纲要》（以下简称《纲要》）指出,要不断推进教师教育和师范院校改革,提高教师的师德水平和业务水平;鼓励综合大学培养和培训中小学教师,提高教师教育的层次和水平,完善培训制度,创新培训机制,加强教师教育与培训,逐步形成开放灵活的教师教育体系。②

在《国家教育事业发展"十一五"规划纲要》的基础上,党中央高瞻远瞩,为中国教育事业的改革和发展的未来十年谋划蓝图,制定国家中长期教育改革和发展规划,2007 年 7 月 29 日,国务院颁布的《国家中长期教育改革和发展规划纲要（2010—2020 年）》指出,要加快发展继续教育,形成终身学习、全民学习的学习性社会,推进职业注册、工作考核、职务（职称）评聘、岗位聘任（聘用）等人事管理制度与继续教育的衔接,建立健全继续教育体制机制。③

两个《纲要》为我国教师教育和继续教育做出五年和十年的规划,为我国教师教育和继续教育制定了政策,指明了方向,确立了任务,树立了目标。两个《纲要》的颁布,标志着我国教师教育和继续教育制度开始走向完善的历程,表明我国教师教育和继续教育的不断发展,预示我国教师教育和继续教育进入深化期,必然促进我国教师教育和继续教育制度体系的建立。

（六）"国培计划"

"中小学教师国家级培训计划"（以下简称"国培计划"）是深化教师教育改

---

① 中华人民共和国教育部:《教育部办公厅关于启动实施全国中小学班主任培训计划的通知》,http://www.moe.gov.cn/srcsite/A10/s7058/200608/t20060831_81509.html,2006 年 8 月 31 日［2020 - 05 - 08］。

② 中华人民共和国教育部:《国家教育事业发展"十一五"规划纲要》,http://www.moe.gov.cn/jyb_xwfb/gzdt_gzdt/moe_1485/tnull_22875.html,2007 年 5 月 31 日［2020 - 11 - 08］。

③ 中华人民共和国中央人民政府:《国家中长期教育改革和发展规划纲要（2010—2020 年）》,http://www.gov.cn/jrzg/2010-07/29/content_1667143.htm,2010 年 7 月 29 日［2020 - 05 - 08］。

革,加强教师培训工作的重大举措。"国培计划"充分发挥着示范引领作用,推动着省级培训计划、县级培训计划、校级培训计划的实施,开展中小学教师全员培训,对提高中小学教师队伍整体素质具有重要意义。

1. "国培计划"的实施

根据《国家中长期教育改革和发展规划纲要(2010—2020年)》的精神,为进一步加强教师队伍建设,进行教师培训,全面提高教师队伍素质,2010年6月11日,国务院颁布的《教育部 财政部关于实施"中小学教师国家级培训计划"的通知》(以下简称《通知》)指出,要高度重视实施"国培计划"工作,实施"国培计划"是推进基础教育改革,促进义务教育均衡发展、提高教育质量、加强教师队伍建设的重要举措。实施"国培计划"的目的就是培养大批"种子"教师,发挥骨干示范作用,引领教师培训模式和方法的创新,支持中西部农村教师培训,完善教师培训体系,推动高等师范院校服务基础教育,促进教师教育改革和发展。《通知》指出,"国培计划"包括两个项目,一项是中小学教师示范性培训项目,另一项是中西部农村骨干教师培训项目。《通知》要求精心组织、创新模式、竞争择优、整合力量实施"国培计划"工作,务求实效、共享资源、确保质量。要求各级认真组织、加强管理、督促检查,全面提高中小学教师队伍整体素质,推进教师教育改革和发展。《通知》有两个附件:

附件1. "国培计划"——中小学教师示范性培训项目实施方案(2010—2012)

中小学教师示范性培训项目实施的目的是发挥其示范引领作用,促进教师培训改革、推动"中西部项目"的实施。中小学教师示范性培训项目有两大项,一项是中小学骨干教师培训,包括骨干教师集中培训、骨干班主任教师培训、农村紧缺薄弱学科骨干教师培训、教师培训者研修;另一项是中小学教师远程培训,包括农村义务教育学校教师远程培训、高中课程改革教师远程培训。

附件2. "国培计划"——中西部农村骨干教师培训项目实施方案

中西部农村骨干教师培训项目实施的目的是为中西部农村地区培训一批骨干教师,使其发挥示范辐射作用,引导地方完善教师培训体系,全面提高农村教师队伍整体素质和专业化水平。中西部农村骨干教师培训重点是农村中小学教师置换脱产研修、农村中小学教师短期集中培训、农村中小学教师远程培训。[①]

2. 实施"国培计划"的历程

自2010年起,国家采取了一系列措施,实施"国培计划",极大地推动了教师教育的改革和发展,提高了教师队伍整体素质,加强了教师队伍建设。

[①] 中华人民共和国中央人民政府:《教育部 财政部关于实施"中小学教师国家级培训计划"的通知》,2010年6月11日[2020-05-08],http://www.gov.cn/zwgk/2010-06/30/content_1642031.htm。

(1) 举办"国培计划"展览

"国培计划"实施以来,"2010年,中央财政投入5.5亿元,支持实施本计划,共计培训中小学教师115万人,其中农村教师110万人"[①]。我国师资力量不断壮大,尤其中西部欠发达地区教师能力大大提升。为展示"国培计划"实施的丰硕成果,2011年5月16日,教育部在北京举办"国培计划"展览。教育部提出"'国培计划'将在五年内轮训全国1000万教师"[②]。在"国培计划"的示范下,各省、县、校大力推进教师培训,启动省培计划、县培计划、校培计划,促进新一轮教师培训。

(2) 县级教师培训机构培训者远程培训

为贯彻落实全国教育工作会议精神和教育规划纲要,深入推进实施"中小学教师国家级培训计划",2011年5月24日,教育部颁布《关于做好2011年"中小学教师国家级培训计划"实施工作的通知》,依据2011年"中小学教师国家级培训计划"实施工作的总体部署,2011年8月18日,教育部颁布的《教育部办公厅关于组织实施"国培计划(2011)"——县级教师培训机构培训者远程培训项目的通知》指出:对县级教师培训机构培训者进行远程培训,主要是为了有效推进新一轮中小学教师全员培训的顺利,保证教师培训的质量,提高培训者的培训组织实施能力。培训项目包括组织能力、管理能力、培训项目的设计能力。要按需受训,重点培训校本研修的指导与管理、教师培训管理工具箱的使用、网络远程培训项目的组织与辅导、区域性教师培训项目的设计与实施等。培训方式采取集中培训与远程培训相结合、线上学习与线下研讨相结合、线上交流与线下实践相结合的方式,确保培训高效高质。[③]

(3) 幼儿教师国家级培训

为贯彻落实《国务院关于当前发展学前教育的若干意见》(国发〔2010〕41号)精神,加强农村幼儿教师队伍建设,2011年9月5日,教育部、财政部颁布的《关于实施幼儿教师国家级培训计划的通知》决定,以农村幼儿教师短期集中培训、农村幼儿园"转岗教师"培训、农村幼儿园骨干教师置换脱产研修等培训项目实施"幼儿教师国家级培训计划",提高农村幼儿教师素质。[④]

[①] 中华人民共和国教育部:《教育部:"国培计划"五年内将轮训1000万教师》,http://www.gov.cn/jrzg/2011-05/17/content_1865044.htm,2011年5月17日 [2020-05-08]。

[②] 中华人民共和国教育部:《教育部:"国培计划"五年内将轮训1000万教师》,http://www.gov.cn/jrzg/2011-05/17/content_1865044.htm,2011年5月17日 [2020-05-08]。

[③] 中华人民共和国教育部:《教育部办公厅关于组织实施"国培计划(2011)"——县级教师培训机构培训者远程培训项目的通知》,http://www.moe.gov.cn/srcsite/A10/s7058/201108/t20110818_123829.html,2011年8月18日 [2020-05-08]。

[④] 中华人民共和国教育部:《教育部 财政部关于实施幼儿教师国家级培训计划的通知》,http://old.moe.gov.cn/publicfiles/business/htmlfiles/moe/s7034/201301/146630.html,2011年9月5日 [2020-05-08]。

(4)"国培计划"管理办法

从 2010 年至 2013 年,"国培计划"已实施 3 年,取得了显著的成绩,但也存在许多不足,"国培计划"的实施缺乏规范化,管理跟不上等。为进一步规范国家级教师培训计划管理,根据《教育部 财政部关于实施国家级教师培训计划的通知》(教师〔2010〕4 号)和《教育部 财政部关于实施幼儿教师国家级培训计划的通知》(教师〔2011〕5 号)的精神和要求,2013 年 1 月 29 日,教育部颁布《"国培计划"中西部农村中小学骨干教师培训项目和幼儿园教师培训项目管理办法》《"国培计划"示范性集中培训项目管理办法》《"国培计划"示范性远程培训项目管理办法》三个文件,以规范"国培计划"的实施,加强"国培计划"实施的管理。

《"国培计划"示范性集中培训项目管理办法》(以下简称《管理办法》)规定,示范性集中培训项目的目标任务是通过集中培训,培养能够起引领示范作用的和推动"国培计划"顺利实施的中小学、幼儿园骨干教师。培训内容要依据各科课程标准和教师专业发展来确定。参训学员是中小学、幼儿园骨干教师,要按公开、公平、公正的原则,选派学员,采取申请审批制的方式进行。示范性远程培训项目实行首席专家制,首席专家负责培训方案研制,统筹指导等工作由首席专家负责。《管理办法》要求,要认真、科学地加强培训管理,各实施"国培计划"的部门,要明确职责,合理分工;要从学员满意度、经费使用管理情况、培训效果、培训实施方案执行情况等方面,采取多种行之有效的形式,对培训承担机构工作进行绩效考核评估;对示范性集中培训项目经费要进行预算执行,对资金使用效益、财务管理进行监督检查、年终审计,确保专款专用。

《"国培计划"示范性远程培训项目管理办法》(以下简称《项目管理办法》)规定,示范性远程培训项目的目标任务是通过远程培训,培养能够起引领示范作用的和推动"国培计划"顺利实施的中小学、幼儿园骨干教师。参训学员是中小学教师、幼儿园骨干教师,要按公开、公平、公正的原则,选派学员,采取申请审批制的方式进行。《项目管理办法》要求,要依据中、小、幼儿园专业课程标准,科学设计培训课程内容;首席专家负责培训方案研制,统筹指导等工作由首席专家负责,示范性远程培训项目实行首席专家制;对骨干培训者实行集中培训,学时不得少于 30;远程培训的教学,要组织教学专家团队,实施专家在线值班制度;充分发挥远程培训平台功能,提供线上线下学习、交流、讨论等,监控学习过程、加强信息监测、反馈管理功能,反馈培训效果等;示范性远程培训项目实行三级管理,教育部、财政部负总责,省级教育部门负责管理工作及学员选派,培训任务承担机构成立项目领导小组主管"国培计划"实施工作。《项目管理办法》强调,要采用专家实地考察评估、第三方评估、网络匿名评估等方式,从学员满意度、经费使用管理情况、培训效果、培训实施方案执行情况等方面,对培训承担机构工作进行绩效考核;对示范性远程培训项目经费要进行预算执行,对资金使用效益、财务管理进行监督检查，年终审计，确保专款专用。

《"国培计划"中西部农村中小学骨干教师培训项目和幼儿园教师培训项目管理办法》（以下简称《办法》）规定：中西部项目和幼师国培的主要目标任务是，通过有针对性的专业培训，提高农村义务教育阶段教师和农村幼儿园教师的整体素质和教育教学能力，发挥引领示范作用，为普及学前教育、义务教育均衡发展提供师资保障。对农村义务教育阶段教师和农村幼儿园教师，采用远程培训、短期集中培训、置换脱产研修3种形式进行培训；实行两级管理，教育部、财政部负总责，省级负责中西部项目和幼师国培的组织实施工作；院校（机构）承担培训任务，须走招投标程序；充分考虑学员地域分布均衡性，采取申请审核制选派学员。《办法》要求，要依据中、小、幼儿园专业课程标准，优化课程设置；要采用专家实地考察评估、第三方评估、网络匿名评估等方式，从学员满意度、经费使用管理情况、培训效果、培训实施方案执行情况等方面，对培训承担机构工作进行绩效考核；对中西部农村中小学骨干教师培训项目经费要进行预算执行，对资金使用效益、财务管理进行监督检查，年终审计，确保专款专用。[1]

（5）"国培计划"理论研究

"国培计划"的理论研究经历了3个阶段：2011年至2014年为"国培计划"理论研究的起步阶段；2015年至2019年为"国培计划"理论研究的改革创新阶段；2020年至今为"国培计划"理论研究的总结进阶阶段。

在"国培计划"实施起步阶段，从2010年开启"国培计划"到2011年，"国培计划"已实施一年，为了总结经验教训，2011年在河南郑州召开2010年"国培计划"总结交流工作会议，会议对"国培计划"所做出的努力和取得的成绩给予了高度评价。2011年"国培计划"总结交流工作会议之后，"国培计划"不仅在实践中逐步推进和大力发展，而且在理论研究上也在不断探索。学者们总结实践经验，不断丰富和发展"国培计划"的理论，从"国培计划"实施的策略、路径，"国培计划"的培训内容和模式，"国培计划"实施的有效性等多方面、多层次、多维度展开理论研究，将理论与实践相结合，推进"国培计划"的顺利实施。

在"国培计划"实施的改革创新阶段，为了贯彻《国务院办公厅关于印发乡村教师支持计划（2015—2020年）的通知》（国办发〔2015〕43号）的精神，落实总体部署，扎实开展乡村教师培训工作，2015年8月25日，教育部、财政部颁布的《关于改革实施中小学幼儿园教师国家级培训计划的通知》指出，从2015年起，"国培计划"的主要任务是：第一，继续推进中西部乡村教师校长培

---

[1] 中华人民共和国教育部：《教育部办公厅 财政部办公厅关于印发〈"国培计划"示范性集中培训项目管理办法〉等三个文件的通知》，http://www.moe.gov.cn/srcsite/A10/s7034/201303/t20130320_149949.html，2013年1月29日［2020-05-08］。

训；第二，继续实施中西部项目和幼师国培项目，专业化培训中西部地区乡村中小学幼儿园教师；第三，继续实施示范性项目，探索乡村教师培训新模式；第四，推进"国培计划"改革创新，形成乡村教师常态化培训机制。① 在这一时期，大批学者们围绕如何推进"国培计划"改革创新展开了深入的研究，有学者探索培训模式创新、有学者探索培训路径创新等，体现出百花齐放、百家争鸣的研究景象。如陕西师范大学外语学院刘全国教授提出，"国培计划"改革创新，要从唤醒与提升开始，主张要以受培训主体转变为学习主体，唤醒参训教师的自主性，提升参训教师的学习能力；既要注重发展参训教师的能力，更要给予参训教师人文关怀，提升参训教师的思想品位；唤醒参训教师由"匠才教师"到专家教师的成长意识，提升参训教师的专业素养；唤醒多元培训机制，提升培训方式从平面培训到立体培训。②

在"国培计划"实施的总结进阶阶段，从2010年启动"国培计划"至今已11年，学者们对"国培计划"在11年中的实践和理论做出了大量的研究和总结。学者余新对"国培计划"十年的实施从价值、政策和成效等宏观视角进行了分析和研究，并对"国培计划"未来的实施提出，要有高站位、低重心、多维度、大格局的发展框架。③ 学者王卫华、李书琴对"国培计划"实施十年的经历做了回顾，认为"国培计划"实施经历了起步与探索、反思与转型两个阶段；对十年的经验做了总结，指出"国培计划"实施十年以来，以促进教育公平为基础、以提升教师素质为目标、以反馈创新为顶层设计、以项目管理为推进方式；"国培计划"今后的发展应多方联动、内涵发展。④

"国培计划"的实施在实践中不断深化和推进，在理论上不断进阶发展，理论指导实践，实践丰富发展理论，在实践与理论相结合中不断改革创新，在实践和理论共进中，推动着"国培计划"的实施。"国培计划"的实施全面推进了中小学教师全员培训，提高了教师的整体素质，促进了教师教育专业发展。"国培计划"送教育下乡，消解教育的城乡二元结构，助推城乡统筹基础教育优质均衡发展，提高了广大中西部欠发达地区教师的中和素质和专业水平，真正起到了引领示范作用。"国培计划"探索和创新了教师教育和教师继续教育的新模式，将信息技术与教师教育和继续教育融合，提高了培训效果。"国培计划"的实施，提高了教育教学质量，加强了教师队伍建设，推进了教师教育和继续教育的改革和发展，为我国教育改革和发展做出了巨大贡献。

---

① 中华人民共和国教育部：《教育部 财政部关于改革实施中小学幼儿园教师国家级培训计划的通知》，http://www.moe.gov.cn/srcsite/A10/s7034/201509/t20150906_205502.html, 2015年8月25日 [2020-05-08]。
② 刘全国：《"国培"创新：从唤醒与提升开始》，《中国教育报》2015年8月27日第7版。
③ 余新：《"国培计划"十年研究综述与展望》，《教师发展研究》2020年第1期。
④ 王卫华、李书琴：《"国培计划"实施十年：历程、经验与展望》，《教师发展研究》2020年第1期。

二 革故立新：教师继续教育制度体系的建立

《国家教育事业发展"十一五"规划纲要》和《国家中长期教育改革和发展规划纲要（2010—2020年）》颁布之后，我国教师教育和继续教育快速发展，教育改革不断深化。

（一）深化教师教育改革

为了深入贯彻《国家中长期教育改革和发展规划纲要（2010—2020年）》的精神和落实《国务院关于加强教师队伍建设的意见》（国发〔2012〕41号）的具体意见，2012年9月6日，教育部、国家发展改革委、财政部颁布的《关于深化教师教育改革的意见》指出：通过以校本为立足点、以师范院校为主体、教师培训机构为支撑点、以现代远程教育为支持手段，逐步建立教师培训体系，推进县级教师培训机构协调功能，统筹县域内教师全员培训工作的全方位的内涵式教师培训体系；建立不少于360学时的5年一周期培训的教师全员培训制度，实行学分管理制度，形成教师培训管理信息化制度，建立教师培训项目招投标机制制度，实行职业学校专业教师企业实践制度，中小学和幼儿园校长园长培训制度，不断完善教师培训制度；不断创新教师培训模式、实行研究和服务一体化，推动信息技术与教师培训深度融合，推动教师教育的改革和发展。[①]

2001年至2012年间，国家相继颁布关于继续教育、新课程师资培训、教师教育改革与发展、教师教育网联计划、中等职业学校教师培训、中小学班主任培训、"十一五"规划纲要、中长期教育改革和发展规划纲要的制度政策。制度比较全面，涵盖整个中小学教育教学，有当前正在实施的政策也有短期五年的规划和中长期的规划，充分说明我国教师教育和继续教育制度在逐步完善。《关于深化教师教育改革的意见》的颁布，提出要建立全方位的内涵式教师培训体系和更加完善的教师培训制度，充分说明我国的教师教育和继续教育制度已经基本完善，正迈向更加完善的制度过程，进一步深化教师教育改革，推进教师教育向内涵式发展，我国将逐步建立教师教育和继续教育制度体系。

（二）深化教师培训模式改革

党中央对教师培训非常重视，不断加大教师培训力度。为进一步落实《关于深化教师教育改革的意见》提出的五年一周期的教师全员培训制度，2013年5月6日，教育部颁布的《关于深化中小学教师培训模式改革全面提升培训质量的指导意见》（以下简称《意见》）提出了从八方面深化中小学教师培训模式改革：确保按需施训，增强培训针对性；丰富培训内容，融入一线教师教育教学实践；提高培训实效性，转换培训方式；增强培训自主性，调动培训主动性；创设信息学

[①] 中华人民共和国教育部：《教育部 国家发展改革委 财政部关于深化教师教育改革的意见》，http://www.moe.gov.cn/srcsite/A10/s7011/201211/t20121108_145544.html，2012年9月6日［2020-05-08］。

习环境，促进终身学习；强化培训者自身培训，提升培训服务能力；利用培训服务平台，为培训提供多元服务；规范培训管理，为培训提供保障。①

《意见》的颁布，促进了教师培训工作改进，深化了中小学教师培训模式改革，全面提升了教师培训质量，大力推动了教师培训不断发展。

（三）职业院校教师培训的发展

职业院校教师培训的发展推动了职业教育发展实现新跨越，提升了职业院校教师队伍整体素质和建设水平，加快了师德高尚、素质优良、技艺精湛、结构合理、专兼结合的高素质专业化的"双师型"教师队伍建设。

1. 职业院校教师培训

为贯彻落实《国务院关于加快发展现代职业教育的决定》精神，进一步加强职业院校"双师型"教师队伍建设，2016年10月28日，教育部、财政部颁布的《关于实施职业院校教师素质提高计划（2017—2020年）的意见》（以下简称《计划》）指出：2017年至2020年间，以分层分类的方式，实施国家级培训职业院校教师校长引领地方实现5年一周期全员培训，整体提高教师"双师"素质；创建示范团队，建立教师和企业人员双向交流合作机制；加快建设高素质的"双师型"职业教师队伍。实施职业院校教师素质提高计划要以中央政策引领，地方主体实施；按需培训，重点培训；协同创新培训，注重培训实效；规范培训管理，确保培训质量为原则，指导实施职业院校教师素质提高计划内容的实现。《计划》内容包括三个方面：第一，职业院校教师示范培训，专业带头人领军能力研修、"双师型"教师专业技能培训、优秀青年教师跟岗访学、卓越校长专题研修；第二，中高职教师素质协同提升，中高职衔接专业教师协同研修、紧缺领域教师技术技能传承创新、骨干培训专家团队建设；第三，校企人员双向交流合作，选派教师到企业实践、设立兼职教师特聘岗。《计划》强调要加强体系建设，发挥示范学校的引领作用，推进校企共建"双师型"教师培训基地和企业实践基地，构建完备的教师专业发展支持服务体系。②

2. 职业院校教师培训的管理办法

为了贯彻落实《关于实施职业院校教师素质提高计划（2017—2020年）的意见》（教师〔2016〕10号）精神，规范《计划》项目管理工作，确保项目实施质量和成效，2017年3月31日，教育部颁布《职业院校教师素质提高计划项目管理办法》（以下简称《办法》）规定：为了确保《计划》的实施质量，建设"双

---

① 中华人民共和国教育部：《教育部关于深化中小学教师培训模式改革全面提升培训质量的指导意见》，http://www.moe.gov.cn/srcsite/A10/s7034/201305/t20130508_151910.html，2013年5月6日［2020－05－08］。

② 中华人民共和国教育部：《教育部 财政部关于实施职业院校教师素质提高计划（2017—2020年）的意见》，http://www.moe.gov.cn/srcsite/A10/s7011/201611/t20161115_288823.html，2016年10月28日［2020－05－08］。

师型"教师队伍,做出职责分工,教育部负责《计划》的总体规划、年度任务部署和绩效考评;各省级教育行政部门、财政部门围绕五年一周期全员培训的目标,规划本地区《计划》实施办法;项目承担单位制订项目实施方案;职业院校制定本校教师培训规划。《办法》提出组织实施过程、经费、督查评估等具体管理办法。①

3. 职业教育的改革

职业教育现代化是中国教育现代化的重要组成部分,只有职业教育现代化才能有教育现代化。我国职业教育与发达国家相比较,存在很大差距,职业教育不能适应建设现代化经济体系和建设教育强国的需求。党中央非常重视职业教育,为贯彻全国教育大会精神,进一步办好新时代职业教育,落实《中华人民共和国职业教育法》,2019年1月24日,国务院颁布《国家职业教育改革实施方案》(以下简称《职教方案》)。

《职教方案》提出,职业教育发展要对接科技发展和市场需求,逐步完善职业教育和培训体系,经过5年至10年时间,职业教育要做到四个转变:由政府举办向政府统筹管理转变,由单元办学向社会多元办学的格局转变,由追求规模扩张向提高质量转变,由普通教育办学模式向企业、社会参与的具有专业特色的教育转变。《职教方案》给出了发展职业教育的具体指标:完善国家职业教育制度体系、构建职业教育国家标准、促进产教融合校企"双元"育人、建设多元办学格局、完善技术技能人才保障政策、加强职业教育办学质量督导评价、做好改革组织实施工作。②

《职教方案》的颁布,为我国职业教育发展设计了总体目标和任务,指明了职业教育发展方向,给出了解决问题的导向,解决了职业教育长期存在的问题,极大地推动了我国职业教育的发展。

为了贯彻落实《国家职业教育改革实施方案》,推动职业教育大改革大发展,把办好新时代职业教育细化为具体行动,2019年5月6日,教育部颁布的《关于深入学习贯彻〈国家职业教育改革实施方案〉的通知》(以下简称《通知》)指出,要逐项落实《职教方案》,逐项推进《职教方案》的改革,坚决在5年至10年内,完成教育链、人才链、产业链的有机对接,推动职业教育的发展。

《通知》指出了逐项落实《职教方案》的具体办法,完善现代职业教育体系,要扩大高素质技术技能人才培养培训规模,面向在校学生和社会成员广泛开展职

---

① 中华人民共和国教育部:《教育部办公厅关于印发〈职业院校教师素质提高计划项目管理办法〉的通知》,http://www.moe.gov.cn/srcsite/A10/s7011/201705/t20170512_304448.html,2017年3月31日[2020-05-08]。

② 中华人民共和国中央人民政府:《国务院关于印发国家职业教育改革实施方案的通知》,http://www.gov.cn/zhengce/content/2019-02/13/content_5365341.htm,2019年2月13日[2020-05-08]。

业培训；提升技术技能人才培养质量；实施好1+X证书制度试点工作；完善有利于职业教育发展的相关配套政策；厚植各方支持职业教育的良好环境。①

《计划》《职教方案》及《办法》的颁布和实施，使我国职业学校教师培训制度逐步完善并建立职业学校教师培训制度体系，加强了职业学校教师建设"双师型"教师队伍的步伐，推动着我国职业学校教师培训的发展。

（四）乡村教师培训

为了吸引优秀人才到乡村学校任教，稳定乡村教师队伍，带动和促进教师队伍整体水平提高，促进教育公平，推动一体化建设，推进社会主义新农村建设，2015年6月1日，国务院颁布的《乡村教师支持计划（2015—2020年）》（以下简称《计划》）指出，党和国家历来高度重视乡村教师队伍建设，乡村教育要发展，关键是优先发展乡村教师队伍建设。因此，《计划》进一步提出，"到2020年前，全体乡村教师校长要进行360学时的一轮培训"，②保障乡村教师培训时间和质量。培训内容以德育教育为首，贯穿培训全过程；以远程教学、数字化课程等信息技术为手段，提升乡村教师应用信息化教学实践能力；按照乡村教师的实际需求改进培训方式，增强培训的针对性和实效性；"国培计划"集中支持中西部地区乡村教师校长培训，提高农村教师队伍整体素质。③

为了具体贯彻落实《计划》的精神和措施，2016年1月13日，教育部颁布《教育部办公厅关于印发乡村教师培训指南的通知》，教育部研究制定了《送教下乡培训指南》《乡村教师网络研修与校本研修整合培训指南》《乡村教师工作坊研修指南》《乡村教师培训团队置换脱产研修指南》等乡村教师培训指南，为乡村教师培训指明方向，规划行动路线，提出具体实施措施，提高了《乡村教师支持计划（2015—2020年）》实施的效果，有力推动了乡村教师队伍建设。④党中央的高度重视，政策制度的精心制定，教育部的具体详细的贯彻和落实，使教育资源得到优化配置，城乡二元结构得到缓解，乡村教师整体素质得到提高，极大地促进了乡村教师队伍的建设，推动乡村教育的发展。

2000年至2019年间，我国教师教育和教师继续教育发展迅速，教师培训从注重量走向注重量与质相结合的培训模式、教师培训由封闭式发展到开放灵活发

---

① 中华人民共和国教育部：《教育部关于深入学习贯彻〈国家职业教育改革实施方案〉的通知》，http://www.moe.gov.cn/srcsite/A07/zcs_zhgg/201905/t20190517_382357.html，2019年5月6日［2020-05-08］。

② 中华人民共和国中央人民政府：《国务院办公厅关于印发乡村教师支持计划（2015—2020年）的通知》，http://www.gov.cn/zhengce/content/2015-06/08/content_9833.htm，2015年6月1日［2020-05-08］。

③ 中华人民共和国中央人民政府：《国务院办公厅关于印发乡村教师支持计划（2015—2020年）的通知》，http://www.gov.cn/zhengce/content/2015-06/08/content_9833.htm，2015年6月1日［2020-05-08］。

④ 中华人民共和国教育部：《教育部办公厅关于印发乡村教师培训指南的通知》，http://www.moe.gov.cn/srcsite/A10/s7034/201601/t20160126_228910.html，2016年1月13日［2020-05-08］。

展再到内涵式发展、教师培训由制度的完善逐步走向制度体系的建立，我国教师教育和继续教育正处于健康、稳定、蓬勃的发展时期。

第四节　嘉谋善政：教师教育资源动态补偿机制

一　资源补偿：特岗教师计划

特岗教师计划是创新教师资源动态补充机制，其目的是吸引高学历人才从事农村义务教育。特岗教师计划的实施进一步促进了义务教育均衡发展，加强了农村教师队伍建设。

（一）特岗教师计划产生的背景

党的十六届五中全会于2005年10月8日至11日在北京召开。会议通过了《中共中央关于制定国民经济和社会发展第十一个五年规划的建议》。为贯彻党的十六届五中全会精神，落实《中共中央关于制定国民经济和社会发展第十一个五年规划的建议》，2005年12月31日，中共中央、国务院颁布的《关于推进社会主义新农村建设的若干意见》提出，大力推进社会主义新农村建设，加快发展农村义务教育。农村义务教育的关键是加强农村教师队伍建设，加大城镇教师支援农村教育的力度，消解教育城乡二元结构，促进城乡义务教育均衡发展。①

在这一精神的指导下，加快了普及农村九年义务教育的步伐。然而农村地区教育相对落后，教师缺乏，制约农村教育质量的提高和教育的均衡发展，必须坚持以教育的公正、公平、平等的原则，来促进和发展农村教育，就需要大批的青年志愿到边远山区任教，振兴农村教育事业。

随着改革开放的不断深入，社会结构的转型，经济的快速发展，高等教育规模的扩大，大学生就业有一定难度。师范生到农村任教，既解决了农村教育问题，也解决了大学生就业问题，是解决社会矛盾行之有效的策略。党中央既重视建设社会主义新农村和农村教育问题，又关心、重视大学生就业问题，特岗教师计划就应时而生。

（二）特岗教师制度的完善

《农村义务教育阶段学校教师特设岗位计划实施方案》和《关于做好2011年特岗教师在职攻读教育硕士工作的通知》的颁布，逐步完善了特岗教师制度，有力地推动了农村教师队伍建设。

1. 特岗教师计划的实施方案

为了贯彻十六届五中全会精神，落实《中共中央　国务院关于推进社会主义

---

① 中华人民共和国中央人民政府：《中共中央　国务院关于推进社会主义新农村建设的若干意见》，http://www.gov.cn/test/2008-08/20/content_1075348_2.htm，2005年12月31日［2020-05-08］。

新农村建设的若干意见》(中发〔2006〕1号)和《中共中央办公厅 国务院办公厅印发〈关于引导和鼓励高校毕业生面向基层就业的意见〉的通知》(中办发〔2005〕18号),2006年5月15日,教育部、财政部、人事部、中央编办联合颁布的《关于实施农村义务教育阶段学校教师特设岗位计划的通知》决定,从2006年起,"实施农村义务教育阶段学校教师特设岗位计划"[①](以下简称"特岗计划"),其目的是鼓励大学生到农村从事教育事业,逐步解决农村教师总量严重缺乏和结构不合理的现实状况,提高农村教师整体素质。同时,指出"特岗计划"是一种创新的补充机制,吸引人才到农村从事教育事业。随《教育部 财政部 人事部 中央编办关于实施农村义务教育阶段学校教师特设岗位计划的通知》印发的有附件《农村义务教育阶段学校教师特设岗位计划实施方案》(以下简称《方案》)。

《方案》指出,"特岗计划"是创新农村学校教师的补充机制、扩大高校毕业生就业渠道、巩固"两基"共建成果、提高农村教育质量、促进社会主义新农村的有效措施。通过招聘方式,鼓励高校毕业生到农村从事义务教育工作,逐步解决农村教师总量不足、结构不合理的问题,提高农村教师整体素质。"特岗计划"从2006年起执行,实施时间为5年,教师聘期为3年。实施范围以国家西部地区"两基"攻坚县和新疆生产建设兵团的部分团场为主,包括少数民族自治州、少数民族自治县、少小民族县、特殊困难的边境县。安排特岗教师时,要坚持向藏区、"双语教学"区、少小民族聚居区倾斜。"特岗计划"实施坚持以创新机制,事权不变;地方实施,中央统筹;成组配置,相对集中;兼顾小学,侧重初中;先试点,再扩大为原则。

《方案》规定,实行公开招聘,合同管理;省级教育、人事、财政、编办等相关部门以公开、公平、自愿、择优和定县、定校、定岗原则,按公布需求、自愿报名、资格审查、考试考核、集中培训、资格认定、签订合同、上岗任教的程序共同负责招聘。组织专场招聘会、网上招聘会等多种方式进行招聘。招聘对象和条件以应届本科毕业生为主,少量应届师范类专业专科毕业生为辅;取得教师资格、年龄在30岁以下的全日制普通高校往届本科毕业生。

《方案》特别强调,为提高特岗教师学历,确保特岗教师专业发展,特岗教师享受"农村学校教育硕士师资培养计划"[②]。

实施农村义务教育阶段学校教师特设岗位计划和农村义务教育阶段学校教师

[①] 中华人民共和国教育部:《教育部 财政部 人事部 中央编办关于实施农村义务教育阶段学校教师特设岗位计划的通知》,http://www.gov.cn/zwgk/2006-05/18/content_284197.htm,2006年5月15日〔2020-05-08〕。

[②] 中华人民共和国教育部:《教育部 财政部 人事部 中央编办关于实施农村义务教育阶段学校教师特设岗位计划的通知》,http://www.gov.cn/zwgk/2006-05/18/content_284197.htm,2006年5月15日〔2020-05-08〕。

特设岗位计划实施方案的执行，缩短了城乡之间的差异，缓解了二元结构矛盾，解决了农村教师短缺的问题，使农村义务教育趋向均衡发展，促进了农村教育事业发展。

2. 特岗教师的专业发展

为了贯彻落实《教育部 财政部 人事部 中央编办关于实施农村义务教育阶段学校教师特设岗位计划的通知》（教师〔2006〕2号）精神，落实《教育部关于做好2010年"农村学校教育硕士师资培养计划"实施工作的通知》（教师〔2009〕5号）的具体措施，支持特岗教师在职学习和专业发展，2011年1月21日，教育部颁布的《关于做好2011年特岗教师在职攻读教育硕士工作的通知》（教师厅函〔2011〕5号）（以下简称《通知》）决定从2011年起，实行特岗教师可在服务期满留任特岗教师在职攻读教育硕士专业学位，吸引更多优秀人才到农村学校任教。

《通知》规定：服务期满后继续留任的特岗教师，其教育硕士学位攻读采取在职学习的方式。培养学校为具有教育硕士专业学位培养资格的部分高校。招生计划实行招生计划单列，任何学校不得挪用，各培养学校按照国家有关规定，根据办学条件、培养能力和社会需求，自行确定招生领域。报名条件是招收具有全日制普通高等学校本科学历；参加中央或地方特岗计划，服务期满且继续留校任教；近3年年度考核合格等次以上且至少一年考核为优秀等次的特岗教师；获得县级或县级以上荣誉称号者优先录取。报名办法实行网上报名，登录"中国学位与研究生教育信息网"，特岗教师只允许报考一所学校。资格审查实行特岗教师提交材料网上资格审查，资格审查通过者予以公示。复试录取以3∶1的比例择优确定为原则，采取资格审查结果、特岗教师的年度考核情况、本科期间学习成绩三项进行综合考查结果确定复试名单，并在网上公示。复试录取要实行网上公示，重点考查学生教育教学技能、综合素质和培养潜力、教育基础知识能力，实行择优录取。特岗教师攻读教育硕士学位应按规定缴纳学费：缴纳报名费、学费和住宿费，各省教育行政部门可根据本地实际情况给予适当学费补贴，学习期间的相关待遇，按照在职教师外出学习有关规定执行；各学校积极为特岗教师学习深造提供便利条件。[①]

《通知》的颁布，提高了农村教师队伍整体素质，吸引大批本科毕业生从事农村教育，留住了特岗教师扎根从事农村教育，提高了农村教育质量，为建设社会主义新农村做出了贡献。

（三）特岗教师计划实施的成效

自2006年开始实施特岗教师计划至2017年，十年内，涌现出大批优秀工作

---

① 中华人民共和国教育部：《教育部办公厅关于做好2011年特岗教师在职攻读教育硕士工作的通知》，http://www.moe.gov.cn/srcsite/A10/s7058/201111/t20111121_127051.html，2011年11月21日 [2020-01-03]。

者和优秀单位,为推广各地经验和做法,宣传先进典型,2017年8月22日,教育部颁发《关于农村义务教育阶段学校教师特设岗位计划实施工作优秀案例的通报》(教师厅函〔2017〕18号)(以下简称《通报》)。《通报》肯定了特岗教师所做出的成绩和贡献,指出了各地经验和做法值得推广,先进人物和典型事迹值得宣传。这些经验和做法推动了各地开拓进取、创新工作,极大地加强了农村教师队伍建设。经各地推荐、专家评选,共遴选出《河北省石家庄市开展"四心工程",推动特岗计划顺利实施》《山西省左权县多管齐抓,全力为特岗教师保驾护航》《吉林省农安县精心实施周到服务》等16个优秀工作案例。教育部通报农村义务教育阶段学校教师特设岗位计划实施工作优秀案例,鼓励了特岗教师扎根农村、服务农村教育的决心和意志,坚定了甘于奉献的信念,激发了各地深入推进"特岗计划"的实施,加强了农村教师队伍建设。

为认真贯彻全国教育大会精神,落实《中共中央 国务院关于全面深化新时代教师队伍建设改革的意见》,深入推进农村义务教育阶段学校教师特设岗位计划的实施,2019年1月8日,教育部颁布的《2018年农村义务教育阶段学校教师特设岗位计划实施情况的通报》(以下简称《实施情况通报》)通报了2018年招聘计划完成情况:2018年计划招聘9万人,实招8.52万人,完成率94.7%,17个省计划完成率超过90%,7个省计划完成率达到98%,其中,本科以上学历6.31万人;2018招聘的特岗教师分布于22个省3.78万所农村学校,教学点占7.0%,村小占26.6%,乡镇小学占33.9%,乡镇中学占32.5%。《实施情况通报》通报了特岗教师留任情况:2015年,招聘特岗教师6.73万人,留任6.08万人,留任率为90.2%;2016年,招聘特岗教师6.81万人,留任6.43万人,留任率为94.4%;2017年,招聘特岗教师7.69万人,留任7.49万人,留任率为97.4%。《实施情况通报》指出了各地特岗教师计划实施所存在的问题:部分省份招聘计划完成率较低;特岗教师保障政策有待进一步落实;组织管理工作有待进一步完善。[①] 教育部通报的2018年农村义务教育阶段学校教师特设岗位计划实施情况表明,学校教师特设岗位计划实施取得了优异成绩,在农村教育中发挥了重要作用。既通报了成绩又通报了所存在的问题,有利于总结经验教训,开拓创新学校教师特设岗位计划实施工作,推动学校教师特设岗位计划顺利实施。

"特岗计划"是一种补偿机制的创新,有效补偿了农村教师数量不足和结构不合理的问题,也补偿了大学生就业难的问题,缩小了城乡差距,提高了农村教育教学质量,为农村教育发展贡献了巨大力量。

---

① 中华人民共和国教育部:《教育部办公厅关于2018年农村义务教育阶段学校教师特设岗位计划实施情况的通报》,http://www.moe.gov.cn/srcsite/A10/s7151/201901/t20190116_367111.html,2019年1月8日〔2020-05-08〕。

二 结构调整：乡村教师支持计划

党中央、国务院非常重视加强教师队伍建设，乡村教师支持计划的实施是采取切实措施加强老少边穷岛等边远贫困地区乡村教师队伍建设的重大举措，对推进社会主义新农村建设具有十分重要的意义。

（一）乡村教师支持计划制度的建立

乡村教师支持计划的建立，吸引了优秀人才到边远乡村任教，有利于解决当前乡村教师队伍的突出问题，推动教育公平，促进教育均衡发展。

1. 乡村教师支持计划

为了贯彻党的十八大精神，认真落实党中央、国务院《关于加强教师队伍建设的意见》总体部署和要求，采取切实可行的措施，加快建设革命老区、少数民族自治区、边区和欠发达地区等边远贫困地区乡村教师队伍建设，2015年6月1日，国务院颁布《乡村教师支持计划（2015—2020年）》（国办发〔2015〕43号）（以下简称《计划》）指出，实施乡村教师支持计划就是解决乡村教师数量不足、结构不合理、整体素质不高等突出问题，鼓励广大青年下乡从事教育事业，巩固稳定乡村教师队伍，促进教育公平，推动教育均衡发展，加快社会主义新农村建设，实施乡村教师支持计划具有十分重要的战略意义。

《计划》指出，实施乡村教师支持计划要坚持加强乡村教师思想政治素质和职业道德水平的提高；促进乡村地区优质教师资源配置合理，维持乡村教师队伍规模适当；提升乡村教师专业素养，确保地位待遇得到保障；深化体制机制改革，激发乡村教师活力。争取到2017年，教师来源渠道广开、师资配置基本合理、教育教学能力逐步提升、教师待遇得到保障，使教师乐意下乡、愿意留下、书教得好。到2020年，造就一支素质过硬、乐于奉献、扎根乡村的教师队伍。[1]

《计划》的实施使农村教育存在的突出问题得到缓解，吸引了大批优秀人才来乡村从教，农村教师素质获得提升，农村教师资源配置区域合理，逐步加强了农村教师队伍，推动了农村教育的发展。

2. 乡村教师荣誉制度

乡村教育是中国教育重要组成部分，党中央历来重视乡村教育的发展，发展乡村教育的关键是乡村教师的发展。为贯彻《国务院办公厅关于印发乡村教师支持计划（2015—2020年）的通知》（国办发〔2015〕43号）精神，具体实施乡村教师支持计划，2016年9月1日，教育部颁布的《关于向乡村学校从教30年

---

[1] 中华人民共和国中央人民政府：《国务院办公厅关于印发乡村教师支持计划（2015—2020年）的通知》，http://www.gov.cn/zhengce/content/2015-06/08/content_9833.htm，2015年6月1日［2020-05-08］。

教师颁发荣誉证书的决定》（教师〔2016〕8号）（以下简称《决定》）提出建立乡村教师荣誉制度，向全国400多万在乡村从事教育事业30年的教师颁发荣誉证书。

《决定》肯定了默默无闻、乐于从教、安心从教、扎根乡村的30年教龄的教师的无私奉献精神。要求各级教育行政部门把建立乡村教师荣誉制度作为契机，歌颂乡村优秀教师的事迹、弘扬乡村优秀教师的精神、展现乡村优秀教师的风姿，鼓励广大教师终身从教，吸引优秀人才投身乡村教育事业。①

为在乡村从事教育事业30年的教师颁发荣誉证书，建立教师荣誉制度，提升了乡村教师职业荣誉感，营造了全社会关心乡村教师的气氛，鼓舞了广大乡村教师，激发了乡村教师的工作热情，极大地推动了乡村教育的发展。

（二）乡村教师支持计划实施的成效

为全面落实《乡村教师支持计划（2015—2020年）》，交流经验做法，制定实施办法，2015年10月27日，教育部颁布的《关于召开乡村教师支持计划实施办法制定工作现场经验交流会的通知》决定，2015年11月5日至6日上午，在湖北省宜昌市召开乡村教师支持计划实施办法制定工作现场经验交流会，其目的是经验交流和制定乡村教师支持计划实施办法。②

自2015年6月1日乡村教师支持计划实施至2016年9月1日，一年里涌现了许许多多的典型事迹，探索了许多行之有效的方法。为了宣传先进事迹，及时总结经验，2016年9月1日，教育部颁布的《关于公布全国乡村教师队伍建设优秀工作案例的通知》（教师厅函〔2016〕19号）决定对经过各地推荐、评委会评选共遴选出的20个优秀工作案例予以公示。③ 教育部公布全国乡村教师队伍建设优秀工作案例，鼓励了广大乡村教师安心乡村、扎根农村、终身服务于乡村教育，坚定了甘于奉献的信念，激励了各地乡村教师开拓进取，攻坚克难，进一步加强了乡村教师队伍建设。

乡村教师支持计划是一种补偿机制的创新，有效解决了乡村教育存在的突出问题，提高了乡村教师整体素质，稳定了乡村教师队伍，鼓舞和激发了乡村教师安心乡村教育、终身从事乡村教育，加快了乡村教师队伍建设，为乡村教育发展贡献了力量。

---

① 中华人民共和国教育部：《教育部 人力社会资源保障部关于向乡村学校从教30年教师颁发荣誉证书的决定》，http：//www.moe.gov.cn/srcsite/A10/s7000/201609/t20160919_281506.html，2016年9月1日［2020-01-03］。

② 中华人民共和国教育部：《教育部办公厅关于召开乡村教师支持计划实施办法制定工作现场经验交流会的通知》，http：//www.moe.gov.cn/srcsite/A10/s3735/201511/t20151105_217881.html，2015年10月27日［2020-01-04］。

③ 中华人民共和国教育部：《教育部办公厅关于公布全国乡村教师队伍建设优秀工作案例的通知》，http：//www.moe.gov.cn/srcsite/A10/s3735/201609/t20160919_281513.html，2016年9月1日［2020-01-04］。

第五节　圭端臬正：教师教育标准体系的确立

一　酌古准今：中小学教师教育技术标准的确立

中小学教师教育技术能力标准的确立，提高了中小学教师队伍整体素质。中小学教师教育信息技术应用能力培训课程标准的确立，完善了中小学教师教育技术标准体系。

（一）中小学教师教育技术能力标准的确立

2004年2月10日，教育部颁布的《2003—2007年教育振兴行动计划》要求中小学实施"教育信息化建设工程"，加快教育信息化建设和人才培养，全面提高现代信息技术在教育系统的应用水平。① 2004年9月7日，教育部颁发的《教育部关于加快推进全国教师教育网络联盟计划组织开展新一轮中小学教师全员培训的意见》要求，加强实施新一轮教师培训，提升教师信息技术素养，推动教师队伍建设。②

为了落实《2003—2007年教育振兴行动计划》的总体部署，实施《教育部关于加快推进全国教师教育网络联盟计划组织开展新一轮中小学教师全员培训的意见》的要求，努力提高中小学教师教育技术能力和水平，2004年12月15日，教育部颁布的《中小学教师教育技术能力标准（试行）》（以下简称《标准》）确立了教学人员教育技术能力标准、管理人员教育技术能力标准、技术人员教育技术能力标准。③

《标准》是国家对中小学教师教育技术能力提出的基本要求。《标准》的颁布，确立了教学、管理、技术人员的教育技术能力标准，提高了广大中小学教师教育技术能力和水平，促进了教师专业能力的发展，加快了现代信息技术的普及和应用，推动了现代教育技术的发展。

（二）中小学教师信息技术应用能力培训课程标准

为了加强各地实施全国中小学教师信息技术应用能力提升工程，进一步推进教师信息技术应用能力培训课程的规范性建设与实施，根据《中小学教师教育技术能力标准（试行）》的具体标准要求，2014年5月30日，教育部颁布《中小学教师信息技术应用能力培训课程标准（试行）》（以下简称《课程标准》）。

---

① 中华人民共和国教育部：《2003—2007年教育振兴行动计划》，http：//www.moe.gov.cn/jyb_sjzl/moe_177/201003/t20100304_2488.html，2004年2月10日［2020-11-08］。

② 中华人民共和国中央人民政府：《教育部关于加快推进全国教师教育网络联盟计划组织开展新一轮中小学教师全员培训的意见》，http：//www.moe.gov.cn/srcsite/A10/s7058/200409/t20040907_81254.html，2004年9月7日［2020-05-08］。

③ 中华人民共和国教育部：《教育部关于印发〈中小学教师教育技术能力标准（试行）〉的通知》，http：//old.moe.gov.cn/publicfiles/business/htmlfiles/moe/moe_496/201212/145623.html，2004年12月15日［2020-05-08］。

《课程标准》指出，制定《课程标准》是为了满足学科差异、起点差异造成的教师的能力提升需求，采用选学制，确保因需施教。采用主体式培训，实行问题解决与案例分析结合、线上与线下结合、网络研修与教学实践结合；创新培训模式，促进教师学以致用；创设主题、提升教师信息技术素养、以信息技术为依托，提升教师教学能力、促进教师信息技术专业发展。

《课程标准》设立课程目标，教师能胜任多媒体教学环境中各种教学；教师能够充分利用信息资源有效开展各种教学活动，促进学生综合素质的发展；教师能够利用网络研修社区、信息技术支持下的校本及区域研修，改变学习理念，推动终身学习，实现专业自主发展。

《课程标准》创设27个课程主题，"应用信息技术优化课堂教学"系列课程设15个主题，"应用信息技术转变学习方式"系列课程设9个主题，"应用信息技术支持教师专业发展"系列课程设3个主题。

为满足教师个性化学习需求，《课程标准》对课程建设提出具体要求，要认真细致做好培训需求调研工作；以提高教育教学能力为主要目标；要适应开展混合式培训；要分学科开发培训课程；要开发主题课程；要坚持课程目标、内容与评价的一致性原则；要以相关技术和格式要求开展培训；要提供课程运行平台。

《课程标准》强调，加强课程实施，省级教育行政部门做好课程审核遴选工作；地方提供多套培训课程组合菜单，以利于教师选学；推进创新力度，开展混合式培训，教师达到学习、实践、提升合一。[①]

《中小学教师教育技术能力标准（试行）》和《中小学教师信息技术应用能力培训课程标准（试行）》的颁布，表明我国中小学教师教育技术标准体系已经形成，推动了我国教师信息技术能力的提升，加快了高素质教师队伍建设。

二 发脉准绳：教师教育课程标准的确立

为了贯彻《国家中长期教育改革和发展规划纲要（2010—2020年）》的总体部署和要求，推进教师教育改革，2011年10月8日，教育部颁发《关于大力推进教师教育课程改革的意见》（以下简称《意见》），随《意见》附《教师教育课程标准（试行）》。

教师教育课程标准体现国家意志，是对教师教育机构设置教师教育课程的基本要求。教师教育课程标准始终贯穿以育人为本的思想、以实践为教师教育价值取向、促进教师终身学习的理念。从幼儿园职前教师教育课程目标与课程

---

① 中华人民共和国教育部：《教育部办公厅关于印发〈中小学教师信息技术应用能力培训课程标准（试行）〉的通知》，http://www.moe.gov.cn/srcsite/A10/s7034/201405/t20140519_170126.html，2014年5月30日［2020-05-08］。

设置、小学职前教师教育课程目标与课程设置、中学职前教师教育课程目标与课程设置、在职教师教育课程设置框架建议四部分阐明教师教育课程目标与课程设置。

幼儿园职前教师教育以教育信念与责任、教育知识与能力、教育实践与体验为课程目标；课程设置包括儿童发展与学习、幼儿教育基础、幼儿活动与指导、幼儿园与家庭和社会、职业道德与专业发展、教育实践。

小学职前教师教育以教育信念与责任、教育知识与能力、教育实践与体验为课程目标；课程设置包括儿童发展与学习、小学教育基础、小学学科教育与活动指导、心理健康与道德教育、职业道德与专业发展、教育实践。

中学职前教师教育以教育信念与责任、教育知识与能力、教育实践与体验为课程目标；课程设置包括儿童发展与学习、中学教育基础、中学学科教育与活动指导、心理健康与道德教育、职业道德与专业发展、教育实践。

在职教师教育课程设置框架建议，以加深专业理解、解决实际问题、提升自身经验为课程功能指向；实施建议，各级教育行政部门要依据课程标准，加强对教师教育课程的领导和管理、教师教育质量的评估和监管，确保教师教育质量；教师教育机构要依据课程标准，制定教师教育课程方案，强化教师教育实践环节，从实际出发，有针对性和实效性实施《教师教育课程标准（试行）》。

为规范和引导教师教育课程与教学，培养造就高素质专业化教师队伍，《意见》就推进教师教育课程改革和实施《教师教育课程标准（试行）》提出意见。《意见》指出，教师教育课程在教师教育中发挥着重要作用，是提高教师教育质量的重要保障。广大教师要以造就高素质专业化教师为目标，创新教师教育课程理念；以实践为取向，以育人为根本，以终身学习为理念，创新教师教育模式，实施《教师教育课程标准（试行）》。

为了适应基础教育改革和发展，以教师为本，遵循教师发展规律，《意见》指出：要将学科专业课程、师范教育类专业公共基础课程、教师教育课程科学设置，达到教师教育课程结构最优化，确保新入职教师能胜任基础教育新课程的要求。《意见》强调，要将社会主义核心价值体系融入课程教材中，将教育改革和研究最新成果、学科前沿知识充实到教学内容中，将中小学教学优秀案例作为教师教育课程内容来改革课程教学内容。要认识开发优质课程资源的必要性，进一步实施"教师教育国家精品课程建设计划"，共享"国家精品课程"和优质课程资源。《意见》要求，在学科知识的理解和学科思想的感悟方面培养师范生的学习能力，来改革教学方法；将现代教育技术运用到教学中，以模拟课堂、现场教学、情境教学、案例分析等多样化的手段来推进教学手段的改革。师范生参加教育实践不少于一个学期、创建教育实习基地、开展实习支教和置换培训，强化教育实践环节。加强教师养成教育、促进教育教学改革试验、实行双导师制，推进

《教师教育课程标准（试行）》的有效实施，建设高水平教师队伍。①

《教师教育课程标准（试行）》的颁布，推动了教师教育课程标准的确立，深化了教师教育改革，教师教育走向规范化、科学化，全面提升了教师队伍素质，推进了教师队伍向专业化发展。

三 玉尺量才：教师专业标准的确立

教师专业标准是对中小学、幼儿园、职业学校、特殊教育等教师的专业素质的基本要求、教育教学行为的基本规范、专业发展的基本准则。建立教师专业标准体系，对建设高素质专业化教师队伍具有十分重要的意义。

（一）中学、小学、幼儿园教师专业标准的确立

为了贯彻落实《国家中长期教育改革和发展规划纲要（2010—2020年）》，构建教师专业标准体系，建设高素质专业化教师队伍，教育部研究制定了《幼儿园教师专业标准（试行）》《小学教师专业标准（试行）》和《中学教师专业标准（试行）》（以下简称《专业标准》）。2012年2月10日，教育部颁布的《关于印发〈幼儿园教师专业标准（试行）〉〈小学教师专业标准（试行）〉和〈中学教师专业标准（试行）〉的通知》指出，"《专业标准》是国家对幼儿园、小学和中学合格教师专业素质的基本要求，是教师实施教育教学行为的基本规范，是引领教师专业发展的基本准则，是教师培养、准入、培训、考核等工作的重要依据"②。

1. 中学教师专业标准

《中学教师专业标准（试行）》坚持以师德为首、学生为本、能力为重、终身学习为理念，以专业理念与师德、专业知识、专业能力3个维度，14个领域，63个基本要求构成基本内容。

专业理念与师德维度由职业理解与认识、对学生的态度与行为、教育教学的态度与行为、个人修养与行为4个领域，19个基本要求组成；专业知识维度由教育知识、学科知识、学科教学知识、通识性知识4个领域、18个基本要求组成；专业能力维度由教学设计、教学实施、班级管理与教育活动、教育教学评价、沟通与合作、反思与发展6个领域，25个基本要求组成。③

2. 小学教师专业标准

《小学教师专业标准（试行）》坚持以师德为首、学生为本、能力为重、终身

---

① 中华人民共和国教育部：《教育部关于大力推进教师教育课程改革的意见》，http://www.moe.gov.cn/srcsite/A10/s6991/201110/t20111008_145604.html，2011年10月8日［2020-05-08］。

② 中华人民共和国教育部：《教育部关于印发〈幼儿园教师专业标准（试行）〉〈小学教师专业标准（试行）〉和〈中学教师专业标准（试行）〉的通知》，http://old.moe.gov.cn/publicfiles/business/htmlfiles/moe/s6991/201212/xxgk_145604.html，2012年2月10日［2020-05-08］。

③ 中华人民共和国教育部：《教育部关于印发〈幼儿园教师专业标准（试行）〉〈小学教师专业标准（试行）〉和〈中学教师专业标准（试行）〉的通知》，http://old.moe.gov.cn//publicfiles/business/htmlfiles/moe/s6991/201212/xxgk_145603.html，2012年2月10日［2020-05-08］。

学习为理念，以专业理念与师德、专业知识、专业能力3个维度，13个领域，60个基本要求构成基本内容。

专业理念与师德维度由职业理解与认识、对小学生的态度与行为、教育教学的态度与行为、个人修养与行为4个领域，19个基本要求组成；专业知识维度由小学生发展知识、学科知识、教育教学知识、通识性知识4个领域，16个基本要求组成；专业能力维度由教育教学设计、组织与实施、激励与评价、沟通与合作、反思与发展5个领域，23个基本要求组成。①

3. 幼儿园教师专业标准

《幼儿园教师专业标准（试行）》坚持以师德为首、学生为本、能力为重、终身学习为理念，以专业理念与师德、专业知识、专业能力3个维度，14个领域，62个基本要求构成基本内容。

专业理念与师德维度由职业理解与认识、对幼儿的态度与行为、幼儿保育和教育的态度与行为、个人修养与行为4个领域，20个基本要求组成；专业知识维度由幼儿发展知识、幼儿保育和教育知识、通识性知识3个领域，15个基本要求组成；专业能力维度由环境的创设与利用、一日生活的组织与保育、游戏活动的支持与引导、教育活动的计划与实施、激励与评价、沟通与合作、反思与发展7个领域，26个基本要求组成。②

三个《专业标准》的颁布，提升了教师专业素质，规范了教师的教育教学行为、规定了教师专业发展准则，指明了教师专业科学化、专业化的发展方向。教育部《关于印发〈幼儿园教师专业标准（试行）〉〈小学教师专业标准（试行）〉和〈中学教师专业标准（试行）〉的通知》的颁布，标志我国中学、小学、幼儿园教师专业标准体系得到确立，推动了我国中学、小学、幼儿园教师专业发展。

（二）职业学校教师专业标准

职业教育的发展是整个教育发展的一个重要组成部分，党中央非常重视职业教育的发展，党的十八大对加快发展现代职业教育做出发展规划。为了落实《国家中长期教育改革和发展规划纲要（2010—2020年）》总体规划，将《国务院关于加强教师队伍建设的意见》（国发〔2012〕41号）落实到位，推进建设高素质"双师型"中等职业学校教师队伍，2013年9月20日，教育部颁布《中等职业学校教师专业标准（试行）》。

《中等职业学校教师专业标准（试行）》坚持以师德为首、学生为本、能力为

---

① 中华人民共和国教育部：《教育部关于印发〈幼儿园教师专业标准（试行）〉〈小学教师专业标准（试行）〉和〈中学教师专业标准（试行）〉的通知》，http://old.moe.gov.cn/publicfiles/business/htmlfiles/moe/s6991/201212/xxgk_145603.html，2012年2月10日 [2020-05-08]。

② 中华人民共和国教育部：《教育部关于印发〈幼儿园教师专业标准（试行）〉〈小学教师专业标准（试行）〉和〈中学教师专业标准（试行）〉的通知》，http://old.moe.gov.cn//publicfiles/business/htmlfiles/moe/s6991/201212/xxgk_145603.html，2012年2月10日 [2020-05-08]。

重、终身学习为理念，以专业理念与师德、专业知识、专业能力3个维度，15个领域，60个基本要求构成基本内容。

专业理念与师德维度由职业理解与认识、对学生的态度与行为、教育教学态度与行为、个人修养与行为4个领域，20个基本要求组成；专业知识维度由教育知识、职业背景知识、课程教学知识、通识性知识4个领域，13个基本要求组成；专业能力维度由教学设计、教学实施、实训实习组织、班级管理与教育活动、教育教学评价、沟通与合作、教学研究与专业发展7个领域，26个基本要求组成。①

（三）特殊教育教师专业标准

全社会都应该关心和支持特殊教育。为贯彻《国家中长期教育改革和发展规划纲要（2010—2020年）》精神，完善特殊教育体系，促进残疾学生身心健康的发展，2015年8月21日，教育部颁布《特殊教育教师专业标准（试行）》。

《特殊教育教师专业标准（试行）》坚持以师德为首、学生为本、能力为重、终身学习为理念，以专业理念与师德、专业知识、专业能力三个维度，14个领域，68个基本严要求构成基本内容。

专业理念与师德维度由职业理解与认识、对学生的态度与行为、教育教学态度与行为、个人修养与行为4个领域，21个基本要求组成；专业知识维度由学生发展知识、学科知识、教育教学知识、通识性知识4个领域，16个基本要求组成；专业能力维度由环境创设、组织与实施、激励与评价、沟通与合作、反思与发展6个领域，29个基本要求组成。②

《幼儿园教师专业标准（试行）》《小学教师专业标准（试行）》《中学教师专业标准（试行）》《中等职业学校教师专业标准（试行）》《特殊教育教师专业标准（试行）》5个教师专业标准构建了我国教师专业标准体系，提升了我国教师的专业素质，进一步推动了高素质教师队伍的建设。

四 规绳矩墨：校长专业标准的确立

党中央非常重视教育事业的发展，为贯彻党的十八届三中、四中全会精神，落实《国家中长期教育改革和发展规划纲要（2010—2020年）》的总体部署，践行《国务院关于加强教师队伍建设的意见》的要求，完善教师专业发展标准体系，构建中等职业学校校长、中学校长、小学校长、幼儿园园长专业标准体系，提高校长（园长）专业化水平，2013年2月4日，教育部颁布了《关于印发〈义

---

① 中华人民共和国教育部：《教育部关于印发〈中等职业学校教师专业标准（试行）〉的通知》，http://www.moe.gov.cn/srcsite/A10/s6991/201309/t20130924_157939.html，2013年9月20日［2020－05－08］。

② 中华人民共和国教育部：《教育部关于印发〈特殊教育教师专业标准（试行）〉的通知》，http://www.moe.gov.cn/srcsite/A10/s6991/201509/t20150901_204894.html，2015年8月21日［2020－05－08］。

务教育学校校长专业标准〉的通知》。① 2015 年 1 月 10 日，教育部颁布《关于印发〈普通高中校长专业标准〉〈中等职业学校校长专业标准〉〈幼儿园园长专业标准〉的通知》(教师〔2015〕2 号)。②

系列文件确定了以师德为首、育人为本、引领发展、能力为重、终身学习的发展理念，并确立了各学段校长应承担的 6 项专业职责：规划学校发展、"领导"课程教学、引领教师成长、优化内部管理、调适外部环境。此外，文件对各学段校长专业要求也制定了细致的标准。③

《普通高中校长专业标准》《中等职业学校校长专业标准》《幼儿园园长专业标准》《义务教育学校校长专业标准》的颁布，使我国教师专业发展体系得到完善，标志我国基础教育校长专业标准体系得到确立，进一步提升了校长专业素质，加强了我国教师队伍的专业发展。

五　规圆矩方："国培计划"课程标准的确立

自 2010 年 6 月 11 日，国务院颁布《教育部　财政部关于实施"中小学教师国家级培训计划"的通知》以来，"中小学教师国家级培训计划"得到有效的实施。为了更好地实施"国培计划"，加强规范项目管理，确保中小学教师培训的质量，2012 年 5 月 17 日，教育部颁布的《关于实施"国培计划"课程标准（试行）的通知》指出，各实施"国培计划"的院校要依据"国培计划"课程标准，有效、合理地设置"国培计划"培训课程，创新研制项目实施方案，把贯彻落实"国培计划"课程标准的情况作为立项评审、绩效评估的指标，有效推动"国培计划"的实施，提高培训质量。

《"国培计划"课程标准（试行）》包括"国培计划"语文教师（小学、初中、高中、教师培训团队研修）、英语教师（小学、初中、高中、教师培训团队研修）、思想品德教师（小学、初中、高中、教师培训团队研修）、数学教师（小学、初中、高中、教师培训团队研修）、物理教师（初中、高中、教师培训团队研修）、化学教师（初中、高中、教师培训团队研修）、生物教师（初中、高中、教师培训团队研修）、科学教师（小学、教师培训团队研修）、历史教师（初中、

---

① 中华人民共和国教育部：《教育部关于印发〈义务教育学校校长专业标准〉的通知》，http://www.moe.gov.cn/srcsite/A10/s7151/201302/t20130216_147899.html，2013 年 2 月 4 日 [2020-05-08]。
② 中华人民共和国教育部：《教育部关于印发〈普通高中校长专业标准〉〈中等职业学校校长专业标准〉〈幼儿园园长专业标准〉的通知》，http://www.moe.gov.cn/srcsite/A10/s7151/201501/t20150112_189307.html，2015 年 1 月 10 日 [2020-01-05]。
③ 中华人民共和国教育部：《教育部关于印发〈普通高中校长专业标准〉〈中等职业学校校长专业标准〉〈幼儿园园长专业标准〉的通知》，http://www.moe.gov.cn/srcsite/A10/s7151/201501/t20150112_189307.html，2015 年 1 月 10 日 [2020-01-05]；中华人民共和国教育部：《教育部关于印发〈义务教育学校校长专业标准〉的通知》，http://www.moe.gov.cn/srcsite/A10/s7151/201302/t20130216_147899.html，2013 年 2 月 4 日 [2020-05-08]。

高中、教师培训团队研修）、地理教师（初中、高中、教师培训团队研修）、综合实践活动教师（小学、初中、高中、教师培训团队研修）、音乐教师（小学、初中、高中、教师培训团队研修）、美术教师（小学、初中、高中、教师培训团队研修）、体育教师（小学、初中、高中、教师培训团队研修）、信息技术教师（高中、教师培训团队研修）、通用技术教师（高中、教师培训团队研修）、培训管理教师（教师培训团队研修）、特殊教育教师（盲童、聋儿、培智）、骨干班主任教师（小学、初中、高中、班主任培训团队研修）、心理健康教育教师（小学、初中、高中）培训课程标准、幼儿教师培训计划课程标准、师德培训课程标准、资源建设规范（试行），共23类各科教师培训课程标准，每类分小学、初中、高中、教师培训团队四个不同学段教师培训课程标准，总计67个各科教师培训课程标准。[1]

"国培计划"课程标准具有设置类型广、科目齐全、分阶段推进的特点。《"国培计划"课程标准（试行）》的颁布，进一步推进了"国培计划"的实施，确保了"国培计划"实施的质量，表明我国教师培训课程标准体系已建立。

2004年至2017年间，我国在中小学教师教育技术方面，建立了中小学教师教育技术能力标准、中小学教师信息技术应用能力培训课程标准共2项；在教师教育课程方面，建立了教师教育课程标准共1项；在教师专业方面，建立了中学教师专业标准、小学教师专业标准、幼儿园教师专业标准、职业学校教师专业标准、特殊教育教师专业标准共6项；在校长专业方面，建立了普通高中校长专业标准、中等职业学校校长标准、幼儿园园长专业标准、义务教育学校校长专业标准共4项；在"国培计划"课程方面，共建立了23类，总计67个各科教师培训课程标准。至此，中国教师教育标准体系已建立，提升了我国教师整体素质，推进了教师专业发展，加强了我国教师队伍建设，推动着中国教师教育的发展。

第六节 顺风张帆：教师资格认证

一 方言矩行：教师资格制度的法律、政策依据

依据《中华人民共和国教师法》的规定，我国逐步确立了教师资格制度，制定了《教师资格条例》《〈教师资格条例〉实施办法》，对教师资格提出了基本要求和规范，保障了教师的合法权利。

（一）《中华人民共和国教师法》对教师资格的规定

1993年10月31日第八届全国人民代表大会常务委员会第四次会议通过的《中华人民共和国教师法》第三章为资格和任用，其中第十条规定："中国公民凡遵守

---

[1] 中华人民共和国教育部：《教育部办公厅关于实施〈"国培计划"课程标准（试行）〉的通知》，http://www.moe.gov.cn/srcsite/A10/s7034/201205/t20120517_146087.html，2012年5月17日［2020-10-30］。

宪法和法律，热爱教育事业，具有良好的思想品德，具备本法规定的学历或者经国家教师资格考试合格，有教育教学能力，经认定合格的，可以取得教师资格"。[1]

第十条规定明确规定，取得教师资格须达到以下条件：第一，"中国公民"[2]是获得教师资格的基本条件；第二，必须"遵守宪法和法律"[3] 是获得教师资格的前提；第三，"热爱教育事业，具有良好的思想品德"[4] 是获得教师资格的必备品格；第四，"具备本法规定的学历或者经国家教师资格考试合格"[5] 是知识素养的要求；第五，"有教育教学能力"是获得教师资格的专业素养。《中华人民共和国教师法》对教师资格认证的规定，体现了教师资格认证制度具有法律性，是国家对教师从业法律化的许可制度。

（二）《教师资格条例》对教师资格的规定

为了提高教师素质，加强教师队伍建设，依据《中华人民共和国教师法》，1995年12月12日，国务院颁布的《教师资格条例》（国务院令第188号）依法规定，"中国在各级各类学校和其他教育机构中专门从事教育教学工作，要依法取得教师资格"[6]。《教师资格条例》共7章、23条。

第一章包括第一条至第三条，分别从教师资格条例的目的和法律依据及确定国务院教育行政部门主管全国教师资格工作规定教师资格条例的总则。

第二章包括第四条和第五条，将教师资格分为幼儿园、小学、中学、中等职业学校、高等学校教师及成人教育教师资格。其中，中学分初级中学教师资格和高级中学资格，中等职业学校分中等职业学校教师资格、中等职业学校实习指导教师资格，共八类教师资格规定教师资格分类与使用。

第三章包括第六条和第七条，主要从申请教师资格的条件，必须取得相应必须具备的学历，具有从事教育教学工作的身体条件规定教师资格条件。

第四章包括第八条至第十一条，主要从教师资格考试的考试科目、标准和考试大纲；考试试卷的编制、考务工作、考试证明书的发放；考试时间和每年所举行的次数等方面规定教师资格考试。

第五章包括第十二条至第十七条，主要从教师资格认证机构、认证程序、认

---

[1] 中华人民共和国中央人民政府：《中华人民共和国教师法》，http：//www.gov.cn/banshi/2005-05/25/content_937.htm，1993年10月31日［2020-05-08］。
[2] 中华人民共和国中央人民政府：《中华人民共和国教师法》，http：//www.gov.cn/banshi/2005-05/25/content_937.htm，1993年10月31日［2020-05-08］。
[3] 中华人民共和国中央人民政府：《中华人民共和国教师法》，http：//www.gov.cn/banshi/2005-05/25/content_937.htm，1993年10月31日［2020-05-08］。
[4] 中华人民共和国中央人民政府：《中华人民共和国教师法》，http：//www.gov.cn/banshi/2005-05/25/content_937.htm，1993年10月31日［2020-05-08］。
[5] 中华人民共和国中央人民政府：《中华人民共和国教师法》，http：//www.gov.cn/banshi/2005-05/25/content_937.htm，1993年10月31日［2020-05-08］。
[6] 中华人民共和国教育部：《教师资格条例》，http：//www.moe.gov.cn/s78/A10/moe_631/tnull_11557.html，1995年12月12日［2020-10-31］。

证材料、认证申请等规定教师资格认证。

第六章包括第十八条至第二十二条,主要从教师资格丧失、教师资格撤销、教师资格考试违纪违规等罚则。

第七章附则,第二十三条规定《教师资格条例》执行日期。[1]

《教师资格条例》的颁布,明确了教师资格相关具体规定,确定了教师资格认定的法律地位,提高了教师队伍整体素质,加强了教师队伍建设。

(三)《〈教师资格条例〉实施办法》对教师资格的规定

为了实施教师资格制度,2000年9月23日,教育部颁布的《〈教师资格条例〉实施办法》(以下简称《实施办法》),共6章、29条。

第一章总则,包括第一条至第五条,主要说明《中华人民共和国教师法》和《教师资格条例》是制定《实施办法》的法律依据,确定国务院教育行政部门是《实施办法》的监督机构,县级以上地方人民政府教育行政部门是负责本地教师资格认定和管理的机构。

第二章包括第六条至第九条,主要从申请认定教师资格者的政治表现、应具备学历、教育教学应具备能力要求及高等学校教师资格认证规定教师资格认证条件。

第三章包括第十条至第十七条,主要从资格认定申请时间、资格认定材料、资格认定体检、普通话水平、缴纳费用等方面规定资格认定申请。

第四章包括第十八条至第二十一条,主要规定资格认定程序。

第五章包括第二十二条至第二十七条,主要从教师资格证书印制和存档、教师资格证书遗失、撤销丧失教师资格者的教师资格证书、对造假证书的处罚等方面规定教师资格证书管理。

第六章附则,包括第二十八条至第二十九条,主要规定《实施办法》执行日期。[2]

《〈教师资格条例〉实施办法》的颁布,使教师资格认证实施办法更规范化、法律化、科学化,既是对教师合法权益的保护,也是对教师社会地位的提升,促进了教师素质的整体提高,进一步推动了教师队伍建设。

二 与时偕行:教师资格首次认定

2001年1月4日至5日,教育部举办的全国教师资格制度实施工作会议在北京召开,为贯彻会议精神,保证教师资格制度的顺利实施,2001年5月14日,教育部颁布的《关于印发〈关于首次认定教师资格工作若干问题的意见〉的通

---

[1] 中华人民共和国教育部:《教师资格条例》,http://www.moe.gov.cn/s78/A10/moe_631/tnull_11557.html,1995年12月12日[2020-10-31]。

[2] 中华人民共和国教育部:《〈教师资格条例〉实施办法》,http://www.moe.gov.cn/srcsite/A02/s5911/moe_621/200009/t20000923_180473.html,2000年9月23日[2020-05-08]。

知》（以下简称《通知》）指出，各地要认真贯彻落实全国教师资格制度实施工作会议精神，充分认识实施教师资格认证的重要性和必要性。

《通知》提出了全面实施教师资格制度工作的指导思想是："认真贯彻党的十五届五中全会和全教会精神，坚持依法治教、依法管理，促进教师管理走上法制化轨道；严格把住教师队伍入口关，形成高质量的教师队伍；形成多渠道的教师培养体系，拓展吸引优秀人才从事教育教学工作的途径；促进教师队伍整体素质的提高，为全面实施素质教育提供法律保障，创造师资条件"。[1]

《通知》提出要求：必须要依法实施教师资格认定制度；严肃执行教师资格认定制度；从严治理教师资格认定违法行为现象，坚决执行违法必究，依法推进教师资格认定工作的顺利实施。[2]

为了切实贯彻落实全国教师资格制度实施工作会议精神，保障教师资格制度的顺利实施，2001年5月14日，教育部颁发的《关于首次认定教师资格工作若干问题的意见》（以下简称《意见》）提出，"教师资格制度是国家实行的一种法定的职业许可制度"，[3] 对首次认定教师资格工作中的15个问题提出意见（见表9-3）。

表9-3 2001年颁布的《关于首次认定教师资格工作若干问题的意见》的规定

问题	具体意见
制度法律	《中华人民共和国教师法》《教师资格条例》《〈教师资格条例〉实施办法》
性质	依法取得教师资格者，方可被聘为教师，具有教师的义务和权利；教师资格已经取得，非法律规定不得丧失和撤销
认定范围	未达到国家法定退休年龄的、具备《教师法》规定条件的人员
申请	认定范围内符合《教师法》规定学历条件的中国公民都可依法申请，认证机构依法受理，不得非法拒绝
认定程序	依次为：提出书面申请，提交申请材料，初步审查，专家审查委员会考察申请人的教育教学基本素质和能力并提出专家审查意见，30个法定工作日做出结论，通知申请人，给认定符合教师资格条件的颁发教师资格证书
学历条件	按照《教师法》《教师资格条例》和《〈教师资格条例〉实施办法》的有关规定执行
课程要求	非师范教育类毕业生申请认定教师资格者须补修教育学、心理学

---

[1] 中华人民共和国教育部：《教育部关于印发〈关于首次认定教师资格工作若干问题的意见〉的通知》，http://old.moe.gov.cn/publicfiles/business/htmlfiles/moe/moe_16/201301/147248.html，2001年5月14日［2020-05-08］。

[2] 中华人民共和国教育部：《教育部关于印发〈关于首次认定教师资格工作若干问题的意见〉的通知》，http://old.moe.gov.cn/publicfiles/business/htmlfiles/moe/moe_16/201301/147248.html，2001年5月14日［2020-05-08］。

[3] 中华人民共和国教育部：《教育部关于印发〈关于首次认定教师资格工作若干问题的意见〉的通知》，http://old.moe.gov.cn/publicfiles/business/htmlfiles/moe/moe_16/201301/147248.html，2001年5月14日［2020-05-08］。

续表

问题	具体意见
能力考察	身体条件、普通话水平、承担教育教学工作必需的基本素质和能力
丧失和撤销	丧失或撤销教师资格者，应由工作单位或户籍所在地的县级以上教育行政部门按照教师资格认定权限会同原发证机关办理注销或撤销教师资格手续，通知当事人，收缴其证书；被撤销教师资格的当事人5年后再次申请教师资格时，需提供相关证明
证书管理	教师资格证书由教育部统一印制
收费	申请者缴纳成本核算确定的教师资格认定费用
特殊规定	1. 高等学校拟聘任教授、副教授职务或有博士学位的人员申请认定高等学校教师资格，其教育教学基本素质和能力考察以及普通话水平测试可不作规定。普通高等学校负责认定本校拟聘人员的高等学校教师资格 2. 依照法定程序及时申请认定与其新的教学岗位相应的教师资格 3. 1993年12月31日以前办理手续的退（离）休教师，自愿申请，由其原任教学校所在地相应的教师资格认定机构颁发教师资格证书

资料来源：中华人民共和国教育部：《教育部关于印发〈关于首次认定教师资格工作若干问题的意见〉的通知》，http://old.moe.gov.cn/publicfiles/business/htmlfiles/moe/moe_16/201301/147248.html，2001年5月14日［2020-05-08］。表格为笔者根据该资料自制。

表9-3表明，教师资格制度是依法制定，教师资格性质是依法取得教师资格，依法享受法律义务和权利，《关于首次认定教师资格工作若干问题的意见》的颁布，标志着我国教师资格认证步入规范化、科学化、法律化的轨道，教师的义务和权益受到法律保护，教师要依法施教，确保了我国教师资格认定的顺利进行，促进了我国教师整体素质的提高，推进了我国教师资格认证的深化改革，推动了我国教育事业的发展。

三 谨本详始：教师资格证书

为了具体落实《关于首次认定教师资格工作若干问题的意见》，加强教师资格证书的管理，2001年8月8日，教育部颁布《关于印发〈教师资格证书管理规定〉的通知》，同时，颁布《教师资格证书管理规定》（以下简称《规定》）。《规定》由15条组成，对教师资格的作用、印制、内容、规格等做了具体的规定（见表9-4）。

表9-4　　2001年教育部颁布的《教师资格证书管理规定》解读

规定项目	具体规定内容
法律制度	《教师资格条例》和《〈教师资格条例〉实施办法》
功能	持证人具有国家认定的教师资格的法定凭证
印制	国务院教育行政部门统一印制
颁发时间	认定教师资格后，在规定的期限内

续表

规定项目	具体规定内容
内容	持证人姓名、性别、出生年月、民族
	持证人近期小2寸正面免冠照片并加盖教师资格认定机构钢印
	持证人身份证号码
	认定的教师资格种类和任教学科
	教师资格证书号码
	教师资格认定机构公章和认定时间
保管	不得出借、涂改、转让
遗失	持证人在公开发行的报刊上刊登遗失声明,向原发证机关提出补发教师资格证书的书面申请并提交申请材料,原发证机关核实材料,由教师资格认定机构重新颁发相应的教师资格证书
损毁	向原发证机关提出换发新证书的书面申请,原发证机关审核后收回损坏证书,补发新的教师资格证书
撤销或丧失	教师资格证书由批准撤销或丧失教师资格者所在地相应的教师资格认定机构收回
规格	为25开、14.5cm×20.5cm,双横开式样,共8页。封面、封底为咖啡色磨砂革,内页采用中国人民银行造币总公司生产供证书使用的代号为103-3的无光防伪纸。证书内页中的国徽和部徽均采用专用防伪油墨套印,在紫外光照射下呈鲜红色荧光反应。第二页中间部位采用特殊无色荧光防伪油墨隐形套印中华人民共和国教育部公章和"中华人民共和国教育部"字样;第七页正中用特殊无色荧光防伪油墨隐形套印教育部标徽,上述隐形内容在紫光灯照射下呈鲜红色荧光反应
编号方法	采用全国统一编号,编号共17位
种类填写	按照《教师资格条例》规定的全称填写,使用规范汉字,不得使用繁体字、异体字
违法乱纪的处理	对发放非法印制的教师资格证书的单位和责任者,追究其行政责任;对变造、倒卖教师资格证书者,依法追究法律责任

资料来源:中华人民共和国教育部:《教育部关于印发〈教师资格证书管理规定〉的通知》,http://old.moe.gov.cn//publicfiles/business/htmlfiles/moe/s3305/201001/xxgk_81561.html,2001年8月8日[2020-05-08]。表格为笔者根据该资料自制。

表9-4表明,《教师资格证书管理规定》的颁定,加强和规范了教师资格证书的管理,维护了教师资格制度的实施和教师的合法权益,推动了教师资格认定的顺利实施,保证教师资格证书的法律效应和严肃性。

四 先事虑事:教师资格考试与定期注册制度改革试点

为深入贯彻《国家中长期教育改革和发展规划纲要(2010—2020年)》和《国务院关于加强教师队伍建设的意见》(国发〔2012〕41号)的精神,落实《教师资格条例》《〈教师资格条例〉实施办法》,加快推进《关于首次认定教师资格工作若干问题的意见》的实施,2013年8月15日,教育部颁布的《关于扩大中小学教师资格考试与定期注册制度改革试点的通知》(教师函〔2013〕2号)

决定,"进一步扩大中小学教师资格考试和定期注册制度改革试点范围。在河北、上海、浙江、湖北、广西、海南等 6 个省份试点基础上,新增山西、安徽、山东、贵州 4 个省份为试点省"①。进行中小学教师资格考试试点,同时,以 1 个地级市作为中小学教师资格定期注册试点。

为了贯彻《国家中长期教育改革和发展规划纲要(2010—2020 年)》的精神,落实《国务院关于加强教师队伍建设的意见》(国发〔2012〕41 号)总体部署,2015 年 7 月 20 日,教育部颁布的《关于进一步扩大中小学教师资格考试与定期注册制度改革试点的通知》决定,在湖北、河北、海南、浙江等 15 个省(区、市)试点基础上,新增北京、甘肃、青海、江西、河南、湖南、宁夏等 7 个省(区、市)于 2015 年秋季启动中小学教师资格考试改革试点,天津、广东、重庆、辽宁、黑龙江、云南等 6 省(区、市)于 2016 年春季启动中小学教师资格考试改革试点,2015 年共 13 个省(区、市)为中小学教师资格考试试点省份;2015 年新增 1—2 个地级市开展中小学教师资格定期注册改革试点。②

经过 2013 年、2015 年扩大试点范围,从多次试点中发现问题、研究并解决问题,及时总结经验,在稳定中深化改革,在改革中求发展,更加稳妥地开展中小学教师资格考试与定期注册制度改革,为以后的中小学教师资格考试与定期注册制度的顺利进行提供科学、高效、稳妥的实施计划和方案,推动了教师资格认定的顺利实施,提高了教师队伍整体素质,推动了高素质专业化教师队伍建设。

五 量凿正枘:普通高等学校师范类专业的认证

实行普通高等学校师范类专业认证,有利于规范引导师范类专业建设,完善教师教育质量保障体系,提高普通高等师范类专业人才培养质量,推动普通高等师范教育的发展。

(一)师范类专业的认证实施办法

为了规范引导师范类专业建设,建立健全教师教育质量保障体系,提高师范类专业人才培养质量,2017 年 10 月 26 日,教育部印发的《关于〈普通高等学校师范类专业认证实施办法(暂行)〉的通知》决定,"开展普通高等学校师范类专业认证工作"③。同时,印发《普通高等学校师范类专业认证实施办法(暂行)》

---

① 中华人民共和国教育部:《教育部关于扩大中小学教师资格考试与定期注册制度改革试点的通知》,http://old.moe.gov.cn/publicfiles/business/htmlfiles/moe/s7151/201309/xxgk_156677.html,2013 年 8 月 15 日[2020-05-08]。

② 中华人民共和国教育部:《教育部办公厅关于进一步扩大中小学教师资格考试与定期注册制度改革试点的通知》,http://www.moe.gov.cn/srcsite/A10/s7151/201507/t20150731_197045.html,2015 年 7 月 20 日[2020-05-08]。

③ 中华人民共和国教育部:《教育部关于印发〈普通高等学校师范类专业认证实施办法(暂行)〉》,http://www.moe.gov.cn/srcsite/A10/s7011/201711/t20171106_318535.html,2017 年 10 月 26 日[2020-05-08]。

(以下简称《办法》)。《办法》提出了指导思想,指出了认证理念,规定了认证原则,建立了认证体系,确立了认证标准,制定了认证实施方案,规定了认证程序,说明了认证结果使用,强调了认证保障,解决了认证争议,规定了认证纪律与监督(见表9-5)。

表9-5　　　　2017年教育部颁布的《普通高等学校师范类专业认证实施办法》的规定

实施项目	具体实施办法
指导思想	全面贯彻党的教育方针,落实立德树人根本任务,构建中国特色、世界水平的教师教育质量监测认证体系,分级分类开展师范类专业认证,以评促建,以评促改,以评促强,全面保障和提升师范类专业人才培养质量,为培养造就党和人民满意的高素质专业化创新型教师队伍提供有力支撑
认证理念	以学生为中心、以产出做导向、以持续促改进
认证原则	建立统一认证体系、注重省部协同推进、强化高校主体责任、运用多种认证方法
认证体系	实行三级监测认证:第一级,师范类专业办学基本要求监测;第二级,师范类专业教学质量合格标准认证;第三级,师范类专业教学质量卓越标准认证
认证标准	以中学教育、小学教育、学前教育、职业教育、特殊教育等专业认证标准作为师范类专业认证标准
认证对象条件	第一级:教育部正式备案的普通高等学校师范类本科专业、教育部审批的普通高等学校国控教育类专科专业 第二级:有三届以上毕业生的普通高等学校师范类专业(自愿申请) 第三级:有六届以上毕业生并通过第二级认证的普通高等学校师范类专业(自愿申请)
认证组织实施	教育部发布师范类专业认证实施办法与标准,统筹协调、指导监督认证工作;教育部高等教育教学评估中心(以下简称"评估中心")具体组织实施师范类专业认证工作;认证专家委员会负责认证工作的规划与咨询,对拟承担师范类专业认证的各地教育评估机构进行资质认定,负责认证结论的审定,受理认证结论异议的申诉,负责对认证工作的指导和检查等
认证程序	申请与受理、专业自评、材料审核、现场考查、结论审议、结论审定、整改提高7个阶段
认证结果使用	为政策制定、资源配置、经费投入、用人单位招聘、高考志愿填报等提供服务和决策参考
认证工作保障	申请认证学校不缴纳任何费用,教育部为师范类专业第一级监测和第三级认证工作的开展提供经费保障,省级教育行政部门为本地区师范类专业第二级认证工作的开展提供经费保障
认证争议处理	在收到认证结论后30个工作日内向认证专家委员会以书面形式提出申诉,详细陈述理由,并提供相关支持材料
认证纪律监督	坚持公平、公正、公开的原则,实施"阳光认证",认证工作接受教师、学生和社会的监督

资料来源:中华人民共和国教育部:《教育部关于印发〈普通高等学校师范类专业认证实施办法(暂行)〉的通知》,http://www.moe.gov.cn/srcsite/A10/s7011/201711/t20171106_318535.html,2017年10月26日[2020-05-08]。表格为笔者根据该资料自制。

表9-5表明,《普通高等学校师范类专业认证实施办法(暂行)》从十二个方面规定了普通高等学校师范类专业认证实施办法,提出了普通高等学校师范类

专业人才培养思想，指明了以学生为中心的培养理念，规划了普通高等学校师范类专业培养人才发展路径，引导了普通高等学校师范类专业发展方向，规范了普通高等学校师范类专业办学行为，提高了普通高等学校师范类专业教育教学质量，逐步建立了普通高等学校师范类专业体系，完善了教师质量保障体系，提升了教师队伍整体素养，有力推动了我国教师队伍建设。

（二）中学教育专业认证标准

《中学教育专业认证标准》分《中学教育专业认证标准（第一级）》《中学教育专业认证标准（第二级）》和《中学教育专业认证标准（第三级）》，各级指标见表9-6、表9-7、表9-8。

表9-6　2017年教育部颁布的《中学教育专业认证标准（第一级）》规定的指标

维度		监测指标	参考标准
课程与教学	1	教师教育课程学分	必修课≥10学分 总学分≥14学分
	2	人文社会与科学素养课程学分占总学分比例	≥10%
	3	学科专业课程学分占总学分比例	≥50%
合作与实践	4	教育实践时间	≥18周
	5	实习生数与教育实践基地数比例	≤20∶1
师资队伍	6	生师比	≤18∶1
	7	学科课程与教学论教师	有
	8	具有高级职称教师占专任教师比例	≥学校平均水平
	9	具有硕博士学位教师占专任教师比例	≥60%
	10	中学兼职教师占教师教育课程教师比例	≥20%
支持条件	11	教学日常运行支出占生均拨款总额与学费收入之和的比例	≥13%
	12	生均教学日常运行支出	≥学校平均水平
	13	生均教育实践经费	≥学校平均水平
	14	生均教育类纸质图书	≥30册 每6个实习生配备中学学科教材≥1套
	15	微格教学、语言技能、书写技能、学科实验教学实训室等教学设施	有

资料来源：中华人民共和国教育部：《教育部关于印发〈普通高等学校师范类专业认证实施办法（暂行）〉》，http://www.moe.gov.cn/srcsite/A10/s7011/201711/t20171106_318535.html，2017年10月26日[2020-01-06]。

表9-6表明，《中学教育专业认证标准（第一级）》依据国家教育法规和中学教师专业标准、教师教育课程标准制定，由4个维度、15个监测指标和参考标准构成，是国家对中学教育专业办学的基本要求，适用于普通高等学校培养中学

教师的本科师范类专业。①

表9-7 2017年教育部颁布的《中学教育专业认证标准（第二级）》规定的指标

维度		指标
培养目标	目标定位	应贯彻党的教育方针，面向国家、地区基础教育改革发展和教师队伍建设重大战略需求，落实国家教师教育相关政策要求，符合学校办学定位
	目标内涵	培养目标内容明确清晰，反映师范生毕业后5年左右在社会和专业领域的发展预期，体现专业特色，并能够为师范生、教师、教学管理人员及其他利益相关方所理解和认同
	目标评价	定期对培养目标的合理性进行评价，并能够根据评价结果对培养目标进行必要修订。评价和修订过程应有利益相关方参与
毕业要求	践行师德 / 师德规范	践行社会主义核心价值观，增进对中国特色社会主义的思想认同、政治认同、理论认同和情感认同。贯彻党的教育方针，以立德树人为己任。遵守中小学教师职业道德规范，具有依法执教意识，立志成为有理想信念、有道德情操、有扎实学识、有仁爱之心的好老师
	践行师德 / 教育情怀	具有从教意愿，认同教师工作的意义和专业性，具有积极的情感、端正的态度、正确的价值观。具有人文底蕴和科学精神，尊重学生人格，富有爱心、责任心，工作细心、耐心，做学生锤炼品格、学习知识、创新思维、奉献祖国的引路人
	学会教学 / 学科素养	掌握所教学科的基本知识、基本原理和基本技能，理解学科知识体系基本思想和方法。了解所教学科与其他学科的联系，了解所教学科与社会实践的联系，对学习科学相关知识有一定的了解
	学会教学 / 教学能力	在教育实践中，能够依据所教学科课程标准，针对中学生身心发展和学科认知特点，运用学科教学知识和信息技术，进行教学设计、实施和评价，获得教学体验，具备教学基本技能，具有初步的教学能力和一定的教学研究能力
	学会育人 / 班级指导	树立德育为先理念，了解中学德育原理与方法。掌握班级组织与建设的工作规律和基本方法。能够在班主任工作实践中，参与德育和心理健康教育等教育活动的组织与指导，获得积极体验
	学会育人 / 综合育人	了解中学生身心发展和养成教育规律。理解学科育人价值，能够有机结合学科教学进行育人活动。了解学校文化和教育活动的育人内涵和方法，参与组织主题教育和社团活动，对学生进行教育和引导
	学会发展 / 学会反思	具有终身学习与专业发展意识。了解国内外基础教育改革发展动态，能够适应时代和教育发展需求，进行学习和职业生涯规划。初步掌握反思方法和技能，具有一定创新意识，运用批判性思维方法，学会分析和解决教育教学问题
	学会发展 / 沟通合作	理解学习共同体的作用，具有团队协作精神，掌握沟通合作技能，具有小组互助和合作学习体验

---

① 中华人民共和国教育部：《教育部关于印发〈普通高等学校师范类专业认证实施办法（暂行）〉》，http://www.moe.gov.cn/srcsite/A10/s7011/201711/t20171106_318535.html，2017年10月26日 [2020-01-06]。

续表

维度		指标
课程与教学	课程设置	应符合中学教师专业标准和教师教育课程标准要求，能够支撑毕业要求达成
	课程结构	体现通识教育、学科专业教育与教师教育有机结合；理论课程与实践课程、必修课与选修课设置合理。各类课程学分比例恰当，通识教育课程中的人文社会与科学素养课程学分不低于总学分的10%，学科专业课程学分不低于总学分的50%，教师教育课程达到教师教育课程标准规定的学分要求
	课程内容	注重基础性、科学性、实践性，把社会主义核心价值观、师德教育有机融入课程教学中。选用优秀教材，吸收学科前沿知识，引入课程改革和教育研究最新成果、优秀中学教育教学案例，并能够结合师范生学习状况及时更新、完善课程内容
	课程实施	重视课堂教学在培养过程中的基础作用。依据毕业要求制定课程目标和教学大纲，教学内容、教学方法、考核内容与方式应支持课程目标的实现。能够恰当运用案例教学、探究教学、现场教学等方式，合理应用信息技术，提高师范生学习效果。课堂教学、课外指导和课外学习的时间分配合理，技能训练课程实行小班教学，养成师范生自主学习能力和"三字一话"等从教基本功
	课程评价	定期评价课程体系的合理性和课程目标的达成度，并能够根据评价结果进行修订。评价与修订过程应有利益相关方参与
合作与实践	协同育人	与地方教育行政部门和中学建立权责明晰、稳定协调、合作共赢的"三位一体"协同培养机制，基本形成教师培养、培训、研究和服务一体化的合作共同体
	基地建设	教育实践基地相对稳定，能够提供合适的教育实践环境和实习指导，满足师范生教育实践需求。每20个实习生不少于1个教育实践基地
	实践教学	实践教学体系完整，专业实践和教育实践有机结合。教育见习、教育实习、教育研习贯通，涵盖师德体验、教学实践、班级管理实践和教研实践等，并与其他教育环节有机衔接。教育实践时间累计不少于一学期。学校集中组织教育实习，保证师范生实习期间的上课时数
	导师队伍	实行高校教师与优秀中学教师共同指导教育实践的"双导师"制度。有遴选、培训、评价和支持教育实践指导教师的制度与措施。"双导师"数量充足，相对稳定，责权明确，有效履职
	管理评价	教育实践管理较为规范，能够对重点环节实施质量监控。实行教育实践评价与改进制度。依据相关标准，对教育实践表现进行有效评价
师资队伍	数量结构	专任教师数量结构能够适应本专业教学和发展的需要，生师比不高于18∶1，硕士、博士学位教师占比一般不低于60%，高级职称教师比例不低于学校平均水平，且为师范生上课。配足配强教师教育课程教师，其中学科课程与教学论教师原则上不少于2人。基础教育一线兼职教师素质良好、队伍稳定，占教师教育课程教师比例不低于20%
	素质能力	遵守高校教师职业道德规范，为人师表，言传身教；以生为本、以学定教，具有较强的课堂教学、信息技术应用和学习指导等教育教学能力；勤于思考，严谨治学，具有一定的学术水平和研究能力。具有职前养成和职后发展一体化指导能力，能够有效指导师范生发展与职业规划。师范生对本专业专任教师、兼职教师师德和教学具有较高的满意度
	实践经历	教师教育课程教师熟悉中学教师专业标准、教师教育课程标准和中学教育教学工作，至少有一年中学教育服务经历，其中学科课程与教学论教师具有指导、分析、解决中学教育教学实际问题的能力，并有一定的基础教育研究成果
	持续发展	制定并实施教师队伍建设规划。建立教师培训和实践研修制度。建立专业教研组织，定期开展教研活动。建立教师分类评价制度，合理制定学科课程与教学论等教师教育实践类课程教师评价标准，评价结果与绩效分配、职称评聘挂钩。探索高校和中学"协同教研""双向互聘""岗位互换"等共同发展机制

续表

维度		指标
支持条件	经费保障	专业建设经费满足师范生培养需求,教学日常运行支出占生均拨款总额与学费收入之和的比例不低于13%,生均教学日常运行支出不低于学校平均水平,生均教育实践经费支出不低于学校平均水平。教学设施设备和图书资料等更新经费有标准和预决算
	设施保障	教育教学设施满足师范生培养要求。建有中学教育专业教师职业技能实训平台,满足"三字一话"、微格教学、实验教学等实践教学需要。信息化教育设施能够适应师范生信息素养培养要求。建有教育教学设施管理、维护、更新和共享机制,方便师范生使用
	资源保障	专业教学资源满足师范生培养需要,数字化教学资源较为丰富,使用率较高。生均教育类纸质图书不少于30册。建有中学教材资源库和优秀中学教育教学案例库,其中现行中学课程标准和教材每6名实习生不少于1套
质量保障	保障体系	建立教学质量保障体系,各主要教学环节有明确的质量要求。质量保障目标清晰,任务明确,机构健全,责任到人,能够有效支持毕业要求达成
	内部监控	建立教学过程质量常态化监控机制,定期对各主要教学环节质量实施监控与评价,保障毕业要求达成
	外部评价	建立毕业生跟踪反馈机制以及基础教育机构、教育行政部门等利益相关方参与的社会评价机制,对培养目标的达成度进行定期评价
	持续改进	定期对校内外的评价结果进行综合分析,能够有效使用分析结果,推动师范生培养质量持续改进和提高
学生发展	生源质量	建立有效的制度措施,能够吸引志愿从教、素质良好的生源
	学生需求	了解师范生发展诉求,加强学情分析,设计兼顾共性要求与个性需求的培养方案与教学管理制度,为师范生发展提供空间
	成长指导	建立师范生指导与服务体系,加强思想政治教育,能够适时为师范生提供生活指导、学习指导、职业生涯指导、就业创业指导、心理健康指导等,满足师范生成长需求
	学业监测	建立形成性评价机制,监测师范生的学习进展情况,保证师范生在毕业时达到毕业要求
	就业质量	毕业生的初次就业率不低于本地区高校毕业生就业率的平均水平,获得教师资格证书的比例不低于75%,且主要从事教育工作
	社会声誉	毕业生社会声誉较好,用人单位满意度较高

资料来源:中华人民共和国教育部:《教育部关于印发〈普通高等学校师范类专业认证实施办法(暂行)〉》,http://www.moe.gov.cn/srcsite/A10/s7011/201711/t20171106_318535.html,2017年10月26日[2020-01-06]。表格为笔者根据该资料自制。

表9-7表明,《中学教育专业认证标准(第二级)》依据国家教育法规和中学教师专业标准、教师教育课程标准制定,有8个维度、34个一级指标和8个二级指标,是国家对中学教育专业质量的合格要求,适用于普通高等学校培养中学

教师的本科师范类专业。①

表9-8表明,《中学教育专业认证标准（第三级）》依据国家教育法规和中学教师专业标准、教师教育课程标准制定,有8个维度、35个一级指标和11个二级指标,是国家对中学教育专业质量的卓越要求,适用于普通高等学校培养中学教师的本科师范类专业。②

表9-8　2017年教育部颁布的《中学教育专业认证标准（第三级）》规定的指标

维度	指标	
培养目标	目标定位	培养目标应贯彻党的教育方针,面向国家、地区基础教育改革发展和教师队伍建设重大战略需求,落实国家教师教育相关政策要求,符合学校办学定位
	目标内涵	培养目标内容明确清晰,反映师范生毕业后5年左右在社会和专业领域的发展预期,体现专业特色和优势,能够为师范生、教师、教学管理人员及其他利益相关方所理解和认同
	目标评价	定期对培养目标的合理性进行评价,并能根据评价结果对培养目标进行必要修订。评价和修订过程应有利益相关方参与
毕业要求	践行师德	师德规范	践行社会主义核心价值观,增进对中国特色社会主义的思想认同、政治认同、理论认同和情感认同。贯彻党的教育方针,以立德树人为己任。遵守中小学教师职业道德规范,具有依法执教意识,立志成为有理想信念、有道德情操、有扎实学识、有仁爱之心的好老师
		教育情怀	具有从教意愿,认同教师工作的意义和专业性,具有积极的情感、端正的态度、正确的价值观。具有人文底蕴和科学精神,尊重学生人格,富有爱心、责任心、事业心,工作细心、耐心,做学生锤炼品格、学习知识、创新思维、奉献祖国的引路人
	学会教学	学科素养	扎实掌握学科知识体系、思想与方法,重点理解和掌握学科核心素养内涵;了解跨学科知识;对学习科学相关知识能理解并初步运用,能整合形成学科教学知识。初步习得基于核心素养的学习指导方法和策略
		教学能力	理解教师是学生学习和发展的促进者。依据学科课程标准,在教育实践中,能够以学习者为中心,创设适合的学习环境,指导学习过程,进行学习评价
		技术融合	初步掌握应用信息技术优化学科课堂教学的方法技能,具有运用信息技术支持学习设计和转变学生学习方式的初步经验
		班级指导	树立德育为先理念。了解中学德育原理与方法,掌握班级组织与建设的工作规律与基本方法。掌握班集体建设、班级教育活动组织、学生发展指导、综合素质评价、与家长及社区沟通合作等班级常规工作要点。能够在班主任工作实践中,参与德育和心理健康教育等教育活动的组织与指导,获得积极体验

---

① 中华人民共和国教育部:《教育部关于印发〈普通高等学校师范类专业认证实施办法（暂行）〉》,http://www.moe.gov.cn/srcsite/A10/s7011/201711/t20171106_318535.html,2017年10月26日［2020-01-06］。

② 中华人民共和国教育部:《教育部关于印发〈普通高等学校师范类专业认证实施办法（暂行）〉》,http://www.moe.gov.cn/srcsite/A10/s7011/201711/t20171106_318535.html,2017年10月26日［2020-01-06］。

续表

维度	指标		
毕业要求	学会育人	综合育人	具有全程育人、立体育人意识，理解学科育人价值，了解学校文化和教育活动的育人内涵和方法。能够在教育实践中将知识学习、能力发展与品德养成相结合，自觉在学科教学中有机进行育人活动，积极参与组织主题教育和社团活动，对学生进行有效的教育和引导
		自主学习	具有终身学习与专业发展意识。了解专业发展核心内容和发展阶段路径，能够结合就业愿景制定自身学习和专业发展规划。养成自主学习习惯，具有自我管理能力
		国际视野	具有全球意识和开放心态，了解国外基础教育改革发展的趋势和前沿动态。积极参与国际教育交流。尝试借鉴国际先进教育理念和经验进行教育教学
	学会发展	反思研究	理解教师是反思型实践者。运用批判性思维方法，养成从学生学习、课程教学、学科理解等不同角度反思分析问题的习惯。掌握教育实践研究的方法和指导学生科研的技能，具有一定的创新意识和教育教学研究能力
		交流合作	理解学习共同体的作用，具有团队协作精神，掌握沟通合作技能，积极开展小组互助和合作学习
课程与教学	课程设置		应符合中学教师专业标准和教师教育课程标准要求，跟踪对接基础教育课程改革前沿，能够支撑毕业要求达成
	课程结构		体现通识教育、学科专业教育与教师教育深度融合，理论课程与实践课程、必修课与选修课设置合理。各类课程学分比例恰当，通识教育课程中的人文社会与科学素养课程学分不低于总学分的10%，学科专业课程学分不低于总学分的50%，教师教育课程达到教师教育课程标准规定的学分要求
	课程内容		注重基础性、科学性、综合性、实践性，把社会主义核心价值观、师德教育有机融入课程教学中。选用优秀教材，吸收学科前沿知识，引入课程改革和教育研究最新成果、优秀中学教育教学案例，并能够结合师范生学习状况及时更新、完善课程内容，形成促进师范生主体发展的多样性、特色化的课程文化
	课程实施		重视课堂教学在培养过程中的基础作用。依据毕业要求制定课程目标和教学大纲，教学内容、教学方法、考核内容与方式应支持课程目标的实现。注重师范生的主体参与和实践体验，注重以课堂教学、课外指导提升自主学习能力，注重应用信息技术推进教与学的改革。技能训练课程实行小班教学，形式多样，富有成效，师范生"三字一话"等从教基本功扎实。校园文化活动具有教师教育特色，有利于养成从教信念、专业素养与创新能力
	课程评价		定期评价课程体系的合理性和课程目标的达成度，并能够根据评价结果进行修订。评价与修订过程应有利益相关方参与
合作与实践	协同育人		与地方教育行政部门和中学建立权责明晰、稳定协调、合作共赢的"三位一体"协同培养机制，协同制定培养目标、设计课程体系、建设课程资源、组织教学团队、建设实践基地、开展教学研究、评价培养质量，形成教师培养、培训、研究和服务一体化的合作共同体
	基地建设		建有长期稳定的教育实践基地。实践基地具有良好的校风，较强的师资力量、学科优势、管理优势、课程资源优势和教改实践优势。每20个实习生不少于1个教育实践基地，其中，示范性教育实践基地不少于三分之一

续表

维度		指标
合作与实践	实践教学	实践教学体系完整，专业实践和教育实践有机结合。教育见习、教育实习、教育研习递进贯通，涵盖师德体验、教学实践、班级管理实践和教研实践等，并与其他教育环节有机衔接。教育实践时间累计不少于一学期。学校集中组织教育实习，保证师范生实习期间的上课时数和上课类型
	导师队伍	实行高校教师与优秀中学教师共同指导教育实践的"双导师"制度。有遴选、培训、评价和支持教育实践指导教师的制度与措施。"双导师"数量足，水平高，稳定性强，责权明确，协同育人，有效履职
	管理评价	教育实践管理规范，能够对全过程实施质量监控。严格实行教育实践评价与改进制度。具有教育实践标准，采取过程评价与成果考核评价相结合方式，对实践能力和教育教学反思能力进行科学有效评价
师资队伍	数量结构	专任教师数量结构能够适应本专业教学和发展的需要，生师比不高于16∶1，硕士、博士学位教师占比不低于80%，高级职称教师比例高于学校平均水平，且为师范生上课、担任师范生导师。配足建强教师教育课程教师，其中学科课程与教学论教师原则上不少于3人，具有半年以上境外研修经历教师占教师教育课程教师比例不低于20%。基础教育一线的兼职教师队伍稳定，占教师教育课程教师比例不低于20%，原则上为省市级学科带头人、特级教师、高级教师，能深度参与师范生培养工作
	素质能力	遵守高校教师职业道德规范，为人师表，言传身教；以生为本、以学定教，具有突出的课堂教学、课程开发、信息技术应用和学习指导等教育教学能力；治学严谨，跟踪学科前沿，研究能力和创新能力较强。具有职前养成和职后发展一体化指导能力，能够有效指导师范生发展与职业规划。师范生对本专业专任教师、兼职教师师德和教学具有较高的满意度
	实践经历	教师教育课程教师熟悉中学教师专业标准、教师教育课程标准和中学教育教学工作，每五年至少有一年中学教育服务经历，能够指导中学教育教学工作，并有丰富的基础教育研究成果
	持续发展	制定并实施教师队伍建设规划。教师培训和实践研修机制完善；建立专业教研组织，定期开展教研活动。建立教师分类评价制度，合理制定学科课程与教学论等教师教育实践类课程教师评价标准，评价结果与绩效分配、职称评聘挂钩。高校和中学"协同教研""双向互聘""岗位互换"等共同发展机制健全、成效显著
支持条件	经费保障	专业建设经费满足师范生培养需求，教学日常运行支出占生均拨款总额与学费收入之和的比例不低于15%，生均教学日常运行支出高于学校平均水平，生均教育实践经费支出高于学校平均水平。教学设施设备和图书资料等更新经费有标准和预决算
	设施保障	教育教学设施完备。建有中学教育专业教师职业技能实训平台和在线教学观摩指导平台，满足"三字一话"、微格教学、实验教学、远程见习等实践教学需要。信息化教育设施能够支撑专业教学改革与师范生学习方式转变。教育教学设施管理、维护、更新和共享机制顺畅，师范生使用便捷、充分
	资源保障	专业教学资源及数字化教学资源丰富，使用率高。教育类纸质图书充分满足师范生学习需要。建有中学教材资源库和优秀中学教育教学案例库，有国内外多种版本中学教材，其中现行中学课程标准和教材每6名实习生不少于1套

续表

维度		指标
质量保障	保障体系	建立完善的教学质量保障体系，各主要教学环节有清晰明确、科学合理的质量要求。质量保障目标清晰，任务明确，机构健全，责任到人，能够有效支持毕业要求达成
	内部监控	建立教学质量监控与评价机制并有效执行，运用信息技术对各主要教学环节质量实施全程监控与常态化评价，保障毕业要求达成
	外部评价	建立毕业生持续跟踪反馈机制以及基础教育机构、教育行政部门等利益相关方参与的多元社会评价机制，对培养目标的达成度进行定期评价
	持续改进	定期对校内外的评价结果进行综合分析，能够有效使用分析结果，推动师范生培养质量的持续改进和提高，形成追求卓越的质量文化
学生发展	生源质量	建立符合教师教育特点的制度措施，能够吸引乐教、适教的优秀生源
	学生需求	充分了解师范生发展诉求，加强学情分析。设计兼顾共性要求与个性需求的培养方案与教学管理制度，鼓励跨院、跨校选修课程，为师范生的自主选择和发展提供足够的空间
	成长指导	建立完善的师范生指导与服务体系，加强思想政治教育，能够适时为师范生提供生活指导、学习指导、职业生涯指导、就业创业指导、心理健康指导等，满足师范生成长需求，并取得实效
	学业监测	建立形成性评价机制，对师范生在整个学习过程中的表现进行跟踪与评估，鼓励师范生自我监测和自我评价，及时形成指导意见和改进策略，保证师范生在毕业时达到毕业要求
	就业质量	毕业生的初次就业率不低于75%，获得教师资格证书的比例不低于85%，且主要从事教育工作
	社会声誉	毕业生社会声誉好，用人单位满意度高
	持续支持	对毕业生进行跟踪服务，了解毕业生专业发展需求，为毕业生提供持续学习的机会和平台

资料来源：中华人民共和国教育部：《教育部关于印发〈普通高等学校师范类专业认证实施办法（暂行）〉》，http://www.moe.gov.cn/srcsite/A10/s7011/201711/t20171106_318535.html，2017年10月26日 [2020-01-06]。表格为笔者根据该资料自制。

（三）小学教育专业认证标准

《小学教育专业认证标准》分《小学教育专业认证标准（第一级）》《小学教育专业认证标准（第二级）》和《小学教育专业认证标准（第三级）》，各级指标见表9-9、表9-10、表9-11。

表9-9　2017年教育部颁布的《小学教育专业认证标准（第一级）》规定的指标

维度		监测指标	参考标准
课程与教学	1	教师教育课程学分	必修课≥24学分（三年制专科≥20学分、五年制专科≥26学分） 总学分≥32学分（三年制专科≥28学分、五年制专科≥35学分）
	2	人文社会与科学素养课程学分占总学分比例	≥10%
	3	学科专业课程学分占总学分比例	≥35%
合作与实践	4	教育实践时间	≥18周
	5	实习生数与教育实践基地数比例	≤20:1
师资队伍	6	生师比	≤18:1
	7	教师教育课程教师占专任教师比例	≥40%
	8	具有高级职称教师占专任教师比例	≥学校平均水平
	9	具有硕博士学位教师占专任教师比例	≥60%（专科≥30%）
	10	小学兼职教师占教师教育课程教师比例	≥20%
支持条件	11	教学日常运行支出占生均拨款总额与学费收入之和的比例	≥13%
	12	生均教学日常运行支出	≥学校平均水平
	13	生均教育实践经费	≥学校平均水平
	14	生均教育类纸质图书	≥30册 每6个实习生配备小学教材≥1套
	15	微格教学、语言技能、书写技能、实验教学、艺术教育实训室等教学设施	有

资料来源：中华人民共和国教育部：《教育部关于印发〈普通高等学校师范类专业认证实施办法（暂行）〉》，http://www.moe.gov.cn/srcsite/A10/s7011/201711/t20171106_318535.html，2017年10月26日[2020-01-06]。

表9-9表明，《小学教育专业认证标准（第一级）》依据国家教育法规和小学教师专业标准、教师教育课程标准制定，由4个维度、15个监测指标和参考标准构成，是国家对小学教育专业办学的基本要求，适用于普通高等学校培养小学教师的本科、专科小学教育专业。[1]

---

[1] 中华人民共和国教育部：《教育部关于印发〈普通高等学校师范类专业认证实施办法（暂行）〉》，http://www.moe.gov.cn/srcsite/A10/s7011/201711/t20171106_318535.html，2017年10月26日[2020-01-06]。

表 9-10 2017年教育部颁布的《小学教育专业认证标准（第二级）》规定的指标

维度		指标
培养目标	目标定位	培养目标应贯彻党的教育方针，面向国家、地区基础教育改革发展和教师队伍建设重大战略需求，落实国家教师教育相关政策要求，符合学校办学定位
	目标内涵	培养目标内容明确清晰，反映师范生毕业后5年左右在社会和专业领域的发展预期，体现专业特色，并能够为师范生、教师、教学管理人员及其他利益相关方所理解和认同
	目标评价	定期对培养目标的合理性进行评价，并能够根据评价结果对培养目标进行必要修订。评价和修订过程应有利益相关方参与
毕业要求	践行师德 / 师德规范	践行社会主义核心价值观，增进对中国特色社会主义的思想认同、政治认同、理论认同和情感认同。贯彻党的教育方针，以立德树人为己任。遵守中小学教师职业道德规范，具有依法执教意识，立志成为有理想信念、有道德情操、有扎实学识、有仁爱之心的好老师
	践行师德 / 教育情怀	具有从教意愿，认同教师工作的意义和专业性，具有积极的情感、端正的态度、正确的价值观。具有人文底蕴和科学精神，尊重学生人格，富有爱心、责任心、事业心，工作细心、耐心，做学生锤炼品格、学习知识、创新思维、奉献祖国的引路人
	学会教学 / 学科素养	具有一定的人文与科学素养。掌握主教学科的基本知识、基本原理和基本技能，理解学科知识体系基本思想和方法。了解兼教学科的基本知识、基本原理和技能，并具备一定的其他学科基本知识，对学习科学相关知识有一定的了解。了解学科整合在小学教育中的价值，了解所教学科与其他学科的联系，以及与社会实践、小学生生活实践的联系
	学会教学 / 教学能力	在教育实践中，能够依据所教学科课程标准，针对小学生身心发展和认知特点，运用学科教学知识和信息技术，进行教学设计、实施和评价，获得教学体验，具备教学基本技能，具有初步的教学能力和一定的教学研究能力
	学会育人 / 班级指导	树立德育为先理念，了解小学德育原理与方法。掌握班级组织与建设的工作规律和基本方法。能够在班主任工作实践中，参与德育和心理健康教育等教育活动的组织与指导，获得积极体验
	学会育人 / 综合育人	了解小学生身心发展和养成教育规律。理解学科育人价值，能够有机结合学科教学进行育人活动。了解学校文化和教育活动的育人内涵和方法，参与组织主题教育、少先队活动和社团活动，促进学生全面、健康发展
	学会育人 / 学会反思	具有终身学习与专业发展意识。了解国内外基础教育改革发展动态，能够适应时代和教育发展需求，进行学习和职业生涯规划。初步掌握反思方法和技能，具有一定创新意识，运用批判性思维方法，学会分析和解决教育教学问题
	学会育人 / 沟通合作	理解学习共同体的作用，具有团队协作精神，掌握沟通合作技能，具有小组互助和合作学习体验

续表

维度		指标
课程与教学	课程设置	应符合小学教师专业标准和教师教育课程标准要求，能够支撑毕业要求达成
	课程结构	体现通识教育、学科专业教育与教师教育有机结合；理论课程与实践课程、必修课与选修课设置合理。各类课程学分比例恰当，通识教育课程中的人文社会与科学素养课程学分不低于总学分的10%，学科专业课程学分不低于总学分的35%，教师教育课程达到教师教育课程标准规定的学分要求
	课程内容	体现小学教育的专业性，注重基础性、科学性、实践性，把社会主义核心价值观、师德教育有机融入课程教学中。选用优秀教材，吸收学科前沿知识，引入课程改革和教育研究最新成果、优秀小学教育教学案例，并能够结合师范生学习状况及时更新、完善课程内容
	课程实施	重视课堂教学在培养过程中的基础作用。依据毕业要求制定课程目标和教学大纲，教学内容、教学方法、考核内容与方式应支持课程目标的实现。能够恰当运用案例教学、探究教学、现场教学等方式，合理应用信息技术，提高师范生学习效果。课堂教学、课外指导和课外学习的时间分配合理，技能训练课程实行小班教学，养成师范生自主学习能力和"三字一话"等从教基本功
	课程评价	定期评价课程体系的合理性和课程目标的达成度，并能够根据评价结果进行修订。评价与修订过程应有利益相关方参与
合作与实践	协同育人	与地方教育行政部门和小学建立权责明晰、稳定协调、合作共赢的"三位一体"协同培养机制，基本形成教师培养、培训、研究和服务一体化的合作共同体
	基地建设	教育实践基地相对稳定，能够提供合适的教育实践环境和实习指导，满足师范生教育实践需求。每20个实习生不少于1个教育实践基地
	实践教学	实践教学体系完整，专业实践和教育实践有机结合。教育见习、教育实习、教育研习贯通，涵盖师德体验、教学实践、班级管理实践和教研实践等，并与其他教育环节有机衔接。教育实践时间累计不少于一学期。学校集中组织教育实习，保证师范生实习期间的上课时数
	导师队伍	实行高校教师与优秀小学教师共同指导教育实践的"双导师"制度。有遴选、培训、评价和支持教育实践指导教师的制度与措施。"双导师"数量充足，相对稳定，责权明确，有效履职
	管理评价	教育实践管理较为规范，能够对重点环节实施质量监控。实行教育实践评价与改进制度。依据相关标准，对教育实践表现进行有效评价
师资队伍	数量结构	专任教师数量结构能够适应本专业教学和发展的需要，生师比不高于18∶1，本科院校具有硕博士学位教师占专任教师比例应大于60%，专业院校应大于30%，高级职称教师比例不低于学校平均水平，且为师范生上课。配足建强教师教育课程教师，学科专业课程教师能够满足专业教学需要。基础教育一线兼职教师素质良好、队伍稳定，占教师教育课程教师比例不低于20%
	素质能力	遵守高校教师职业道德规范，为人师表，言传身教；以生为本、以学定教，具有较强的课堂教学、信息技术应用和学习指导等教育教学能力；勤于思考，严谨治学，具有一定的学术水平和研究能力。具有职前养成和职后发展一体化指导能力，能够有效指导师范生发展与职业规划。师范生对本专业专任教师、兼职教师师德和教学具有较高的满意度
	实践经历	教师教育课程教师熟悉小学教师专业标准、教师教育课程标准和小学教育教学工作，至少有一年小学教育服务经历。其中学科课程与教学论教师具有指导、分析、解决小学教育教学实际问题的能力，并有一定的基础教育研究成果
	持续发展	制定并实施教师队伍建设规划。建立教师培训和实践研修制度。建立专业教研组织，定期开展教研活动。建立教师分类评价制度，评价结果与绩效分配、职称评聘挂钩。探索高校和小学"协同教研""双向互聘""岗位互换"等共同发展机制

续表

维度	指标	
支持条件	经费保障	专业建设经费满足师范生培养需求，教学日常运行支出占生均拨款总额与学费收入之和的比例不低于13%，生均教学日常运行支出不低于学校平均水平，生均教育实践经费支出不低于学校平均水平。教学设施设备和图书资料等更新经费有标准和预决算
	设施保障	教育教学设施满足师范生培养要求。建有小学教育专业教师职业技能实训平台，满足"三字一话"、微格教学、实验教学、艺术教育等实践教学需要。信息化教育设施能够适应师范生信息素养培养要求。建有教育教学设施管理、维护、更新和共享机制，方便师范生使用
	资源保障	专业教学资源满足师范生培养需要，数字化教学资源较为丰富，使用率较高。生均教育类纸质图书不少于30册。建有小学教材资源库和优秀小学教育教学案例库，其中现行小学课程标准和教材每6名实习生不少于1套
质量保障	保障体系	建立教学质量保障体系，各主要教学环节有明确的质量要求。质量保障目标清晰，任务明确，机构健全，责任到人，能够有效支持毕业要求达成
	内部监控	建立教学过程质量常态化监控机制，定期对各主要教学环节质量实施监控与评价，保障毕业要求达成
	外部评价	建立毕业生跟踪反馈机制以及基础教育机构、教育行政部门等利益相关方参与的社会评价机制，对培养目标的达成度进行定期评价
	持续改进	定期对校内外的评价结果进行综合分析，能够有效使用分析结果，推动师范生培养质量持续改进和提高
学生发展	生源质量	建立有效的制度措施，能够吸引志愿从教、素质良好的生源
	学生需求	了解师范生发展诉求，加强学情分析，设计兼顾共性要求与个性需求的培养方案与教学管理制度，为师范生发展提供空间
	成长指导	建立师范生指导与服务体系，加强思想政治教育，能够适时为师范生提供生活指导、学习指导、职业生涯指导、就业创业指导、心理健康指导等，满足师范生成长需求
	学业监测	建立形成性评价机制，监测师范生的学习进展情况，保证师范生在毕业时达到毕业要求
	就业质量	毕业生的初次就业率不低于本地区高校毕业生就业率的平均水平，获得教师资格证书的比例不低于75%，且主要从事教育工作
	社会声誉	毕业生社会声誉较好，用人单位评价较高

资料来源：中华人民共和国教育部：《教育部关于印发〈普通高等学校师范类专业认证实施办法（暂行）〉》，http://www.moe.gov.cn/srcsite/A10/s7011/201711/t20171106_318535.html，2017年10月26日[2020-01-06]。表格为笔者根据该资料自制。

表9-10表明，《小学教育专业认证标准（第二级）》依据国家教育法规和小学教师专业标准、教师教育课程标准制定，由8个维度、34个一级指标和8个二级指标构成，是国家对小学教育专业质量的合格要求，适用于普通高等学校培养小学教师的本科、专科小学教育专业。[①]

---

① 中华人民共和国教育部：《教育部关于印发〈普通高等学校师范类专业认证实施办法（暂行）〉》，http://www.moe.gov.cn/srcsite/A10/s7011/201711/t20171106_318535.html，2017年10月26日[2020-01-06]。

表9-11　2017年教育部颁布的《小学教育专业认证标准（第三级）》规定的指标

维度		指标
培养目标	目标定位	培养目标应贯彻党的教育方针，面向国家、地区基础教育改革发展和教师队伍建设重大战略需求，落实国家教师教育相关政策要求，符合学校办学定位
	目标内涵	培养目标内容明确清晰，反映师范生毕业后5年左右在社会和专业领域的发展预期，体现专业特色和优势，并能够为师范生、教师、教学管理人员及其他利益相关方所理解和认同
	目标评价	定期对培养目标的合理性进行评价，并能根据评价结果对培养目标进行必要修订。评价和修订过程应有利益相关方参与
毕业要求	践行师德 — 师德规范	践行社会主义核心价值观，增进对中国特色社会主义的思想认同、政治认同、理论认同和情感认同。贯彻党的教育方针，以立德树人为己任。遵守中小学教师职业道德规范，具有依法执教意识，立志成为有理想信念、有道德情操、有扎实学识、有仁爱之心的好老师
	践行师德 — 教育情怀	具有从教意愿，认同教师工作的意义和专业性，具有积极的情感、端正的态度、正确的价值观。具有人文底蕴和科学精神，尊重学生人格，富有爱心、责任心、事业心，工作细心、耐心，做学生锤炼品格、学习知识、创新思维、奉献祖国的引路人
	学会教学 — 知识整合	具有较好的人文与科学素养。扎实掌握主教学科的知识体系、思想与方法，重点理解和掌握学科核心素养内涵；掌握兼教学科的基本知识、基本原理和技能，了解学科知识体系基本思想和方法；了解小学其他学科基本知识、基本原理和技能，具有跨学科知识结构；对学习科学相关知识能理解并初步应用，能整合形成学科教学知识。初步习得基于核心素养的学习指导方法和策略
	学会教学 — 教学能力	理解教师是学生学习和发展的促进者。依据学科课程标准，在教育实践中，能够以学习者为中心，创设适合的学习环境，指导学习过程，进行学习评价。具备一定的课程整合与综合性学习设计与实施能力
	学会教学 — 技术融合	初步掌握应用信息技术优化学科课堂教学的方法技能，具有运用信息技术支持学习设计和转变学生学习方式的初步经验
	学会育人 — 班级指导	树立德育为先理念。了解小学德育原理与方法，掌握班级组织与建设的工作规律与基本方法。掌握班集体建设、班级教育活动组织、学生发展指导、综合素质评价、与家长及社区沟通合作等班级常规工作要点。能够在班主任工作实践中，参与德育和心理健康教育等教育活动的组织与指导，获得积极体验
	学会育人 — 综合育人	树立育人为本的理念，掌握育人基本知识与技能，善于抓住教育契机，促进小学生全面和个性发展。理解学科育人价值，在教育实践中，能够结合学科教学进行育人活动。了解学校文化和教育活动的育人内涵和方法。积极参与组织主题教育、少先队活动和社团活动
	学会发展 — 自主学习	具有终身学习与专业发展意识。了解专业发展核心内容和发展阶段路径，能够结合就业愿景制定自身学习和专业发展规划。养成自主学习习惯，具有自我管理能力

续表

维度		指标
毕业要求	学会发展	**国际视野** 具有全球意识和开放心态，了解国外基础教育改革发展的趋势和前沿动态。积极参与国际教育交流。尝试借鉴国际先进教育理念和经验进行教育教学
		反思研究 理解教师是反思型实践者。运用批判性思维方法，养成从学生学习、课程教学、学科理解等不同角度反思分析问题的习惯。掌握教育实践研究的方法和指导学生探究学习的技能，具有一定的创新意识和教育教学研究能力
		交流合作 理解学习共同体的作用，具有团队协作精神，掌握沟通合作技能，积极开展小组互助和合作学习
课程与教学	课程设置	应符合小学教师专业标准和教师教育课程标准要求，跟踪对接基础教育课程改革前沿，能够支撑毕业要求达成
	课程结构	体现通识教育、学科专业教育与教师教育深度融合，理论课程与实践课程、必修课与选修课设置合理。各类课程学分比例恰当，通识教育课程中的人文社会与科学素养课程学分不低于总学分的10%，学科专业课程学分不低于总学分的35%，教师教育课程达到教师教育课程标准规定的学分要求
	课程内容	体现小学教育的专业性，注重基础性、科学性、综合性、实践性，把社会主义核心价值观、师德教育有机融入课程教学中。选用优秀教材，吸收学科前沿知识，引入课程改革和教育研究最新成果、优秀小学教育教学案例，并能够结合师范生学习状况及时更新、完善课程内容，形成促进师范生主体发展的多样性、特色化的课程文化
	课程实施	重视课堂教学在培养过程中的基础作用。依据毕业要求制定课程目标和教学大纲，教学内容、教学方法、考核内容与方式应能支持课程目标的实现。注重师范生的主体参与和实践体验，注重以课堂教学、课外指导提升自主学习能力，注重应用信息技术推进教与学的改革。技能训练课程实行小班教学，形式多样，富有成效，师范生"三字一话"等从教基本功扎实。校园文化活动具有教师教育特色，有利于养成从教信念、专业素养与创新能力
	课程评价	定期评价课程体系的合理性和课程目标的达成度，并能够根据评价结果进行修订。评价与修订过程应有利益相关方参与
合作与实践	协同育人	与地方教育行政部门和小学建立权责明晰、稳定协调、合作共赢的"三位一体"协同培养机制，协同制定培养目标、设计课程体系、建设课程资源、组织教学团队、建设实践基地、开展教学研究、评价培养质量，形成教师培养、培训、研究和服务一体化的合作共同体
	基地建设	建有长期稳定的教育实践基地。实践基地具有良好的校风，较强的师资力量、学科优势、管理优势、课程资源优势和教改实践优势。每20个实习生不少于1个教育实践基地，其中，示范性教育实践基地不少于三分之一
	实践教学	实践教学体系完整。教育见习、教育实习、教育研习递进贯通，涵盖师德体验、教学实践、班级管理实践和教研实践等，并与其他教育环节有机衔接。教育实践时间累计不少于一学期。学校集中组织教育实习，保证师范生实习期间的上课时数和上课类型
	导师队伍	实行高校教师与优秀小学教师共同指导教育实践的"双导师"制度。有遴选、培训、评价和支持教育实践指导教师的制度与措施。"双导师"数量足，水平高，稳定性强，责权明确，协同育人，有效履职
	管理评价	教育实践管理规范，能够对全过程实施质量监控。严格实行教育实践评价与改进制度。具有教育实践标准，采取过程评价与成果考核评价相结合方式，对实践能力和教育教学反思能力进行科学有效评价

续表

维度		指标
师资队伍	数量结构	专任教师数量结构能够适应本专业教学和发展的需要，生师比不高于16∶1，本科院校硕博士学位教师占专任教师数量比例应大于80%，专科院校应大于40%，高级职称教师比例高于学校平均水平，且为师范生上课、担任师范生导师。配足建强教师教育课程教师，学科专业课程教师能够满足专业教学需要。本科具有半年以上、专科具有三个月以上境外研修经历教师占教师教育课程教师比例不低于20%，基础教育一线的兼职教师队伍稳定，占教师教育课程教师比例不低于20%，原则上为省市级学科带头人、特级教师、高级教师，能深度参与师范生培养工作
	素质能力	遵守高校教师职业道德规范，为人师表，言传身教；以生为本、以学定教，具有突出的课堂教学、课程开发、信息技术应用和学习指导等教育教学能力；治学严谨，跟踪学科前沿，研究能力和创新能力较强。具有职前养成和职后发展一体化指导能力，能够有效指导师范生发展与职业规划。师范生对本专业专任教师、兼职教师师德和教学具有较高的满意度
	实践经历	教师教育课程教师熟悉小学教师专业标准、教师教育课程标准和小学教育教学工作，每五年至少有一年小学教育服务经历，能够指导小学教育教学工作，并有丰富的基础教育研究成果
	持续发展	制定并实施教师队伍建设规划。教师培训和实践研修机制完善；建立专业教研组织，定期开展教研活动。建立教师分类评价制度，评价结果与绩效分配、职称评聘挂钩。高校和小学"协同教研""双向互聘""岗位互换"等共同发展机制健全、成效显著
支持条件	经费保障	专业建设经费满足师范生培养需求，教学日常运行支出占生均拨款总额与学费收入之和的比例不低于15%，生均教学日常运行支出高于学校平均水平，生均教育实践经费支出高于学校平均水平。教学设施设备和图书资料等更新经费有标准和预决算
	设施保障	教育教学设施完备。建有小学教育专业教师职业技能实训平台和在线教学观摩指导平台，满足"三字一话"、微格教学、实验教学、艺术教育、远程见习等实践教学需要。信息化教育设施能够支撑专业教学改革与师范生学习方式转变。教育教学设施管理、维护、更新和共享机制顺畅，师范生使用便捷、充分
	资源保障	专业教学资源及数字化教学资源丰富，使用率高。教育类纸质图书充分满足师范生学习需要。建有小学教材资源库和优秀小学教育教学案例库，有国内外多种版本小学教材，其中现行小学课程标准和教材每6名实习生不少于1套
质量保障	保障体系	建立完善的教学质量保障体系，各主要教学环节有清晰明确、科学合理的质量要求。质量保障目标清晰，任务明确，机构健全，责任到人，能够有效支持毕业要求达成
	内部监控	建立教学质量监控与评价机制并有效执行。运用信息技术对各主要教学环节质量实施全程监控与常态化评价，保障毕业要求达成
	外部评价	建立毕业生持续跟踪反馈机制以及基础教育机构、教育行政部门等利益相关方参与的多元社会评价机制，对培养目标的达成度进行定期评价
	持续改进	定期对校内外的评价结果进行综合分析，能够有效使用分析结果，推动师范生培养质量的持续改进和提高，形成追求卓越的质量文化

续表

维度	指标	
学生发展	生源质量	建立符合教师教育特点的制度措施，能够吸引乐教、适教的优秀生源
	学生需求	充分了解师范生发展诉求，加强学情分析。设计兼顾共性要求与个性需求的培养方案与教学管理制度，鼓励跨院、跨校选修课程，为师范生的自主选择和发展提供足够的空间
	成长指导	建立完善的师范生指导与服务体系，加强思想政治教育，能够适时为师范生提供生活指导、学习指导、职业生涯指导、就业创业指导、心理健康指导等，满足师范生成长需求，并取得实效
	学业监测	建立形成性评价机制，对师范生在整个学习过程中的表现进行跟踪与评估，鼓励师范生自我监测和自我评价，及时形成指导意见和改进策略，保证师范生在毕业时达到毕业要求
	就业质量	毕业生的初次就业率不低于75%，获得教师资格证书的比例不低于85%，且主要从事教育工作
	社会声誉	毕业生社会声誉好，用人单位满意度高
	持续支持	对毕业生进行跟踪服务，了解毕业生专业发展需求，为毕业生提供持续学习的机会和平台

资料来源：中华人民共和国教育部：《教育部关于印发〈普通高等学校师范类专业认证实施办法（暂行）〉》，http：//www.moe.gov.cn/srcsite/A10/s7011/201711/t20171106_318535.html，2017年10月26日[2020-01-06]。表格为笔者根据该资料自制。

表9-11表明，《小学教育专业认证标准（第三级）》依据国家教育法规和小学教师专业标准、教师教育课程标准制定，由8个维度、35个一级指标和11个二级指标构成，是国家对小学教育专业质量的卓越要求，适用于普通高等学校培养小学教师的本科、专科小学教育专业。①

（四）学前教育专业认证标准

《学前教育专业认证标准》分《学前教育专业认证标准（第一级）》《学前教育专业认证标准（第二级）》和《学前教育专业认证标准（第三级）》，各级指标见表9-12、表9-13、表9-14。

---

① 中华人民共和国教育部：《教育部关于印发〈普通高等学校师范类专业认证实施办法（暂行）〉》，http：//www.moe.gov.cn/srcsite/A10/s7011/201711/t20171106_318535.html，2017年10月26日[2020-01-06]。

表 9-12 2017 年教育部颁布的《学前教育专业认证标准（第一级）》规定的指标

维度		监测指标	参考标准
课程与教学	1	教师教育课程学分	必修课≥44 学分（三年制专科≥40 学分、五年制专科≥50 学分） 总学分≥64 学分（三年制专科≥60 学分，五年制专科≥72 学分）
	2	人文社会与科学素养课程学分占总学分比例	≥10%
	3	支撑幼儿园各领域教育的相关课程学分占总学分比例	≥20%
合作与实践	4	教育实践时间	≥18 周
	5	实习生数与教育实践基地数比例	≤20∶1
师资队伍	6	生师比	≤18∶1
	7	专任教师占本专业教师比例	≥60%
	8	具有高级职称教师占专任教师比例	≥学校平均水平
	9	具有硕博士学位教师占专任教师比例	≥60%（专科≥30%）
	10	幼儿园兼职教师占教师教育课程教师比例	≥20%
支持条件	11	教学日常运行支出占生均拨款总额与学费收入之和的比例	≥13%
	12	生均教学日常运行支出	≥学校平均水平
	13	生均教育实践经费	≥学校平均水平
	14	生均教育类纸质图书	≥30 册 每 6 个实习生配备教师教学参考书≥1 套
	15	保育实践、实验教学、教学技能训练、艺术技能训练（舞蹈、美术、钢琴等）等教学设施	有

资料来源：中华人民共和国教育部.《教育部关于印发〈普通高等学校师范类专业认证实施办法（暂行）〉》，http：//www.moe.gov.cn/srcsite/A10/s7011/201711/t20171106_318535.html，2017 年 10 月 26 日 [2020-01-06]。

表 9-12 表明，《学前教育专业认证标准（第一级）》依据国家教育法规和幼儿园教师专业标准、教师教育课程标准、专业教学相关标准制定，由 4 个维度、15 个监测指标和参考标准构成，是国家对学前教育专业办学的基本要求，适用于普通高等学校培养幼儿园教师的本科、专科小学教育专业。[1]

---

[1] 中华人民共和国教育部：《教育部关于印发〈普通高等学校师范类专业认证实施办法（暂行）〉》，http：//www.moe.gov.cn/srcsite/A10/s7011/201711/t20171106_318535.html，2017 年 10 月 26 日 [2020-01-06]。

表9-13　2017年教育部颁布的《学前教育专业认证标准（第二级）》规定的指标

维度		指标
培养目标	目标定位	培养目标应贯彻党的教育方针，面向国家、地区基础教育改革发展和教师队伍建设重大战略需求，落实国家教师教育相关政策要求，符合学校办学定位
	目标内涵	培养目标内容明确清晰，反映师范生毕业后5年左右在社会和专业领域的发展预期，体现专业特色，并能够为师范生、教师、教学管理人员及其他利益相关方所理解和认同
	目标评价	定期对培养目标的合理性进行评价，并能够根据评价结果对培养目标进行必要修订。评价和修订过程应有利益相关方参与
毕业要求	践行师德 / 师德规范	践行社会主义核心价值观，增进对中国特色社会主义的思想认同、政治认同、理论认同和情感认同。贯彻党的教育方针，以立德树人为己任。遵守中小学教师职业道德规范，具有依法执教意识，立志成为有理想信念、有道德情操、有扎实学识、有仁爱之心的好老师
	践行师德 / 教育情怀	具有从教意愿，认同教师工作的意义和专业性，具有积极的情感、端正的态度、正确的价值观。具有人文底蕴和科学精神，尊重幼儿人格，富有爱心、责任心，工作细心、耐心，做幼儿健康成长的启蒙者和引路人
	学会教学 / 保教知识	具有一定的科学和人文素养，理解幼儿身心发展规律和学习特点，了解相关学科基本知识，掌握幼儿园教育教学的基本方法和策略，注重知识的联系和整合
	学会教学 / 保教能力	能够依据《幼儿园教育指导纲要（试行）》和《3—6岁儿童学习与发展指南》，根据幼儿身心发展规律和学习特点，运用幼儿保育与教育知识，科学规划一日生活、科学创设环境、合理组织活动。具有观察幼儿、与幼儿谈话并能记录与分析的能力；具有幼儿园活动评价能力
	学会育人 / 班级管理	掌握幼儿园班级的特点，建立班级秩序与规则，合理规划利用时间与空间，创设良好班级环境，充分利用各种教育资源，建立良好的同伴关系和师幼关系，营造良好班级氛围。为人师表，发挥自身的榜样作用
	学会育人 / 综合育人	了解幼儿社会性—情感发展的特点和规律，注重培育幼儿良好意志品质和行为习惯。理解环境育人价值，了解园所文化和一日生活对幼儿发展的价值，充分利用多种教育契机，对幼儿进行教育。综合利用幼儿园、家庭和社区各种资源全面育人
	学会发展 / 学会反思	具有终身学习与专业发展意识。了解国内外学前教育改革发展动态，能够适应时代和教育发展需求，进行学习和职业生涯规划。初步掌握反思方法和技能，具有一定创新意识，运用批判性思维方法，学会分析和解决问题
	学会发展 / 沟通合作	理解学习共同体的作用，具有团队协作精神，掌握沟通合作技能，具有小组互助和合作学习体验

续表

维度	指标	
课程与教学	课程设置	应符合幼儿园教师专业标准、教师教育课程标准和专业教学相关标准，能够支撑毕业要求达成
	课程结构	体现通识教育和专业教育的有机结合；理论课程与实践课程、必修课与选修课设置合理。各类课程学分比例恰当，通识教育课程中的人文社会与科学素养课程学分不低于总学分的10%，支撑幼儿园各领域教育的相关课程学分不低于总学分的20%。教师教育课程达到教师教育课程标准规定的学分要求
	课程内容	体现学前教育的专业性，注重基础性、科学性、综合性和实践性，把社会主义核心价值观、师德教育有机融入课程教学中。选用优秀教材，吸收学科前沿知识，引入幼儿园课程改革和幼儿发展与教育研究最新成果、幼儿园优秀教育教学案例，并能够结合师范生学习状况及时更新、完善课程内容
	课程实施	重视课堂教学在培养过程中的基础作用。依据毕业要求制定课程目标和教学大纲，教学内容、教学方法、考核内容与方式应支持课程目标的实现。能够恰当运用案例教学、探究教学、现场教学等方式，合理应用信息技术，提高师范生学习效果。课堂教学、课外指导和课外学习的时间分配合理，技能训练课程实行小班教学，养成师范生自主学习能力和"三字一话"等从教基本功
	课程评价	定期评价课程体系的合理性和课程目标的达成度，并能够根据评价结果进行修订。评价与修订过程应有利益相关方参与
合作与实践	协同育人	与地方教育行政部门和幼儿园建立权责明晰、稳定协调、合作共赢的"三位一体"协同培养机制，基本形成教师培养、培训、研究和服务一体化的合作共同体
	基地建设	教育实践基地相对稳定，能够提供合适的教育实践环境和实习指导，满足师范生教育实践需求。每20个实习生不少于1个教育实践基地
	实践教学	实践教学体系完整，专业实践和教育实践有机结合。教育见习、教育实习、教育研习贯通，涵盖师德体验、保教实践、班级管理实践和教研实践等，并与其他教育环节有机衔接。教育实践时间累计不少于一学期。学校集中组织教育实习，保证师范生实习期间的上课时数
	导师队伍	实行高校教师与优秀幼儿园教师共同指导教育实践的"双导师"制度。有遴选、培训、评价和支持教育实践指导教师的制度与措施。"双导师"数量充足，相对稳定，责权明确，能够有效履职
	管理评价	教育实践管理较为规范，能够对重点环节实施质量监控。实行教育实践评价与改进制度。依据相关标准，对教育实践表现进行有效评价
师资队伍	数量结构	专任教师数量结构能够适应本专业教学和发展的需要，生师比不高于18:1，本科院校具有硕士、博士学位的教师占专任教师数量比例一般不低于60%，专科一般不低于30%，高级职称教师比例不低于学校平均水平，且为师范生上课。幼儿园一线兼职教师素质良好、队伍稳定，占教师教育课程教师比例不低于20%
	素质能力	遵守高校教师职业道德规范，为人师表，言传身教；以生为本、以学定教，具有较强的课堂教学、信息技术应用和学习指导等教育教学能力；勤于思考，严谨治学，具有一定的学术水平和研究能力。具有职前养成和职后发展一体化指导能力，能够有效指导师范生发展与职业规划。师范生对本专业专任教师、兼职教师师德和教学具有较高的满意度
	实践经历	专业教师熟悉幼儿园教师专业标准、教师教育课程标准和幼儿园教育教学工作，至少有一年幼儿园教育服务经历，具有指导、分析、解决幼儿教育教学实际问题的能力，并有一定的教学研究成果
	持续发展	制定并实施教师队伍建设规划。建立教师培训和实践研修制度。建立专业教研组织，定期开展教研活动。建立教师分类评价制度，合理制定教师教育实践类课程教师评价标准，评价结果与绩效分配、职称评聘挂钩。探索高校和幼儿园"协同教研""双向互聘""岗位互换"等共同发展机制

续表

维度	指标	
支持条件	经费保障	专业建设经费满足师范生培养需求，教学日常运行支出占生均拨款总额与学费收入之和的比例不低于13%，生均教学日常运行支出不低于学校平均水平，生均教育实践经费支出不低于学校平均水平。教学设施设备和图书资料等更新经费有标准和预决算
	设施保障	教育教学设施满足师范生培养要求。建有学前教育专业教师职业技能实训平台，满足保育实践、实验教学、教学技能训练、艺术技能训练等实践教学需要。信息化教育设施能够适应师范生信息素养培养要求。建有教育教学设施管理、维护、更新和共享机制，方便师范生使用
	资源保障	专业教学资源满足师范生培养需要，数字化教学资源较为丰富，使用率较高。生均教育类纸质图书不少于30册。建有幼儿园教学资源库和优秀幼儿园教育教学案例库，其中《幼儿园教育指导纲要（试行）》《3—6岁儿童学习与发展指南》和教学实习用幼儿园课程方案每6名实习生不少于1套
质量保障	保障体系	建立教学质量保障体系，各主要教学环节有明确的质量要求。质量保障目标清晰，任务明确，机构健全，责任到人，能够有效支持毕业要求达成
	内部监控	建立教学过程质量常态化监控机制，定期对各主要教学环节质量实施监控与评价，保障毕业要求达成
	外部评价	建立毕业生跟踪反馈机制以及学前教育机构、教育行政部门等利益相关方参与的社会评价机制，对培养目标的达成度进行定期评价
	持续改进	定期对校内外的评价结果进行综合分析，能够有效使用分析结果，推动师范生培养质量持续改进和提高
学生发展	生源质量	建立有效的制度措施，能够吸引志愿从教、素质良好的生源
	学生需求	了解师范生发展诉求，加强学情分析，设计兼顾共性要求与个性需求的培养方案与教学管理制度，为师范生发展提供空间
	成长指导	建立师范生指导与服务体系，加强思想政治教育，能够适时为师范生提供生活指导、学习指导、职业生涯指导、就业创业指导、心理健康指导等，满足师范生成长需求
	学业监测	建立形成性评价机制，监测师范生的学习进展情况，保证师范生在毕业时达到毕业要求
	就业质量	毕业生的初次就业率不低于本地区高校毕业生就业率的平均水平，获得教师资格证书的比例不低于75%，且主要从事教育工作
	社会声誉	毕业生社会声誉较好，用人单位满意度较高

资料来源：中华人民共和国教育部：《教育部关于印发〈普通高等学校师范类专业认证实施办法（暂行）〉》，http://www.moe.gov.cn/srcsite/A10/s7011/201711/t20171106_318535.html，2017年10月26日[2020-01-06]。表格为笔者根据该资料自制。

表9-13表明，《学前教育专业认证标准（第二级）》依据国家教育法规和幼儿园教师专业标准、教师教育课程标准、专业教学相关标准制定，由8个维度、34个一级指标和8个二级指标构成，是国家对学前教育专业质量的合格要求，适

用于普通高等学校培养幼儿园教师的本科、专科小学教育专业。[①]

表9-14　2017年教育部颁布的《学前教育专业认证标准（第三级）》规定的指标

维度		指标
培养目标	目标定位	培养目标应贯彻党的教育方针，面向国家、地区基础教育改革发展和教师队伍建设重大战略需求，落实国家教师教育相关政策要求，符合学校办学定位
	目标内涵	培养目标内容明确清晰，反映师范生毕业后5年左右在社会和专业领域的发展预期，体现专业特色和优势，并能够为师范生、教师、教学管理人员及其他利益相关方所理解和认同
	目标评价	定期对培养目标的合理性进行评价，并能根据评价结果对培养目标进行必要修订。评价和修订过程应有利益相关方参与
毕业要求	师德规范	践行社会主义核心价值观，增进对中国特色社会主义的思想认同、政治认同、理论认同和情感认同。贯彻党的教育方针，以立德树人为己任。遵守中小学教师职业道德规范，具有依法执教意识，立志成为有理想信念、有道德情操、有扎实学识、有仁爱之心的好老师
	教育情怀	具有从教意愿，认同教师工作的意义和专业性，具有积极的情感、端正的态度、正确的价值观，具有人文底蕴和科学精神，尊重幼儿人格，富有爱心、责任心、事业心，工作细心、耐心，做幼儿健康成长的启蒙者和引路人
	保教知识	掌握通识知识和儿童发展知识，掌握学前教育专业领域知识体系、思想与方法，重点理解和掌握专业领域核心素养内涵；了解领域渗透与知识整合，对学习科学相关知识能理解并初步运用，能综合领会并形成专业领域教学知识。初步习得基于核心素养的学习指导方法和策略
	保教能力	理解教师是幼儿学习和发展的促进者。能够依据《幼儿园教育指导纲要（试行）》和《3—6岁儿童学习与发展指南》，以学习者为中心，根据幼儿身心发展规律和学习特点，整合各领域的内容，科学规划一日生活，创设教育环境，综合实施教育活动，有针对性地指导学习过程，实施融合教育。有效运用多种方法，进行学习评价
	班级管理	掌握班级建设、班级教育活动组织、幼儿发展指导、综合素质评价、与家长及社区沟通合作等班级常规工作的方法与要点，研究班级工作的规律。建立良好的班级秩序与规则，合理规划利用时间与空间，创设安全舒适的班级环境，充分利用各种教育资源，建立良好的同伴关系和师幼关系，营造尊重、平等、积极向上的班级氛围
	综合育人	树立德育为先理念，掌握幼儿社会性—情感发展的特点和规律，注重培育幼儿良好意志品质和行为习惯，使其获得积极体验。理解环境育人价值，理解园所文化和一日生活对幼儿发展的价值。将社会性—情感教育内容灵活渗透在一日生活之中，通过环境影响感染幼儿。综合利用幼儿园、家庭和社区各种资源全面育人

注：践行师德、学会教学、学会育人为毕业要求维度下的子维度。

---

① 中华人民共和国教育部：《教育部关于印发〈普通高等学校师范类专业认证实施办法（暂行）〉》，http://www.moe.gov.cn/srcsite/A10/s7011/201711/t20171106_318535.html，2017年10月26日［2020-01-06］。

续表

维度	指标		
毕业要求	学会发展	自主学习	具有终身学习与专业发展意识。了解专业发展核心内容和发展阶段路径，能够结合就业愿景制定自身学习和专业发展规划。养成自主学习习惯，具有自我管理能力
		国际视野	具有全球意识和开放心态，了解国外学前教育改革发展的趋势和前沿动态。积极参与国际教育交流。尝试借鉴国际先进教育理念和经验进行教育教学
		反思研究	理解教师是反思型实践者。运用批判性思维方法，关注和分析教育实践中的问题。掌握研究幼儿行为和教育教学的方法，具有一定的创新意识和教育教学研究能力
		交流合作	理解学习共同体的作用，具有团队协作精神，掌握沟通合作技能，积极开展小组互助和合作学习
课程与教学	课程设置		应符合幼儿园教师专业标准、教师教育课程标准和专业教学相关标准要求，跟踪对接学前教育改革前沿，能够支撑毕业要求达成
	课程结构		课程结构体现通识教育和专业教育深度融合；理论课程与实践课程，必修课与选修课设置合理，各类课程学分比例恰当，通识教育课程中的人文社会与科学素养课程学分不低于总学分的10%，支撑幼儿园各领域教育的相关课程学分不低于总学分的20%，教师教育课程达到教师教育课程标准规定的学分要求
	课程内容		体现学前教育的专业性，注重基础性、科学性、综合性和实践性，把社会主义核心价值观、师德教育有机融入课程教学中。选用优秀教材，吸收学科前沿知识，引入幼儿园课程改革和幼儿发展与教育研究最新成果、优秀幼儿园教育教学案例，并能够结合师范生学习状况及时更新、完善课程内容，形成促进师范生发展的多样性、特色化的课程文化
	课程实施		重视课堂教学在培养过程中的基础作用。依据毕业要求制定课程目标和教学大纲，教学内容、教学方法、考核内容与方式应能支持课程目标的实现。注重师范生的主体参与和实践体验，注重以课堂教学、课外指导提升自主学习能力，注重应用信息技术推进教与学的改革。技能训练课程实行小班教学，形式多样，富有成效，师范生"三字一话"等从教基本功扎实。校园文化活动具有教师教育特色，有利于养成从教信念、专业素养与创新能力
	课程评价		定期评价课程体系的合理性和课程目标的达成度，并能够根据评价结果进行修订。评价与修订过程应有利益相关方参与
合作与实践	协同育人		与地方教育行政部门和幼儿园建立权责明晰、稳定协调、合作共赢的"三位一体"协同培养机制，协同制定培养目标、设计课程体系、建设课程资源、组织教学团队、建设实践基地、开展教学研究、评价培养质量，形成教师培养、培训、研究和服务一体化的合作共同体
	基地建设		建有长期稳定的教育实践基地。实践基地具有良好的校风，较强的师资力量、学科优势、管理优势、课程资源优势和教改实践优势。每20个实习生不少于1个教育实践基地，其中，示范性教育实践基地不少于三分之一

续表

维度		指标
合作与实践	实践教学	实践教学体系完整，教育见习、教育实习、教育研习递进贯通，涵盖师德体验、保教实践、班级管理实践和教研实践等，并与其他教育环节有机衔接。教育实践时间累计不少于一学期。学校集中组织教育实习，保证师范生实习期间的上课时数
	导师队伍	实行高校教师与优秀幼儿园教师共同指导教育实践的"双导师"制度。有遴选、培训、评价和支持教育实践指导教师的制度与措施。"双导师"数量足、水平高，稳定性强，责权明确，协同育人，有效履职
	管理评价	教育实践管理规范，能够对全过程实施质量监控，严格实行教育实践评价与改进制度。具有教育实践标准，采取过程评价与成果考核评价相结合方式，对实践能力和教育教学反思能力进行科学有效评价
师资队伍	数量结构	专任教师数量结构能够适应本专业教学和发展的需要，生师比不高于16∶1。本科院校具有硕博士学位的教师占专任教师数量比例一般不低于80%、专科一般不低于40%，高级职称教师比例高于学校平均水平，且为师范生上课、担任师范生导师。幼儿园一线兼职教师队伍稳定，占教师教育课程教师比例不低于20%，原则上为省市级学科带头人、特级教师、高级教师，能深度参与师范生培养工作
	素质能力	遵守高校教师职业道德规范，为人师表，言传身教；以生为本、以学定教，具有突出的课堂教学、课程开发、信息技术应用等教育教学能力；治学严谨，跟踪学科前沿，研究能力和创新能力较强，有较丰富的学前教育研究成果。具有职前职后一体化指导能力，能够有效指导师范生发展与职业规划。师范生对本专业专任教师、兼职教师师德和教学具有较高的满意度
	实践经历	专业教师熟悉幼儿园教师专业标准、教师教育课程标准和幼儿园教育教学工作，每五年至少有一年幼儿园教育服务经历，能够指导幼儿园教育教学工作，并有丰富的教学研究成果
	持续发展	制定并实施教师队伍建设规划。教师培训和实践研修机制完善；建立专业教研组织，定期开展教研活动。建立合理的教师评价制度，评价结果与绩效分配、职称评聘挂钩。高校和幼儿园"协同教研""双向互聘""岗位互换"等共同发展机制健全、成效显著
支持条件	经费保障	专业建设经费满足师范生培养需求，教学日常运行支出占生均拨款总额与学费收入之和的比例不低于15%，生均教学日常运行支出高于学校平均水平，生均教育实践经费支出高于学校平均水平。教学设施设备和图书资料等更新经费有标准和预决算
	设施保障	教育教学设施完备。建有学前教育专业教师职业技能实训平台，满足保育实践、营养卫生实践、实验教学、教玩具设计与制作训练、教学技能训练、艺术技能训练等实践教学需要。信息化教育设施能够支撑专业教学改革与师范生学习方式转变。教育教学设施管理、维护、更新和共享机制顺畅，师范生使用便捷、充分
	资源保障	专业教学资源及数字化教学资源丰富，使用率高。教育类纸质图书充分满足师范生学习需要。建有幼儿园教学资源库和优秀幼儿园教育教学案例库，有国内外多种版本幼儿园教师教学资源，其中《幼儿园教育指导纲要（试行）》《3—6岁儿童学习与发展指南》和教学实习用幼儿园课程方案每6名实习生不少于1套

续表

维度		指标
质量保障	保障体系	建立完善的教学质量保障体系，各主要教学环节有清晰明确、科学合理的质量要求。质量保障目标清晰，任务明确，机构健全，责任到人，能够有效支持毕业要求达成
	内部监控	建立教学质量监控与评价机制并有效执行，运用信息技术对各主要教学环节质量实施全程监控与常态化评价，保障毕业要求达成
	外部评价	建立毕业生持续跟踪反馈机制以及学前教育机构、教育行政部门等利益相关方参与的多元社会评价机制，对培养目标的达成度进行定期评价
	持续改进	定期对校内外的评价结果进行综合分析，能够有效使用分析结果，推动师范生培养质量的持续改进和提高，形成追求卓越的质量文化
学生发展	生源质量	建立符合学前教育专业特点的制度措施，能够吸引乐教、适教的优秀生源
	学生需求	充分了解师范生发展诉求，加强学情分析。设计兼顾共性要求与个性需求的培养方案与教学管理制度，鼓励跨院、跨校选修课程，为师范生的自主选择和发展提供足够的空间
	成长指导	建立完善的师范生指导与服务体系，加强思想政治教育，能够适时为师范生提供生活指导、学习指导、职业生涯指导、就业创业指导、心理健康指导等，满足师范生成长需求，并取得实效
	学业监测	建立形成性评价机制，对师范生在整个学习过程中的表现进行跟踪与评估，鼓励师范生自我监测和自我评价，及时形成指导意见和改进策略，保证师范生在毕业时达到毕业要求
	就业质量	毕业生的初次就业率不低于75%，获得教师资格证书的比例不低于85%，且主要从事教育工作
	社会声誉	毕业生社会声誉好，用人单位满意度高
	持续支持	对毕业生进行跟踪服务，了解毕业生专业发展需求，为毕业生提供持续学习的机会和平台

资料来源：中华人民共和国教育部：《教育部关于印发〈普通高等学校师范类专业认证实施办法（暂行）〉》，http://www.moe.gov.cn/srcsite/A10/s7011/201711/t20171106_318535.html，2017年10月26日[2020-01-06]。表格为笔者根据该资料自制。

表9-14表明，《学前教育专业认证标准（第三级）》依据国家教育法规和幼儿园教师专业标准、教师教育课程标准、专业教学相关标准制定，由8个维度、35个一级指标和11个二级指标构成，是国家对学前教育专业质量的卓越要求，适用于普通高等学校培养幼儿园教师的本科、专科小学教育专业。[1]

普通高等学校师范类专业认证是时代的诉求，中国国情的需要，中国教育发展的客观要求，是教师教育发展的必然趋势。实行普通高等学校师范类专业认证是党和国家深化教师教育改革的重大举措，也是师范类专业由开放式发展向内涵

---

[1] 中华人民共和国教育部：《教育部关于印发〈普通高等学校师范类专业认证实施办法（暂行）〉》，http://www.moe.gov.cn/srcsite/A10/s7011/201711/t20171106_318535.html，2017年10月26日[2020-01-06]。

式发展的内在要求，对推动普通高等学校师范类专业建设具有重要意义。从2017年起，国家实行普通高等学校师范类专业认证，相继制定了中学教育、小学教育、学前教育等专业认证标准，规范引导了师范类专业建设，建立了统一认证和教师教育质量保障体系，不断提高师范类专业人才培养质量，进一步推动了我国教师教育发展和加强了我国高素质教师队伍的建设。

篇三

中国教师教育政策沿革

教育政策一词始终贯穿教育教学活动及学术研究范畴，但对其定义缺少统一。多数学者从宏观层面加以定义，将教育政策置于一般政策范畴内，成为其下位概念。例如，中国教育理论界从政策是"国家、政党为实现一定历史时期的路线和任务而规定的行动准则"[①]的概念出发，将教育政策界定为"党和政府在一定历史时期为教育工作制定的基本要求和行动准则"[②]。又如，叶澜教授将教育政策定义为"政府或政党制定的有关教育的方针、政策，主要是某一历史时期国家或政党的总任务、总方针、总政策在教育领域内的具体表现"[③]。

作为教育政策重要组成部分的教师教育政策，是指"国家机关、政党及其政治团体在特定历史时期，为实现教师教育发展目标和任务以及解决教师教育发展中存在的问题等，依据党和国家在一定历史时期的基本任务、基本方针以及教育基本政策而制定的，关于教师培养、教师入职教育、教师培训等发展的行动准则，体现了对教师素质和对教师选拔、任用、考核、培训等相关制度的规定以及在工资、职称、奖惩及其他福利待遇等方面的要求"[④]。

本书第三篇从微观层面窥探教育政策中的教师相关内容，将教师教育政策具体化为政府为体现某一时期对教师教育发展的意向，以法律条文或规章等形式对教师教育加以定型。本部分以教师教育开端为起点，以年代为节点，分别对晚清时期、民国时期、中华人民共和国成立至今的教师教育法律和规章加以梳理，厘清教师教育政策沿革与发展的脉络。该部分涉及的教师教育政策包括职前、职中、职后等与教师培养和培训相关的法律和规章，包括师范生培养政策、职前培训政策以及职后培训政策等内容。

篇三包括第十章、第十一章和第十二章。第十章主要介绍晚清时期的教师教育政策。此部分共三节，第一节介绍代表中国师范教育开端的南洋公学的师范教育政策，第二节介绍引领中国高等师范教育发起及制度化的京师大学堂的师范教育政策，第三节介绍清末女子师范教育政策。

第十一章分三节介绍民国时期师范教育政策。第一节讲述民国初期师范教育政策及其特点，第二节介绍复辟教育和壬戌学制实施后师范教育政策的变化以及给中国师范教育带来的影响，第三节从"三民主义"教育视角对南京国民政府的师范教育政策进行梳理和分析。

第十二章共九节，全面介绍中国共产党领导下的师范教育政策的制定和发展，包括中华人民共和国成立之前和中华人民共和国成立至今师范教育政策演变和发

[①] 辞海编辑委员会编：《辞海》，上海辞书出版社1989年版，第3841页。
[②] 张焕庭主编：《教育辞典》，江苏教育出版社1989年版，第763页。
[③] 叶澜：《教育概论》，人民教育出版社2006年版，第145页。
[④] 杨跃：《论我国教师教育政策研究》，《南京师大学报》（社会科学版）2018年第1期。

展脉络。前三节介绍中华人民共和国成立之前的师范教育政策，包括晨光熹微的苏区师范教育、星火燎原的抗日根据地师范教育以及群星璀璨的解放区师范教育，这些为中华人民共和国社会主义师范教育的发展奠定了基础。后六节讲述中华人民共和国成立后的师范教育政策，其在不断探索过程中也历经了曲折，最终走向了具有中国特色的师范教育发展之路。

第十章 滥觞所出：晚清教师教育政策的历史溯源

从春秋战国时期的私塾到晚清时期的书院，师者多为鸿儒官员或科场不得志的书生。不论是博学鸿儒还是落第书生，他们都有一个共同特点：未经过专门的教育培训也不具备相应的教学方法知识。第一次鸦片战争之后，清政府签订了系列不平等条约，中国开始沦为半殖民地半封建社会。西方的先进技术和思想开始不断冲击着故步自封的清政府。清政府内部的有识之士意识到传统的封建教育难以达到抵御外强、维护清朝统治的目的。以林则徐、魏源为代表的进步人士提出了"师夷长技以制夷"的主张，由此拉开了系列改革的序幕。19世纪60年代至90年代，洋务派高举"师夷长技以自强"的旗帜在全国大兴洋务运动，开办以培养洋务人才为目的的洋务学堂。洋务教育在一定程度上冲击了传统的封建教育体制，但因其数量少、规模小，传统的封建教育体制仍然占据主导地位。1895年清政府甲午战败，被迫签订了《马关条约》，激起全民觉醒。以康有为、梁启超为代表的维新人士掀起了一场声势浩大的维新运动。他们提倡改革科举制度，建立新式学堂。1896年梁启超在《论师范》一文中写道，"欲革旧习，兴智学，必以立师范学堂为第一义"①。他成为倡导中国师范教育的先驱。随着新式学堂教育的发展，科举制度下的教师不能担负起新式学堂教育的重任，国家亟须培养大批与时代发展相呼应的师范人才，师范教育应运而生。

第一节 上海南洋公学：中国师范教育的开端

上海南洋公学由清末著名的实业家、教育家盛宣怀创办。作为一名实业家，他感慨道："惟查矿务既属兴利之大端，而得人尤为办事之先务"，②"织局不难于

---

① 梁启超：《论师范》，载汤志钧、陈祖恩、汤仁泽编《戊戌时期教育》，陈元晖主编《中国近代教育史资料汇编》，上海教育出版社2007年版，第81页。
② 盛宣怀：《盛宣怀上李鸿章禀》，载陈旭麓、顾廷龙、汪熙主编《盛宣怀档案资料选辑之二　湖北开采煤铁总局·荆门矿务总局》，第340页。

集资，难于得人"。① 他切身体会到人才对于实业发展的重要性。他在函告谢家福的书信中写道，"各省试办中西学堂系为造就人才，大处着笔方能开天下风气之先，挽中国积弱之政"。② 面临国破家亡的危机，改革旧式教育体制势在必行。

一 层台累土：南洋公学师范院的创立

九层之台，起于累土。

清朝末期，新式学堂如雨后春笋般争相涌现，人才培养成为国家富强的根本。然而，人才培养需有与时俱进的教师队伍提供支撑，但是，借鉴西方大学教育体制所创立的北洋大学堂却面临师资和学生的双重困境。在师资方面，北洋大学堂的中西教习"大抵通晓西文者，多懵于经史大义之根底；致力中学者，率迷于章句咕哔之迂途"③。因为西文教习多来自欧美教员或者在华传教士，还有部分聘请的长期受西方文化熏陶的中国人士。他们对中国的传统文化知之甚少，国文根基相当薄弱，而中文教习多来自受科举制度影响的学子，他们只会吟诗作文，缺乏西方的先进知识。在学生方面，学生对于其他学科知识掌握得非常到位，但是其中的许多人缺少中国文学底蕴，更有甚者写不出简单的汉语作文。

鉴于北洋大学堂出现的问题，盛宣怀认为"西国各处学堂教习，皆出于师范学堂，日本亦有师范学校。中国儒生尚多，守先之学，遴选教习尤患乏材。……中国民间子弟读书往往至十四五岁，文理犹不能通顺，皆由教不得法，故学亦无效"。④ 因此，南洋公学的创立从培养合格的教习开始，继而由教习培养其他生源。在招生方面，录取的首要条件是具备阅读和书写本国语的能力，而"中学未成者虽通西学西文不录"⑤。经过盛宣怀、何嗣焜、张焕纶等人的严格挑选，南洋公学首次录取师范生 30 人，并于 1897 年 4 月 8 日正式授课。南洋公学师范院的建成标志着南洋公学正式建校。中国近代最早的专门师范教育机构诞生，开启了中国师范教育的先河。

二 明体达用：南洋公学师范教育政策

南洋公学师范院的开办是中国历史的创举，虽未形成一定的政策体系，但在"前无古人"的情况下，通过自我探索，形成了独有的政策内涵，包括培养模式、培养规格、课程设置、管理与考核等相关政策。正是在这些政策的支持下，南洋

---

① 张荫桓：《三洲日记》卷 3，http：//dh. ersjk. com/spring/front/jumpread（网络版谱牒库）［2020 - 10 - 31］。

② 盛宣怀：《致五亩园学堂谢家福函》，载夏东元编著《盛宣怀年谱长编》下册，上海交通大学出版社 2004 年版，第 526 页。

③ 盛宣怀：《奏为筹集商捐开办南洋公学折》，载汤志钧、陈祖恩、汤仁泽编《戊戌时期教育》，陈元晖主编《中国近代教育史资料汇编》，上海教育出版社 2007 年版，第 269 页。

④ 盛宣怀：《南洋公学纲领》，《集成报》1897 年第 12 期。

⑤ 盛宣怀：《太常寺少堂盛招考师范学生示》，《申报》1897 年 3 月 2 日第 4 版。

公学师范院才得以有序发展,为日后的中国师范教育进行了可贵的探索。

(一) 师范生培养模式

盛宣怀在《奏为筹集商捐开办南洋公学折》中写道:"臣惟师道立则善人多,故西国学堂必探原于师范;蒙养正则圣功始,故西国学程必植基于小学"。① 盛宣怀把师范教育和小学教育放在优先发展的地位。因此,南洋公学最先开设的是师范院和外院。师范院是培养师资的阵地。外院是仿照日本师范学校附属小学而设立的师范小学堂。在1896年首份《南洋公学纲领》第十三条和第十四条中有所体现。其培养模式为:

> 西国各处学堂教习,皆出于师范学堂,日本亦有师范学校。中国儒生尚多,守先之学,遴选教习尤患乏材。现就公学内设立师范院,先选高才生三十人,延德望素著、学有本源、通知中外时事者教督之。三年之后,各学教习皆于是取资,庶无谬种流传之病。此三十人亦按所学浅深,酌分三班,每年可派出充当教习者十人,即另选十人补额以次升班,以次派出,则师道立而教习不患无人矣。今选八岁以外十岁以内,体壮质敏之学生一百二十名,选入师范院,分作六班,按年递升一班,第一班卒业挑入公学中院,另选二十名补充第六班。此项小学生即令师范院之高才生分教之……②

从公学纲领中可见,在师范生培养过程中,南洋公学把教学实践放在重要位置。其培养模式可称为"且学且诲""知行并进"的培养模式,即师范生一边学习一边选派充当教习。师范小学堂则成为师范生首个实践场所。

"上中两院之教习,皆出于师范院,则驾轻就熟,轨辙不虑其纷歧",③ 而中院和上院的教习也出自师范院。师范生经过选拔可以担任中院和上院的教习。该培养模式注重教育实践,加速了师范生的成长速度,缩短了师资培训的时间,在一定程度上填补了新式学堂教师资源的缺口。

(二) 师范生培养规定

全国各地新式教育学堂的开办极大地促进了教师教育的发展。南洋公学师范院在国内无先例可鉴的情况下,自我摸索,自成规模,开创中国师范教育的先河。在"中学为体,西学为用"思想的指引下,盛宣怀提出明体达用、勤学善诲的培养目标。南洋公学师范生培养政策在南洋公学章程中得以充分体现。该章程对师范生的待遇、培养规格、学规学课、考试、补助、师资配备及学业保障方面都有

---

① 盛宣怀:《奏为筹集商捐开办南洋公学折》,载汤志钧、陈祖恩、汤仁泽编《戊戌时期教育》,陈元晖主编《中国近代教育史资料汇编》,上海教育出版社2007年版,第268页。
② 盛宣怀:《南洋公学纲领》,《集成报》1897年第12期。
③ 盛宣怀:《奏为筹集商捐开办南洋公学折》,载汤志钧、陈祖恩、汤仁泽编《戊戌时期教育》,陈元晖主编《中国近代教育史资料汇编》,上海教育出版社2007年版,第269页。

明确的规定。

1. 培养规格

公学章程中明确规定师范生培养规格分为五个层次：

> 第一层之格曰：学有门径，材堪造就，质地敦实，趣绝卑陋，志慕远大，性近和平；
> 第二层之格曰：勤学诲劳，抚字耐烦，碎就范围，通商量，先公后私；
> 第三层之格曰：善诱掖，密稽察，有条理，能操纵，能应变；
> 第四层之格曰：无畛域计较，无争无忌，无骄矜，无吝啬，无客气，无火气；
> 第五层之格曰：性厚才精，学广识通，行正度大，心虚气静。①

五层格的实施办法为考取入院发白色"试业据"。两个月后，师范生要经历严格的考核，按等级分为5个层次。依据不同的层次，师范生得到不同的"试业据"。从第一层到第五层，分别发给蓝据、绿据、黄据、紫据和红据，持红据的师范生准予充当教习。考试每3个月进行一次，递进递给，优秀者获得额外奖励，不合格者将被淘汰。师范生的食宿杂费均由学校供给，每月按不同的层格（根据成绩划分，共5级）发给津贴，持蓝据者每月可得津贴6两，每一层格比前一层格多1两，10两为最终数额。②

五层格的培养规格不但要求学生有较高的学识，而且要具备"行正度大，心虚气静"的性情及道德情操。严格的培养规格激发了学生奋进求知的热情，促使他们相互砥砺，取得优异的成绩，同时也探索出一种新兴的人才选拔方式。通过层层选拔，优秀的师范生任职中院、外院的教习，而且参与编写外院教材和管理学生，真正起到了"学高为师，身正为范"的作用。

2. 课程设置

南洋公学在上无师范教育制度可循，下无同类学校参考的情况下，在自主探索中求得生存与发展。"师范院外院课程，一年之内，已屡有更定，应由总理与华洋教习逐细再加考校，厘为定式。"③ 学校开办初期没有固定的课程设置和课时计划等，而是效仿日本的做法，在充分结合我国教育现状的前提下，在实践中不断调整、修正直至定夺。

师范院开办之初，暂定课程及时间安排为：上午习算学，下午治舆地，夜习

---

① 盛宣怀：《南洋公学章程》，载汤志钧、陈祖恩、汤仁泽编《戊戌时期教育》，陈元晖主编《中国近代教育史资料汇编》，上海教育出版社2007年版，第271页。
② 曾煜编著：《中国教师教育史》，商务印书馆2016年版，第23—24页。
③ 盛宣怀：《南洋公学章程》，载汤志钧、陈祖恩、汤仁泽编《戊戌时期教育》，陈元晖主编《中国近代教育史资料汇编》，上海教育出版社2007年版，第272页。

西文。之后，课程增加物理、化学、科学教育、动植物学等必修或选修课程。课程分为中课、西课和教课。课程学习方式分为自修、必修及选修三类。

南洋公学师范生的首要录取条件是具备一定的国学基础。因此，中课沿袭书院制度。学生结合自身的喜好，任选经史子集，自我探究，以自修的方式完成，而教习只对学生的问题给予提示或解答。西课中的外国语有英文、法文和日文。学生可从中任选一门。公学章程中规定：

> 师范院及中上两院学生，本有翻译课程，另设译书院一所，选诸生之有学识而能文者，将图书院购藏东西各国新出之书课令择要翻译陆续刊行。①

因此，外国文的学习方式为边学边译。西课中的数学、物理、化学及理化实验是必修课程，教科书为相应的教员编译而成。西课中的科学教育、历史、动植物学、矿物、生理和地理为选修课程。

表10－1　　　　　　　　　南洋公学师范院课程设置表

课目	内容、门类	教科书	课程分类	修习方式
国文	经史子集		中课	自修
外国语	英文、法文、日文			任选一门
数学	分算学、整数，含笔算数学、代数备旨、形学备旨、八线备旨等	译稿《代数设问》等		必修
物理及实验		译稿《格致读本》		
化学及实验		译稿《化学课本》	西课	
科学教育		《科学教育学讲义》《统合教授法》等译本		
历史	欧洲史	译稿《欧洲全史》		选修
动植物				
矿物				
生理				
地理				
教育实习	中院、外院中西课程教学	自行编译外院教科书	教课	

资料来源：王宗光主编：《上海交通大学史》第1卷《南洋公学》，上海交通大学出版社2016年版，第80页。

在师范院的课程设置中，最具有实践意义的学习方式是教育实习。师范生在

---

① 盛宣怀：《南洋公学章程》，载汤志钧、陈祖恩、汤仁泽编《戊戌时期教育》，陈元晖主编《中国近代教育史资料汇编》，上海教育出版社2007年版，第272页。

学习的过程中把所学传授给外院及中院的学生,达到了"且学且诲""知行并进"的效果。同时师范生参与编纂教科书,可结合学情因材施教。

3. 管理与考核政策

南洋公学实行严格的考试制度,每3个月进行1次小考,由总理和总教习担任考官。1年进行1次大考,由督办招商电报两局同江海道关员亲自担任考官。可见,学校对于师范生培养的严格与重视。同时为使师范生专注新学,盛宣怀奏请免除了师范生的岁考和科考两试。这一举措有利于师范生不为科举所滞,能够安心求学。

为使学生博览群书、博古通今,学校调取各省乃至各国的书籍,开设图书馆并安排管理人员。学生拥有了丰富的学习资源。同时,设立译书院,为师范生提供了学习外文的平台。学校配备外国教师,传授西方文化的中国教师以及汉语教师,同时还配有管理者和后勤工人。人员安排合理,满足学校运转的需要。

表10-2　　　　　　　南洋公学师范院管理与考核政策表

考试	①每3月1小试,总理与总教习以所业面试之 ②周年大试,督办招商电报两局之员会同江海道关员亲试之 ③惟师范院及上中两院高等学生,经学政调取录送经济科岁举者不在此列
藏书译书	①公学设一图书院,调取各省官刻图籍,其私家所刻,及东西各国图籍,皆分别择要购置庋藏。学堂诸生阅看各书,照另定收发章程办理 ②师范院及中上两院学生,本有翻译课程,另设译书院一所,选诸生之有学识而能文者,将图书院购藏东西各国新出之书课令择要翻译陆续刊行
教习人役名额	①南洋公学总理1员,华总教习1员,洋总教习1员,管图书院兼备教习2名,医生1名 ②师范院并外院洋教习2名,华人西文西学教习2名,汉教习2名,司事4名,斋夫杂役20名

资料来源:盛宣怀:《南洋公学章程》,载汤志钧、陈祖恩、汤仁泽编《戊戌时期教育》,陈元晖主编《中国近代教育史资料汇编》,上海教育出版社2007年版,第272—273页。表格为笔者根据该资料自制。

虽然南洋公学从成立到停办仅有6年时间,但其对中国师范教育的影响极为深远。它是在中国师范教育"前无古人"的情形下创立的,是中国师范教育的先行者,开创了中国师范教育的先河,在一定程度上缓解了新式学堂对师资的极大需求。

南洋公学师范院以严格的录取和考核制度,培养了中国最早一批近代师范教育人才。这些教育人才成为清末及民国时期教育领域的急先锋。他们不仅在各地新式学堂中发挥领导力量,还在编撰教科书以及开办新式学堂等方面发挥积极作用。师范院还促进了中国教育启蒙性质的转变,使中国人由"启蒙参与者"逐渐蜕变为"启蒙主体",开启了中国人对知识的自主甄选与重组、融合与贯通的全新历史篇章。中国人迈进了以编撰教科书建构知识的全新时代。[①]

[①] 吴小鸥:《南洋公学师范生与中国近现代教科书发展》,《高等教育研究》2017年第9期。

作为中国近代师范教育的雏形，南洋公学师范院的创办与发展为此后兴起的师范院校提供了可资借鉴的宝贵经验；作为代表历史发展方向的新生事物，它的蹒跚起步以及本土第一代接受新式教育学生群体的涌现，在推动中国社会近代转型方面承担起新的历史使命。①

第二节　京师大学堂：中国高等师范教育制度的雏形

两次鸦片战争及签订的一系列不平等条约使清政府的统治岌岌可危，面临着前所未有的压力与挑战。人才培养成为国家富强的根本。清政府内部的洋务派认为，改革旧式人才培养模式是抵御外强、维持清政府统治地位的重要举措。因此，在洋务运动的推动下，洋务学堂拔地而起。然而，甲午战争的失败暴露出洋务教育的弊端。清朝大臣李端棻感慨道："夫以中国民众数万万，其为士者十数万，而人才乏绝，至于如是。非天之不生才也，教之之道未尽也。"②他认为自洋务运动以来所设立的学校因各方面的不完善并没有培养出合格人才。而培养不出人才的关键是教育的不当。因此，他提议在京师及各省府州县设立学堂。学堂课程的开设坚持"中学为体，西学为辅"的理念，京师大学堂则"惟益加专精，各执一门"③。

一　应运而生：京师大学堂师范教育的创立

1898年清政府把创办京师大学堂提上日程，起草了《总理衙门筹议京师大学堂章程》。章程中提道：

> 西国最重师范学堂，盖必教习得人，然后学生易于成就。中国向无此举，故各省学堂不能收效。今当于堂中别立一师范斋以养教习之才。④

> 于前三级学生中，选其高才者作为师范生，专讲求教授之法，为他日分往各省学堂充当教习之用。⑤

---

① 欧七斤：《南洋公学学生群体考论》，《史林》2016年第6期。
② 李端棻：《奏请推广学校折》，载汤志钧、陈祖恩、汤仁泽编《戊戌时期教育》，陈元晖主编《中国近代教育史资料汇编》，上海教育出版社2007年版，第219页。
③ 李端棻：《奏请推广学校折》，载汤志钧、陈祖恩、汤仁泽编《戊戌时期教育》，陈元晖主编《中国近代教育史资料汇编》，上海教育出版社2007年版，第221页。
④ 汤志钧、陈祖恩、汤仁泽编：《总理衙门筹议京师大学堂章程》，载汤志钧、陈祖恩、汤仁泽编《戊戌时期教育》，陈元晖主编《中国近代教育史资料汇编》，上海教育出版社2007年版，第229页。
⑤ 汤志钧、陈祖恩、汤仁泽编：《总理衙门筹议京师大学堂章程》，载汤志钧、陈祖恩、汤仁泽编《戊戌时期教育》，陈元晖主编《中国近代教育史资料汇编》，上海教育出版社2007年版，第233页。

章程中明确提出在京师大学堂内设立师范斋，严格选拔优秀学生作为师范生，为各省学堂培养师资。但是，1898年8月发生的"戊戌政变"停止了一切颁布的新政，除仕学馆外，京师大学堂并未筹办成功，师范斋也并未建立起来。

随着义和团和八国联军进入北京，京师大学堂被迫停办。面对清王朝危在旦夕的命运，慈禧太后接受张百熙的建议重建京师大学堂。1902年以重建京师大学堂为契机，张百熙以日本学制为蓝本拟定出《钦定学堂章程》，即壬寅学制。就京师大学堂而言，他主张其内附设师范馆。但是壬寅学制因自身体制的不完善以及朝廷内部对教育权力的争夺而夭折。京师大学堂只办成了师范馆和仕学馆。1904年拟定的《奏定学堂章程》得到了清政府的肯定并得以颁布。《奏定学堂章程》将京师大学堂师范馆改为优级师范科。随着中国教育的发展，高等教育出现"分科大学将次开办，势难兼筹并顾"[①]的局面。因此，清政府提出"另行筹办优级师范学堂，以储师资"[②]的解决办法。京师大学堂于1908年将优级师范科改为优级师范学堂。至此，中国高等师范教育开始脱离普通教育而独立设置。中国的师范教育进入制度化和独立化发展进程。

二 矩周规值：京师大学堂师范教育的制度化

随着各地新式学堂的建立和发展，各学堂的不同章程日益显现问题。统一学堂章程，建立国家学制体系成为中国教育发展的潮流。因此，清政府先后制定了壬寅学制和癸卯学制。但是，壬寅学制并未颁布实施。癸卯学制成为清政府制定并颁布的第一个学制，为清朝师范教育制度化发展提供了保障。

（一）壬寅学制

在学制体系潮流的推动下，《钦定学堂章程》（即壬寅学制）登上了历史舞台。该章程共六份，包括《钦定京师大学堂章程》《钦定考选入学章程》《钦定高等学堂章程》《钦定中学堂章程》《钦定小学堂章程》《钦定蒙养学堂章程》。从章程分类可见壬寅学制体系完整，分为初等教育、中等教育、高等教育三个级别。就师范教育而言，"高等学堂应附设师范学堂一所，以造就各处中学堂教员"，"中学堂内应附设师范学堂，以造成小学堂教习之人才"[③]。《钦定京师大学堂章程》对师范馆在课程门类、学年课程分配、周课程安排、入学条件、毕业待遇等方面做了详细的规定。《钦定考选入学章程》对招生录取各项规定做了说明。壬

---

① 璩鑫圭、童富勇、张守智编：《学部奏设京师优级师范学堂并遴派监督折》，载璩鑫圭、童富勇、张守智编《实业教育 师范教育》，陈元晖主编《中国近代教育史资料汇编》，上海教育出版社2007年版，第757页。

② 璩鑫圭、童富勇、张守智编：《学部奏设京师优级师范学堂并遴派监督折》，载璩鑫圭、童富勇、张守智编《实业教育 师范教育》，陈元晖主编《中国近代教育史资料汇编》，上海教育出版社2007年版，第757页。

③ 璩鑫圭、童富勇、张守智编：《钦定中学堂章程》，载璩鑫圭、童富勇、张守智编《实业教育 师范教育》，陈元晖主编《中国近代教育史资料汇编》，上海教育出版社2007年版，第586页。

寅学制揭开了京师大学堂师范教育制度化的序幕。同时，它也是中国近代教育史上第一个较为完整的学制体系。虽然它因各种原因并未实施，但是它在中国教育体制化进程中起到的承前启后的作用不容忽视。

（二）癸卯学制

1904年张百熙、张之洞、荣庆拟定《奏定学堂章程》。它于旧历癸卯年颁布，故又称癸卯学制。癸卯学制得到清政府的肯定并得以颁布。该章程成为中国教育史上第一个由政府颁布并得以实施的学制。它包括《奏定学务纲要》《奏定大学堂章程》《奏定高等学堂章程》《奏定中学堂章程》《奏定高等小学堂章程》《奏定初等小学堂章程》《奏定优级师范学堂章程》《奏定初级师范学堂章程》《奏定初级、中等、高等农工商实业学堂章程》等在内的22件章程。由此可见，癸卯学制比壬寅学制更加全面、完善、体系化。《奏定学务纲要》中写道：

> 此时惟有急设各师范学堂，初级师范以教初等小学及高等小学之学生；优级师范以教中学堂之学生及初级师范学堂之学生。……则优级师范学堂在中国今日情形亦为最要，并宜接续速办。各省城应即按照现定初级师范学堂、优级师范学堂及简易师范科、师范传习所各章程办法迅速举行。①

由此，师范教育由师范学堂改为优级师范学堂和初级师范学堂两个级别。京师大学堂师范馆由此改为优级师范科。壬寅学制和癸卯学制把中国教育推上制度化轨道，是中国师范教育制度化的发端。此时的师范教育虽未脱离普通教育形成独立系统，但出现了明显的人才分层培养模式。中国的师范教育也由此开启了制度化进程。

三 惟益专精：京师大学堂师范教育政策

壬寅学制和癸卯学制的制定统一了全国的教育体制，为师范教育的发展提供了政策保障。京师大学堂的师范教育政策在两个学制建立的基础上得以完善。晚清时期京师大学堂师范教育经历了师范馆、优级师范科、京师优级师范学堂的演变，各政策也历经了数次的修订和完善。

（一）招考政策

培养优秀的师范生，生源保障是根本。为招收合格师范生，国家制定《钦定考选入学章程》以明确师范生的录取选拔要求。该章程不仅是京师大学堂师范招生录取的法定章程，也是全国师范录取章程，具有普适性。它在考生身份、考生年龄、招生人数、考试内容、评分标准等方面都有详细规定。

---

① 璩鑫圭、童富勇、张守智编：《奏定学务纲要》，载璩鑫圭、童富勇、张守智编《实业教育 师范教育》，陈元晖主编《中国近代教育史资料汇编》，上海教育出版社2007年版，第589页。

具体而言，考生年龄不超过 30 岁，身份为品学端正的举、贡、生、监。报名方式分两种。一种是自愿报考，在京参加考试；另一种是各省推荐，赴京参加复试。考试科目为 8 门，分 2 天到 3 天进行。考试科目设置如下：

一、修身伦理大义一篇；
二、教育学大义一篇；
三、中、外史学十二问；
四、中、外地理学十二问；
五、算学、比例、开方、代数六问；
六、物理及化学六问；
七、浅近英论一篇；
八、日本文论一篇。如通他国文字者，随时报明。①

评分标准为全答对得满分，60 分以上为及格，予以录取。如有一门到两门无分数则为不及格，不予录取。章程对特殊情况做了特别说明，比如，没有学过代数以及不能书写英文和日文文章的学生可放宽录取标准，入学后进行补习；着重声明录取后的师范生不能半途辍学，否则将受到处罚。

总之，该章程的制定不仅反映了国家对师范生选拔的重视，也彰显出国家对整个师范教育建设的决心。首先，考试内容涉及范围广，包括伦理道德、教育学、史学、地理学、数理化、外国语。考生不但需要具备扎实的文化素养也需掌握丰富的西学知识。其次，考生来源广，品学要求高。举、贡、生、监都可参加考试，这为更多的学生提供了宝贵的求学机会，而品学端正的德育要求为师范生真正起到榜样示范作用提供了保障。

(二) *课程体系*

京师大学堂师范教育开设的课程门目多，内容广，涉及伦理、经学、教育学、习字、作文、算学、中外史学、中外舆地、博物、物理、化学、外国文、图画、体操共 14 门学科。它在继承中国古代文明的基础上引进西方的近代文明和科学。14 门学科中既有中学，也有西学，体现出浓厚的"中西并重"以及"中学为体，西学为用"的办学理念。

课程学习年限为 4 年。第一年为普通课，全体学生必修，以掌握基础知识为准，包括外语、普通科学和国学。外语以日语为主，英语、德语、法语和俄语为辅。国学包含经学大义、国文、中外历史地理等科目。第二年分科学习，通习科目为全体学生必修，分类科目则允许学生结合自身的兴趣和爱好，任选一类学习，

---

① 璩鑫圭、童富勇、张守智编：《钦定考选入学章程》，载璩鑫圭、童富勇、张守智编《实业教育 师范教育》，陈元晖主编《中国近代教育史资料汇编》，上海教育出版社 2007 年版，第 588 页。

为将来成为专业人才做准备。分类课程为四类：第一类为语言类，包括外语和国文。英语、法语和德语可任选一门。第二类为中外历史和地理。第三类为理科即物理、化学和数学。第四类为博物科包括动物、植物、矿物、生理、卫生、农学、园艺。课程体系如下：

1. 课程开设科目

伦理第一，经学第二，教育学第三，习字第四，作文第五，算学第六，中、外史学第七，中、外舆地第八，博物第九，物理第十，化学第十一，外国文第十二，图画第十三，体操第十四。以上各科，均用译出课本书，由中教习及日本教习讲授；惟外国文用各国教习讲授。①

2. 课程内容学年安排

表 10-3　　　　　　　　京师大学堂师范馆学年课程安排表

科目	第一学年	第二学年	第三学年	第四学年
伦理	考中国名人言行	考外国名人言行	考历代学案、本朝圣训，以周知实践为主	授以教修身之次序方法
经学	考经学家家法			
教育学	教育宗旨	授教育之原理	教育之原理及学校管理法	实习
习字	楷书	楷书、行书	楷书、行书、篆书	行书、篆书、草书，并授以教习字之次序方法
作文	作记事文	作论理文	学章奏、传记、词赋、诗歌诸体文	考文体流别
算学	加减乘除、分数、比例、开方	账簿用法、算表成式、几何面积、比例	代数、加减乘除、分数方程、立体几何	代数、级数、对数、并授以教算学及几何之次序方法
中、外史学	本国史典章制度	外国上世史，中世史	外国近世史	外国近世史，并授以教史学之次序方法
中、外舆地	全球大势，本国各境，兼仿绘地图	外国各境兼仿绘地图	地文地质学	授以教地理之次序方法
博物	动、植物之形状及构造		生理学	矿物学

---

① 璩鑫圭、童富勇、张守智编：《钦定京师大学堂章程》，载璩鑫圭、童富勇、张守智编《实业教育师范教育》，陈元晖主编《中国近代教育史资料汇编》，上海教育出版社 2007 年版，第 584 页。

续表

科目	第一学年	第二学年	第三学年	第四学年
物理	力学、声学、热学	热学、光学	电气、磁气	授以教理科之次序方法
化学	考质、求数		无机化学	有机化学
外国文	音义	句法	文法	文法
图画	就实物模型授毛笔画	就实物模型、帖谱手本授毛笔画	用器画大要	授以教图画之次序方法
体操	器具操	器具操	兵式	兵式，并授以教体操之次序方法

资料来源：璩鑫圭、童富勇、张守智编：《钦定京师大学学堂章程》，载璩鑫圭、童富勇、张守智编《实业教育师范教育》，陈元晖主编《中国近代教育史资料汇编》，上海教育出版社2007年版，第584—585页。表格为笔者根据该资料自制。

3. 课程分科安排

第一学年学普通课。第二学年分科。

第一学年人人皆须学习日语并分习英、德、法、俄等语及普通科学，还有国学，如经学大义、国文、中外历史地理等。

第二学年开始分科学习，共分四科，当时称为四类：

第一类：国文、外国语（英语、法语、德语，任学生自择一种，分班教授）。

第二类：中外历史、地理。

第三类：物理、化学、数学。

第四类：动物、植物、矿物、生理、卫生、农学、园艺，总名为博物科。

以上除分类肄习外，通习的科目有教育学、心理学、辨学、哲学大纲。[①]

总体而言，师范生的学习内容逐年增多，难度逐年加深。在课程科目上，师范馆共开设14门课程，包括中学和西学。课程门类广，内容多，课时安排重，这与当时急需新式教师的社会现实相吻合。加快培养出国家所需的新型教师，在一定程度上缓解了师资的缺口。但是繁多的科目、庞杂的内容也在一定程度上加重学生的学习负担，阻碍其自由发展的空间。在课程安排上，伦理道德放在课程的首要位置，体现出教师教育创始之初对德育的重视。在课程特色上，师范生除学

---

① 北京师范大学校史编写组编：《北京师范大学校史（1902—1982）》，北京师范大学出版社1984年版，第5—6页。

习常规课程外，又增加教育学课程。教育学课程把教育理论与教学实践有机结合，促进教育教学的知行统一。综观京师大学堂课程设置，其结构呈现以下几个特点：

第一，中西学科并重，科学课程备受重视。在开设的 14 门课程中，科学课程占据 4 门，即算学、博物、物理与化学。在每周 36 课时中占 10 课时至 11 课时。因师范生多具备扎实的经史功底，因而学生实际所学为科学课程。

第二，公共课程与专门课程有效衔接。师范生第一年学习公共课程，注重基础与通识；第二年开始学习专业课程，注重学科专门化。

第三，突出师范教育独特性。首先，重德育，把伦理道德放在首位。其次，重教育实习，突出师范生职业技能训练，促进师范教育的知行统一。

虽然京师大学堂师范教育的课程设置反映出一定的封建守旧思想，同时也存在安排上的不当之处，但是在当时的历史背景下，仍然具有极大的进步性，为日后的中国高等师范教育课程设置提供了借鉴意义。

(三) 毕业待遇

清朝末年，京师大学堂师范教育经历了师范馆、师范科和师范学堂三次变更。简单的名称变更却蕴含着当时全国师范教育的发展动态。虽然中国的师范教育在一定程度上受封建传统思想的影响，但是前进的步伐一直没有停歇。随着师范教育不断向前推进，京师大学堂师范生的毕业待遇也在不断改善。1902 年制定的《钦定京师大学堂章程》中师范生毕业条件及毕业待遇如下：

> 现办速成科师范馆学生，今定俟四年卒业，由教习考验后，管学大臣复考如格，择优带领引见。如原系生员者，准作贡生，原系贡生者，准作举人，原系举人者，准作进士，均候旨定夺，分别给予准为各处学堂教习文凭。[①]

由此可知，师范生经过 4 年时间的学习，通过教习初试和管学大臣复试才可得以毕业，并获得允许上岗的教习文凭，且科举身份按原级递进，在一定程度上激发了师范生完成学业的积极性。但是这种待遇标准过于简单，不能完全鼓励有识之士投身教育事业，也不能培养更多国家亟须的教育人才。因此，在 1904 年《奏定各学堂奖励章程》中为优级师范学堂毕业生制定出更加详细的毕业待遇，而此时京师大学堂师范教育已改为优级师范科。

优级师范学堂毕业奖励（三年毕业，程度与高等学堂同而略胜）
考列最优等者，作为举人，以国子监博士尽先选用，并加五品衔，令充中学堂及初级师范学堂教员（义务年满后，得调充学务处及各学堂管理员）。

---

① 璩鑫圭、童富勇、张守智：《钦定京师大学堂章程》，载璩鑫圭、童富勇、张守智编《实业教育 师范教育》，陈元晖主编《中国近代教育史资料汇编》，上海教育出版社 2007 年版，第 586 页。

考列优等者，作为举人，以国子监助教尽先选用，令充中学堂及初级师范学堂教员。

考列中等者，作为举人，以国子监学正尽先选用，令充中学堂教员。

考列下等者，留堂补习一年，再行考试，分等录用。如第二次仍考下等及不愿留堂补习者，发给修业年满凭照，令充以上各学堂管理员。

考列最下等者，但给以考试分数单。①

首先，章程规定，优级师范学堂毕业奖励略高于同等地位的高等学堂，可见国家对于师范人才的重视。其次，考核成绩分为最优等、优等、中等、下等、最下5个层次并依据考核分等成绩给予不同的毕业安排，如考核成绩在中等以上，安排国子监职位并分配到各学堂。国子监职位从上到下依次为博士、助教和学正。学堂分派原则为优等以上可分配到中学堂和初级师范学堂。中等成绩只能分配到中学堂，不可分配到初级师范学堂。考核成绩为下等则留级补习1年，最下等只发分数单。首次出现的考核分等政策在一定程度上激励了考生求学上进，保证了师范生的培养质量。

由于教育的不断发展以及清政府内部的机构改革，《奏定学堂章程》中的奖励政策出现了滞后性。"惟优级师范奖励章程所奖系国子监官职，现经裁并，势不得不量为变通。"② 因此，《学部奏定师范奖励义务章程折》内附的《师范学堂毕业奖励章程》对毕业生奖励政策再一次进行了修订。

考列最优等者，作为师范科举人，以内阁中书尽先补用，并加五品衔，令充中学堂、初级师范学堂及程度相当之各项学堂正教员，俟义务年满，以应升之阶，分别京外，分部分省，遇缺即补。

考列优等者，作为师范科举人，以中书科中书尽先补用，令充中学堂、初级师范学堂及程度相当之各项学堂正教员，俟义务年满，以应升之阶，分别京外，分部分省，遇缺即补。

考列中等者，作为师范科举人，以各部司务补用，令充中学堂、初级师范学堂及程度相当之各项学堂正教员，俟义务年满，以应升之阶，分别京外，分部分省，尽先补用。

考列下等者，给及格文凭，令充中学堂及程度相当之各项学堂副教员，或高等小学以下各项学堂正教员，俟义务年满，作为师范科举人，奖给中书科中书衔。

---

① 璩鑫圭、童富勇、张守智编：《奏定各学堂奖励章程》，载璩鑫圭、童富勇、张守智编《实业教育 师范教育》，陈元晖主编《中国近代教育史资料汇编》，上海教育出版社2007年版，第590页。
② 璩鑫圭、童富勇、张守智编：《学部奏定师范奖励义务章程折》，载璩鑫圭、童富勇、张守智编《实业教育 师范教育》，陈元晖主编《中国近代教育史资料汇编》，上海教育出版社2007年版，第604页。

考列最下等者，给修业文凭，暂时准允高等小学以下各项学堂副教员。凡考列下等、最下等者，如在备有年级之学堂，准其留堂补习一年，再行考试，按等奖励。

考列最优等、优等、中等之毕业生，原有官职，不愿就毕业奖励者，准其呈明，以原官原班用，一律令充各项学堂正教员，俟义务年满，以应升之阶，分别京外，分部分省，尽先补用。

考列最优等、优等、中等之毕业生，义务年满，不愿就京职者，准其呈明，以应升外职照章办理。

自费毕业生，各按所考等第，比照奖励。①

此次奖励政策与1904年的奖励政策有以下几点不同：

第一，师范生拥有入职政府机构的机会。考核成绩中等以上由高到低依次优先录用到内阁中书、中书科中书和各部司务。

第二，划分出正副教员等级。考核成绩中等以上充当正教员。下等及最下等可充当副教员。

第三，政策放宽，等级标准降低。从学堂分配标准可见，1904年的奖励政策中，中等成绩只可担任中学堂教师，不可担任初级师范学堂教师，而1907年的奖励政策放宽了这一标准，中等成绩也可担任初级师范学堂教师。对于下等和最下等，1907年的政策更加富有弹性。考核下等学生可充任中学堂副教员和高等小学正教员，考核最下等学生可充任高等小学副教员，而在1904年的政策中两者均不可充当教员。从留级补习方面可见，1904年考核最下等学生没有留级补习机会，而1907年做出了允许的规定。

师范教育事业的不断发展促使奖励政策随势变化。整体而言，奖励政策在内容上更加详细充实，标准上有所降低。标准降低的关键原因在于师资的培养速度慢于新式学堂的建立速度，师范人才的缺口严重。为快速弥补缺口，降低标准成为权宜举措之一。再者，奖励政策的制定者充分考虑读书人对于身份地位的追求，在增加入仕机会的同时，也建立了教员等级制度。

师范毕业奖励政策一方面调动了学生在校学习的积极性，另一方面确保了师范生的培养质量。同时也为师范生提供了良好的就业机会和社会地位，激励更多的人才投身教育。但是奖励政策仍然沿袭科举身份，把科举取士所形成的"读书—应试—做官"的思维定式变为"读书—毕业—做官"的形式，体现出强烈的官本位意识。

---

① 璩鑫圭、童富勇、张守智编：《学部奏定师范奖励义务章程折》，载璩鑫圭、童富勇、张守智编《实业教育 师范教育》，陈元晖主编《中国近代教育史资料汇编》，上海教育出版社2007年版，第605—606页。

（四）毕业义务

享受国家免费的师范教育并获得优厚毕业待遇是有条件的。这个条件就是师范生的毕业义务。1907年3月学部上奏《学部奏定师范奖励义务章程折》，其中写道：

> 至师范毕业，应尽义务，为各国所同。盖必如是，而后教成一人，能得一人之用，教育乃能振兴。……庶师范毕业以后，皆知尽心教育，而学堂得有师资，不难逐渐推广。①

国家花费大量人力、物力和财力培养师范生的目的是弥补新式教育发展所造成的师资缺口。师范生毕业义务政策的制定，一方面保证各学堂师资的流入，另一方面通过政策的约束避免人才培养的浪费。

《学部奏定师范奖励义务章程折》中要求享受奖励的师范生必须服满规定义务，且服役期间不允许营谋教育之外的职务。不服义务或者拖延服役者，其毕业奖励撤销。服役期满且效果良好的毕业生，依据奏定章程给予奖励。章程折内附的《师范毕业义务章程》要求优级师范生服役5年，初级师范生服役4年。1907年5月，学部奏准公费师范生留学回国后，任专职教员且服务5年。服务年限不满之前，不得调离其他岗位。师范生毕业义务政策的完善避免了师资的流失，为建设新型师资队伍提供了制度保障。

> 京师大学堂，为各省之表率，万国所瞻仰。……今京师既设大学堂，则各省学堂皆当归大学堂统辖，一气呵成；一切章程功课，皆当遵依此次所定，务使脉络贯注，纲举目张。②

实际上，京师大学堂是一所官办新式学堂，也是全国最高学府和最高教育管理机构，更是新式教育制度的最高体现。尽管京师大学堂师范馆在发展过程中出现体制转轨的失衡状态以及生源和分配方面的困扰，但是教师职业逐渐受到世人的认可和重视，近代师范教育体制也在中国得以确立。③ 师范馆所展现出的教师教育的基础性、全局性以及教师发展的专业化，彰显了历史的大趋势，具有恒久意义。④ 京师大学堂师范馆是中国近代高等师范教育的源头，它于壬寅学制建立，

---

① 璩鑫圭、童富勇、张守智编：《学部奏定师范奖励义务章程折》，载璩鑫圭、童富勇、张守智编《实业教育 师范教育》，陈元晖主编《中国近代教育史资料汇编》，上海教育出版社2007年版，第605页。
② 汤志钧、陈祖恩、汤仁泽编：《总理衙门筹议京师大学堂章程》，载汤志钧、陈祖恩、汤仁泽编《戊戌时期教育》，陈元晖主编《中国近代教育史资料汇编》，上海教育出版社2007年版，第228—229页。
③ 阮春林：《浅析京师大学堂师范馆的创设》，《历史教学》2004年第4期。
④ 郑师渠：《论京师大学堂师范馆》，《北京师范大学学报》（人文社会科学版）2002年第5期。

癸卯学制发展，是中国高等教育体制化的雏形，在中国师范教育发展史上具有承前启后的重要作用。

第三节　北洋女子师范学堂：中国第一所公立女子师范学堂

鸦片战争爆发后，西方传教士开始在中国创办教会女子学校。中国封建社会"三从四德"的价值观念受到前所未有的冲击，"女子无才便是德"的腐朽思想也受到动摇。随着民间女子学堂的建立，中国女子逐渐从卑微的地位中走出来，获得受教育的权利和机会。女子学堂的不断涌现促使以培养女教员为目的的女子师范学校的建立。

一　展土拓境：北洋女子师范学堂的创立

教会女子学校在中华大地上不断涌现，女子教育如春风化雨般启发中国的有识之士。梁启超在《论女学》中阐释了女子教育的重要性，他认为"妇学实天下存亡强弱之大原也"①。民间的经正女学堂、严氏女学堂、移风女学堂等相继成立，振兴女学的呼声日益高涨。然而腐朽的清政府却仍然把持封建思想立法定章。张百熙在《钦定学堂章程》中未提及女子教育，在《奏定学堂章程》中把女子教育合于家庭教育之中。《蒙养院章程及家庭教育章程》中言及，"蒙养家教合一之宗旨，在于以蒙养院辅助家庭教育，以家庭教育包括女学。"② 同时在《奏定学务纲要》里义正词严地写道："至蒙养院及家庭教育，尤为豫教之原。惟中西礼俗不同，不便设立女学及女师范学堂。"③ 可见女子教育在清政府学制系统中没有正式位置。然而，随着民间女子学堂的涌现，缺乏女教员的现实问题暴露出来。各地纷纷建立女子师范学校。北洋女子师范学堂在这种背景下于1906年建立，它成为中国公认的第一所公立女子师范学堂。

二　中学为体：北洋女子师范学堂的教育政策

北洋女子师范学堂由近代著名教育家、时任清政府天津女学事务总理的傅增湘开办。学堂开办初期设简易科及选科，学制一年半，1908年改设完全科，学制四年。北洋女子师范学堂的建立为有志于从事教育事业的女性提供了教育机会。按照不同的培养体系，对简易科及选科学生提出不同的培养要求。详细的学堂章程伴随学堂的建立而制定，且具有一定的规范性。从培养目标、课程设置、入学

---

① 梁启超：《论女学》，载汤志钧、陈祖恩、汤仁泽编《戊戌时期教育》，陈元晖主编《中国近代教育史资料汇编》，上海教育出版社2007年版，第102页。
② 舒新城编：《近代中国教育史料》，中国人民大学出版社2012年版，第283页。
③ 舒新城编：《近代中国教育史料》，中国人民大学出版社2012年版，第194页。

条件、修业年限等方面做出详细的规定。

（一）培养目标

首先，北洋女子师范学堂以培养高等小学、初等小学的女教员以及普及女学为宗旨，其性质为中级师范教育。其次，学堂注重教化妇德以及陶冶其行为心性。《北洋女子师范学堂章程》第一章第三条写道："本学堂为造师资，尤重妇德，一切管束教授，务在陶冶其行为心性，使可为后生仪范"①。虽然女子教育以及女子师范教育突破重重障碍受到前所未有的重视，但是关于女子及女子教育的看法仍旧带有封建守旧思想，其培养目标也未脱离封建思想对女子的要求，更是在传统道德价值观念的基础上立法定章。

（二）课程设置

学堂开设初期只设立简易科和选科两种形式的教育。从课程设置来看，开设修身、教育、国文、历史、地理、家政、体操、习字、图画、手工、乐歌、算学、理科13门课程，分两部修完。每部又分必修课和选修课，其中习字、手工、乐歌为选修课，其余为必修课。学堂对简易科学生的要求高于选科学生。简易科学生必须修完两部必修课和选修课。而选科学生仅限定修身和教育课程为必修课，其余科目自主选择。下表为具体科目详情：

表10-4　　　　　　　　　　北洋女子师范学堂课程设置表

第一部科目	具体科目	修习方式	第二部科目	具体科目	修习方式
修身	人伦道德要旨、教授法	必修	修身	人伦道德要旨、教授法	必修
教育	教育史、应用心理学、论理学大意、教育原理、教授法、保育法、管理法、实地练习		教育	教育史、应用心理学、论理学大意、教育原理、教授法、保育法、管理法、实地练习	
国文	讲读、文法、作文、教授法		国文	讲读、作文	
历史	中国历史、东洋史要、西洋史要、教授法		算学	四则诸算、分数、小数、比例、百分、难题、开方	
地理	中国地理、外国地理、地文、教授法		理科	植物、动物、矿物、地质、化学、物理、地文、生理、教授法	
家政	家事卫生、衣食住、育儿、家计簿记		家政	家事卫生、衣食住、育儿、看护、家计簿记、教授法	
体操	普通、游戏、教授法		图画	自在、用器	

---

① 璩鑫圭、童富勇、张守智编：《北洋女子师范学堂章程》，载璩鑫圭、童富勇、张守智编《实业教育　师范教育》，陈元晖主编《中国近代教育史资料汇编》，上海教育出版社2007年版，第789页。

续表

第一部科目	具体科目	修习方式	第二部科目	具体科目	修习方式
习字	楷书、行书	选修	体操	普通、游戏、教授法	选修
图画	自在、用器、教授法		习字	楷书、行书、教授法	
手工	裁缝、编物、刺绣、教授法		手工	裁缝、编物、刺绣、教授法	
乐歌	单音唱歌、复音唱歌、乐器用法、教授法		乐歌	单音唱歌、复音唱歌、教授法	

资料来源：璩鑫圭、童富勇、张守智编：《北洋女子师范学堂章程》，载璩鑫圭、童富勇、张守智编《实业教育 师范教育》，陈元晖主编《中国近代教育史资料汇编》，上海教育出版社2007年版，第790—791页。表格为笔者根据该资料自制。

总体而言，第一部和第二部的课程设置稍有变动。其中，两部分共同的必修科目有修身、教育、国文、家政和体操；共同的选修科目有习字、手工和乐歌。在第二部学科设置中取消历史学科，增设算学；地理学习的范围扩大，增加植物、动物、矿物、地质、化学、物理、地文、生理、教授法等内容，改称为理科。图画课程在第一部为选修课，在第二部设置为必修课。具体而言，两部中的修身课程都包括人伦道德要旨及教授法。教育学科中除学习普通教育学知识外，开设不同于男子师范教育的课程，即保育课。同时，两部必修课中都开设家政课和手工课等传统女子习得内容。

由课程设置可见，女子学堂教育兼具现代性与传统性。首先，课程门类广，中西学融为一体。从国文、历史等中国文化课程到理科、算学等西学文化课程一应俱全，既开阔了学生的西学视野，又习得了中国的传统文化；其次，文学性与艺术性兼修。除学习基础课程外，学堂也开设艺术气息浓厚的课程，比如，图画、体操、乐歌课程。在这种教育影响下，女子不但具有文学美也具有艺术美，达到内外兼修的目的。然而，从开设的保育课程以及家政和手工课程可见女性教育仍旧未能摆脱传统家庭教育的牢笼，这与传统思想对女性的要求密切相关。人伦道德课程的开设以禁锢女性思想为目的，使其仍旧束缚于传统女德思想中。纵然传统偏见思想在课程设置中仍旧有所体现，但历史进步的脉络清晰可见。

（三）学额、入学、试业、退学及修业年限

北洋女子师范学堂章程在学额、入学、试业、退学、修业年限等方面也做出规定。教育形式分简易科和选科两种，对两者的要求有所不同。具体要求如表10-5所示：

表 10-5　　　　　　　　北洋女子师范学堂简易科及选科要求对比表

学习形式	学额分配及修业年限	入学资格	入学试业	退学
简易科	每班40人修业年限计一年六个月	①品行端正，身体健康，有一定的学识且年龄在20—40岁②文理不通，身家不清及性质不纯曾经他学堂斥退者，概不收录	①两月为期，如考验德行、学业均能合格者，应签名立保证书，为留学之证②两月之内考验未能合格者，即行辞退③愿于是时告退者，亦听④除此概不得无故退学	资性过钝，罹患重病，或不守校规者，得随时令其退学
选科	每班20人修业年限计一年六个月	①具备简易科录取资格但不想修全部学科的②文理不同，身家不清及性质不纯曾经他学堂斥退者，概不收录		

资料来源：璩鑫圭、童富勇、张守智编：《北洋女子师范学堂章程》，载璩鑫圭、童富勇、张守智编《实业教育　师范教育》，陈元晖主编《中国近代教育史资料汇编》，上海教育出版社2007年版，第791页。表格为笔者根据该资料自制。

从表 10-5 可见，简易科和选科学习年限都为18个月，入学资格、入学试业及退学情况基本相同。班额分配上有所不同，简易科人数每班多于选科20人。达到入学资格的学生可结合自身情况选择简易科或选科学习，两者在后续的课程学习方面有所区别。学生入学后两个月参加试业考试，包括品德操行和学业两方面，二者皆合格，才能继续留校学习。考试不合格或者身患疾病及不守校规者将作退学处理。

三　母教强国：女子师范学堂章程法制化

随着各地女子学堂及女子师范学堂的不断涌现，面对已定事实，清政府被迫认清形势，重视女子师范教育。为规范女子师范教育，学部于1907年颁布《女子师范学堂章程》，把女子师范教育上升到国家层面并在法律上给予充分保障（表 10-6 为女子师范学堂章程中的部分内容）。

表 10-6　　　　　　　　　《女子师范学堂章程》（节选）

培养目标	女子师范学堂，以养成女子小学堂教习，并讲习保育幼儿方法，期于裨补家计，有益家庭教育为宗旨
办学规定	①官办规定：女子师范学堂，须限定每州县必设一所。惟此时初办，可暂于省城及府城由官筹设一所，余俟随时酌量地方情形，逐渐添设②民办规定：女子师范学堂，亦许民间设立，惟须由地方官查明，确系公正绅董经理者，方许设立；并须先将详细办法禀经提学使批准，与章程符合，方许开办
学费规定	女子师范学堂，由官设立者，其经费当就各地筹款备用，女子师范生无庸缴纳学费
修业年限	修业年限为四年

入学条件	①学生入学，以毕业女子高等小学堂第四年级，年15岁以上者为合格 ②其毕业女子高等小学堂第二年级、年13岁以上者，亦可入学，惟当令其先入预备科补习1年，再升入女子师范科 ③选女子师范生入学之定格，须取身家清白、品行端淑、身体健全，且有切实公正绅民及家族为之保证，方收入学
课程设置	修身、教育、国文、历史、地理、算术、格致、图画、家事、裁缝、手艺、音乐、体操
毕业义务	①女子师范学堂毕业生，自领毕业文照之日起，3年以内，有充当女子小学堂教习或蒙养院保姆之义务 ②女子师范学堂毕业生，如有不得已事故，实不能尽教职义务者，由地方官查明，禀奉提学使允准，量缴学费，可豁除其教职义务 ③女子师范学堂毕业生，如有不肯尽教职之义务，或因事撤销教习凭照者，当勒缴在学时所给学费。其数多少，临时酌定

资料来源：璩鑫圭、童富勇、张守智编：《女子师范学堂章程》，载璩鑫圭、童富勇、张守智编《实业教育师范教育》，陈元晖主编《中国近代教育史资料汇编》，上海教育出版社2007年版，第597页。表格为笔者根据该资料自制。

　　章程表明女子师范教育以培养从事家庭教育、蒙养学堂教育以及小学堂教育的女教员为目标。允许官方及民间办学，要求省城及官府设立1所，最终达到每州县设1所，官办学校由当地筹资，学生免除学费，支持符合章程的民间办学。每班以40人为限，每个学堂不超过200人。学习年限为4年。课程开设修身、教育、国文、历史、地理、算术、格致、图画、家事、裁缝、手艺、音乐、体操13科，并提出各学科的学习程度。在入学条件方面，首先要求身家清白，品行端正，身体健全。其次要求毕业于女子高等小学堂第四年级，年龄为15岁以上。鉴于女子教员的急缺，适当放宽入学要求即年龄满13岁，且毕业于女子高等小学堂第二年级。在入校后需在预备科学习1年，再升入女子师范科。学生毕业后必须服役3年。因特殊情况不能服役者，择情补缴学费。

　　相比于《北洋女子师范学堂章程》，《女子师范学堂章程》对女德的要求更加严格。首先，在师范学堂教育总要里提到："其一切放纵自由之僻说（如不谨男女之辨，及自行择配，或为政治上之集会演说等事），务须严切屏除，以维风化。中国男子间有视女子人卑贱，或待之失平允者，此亦一弊风。但须于男子教育中注意矫正改良之。（至于女子之对父母夫婿，总以服从为主）"[①]。可见，中国封建思想根深蒂固，即便女子获得受教育权，也仍旧处于从属地位。女子教育成为传播女德的最佳方式。其次，修身课中使用的课本有《列女传》《女诫》《女训》《女学》等传统女子教育书籍，这也在一定程度上禁锢了女子的思想，使女子难

---

① 璩鑫圭、童富勇、张守智编：《女子师范学堂章程》，载璩鑫圭、童富勇、张守智编《实业教育师范教育》，陈元晖主编《中国近代教育史资料汇编》，上海教育出版社2007年版，第598页。

以逃出封建思想的枷锁。《女子师范学堂章程》也有其进步性。"至女子缠足，尤为残害肢体，有乖体育之道，务劝令逐渐解除，一洗积习。"[1] 这一规定使沿袭多年并残害女子身体健康的缠足彻底取消，在一定程度上提升了女子的地位。

　　从教学宗旨、课程设置来看，清末女子师范教育有其自身的特点。在教学宗旨方面，女子与男子的教育存在差距。清政府为女子教育设定了很多限制，把"女德""礼教"作为女子学习的重点内容，主要目的在于培养相夫教子的安分女子，维护清王朝的统治基础，可见女子师范教育的目的并不是培养和男子地位一致的新时代独立女性，而是培养更加完善的传统女性。在课程设置方面，注重对家务技能的培训。女子教育除了开设基础课程，家事、手艺占比很重。传统礼教强调女性家庭角色，女子仍旧作为男性的附属品而存在，只有掌握了家务技能才能更好地服务家庭。

　　清政府将女子师范教育纳入国家师范教育的统一发展轨道，有效缓解了进退维谷的境地。通过颁布《女子师范学堂章程》，一方面，将女子师范教育控制在"母教强国"范围之内，减少保守派对发展女学的顾虑；另一方面，顺应时代，减少激进派要求发展女子师范教育的呼声。章程对女子学堂的认可促使女子学校教育合法化，为女子接受教育，走出家庭，走向社会提供了机会与法律保障。女子师范学堂成为女性接受中等教育、寻求职业、走向社会、赢得自立的主要途径。[2] 然而，由于女子学校教育历史性的缺失、清政府认识的缓慢以及传统封建思想的根深蒂固，女子师范教育只能在夹缝中缓慢发展。

---

[1] 璩鑫圭、童富勇、张守智编：《女子师范学堂章程》，载璩鑫圭、童富勇、张守智编《实业教育 师范教育》，陈元晖主编《中国近代教育史资料汇编》，第598页。

[2] 丛小平：《从母亲到国民教师——清末民族国家建设与公立女子师范教育》，《清史研究》2003年第1期。

第十一章　千回百转：民国教师教育政策的迂回演进

民国时期的师范教育随政权改变历经更迭，带有浓厚的官本色彩。民国元年，南京临时政府改革封建教育，形成以军国民教育、实利主义教育、公民道德教育、世界观教育、美感教育为宗旨的"五育并举"的教育方针。随着壬子·癸丑学制的制定和实施，新的法律法规相继出台，师范教育也迎来改革新契机。然而1912年袁世凯篡夺革命政权，掀起"尊孔复古"逆流，教育沉渣泛起。但是，中国教育民主化和现代化的发展趋势已势不可挡。为抵制尊孔复古逆流，"新文化运动"勃然兴起，壬戌学制应时而生。然而带有民主精神的壬戌学制却忽视了师范教育的重要性，使师范教育的独立地位受到威胁。南京国民政府成立后，对师范教育作出适时调整，师范教育的独立地位得以恢复。纵观整个民国时期，随着政权的变更，师范教育政策呈现迂回发展的态势。但是师范教育民主化和现代化的发展仍处于主流，中国的师范教育也开始步入中国化的探索之路。

第一节　弃旧开新：民国师范教育政策新开端

辛亥革命开启了中国民主主义进程。南京临时政府一方面把恢复学校教育放在首要位置，另一方面通过颁布一系列教育法令确立新教育制度。师范教育政策也在教育大变革背景下曲折推进。

一　破旧立新：壬子·癸丑学制的确立

1912年1月19日，教育部颁布《普通教育暂行办法》（以下简称《办法》）以及《普通教育暂行课程之标准》（以下简称《课程标准》），这是南京政府首次以中央政府名义发布的教育文件。《办法》中除要求各地小学、中学、师范学校按期开学外，还做出了如下变革性规定：

> 从前各项学堂均改称为学校。监督、堂长应一律改称校长。
> 初等小学校可以男女同校。
> 凡各种教科书，务合乎共和民国宗旨。清学部颁行之教科书，一律禁用。

小学读经科一律废止。
小学手工科应加注重。
高等小学以上体操科，应注重兵式。
初等小学算术科，自第三学年起，应兼课珠算。
中学校为普通教育，文、实不必分科。
中学校、初级师范学校，在改为四年毕业。
旧时奖励出身，一律废止。①

禁用清朝教科书，废除小学读经科以及废除清朝奖励出身的政策体现出国民政府对于清除封建教育遗存的决心。初等小学可男女同校，摒弃了"男尊女卑"的封建思想，提高了中国女子地位。这些变革性规定真正体现出民主平等思想，中国的教育在民主思潮中蓬勃发展。

《课程标准》规定师范教育课程开设修身、教育、国文、外国语、历史、地理、数学、博物、理化、法制、经济、习字、图画、手工、音乐、体操等科目。女子师范教育则加设家政裁缝课程。视地方情形可加设农、工、商业中一门科目。1912年9月，在《普通教育暂行办法》《普通教育暂行课程之标准》两个文件基础上，教育部公布《学校系统令》，初步确立新教育体制，即壬子·癸丑学制。

二 通时合变：师范教育政策的制定

1913年，为进一步完善新学制，各类学校规程相继出台。《师范教育令》《师范学校规程》以及《高等师范学校规程》的颁布促进了师范教育的改革。师范教育由晚清时期的初级师范学堂和优级师范学堂分别改为师范学校和高等师范学校。《师范学校规程》和《高等师范学校规程》分别从培养目标、课程设置、入学及退学规定、学费、服务义务等方面做出详细的规定和说明。

（一）中等师范教育政策

《师范教育令》对中等师范教育的目的、学校性质、经费来源、学费等相关内容做了初步说明。中等师范教育目的设定为"造就小学校教员"②。其学校性质分为省立师范学校、县立师范学校及私立师范学校三种形式。三种性质的学校创建均需向教育总长报告，获批许可才能建立。教育经费由省经费支出。同时，师范学校设立附属小学校。在《师范学校规程》中对各项要求的说明更加翔实。

1. 培养目标

《师范学校规程》从八个方面对师范生的培养目标提出了要求。其根本宗旨

---

① 璩鑫圭、唐良炎编：《电各省颁发普通教育暂行办法》，载璩鑫圭、唐良炎编《学制演变》，陈元晖主编《中国近代教育史资料汇编》，上海教育出版社2007年版，第605—606页。

② 璩鑫圭、唐良炎编：《师范教育令》，载璩鑫圭、唐良炎编《学制演变》，陈元晖主编《中国近代教育史资料汇编》，上海教育出版社2007年版，第670页。

可概括为对学生进行军国民教育、实利主义教育、公民道德教育、世界观教育和美感教育。具体而言，培养学生的爱国情操、正确的世界观和人生观、良好的操行品德、健康的体魄以及欣赏美和感受美的能力。同时，要求培养学生的创新精神和学习能力。具体内容如下：

> 一、健全之精神，宿于健全之身体，故宜使学生谨于摄生，勤于体育。二、陶冶情性，锻炼意志，为充任教员者之要务，故宜使学生富于美感，勇于德行。三、爱国家、遵法宪，为充任教员者之要务，故宜使学生明建国之本原，践国民之职分。四、独立、博爱为充任教员者之要务，故宜使学生尊品格而重自治，爱人道而尚大公。五、世界观与人生观为精神教育之本，故宜使学生究心哲理而具高尚之志趣。六、教授时常宜注意于教授法，务使学生于受业之际，悟施教之方。七、教授上一切资料，务切于学生将来之实用，以克副小学校令其施行规则之旨趣。八、为学之道，不宜专恃教授，务使学生锐意研究，养成自动之能力。①

该培养目标完全摒弃清末的封建思想统治，真正从学生发展出发，力求培养学生的内在美与外在美。对学生创新精神和学习能力的培养更具有时代意义和前瞻意识。

2. 学科设置

中等师范教育分为本科和预科两种类型。其中本科设立第一部和第二部，学制分别为四年和一年。预科为进入本科第一部前的教育，学制一年。根据不同的学习程度，课程设置也有所不同。具体课程设置如下表所示：

表 11-1　　　　　壬子·癸丑学制中等师范教育课程科目安排表

学习程度	课程科目	学制	备注
预科	修身、国文、习字、英语、数学、图画、乐歌、体操	一年	
本科第一部	修身、教育、国文、习字、英语、历史、地理、数学、博物、物理化学、法制经济、图画、手工、农业、乐歌、体操	四年	①视地方情形，得缺农业，或以世界语代英语 ②视地方情形，得加课商业；其兼课商业、农业者，令学生选习之
本科第二部	修身、教育、国文、数学、博物、物理化学、图画、手工、农业、乐歌、体操	一年	

资料来源：璩鑫圭、唐良炎编：《教育部公布师范学校规程》，载璩鑫圭、唐良炎编《学制演变》，陈元晖主编《中国近代教育史资料汇编》，上海教育出版社 2007 年版，第 688—692 页。表格为笔者根据该资料自制。

---

① 璩鑫圭、唐良炎编：《教育部公布师范学校规程》，载璩鑫圭、唐良炎编《学制演变》，陈元晖主编《中国近代教育史资料汇编》，上海教育出版社 2007 年版，第 687—688 页。

如表 11-1 所示，预科开设有修身、国文、习字、英语、数学、图画、乐歌和体操共 8 门课程。其为进入本科的准备阶段，故课程科目相对较少，学时少，只需掌握基础知识即可。进入本科第一部后课程科目由 8 门增加到 16 门，增设教育、历史、地理、博物、物理化学、法制经济、手工、农业 8 门课程。课程门类广，涉及领域多，修业年限为 4 年。同时，根据特殊情况，因地制宜提出解决方案。比如：通过增加其他科目时数弥补缺少的农业课程；根据地方情形，开设商业课程等。本科第二部开设修身、教育、国文、数学、博物、物理化学、图画、手工、农业、乐歌、体操共 11 门课程。因学习年限为 1 年，故本科第二部的课程科目较第一部有所减少，但因其学习程度高于预科，故较预科课程科目多且难度高。

整体而言，课程科目根据学习程度和学习年限的不同有所区别。同时，根据当地实情开设或者调整课程。课程的安排不但讲求循序渐进的学习方式，更体现实事求是、因地制宜的课程设置理念。这在当时具有历史进步性，为之后的课程设置提供了借鉴意义。

3. 入学及退学规定

针对预科和本科教育性质差异，在身体健全和品行端正的前提下，《师范学校规程》提出不同的入学条件：

> 在高等小学校毕业者，或年在十四岁以上与有同等学力者，得入预科。
> 在预科毕业，或年在十五岁以上与有同等学力者，得入本科第一部。
> 在中学校毕业，或年在十七岁以上与有同等学力者，得入本科第二部。
> 凡志愿入学者，须由县行政长官保送，并有妥实之保证人具保证书，送校长试验收录；其在高等小学校毕业者，并呈验毕业证书。
> 前项试验科目，在高等小学校毕业生，试国文、算术二科，非由高等小学校毕业者，试国文、算术、历史、地理、理科等，以高等小学校毕业程度为标准。
> 入学后，须试习四个月以内。①

入学条件政策的制定倾向于满足不同层次学生的需求，为学生求学提供丰富的机会。入学者须开具保证书及长官保送，做到入学条件审查的严格性与正规性。针对教育性质的差异，设置不同的入学考试内容，切合实际，有助于吸收优秀生源。入学后的试习政策为选拔合格生源、培养优秀师资打下基础。

师范教育的严格性与正规性不但体现在入学方面，也体现在退学方面。对于

---

① 璩鑫圭、唐良炎编：《教育部公布师范学校规程》，载璩鑫圭、唐良炎编《学制演变》，陈元晖主编《中国近代教育史资料汇编》，上海教育出版社 2007 年版，第 695—696 页。

身体羸弱，成绩过劣，品行不正者，校长可责令退学。这一政策的制定避免入学者一劳永逸，激励他们在求学过程中，身心全面发展，德才兼备，顺利完成学业。

4. 学费及惩戒

在《师范教育令》中就已提出"师范学校、高等师范学校学生免纳学费，并由本学校酌给校内必要费用"①。

《师范学校规程》在学费方面的解释更加详细：

> 公费生免纳学费，并由本学校给以膳宿费及杂费。……各地方得酌量情形，减给前项费额之半数。师范学校得收自费生，其人数、费额，由省行政长官核定之。②

由此可知，师范生有公费、半费和自费三种。学费标准依师范生类别不同有所差别。其中，公费生免纳学费并可获得本学校资助的膳宿费及杂费。半费生则根据地方学费情况减半收费。学校招收的自费生，则由省行政长官核实规定。对于因事故退学或自行退学的毕业生，要求偿还学费。其中，公费生应偿还全部学费以及各项补助费；自费生则依据缴纳学费情况偿还部分学费或全部学费。民国初期的师范教育学费政策基本沿袭清末的公费生和自费生两种形式的学费政策。

5. 服务义务

师范生的培养目的是充实学校教育的师资力量。为保障人才利用的有效性，政府提出不同的服务义务标准。

第一，本科毕业生服务地点为本省小学校。服务期限从授予毕业证书开始算起，本科第一部公费生服务期限为7年，半费生5年，自费生3年；本科第二部服务年限为2年。

第二，针对特殊情况做出不同的说明。首先，不能在本省履行义务的毕业生，经省行政长官认可，可在他省或华侨所居地工作，但是仅限从事教育事业。其次，毕业生在服务期限内，想进入国立学校继续深造者，须得到省行政长官许可。最后，本科毕业生确因特殊情况不能履行服务义务，省行政长官可酌量减免之。

第三，针对服务期限内师范生的不当行为，如无正当理由不履行义务者，因受到处分免职者，许可状已失效力或受褫夺者，被免除服务资格者，《师范学校规程》也做出相应的惩罚措施。公费生偿还全部学费及补助费，自费生则依据缴纳学费情况偿还部分学费或全部学费。

服务义务规定以及惩罚措施的出台有利于规范毕业生的服务行为，端正其服

---

① 璩鑫圭、唐良炎编：《教育部公布师范教育令》，载璩鑫圭、唐良炎编《学制演变》，陈元晖主编《中国近代教育史资料汇编》，上海教育出版社2007年版，第671页。

② 璩鑫圭、唐良炎编：《教育部公布师范学校规程》，载璩鑫圭、唐良炎编《学制演变》，陈元晖主编《中国近代教育史资料汇编》，上海教育出版社2007年版，第696—697页。

务理念,确保师资培养利用的有效性,加速师资的流动性,促进中国教育事业的发展。

(二) 高等师范教育政策

《师范教育令》对高等师范教育的目的、学校性质、经费来源、学费等相关内容做了简单说明。高等师范教育的目的是"造就中学校、师范学校教员"[①]。其学校性质为国立,由教育总长规定地点和校数。教育经费由国库支出。同时,在高等师范学校设立附属小学校和中学校。《高等师范学校规程》对各项要求的说明更加详细。

1. 学科设置

高等师范学校设有预科、专修科、选科、本科、研究科等培养类型。

本科分国文部、英文部、历史地理部、数学物理部、物理化学部、博物部共6部。其学科课程安排分为通习科目和分习科目。通习科目为各部学生均需学习的课程,分习科目为各部单独开设的课程。

通习科目有伦理学、心理学、教育学、英语和体操共5门课程。各部根据科目特点开设的分习科目有:国文部开设国文及国文学、历史、哲学、美学、言语学;英语部开设英语及英文学、国文及国文学、历史、哲学、美学、言语学;历史地理部开设历史、地理、法制、经济、国文、考古学、人类学;数学物理部开设数学、物理学、化学、天文学、气象学、图画、手工;物理化学部开设物理学、化学、数学、天文学、气象学、图画、手工;博物部开设植物学、动物学、生理及卫生学、矿物及地质学、农学、化学、图画。同时各部可加授世界语、德语、乐歌为随意科。英语部可加授法语。[②]

预科科目有伦理学、国文、英语、数学、论理学、图画、乐歌、体操共8门课程。同时《高等师范学校规程》规定高等师范学校设立专修科和选科。专修科在师范学校及中学校某科教员缺乏等特殊情况下设立,以弥补教员的临时不足。具体科目设置规程中并未提及。选科为立志从事师范学校及中学校教员而开设,其科目安排为学习本科及专修科中一科目或数科目,但伦理及教育学是必修课程。研究科未做课程要求。

2. 学额及修业年限

《高等师范学校规程》对专修科、预科、本科及研究科的招生名额均做出规定。预科和本科学生总名额在600名以下,预科生150名,本科生按照各部分配不同名额,其中国文部、英语部和历史地理部各30人;数学物理部、物理化学部、博物部各20人。研究科和专修科不限额,由校长酌情制定名额并请教育总长

[①] 璩鑫圭、唐良炎编:《教育部公布师范教育令》,载璩鑫圭、唐良炎编《学制演变》,陈元晖主编《中国近代教育史资料汇编》,上海教育出版社2007年版,第670页。

[②] 璩鑫圭、唐良炎编:《教育部公布高等师范学校规程》,载璩鑫圭、唐良炎编《学制演变》,陈元晖主编《中国近代教育史资料汇编》,上海教育出版社2007年版,第725页。

认可。

对修业年限规定如下：预科生修业年限1年，本科生3年，研究生1年或2年，专修科学生2年或3年，选科生2年以上、3年以下。学生在本科3年级应分配到附属中学和小学进行实习。专修科选科生在最后学年实习。

3. 入学及退学规定

在身体健全和品行端正基本条件下，对预科、专修科、本科及研究科提出不同的入学条件。

首先，预科和专修科入学规定为：第一，具备师范学校、中学校毕业或具有相当程度的同等学力者；第二，所有入学者均须县行政长官保送且有保证人出具保证书，由校长试验收录；第二，非师范学校和中学校毕业生，入学考试科目内容及难度以师范学校和中学校毕业生为标准，并加口答测试。第四，预科班1年招生1次，专修科班随时招生。

其次，预科毕业生直接升入本科。公费研究生由校长在本科及专修科毕业生中选拔。从本国或外国专门学校毕业且从事教育事业，有相当程度的学识和经验者，经校长认可，可作为自费研究生入学。

对于身体羸弱，成绩过劣，品行不正者，校长有权责令退学。

4. 学费及惩戒

与中等师范教育大体相当，高等师范教育分公费教育和自费教育。预科均为公费生，但也可收录自费生。本科由预科毕业生升入，均为公费生。研究科招生有两条渠道。第一，由本科及专修科升入研究科的为公费生。第二，从本国或者外国专门学校毕业的同等学力者可自费入学。专修科和选科为自费生，但专修科可根据实际情况给予公费待遇。学费规定：

> 公费生免纳学费，并由本学校给以膳费及杂费。前项费额，由校长预算呈请教育总长核定。自费生之人数及费额，由校长酌定，呈请教育总长认可。[①]

公费生免纳学费并可获得膳宿费及杂费，费额由教育总长核定。自费生人数和费额由校长制定，教育总长认可。

对于因事故退学或自行退学的毕业生，要求偿还学费。学生因事故退学或任意告退者，则有相关规定如下：

> 在公费生，应令偿还学费及给予各费，在自费生，应令偿还学费，但

[①] 璩鑫圭、唐良炎编：《教育部公布高等师范学校规程》，载璩鑫圭、唐良炎编《学制演变》，陈元晖主编《中国近代教育史资料汇编》，上海教育出版社2007年版，第727页。

得酌量情形免其一部或全免之。前项偿还学费之数，以专门学校学费为标准。①

其中，公费生应偿还全部学费以及各项补助费；自费生则依据缴纳学费的情况偿还部分学费或全部学费。民国初期的高等师范教育学费政策与中等师范教育相同，基本沿袭了清末公费生和自费生两种形式。

5. 服务义务

高等师范生的培养目的是充实中学校和师范学校的师资力量。对公费生和自费生的服务义务要求不同。

第一，从授予毕业证书之日起算，本科公费生服务期为 6 年。专修科公费生服务期为 4 年；自费生服务期限均视公费生减半，即本科自费生服务期为 3 年，专修科自费生服务期为 2 年。

第二，针对特殊情况做出不同说明。首先，教育总长指派职务或边远地区服务者，其服务期限，本科公费生减至 4 年；专修科公费生减至 3 年。其次，如遇特殊情况不能履行服务义务的毕业生，经教育总长核定可延期服役或免除服役。最后，在服务期内如有学生立志从事研究科学习，教育总长批准后即可入学。

第三，针对服务期限内师范生的不当行为，比如，无正当理由不履行义务者；因受到处分免职者；许可状已失效力或受褫夺者；被免除服务资格者，《高等师范学校规程》也做出相应的惩罚措施。公费生偿还全部学费以及给予的补助费；自费生则依据缴纳学费的情况偿还部分学费或全部学费。

（三）女子师范教育政策

女子师范教育在民国初年得到极大重视。《师范教育令》中写道："专教女子之师范学校称女子师范学校，以造就小学校教员及蒙养园保姆为目的"。②

1. 女子中等师范教育政策

《师范学校规程》除课程设置、服务年限单独做出规定外，其余要求与普通中等师范教育要求一致。

（1）课程设置：女子师范教育分预科和本科。预科课程有修身、国文、习字、英语、数学、图画、乐歌、体操以及缝纫课程。本科分本科第一部和本科第二部。本科第一部设有修身、教育、国文、习字、历史、地理、数学、博物、物理化学、法制经济、图画、手工、家事园艺、缝纫、乐歌、体操。根据当地实情，可增设英语或世界语作为选修课。本科第二部设有修身、教育、国文、数学、博

---

① 璩鑫圭、唐良炎编：《教育部公布高等师范学校规程》，载璩鑫圭、唐良炎编《学制演变》，陈元晖主编《中国近代教育史资料汇编》，上海教育出版社 2007 年版，第 727 页。

② 璩鑫圭、唐良炎编：《教育部公布师范教育令》，载璩鑫圭、唐良炎编《学制演变》，陈元晖主编《中国近代教育史资料汇编》，上海教育出版社 2007 年版，第 670 页。

物、物理化学、图画、手工、缝纫、乐歌、体操。① 预科学制 1 年，本科第一部学制 4 年，本科第二部学制 1 年。与普通中等教育相比，女子中等师范教育增设缝纫和家事园艺课程。这两门课程的增设可见当时人们对女子职业的固化思维。具体课程安排如表 11-2 所示：

表 11-2　　　　壬子·癸丑学制女子中等师范教育课程科目安排表

学习程度	课程科目	学制	备注
预科	修身、国文、习字、英语、数学、图画、乐歌、体操、缝纫	一年	
本科第一部	修身、教育、国文、习字、历史、地理、数学、博物、物理化学、法制经济、图画、手工、家事园艺、缝纫、乐歌、体操	四年	①视地方情形，得加英语或世界语，为随意科 ②家事园艺科之园艺得缺之
本科第二部	修身、教育、国文、数学、博物、物理化学、图画、手工、缝纫、乐歌、体操	一年	

资料来源：璩鑫圭、唐良炎编：《教育部公布师范学校规程》，载璩鑫圭、唐良炎编《学制演变》，陈元晖主编《中国近代教育史资料汇编》，上海教育出版社 2007 年版，第 688、692 页。表格为笔者根据该资料自制。

（2）服务义务：女子师范学校毕业生执行公费生 5 年的服务期限。半费生的服务期限规定为 4 年，自费生相对较短为 3 年；本科第二部服务年限 2 年，相比普通中等师范教育，其年限缩短，其他规定与中等师范教育要求相同。

2. 女子高等师范教育政策

1912 年 9 月教育部公布的《师范教育令》中写道："女子高等师范学校以造就女子中学校、女子师范学校教员为目的"②，但实际上女子高等师范教育并未实施。1916 年 10 月，第二届全国教育会联合会大会决议案中再次提及请设女子高等师范学校。1919 年 3 月，教育部颁布《女子高等师范学校规程》，中国女子高等师范教育正式开启。

（1）学科设置：女子高等师范教育划分出选科、专修科、预科、本科以及研究科五类。《高等师范学校规程》只对本科课程进行详细说明。选科、专修科、预科和研究科多由校长定夺。其中，研究科学习本科各部的一门科目或数门科目。选科除伦理、教育必须修习外，需要选择本科或专修科中的一科或数科学习。

本科分文科、理科和家事科。文科并设伦理、教育、国文、外国语、历史、

---

① 璩鑫圭、唐良炎编：《教育部公布师范学校规程》，载璩鑫圭、唐良炎编《学制演变》，陈元晖主编《中国近代教育史资料汇编》，上海教育出版社 2007 年版，第 692 页。
② 璩鑫圭、唐良炎编：《教育部公布师范教育令》，载璩鑫圭、唐良炎编《学制演变》，陈元晖主编《中国近代教育史资料汇编》，上海教育出版社 2007 年版，第 670 页。

地理、家事、乐歌、体操共 9 门。理科开设伦理、教育、国文、数学、物理、化学、植物、动物、生理及卫生、矿物及地质、外国语、家事、图画、乐歌、体操共 15 门。文科、理科、家事科课程需分学部学习。规定科目可由校长根据实情经教育总长许可增加或减少。授课时数由校长订定，呈请教育总长认可。

（2）学额及修业年限：专修科、预科、本科及研究科招生名额不同。预科和本科招生总名额低于 600 名，研究科和专修科不限额，由校长酌情制定名额。

修业年限设定为研究生 1 年或 2 年，本科生 3 年，预科生 1 年，专修科和选科学生 2 年或 3 年。其中本科 3 年级学生，应在附属学校和蒙养园进行实习；专修科和选科学生在最后学年实习。

（3）入学及退学规定：选科、专修科、预科、本科以及研究科入学基本标准为身体健全，品行端洁。

首先，针对预科和专修科的规定为：第一，在女子师范学校或中学校毕业。第二，由省区长官送校测验。第三，预科一年招生一次，专修科随时招生。

其次，预科毕业直接升入本科。本科毕业升入研究科；同等学力者经考核通过也可录取。

最后，新招收学生试学 4 个月，品行学力合格，可继续完成学业。

与普通高等师范教育相同，女子高等师范教育也按不同层级制定入学条件，满足不同层次的入学需求。在退学方面加入休学处理，比普通高等师范教育详细具体。

> 学生有成绩过劣，身体羸弱，及性质不宜于教职者，校长得令其退学。学生非有不得已事故，经校长认可者，不得退学。学生于一学年中因疾病或事故旷课至百日以上者，得命其休学。其休学期限，由校长定之。校长认为必须休学时，虽未旷课至百日以上，亦得依本条办理。休学学生于休学期满则，应插入后一学年之学级。①

除身体羸弱，成绩过劣，品行不正者，校长有权责令退学外，学生在一学年中因病或事故旷课百日以上，须做休学处理。虽未旷课，但校长认为须休学的情况，按规定办理。

（4）学费及惩戒：女子高等师范教育分公费生和自费生。

> 预科、本科及研究科，均为公费生，但得酌量情形，收录自费生。专修

---

① 璩鑫圭、童富勇、张守智编：《教育部订定女子高等师范学校规程》，载璩鑫圭、童富勇、张守智编《实业教育 师范教育》，陈元晖主编《中国近代教育史资料汇编》，上海教育出版社 2007 年版，第 841—842 页。

科、选科,均为自费生,但专修科生亦得视特别情形,酌给公费。①

虽然根据教育性质的不同,分别招收公费生和自费生,但是公费生和自费生的招收界限并不严格,可根据特殊情况酌情招生。预科、本科、研究科招收公费生也可酌情招收自费生;专修科招收自费生,但也可根据实际情况给予公费待遇。

学费规定:"公费生免纳学费,并由本校支给膳费及杂费。自费生应缴费额,由校长酌定,呈报教育总长。"② 其规定与普通高等师范教育一致。

对于违背校规而责令退学或自行随意退学的毕业生,要求偿还学费。"在公费生,应令偿还学费及所给各费;在自费生,应令偿还学费,但得酌量情形,免其一部或全免之。"③ 其中,公费生应偿还全部学费以及各项补助费,自费生则依据缴纳学费的情况偿还部分学费或全部学费。

(5)服务义务:《女子高等师范学校规程》对本科及专修科的服务义务给出明确规定。预科、选科及研究科未做说明。服务年限依据公费生和自费生做出不同的要求。

第一,从授予毕业证书之日起算,本科公费生服务4年,专修科公费生服务3年;本科和专修科自费生服务2年。

第二,针对本科及专修科的特殊情况做出不同说明。首先,经教育总长特别制定职务及服务于边远之地者,本科公费生服务期减至3年;专修科公费生减至2年。本科及专修科自费生,经教育总长许可,服务期限可减至一年。其次,如遇特殊情况不能履行服务义务的毕业生,经教育总长核定可延期服役或免除服役。

第三,针对服务期限内师范生的不当行为,比如,无正当理由不履行义务,因受到处分免职,因特殊情况批准免除服务义务。《女子高等师范学校规程》惩罚措施与普通高等师范教育一致,即公费生偿还全部学费以及给予的补助费。自费生则依据缴纳学费的情况偿还部分学费或全部学费。

通过对民国初期师范教育政策的梳理可见,《师范教育令》对各级各类师范教育起到提纲挈领的作用,并依据不同的培养目标,将师范教育划分为师范学校、高等师范学校、女子师范学校,并出台相应的规程和课程标准,以落实中等师范教育及高等师范教育。这使师范教育的政策结构愈加简洁、清晰,并加速其规范化建设。④

---

① 璩鑫圭、童富勇、张守智编:《教育部订定女子高等师范学校规程》,载璩鑫圭、童富勇、张守智编《实业教育 师范教育》,陈元晖主编《中国近代教育史资料汇编》,上海教育出版社2007年版,第841页。
② 璩鑫圭、童富勇、张守智编:《教育部订定女子高等师范学校规程》,载璩鑫圭、童富勇、张守智编《实业教育 师范教育》,陈元晖主编《中国近代教育史资料汇编》,上海教育出版社2007年版,第842页。
③ 璩鑫圭、童富勇、张守智编:《教育部订定女子高等师范学校规程》,载璩鑫圭、童富勇、张守智编《实业教育 师范教育》,陈元晖主编《中国近代教育史资料汇编》,上海教育出版社2007年版,第842页。
④ 霍东娇:《中国百年师范教育制度变迁研究》,博士学位论文,东北师范大学,2018年。

中国的师范教育在民主改革浪潮的推动下，开启了新发展。师范教育政策更加灵活多样，体系逐渐完善，中等师范教育、高等师范教育及女子师范教育贯穿其中；师范教育的地位和质量得到提高；民主思想初步呈现；需要特别指出的是，女子高等师范教育获得倡导和发展，但是，由于国情所限，民国初期的师范教育政策在一定程度上流于形式，并未严格贯彻执行。

第二节　补敝起废：复辟教育的泛起与消亡

一　尊孔复古：复辟教育沉滓的泛起

1912年，袁世凯篡夺革命政权后在《注重德育整饬学风令》中指责各学校：

> 其管理认真日有起色者实不多见，大都敷衍荒嬉，日趋放任，甚至托于自由平等之说，侮慢师长，蔑弃学规，准诸东西各国学校取服从主义，绝不相同。①

此言论的发表实际是为其"尊孔复古"做铺垫。为恢复孔子地位，他在《祭孔告令》中扬言："是以国有治乱，运有隆污，惟此孔子之道亘古常新，与天无极。……前经政治会议议决，祀孔典礼，业已公布施行"，②并通过《祀孔案》，恢复祀孔典礼。在教育领域颁布《整理教育方案草案》，否定民国元年的教育法令，并确立如下教育方针：

> 变通从前官治的教育，注重自治的教育；力避从前形式的教育，注重精神的教育；摈弃从前支节的教育，企图全部的教育。③

在当时新思潮层出不穷的中国社会，袁世凯把带有封建性质的孔子推崇至极，其目的是利用教育的阵地推行封建帝制，中国民主教育的萌芽也在"尊孔复古"逆流中遭受践踏。

（一）复辟教育沉滓萌发

复辟教育以儒学教育为思想面具，倡导恢复孔子地位，传播封建思想文化。

---

① 宋恩荣、章咸编：《注重德育整饬学风令》，载宋恩荣、章咸编《中华民国教育法规选编》，江苏教育出版社2005年版，第3页。
② 袁世凯：《祭孔告令》，载璩鑫圭、唐良炎编《学制演变》，陈元晖主编《中国近代教育史资料汇编》，上海教育出版社2007年版，第743—744页。
③ 宋恩荣、章咸编：《教育部整理教育方案草案》，载宋恩荣、章咸编《中华民国教育法规选编》，江苏教育出版社2005年版，第4页。

"各学校宜注重训育，以孔子为模范人物，不宜偏重知识一方面。"① 其本质是通过思想枷锁维护封建帝制的主张。针对师范教育，《整理教育方案草案》做出以下几方面要求。

1. 训育要求

"师范学生采严格训育主义，俾将来克尽教师之天职。"② 草案中提倡教师的人格和道德修养，忽视知识文化传播，思想统治严格苛刻。

2. 管理规定

针对本国教员只知晓本国和本区域的教育，对外国教育原理知之甚少的情况，提出：

> 今宜定为令，凡师范学校校长暨担任教育科目之教员，每年课余有视察本区内教育情况之义务，归时有提出报告开会研究之义务，其旅行费由学校支出之。本其所得，参以世界之教育学理，而后有最新而又适切之教育讲演，养成真正之师范生……③

3. 学校设置

师范教育分高等师范学校和中等师范学校。高等师范学校的设置采用集中办学的方法，中等师范学校的设置采用分立办学的方法。

具体而言，高等师范学校将全国划分五个学区，每区设校一所，地点为北京、江宁、武昌、成都、广州五处。学校性质为国立，名额以全国中等教员需求为准，费用由国家承担。根据现实情况，指明五区师范高校后续工作方向。其中国立北京、武昌两校进行后续完善。广州、成都两所省立高等师范划归国立。南京、西安和长春三所学校，按期筹办，依次成立。国立高校的校长由教育部委派。由省聘的现任校长须由教育部另行委派，科目、编制、教授等事项也均由教育部考核。

中等师范学校由各省设立，经费由省负担。入学资格和教员资格检定须进行修改。其中，入学资格以招收高等小学毕业生为主。教员资格检定，凡未经高等师范毕业的教员，由教育部检定。其余情况，则依据完善后的规程执行。

同时，根据小学教员极其短缺的现状，提出师范生特别养成法。特别养成法指由一县或联合数县设立小学教员讲习所，其经费由各县承担。讲习所以专门培养初等小学教员为主，等级分正教员讲习科和副教员讲习科。特别养成法在当时

---

① 宋恩荣、章咸编：《教育部整理教育方案草案》，载宋恩荣、章咸编《中华民国教育法规选编》，江苏教育出版社2005年版，第6页。

② 宋恩荣、章咸编：《教育部整理教育方案草案》，载宋恩荣、章咸编《中华民国教育法规选编》，江苏教育出版社2005年版，第10页。

③ 宋恩荣、章咸编：《教育部整理教育方案草案》，载宋恩荣、章咸编《中华民国教育法规选编》，江苏教育出版社2005年版，第10页。

的历史语境下具有一定的时效性,待小学堂推广后,即被取消。①

(二) 复辟教育沉渣泛起

1915年《颁定教育要旨》和《特定教育纲要》公布,真正拉开了教育复辟的序幕。

民国初年颁布的"五育并举"教育宗旨,是教育改革最为显著的成果。它废除了清末"忠君尊孔"的封建教育宗旨,为教育注入民主进步理念。《颁定教育要旨》的公布,践踏民主教育理念,把中国教育拉回至清末时期,是教育史上的极大倒退。七项宗旨分别为"爱国""尚武""崇实""法孔孟""重自治""戒贪争""戒躁进",其实际与清末"忠君、尊孔、尚公、尚武、尚实"的教育宗旨颇多相似。其中"重自治""戒贪争""戒躁进"是为抵制资产阶级革命运动而提出的,目的在于消除资产阶级民主平等思想的影响。

《特定教育纲要》提出复辟教育的具体实施细则,其要义有以下两点:第一,恢复尊孔读经政策。教育思想方面,教育要言中提到:"各学校均应崇奉古圣贤以为师法,宜尊孔以端其基,尚孟以致其用"②,"中小学教员宜研究性理,崇习陆王之学,导生徒以实践"③。教科书方面则提出:

> 中小学校均加读经一科,按照经书及学校程度分别讲读,由教育部编入课程,并妥拟讲读之法,通咨京外转饬施行。④

初等小学读《孟子》;高等小学读《论语》;中学校读《礼记》《左氏春秋》,选读《曲礼》《少仪》《大学》《中庸》《儒行》《礼运》《檀弓》。

第二,改革学制,实行双轨制。

> 改革小学中学学制,改初等小学校为二种;一名国民学校以符义务教育之义,一名预备学校专为升学之预备。中学校分为文科、实科,以期专精深造。⑤

---

① 宋恩荣、章咸编:《教育部整理教育方案草案》,载宋恩荣、章咸编《中华民国教育法规选编》,江苏教育出版社2005年版,第11页。
② 宋恩荣、章咸编:《特定教育纲要》,载宋恩荣、章咸编《中华民国教育法规选编》,江苏教育出版社2005年版,第25页。
③ 宋恩荣、章咸编:《特定教育纲要》,载宋恩荣、章咸编《中华民国教育法规选编》,江苏教育出版社2005年版,第25页。
④ 宋恩荣、章咸编:《特定教育纲要》,载宋恩荣、章咸编《中华民国教育法规选编》,江苏教育出版社2005年版,第27页。
⑤ 宋恩荣、章咸编:《特定教育纲要》,载宋恩荣、章咸编《中华民国教育法规选编》,江苏教育出版社2005年版,第24页。

小学的分轨教育，剥夺平民接受教育的机会，践踏了教育的公平性；中学的分科教育，戕害了教育的普及性，中国教育再次陷入封建特权和等级制度的深渊，与民国初期民主平等的教育理念背道而驰。

二 壬戌教育：复辟教育沉渣的消亡

为抵制"尊孔复古"逆流，文化领域掀起声势浩大的新文化运动。新文化运动高举"民主"和"科学"的旗帜，在全国形成新的思想解放潮流。北洋政府于旧历壬戌年颁布《大总统颁布施订之学校系统改革案》，故称"壬戌学制"，为与之前颁行的壬子·癸丑学制相区别又称其为"新学制"，或"六三三学制"。壬戌学制提出了新教育宗旨：

> 适应社会进化之需要；发挥平民教育精神；谋个性之发展；注意国民经济力；注意生活教育；使教育易于普及；多留各地方伸缩余地。①

这一宗旨彻底消亡了复辟教育沉渣。国家开始注重公民的个性和精神发展；注重教育的普及；注重把个人发展与国家和社会的发展紧密相连。中国教育再一次迈入民主和科学的道路。但是与清末、民初的两次教育改革相比，师范教育的影响却无法与之前相比拟。"它直接取消独立封闭型的师范教育体制，使原本蒸蒸日上的师范教育横遭挫折，由发展转入衰退期"②。

（一）中等师范教育政策

新学制中没有制定专门的中等师范教育规程，而是对附设于《大总统颁布施订之学校系统改革案》的中等教育部分做出简短说明。

1. 学校设置

中学校分初级和高级两个层次，年限共计6年。分3种形式，初级3年学制加高级3年学制，或者初级4年学制加高级2年学制，也或者初级2年学制加高级4年学制。改革案对高级中学的专业安排如下：

> 高级中学分普通、农、工、商、师范、家事等科。但得酌量地方情形，单设一科，或兼设数科。……为补充初级小学教员之不足，得酌设相当年期之师范学校或师范讲习科。③

---

① 璩鑫圭、唐良炎编：《大总统颁布施订之学校系统改革案》，载璩鑫圭、唐良炎编《学制演变》，陈元晖主编《中国近代教育史资料汇编》，上海教育出版社2007年版，第1008—1009页。
② 曾煜编著：《中国教师教育史》，商务印书馆2016年版，第80页。
③ 璩鑫圭、唐良炎编：《大总统颁布施订之学校系统改革案》，载璩鑫圭、唐良炎编《学制演变》，陈元晖主编《中国近代教育史资料汇编》，上海教育出版社2007年版，第1010—1011页。

2. 修业年限与学习形式

师范学校修业年限6年,且"师范学校得单设后二年或后三年,收受初级中学毕业生"[1],学习形式为"师范学校后三年得酌行分组选修制"[2]。

3. 课程设置

《大总统颁布施订之学校系统改革案》中并未对课程安排进行说明。新学制课程标准起草委员会于1923年正式公布《新学制师范课程标准纲要》,对中等师范学校的课程安排做出明确规定。其中,六年制师范学校设立社会科、语文科、算学科、自然科、艺术科、体育科、教育科七大类课程。每一类科目又分设多个小科。七大类课程均为必修科目,总计319学分。选修课灵活,安排自由,共11学分。高中师范科和后期师范学校的课程设置相同,分为公共必修科目、专业必修科目及选修科目。选修科目根据专业分为文科选修科目、理科选修科目、艺术科选修科目及教育选修科。

(二) 高等师范教育政策

与中等师范教育一致,高等师范教育也未制定专门规程,对《大总统颁布施订之学校系统改革案》中附设的高等教育条款做了简短说明。

1. 学校设置

> 大学校设数科或一科,均可。其单设一科者称某科大学校,如医科大学校,法科大学校之类。……依旧制设立之高等师范学校,应于相当时期内提高程度,收受高级中学毕业生,修业年限四年,称为师范大学校。[3]

> 为补充初级中学教员之不足,得设二年之师范专修科,附设于大学校教育科,或师范大学校;亦得设于师范学校或高级中学,收受师范学校及高级中学毕业生。[4]

2. 学习年限与学习形式

师范大学校修业年限为4年。学习形式采用选科制。

3. 课程设置

大学校和专门学校的课程设置,依具体实际情况,参照各校意见,送教育部

---

[1] 璩鑫圭、唐良炎编:《大总统颁布施订之学校系统改革案》,载璩鑫圭、唐良炎编《学制演变》,陈元晖主编《中国近代教育史资料汇编》,上海教育出版社2007年版,第1010—1011页。
[2] 璩鑫圭、唐良炎编:《大总统颁布施订之学校系统改革案》,载璩鑫圭、唐良炎编《学制演变》,陈元晖主编《中国近代教育史资料汇编》,上海教育出版社2007年版,第1010—1011页。
[3] 璩鑫圭、唐良炎编:《大总统颁布施订之学校系统改革案》,载璩鑫圭、唐良炎编《学制演变》,陈元晖主编《中国近代教育史资料汇编》,上海教育出版社2007年版,第1011页。
[4] 璩鑫圭、唐良炎编:《大总统颁布施订之学校系统改革案》,载璩鑫圭、唐良炎编《学制演变》,陈元晖主编《中国近代教育史资料汇编》,上海教育出版社2007年版,第1011页。

核定。

新学制实现了传统学制与现代学制的有效融合,是社会政治、经济、文化发展的产物,同时又符合青少年儿童身心发展的特点,是中国教育发展史上的一个崭新的里程碑,标志着我国近代教育体制的确立。正如陶行知先生在《中国建设新学制的历史》一文中指出:

> 一切制度都是时势之产物。学校制度亦不违反这原则。时势如此,学制不得不如此;时势如彼,学制不得不如彼。时势变迁,那应时势需求而来的学制亦不得不变迁。时势未到,招之不能来;时势已去,挽之不能留;时势继续的变,学制亦继续的变。[①]

新学制也对此时的师范教育产生深刻的影响。

第一,中师合并和高师改大。中师合并即师范学校与高中合并。中学采用普通、师范、职业合一的综合体制,"但中师合并不仅未解决中学普通教育不良的问题,还制约了师范教育的发展"[②]。高师改大指高等师范学校或改成师范大学,或变为综合性大学,或与普通大学合并。但实际上,因财力、物力和人力的不充分,高等师范学校升格为师范大学的较少,多数汇入普通大学之中,成为其中的一个科系。中国师范教育由此受到创伤,独立地位受到一定程度削弱,师范教育政策的制定也颇受影响。

第二,缺乏专门的师范教育章程。师范教育章程从培养目标、课程设置、入学及修业年限、学费及惩戒、服务义务等方面规范师范生的培养规则。但纵观新学制颁行的一系列教育法令、法规,未制定专门的师范教育章程,只是在《大总统颁布施订之学校系统改革案》中有只言片语的提及。一方面这反映出国家忽视师范教育的重要性;另一方面,缺乏规范的师范章程,造成师范生培养的无序状态。

第三,师范生公费待遇被取消。新学制中虽并未明文规定取消师范公费待遇,但在中师合并及高师改大的活动中,逐渐将师范教育与农、工、商科并列,致使许多省份取消了师范生的公费待遇。更有甚者,师范大学学生不但不能享受公费,还要在入学时必须交纳一定数额的保证金。师范生公费待遇的取消致使家境贫寒的学生裹足不前,师范科奄奄一息。[③]

第四,改变师资培养渠道。壬戌学制拓宽了教师的培养渠道,由以往的师范教育独立承担改变为普通中学、大学和师范教育机构一起承担,提高了师范教育

[①] 陶行知:《中国建设新学制的历史》,载方明主编《陶行知全集》第1卷,四川教育出版社2009年版,第354页。
[②] 陈学军:《民国时期的中师合并与分离》,《教师教育研究》2012年第4期。
[③] 胡娇:《我国师范生免费制度考略(1902年—1949年)》,《河北师范大学学报》(教育科学版)2008年第5期。

的程度，将师范学校由原来的五年制改为六年制，将高等师范学校改为师范大学。同时增加了师范教育办学的灵活性，在保留以往的师范专修科、短期师范学校、师范讲习科基础上，允许高级中学根据本地和学校自身的情况决定是否设立师范科。

新文化运动给中国带来民主、自由的新思潮，彻底解放了国人的封建思想，粉碎了袁世凯复辟帝制的幻想。但是颁行的新学制导致中师合并以及高师改大，致使师范生公费待遇取消，师范学校对学生的吸引力降低，师范院校招生质量下降。新学制也未规定师范毕业生的任教义务年限，在一定程度上动摇了师资队伍的稳定性。新学制虽提出"大学得设师范科，高等师范得仍独立"[1]，但是却以"大学师范科为正宗"[2]，这在一定程度上消解了师范教育的独立性，降低了师范教育的社会地位。这些影响使原本处于蓬勃发展的师范教育遭受挫折，由发展转入衰败时期。[3]

第三节 "三民主义"：民国师范教育政策的发展

北洋军阀时期实行的壬戌学制虽然具有民主进步意义，但却忽视了师范教育的重要性，弱化了师范教育的独立地位。南京国民政府执政初期，对师范教育适时调整，师范教育的独立地位得以恢复。南京国民政府的教育方针，由执政初期的"党化教育"方针，逐渐转为"三民主义"教育。师范教育也在"三民主义"教育背景下持续发展。

一 "三民"方针："三民主义"师范教育方针的确立

1929年4月，国民政府颁布《中华民国教育宗旨及其实施方针》，把师范教育的实施方针确定为：

> 师范教育为实现三民主义的国民教育之本源，必须以最适应之科学教育及最严格之身心训练，养成一般国民道德、学术上最健全之师资为主要之任务。于可能范围内使其独立设置，并尽量发展乡村师范教育。[4]

---

[1] 孙邦华、姜文：《20世纪二三十年代高师改大运动的偏误与纠正》，《天津师范大学学报》（社会科学版）2015年第4期。

[2] 胡娇：《我国师范生免费制度考略（1902年—1949年）》，《河北师范大学学报》（教育科学版）2008第5期。

[3] 刘捷：《"高师改大运动"及其现代价值研究》，《高等师范教育研究》2001年第3期。

[4] 宋恩荣、章咸编：《中华民国教育宗旨及其实施方针》，载宋恩荣、章咸编《中华民国教育法规选编》，江苏教育出版社2005年版，第36页。

这一方针的提出首先肯定了师范教育的重要性，其次，重新确立师范教育的独立地位，同时提出发展乡村师范教育的目标。

1931年《三民主义教育实施原则》以专章形式从目标、课程、训育、设备四个方面对师范教育发展做出原则性规定。具体而言，师范教育的培养目标从三个方面设定。第一，培养合格的教育师资，使之能够实践"三民主义"教育方针。第二，培养学生终身服务的精神和意识。第三，培养乡村教育人才，振兴乡村教育。课程方面要求课程编写过程考虑学制年限及地方需要，培养学生自编教材的能力和兴趣，实施社会教育课程、乡村教育课程以及女子师范课程。训育方面则提出以党员训练的方式对学生实施"三民主义"教育，以期坚定其从教意识和爱国情操，锻炼健康的体格，养成吃苦耐劳和艰苦朴素的精神，并培养探究和深入观察的能力，具备审美情操等。最后，提出师范教育的一切设备都要合乎"三民主义"精神、与教学密切相关、顺应社会需要等。[①]"三民主义"的教育宗旨、方针以及原则的确立为师范教育政策的制定指明了方向。

二 本土探源："三民主义"师范教育政策的制定

这一时期，师范教育各方面政策以专门文件形式出台，改变清末民初的专章形式，可见师范教育受到极大重视。《师范学校法》《师范学校规程》《师范学校学生毕业会考规程》《全国师范学校学生公费待遇实施办法》《师范学校毕业生服务规程》《师范学院规程》《师范学院学生教学实习办法》等相关文件对师范教育各个方面进行了明确的规定。

（一）中等师范教育政策

《师范学校法》《师范学校规程》《师范学校学生毕业会考规程》《全国师范学校学生公费待遇实施办法》《师范学校毕业生服务规程》从培养目标、课程设置、成绩与考查、毕业待遇及奖学金额、服务义务等方面进行详细说明，中等师范教育开始走向规范化和标准化的道路。

《师范学校法》中规定：

> 师范学校，得附设特别师范科、幼稚师范科。师范学校，修业年限三年，特别师范科修业年限一年，幼稚师范科修业年限二年，或三年。……师范学校及其特别师范科、幼稚师范科，均不征收学费。[②]

可见，中等师范教育包括师范学校、特别师范科和幼稚师范科3类。修业年限不

---

① 宋恩荣、章咸编：《三民主义教育实施原则》，载宋恩荣、章咸编《中华民国教育法规选编》，江苏教育出版社2005年版，第43—44页。
② 宋恩荣、章咸编：《师范学校法》，载宋恩荣、章咸编《中华民国教育法规选编》，江苏教育出版社2005年版，第443—445页。

同，均为免费就读。

1. 培养目标

中等师范学校的培养目标设定为"严格训练青年身心，养成小学健全师资之场所"①，并对师范生实施下列训练：

> 锻炼强健身体；陶融道德品格；培育民族文化；充实科学知能；养成勤劳习惯；启发研究儿童教育之兴趣；培养终身服务教育之精神。②

2. 课程设置

为弥补小学教员急缺的现状，增设简易师范学校和简易师范科。中等师范教育培养方式由之前的3类变为4类，即师范学校、特别师范科、简易师范学校和幼稚师范科。每一种培养方式的科目设置不同。

首先，课程安排具有针对性。根据学校性质和特点的不同，开设具有针对性的课程科目。其次，师资培养的课程视野扩大。开设行政课程和乡村及民众课程，把单纯培养从事课堂教学的师资扩大到培养学生将来从事的行政工作及乡村教育工作等。最后，教育课程内容全面。开设教材及教学法、教育概论、教育测量及统计、教育心理学、职业教育等课程。但是课程内容多，课时量大，自由学习探究的时间少，学生的负担过重。

3. 成绩与考查

师范学校学生成绩分为实习、学业、体育及操行4项成绩。考查形式分为临时试验、日常考查、学期考试以及毕业会考或毕业考试。

日常考查有演习练习、口头问答、读书报告、实验实习、测验、作文、其他工作报告、调查采集报告、劳动作业。临时试验每学期每科至少举行两次，在不得提前通知学生的前提下，由各科教员在教学时间内随时举行。日常考查成绩和临时试验成绩作为平时成绩。学期考试于学期末各科教学完成时举行，就一学期所有课程举行考试。毕业考试在修业期满举行，考试全部课程。③

各项成绩所占比例不同。各科学期成绩包括平时成绩和学期考试成绩，分别占总成绩的五分之三和五分之二。一、二两学期的平均成绩为学年成绩。各学年平均成绩与毕业考试成绩为毕业成绩。学生实习、操行或体育成绩不及格，不得进级或毕业。成绩不合格须做休学或退学处理。

---

① 宋恩荣、章咸编：《师范学校规程》，载宋恩荣、章咸编《中华民国教育法规选编》，江苏教育出版社2005年版，第466页。
② 宋恩荣、章咸编：《师范学校规程》，载宋恩荣、章咸编《中华民国教育法规选编》，江苏教育出版社2005年版，第466页。
③ 宋恩荣、章咸编：《师范学校规程》，载宋恩荣、章咸编《中华民国教育法规选编》，江苏教育出版社2005年版，第473—474页。

综上可见，平时成绩在学期总成绩中所占比例大于学期考试成绩。毕业成绩除毕业考试成绩外还包含各学年平均成绩。实习、操行和体育对总成绩具有重要影响。这些政策的制定，避免了"一考定终身"的局限性，减少学生"临时抱佛脚"的侥幸心理，有利于促进学生品德的养成和综合素质的提高。

4. 学费及奖学金

北洋政府时期，中学与中师合并后，各地以经费困难为借口终止师范教育公费制。1932年，国民党四届三中全会决定："师范学校与师范大学概不收学费，师范学校应以政府供给食宿、制服为原则。"[①] 同年公布的《师范学校法》规定："师范学校及其特别师范科、幼稚师范科，均不征收学费。"[②] 至此，公费制得以恢复。

《师范学校规程》以专章形式对师范生学费制度进行说明。师范生除免纳学费外，膳费也全部或部分免除。除此之外，图书、体育器材一律免费。学生所需的教材、校服以及其他工艺材料费等以多种途径筹备，如由学生自备或由学校发给；也或由学校或教育行政机关利用学生消费合作社实行廉价发售。如属于学校代办的情况，学生按实价缴纳相关费用。[③] 师范学生入学时须缴纳5元至10元的保证金，毕业时予以发还。学生无故退学或被开除学籍，没收其保证金。

师范生除享受免费师范教育外，还可获得奖学金。"规范学校应设置奖学金额，由省、市、县教育行政机关规定办法，分别径呈或转呈教育部备案。"[④]

1944年行政院公布《全国师范学校学生公费待遇实施办法》，详细规定师范生的公费待遇标准。公费待遇包括两部分：应该享有的公费部分和可以享有的公费部分。应该享有的公费部分包括学费、膳费（包括主副食费）、宿费以及图书、体育、医药卫生等杂费，所用各科教科书由学校供给。可以享有的公费部分包括两套单制服和一套棉制服，学校每三年提供一次。学生在校第三年可依照规定外出参观，其所需费用由学校供给。除上述可以享有的公费部分外，学生的实习材料费以及新生到校和毕业分配的路费，均由学校供给或予以补助。师范生公费待遇所需经费，国立学校由中央负担，省立学校由省款负担，县级学校由县款负担，分别列入预算，享受公费部分由负担经费机关根据财政实力，一部分或全部实施。

---

① 于述胜：《民国时期（1912年—1949年）》，李国钧、王炳照总主编《中国教育制度通史》第7卷，山东教育出版社1999年版，第153页。
② 宋恩荣、章咸编：《师范学校法》，载宋恩荣、章咸编《中华民国教育法规选编》，江苏教育出版社2005年版，第445页。
③ 宋恩荣、章咸编：《师范学校规程》，载宋恩荣、章咸编《中华民国教育法规选编》，江苏教育出版社2005年版，第476—477页。
④ 宋恩荣、章咸编：《师范学校规程》，载宋恩荣、章咸编《中华民国教育法规选编》，江苏教育出版社2005年版，第477页。

因中途离校或规避服务义务，追缴所享公费，没收保证金。[①]

5. 服务义务

权利与义务相辅相成，享受权利，必定履行义务。学生在读期间享受丰厚的待遇，毕业后须尽服务义务。《师范学校规程》规定：

> 师范学校毕业生服务年限须照其修业年限加倍计算。师范学校每届毕业生应由省、市、县教育行政机关分配于各地方充任小学或相当学校教员。[②]

师范生在服务期内不得升学或从事非教育职务。

1937年7月教育部发布专文《师范学校毕业生服务规程》（后于1946年修订），对毕业服务义务细化出39条规定。概括而言包括：服务要求、指导委员会职责、分配事宜、惩戒事由及办法、升学事宜等内容。具体见下表：

表11-3　　　　　"三民主义"中等师范教育服务义务表

项目	要求
服务要求	师范学校毕业生服务年限一律定为3年。在规定的服务期限内，不得升学或从事小学教员（包括中心学校民国学校教员等）以外的职务
指导委员会职责	师范学校应组织成立师范生服务指导委员会，处理师范生中途休学、转学、退学及毕业后分配服务及指导服务等事宜，其指导时间从入学时起，至服务期满为止
分配事宜	应届毕业学期开始，师范学校征询师范生毕业服务志愿及地点；各县市教育行政机关每学期开始前3个月，将需要补充教员数额报省教育行政机关备案；师范生分配后应服从分配与指导；改派服务处所，应由省市教育行政机关核准等
惩戒事由及办法	师范学校毕业生在服务期间有下列情形之一者，应由各省市教育行政机关追缴其在修业期间享受的全部公费： 1. 无正当理由拒绝服务者； 2. 延缓服务时间已满2年仍不服务者； 3. 改就他业或擅自升学者。 上述所追缴的公费，在该师范生继续服务时即免予追缴
升学事宜	省市教育行政机关每年从师范学校及简易师范学校毕业生中选择服务期满、成绩优良且有志于深造的学生，保送师范学院初级部及师范学院

资料来源：宋恩荣、章咸编：《师范学校毕业生服务规程》，载宋恩荣、章咸编《中华民国教育法规选编》，江苏教育出版社2005年版，第460—464页。表格为笔者根据该资料自制。

[①] 宋恩荣、章咸编：《全国师范学校学生公费待遇实施办法》，载宋恩荣、章咸编《中华民国教育法规选编》，江苏教育出版社2005年版，第457—458页。

[②] 宋恩荣、章咸编《师范学校规程》，载宋恩荣、章咸编《中华民国教育法规选编》，江苏教育出版社2005年版，第477页。

6. 毕业会考

1935 年教育部公布《师范学校学生毕业会考规程》，从会考时间、科目、成绩核算办法、处理办法等对师范学校、简易师范学校、三年制及二年制幼稚师范科、乡村师范学校、简易乡村师范学校①等各级各类中等师范学校毕业会考做出规范性说明。

表 11-4　　　　　　　"三民主义"中等师范教育毕业会考表

项目	要求
会考时间	每年六月最后一星期及一月第一星期
会考科目	师范学校会考科目为公民、国文、算学、物理、化学、生物学、历史、地理、教育概论、教育心理、小学教材及教学法。简易师范学校为公民、国文、算学、理化（物理化学）、生物（动物植物）、史地（历史地理）、教育概论、教育心理、小学教材及教学法。三年制及二年制幼稚师范科为公民、国文、算学、历史、地理、生物学、物理、化学、教育概论、儿童心理、幼稚园教材及教学法、保育法
会考成绩核算办法	学校各科毕业成绩（即各学年成绩的平均数）占十分之四，会考成绩占十分之六，合并计算，六十分为及格
处理办法	会考三科以上不及格做留级处理；有一科或二科不及格准许参加下两届会考两次；缺考科目按不及格处理

资料来源：宋恩荣、章咸编：《师范学校学生毕业会考规程》，载宋恩荣、章咸编《中华民国教育法规选编》，江苏教育出版社 2005 年版，第 445—446 页。表格为笔者根据该资料自制。

(二) 高等师范教育政策

高等师范教育在南京国民政府初期并未受到重视。1928 年国民政府实行大学区制，普通大学教育学院或教育系开始承担培养中学师资的任务，高等师范教育一度陷入取消的危机。因大学区制试行失败，教育部颁布《大学规程》，规定大学开设教育学院，且可以附设师范专修科，但又规定大学分为理学院、文学院、教育学院、法学院、农学院、商学院、工学院、医学院。规定成立大学的必备条件是具备三个以上学院，不具备大学条件的设为独立学院。大学的教育学院或独立学院教育科又分教育原理系、教育行政系、教育心理系、教育方法系及其他各学系。独立学院各科或者大学各学院，也可分别开设师范、体育、美术、市政、图书馆学、新闻学、药学、医学及公共卫生等专修科。② 高等师范教育独立培养中学师资的权利依旧受到剥夺，其师范专业的独特性和针对性依旧弱化。高等师范教育依旧附属于普通高等教育，未获得独立地位。

---

① 乡村师范学校及简易科乡村师范学校考试科目在乡村师范教育中呈现。
② 中国第二历史档案馆编：《中华民国史档案资料汇编》第 5 辑第 1 编，江苏古籍出版社 1994 年版，第 174—178 页。

1932年颁布的《确定教育目标与改革教育制度案》对高等师范教育进行如下改革：

①师范大学应脱离大学而单独设立。②师范教育机关，分简易师范学校、师范学校、师范大学三种，均由政府办理，私人不得设立。已立案之私立师范，不得再招收新生。③教育部择全国适宜地点，设师范大学两所或三所，各国立大学之教育学院或教育系，概行并入师范大学。④师范学校及师范大学，学生修业完毕后，由教育部或省教育厅、市教育局指定地点，派往服务，期满始发毕业证书，始得自由应聘或升学。其有规避服务或服务不尽力者，取消资格，并追缴费用。⑤现有师范大学，应力求整理改善，使其组织、课程、训育各项，均合于训练中等学校师资之目的，以别于普通大学，并与师范学校等极谋联络。⑥大学设师资培训班，凡大学毕业生愿任教者，应入该班加修教育功课一年，以备做中等学校教师的选拔。⑦师范大学概不收学费。①

由此，师范教育独立地位获得恢复，免费教育和服务措施完善，吸引力提升，中国高等师范教育开始朝着有序的方向发展。

1948年12月修正后的《师范学院规程》对高等师范学校组织及课程、学生待遇及服务、考试及成绩等方面进行了明确说明。

1. 组织形式

高等师范学校设立独立师范学院和大学师范学院。独立师范学院分国文系、英语系、数学系、史地系、理化系、教育系、博物系、音乐系、体育系、家政系等学系。其中音乐、体育、图画、劳作以及家政设为专修科。大学师范学院设立教育、体育、艺术等学系，专设师范生管训部，主持师范生管训工作。文理学院相当学系内招收师范生。

2. 课程设置

师范学院课程分基本科目、专门科目以及教材教法研究暨教学实习三类。共同必修科目包括基本科目和教材教法研究暨教学实习，专门科目依各系性质可设定必修或选修。

共同必修科目包括党义、国文、外国文、社会科学、自然科学、哲学概论、本国文化史、西洋文化史、教育概论、教育心理、中等教育、普通教学法，共计74学分。每门学科每学年及每学期授课时数均有变化。具体科目安排、课时数及学分见下表：

---

① 曾煜编著：《中国教师教育史》，商务印书馆2016年版，第117—118页。

表 11-5　　　　　　　　　　　师范学院共同必修科目表

科目	学分	第1学年 1学期	第1学年 2学期	第2学年 1学期	第2学年 2学期	第3学年 1学期	第3学年 2学期	备注
党义	2	1	1					
国文	8	4	4					
外国文	8	4	4					
社会学科	12	3	3	3	3			①政治学、经济学、社会学、法学通论各6学分，任选2种；物理学、化学、生物学、人类学各6学分，任选1种。②音乐、军训为共同必修课目，不计学分
自然学科	6	3	3					
哲学概论	4			2				
本国文化史	6	3	3					
西洋文化史	6			3	3			
教育概论	6	3	3					
教育心理	6			3	3			
中等教育	6			3	3			
普通教学法	4				2	2	2	
总计	74	21	21	14	14	2	2	

资料来源：于述胜：《民国时期（1912年—1949年）》，李国钧、王炳照总主编《中国教育制度通史》第7卷，山东教育出版社1999年版，第158页。

3. 待遇、服务及惩戒

《师范学院规程》并未对高等师范生待遇做详细说明。但《全国师范学校学生公费待遇实施办法》通用于各级各类师范学校，因此高等师范生待遇遵照此办法实行。

除保证金之外，师范生的学费、住宿费全部免缴。图书费、体育费、医药卫生费等杂费也属公费部分，且学校提供膳食费，其中主食费按规定数量拨发。各科的教科书由学校提供。此外，学校还免费提供制服，承担外出参观费用以及劳作、美术、理化、生物等实习材料费。家庭贫困的优秀学生可依照法令规定享受奖学金待遇。师范生中途离校或规避服务义务，将追缴其在学期间享有的公费待遇，并没收保证金。如无特殊情况，保证金毕业后归还。

师范学院毕业生服务年限为5年，专修科3年，第二部毕业生2年。服务期内不得从事非教育职务，否则追缴全部公费待遇。

4. 考试及成绩

入学考试、平时考试、学期考试和毕业考试是师范学院的四种考试类型。入学考试增设口试，主要考查学生的口头表达能力、思维能力、仪容仪态等。平时考试每学期至少一次，由教员突击举行。平时成绩包括听讲笔录、读书札记、参观报告、练习、实习、实验等内容的成绩。同时还可包括师范学生寒假或暑假期间，须进行研究辅导工作或择定专题自行参观研究，并提交研究报告。学期考试在每学期末由院长、系主任及教员主持举办。学期成绩包括学期考试成绩和平时成绩。毕业考试由成立的考试委员会主持，考试分笔试和口试。考试委员会成员包括校内教员、教育行政机关长官和校外专门学者。

5. 教学实习

1944 年教育部公布《师范学院学生教学实习办法》对高等教育师范生教学实习分类、实习待遇、实习要求做出规定。

实习分类：教学实习包括教学见习、教学试教和教学实习三个部分。其实施策略大致为第三年在教材及教法课堂内实践教学见习；第四年在教学实习课堂内进行教学试教，每生每周 3 小时；第五年，师范生分配到实习学校从事教学实习。

实习待遇：实习教师待遇执行实习学校专任教师的最低薪级标准。

实习要求：师范生须编写教学预订表、教案，填写教学进度表；撰写生活日记，记录生活情形及服务感想。

（三）乡村师范教育政策

民国时期乡村教育成为教育系列发展的一大创举，它不仅移植了近代以来通过提高农村人口素质实现国家现代化的发展思路，而且在特殊历史时期获取了大量促进乡村教育普及与改革的经验。[①] 乡村教育的不断发展壮大促进乡村师范教育的建立和发展。乡村师范教育经历下乡探索、学校筹办措施探索、招生探索等一系列过程。[②] 1927 年以前，乡村师范学校作为师范学校在乡村的分校设立，办学模式"仪型他国"，办学规模极其有限。随着陶行知创办的南京晓庄师范学校的出现，中国乡村师范学校开始了本土化实践改造，乡村师范教育的发展进入崭新的历史时期。

1. 乡村师范教育的开端

民国时期，乡村师范教育的发展得益于著名教育家陶行知先生。他指出："中国乡村教育之所以没有实效，是因为教育与农业都是各干各的，不相闻问。"[③] 如果"教育没有农业，便成为空洞的教育，分利的教育，消耗的教育。农业没有教育，就失了促进的媒介。"[④] 因此，必须让"教育与农业携手"[⑤]，在此基础上，他提倡师范教育下乡，即在乡村生活中创办乡村中心学校，再以乡村中心学校为基础创办乡村师范学校。同时提出师范教育的培养旨趣，即"造就有农夫身手、

[①] 曲铁华：《民国时期乡村教育的基本特征论析》，《四川师范大学学报》（社会科学版）2019 年第 3 期。
[②] 霍东娇、曲铁华：《民国时期乡村师范教育实践探析》，《当代教育与文化》2017 年第 4 期。
[③] 陶行知：《中国乡村教育之根本改造》，载方明主编《陶行知全集》第 1 卷，四川教育出版社 2009 年版，第 86 页。
[④] 陶行知：《中国乡村教育之根本改造》，载方明主编《陶行知全集》第 1 卷，四川教育出版社 2009 年版，第 86 页。
[⑤] 陶行知：《中国乡村教育之根本改造》，载方明主编《陶行知全集》第 1 卷，四川教育出版社 2009 年版，第 86 页。

科学头脑、改造社会精神的教师。这种教师必能用最少的金钱，办最好的学校，培植最有生活力的农民"①。陶行知身体力行，创办了南京晓庄师范学校，揭开了乡村师范教育的开端，中国的乡村师范教育开始走向本土化实践改造阶段。

2. 乡村师范教育制度的建构

1928年，国民政府召开第一次全国教育会议，通过《整饬师范教育制度案》，将乡村师范学校列入师范教育制度中，乡村师范学校的合法地位由此确立。同年又通过《整饬中华民国学校系统案》（即戊辰学制），确立了师范教育的独立地位，且首次对乡村师范学校的招生对象和修业年限进行规定。但是，由于戊辰学制并未公布实施，乡村师范学校多依附中学而存在，并未获得独立地位。

1929年3月，国民政府在第三次全国代表大会上明确提出发展乡村师范教育，并于同年4月颁布《中华民国教育宗旨及其实施方针》，提出："于可能范围内使其独立设置，并尽量发展乡村师范教育"②，又于《三民主义教育实施原则》师范教育专章内再次重申"乡村师范教育，应注重改善农村生活，并适应其需要，以养成切实从事乡村教育或社会教育的人才"③。乡村师范教育受到国民政府的重视，步入了发展轨道。为规范其发展，《师范学校规程》《师范学校毕业生会考规程》等具体政策对乡村师范教育提出不同的标准和要求。

（1）培养目标。《师范学校规程》规定："以养成乡村小学师资为主旨之师范学校得称乡村师范学校"。④ 乡村师范学校为培养小学师资为目标。

（2）课程设置。乡村师范教育开办两类师范学校：乡村师范学校和简易乡村师范学校。

乡村师范学校课程开设国文、算学、地理、历史、生物、化学、物理、论理学、劳作、美术、音乐、公民、体育、军事训练（女生习军事看护及家事）、卫生、农业及实习，农村经济及合作、水利概要、教育概论、教育心理、小学教材及教学法、小学行政、教育测验及统计、乡村教育、实习。

简易乡村师范学校开设国文、算学、地理、历史、植物、动物、化学、物理、公民、体育、卫生、劳作（工艺）、美术、音乐、农业及实习、水利概要、农村经济及合作、教育概论、教育心理、小学教材及教学法、教育测验及统计、乡村教育、小学行政、实习。

《三民主义教育实施原则》要求"乡村师范课程，应注重农业生产及农村改

---

① 陶行知：《中华教育改进社改造全国乡村教育宣言书》，载方明主编《陶行知全集》第1卷，四川教育出版社2009年版，第83页。

② 宋恩荣、章咸编：《中华民国教育宗旨及其实施方针》，载宋恩荣、章咸编《中华民国教育法规选编》，江苏教育出版社2005年版，第36页。

③ 宋恩荣、章咸编：《三民主义教育实施原则》，载宋恩荣、章咸编《中华民国教育法规选编》，江苏教育出版社年版2005，第43页。

④ 宋恩荣、章咸编：《师范学校规程》，载宋恩荣、章咸编《中华民国教育法规选编》，江苏教育出版社2005年版，第466页。

良教材"。① 因此，课程开设颇具特色，如：农业及实习、农村经济和合作、水利概要、劳作（工艺）、乡村教育。课程设置充分考虑农村的特殊性和特色性，有针对性地培养从事乡村教育和乡村事业的人才，促进乡村的建设、改造与发展。

（3）毕业会考。1935年4月6日教育部公布的《师范学校学生毕业会考规程》对乡村师范学校会考内容做出特别说明。

> 乡村师范学校：科目同师范学校，加试农村经济及合作、乡村教育。简易乡村师范学校：科目同简易师范学校，加试农村经济及合作、乡村教育。②

会考内容突出农村特色课程，规范考试办法，有利于把农村人才培养落到实处。

民国时期的师范教育具有重要的阶段性地位，在中国师范教育变革中肩负着承上启下的关键作用。它在承袭了清末的外求型发展模式的同时，也受到传统社会和固有观念的影响，对西方经验进行了一定程度的本土化适应性改造。③ 该时期的师范教育政策呈现以下几个特点：

第一，师范教育政策迂回演进。综观整个民国时期的师范教育，在独立性方面呈现出明显的钟摆现象，即由"独立封闭"到"非独立封闭"再到"独立封闭"。在发展阶段上，也表现出迂回的特征。在历经了发展时期和衰退时期之后，师范教育又进入恢复时期。在师范教育制定的各项政策中，学费政策迂回演进的特征最为突出。民国成立之初，师范教育沿袭清末免费教育政策。之后的壬戌学制取消免费师范教育政策。南京国民政府颁布法令，重新确立免费政策。学费政策也呈现出免费—收费—免费的钟摆现象。由此可见，师范教育政策整体以螺旋式的发展态势向前迈进。

第二，师范教育政策本土化尝试。民国乡村师范教育是在关注中国乡村社会现实的基础上，在批判师范学校城市化的过程中逐渐产生。它的发展为乡村小学培养了大批优秀教师，也培养出可投身乡村建设和发展的优秀人才，为民国时期的现代化做出了应有的历史贡献。④ 国民政府对乡村师范教育实践的积极探索，本质上体现了政府对师范教育进行本土化改革的尝试。这是对晚清以来师范教育体制建构过程中"仪型他国"的有力改革，在自我探索的过程中不断丰富和发展中国的师范教育体系。⑤ 而乡村师范教育政策的制定从法律上保障乡村师范教育

---

① 宋恩荣、章咸编：《三民主义教育实施原则》，载宋恩荣、章咸编《中华民国教育法规选编》，江苏教育出版社2005年版，第43页。
② 宋恩荣、章咸编：《师范学校学生毕业会考规程》，载宋恩荣、章咸编《中华民国教育法规选编》，江苏教育出版社2005年版，第445—446页。
③ 曲铁华：《民国时期乡村教育的基本特征论析》，《四川师范大学学报》（社会科学版）2019年第3期。
④ 曹彦杰：《师范为何下乡：民国时期乡村师范教育的兴起》，博士学位论文，华东师范大学，2018年。
⑤ 苏刚：《民国时期乡村师范教育制度变迁研究》，博士学位论文，东北师范大学，2015年。

的发展，把落实乡村师范教育的发展升级到国家层面，并为其发展提供了广阔的空间。

第三，乡村师范教育拔地而起。民国政府最大的创举之一是开始关注并发展乡村师范教育。《师范学校法》《师范学校规程》《乡村师范学校课程标准》《简易乡村师范学校课程标准》等文件的颁布促使乡村师范教育的发展更加规范化和制度化。同时也彰显出政府对发展乡村师范教育的重视与决心。在国家和社会的大力推动下，乡村师范教育的发展有目共睹，至1934年全国至少17个省建有乡村师范学校，共计327所。[1] 民国时期的乡村师范教育来自农村，回归农村，具有鲜明的中国特色。在培养乡村人才、改造乡村事业、促进乡村发展过程中发挥了巨大的推动作用。

第四，课程设置因地制宜。民国时期的课程设置做到了因地制宜、就地取材。在少数民族聚居地，国民政府意识到统一教学内容的不可取性。为适应少数民族地区的特殊环境，国民政府在师范教育的内容上进行了调整，如在课程中挖掘地方素材、编写当地教材，如骑乘、爬山、冰上或雪上运动、土风舞等。

第五，课程内容选择灵活。在师范教育的具体开展中，师范学校均能根据当地的实际情况，对课程、教材和教学内容进行适当调整。除开设普通师范教育课程外，还开设与地方特色相关课程，如地方行政、地方自治、农村经济与合作、民众教育、民众组训等。在国家统一教材的基础上，各地将当地的历史、地理、民间故事、歌谣小曲、民间文艺、社会风俗等内容编入教材形成校本课程。

---

[1] 曾煜编著：《中国教师教育史》，商务印书馆2016年版，第124页。

第十二章　日就月将：新中国教师教育政策的日臻完善

1931年中国共产党成立中华苏维埃共和国临时中央政府，中国革命史上出现两权并立局面，两种不同性质的教育产生，即共产党的革命根据地教育和国民党的国统区教育。相比国统区的文化教育危机，革命根据地的教育运动如火如荼。革命根据地师范教育分为三个历史时期：苏区师范教育、抗日根据地师范教育以及解放区师范教育。

新中国成立后，中国的教师教育历经多重变化。从成立初期的跌宕起伏，"文革"时期的大滑坡，改革开放初期的重建与恢复，教师教育的改革与探索，教师教育体系的成型与发展，直至公费师范教育的创建，在历经改革、探索、发展之后，中国的教师教育更具内涵，更显厚重，逐步走向成熟与完善。

第一节　晨光熹微：苏区师范教育政策

1931年9月，第三次反"围剿"斗争胜利后，赣西南和闽西苏区连成一片。11月，中华苏维埃共和国临时中央政府成立。中央苏区是第二次国内革命战争时期全国最大的革命根据地，也是苏维埃政府所在地。苏维埃政府除开展政治、经济建设，也大力开展文化教育建设。在文化教育建设中，师范教育占重要地位。各革命根据地师范教育的发展，促进了苏区师范教育如革命热潮般展开，为中国师范教育增添了一抹晨光。

一　大众教育：苏区师范教育政策奠基

秋收起义之后，工农武装向井冈山挺进。中国共产党红色政权的建立，亟须提高干部、红军战士以及人民群众的觉悟，苏区由此大力发展文化教育事业。为加紧对红军进行政治训练以及加强党员和干部训练，井冈山革命根据地开办了红军学校以及党员和干部训练班。在发动群众、建立工农政权、开展土地革命的过程中，红军召开群众大会，宣传苏维埃政权的执政思想和施政措施，进行群众教育。井冈山革命根据地的教育是中国共产党独立领导下的农村包围城市的工农民主教育，为后来各革命根据地教育提供了可贵的探索。

1929年年初，红四军撤离井冈山革命根据地转战赣西南和闽西地区，建立苏维埃政权。在中国共产党的领导下，中央苏区开展了多种形式的教育。在科教文体、卫生、干部教育、军队教育、职业教育、幼儿教育、成人教育、妇女教育、社会教育等方面取得了一定成效，为苏区师范教育的开展奠定了基础。赣西南革命根据地和闽西革命根据地纷纷颁布文件兴办教育，建立起劳动学校、红军学校、干部培训学校等。赣西南的教育成绩显著。据调查，兴国县永丰区四个乡共办人民学校16所，每所学校平均40人，入学儿童年龄为8—15岁，平民夜校村村都有，参加夜校的老少都有，妇女占三分之一。① 相比赣西南教育，闽西教育成绩更加显著。各县开办列宁师范学校，区乡列宁小学达到70%，开办成人补习夜校，开展识字运动，设立俱乐部等。除此之外，建立文化教育行政系统，编审教材，培养师资，筹措教育经费等。在培养师资方面，闽西革命根据地举办教员训练班、开办龙岩列宁师范暑期学校，杭县列宁师范学校。井冈山革命根据地、赣西革命根据地以及闽西革命根据地教育的发展，加速了中国红色革命的进程，也为中央苏区整个教育乃至新中国师范教育在艰苦卓绝的环境中的发展进行了可贵的探索。

1931年9月，第三次反"围剿"斗争胜利后，赣西南和闽西苏区连成一片，中央革命根据地即中央苏区成立。中华苏维埃临时中央政府宣布：

> 一切工农劳苦群众及其子弟，有享受国家免费教育之权，教育事业之权归苏维埃掌管，取消一切麻醉人民的、封建的、宗教的和国民党的三民主义的教育。②

工农劳苦大众的免费教育权受到中华苏维埃政府的保护。1934年2月通过的《中华苏维埃共和国宪法大纲》明确规定：

> 中华苏维埃政权以保证工农劳苦民众有受教育的权利为目的，在进行革命战争许可的范围内，应开始实行完全免费的普及教育，首先应在青年劳动群众中施行，应该保障青年劳动群众的一切权利，积极的引导他们参加政治的和文化的革命生活，以发展新的社会力量。③

可见，苏维埃政府对教育事业高度重视，并决心要实行完全免费教育。

---

① 毛泽东：《童子团》，载《毛泽东农村调查文集》，人民教育出版社1982年版，第249页。
② 张挚、张玉龙主编：《中华苏维埃共和国第一次全国工农兵代表大会宣言》，载张挚、张玉龙主编《中央苏区教育史料汇编》上册，南京大学出版社2016年版，第3页。
③ 张挚、张玉龙主编：《中华苏维埃共和国宪法大纲》，载张挚、张玉龙主编《中央苏区教育史料汇编》上册，南京大学出版社2016年版，第3页。

在中央苏区成立之前，闽西革命根据地就已开办龙岩列宁师范暑期学校和杭县列宁师范学校。1932年3月瑞金开办了具有师资培训班性质的闽瑞师范学校，同年10月又开办中央列宁师范学校。这些师范学校的开办是苏区师范教育的萌芽，为后续师范教育的发展提供了宝贵的借鉴价值。

二 灵活应变：苏区师范教育政策

苏区大力普及免费教育，师资严重缺乏。为解决师资缺乏问题，各革命根据地提出各种解决措施。例如，开办小学教员训练班、开办师范学校、从政治上审查教员以及改善教员生活待遇。① 苏区师范教育还在苏维埃干部学校和训练班中附设教育班。1934年后，高级师范学校、初级师范学校、短期师范学校和小学教员训练班承担起培养师资和教育行政管理人员的任务。全苏文化教育大会之后，教育人民委员部拟定各级师范学校章程，师范教育逐渐法律化和正规化。这些章程包括《高级师范学校简章》《初级师范学校简章》《短期师范学校简章》《小学教员训练班简章》。苏区师范教育序列分为4类，即高级师范教育、初级师范教育、短期师范教育以及职后培训教育，苏区师范教育体系逐步确立。

（一）高级师范教育政策

《高级师范学校简章》从培养目标、入学资格、学科设置、修业时间、在学费用、学校管理六个方面对苏区的高级师范教育做出规范和明确说明。

1. 培养目标

高级师范学校的培养目标从三个方面加以设定：（1）培养教员；（2）培养高级干部；（3）建立并实验苏维埃新的教育方法。具体如下：

> 一、培养目前实际上急需党的初级及短期师范学校教员、训练班教员及社会教育与普通教育的高级干部。
> 二、用马克思主义唯物辩证法的教育方法，来批评传统教育理论与实际，培养中小学校的教员，以建立苏维埃教育的真实基础。
> 三、利用附属小学校，与成人补习学校，进行实习，以实验我们苏维埃新的教育方法。②

苏区的师范教育逐渐形成以马克思主义唯物辩证法为指导方法，以培养合格的初级师范教员、短期师范教员和训练班教员以及从事社会教育和普通教育的高级干部为目标。

---

① 陈桂生：《中国革命根据地教育史》上，华东师范大学出版社2015年版，第257页。
② 张挚、张玉龙主编：《高级师范学校简章》，载张挚、张玉龙主编《中央苏区教育史料汇编》上册，南京大学出版社2016年版，第487页。

2. 入学资格

　　学生以能看普通文件的工农群众为原则，但劳动妇女不限定识字，另设预科教育之。旧的知识分子，确有相当知识技能可在短期间训练成就的，只要他们愿为苏维埃服务，另设教员班训练之，但得同时任本校副教员。[①]

高等师范教育与初级师范学校的入学资格大致相同，对入学者的政治觉悟要求高，文化程度要求相对较低。妇女入学不受识字限制，可入预科教育补习。经短期训练有成就的旧知识分子可入教员训练班，同时担任本校副教员。入学资格的灵活性与可控性为基础薄弱、求知若渴且具备才华的普通大众提供了接受教育的机会。

3. 学科设置

学习教育文化专门知识，开设教育学、教育行政、自然科学及国文文法、社会政治科学课。政治工作、教育实习和科学实验在任何情况下都加紧对待，不放松。因战事急需干部以及学生缺乏普通教育基础，仍以综合教学为主，分科教学视情况施行。教学时间以修业期限长短和环境需要决定。课程安排有紧有松，重点突出，灵活变通，符合当时战争需要，使得师范教育在战争夹缝中稳步发展。

4. 修业时间

"修业期限以一年为标准，按战争环境需要伸缩之，但最低限度，不得少于六个月"。[②] 高级师范学校修业时间多于初级师范学校半年。一是因为人才培养标准高于初级师范学校；二是因为课程难度高于初级师范课程。两者的共同之处在于都能随势而变，具有较大的灵活性，符合当时苏维埃政府所处的革命地位。

5. 在学费用

同初级师范学校相同，高级师范学校也实行免费政策，即"学生不收学膳书籍等费，被服及其他日常用品，由学生自备"[③]。免费政策贯彻了苏维埃宪法大纲做出的承诺。劳苦大众受教育的权利得以实现。

6. 学校管理

高级师范学校的管理设置与初级师范学校的管理设置基本相同，都实行严格统一的管理规定。学校设校务、教务各1员，由校长委任。选举干事会，领导"学生公社"。为保障军事训练卓有成效，要求高级师范学校全体工作人员和学生加入赤卫军，进行军事训练，而初级师范学校未作明确要求，一切管理政策的制

[①] 张挚、张玉龙主编：《高级师范学校简章》，载张挚、张玉龙主编《中央苏区教育史料汇编》上册，南京大学出版社2016年版，第487页。

[②] 张挚、张玉龙主编：《高级师范学校简章》，载张挚、张玉龙主编《中央苏区教育史料汇编》上册，南京大学出版社2016年版，第487页。

[③] 张挚、张玉龙主编：《高级师范学校简章》，载张挚、张玉龙主编《中央苏区教育史料汇编》上册，南京大学出版社2016年版，第487页。

定都顺应时事所需。

(二) 初级师范教育政策

《初级师范学校简章》从培养目标、入学资格、学科设置、修业时间、在学费用、学校管理六个方面对苏区的初级师范教育做出规范和明确说明。

1. 培养目标

初级师范学校的培养目标为"以养成能用新的方法，从事实际的儿童教育及社会教育的干部为任务"。① 初级师范教育主要以培养从事儿童教育和社会教育的人才为任务。革命根据地以农村为中心，广大贫下中农未受过良好的教育和训练，其文化理论、思想政治水平、组织纪律相对匮乏。儿童是中国革命的后备军，从小接受教育，为中国革命和社会发展储备后续力量。

2. 入学资格

相比于清朝和国民政府的统治，苏区师范学校对入学者的政治觉悟要求高，文化程度要求低。

> 以能看普通文件的工农劳动者，在政治上积极的为原则，但收劳动妇女，不限制文化程度，收旧的知识分子，必须有相当的文化水平，而愿为苏维埃服务的。②

该入学门槛的设定增加了普通大众接受教育的机会，使更多的工农劳动者参与到教育事业中。劳动妇女不限文化程度，体现出对妇女教育的重视。愿为苏维埃政府服务的旧知识分子也被纳入其中。苏维埃教育自伊始就体现出平等教育乃至平民教育的思想。

3. 学科设置

苏区的师范课程设置多以当时的政治、社会问题为重心，并把解决实际问题放在首要位置。其课程设置如下：

> 学习小学五年课程的教授法、小学组织与设备、社会教育问题、教授方法总论、教育行政概论、政治常识与自然科学的常识，均以实际问题为中心，在可能条件之下，仍教学一般基础理论。当以百分之三十的时间，从事于实际问题的讨论、教学的实习和社会工作。③

---

① 张挚、张玉龙主编：《初级师范学校简章》，载张挚、张玉龙主编《中央苏区教育史料汇编》上册，南京大学出版社2016年版，第488页。
② 张挚、张玉龙主编：《初级师范学校简章》，载张挚、张玉龙主编《中央苏区教育史料汇编》上册，南京大学出版社2016年版，第488页。
③ 张挚、张玉龙主编：《初级师范学校简章》，载张挚、张玉龙主编《中央苏区教育史料汇编》上册，南京大学出版社2016年版，第488页。

师范生除学习教学必备的课程教授法、小学组织与设备、教授方法总论、教育行政概论、自然科学常识外,还结合当时社会现实和政治问题开设社会教育问题和政治常识课程。师范教育注重学生实践能力,开设实际问题讨论、教学实习和社会工作课程,且占总课程的30%。"以国情为基,以问题为重,以实践为法"的显著特点抛弃了与现实脱轨、"闭门造车"的教育模式,培养了大批红色教师。

4. 修业时间

初级师范学校的修业时间设定为6个月,各地方可根据实际情况增减,但不得少于3个月。速成的培养方式不利于学生系统地学习知识,但学制的灵活性能迅速补偿师资的匮乏,满足苏区发展教育的需求。针对当时严酷凌冽的战争环境,速成方式为培养革命人才提供了有力保障。

5. 在学费用

"学生不收学膳费与书籍费,被服及其他日常用品,由学生自备。"[1] 在当时苏维埃政府经济困难情况下仍旧落实完全免费教育政策,说明中国共产党和苏维埃政府对于教育的重视以及对广大人民受教育权利的尊重。

6. 学校管理

《初级师范学校简章》从领导以及学生两个方面对学校的管理作出规定:

> 设校长一人及管理委员会,为学校最高的领导机关,校长为当然主任,校长及其他委员,由省教育主任委任之,并报告人民委员部存案。[2]
>
> 校务、教务,均须有专人负责,由校长委任之,但学生在一百名以下的,可由教员兼任。[3]
>
> 为着学生自己管理自己,及进行社会工作,在管理委员会和校长监督之下,设立"学生公社"由学生大会选举干事会领导之。[4]

由此可见,《初级师范学校简章》建立起三级架构的苏区师范教育管理模式。分别为:第一,设立校长及管理委员会,为学校最高领导机关。第二,建立学校领导机制,包括校长、委员、校务、教务。第三,成立"学生公社"。由学生大会选举干事会领导。三级架构的苏区师范教育管理模式,从领导到学生实行分级管理政策,有利于统一、严格地执行学校事务,在稳定和谐的管理布局下,学校

---

[1] 张挚、张玉龙主编:《初级师范学校简章》,载张挚、张玉龙主编《中央苏区教育史料汇编》上册,南京大学出版社2016年版,第488页。

[2] 张挚、张玉龙主编:《初级师范学校简章》,载张挚、张玉龙主编《中央苏区教育史料汇编》上册,南京大学出版社2016年版,第488页。

[3] 张挚、张玉龙主编:《初级师范学校简章》,载张挚、张玉龙主编《中央苏区教育史料汇编》上册,南京大学出版社2016年版,第488页。

[4] 张挚、张玉龙主编:《初级师范学校简章》,载张挚、张玉龙主编《中央苏区教育史料汇编》上册,南京大学出版社2016年版,第488页。

得以有条不紊地前进和发展。

（三）短期师范教育政策

《短期师范学校简章》从培养目标、入学资格、学科设置、修业时间及学费、学校管理五个方面对苏区的短期师范教育做出规范和明确说明。

1. 培养目标

短期师范学校培养目标在于以速成的方式培养小学急需的教育干部及教员。短期师范教育培养目标指向性明确，快速培养出大批小学师资及干部，为革命根据地的扫盲活动提供师资保障。

2. 入学资格

短期师范学校入学者必须具有较高的政治自觉性，且了解小学前三年的全部教科书。劳动妇女不受文化程度限制。对于文化程度低而政治觉悟高的妇女，也可入学，增加1个月的补习时间。愿为苏维埃服务的旧知识分子，也可入学。

3. 学科设置

与初级师范学校的学科设置大体相同，短期师范学校开设小学五年课程的教授原则、小学管理法、社会教育问题、教育行政略论、政治常识及科学常识，其中以前三门课程为主。30%的学习时间用于从事小学教授的实习及社会工作。学校不但重视理论基础的建构，也重视实践环节，有利于把培养的师资快速投入实际教学中。

4. 修业时间及学费

修业标准时间为3个月，可根据实际情况增加或减少，但最低限度不少于2个月。短期师范学校建立的目的即快速培养投入实际教学工作的师资，培养时间短，解决急需的社会问题。同其他师范学校一致，学费、膳费和书籍费免收，被服及其他日常用品由学生自备。

5. 学校管理

《短期师范学校简章》中的第五条、第六条、第七条和第八条分别从学校领导和学生两个方面对学校管理做出规定：

> 设校长一人，管理全校事务。由省或县教育部委任之，并报告教育人民委员部存案。校务、教务均须有专人负责，由校长委任之，但学生在一百名以下时，应由教员兼任。在校长监督之下，设立"学生公社"，由学生大会选举干事会领导之。为着实行军事化，全校教职员及学生均须加入赤卫军进行经常的军事训练。[①]

---

① 张挚、张玉龙主编：《短期师范学校简章》，载张挚、张玉龙主编《中央苏区教育史料汇编》上册，南京大学出版社2016年版，第489页。

短期师范学校的管理与初级师范学校类似，只是新增了军事训练内容。第一，学校实行校长负责制，管理全校的事务，由省或县教育部委任，报教育人民委员部存案。第二，建立学校领导机制，包括校务、教务。学生数量在一百名以下，由教员兼任。第三，成立"学生公社"。由学生大会选举干事会领导。第四，参加军事训练。全校教职员及学生均须加入赤卫队进行军事训练。同初级师范学校一致，三级架构的教育管理模式，有利于统一、严格地执行学校事务，促进教育工作有条不紊地进行。鉴于短期师范学校师资培养周期短，新增的军事化管理制度的实施为学校正常教育工作的开展提供了保障。

（四）职后培训教育政策

苏区的师范教育不但包括职前教育还包括职后培训，《小学教员训练班简章》从培养目标、入学资格、学科设置、修业时间及学费、学校管理五个方面对苏区的小学教员培训做出规范和明确说明。

1. 培养目标

小学教员训练班只面向现任或将任列宁小学教员招生，其培养目标专为列宁小学培训师资。

2. 入学资格

工农子弟，忠于苏维埃的知识分子，不分男女，都是训练班的招生对象。但小学教员训练班学员须具备一定的文化程度，即能够阅读前三册小学教科书为准。

3. 学科设置

课程以学习小学管理法及分析小学五年级教科书为主，且注重开展小学教育实习批评会工作，同时讨论社会教育问题及政治问题。针对尖锐的社会教育问题和政治问题组织开放性的主题讨论会和批评会，集思广益，统一认识，为实现革命的胜利打好思想基础。

4. 修业时间及学费

小学教员训练班利用寒暑假进行师资培训。不收学费，伙食费以及日常用品以自备为原则。

5. 学校管理

"训练班设校长一人，由县教育部委任之；在校长指导之下，由学生组织学生公社选举干事会，管学生的日常生活。"[①] 小学教员训练班的管理设置相对简单，主要为设定校长职务及成立"学生公社"。

三 通权达变：苏区师范教育政策特征

中央师范学校分高级师范学校、初级师范学校、短期师范学校以及小学教员

---

① 张挚、张玉龙主编：《小学教员训练班简章》，载张挚、张玉龙主编《中央苏区教育史料汇编》上册，南京大学出版社2016年版，第490页。

训练班四种类型。各级各类学校分别承担不同的师资培养任务，目标明确，针对性强，扩大了师资培养规模，加速了师资培养速度，促进苏区师范教育的发展。从各级各类师范教育政策可见，中央苏区的师范教育并没有形成较大的规模和体系，但是它因适应苏区的具体条件和实际需要，在一定程度上得以稳步发展。苏区四种类型的师范教育政策，大致呈现以下几个特点：

第一，入学门槛宽松。除要求具备较高的政治积极性外，文化基础要求低，符合广大工农的身份特点，为他们加强文化理论学习、思想理念提升、组织纪律等方面提供机会和平台。妇女不受文化程度限制，为提升中国妇女地位开辟了教育通道。

第二，学制精悍灵活。苏区时期战争频繁，在缺乏稳定教育环境的前提下，苏区政府结合实际，采用灵活、形式多样的教育形式。就师范教育而言，开办的高级师范学校、初级师范学校、短期师范学校、小学教员训练班均采用灵活的学制形式，基本修业时间分别为1年、6个月、3个月、寒暑假，且可根据实际情况伸缩。该特点与当时革命区的实际情况密切相关。一方面，革命区资金短缺，无法扩大学校规模，只能以小、短、精的方式培养师资；另一方面，革命区的发展急需大批人才。党的各级干部主要来自贫下中农，文化基础薄弱，速成式培训有助于加快补齐自身的文化短板，投身革命实践中。

第三，架构三级管理模式。苏区初级师范学校形成了校长及管理委员会、学校领导、"学生公社"的三级管理模式。短期师范学校在三级管理模式基础上新增了军事训练内容。三级管理模式实现了师范教育的分层分级管理。权力主体各司其职，责任担当，严格管理学校事务，促进了师范教育工作的顺利开展。军事化管理制度的落实为教育工作的正常开展提供了保障。

第四，改革教学内容和方法。苏区教育抛弃传统教育方式，变革教学内容和方式，以适应苏区革命和建设需要。在教学内容上坚持以共产主义精神教育为核心，把政治教育摆在教学工作的首位，遵循实事求是原则，以教材建设为任务，建立体系完整的教育教学内容。在教学方法上坚持理论联系实际原则，注重启发式教学方法，提倡民主和谐的教学氛围。①

第二节　星火燎原：抗日根据地师范教育政策

1937年抗日战争爆发，中国共产党建立起抗日根据地。抗日根据地分为两大类型：以延安为中心的陕甘宁边区抗日民主后方根据地，以及在敌后方开辟的敌后抗日民主根据地。陕甘宁抗日根据地建立在陕甘、陕北苏维埃基础上，是抗日民主斗争的后方基地和指导中心。为适应抗战的需要，中共中央改革旧的学制、

---

① 张挚：《论中央苏区教育发展的经验与意义》，《江西社会科学》2006年第12期。

课程和管理制度，制定抗战所需的教育方针和政策。为团结各阶级各党派一致抗日，中共中央和中央工农政府变工农民主政权为人民民主政权，把工农教育改变为抗日民主教育，大力发展学校教育。陕甘宁边区师范教育得到迅速发展，以燎原之势，成为抗日根据地师范教育的代表。

一 边区师范：陕甘宁边区师范教育体系的确立

抗日战争时期，因斗争形式的不断变化，教育性质和宗旨随社会教育属性的变化而改变。从"国难教育"到"国防教育"；从"国防教育"到"抗日民主教育"；从"抗日民主教育"到"新民主主义教育"①，教育性质和宗旨的变化反映出中央政府对时局的把握与掌控，师范教育也在遵循教育大政方针的基础上做出适时调整。

在"国防教育"方针的指引下，师范教育的实施原则为："在寒暑假或其他时间，开设短期训练班，在短时间内提高教员以及教育行政人员的政治水平和教育技术。"②在具体的实施办法中提到开办训练从事战时小学教育和社会教育师资的鲁迅师范学校。

抗战初期的"国防教育"方针着重强调抗战，忽视基本文化知识，1938年颁布的《边区教育宗旨和实施原则（草案）》确定教育宗旨为：

> 争取抗战胜利，建设独立自由幸福的新中国，培养有民族觉悟、有民主思想、有现代生活的知识技能，能担负抗战建国之任务的战士和建设者。③

教育宗旨体现出民主的意蕴。师范教育的实施原则规定为：

> 发展师范教育。用最经济最有效力的教育方法，在短期内培养大批有坚定正确的政治方向和艰苦奋斗的精神的教育干部，籍以推行普及教育。④

此外，该文件还从目标、课程、教学法、生活指导等方面做出具体要求。

1940年1月，毛泽东在继承农村革命根据地优良教育传统的基础上，总结抗日民主根据地的教育经验，进行了系统的理论概括，在著名的《新民主主义论》

---

① 陈桂生：《中国革命根据地教育史》中，华东师范大学出版社2016年版，第56—58页。
② 周扬、郭青平、吕良：《边区国防教育的方针与实施办法》，载陕西师范大学教育研究所编《陕甘宁边区教育资料》上册《教育方针政策部分》，教育科学出版社1981年版，第3页。
③ 陕西师范大学教育研究所编：《边区教育宗旨和实施原则（草案）》，载陕西师范大学教育研究所编《陕甘宁边区教育资料》上册《教育方针政策部分》，教育科学出版社1981年版，第134页。
④ 陕西师范大学教育研究所编：《边区教育宗旨和实施原则（草案）》，载陕西师范大学教育研究所编《陕甘宁边区教育资料》上册《教育方针政策部分》，教育科学出版社1981年版，第135页。

中，明确提出了新民主主义的教育方针。这是中国共产党和全国人民在民主革命斗争中发展文化教育事业的全部智慧和经验的结晶，也成为制定新中国教育方针的重要基础。① 在《中央关于开展抗日民主地区的国民教育的指示》中首次提出"应该确定国民教育的基本内容为新民主主义的教育"②，虽未明确提出把"新民主主义"作为教育方针，但其实际是学校教育工作的具体部署。③ 陕甘宁边区师范教育政策体现了"新民主主义"的教育方针。各级各类师范学校在培养目标中均提出了"新民主主义"的教育方向。

随着"新民主主义"教育方针的落地，师范教育体系也逐渐得以确立。陕甘宁边区师范学校属于中等教育的一部分，基本创建于中等教育发展的前期，即1937年至1939年，主要以培养小学师资为主。在土地革命之前，陕甘宁边区已有绥德师范与米脂中学。抗战前夕，成立鲁迅师范学校。鲁迅师范学校是陕甘宁边区最早成立的中等学校。其主旨是为小学教育和社会教育培养健全的师资。学校设立师范班和预备班。师范班修业年限为半年至1年，预备班为1年至2年。课程设有国防教育理论、学校管理、国语、自然常识、新文字、游击战术、教学法、教育行政、政治常识、史地、音乐、民众运动等。举办各种校内校外活动，如讨论会、研究会、学生会、俱乐部、民众夜校、民众墙报等。鲁迅师范学校的建立和发展不但给边区培养了师资，也培养出众多优秀的乡村文化工作干部。此后，其他师范学校相继成立。截至1942年11月，陕甘宁边区已建立七所师范教育性质的中学：边区师范（延安）、关中师范（淳耀）、三边师范（定边）、鄜县师范（鄜县）、陇东中学（庆阳）、绥德师范（绥德）、米脂中学（米脂）。后来，七所中学进行了一些调整，鄜县师范与边区师范合并为延安师范，三边师范与延安大学民族学院合并为三边公学。1945年又成立子长中学。④

在高等师范教育方面，延安大学于1941年设置教育学院。教育学院开设中等教育班和国民教育行政班。中等教育班招收高中毕业生或同等学力者，以培养中学师资为目标，开设国文、政治、史地和数学4门课程。国民教育行政班招收初中毕业生或同等学力者，以培养县级教育行政人员为目标。⑤

除建立师范学校促进师范教育发展外，边区政府也重视小学教师的在职培训。在职培训的方式主要为暑假和寒假的教员训练班或教育研究班。到1940年已达到每个分区设立1所中等学校（主要为师范学校），在1941年暑假5个分区分别举

---

① 王炳照：《传承与创新——从新民主主义教育方针到社会主义教育方针》，《北京大学教育评论》2009年第1期。
② 陕西师范大学教育研究所编：《中央关于开展抗日民主地区的国民教育的指示》，载陕西师范大学教育研究所编《陕甘宁边区教育资料》上册《教育方针政策部分》，教育科学出版社1981年版，第80页。
③ 陈桂生：《中国革命根据地教育史》中，华东师范大学出版社2016年版，第58页。
④ 陈桂生：《中国革命根据地教育史》中，华东师范大学出版社2016年版，第103页。
⑤ 崔运武编著：《中国师范教育史》，山西教育出版社2006年版，第191页。

办小学教员训练班。①

二 燎原之火：陕甘宁边区师范教育政策

1940年3月，中共中央书记处提出中等教育"正规化"的口号。为规范中等教育，1940年出台《陕甘宁边区师范学校暂行规程（草案）》。边区政府又于1942年对上述规程进行修订，颁布《陕甘宁边区暂行师范学校规程草案》（以下简称《草案》），促进师范教育朝着"正规化"方向发展。

（一）中等师范教育政策

1940年出台《陕甘宁边区师范学校暂行规程（草案）》，对中等师范教育的培养目标、学科设置、入学资格及待遇、毕业及工作等方面都有明确规定。1942年《陕甘宁边区暂行师范学校规程草案》又对其规定进行了修订，特别增加了教学要求、成绩及考查和待遇及奖学金办法3项规定。

1. 培养目标

中国共产党提出"新民主主义"的教育方针，即民族的、科学的、大众的文化教育。师范教育领域的培养目标也相应地提出把握新民主主义的政治方向。"新民主主义"是陕甘宁边区师范教育培养目标的特色。边区中等师范学校以培养新民主主义的地方小学教育师资为培养目标，且对青年施以如下训练：

（一）把握新民主主义的政治方向；
（二）获得关于社会科学及自然科学的基本常识；
（三）养成优良的生活习惯，锻炼坚强的体魄；
（四）学习初步的教育理论及教学技能；
（五）培养终身服务教育的精神。②

1942年《草案》继续贯彻新民主主义教育方针，训练原则稍作调整，具体如下：

（一）培养正确的政治方向；
（二）建立民主的工作作风；
（三）养成劳动的习惯；
（四）锻炼健康的体格；
（五）充实一般的文化知识；

---

① 陈桂生：《中国革命根据地教育史》中，华东师范大学出版社2016年版，第144页。
② 陕西师范大学教育研究所编：《陕甘宁边区师范学校暂行规程（草案）》，载陕西师范大学教育研究所编《陕甘宁边区教育资料》中册《中等教育部分》，教育科学出版社1981年版，第18页。

（六）给予从事教育工作的知识技能；

（七）培植热心服务教育的精神。①

2. 学科设置

师范学校设立高级部和初级部，两部修业年限均为两年。同时设立修业年限分别为 1 年和半年的速成科和预备班。初级部、速成科、预备班设定课程表，高级部未给出。初级部共两学年，每学年分为两个学期，开设课程略有不同。初级部学科科目及每周上课时数如下表所示：

表 12 - 1   陕甘宁边区师范学校初级部第一学年课程表

科目	每周上课时数	全年上课时数	附注
公民常识		三〇	包括时事政治及边区问题等全学年须三〇小时可作大单元设计教学
国文	七	二八〇	
数学附带教珠算	四	一六〇	
社会科学概论	三	一二〇	
自然科学概论	三	一二〇	
历史	二	八〇	
地理	三	六〇	集中在第一学期教学
新文字	三	六〇	
美术	一	四〇	
音乐	一	四〇	
体育	一	四〇	
总计	二八	一〇三〇	

资料来源：陕西师范大学教育研究所编：《陕甘宁边区师范学校暂行规程（草案）》，载陕西师范大学教育研究所编《陕甘宁边区教育资料》中册《中等教育部分》，教育科学出版社 1981 年版，第 19 页。

表 12 - 2   陕甘宁边区师范学校初级部第二学年课程表

科目	每周时数 第一学期	每周时数 第二学期	全年上课时数	附注
公民常识		四	五〇	第一学期三〇时数；第二学期二〇时数
国文	六	三	一七六	
数学	四		一二二	

---

① 陕西师范大学教育研究所编：《陕甘宁边区暂行师范学校规章（草案）》，载陕西师范大学教育研究所编《陕甘宁边区教育资料》中册《中等教育部分》，教育科学出版社 1981 年版，第 32 页。

续表

科目	每周时数 第一学期	每周时数 第二学期	全年上课时数	附注
社会科学概论	三		六〇	
自然科学概论	三		四〇	
新教育原理	二		四〇	
儿童心理	二		四〇	
医药卫生	一		二〇	
小学教育概论		四	五六	
社会教育概论		二	二八	
教学法		四	五六	
美术	一		二〇	
音乐	一	一	四八	
体育			三四	第一学期二〇时数；第二学期一四时数
参观实习			三〇	

资料来源：陕西师范大学教育研究所编：《陕甘宁边区师范学校暂行规程（草案）》，载陕西师范大学教育研究所编《陕甘宁边区教育资料》中册《中等教育部分》，教育科学出版社1981年版，第20页。

由表12-1和表12-2可见，第一学年开设科目有公民常识、国文、数学附带教珠算、社会科学概论、自然科学概论、历史、地理、新文字、美术、音乐、体育共11门课程。其中公民常识课程包括时事政治及边区问题。每周课时总数为28课时，全年总课时数为1030课时。第二学年开设科目有公民常识、国文、数学、社会科学概论、自然科学概论、新教育原理、儿童心理、医药卫生、小学教育概论、社会教育概论、教学法、美术、音乐、体育、参观实习共15门课程。

速成班课程科目有公民常识、国文、数学、社会科学概论、自然科学概论、历史、地理、新教育原理、小学行政、教学法、新文字、音乐、体育、参考实习共14门课程。具体课程及课时安排见下表：

表12-3　　　　　　　**陕甘宁边区师范学校速成科课程表**

科目	每周上课时数 第一学期	每周上课时数 第二学期	全年上课时数	附注
公民常识			五〇	第一学期三〇时数 第二学期二〇时数
国文	五	三	一四二	第一学期一〇〇时数

续表

科目	每周上课时数 第一学期	每周上课时数 第二学期	全年上课时数	附注
数学	四	三	一二二	第一学期八〇时数 第二学期四二时数
社会科学概论	二	二	六八	第一学期四〇时数 第二学期二八时数
自然科学概论	二	二	六八	
历史	二	二	六八	
地理	二	二	六八	
新教育原理	二		四〇	
小学行政		三	四二	
教学法		三	四二	
新文字	二		四〇	
音乐	二	一	五四	第一学期四〇时数 第二学期一四时数
体育	一	一	三四	
参考实习			五〇	第一学期三〇时数 第二学期二〇时数
总计	二四	二二	八八八	

资料来源：陕西师范大学教育研究所编：《陕甘宁边区师范学校暂行规程（草案）》，载陕西师范大学教育研究所编《陕甘宁边区教育资料》中册《中等教育部分》，教育科学出版社1981年版，第21—22页。

预备班开设课程及课时数分别为公民常识30课时、国文120课时、数学80课时、历史60课时、地理60课时、音乐40课时、体育40课时共7门课程，总计430课时。其中公民常识包括时事政治和边区问题。如表12-4所示：

表12-4　　　　　陕甘宁边区师范学校预备班课程表

科目	每周上课时数	全期上课时数	附注
公民常识		三〇	包括时事政治及边区问题
国文	六	一二〇	
数学	四	八〇	
历史	三	六〇	
地理	三	六〇	
音乐	二	四〇	
体育	二	四〇	

资料来源：陕西师范大学教育研究所编：《陕甘宁边区师范学校暂行规程（草案）》，载陕西师范大学教育研究所编《陕甘宁边区教育资料》中册《中等教育部分》，教育科学出版社1981年版，第22页。

1942年《草案》规定师范学校设立学制三年的初级师范和学制两年的高级师范。初级师范和高级师范可合并设立也可单独设立。合并设立的称为师范学校,单独设立的分别命名为初级师范学校或高级师范学校。

初级师范学校开设的课程有公民知识、国文、新文字、历史、地理、数学、自然(动物、植物、物理、化学)、生理卫生、美术、音乐、体育、军事训练(女生习军事看护)、教育实施(内含教育政策、小学教育、社会教育)、儿童心理、教学法、教学实习、劳作科,并提出具体的实施要求。

高级师范学校开设社会科学概论、中外历史、中外地理、国文、数学、生物学、物理、化学、哲学、音乐、体育、美术、军事训练(女生习军事看护)及教育行政、教育心理、课程及教材研究、教育测验及统计、劳作课。根据地方需要及教、学、做合一的原则,开设农业与实习、群众工作、农村、社会等职业科,作为必修课或选修课。同时补充规定周会、自习、劳作的具体实施细则。

3. 入学资格及待遇

师范学校初级部及速成科入学资格为高级小学毕业或具有同等程度;高级部为初级部毕业或具有同等程度。两者皆需经过入学试验,及格方可录取。师范学校初级部及速成科入学考试不及格,则按成绩编入预备班。

师范学校学生享受免费师范教育,即免收学费、膳费、图书体育费,且提供学习用书和制服。女生还享有奖学金待遇。无故退学者,将追缴膳费、学习用书以及制服的费用。

1942年颁布的《草案》增加入学年龄的规定,即初级师范生入学年龄为14岁至20岁;高级师范生入学年龄为16岁至22岁。

4. 毕业服务

1940年颁布的《陕甘宁边区师范学校暂行规程(草案)》规定,边区师范教育继续贯彻毕业服务制度。学生修业期满且考试成绩及格,发给奖学金,准予毕业。毕业者须服务边区教育两年,具体工作由边区教育厅分配。

1942年与1940年的毕业服务规定基本相同,只做出补充说明。师范生毕业服务年限要求与修业年限相同,且在服务期间内不得升学或调任其他工作。分配事宜由学校及教育行政主管部门统筹办理。如遇特殊情况,可经边区教育厅核准后变通办理。

5. 教学要求

1942年《草案》特别提出了具有划时代意义的教学策略,比如:

> 各科教学得因时因地采用现实的补充教材,并须注意实验、实习与实际生活密切联系。教员教学生应注意学生性情及兴趣,启发其观察思考能力及

集体的自动的研究精神。①

该策略充分考虑学生的兴趣和爱好，并结合认知发展规律，培养学生的思考能力和研究精神。由此可见，《草案》体现出陕甘宁边区教育对学生思辨能力和研究素养的重视，闪烁着教育智慧的光芒。

6. 成绩及考查

师范学校学生成绩分学业、实习、生活3项。考试类型有日常考试、临时试验、学期考试和毕业考试四种。

日常考试包括演习练习、口头问答、实验实习、作文、读书报告或笔记、测验、调查搜集报告及工作报告、劳动作业、讨论会记录。临时试验由各科教员于教学时间内随时举行，每学期每科至少举行两次以上。学期考试在学期末举行，测验一学期内的所有课程。

各科成绩所占比例不同。各科学期成绩包括平时成绩和学期考试成绩，分别占总成绩的五分之三和五分之二。平时成绩包括日常考查成绩与临时试验成绩，分别占三分之二和三分之一。各科平均成绩作为该生的学年成绩。各学年的平均成绩与毕业考试成绩合为毕业成绩，分别占五分之三和五分之二。

无学期成绩或成绩不合格，于下一学期开学后两星期内补考。经补考后成绩不及格做如下处理：

> 在三科以上之学生或仅二科考后不及格，但其科目在初师为公民知识、国文、算学、哲学、教育科目五科中任何二科之学生，均应降入低一学期或一学年之学级肄业，如本校无相当学级，可发给转学证书——应届毕业生学生留级一次为限，如以上各科成绩均特别优异，得升入高一学期或一年之学级肄业，但此项升级亦以一次为限。②

7. 待遇及奖学金办法

> 师范学校学生不征收任何费用。其简单衣食，由学校供给。但书籍、文具及回家往返路费，零用等项，除有特别规定者外，概归自备。贫苦学生及敌占区、友区学生得受优待；优待办法另定之。入学女生得给予奖学金。③

---

① 陕西师范大学教育研究所编：《陕甘宁边区暂行师范学校规章草案》，载陕西师范大学教育研究所编《陕甘宁边区教育资料》中册《中等教育部分》，教育科学出版社1981年版，第42页。
② 陕西师范大学教育研究所编：《陕甘宁边区暂行师范学校规章草案》，载陕西师范大学教育研究所编《陕甘宁边区教育资料》中册《中等教育部分》，教育科学出版社1981年版，第46页。
③ 陕西师范大学教育研究所编：《陕甘宁边区暂行师范学校规章草案》，载陕西师范大学教育研究所编《陕甘宁边区教育资料》中册《中等教育部分》，教育科学出版社1981年版，第48页。

根据特殊情况，给予不同的待遇标准，一方面为贫困学生提供了难得的求学机会；另一方面，有利于团结敌占区的工农阶级，加速解放全中国的步伐。针对规定的入学女生的奖学金政策，边区政府又出台《陕甘宁边区升入师范学校女生奖励办法》，从七个方面保障女子的免费师范教育。具体如下：

> 各县曾在高级小学毕业或具有同等学力之女生，当地政府应尽量动员升入师范学校。
> 经考试及格升入师范学校之女生，除制服、膳宿、书籍、津贴等，均由学校供给外，并根据家庭情况发给奖学金5元或10元。
> 自边区外来入师范学校之女生，不得领奖学金。
> 各县县政府就本县升学师范学校女生之家庭情况拟定应给奖学金额数（5元或10元），呈经教育厅核准后，发给其家长。
> 奖学金在各县教育经费内开支。
> 已受奖学金之女生，如中途退学者，应将奖学金全数退回。
> 受奖学金之女学生毕业后，由教育厅分配教育工作，有服务一年以上之义务。[1]

(二) 高等师范教育政策

陕甘宁边区未成立独立的高等师范学校，因此边区政府也未出台相应的高等师范教育政策。但因抗大、延大等高等学校承担部分中等教育师资的培养和培训工作，陕甘宁边区政府于1944年颁布的《延安大学教育方针及暂行方案》涉及高等师范教育政策。

1. 培养目标

延安大学紧密结合当时的现实情况，提出适应抗战和边区建设需求的培养目标，即培养新民主主义干部；增进革命理论知识与思想建设。

> 一、本校以适应抗战与边区建设需要培养与提高新民主主义即革命三民主义的政治、经济、文化建设的实际工作干部为目的。
> 二、本校进行中国革命历史与现状的教育，以增进学员革命理论的知识与新民主主义即革命三民主义建设的思想，并进行人生观与思想方法的教育，以培养学员的革命立场与实事求是的工作作风。[2]

---

[1] 陕西师范大学教育研究所编：《陕甘宁边区升入师范学校女生奖励办法》，载陕西师范大学教育研究所编《陕甘宁边区教育资料》中册《中等教育部分》，教育科学出版社1981年版，第25页。

[2] 教育科学研究所筹备处编：《延安大学教育方针及暂行方案》，载教育科学研究所筹备处编《老解放区教育资料选编》，人民教育出版社1959年版，第119页。

2. 学制及学习方式

学校分设行政学院、自然科学院、鲁迅文艺学院及医药系，分别培养专门干部。教育系从属于行政学院，学制两年。

教育学习方式有校内学习（包括听讲、阅读、漫谈、讨论等）和实习。其中校内学习占60%，实习占40%，其中生产劳动占总学习时间的20%。

3. 课程

课程分共同课与专修课两种。共同课在全校范围内开设，专修课在各学院独立开设。为满足特殊需要，另设补助课程。全校共同课程内容主要涉及中国革命历史及现状研究、革命人生观与思想方法的修养；各院系专修课内容涉及业务理论和政策研究、知识技术训练；补助课内容为文化补习课。

课程时间安排上，全校共同课占30%，各院系专修课占70%；各院系专修课中，理论政策课占30%，业务知识课与技术课占70%，各院系依据具体情况可加以伸缩。

具体而言，教育系学习课程分为全校共同课和专业课。共同课包括边区建设概论、中国革命史、革命人生观、时事教育。专业课包括边区教育文化概况、小学教育、中等教育、社会教育、教材研究、现代中国教育思想研究。

4. 教学方法

延安大学的教学方法可概括为3个特征：第一，学以致用，即在学中做，在做中学。学员积极参加实际工作并研究实际问题。学生在校内学习一阶段须下乡实习3个月，再回校总结经验，进一步学习。第二，学生以自学为主，教师教授为辅。在自学基础上实行集体互助，形成规范的教学程序，即讲授、研究、总结三环节。第三，充分发扬民主精神，讲学研究自由，不同意见可争论和互相批评。[①]

三 辅弼之勋：敌后抗日民主根据地师范教育政策

除陕甘宁边区以外，中央还开辟了敌后抗日民主根据地。到1944年6月，共建立14个敌后抗日民主根据地，包括：晋察冀、晋冀鲁豫、晋绥、山东、苏北、苏中、苏南、淮南、淮北、皖中、鄂豫皖、浙东、东江、琼崖。到1945年增至19个。虽然其他抗日根据地的师范教育相对弱于陕甘宁边区师范教育，但各抗日根据地也都进行了不同程度的师范教育。例如，晋冀鲁豫提高教师地位和待遇，取消"自由职业者"称号[②]，并于1942年10月5日颁布《晋冀鲁豫边区小学教员服务暂行条例》（以下简称《暂行条例》），对教师的入职资格、任免、待遇、

---

① 教育科学研究所筹备处编：《延安大学教育方针及暂行方案》，载教育科学研究所筹备处编《老解放区教育资料选编》，人民教育出版社1959年版，第123页。

② 陈桂生：《中国革命根据地教育史》中，华东师范大学出版社2016年版，第250页。

年功加俸、考核等方面均有明确规定。

1. 入职资格

小学教员入职资格要求年龄满 18 岁，赞成抗日和民主，且具备一定资格者，均可成为小学教员。小学教员分高小教员和初小教员，入职资格规定不同。

（1）高小教员入职资格：高小教员入职资格分六种情况。第一，完全师范与高中师范科毕业；第二，简易师范毕业曾任小学教员 1 年以上；第三，高中以上学校毕业曾任教员 1 年以上；第四，初中毕业曾任小学教员 2 年以上；第五，具备中等教员程度，曾任教员 3 年以上且鉴定合格；第六，服务教育 5 年以上，并获政府褒奖。①

（2）初小教员入职资格：初小教员入职资格分四种情况。第一，具备高小教员资格之一；第二，曾任教员且在 3 个月以上的短期师资培训班毕业；第三，高小毕业曾任教员 1 年以上且鉴定合格，第四，相当于高小程度，工作积极，热心教育工作者可聘为代用教员。②

2. 任免

《暂行条例》对完全小学和初级小学校长及教员的任免工作分别做出要求。

完全小学校长由县遴选并开具履历由专署核委；教员由县选或由校长推荐，县政府委任。县政府有免职完全小学教员的权力。③

初级小学校长和教员由县政府委任或由各村遴选呈请县政府委任。初级小学教员村公所有呈请县府解聘之权。④

有下列情形之一，须免职或解聘校长或教员：第一，有汉奸行为证据确凿者；第二，违犯刑法证据确凿者；第三，行为不检或有不良嗜好者；第四，任意旷废职务者；第五，成绩不优者；第六，身体残废或有痼疾不能任职者。⑤

3. 待遇

小学教员待遇包括物质待遇、津贴待遇、养津贴待遇、自修读物待遇、参加政治报告和学术演讲会待遇、女教员生育待遇、伤亡抚恤待遇以及人格自由待遇。

物质待遇采取薪给制或供给制，以维持两人生活的标准发放。津贴待遇按高级学校和初级学校分别等级。其中高级学校校长和教员递差 1 元。初级学校分甲、

---

① 中央教育科学研究所编：《晋冀鲁豫边区小学教员服务暂行条例》，载中央教育科学研究所编《抗日战争时期》下册《老解放区教育资料（二）》，教育科学出版社 1986 年版，第 443 页。

② 中央教育科学研究所编：《晋冀鲁豫边区小学教员服务暂行条例》，载中央教育科学研究所编《抗日战争时期》下册《老解放区教育资料（二）》，教育科学出版社 1986 年版，第 443 页。

③ 中央教育科学研究所编：《晋冀鲁豫边区小学教员服务暂行条例》，载中央教育科学研究所编《抗日战争时期》下册《老解放区教育资料（二）》，教育科学出版社 1986 年版，第 444 页。

④ 中央教育科学研究所编：《晋冀鲁豫边区小学教员服务暂行条例》，载中央教育科学研究所编《抗日战争时期》下册《老解放区教育资料（二）》，教育科学出版社 1986 年版，第 444 页。

⑤ 中央教育科学研究所编：《晋冀鲁豫边区小学教员服务暂行条例》，载中央教育科学研究所编《抗日战争时期》下册《老解放区教育资料（二）》，教育科学出版社 1986 年版，第 444 页。

乙、丙三等，递差1元。未达到丙等的代用教员更递差1元。养津贴以12个月工资实数发放。自修读物每年1本书、1份刊物。允许教员参加政治报告和学术演讲会。女教员具有生育优待权力，修养期薪金粮食照发。小学教员因公受伤或牺牲，按政府工作人员伤亡抚恤办法处理。小学教员具有人格完全自由权，任何机关不得无故侮辱逮捕。①

4. 年功加俸

《暂行条例》规定，自抗战开始，小学教员连续任职满5年可享受年功加俸的待遇，即从第六年起，增加原薪的10%。以后每连续任职满两年，即可增加10%，满20年为止。② 服务年限以每年暑假开始时为结算期，符合规定者从暑假开始的月份享受加俸待遇。

5. 考核

考核主要考查小学教员的政治与教育常识，采用集体测验法每3年举行1次。新入职教师须参加县教育科举行的补充检定。集体检定分3种类型：无试验检定、试验检定以及不得受检定。

（1）无试验检定。具备下列条件之一的教员可享受无试验检定。

第一款：完全师范与高中师范科毕业者。
第二款：简易师范毕业曾任小学教员二年以上者。
第三款：高中以上学校毕业曾任小学教员二年以上者。
第四款：初中毕业曾任小学教员三年以上者。
第五款：曾任小学教员五年以上，确有成绩并获得三年管内政府以褒扬令者。③

（2）试验检定。具有下列资格之一的教员，须受试验检定。

第一款：曾任或现任小学教员满一年者。
第二款：曾在师范学校修业一年或其他中等学校修业二年以上者。
第三款：高级小学毕业或具有同等学力者。④

---

① 中央教育科学研究所编：《晋冀鲁豫边区小学教员服务暂行条例》，载中央教育科学研究所编《抗日战争时期》下册《老解放区教育资料（二）》，教育科学出版社1986年版，第444—445页。
② 中央教育科学研究所编：《晋冀鲁豫边区小学教员服务暂行条例》，载中央教育科学研究所编《抗日战争时期》下册《老解放区教育资料（二）》，教育科学出版社1986年版，第445页。
③ 中央教育科学研究所编：《晋冀鲁豫边区小学教员服务暂行条例》，载中央教育科学研究所编《抗日战争时期》下册《老解放区教育资料（二）》，教育科学出版社1986年版，第446页。
④ 中央教育科学研究所编：《晋冀鲁豫边区小学教员服务暂行条例》，载中央教育科学研究所编《抗日战争时期》下册《老解放区教育资料（二）》，教育科学出版社1986年版，第447页。

(3) 不得受检定。

  第一款：有妨害抗日民主之言论行动确有具体事实者。
  第二款：曾受抗日政府之刑事处分者。
  第三款：褫夺公权尚未恢复者。
  第四款：人格破产为人不齿者。
  第五款：染有不良嗜好者。①

  其他地区也采取相应措施，发展师范教育。晋察冀通过检定小学教师，提高教师待遇和地位以及在职教师培训的方式发展师范教育。淮南区重视教师培训，采取暑期讲习会的方式吸收和培养知识分子。为解决小学教师待遇差、社会地位低的现状，提高粮食供给标准，并颁发教育奖金。鄂豫边区在教育工作部署中提出培养师资，举办小学教师讲习和各种研究会吸纳知识分子。

四　众擎易举：抗日根据地师范教育政策特征

  陕甘宁边区师范教育作为抗日根据地师范教育发展的急先锋，其师范教育政策有独到之处。各敌后抗日根据地根据自身的实际情况，制定不同的师范教育政策，在一定程度上都为抗日根据地的师范教育添砖加瓦。

  （一）陕甘宁边区师范教育政策特征

  第一，坚持新民主主义的政治方向。1940年及1942年的中等师范教育规程设定的培养目标皆为贯彻新民主主义的教育方针。高等师范教育也在新民主主义教育方针的指导下，提出训练原则。在抗战的关键时期，各师范学校以提高学生的政治觉悟，培养坚定的政治方向和科学世界观为宗旨，培养战时所需的优秀人才，为全中国的解放奠定人才基础。

  第二，重视女子师范教育。边区政府单独为女子师范教育颁布了《陕甘宁边区升入师范学校女生奖励办法》。女子除享受与男子同等的免费师范教育外，还可获得相应的奖学金。凡接受奖学金的女生毕业后，由陕甘宁边区政府教育厅分配工作，并有一年以上的服务义务。

  第三，教学方式灵活。边区师范教育摒弃传统的注入式教学方法。中等师范教育采用学习、实习以及生产劳动结合的方式。校内学习除听讲外，还包括自主阅读、漫谈和讨论的授课方式；教材的编写注意实验、实习与实际生活密切联系；授课从学生性情和兴趣出发，启发其思考和观察能力，同时培养集体探究精神。高等师范教育提倡理论与实践相结合，在学中做，在做中学；以自学为主，提倡

---

① 中央教育科学研究所编：《晋冀鲁豫边区小学教员服务暂行条例》，载中央教育科学研究所编《抗日战争时期》下册《老解放区教育资料（二）》，教育科学出版社1986年版，第447页。

研究自由。不拘一格的教学方式有利于解放学生的思想，开发其创新能力，为国家培养了战时需要的必备人才。

第四，教学内容针对性强。边区师范教育的教学目标明确、教学过程针对性强。边区师范教育以培养具有新民主主义人格和终身服务教育精神的教师为目标，其师范教育适应时代的需求，适合无产阶级和人民大众的要求。其教学过程重视政治教育，也重视教育学必备常识，具有完成普通教育和师范教育的双重任务。

（二）敌后抗日根据地师范教育政策特征

第一，广泛的师资培养渠道。因客观条件和战时的需要，师范教育以短期为主，且适时适地地以多渠道方式培养师资。敌后抗日根据地采用了3种培养方式。第一种，改造原有师范学校。改革政治课，提高教师和工作人员的政治觉悟。第二种，建立新师范学校以及师资培训班。通过建立短期师资培训班培养小学教师。随着根据地的不断发展，各根据地开始创办师范学校以扩大师资培养的规模和质量。第三种，中学和大学附设师范教育。中学和公学附设师范班，大学开设教育学院或者教育系。

第二，灵活变通的修业年限。各敌后抗日根据地充分根据对敌斗争的特点以及对师资的需求，采用短期灵活的学制年限。师范学校学制一般为1年至2年，师资训练班一般为3个月到半年，且根据战时需要，学制年限可灵活调整。

第三，适应战时所需的教学内容和方法。各根据地战时情况不同，开设科目也不尽相同，但是课程开设内容多以革命和战争需要为基础，内容涉及政治教育、文化教育、科学教育、师范教育方面。在教学方法上多采用课堂讲授、集体学习、集体讨论以及组织各种课外活动等。根据地师范教育十分注重理论的实践应用，把理论深入社会和生活中，注重培养学生的实际教育教学能力。

第四，多模式的师资培训。各敌后抗日根据地发扬苏区在职教师培训传统，把在职教师培训放在重要位置。通过建立中心小学、举办假期培训班、组织教育研究会等形式，以教学示范、经验交流等方式助推教师成长。

抗日战争时期的师范教育继承和发扬了苏区教育的优良传统，并在此基础上从数量和质量上促进师范教育的发展，师范教育的发展促进根据地文化教育建设，为抗战胜利和解放战争的胜利打下了基础。抗日根据地的师范教育在当时艰苦卓绝的战争环境下培养出国家教育事业之精华，与精神教育分不开。在物质极其匮乏的年代，在没有较多物质支持的情况下，大众依旧能够走上教师岗位，其可贵的精神是当今师范教育学习之处。

第三节　群星璀璨：解放区师范教育政策

抗日战争胜利后，中国共产党领导全国人民进入解放全中国的斗争中，解放战争由此拉开序幕。解放战争时期的解放区包括西北解放区、华北解放区、东北解放区、华东解放区和中原解放区。除东北解放区以外，其余解放区都是在抗日根据地的基础之上发展壮大的。解放战争时期的教育也是抗日战争时期教育的延续，在政策上也有连贯性和统一性。解放区教育事业的发展使高质量的师资出现严重缺口，因此师范教育以及师资培训占有重要地位。解放区师范教育分两个阶段：第一阶段是从抗战胜利到内战爆发，主要任务是服务中国解放事业，带动发展师范教育；第二阶段是从内战爆发到新中国成立，师范教育政策逐渐体系化。

一 继往开来：解放区师范教育政策的继承与发展

解放战争时期的教育开始从农村向城市过渡，教育任务多样化，包括巩固和提高老区教育，发展新区教育，注重农村教育，发展城市教育。同时，接管和改造旧学校以及有效结合农村与城市教育建立新的革命教育都是解放区教育发展的重点。具体而言，解放区教育方针政策包括四个方面：第一，为解放战争和社会解放服务；第二，教育和生产劳动相结合；第三，正确接管和改造旧学校；第四，争取、团结和教育知识分子。[1]

从1945年抗战胜利到1946年内战爆发之前，解放区师范教育是在以为中国解放事业服务的基础上，随地区和发展阶段的不同执行不同的任务。各解放区以完成主要任务为重点，带动师范教育的发展。此阶段的师范教育发展举措主要有以下三点：

（一）加强教师队伍建设

因战争的需要，许多具备一定文化水平的教师被抽调到其他部门。土地革命后，文化水平不高的农民进入教师队伍。因此，教师队伍的总体情况是教师队伍不稳定、文化水平较低等。鉴于这种情况，各解放区采取了一系列措施加强教师队伍建设。例如，制定教师管理制度，广设师范学校、短期师范学校或乡村师范学校、中学附设师范班等培养师资，成立教师组织等。

（二）发展师范教育

解放区中等学校包括高级中学、初级中学、师范学校和职业学校。因此，师范教育是中等教育的一部分。因高水平师资的缺乏，各解放区把师范教育放在优先发展的位置。根据地师范教育逐渐形成初级师范学校—中级师范学校（或称高级师范学校）—师范学院、教育学院、大学教育系的师范教育体系。另外，在师范学校、中学或者干部学校内附设短期师资培训班和师资速成班。

师范学校的课程大致分为3类：第一类，政治课与文化课；第二类，体育、美术、音乐、劳作以及军事训练；第三类，教育专业课。因根据地学生文化基础相对薄弱，文化课占比较大，体育、美术、音乐占比也较普通中学高。师范学校开设的特色专业是教育课程。针对教育课程，各解放区开设的门类不尽相同。以

---

[1] 董纯才主编：《中国革命根据地教育史》第3卷，教育科学出版社1993年版，第32—43页。

初级师范学校为例,具体如表 12 - 5 所示。

表 12 - 5 可见,陕甘宁边区 1940 年开设的课程有新教育原理、小学教育概论、教学法、社会教育概论、儿童心理;1942 年开设 3 门课程,即教育实施、教学法、儿童心理。苏北区只开设一门课程,即教育问题研究。晋察冀边区开设教育和教导方法课程。华北解放区开设小学教育理论与实际和教材研究课程。东北解放区开设小学教育理论与实际和教材教法课程。综上可见,陕甘宁边区教育课程开设门类最为丰富。

表 12 - 5　　　　各解放区初级师范学校教育学科门类表(节选)

地区	学科设置年份	教育原理 - 新民主主义教育概论	教育原理 - 新教育原理	教育理论与实际 - 教育	教育理论与实际 - 教育问题研究	教育理论与实际 - 教育实施	教育理论与实际 - 小学教育概论	教育理论与实际 - 小学教育理论与实际	教育行政 - 教育行政	教学法 - 教学法	教学法 - 国民教育各科教学法	教学法 - 教材教法	教学法 - 教材研究	教学法 - 教导方法	社会教育 - 社会教育概论	教育史 - 教育史略	心理学 - 心理学	心理学 - 儿童心理	学科门数
陕甘宁边区	1940 年		√				√		√	√					√			√	5
陕甘宁边区	1942 年					√				√								√	3
苏北区	1945 年				√														1
晋察冀边区	1946 年	√												√					2
华北解放区	1948 年							√				√							2
东北解放区	1949 年							√				√							2

资料来源:陈桂生:《中国革命根据地教育史》下,华东师范大学出版社 2016 年版,第 248 页。

(三)接管和改造敌伪师范学校

解放区师范教育发展的另一举措是接管和改造敌伪师范学校。例如,东北解放区接管了大量敌伪师范学校,并通过政治学习和去除奴化思想等方法对接管学校进行改造,使其管理体制和课程内容等适应现实需要。

二 一脉相通:解放区师范教育政策的确立

从 1946 年内战爆发到 1949 年中华人民共和国成立,全国解放战争胜利的曙光即将到来,解放战争开始由农村走向城市,发展生产、恢复经济成为工作重点。作为教育母机的师范教育需要立足现在面向未来,在数量上继续发展的同时,更要逐步走上正规化发展道路。解放区师范教育的正规化是在新民主主义思想指导下的正规化，是建立统一、规范的教育制度和教学计划，是建立解放区师范教育制度。各解放区根据教育总方针，结合自身实际，从学校设置、修业年限、办学方向、培养目标、学科设置等方面制定师范教育政策，确立师范教育制度，促使师范教育正规化。从1946年至1949年，各解放区师范教育政策概况大致如下：

1946年1月16日，中国共产党在《和平建国纲领草案》中提出："普及城乡小学教育……扩充师范教育，并根据民主与科学精神，改革各级教学内容"。① 2月24日《解放日报》报道：

> 师范在于培养小学师资与改造提高现有师资。除正规的后期师范培养高小师资外，各县可在高小内设简师班。②

晋冀鲁豫边区教育厅在各行署教育工作会议上指出，中学教育的重点是培养行政干部和高小师资。在《关于边区教育工作几个问题的决定》中提到，"培养和提高小学教师……有计划的加强教师进修，着重在业务上的交流经验，并坚持假期集训制定"。③ 1948年8月20日，华北中等教育会议通过了师范学校实施办法。一系列举措促进了华北解放区师范教育制度的确立，师范教育政策呈现体系化。

（一）晋察冀边区师范教育政策

晋察冀边区属于华北解放区，1946年6月12日，晋察冀边区行政委员会颁布《晋察冀边区师范学校实施办法草案》，从学校任务、教育方针、入学资格、学制、课程及内容要点、学生待遇等方面对师范生培养做出规定。

1. 学校任务

晋察冀边区规定师范学校培养高小或者完小师资以及初级教育行政干部，短期师范学校培养初小师资。④

2. 教育方针

教育方针为以文化教育为主，进行政治思想教育、业务教育，同时注意文体活动，社会服务，参加适当的生产劳动，养成吃苦耐劳的习惯和愉快活泼的精神。⑤

---

① 陈元晖主编：《老解放区教育简史》，教育科学出版社1981年版，第262页。
② 陈元晖主编：《老解放区教育简史》，教育科学出版社1981年版，第263页。
③ 陈元晖主编：《老解放区教育简史》，教育科学出版社1981年版，第267页。
④ 中央教育科学研究所编：《晋察冀边区师范学校实施办法草案》，载中央教育科学研究所编《解放战争时期》《老解放区教育资料（三）》，教育科学出版社1991年版，第352页。
⑤ 中央教育科学研究所编：《晋察冀边区师范学校实施办法草案》，载中央教育科学研究所编《解放战争时期》《老解放区教育资料（三）》，教育科学出版社1991年版，第352—353页。

3. 入学资格

学生年龄基本要求在 25 岁以下，具有高小毕业或者同等学力，品行端正，身体健康。最低入学年龄标准为短期师范 17 岁，初级师范 15 岁。妇女录取标准适当放宽。针对特殊情况，制定保送录取政策，如民校教师、义务教师、教育行政干部、青年干部及荣誉军人年龄不限，可保送投考师范学校。现任小学教师，经县政府保送也可免试入学。①

4. 学制

短期师范学校学制 1 年，师范学校 3 年。每班 40—50 人，短期师范可增至 60 人。短期师范及师范学校应设立师资训练班，学制在 1 年以内，以培养初小师资为主。②

5. 课程及内容

短期师范学校课程设有政治常识、国语、史地常识、算术、自然常识、新教育实际问题、体育、文娱、参观实习、教材研究、生产劳动。其中政治常识包括解放区建设、中国革命问题、时事以及思想教育。新教育实际问题包括新民主主义教育理论与实际、教育行政、教导方法。师范学校课程有政治常识、国文、史地、数学、生理卫生、自然与生产、教育、教导方法、教材研究、体育、音乐、美术、参观实习、生产劳动。其中政治常识包括解放区建设、中国革命问题、社会发展简史、时事以及青年修养教育。教育包括新民主主义的文化教育方针以及相关政策法令、教育行政、小学教育与社会教育。教导方法包括各科教学法常识、普通教学法、生活指导方法以及教导合一与教学做合一的精神。③

6. 学生待遇

师范生待遇包括公费和半公费，其区别在伙食费上。享受公费待遇的学生，毕业后须服从分配。④

除此之外，晋察冀边区还重视在职教师培训，特颁布《晋察冀边区中学师范在职教员学习办法》（以下简称《办法》），从学习内容与目的、组织领导以及学习方法三个方面，规范教员培训。

1. 学习内容与目的

学习内容包括两部分：业务文化学习和时事政治学习。业务文化学习的目的是通过总结交流教学经验，提高教职员业务文化水平，改进教学。时事政治学习

---

① 中央教育科学研究所编：《晋察冀边区师范学校实施办法草案》，载中央教育科学研究所编《解放战争时期》《老解放区教育资料（三）》，教育科学出版社 1991 年版，第 353 页。
② 中央教育科学研究所编：《晋察冀边区师范学校实施办法草案》，载中央教育科学研究所编《解放战争时期》《老解放区教育资料（三）》，教育科学出版社 1991 年版，第 353—354 页。
③ 中央教育科学研究所编：《晋察冀边区师范学校实施办法草案》，载中央教育科学研究所编《解放战争时期》《老解放区教育资料（三）》，教育科学出版社 1991 年版，第 354—358 页。
④ 中央教育科学研究所编：《晋察冀边区师范学校实施办法草案》，载中央教育科学研究所编《解放战争时期》《老解放区教育资料（三）》，教育科学出版社 1991 年版，第 361 页。

的主要目的为改造学员思想，提高政治理论水平。①

就具体内容而言，业务文化学习主要以熟习精通各科教材内容、教学方法为主。同时，针对教员不同水平，补充其他学习材料。时事政治主要选取与教职员思想实际与工作实际相关的文件进行学习，且注重基本理论知识学习。其中，业务学习为主，占70%；时事政治学习为辅，占30%。②

2. 组织领导

组织学习委员会。实行校长负责制，全体教职员推选产生其他委员。学习委员会负责规定各阶段学习内容、学习材料、作业布置、进度掌控、检查、总结。业务文化学习和政治时事学习分开编组，以5人至7人为原则。③

3. 学习方法

《办法》提出4种学习方法。第一，个人学习与集体讨论相结合；第二，实行听课制度；第三，坚持两小时学习制；第四，建立会议、汇报、检查、总结等制度。④

(二) 华北区师范教育政策

1948年5月9日，根据实际需要，中共中央和中央军委发出通知，将晋察冀和晋冀鲁豫两解放区合并为华北解放区。1949年7月，华北区政府颁布《华北区师范学校暂行实施办法（草案）》，从学校任务、实施原则、学制及入学资格、课程设置等方面规范师范教育。

1. 学校任务

华北区把师范学校的任务设定为"为新民主主义国家培养与提高小学师资及初级教育行政干部"⑤。

2. 实施原则

实施原则有三点：第一，建立正规师范教育制度与教育计划；第二，注重业务教育；第三，改进思想教育与政治教育；第四，课堂教学中注重教师的指导作用；第五，教育工作人员应具有专业精神。⑥

3. 学制及入学资格

师范学校学制3年，入学者年龄要求在16岁以上，25岁以下，且须具备高

---

① 中央教育科学研究所编：《晋察冀边区中学师范在职教员学习办法》，载中央教育科学研究所编《解放战争时期》《老解放区教育资料（三）》，教育科学出版社1991年版，第365页。
② 中央教育科学研究所编：《晋察冀边区中学师范在职教员学习办法》，载中央教育科学研究所编《解放战争时期》《老解放区教育资料（三）》，教育科学出版社1991年版，第365—366页。
③ 中央教育科学研究所编：《晋察冀边区中学师范在职教员学习办法》，载中央教育科学研究所编《解放战争时期》《老解放区教育资料（三）》，教育科学出版社1991年版，第366页。
④ 中央教育科学研究所编：《晋察冀边区中学师范在职教员学习办法》，载中央教育科学研究所编《解放战争时期》《老解放区教育资料（三）》，教育科学出版社1991年版，第367页。
⑤ 中央教育科学研究所编：《华北区师范学校暂行实施办法（草案）》，载中央教育科学研究所编《解放战争时期》《老解放区教育资料（三）》，教育科学出版社1991年版，第415页。
⑥ 中央教育科学研究所编：《华北区师范学校暂行实施办法（草案）》，载中央教育科学研究所编《解放战争时期》《老解放区教育资料（三）》，教育科学出版社1991年版，第415—416页。

小毕业水平或同等学力。短期师范学校学制 1 年，入学者年龄要求在 18 岁以上，25 岁以下，且须具备高小毕业或同等学力。针对特殊情况，可对政策标准视情况放宽。例如，妇女录取标准可适当放宽。现任小学教员、民校教员、义务教员及其他工作人员，经区级以上机关介绍，可放宽录取标准。①

4. 课程设置

师范学校开设课程有政治常识、国文、数学、史地、生理卫生、自然常识、理化、教材教法、小学教育理论与实际、体育、音乐、美术工艺、习字等科目。短期师范学校开设课程有政治常识、国文、应用文、算术、史地、自然、生理卫生、教材教法、小学教育实际问题、体育、音乐、美术工艺、习字。各科每周教学时数见表 12-6：

表 12-6　　　　华北区 1949 年短期师范学校各科每周教学时数表

科目	上学期	下学期	总计
政治常识	3	3	108
国文	7	5	216
应用文		2	36
算术	5	5	180
史地	3	2	90
自然	2	2	72
生理卫生	2		36
教材教法	2		36
小学教育实际问题		3	54
体育	1	1	36
音乐	1	1	36
美术工艺	1	1	36
习字	1	1	36
共计	28	26	972
自习	18	18	648
参观实习	2	4	108

---

① 中央教育科学研究所编：《华北区师范学校暂行实施办法（草案）》，载中央教育科学研究所编《解放战争时期》《老解放区教育资料（三）》，教育科学出版社 1991 年版，第 416—417 页。

续表

每周时数\科目 \ 学期	全学年 上学期	全学年 下学期	总计
生产活动			
体育文娱活动			
自由活动			
社会活动			

资料来源：中央教育科学研究所编：《华北区师范学校暂行实施办法（草案）》，载中央教育科学研究所编《解放战争时期》《老解放区教育资料（三）》，教育科学出版社1991年版，第417—418页。

如表12-6所示，短期师范学校学制1年，分上、下两学期。学校除开设常规课程之外，还增加自习和参观实习活动，共计756课时。参加活动的时间通常为星期日。生产活动、体育文娱活动、自由活动以及社会活动由学校根据情况自行决定。

表12-7　　华北区1949年师范学校各学年各科教学时数表

每周时数\科目 \ 学期	第一学年	第二学年	第三学年	三年总计
政治常识	2	2	2	216
国文	8	6	6	720
数学	5	4	3	432
史地	5	5		360
生理卫生	2			72
自然		4		144
理化			4	144
教材教法		3		108
小学教育理论与实际			5	180
体育	2	1	1	144
音乐	1	1	1	108
习字	1	1	1	108
美术工艺	1	1	1	108
共计	27	28	24	2844
自习	20	18	18	2016

续表

每周时数 \ 学期 科目	第一学年	第二学年	第三学年	三年总计
参观实习		4	6	360
生产活动				
体育文娱活动				
自由活动				
社会活动				

资料来源：中央教育科学研究所编：《华北区师范学校暂行实施办法（草案）》，载中央教育科学研究所编《解放战争时期》《老解放区教育资料（三）》，教育科学出版社1991年版，第419页。

如表12-7所示，师范学校学制3年，除开设常规课程外，也注重开设课外活动。其中，3年自习总时数为2016课时，参观实习为360课时。同短期师范一致，参加活动时间通常为星期日。生产活动、体育文娱活动、自由活动以及社会活动由学校根据情况自行决定。

三 通时达务：解放区师范教育政策特征

解放战争时期，各解放区发展程度不统一，师范教育的发展步伐也不一致，但是各解放区都为促进师范教育的发展做出了一系列举措，制定了相应的师范教育政策，师范教育也在原有基础上得以发展。该时期的师范教育呈现出群星璀璨的发展势头，其师范教育政策主要呈现以下特点。

第一，师范教育政策体系化。解放战争初期，囿于战时条件所限，解放区师范教育多以短期形式为主，呈现出战时应急办学的特点。随着战争胜利曙光的来临，师范教育政策逐渐完善，解放区师范教育也朝正规化方向发展。师范教育制度逐渐确立，规范性师范教育政策相继出台。

第二，德育教学备受重视。解放区师范学校实行民主集中制，建立学生自治组织、集体生活制度以及赏罚制度等。除教授学生必备知识外，更注重学生的道德教育，培养其爱国精神和集体主义意识。同时培养学生实事求是、艰苦奋斗、忠诚勇敢、公正果断的良好品质，形成了教导合一的教学模式。

第三，课程门类参差有别。陕甘宁边区师范教育课程门类开设得最为丰富，有新教育原理、小学教育概论、教学法、社会教育概论、儿童心理、教育实施、教学法。苏北区开设了教育问题研究。晋察冀边区开设教育和教导方法课程。华北解放区开设小学教育理论与实际和教材研究课程。东北解放区开设小学教育理论与实际和教材教法课程等。各解放区师范教育发展程度不一致，课程门类的开设也就参差有别，但是各解放区都为师范教育的发展做出了贡献。

解放战争时期的师范教育为解放区文化教育建设奠定了基础。师范教育在发展过程中逐渐走向正规化道路，建立了新民主主义的师范教育体系，中国的近代师范教育迈入崭新的阶段。

第四节 花明柳暗：新中国社会主义师范教育政策(1949—1966)

1949年，中华人民共和国成立。《中国人民政治协商会议共同纲领》提出：

> 应有计划有步骤地改革旧的教育制度、教育内容和教学法，有计划有步骤地实行普及教育，加强中等教育和高等教育，注重技术教育，加强劳动者的业余教育和在职干部教育，给青年知识分子和旧知识分子以革命的政治教育，以应革命工作和国家建设工作的广泛需要。①

这一文化教育方针的确立，为新中国师范教育的发展指明了方向。

从1949年至1966年，中国的师范教育以1956年的"大跃进"为节点，分为师范教育体制的回归时期及师范教育体制的反省与调整时期。中国的师范教育呈现出跌宕起伏的发展态势。

一 重振旗鼓：师范教育政策体制的回归时期

教育部于1951年8月召开第一次全国初等教育与师范教育会议，讨论解决中等师范教育的方针任务、学制、教学计划和学校设置调整等问题。1952年颁布《师范学校暂行规程（草案）》和师范学校、幼儿师范学校、初级师范学校、师范速成班教学计划等文件。1953年至1957年，为贯彻"整顿巩固、重点发展、提高质量、稳步前进"的文教总方针，国家对初级师范做了必要的调整。1954年6月，教育部颁布《关于师范学校今后设置发展与调整工作的指示》，进一步确定：

> 今后应根据小学教育的发展计划与可能条件，有计划地发展师范学校；根据各地具体情况，将现有初级师范学校逐步改为师范学校或轮训小学教师的机构；小学所需师资除由师范学校培养外，还可举办师范速成班；幼儿师范学校应有重点地设置和发展。②

---

① 中央教育科学研究所编：《中华人民共和国教育大事记（1949—1982）》，教育科学出版社1984年版，第4页。
② 《中国教育年鉴》编辑部编：《中国教育年鉴（1949—1981）》，中国大百科全书出版社1984年版，第192页。

1956年前后，教育部又先后制定并颁布试行了《师范学校规程》《师范学校附属小学条例》《师范学校教育实习办法》等文件，开始探寻中国化的师范教育发展道路。

（一）中等师范教育政策

1952年7月16日《师范学校暂行规程（草案）》，对中等师范教育从培养目标、入学资格、学科设置、成绩考查、学费待遇及毕业服务等方面做出如下具体规定：

1. 培养目标

中等师范学校贯彻新民主主义的教育方针，运用理论联系实际的方法，培养具有以马克思列宁主义和毛泽东思想为基础的，具备中等文化水平和教育专业知识、技能，且能全心全意为人民教育事业服务的初等教育和幼儿教育的师资。

2. 入学资格

师范学校修业年限为3年，招收初级中学毕业生或同等学力者，入学年龄暂定为满15岁至30岁。师范学校附设师范速成班，招收初中毕业生或同等学力者，修业年限为1年。入学前须经考试合格后方可入学，不受民族、宗教信仰以及性别的限制。

初级中学毕业生成绩优良者，可由原校保送免试入学。工农子女、工农干部和少数民族青年，在入学年龄、入学资格等方面，予以适当的照顾。

3. 学科设置

师范学校开设课程门类多，包括语文及教学法、数学及算术教学法、物理、化学、达尔文理论基础、自然教材教法、地理及教学法、历史及教学法、政治、心理学、教育学、学校卫生、体育及教学法、音乐及教学法、美术及教学法、参观实习等课程。每种学科课程都包括相应的教法学习，所有课程均为必修课。具体课程安排及学时安排见表12-8。

表12-8　　　　　新中国师范学校教学计划表（1952—1956）

科目		第一学年 上	第一学年 下	第二学年 上	第二学年 下	第三学年 上	第三学年 下	三学年总计
语文及教学法	语文	8	8	6	6	6	6	696
	语文教学法					1	1	32
数学及算术教学法	算术及教学法					2	2	64
	代数	2	2	2	2			144
	几何	2	2	2				108
	三角				2	2		72
	物理	4	4	2	2			216

续表

科目		第一学年		第二学年		第三学年		三学年总计
		上	下	上	下	上	下	
化学				2	2	3	3	168
达尔文理论基础		2	2					72
自然教材教法						2	2	64
地理及教学法	地理	2	2	2	2			144
	地理教学法						1	18
历史及教学法	历史	4	4	3	3	2	2	316
	历史教学法						1	18
政治	社会科学基本常识	2	2	2	2			144
	共同纲领					1	2	46
	时事政策	1	1	1	1	1	1	104
心理学				2	2			72
教育学				2	2	3	3	168
学校卫生						1	1	32
体育及教学法	体育	2	2	2	2	1		176
	体育教学法						1	14
音乐及教学法	音乐	2	2	2	2	1		176
	音乐教学法						1	14
美术及教学法	美术	2	2	2	2	1		176
	美术教学法						1	14
参观实习				1	1	2	2	100
每周教学时数		33	33	33	33	31	31	
每学期上课周数		18	18	18	18	18	14	
每学期上课总时数		594	594	594	594	558	434	3368

资料来源：《中国教育年鉴》编辑部编：《师范学校暂行规程（草案）》，载《中国教育年鉴》编辑部编《中国教育年鉴（1949—1981）》，中国大百科全书出版社1984年版，第751页。

师范学校每学期上课时间总数为18周，实际上课时间为14周，教育参观实习4周。语文教学时数包括文学及写作练习时间。文学分普通文学和儿童文学，普通文学在第一、第二学年讲授，每周两节，儿童文学在第三学年讲授，每周2节至3节，视教材多少而定。算学含珠算，物理包含天文气象，化学包含矿物学，几何包括平面几何、立体几何。各科教学法由各科教员担任，分别结合本学科授课。参观实习应与教育学、各科教学法密切配合进行。

师范速成班开设语文及教法、算术及教法、自然教材教法、地理教材教法、历史教材教法、政治、心理学、教育学、体育及教学法、音乐及教学法、美术及教学法、参观实习。具体课时安排见表12-9。

表12-9　　　　　新中国师范速成班教学计划表（1952—1956）

科目		第一学期	第二学期	二学期总计
语文及教法	语文	8	6	228
	语文教学法	1	1	32
算术及教法	算术	2	2	64
	算术教学法	1	1	32
自然教材教法		2	2	64
地理教材教法		1	2	46
历史教材教法		1	2	46
政治	共同纲领	1	1	32
	时事政策	1	1	32
心理学		2	2	64
教育学		4	4	128
体育及教学法		2	3	78
音乐及教学法		3	3	96
美术及教学法		3	2	82
参观实习		2	2	64
每周教学时数		34	34	
每学期上课周数		18	14	
每学期上课总时数		612	476	1088

资料来源：《中国教育年鉴》编辑部编：《师范学校暂行规程（草案）》，载《中国教育年鉴》编辑部编《中国教育年鉴（1949—1981）》，中国大百科全书出版社1984年版，第752页。

其中，语文时数包括文学及写作练习时间，文学分普通文学及儿童文学，儿童文学一学年每周1节，普通文学每周2节，在第一学期讲授。第一学期上课时间为18周，第二学期上课时间为14周，教育参观实习为4周。各科教学法由该科教员担任讲授。

4. 成绩考查

师范学校成绩考查分3项：学业成绩、操行成绩、实习成绩。

（一）学业成绩（包括体育课成绩）考查，分为平时考查和学期考试。平时考查成绩与学期考试成绩结合为学期成绩，上下两学期成绩结合为学年成绩。

记分法以采用五分制为原则，三分为及格。

（二）操行成绩由班主任和本班教师就学生平时行为经常考查，并于每学期结束时，拟定评语和等级（分甲、乙、丙三等，以乙等为及格），由教导主任审查决定。

（三）实习成绩（集中进行的）包括试教成绩和参观成绩。由实习主任或指导实习的教员和附属学校校长负责会同附属学校各有关教员评定。

实习成绩记分法与学业成绩同。①

各科学年成绩均及格者升级，有不及格的科目，学校组织假期补习。于第二学年第一学期开始补考。补考后如有3门学科不及格或者语文、数学两科不及格，应做留级处理。获准升级但仍有不及格的科目应继续补习和补考。

5. 学费待遇及毕业服务

师范学校对师范生的学费待遇和毕业服务做出了相关规定。师范生一律享受人民助学金待遇，毕业后由行政机关分配工作，且需在教育工作岗位服务3年或3年以上，师范速成班毕业生服务两年。服务期间，不得升学深造或担任其他职务。如因病或其他重大事故不能服务者，经学校请准直接领导机关后可缓期服务。各项成绩优异的毕业生，可由学校报请省、市教育厅、教育局保送师范学院或师范专科学校继续深造。保送名额有限，不得超过每届毕业人数的百分之五。其中师范速成班毕业生无保送名额。选送办法由各大行政区教育部制定，报请中央教育部核准。

（二）高等师范教育政策

1952年7月16日教育部颁布《关于高等师范学校的规定（草案）》，将高等师范学校分为师范学院及师范专科学校两类，从培养目标、入学资格、修业年限、学科设置、教学实习、学费待遇及毕业服务等方面做出具体规定。

1. 培养目标

同中等师范学校大致相同，高等师范学校也以新民主主义为教育方针，运用理论联系实际的方法，培养具有以马克思列宁主义和毛泽东思想为基础的，具备高级文化、科技水平和教育专业知识、技能，且能全心全意为人民教育事业服务的中等学校师资。师范专科学校培养初级中学及同等程度的中等学校师资。

2. 入学资格及修业年限

高等师范学校招收高级中学毕业生和师范学校毕业生，具有同等学力者也可报名。其中师范学校毕业生必须服务期满。师范学院修业年限为四年，师范专科学校修业年限为两年。

3. 学科设置

高等师范学校开设中等学校教学计划设置的课程，具体科目有中国语文、外

---

① 《中国教育年鉴》编辑部编：《师范学校暂行规程（草案）》，载《中国教育年鉴》编辑部编《中国教育年鉴（1949—1981）》，中国大百科全书出版社1984年版，第753页。

国语文（设俄语、英语等组）、历史、地理、数学、物理、化学、生物、教育（设学校教育及学前教育等组）、体育、音乐、美术等系科。师范学院及师范专科学校以若干系科合并设置为原则。例如，数学和物理两系合并为数理系，化学和生物合并为化学生物系。

4. 教学实习

为方便学生观摩学习，师范学院附设中学、师范学校、小学及幼儿园；师范专科学校附设初级中学、小学及幼儿园。"参观与实习为师范学院、师范专科学校各系科教学计划中重要的组成部分，分平时参观、见习与定期集中参观、实习"。①

5. 学费待遇及毕业服务

同中等师范院校一致，高等师范学校学生一律享受人民助学金。毕业后，由人民政府教育部门分配工作。

1953年11月26日颁布《政务院关于改进和发展高等师范教育的指示》的文件。文件指出：

> 教育事业的基本任务是大力培养建设人才和逐步提高人民文化水平。高等师范教育是办好和发展中等教育的关键，而办好和发展中等教育又与培养国家建设人才和提高人民文化水平有着密切的关系。高等师范学校的数量和质量直接影响中等教育，影响新中国青年一代的培养，间接影响高等教育的发展和提高，也就影响国家培养建设干部的计划和国家建设计划的完成。②

此时期的高等师范学校，获得了较大的发展，但是在数量和质量上还远不能满足中等学校的要求。因此高等师范教育需要更进一步的发展和提高。为此，国家提出改进和发展高等师范教育的六条指示。

第一，在整顿巩固现有高等师范教育的基础上，贯彻大力发展高等师范教育的方针。

第二，为求得中等学校师资供求平衡，除按照现行学制，继续办理四年制本科、二年制专修科和二年制师范专科学校外，采取多种临时过渡办法。

第三，高等师范学校认真执行团结和改造知识分子的政策，加强对教师政治理论学习与业务学习的领导。

第四，为提高教育质量，各高等师范学校应建立必要的工作制度，加强学习纪律，抓紧教学改革中心环节，以马克思主义的立场、观点和方法，改革旧教学内容、教学组织和教学方法，以适应国家建设需要。

---

① 《中国教育年鉴》编辑部编：《关于高等师范学校的规定（草案）》，载《中国教育年鉴》编辑部编《中国教育年鉴（1949—1981）》，中国大百科全书出版社1984年版，第780页。

② 《中国教育年鉴》编辑部编：《政务院关于改进和发展高等师范教育的指示》，载《中国教育年鉴》编辑部编《中国教育年鉴（1949—1981）》，中国大百科全书出版社1984年版，第781页。

第五，高等师范学校根据统一领导和分层管理的原则，由中央统一领导，地方直接管理，且充分发挥地方办学的积极性。

第六，各级教育行政部门和高等师范学校应继续深入反对官僚主义、主观主义和分散主义的斗争，切实改进领导方法和作风。①

可见，为保障高等师范教育满足中等学校师资需求，国家从教育方针、学制、师德、业务能力、工作制度、管理制度等方面完善高等师范教育要求，力求高等师范教育的发展卓有成效。

二 反躬自省：师范教育政策体制的反省与调整时期

从1956年开始，受教育"大跃进"的影响，师范教育陷入曲折的发展时期。师范教育中的教育课程被大大消减，文化科学知识课程大幅度增加。高等师范院校向综合大学看齐，中师相当于普通高中程度。师范院校数量急剧增长，教育质量严重下降。1961年国家以"调整、巩固、充实、提高"八字方针为指导，纠正师范教育的极端行为，师范教育的质量才得以恢复。

1958年9月，中共中央、国务院发出了《关于教育工作的指示》，提出：

> 全国应在三年到五年时间内，基本上完成扫除文盲、普及小学教育、农业合作社社社有中学和使学龄前儿童大多数都能入托儿所和幼儿园的任务。大力发展中等教育和高等教育，争取在十五年左右的时间内，基本上做到使全国青年和成年，凡是有条件和自愿的，都可以受到高等教育。我们将以十五年左右的时间普及高等教育，然后再以十五年左右的时间从事提高工作。②

在这种高指标压力下，师范教育数量迅猛发展。快速膨胀的师范教育数量一定程度上违背了教育自身的发展规律，导致师范教育质量的阶段性下滑。

（一）中等师范教育政策

1958年《教育部关于1958年度中等师范学校教学计划的通知》提出，各师范学校的教育实习可不必限于原有规定，可大胆创新。4月，又通知师范学校三年级的教育学课程原有教材内容停止讲授，改为讲授有关教育方针政策的内容。1963年下发《三年制中等师范学校教学计划草案（征求意见稿）》《教育部关于改进中等专业学校招生工作和毕业生分配工作的意见》。1965年5月颁布《教育部改进中等师范学校办法的通知》。这些文件从培养目标、课程设置、招生以及毕业分配方面做了说明。

---

① 《中国教育年鉴》编辑部编：《政务院关于改进和发展高等师范教育的指示》，载《中国教育年鉴》编辑部编《中国教育年鉴（1949—1981）》，中国大百科全书出版社1984年版，第782页。
② 中央教育科学研究所编：《中华人民共和国教育大事记（1949—1982）》，教育科学出版社1984年版，第232页。

1. 培养目标

把学生培养成为具有爱国主义情操，能够拥护共产党，支持社会主义发展；拥有正确的劳动观念和群众观念；热爱教育事业，关爱儿童，做到为人师表；贯彻党的教育方针；掌握高级中学文化水平，且具有从教必备的教学知识的优秀人才。

2. 课程设置

师范学校开设课程有文化基础课和专业课，如政治、语文、数学、物理、化学、生物、历史、地理等文化课，教育学、教育心理、小学语文教材教法、小学算术教材教法等专业课。同时还开设文娱体育实践课程，如体育、音乐、美工、教育实习、农业科学技术知识、劳动等课程。

3. 招生

《教育部关于改进中等专业学校招生工作和毕业生分配工作的意见》规定，师范学校的生源主要来自初中毕业生。但还可通过公社保送和考试结合的办法，招收从事公社劳动的初中毕业生和同等学力青年。同时也可综合各学校情况内招部分在职职工。

4. 毕业分配

《教育部关于改进中等专业学校招生工作和毕业生分配工作的意见》对毕业分配规定为不能分配工作的毕业生可以安置做工人，或者推荐给集体所有制单位录用。公社保送的各科毕业生由原公社安排。内招职工毕业后由有关部门分配工作或返还原单位。据此，各地在农、林、医、师范等各类学校中进行了"社来社去"的试点。

（二）高等师范教育政策

"大跃进"时期未对高等师范教育颁布相应的法律法规，但在1960年师范教育改革座谈会以及1961年10月在北京召开的全国师范教育会议上，就高等师范教育发展进行了探讨。

座谈会提出高等师范院校应"相当于综合大学水平"的口号，并拟定了各级师范学校教学改革的意见。会议从师资、学制、教学三个方面提出要求。首先，高等师范院校的任务是培养既能胜任教学工作也能从事科学研究及实际工作的中等学校教师。其次，本科学制一般为4年，个别学校或专业可实行五年制或少于四年的学制。有条件的高等师范院校本科，可以增设新的专业和适当分设专门组。最后，改革原有不合理的课程设置和教学内容，增加反映新技术、新成就的学习内容，拓展基础理论和实验实习。[①]

座谈会后不久，教育部在北京召开全国师范教育会议，就高等教育的基本问

[①] 《中国教育年鉴》编辑部编：《中国教育年鉴（1949—1981）》，中国大百科全书出版社1984年版，第259页。

题达成一致。会议认为,高等师范教育不是办不办的问题,而是如何办好的问题;高师毕业生应具备较高的政治思想水平和共产主义道德品质修养;具备宽、厚、博的文化科学知识,并应达到综合大学同科的水平。①

三 峰回路转:回归与反省时期师范教育政策特征

综观1949年至1966年的师范教育发展,其经历了师范教育体制的回归时期与反省调整时期,该时期的师范教育政策呈现出如下几方面的显著特点:

第一,从全面苏化到实行两条腿走路。中华人民共和国成立初期,改革旧式师范教育体制是当时教育的当务之急。友好邻邦苏联的一系列改革措施加速了师范教育的重建和发展。因此,以苏联体制为蓝本,创建中国体制,成为发展中国师范教育的途径。由此,中国开启了全面苏化的道路,师范教育政策的制定也完全仿照苏联。但是,随着中苏关系的恶化,中国开始了自我探索之路。人们也逐渐意识到苏联模式的封闭与僵化,如培养渠道单一,脱离中国实际,过分强调教师权威性,忽视学生的主体地位,忽视生产劳动教育等。为突破苏联师范教育的局限性,中央政治局扩大会议提出两条腿走路的办学方针,即教育制度与劳动制度相结合。师范教育政策的厘定也体现出两者的结合,即以全日制的学校制度和八小时工作的劳动制度为主;以半工半读的学校教育制度和半工半读的工厂劳动制度为辅的办学方针。这种特殊的教育与生产劳动相结合的形式在实践中过于绝对化,但是从另一方面来讲,它有助于学生接触社会实际,进行体力劳动,向人民群众学习,对树立正确的世界观、人生观起到积极的作用。②

第二,从适度发展到超速跃进。从新中国成立到"大跃进"之前,中国的中等师范教育和高等师范教育的独立封闭体制得以回归。师范教育制度日趋规范和完善,教育体系日渐形成,教学改革更加深入和适切,师范教育的数量和规模稳步提升,符合当时社会政治经济发展的要求。然而,在"鼓足干劲,力争上游,多快好省地建设社会主义"总路线的指引下,中国教育也出现了"大跃进"。教育大跃进主要体现在办学方式、学制改革、教学方法、教材编写等方面。它切断了中国教育与自身传统文化一脉相承的命运,也排除了可资借鉴的外来先进文化,导致中国教育现代化的进程出现中断。③ 中国师范教育受此影响,出现了盲目求速的状况,在数量上也开始了跳跃式发展。这种跳跃式发展与中国当时的实际背道而驰,违背了教育发展的规律。中国师范教育质量下降。直至1961年,国家实行"调整、巩固、充实、提高"的八字方针之后,中国师范教育超速跃进的局面得以控制。中国的师范教育经历了一场跌宕起伏的发展历程。

---

① 《中国教育年鉴》编辑部编:《中国教育年鉴(1949—1981)》,中国大百科全书出版社1984年版,第259页。
② 李庆刚:《"大跃进"时期"教育革命"研究》,博士学位论文,中共中央党校,2002年。
③ 魏曼华:《反思大跃进中的"教育革命"》,《教育学报》2013年第2期。

第五节　破壁毁珪："文革"十年教师教育政策大滑坡(1966—1976)

1966年5月起，"文化大革命"运动迅速席卷全国。1966年至1976年，教育文化领域遭受到前所未有的灾难，师范教育成为重灾区。高等师范院校的教育系多数被裁撤，心理学、教育学、专业教学法、教育实习等特色课程被取消；中等师范学校也面临培养层次混乱、办学规模萎缩的情况，中国的师范教育陷入混乱的十年。

一　遍地荆棘：师范教育的滑坡局面

"文化大革命"期间的师范教育滑坡现象严重，从教育体系、行政体制、办学数量和质量上都呈现出滑坡和混乱局面。

(一) 办学数量和质量的滑坡

"文革"时期的师范教育体系培养层次不清、结构模糊、办学规模缩小。中等师范学校被迫停办、合并和搬迁。高等师范教育也遭受破坏，学校规模和学生数量明显下降。

如表12-10所示，1966年至1969年，师范院校和学生数都明显减少。中等师范学校数量不到400所，学生人数也呈下降趋势，从1970年开始出现回升。高等师范学生人数从1966年开始下滑，直到1971年高等师范院校开始恢复招生，其院校数量和学生人数才开始回升。除了数量上的萎缩，师范院校的独立设置体制也遭到破坏。

表12-10　1966—1976年各级师范学校及学生统计数字

年度	中等师范学校数（中级师范/初级师范）	学生数	高等师范院校数	学生数
1966	394（362/32）	134314	/	72003
1967	394（362/32）	84067	/	48776
1968	391	30117	/	25078
1969	373	15234	/	2516
1970	402	32308	/	9140
1971	636	119590	44	16840
1972	645	195409	44	33557
1973	737	218160	45	56365
1974	725	285388	57	78544

续表

年度	中等师范学校数（中级师范/初级师范）	学生数	高等师范院校数	学生数
1975	887	302288	58	97362
1976	982	304356	58	109731

资料来源：马啸风主编：《中国师范教育史》，首都师范大学出版社2003年版，第192页。

（二）行政体制的破坏

"文革"造成中央和地方教育行政机构陷于瘫痪的状态。1970年6月，教育部被撤销，由国务院科教组替代。地方由各级革命委员会"文教组"取代。革命委员会夺取了党在各级师范院校的领导权，开展革命大批判。学校正常教学工作停滞，大搞"教育革命"。教育事业一片混乱。

（三）教育体系的混乱

高等师范学校的科系设置混乱，各科系被大量裁撤和合并。例如，政教系和历史系合并为政史系，生物系和地理系合并为农基系。其表面为合并，实际上撤销了历史系和地理系，破坏了教学体系。

二 离弦走板：师范教育滑坡局面的政策表征

这一时期的师范教育政策相对较少，仅有的政策也是以"文化大革命"为主线，严重偏离教育的本质。

（一）培养目标

"文化大革命"期间，高等师范院校在十年规划中，把培养目标设定为：

> 培养"四大员"，即他们所说的"毛泽东思想宣传员，阶级斗争的战斗员，农业学大寨的好社员，忠诚党的教育事业的好教员"。①

其培养目标脱离师范教育的实质，体现出强烈的政治色彩。中等师范教育由培养小学教员改为中学教员，培养目标的盲目拔高，导致小学教员和中学教员培养质量同步下降。

（二）课程设置

"文革"时期的师范教育打破了课程设置的完整性和连贯性，大力削减基础理论课程。高等师范学校只开设4门课程，即毛泽东思想课、军事体育课、农业基础课及专业课。② 对专业课具体学科门类并未详细说明，只强调向农业课靠拢，

---

① 刘问岫主编：《当代中国师范教育》，教育科学出版社1993年版，第47页。
② 中央教育科学研究所编：《中华人民共和国教育大事记（1949—1982）》，教育科学出版社1984年版，第418—419页。

且各系都开设农业基础课。在教学内容上，以实用主义的理论为依据，缺少对系统知识的教授。文科按战斗任务组织教学，理科结合典型工程进行教学。课程设置偏离师范教育培养的实质性目标，导致教育质量下降。

（三）教学方法

"四人帮"在教学方法上主张高等学校开门办学，其实际是出去劳动，致使学生在校学习时间缩短，师资培养质量下滑。

（四）招生考试

1966年7月，《中共中央 国务院关于改革高等学校招生工作的通知》中指出高等学校招生考试仍旧局限于资产阶级考试制度框架内，不利于贯彻当前的教育方针，也不利于更多地吸收工农兵革命青年。这种招生办法，必须彻底改革。文件一出，高等师范学校开始停课闹革命。

（五）毕业分配

1967年6月，《中共中央关于大专应届毕业生分配问题的决定》颁布，规定大专学校1966年毕业生、1965年待分配的毕业生应立即进行分配。1967年毕业生，原则上也应在本年7月、8月进行分配。但此决定并未执行。1968年6月15日中共中央、国务院、中央军委、中央文革发出《关于一九六七年大专院校毕业生分配工作问题的通知》和《关于分配一部分大专院校毕业生到解放军农场去锻炼的通知》。两个《通知》的核心内容为：

> 要坚持面向农村，面向边疆，面向工矿，面向基层，与工农兵相结合的方针，分配一九六七年大专院校毕业生。打破大专院校毕业生一出校门只能分配当干部，不能当工人、农民的制度。一九六六年、一九六七年大专院校毕业生（包括研究生）一般都必须先当普通农民、普通工人。并根据这一精神决定安排一部分毕业生到解放军农场去锻炼。到农场去的学生一律实行军事管理，过战士生活，按部队组织形式单独编成连队，但非现役军人。[①]

与此同时，为落实分配政策，中共中央、国务院、中央军委、中央文革又发布分配相关事宜：

> 按各办学部门原来规定的办法进行分配和安排，待遇也按原规定执行。原定分配到全民所有制单位的，也可以分配到集体所有制单位。原定由农村招生，毕业后回社、队的（包括"社来社去的"），仍应回社、队参加农业劳动，评工记分。原定从城市招生，毕业后到农村去劳动的，由各省、市、自

---

① 中央教育科学研究所编：《中华人民共和国教育大事记（1949—1982）》，教育科学出版社1984年版，第418—419页。

治区按上山下乡知识青年安置办法,进行妥善安置。①

两个《通知》和分配事宜打破了原有院校毕业生分配的干部身份。高校毕业生身份从干部降到工人和农民,并安排到农场锻炼,实行军事化管理。这一政策一方面降低学生求学的热情;另一方面造成人才培养的浪费,致使学生未能发挥专长,为国家贡献应有的力量。

"文革"时期,师范教育受到重创。教师无法安心教学,学生无法安心求学。师范教育的培养目标偏离教育的实质,招生停滞,生源减少且素质下降。师范院校和师范学生数量萎缩,教师培养质量下滑。师范教育的专业性特点淡化,正常的教学秩序被扰乱,十年"文革"期间,中国的师范教育呈现出滑坡趋势。

第六节 枯木逢春:改革开放初期师范教育政策的恢复与发展(1976—1993)

拨乱反正与改革开放以来,中国的教育进入崭新的历史时期。1976年至1993年,师范教育的发展大致经历了两个阶段。一是20世纪70年代末至80年代前期,师范教育实现重建,即恢复至20世纪五六十年代的水平。二是20世纪80年代中期至90年代前期,开始进入全面的发展时期。

一 实事求是:师范教育政策的全面恢复

1976年10月,江青反革命集团被粉碎,历经十年的"文化大革命"宣告结束。全国上下进入恢复和重建时期,师范教育也开始恢复和重建。邓小平以推翻"两个估计"为突破口,在教育界展开拨乱反正和思想解放运动。教育战线重新确立了解放思想和实事求是的思想路线。1978年10月,教育部发出《关于加强和发展师范教育的意见》,指出:

> 要大力发展和办好师范教育,加强教师队伍的建设。各地要建立师范教育网,积极扩大招生。三五年内要在全国新建若干所师范学院。要力争在三五年内经过有计划的培训,使现有文化水平较低的小学教师大多数达到中师程度,初中教师和高中教师在所教学科方面分别达到师专和师范学院毕业程度。并要求各地参照《意见》的精神制定一九八〇至一九八五年发展师范教育的规划。②

---

① 中央教育科学研究所编:《中华人民共和国教育大事记(1949—1982)》,教育科学出版社1984年版,第419页。
② 中央教育科学研究所编:《中华人民共和国教育大事记(1949—1982)》,教育科学出版社1984年版,第531页。

师范教育在"调整、改革、整顿、提高"方针的指引下，开始了重建和恢复工作。

1980年6月，教育部在北京召开第四次全国师范教育工作会议。会议明确了师范教育在整个教育事业中的重要地位，指出师范教育的基本任务是培养教师，是输送合格师资的巩固基地，提出当前要在提高质量的基础上稳步发展，建立一个健全的师范教育体系。这为师范教育发展指明了方向。1980年6月在《关于办好中等师范教育的意见》中重申中等师范教育的任务是为小学培养合格师资，纠正十年动乱错误，确定当前中等师范学校学制为三年和四年，恢复笔试加面试的招生办法，以确保生源的质量。同时规定从1981年秋季起试行全国统一的教学计划，编写全国通用的中师教材。此外，还要求各地统筹兼顾，合理调整中等师范学校的布局，加强领导和管理，迅速恢复和发展幼儿师范教育。在此基础上出台《中等师范学校规程（试行草案）》《中等师范学校教学计划（试行草案）》《幼儿师范学校教学计划（试行草案）》《教育部关于大力办好高等师范专科学校的意见》等相关文件，对师范教育做出具体的规定和说明。

（一）中等师范教育政策

《中等师范学校规程（试行草案）》对中等师范学校的培养目标、学科设置、教学方法、成绩考查、思想政治教育、教育实习和生产劳动、时间分配等方面做出了原则性的规定，具体内容如下：

1. 培养目标

中等师范学校（包括幼儿师范学校）是培养小学和幼儿园师资的中等专业学校，其任务是为小学和幼儿园培养师资。小学及幼儿园教师应具备社会主义觉悟、辩证唯物主义世界观、共产主义道德品质，且具有专业知识和技能、能够关爱儿童、有为社会主义教育事业服务的信念。

2. 学科设置

中等师范学校开设的课程有政治、数学及小学数学教材教法、语文及小学语文教材教法、化学、生物、物理、小学自然常识教材教法、历史、心理学、外语、地理、教育学、体育、音乐、美术、教育实习。民族师范学校增设民族语文。其中特别强调加强语文、数学两学科的教学，加强对学生进行体育、音乐、美术、写字等方面的技能和技巧的训练及教育学和心理学的学习，安排必要的课外时间，辅导学生练习，培养审美观念和多种才能，教育和组织学生认真参加教育实习。

3. 教学方法

中等师范学校的教学方法主要采用理论与实际相结合的办法，以培养学生的学习自觉性、创造性和独立思考能力，更要培养学生的自学能力和独立工作的能力。同时，中等师范学校教学也要贯彻面向小学（或幼儿园）的原则。教学基本组织形式是课堂授课。发展学生智力是课堂教学要达成的目标。教师要运用有效的教学方法，进行启发式教学。在教学时要考虑教学方针、教学原则、学科内容的特点和学生的实际情况。

4. 成绩考查

中等师范学校学业成绩包括学期成绩、学年成绩和毕业成绩 3 种。各科成绩由任课教师评定。考试结果决定是否准许升学，分为准予升级、不准升级和补考后升级 3 种。升级标准为各学科学年成绩都及格。不准升级情况为满 3 科不及格以及补考后仍有 2 科不及格。补考后升级情况为不满 3 科不及格。如果补考后有 1 科不及格，由校务会决定留级或者升级。对学期成绩而言，如果有不及格的科目，准许在下学期开学前补考。师范生在校学习期间，只准留级 1 次，否则，以退学处理。

5. 思想政治教育

中等师范教育提出对学生进行思想政治教育，其任务是把学生培养成为拥护社会主义和中国共产党领导，具有爱国主义和国际主义精神，坚持为社会主义现代化建设事业服务的思想政治觉悟高的学生。同时，也要培养学生树立马克思主义阶级观点、劳动观点、辩证唯物观点，培养其高尚品德，且具备进行思想和品德教育的能力。

6. 教育实习和生产劳动教育

教育实习是中等师范学校专业教育的重要组成部分，包括实习、见习和参观。教育实习的内容包括班主任工作、教学工作、少先队工作、课外辅导及家长工作等。教育实习和见习应与教育学、心理学、各科教学及教学法等课程密切配合。在毕业前夕，进行集中实习，培养学生独立担任小学教育、教学工作的实际能力。

7. 时间分配

1980 年 10 月《中等师范学校教学计划试行草案》从培养目标、修业年限、课程设置、教育实习与生产劳动、时间分配等方面做了详细的规定。其内容与《中等师范学校规程（试行草案）》基本一致，但对时间分配进行了补充说明，并呈现出具体的教学计划表。如表 12-11 所示。

表 12-11　　　　　　1980 年三年制师范学校教学计划表

科目		第一学年	第二学年	第三学年	上课总时数	各科占总时数的百分比
政治		2	2	1	171	5.46
语文	文选和写作	5	5	4	614	19.61
	语文基础知识	2	2			
	小学语文教材教法			2	62	1.98
数学	数学	6	6		420	13.42
	小学数学教材教法			4	124	3.96
物理学		3	3	3	303	9.68

续表

科目	第一学年	第二学年	第三学年	上课总时数	各科占总时数的百分比
化学	3	3		210	6.71
生物学	4			144	4.60
生理卫生		2		68	2.17
历史			3	93	2.97
地理			3	93	2.97
心理学		2		68	2.17
教育学			4	124	3.96
体育及体育教学法	2	2	3	233	7.44
音乐及音乐教学法	2	2	2	202	6.45
美术及美术教学法	2	2	2	202	6.45
每周上课总时数	31	31	31	3131	100
每学年上课周数	36	34	31		
教育实习（周）		2	6		
生产劳动（周）	2	2			

资料来源：《中国教育年鉴》编辑部编：《师范学校暂行规程（草案）》，载《中国教育年鉴》编辑部编《中国教育年鉴（1949—1981）》，中国大百科全书出版社1984年版，第763页。

表12-12　　　　　　　　1980年四年制师范学校教学计划表

科目		第一学年	第二学年	第三学年	第四学年	上课总时数	各科占总时数的百分比
政治		2	2	2	1	239	6.20
语文	文选和写作	5	5	4	4	818	21.22
	语文基础知识	2	2	2			
	小学语文教材教法				?	62	1.61
数学	数学	4	4	4		416	10.79
	小学数学教材教法				4	124	3.22
物理学			3	3	4	328	8.51
化学			4	3		246	6.38
生物学		4				144	3.74
生理卫生			2			68	1.76
历史		3			3	201	5.21
地理				3		102	2.65
（外语）		(3)	(3)	(3)	(3)	(405)	
心理学			3			102	2.65

续表

科目	第一学年	第二学年	第三学年	第四学年	上课总时数	各科占总时数的百分比
教育学			2	2	130	3.37
体育及体育教学法	2	2	3	3	335	8.69
音乐及音乐教学法	2	2	2	2	270	7.00
美术及美术教学法	2	2	2	2	270	7.00
（小学自然常识教学法）				(2)	(62)	
每周上课总时数	30	30	27	27	3855	100
每学年上课周数	36	34	34	31		
教育实习（周）		2	2	6		
生产劳动（周）	2	2	2			

资料来源：《中国教育年鉴》编辑部编：《师范学校暂行规程（草案）》，载《中国教育年鉴》编辑部编《中国教育年鉴（1949—1981）》，中国大百科全书出版社1984年版，第763页。

如表12-11、12-12所示，三年制和四年制开设课程相同，都设有政治、语文、数学、物理学、化学、生物学、生理卫生、历史、地理、心理学、教育学、体育、音乐、美术以及相应的教学法，例如，小学语文教材教法、小学数学教材教法、体育教学法、音乐教学法、美术教学法。其中四年制可开设英语和小学自然常识教学法课程。每科课时数随学年而变化。语文和数学课时总数相对较多，在三年制师范教育中分别占21.59%和17.38%，在四年制师范教育中分别占22.83%和14.01%。

（二）幼儿师范教育政策

在全国教育实现重建和恢复之际，我国独立的师范教育体系开始恢复，幼儿师范教育也由此获得发展。1980年10月印发的《幼儿师范学校教学计划试行草案》从培养目标、修业年限、课程设置、教育实习与生产劳动、时间分配五个方面对幼儿师范教育做出了规定。

1. 培养目标

幼儿师范学校的培养目标是培养合格的幼儿园教养员。其任务是把学生培养成为具备社会主义觉悟、辩证唯物主义世界观、共产主义道德品质，且具有专业知识和技能、能够关爱儿童、有为社会主义教育事业服务信念的幼儿园教养员。

2. 修业年限

幼儿师范学校修业年限分为3年和4年两种，招收初中毕业女学生。

3. 课程设置

开设的课程有政治、语文、数学、物理学、化学、生物学、历史、地理、外语、幼儿心理学、幼儿教育学、幼儿卫生学、语言及常识教学法、计算教学法、体育及体育教学法、美工及美工教学法、音乐及音乐教学法、舞蹈等。① 同时又分别就各课程提出了详细的教学要求。

4. 教育实习与生产劳动

教育实习包括参观、见习和毕业实习。三年制幼师教育实习 8 周，四年制实习 10 周，可集中实习也可分散实习，但不能少于 4 周。同时，还要组织学生参加一定的生产劳动，在劳动中注意思想政治教育，特别是劳动观点和劳动习惯的培养。生产劳动每学年两周。

5. 时间分配

三年制幼儿师范教育与四年制幼儿师范教育教学计划如表 12 - 13 所示。

表 12 - 13　　　　　　1980 年三年制幼儿师范学校教学计划表

科目	第一学年	第二学年	第三学年	上课总时数	各科占总时数的百分比
政治	2	2	1	171	5.46
语文	6	6	4	544	17.38
语言及常识教学法			2	62	1.98
数学	4	4		280	8.94
计算教学法			1	31	0.99
物理学		3	3	195	6.23
化学		2	2	130	4.15
生物学	2	2		140	4.47
历史	3			108	3.45
地理			3	93	2.97
幼儿心理学		3		102	3.26
幼儿教育学			4	124	3.96
幼儿卫生学	3			108	3.45
体育及体育教学法	2	2	3	233	7.44
美工及美工教学法	3	2	3	269	8.59
音乐及音乐教学法	4	4	4	404	12.90
舞蹈	2	1	1	137	4.38

---

① 《中国教育年鉴》编辑部编：《幼儿师范学校教学计划试行草案》，载《中国教育年鉴》编辑部编《中国教育年鉴（1949—1981）》，中国大百科全书出版社 1984 年版，第 763 页。

续表

科目	第一学年	第二学年	第三学年	上课总时数	各科占总时数的百分比
每周上课总时数	31	31	31	3131	100
每学年上课周数	36	34	31		
教育实习（周）		2	6		
生产劳动（周）	2	2			

资料来源：《中国教育年鉴》编辑部编：《师范学校暂行规程（草案）》，载《中国教育年鉴》编辑部编《中国教育年鉴（1949—1981）》，中国大百科全书出版社1984年版，第764页。

表12-14　　　　　　1980年四年制幼儿师范学校教学计划表

科目	第一学年	第二学年	第三学年	第四学年	上课总时数	各科占总时数的百分比
政治	2	2	2	1	239	6.00
语文	6	6	6	4	748	18.78
语言及常识教学法				2	62	1.56
数学	4	4	4		416	10.45
计算教学法				1	31	0.78
物理学			3	3	195	4.90
化学		2	2		136	3.41
生物学	2	2			140	3.52
历史	3			3	201	5.05
地理				3	93	2.34
（外语）	(3)	(3)	(3)	(3)	(405)	
幼儿心理学		3			102	2.56
幼儿教育学			2	2	130	3.26
幼儿卫生学	3				108	2.71
体育及体育教学法	2	2	2	3	301	7.56
美工及美工教学法	3	3	3	3	405	10.17
音乐及音乐教学法	4	4	4	4	540	13.56
舞蹈	1	1	1	1	135	3.39
每周上课总时数	30	29	29	30	3982	100
每学年上课周数	36	34	34	31		
教育实习（周）		2	2	6		
生产劳动（周）	2	2				

资料来源：《中国教育年鉴》编辑部编：《师范学校暂行规程（草案）》，载《中国教育年鉴》编辑部编《中国教育年鉴（1949—1981）》，中国大百科全书出版社1984年版，第764—765页。

如表 12-13 和表 12-14 所示，三年制和四年制幼儿师范教育开设课程相同，都设有政治、语文、语言及常识教学法、数学、计算教学法、物理学、化学、生物学、历史、地理、幼儿心理学、幼儿教育学、幼儿卫生学、体育及体育教学法、美工及美工教学法、音乐及音乐教学法、舞蹈。其中四年制可开设英语课程。每科课时数随学年而变化。语文和数学课时总数相对较多，在三年制师范教育中分别占 17.38% 和 8.94%；在四年制师范教育中分别占 18.78% 和 10.45%。三年制师范教育每周上课总时数为 31 课时；四年制师范教育每周上课总时数平均为 30 课时。

（三）高等师范教育政策

1980 年 10 月 27 日，《教育部关于大力办好高等师范专科学校的意见》颁发，从管理体制、学制、专业设置、教学工作、师资队伍建设、设施建设六个方面做出规定。

1. 管理体制

师范专科学校的管理体制分为两种形式，一种是省、专区双重领导，以省为主；另一种是省、专区双重领导，以专区为主。管理体制选择依据各省、市、自治区的实际情况自行决定。

2. 学制

师范专科学校的学习年限分为两年制和三年制。两种学制并存，不做统一规定。

3. 专业设置

师范专科学校的专业设置以初级中学的教学计划中所设主要课程门类为依据。具体包括政治、语文（包括民族语文）、外语、数学、物理、化学 6 种专业。为照顾各专区的需要，可根据地区情况，开设不能普遍设置的专业。

4. 教学工作

为保证师范专科学校的正常教学工作，教育部修订师专的教学计划，并组织力量编写适合专用的教学大纲。高度重视、切实抓好师范专科学校的教育见习和实习工作。同时，鼓励促进教师的教育科学研究。

5. 师资队伍建设

为建立一支又红又专的师资队伍，分配一定数量的研究生、优秀本科毕业生到师专任教。为加强中学教材教法课程，选调个别有教学经验的中学教师到师专任教。

6. 设施建设

分期分批力争在三年左右把师专的实验室充实起来，以保证教学质量。图书管理资料基本做到满足教师和学生的阅读需要。同时，适当增加师专的基建投资，加快基建速度，不断改善办学条件，以适应教育事业发展的需要。

二 火然泉达：师范教育政策的全面发展

1985年改革开放后的第一个全国教育工作会议召开，同时发布了《中共中央关于教育体制改革的决定》（以下简称《决定》）。《决定》指出：

> 建立一支有足够数量的、合格而稳定的师资队伍，是实行义务教育、提高基础教育水平的根本大计。……必须对现有的教师进行认真的培训和考核，把发展师范教育和培训在职教师作为发展教育事业的战略措施。……要争取在五年或者更长一点的时间内使绝大多数教师能够胜任教学工作。……从幼儿师范到高等师范的各级师范教育，都必须大力发展和加强。师范院校要坚持为初等和中等教育服务的办学思想，毕业生都要分配到学校任教，其他高等学校毕业生也应有一部分分配到学校任教。任何机关、单位不得抽调中小学合格教师改任其他工作。①

1986年3月颁布的《国家教委关于加强和发展师范教育的意见》，就师范教育提出8条建议：

> 一、真正把师范教育提到发展教育事业的战略地位上；
> 二、坚持为中小学服务的办学思想，明确各级师范学校的培养任务；
> 三、适应基础教育需要，加强薄弱环节；
> 四、积极进行教育和教学改革，不断提高师范教育质量；
> 五、改革师范学校招生制度和分配制度；
> 六、加强师范学校师资队伍建设；
> 七、努力改善师范学校的办学条件；
> 八、加强领导，改革师范教育的管理体制。②

基于此文件，国家从培养目标、教学计划、师资队伍建设、管理体制等方面开展了一系列的改革与探索，颁布了系统性的师范教育政策法律，如《中华人民共和国义务教育法》，也颁布了一些政策性文件，如《三年制中等师范学校教学方案（试行）》等。同时召开了促进师范教育发展的系列座谈会，如面向农村培养初中师资座谈会、中师学校深化改革座谈会等。

---

① 顾明远总主编：《中共中央关于教育体制改革的决定》，载顾明远总主编《中国教育大系·马克思主义与中国教育》下卷，湖北教育出版社1994年版，第1403页。
② 《中国教育年鉴》编辑部编：《国家教委关于加强和发展师范教育的意见》，载《中国教育年鉴》编辑部编《中国教育年鉴（1985—1986）》，湖南教育出版社1988年版，第1005—1007页。

(一) 教育法令的保障

《中华人民共和国义务教育法》（以下简称《义务教育法》）就师范教育提出：

> 采取措施加强和发展师范教育，加速培养、培训师资，有计划地实现小学教师具有中等师范学校毕业以上水平，初级中等学校的教师具有高等师范专科学校毕业以上的水平。①

同时，提出建立教师资格考核制度，以规范教师从业标准。为提高教师的社会地位、改善其待遇，《义务教育法》明确提出：

> 全社会应当尊重教师。国家保障教师的合法权益，采取措施提高教师的社会地位，改善教师的物质待遇，对优秀的教育工作者给予奖励。②

这些措施以法律的形式规范教师的从业标准，提高其社会地位，保障其合法权益。

(二) 教育政策的制定

以《三年制中等师范学校教学方案（试行）》为例，该方案对中等师范教育进行了改革，从时间安排、课程设置、教育实践等方面进行了改革探索。

1. 时间安排

中等师范教育全部课程课时安排为156周，教学活动107周左右，教育实践10周左右，寒暑假36周左右，机动3周。③

2. 课程设置

三年制中等师范学校课程设置有必修课和选修课。其中必修课包括思想政治、文化知识、教育理论、艺术、体育和劳动技术教育等课程。各类课程都重视乡土知识的传授，为农村培养小学师资。培养学生具有实现农村社会主义现代化的意识。同时生物和地理等学科重视对学生进行人口、生态和环境保护等方面的知识教育。

选修课开设文化知识、小学各科教材教法、艺术、体育以及适应本地经济发展需要的职业技术教育课程。选修课内容应注意体现小学教育教学的实际需要，反映当地的历史、地理、文化特点以及经济发展状况。④

---

① 顾明远总主编：《中华人民共和国义务教育法》，载顾明远总主编《中国教育大系·马克思主义与中国教育》下卷，湖北教育出版社1994年版，第1410页。
② 顾明远总主编：《中华人民共和国义务教育法》，载顾明远总主编《中国教育大系·马克思主义与中国教育》下卷，湖北教育出版社1994年版，第1410页。
③ 《中国教育年鉴》编辑部编：《三年制中等师范学校教学方案（试行）》，载《中国教育年鉴》编辑部编《中国教育年鉴（1990）》，人民教育出版社1991年版，第834页。
④ 《中国教育年鉴》编辑部编：《三年制中等师范学校教学方案（试行）》，载《中国教育年鉴》编辑部编《中国教育年鉴（1990）》，人民教育出版社1991年版，第835页。

3. 教育实践

教育实践包括参观小学、教育调查、教育见习和教育实习四种类型。教育实践的安排贯穿于三年教学活动的始终，并且要与教育专业课和文化课的教学进度以及各类社会实践活动相结合。教学实践时间为 10 周左右，其中一年级 2 周，二年级 2 周，三年级 6 周。[①]

三　星移斗转：恢复发展时期师范教育政策特征

经过"文化大革命"的严重摧残之后，师范教育随着改革开放迎来了枯木逢春的景象，开始了全面的复苏。国家确定师范教育优先发展的战略地位；师范教育体系得以恢复和完善，各级各类师范学校目标明确，贴合实际；师范教育管理体制也从混乱中日渐清晰明朗，形成统一领导、分级办学和分级管理的体制；教师地位得以恢复。该时期师范教育政策的主要特征有：

第一，开放性师范教育培养模式初步启动。独立封闭的师范教育体制的弊端日渐显露，如自主性差、活力不足、竞争力弱等。国家颁布《中共中央关于教育体制改革的决定》后，开始探索开放性师范教育培养模式，打破独立封闭的模式，如非师范院校开始承担培养师资的任务，师范院校则开启升格为综合大学之路。

第二，重视教学研究。在中等师范教育政策中，强调利用有效的教学方法，结合学生特点，因材施教。高等师范教育政策要求鼓励教师进行教育科学研究。不论是关注教学方法还是鼓励开展科研活动，都充分说明这一时期的师范教育突破原有的知识传授局限，开始注重方法研究和科研活动。

第三，注重实践活动。中等师范教育政策、高等师范教育政策以及幼儿师范教育政策都明确提出除教学活动外，需开展教育实习和生产劳动。由此可见教育实习在师范教育中的重要性。师范生除具备相关的教学知识外，在教学实践中掌握教学方法尤为重要。利用生产劳动这一实践活动，培养师范生的劳动意识和劳动能力，通过言传身教，弘扬教育与劳动融合的精神。

第四，知识讲授与能力发展并重。这一时期的高等师范院校不断探索适宜的教学方法。在各学科教学过程中，注意知识讲授与能力发展并举。同时，为了加强学生的教学技能，教师除了进行日常教学示范，还带学生到中学听课，有目的地开展课堂试教活动。

第五，多样化考试形式。《高校学生学籍管理条例》文件颁布后，高校十分重视对考试制度的改革。多数学校结合本校实际情况，制定考场规则，并改革以往单一的闭卷笔试形式，实行多样化考试，如开卷笔试、口试、实验操作、疑难解答等，

[①] 《中国教育年鉴》编辑部编：《三年制中等师范学校教学方案（试行）》，载《中国教育年鉴》编辑部编《中国教育年鉴（1990）》，人民教育出版社 1991 年版，第 836 页。

并把各种形式有机结合以达到全面检查学生知识掌握和能力发展的目的。[1]

第七节 望尘追迹：新中国教师教育政策的改革与探索（1993—2001）

1993年国家颁布《中国教育改革与发展纲要》（简称《纲要》），标志着我国开始了新一轮的教育改革。《纲要》根据我国社会主义现代化建设"三步走"的战略部署，从教育总体战略布局出发，提出我国教育发展的总目标，为未来教育发展做出规划。此后，国家相继出台各项文件，以贯彻落实《纲要》。1993年至2001年，国家为促进师范教育的发展先后颁布一系列法令法规。如《关于加强中等师范学校师资培训工作的通知》《关于师范院校布局结构调整的几点意见》（简称《意见》）以及《关于新时期加强高等学校教师队伍建设的意见》等。这些文件的颁布，使中国的师范教育进入转型完善期，形成了开放包容的局面。

一 改革创新：师范教育政策改革发展新阶段

1992年10月12日，中国共产党第十四次全国代表大会召开，会议确定了20世纪90年代改革开放和现代化建设的主要任务，明确提出"必须把教育放在优先发展的战略地位，努力提高全民族的思想道德和科学文化水平，这是实现我国现代化的根本大计"[2]。为实现这一战略任务，指导教育改革和发展，1993年中共中央、国务院制定了《中国教育改革和发展纲要》（以下简称《纲要》）。《纲要》从教育面临的形式和任务，教育事业发展的目标、战略和指导方针，教育体制改革、全面贯彻教育方针、全面提高教育质量、教师队伍建设、教育经费六个方面做出全面部署。就师范教育而言，《纲要》对中等师范教育和高等师范教育均提出一定的要求。

（一）中等师范教育政策

在中等师范教育方面，《纲要》从招生政策、毕业生服务制度、教师培训、在职教师学历等方面提出要求。

1. 招生要求

《纲要》提出：

> 各级政府要努力增加投入，大力办好师范教育，鼓励优秀中学毕业生报

---

[1] 曾能建：《福建中小学教师教育发展研究（1949—2009）》，博士学位论文，福建师范大学，2010年。
[2] 《中国教育年鉴》编辑部编：《中国教育改革和发展纲要》，载《中国教育年鉴》编辑部编《中国教育年鉴（1994）》，人民教育出版社1994年版，第1页。

考师范院校。进一步扩大师范院校定向招生的比例。①

除此之外，要求其他高等院校也要积极承担培养中小学师资的任务。
2. 毕业生服务制度
《纲要》提出建立师范毕业生服务期制度，保证毕业生到中小学任教，这一要求为落实师范毕业生从事教育事业提供支持。
3. 教师培训

> 进一步加强师资培养培训工作。要制定教师培训计划，促进教师特别是中青年教师不断进修提高；使绝大多数中小学教师更好地胜任教育教学工作。②

国家十分重视教师在职培训，制定教师培训计划，使在职培训体系化。
4. 在职教师学历
《纲要》要求在职教师：

> 通过师资补充和在职培训，绝大多数中小学教师要达到国家规定的合格学历标准，小学和初中教师中具有专科和本科学历者比重逐年提高。③

（二）高等师范教育政策
《纲要》对高等师范教育的要求着重强调师资培训，提出：

> 高等学校师资培训工作要坚持立足国内、在职为主、加强实践、多种形式并举的原则。要充分发挥教学科研力量较强的高等学校在师资培训中的骨干作用。采取多种形式促进教师和社会的密切联系，聘请实际工作部门有较高水平的专家到校任教，加强高等学校之间教师的相互交流。要建立扶持和培养中青年骨干教师使中青年学术带头人脱颖而出的制度。④

《纲要》把"教师队伍建设"以专章的形式呈现，以此凸显教师的地位和作

---

① 《中国教育年鉴》编辑部编：《中国教育改革和发展纲要》，载《中国教育年鉴》编辑部编《中国教育年鉴（1994）》，人民教育出版社1994年版，第10页。
② 《中国教育年鉴》编辑部编：《中国教育改革和发展纲要》，载《中国教育年鉴》编辑部编《中国教育年鉴（1994）》，人民教育出版社1994年版，第10页。
③ 《中国教育年鉴》编辑部编：《中国教育改革和发展纲要》，载《中国教育年鉴》编辑部编《中国教育年鉴（1994）》，人民教育出版社1994年版，第10页。
④ 《中国教育年鉴》编辑部编：《中国教育改革和发展纲要》，载《中国教育年鉴》编辑部编《中国教育年鉴（1994）》，人民教育出版社1994年版，第10页。

用，从教育大局出发，为未来教师队伍建设提出指导意见。

二 开放包容：师范教育政策改革探索新征程

继《纲要》颁布之后，国家开启了对师范教育改革探索之路。我国的教师教育开始迈入新的发展阶段，实现转型，走向完善。

（一）教师教育改革初探

教师教育从法制化、岗前培训、培训一体化以及教师资格认定等方面进行了改革初探。

1. 教师教育法制化

1993 年国家颁布《中华人民共和国教师法》，从教师的权利和义务、资格和任用、培养和培训、考核、待遇、奖励、法律责任八个方面为教师提供法律保障。就教师教育体系而言，《中华人民共和国教师法》在教师培训方面提供法律支持和保障。《中华人民共和国教师法》要求：

> 各级人民政府教育行政部门、学校主管部门和学校应当制定教师培训规划，对教师进行多种形式的思想政治、业务培训。各级人民政府应当采取措施，为少数民族地区和边远贫困地区培养、培训教师。[①]

1995 年国家颁布《中华人民共和国教育法》，其中第四章对教师权利和义务、社会地位、聘任制度、教师资格、教师素质以及培养培训等方面做出要求，从法律上保障教师教育的发展。

2. 岗前培训备受关注

《纲要》发布之后，教育部又颁布一系列与教师队伍密切相关的法律法规，其中最为突出的特点之一是教师岗前培训受到关注。1993 年 3 月下发《关于加强中等师范学校师资培训工作的通知》，要求中等师范学校教师应具备大学本科及以上学历，未达到标准且年龄在 45 周岁以下，可通过学历进修补偿。对合格教师从政治思想、师德修养、教育理论、教育教学能力等方面进行全员培训。同时提出新教师的见习期培训是中师继续教育三层次中的第一层次。这也是首次在教育政策文件中提及岗前教师培训。1994 年国家颁布《关于开展小学新教师试用期培训的意见》，其培训对象为新分配的中等师范毕业生，并对培训目标、培训要求、培训时间和考核办法做了详细规定，为新教师的岗前培训提供了参考和借鉴价值。

3. 职前职后教育一体化

为进一步贯彻落实《中国教育改革与发展纲要》的各项规定，1994 年 7 月，

---

① 中华人民共和国中央人民政府：《中华人民共和国教师法》，http：//www.gov.cn/banshi/2005 - 05/25/content_ 937. htm，1993 年 10 月 31 日 [2020 - 05 - 08]。

国务院颁布关于《中国教育改革和发展纲要》的实施意见，就增加教育投入、加强教师队伍建设、提高教师待遇和社会地位做出具体规定，特别强调鼓励支持非师范院校优秀毕业生到中小学任教。1995年，中国师范教育稳定、持续、健康发展。师资培训逐渐形成职前职后一体化的教育体系。职前培训渠道包括普通师范院校和其他渠道教育，如普通高等学校师资班、教育系或电视大学师资班；职后培训渠道有教师进修院校和其他渠道教育，如函授教育、夜大教育、电视大学电视教育、自学考试教育。国家教委颁布了《高等师范专科教育二、三年制教学方案》，包括培养目标、培养规格、课程设置和时间安排四个方面。其特色主要是：第一，具有时代特点；第二，体现改革创新精神；第三，突出师范教育特点；第四，有利于地方和学校自主办学。① 针对中等幼儿师范教育，国家教委颁发了《三年制中等幼儿师范学校教学方案（试行）》。其特点为：第一，进一步明确和界定中等幼儿师范学校的性质、培养目标与规格；第二，实行统一性和多样性相结合，即突破原教学计划管理过严的问题，放权于各省、自治区、直辖市教育行政部门；第三，适当调整必修课中文化课和艺术课的课时比例；第四，贯彻理论联系实际的原则；第五，加强教育实践环节，强化技能训练和能力培养。②

4. 教师资格认定制度确立

1995年12月12日国务院颁布《教师资格条例》对教师资格分类与使用、教师资格条件、教师资格考试、教师资格认定等方面做出了规定，同时将教师资格分为7个类别：

（一）幼儿园教师资格；
（二）小学教师资格；
（三）初级中学教师和初级职业学校文化课、专业课教师资格；
（四）高级中学教师资格；
（五）中等专业学校、技工学校、职业高级中学文化课、专业课教师资格；
（六）中等专业学校、技工学校、职业高级中学实习指导教师资格；
（七）高等学校教师资格。③

《教师资格条例》从教师资格考试科目、标准、考试大纲、试卷编制、考务

---

① 《中国教育年鉴》编辑部编：《高等师范专科教育二、三年制教学方案》，载《中国教育年鉴》编辑部编《中国教育年鉴（1996）》，人民教育出版社1997年版，第252页。
② 《中国教育年鉴》编辑部编：《三年制中等幼儿师范学校教学方案（试行）》，载《中国教育年鉴》编辑部编：《中国教育年鉴（1996）》，人民教育出版社1997年版，第253—254页。
③ 中华人民共和国教育部：《教师资格条例》，http://www.moe.gov.cn/s78/A10/moe_631/tnull_11557.html，1995年12月12日［2020-10-31］。

工作、成绩证明等方面对教师资格考试做出了说明。这一政策的颁布，促使全国各地教师资格考试的推行，确立教师市场的准入制度与机制。① 2000年9月教育部颁布《〈教师资格条例〉实施办法》从资格认定条件、资格认定申请、资格认定、资格证书管理等方面做出规定。资格认定条件包括遵守职业道德、相应的学历要求、基本的教育教学能力以及普通话水平。同时规定国务院教育行政部门负责全国教师资格制度的组织实施和协调监督工作。县级以上（包括县级）地方人民政府教育行政部门根据《教师资格条例》规定权限负责本地教师资格认定和管理的组织、指导、监督和实施工作。② 2001年5月，教育部印发《关于首次认定教师资格工作若干问题的意见》，提出教师资格制度的法律依据是《中华人民共和国教师法》《教师资格条例》《〈教师资格条例〉实施办法》，并对教师资格的性质、教师资格首次认定范围、教师资格申请、教师资格认定程序、教师资格认定的学历条件、课程要求、教育教学能力以及其他特殊情况提出指导意见和具体工作要求。2001年8月，为规范教师资格证书管理制度，教育部颁发《教师资格证书管理规定》，这是首次针对教师资格证书出台的文件。教师资格认定制度的实施进一步规范了教师的专业化发展方向，促进教师教育发展的正规化，也成为教师教育制度转向与重构的起始与核心指向。③

（二）教师教育改革深化

为进一步深化教师教育改革，国家重申师范教育在教育事业中的优先发展战略地位，进一步强调加强教师队伍建设，提出师范院校结构布局的调整目标。

1. 全面深化教师教育改革

1996年9月，国家教委在北京召开全国师范教育工作会议，其主要任务是：进一步动员各级政府和教育行政部门重视师范教育在教育事业中优先发展的战略地位；总结交流近十年来师范教育改革与发展及中小学教师队伍建设所取得的成绩和经验；研究当前师范教育和中小学教师队伍建设中存在的突出问题和解决措施等。④ 会后，国家教委于12月5日印发《关于师范教育改革和发展的若干意见》，从十二个方面提出指导意见。

一、师范教育改革和发展的指导思想和主要任务；
二、健全和完善有中国特色的师范教育体系；
三、积极推进办学体制和管理体制改革；
四、进一步改革和完善招生就业制度和办法；

---

① 荀渊：《1949年以来我国教师教育的制度变迁》，《教师教育研究》2013年第5期。
② 中华人民共和国教育部：《〈教师资格条例〉实施办法》，http://www.moe.gov.cn/srcsite/A02/s5911/moe_621/200009/t20000923_180473.html，2000年9月23日［2020-05-08］。
③ 荀渊：《1949年以来我国教师教育的制度变迁》，《教师教育研究》2013年第5期。
④ 《中国教育年鉴》编辑部编：《中国教育年鉴（1997）》，人民教育出版社1997年版，第106页。

五、进一步加强和改进德育工作；

六、深化教学改革，加强科学研究；

七、加强中小学教师培训工作；

八、加强师范院校教师队伍建设；

九、各级政府要努力增加师范教育投入；

十、加快法规建设，加强科学管理；

十一、认真制定师范教育事业发展规划；

十二、加强领导，认真落实师范教育在教育事业中优先发展的战略地位。①

2. 加强师资队伍建设

教育部于1998年制定《面向21世纪教育振兴行动计划》（以下简称《计划》），这是在贯彻落实《教育法》及《中国教育改革和发展纲要》的基础上提出的跨世纪教育改革和发展蓝图。就师范教育而言，《计划》提出实施"跨世纪园丁工程"，大力提高教师队伍素质。从教师队伍整体素质、骨干教师队伍、教师聘任制和全员聘用制以及边远山区和贫困地区中小学教师短缺问题四个方面提出要求。具体内容如下：第一，在教师队伍整体素质上，"大力提高教师队伍的整体素质，特别要加强师德建设"②；第二，在骨干教师队伍培养上，"重点加强中小学骨干教师在当地教学改革中的带动和辐射作用"③；第三，在教师聘任上，"实行教师聘任制和全员聘用制，加强考核，竞争上岗，优化教师队伍"④。同时，"拓宽教师来源渠道，向社会招聘具有教师资格的非师范类高等学校优秀毕业生到中小学任教"⑤。通过这一方式来"改善教师队伍结构"⑥；最后，《计划》还提出"要进一步完善师范毕业生的定期服务制度，对高校毕业生（包括非师范类）到边远贫困的农村地区任教，采取定期轮换制度"⑦。与此同时，让他们"享受国

---

① 《中国教育年鉴》编辑部编：《关于师范教育改革和发展的若干意见》，载《中国教育年鉴》编辑部编《中国教育年鉴（1997）》，人民教育出版社1997年版，第837—842页。

② 《中国教育年鉴》编辑部编：《面向21世纪教育振兴行动计划》，载《中国教育年鉴》编辑部编《中国教育年鉴（1999）》，人民教育出版社1999年版，第109页。

③ 《中国教育年鉴》编辑部编：《面向21世纪教育振兴行动计划》，载《中国教育年鉴》编辑部编《中国教育年鉴（1999）》，人民教育出版社1999年版，第109页。

④ 《中国教育年鉴》编辑部编：《面向21世纪教育振兴行动计划》，载《中国教育年鉴》编辑部编《中国教育年鉴（1999）》，人民教育出版社1999年版，第109页。

⑤ 《中国教育年鉴》编辑部编：《面向21世纪教育振兴行动计划》，载《中国教育年鉴》编辑部编《中国教育年鉴（1999）》，人民教育出版社1999年版，第109页。

⑥ 《中国教育年鉴》编辑部编：《面向21世纪教育振兴行动计划》，载《中国教育年鉴》编辑部编《中国教育年鉴（1999）》，人民教育出版社1999年版，第109页。

⑦ 《中国教育年鉴》编辑部编：《面向21世纪教育振兴行动计划》，载《中国教育年鉴》编辑部编《中国教育年鉴（1999）》，人民教育出版社1999年版，第109页。

家规定的工资倾斜政策"①,以此来达到"认真解决边远山区和贫困地区中小学教师短缺问题"②。

1999年,国家颁布《中小学教师继续教育规定》《中学教师进修高等师范本科(专科起点)教学计划(试行)》等文件。对中小学教师继续教育规定,每5年为1个培训周期,包括学历教育和非学历教育。针对专科起点本科学历进修,国家从指导思想、培养目标、编制原则、时间安排、公共必修课课程说明、各专业课程设置、课时分配等方面给予规定。从1999年政策可见,国家充分认识到教师素质对国家教育的重要意义,继续教育和终身学习是提高教师素质,保持其与时俱进的重要途径。

3. 师范院校结构布局调整

为贯彻落实《面向21世纪教育振兴行动计划》中的"跨世纪园丁工程",1999年,国家颁发《关于师范院校布局结构调整的几点意见》的文件。师范院校布局结构要实现三个目标:第一,逐步形成具有中国意蕴、时代内涵、体现终身教育理念的中小学师范教育新体系;第二,从城市向农村、从沿海向内地推进,由三级师范向二级师范过渡;第三,学校布局调整目标为普通高等师范院校、教育学院、中等师范学校从1997年1353所调整到1000所左右,其中,普通高师院校300所左右,中等师范学校500所左右。③

三 冥行擿埴:改革探索时期师范教育政策特征

1993年至2001年的师范教育,进入改革与探索时期。从一系列师范教育政策管窥,该时期主要呈现以下几个特点:

第一,师范教育由独立封闭走向开放包容。从师范院校布局调整可见,师范教育呈现出开放性的师资培养模式,形成以师范院校培养为主体,其他高等学校参与的教师教育办学格局;职前职后培训有效衔接,继续教育逐步法制化;网络教育初步建立。中国的师范教育由独立封闭走向开放包容,开放性师范教育体系初步形成。

第二,教师岗前培训受到关注。《关于加强中等师范学校师资培训工作的通知》颁布之后,新教师见习期培训政策开始实施。这是教师教育首次提出关于开展教师职前培训的内容。《关于开展小学新教师试用期培训的意见》明确提出其培养对象为新分配的中等师范学生或相当层次的毕业生。《关于新时期加强高等

---

① 《中国教育年鉴》编辑部编:《面向21世纪教育振兴行动计划》,载《中国教育年鉴》编辑部编《中国教育年鉴(1999)》,人民教育出版社1999年版,第109页。
② 《中国教育年鉴》编辑部编:《面向21世纪教育振兴行动计划》,载《中国教育年鉴》编辑部编《中国教育年鉴(1999)》,人民教育出版社1999年版,第109页。
③ 《中国教育年鉴》编辑部编:《师范院校布局结构调整》,载《中国教育年鉴》编辑部编《中国教育年鉴(2000)》,人民教育出版社2000年版,第240—241页。

学校教师队伍建设的意见》中首次出现"岗前培训"字样。① 由此可见，国家逐渐意识到教师岗前培训的必要性和重要性，岗前培训也受到应有的重视，教师教育的内部体系也日趋完善。

第三，继续教育成为教师培训的主旋律。1998 年颁布的《关于加强中小学教师继续教育区域性实验工作的几点意见》极大地推动了中小学教师继续教育的形成与发展。1999 年的《中小学教师继续教育规定》提出参加继续教育是中小学教师的权利和义务，由此把继续教育推向高潮。② 自此，依据国家、地方出台的各项继续教育政策，中小学教师继续教育的政策体系逐步形成。

第四，教师教育政策具有前瞻性。在世纪之交和 21 世纪的第一个十年时期，针对教师教育，国家提出了新战略、新发展规划和行动计划，其视野更具前瞻性，政策规划更具战略性和全局性，"素质教育""教育振兴"等全新概念进入大众视野，明确了教师教育政策的研究方向。为教师教育范式由经验型转向科学型奠定了法理基础。③

第五，开启教师教育法制化道路。随着《中华人民共和国教育法》的颁布实施，我国进入了依法治教的新阶段。其后的《教师资格条例》《中小学教师职业道德规范》等一系列与教师教育相关文件的颁布，标志着我国建立起较为齐全的教师教育制度体系，中国的教师教育由此走上了法制化道路。

第八节　卷甲倍道：当代教师教育政策体系的成型与发展（2001 年至今）

2001 年国务院颁布《关于基础教育改革与发展的决定》。文本中"师范教育"一词被"教师教育"所取代。名称上的改变体现了教师教育深层次内涵。"教师教育"将教师的职业发展视为一个有机整体，整合了教师职前培养、入职教育和在职培训工作。教师的专业发展成为终身过程。④

一　乘风破浪：教师教育政策体系的成型

《关于基础教育改革和发展的决定》对教师教育提出三点要求：第一，完善教师教育体系；第二，深化人事制度改革；第三，加强中小学教师队伍建设。

---

① 曲铁华、崔红洁：《我国教师教育政策的演进历程及特点分析——基于（1978—2013）政策文本的分析》，《国家教育行政学院学报》2014 年第 12 期。
② 闫建璋、王换芳：《改革开放 40 年我国教师教育政策变迁分析》，《教师教育研究》2018 年第 5 期。
③ 蔡华健、曹慧英：《新中国成立 70 年我国教师教育政策的演变、特点与启示》，《河北师范大学学报》（教育科学版）2019 年第 4 期。
④ 马啸风主编：《中国师范教育史》，首都师范大学出版社 2003 年版，第 70 页。

(一) 完善教师教育体系

完善教师教育体系内容包括两个方面：一是形成混合开放的教师教育体系，二是调整教师教育结构。

1. 形成混合开放的教师教育体系

> 完善以现有师范院校为主体、其他高等学校共同参与、培养培训相衔接的开放的教师教育体系。加强师范院校的学科建设，鼓励综合性大学和其他非师范类高等学校举办教育院系或开设获得教师资格所需课程。……以有条件的师范大学和综合性大学为依托建设一批开放式教师教育网络学院。①

2. 调整教师教育结构

> 推进师范教育结构调整，逐步实现三级师范向二级师范的过渡。……逐步提高高中教师的学历、扩大教育硕士培养规模和招生范围。制订适应中小学实施素质教育需要的师资培养规格。②

(二) 深化人事制度改革

深化人事制度改革包括实行编制制度和推进人事制度改革两方面。

1. 实行编制制度

加强中小学教师编制管理。中央制定中小学教职工编制标准。省级人民政府制定本地区的实施办法。各地核定编制，规范岗位设置。

2. 推进人事制度改革

全面实施教师资格制度，严把教师进口关。实施严格的教师资格准入制度，清退不具备资格的人员。推行教师聘任制，建立"能进能出、能上能下"的教师任用新机制，实现教师职务聘任和岗位聘任的统一。③

(三) 加强中小学师资队伍建设

1993年《纲要》颁布之后，师资队伍建设便提上日程。2001年颁布的《关于基础教育改革和发展的决定》，为师资队伍建设增添了发展的动力与指向，其主要从加强骨干教师队伍建设和完善教师教育培训制度两方面入手。

---

① 何东昌主编：《国务院关于基础教育改革与发展的决定》，载何东昌主编《中华人民共和国重要教育文献（1998—2002）》，海南出版社2003年版，第890页。
② 何东昌主编：《国务院关于基础教育改革与发展的决定》，载何东昌主编《中华人民共和国重要教育文献（1998—2002）》，海南出版社2003年版，第890页。
③ 何东昌主编：《国务院关于基础教育改革与发展的决定》，载何东昌主编《中华人民共和国重要教育文献（1998—2002）》，海南出版社2003年版，第890页。

1. 加强骨干教师队伍建设

为了能够培养一大批在教育教学工作中起骨干、示范作用的优秀教师和一批教育名师，国家鼓励实施"跨世纪园丁工程"等教师培训计划。同时在教育对口支援工作方面，要求援助地区的学校要为受援地区的学校培养和培训骨干教师。①

2. 完善教师教育培训制度

在完善教师培训制度方面，着重从三方面入手。第一，健全教师培训制度，加强培训基地建设。在教师培训中，要充分利用远程教育的方式，就地就近进行，以节省开支。对贫困地区教师应实行免费培训，加强中小学教师的继续教育工作。第二，加大学科教师的培训力度。例如，信息技术、外语、艺术类和综合类课程学科。第三，加强中青年教师的培训工作。②

二 倍道而进：教师教育政策体系的发展

教师教育体系经历了成型过程，逐渐迈入发展阶段。《国务院关于基础教育改革与发展的决定》颁布之后，教师教育进入全方位的发展时期。国家把加大师资队伍建设力度作为提升教师教育内涵式发展的重要方式之一，"国培计划"也开始全面启动。

（一）教师教育内涵式发展

2002年《教育部关于"十五"期间教师教育改革与发展的意见》提出：

> 在新形式下，我国教师教育还存在一些问题和困难。教师教育"优先发展、适度超前"的政策尚未很好落实。③

存在的问题主要有教育投入不足，教育体系布局和层次结构不合理，培养培训衔接性差，培养模式单一，教师观念和能力欠缺等。针对存在的问题，国家提出了相应对策。

1. 继续推进教师教育结构的战略性调整，高效益重组教师教育资源；
2. 深化教育教学改革，努力培养具有创新精神和实践能力的高素质教师；
3. 大力推进中小学教师继续教育工作；

---

① 何东昌主编：《国务院关于基础教育改革与发展的决定》，载何东昌主编《中华人民共和国重要教育文献（1998—2002）》，海南出版社2003年版，第890页。

② 何东昌主编：《国务院关于基础教育改革与发展的决定》，载何东昌主编《中华人民共和国重要教育文献（1998—2002）》，海南出版社2003年版，第890页。

③ 何东昌主编：《教育部关于"十五"期间教师教育改革与发展的意见》，载何东昌主编《中华人民共和国重要教育文献（1998—2002）》，海南出版社2003年版，第1146页。

4. 认真做好基础教育新课程的教师培训工作；

5. 大力推进教师教育信息化建设；

6. 加大对西部地区教师教育的支持力度，推进教师教育的协调发展；

7. 确保教师教育事业的经费需求，推进教师教育优先发展；

8. 建设一支高质量的教师教育队伍；

9. 加强教师教育法规建设，使教师教育走上依法治教、依法办学的轨道。①

同时，该文件给出了"教师教育"的明确定义。至此，"教师教育"作为统一教师培养培训的概念和政策术语，为学者打开了中国教师教育研究的新视野，也对中国教师教育的实践提出了新的要求。②

（二）师资队伍建设力度加大

进入21世纪，国家加大了教师队伍的建设力度，出台多项提高教师素质的政策文件。2004年国务院批转教育部《2003—2007年教育振兴行动计划》提出实施"高素质教师和管理队伍建设工程"。从教师教育体系、教师队伍和人事制度方面提出具体的行动计划。在教师教育体系方面，要求改革教师教育模式。形成职前职后教师教育一体化、学历与非学历教育并举、专业发展和终身学习相得益彰的教师教育模式。全面推动教师教育创新，建构开放灵活的教师教育体系。在教师队伍建设方面，提出实施"全国教师教育网络联盟计划"，促进"人网""天网""地网"及其他教育资源优化整合，提高教师培训质量。③ 完善教师终身学习体系，加快提高师资队伍素质。在人事制度方面，进一步深化人事制度改革，积极推进全员聘任制度。加强编制管理，实施教师资格准入制度，推行教师聘任制度。

2007年5月18日《国家教育事业发展"十一五"规划纲要》（以下简称《纲要》）公布实施，对教师教育的关注焦点仍旧放在加强师资队伍建设上。从教师教育与培训、教师管理制度以及尊师重教三个方面落实师资队伍建设。《纲要》提出：

> 推进教师教育和师范院校改革，加强师范院校建设。……在教育部直属师范大学实行师范生免费教育，……鼓励和支持具备条件的综合大学培养和培训中小学教师，逐步形成开放灵活、规范有序的教师教育体系，提高教师

---

① 何东昌主编：《教育部关于"十五"期间教师教育改革与发展的意见》，载何东昌主编《中华人民共和国重要教育文献（1998—2002）》，海南出版社2003年版，第1147—1148页。

② 蔡国春：《改革在路上：中国特色教师教育体系建设之省思》，《江苏高教》2019年第12期。

③ 何东昌主编：《中华人民共和国重要教育文献（2003—2008）》，新世界出版社2010年版，第337页。

教育的层次和水平。①

这是继《2003—2007年教育振兴行动计划》后,再一次重申建立开放灵活的教师教育体系。

2010年5月5日,国务院常务会议审议并通过《国家中长期教育改革和发展规划纲要》(2010—2020年),提出加强教师队伍建设的五个方面,即建设高素质教师队伍、加强师德建设、提高教师业务水平、提高教师地位待遇以及健全教师管理制度。"努力造就一支师德高尚、业务精湛、结构合理、充满活力的高素质专业化教师队伍。"② 同时对教师的师德建设、业务水平、地位待遇、管理制度提出建设性的意见。

2012年6月教育部印发的《国家教育事业发展第十二个五年规划》提出:

> 完善教师管理制度,建立中国特色教师教育体系,提高师德水平和教师专业能力,显著提高农村教师整体素质。到2015年,初步形成一支师德高尚、业务精湛、结构合理、充满活力的高素质专业化教师队伍,造就一批教学名师和学科领军人才。③

从加强和改革教师教育,深化教师管理制度改革,鼓励优秀人才长期从教、终身从教,实行教师全员培训制度四个方面建设高素质专业化教师队伍。2012年8月20日颁布的《国务院关于加强教师队伍建设的意见》,在继续贯彻2010年提出的教师队伍建设五个方面的基础上,提出深化教师队伍建设的总目标:

> 到2020年,形成一支师德高尚、业务精湛、结构合理、充满活力的高素质专业化教师队伍。专任教师数量满足各级各类教育发展需要;教师队伍整体素质大幅提高,普遍具有良好的职业道德素养、先进的教育理念、扎实的专业知识基础和较强的教育教学能力;教师队伍的年龄、学历、职务(职称)、学科结构以及学段、城乡分布结构与教育事业发展相协调;教师地位待遇不断提高,农村教师职业吸引力明显增强;教师管理制度科学规范,形成富有效率、更加开放的教师工作体制机制。④

---

① 何东昌主编:《中华人民共和国重要教育文献(2003—2008)》,新世界出版社2010年版,第1383页。
② 中华人民共和国中央人民政府:《国家中长期教育改革和发展规划纲要(2010—2020年)》,http://www.gov.cn/jrzg/2010-07/29/content_1667143.htm,2010年7月29日 [2020-05-08]。
③ 中华人民共和国中央人民政府:《教育部关于印发〈国家教育事业发展第十二个五年规划〉的通知》,http://www.gov.cn/gongbao/content/2012/content_2238967.htm,2012年6月14日 [2020-05-08]。
④ 中华人民共和国中央人民政府:《国务院关于加强教师队伍建设的意见》,http://www.gov.cn/zwgk/2012-09/07/content_2218778.htm,2012年8月20日 [2020-05-08]。

2012年9月6日，为深入贯彻落实《国家中长期教育改革和发展规划纲要（2010—2020年）》和《国务院关于加强教师队伍建设的意见》，教育部、国家发展和改革委员会、财政部联合印发《关于深化教师教育改革的意见》，就深化教师教育改革，推进教师教育内涵式发展，全面提高教师教育质量，培养造就高素质专业化教师队伍，提出了八项意见：

一、构建开放灵活的教师教育体系；
二、健全教师教育标准体系；
三、完善教师培养培训制度；
四、创新教师教育模式；
五、深化教师教育课程改革；
六、加强教师教育师资队伍建设；
七、开展教师教育质量评估；
八、加强教师教育经费保障。[1]

2018年，国家开始全面深化教师队伍建设，出台了《中共中央 国务院关于全面深化新时代教师队伍建设改革的意见》，就全面深化新时代教师队伍建设改革提出了六点意见。第一，深刻认识教师队伍建设的重要意义和总体要求；第二，全面加强师德师风建设；第三，提升教师专业素质能力；第四，深化教师管理综合改革；第五，提高教师地位待遇；第六，加强党的领导，确保政策落地见效。[2] 2018年2月11日教育部等五部门印发《教师教育振兴行动计划（2018—2022年）》提出：

经过5年左右努力，办好一批高水平、有特色的教师教育院校和师范类专业，教师培养培训体系基本健全，为我国教师教育的长期可持续发展奠定坚实基础。师德教育显著加强，教师培养培训的内容方式不断优化，教师综合素质、专业化水平和创新能力显著提升，为发展更高质量更加公平的教育提供强有力的师资保障和人才支撑。[3]

从师德教育、培养规格、教师资源供给、教师教育模式、师范院校五个方面

---

[1] 中华人民共和国中央人民政府：《教育部 国家发展改革委 财政部关于深化教师教育改革的意见》，http://www.gov.cn/zwgk/2012-12/13/content_2289684.htm，2012年9月6日 [2020-05-08]。

[2] 中华人民共和国中央人民政府：《中共中央 国务院关于全面深化新时代教师队伍建设改革的意见》，http://www.gov.cn/xinwen/2018-01/31/content_5262659.htm，2018年1月20日 [2020-05-08]。

[3] 中华人民共和国教育部：《教育部等五部门关于印发〈教师教育振兴行动计划（2018—2022年）〉的通知》，http://www.moe.gov.cn/srcsite/A10/s7034/201803/t20180323_331063.html，2018年2月11日 [2020-05-08]。

提出具体要求。为把新时代教师队伍建设落到实处，结合国情，着重开展思想政治理论课教师队伍建设和师德师风建设。

1. 加强新时代思想政治理论课教师队伍建设

2019年3月18日，习近平总书记主持召开学校思想政治理论课教师座谈会，会上他对思想政治理论课的开展提出几点意见。他强调，思想政治理论课是落实立德树人根本任务的关键课程。办好思政课的关键在教师，要充分发挥教师的积极性、主动性和创造性。推动思政课改革创新，不断增强其思想性、理论性和亲和力、针对性。最后，他强调，各级党委要把思政课建设摆上重要议程，抓住突出问题，采取有效措施。[1] 座谈会之后，中共中央办公厅、国务院办公厅于2019年8月印发《关于深化新时代学校思想政治理论课改革创新的若干意见》就完善思政课课程教材体系、思政课教师队伍、增强思政课特点等方面进行了全方位的阐释。

为加强新时代思政理论课教师队伍建设，全面贯彻落实《中共中央 国务院关于全面深化新时代教师队伍建设改革的意见》和《中共中央办公厅 国务院办公厅印发〈关于深化新时代学校思想政治理论课改革创新的若干意见〉的通知》，2019年9月，教育部等五部门印发《关于加强新时代中小学思想政治理论课教师队伍建设的意见》的通知，提出：

> 打造一支政治强、情怀深、思维新、视野广、自律严、人格正，专职为主、专兼结合、数量充足、素质优良、名师辈出的中小学思政课教师队伍。[2]

2. 加强新时代教师师德师风建设

2018年9月，全国教育大会召开，习近平总书记在会上对教师队伍建设提出新的更高要求。他提出，每位教师都要严格要求自己，不断完善自己，执着于教书育人，有热爱教育的定力和淡泊名利的坚守。对教师队伍中存在的问题，要坚决依法依纪予以严惩。[3] 为深入贯彻落实全国教育大会精神，加强和改进新时代师德师风建设，教育部等七部门印发《关于加强和改进新时代师德师风建设的意见》（以下简称《意见》）的通知，把师德师风作为评价教师队伍素质的第一标准，倡导全社会形成尊师重教的良好氛围，鼓励教师成为"四有"好老师。同时，《意见》从教师队伍思想政治工作、职业道德素养、教师管理等方面要求把

---

[1] 中华人民共和国中央人民政府：《习近平主持召开学校思想政治理论课教师座谈会》，http://www.gov.cn/xinwen/2019-03/18/content_5374831.htm，2019年3月18日 [2020-05-08]。

[2] 中华人民共和国教育部：《教育部等五部门印发〈关于加强新时代中小学思想政治理论课教师队伍建设的意见〉的通知》，http://www.moe.gov.cn/srcsite/A10/s7034/201910/t20191012_403012.html，2019年9月18日 [2020-05-08]。

[3] 中华人民共和国中央人民政府：《习近平出席全国教育大会并发表重要讲话》，http://www.gov.cn/xinwen/2018-09/10/content_5320835.htm，2018年9月10日 [2020-05-08]。

师德师风建设任务落到实处。①

师德师风建设是落实立德树人根本任务的关键保障，是深化教师队伍建设的首要任务。《意见》的出台诠释了和谐、民主、共治的师德师风建设生态，构建了内外兼修、刚柔并济的师德师风建设渠道，搭建了新的教师发展文化环境，彰显了教师内涵式发展的价值底蕴，具有价值意义和时代要求。

教育在与国家和社会的互动发展过程中为教师队伍建设构筑了发展的场域，而教师队伍建设又为教育与国家和社会的互动发展提供了强有力的支撑。教育对国家发展的作用以及国家优先发展教育战略的落地，都需要转化为教师的具体实践。② 由此可见教师队伍的关键性以及教师队伍建设的重要性。国家加大教师队伍建设力度，努力提升中国教育现代化的核心力量，为中国教育的蓬勃发展提供了强有力的人才保障。

（三）乡村教师队伍发展备受关注

乡村教师是发展乡村教育的核心力量，乡村教师的素质关系到乡村教育乃至整个乡村社会的发展。为鼓励和促进乡村教师发展，提升乡村教师整体队伍，党和国家在《国家中长期教育改革和发展规划纲要（2010—2020年）》中明确指出："以农村教师为重点，提高中小学教师队伍整体素质"③。2015年国务院办公厅印发《乡村教师支持计划（2015—2020年）》（以下简称《计划》）开始全面部署乡村教师队伍建设工作，力求补齐乡村教育短板，到2020年基本实现教育现代化。《计划》提出了抓好八个方面的举措：

（一）全面提高乡村教师思想政治素质和师德水平；
（二）拓展乡村教师补充渠道；
（三）提高乡村教师生活待遇；
（四）统一城乡教职工编制标准；
（五）职称（职务）评聘向乡村学校倾斜；
（六）推动城镇优秀教师向乡村学校流动；
（七）全面提升乡村教师能力素质；
（八）建立乡村教师荣誉制度。④

---

① 中华人民共和国教育部：《教育部等七部门印发〈关于加强和改进新时代师德师风建设的意见〉的通知》，http://www.moe.gov.cn/srcsite/A10/s7002/201912/t20191213_411946.html，2019年11月15日[2020-05-08]。
② 张国玲：《新中国70年教师队伍建设的"变"与"常"——基于历年国务院政府工作报告的语料分析》，《教师发展研究》2019年第3期。
③ 中华人民共和国中央人民政府：《国家中长期教育改革和发展规划纲要（2010—2020年）》，http://www.gov.cn/jrzg/2010-07/29/content_1667143.htm，2010年7月29日[2020-05-08]。
④ 中华人民共和国中央人民政府：《国务院办公厅关于印发乡村教师支持计划（2015—2020年）的通知》，http://www.gov.cn/zhengce/content/2015-06/08/content_9833.htm，2015年6月1日[2020-05-08]。

2018年1月20日,《中共中央 国务院关于全面深化新时代教师队伍建设改革的意见》专门聚焦"大力提升乡村教师待遇",并明确要求"造就党和人民满意的高素质专业化创新型教师队伍"[①]。《教师教育振兴行动计划(2018—2022年)》将"乡村教师素质提高"列为十大行动之一,确保为乡村学校培养"下得去、留得住、教得好、有发展"的合格教师。[②]

针对乡村教师政策的出台确立了当今时代乡村教师教育的重要地位。不论是教育政策文件,抑或专门独立的乡村教师教育政策都体现出国家对乡村教师教育发展的重视。一系列乡村教师教育政策的颁布逐渐形成了灵活开放的乡村教师教育体系,从职前培养到入职选拔,再到职后培训,乡村教师教育走向一体化。在这些措施的指引下,乡村教师队伍不断强大。

乡村教师作为地域与身份双重特殊的群体,其素质直接关系到我国未来人力资本状况;作为重要的资源和力量,在推动教育改革进程中起到先导性、基础性和全局性的作用。[③] 国家颁布一系列政策法规提升乡村教师队伍素质,目的在于充分发挥乡村教师在促进乡村教育、乡村社会乃至整个教师队伍发展中的重要作用。

(四)"国培计划"全面启动

"国培计划"是建设高素质专业化教师队伍的一大重要举措,是落实全国教育工作会议精神,启动教育规划纲要的重要途径。2010年教育部印发《2010年中小学教师国家级培训计划——示范性项目实施方案》(以下简称《方案》)。该《方案》提出示范性项目主要包括中小学骨干教师研修、中小学教师远程培训、班主任教师培训、紧缺薄弱学科教师培训、培训团队研修五类项目。[④] 2010年5月24日,教育部、财政部联合发布《关于实施"中小学教师国家级培训计划"的通知》。"国培计划"正式全面启动。此后,教育部每年针对"国培计划"发布相关文件,保障和推进"国培计划"有序开展。

在理论上,"国培计划"的全面启动促使教师角色从培训受体转变成学习主体,培训旨趣从能力发展拓展到人文关怀,培训目标从"匠才教师"转变为专家教师,培训方式从平面培训转变为立体培训。[⑤] 在实践上,它有利于培训资源向

---

① 中华人民共和国中央人民政府:《中共中央 国务院关于全面深化新时代教师队伍建设改革的意见》,http://www.gov.cn/xinwen/2018-01/31/content_5262659.htm, 2018年1月20日[2020-05-08]。
② 中华人民共和国教育部:《教育部等五部门关于印发〈教师教育振兴行动计划(2018—2022年)〉的通知》,http://www.moe.gov.cn/srcsite/A10/s7034/201803/t20180323_331063.html, 2018年2月11日[2020-05-08]。
③ 史志乐:《乡村教师素质提高的政策审视与路径探析》,《教师教育研究》2019年第3期。
④ 中华人民共和国教育部:《教育部关于印发〈2010年中小学教师国家级培训计划——示范性项目实施方案〉的通知》,http://www.moe.gov.cn/srcsite/A10/s7058/201006/t20100630_92835.html, 2010年4月27日[2020-05-08]。
⑤ 刘全国:《"国培"创新:从唤醒与提升开始》,《中国教育报》2015年8月27日第7版。

农村地区倾斜,促进教育资源的公平分配;它也促使培训教师的认知能力和行为获得改善和提高,发挥骨干教师的先锋模范作用。①"国培计划"政策的制定和实施充分证明国家对教师队伍建设的重视,并致力于推动教师培训工作的正规化和法制化。

"国培计划"启动至今已有十年之久,在经历了起步探索和反思转型两个阶段后,积累了丰硕的经验,也取得了较为显著的成效。"国培计划"坚持促进教育公平的价值基础,坚持以提升教师素质为目标导向,坚持及时反馈不断创新的顶层设计,坚持项目管理为主的推进方式,坚持"输血不如造血"的培训理念。②为促进"国培计划"深入贯彻实施,其研究内容与主题设计、行动研究范式、理论与方法的探索以及建构中国特色与本土化经验是今后"国培计划"值得关注与发展的研究内容。③

(五)"四有"好老师标准的提出

2014年9月9日,习近平总书记在北京师范大学考察时,提出好老师的四个标准,并号召全国教师争做人民满意的"四有"好老师。

> 要有理想信念、要有道德情操、要有扎实学识、要有仁爱之心。④

2016年9月9日,习近平总书记在北京市八一学校考察时,提出广大教师做"四个引路人",即做学生锤炼品格的引路人,做学生学习知识的引路人,做学生创新思维的引路人,做学生奉献祖国的引路人。⑤

"四有"好老师的标准为广大教师的个人发展指明了方向,敦促教师个体努力形成有理想信念、有道德情操、有扎实学识、有仁爱之心特质的教师,从而实现"四有"好老师群体的形成。其中,理想信念是指路灯,道德情操是重要条件,扎实学识是根本,仁爱之心是灵魂。

"四有"好老师标准相辅相成、共融共生,让好老师"生命之树"长青:"理想信念"是好老师关注人生存在的精神支柱;"道德情操"是好老师臻于人生境界的精神命脉;"扎实学识"是好老师体验人生自由的精神羽翼;"仁爱之心"是好老师践行人生使命的精神源泉。⑥"四有"好老师以及"四个引路人"标准的提出,明确了教师素质提升的目标,为广大教师自身发展指明了方向。

---

① 朱旭东:《论"国培计划"的价值》,《教师教育研究》2010年第6期。
② 王卫华、李书琴:《"国培计划"实施十年:历程、经验与展望》,《教师发展研究》2020年第1期。
③ 余新:《"国培计划"十年研究综述与展望》,《教师发展研究》2020年第1期。
④ 教育部课题组:《深入学习习近平关于教育的重要论述》,人民出版社2019年版,第133页。
⑤ 中国共产党新闻网:《高校思想政治理论课教师的新使命》,http://dangjian.people.com.cn/n1/2019/0410/c117092-31021960.html,2019年4月10日[2020-05-08]。
⑥ 杨修平:《习近平总书记"四有"好老师的教育哲学意蕴》,《中国教育学刊》2018年第7期。

三 独具内涵：成型发展时期教师教育政策特征

21世纪中国教师教育政策不断完善，教师教育体系日渐成型和发展，此时期的教师教育政策呈现如下特点：

第一，开放灵活的教师教育体系基本成型。教师教育政策的颁布，有力地推进了中国教师教育体系建设的实践进程，教师教育专业化、多元化、一体化等方面取得了显著的进展。① 如职前培养、入职教育和在职培训逐渐一体化。职前培养任务形成以师范院校为主，各综合大学教育学院辅助的多元培养体系。完善教师培养培训制度，实施教师教育网络联盟计划。由此，职前职后教师教育一体化，学历与非学历教育并举，专业发展和终身学习相得益彰的教师教育体系基本成型。

第二，教师队伍建设成为重点。21世纪加强教师队伍建设是教师教育内涵式发展的关键一环。从资格准入、在职培训、师风师德、业务水平等方面加强教师队伍建设，逐步形成师德高尚、业务精湛、结构合理、充满活力的高素质专业化教师队伍。同时加强教师队伍管理，实行"能进能出、能上能下"的新机制，提高教师待遇和社会地位，增加教师职业吸引力。

第三，乡村教师教育受到重视。为基本实现教育现代化，补齐乡村教育短板成为工作重点。国家从教师素质、人事制度管理、生活待遇等政策层面，解决乡村教师个人问题，使乡村教师"留下来、安好心、教好书"，同时拓宽乡村教师补充渠道，推动城镇优秀教师向乡村学校流动，以"留住""吸纳"两个抓手促进乡村教师教育的完善和发展。

第四，"人本主义"理念深入贯彻。新时期的教师教育践行人本主义理念，关注教师个体发展。从《国家中长期教育改革和发展规划纲要（2010—2020年）》到《中共中央 国务院关于全面深化新时代教师队伍建设改革的意见》等文件的颁布，教师教育从起初的工具价值逐渐向人文价值过渡，教师个体发展和个人需求受到关注，教师成为教育发展的"第一资源"②。

第五，"本土化"特性愈益显著。进入新时代，我国的教师教育开始由"移型他国"向"本土化"转变，由最初的追赶和跟随世界先进教育的发展模式到创新形塑中国话语。教师教育政策在发现和正视教育问题的同时，以本土化概念表达和解释"中国教育经验"的初步成功，建构了以"中国元素"为核心的政策理论体系，这不仅形塑了中国教育话语权，也为中国参与世界教育治理打下了基础。③

---

① 蔡国春：《改革在路上：中国特色教师教育体系建设之省思》，《江苏高教》2019年第12期。
② 卢小陶、杜德栎：《新中国70年教师教育政策的历史、结构与动力》，《教育科学研究》2019年第9期。
③ 蔡华健、曹慧英：《新中国成立70年我国教师教育政策的演变、特点与启示》，《河北师范大学学报》（教育科学版）2019年第4期。

第九节　拔新领异：当代教师教育政策的中国创造

2007年，为促进教师教育的发展，国务院办公厅转发教育部等部门联合下发的《教育部直属师范大学师范生免费教育实施办法（试行）》，决定在教育部直属六所师范大学试点实行师范生免费教育政策，并由此逐步推广。这一重大举措，为中国的教师教育迎来发展新契机，为吸引莘莘学子，培养优质师资，形成尊师重教的良好社会风气奠定了制度基础。

一　免费回归：师范生免费教育政策的回归

《教育部直属师范大学师范生免费教育实施办法（试行）》（以下简称《办法》）从入学资格、在学费用、服务义务、分配工作及继续教育等方面做出了详细规定。

（一）入学资格及在学费用

六所部属师范大学的免费师范生享受高考提前批次录取，且择优选拔立志从事教育事业，终身服务教育事业，乐于献身教育事业的莘莘学子。在学费用方面，恢复学费免除政策。除此之外，免缴住宿费，且提供必要的生活补助费。

（二）服务义务

免费师范生毕业后回生源地所在省份中小学任教，服务年限十年以上，农村义务教育学校任教两年。未按协议从事中小学教育的毕业生，则需履行以下义务：

> 按规定退还已享受的免费教育费用并缴纳违约金。省级教育行政部门负责履约管理，并建立免费师范生的诚信档案。[①]

（三）分配工作及继续教育

免费师范生毕业后由省级政府统筹安排。省级政府在统筹兼顾的前提下，做好免费师范生的接收工作，确保每一位到中小学任教的免费师范毕业生有编有岗。省级教育行政部门负责组织用人学校与毕业生在需求岗位内进行双向选择，为每一位毕业生安排落实任教学校。[②]

继续教育方面，实行简化读研：

[①] 中华人民共和国中央人民政府：《国务院办公厅转发教育部等部门关于教育部直属师范大学师范生免费教育实施办法（试行）的通知》，http://www.gov.cn/zwgk/2007-05/14/content_614039.htm，2007年5月9日［2020-05-08］。

[②] 中华人民共和国中央人民政府：《国务院办公厅转发教育部等部门关于教育部直属师范大学师范生免费教育实施办法（试行）的通知》，http://www.gov.cn/zwgk/2007-05/14/content_614039.htm，2007年5月9日［2020-05-08］。

> 免费师范生毕业前及在协议规定服务期内，一般不得报考脱产研究生。免费师范毕业生经考核符合要求的，可录取为教育硕士专业学位研究生，在职学习专业课程，任教考核合格并通过论文答辩的，颁发硕士研究生毕业证书和教育硕士专业学位证书。①

严格的入学资格，为优秀师资的培养提供良好的生源保障；免费教育政策为家庭贫困、学习优异且立志从事教育事业的莘莘学子提供良好的求学机会；毕业履约任教的约束避免了师资培养的浪费，为国家西部地区以及边远贫困地区的师资流入提供支持；分配工作政策加大学生考选免费师范生的概率；继续教育为有志深造的学子提供了机会和平台。免费师范政策的出台，在很大程度上可以解决落后地区义务教育的瓶颈问题，缩小东西部的教育师资差距。② 在建设社会主义新农村的时代背景下，该政策的出台也对补齐乡村教育短板，促进乡村教育发展，体现教育公平等方面具有重要的现实意义。

2007年的免费师范教育政策在落实过程中出现一系列问题。例如，履约任教年限相对较长，造成免费师范生"下不去"；培养过程单一，导致培养高校"动不了"；政策保障机制不完善，加大了各政府部门间"合不来"。③ 这些现实问题的出现，敦促政府不断调整完善现有政策，以实现政策落实的有效性。

二 实践反思：师范生公费教育政策的完善

经过四年的试点工作，在积累大量实践经验基础上，国家于2012年出台《关于完善和推进师范生免费教育的意见》（以下简称《意见》），进一步深入贯彻落实免费师范教育政策。

（一）建立灵活的进退机制

为健全免费师范生的录取，文件规定：

> 适当增加部属师范大学免费师范生自主招生人数，自主招生人数不超过年度免费师范生招生计划的10%。④

---

① 中华人民共和国中央人民政府：《国务院办公厅转发教育部等部门关于教育部直属师范大学师范生免费教育实施办法（试行）的通知》，http://www.gov.cn/zwgk/2007-05/14/content_614039.htm，2007年5月9日［2020-05-08］。

② 曹婧、马玉芳：《公费师范生教育政策存在的问题及应对策略探究》，《黑龙江高教研究》2019年第5期。

③ 吴东照、土运来、操太圣等：《师范生公费教育的政策创新与实践检视》，《中国教育学刊》2019年第11期。

④ 中华人民共和国中央人民政府：《国务院办公厅转发教育部等部门关于完善和推进师范生免费教育意见的通知》，http://www.gov.cn/zhengce/content/2016-08/24/content_5101954.htm，2012年1月7日［2020-05-08］。

同时，国家也制定了灵活的退出机制，如符合规定的非师范专业优秀学生可转入免费师范生。录取的免费师范生经考察后不适合从教者，入学一年内可按规定程序调转到非师范专业。灵活的录取原则，扩大了高校的招生自主权，增加了师范生的录取概率。退出机制的确立，一方面为有志从教的非师范专业学生提供再次选择的机会；另一方面避免助长免费师范生的惰性，防止其"一劳永逸"。

（二）形成动态的生活补助机制

为保障免费师范生的经费来源，除规定的免除学费、住宿费以及发放生活补助费之外，国家要求建立免费师范生生活补助标准动态调整机制，即增加其他非义务性奖学金以及设立免费师范生专项奖学金。

（三）推动教师教育内涵式发展

开展教师教育改革创新试点工作，建立师范生培养新机制。改变原来师范大学独立培养模式，实现师范大学、地方人民政府与中小学校联合培养。采取师范生到试点学校进行教育实习与中小学名师到高校为师范生上课的两种方式，探索教师教育新模式，推动教师教育的内涵式发展，全面提高师资培养质量。

（四）改进师范生就业办法

2007年《办法》要求省级政府统筹安排免费师范生的就业问题，确保有编有岗。2012年《意见》提出：

> 省级教育行政部门会同人力资源社会保障部门按照事业单位新进人员实行公开招聘制度的要求，负责组织用人学校与毕业生在需求岗位范围内进行双向选择，为每一位毕业生落实任教学校。[1]

从确保有编有岗到引入竞争机制，实行双向选择，师范生就业办法的改进进一步消解了免费师范生"铁饭碗"的固化思想，改变学生学习中的散、慢、闲状态，打破"一劳永逸"的惰性心理。

（五）支持师范生专业发展

2007年《办法》规定，免费师范生在服务期间可攻读教育硕士专业学位研究生，在职学习专业课程。2012年《意见》规定：

> 符合条件的免费师范毕业生可免试在职攻读教育硕士专业学位和与教学相关的学术性硕士学位。[2]

---

[1] 中华人民共和国中央人民政府：《国务院办公厅转发教育部等部门关于完善和推进师范生免费教育意见的通知》，http://www.gov.cn/zhengce/content/2016-08/24/content_5101954.htm，2012年1月7日[2020-05-08]。

[2] 中华人民共和国中央人民政府：《国务院办公厅转发教育部等部门关于完善和推进师范生免费教育意见的通知》，http://www.gov.cn/zhengce/content/2016-08/24/content_5101954.htm，2012年1月7日[2020-05-08]。

免费师范生的继续教育由单纯在职攻读教育硕士到增设学术性硕士学位,从简化读研过渡到专业的深度发展。

《意见》除围绕免费师范生自身实际提出相关改善措施外,更从宏观层面做出调整和部署。首先把师范生免费教育政策推向全国。

> 鼓励支持地方结合实际选择部分师范院校实行师范生免费教育。……地方师范生免费教育具体办法由省级人民政府制定,所需经费由地方财政统筹落实。①

师范生免费教育政策从部属大学扩展到地方院校,扩充了师范生的来源渠道,为农村学校培养能"下得去、留得住、安好心、教好书"的骨干教师。

其次,建立健全跨部门工作机制。政策的落实需要各政府部门的通力合作。由于各部门缺少沟通,政策落实过程中出现断层现象。因此,《意见》就各部门职责做出明确分工。例如,教育部门负责免费师范生的招生、培养、就业指导、落实工作岗位、派遣等工作;人力资源社会保障部门负责人事转接和报到工作;机构编制部门负责核定编制总额,落实免费师范生编制;财政部门负责经费保障;各地人民政府为下农村的师范生提供必需的工作及生活条件;部属师范大学负责师范生的培养工作,尤其加强职业理想和师德教育。《意见》从师范生的招生培养到工作派遣,全方面做出统筹安排和部署,减少了各政府部门间的"博弈"与"冲突"。政府部门明确职责,各司其职,同心协力,真正把师范生免费教育政策落到实处。②

三 制度创新:公费师范的中国创造

2018年教育部、财政部、人力资源社会保障部以及中央编办共同发布《教育部直属师范大学师范生公费教育实施办法》(以下简称新《办法》)。新《办法》要求:

> 建立健全师范生公费教育制度,吸引优秀人才从教,培养大批有理想信念、有道德情操、有扎实学识、有仁爱之心的"四有"好教师,进一步形成尊师重教的浓厚氛围。③

---

① 中华人民共和国中央人民政府:《国务院办公厅转发教育部等部门关于完善和推进师范生免费教育意见的通知》,http://www.gov.cn/zhengce/content/2016-08/24/content_5101954.htm,2012年1月7日 [2020-05-08]。
② 吴东照、王运米、操太圣等:《师范生公费教育的政策创新与实践检视》,《中国教育学刊》2019年第11期。
③ 中华人民共和国中央人民政府:《国务院办公厅关于转发教育部等部门教育部直属师范大学师范生公费教育实施办法的通知》,http://www.gov.cn/zhengce/content/2018-08/10/content_5313008.htm,2018年7月30日 [2020-05-08]。

新《办法》的重大改变之一是将2007年的《办法》以及2012年的《意见》中的"免费教育"名称改为"公费教育",并对《办法》和《意见》的部分内容进行了修改和完善。新《办法》从录取选拔、履约任教、激励措施、条件保障等方面做出规定。

(一) 选拔录取

部属师范大学招收的公费师范生实行提前批次录取,学生的综合素质、职业倾向和从教潜质是考察重点。学生对从事师范教育的良好愿景以及适切性受到重视。此外,实行与2012年旧《办法》一致的进退机制,即符合条件的非师范专业优秀学生,在入学两年内可转入师范专业。公费师范生可按照规定,在师范专业范围内进行二次专业选择。但经考察后不适合从教者,入学一年内可按规定程序调转到非师范专业。

(二) 履约任教

新《办法》规定:"公费师范生毕业后一般回生源所在省份中小学任教,并承诺从事中小学教育工作6年以上。到城镇学校工作的公费师范生,应到农村义务教育学校任教服务至少1年。"[1] 针对特殊情况,新《办法》做出了明确说明。例如,志愿到中西部边远贫困和少数民族地区任教而不能回生源地省份的,可申请跨省就业。而旧《办法》对履约任教的规定为:"免费师范生入学前与学校和生源所在地省级教育行政部门签订协议,承诺毕业后从事中小学教育十年以上。到城镇学校工作的免费师范毕业生,应先到农村义务教育学校任教服务二年。"[2] 由此,师范生履约年限由10年变为6年;农村服务年限由2年减至1年。履约年限的减少、农村服务年限的缩减、跨省就业政策的放开拓宽了公费师范生就业后的选择机会与调整空间,在一定程度上降低了优秀青年报考师范教育的顾虑。

(三) 激励措施

为激励公费师范生求学上进,国家对公费师范生的生活费补助标准进行动态调整。优秀公费师范生可享受其他非义务性奖学金,鼓励设立公费生专项奖学金,支持部属师范大学遴选优秀公费师范生参加国外交流学习、教学技能比赛等活动。同时,规定将公费师范生履约任教后的在职培训纳入中小学教师国家级培训计划。为从教乡村、艰苦边远地区的公费师范生提供办公场所、周转宿舍等必要生活条件。[3]

---

[1] 中华人民共和国中央人民政府:《国务院办公厅关于转发教育部等部门教育部直属师范大学师范生公费教育实施办法的通知》,http://www.gov.cn/zhengce/content/2018-08/10/content_5313008.htm,2018年7月30日[2020-05-08]。

[2] 中华人民共和国中央人民政府:《国务院办公厅转发教育部等部门关于教育部直属师范大学师范生免费教育实施办法(试行)的通知》,http://www.gov.cn/zwgk/2007-05/14/content_614039.htm,2007年5月9日[2020-3-13]。

[3] 中华人民共和国中央人民政府:《国务院办公厅关于转发教育部等部门教育部直属师范大学师范生公费教育实施办法的通知》,http://www.gov.cn/zhengce/content/2018-08/10/content_5313008.htm,2018年7月30日[2020-05-08]。

（四）条件保障

实行竞争机制的编制分配体系。《办法》在编制方面规定：

> 统筹制定每年公费师范生招生计划，确定分专业招生数量，确保招生培养与教师岗位需求有效衔接。
>
> ……
>
> 按照建立"动态调整、周转使用"的事业编制省内统筹调剂使用制度有关要求，通过优先利用空编接收等办法，在现有事业编制总量内，妥善解决公费师范生到中小学任教所需编制。①

这一政策的调整从 2007 年的确保"有编有岗"到"公开招聘、双向选择"再到"妥善解决编制"，引入竞争机制，打破入校即就业的局限性，提升了公费师范生的学业动机，保障了师资培养质量。

建立分工明确的责任管理体系。与 2012 年《意见》内涵一致，新《办法》也要求建立跨部门的工作机制，明确各责任管理主体，即教育部门牵头负责公费师范生招生培养、就业指导、落实岗位、办理派遣、履约管理等工作；人力资源社会保障部门负责落实公费师范生专项招聘政策；机构编制部门负责落实公费师范生到中小学任教的编制；财政部门负责落实经费保障。②

从免费师范教育到公费师范教育，教师教育实现了中国创造。新《办法》将师范生"免费教育"调整为"公费教育"，一字之差，体现出教育公平的内涵。免费师范生的招生院校由部属大学扩充到地方院校，体现出教育公平向农村地区倾斜；编制政策从确保"有编有岗"到"妥善解决所需编制"，体现出师范生与非师范生间的公平性；话语体系由"免费"到"公费"，化解社会观念对师范生的不公平。③"公费师范生"获得更多的身份认同，为尊师重教浓厚氛围的形成创造了条件。"免费师范教育"到"公费师范教育"的转变是国家政策的经济援助向精神尊重的过渡，是适应新时代、新要求、新任务和新挑战的必然结果，也是教师教育中国化的现实体现。

从免费师范教育自 2007 年实施至今的发展轨迹可见，在结合实际情况基础上，相关政策不断进行调整。一是对教师培养机制进行改革，建立了进退机制，

---

① 中华人民共和国中央人民政府：《国务院办公厅关于转发教育部等部门教育部直属师范大学师范生公费教育实施办法的通知》，http://www.gov.cn/zhengce/content/2018-08/10/content_5313008.htm，2018年7月30日［2020-05-08］。

② 中华人民共和国中央人民政府：《国务院办公厅关于转发教育部等部门教育部直属师范大学师范生公费教育实施办法的通知》，http://www.gov.cn/zhengce/content/2018-08/10/content_5313008.htm，2018年7月30日［2020-05-08］。

③ 沈红宇、蔡明山：《公平价值的引领：从免费到公费的师范生教育》，《大学教育科学》2019年第2期。

改进了培养方案；二是完善了义务教育阶段师资的均衡配置，在一定程度上缩小了东西部教育师资差距；三是为家庭经济困难学生减轻了一定的经济负担；四是提升了师范教育在师范院校中的位置。[1] 有学者对免费师范生的就业情况进行调查发现，免费师范生的就业政策整体达成度高，就业品牌效应确立，就业政策落实良好以及就业举措切实有效。[2] 这充分说明免费师范教育政策取得了良好的效果，为乡村及边远贫困学校输入了宝贵的教师资源，促进了当地教育的发展，也在一定程度上缩短了教育公平的落地时效。

师范教育公费政策也存在一定的问题。例如，某些政策指向不明确，导致公费师范生政策理解出现偏颇；就业模式激励农村任教的程度较弱等。公费师范生入学后学习积极性以及高校经费投入等也是需要关注和解决的问题。未来公费师范教育发展道路仍旧漫长，在不断实践探索过程中需要厘定更有效果、有效益的公费师范教育政策。

总之，免费师范教育政策是以平衡城乡间和地域间的教育差距为目的，是促进教育公平有效落实的重要举措，免费师范生政策的落实为乡村和边远学校输送了新鲜的血液，在一定程度上解决了优秀师资短缺的困境，在社会范围内取得了广泛的认可。为促使该政策源源不断地发挥其应有的功效，在未来走向上应迈向"理解"与"实践"，培养公费师范生的职业意识；从"政策服务者"走向"受惠主体"，创造职业幸福感；激发教师职业认同的内源动力，促使公费师范生探求自我认同。[3] 随着教师教育国情的改变，公费师范教育政策也会稳中有变，不断地自我完善和发展，在促进师范专业吸引力、提升师范生培养水平等方面发挥应有的贡献。

---

[1] 曹婧、马玉芳：《公费师范生教育政策存在的问题及应对策略探究》，《黑龙江高教研究》2019 年第 5 期。

[2] 商应美：《免费师范生就业政策实施 10 周年追踪研究——以东北师范大学五届免费师范生为例》，《教育研究》2017 年第 12 期。

[3] 章飞、陈蓓：《公费师范生教师职业认同的动力机制与强化路径》，《黑龙江高教研究》2020 年第 1 期。

篇四

中国教师教育课程范式变迁

本篇以课程范式为视角，分章节探讨了中国教师教育课程的价值取向、教师教育课程范式的国际借鉴、中国教师教育课程范式的变迁以及中国教师教育课程的设置状况。

第十三章主要探讨了教师教育课程价值的概念、内涵、内容及其生成因素，通过描述与分析，探究教师教育课程价值取向对教师教育课程范式的影响和作用。

第十四章分别梳理和描述了日本、苏俄、美国、英国、澳大利亚和芬兰等国的教师教育课程范式的演变过程和特征，通过对不同国家、不同时期的教师教育课程范式的对比和分析，希望对我国教师教育课程范式的阐释和理解起到他山之石之效。

第十五章分析探讨了教师教育课程范式的类别、中国教师教育课程范式的变迁以及教师教育课程范式的功能，总结陈述教师教育课程范式的重要作用。

第十六章通过对中国不同时期的教师教育课程设置状况的对比和分析，佐证教师教育课程范式对教师教育课程设置的统筹和指导作用。

第十三章 奉为圭臬：中国教师教育的课程价值取向

教育的目标是通过知识的传播实现人的全面发展，最终达到社会的全面进步，这也是其最终价值的体现。在实现教育目标过程中，不论是知识的选择与取舍、个体的培养与发展，还是社会实践的参与和改造，都有其具体的价值标准作为依据。课程作为学校教学活动的主要依托，是教师和学生之间开展具体教学活动的纽带。课程的价值取向很大程度上影响并制约着课程的设置和教学活动的开展，教师教育课程也不例外。因此教师教育课程的价值取向，对于教师教育课程开发与人才培养都具有重要的意义。

第一节 剥丝抽茧：课程与价值的概念厘定

教育是一个动态的过程，这意味着课程不是一成不变的，也是一个变化的过程。关于课程的定义，国内外历来都是众说纷纭、莫衷一是。价值是一个抽象出来的哲学概念，其本质是一种关系的界定。课程作为教育活动中连接教师和学生的一个纽带，这种媒介关系也决定了其蕴含的价值。课程的动态性决定了其价值取向也是一个发展变化的过程，这意味着在不同的时期，为了满足社会和教育主客体之间不同的需求，课程会承载不同的价值取向。

一 信而有征：课程的概念界定

课程作为开展学校教学活动的媒介，其重要性毋庸置疑，因而国内外对于课程的研究成果颇丰。对于课程的概念和类型，国内外不同的学者和专家分别从教育内容、教育计划、教学活动、经验知识、学习方法等诸多方面做出了不同的界定。

（一）课程的定义

在英语世界，"课程"（curriculum）一词最早出现在英国社会学家、教育学家赫伯特·斯宾塞（Herbert Spencer）的《什么知识最有价值？》一文中。它是从拉丁语"currere"一词派生而来,①而"currere"这个词在拉丁语中既可以当成动词"奔跑"来用,强调的是人;也可以当成名词"跑道"来用,这个意义则强调人所奔跑的"道"这一客体。由此我们可以看出派生而来的这个词"curriculum"既强调了学习的对象——课程知识,同时也包含了个体对于课程知识的个人认识和理解,也是一个动态的过程,正好印证了"curriculum"这个词在法语当中的解释"履历、过程"。因此不论是英国的"牛津词典"还是美国的"韦氏词典"都把它解释为"course of study",即学习的过程。

美国伊利诺伊大学教授B. 奥沙内尔·史密斯(B. Othanel Smith)认为课程是总结出来的适用于学校的一系列的经验组织。②另两位教授韦斯特伯里·伊恩(Westbury Ian)和施泰墨·威廉(Steimer William)则认为课程是一种体现教学活动,影响教学内容的方式方法。③哥伦比亚大学教授哈罗德·O. 鲁格(Harold O. Rugg)认为课程是一项指导学校生活的计划。④另有学者卡特·V. 古德(Carter V. Good)和菲尔·D. 卡帕(Phil D. Kappa)则认为课程是学校提供的能够让学生获取资格从而进入某一专业领域的一整套教学内容计划。⑤美国后现代主义课程理论的代表人物罗纳德·C. 多尔(Ronald C. Doll)教授认为当下的课程定义已演变为在学校的指导下给学习者提供的一切经验的过程,这个过程并不仅仅是提供已知知识,更是探索未知知识的过程。⑥

综观这些国外学者给出的定义,我们可以看出课程的核心概念有"经验组织""教学方法""指导计划""教学计划""学习计划"和"经验总结"等,由此我们可以总结出课程是一种由有组织的经验总结构成的可以指导教学内容和教学活动以及学习内容和学习活动的方法和计划。

我国学者施良方在《课程定义辨析》一文中写道:

"课程"一词始见于唐宋期间。唐朝孔颖达在为《诗经·小雅·小弁》中"奕奕寝庙,君子作之"句作疏:"维护课程,必君子监之,乃依法制。"但他用这个词的含义与我们现在通常所说的课程的意思相去甚远。宋代朱熹在《朱子全书·论学》中多次提及课程,如"宽着期限,紧着课程","小立课程,大作工夫"等。虽说他只是提及课程,并没有明确界定,但意思还是

---

① 施良方:《课程定义辨析》,《教育评论》1994年第3期。
② B. Othanel Smith, *Fundamentals of Curriculum Development*, New York: World Book Company, 1957, p. 11.
③ Westbury Ian and Steimer William, "Curriculum: A Discipline in Search of Its Problems", *The School Review*, Vol. 79, No. 2, February 1971, p. 251.
④ Harold O. Rugg, *Foundations for American Education*, New York: World Book Company, 1947, p. 80.
⑤ Carter V. Good and Phil D. Kappa, *Dictionary of Education*, New York: McGraw-Hill Book Company, Inc. 1973, p. 113.
⑥ Ronald C. Doll, *Curriculum Improvement*, Berkshire: NFER Public. Company, 1978, pp. 15 - 28.

清楚的，即指功课及其进程。这与我们现在许多人对课程的理解基本相似。①

现代国内不同的学者也为课程给出了不同的定义。有学者从学科角度认为：

> 课程有广义狭义之分，广义指为了实现学校培养目标而规定的所有学科（即教学科目）的总和，或指学生在教师指导下各种活动的总和。如中学课程，小学课程。狭义指某一门学科。如数学课程，历史课程等。②

还有一些学者从教育内容的角度去界定，认为课程是"旨在遵照教育目的指导学生的学习活动，由学校有计划、有组织地编制的教育内容"③，或"为了实现各级学校的教育目标而规定的教学科目及其目的、内容、范围、分量和进程的总和"④。施良方把课程概念归结为六类：课程即教学科目、课程即有计划的教学活动、课程即预期的学习结果、课程即学习经验、课程即文化再生产、课程即社会改造的过程。⑤

综观国内学者给出的定义，我们发现有关于课程的核心概念包括"教育目标""教育内容""学校经验""文化成果""学习媒体"以及"社会改造"等，因此我们也可以认为课程是由一定的教育目标所指导的通过传递教育内容和学校经验来取得一定文化成果，达到改造人类和社会目的的学习媒体，由此也可以印证多尔教授的动态课程观。

（二）课程的类型

课程类型通常指课程的组织方式和设计类别。根据不同的组织和设计标准，课程类型主要分为以下几类：⑥

1. 课程哲学观标准

依据课程哲学观标准，课程可分为学科课程与经验课程。学科课程（subject curriculum）主要以科学文化知识为基础，以不同的知识和学科领域为划分界限，根据知识的逻辑体系和学科的结构特征为标准组织课程；经验课程（experience curriculum）亦称"活动课程"（activity curriculum）、"生活课程"（life curriculum）、"儿童中心课程"（child-centered curriculum），指以唤起儿童的兴趣和动机为主要目的，把科学文化知识以不同的学科为依据，转化为儿童可以接受的经验知识，并以此类经验知识为中心组织课程内容。

---

① 施良方：《课程定义辨析》，《教育评论》1994年第3期。
② 王道俊、王汉澜主编：《教育学》，人民教育出版社1988年版，第156页。
③ 钟启泉：《现代课程论》，上海教育出版社2003年版，第228页。
④ 陈侠：《课程论》，人民教育出版社1989年版，第13页。
⑤ 施良方：《课程定义辨析》，《教育评论》1994年第3期。
⑥ 顾明远主编：《中国教育大百科全书》第2卷，上海教育出版社2012年版，第1221—1222页。

2. 课程制定者标准

依据不同的课程制定者标准，课程可分为国家课程、地方课程和学校课程。国家课程指课程的内容选择主体为国家，以国家教育组织部门的课程专家为代表选择课程内容，体现国家意志和国家主流意识形态，国家课程具有统一性和权威性；地方课程指课程内容选择主体以地方为主，课程设计具有明显的地域特征，可以满足地方社会发展的需求；学校课程是指课程内容选择主体为学校，以教师和学生的实际需求为出发点，开发和设计课程，学校课程可以更好地贴近学校的实际教学需要，满足学校发展的实际需求，展示学校的办学宗旨和特色。

3. 课程内容标准

依据不同的课程内容，课程可分为工具类课程、知识类课程和技艺类课程。工具类课程主要包括基础课程（语文、数学、英语等），这类课程是学生学习成长过程中必不可少的知识储备。工具类课程的学习是形成个人基本的世界观、价值观和行为准则等的基本途径。知识类课程包括社会科学和自然科学两类，以提高学生的社会文化素养和科学文化知识为目的，着眼点在于知识的学习和掌握。技艺类课程包括体育、艺术、技能等课程，旨在培养学生的身体技能和审美素养。

4. 课程设置标准

依据课程设置标准可分为必修课和选修课。必修课指在学校课程设置中由国家、地方或学校所规定的学生为了合格毕业所必须修习的课程；选修课指学校课程设置中为学生提供的可以满足学生不同特长和兴趣，一定程度上可自由选择学习的课程，可以是知识类课程，也可以是技艺类课程。

5. 课程表现标准

依据不同的课程表现形式，课程可分为显性课程和隐性课程。显性课程（manifest curriculum）指学校课程设置中有系统、有计划地开展实施的教学课程；隐性课程（hidden curriculum）指受特定的学习环境（如图书馆、实习学校、勤工助学等）的影响，所获得的非预期的文化知识、价值观念、行为方式等方面的收获。

6. 课程编排标准

依据不同的课程编排方式，课程可分为直线式课程与螺旋式课程。直线式课程（linear curriculum）指课程内容的组织方式以逻辑顺序结构为标准，课程设置由易到难，逐层递进，课程内容编排不重复出现；螺旋式课程（spiral curriculum）是指课程内容设置要求在不同的学习阶段，刻意地重复呈现以前学习过的特定的知识，体现了课程设计维度的连续性特征，以累进学习的方式加深对学科和课程的理解与认识。

尽管依据不同的标准，课程类型有不同的划分，但是课程作为实际教学活动开展的依托，在历次的教学改革中始终居于核心地位。因此，课程类型的细致划分对实际教学活动的开展有重大的指导意义。

二 一字不苟：价值的概念界定

在现实中"价值"这个词的使用非常广泛，经常会看到"文化价值""历史价值""经济价值""社会价值"等词汇。那到底"价值"指的是什么？

在我国理论界，价值界定的模式大体有四种——"实体说""属性说""关系说"和"意义说"。① 因此近些年来，学者们主要从这四个方面进行阐释和描述，由此形成价值实体说、价值属性说、价值关系说和价值意义说理论。

（1）价值实体说

价值实体说把价值看作具有价值的实体本身，这种价值的存在是先于人们概念当中的价值存在，举个例子：比如水和食物，其价值就在于它们本身是人体的需求物。这种价值也是先于人们经验当中的概念价值而存在的，因此价值实体说指的就是实体的本质。

（2）价值属性说

价值属性说指的是具有价值的实体所呈现的一种属性，这种属性可以经由人的感官感知并以经验的形式记录下来。刘易斯认为"……直接的价值，正如直接的感觉性质一样是直接地、清楚地在经验中被赋予的"②。因此价值这种属性在本质上是与颜色、形状一样，都是属于实体某一种性质的表现形式，而且可以清晰地呈现出来。

（3）价值关系说

价值关系说认为价值既不是独立存在的实体，也不是实体所具有的属性，而是一种客观存在的关系，因此马克思认为："所谓价值，就是客体与主体需要之间的一种特定（肯定与否定）的关系"③。这种关系通过主体和客体之间需要和被需要的相互作用而显现出来。

（4）价值意义说

价值意义说认为价值是实体事物本身呈现的一种意义。在意义说中，一个事物的价值是客观存在的，不管作为主体的个体是否直接感受到或者承认事物的某种意义，事物的这一意义都是属于客观存在的。④ 因为主体具有主观能动性，不同的主体对于同一事物的感知不同，所以价值意义说中被主体所感知到的事物的价值也会呈现出不同的意义，因此价值意义说也就具有了一个动态价值的概念。这对于价值概念来说是一大发展。

综上所述，我们看出价值实体说把价值当作一种客观存在，只强调价值的客

---

① 檀传宝：《教育是人类价值生命的中介——论价值与教育中的价值问题》，《教育研究》2000年第3期。
② ［美］刘易斯：《价值判断和事实判断》，载《刘易斯文选》，李国山等编译，社会科学文献出版社2007年版，第231页。
③ 李连科：《世界的意义——价值论》，人民出版社1985年版，第55页。
④ 檀传宝：《教育是人类价值生命的中介——论价值与教育中的价值问题》，《教育研究》2000年第3期。

观性;价值属性说只强调主体的主观感应,意味着同一事物会在同一时刻和地点因为不同主体的不同感应而呈现出不同的价值形态,这忽视了价值的内在本质属性;价值关系说强调主客体之间的一种需要与被需要的互动关系,统一了价值的客观性与主体的主观性,但是当这种关系不存在时,事物的价值却依然存在,因此价值关系说忽视了价值的客观存在性;价值意义说强调事物所呈现出来的意义,这本身就包含了价值的主客体关系,也承认了价值的客观存在性,呈现的意义也反映出了价值的本质属性。价值意义说既包含了亚里士多德所说的手段价值,也包含了目的价值,因此是比前边3种更为全面的一种表述。

三 典章文物:课程的价值

课程的编排和设置是教师和学生之间知识传输的一种媒介,依据价值概念,也就是关系学说的价值定义,可以得出课程价值的概念是课程价值主客体之间的一种需要与被需要、满足与被满足的互动关系。美国实用主义教育家杜威则将课程价值分成了内在的价值和外在的价值两个维度。① 课程的内在价值是从"本体论"意义出发所提出来的价值,主要指的是课程本身所具有的价值,包括学科经验知识、学习研究方法、课程实践调查等;课程的外在价值是从"工具论"意义上所提出来的价值概念,即把课程视为工具,通过课程的设计与学习而达到一个更高层次的目标。从价值关系学说来分析课程的价值,会发现课程的外在价值和内在价值相互依附而存在。

从价值实体说的角度来看,价值作为客观存在,也是人们反映的对象。价值通过评价而被揭示和掌握。② 课程显然是属于一种人为设置出来的具有社会性的客观存在的实体,它本身就属于文化、经验、技能等知识的总结,教师和学生通过对于课程的学习与评价,揭示和掌握其内在的规律与意义,进而获得其存在的实体价值。

从价值属性说的角度来分析,不论是隐性课程还是显性课程,不论把课程视作教材、目标、计划,还是文化再生产,课程所呈现的知识属性是被人们所承认的,就是人们通过感官感知并以经验的方式记录总结下来的知识。③ 尽管不同时代、不同个体对于作为知识载体的课程的感知与理解不同,不同的教师会因其不同的知识结构和价值取向对教学计划中的教学方式和策略进行整合,④ 但课程的价值属性是一直存在的。

---

① 刘向永、周惠颖:《我国课程价值研究的现状与趋势》,《教育理论与实践》2012年第32期。
② 袁贵仁:《价值与认识》,《北京师范大学学报》(社会科学版)1985年第3期。
③ 顾明远主编:《中国教育大百科全书》第2卷,上海教育出版社2012年版,第1206页。
④ Catherine D. Ennis, Leslie K. Mueller and Linda. M. Hooper, "The Influence of Teacher Value Orientations on Curriculum Planning Within the Parameters of a Theoretical Framework", *Research Quarterly for Exercise and Sport*, Vol. 61, No. 4, October 1990, p. 360.

从价值关系说来看，正是课程这一媒介的存在把教师和学生联系在了一起，组成了一个完整的教育活动过程。在这个关系过程中，教师首先要整合教学资源，包括学生、课程、教学环境等，然后在此基础上做出决定，进而制定教学计划，开展教学活动。[1] 这个动态的关系过程不仅满足了教师传道授业的这一职业需求，也满足了学生学习知识提升自己的个体需求，很好地诠释了课程的价值关系存在方式。

就价值意义说而言，因为属于知识范畴的文化、经验、技能等被总结出来编排设置成课程是一种客观存在，所以课程所呈现的知识的意义是一种客观存在。从这一层面来讲，价值意义说包含了价值实体说。不论这门课程有没有被开设、有没有被讲授和学习，它的知识属性是一直存在的，因此它的价值是一直存在的。只是开设了的课程通过教师讲授和学生学习之后，其价值被更加清晰地呈现出来而已。此外，这种课程的教授和学习，不论是被当作一技傍身的手段（价值）还是以为了提升人本的目的（价值），都充分体现出了课程的价值意义是变化的，对于不同的个体会呈现出不同的意义，对不同时代和不同环境的个体也会呈现出不同的意义，因此课程的设置和编排也属于一个动态的变化过程。社会的发展变化导致人类的需求也在不停地变化。

四　瑰意琦行：教师教育课程的价值

教师教育是为了培养未来的各个学科专业的教师而设置的，这个定位一定程度上拔高了对教师教育课程标准的要求，意味着教师教育培养出来的人才不仅要有扎实的专业理论知识和实践技能，更要具备作为教师的专业资质。因此，作为这类人才培养依托的教师教育课程的价值也就显得尤为重要。

（一）教师教育课程的经验价值

杜威认为经验是人与环境相互作用的结果，其中包含着主动和被动两方面的因素，二者以独特的方式结合存在。从主动方面而言，经验意味着尝试；从被动方面来讲，经验就是经受结果。[2]

> 教育，它属于经验，由于经验和为着经验。那么，课程是什么呢？课程也就是经验，从严格意义上讲，就是教育性经验。即那种对学生经验增长有教育价值的经验才是课程。[3]

---

[1] Richard J. Shavelson and Paula Sten, "Research on Teachers' Pedagogical Thoughts, Judgments, Decisions, and Behavior", *Review of Educational Research*, Vol. 51, No. 4, December 1981, p. 460.

[2] John Dewey, *Democracy and Education*, New York: Macmillan Publishing Company, Inc. 1916, pp. 166 – 174.

[3] 廖哲勋、田慧生主编：《课程新论》，教育科学出版社2003年版，第103页。

由此可以看出任何课程的内容设置都离不开对经验的总结，教师教育课程设置尤为如此。按照价值实体说，不论是教师教育课程的设置还是教师教育课程的改革都是对于经验的积累、梳理乃至生成新的知识，这种知识是一种客观存在，其价值就蕴含在这种客观存在的本体当中。这种知识不仅包括专业学科的经验知识，更有作为教师从事教师教育行业的活动体验知识。

（二）教师教育课程的过程价值

经验并不是思考出来的，而是在实践过程中总结出来的，是一种对以往实践活动体验的总结。教师教育课程作为教师与学生之间教学活动的一种纽带和媒介，也是在教与学的这一过程中发挥作用的。理查德·W. 伯恩斯（Richard W. Burns）认为只有在教学过程当中，运用已经熟悉掌握了的知识并在解决具体问题的真实情境中去学习，才能培养学习者的智力技能。[1] 一切学习要在活动过程当中去获得，只有参与到活动过程中经过自身的体验而得到的知识才是真知识。这种主客体之间的满足与被满足的互动关系也印证了价值关系说。教师教育的教学过程相较于其他专业学科的教学活动更侧重于人的培养，因此这种参与教学的过程并非要求学生是被动地去接受知识、单纯地为学习而学习，其目的是在过程中培养学生的思考、分析、推理以及解决实际问题的能力，最终实现对于已知经验知识的修正和重组，从而达到获取真正知识的目的。

（三）教师教育课程的变革价值

对于教师的培养就是在不断总结经验的基础上改进和修正以前的做法，从而形成新的知识体系。同时，任何课程改革，都在一定程度上否定或修正教师以前的做法。所以，改革的过程也就是教师学习和发展的过程。只有改变教师的信念、知识和技能，使之与改革的要求相吻合，才能确保改革的成功，[2] 所以不断变革是现代教育的本性和存在形式[3]。因此对于教师教育课程而言要求其具有变革性和创造性。依据价值意义说，不同的教师对于同一课程的理解和讲授不同，这门课程所呈现的价值意义也是不同的。同时，不同的学生对同一教师对课程的解读和讲授也会有不同的理解方式。教师教育的课程设计要考量非预期的（unexpected）和无意图的（unintended）学习结果，[4] 所以教师教育课程的教学本身就是一种充满变革因素的活动过程。教学活动是一个教师和学生共同创造新的知识、呈现新的意义的变革过程。

（四）教师教育课程的实践价值

过程模式课程观认为课程的价值在于教师和学生对其探索的过程。知识所提

---

[1] Richard W. Burns and Gary D. Brooks, "Process, Problem Solving and Curriculum Reform", *Educational Technology*, Vol. 10, No. 5, May 1970, p. 12.
[2] 冯生尧、李子建：《香港课程实施影响因素之分析》，《全球教育展望》2001 年第 5 期。
[3] 黄济、王策三主编：《现代教育论》，人民教育出版社 1996 年版，第 197 页。
[4] D. Hogben, "The Behavioral Objectives Approach: Some Problems and Some Dangers", *Journal of Curriculum Studies*, Vol. 4, No. 1, May 1972, pp. 42 – 50.

供的只是一种原始材料，人们在此基础之上展开思考。因此，知识的价值在于激发和培养人们的思考能力，而非将知识固化为让人被动接受的经验。对于教师教育人才培养来说，职前的教学实践是必不可少的一个环节，对于教师教育课程的实践并不只是简单地要求学习者掌握理论知识和熟悉教学技能，培养职前教师的教学认知能力十分重要。只有个体在教学过程中将自身的学习活动与具体的教学环境相互作用，通过模仿再现教学活动，对教学活动做出抽象化的认知和反思，在此基础上，基于自身对于教学活动模式的亲身感知、体验和反思，才能实现对教学过程的认知建构。① 因此，教师教育课程的实践价值强调在教学活动中构建学习者对教学过程的自我认知。

教学实践的核心目的是培养职前教师善于反省与思考，勤于发现并构建新知识的思维能力。按照价值意义说，不同的个体在实践过程当中对于价值意义的感知不同，教师教育课程的实践价值就是让学生在实践过程中让课程呈现出更多不同的价值意义。由此可见，不论从哪种价值视角来探讨，课程的价值都是一个动态的变化的过程。在这个发展变化的过程中，如何依据特定的课程价值，开发和设置课程知识也就显得非常重要。

第二节　秉轴持钧：教师教育课程的价值取向

价值作为哲学范畴，表示客体对于主体所具有的积极的或消极的意义。价值关系就是意义关系。② 只是通常情况下我们把客体对主体所呈现的积极的意义称为价值，由此可见价值的概念本身就蕴含着一种取舍倾向。因此，"价值取向指主体在价值选择和决策过程中的一定倾向性"③。通常是指对价值意义做出的一种正面的积极的选择倾向。而教师教育课程价值取向意味着教师教育课程在开发和设置过程当中所表现出的一种对知识价值正面和积极意义的取向。在不同的教育发展时期，由于主客体之间的需求不同、主客体对于价值概念的理解不同、教育环境的不同、社会对于教育的需求不同等诸多因素的影响，教师教育课程价值取向也处于一个动态的变化过程中。

一　承前启后：文化价值取向

文化是主体认识世界的产物，它以一定的价值标准为主要表现形态，是主体的文化诉求及文化理想的体现，它使社会得以延续及历史活动得以进行。人类的生存发展以及文化传承和发展的需要催生了课程，这样课程也就反映

---

① 刘丽红：《皮亚杰发生认识论中的具身认知思想》，《科学技术哲学研究》2014年第1期。
② 袁贵仁：《价值与认识》，《北京师范大学学报》（社会科学版）1985年第3期。
③ 李德顺主编：《价值学大词典》，中国人民大学出版社1994年版，第286页。

出了文化的时代性特征。①

> 学校课程属于观念形态的文化。它的内容概括了人类所积累的基本社会经验。因此，从某种程度说，学校课程是人类文化史的缩影。社会所积累的文化是课程的主要源泉，而课程则是人类文化传播的一种有效手段。②

所以对于课程设置而言，其首要目标就是要延续人类经验和保持文化传承。用历史发展的眼光来看，任何一个时代的任何一种课程的内容一定是根植于本民族的传统文化之中，这种课程内容的选择和取舍包含了其优秀的文化价值，因此课程一定是在一定的文化背景之下且不可避免地受到了其传统文化价值的影响而生成的。建构主义（Constructivism）学习理论也认为文化背景知识对于学习者的认知过程具有重要作用，维果斯基据此提出了"最近发展区"理论。英国课程理论专家丹尼斯·劳顿（Denis Lawton）也认为课程就是对文化的选择。③

对于课程而言，从诞生之初其就肩负着记录和传承文化的使命。

> 文化孕育了课程，课程同时也包含着文化，但脱胎于文化的课程并不等同于文化本身，课程具有自身独特的质的规定性。④

这里所谓"质的规定性"就是指课程对于文化的一种价值取向。从表层来看，课程的设置首先是对于本民族传统文化的一种选择和取舍，正是这种选择和取舍的过程决定了这一时期的文化价值是如何被保存和传承下去的。从这个层面来讲，一定时期的课程设置决定了该时期文化价值的存在方式。但是从深层来看：

> 具有某种价值取向的课程之所以能够存在，正是千百年来各种文化传统积淀的结果。一个社会的文化由哪些部分构成，其性质如何，决定着教师向学生传授的是哪些文化，是什么性质的文化，即是说，在具体的教育内容的取舍以及它在整个教育中所占的比重上，文化传统起着重要的制约作用，它往往决定着课程的价值取向。⑤

---

① 苏强：《教师课程观研究》，中国社会科学出版社2016年版，第71页。
② 吴也显：《学校课程和文化传播》，《课程·教材·教法》1991年第3期。
③ Denis Lawton, "Class, Language and Learning", *Mental Health*, Vol. 26, No. 6, December 1967, pp. 3 – 5.
④ 李广、马云鹏：《课程价值取向：含义、特征及其文化解析》，《东北师大学报》（哲学社会科学版）2010年第5期。
⑤ 靳玉乐、杨红：《试论文化传统与课程价值取向》，《西南师范大学学报》（哲学社会科学版）1997年第6期。

因此对于教师教育课程而言，文化决定了课程内容的选择和课程存在的形态，意味着课程内容的设置首先要考虑的就是传承特定时期社会的主流文化价值。在这种对文化价值的选择和取舍过程中，课程在不断地扩展和提升其自身价值，同时这种扩展和提升反过来又充实和丰富了这一时期的文化。因此，文化价值的选择也影响着教师教育课程的价值取向。而且从课程的文化价值取向来看，特定时期的课程应当能从一定程度上反映出这一时期的历史文化、民族传统以及社会发展等现状，具有很强的时代性特征。

不同的国家和民族由于其不同的历史和传统等因素，因而具有不同的文化。在人类发展的历史长河里，如何保存和传承一些具有鲜明特色的民族文化，是一个值得深思的问题。日本学者中村哲认为在学校课程实施层面，传统文化教育可以较好地保存传统文化，课程内容以具有历史传统的民族文化为主。[①] 因此，课程的文化价值取向具有鲜明的民族性。

因为"文化是人的创造物，创造性是文化的基本属性"[②]。一种文化的价值和意义总是处于有序与无序、线性与非线性、平衡与不平衡的动态生成状态之中。[③] 所以对于教师教育而言，课程的文化价值取向意味着教师教育课程内容的选择，还包含了对本民族教育传统文化的梳理、筛选、继承和发扬。在教师教育课程实施的同时，结合当下的时代特征和社会现实所生成的新的教育知识，反过来又丰富了当下的文化。一定程度而言是对传统文化的一种再创造，所以课程的文化价值取向还有一定的创造性。

二 连城之璧：知识价值取向

20世纪30年代，要素主义（Essentialism）课程理论诞生，主要代表人物有巴格莱、莫里森（Henry Morrison）和亚瑟·贝斯特（Arthur Best）等。要素主义认为课程设置应该注重基础和要素，不同的学习阶段应该设置不同的要素重点，侧重于事实和知识，对概念思维和学科理论感兴趣。认为学生必须修习相同的普通科目，不论学生对这些科目知识是否感兴趣，但是必要的知识、技能和科目理论是要求学生必须掌握的。强调教师对于课堂和课程的掌控，弱化学生的参与。要素主义课程论的主要思想表现为两点：

（1）课程内容主要是"文化要素"。在课程设置上，坚持有利于国家和民族、具有长期目标、包含价值标准等原则。（2）学科中心和逻辑组织。认为只有恢复各门学科在教育过程中的地位，并依照严格的逻辑顺序编写教材，

---

① 沈晓敏：《从文化传承到文化创造——日本"传统与文化教育"的走向》，《全球教育展望》2011年第11期。
② 彭虹斌：《从"实体"到"关系"——论我国当代课程与文化的定位》，《教育研究》2006年第1期。
③ 司马云杰：《文化价值哲学（一）文化价值论》，山东人民出版社1990年版，第6页。

才能实现预定的教育目的。①

很多国家,诸如日本、美国、英国、芬兰等,早期的教师教育课程范式都是以传递知识为本位。英国社会学家、教育学家赫伯特·斯宾塞曾在《什么知识最有价值?》一文中认为科学知识是最具价值的。因为科学知识的积累推动了社会的发展,因此教育最重要的功能首先是知识的传授。从要素主义课程观也可以看出,课程的首要价值取向就是知识的获取。据此逻辑,教师教育课程的基本价值取向也应该是教师教育知识的获取。

在课程社会学的研究中,对于课程内容的理解存在两种对立的知识观,即法定知识观与生成知识观。② 法定知识观认为课程内容是政府权力部门或被其所认可的教育机构以法律形式呈现出来的教学活动的依据,属于制度性产物;生成知识观认为课程内容本质上是教师与学生在具体化的教学过程之中协商产生的,是协商性产物。③ 虽然两种观点互有冲突,但均有其合理性和片面性。法定课程观认为课程内容的知识价值取向选择主体是政府权力部门或者是代表政府权力部门的教育机构,所选课程内容为统治阶级和国家制度所服务,具有强制性特征,教学活动的开展必须依据课程内容进行。生成课程观认为课程内容的知识价值取向选择主体是教师和学生,课程内容是在具体的教学活动中通过教师与学生的互动协商而产生,具有协商性特征。以历史发展的眼光来看,在整个有组织的学校教育早期,因为教育普及程度不够,知识多被以统治阶级为代表的少数人所掌握,故而学校课程的知识价值取向多以法定知识观为主。发展至近现代,源于义务教育的普及以及人们对于教育认识的提高,教育越来越多地转向引导与启发,学校课程的知识价值取向更多地倾向于生成知识观。可以肯定的是不论是法定知识观还是生成知识观,二者都承认课程内容的知识价值取向。

对于课程知识的选择,从价值意义说的视角来看,把知识的选择看作一种手段(工具)取向还是目的取向,历来是一个颇有争议的话题。美国实用主义教育家杜威将课程价值分成了"内在的价值"和"外在的价值"两个维度。

> 我国课程实践中所表现出知识价值的实现维度主要体现了外在价值,即工具价值的实现,为升学考试准备、为社会生活准备以及为职业生涯准备等。④

---

① 顾明远主编:《中国教育大百科全书》第2卷,上海教育出版社2012年版,第1217页。
② 彭虹斌:《论课程与文化之间的关系》,《教育理论与实践》2004年第12期。
③ Michael F. D. Yong, *Knowledge and Control: New Directions for Sociology of Education*, London: Collier Macmillan, 1971, pp. 1-46.
④ 张良、靳玉乐:《论课程知识的内在价值及其实现》,《教育研究与实践》2016年第3期。

由于受到历史传统的影响，知识价值手段（工具）取向更倾向于功利主义和科学主义思想，认为课程知识的价值是体现在其作为手段上。学习者通过学习知识这一手段可以满足其功利层次的需求。而知识的内在价值在于其目的价值取向，认为课程知识的价值就体现在学习知识这一目的，学习知识就是为了获取知识本身蕴含的内在价值，以实现人的全面发展和提升，更倾向于自由主义和理性主义思想。对于教师教育课程而言，其使命是教书育人，这意味着教师教育课程知识价值取向更倾向于知识价值目的取向，因为很难用功利的手段去评价哲学、教育学、心理学等课程的价值，这些课程知识的价值就在于学习知识的目的可以提升人的全面发展。

尽管知识的两种价值取向互为不同，各有侧重，但并不意味着课程内容的知识一定要用这两种价值取向将其割裂开来。因为随着社会和科学技术的发展，学科交叉越来越密集频繁，很难用知识的一种价值取向去评判一门学科对于知识的选择。我国当下的教师教育课程的开发和设置已经紧密地和其他学科专业结合在一起。

三　学高为师：学术价值取向

在教师教育领域内，关于学术性和师范性的争论由来已久，所谓学术性强调的是"教什么"的问题，师范性则强调"怎么教"的问题。事实上在教师教育诞生之初，很多国家把教师教育知识等同于学科专业知识，认为只要一个教师具备深厚的学科专业知识，知道了"教什么"，那他自然也就懂得"怎么教"，进而也就具备了优秀教师的资质。因此早期的教师教育更侧重于学术性，这一观点在早期的美国就相当流行。教师教育的学术价值取向也是其最为传统的价值取向之一。

1919 年德国哲学家、教育学家韦伯在慕尼黑大学发表了一篇名为《以学术为业》的著名演说。因为这篇演说为德国乃至全世界所有的高等教育学者做了一个职业定位，即"以学术作为物质意义上的职业"[1]，被后世学者推崇备至。由此可见，学术在一定程度上构建了高等教育学者的职业身份。从这个层面来讲，学术性具有普遍性，也充分肯定了学术研究在大学教育之中的重要性。对于高等教育而言，由于学科功能和特点各异，因此具体到各个学科的学术研究也各有侧重和不同。就教师教育而言，学术性的最大特点体现在教育理论和教育方法的研究之上。从这个层面来讲，学术性还具有特殊性。

在课程领域内，结构主义（Structuralism）课程理论也认为课程应该重视其学术性和科学性。在具体课程主张方面，主张课程的学术化、结构化和专门化。[2] 随着社会的发展，在对于教师教育的认识和理解方面，今天人们普遍认为

---

[1] ［德］马克斯·韦伯：《学术与政治》，冯克利译，外文出版社1998年版，第2页。
[2] 顾明远主编：《中国教育大百科全书》第2卷，上海教育出版社2012年版，第1224页。

传统的学术价值取向是具有双重性质的,"即具体专业学科的学术性和教育学科的学术性"①。因此相对于其他学科专业在学术性上的特点和要求,教师教育的学术价值取向主要体现在以下三个方面:专业学科科研和教育学科科研层面的学术价值,专业学科知识和教育学科知识层面的学术价值,专业学科具体教学内容和教育学科具体教学内容层面的学术价值。对于教师教育课程学术价值取向的细化,反映出人们对于教师教育课程学术性认识的提升,在这种标准要求之下,单纯地以知识为价值取向的教师教育课程就显得偏重于教材固有的已知知识,缺乏知识的科研创新,这也是综合性大学参与到教师教育培养之中的原因。综合性大学参与教师教育培养一定程度上拉近了教师教育学科与其他学科之间的关系,拓宽和加深了教师教育课程的知识广度和深度,扩大了教师教育课程学术价值取向的内涵,使培养出的未来教师具有广阔的学术视野和较高的科研能力。这种开放型教师培养打破了师范院校封闭培养教师的模式,鼓励师资力量雄厚的综合性大学参与教师教育,能够引发学生对从事教师教育职业的兴趣,同时大学参与教师培养能够设立一种竞争模式,一定程度上有助于促进教师教育课程的开发与研制,在提升教师教育课程学术价值的同时,也提高了未来教师的综合能力。

欧内斯特·L. 波伊尔(Ernest L. Boyer)认为学术水平应包含"发现的学术水平""综合的学术水平""应用的学术水平""教学的学术水平"②。如果把这一分类定位到教师教育课程领域,发现的学术水平可以理解为教育学科科研水平,综合的学术水平指的是教育学科和专业学科综合研究学术水平,运用的学术水平则指的是对于教育学科知识的理解和运用水平,教学的学术水平则是对教学水平做出了学术性界定。从教学的学术水平这一点来讲,波伊尔的分类开始体现出了教师教育学术性与师范性的统一。

四 身正为范:职业价值取向

学术性和师范性由来已久的争论不可避免地促生了教师教育课程职业价值取向的诞生。既然学术性强调"教什么",更侧重于对于学术知识科研能力的培养,那么教师教育作为一种职业,其师范性也就是"怎么教"这种职业要求也不可忽视。

> 所谓师范性,是指师范院校的教学专业性和教育特征,是师范院校专业思想、职业道德、行为规范、职业素养和职业技能等方面在学校教育科学和

---

① 孙二军、李国庆:《高师院校"学术性"与"师范性"的释义及实现路径》,《高教探索》2008年第2期。
② [美]欧内斯特·波伊尔:《学术水平反思——教授工作的重点领域》,载国家教育发展研究中心编《发达国家教育改革的动向和趋势——美国、日本、英国、联邦德国、俄罗斯教育改革文件和报告选编》,人民教育出版社1994年版,第23—30页。

各种活动中的集中反映,是师范院校区别于其他院校的本质属性。①

更为重要的是,"师范"二字是一种对于职业价值理念的追求,尤其是在中国,"师范"的目标就是培养"为人师表"的人之楷模,这种理念化的职业追求不可忽视。1998年8月26日至28日在北京召开的"面向21世纪高等师范教育国际研讨会"上,国内外与会学者们认为,教师教育的师范性应体现在以下三个方面:(1)师范性是教师教育专业能力的体现;(2)师范性是把知识形态转为教育形态的体现;(3)师范性要体现对人的关怀。②

在教师教育课程领域内,师范性反映出教师教育课程设置的目的与价值、教师教育的职能以及教师的职责。教师教育课程的职业价值取向意味着教师教育课程的设置不仅仅在于传递人类社会所积累的科学文化知识,其价值更在于通过对教师教育课程知识的学习,使人获得教师教育的职业道德追求,把未来教师培养成具有社会行为规范标准的人。教师教育课程的这种职业价值取向在教师教育领域内表现为师范性,也是一种对教师教育特有的职业标准和要求。

由此可见,教师教育的师范性是一种职业取向。人文主义(Humanism)代表人物卡尔·R.罗杰斯(Carl R. Rogers)强调人的自我表现、情感与主体性接纳,他认为教育的目标是要培养健全的人格,创造出让人积极成长的环境。教师教育课程更侧重于对未来教师的人文精神的培养,更多体现在对于人的成长和发展的培养之上,以教育文化精神作为教师教育课程的职业价值取向。正是这种职业精神推动了教育者和教师教育职业的发展,使得教师教育职业有别于其他各个学科专业所对应的行业。也是这种职业精神反映出了教师教育课程的目的和价值。通过对教师教育课程知识的理解、学习和运用,从而培养出未来教师的理想、信念和价值观。从这个层面上来讲,教师教育课程的职业价值取向蕴含了教师教育的理想和追求,以培养为人师表的人为目标,形成了教师教育有别于其他专业教育的教书育人的教育理念。

但是随着波依尔"教学的学术水平"的提出,很多学者开始认为教师教育的学术性和师范性开始由对立走向统一。学术性与师范性二者相互依托,同是构成教师教育的两大支柱。学术性的体现在师范性的基础之上展开,师范性则保证了学术性的规范与严谨,二者互为一个整体,并非是非此即彼的对立关系。因此"师范性与学术性融合是教师教育的本质要求"③。对于教师教育课程,应该把以职业价值取向为主的人文道德研究和以学术价值取向为主的科学知识研究结合起

---

① 李国庆、张止锋:《论高等师范院校的师范性》,《教育研究》2002年第8期。
② 胡艳:《迎接知识经济的挑战,深化改革我国的高等师范教育——面向21世纪高等师范教育国际研讨会综述》,《高等师范教育研究》1998年第6期。
③ 邓泽军:《试论教师教育师范性与学术性的对质与融合》,《西南交通大学学报》(社会科学版)2007年第6期。

来，只有这样才能为将来培养出身正为范、学高为师的表率型教师教育人才。

五 力学笃行：实践价值取向

约瑟夫·J. 施瓦布（Joseph J. Schwab）认为长期以来人们总是偏好于课程教学理论，课程的开发片面地追求原理和程序，忽视了对课程教学实践的关注。因此，他呼吁课程必须从追求普遍的理论原则转向追求现实的课程实践。① 实践本位教师教育课程范式认为"教育从本质上讲是一种培养人的社会实践活动"②。教师教育课程的实践价值取向的理论基础源于折中主义（Eclecticism）课程理论，该理论认为传统的课程价值取向忽视了教学活动当中的实践问题。而实践的内涵表现在以下三个方面：关注主体、强调智慧、体现道德。教师教育课程实践同样具备这样的内涵或特征。③ 因为教师教育本身就是关注教育的学习主体，强调教书育人过程当中智慧的开启与挖掘，体现培养未来教师的道德标准。因此教师教育课程实践价值取向是以实践为出发点来衡量和判断教师教育课程的知识选择和课程设置，其哲学基础建立在亚里士多德的实践观之上。施瓦布认为课程问题是实践情境的问题。因为情境具有可变性，因而教师教育课程的设置应该是一个变通的动态方案。该取向将学科内容、学生、教师、环境四要素作为课程的基本问题，因而解决课程问题最主要的方法是实践推理（practical reasoning）。④

实践价值取向强调课程的开展一定是在具体的情景之中进行，注重学生实践操作能力的培养和发展，通过具体情境中的实践锻炼以获取知识，把学生的实践行动能力作为教师教育课程的主要目标。因此，对于教师教育课程内容的设置，应该主要以教学情境和实践环境为主要导向。"也就是说，教材只有在满足特定的实践情境的问题和需要的情况下，才具有课程意义"。⑤ 这意味着在教学活动的开展中，教师应根据具体的教学情境和学生的实际需要对教学内容以实践需要的标准做出判断和取舍，提高学生对于教师教育课程的学习和理解，让学生在真实的教学情境之中以教学实践的方式去发现和解决问题，以培养学生自主思考和行动的能力。因此，教师教育课程实践价值取向下的课程建设应遵循以下策略：

（一）确立课程建设的效果历史意识，促进课程知识理解与视域融合。
（二）注重以实践问题整合课程知识，凸显课程内容选择的实践品性。

---

① Joseph J. Schwab, "The Practical 3: Translation into Curriculum", *The School Review*, Vol. 81, No. 4, August 1973, p. 518.
② 胡重庆、黄桂梅：《实践导向范式教师教育课程的重构》，《江西师范大学学报》（哲学社会科学版）2010年第1期。
③ 刘建：《主体、智慧与道德：教师教育课程实践的反思与建构》，《教育发展研究》2014年第24期。
④ Joseph J. Schwab, "The Practical 3: Translation into Curriculum", *The School Review*, Vol. 81, No. 4, August 1973, p. 506.
⑤ 苏强：《教师课程观研究》，中国社会科学出版社2016年版，第88页。

（三）强调实践教学的课程实施方式，形成开放对话的课程实施文化。
（四）注重课程开发方法的整体转变，提升教师教育课程的科学品性。①

这说明实践价值取向下的教师教育课程建设首先应该是意识层面的转变，拓展以知识为本位的课程视域，增强知识的实践语境，更好地实现知识的语境转换；其次注重以实践为标准，对教师教育课程内容做出科学的解读，因为真正的知识应该是在语言符号文本之外的实践语境中生成，以在实践中解决问题的方式对课程内容进行整合，提升课程内容的实效性；再次，开展实践教学，构建一种对话式的情境教学模式，实现在教学中发现问题，在教学中解决问题；最后转变课程开发的方式，注重课程建设的田野研究，突破知识的符号文本体系，以彰显知识的施动力量。

因此，教师教育课程的实践价值取向也在一定程度上决定了教师教育课程的开发方向应为实践性课程，教学活动中应该以学生为中心，降低教师在教学活动当中的主导地位，这也有助于以学生为中心的新的教学模式的建立。教师教育课程的实践价值取向使得课程重心由文本知识向教学实践过渡，也一定程度上推动了教师教育课程范式由知识本位向能力本位的演变。

六　民胞物与：人本价值取向

进步主义（Progressivism）课程观并不认同传统的课程理念，认为过于强调学科知识的重要性会导致课程与学习者相互分离，而不顾及个体与社会发展需要的强制性灌输会加重学习负担，认为强制性教育存在歧视性，同时也忽视了学习者作为学习主体的角色地位。② 因此，进步主义课程观认为课程的构建应该以学习者为中心，课程知识的选择应该有助于学习者的自然发展，书本内容和学科知识只是学习过程之中的一部分，学习者的参与也应该构成课程经验的一部分，课程的设计与编排应该以有次序、有逻辑的体验经验和培养能力为指导。进步主义强调的是怎样去学习，而不是学习什么。

1999年6月，我国通过了《关于深化教育改革全面推进素质教育的决定》（以下简称《决定》），标志着我国素质教育改革全面展开。《决定》指出在我国全面实施素质教育，就是应当：

> 以提高国民素质为根本宗旨，以培养学生的创新精神和实践能力为重点。……高等教育要重视培养大学生的创新能力、实践能力和创业能力，普遍提高大

---

① 叶波：《关于教师教育课程实践转向的反思》，《课程·教材·教法》2015年第10期。
② 顾明远主编：《中国教育大百科全书》第2卷，上海教育出版社2012年版，第1218页。

学生的人文素养和科学素质。[1]

党的十七大将"科学发展观"列为报告主题,在科学发展观指导下,高等教育在价值取向变迁上的第一个特点就是突出以人为本。[2] 因此,主张教育的个人(个体)价值取向的学者认为"人是教育的出发点","人,是教育最直接、最基本的着眼点;同时,培养人也是教育的最高目标"[3]。

在这种教育背景之下,教师教育课程的价值取向也发生了转变,在注重学术知识的同时,重点强调学习者的个人能力的培养和个体的发展,人的发展开始被提到一个突出的位置。因此,对作为培养教育人才的教师教育而言,课程的价值取向也开始注重人本取向。

首先,教师教育培养出来的人才,除了需要专业的、扎实的理论知识,更多的是对于教育活动的开展和操作。因为不同的个体对于教育的理解存在差异,因此在知识的学习过程中更要培养个人的思维能力和操作能力,这对实践能力的要求颇高,因而教师教育课程的设置也应该注重实践能力的培养和训练。

其次,人本价值取向不仅要求教师教育课程的设置要以学习者为主,注重个体能力的培养和发展,更要关注人的全面发展。随着科学技术的发展,社会越来越多地向多元化态势发展,学科交叉发展趋势越来越明显。在这种宏观语境之下,具有某一专业领域内超强能力的个体也未必能满足社会对于复合型人才的需求,因而多元化复合型人才的培养需求反之也在推动着教师教育课程价值取向的转变。

最后,人对于精神和物质方面的追求,是一个动态的价值取向过程,这意味着人的发展不是阶段性的而是持续性的,这就是人的可持续发展。人的这种可持续发展需求在一定程度上拓宽了教师教育课程人本价值取向的范畴。随着社会的发展、知识的更新、人们认知的提高等,单纯通过大学本科或者研究生教育取得教师资格的人才,可以满足当下的教师教育需求,但未必能满足未来的教师教育需求。因此,追求人的可持续发展的人本价值取向也在一定程度上促进了教师教育在职培训课程的研发与设置。

七 安邦定国:社会价值取向

20世纪50年代以西奥多尔·布拉梅尔德(Theodore Brameld)等人为代表的改造主义(Reconstructionism)(亦称"社会改造主义"),由进步主义分化而来,

---

[1] 中华人民共和国教育部:《中共中央国务院关于深化教育改革,全面推进素质教育的决定》,http://old.moe.gov.cn/publicfiles/business/htmlfiles/moe/moe_177/200407/2478.htm,1999年6月13日[2020-05-08]。

[2] 董泽芳、黄建雄:《60年我国高等教育价值取向变迁的回顾与思考》,《华中师范大学学报》(人文社会科学版)2011年第1期。

[3] 扈中平:《人是教育的出发点》,《教育研究》1989年第8期。

其思想基础源于实用主义，尤其是杜威的哲学思想，故亦称"新进步主义"。改造主义课程理论有两大观点：（1）主张学生尽可能多地参与社会；（2）课程要以广泛的社会问题为中心。改造主义认为新的教育计划应该包括：

> 批判地审视社会的文化遗产与文明；毫不畏惧地表达和审视可能引起争议的问题；信奉建设性的社会变化；培养高瞻远瞩的能力，规划未来时考虑整个世界的现实；使教师和学生参与到明确的计划中，促进文化更新和文化国际主义。在这一计划中，教师被认为是社会变化、文化更新与国际主义的主要动因。[1]

可以看出，改造主义课程理论追求多元、平等和未来主义课程，认为进步主义所提倡的以学习者为中心的课程设置和安排已不能满足社会多元化发展的需求，应该让学习者意识到课程在社会各个层面发展中所扮演的角色和发挥的作用，课程内容和知识的设计应该包含对各种社会问题的讨论和研究。因此新的课程应该从当下的社会生态出发来决定学校课程的社会价值。改造主义教育把教师看作社会变化、文化更新与国际主义的主要动因，因此，作为专业培养教师的教师教育课程价值也必然是以社会本位为取向。

根据改造主义课程理论，与社会、政治、经济等敏感问题相关的课程更有利于学生接触和掌握所学内容并达到其相关的学习目标。[2] 因此，教师教育课程的设置首先应该以社会为导向，让学习者尽可能多地参与社会实践，了解社会热点问题。教师教育人才培养的最终目的就是促进社会的发展，因此，把社会当作学习者的实习领域是最为便捷有效的学习方式之一。教师教育课程应该以广泛的社会问题为中心，学习者学习的过程应该是对社会问题的批判性思考和提出创新性解决方案，因此教师教育课程的内容与知识选择应该更为广泛，以便为学习者提供必要的背景知识。改造主义课程理论认为，课程的开发和编制并不仅仅是涉及教育问题，更应该关注当下课程开发的社会背景因素，这种课程理论极大地拓宽了课程的概念领域。课程的编制重心由以前的对于经验知识的总结和归纳转变为对当下社会问题的思考和理解，突出了课程设置的社会价值取向。

分析课程的社会价值取向对教师教育而言，更有助于指导我们的教育实习，这意味着我们的教育实习不应该仅仅是对于所掌握的已有的教育经验知识的实践练习，而更应该通过教育实习发现教育当中存在的现实教育问题和社会问题，对此进行思考和讨论，提出好的解决办法，以促进教育生态的完善。这对于以后的

---

[1] 顾明远主编：《中国教育大百科全书》第2卷，上海教育出版社2012年版，第1218页。
[2] Michael W. Apple, "Power, Meaning and Identity: Critical Sociology of Education in the United States", *British Journal of Sociology of Education*, Vol. 17, No. 2, April 1996, pp. 125–144.

教师教育实习实践而言可以提供一种理论层面的指导。

当然，强调课程的社会本位价值取向并不意味着弱化课程的其他价值取向。课程终究是以文化和经验知识为依托的，课程社会本位的价值取向只不过是拓宽了传统的课程知识和内容的范畴，以便能够给学习者提供更为广泛的背景知识。社会改造活动的开展，更加关注个体的实践和职业导向，强调个体参与、批判、思考乃至提出解决问题的办法，这一动态过程更加突出了课程价值取向的多元化。

八　融合贯通：生态整合价值取向

生态整合取向的哲学基础来自生态主义（Ecologism）和实用主义（Pragmatism）。生态主义认识论对西方传统哲学的主客体二元论持否定的态度，认为不论是主体还是客体，都是整个社会系统中不可或缺的一部分，只有在与整体的生态系统相关联时才有意义。因而生态主义课程观认为任何一个可以与课程产生关联的要素都是构成课程不可缺少的因子。杜威曾把教育视作一个生态系统，主张在学科知识、学习者和社会需求三者之间取得平衡。[①]

所谓生态整合其实就是把学科知识、学习者和社会需求这3个要素看成一个和谐共生的生态系统，每一个要素都是这一生态系统的有机组成部分。由此我们可以看出教师教育课程是这三者之间的纽带。在这个整合的生态系统之中，学科知识、学习者以及社会环境等重要因素之间处于一种共时的、非线性的复杂关系，其中某一具体的生态要素的优先权是依据特定的教学情境来决定的。[②] 教师教育课程最重要的功能之一是要做到学习学科知识，提升个人发展和满足社会需求等要素之间的平衡。因此要求在课程内容设置上首先应该摒弃传统的以教育权威者为指导的课程设置模式，而以满足学习者和社会的需求为导向去设置课程，重视学科知识的选择和取舍；其次以学科知识为媒介，在传输知识的同时，需要充分考虑学习者的个人需求，课程知识的选择应该有助于人的全面发展，同时学习者的参与经验也应是构成课程内容的一部分，倡导构建以学习者为中心的教学模式；最后，整合社会需求意味着把社会问题的思考和研究也纳入教师教育课程的设置当中，把社会看作一个大的实习场，以当下的社会生态来指导课程的价值选择。因此统筹和兼顾学科知识、个体发展和参与社会，使之达到平衡状态，对于教师教育课程的设置而言意义深远。

教师教育课程的生态整合价值取向在主张学科知识取向的同时，还强调学习者作为教学活动参与主体的人本价值取向，也关注到教师教育培养人才的目的是满足社会需求、解决社会问题、促进社会发展的社会价值取向。因此，生态整合

[①] 苏强：《教师课程观研究》，中国社会科学出版社2016年版，第88页。

[②] Catherine D. Ennis, "The Influence of Value Orientations in Curriculum Decision Making", *Quest*, Vol. 44, No. 3, September 1992, pp. 317–329.

价值取向本质上是整合所有课程要素的参与因子以达到质变学习的目的,所以加拿大学者艾德蒙·奥沙利文(Edmund O'Sullivan)也称其为"整合质变学习"(Integral Transformative Learning)理论。① 生态整合价值取向是为了培养具有合作精神、参与社会、保护环境等普世价值理念的未来教师,是一种新型的课程文化理念。随着社会的发展,人们对于教师教育认识的提高,对教师教育课程的要求也会越来越高。生态整合价值取向必将会成为教师教育课程的主流价值取向之一。

表 13-1 是对整个教师教育课程价值取向的梳理,从中可见,课程作为学校教育的依托,课程价值取向一定程度上指导了课程的开发和设置。而且随着人类认识层次的不断提高和社会的不断发展,动态的教育过程同样也在发展变化,课程的价值取向必然不是单一的,也会随之发生变化。因此,在具体的社会环境下如何做出正确的课程价值选择,对整个教育的发展尤为重要。

表 13-1　　教师教育课程价值取向

价值取向	主要观点	哲学基础	代表人物
文化价值取向	文化决定了课程内容的选择和课程存在的形态;课程反过来又充实和丰富了这一时期的文化	建构主义(Constructivism)	劳顿 维果斯基
知识价值取向	侧重于事实和知识,对概念思维和学科理论感兴趣;强调教师对于课堂和课程的掌控	要素主义(Essentialism)	莫里森 贝斯特
学术价值取向	主张课程的学术化、结构化和专门化;认为教育是一门学术性事业,以学术为业	结构主义(Structuralism)	韦伯 波伊尔
职业价值取向	侧重于对于未来教师的人文精神的培养;关注人的成长和发展;培养教师教育职业精神	人文主义(Humanism)	罗杰斯
实践价值取向	开展实践型课程,以学生为中心;以实践为标准,关注能力培养	折中主义(Eclecticism)	施瓦布
人本价值取向	课程的构建应该以学习者为中心;课程的设计与编排应该是以有次序、有逻辑的体验经验和培养能力为指导,强调怎么样去学习,而不是学习什么	进步主义(Progressivism)	弗兰西斯·W.帕克尔
社会价值取向	课程理论追求多元、平等和未来主义课程;课程内容和知识的设计应该包含对各种社会问题的讨论和研究	改造主义(Reconstructionism)	布拉梅尔德
生态整合价值取向	把社会看作一个大的实习场,以当下的社会生态来指导课程的价值选择;统筹和兼顾学科知识、个体发展和社会参与,使之达到平衡状态	生态主义(Ecologism) 实用主义(Pragmatism)	艾德蒙·奥沙利文 杜威

资料来源:笔者自制。

---

① 马颂歌:《中国语境下的生存、批判、创造——质变学习的生态整合流派》,《现代远程教育研究》2018 年第 3 期。

第三节　探幽索胜：课程价值取向的生成

教育作为社会发展的主要动力之一，在不同的历史时期，由于大的社会环境和社会发展的需求不同，教育所扮演的角色也各不相同。教育作为一种文化传承和促进社会发展的社会历史活动，在不同的时期，会受到诸多因素的影响和制约，对于学校教育活动开展的主要载体课程而言，其价值取向的生成也是由诸多因素决定的。

一　独有千秋：文化传统

"文化"一词，在中国古代原指"以文教化"，与武力征服相对应。我国的《周易》就有"观乎人文，以化成天下"之说。人类学家爱德华·B. 泰勒（Edward B. Tylor）在《原始文化》一书中，首次把文化作为一个核心的科学概念加以阐述：

> 文化或文明，从较广的民族志意义上看，是包括知识、信仰、艺术、法律、道德、风俗以及作为一个社会成员所获得的能力与习惯的一个复杂整体。①

我国是一个历史悠久的文化古国，教育和课程作为文化当中不可分割的一部分，其发展和设置不可避免地受到了历史文化传统的影响和制约。因而英国的课程理论专家劳顿也认为课程就是对文化的选择，② 这其实就指出了课程的文化价值取向。

从先秦时期"诸子百家"的思想争鸣所引发的"百花齐放"的价值取向到汉朝的"独尊儒术"、魏晋时期的"玄学之风"、唐朝的"锐意经术"（唐太宗时期，令孔颖达撰《五经正义》，命颜师古订《五经定本》，作为统一教材，颁行天下③）、宋朝的"理学之道"、再到明清时代的"八股取士"，从历史发展的视角来看，封建社会两千余年传统文化渗透在各个历史时期的教育教学的载体——课程之中。

我国的教育传统主要是以儒家思想为主导，兼容道家等其他流派的思想。儒家文化是我国传统文化的基础核心，尤其表现在教育方面。儒家文化尊崇道德伦理，因而首重德育，其次才是智育。《礼记·大学》说："自天子以至于庶人，壹

---

① 徐辉主编：《课程改革论：比较与借鉴》，人民教育出版社2010年版，第4页。
② Denis Lawton, "Class, Language and Learning", *Mental Health*, Vol. 26, No. 6, December 1967, pp. 3–5.
③ 靳玉乐、杨红：《试论文化传统与课程价值取向》，《西南师范大学学报》（哲学社会科学版）1997年第6期。

是皆以修身为本"。① 把修身正德摆在一切教育之首，然后才是个体才智的培养和发展。这种深刻智慧的教育思想，对于我们今天的教师教育而言同样有巨大的指导意义。这一思想下的教师教育课程价值取向也注重德育教育。教育的首要任务是先培养思想品德崇高的社会个体，而后才是知识的学习和能力的培养与发展。

《论语·卫灵公》说："君子求诸己，小人求诸人"，② 强调了学习者的自身主动性，要求学习者要有自我反思和反省的觉悟和能力，这与现代教师教育课程把学习者置于中心位置、培养其批判性和创造性思维的人本价值取向不谋而合。《论语·子张》说："百工居肆以成其事，君子学以致其道"。③ 这里的"百工"指的是各个行业，"学以致其道"指通过学习而达到其最终目的。延伸到现在的课程领域，就是各个专业的课程设置必须协同发展才能实现人才培养的目的，达到推动社会发展的最终目标。对于教师教育课程价值取向而言，这意味着课程知识的选择必须兼顾学科的交叉发展和多元融合，以最终适应社会的需求，推动社会的发展，也契合了教师教育课程设置的社会价值取向。《论语·子张》说："仕而优则学，学而优则仕"。④ 尽管对于课程价值而言只是一种功利主义的价值取向，但对于封建社会而言，"学而优则仕"不仅改变了寒门学子的命运，对封建国家也开辟了一条广揽人才的通道，因而在封建社会它确实是当时教育的一条金科玉律。用它去鼓励学子读书学习，客观上来讲为当时的社会培养了人才，也促进了封建社会的发展。"仕而优则学"更是蕴含着发展学习观，指出了学习是一个不断发展的过程。

但是两千余年的封建传统文化对于课程价值取向的生成并非全是积极的。由于儒家文化在我国传统文化中一直居于主导地位，而儒家文化是以道德、伦理为本位的文化，因此对于课程而言，完全尊儒家一家之言，课程价值取向就是单一的"四书五经"，完全弱化了自然科学等其他领域的知识，"从而导致我国的传统教育有2000年几乎与科学启蒙无缘的不正常现象"⑤。由此可见，文化传统对于一定时期的课程价值取向生成有着决定性的影响。

二　断杼择邻：社会环境

教育活动一定是在一个以国家为主导的社会环境中开展的，这种国家社会环境不可避免地会影响到教育思想和政策的制定，而教育思想和政策会直接作用于教育课程的价值取向。

---

① 《五经四书全译》，陈襄民等译注，中州古籍出版社2000年版，第2995页。
② 《论语》，陈晓芬译注，中华书局2016年版，第211页。
③ 《论语》，陈晓芬译注，中华书局2016年版，第258页。
④ 《论语》，陈晓芬译注，中华书局2016年版，第260页。
⑤ 靳玉乐、杨红：《试论文化传统与课程价值取向》，《西南师范大学学报》（哲学社会科学版）1997年第6期。

我国正式的教师教育始于19世纪末期教育家盛宣怀创办的上海南洋公学。晚清时期，在维新运动的推动之下，清政府同意设立京师大学堂，中国近代的教师教育开始发展，课程设置开始学习外国经验，自然科学科目选用由日文翻译而来的西方教材，课程价值取向也开始由封建社会的伦理道德取向慢慢向学科知识转向。随着新文化运动的兴起，教师教育课程开始开设教育学、教育原理、心理学入门、普通教学法和各科教学法等教育必修科目，同时增设选修课程，学科开始出现专业分化，课程也慢慢转向学术价值取向。

新中国成立之初曾采取了一系列措施来改革和发展师范教育。1951年8月召开了新中国第一次师范教育会议，明确了新中国师范教育的发展方向，提出正规师范教育必须与大量短期训练相结合的问题，确定每一大行政区至少建立一所健全的师范学院，以培养高级中等学校师资为主要任务。[1] 教师教育课程开始以职业和实践价值取向为主。1966年"文化大革命"爆发，举国上下一切"以阶级斗争"为纲，政治统领一切，这一时期的教育基本处于停滞状态。1978年实行改革开放以来，国家意识到了教育作为社会发展手段的重要作用，邓小平提出了"尊重知识""尊重人才""教育要优先发展"等重要思想，[2] 受其影响，教育课程开始转向学术价值取向。1999年6月国务院发布《关于深化教育改革全面推进素质教育的决定》，素质教育的地位更加重要，课程价值开始向人本取向回归。进入21世纪后，随着市场经济的发展，国际科技文化交流日益密切，信息化的高速发展极大地缩短了知识转变为现实生产力的周期，教师教育课程开始涉及社会、政治、经济热点问题，社会问题开始成为教师教育课程关注的焦点，课程开始以社会价值取向为主。

综上所述，教育作为社会活动的一部分，是不可能独立于国家社会环境之外而单独存在的，因而教育所处的社会环境，必然会对当时的教育活动产生重要的乃至决定性的影响。值得一提的是，各个课程价值取向并不是不可通约的。由于不同历史时期的特点，教师教育课程价值取向总是多元存在，只是对于课程价值取向的侧重不同而已。

三　拨云睹日：教育思想

教育思想对于教育的进步和发展起到了一定程度的指导作用，而对于教育知识的载体课程而言，其设置的价值取向也会受到一定时期教育思潮的影响。

（一）存在主义（Existentialism）

存在主义一词最早出现在德国哲学家马丁·海德格尔（Martin Heidegger）的

---

[1] 杨之岭、林冰、苏渭昌编著：《中国师范教育》，北京师范大学出版社1989年版，第197页。
[2] 董泽芳、黄建雄：《60年我国高等教育价值取向变迁的回顾与思考》，《华中师范大学学报》（人文社会科学版）2011年第1期。

《存在与时间》(Sein Und Zeit) 一书中,他通过对死亡的分析来探讨人存在的价值。而对存在主义进行深刻阐述,形成哲学思想体系的则是法国哲学家让－保罗·萨特 (Jean-Paul Sartre)。萨特强调人的价值、尊严、地位和作用,鼓励人们发挥主观能动性去揭示人的本质。延伸到教育领域,存在主义认为每一个个体都是一个自由的主观存在,能够为其自己的存在而负责。所以,确定课程的依据不是客观的知识体系,而是最终由学生的需要和态度来决定。① 而且"课程本身并没有价值,只有那些符合学生需要的课程才有意义"②。因此存在主义强调主客体之间的需要和被需要关系,把学习者的需要作为课程价值取向的标准,承认个体和经验知识上的差异,认为不同的个体对于经验知识有不同的理解和重构能力,因而个体通过知识的学习不仅可以超越自己,也可以跨越文化。由此可见,课程内容的选择要关注其能否满足学习者的现实需要,以培养学习者获取超越自身的能力。

(二)实用主义 (Pragmatism)

美国教育思想家杜威认为"教育既然是一种社会过程,学校便是社会生活的一种形式"③。把学校看作一个雏形社会,因而教育活动本身就是一种社会活动。对于课程而言,其内容的选择和取舍应该以有助于学习者的成长为标准,学习是为了不断地成长,因为"教育即生长"④。对于教育内容而言,杜威认为:

> 教育就是经验的重构或重组。这种经验重构或重组既能增强经验的意义,又能提升指导后续经验进程的能力。⑤

因而课程的内容应该是对于已有经验知识的改造或改组,而学习的过程则是通过学习者的自身体验来获取经验生长,并把这一体验过程作为课程组成的重要部分。

(三)建构主义 (Constructivism)

建构主义源自认知心理学派,代表人物有皮亚杰、大卫·卡茨 (David Katz) 和维果斯基等。建构主义认为:

> 学习是建构内在的心理表征的过程,学习者并不是把知识从外界搬到记忆中,而是以已有的经验为基础,通过与外界的相互作用来建构新的理解。⑥

---

① 廖圣河:《教师课程论》,中国社会科学出版社2016年版,第74页。
② 陈晓端、郝文武主编:《西方教育哲学流派课程与教学思想》,中国轻工业出版社2008年版,第122页。
③ [美] 约翰·杜威:《杜威教育名篇》,赵祥麟、王承绪编译,教育科学出版社2006年版,第3页。
④ [美] 约翰·杜威:《杜威教育论著选》,赵祥麟、王承绪编译,华东师范大学出版社1981年版,第5页。
⑤ [美] 杜威:《民主主义与教育》,陶志琼译,中国轻工业出版社2014年版,第77页。
⑥ 张建伟、陈琦:《从认知主义到建构主义》,《北京师范大学学报》(社会科学版) 1996年第4期。

因此学习者的学习过程并不是单纯接受教师传递和灌输知识的过程，而是学习者在学习活动过程之中根据自己已有的经验知识和认知水平在教师的作用之下构建新的知识和意义的一个过程。建构主义强调个体的主观能动性，认为个体对于某一事物因其不同的背景知识和认知结构而产生不同的解读，因此教学活动要增进学生相互之间的合作学习，利用那些与他们不同的观点去构建新的知识和意义。对于课程而言，因为不同的教师和学生由于其不同的背景知识和个人理解，对同一课程的具体内容也会做出不同的个人解读，因此课程内容主要是依靠教师和学生在教学活动中通过互动、筛选、取舍来建构生成，其本身是一个动态发展的过程。

（四）行为主义（Behaviourism）

行为主义是现代心理学流派之一，20世纪60年代盛行于美国，代表人物有行为主义心理学家约翰·B. 沃森（John B. Watson）、斯金纳等。在课程理论的价值取向研究上，以行为主义心理学为基础的课程理论研究追求技术取向，通过合规律的、可操作的程序有效控制周围环境，所关注的核心问题是控制和管理环境。[1]科学化课程的开发就是基于这一理论出现的，试图让课程成为一种理性化的科学操作程序，从技术层面去开发课程，认为学校课程必须以明确的质量标准对结果进行控制，并研制一种预定的技术以决定要达到的特定结果。在课程设计上，强调目标设计。以行为主义心理学的还原论为方法论基础，采用活动分析法把人的活动分析还原为具体的、特定的行为单元，从而细化了课程目标。[2]但是以行为主义为基础的课程理论太过于强调技术化和精确性，一定程度上限制了课程的理论发展。

（五）认知主义（Cognitivism）

20世纪五六十年代，认知主义心理学兴起并迅速发展，它以个体的内部心理活动为研究对象，关注人的思维过程和思维方式，代表人物有美国心理学家爱德华·C. 托尔曼（Edward C. Tolman）、布鲁纳、美国教育心理学家大卫·P. 奥苏伯尔（David P. Ausubel）等。课程建设认知主义认为："首先，认知主义心理学为课程设计的过程模式提供方法论基础"[3]，它关注个体的整体知识体系的架构，反对精确化、机械性的操作，强调课程内在的固有价值；"其次，认知主义心理学使课程论开始关注学科结构和认知结构，认为课程是学科结构不可分割的组成部分，学科有其特有的基本结构"，[4]因而课程的设置也是基于这些基本结构去生成；"再次，认知主义心理学提出新的课程编制思路"，[5]认为课程的设置应该是

---

[1] 顾明远主编：《中国教育大百科全书》第2卷，上海教育出版社2012年版，第1213页。
[2] 顾明远主编：《中国教育大百科全书》第2卷，上海教育出版社2012年版，第1213页。
[3] 顾明远主编：《中国教育大百科全书》第2卷，上海教育出版社2012年版，第1213页。
[4] 顾明远主编：《中国教育大百科全书》第2卷，上海教育出版社2012年版，第1213页。
[5] 顾明远主编：《中国教育大百科全书》第2卷，上海教育出版社2012年版，第1213页。

摄入性、层次化的概括出来的知识系统；"最后，认知主义心理学为课程研究与实践提供发展观的视角"，① 认为应该按照学习者不同认知阶段的认知水平和方式来设置学科结构和课程内容。

认知主义认为学习是在情境过程之中完成的，知识的理解和掌握是主体经过内心的积极组织，从而形成知识认知结构的过程，认为学习过程的刺激与反应是以意识为媒介，强调认知过程的重要性。

（六）人本主义（Humanism）

人本主义心理学兴起于 20 世纪 50 年代的美国，代表人物有亚伯拉罕·H. 马斯洛（Abraham H. Maslow）和罗杰斯。他们在教育方面提出了潜能论的观点，认为人与动物的一个巨大区别就是人生来具有无限的先天潜能，这为人后天的学习和发展提供了基础。马斯洛指出教育的根本目的就是开发人类个体和共性的潜能，② 因而教育课程的设置应该以促进学习者潜能的开发为取向。以人本主义心理学为基础的课程理论承认教师在教学课程设置当中的主导作用，认为应该支持教师参与到课程的开发和编制中。从马斯洛需求层次理论来讲，这为教师自我价值的满足和实现提供了一个机会，因为让教师参与到课程的设置和编排之中可以很大程度上激发教师的工作积极性，而且教师作为教育的一线工作者，他们的参与更能让课程贴近教学活动的需求。罗杰斯认为课程内容只有满足学生自身的价值需求时才是有意义的，他主张课程的设置应该做到让学生有自主选择学习知识的自由，③ 以学习者的需求为课程价值取向。

（七）批判主义（Criticism）

20 世纪 30 年代由德国法兰克福学派（Frankfurt School）提出的批判理论反对实证主义和技术理性，代表人物有德国社会哲学教授马克斯·霍克海默（Max Horkheimer）、哲学家哈贝马斯、哲学家和社会学家西奥多·阿多诺（Theodor Adorno）等。批判理论认为不论是作为个体的教师还是学生，在知识的构建和生成过程中都具有批判精神和创造意义，因而认为课程设置不是一个静态的状态。④ 因此批判理论把课程教学看作在具体教学情境中教师和学生通过互动、反思和创造而构建新知识的一个发展变化的动态生成过程。批判理论认为课程在教学活动中是一种反思性实践，只能在具体的教学活动中通过行动和反思的相互作用而生成。课程的实施必须以真实具体的教学情境为依托，学生通过这种反思性实践构建自己的知识体系。因而批判理论鼓励师生在教学活动当中进行批判性反思，进而创造新的课程知识和意义。

---

① 顾明远主编：《中国教育大百科全书》第 2 卷，上海教育出版社 2012 年版，第 1213 页。
② 廖圣河：《教师课程论》，中国社会科学出版社 2016 年版，第 93 页。
③ Carl R. Rogers, *On Becoming a Person: A Therapist's View of Psychotherapy*, Boston: Houghton Mifflin Company, 1961, pp. 26–38.
④ 张华：《经验课程论》，上海教育出版社 2000 年版，第 167—169 页。

（八）后现代主义（Postmodernism）

后现代主义是20世纪60年代出现的一个反传统倾向的哲学流派，对现代化过程中的整体性、中心性、同一性等思维方式提出批判和结构，代表人物有美国哲学家理查德·罗蒂（Richard Rorty）和法国哲学家雅克·德里达（Jacques Derrida）。后现代主义倡导"复杂""变化""多元""不确定""模糊""偶然""混沌""开放""选择""非线性"等理念。后现代主义反对权威和中心，提倡课程回归个人意义和地方真理，强调每一个实践者都是课程的创造者和开发者。[1] 后现代主义的这些主张主要是通过德里达的解构概念展开的，[2] 强调个体的差异性。因为个体的知识储备、认知水平和理解能力等存在差异，所以教学活动应该是根据不同的对象选择差异性教学。应该把课程看作一种"多元"文本去理解，从过程的角度去界定，课程内容也不是提前预设好的，而是通过参与者的参与行为和相互作用来协商生成的。[3] 因此，后现代主义认为课程的内容应该是由教师和学生在教学活动开展之中通过互动和协商创造出来的，也只有这种过程性创造知识才能满足差异性教学的需求。威廉·E. 多尔（William E. Doll）还提出后现代课程的四个标准，即丰富性（richness）、循环性（recursion）、关联性（relations）和严密性（rigidity），简称"4R"，沿其哲学观—教育观—课程观的思维路线，建构后现代主义的课程模型。[4]

四　嘉言懿行：教育政策

教育政策是一种公共政策。这种公共政策已越来越强烈地影响着一个国家教育的发展，并在很大程度上决定着国家教育的走向。国家教育部门所形成的教育政策体系中就包含了教师教育政策以及课程与教学政策，包括各级各类学校的课程标准政策，课程计划政策，教材的编写、核准、审定、发行、使用等政策，教学计划的实施政策等。[5]

1904年，清政府颁布《奏定学堂章程》，内有初级师范学堂、优级师范学堂章程，咨文中规定，欲定功课，先详门目，对师范学堂的课程设置做了明文规定。1912年，中华民国南京临时政府教育部公布《普通教育暂行办法》，规定优级师范学堂改称为高等师范学校，初级师范学堂改称为师范学校，同年教育部公布《师范教育令》《高等师范学校课程标准》等，对师范学校课程设置做出详细规定。1938年国民政府颁布《师范学校规程》，决定特设师范学院，课程设置以专门培养中学师资为目标。但是受制于历史发展，为了普及教育和发展初等教育，

---

[1] 廖圣河：《教师课程论》，中国社会科学出版社2016年版，第81页。
[2] 陈建华：《后现代主义教育思想评析》，《外国教育研究》1998年第2期。
[3] 吴永军：《再论后现代主义对于我国课程改革的价值》，《教育发展研究》2010年第18期。
[4] 顾明远主编：《中国教育大百科全书》第2卷，上海教育出版社2012年版，第1225页。
[5] 韩清林：《教育政策的若干理论与实践问题》，《当代教育科学》2003年第17期。

中国早期的教师教育政策对于教师教育指导都侧重于对传统文化的传播和科学知识的学习。因此，这一时期的教师教育课程价值取向主要以文化价值取向和知识价值取向为主。1949年新中国成立，中央人民政府教育部于12月召开第一次全国教育工作会议，会上讨论了师范教育问题，认为应加强教师轮训和在职课程学习。1951年教育部通过了《师范学校暂行规程》《关于高等师范学校的规定》等政策文件，提出了培养教师的奋斗目标。1955年，教育部要求各地在八年内，增设进修和函授课程，通过进修和函授方式提高教师的专业水平，这一时期的课程价值开始出现职业和实践取向。1958年，教育部发出通知，师范学校教育课程停授，改授我国教育方针、政策内容。1980年，教育部召开全国师范教育工作会议，开始筹备建立完善的师范教育体系。[1] 1993年颁布的《中国教育改革和发展纲要》，提出教育要重视素质培养，提高教育质量，课程设置开始取向学术化发展。2007年党的十七大提出了"以人为本"的科学发展观和和谐发展的社会理念，在这种教育政策背景之下，课程的价值取向开始关注人本发展和社会责任的培养。2011年10月颁布《教师教育课程标准（试行）》，开始以不同的学习领域对教师教育课程划分不同的建议模块。2014年8月，教育部再次提出"建立模块化教师教育课程体系"的要求。教师教育课程设置开始突破学科壁垒，向模块化设计和课程群构建方向发展。2017年12月，教育部下发《高校思想政治工作质量提升工程实施纲要》，指出要大力推动以"课程思政"为目标的课堂教学改革，优化课程设置。2019年11月，国务院印发《新时代爱国主义教育实施纲要》，提出课程应融入爱国主义教育。教师教育课程开始呈现生态整合价值取向。

综上所述，我们可以看出，特定时期的教育发展和课程设置以及其价值取向的生成深受教育政策的影响和制约。因此对于政府而言，教育政策的制定是一项复杂且意义重大的工程。

五 地尽其利：教育资源

对于课程资源的认识，美国教育家杜威把学生、社会和有组织的学科看作课程的3个基本来源；美国课程理论家拉尔夫·泰勒（Ralph Tyler）把对学生的研究、对当代社会生活的研究以及学科专家的建议作为课程目标的三大来源，认为课程资源是在寻求目标、选用教学活动、组织教学及在指定评估方案过程中可资利用的资源，并依据课程研制过程，把课程资源分为目标资源、教学活动资源、组织教学活动资源以及制订评估方案资源。[2]

在中国课程论研究领域，2001年教育部颁布《基础教育课程改革纲要（试行）》，明确提出积极开发和合理利用校内外各种课程资源，倡导学校充分发挥图

---

[1] 杨之岭、林冰、苏渭昌编著：《中国师范教育》，北京师范大学出版社1989年版，第247—259页。
[2] 顾明远主编：《中国教育大百科全书》第2卷，上海教育出版社2012年版，第1242页。

书馆、实验室等各类教学设施和实践基地的作用,广泛利用校外图书馆、博物馆、企业等社会资源以及丰富的自然资源,并积极开发信息化课程资源。①

对于经济落后地区,受制于物质条件,教育的硬件设施满足不了教学实践的技术支撑,相对匮乏的教育资源意味着教育活动会更依赖于书本教材等;因为对于教育本质属性的认识和理解决定了对于教育价值取向的判断和选择,落后的社会环境一定程度上限制了教育主体的学术视野和对于课程的理解和认识,同时也限制了教育客体对于知识的理解和接受。因此对于不发达地区而言,教育课程的价值取向更多地倾向于知识性和理论性。

对于经济发达地区而言,在较高的科技水平的支撑之下,物质性教育资源(现代教育技术和教学设备等)比较丰富,这种客观条件决定了教育活动更有利于向能力型方向的发展,而且为教育实践提供了必要的技术支撑;发达地区吸引了更多的精英人才,作为教育主体而言,对课程的不同理解也决定了课程实施过程当中对于课程价值取向的判断和选择。丰富的教育资源加之超前的教育理念和广阔的学术视野,使得经济发达地区的教育主体在课程实施过程当中对于课程的操作更倾向于人本价值和社会价值取向。

因此在课程资源分布不均衡的情况下要实现教育的均衡发展,课程资源的开发与建设就要做到因时因地制宜,有侧重地通过重点资源建设和突破来带动整个课程资源的合理建设和优化发展。对于课程资源的具体开发还要根据各地和各个学校的实际情况,广开思路,发掘校内外的更加具有针对性和适应性的素材性课程资源和条件性课程资源,从而更好地发挥它们的作用。②

由此我们可以看出,教师教育课程的价值取向不仅依赖于教育执行机构、教育思潮、教育主体等内部因素的选择和判断,而且深受文化传统、社会环境、教育政策、教育资源等外部因素的影响和制约。这充分说明对于教师教育课程价值取向的判断和选择,除了依靠教育内部因素做出决定,也要考虑和协调教育外部因素的影响和制约。因此教师教育课程的价值取向在一定程度上要与其所处的人文社会生态相匹配,只有这样才能发挥出教师教育课程的最大功能。

---

① 中华人民共和国中央人民政府:《教育部关于印发〈基础教育课程改革纲要(试行)〉的通知》,http://www.gov.cn/gongbao/content/2002/content_61386.htm,2001年6月8日[2020-05-08]。

② 吴刚平:《课程资源的理论构想》,《教育研究》2001年第9期。

第十四章 他山之石：教师教育课程范式的国际借鉴

本章将着重对日本、苏俄、美国、英国、澳大利亚、芬兰等发达国家的课程范式设置进行描述。分别对各国的教师教育课程范式进行梳理和归类，分析不同时期各国课程范式的特点和优势，通过对各国教师教育发展历程的对比总结，以期对我国的教师教育的课程阐释和课程理解提供场外视角与国际借鉴。

第一节 蜕故孳新：日本教师教育课程范式

近代日本（1853—1945）的快速发展不仅使日本成为国际列强，而且深刻影响了全球的政治经济格局。日本在半个多世纪的时间里，由一个闭关锁国的封建国家快速成长为一个资本主义强国，跨越了欧洲其他资本主义国家历时一百五十余年才完成的发展历程，很大程度上这显然得益于其教育的率先改革与发展。

从明治维新以后，日本就开始推行"文明开化"的政策，新成立的明治政府采取了一系列的教育改革措施，其中就包括成立文部省，改革教育学制，并于1872年8月颁布了日本近代第一部教育法规《学制》，标志着日本进入了真正的教育立法阶段。

一 敏而好古：文化知识本位课程范式

文化知识导向课程范式注重职前教师的文化知识储备，以传递文化知识为核心，[1] 关注的焦点是单一的文化课程。[2] 其突出特点是以知识的输入为前提，旨在把职前教师培养成具有广泛文化知识的人才。因此，文化知识导向课程范式之下的课程设置主要体现的是传统文化知识和普通科学知识传授。

在明治政府初期，为解决普及初等教育需要师资的问题，《学制》第39章指出找到师范学校教授小学职前教师的教学原则和方法是当务之急。在《学制》中

---

[1] Sharon Feiman-Nemser, "Teacher Preparation: Structural and Conceptual Alternative", in W. R. Houston, M. Haberman and J. Sikula eds., *Handbook of Research on Teacher Education*, New York: Macmillan Publishing Company, 1990, p.221.

[2] 马永全：《当代西方多元文化教师教育思想的三种价值取向分析》，《外国教育研究》2015年第11期。

明确提出了教育改革的目的是普及大众教育。从 1872 年东京师范学校正式建立开始，日本文部省先后设立了大阪师范学校、宫城师范学校（仙台）、广岛师范学校、爱知师范学校（名古屋）、长崎师范学校、新潟师范学校等。① 大量师范学校的建立也标志着日本近代的教师教育逐步成型。

为了更好地促进地方教育和提高教师教育师资水平，1879 年 3 月，一部新的教育法案《教育令》出台。1880 年 12 月修订的《教育令》第 33 条规定：每一个县都须设有一所旨在培养小学教师的师范学校。在 1881 年 8 月发布的《师范学校教则大纲》中，县立师范学校教师培养课程被统一为三个种类。②

第一类别为初级课程，目标是培养小学初级学科的教师；第二类别为中级课程，目的是培养小学初级学科和中级学科的教师；第三类别为高级课程，课程设置比较全面，其目的是培养小学全学科的教师。其课程设置如表 14-1 所示：

表 14-1　　　　　　　　　　1881 年日本师范课程设置

年级	学制	课程
初级	一年	道德、读书、习字、算术、地理、物理、唱歌、体操、教育学、学校管理法、实地教法
中级	两年半	道德、读书、习字、算术、地理、物理、唱歌、体操、教育学、学校管理法、实地教法、历史、图画、生理、博物、化学、几何、簿记
高级	四年	道德、读书、习字、算术、地理、物理、唱歌、体操、教育学、学校管理法、实地教法、历史、图画、生理、博物、化学、几何、簿记、经济、心理学、本邦法令

资料来源：谢赛：《日本教师教育》，华东师范大学出版社 2018 年版，第 5 页。表格为笔者根据该资料自制。

如表 14-1 所示，当时的日本已经初步形成了分等级培养教师的雏形，不但划分了学制，而且针对不同的学制规列出不同的学习科目。师范学校除了进行师范课程开发设置，还针对每一门学科的特点制定出一周具体的教学内容计划列表，以作为本学科学习考核考查的参考。这为日本的教师教育课程发展提供了基本框架。

在小学教育发展的同时，女子师范教育也逐渐兴起。从 1880 年起，日本兴建了包括东京女子师范学校在内的 12 所女子师范学校和女子师范科。女子师范科开设有修身、读书、作文、习字、算术、地理、本邦历史、图画、博物、物理、化学、教育学学校管理法、实地教学、裁缝、礼节、家事经济、唱歌、体操 18 个科目。③

---

① 王桂编著：《日本教育史》，吉林教育出版社 1987 年版，第 130 页。
② 谢赛：《日本教师教育》，华东师范大学出版社 2018 年版，第 4 页。
③ 梁忠义：《日本教师教育制度的演进》，《外国教育研究》1996 年第 6 期。

大批师范学校的建立解决了日本初等教育的师资短缺问题，为各类小学提供了必要的教职人员。如果以 1880 年修订《教育令》作为一个时间界标，最显著的变化就是此后日本的初等教育普及率有了明显提高，意味着整个日本社会的受教育普及率随之提升，这为后来日本的整体发展起到了奠基作用。

1886 年 4 月 10 日《师范学校令》的公布明确了教师教育的重要性。《师范学校令》对师范学校教育体系做了两级划分，即寻常师范学校和高等师范学校。寻常师范学校招收的学生主要是高等小学校毕业生，高等师范学校招收的学生则是寻常师范学校毕业生。1886 年 5 月 26 日，文部省公布了《寻常师范学校的学科及其程度》，明确规定了寻常师范学校的课程设置、学习年限以及授课时间（表 14-2）。

表 14-2　　　　　　　　　　1886 年日本寻常师范学校开设科目

寻常师范学校科目	开设课程	周学时	学制
	伦理、教育、国语、汉文、英语、数学、簿记、物理、化学、地理历史、博物、家事、农业手工、习字、图画、音乐、体操	34	4 年

资料来源：梁忠义：《日本教师教育制度的演进》，《外国教育研究》1996 年第 6 期。表格为笔者根据该资料自制。

同样，文部省在 1886 年 10 月 14 日公布的《高等师范学校的学科及其程度》中对高等师范学校课程设置也做出了具体的规定。在高等师范学校中，男子师范和女子师范的学科课程设置不同。相较于女子师范学科的课程设置，男子师范学科的课程被划分为理化学科、博物学科和文学科 3 科。具体开设科目如表 14-3 所示：

表 14-3　　　　　　　　　　1886 年日本高等师范学校开设科目

学科		开设课程
男子师范学科	文学科	教育学、伦理学、国语汉文、英语、地理历史、理财学、哲学、音乐体操
	理化学科	教育学、伦理学、英语、数学、物理学、化学、手工图画、音乐体操
	博物学科	教育学、伦理学、英语、有机化学、矿物学、地质学、植物学、动物学、生理学、农业、图画、音乐体操
女子师范学科		伦理、教育、国文汉语、英语、数学簿记、地理历史、博物、物理化学、家事、习字、图画、音乐体操

资料来源：梁忠义：《日本教师教育制度的演进》，《外国教育研究》1996 年第 6 期。表格为笔者根据该资料自制。

和《教育令》背景下的师范课程相比较，《师范学校令》指导下的师范学校课程设置有了很大的变化，虽然保留了"伦理""家事"等体现日本传统文化特征的课程，但是削减了"道德""本邦法令"等带有封建色彩的课程，增设英语，自然科学知识的科目明显增多,这为后来的教师教育学科化打下了基础。

到明治后期,日本整体的学校制度建设已经相对完善,小学学制设置6年,普通中学学制设置5年,高等学校学制设置3年,大学学制设置3年,这个制度模式一直被延续到20世纪30年代末期。到昭和早期,由于毕业于师范学校的学生多数依然从事中小学教育工作,因此与国民学校相同的科目的设立使教师教育课程设置更具系统性。

二 以枢应环:学科本位课程范式

学科本位课程范式对课程持如下观点:

> 将课程理解、认同与化约为学校教育中所设置的科目类别及其教学内容组织与安排的计划与策略,……奠定了课程的学科本位基础,在课程发展史上具有积极的价值与意义。①

学科课程范式的教育目的是为工业化社会培养大量的所需人才。课程设置和教材编写以学科的分合为依据,采用大规模的班级授课方式。② 教师教育学科本位课程范式的出现一定程度上反映出了教师教育发展的现代化进程,教师教育具有了学科化、系统化特征。

日本政府于1944年2月修订了《师范教育令》。其中第一条规定为了实现各类课程的综合开设,要求师范学校开始开设与国民学校相同的科目,以达到综合各科科目的目的。第二次世界大战结束以后,美国政府向日本派遣教育使节团并发表《美国教育使节团报告书》,对日本的原有教育理念和体系提出了全面改革,其内容就包含教育目的、内容和方法等的改革。

关于教师培养,教育革新委员会于1946年12月向政府提出建议,强调教师培养应该被纳入大学教育体系之中,同时建议成立独立的教师培养机构以专门培养小学、初中和高中所需要的师资力量。

1948年3月,文部省正式宣布在大学培养教师,并在1948年6月公布的"国立大学设置11原则"中规定各都道府县的综合大学必须设置教育学部或学艺学部,开设2—3年的教师培养课程。1949年5月,新的教师培养体制正式确立起来。③

原来专门培养教师的寻常师范学校、高等师范学校和女子高等师范学校等通过升级、合并等方式改制为学艺大学或综合性大学的教育学部,一些私立学校也

---

① 李本友、王洪席:《过程哲学视域下传统课程范式转型》,《中国教育学刊》2011年第5期。
② 傅敏:《论学校课程范式及其转型》,《教育研究》2005第7期。
③ 臧佩虹:《日本近现代教育史》,世界知识出版社2010年版,第257页。

被允许开设教师教育课程，加入到教师培养的队伍当中。20世纪70年代末80年代初，在日本政府的支持之下日本创建了三所教育大学：兵库教育大学、上越教育大学、鸣门教育大学。

日本的大学教师教育课程分为三大类别：基础学科、教育学科、专业学科。具体课程设置概况如表14-4所示：

表14-4　　　　　　　　　20世纪80年代日本师范教育课程概况

学科		课程	学分
基础学科	人文科学	文学、语言、历史、哲学、美术、音乐、戏剧	8
	社会科学	法律、社会学、经济学、人文地理	8
	自然科学	数学、物理、化学、生物、地球科学	8
	基础教育学科	（因专业不同而各异）	8
体育保健科目		实际技能	2
		理论	2
外国语科目		英语	8
		德语或法语	4
教育学科	必修	中等教育原理、教育心理学、青年心理学、学习心理学	12
	选修	教育史、教育社会学、社会教育学、教育法制、经营论、教育方法、教育哲学、教育评价、临床心理学、人格心理学、社会心理学	2—4
	学科教育学	小学国语科教育学、小学社会科教育学、小学数学科教育学、小学理科教育学、小学音乐科教育学、小学美术科教育学、小学体育科教育学、小学家庭科教育学	27—32
专业学科	必修	（因专业不同而各异）	24—26
	选修	（因专业不同而各异）	8—10

资料来源：周鸿志：《日本师范教育和教师》，载成有信编《|国师范教育和教师》，人民教育出版1990年版，第174—177页。表格为笔者根据该资料自制。

所谓基础学科部分文理学科都需要选择学习，其中体育保健学科和外国语学科虽然被单独列出，但实际上是被当作基础学科对待的，各个学科都要学习。对于基础教育学科，因各专业不同而有所不同。例如国语科专业设置《日本文学概论》《汉语语法研究》等，数学专业则设置基础数学等，社会学科则设置《史学概论》《社会思想史》等。而对于专业学科而言，因专业不同其选择课程也是不同的，以数学学科为例：

必修课有：《解析学》《几何学》《代数学》《统计学》《测量》等计26个学分。选修课有：《解析学分论》（微分方程、位相空间、积分论等）、《几何学分论》(几何学基础、微分几何学等)、《代数学分论》(环论、自然数论等)、《统计学分论》(统计解析)等计8—10个学分。①

除在大学培养未来的教师外,日本对于已经在职的教师进修也有具体安排,并建立了相应制度。从20世纪50年代末开始,各类进修已经初具规模。详见表14-5:

表14-5　　　　20世纪50年代日本教师进修事业的实施状况表

区分	进修内容	对象	开始年度	总人数
校长、副校长等进修讲座	教育指导和学校管理,教育内容方法,有关文化教养的讲授和实际演习	小学、初中、高中的校长、副校长等	1960年	17199名
骨干教师进修讲座	以教育指导、教育内容、方法为中心的讲授和实际演习(包括教育课程的编制和实施,教育评价的理论和方法等)	小学、初中、高中的骨干教师等	1970年	5893名
海外进修	考察诸外国的教育文化及社会等实情,提高立足于国际眼光的见识,以及对教职的自豪感与自觉性,有三十天的长期派遣和十六天的短期派遣	小学、初中和高中等的教职员	1959年	到1979年为止共派出三万五千人,考察国家涉及北美、南美、欧洲、东南亚及非洲诸多国家
初中、高中英语教师海外进修	为了增强英语教师钻研语言学的能力,以便进行英语教育,安排直接体验和理解母语国的社会文化的机会,设置二个月的海外进修	初中、高中的英语教师	1979年	1979年,96名,1980年,107名共203名

资料来源:周鸿志:《日本师范教育和教师》,载成有信编《十国师范教育和教师》,人民教育出版社1990年版,第180页。表格为笔者根据该资料自制。

到20世纪80年代,从入职前的教师培养课程设置到入职后的教师进修制度建立,日本基本上完成了学科化的教师教育课程范式设置,这对提高日本整体教育质量有着重要意义。

三　曲尽其妙:能力本位课程范式

从内涵上看,以能力为本位的教师教育课程范式,其理论基础是基于行为主义和技术主义思想,主张将对教师工作分析的结果具体化为教师必须具备的能力

---

① 周鸿志:《日本师范教育和教师》,载成有信编《十国师范教育和教师》,人民教育出版社1990年版,第175页。

标准，围绕教师职业所必备的能力开设相应的课程。[①] 强调教师教育课程对于职前教师职业技能的培养和训练，注重教师职业内涵价值的挖掘和教师职业内在生命的感悟，[②] 这也在一定程度上体现了教师教育由"学术性"向"师范性"的转变。

进入20世纪80年代以后，日本已基本形成较完备的教师教育课程体系，教师教育水准也达到了较高的程度。此时的世界已掀起了发展科技的迅猛浪潮，新发明、新技术转化为现实生产力的周期急剧缩短，社会对精英人才的需要越来越迫切，这对处于人才培养地位的教师群体也发出了巨大的挑战。而当时的日本教师教育课程设置显然不能完全满足时代的要求，如何提高日本教师的整体专业素养和技术能力成为一个亟待解决的问题。

1986年4月23日《关于教育改革的第二次咨询报告》正式出台，对于如何提升教师能力素质也给出了明确的建议：第一，就教师教育在教育科目和学科教学科目方面的内容而言，应当根据基础教育阶段发展现实状况及教育内容需求进行适时调整；第二，重新认识教育实习的重要意义，将教育实习与初任教师入职教育联系起来；第三，对于未接受过师范教育但仍希望确定教师资格的人员，应当设置半年至一年左右的教育环节，以充实师资来源。[③] 在这份报告中，把教育实习和教师入职教育联系起来，对于教育实践能力提出了新的要求。为了能够培养出面对新时代的具有更高素质能力的学生，要求教师不仅掌握教育课程内容，而且针对每个学生的不同特点和天赋给予有具体针对性的实践指导，提高教师教育能力。

1997年7月1日，作为文部省咨询机构的日本教育职员培养审议会发表了名为《面向新时代的教师培养改善对策》的报告，该报告不仅对教师培养课程学分做了重要调整，同时提出要重点培养师范生的以下三种能力：第一，基于全球视野采取行动的能力；第二，变化时代下生存的能力；第三，实践指导能力。[④] 这三种能力的提出，标志着20世纪80年代后日本对教师教育课程设置提出了新的标准，基于全球视野采取行动的能力是这一时期的教师教育培养理念。除了要求入职前教师学习教育知识的学习，还要关注尊重人权、保护环境、多元文化等世界性的人类共同的价值取向；针对变化时代下的生存能力，面对新科技手段转化为现实生产力并投入到教学中运用，增开"外语交流"和"信息设备操作"等科目，目的是增强入职前教师利用新科技手段提高信息技术水准和整体教学的能力；对于实践指导能力，着重加强入职前教师对于教学实践能力的锻炼，包括扩大教

[①] 余德英、王爱玲：《教师教育课程范式变革及其启示》，《教育理论与实践》2018年第1期。
[②] 李其龙、陈永明主编：《教师教育课程的国际比较》，教育科学出版社2002年版，第385页。
[③] 钟启泉：《关于教育改革的第二次咨询报告》，载钟启泉选编《日本教育改革》，瞿葆奎主编《教育学文集》，人民教育出版社1991年版，第489—490页。
[④] 谢赛：《日本教师教育》，华东师范大学出版社2018年版，第21页。

育实习、研讨实践新的教学方法等。

为了进一步提升教师教育能力培养,日本教育大学协会于 2001 年成立了教师教育示范课程研制小组。2001 年至 2004 年间,课程研制组共举行了 19 次会议,并于 2004 年 3 月发表了结题报告,阐述了"教师教育核心科目群"的概念及具体内容,并倡导相关的大学或学部在"教师教育核心科目群"的基础上开发研制自己的课程。①

提出"教师教育核心科目群"建设的目的是确保入职前教师能够在大学学习的同时可以在不同的地方开展相关的教育实践,并对教育实践能够有自己的理解和思考,以便建构以"知识—实践—能力"为框架的教师教育课程范式。

从表 14-6 可以看出,日本对于教育实习的设置贯穿整个大学教育,在各门课程开设学习的同时添加现场体验和研究,促进课程学习和教学实践的有机融合,强调知识与能力的同时养成,切实做到了学以致用。这种知识学习与实践能力并重的做法对教师教育课程范式建构具有重要的实践启示价值。随着全球化与信息化的迅猛发展,日本对于教师培养的标准也越来越高,对于每个阶段的教育执行能力也有了新的要求,并开始强调终身学习。

表 14-6 21 世纪日本"教师教育核心科目群"

阶段	科目	具体内容
大一	教育体验 1 和教育体验 2(在实践场域) 现场研究 1 和现场研究 2(在大学)	(1)观察与反思中小学校;(2)观察与反思儿童成长的各种场域(护理院、私塾以及感化学校等)
大二	实践研究开发 1 和实践研究开发 2(在中小学) 现场研究 3 和现场研究 4(在大学)	(1)任教部分学校学科;(2)引导儿童参加不同活动(引导儿童的态度、道德伦理、学校活动等)
大四	教学实习(在中小学) 现场研究 5(在大学)	实习前后的反思 3—4 周教学实习(在学校)
研究生	高级教学实习(可选)	结合现场研究,撰写学位论文

资料来源:谢赛:《日本教师教育》,华东师范大学出版社 2018 年版,第 26 页。表格为笔者根据该资料自制。

2015 年日本开启了现代核心教职课程的开发。核心教职课程从学生的视角去理解和设置课程,侧重于理论与方法的结合。与传统的基础学科、教育学科和专业学科的划分相比较,教育实践被单独作为一大板块分列出来,凸显出对于实践能力的重视和培养。

综观日本的教师教育发展,经历了由知识到学科再到能力本位的范式变迁。知

---

① 谢赛:《日本教师教育》,华东师范大学出版社 2018 年版,第 25 页。

识本位的教师教育范式为日本的快速发展培养了急需的师资力量，为日本的快速发展打下了坚实的基础。第二次世界大战结束以后，随着师范学校的改制，教师教育课程呈现出学科化发展的趋势，逐渐形成了教师教育学科化课程范式。随着教师教育课程体系的逐步完善，20世纪80年代以后，日本教育改革的重点落在了专业素养和技术能力方面，这也促成了日本教师教育课程范式逐步向能力本位的转变。随着日本对于教师教育能力培养标准的不断提高，终身学习观也被植入了日本教师教育的价值理念之中，这也是日本近现代教师教育取得长足发展的重要原因。

第二节　与民更始：苏俄教师教育课程范式

苏维埃政权建立之初，就充分意识到教育的重要性，强调要在共产主义思想的指导之下发展壮大教师队伍。1922年苏维埃社会主义共和国联盟成立后形成的统一的社会主义师范教育体系具有两大特点：其一，列宁主义原则是建立这个体系的理论基础；其二，教学教育工作的组织形式和方法的多样性。加盟国和自治共和国根据这两个特点各自发展本地区的师范教育，壮大本民族的师资队伍。[①]此后苏联的教师教育整体发展基本在这两大特点的指导下进行。

一　师道为尊：教师本位课程范式

罗伯特·巴尔（Robert Barr）把本科教育划分为教授范式（Instruction Paradigm）和学习范式（Learning Paradigm）。教授范式以教师为中心，学习范式以学生为中心，认为在传统的教育之中，教授范式起到了主导作用。[②]苏联教育学家伊万·A.凯洛夫（Ivan A. Kairov）也认为："教师本身是决定教学培养效果之最重要的、有决定作用的因素"，而且"教学的内容、方法、组织之实施，除了经过教师，别无他法"[③]。这种以教师为中心的本位教育赋予教师极大的自主权，使得教师在教学过程中可以灵活多变。但是片面强调教师的中心地位，忽视教师教育课程设置的科学性和学习主体的主动性，一定程度也限制了当时教师教育的发展。

苏联在建国初期，非常重视教育师资力量的培养，在教育人民委员部颁发的多个文件中多次提到培养社会主义教师教育力量是教育人民委员会工作的重中之重。苏共和政府提出的口号是培养出新教师就是在帮助巩固社会主义民主和建立新型学校方面完成了一半工作。[④]列宁也曾在写给喀普里党校学员的著名信件中

---

① 丁正：《苏联师范教育的今昔和未来》，《外国教育动态》1986年第2期。
② Robert B. Barr and John Tagg, "From Teaching to Learning—A New Paradigm for Undergraduate Education", Change: The Magazine of Higher Learning, Vol. 27, No. 6, November 1995, pp. 12–25.
③ ［苏联］凯洛夫：《教育学》上册，沈颖等译，人民教育出版社1953年版，第58—59页。
④ ［苏联］帕纳钦：《苏联师范教育——重要历史阶段和现状》，李子卓、赵玮译，文化教育出版社1981年版，第13页。

提到学校老师的作用：

> 在任何学校里，最重要的是课程的思想政治方向。这个方向由什么来决定呢？完全只能由教学人员来决定。同志们，你们明明知道，任何"监督"、任何"领导"、任何"教学大纲"、"章程"等对教学人员来说都是空谈。①

1918年8月，苏联召开了第一次全国师范教育工作会议，把旧有的师范学校、师范学堂以及师范培训班改组为高等师范学院，同时建立专门的教育学院。师范学院的学制定为4年，其中理论课程学习修习3年，最后一年定为实习。师范学院课程安排详见表14-7：

表14-7　　　　　　　　　　1918年起苏联师范学院课程安排

学科	科目	开设年限
教育理论	教育史、教育学、心理学、教学法、党和共产国际史	一、二年级
通修科目	生理学、卫生学、文化史、逻辑学、社会学史、绘画、音乐、外国宪法概要、俄罗斯联邦宪法、苏维埃经济理论	一、二年级
专业科目	视具体专业而定	一、二、三年级
教学实习	安排学生到附属文科中学或实科中学进行教育实习	四年级

资料来源：[苏联] 帕纳钦：《苏联师范教育——重要历史阶段和现状》，李子卓、赵玮译，文化教育出版社1981年版，第14页。表格为笔者根据该资料自制。

值得肯定的是苏联的教师教育从诞生之初就注重理论与实践的结合，也重视现代教育知识和综合教育技术的培养，使苏联早期培养的教师教育人才具有较强的教学实践能力。但是早期的苏联教师教育深受凯洛夫教育理念的影响，过分强调教师的主导作用而弱化课程设置在教育工作中的重要作用。在这种背景之下：

> 课程设置整齐划一，缺乏灵活性和变通性。1917—1945年颁布的几个教学计划中，课程一律为单一的必修科，没有设选修科，而且教学计划、教学大纲一经颁布，各地学校就得统一执行，不得任意更改，即使有明显错误，也得等到中央颁布新计划、新大纲时才能得到纠正。这是苏联学校课程最明显的一个缺陷。②

同时，这一时期苏联教育的目标更多的是培养高级专门人才，所以对学科划

---

① [苏联] 列宁：《给喀普里党校学员尤利、万尼亚、萨维里、伊万、弗拉基米尔、斯塔尼斯拉夫和弗马诸同志的信》，载《列宁全集》第15卷，人民出版社1959年版，第438—439页。
② 田慧生：《苏联早期课程改革的历史回顾》，《课程·教材·教法》1987年第7期。

分更加具体专一。综合大学对于高级教师教育的培养只是在具体学科附加一些通修的教育类课程，这种设置不利于新型学科和交叉学科的发展。过于强调以教师为中心的课程设置，赋予教师主导权的同时，采取统一教学计划、教学大纲及教材，弱化课程设置的科学性，忽视了区域办学的特点，也没有兼顾到学生在学习当中的自主性。这种统一的培养模式在一定程度上造成了教师教育思想的僵化，遏制了当时苏联教师教育发展的积极性和创造性。

二 充类至尽：技术本位课程范式

技术本位教师教育课程范式强调对师范学生教学知识与技能的培养，其背后的核心理念是教师被期待成为娴熟的教学技术人员。[①] 20世纪50年代开始，随着科学技术的发展，世界各国都开启了教育改革的浪潮，苏联也不例外。有鉴于苏联早期狭义的课程思想，在苏联接下来的四次大的教育改革当中，课程改革，尤其是教学技术改革始终处于核心地位。

1958年苏联最高苏维埃主席团审议通过了《关于加强学校同生活的联系和进一步发展苏联国民教育制度的法律》（以下简称《法律》）。《法律》认为当时苏联学校的"主要的缺点是教学在一定程度上脱离了生活，学校毕业生对于从事实际活动的准备很差"[②]。因此按照《法律》的要求，劳动教学时数大大增加，这部分时间比改革前增加了4倍，由原来的教学计划中的比重5.3%增加到21.06%。[③]但结果是，太过于注重劳动实践导致正常的基础教学时间安排不足，教学计划和课程设置受到很大影响，而且科学技术和文化理论知识被忽视，严重影响了教学质量，最终第一次教学改革以失败而告终。

1964年苏联成立普通学校教学范围和性质审定委员会，提出了《关于普通教育课程的建议》，加入大量科学技术和文化理论的课程，要求教育的内容要符合科学发展和技术变革的要求。新的课程改革完善了教育学科的课程结构，增加了教育理论课时，新开设了《教育学引论》《年龄生理学》《年龄和教育心理学》等，针对技术方面新增加了《教育工作方法》《学校现代技术教学手段》等，提升了教学方法。1965年至1970年这6年间，师范类院校可用的新的教学大纲、教材、教学法等参考书多达240余种，[④]同时新的选修课程也被不断地研发出来。到1975年在苏联各类师范院校出现的选修课程多达70余种，一改苏联多年来只有必修课的传统。这一时期的课程改革，很大程度上提升了苏联的教育科学理论

---

① 谢赛：《教师教育课程范式研究的回顾与展望》，《全球教育展望》2017年第4期。
② 北京师范大学外国问题研究所 外国教育研究室编译：《苏联教育法令汇编》，北京人民出版社1978年版，第18—19页。
③ 田慧生：《战后苏联课程改革述评》，《外国教育动态》1987年第6期。
④ ［苏联］帕纳钦：《苏联师范教育——重要阶段和现状》，李子卓、赵玮译，文化教育出版社1981年版，第129页。

水平。其问题在于，理论课程设置难度太大、范围太广，不利于实践。各学科之间独立性太强，不利于学科交叉发展，教育技术发展依然滞后。

1977年苏共中央和苏联部长会议通过了《关于进一步改进普通学校学生的教学、教育和劳功训练》的决议，① 调整了理论课程设置难度，强化了实践课程，以加强理论与实践相结合的课程理念，同时加强教育技术的综合发展。课程设置方面也协调了各个学科之间的关系，避免知识重复，利于学科交叉。决议很大程度上完善了苏联当时的教师教育体系，使其结构更加逻辑化、合理化。尽管改革成绩斐然，但理论知识的学习、教育技术的掌握与劳动实践之间的协调依然存在问题。

1984年苏共中央全会正式通过了《普通学校和职业学校改革的基本方针》。该文件要求：

> 授予年轻一代以深刻而牢固的科学基础知识，培养他们把这些知识运用于实践的技能和技巧，形成辩证唯物主义的世界观。②

20世纪80年代的苏联教师教育有一个明显的特点就是注重教师的职业性，注重培养教师如何把教师教育知识以技术化的方式传授出去，强调实践的技能和技巧。因此在苏联后期的教育改革中，为了提高教师教育的整体水平，综合性大学开始参与教师教育师资的培养，利用其较强的物质基础和技术配置，为专门学科的教师教育师资培养做出了很大贡献。

表14-8　20世纪80年代苏联师范学院课程安排

类别		内容	课时
社会学科类		苏共党史、政治经济学、辩证唯物主义、历史唯物主义、科学社会主义、科学无神论基础、马列主义伦理学、美学原理、苏联法律	454—544学时
教育理论课程		教育学、教育史、教育工作方法、普通心理学、年龄与教育心理学、家庭生活心理学与伦理学	340学时
教育技术课程		专业教学法、教学技术手段、学校现代科技手段、计算机技术	100—200学时
学科专业课程		视学科专业而定	2500—3000学时
教育实习	一年级	以观察见习为主，了解中小学学校教学大概情况	
	二年级	作为班主任的助手，熟悉课程组织形式，参与分析课程	
	三年级	作为任课教师与班主任的助手，组织学科活动，分担科研工作	
	四年级	在老师指导之下，可以独立完成中小学教学工作	

资料来源：方苹：《苏联师范教育和教师》，载成有信编《十国师范教育和教师》，人民教育出版社1990年版，第202—203页。表格为笔者根据该资料自制。

---

① 田慧生：《战后苏联课程改革述评》，《外国教育动态》1987年第6期。
② 田慧生：《战后苏联课程改革述评》，《外国教育动态》1987年第6期。

如表 14-8 所示，20 世纪 80 年代苏联已经形成了相对完善的以理论为指导，以技术为本位，以实践为标准的一体化教师教育课程范式，这为苏联的经济发展夯实了基础。其专业的教育理论课程科目齐全，可以使培养出来的教师具有扎实的理论基础。教育技术课程被单列出来，实现了教学理论和教学技术的相互融合，确保培养出来的师资具备娴熟的现代教育技术能力。此外，任务分散型的教育实习模式，可以让学生在学习的同时去实践自己掌握的教育教学技能和知识，这种现学现用的教育实习方式，有效地检验和巩固了学生所习得的理论知识和教学技能，强化了他们作为职前教师的知识储备，时至今日都具有一定的现实意义。

三　大匠运斤：能力本位课程范式

能力本位范式是以能力表现和标准为基础，且与现场实践相关联的教育和培训范式。[①] 自 20 世纪 90 年代起，这一教育范式对全球范围内的教育改革产生了广泛影响。1991 年苏联发生剧变，在新形势下，俄罗斯开始了全面改革，同时确立了教育优先发展的战略，一改苏联时期集中单一的计划教育，开始实施教育分权管理，关注教育的区域化、民族化和多样化特征。

1992 年 3 月，俄罗斯科学部高等教育委员会通过了《关于在俄罗斯联邦建立多层次高等教育的决议》。根据《决议》精神，俄罗斯许多师范院校都在寻求新的办学方式，并使新方式与新战略结合在一起，培养富有个性和创造能力的教师。在这一政策指导之下，俄罗斯逐步建立起了中等师范教育、高等师范教育（包括师范专科学校和师范学院两个阶段）、研究院阶段师范教育（主要指师范大学）的三级教师教育培养体系。[②] 其中师范专科学校多由苏联的中等师范学校升级而来，基础高等师范教育多由师范学院和师范大学承担，完全高等师范教育开始由综合性大学参与培养。

1995 年 6 月，俄联邦国家高等教育委员会发表了《高等职业国家教育标准》（以下简称《标准》）。该文件确定了高等师范教育专业人才能力培养标准的基本要求，教师教育课程主要分为四部分，即一般文化课程、医学生物课程、心理教育课程和专业学科课程。该《标准》对课程内容设置进行了详细规定，除一般文化课外，其他课程设置如表 14-9 所示。

[①] Thomas DeiBinger, Robin Heine and Mariska Ott, "The Dominance of Apprenticeships in the German VET System and Its Implications for Europeanisation: A Comparative View in the Context of the EQF and the European LLL Strategy", *Journal of Vocational Education and Training*, Vol. 63, No. 3, September 2011, p. 412.

[②] 张丹华：《俄罗斯师范教育的演进》，《外国教育研究》1995 年第 4 期。

表 14-9　　　　　　　　　1995 年起俄罗斯教师教育课程设置

课程类别	课程
医学生物课程	少年儿童解剖、生理和卫生基础、疾病的预防和保健生活方式的基础、在异常情况下人的安全和保护、初步的医疗和救护
心理教育课程	师范职业概论、普通心理学、年龄心理学、社会心理学、教育心理学、学科教学法、教育理论和教育系统及工艺、教育哲学和历史
专业学科课程	视各专业具体情况而定
选修课	视各专业具体情况而定

资料来源：孙丽莉：《中国与俄罗斯师范教育课程设置比较引发的思考》，《黑龙江高教研究》2005 年第 5 期，第 167 页。表格为笔者根据该资料自制。

普通文化课程主要从人文、生态、价值等方面培养职前教师的人生观、世界观以及价值观等。心理教育课程和医学生物课程主要养成学生的教育心理素养和安全健康意识。专业学科课程和必要的选修课程旨在培养职前教师的专业理论和技术技能。这三大类课程"现行比例大致为 1∶1∶3，这种课程类别架构比较合理"[①]。该《标准》不仅对俄罗斯高等教师教育课程设置做出要求，侧重了教师教育专业知识，还强调教育应该具有人本化功能，在培养教师教育人才专业技术能力的同时更注重教师教育职业素养的培养。

进入 21 世纪，俄罗斯于 2001 年颁布《2001—2010 年俄罗斯连续师范教育发展纲要》，对教师教育的职业连续性发展提出新的要求。2003 年 4 月，俄罗斯教育部又颁布了《师范教育现代化计划》，提议应建立一个连续的涵盖职前培养和职后进修为一体的职业运行机制，以确保教师教育人才职业能力的持续发展。2007 年，俄罗斯国家杜马通过《关于引入两级高等教育体制的法律草案》，以此为指导形成了俄罗斯特有的"学士—专家—硕士"三级教师教育人才培养体制。[②] 2010 年实行的第三代师范教育国家标准从"教师普通文化能力、一般职业能力和教师职业能力三个维度对教师培养提出了三十余种能力要求"[③]。在教育实习方面，2011 年俄罗斯教育部出台的《师范教育标准》，对师范生教育实习活动做了明确规定，这些规定一定程度上沿袭了苏联的实习模式，采用任务分散型教育实习，从大学一年级到四年级，每个学年实习时间不少于一个月，整体实习时间不少于 20 周，整个师范教育过程贯穿着教师教育能力实践。2014 年 4 月，由俄罗斯联邦政府颁布《俄罗斯联邦 2013—2020 年教育发展规划》，其中明确要求发展现代教育技术，以提高教师教育整体能力水平。《俄联邦教育法》和联邦普通教育、学前教育国家标准明确提出教育机构长期发展目标："2022 年前所有教育机

---

① 孙丽莉：《中国与俄罗斯师范教育课程设置比较引发的思考》，《黑龙江高教研究》2005 年第 5 期。
② 王颖、胡国华、赵静：《本世纪俄罗斯教师专业发展政策与启示》，《教育理论与实践》2015 年第 5 期。
③ 杜岩岩：《俄罗斯师范教育现代化再出发：方向与措施》，《教育研究》2015 年第 9 期。

构依据联邦教育国家标准向能力范式转型"①。在这种背景之下，无论是课程培养目标还是课程内容设置，一体化教师教育培养整体体现出以能力为本位的课程范式。

苏俄教师教育课程范式的变迁一定程度上反映了教师教育发展的内在规律。早期的苏联由于教师教育课程设置整齐划一，且只开设必修课程，不开设选修课程，很大程度上影响了苏联教师教育的发展和教师教育人才的培养。同时过分强调教师的主导地位，忽视学生的积极参与也影响了苏联早期教师教育理论的发展。第二次世界大战后，随着国际教师教育改革的开展，苏联也逐步形成了一套以理论为指导、技术为本位、实践为标准的教师教育课程范式，这也为苏联的快速发展提供了教育师资力量层面的保障。俄罗斯早期的教师教育很大程度上沿袭了苏联的教师教育模式，但是随着政治和经济环境的改变，俄罗斯在苏联教师教育发展的基础之上开始改革，逐步形成了适合俄罗斯发展需要的三级教师教育人才培养体制。课程范式开始由苏联时期以培养娴熟教师教育人员的技术范式，转变为提升整个教师教育职业水准的能力范式。

第三节 涤故更新：美国教师教育课程范式

19世纪20年代，马萨诸塞州成为第一个对所有人免费提供基础教育的州，美国教师教育也于这一时期初现萌芽，但受限于当时的社会发展水平和人们的认知水平，教师教育发展相对缓慢。即使在19世纪中期以后，绝大多数人也认为任何类似于现代教师教育的想法都是完全没有必要的，而且很可能是不可理解的。②美国早期的教师教育途经了中等师范学校到高等师范学院，再从独立的师范学院至综合大学的教育学院，发展历时一个世纪，期间教师教育课程范式也经历了三次重大变革。

一 专一而精：学科知识本位课程范式

学科知识本位课程范式将具体专业学科课程约化为教师教育人才培养课程。这一课程范式一般出现在教师教育发展初期，源于人们对于教师教育认识不足。其特征是以具体学科的课程替代教师教育课程，旨在培养具有一定学科专业知识的教学人员，主要任务是"应该用一种尽可能有效的方式把过去的知识传递给新生的一代"③。

在美国建国初期，中小学教师主要由文理学院（Liberal Arts College）培养。

---

① 杜岩岩：《俄罗斯师范教育现代化再出发：方向与措施》，《教育研究》2015年第9期。
② Christopher J. Lucas, *Teacher Education in America: Reform Agendas for the Twenty-First Century*, New York: St. Mantin's Press, 1999, p. 3.
③ 李敏谊：《美国早期教育课程模式与当代中国早期教育课程改革》，《学前教育研究》2009年第1期。

当时人们普遍的教育理念认为教育不需要专业的教育知识，只要一个教师掌握了某一学科全面系统的学科知识就有了具备当教师的最好资质。所谓的教师培养就是单一学科知识和技能的培训学习，所以并没有专业的教师教育学科这一说法，教师教育知识也被单一的学科知识所替代，其课程范式以学科知识为本位。

早在1789年，就有人在《马萨诸塞杂志》上建议本州的每个县都应该建立满足年轻人需要的教师培训机构，但是这些成立教师专业指导培训机构的建议并没有得到当时政府和教育工作者们的支持。1816年，丹尼森·奥姆斯蒂德（Denison Olmstead）在耶鲁大学毕业典礼的演讲上呼吁建立为未来培养教师的学院。1823年，同为耶鲁大学教师的詹姆斯·T. 金斯莱（James T. Kingsley）也在《北美评论》（North America Review）上发表文章发出了类似的号召。同年，有牧师身份的塞缪尔·霍尔（Samuel Hall）在佛蒙特州的康科德（Concord, Vermont）建立了美国第一所师范学校，计划为将来的教师培养设置三年的课程学习。后来霍尔出版了一本《学校教育演讲》（Lectures on School Keeping），这本书很快被当成教师教育的教科书广泛地运用于19世纪四五十年代。① 美国教师教育的帷幕由此拉开。

美国历史上第一所正规的州立师范学校于1839年在马萨诸塞州莱克星顿（Lexington, Massachusetts）建立。同年，马萨诸塞州相关部门以法律的形式规定了早期美国师范学校的课程，但是受限于早期的教育理念和对于教师教育的狭义认识，真正关于教育类的课程只涉及普遍意义上的心理学和教学艺术两门课程。由于当时的师范学校是一种新型的教师培养机构，所以其目的就是为公立学校培养教师。在1860年以前，设置时限为一年的师范课程主要包括小学科目（如拼写、阅读、写作、地理和算术）和有限的中学科目（如几何、代数、自然和道德哲学）的内容，以及致力于儿童身体、智力和心理发展的知识课、教学方法课、课程管理课和学校教学实习等。②

到19世纪末期，大量的欧洲教育思想开始传入美国，加之大量师范学校的出现，教育思想和理论开始受到关注。教育学者们发现类似于中学附加课程的师范课程并不能满足专业化需求日益提高的教师教育发展。随后师范学校的课程也发生了变化，这直接推动了美国教师教育向专业化方向的发展。

二 研精覃思：专业技术本位课程范式

泰勒和本杰明·S. 布鲁姆（Benjamin S. Bloom）的技术主义课程理论认为在进行课程规划时，可以通过课程设计、实施和评价中的精确性，以求得复杂学习

---

① Christopher J. Lucas, *Teacher Education in America: Reform Agendas for the Twenty-First Century*, New York: St. Mantin's Press, 1999, pp. 17–18.

② Christopher J. Lucas, *Teacher Education in America: Reform Agendas for the Twenty-First Century*, New York: St. Mantin's Press, 1999, p. 25.

任务的完成。① 因此，专业技术本位课程范式下的课程设置和规划开始尝试以科学的技术手段对于复杂的教学和学习活动做出准确的操控和评价。

随着义务教育越来越普及，师范学校对于教师教育的认识思想也发生了转变，教育学科不再是类似于其他专业学科的附属设置，而应该是专业理论和应用技术为一体的专门学科。这种对教师教育认识层次的提高直接改变了师范学校的教师教育课程设置和规划。因此，为了提高教师教育的整体质量，师范学校开始对教师教育课程设置进行细化，同时教师教育课程内容也被扩充。在普通高等学校课程设置中，除了文理课程和学科专业课程，还补充了大量的教育学科内容，包括教学法、教育史、教育哲学、教育心理学以及教育社会学等，开始形成了教育学科体系的雏形。

20世纪初，卡内基教学促进基金会确立了由基础学科课程、任教科目课程和教育专业课程为基本框架的美国教师教育课程体系，同时制定了中小学教师教育的课程标准。

从表14-10可以看出，在教师教育课程当中尽管增设了很多教育类课程，但是课程范围包含广泛，这种广泛而细化的课程内容淡化了教师教育学科的理论特质，而且师范学院的教学理念和教师教育课程都更加倾向于技术理论支撑。很多课程诸如教学法、教育管理、课堂管理、心理测验、教学讨论等多以技术理论为导向，这种教师教育课程范式的设置其核心除了要求对其学科知识有足够理解和掌握，还要求职前教师进行必要的实践技术训练。对于教师的专业要求是具有合格的学科知识和专业技术技能水平。

表14-10　　　　　　　　20世纪初美国中小学教师教育培训课程

小学教师培训课程	普通教学法、各科教学法、心理学、卫生学、生理学、课堂管理、心理测验、教学讨论、教育管理、学校制度、幼儿教育、教学参观、实习
中学教师培训课程	普通教学法、各科教学法、生理学、卫生学、心理学、课堂管理、心理测验、教学讨论、教育原理、学校制度、教育史、参观、实习

资料来源：余家菊：《师范教育》，上海中华书局社1926年版，第34—44页。表格为笔者根据该资料自制。

为了提高专业培养方式，一些教学技术理论和训练也被引入了教师教育学科之中，其中包含罗宾斯·H. 谢尔顿（Robins H. Sheldon）所持的"目标教学论"（target-teaching）、赫尔巴特倡导的技术能力（technical competence）"五段教学法"（预备、呈现、联系、统合、应用）等。教师教育课程范式开始呈现专业技术本位的特征。

---

① 黄甫全：《美国多元课程观的认识论基础探析》，《比较教育研究》1999年第2期。

20世纪50年代左右，美国已初步形成较为专业的教师教育体系。大量的师范学校改组改建为师范学院，要取得中小学教师资格认证，要求必须接受四年完整的教师教育培养，包括具体的文理基础知识、学科专业知识以及系统的教师教育知识和技术技能水平，大幅度提高了美国基础教育的文化素养和专业水准。

20世纪60年代以后，美国很多院校开始设置著名的"4+1"课程设置模式。前四年修习文理科基础知识和各学科专业课程，最后一年集中学习教师教育课程，其中又设置了理论知识学习和临场实践实习，加强与中小学之间的交流与合作，"顺应当时宽基础、精学科、重实习的教师教育发展趋势，开创了六七十年代美国教师教育发展的新模式"[①]。

20世纪90年代，美国的教师教育设置主要包括以下四类：（1）四年教师教育课程，课程设置包括通识学科课程、专业学科课程、教育技术课程和教学实践课程，毕业者授学士学位。（2）五年教师教育整合课程，主要整合专业学科课程和教育技术课程与教育实践课程。（3）第五年研究生教师教育课程，申请者必须在前四年完成某一具体学科本科学习，第五年选择教育类专业学习和教学实践。（4）选择性证书教师教育，其目的是给没有接受过教育学科专业学习的其他学科毕业生提供相应的培训，以解决专业师资问题。

如表14-11所示，美国教师教育课程主架构依然是三大部分：通识学科课程、专业学科课程和教育科学课程。通识学科课程为必修课，任何学科专业都需要修习，目的是拓宽学生的知识视野；专业学科课程具体设置视具体专业情况而定，主要根据学生所修的专业去选择与其相对应的学科课程，其中包括专业必修课和专业选修课；教育科学课程也包括必修课和选修课，更侧重教师教育教学方法研究和教学田野实践体验。舒尔曼认为高效的教师只能由大学的专业学科专家和教师教育专家共同以教育学的理念去教授其他学科的专业知识的方式培养出来。[②] 这种教师教育理念也促使了美国教师教育课程向多元融合方向的发展。

表14-11　20世纪90年代美国三类课程的学时与学分比例分布

课程类型	学科领域	占总学时比例	占总学分比例
通识学科课程	自然科学、社会科学、人文科学和艺术、语言学	1/3	1/2
专业学科课程	中小学教学科目专业（数学、科学、英语等）	1/3	1/3
教育科学课程	教育基本理论、各科教学法、教学实践	1/3	1/6

资料来源：李其龙、陈永明主编：《教师教育课程的国际比较》，教育科学出版社2002年版，第18页。表格为笔者根据该资料自制。

---

① 郭志明：《美国教师教育课程变迁与教师专业化》，《学科教育》2004年第5期。
② Lee. S. Shulman, "Knowledge and Teaching: Foundations of the New Reform", *Harvard Educational Review*, Vol. 57, No. 3, February 1987, pp. 1–22.

三 捭阖纵横：多元融合本位课程范式

美国是一个移民国家，2000年人口普查的结果表明，美国人口正变得越来越多样化。① 一些多元文化教育支持者主张一种融合策略，多元化的问题不再局限于专业课程，而是贯穿整个教师教育课程。② 因此美国这一时期的教师教育课程范式开始呈现多元融合的本位特征。

美国的多元文化冲突与融合体现在了诸多方面，早期的多元文化教育只是为了考虑弥合在少数受歧视的跨文化学生教育上的缺陷，进而帮助学生提升其跨文化能力。因此奥尔德林·E. 斯威尼（Aldrin E. Sweeney）把其称为"伪多元文化教育方法"（pseudo-multicultural approach）。③ 印第安纳大学的麦瑞琳恩·波伊尔—贝斯（Marylynne Boyle-Baise）认为如何把边缘化的群体（marginalized communities）引入权力关系中对多元文化教育来说至关重要，因此多元文化的学习应该是通过理解文化与权力之间的关系来完成。④ 彼得·H. 科恩（Peter H. Koehn）将多元文化能力划分为四类：分析能力（analytic competency）、情感能力（emotional competency）、创新能力（creative competency）和行为能力（behavioral competency）。⑤ 虽然波伊尔—贝斯和科恩这种提法并非是针对教师教育领域而言的，但是对于处于劣势或受歧视地位的学生群体而言，他们确实属于边缘化群体。如何平衡这种群体关系，均衡培养学生的多元文化能力，对教师教育而言显然具有一定的指导意义。所以多元文化教师教育课程设置的目的本质上是培养所有学生掌握多元文化的一种综合能力，以帮助他们适应多元化的社会生活，提升他们的生存能力。

除了多元文化能力培养，到20世纪80年代以后，各个学科之间的关系越来越密切，多学科之间的交叉融合趋势慢慢加强。在这种背景之下，舒尔曼提出了"学科教学知识"的概念，认为学科教学知识是具体学科知识与教育学知识的混合，属于教育领域内教师特有的理解方式，⑥ 着眼于具体学科领域之内的教育教

---

① Ana Maria Villegas and Tamara Lucas, "Preparing Culturally Responsive Teachers: Rethinking the Curriculum", *Journal of Teacher Education*, Vol. 53, No. 1, January/February 2002, pp. 20 – 32.

② Carl A. Grant, "Best Practices in Teacher Preparation for Urban Schools: Lessons from the Multicultural Teacher Education Literature", *Action in Teacher Education*, Vol. 16, No. 3, September 1994, p. 13.

③ Aldrin E. Sweeney, "Incorporating Multicultural and Science Technology-Society Issues into Science Teacher Education Courses: Successes, Challenges and Possibilities", *Journal of Science Teacher Education*, Vol. 12, No. 1, February 2001, p. 3.

④ Marylynne Boyle-Baise, "Community Service Learning for Multicultural Teacher Education", *Equity & Excellence in Education*, Vol. 31, No. 2, October 1998, p. 6.

⑤ Peter H. Koehn and James N. Rosenau, "Transnational Competence in an Emergent Epoch", *International Studies Perspectives*, Vol. 3, No. 2, December 2002, p. 109.

⑥ Lee S. Shulman, "Knowledge and Teaching: Foundations of the New Reform", *Harvard Educational Review*, Vol. 57, No. 1, February 1987, p. 8.

学研究,强调学科知识的独特传授方式。虽然这一时期的美国教师教育课程设置依然是以基础学科课程、专业学科课程和教育科学课程为基础,但学科多元融合的理念已被广泛传播。

在21世纪初,美国著名课程学家詹姆斯·A. 班克斯(James A. Banks)对多元文化教育模式做了修正划分,概括出了四种模式,[①] 见表14-12。

表14-12　　　　　　　　　　班克斯多元文化教育模式概述

模型	关注焦点
主流中心课程模式 (Mainstream Centric Model) (第一阶段)	教师和学生主要且仅从主流历史学家、作家和艺术家的观点中了解美国历史、文学、艺术、音乐和文化等
文化叠加模式 (Cultural-Additive Model) (第二阶段)	在不修改课程基本建构的情况下,加入与多元文化和亚文化群体相关的内容、概念、主题和观点。重点在于掌握非主流群体的初级事实
多元文化模式 (Multicultural Model) (第三阶段)	学生从不同的种族和文化观点中学习历史、社会、艺术、文学事件和概念。主流观点仅仅是其中观点之一,每一个观点对于教学目的来说是同等有效和具备同等价值的
跨文化模式 (Ethnonational Curriculum Model) (第四阶段)	学生不仅学习和美国相关的事件、问题和概念,也要了解全世界的情况。学生要从来自不同国家的不同文化群体的观点中学习和分析挑选出来的全球性问题和概念

资料来源:戴伟芬:《美国教师教育课程思想30年》,北京师范大学出版社2012年版,第174页。

这四个模式也指导了现代美国教育课程的改革框架,而课程设置的主导思想侧重于职前教师跨文化能力的培养,着眼于开拓他们的国际视野,训练其分析和解决问题的思维能力,最终以服务于人类社会为目标。这种以多元文化为导向的课程设置充分展现出其包容性,也反映出了现代社会对于教师教育人才的需求和培养标准。

美国教师教育课程范式的三次变革,充分反映出了人们对于教师教育职业认知的发展过程。美国早期的课程范式很大程度上忽视了教师教育的特点,教师教育课程也被约化为学科专业知识。课程范式以传递学科知识为本位,评价方式也主要以应试为主。20世纪初,随着初等义务教育的普及和大量欧洲教育思潮的传入,极大地推动了美国教师教育的发展。20世纪50年代以后,美国逐渐形成了较为专业的教师教育体系,教师教育课程范式也开始呈现以科学技术主义为特征的专业技术本位,尝试以科学的技术手段精确地操控课程教学活动的开展,课程评价开始借助现代教育技术进行评价。20世纪80年代,多学科交互融合发展趋

[①] James A. Banks, "Citizenship Education and Diversity: Implications for Teacher Education", *Journal of Teacher Education*, Vol. 52, No. 1, January 2001, pp. 5–16.

势越来越明显，为了更好地适应学科多元化发展，培养学生的多元文化能力，教师教育课程范式也逐步演变为以多元融合为本位，过程性评价、发展性评价以及综合性评价等多元化评价方式更是体现出了多元融合范式的包容性和科学性。因此多元融合教育更多的是体现一种公平教育。

第四节　铸新淘旧：英国教师教育课程范式

英国传统的师范教育可以追溯到17世纪，有着非常悠久的历史，但是早期的教师教育并没有严格的培养机构、教育内容以及培养方式等，和现代意义上的教师教育相去甚远，在此后两百多年的历程中虽然发展缓慢，但因其深厚的教育底蕴，英国属于较早步入近代教育改革行列的国家。从19世纪初有组织的教师教育培训开始至今，英国教师教育历经了多次重大的教育与课程范式变迁，本节以课程范式变迁为主线进行描述。

一　知教相从：知识教义本位课程范式

在大多数国家教师教育发展初期，几乎都是由知识本位课程范式占据主导地位，英国因其深厚的宗教底蕴，早期的教师教育课程除了传递基本的文化知识，更多的是对宗教教义教规的传授。这主要源于英国最初的教师教育培训是由宗教教士发起和创建，而且在其后的半个多世纪，教会始终在教师教育发展之中处于主导地位，故而这一时期的课程范式也是以知识教义为本位。

18世纪90年代，英国出现了有组织性质的教师教育培训。最早开始是被称为"贝尔—兰卡斯特"制的"导生制"，即先在学生中选拔一些优秀的学生作为导生，由教师对其教授简单的基础知识和宗教教义，然后导生代替教师的职责把知识转授给其他学生。这些导生主要由附设于初等学校的模范学校（Model School）或者模范中心（Model Center）来培养，[①] 导生所修习的内容除了简单的"读、写、算"能力，还有大量的宗教教义教规。虽然这种导生制培养方式并不具备严格意义上的教师教育培养模式标准，但确实解决了早期英国对于师资力量缺乏的问题。这些教师也成为19世纪上半叶初级师资力量的主要来源。

1810年，非国教派教士成立皇家兰卡斯特协会。1811年，国教派教士成立贫民教育促进协会，这两大宗教团体在竞争过程中都"极其重视教师的训练"，成了当时左右英国师范教育发展的两支主要力量。[②] 由于受到宗教团体的支持和资助，因此英国早期的教师教育培训一直受制于宗教势力。

[①] Rod Chadbourne, "Teacher Education in Australia: What Difference Does a New Government Make", *Journal of Education for Teaching*, Vol. 23, No. 1, January 1997, p. 8.

[②] 石伟平：《英国地方公立师范学校与英国师范教育（上）》，《外国教育资料》1988年第2期。

1840年詹姆斯·P. 凯-沙特尔沃思（James P. Kay-Shuttleworth）创建了英国历史上第一所师范学校——巴特西教师训练学院，学院教育开始推崇学术能力的培养和训练，但依然重视宗教教义和宗教修养的培养。1846年凯-沙特尔沃思参考荷兰的教师教育经验在"导生制"的基础上创建"见习生制"，培养小学教员。

从19世纪30年代起，政府越来越意识到教育在经济社会发展当中的重要作用，开始干预当时的教师教育，但是教会也不愿意放弃对作为传教媒介的师范学校的控制。迫于教会的压力，最终政府没有实现公立师范的筹建计划，改为公款资助私立学校的办法以此来干预英国教师教育的发展。

随着社会经济和科学技术的发展，法国、德国、美国等一跃成为英国的竞争对手。霸主地位受到挑战的英国，充分认识到普及教育的重要性。在这样的背景之下，英国政府于1870年颁布《初等教育法》，对英国教师教育发展提出了新的要求。由此开始，大学开始参与到高质量的教师教育人才培养之中。1888年，在克洛斯初级教育委员会（Cross Committee on Elementary Education）提议下大学走读学院（Day Training College）成立，其目的主要是培养小学教师。大学参与教师教育人才培养对英国的教师教育发展意义重大，提高了小学教师的职业水平，使教师教育培训趋于自由，打破了教会对于师范教育的垄断格局，更为重要的是为以后英国政府筹建公立师范学校创造了条件。

二 刮摩淬励：学术本位课程范式

波伊尔认为"教学是一门学术性的事业"[①]。这意味着教学过程除了知识的传授，还应包括教学活动的学术性研究。因此学术本位课程范式下的教师教育人才培养目标是具备各方面综合知识的学术研究者，教师不单是依靠课程去传授知识，更要善于在现有的课程之下挖掘和拓展新的知识。把教师教育看作一种研究型活动。

1899年英国教育委员会（Board of Education）成立，从宏观层面强化了政府对于教育的控制。1902年《巴尔福教育法》（Balfour Education Act）颁布，允许在地方教育当局成立教育委员会，规定地方教育当局有独自建立师范学校的权力。1904年英国教育史上第一所公立师范学校——赫里福德郡训练学院（Herefordshire Training College）成立。至此，英国形成了由政府领导、地方教育当局分权执行，加上宗教教会参与管理的教育行政体系。这种由大学训练学院、地方公立师范学校和地方私立师范学校组成的师范学校体系，极大地促进了英国初中等教育的发展，标志着英国现代教师教育体制的成型。

---

① 叶澜：《一个真实的假问题——"师范性"与"学术性"之争的辨析》，《高等师范教育研究》1999年第2期。

1944年5月,《麦克内尔报告》(The McNair Report) 发布,认为原有的师范课程已不再适用于当下的新形势,建议师范学校必须增加学术性课程,以促进在校学生的学术能力发展,同时建议延长师范学校教育学制至三年。1956年,教师补充和培训咨询委员会提出全面实施三年制师范教育的设想。1960年9月各教师训练学院正式实施三年制新课程计划。1963年《罗宾斯报告》(The Robins Report in 1963)建议把地方教师训练学院改设为教育学院,在教育学院开设四年制教育学士学位课程,建议把教育学院逐步并入大学。1975年7月英国教育和科学部颁发名为《继续教育规程》(The Further Education Regulation 1975)的报告,要求把大学教育、师范教育和继续教育结合在一起。从此,附属于大学的地方教育学院被正式并为高等教育,而教育学院所涉及的课程也成为高等教育的公共部分。并入大学的教育学院或者教育系的主要目的是培养中学学术性科目的教师,其学位由大学授予。[1]

随着社会的快速发展,各类综合中学不断创办,对于学术化高要求的标准促使社会对于教师职能的认识也发生了很大的变化。作为单一的知识传授者的角色不足以定位一个现代化教师的职能,合格的教师应该是一个具有各方面综合知识的学术研究者。对于中小学教师而言,有教师资格的教师不仅仅应该有专业的学科知识,更应该掌握教育哲学、教育学、社会学、儿童心理学、特殊教育、人权与教育、多元文化教育等各个方面的知识。对于教师职能角色的重新定位,也催生了四年制教育学士学位课程。教育学士学位课程的设置对于以后英国教师教育人才的培养起到了重大作用,把教师教育提高到与大学同级的地位,不仅提高了教师培养的水平,更提高了教师教育的学术水准与社会地位。

四年制的教育学士学位课程(BEd),主要由高等教育学院和多科技术学院提供。招生对象为高中毕业生,这类课程由四部分组成,详见表14-13。

表14-13　　　　20世纪60年代英国教育学士学位课程

课程要素	课程名称(内容)	开设时间	开设方式	
			必修	选修
教育理论	儿童发展、教育哲学、教育心理学、教育社会学、课程研究、教育管理等	一、二年级开设	占总学时 25%—40%	另有一些选修课程
	比较教育、特殊教育、人权与教育、社区教育、多文化中的教育	三年级开设		
	教育研究课程	四年级开设	年总课时 33%—50%	

---

[1] 金含芬、石伟平:《英国师范教育和教师》,载成有信编《十国师范教育和教师》,人民教育出版社1990年版,第100—102页。

续表

课程要素	课程名称（内容）	开设时间	开设方式 必修	开设方式 选修
教学技能	学校与课堂教学中的人际关系、学生个别差异与因材施教、语言交流中的问题、学习的选择与准备、表达技巧、评估方式、学科单元教学	二、三年级开设	占总课时30%	
主要课程	中小学"国家课程"中的相关学科	一、二、三年级	1—2门占总课时30%—50%	1门
学校教育工作体验	教育见习、教育实习	一至三年级	70—75天	
		四年级	5—8周	

资料来源：瞿凯乐：《英国师范教育课程的沿革、现状及特点》，《南京高师学报》1998年第9期。

从表14-13可以看出，关于教育理论课程的开设分布于四年的教师教育学习当中，全部是必修课且占到总课时的25%—40%。中小学"国家课程"中的相关学科也是开至一到三年级，占总学时30%—50%，映射出了学科教学对于学术要求的高标准。同时开设教学理论课程的多样化也反映出了对于教师职能多样化的新要求。

随着学术本位课程范式的逐步完善，20世纪70年代末，研究生教育证书课程（PGCE）也有了进一步的发展，开始由传统的"以文法中学、公学为目标"（Grammar/Public School-directed）转向"以中小学为基地"（School-based）和以"中小学为中心（School-focused）。无论是在大学还是在地方学院，教育专业训练课程中都还出现了以内容丰富、形式多样的"学校工作体验"（School Experience）替代单一的"教学实习"（Teaching Practice）的趋势。[①]

研究生教育证书课程主要分为三大部分：教育理论、各科教学法和教学实习，具体课程设置如表14-14所示：

表14-14　　20世纪70年代末英国研究生教育证书课程

科目	内容	学时
教育理论	教育原理、教育史、教育哲学、教育心理学、儿童发展等。此外，多数大学教育系还常开设哲学、心理学、社会学、科学教育、视听教学、学习学、比较教育、职业教育与指导、课程研究、阅读、教育制度与教育行政、健康与社会教育、多文化教育等	4—8课时/周

---

① 石伟平：《英国地方公立师范院校与英国师范教育（下）》，《外国教育资料》1988年第4期。

续表

科目	内容	学时
各科教学法	教学材料的准备、教科书的使用、教学材料的使用、教案的制订、评价方法、小队教学、低能儿童教学、学生野外活动的组织、学生的实验室作业组织、学生普通教育证书普通水平考试准备、学生普通教育证书高级水平考试准备、学生中等教育证书考试准备、课堂提问技巧、所教学课教学方法、课堂管理和组织、课堂纪律控制、微型教学、黑板的利用、视听教具利用等	6学时/周
教学实习	由大学教学法老师或实习老师带队在综合中学开展，有的集中一次，有的分二次或三次，具体视各学校情况而定	12周左右

资料来源：金含芬、石伟平：《英国师范教育和教师》，载成有信编《十国师范教育和教师》，人民教育出版社1990年版，第107—108页。表格为笔者根据该资料自制。

把培训教育学教师当作大学教育学院的唯一职能显然是不对的，从哲学、历史学、社会学等角度来看，教育研究才是大学教育最为基本的职能之一。从研究生教育证书课程设置可以看出，除了大量的教育理论课程，属于教学研究的课程也大量增加，在各科教学法课程之中，"教学材料的准备""教科书的使用""教学材料的使用""教案的制订""评价方法""小队教学""低能儿童教学""学生野外活动的组织""学生的实验室作业组织""课堂提问技巧""课堂管理和组织""视听教具利用"等这些课程体现出教学与学术研究相结合的趋势，教学不再是依靠教材一成不变的按部就班，而是开始以实践的方式去研究高效合理的教学方法。教学实习的时间被延长，而且实习的时间分布安排变得更加灵活，教育实习主要是到对口的中小学去开展，切实做到了学以致用，促进了教学与实践的结合。

三 度己以绳：标准本位课程范式

标准本位课程范式是一种以教师职业标准化和专业化为发展理念，通过理论与实践相结合，以实现学习者综合发展的课程范式。[1] 从内涵来看，教师教育课程专业化、标准化的范式反映出新时代要求教师教育人才全面发展的培养标准。

1993年，由政府所批准的学校中心职前教师培训联盟（School-centered Initial Teacher Training，SCITT）成立，目的是加强各个学校之间教师教育的方法和经验交流，促进教师教育人才的后续培养。1994年成立了教师培训局（Teacher Training Agency），进一步完善教师教育师资培训体系。1997年教育就业部出台《教学：高地位，高标准》（Circular 10/97）。1998年，该文件中部分内容被修订和完善，统称为文件 Circular 4/98。[2] 其中《国家职前教师培训课程标准》就是专门针

---

[1] 余德英、王爱玲：《教师教育课程范式变革及其启示》，《教育理论与实践》2018年第1期。
[2] 徐文秀、刘学智：《英国教师教育改革三十年：背景、历程与启示》，《现代教育管理》2019年第8期。

对中小学教师培训课程提出了一系列标准,包括各个学科教师培养的理论知识、教学实践以及方法技能等。

在英国政府中,无论是工党还是保守党都一直在非常积极地寻求一种可以提高教学和教师教育专业化的方案。古德森、哈格里夫斯(I. Goodson & A. Hargreaves)为专业化方案列出了七条原则:[1]

(1)自由判断的责任和机会。教师在决定课程内容时所能做出的自由判断受到严重限制的程度已逐步减少,因为已实施了法定的课程,并已"建议"并要求采用特定的教学方法和课堂组织程序。

(2)参与道德与社会的目的和价值的期待与机会。虽然道德与社会的目的和价值陈述是当前英国教师专业主义话语的一部分,但政府的工作模式通常是集中授权这些价值。例如,从2002年起政府为学校规定了公民资格的法定课程。学校的改进计划以学校本身为关注点,对不同背景的学生的个体差异关注不足。

(3)承诺与同事在协作文化中工作。在许多英国公立学校里,都有一种建立协作文化的强烈承诺。特别注重协作和团队合作的概念,这是专业精神的组成部分。

(4)职业他律性。也就是说,与其他同事,特别是学生父母和学生自己,进行权威但公开的合作。因为父母和学生有更明确地参与决策和咨询的机会。换言之,可以公开接受别人的督促。

(5)承诺去关爱而不是仅仅去安慰学生。在英国的学校系统中,有着非常根深蒂固的关爱传统。然而,近年来公布考试成绩排名表,加上考核制度和达标标准(这些都是专业化进程中的关键因素)的作用,强调了在学校里认知比情绪发展更重要。时间压力和教师工作的日益强化,以及专业化举措进入实施阶段,弱化了关爱学生的承诺。

(6)自我导向地不断学习有关自己专业知识和实践的标准。教师工作的集约化使教师反思的时间越来越少,这是教师发展面临的一个问题,也得到了政府的重视。

(7)高复杂度任务的创建和识别。专业化方案增加了对教师在任务数量和范围方面的要求。人们越来越认识到教师工作的复杂性,他们试图重新定义教师的角色和责任。

上述七条原则几乎涉及了教师教育的方方面面,从责任与机会、目的与价值、承诺与他律、关爱与学习以及知识的创建与识别对21世纪的教师提出了新的培养要求。

---

[1] Christine Hall and Renate Schulz, "Tensions in Teaching and Teacher Education: Professionalism and Professionalisation in England and Canada", *Compare: A Journal of Comparative and International Education*, Vol. 33, No. 3, September 2003, pp. 369-383.

在这种背景之下，2007年9月英国政府发布最新《教师专业标准框架》（*Professional Standards for Teachers*）（以下简称《框架》），把教师专业标准分为五级：合格教师、入职教师、资深教师、优秀教师、高级技能教师，对每一级的教师又从专业品质（professional attributes）、专业知识和理解（professional knowledge and understanding）、专业技能（professional skills）三个层面做出区分和规定。[①]《框架》突出强调教师的专业性，用完善的框架设计和具体的衡量标准以及专业的技能要求为英国教师构建了一套完整的专业化发展标准。

为了适应教师专业化的发展需求，英国国家课程也做出新一轮的修订和调整，英国政府在2011年1月至2012年年初发出《对国家课程修订的意见稿》（*National Curriculum Review-Call for Evidence*）。

> 其中调查问卷内容又分为个人简介，国家课程概况，英语、数学、科学和体育，国际比较，学生如何学习和课程实施等11个部分。[②]

英国政府认为对范围广泛的学校课程设立统一的标准是不科学的。因此，通过民意调查的方式对国家课程做出修订和调整，以便对更为广泛的学校课程设置提供一个参照标准。2013年9月，英国教育部发布新的《国家课程标准》，从课程目标和课程内容两个方面为学校课程设置提供了标准依据。

为了进一步提高教师专业化和课程标准化发展，英国各个地区都设有教师中心，针对在职教师定期开设一些短期课程、研讨会、交流会等，开展参与社会活动交流、交流教学实践经验、研究开发设计课程等活动以促进教师专业化和课程标准化发展。随着信息化时代的到来，社会变化急速加快，为了确保教师队伍的不断提升，达到专业化发展的要求，在职教师研修在当时的英国变得越来越重要。政府和学校也大力鼓励教师参加在职研修培训和开发新课程，以保持教师教育课程开发和设置能跟随时代的步伐。因此，教师的在职研修培训也成为当时的英国教师教育专业标准化发展的重要组成部分。

英国有着非常完善的教师教育培养体系，虽然早期的教师教育课程掺杂了大量的宗教教义知识，教师教育课程范式也是以知识和教义为导向，但是随着政府开始筹建公立师范学校，政府在宏观层面对于教师教育的控制也逐渐增强。随后的教师教育课程范式是较早凸显出以学术职能为本位的国家，教师教育课程早期就以四年制教育学士学位课程设置为主，这为早期的英国教师教育培养了大量的具有较高学术水准的中小学师资力量。随着英国教师教育师资培养体系的愈加完备，对教师教育人才的培养要求也更高。英国政府出台了《国家职前教师培训课

---

① 汪霞、钱小龙：《英国教师教育课程标准的改革》，《比较教育研究》2011年第11期。
② 祝刚：《英国新一轮国家课程修订的解读及启示》，《外国中小学教育》2012年第10期。

程标准》对教师教育课程提出了专业化标准要求,这也使教师教育课程范式开始逐步转变为以专业标准为本位。完善的标准设计以及专业的技能要求也为当时英国教师教育课程构建了一套完整的专业标准化发展课程范式。

第五节 除旧布新:澳大利亚教师教育课程范式

澳大利亚曾是隶属于英国的殖民地,这也决定了澳大利亚的教育在很大程度上是模仿英国的教育模式。澳大利亚早期的教师多由英国流放的女罪犯来充当,因此它的教师教育起点较低。加之澳大利亚孤立的地理位置,澳大利亚的教师教育发展异常缓慢,整体的教育水平和发展速度远远落后于英国。但是随着澳大利亚联邦的成立和澳大利亚的独立,澳大利亚的教师教育也走上了快速发展的道路。由于深受英国教师教育的影响,澳大利亚的教师教育课程范式和英国的教师教育课程范式非常类似。在澳大利亚教师教育初期,课程范式是以传递文化知识为本位,教师的职责是以最有效的方式把文化知识传递给学生。因为人们对于教师教育认识不足,文化知识范式下的教师教育理论和技能发展缓慢。随着教师教育体系的逐步完善,课程范式也随之演变为以学术为本位,多样化的课程设置和人才培养方式充分反映出了学术本位下的教师教育课程研究特征。进入21世纪后,和英国一样,澳大利亚教师教育课程范式也演变为以专业标准为本位。

一 薪火相传:文化知识本位课程范式

1850年,澳大利亚建立了第一所初级师范学校——福特街初级师范学校(The Fort Street Model School),当时作为英国的附属殖民地,澳大利亚早期的师范教育完全是模仿英国的设置,采用"导生制"(Monitorial or Apprenticeship)和"模范学校"(Model School)来培养学生,[1] 课程设置是以普及知识、提高民众的文化水平为理念。福特街初级师范学校的第一任校长威廉·威尔金斯(William Wilkins)在学校做了"导生制"实践,首先在学生中选拔出一部分出色的学生作为导生,然后由教师对他们单独开设一部分课程,威尔金斯称之为师范学校课程(Normal School Course),课程设置在小学四年级的基础上展开。师范学校课程还包括每周一天的实习,安排学生到小学去进行实地实习。

从表14-15可以看出早期澳大利亚课程设置非常具体,注重于课程的实用性,其目的也是广泛普及社会生活所需要的基础知识,在教学的同时就把教学实习贯穿于其中。由于受澳大利亚孤立的地理位置和时代的限制,早期澳大利亚的师范课程设置完全忽视教育理论方面的知识,这也对澳大利亚教育的发展产生了

---

[1] Rod Chadbourne, "Teacher Education in Australia: What Difference Does a New Government Make?", *Journal of Education for Teaching*, Vol. 23, No. 1, January 1997, p. 8.

深远的影响。

表 14-15　　　　　　　　19 世纪 50 年代澳大利亚师范学校课程

课程	内容	学制	
		低级班	高级班
英语	语法、句子分析、句子成分、言语错误	3—6 月	1 年
地理	陆地地理、欧洲及澳大利亚地理描述		
基础科学	水的化学成分、气体组成、空气及应用		
算数及代数	普通分数、小数、比例		
初等机械	机器结构、机器功率、气体能量		
学校管理	课堂纪律、课堂组织、学校训导		
实习	到小学进行实地实习（每周一天）		

资料来源：鞠彦华：《澳大利亚师范教育和教师》，载成有信编《十国师范教育和教师》，人民教育出版社 1990 年版，第 271 页。表格为笔者根据该资料自制。

1870 年，澳大利亚第一所中心培训学院（Central Training Institution）在维多利亚成立，1876 年阿德莱德培训学院（Adelaide Training Institution）在南澳成立。1881 年，维多利亚颁布了《大学法令》，明确规定了大学具有帮助师范学院发展的义务。到 1890 年，悉尼大学开始招收师范毕业生选修文科教育课程。但是受制于殖民地的政策及地理位置，到 19 世纪末，昆士兰、塔斯马尼亚和西澳大利亚这几个州依然没有建立正规意义上的师范学院，因此早期澳大利亚的教师教育发展相对缓慢且不均衡。

20 世纪初，诸多欧洲国家的教育理论和思想开始传入澳大利亚，大众对于教师教育和人才培养的认识也逐步提高。1901 年，澳大利亚联邦政府（Australian Commonwealth Government）成立。在政府的号召下，澳大利亚各州开始筹建师范学院。同时大学开始普遍参与教师教育师资的培养，但只是帮助师范学院毕业生选修大学的文理课程或者教育课程，整个师范学校的教师教育课程设置依然没有体系化。

20 世纪 20—50 年代，虽然受到世界经济危机和第二次世界大战的影响，澳大利亚教师教育发展缓慢，但也取得了一定的成绩。1923 年，墨尔本大学设立了第一个独立的教育学院，随后又设立了第一学位和教育证书，并设立了澳大利亚第一个教育硕士学位，昆士兰大学在 1945 年设立教育系，塔斯马尼亚大学和西澳大利亚大学 1947 年也都设立了教育系。这标志着澳大利亚教师教育体系慢慢成型。

受杜威实用主义思想的影响，人们开始意识到个人的主体经验和思想在教育当中的作用，教师教育范式理念也不再拘泥于知识的学习与传播，教育者开始思考如何培养出有能力、有思想的个体以推动社会的发展。在这种需要之下，教师教育课程范式才真正步入政府和教师教育工作者的视野。

二 学问思辨：学术本位课程范式

20世纪60年代以后，澳大利亚的教师教育课程发生了重大改变，源于学术本位课程范式的研究性，澳大利亚课程设置变得灵活多样，包括一年教育证书课程、教育学士学位课程和教育硕士学位课程，满足了不同层次不同学科的需要。系统而专业的课程设置为澳大利亚教师教育构建了一个完整而系统的框架。

（一）一年教育证书课程

学制一年的教育证书课程专为其他非教师教育专业的本科毕业生开设，由于澳大利亚教育自由的特点，各个学校的教育证书课程并非整齐划一，但也有一些通修课程是相近的，主要包括教育学、心理学、教育史、教育哲学、教育心理学以及各科教学法等。一年教育证书课程有一个明显的特点，教育学科的课程设置和专业学科以及中小学的教学实践是紧密互动的。因为教育证书课程开设时限只有一年，同时教师教育课程名目繁多，因此很多学校依据专题而开设一类课程，而专题又与学生的专业学科密切相关，如此一来，学生可按照自己的专业需要而选择学习，从而加强理论课程的实用性。有些学校教学法课程的设计非常有特点，诸如教育测量与研究、教学语言设计、教学策略研究等课程集中突出了作为教师的职业特点。很多学校对选修课题课程并无严格要求，只需修满最后的学分就可颁发教育证书。

（二）教育学士学位课程

澳大利亚的教育学士学位课程也是分两大部分。因为教育学士学位课程主要培养中小学教师，所以教育学士学位课程主要由大学教育学院或师范学院开设的教师教育类课程和其他多个专业学科开设的专业课程组成。如昆士兰大学教育系的教育研究学士学位规定学生一共要完成240个学分。其中150个学分是教育课程，而另90个学分则必须从文学院、理学院、商学院或经济学院至少两个以上学院中选修非教育课程中获得。[①] 澳大利亚这种在主修教育课程的同时，加修文理专业课的规定，不仅拓宽了学生的视野，更为以后的多学科交叉发展奠定了基础。同时，对于教育课程实行从易到难的分级设置，便于学生理解和掌握，体现了学科知识的系统连贯性，切实地做到了循序渐进。

（三）教育硕士学位课程

澳大利亚的教育硕士学位课程是为了培养更高一级的教师教育类人才而开设的，主要由两部分组成：教育硕士课程和学位论文。教育硕士的课程设置更为自由，以昆士兰大学为例，教育硕士学位设有6个专业，55门课程。学位要求必须

---

① 鞠彦华：《澳大利亚师范教育和教师》，载成有信编《十国师范教育和教师》，人民教育出版社1990年版，第293页。

修满180学分。获得教育硕士学位有两种选择：

  第一条途径：在55门课程中选2—4门，从中取得60个学分（每门课15或30个学分）；再有60个学分从其他院系选修；最后写一篇学位论文占60个学分。第二条途径：从教育硕士课程中拿到90个学分，也就是多选1—2门课，并且其中至少有15个学分要来自对本专业领域课题的独立研究。剩下的90个学分则要从本系其他课程或外系非教育课程中选修。①

教育硕士课程充分体现了澳大利亚人才培养的自由度，但也并非完全依据学生的个人喜好和兴趣去选课，因为学校对于学生即将选修的每一门课程都列出了前提条件，如昆士兰大学：

  研究生的"教育史"课程要求必须学过本科的"高级教育史A"和"高级教育史B"，"教育综合研究方法"课要求学过"教育统计"，"教育政策"这门课则要与"教育政策结构""当前教育政策问题"两门课同时选修。而"学校实习研究"课规定既要已学过"教育实验研究"，同时还要与"计算机在教育上的应用"这门课一起学习。②

学术化的课程设置为澳大利亚培养了各个层次所需要的教育人才，但是随着信息化技术的飞速发展，课程设置呈现出越来越精细化的趋势，对教师教育的专业发展要求越来越高，这也促使了澳大利亚21世纪的教师教育课程范式向专业标准方向的转变。

三　金科玉臬：标准本位课程范式

很多西方学者近年来通过研究发现，教师的专业知识是影响学生成绩诸多因素中最为重要的一点。③ 随着澳大利亚社会经济的发展，人们也越来越意识到教师在人才培养当中发挥的重要作用，同时对教师的培养与发展的要求也越来越高。

为了提升教师专业素质的培养，1999年4月，澳大利亚政府"教育、就业、培训和青年事务部长委员会"（Ministerial Council on Education, Employment, Training

---

 ① 鞠彦华：《澳大利亚师范教育和教师》，载成有信编《十国师范教育和教师》，人民教育出版社1990年版，第296页。
 ② 鞠彦华：《澳大利亚师范教育和教师》，载成有信编《十国师范教育和教师》，人民教育出版社1990年版，第297页。
 ③ Dennis Sparks, *Designing Powerful Professional Development for Teachers and Principals*. Oxford: National Staff Development Council, 2002, p. 14.

and Youth Affairs，MCEETYA）在南澳大利亚州港口城市阿德莱德通过了《关于21世纪学校教育国家目标的阿德莱德宣言》（*The Adelaide Declaration on National Goals for Schooling in the Twenty-First Century*），其中明确针对课程提出了国家战略目标。[1] 2003年11月，MCEETYA正式颁布《全国教师专业标准框架》（*A National Framework for Professional Standards for Teaching*），首次以法规形式确立了教师职前、入职、职后三阶段的考核标准，划分了职业发展和专业素养两大维度的专业标准框架。[2] 2005年8月，澳大利亚政府成立澳大利亚教学与学校领导协会（Australian Institute for Teaching and School Leadership Limited，AITSL），2007年6月，AITSL发表了《关于建立全国职前教师教育认证制度的建议》（*A Proposal for a National System for the Accreditation of Pre-service Teacher Education*），针对全国各高校的本科生和研究生教师教育课程提出了审定和评估标准。2010年9月，AITSL正式发布了职前教师教育课程国家认证系统（National System for the Accreditation of Pre-service Teacher Education Programs）咨文报告，[3] 标志着澳大利亚政府从国家层面对21世纪的教师教育课程设置确立了新的标准。新的认证标准包括：毕业生标准与课程标准。内容详见表14-16：

表14-16　　　　21世纪澳大利亚教师教育课程国家认证标准

标准	维度
毕业生标准 （graduate standards）	专业知识
	专业实践
	专业承诺
课程标准 （program standards）	学生招生
	课程教学
	课程内容
	专业经验
	质量保障

资料来源：邓丹：《澳大利亚教师教育标准化的新发展——"职前教师教育课程国家认证系统"的构建》，《比较教育研究》2011年第8期，第46页。表格为笔者根据该资料自制。

教师教育课程国家认证标准的建立，从国家层面为澳大利亚21世纪的教师教育课程范式提供了操作规范，说明此后澳大利亚将会以专业化标准的导向去培养职前教师。对毕业生从专业知识、专业实践以及专业承诺三方面提出标准要求；

---

[1] 俞婷婕：《澳大利亚政府优质教师计划研究》，教育科学出版社2013年版，第82—83页。
[2] 汪霞、钱小龙：《澳大利亚教师教育及其课程标准的改革》，《全球教育展望》2012年第8期。
[3] 邓丹：《澳大利亚教师教育标准化的新发展——"职前教师教育课程国家认证系统"的构建》，《比较教育研究》2011年第8期。

对课程标准从学生招生、课程教学、课程内容、专业经验以及质量保障五个方面提出标准要求，意味着教师教育课程的设置也将以此为依据进行 21 世纪的构建。这种目标科学化、结构系统化、标准多样化的教师教育课程国家认证是对教师教育师资力量培养机制的一大完善。

  早期的澳大利亚作为英国的殖民地，其教师教育发展基本沿袭了英国的教师教育发展模式。早期的教师教育课程范式以文化知识为导向，主要是以传递文化和学科知识为中心，忽视了教育理论和技术的培养，评价方式以简单的考试考查为主。直到 20 世纪 20 年代，随着独立的教育学院的设立和综合大学教育系的开设，澳大利亚教师教育体系才逐步形成。20 世纪 60 年代以后，澳大利亚的教师教育取得了长足的发展。课程范式体现出了学术本位的研究性特征，课程设置多元化，人才培养方式灵活多样，为澳大利亚各个教育层次输送了大量合格的教师教育人才。21 世纪以后，澳大利亚职前教师教育课程国家认证系统发布，对于课程目标、课程开发、课程结构、课程内容、课程准入、课程资源以及课程评估等诸多方面提供了认证标准，对于教师教育人才培养提出了更高的专业标准要求，这也促使教师教育课程范式转变为以标准为本位。

第六节 兴利除弊：芬兰教师教育课程范式

  历史上的芬兰属于典型的农业国家，城镇化发展落后，交通不便，加之受到瑞典和俄罗斯政权的笼罩，直到 19 世纪后半叶才出现了教师教育培训机构，其发展也相对缓慢。但是到 20 世纪末，芬兰的教师教育已经取得长足的发展，其基础教育教师资格已提升到拥有硕士学位的要求。21 世纪以来，其课程范式也经历了由知识本位、学术本位到研究本位的演变历程。如今的芬兰已一跃成为教育领域内的超级大国，因此研究其教师教育课程范式的演变具有一定的借鉴意义。

一 创业垂统：文化知识本位课程范式

  教师教育的培训和发展一直都和初级教育密不可分，芬兰最早的教师教育可以追溯到 19 世纪 60 年代。1863 年，第一所教师培训学院在于韦斯屈莱（Jyväskylä）出现，其目的是为初等教育（elementary education）培训教师。到 19 世纪末，另外 7 所培训学院也在芬兰其他地方成立。至此，教师教育培训体系才慢慢开始在芬兰成型。

  1917 年芬兰独立，为了摆脱瑞典和苏联的影响，构建其民族身份和政治自由的地位，芬兰发起了一场"芬兰化运动"（Fennoman Movement），开始大力推广芬兰文化和普及芬兰语的使用，这就迫切需要初等教育发挥作用，师资力量的缺乏直接推动了芬兰基础教师教育的发展。芬兰哲学家和政治家约翰·V. 斯内尔曼（Johan V. Snellman）是芬兰化运动的坚定支持者，确信建立得体的教师培训学院将改善教育的质量。被誉为芬兰"基础教育之父"的教育学家乌诺·胥格奈乌斯（Uno Cygnaeus）为教师培训学院定下了第一条规则：

>　　学院（College）不仅要激发学生的宗教意识，使他们对小学教师职业的重要性有深刻的认识，而且要防止他们骄傲自大。①

　　因为基督教在18—19世纪的芬兰根深蒂固，所以激发宗教意识，培养神职人员也是当时初等教育的一大目的。1921年，芬兰通过了义务教育法，为师范学院的建立提出了新的标准。因为芬兰的地理原因，80%的人口居住在农村，所以义务教育法要求在芬兰农村建立师范学院，为学生提供寄宿学校。普遍开展实习科目，所有实习应在单独的教师培训学校进行，也被称为"模范学校"（Model School）。芬兰早期的教师教育目标主要是为普及初等义务教育培养人才，因此，其课程开设主要是为了传播芬兰文化，推广芬兰语言，内容以普及芬兰语言的阅读、写作能力为主，附设一些基础数学课程。

　　第二次世界大战期间，由于芬兰的地理人口因素，当时的师范学院有些被当作战时医院来使用，大量的年轻人都奔赴前线或者参与其他军事防御，所以这段时期的芬兰教师教育几乎处于停滞状态。20世纪40年代末，政府教育部门专门开设教师特殊培训，以补充教师教育师资力量的短缺。

　　1945年，小学课程委员会（Primary School Curriculum Committee）成立，首次依据国际标准对芬兰的小学课程设置做出规定。1946年，教育体系委员会（Education System Committee）成立，对芬兰的整体教育体系做了具体规划。1956年，学校项目委员会（School Program Committee）成立，对芬兰的学校教育体系做了调整。随着芬兰教育领域内的重建与发展，单纯的以普及初等教育为目的的教师教育已很难满足国家对于高标准、综合型人才的需求，因此国家对于综合教育越来越重视，这也推动了芬兰教师教育的第一次大的改革。

二　研精钩深：学术本位课程范式

　　为了提高芬兰全国的综合教育质量，政府打开了所有教育通道，筹建综合学校体系和高等教育学院，允许每个人在自愿的情况下都有机会去接受教育。1965年，综合学校委员会（Comprehensive School Committee）成立并发布第一份报告。同时，教师培训委员会（Teacher Training Committee）建议将来的教师教育应该由大学提供，并且招收学生应该以中学毕业生为主。

---

①　Satu Uusiautti and Kaarina Määttä, "Significant Trends in the Development of Finnish Teacher Education Programs (1860–2010)", *Education Policy Analysis Archives*, Vol. 21, No. 59, July 2013, p. 4.

师资培育转为综合大学负责后,由于大学学术研究强调科学论证,因而芬兰学者展开了对教师教育地位及学术性的讨论。经过研究,学者们一致认为教师教育应为学术性学科,应以研究为取向来组织培养方案。[1]

1969年,综合教育教师委员会(Committee on Comprehensive Education Teacher)成立,宣布结束现存的初等教师教育培训学校。1975年,教师培训委员会发布报告,规定了统一的学术型教师培养纲要,要点如下:

(1)为综合学校和中学提供的教师培训应学术化,换句话说,应该由大学提供。
(2)这类培训应标准化。
(3)基础教师培训应该为教师提供相对广泛的能力培训,再加以继续教育来提升。
(4)教育科学研究应该被发展,以备把教师培养成教育者,完全理解之后他们应该以乐观的态度对待教育,较之以前能够更好地把教育学理论和实践结合在一起。
(5)教师培训应该融入社会、教育和政治等内容。[2]

纲要内容一定程度上指导了教师教育课程设置的方向,即应该由大学提供综合性、标准化的教师教育培养,以提升人才培养的专业知识和学术水准。为了实现教师教育能力的长期提升,要加大继续教育培训力度。因此,职后教师都会有定期的学术休假机会,以接受继续教育培训。注重教学研究和教学实践,做到理论与实践相结合,培养一种以乐观心态对待教育的教师。因此,课程设置不只是包含教育,还应该涵盖社会、政治等诸多方面。

20世纪70年代初,芬兰教师教育虽然把中小学教育师资培养都纳入大学范围之内,但对于二者的要求还是不同,毕业于教育学院的小学教师授予的是学士学位,而毕业于其他学院的中学教师则授予硕士学位。[3]为了进一步推进教师教育的标准化和学术化,芬兰政府又陆续出台了一些教师教育新标准,比如:所有综合学校和中等学校的教师都必须获得硕士学位后才有任教资格。[4]其目的是提

---

[1] 赵士果:《培养研究型教师——芬兰以研究为基础的教师教育探析》,《全球教育展望》2011年第11期。

[2] Satu Uusiautti and Kaarina Määttä, "Significant Trends in the Development of Finnish Teacher Education Programs (1860–2010)", *Education Policy Analysis Archives*, Vol. 21, No. 59, July 2013, p. 5.

[3] Risto Rinne, Joel Kivirauma and Hannu Simola, "Shoots of Revisionist 1 Education Policy or Just Slow Readjustment? The Finnish Case of Educational Reconstruction", *Journal of Education Policy*, Vol. 17, No. 6, November 2002, pp. 643–658.

[4] Satu Uusiautti and Kaarina Määttä, "Significant Trends in the Development of Finnish Teacher Education Programs (1860–2010)", *Education Policy Analysis Archives*, Vol. 21, No. 59, July 2013, p. 5.

高教师的知识水准。对于班主任和学科教师的专业培训侧重各有不同。教师培养课程设置应该综合化，既有教育科学课程，又有专业学科课程，意味着班主任教师应该侧重于主修教育科学类课程，而专业学科老师则应侧重于主修专业学科知识。

芬兰的教师教育还有一个特点，就是学校高度自治，从课程内容、教学时数到每年的学期数都由学校全权决定，因为教师具有很高的专业化水准，因此对于课程授课内容和授课方式拥有极大的自由权。① 因而，芬兰的教师教育呈现出多样化特征，而且在最大程度上保证了因材施教的公平性。

20世纪70年代的教师教育改革使得芬兰学科体系和培养标准有了很大的升级与发展，要求教师在其专业领域要有一定的开拓和创新研究结果，课程的开发与设置要有助于培养学生的开放性和批判性思维。这为教师在自己的专业领域内发展成为研究者打下了基础，也推动了芬兰教师教育课程的又一次改革，教师教育课程开始转向以研究为本位。

三 教研合一：研究本位课程范式

芬兰的研究本位课程范式：

> 作为一种以培养研究为本的教学思维为主要目的的"为了研究"（teacher education for research）的教师教育，它所基于的不仅仅是一种"关于研究"的教师教育（teacher education about research），更是一种"依托研究"的教师教育（teacher education through research）。②

因此，研究本位课程范式的特征是以反思、批判的思维执行课程，养成学习者的教学决策和教学行动能力，把未来的教师培养成教学实践工作的研究者。

1995年芬兰加入欧盟。1999年，欧盟成员国在意大利博洛尼亚签署了《博洛尼亚宣言》，讨论了共同建立欧洲高等教育区的发展目标，正式启动了"博洛尼亚进程"（Bologna Process）。涅米和贾库-希胡南（Niemi & Jakku-Sihvunen）认为"博洛尼亚进程"对于芬兰教师教育的影响主要是在教师教育课程设置层面而非教师教育制度方面。③ 同时，莱茵、基维劳玛和希茂拉（Rinne，Kivirauma & Simola）也提出以前人们认为教育目标可以通过严格的标准操作而实现，现在大

---

① 王光明、康玥媛、曹一鸣：《芬兰独特而平稳的教育改革及启示》，《天津师范大学学报》（社会科学版）2015年第5期。

② 饶从满、李广平：《芬兰研究本位教师教育模式：历史考察与特征解析》，《外国教育研究》2016年第12期。

③ Risto Rinne, Joel Kivirauma and Hannu Simola, "Shoots of Revisionist 1 Education Policy or Just Slow Readjustment? The Finnish Case of Educational Reconstruction", *Journal of Education Policy*, Vol. 17, No. 6, November 2002, pp. 643–658.

家相信教育目标也可以通过设置国家核心课程和后期绩效评价来达成。[①] 因此，在 20 世纪 80 年代，芬兰很多大学参与了教师教育国家核心课程的制定，同时对于其绩效评价也提出了一系列要求。21 世纪以来，芬兰全国成立了很多教师教育项目和教师教育网络，由很多大学共同参与构建新世纪芬兰研究型教师教育的培养课程范式，基于对教师教育培养达成的共识，通过对不同学位培养方案的分析来确定不同学科的核心课程。因此很多大学的教师教育课程设置都非常类似。以赫尔辛基大学为例，芬兰教育部在此建立了"教育科学与教师教育"全国网络（被称作"Vokke"项目），"Vokke"项目对于芬兰全国小学教师培养的课程设置和中学教师培养中教育类课程设置的建议详见表 14-17、表 14-18。

表 14-17　　芬兰"Vokke"项目所建议的小学教师培养课程的结构

	学士	硕士	总计
学习模块	180 学分	120 学分	300 学分
沟通与定向课程	15 + 5 学分	5 学分	25 学分
教育主修课程： ·研究准备（研究方法、自己的研究） ·理论内容 ·教学论学习 + 教学实践	10 学分 25 学分 25 学分	40 学分 5 学分 35 学分	140 学分
关于芬兰综合学校教授科目的学习	60 学分		60 学分
其他学习（选修）	40 学分	35 学分	75 学分

资料来源：Class Teacher Programme（National recommendation by Vokke project 2005）[EB/OL] http://www.helsinki.fi/vokke/english/redommendations，转引自饶从满、李广平《芬兰研究本位教师教育模式：历史考察与特征解析》，《外国教育研究》2016 年第 12 期。表格为笔者根据该资料自制。

表 14-18　　芬兰"Vokke"项目所建议的中学教师培养课程的结构

科任教师的教育学课程学习	学士层次	硕士层次	总计
·此类课程的学习（至少 60 学分）既可以在硕士学习期间也可以在取得硕士学位之后进行。如果作为硕士学位组成部分进行学习，可以将其划分为学士层次（25—30 学分）和硕士层次（30—35 学分），也可以全部在硕士期间进行学习 ·教育实践总计不少于 20 学分 ·包含在教师的教育类课程学习之中的教育实践主体应该在已经完成了关于执教科目的学习之后进行	25—30 学分（包括教育实践）	30—35 学分（包括教育实践，至少 15 学分）	至少 60 学分

资料来源：Class Teacher Programme（National recommendation by Vokke project 2005）[EB/OL] http://www.helsinki.fi/vokke/english/redommendations，转引自饶从满、李广平《芬兰研究本位教师教育模式：历史考察与特征解析》，《外国教育研究》2016 年第 12 期。表格为笔者根据该资料自制。

[①] Risto Rinne, Joel Kivirauma and Hannu Simola, "Shoots of Revisionist 1 Education Policy or Just Slow Readjustment? The Finnish Case of Educational Reconstruction", *Journal of Education Policy*, Vol. 17, No. 6, November 2002, pp. 643–658.

综观芬兰的教育体系，其对于人才的培养已经达到了一个很高的层次，以硕士学位为起点的教师资格认证确保了芬兰的教师教育师资队伍不仅有扎实的理论知识水平，更具有熟练的教学实践经验。小学教师和中学教师分开培养的双规机制有利于职前教师更为明确地探究教育目标的不同。在学习中贯穿反思性、批判性思维的训练培养的不仅是教育型人才，更是研究型人才。这从认识层面提升了芬兰教师教育的高度，也凸显出芬兰研究型课程范式的优点。

时至今日芬兰的教育体系已超过了欧洲诸国，甚至赶超美国，几乎所有的衡量标准和评价指标都显示芬兰如今已位列世界强国，在教育领域内甚至是"超级强国"。[1] 这种成功显然要归功于其强大的师资队伍和完善的教师教育培养体系，而且以研究为本位的教师教育课程范式对我国的教师教育发展也具有一定的启示意义。

综观本章所述的六国教师教育课程范式的发展与演变，有一条很明显的主线脉络，就是在教师教育发展早期，教师教育课程范式均是以文化知识为导向，其特点是首重教师的角色地位，也就是强调教师对于文化和学科知识的传授。对于教师教育课程的设置也是以文化知识传递为主，很大程度上忽视教师教育专业理论知识和技能的培养，因此教师教育人才的培养主要以储备知识为目标。随着社会的发展，人们对于教师教育的认识不断提高，进而对于教师教育人才培养也会产生新的认识，即单一的学科文化知识不足以培养出一个完全合格的教师。这种新的认知和需要促成了教师教育课程普遍转向教师教育学术理论知识和专业技术方向，也体现出了教师教育发展的一种特征，即文化知识范式向学科范式、技术范式和学术范式的转变。但是信息化技术和专业提升的发展要求，又促使教师教育课程范式的进一步转变，日本开始转变为能力范式，俄罗斯逐渐转变为技术范式，英国、澳大利亚的教师教育课程则走向了标准范式，美国的教师教育因其本国的多元文化特征而转向多元融合范式，芬兰则转变为教师教育研究本位课程范式。从六国的课程范式综述可以看出，范式的演变和生成一般需要很长时间，课程范式的转变除了各国教师教育自身发展需求这一原因，也反映出了范式的本质特征，就是随着教育的积累和时代的发展，当下的教师教育课程范式在发生作用的同时也在酝酿新的变化和发展，以满足和解决当下教师教育向新的范式逐渐转变的需求和问题。

---

[1] Jari Lavonen and Seppo Laaksonen, "Context of Teaching and Learning School Science in Finland: Reflections on PISA 2006 Results", *Journal of Research in Science Teaching*, Vol. 46, No. 8, August 2009, pp. 922–944.

第十五章　蹈机握杼：中国教师教育的课程范式

"范式"这一概念是在20世纪60年代由美国著名哲学家托马斯·S.库恩（Thomas S. Kuhn）提出的，库恩认为在科学界的具体领域中主导思想和行动的是广泛的概念和方法论的假设而非理论。他提出，职业活力的源泉不是理论本身，而是一些思想家，他们对理论的运用提供了一些例证，一些特定的领域一度认为这些例证为进一步实践提供了基础。① 由此可见，范式形成了某一个具体领域在特定的时期内所持有的价值观、方法论以及实践方式等。在科学领域，范式的突破导致科学的革命，从而能够使科学获得一个全新的面貌，在文学领域亦如此。② 因而研究课程范式对于教师教育的发展意义深远。

第一节　追本溯源：教师教育课程范式概念界定

在库恩对范式（Paradigm）的解释基础之上，鲁斯·C.威斯特（Ruth C. West）认为范式就是某一具体领域内的范例和实践方式，人们的思考与行动不论是理论上还是实践上都是基于一定的范式开展的。持有同一范式的研究者们有着共同的假设和技术方法，范式为某一研究领域内不同问题的解决提供了方法论指导，为该领域内的研究者提供了一套合理的参考框架。③ 南希·L.齐默菲尔（Nancy L. Zimpher）和伊丽莎白·A.阿什伯恩（Elizabeth A. Ashburn）也认为范式是一套独特的概念结构，研究者在其研究领域内主要依靠范式去开展研究。④

---

① Thomas S. Kuhn, *The Structure of Scientific Revolutions*, Chicago: University of Chicago Press, 1962, p. 10.
② 詹艾斌、戴彧：《空间批评的内在精神意蕴》，《江西师范大学学报》（哲学社会科学版）2015年第2期。
③ Ruth C. West, "Is a New Paradigm in Teacher Education Possible", *The Educational Forum*, Vol. 50, No. 4, August 1986, p. 458.
④ Nancy L. Zimpher and Elizabeth A. Ashburn, "Studying the Professional Development of Teachers: How Conceptions of the World Inform the Research Agenda", *Journal of Teacher Education*, Vol. 36, No. 6, December 1985, p. 20.

一 谈言微中：教师教育课程范式概念

当把"范式"概念引入教师教育课程领域内时，黄甫全认为课程范式是：

> 特定时代里相互适切和有机联系在一起的一定的教育内容及其规范化结构程序、课程成就和课程观念的集合体。①

余德英、王爱玲认为课程范式是：

> 教师教育课程共同体所普遍拥有的课程观与相应的具体课程主张的统一，并在课程目标制定、课程计划实施直至课程终端评价等方面表现出若干共性的特征。②

还有学者认为"所谓'课程范式'是指一个课程共同体所共同拥有的课程哲学观及相应的具体课程主张的统一"③。虽然关于教师教育课程范式的界定有不同种版本，用语也不尽相同，但内容相似，大体可以从功能、特点、性质的角度分为三类：④

（1）功能观认为课程范式制约着教师教育课程的全部活动和整个教学过程，集中反映了课程实践者关于培养目标的基本思想。⑤ 范式处于教师教育课程的主导地位，它有着属于自己的世界观和具体的分析模式，并使用独特的概念来指导该领域内的话语系统。⑥ 教师教育课程范式提供了一种对教师教育目的和目标进行辩论的视角，展现出了对有关教师教育课程的内容、时间分配、教学实践以及教学评价等做出决策时的复杂性。⑦ 是一种构思教师教育课程的独特的方式，涉及一系列有关教学、学会教学、教师培养的目标以及实现这些目标的途径的假设。⑧

（2）特点观认为每一种范式对教师教育课程研究的要求和期待大不相同，一

---

① 黄甫全：《论课程范式的周期性突变律》，《课程·教材·教法》1998年第5期。
② 余德英、王爱玲：《教师教育课程范式变革及其启示》，《教育理论与实践》2018年第1期。
③ 张华、石伟平、马庆发：《课程流派研究》，山东教育出版社2000年版，第6页。
④ 谢赛：《教师教育课程范式研究的回顾与展望》，《全球教育展望》2017年第4期。
⑤ 彭香萍：《教师教育课程取向的历史演进及其启示》，《教育学术月刊》2010年第9期。
⑥ Thomas S. Popkewitz, B. Robert Tabachnick and Kenneth M. Zeichner, "Dulling the Senses: Research in Teacher Education", *Journal of Teacher Education*, Vol. 30, No. 5, October 1979, p. 56.
⑦ Watts Doyle, "Themes in Teacher Education Research", in W. R. Houston, M. Haberman and J. Sikula eds., *Handbook of Research on Teacher Education*. New York: Macmillan Publishing Company, 1990, pp. 3–24.
⑧ Zongyi Deng and S. Gopinathan, "Continuity and Change in Conceptual Orientations for Teacher Preparation in Singapore: Challenging Teacher Preparation as Training", *Asia-Pacific Journal of Teacher Education*, Vol. 31, No. 1, March 2003, pp. 57–58.

种范式中的知识与进步在另一种范式看来可能是迷信与后退，范式的改变会导致研究与教师教育课程之间关系的改变。① 范式既是教师教育课程设计的起点，又是教师教育课程实践的终点。②

（3）性质观认为课程范式划分的维度并非是绝对的，一个时期的课程范式可以是一种范式，也可以是几种范式的综合。③

从上述关于教师教育课程范式概念的描述与界定，我们看出以下几点：首先，课程范式在教师教育课程中是居于指导地位的，它制约和支配着教师教育课程目标、课程设计、课时安排、课程评价等活动的开展，课程范式是一种对于教师教育课程设置的预设性假设，具有复杂性；其次，课程范式是一个变化的动态系统，课程的设计首先以课程范式为指导，然后通过课程实践去验证和发展课程范式；最后，课程范式的分类并非是绝对的，随着教育的发展，课程范式也是发展变化的，教师教育课程的课程范式可以是一种或几种范式的综合。

二 目别汇分：教师教育课程范式的类别

教师教育课程范式作为一个宏观层面的集合概念，其生成和演变需要很长一段时期，不同时期的课程范式因其鲜明的特征可以划分为不同的类别。不同类别的教师教育课程范式一定程度上也反映出了整个教师教育发展的主体脉络。

（一）教师教育课程范式分类依据

库恩认为"范式"是"一个特定共同体的成员所共有的信念、价值、技术等等构成的整体"④。由此可见，库恩所提出的"范式"概念至少包含了三个方面的含义，即本体论层面的所共有的信念与价值观；认识论层面的所公认的理论模式和解决问题的基本框架；以及方法论层面的可供遵循的范例或方法论体系。⑤ 因此，一个成熟的范式应当包含一个具体领域内的价值观体系，理论认知体系以及技术实践体系。当我们把"范式"概念引入教育课程领域时是必要且可能的。

> 因为在课程研究领域中的确存在着各种不同的范式，它们各自按自身的方向发展着，并且对同一课程问题做出不同的回答。⑥

---

① Watts Doyle, "Themes in Teacher Education Research", in W. R. Houston, M. Haberman and J. Sikula eds., *Handbook of Research on Teacher Education.* New York: Macmillan Publishing Company, 1990, pp. 3-24.
② 彭香萍：《教师教育课程取向的历史演进及其启示》，《教育学术月刊》2010年第9期。
③ Watts Doyle, "Themes in Teacher Education Research", in W. R. Houston, M. Haberman and J. Sikula eds., *Handbook of Research on Teacher Education.* New York: Macmillan Publishing Company, 1990, pp. 3-24.
④ [美]托马斯·库恩：《科学革命的结构》，金吾伦、胡新和译，北京大学出版社2003年版，第157页。
⑤ 刘欣：《范式转换：课程开发走向课程理解的实质与关系辨析》，《教育研究与实验》2014年第1期。
⑥ 靳玉乐：《当代美国课程研究的五种范式简析》，《课程·教材·教法》1996年第8期。

"简言之,范式不同,课程研究取向亦不同"。①

基于这样的认识,教师教育课程范式的分类依据可以归纳为:(1)课程理论实践体系;(2)课程核心导向;(3)课程价值取向。课程理论实践体系为课程的开发和设置提供理论指导和实践验证,课程核心导向是对一定时期内的主要课程问题提供本位性解答,课程价值取向则为课程的开发方向和内容选择提供价值标准。

(二) 教师教育课程范式基本类型

1. 文化知识本位课程范式

劳伦斯·科尔伯格(Lawrence Kohlberg)和罗谢尔·梅耶(Rochelle Mayer)认为在早期的教育领域内存在一种文化传递主义(Cultural Transmission)教育哲学,其理论基础源于行为主义。文化传递主义认为教师的任务就是将文化及其价值意义传递给学生。② 因此,在教师教育课程发展史上,最初的教师教育课程范式几乎都表现为文化知识范式,其特点是"以知识为本位,以传递为中心"③。课程价值取向以文化和知识为主。文化知识本位下的教师教育课程强调文化知识的客观性和权威性,教学活动多以灌输知识的方式为主,注重学生的知识积累,忽略了学生实际教学能力的培养和训练。

2. 学科本位课程范式

学科本位课程范式将课程约化为学校科目类别及其教学内容组织和结构,把广泛的经验知识以课程的方式系统化地保存和传承下来,符合知识分化、整合的发展特点,承载着教育的发展。④ 美国心理学家布鲁纳强调学科结构的重要性,认为任何学科中的知识都可以引出结构,学科结构有利于理解学科和知识的迁移,主张编制螺旋式课程。⑤

结构主义课程理论认为知识是价值的载体,因此要使经验知识的材料充满意义和结构性。任何知识都是建立在经过选择的系统事实基础之上,渗透认识者的主观意愿并且是一种探究的过程,因而主张课程设置应该具有学术化、结构化与专门化,在课程发展中具有普遍意义。学科范式在结构主义理论基础之上强调课程知识的系统化,学科结构的逻辑化,知识应采用分级教学形式,以便于因材施教和培养学生的个性化发展。

3. 技术本位课程范式

教师教育早期的技术本位课程范式目标是培养娴熟的教学技术人员。随着学

---

① 罗生全:《70年课程研究范式的回顾与展望》,《湖南师范大学教育科学学报》2019年第3期。
② Lawrence Kohlberg and Rochelle Mayer, "Development as The Aim of Education", *Harvard Educational Review*, Vol. 42, No. 4, Novermber 1972, p. 474.
③ 余德英、王爱玲:《教师教育课程范式变革及其启示》,《教育理论与实践》2018年第1期。
④ 李本友、王洪席:《过程哲学视域下传统课程范式转型》,《中国教育学刊》2011年第5期。
⑤ 顾明远主编:《中国教育大百科全书》第2卷,上海教育出版社2012年版,第1224页。

科的演进和教育技术的发展，以泰勒和布鲁姆为代表的技术主义课程理论认为可以通过技术性的课程设置和实施对复杂的教学过程和学习结果做出精准的评价。① 技术本位课程范式强调用技术化操作开展课程教学，教学过程以传输预设知识和技能为主，关注的是各个教学环节的衔接以及预设教学结果的实现。技术本位范式下的课程实施倾向于程序化操作，一定程度上限制了教师教育课程的发展。

4. 学术本位课程范式

德国哲学家、教育学家韦伯认为大学教育应该以学术为业，② 把学术置于大学教育的本位。据此逻辑，教师教育课程学术本位范式应该以学术研究为中心，课程以学术价值取向为主，课程的开发和设置应以培养未来教师的学术能力为主，强调学科课程的学术性水准，注重培养学生的科研能力和教师的科研水平。学术本位下的课程教学关注未来教师科学研究的创造性，认为学术能力是推动学科发展的主要动力。学术本位提倡大力发展研究生教育，以推动学科向高层次发展。

5. 能力本位课程范式

波兰尼认为知识并非是普遍的、客观的，而是个人的，知识之中包含了个人化经验和个人化解读，体现出了一种个人能力。③ 美国教育学家布鲁姆曾对能力列出了一个等式："技能或技巧＋知识＝能力"，④ 由此可见能力范式是基于技术主义和行为主义理论基础之上的课程技能与课程知识的综合。课程研究强调以能力为主，在注重文化知识传授的同时，加强以实践为中心的教学技术技能培训。在实践能力的训练中培养学生教学操作和反思能力。不同于传统的以知识为本位的课程范式，强调知识的客观性、普遍性和权威性，能力本位课程范式，以课程实践价值取向为主，培养学生对于课程知识的个人解读能力。教学是通过在课程学习基础之上生成新知识，提高综合能力的过程。

6. 标准本位课程范式

标准本位课程范式是以教师培养专业化和课程设置标准化为理念，在"标准本位的教师教育（Standard-based Teacher Education）"⑤ 基础之上形成的课程范式。通过理论与实践相结合，以实现学习者综合能力培养的课程范式。从内涵来看，标准本位课程范式以课程标准为基础，强调教师教育的教材、教学以及教学评价

---

① Richard D. Kinpston, Howard Y. Williams and William S. Stockton, "Ways of Knowing and the Curriculum", *The Educational Forum*, Vol. 56 No. 2, February 1992, p. 161.

② ［德］马克斯·韦伯：《学术与政治》，冯克利译，外文出版社1998年版，第1页。

③ Michael Polanyi, *Personal Knowledge: Toward a Post-Critical Philosophy*, London and Henley: Routlege and Kegan Raul Ltd., 1958, pp. 20–60.

④ ［美］B. S. 布鲁姆等编：《教育目标分类学》第1分册《认知领域》，罗黎辉等译，华东师范大学出版社1986年版，第36页。

⑤ 陈霞：《标准本位的教师教育：内涵、特征与操作模式》，《外国中小学教育》2007年第7期。

等都应该与课程标准保持一致，以实现教师教育专业标准化发展的要求。① 标准本位课程范式提倡教育的公平正义原则，实行以绩效的方式开展教学活动和实施课程评价，以保障课程目标的实现。

7. 多元融合本位

多元融合的核心观念是求同存异、机会均等，在接受文化差异的基础上尊重每一种文化价值，提倡文化的互补性。②

> （多元融合本位课程范式）从课程着手，以课程创生来重申教育的人文主义价值，从而弘扬主体的多样性和复杂性，达成文化的多元共存和共生的社会。③

该范式主张课程的开发设置首先应该依据正义与公平的原则，课程内容可以促使不同阶层、信仰、种族的学生平等地接受教育，互相帮助，共同发展。课程核心目的是培养未来教师的多元文化能力，促进教育的多样化发展。

8. 研究本位课程范式

教师教育研究本位课程范式以芬兰为代表，芬兰的研究本位范式是以专业教师教育为理念，课程以研究方法为本位，课程设置和开发都是基于研究型思维，课程教学活动以研究的方法整合理论与实践。④ 奥利·图姆（Auli Toom）认为研究本位课程范式下的教育理论的学习，教学过程的参与以及教育实践的锻炼有助于学习者对教学经验产生反思型行动。⑤ 因此，以研究为本位的教师教育课程范式提倡演绎式教学方式以培养学生独立思考和研究问题的能力，课程开发注重养成学生的开放性和批判性思维，强调在课程实施中整合教学实践和教学研究，期待培养未来教师的反思和研究的能力。

自库恩提出"范式"概念并进行深刻的阐述之后，范式的形成即被视作科学达到成熟的标志，新旧范式的转换也被看作新旧科学更替的重要标识。库恩认为科学范式的演变是由量的积累而引起质的飞跃的过程，因此新旧范式之间存在不可通约性（incommensurability）。⑥ 虽然范式的概念最初是针对自然科学提

---

① Lidna Valli and Peter Rennert-Arivs, "New Standards and Assessment. Curriculum Transformation in Teacher Education", *Curriculum Studies*, Vol. 34, No. 2, March 2002, pp. 201 – 225.
② 陈时见:《全球化视域下多元文化教育的时代使命》,《比较教育研究》2005 年第 12 期。
③ 张文军:《关于未来的社会想象与课程创生》,《教育发展研究》2017 年第 12 期。
④ 饶从满、李广平:《芬兰研究本位教师教育模式：历史考察与特征解析》,《外国教育研究》2016 年第 12 期。
⑤ Auli Toom et al., "Experiences of A Research-Based Approach to Teacher Education: Suggestions for Future Policies", *European Journal of Education*, Vol. 45, No. 2, April 2010, pp. 331 – 344.
⑥ [美] 托马斯·库恩:《科学革命的结构》, 金吾伦、胡新和译, 北京大学出版社 2003 年版, 第 178—183 页。

出来的，但是后来被广泛地借用于人文学科，而且借用带有明显的改造倾向，主要表现为不可通约性逐渐改变为共存互补性。①试图消除范式在人文学科领域内非此即彼的二元论，展现人文学科不同范式之间的共存性和互补性。对于教师教育而言，因为课程的组成要素具有普遍性，所以一个时期内的课程范式并不是绝对地凸显一种范式，有可能是两种范式的糅合，也反映出教师教育发展的多样性。

三 山鸣谷应：课程范式的组成要素

从教师教育课程范式的功能、特点、性质等方面进行分析和探讨，可以看出课程范式是一个包含了课程理论、课程目标、课程设计、课程结构、课程内容以及课程评价等一系列组成要素的一个结构化集合体。

（一）课程理论（Curriculum Theories）

盖尔·麦卡琴（Gail McCutcheon）在《究竟什么是课程理论》（*What in the World is Curriculum Theory*）一文中论述说：课程理论是对课程现象所做出的一组综合分析、阐述和理解。我所指的课程是学生有机会在学校学习的课程，包括显性的和隐性的课程，②说明课程理论包括对现阶段课程现象的总结，和对下一阶段课程现象的预测和建议，因此课程理论是源于课程实践而后又可以指导课程实践的一种理论性陈述。这意味着课程理论在具体的课程教学活动中有着重要的指导意义。《中国教育大百科全书》中把课程理论归结为以下九种：③

1. 经验自然主义课程理论

其课程主张建立在杜威的哲学、心理学与社会学思想基础之上。杜威提出其课程理论的四个命题，即"教育作为经验的不断改造或改组""教育即生长""教育即生活"和"教育作为一个社会过程"。

2. 主导的课程理论

主导的课程理论亦称"泰勒原理"，由现代课程理论之父泰勒创立。他提出了课程的教学计划都必须回答的四个基本问题：学校应该试图达到什么教育目标？提供什么教育经验最有可能达到这些目标？怎样有效总结这些教育经验？如何确定目标并予以实现？这四个基本问题构成"泰勒原理"的理论框架。

3. 知识课程理论

英国教育哲学家保罗·H. 赫斯特（Pual H. Hirst）认为，一种明智的课程应包括三方面内容：明确具体的课程目标、能充分反映目标的课程内容、能唤起学习动机的教学方法。他强调课程目标在整个课程规划中的首要性。

---

① 刘欣：《范式转换：课程开发走向课程理解的实质与关系辨析》，《教育研究与实验》2014年第1期。
② Gail McCutcheon, "What in the World is Curriculum Theory?", *Theory into Practice*, Vol. 21, No. 1, February 1982, pp. 18–22.
③ 顾明远主编：《中国教育大百科全书》第2卷，上海教育出版社2012年版，第1222—1225页。

4. 文化课程理论

文化课程理论是英国课程论专家劳顿于 20 世纪 80 年代提出的文化分析（Cultural Analysis）理论，并在此基础上创立文化分析课程规划研究法。劳顿提出，要使课程规划建立在对文化的合理选择基础上，就必须建立一套筛选过程或筛选原则，通过文化分析，清楚地陈述文化价值，并找到课程合理性支点。

5. 人本主义课程理论

为批判 20 世纪五六十年代美国学科结构化运动，并在心理学第三势力基础上建立课程理论流派，人本主义课程流派在课程哲学方面强调事实研究与价值研究的统一。在课程目标上，强调对"自我实现的人"的教育追求；在课程主张上，努力使人文精神与科学精神统一于课程领域。人本主义课程的哲学观基础表现在价值论、目的论和方法论上。

6. 结构主义课程理论

以布鲁纳、施瓦布和菲利普·H. 费尼克斯（Philip H. Phenix）的结构课程理论为代表。其课程哲学在认识论上，坚信知识是价值负载的，旨在使经验中的材料富有意义和结构。任何知识都建立在经过选择的事实基础上，渗透认识者的主观意愿并且是一种探究的过程。在价值论上，按照这种课程理论编制的"学问中心课程"兼具科学与人文趋向，重视课程的学术性与科学性，同时强调在主体探究中将事实与价值统一起来。在现实的课程政策方面，结构主义课程理论兼顾卓越与公平。在具体课程主张方面，主张课程的学术化、结构化与专门化。

7. 要素主义课程理论

要素主义课程理论主张通过知识的积累与传承实现社会进步与民主理想，为更好地发挥教育对社会的稳定功能，应传递具有稳定性和持久性的文化价值标准与文化基本要素，同时强调个体心智与道德养成。在课程开发上，主张以知识为中心，选择最有价值的知识，按其学科逻辑进行系统组织，最有价值的知识是文化要素。在教学方面，提倡"接受教学"，认为教师在教学过程中处于中心地位，教学就是教师将其知识传递给学生的过程，学生处于被动地接受地位，教学实际是学生的心智与道德训练过程，这一过程主要借助以文化要素形式存在的课程的传递来实现，并且主要依靠学生的意志努力而不是个人兴趣。

8. 后现代主义课程理论

20 世纪 80 年代后，后现代思潮对美国课程理论产生影响，使既有的课程理论发生后现代转向，并形成新的课程理论。按不同风格，后现代主义课程理论分为两种，即批判性后现代课程理论和建设性后现代课程理论。批判性后现代课程理论对现代课程中的结构主义倾向和权利关系进行解构和批判，代表人物是克里欧·彻里霍尔姆斯（Cleo Cherryholmes），彻里霍尔姆斯提出了课程的后结构观，认为课程总是会随着社会政治、经济、文化等因素的变化而变化，需要不断地被解构和建构，因此课程本质上是处于一种从建构到解构再到建构的循环过程之中，彻里霍尔姆斯称其为"建构—解构辩证法"①。建设性后现代课程理论认为课程具有开放性、动态性、过程性等特征,课程目标不是提前预设而是在教学过程之中生成的,代表人物多尔提出了丰富性、回归性、关联性、严密性(即"4R")的课程标准。

9. 概念重建主义课程理论

针对20世纪中叶后人类技术理性的异化给社会生活与人的发展带来的危机,20世纪70年代美国学者反思科学化的课程开发范式,主张重建课程观念,提出概念重建主义课程理论。詹姆斯·B.麦克唐纳(James B. Macdonald)最先使用"概念重建"这一术语。根据理论基础的不同,分为存在现象学课程流派和批判课程流派。存在现象学课程流派主要以现象学、存在主义、精神分析理论为其理论基础,主张课程应着眼于个体意识的提升与存在经验的开发,认为每个个体都是文化与知识的创造者。代表人物有威廉·F.派纳(William. F. Pinar)、马克辛·格林(Maxine Greene)等人。② 批判课程流派兴起于20世纪70年代,主要代表有迈克尔·W.阿普尔(Michael W. Apple)、亨利·吉鲁(Henry Giroux)、麦克唐纳等人。批判课程理论强调课程的社会整体性,以理性的方式关注社会公正与人的解放,把课程看作一种反思性实践。③

(二)课程目标(Curriculum Objectives)

课程目标是一定时期的教育目标在课程领域内的具体体现,因此每一个课程目标都具有一定的价值取向。基于美国课程理论专家威廉·H.舒伯特(William H. Schubert)的观点,典型的课程目标分为四种:④

1. 普遍性目标(global purposes)

普遍性目标是基于经验、哲学或伦理观、意识形态或社会政治需要的一般教育宗旨或原则,直接运用于课程与教学领域,形成课程与教学领域一般性、规范性的指导方针。其特点是将一般教育宗旨或原则等同于课程教学目标,具有普遍性,可运用于所有教育实践。这是历史最悠久的课程与教学目标取向。

2. 行为目标(behavioral objectives)

行为目标以具体的、可操作的行为形式陈述课程与教学目标,指明课程与教学过程结束后学生所发生的行为变化。是随课程研究领域的独立而出现并逐步发展、完善的课程目标模式,其基本特点是目标的精确性、具体性和可操作性。

3. 生成性目标(evolving purposes)

生成性目标是在教育情境中随着教育过程的展开而自然生成的课程与教学目标。强调教师根据课堂教学的实际进展提出相应的目标。生成性目标是教育情境

---

① 钟启泉:《从后结构主义看后现代课程论》,《全球教育展望》2002年第10期。
② 张华:《美国当代"存在现象学"课程理论初探》,《外国教育资料》1997年第5期。
③ 张华:《美国当代批判课程理论初探(上)》,《外国教育资料》1998年第2期。
④ 顾明远主编:《中国教育大百科全书》第2卷,上海教育出版社2012年版,第1226—1228页。

的产物和问题解决的结果,其根本特点是过程性。

4. 表现性目标(expressive objectives)

表现性目标指每个学生在具体教育情境中的个性化表现,关注学生在活动过程中表现出的某种程度的首创性反应形式,而非预先规定的结果,追求学生反应的多元性。

(三) **课程设计维度**(Dimension of Curriculum Design)

课程设计指课程的组织形式或结构。《课程》中指出,课程的组织形式主要涉及课程类型的选择,课程的组织结构则是课程内各要素的组合。① 结合泰勒提出的课程设置要素特征和现代课程设计的要求,课程设计涉及以下若干维度:

1. 范围(scope)

课程设计首先要考虑的是课程目标和内容所包含的深度与广度。国外很多学者针对课程设计的范围给出了不同的划分和解释:

> R. W. 泰勒指出,范围由所有的内容、主题、学习经验和构成教育计划的组织线索组成。课程目标的范围不能过于狭窄,以致不足以包括有价值的学习经验,而应涵盖所有的学习结果,如既要重视培养认知能力,也要重视培养态度和价值观;既要强调掌握专业技能,也要关注一般能力。范围在广度和深度上表现为一定的囊括性和详尽化,但并不等于不考虑适当性和可行性。美国课程专家 W. E. 多尔指出,课程设计者在决定课程内容与目标,考虑课程范围时,需要提出有限数目的目标,使课程的范围保持在一个可控制的水平。还要注意学习的认知领域、情感领域、动作技能领域、道德或精神领域的发展,不仅在最为强调的领域,还要在每一个领域决定课程所包括的内容及其详细安排。为保证课程涉及范围的适当性,学者们提出各种范围框架。美国教育心理学家加涅以能力及能力倾向为分类基点,划分了运动技能、言语信息、智慧技能、认知策略、态度等不同范围;美国学者比彻姆等人提出,学习领域应包括认知、问题与技能、情感(价值、道德与态度)三部分;詹森提出课程内容呈现的三种类型,即知识,技术(过程、技能、态度)和价值观(情感)。②

随着教育水平的提高和人们认知能力的提升,人的情感和动作技能领域也被越来越多地纳入到课程设计的维度之中,课程设计的范围也将会变得越来越广阔。

2. 顺序性(sequence)

课程设计维度的顺序性指课程内容设计的连续次序,强调课程目标和课程设

---

① 江山野主编译:《课程》,教育科学出版社1991年版,第73—80页。
② 顾明远主编:《中国教育大百科全书》第2卷,上海教育出版社2012年版,第1234页。

计与规划的连贯性。当学习者的成就与课程目标相一致时，且所陈述的目标与课堂中规划和发展的过程之间存在逻辑关系时，课程才被认为是连贯的。① 因此，按照顺序性设计课程时，除了考虑知识的逻辑顺序与结构，还要考虑学习者的身心发展阶段。也就是说，学习者所设定的学习目标与课程目标要具有一致性，实现课程设置的逻辑顺序与学习者的心理顺序要相一致。在课程内容设计上，不仅要遵循学生个人的学习经验顺序，且遵循学生在智力、情感及能力发展上的顺序性，有必要将特定观念、历程、概念的先后顺序性加以组织，并同学生思考模式与知觉形态的发展过程相整合。②

3. 连续性（continuity）

连续性指课程元素的反复出现，主张将各种课程要素在不同学习阶段予以重现。泰勒认为通过不断和连续出现的机会来实践各种技能，可以随着时间的推移去强化这些技能。课程设计维度的连续性在于为学生提供可持续的学习机会，通过长期的积累学习以达到强化学习效果的目的。塔巴也认为累进学习可以帮助学生通过反复练习进行更多更复杂的学习任务，在学习中为学生培养更为敏锐的知觉与态度。因此，课程的连续性设计原则为学生的思考和技能锻炼打下了坚实的基础。值得注意的是，重复出现的学习要素一定要具有阶段性，必须要处理好不同阶段需要复现的知识要素，以把握好每个阶段知识层次的衔接。③

4. 整合性（integration）

整合性是指在课程设计过程中，把课程的各个组成要素整合在一起，使之成为一个有机的整体。学习者的学习目标和课堂发展之间的逻辑关系通过以技能为基础的课程和程序性课程的整合来呈现。④ 课程设计维度的整合性除了课程组成要素的整合，还有不同课程设计之间的整合，以确保学习者在学习过程中的整体知识结构具有逻辑性。因此，整合既来自学习者自身，也来自外部的学科内容和社会生活。课程的整合性主要包括学生经验的整合、学科知识的整合以及社会生活的整合。⑤ 通过课程设计的整合性，可以拓宽学习者的知识视野，提高学习者的整体综合能力，加强学习者与社会的联系，同时提高知识与实践的关联。

5. 关联性（correlation）

关联性指课程的各个组成要素之间的相互关系，包括垂直关系和水平关系：

---

① Parviz Maftoon, "A Critical Look at Different Classifications of Curriculum Principles: The Influence on Enhancing Learners' Autonomy", *International Journal of Applied Linguistics and English Literature* (*IJALEL*), Vol. 1, No. 6, November 2012, p. 235.
② 顾明远主编：《中国教育大百科全书》第2卷，上海教育出版社2012年版，第1235页。
③ 顾明远主编：《中国教育大百科全书》第2卷，上海教育出版社2012年版，第1235页。
④ Parviz Maftoon, "A Critical Look at Different Classifications of Curriculum Principles: The Influence on Enhancing Learners' Autonomy", *International Journal of Applied Linguistics and English Literature* (*IJALEL*), Vol. 1, No. 6, November 2012, p. 235.
⑤ 顾明远主编：《中国教育大百科全书》第2卷，上海教育出版社2012年版，第1235页。

垂直关系指课程顺序和具体的课程或教学过程中学习的先后顺序的安排，通过从一个年级水平到另一个年级水平的纵向安排，确保学生能够获得知识，为后面的学习做好准备。水平关系指课程内容同时出现的各种要素之间的关联，如在某一个年级水平不同学科中设计能够相互联系并相互补充的内容和学习主题。在考察横向联系时，传统的学科知识的逻辑通常依照学科概念的顺序，呈现学术理性思考的结果，但这并非唯一的课程结构，任何一门学科知识都可以不同的逻辑方法组织其顺序。①

课程设计关联性主要强调课程内容各要素之间和各个学科之间的内在关系和逻辑结构，达到关联性维度的困难在于学科之间的逻辑结构不易把握，因此要达到课程之间的相互补充和完善也并不容易。

6. 均衡性（symmetry）

均衡性指在课程设计维度中，课程的各个要素之间结构安排合理，课程各方面比重保持均衡，具体包括：

其一，不同课程的各个领域应在时间和结构分配上保持适当比例，不偏重某一特定领域；其二，一门课程本身所要达成的目标范畴的均衡，即学生在概念、技能、态度和价值观等方面都获得均衡发展；其三，课程内容安排上的均衡，在课程设计之初和课程实施中，要有意识地安排和调整不同知识类型，对各学科内容中的事实、概念、规律、规范、价值、态度和技能等不同的知识类型进行均衡调配；其四，使课程安排在学生个人经验和兴趣与社会需求和时代要求之间保持平衡，课程的均衡发展不能仅满足于学生的个性和兴趣，也不能一味追随社会潮流，均衡性维度需在保持一定独立性和稳定性的同时，具有灵活的变更性。②

课程设计要保持均衡，不仅要求在技术上设置合理，同时对于课程设计者而言，要以严谨的治学态度和客观的知识评判标准做出选择和取舍，对课程各个要素从文化、社会、个人等层面统筹把握，做出协调和安排，以达到课程设计的均衡性。

（四）课程结构（Curriculum Structure）

课程结构指课程各部分、各要素的组织和配合。美国课程理论专家约翰·D.麦克尼尔（John D. Mcneil）认为不同的课程理论思潮所体现的不同的课程观、特

---

① 顾明远主编：《中国教育大百科全书》第2卷，上海教育出版社2012年版，第1236页。
② 顾明远主编：《中国教育大百科全书》第2卷，上海教育出版社2012年版，第1236页。

定的课程功能以及课程开发所处的不同的层次，都要求相应的不同的课程结构。①
课程结构的性质主要包括：

（1）客观性，课程内部各要素、各成分的来源是客观的，均来源于一定的社会文化和社会生活，且课程结构的设置必须符合儿童身心发展的需要。（2）有序性，在横向上，无论在哪个层次上，课程内部各成分的空间排列是有序的；在纵向上，学校课程的展开是一个依次递进的过程，课程内部各成分、各要素的呈现有一定的时间序。（3）转变性，课程结构具有一定的应变能力，一方面适应不同地区、不同学校、不同学生的需要，另一方面能根据一定的时代要求做出较大的改变。（4）可度量性，课程结构各成分、各要素之间的关系（隐性课程除外）可用数量关系来说明。②

课程结构不是一成不变的，要设计一个恒久的课程是不可能的。任何课程都不可能是完美的，它总是需要一些改进、适应或"微调"，以最好的方式去满足学习者的需要。③ 因此，科学的课程结构一定是在内容上客观、设置上有序、结构上可转变，课程要素的排列组合可度量为标准。

（五）课程内容（Curriculum Content）

课程内容指为实现课程目标而设定的知识体系，教师教育课程内容的设置主要包括：④

1. 课程内容价值取向

（1）学科知识取向。作为最为传统的课程内容价值取向之一，学科知识取向认为基础的学科知识（如数学知识、物理学知识、化学知识等）是课程内容最为重要的组成部分，对学习者最为必要，因此学科知识是课程内容的主要来源。近现代的要素主义课程理论、永恒主义课程理论、结构主义课程理论等在课程内容选择上都持学科知识取向。

（2）社会生活经验取向。认为课程内容的选择要以反映社会生活经验为依据，以培养学习者社会化经验的形成。社会生活经验取向的课程内容选择首先分析完美的成人的社会生活所包含的一切经验，并将其细化为具体的课程目标，再根据这些目标选择相应的课程内容。

（3）学习者经验取向。重视学习者个人的兴趣、经验和体验等，将其作为课

---

① 顾明远主编：《中国教育大百科全书》第2卷，上海教育出版社2012年版，第1221页。
② 顾明远主编：《中国教育大百科全书》第2卷，上海教育出版社2012年版，第1221页。
③ Parviz Maftoon, "A Critical Look at Different Classifications of Curriculum Principles: The Influence on Enhancing Learners' Autonomy", *International Journal of Applied Linguistics and English Literature* (*IJALEL*), Vol. 1, No. 6, November 2012, p. 235.
④ 顾明远主编：《中国教育大百科全书》第2卷，上海教育出版社2012年版，第1229页。

程内容开发的重要源泉。课程内容选择对象不再是学科知识取向和社会生活经验取向下预设的、静态的间接经验，而是一种学习者在学习过程中主动生成的动态的直接经验。

2. 课程内容选择主体

（1）国家。在传统的课程内容选择模式中，国家是唯一或主要的课程内容选择主体。通常以国家教育行政部门的学科专家为代表，执行课程内容的选择功能，所选课程内容以体现国家意志为主，课程内容具有"合法性"和"统一性"特点。

（2）地方。课程内容的选择主要由地方决定，如美国，各州可根据实际情况决定本州学校的课程内容。在中国，随着三级课程管理制度的推行，地方作为重要的课程开发主体，也可自主决定本地学校的部分课程内容。地方所选择的课程内容具有灵活性和适切性，可较好地适应地方经济发展水平和文化特点。

（3）学校。学校作为课程实施的具体地方，可以充分利用学校拥有的课程资源，选择有价值的课程内容，形成校本课程，使课程内容更具地域性、生活性和适切性，更符合学生的发展需求。在课程内容选择的学校层面，教师和学生是课程内容选择的实际主体。

3. 课程内容选择准则

（1）基础性。课程内容选择应该关注教育最为基本的任务，让学习者通过对基础知识和基本技能的学习，培养科学的思维方式，对自然、社会和人生等生成正确的、基本的价值观和行为规范，养成对待生活和学习的良好态度。

（2）生活性。现代课程理论论证了生活世界对于课程内容选择的重要价值，认为人是通过现实的生活世界获取意义，因此课程内容的选择要体现生活性，应该以课程内容为契合点，实现科学与生活的统筹整合。

（3）适切性。课程内容的选择应该以学生的实际接受能力为标准，考虑学生的实际兴趣和需要，并与之相适应、相切合，所选内容应易于学生掌握和理解，能有效促进学生的学习和发展。

（六）课程评价（Curriculum Evaluation）

通过一定的方法和途径，对课程的计划、活动及结果等的价值或特点做出判断的过程。由判断课程在改进学生学习方面的价值的活动构成。①

1. 形成性评价与总结性评价

1967年，美国课程评价专家迈克尔·斯科瑞文（Michael Scriven）提出形成性评价（formative evaluation），主要指在课程开发或实施的过程中进行的评价，其

---

① 顾明远主编：《中国教育大百科全书》第2卷，上海教育出版社2012年版，第1230页。

目的是搜集课程各个组成部分之间配合进行时的优缺点资料，为进一步修订和完善课程提供依据；总结性评价（summative evaluation）指在课程开发或实施完成之后进行的评价，目的是为课程和课程计划的效果做出整体的评判，是比较课程和推广课程的重要依据。

2. 目标本位评价与目标游离评价

目标本位评价（goal-based evaluation）是以课程或教学计划的预定目标为依据进行的评价。目标游离评价（goal-free evaluation）要求脱离预定目标，以课程计划或活动的全部实际为评价对象，尽可能全面客观地展示结果。

3. 效果评价与内在评价

效果评价（pay-off evaluation）是对课程和教学活动的最终实际效果做出的评价，关注课程和教学活动开展前后教师和学生所产生的变化。内在评价（intrinsic evaluation）是对课程和教学计划本身做出的评价，不涉及课程和教学活动的实际效果。

4. 内部人员评价与外部人员评价

内部人员评价（insider evaluation）是由课程开发者或课程使用者做出的评价，包括课程开发专家、教师、学生等。外部人员评价（outsider evaluation）是由课程开发者或课程使用者以外的其他人做出的评价，包括未参与课程开发与设计的课程评价专家、未参与课程教学活动的教师、家长等。

5. 伪评价、准评价与真评价

伪评价（pseudo-evaluation）是指出于不正当目的，有意识地对各种课程信息做出掩盖、伪造或虚假的、不真实、不客观的评价。准评价（quasi-evaluation）是指虽具有正当的评价目的和评价途径，但关注问题过于集中，不能对课程做出深刻有效的探讨与评价。真评价（true evaluation）是指对课程价值与特点做出的真实全面、客观有效的评价。[1]

由此可见，不论是课程理论的提出、课程目标的预期设定、课程设计维度的选择、课程结构的设置、课程内容的价值取舍，还是课程评价的生成，整合在一起就形成了一个包含课程价值观、方法论和实践论的有机整体。这一组合也是课程范式的重要组成部分，对于一定时期内的课程实践和教学活动具有非常重要的指导意义。

第二节　纲举目张：中国教师教育课程范式形态

中国正式的教师教育始于晚清时期。1897 年，盛宣怀在上海创办南洋公学，由此拉开了中国教师教育的帷幕。南洋公学的办学体制是仿西方而设四院：师范

---

[1] 顾明远主编：《中国教育大百科全书》第 2 卷，上海教育出版社 2012 年版，第 1231 页。

院、外院、中院和上院，相当于后期晚清政府所开设的师范学堂、小学堂、中学堂和大学堂。南洋公学开创了教育史上分级办学的先河。至此开始到民国时期，再到新中国的成立直至今天，教师教育一路走来，历经战乱而不息，曲折发展。就教师教育而言，历经不同的时代，其课程范式也历经了若干次重大变化。

一 笃学好古：文化知识本位课程范式

梁启超在《论师范》一文中说："故师范学校立，而群学之基悉定。"[①] "故夫师也者，学子之根核也""故欲革旧习，兴智学，必以立师范学堂为第一义。"[②] 盛宣怀在《筹集商捐开办南洋公学情形折》中说：

> 臣惟师道立则善人多，故西国学堂必探原于师范，蒙养正则圣功始，故西国学程必植基于小学，中外古今教学宗旨本无异同。
>
> ……
>
> 况师范小学，尤为学堂一事先务中之先务，既病求艾，相需已殷，急起直追，惟虞弗及。[③]

在这样的历史背景之下，1902 年，管学大臣张百熙呈奏《钦定学堂章程》，时年为中国旧历壬寅年，故又称"壬寅学制"。这标志着中国的教师教育开始呈现制度化。壬寅学制包括《钦定京师大学堂章程》《钦定高等学堂章程》《钦定中学堂章程》《钦定小学堂章程》《钦定蒙学堂章程》等，从制度层面对于各级学堂的教育做出了明文规定，形成了中国近代教师教育体系的雏形。1904 年，清政府颁布《奏定学堂章程》，因时年为中国旧历癸卯年，故又称"癸卯学制"。它是中国近代教育史上第一部由政府颁布且得以完整实施的学制，对于我国早期的教师教育做出了详细的规列，主要包括《奏定初级师范学堂章程》《奏定优级师范学堂章程》《奏定实业教员讲习所章程》等，规划的教师教育师资培训机构有优级师范学堂、初级师范学堂、师范传习所、实业教员讲习所、预备科和小学教员讲习所六类（详见表 15-1），规定了各级各类学堂的培养宗旨、学习年限、入学资格以及课程设置等。[④]

[①] 梁启超：《论师范》，载汤志钧、陈祖恩、汤仁泽编《戊戌时期教育》，陈元晖主编《中国近代教育史资料汇编》，上海教育出版社 2007 年版，第 79 页。

[②] 梁启超：《论师范》，载汤志钧、陈祖恩、汤仁泽编《戊戌时期教育》，陈元晖主编《中国近代教育史资料汇编》，上海教育出版社 2007 年版，第 81 页。

[③] 盛宣怀：《奏为筹集商捐开办南洋公学折（附章程）》，载汤志钧、陈祖恩、汤仁泽编《戊戌时期教育》，陈元晖主编《中国近代教育史资料汇编》，上海教育出版社 2007 年版，第 268—269 页。

[④] 璩鑫圭、童富勇、张守智编：《实业教育 师范教育》，陈元晖主编《中国近代教育史资料汇编》，上海教育出版社 2007 年版，第 583—637 页。

表 15-1　　　　　　　　癸卯学制师范教育类别表

种类		年限	入学资格	宗旨
优级师范学堂		五年	普通中学或初级师范毕业	培养中学或初级师范的师资
初级师范学堂	完全科	五年	高等小学堂毕业	造就小学教员
	简易科	一年	高小四年卒业	训练初小教员
师范传习所		十个月	原以门馆为生业者	训练小学副教员
实业教员讲习所	农业教员讲习所	二年	普通中学、初级师范或同等之实业学堂毕业	造就实业补习学校及艺徒学堂教员
	商业教员讲习所	二年	普通中学、初级师范或同等之实业学堂毕业	造就实业补习学校及艺徒学堂教员
	工业教员讲习所 完全科	三年	普通中学、初级师范或同等之实业学堂毕业	造就实业补习学校及艺徒学堂教员
	工业教员讲习所 简易科	一年	普通中学、初级师范或同等之实业学堂毕业	造就实业补习学校及艺徒学堂教员
预备科		无定期	拟入初级师范学力不足者	补习性质
小学教员讲习所		无定期	现任小学教员	补习及进修性质

资料来源：刘问岫编：《中国师范教育简史》，人民教育出版社 1984 年版，第 25 页。表格为笔者根据该资料自制。

初级师范学堂所设课程培养目标主要是为高等小学堂和初等小学堂培养教员，属于中等师范教育的范畴。优级师范学堂所设课程培养目标主要是为初级师范学堂和普通中学堂培养教员与管理人员，属于高等师范教育的范畴。师范传习所和实业教员讲习所的课程设置目标主要是为普通补习学堂及实业学堂和艺徒学堂培养教员。预备科和小学教员讲习所以为拟入初级师范学力不足者或现任小学教员提供补习或进修为目标。总的来说，这一时期的课程组织和课程内容选取主要以传习知识为主，把培养和扩充师资力量作为教育宗旨或原则直接运用于课程与教学领域，属于课程普遍性目标取向。

1904 年颁布的《奏定学堂章程》（即癸卯学制）对优级师范学堂、初级师范学堂、师范传习所及实业教员讲习所等教育机构的课程做出了明确的规定，详见表 15-2：

表 15-2　　　　　　癸卯学制初级、优级师范学堂课程设置

科目		课程设置
初级师范学堂	完全科	修身、读经讲经、中国文学、教育学、历史、地理、算学、博物、理化、习字、图画、体操（外国语、农业、商业、手工科）
	简易科	修身、中国文学、教育学、历史、地理、算学、格致、图画、体操

续表

科目		课程设置
优级师范学堂	公共科	人伦道德、群经源流、中国文学、东语、英语、辨学、算学、体操
	分类科 语文科	人伦道德、经学大义、中国文学、历史、教育学、心理学、周秦诸子、英语、德语/法语、辨学、生物学、生理学、体操（法制、理财选修）
	分类科 史地科	人伦道德、经学大义、中国文学、教育学、心理学、地理、历史、法制、理财、英语、生物学、体操（德语选修）
	分类科 理化科	人伦道德、经学大义、中国文学、教育学、心理学、算学、物理学、化学、英语、图画、手工、体操（德语、生物学选修）
	分类科 博物科	人伦道德、经学大义、中国文学、教育学、心理学、植物学、动物学、生理学、矿物学、地学、农学、英语、图画、体操（化学、德语选修）
	加习科	人伦道德、教育学、教育制度、教育机关、美学、实验心理学、学校卫生、特别教育学、儿童研究、教育演习（教育实习）

资料来源：刘问岫编：《中国师范教育简史》，人民教育出版社1984年版，第8—20页。表格为笔者根据该资料自制。

实业教员讲习所课程设置见表15-3：

表15-3　　　　　　癸卯学制实业教员讲习所课程设置

科目		课程设置	修业年限
农业教员讲习所		人伦道德、算学及测量术、气象学、农业泛论、农业化学、农具学、土壤学、肥料学、耕种学、畜产学、园艺学、昆虫学、养蚕学、兽医学、水产学、森林学、农产制造学、农业理财学、实习、英语、教育学、教授法、体操	2年
商业教员讲习所		人伦道德、应用化学、应用物理学、商业作文、商业算术、商业地理、商业历史、簿记、商品学、商业理财学、商业实践、英语、教育学、教授法、体操	2年
工业教员讲习所	完全科	金工、木工、染织、窑业、应用化学、工业图样	3年
	简易科	金工、木工、染色、机织、陶器、漆工	2年

资料来源：曾煜编著：《中国教师教育史》，商务印书馆2016年版，第32页。表格为笔者根据该资料自制。

此外，据《女子师范学堂章程》，每州县所立女子师范学堂，可官设亦可民办。其课程培养目标是"以养成女子小学堂教习，并讲习保育幼儿方法，期于裨补家计，有益家庭教育为宗旨"①。招收入学对象为：

以毕业女子高等小学堂第四年级，年十五岁以上者为合格。其毕业女子

---

① 璩鑫圭、童富勇、张守智编：《女子师范学堂章程》，载璩鑫圭、童富勇、张守智编《实业教育师范教育》，陈元晖主编《中国近代教育史资料汇编》，上海教育出版社2007年版，第597页。

高等小学堂第二年级、年十三岁以上者，亦可入学，惟当令其先入预备科补习一年，再升入女子师范科。至现时创办，可暂以与毕业高等小学堂学力相等者充之。①

课程设置设有：修身、教育、国文、历史、地理、算术、格致、图画、家事、裁缝、手艺、音乐、体操，共13门课程，修习年限为四年，开创了中国女子师范教育之先河。

因为这一时期的教师教育属于萌芽状态，处于探索发展的阶段，课程结构设置主要是以教授文化知识为导向，课程内容的设置主要是以国家和地方为选择主体，以知识和社会生活经验为价值取向，以基础性和生活性为知识内容选择准则，包含已知的经验知识，具有客观性和连续性，但教材大多是选取西方的教材翻译而来，因此课程结构缺乏弹性，而且课程结构各成分、各要素之间权重很难用数量关系表征出来。课程设计维度并不能体现出课程的广度和深度，课程要素和课程内容的编排具有一定的顺序性和连续性，却并无整合性。虽然出现了简单的学科分化，但无明确的专业设置，课程整体结构缺乏系统性。

对于初级师范学堂毕业生按成绩考核分为最优等、优等、下等、最下等四级：

考列最优等者，作为拔贡，以教授尽先选用，并加六品衔，令充高等小学堂教员（义务年满，愿加习优级师范者，听，并可调充中小学堂管理员）。
考列优等者，作为优贡，以教谕尽先选用，令充高等小学堂副教员。
考列下等者，留堂补习一年，再行考试，分等录用。如第二次仍考下等及不愿留堂补习者，给以修业年满凭照，令充各小学堂管理员。
考列最下等者，但给以考试分数单。②

对于优级师范学堂毕业生按成绩考核分为：最优等、优等、中等、下等、最下等五级：

考列最优等者，作为举人，以国子监博士尽先选用，并加五品衔，令充中学堂及初级师范学堂教员（义务年满后，得调充学务处及各学堂管理员）。
考列优等者，作为举人，以国子监助教尽先选用，令充中学堂及初级师范学堂教员。
考列中等者，作为举人，以国子监学正尽先选用，令充中学堂教员。

---

① 璩鑫圭、童富勇、张守智编：《女子师范学堂章程》，载璩鑫圭、童富勇、张守智编《实业教育 师范教育》，陈元晖主编《中国近代教育史资料汇编》，上海教育出版社2007年版，第601—602页。
② 璩鑫圭、童富勇、张守智编：《奏定各学堂奖励章程》，载璩鑫圭、童富勇、张守智编《实业教育 师范教育》，陈元晖主编《中国近代教育史资料汇编》，上海教育出版社2007年版，第590页。

考列下等者，留堂补习一年，再行考试，分等录用。如第二次仍考下等及不愿留堂补习者，发给修业年满凭照，令充以上各学堂管理员。

考列最下等者，但给以考试分数单。①

这一时期并没有专业的课程评价，主要是以书面考试成绩的形式进行，从评价体系来衡量是外部人员以目标为本位做出的总结性评价。

综观这一时期的教师教育，整个课程体系贯穿着"中学为体、西学为用"的思想，《初级师范教育总要》中明确规定：

尊君亲亲，人伦之首，立国之纲；必须常以忠孝大义训勉各生，使其趣向端正，心性纯良。

孔孟为中国立教之宗，师范教育务须恪遵经训，阐发要义，万不可稍悖其旨，创为异说。②

由此可见，其课程范式带有鲜明的封建主义色彩，主要是以灌输传统文化、传递经书知识为本位。但总的来说，癸卯学制对于中国教师教育而言是一大革新，癸卯学制首次把教师教育和其他实业教育区分开来，并从教育立法的层面做出制度化保证，初步形成了我国近代教师教育体制的雏形，对于此后的教师教育发展意义深远。

二 条修叶贯：学科本位课程范式

1912年中华民国成立，由于深受西方自由主义和实用主义教育思想的影响，很多人认为知识是现实及其不断变化过程的产物，学习发生在解决问题的过程和情境之中，强调人在具体环境之中的实践能力。③ 因此这一时期的中国不论是教育体制，还是课程范式都有了重大调整。1912年1月19日，南京临时政府教育部颁发《普通教育暂行办法通令》，规定初等小学男女同校，各科教科书需要合乎中华民国的国策和教育宗旨，旧教科书和小学读经一科，都要废除。④ 范式从本质上来说是变革的，是一个动态的发展变化过程。对教师教育来说，政策导向的重大变革意味着这一时期的教师教育课程范式的转型。

这一时期的师范学堂更名为师范学校，完全科改称第一部，简易科改称第二

---

① 璩鑫圭、童富勇、张守智编：《奏定各学堂奖励章程》，载璩鑫圭、童富勇、张守智编《实业教育师范教育》，陈元晖主编《中国近代教育史资料汇编》，上海教育出版社2007年版，第590页。
② 朱有瓛主编：《中国近代学制史料》第2辑下册，华东师范大学出版社1989年版，第224页。
③ 顾明远主编：《中国教育大百科全书》第2卷，上海教育出版社2012年版，第1216页。
④ 于述胜：《民国时期（1912年—1949年）》，李国钧、王炳照总主编《中国教育制度通史》第7卷，山东教育出版社1999年版，第10页。

部。1912年9月颁布《师范教育令》,[①]同年12月颁布《师范学校规程》。师范学校以培养小学教员为目的,女子师范学校以培养小学教员和蒙养园保姆为目的。师范学校分本科和预科。本科又分第一部和第二部。预科是学制一年,本科第一部是学制四年,第二部是学制一年。为便于师范学生实习,师范学校应设立附属小学校,女子师范学校除设立附属小学校外,还应设立附属蒙养园(即现在的幼儿园)。[②]

这一时期的教师教育体系并不完备,师范学校教师教育课程也继承了晚清时期的设置模式和课程结构,只是去掉了诸如读经讲经、人伦道德、经学大义等封建色彩浓厚的科目,其他科目并无太大变化。具体课程设置见表15-4。

表15-4　　　　　　　　　民国初期师范学校课程设置

类别	课程	课程科目	选修
预科	男子预科	修身、读经、国文、习字、外国语、数学、图画、手工、乐歌、体操	
	女子预科	修身、读经、国文、习字、外国语、数学、图画、手工、乐歌、体操、缝纫	
本科	男子本科	修身、读经、教育、国文、习字、外国语、历史、地理、数学、博物、物理化学、法制经济、图画、手工、农业、乐歌、体操	商业
	女子本科	修身、读经、教育、国文、习字、外国语、历史、地理、数学、博物、物理化学、法制经济、图画手工、乐歌、体操、家事园艺、缝纫	外国语

资料来源:刘问岫编:《中国师范教育简史》,人民教育出版社1984年版,第28—32页。表格为笔者根据该资料自制。

这一时期的高等师范学校分预科、本科,目标是培养中学和师范学校教员,女子高等师范学校是为了培养女子中学校、女子师范学校教员。预科招收师范学校、中学校的毕业生或有同等学力者,本科的学生由预科毕业生升入。课程设置见表15-5:

表15-5　　　　　　　　民国初期高等师范学校课程设置

类别	课程	课程设置	选修课程
	男子预科	伦理学、国文、英语、数学、论理学、图画、乐歌、体操	

[①] 璩鑫圭、唐良炎编:《教育部公布教育宗旨令》,载璩鑫圭、唐良炎编《学制演变》,陈元晖主编《中国近代教育史资料汇编》,上海教育出版社2007年版,第661页。
[②] 璩鑫圭、唐良炎编:《教育部公布师范学校规程》,载璩鑫圭、唐良炎编《学制演变》,陈元晖主编《中国近代教育史资料汇编》,上海教育出版社2007年版,第698页。

续表

类别	课程	课程设置	选修课程
女子预科		伦理学、国文、数学、论理学、图画、乐歌、体操	英语
男子本科	通修课程	伦理学、心理学、教育学、英语、体操	英语 法语 德语 乐歌
	国文部	国文及国文学、历史、哲学、美学、言语学	
	英语部	英语及英文学、国文及国文学、历史、哲学、美学、言语学	
	历史地理部	历史、地理、法制、经济、国文、考古学、人类学	
	数学物理部	数学、物理学、化学、天文学、气象学、图画、手工	
	物理化学部	物理学、数学、化学、天文学、气象学、图画、手工	
	博物部	植物学、动物学、生理卫生学、矿物及地质学、农学、化学、图画	
女子本科	文科	伦理、教育、国文、外国语、历史、地理、家事、乐歌、体操	
	理科	伦理、教育、国文、数学、物理、化学、植物、动物、生理卫生、矿物及地质、外国语、家事、图画、乐歌、体操	
	家事科	伦理、教育、国文、家事、应用理科、缝纫、手艺、手工、园艺、图画、外国语、乐歌、体操	

资料来源：刘问岫编：《中国师范教育简史》，人民教育出版社 1984 年版，第 34—42 页。表格为笔者根据该资料自制。

    这一时期师范学校除了课程设置，比较突出的特点是要求各个师范学校须附设小学，女子师范学校除了附设小学还设蒙养园（即幼儿园），以供师范学校教学实习之用，教学实习首次被纳入课程考核之中，教师教育开始关注教学实践能力。相对于师范学校而言，高级师范学校发展比较明显，从高级师范学校可以看出，本科课程设置出现了结构化的系部划分，女子本科也开始出现学科划分，而且开始设置选修课程，同时还开设研究科，为各个学部的优秀毕业生提供进一步的深造。

    1922 年民国政府教育部正式公布《学校系统改革案》，因系中国旧历壬戌年，故又称之为"壬戌学制"。① 后又于 1923 年正式公布《新学制师范课程标准纲要》，对中等师范教育的课程做出明确规定：改设六年制师范学校，课程科目除了通修课程，另开设社会科、语文科、算学科、自然科、艺术科、体育科、教育科七大类课程；中等师范教育课程开始出现系统化分科；高中师范科和后期师范学校课程设置开始出现公共必修科目、专业必修科目和选修科目。选修科目分教育选修科目、文科选修科目（第一组）、理科选修科目（第二组）和艺术科选修科目（第三组）；② 同时，普通大学开始附设教育系部，参与到教师教育人才培养

---

① 于述胜：《民国时期（1912 年—1949 年）》，李国钧、王炳照总主编《中国教育制度通史》第 7 卷，山东教育出版社 1999 年版，第 46 页。

② 于述胜：《民国时期（1912 年—1949 年）》，李国钧、王炳照总主编《中国教育制度通史》第 7 卷，山东教育出版社 1999 年版，第 61 页。

中，承担教师教育科学研究的职责，教师教育系统开始出现开放性培养的趋势。另外，对于课程评价的考核开始以学分制计算，由教师教育内部人员做出目标本位的形成性评价。至此，教师教育课程开始在各级各类教学机构中出现学科化发展的态势。

这一时期，全国范围内的教育发展缓慢，整体文化程度较低，普及大众教育就显得尤为紧迫和重要。在壬戌学制的教师教育课程设置基础之上，国民政府又出台一系列政令法规等以发展全国教育。1928 年 5 月，国民政府召开全国第一次教育工作会议，重新整理制定《中华民国学校系统》，因时年是中国旧历戊辰年，故亦称"戊辰学制"。1932 年 12 月国民政府教育部公布了《师范学校法》，1933 年 3 月，公布《师范学校规程》，1934 年 9 月公布《师范学校课程标准》。1935 年 6 月公布《修正师范学校规程》。① 这些政令法规，不仅对教师教育制度提出修正，同时对课程设置也做出了规定。

为了适应全国教师教育发展的需求，教师教育培养机构开始出现细化，主要包括以下几大类：师范学校、女子师范学校、乡村师范学校、简易师范学校、简易乡村师范学校、简易师范科、特别师范科、幼稚师范科等。随着教师教育学科的发展，1942 年至 1946 年间，国民政府教育部又分别增设了其他各种专业师范科：音乐师范科、美术师范科、体育师范科、劳作师范科、童子军师范科以及社会教育师范科，对其培养目标、招生对象、学习年限以及学习课时都做出了具体的规定（详见表 15-6）。

表 15-6　　　　　　　　　民国时期师范学校类别设置表

学校类别	培养目标	招生对象	学制	总学时
师范学校	以培养小学教师为目标	初中毕业生	3 年	204—205
女子师范学校	以培养小学教师为目标	初中毕业生	3 年	204
乡村师范学校	以培养乡村小学教师为目标	初中毕业生	3 年	216
简易师范学校	为简易小学和短期小学培养教学人员	小学毕业生	4 年或 3 年	275
简易乡村师范学校	为简易小学和短期小学培养教学人员	小学毕业生	4 年或 3 年	286
简易师范科	毕业成绩优秀者可升入师范学校或幼稚师范科肄业	初中毕业生	1 年	—
特别师范科	以培养劳作、美术、音乐、体育、童子军等学科教员为目的	高中毕业生	3 年	—
幼稚师范科	以培养幼稚园教员为目标	初中毕业生	2—3 年	—
音乐师范科	以培养小学音乐教员为目标	初中毕业生	3 年	212
美术师范科	以培养小学美术教员为目标	初中毕业生	3 年	202—210

---

① 刘问岫编：《中国师范教育简史》，人民教育出版社 1984 年版，第 63 页。

续表

学校类别	培养目标	招生对象	学制	总学时
体育师范科	以培养小学体育教员为目标	初中毕业生	3 年	198—215
劳作师范科	培养学生具备教学中心国民学校和国民学校劳作科的知识和技能	初中毕业生	3 年	206
童子军师范科	培养师范生具备教学童子军和幼童军的知识和能力	初中毕业生	3 年	199
社会教育师范科	以培养社会教育工作人员	初中毕业生	3 年	210

资料来源：刘问岫编：《中国师范教育简史》，人民教育出版社 1984 年版，第 66—135 页。表格为笔者根据该资料自制。

由表 15-6 可见，这一时期民国的师范教育科目类别齐全，师范学校以学科形式初步形成结构化体系，课程设置开始以学科为标准，体现学科本位特征。

关于高等师范教育，1938 年国民政府教育部颁布了《师范学院规程》（以下简称《规程》），开始考虑在全国范围内设立师范学院，为中等教师教育培养师资人员。《规程》规定师范学院既可以单独设立，也可以附设于大学之内，可分男女两部，也可单独设立女子师范学院。招生对象主要为高中毕业生，学制五年（后改设为四年）。师范学院课程分为普通基本科目（党义、国文、外国文、社会科学、自然科学、哲学概论、本国文化史、西洋文化史）、教育基本科目（教育概论、教育心理、中等教育、普通教学法）、分系专门科目（由各个系科视专业情况而定）以及专业训练科目（教材教法研究和教学实习）4 类。最终考核以学分制计算。① 对于入校的师范学院学生课程考查分为平时考试、学期考试、毕业考试。同时对于不同的考试也做出了不同的规定和要求。平时考试可由任课教师在教学过程中随机举行，每学期至少考查 1 次；学期考试由各个系部和任课教师共同于每学期末开展 1 次，成绩须与平时成绩结合计算；毕业考试由教育部、该区教育行政主管、校外专门学者及校内教师共同组织学生毕业考试。考试形式分口试和笔试，考试内容分类综合命题，通考 4 年所学；且在师范学院最后一年设论文研究班，学生在选定题目后，每星期须与其授课教师和论文指导教师进行讨论，报告其论文研究进展。最后的毕业论文撰写会计入其毕业总成绩。②

这一时期高等师范教育科目类别划分合理，课程设置具有学科化特征，学分制考核和阶段性评价已经具有现代教师教育课程评价的特征。

民国晚期的师范教育学科门类详全。不论是科目设置，还是专业划分已初步具有了现代教育的特征。课程设置呈现学科化态势，课程内容在连续性和顺序性的基础之上开始出现系统性和整合性；课程结构具有一定的转变性，学分制的计

---

① 刘问岫编：《中国师范教育简史》，人民教育出版社 1984 年版，第 146—148 页。
② 刘问岫编：《中国师范教育简史》，人民教育出版社 1984 年版，第 149—150 页。

算考核方式使整个课程结构具有一定的数量关系的可度量性；除了国家、地方，学校和专业学科开始作为课程内容选择主体出现，整个课程内容具有适切性和整合性；课程评价开始由内部人员和外部人员共同参与，由形成性评价和总结性评价共同生成系统性评价结果。学科整合性划分和以课程系统性实践与评价的整个学科课程体系使这一时期的课程范式表现出以学科为本位的基本特征。

三 智圆行方：知识本位课程范式

1949 年中华人民共和国成立。随着整个社会政治和经济体制的巨大变革，如何对旧有的教师教育体制进行改造，进而建立社会主义教师教育体制是新政府所面临的亟待解决的问题。这一时期的教育主要借鉴苏联，主流的教育思想也被凯洛夫的教育理论所替代。凯洛夫教学理论强调教师和教材在教学活动当中的绝对主导地位和作用，要求"在学校的一切教学工作中，绝对保证教师的领导作用"，要做到"以课本为本，以大纲为纲"，在课程内容上"只能选择确定不移、颠扑不破的原理，而不是在科学上尚无定论或正在争论的问题"[1]，因而忽视了学生作为学习主体的角色地位，对于教师教育课程内容价值取向只是单一的社会生活经验取向，完全忽视学习者经验取向。这一教育思想对于这一时期的中国教师教育产生了深远影响。

1951 年 10 月，《政务院关于改革学制的决定》颁布，将我国的教育系统分为幼儿教育、初等教育、中等教育、高等教育四个阶段。同年 11 月，第一次全国师范教育会议召开，把我国师范教育分为中等师范教育和高等师范教育两大层次。1952 年 7 月，教育部颁布《师范学校暂行规程》和《关于高等师范学校的规定》，把高等师范学校分为师范专科学校和师范学院。[2] 至此，新中国建立了由师范学校、师范专科学校和师范学院组成的三级师范教育体系。

师范学校课程设置主要目标是培养具有中等文化水平和专业教育知识与技能的初等教育和幼儿教育师资力量。师范学校附设幼儿师范科、师范速成班、短期师资训练班及函授部。除了师范学校，还设立了幼儿师范学校、师范速成班、初级师范学校（分三年制和四年制），具体设置详见表 15-7：

表 15-7　　　　　　　　　新中国初期师范学校类别设置表

类别	课程培养目标	招生对象	入学年龄	学习年限
师范学校	初等教育师资 幼儿教育师资	初级中学毕业生或同等学力者	15—30 岁	3 年
幼儿师范学校	幼儿教育师资	初级中学毕业生或同等学力者	15—30 岁	3 年

---

[1] 潘涌：《国外教育思潮的融入与中国现代教育思想的价值演绎》，《清华大学教育研究》2011 年第 4 期。
[2] 曾煜编著：《中国教师教育史》，商务印书馆 2016 年版，第 280 页。

续表

类别	课程培养目标	招生对象	入学年龄	学习年限
师范速成班	初等教育师资	初级中学毕业生或同等学力者		1年
初级师范学校	初等教育师资	小学毕业生或同等学力者	25岁以下	3—4年

资料来源：曾煜编著：《中国教师教育史》，商务印书馆2016年版，第275页。表格为笔者根据该资料自制。

由表15-7可见，这一时期的中等师范教育类别简单，课程培养目标主要是为了解决初等教育所需的大量师资问题，因而师范学校是以培养初等教育人才、传播科学知识、普及大众教育为主要任务，课程内容以传递知识为主。

高等师范教育方面，1949年12月，北京师范大学根据第一次全国教育工作会议精神，率先进行改造。1950年5月，教育部颁布《北京师范大学暂行规程》，以此作为高等师范教育的范本对全国高等师范院校进行改造。课程设置详见表15-8：

表15-8　　　　　　　1950年北京师范大学课程设置表

科目	课程	占比
政治课	辩证唯物主义与历史唯物主义、新民主主义论、政治经济学、文教政策和法令	15%
必修课	教育学、逻辑学、教育心理学、体育、中等学校教材教法	15%
专业课	视各专业具体情况设定	55%
选修课	须在系主任指导下兼修其他系课程	
实习	参观、见习、实习	15%

资料来源：曾煜编著：《中国教师教育史》，商务印书馆2016年版，第278—279页。表格为笔者根据该资料自制。

1952年《关于高等师范学校的规定（草案）》颁布，对高等师范学校专业设置进行规划：

> 中国语文、外国语（分设俄语、英语等组）、历史、地理、数学、物理、化学、生物、教育（分设学校教育及学前教育等组）、体育、音乐、美术等系科。其中若干系科在师范学院得合并设置（如数学、物理两系合并为数理系，化学、生物两系合并为化学生物系）；在师范专科学校以合并设置为原则。[1]

---

[1] 曾煜编著：《中国教师教育史》，商务印书馆2016年版，第280页。

师范学院、师范专科学校各系科的教学计划和课程设置另行规定。值得一提的是教学实习被规定为教学计划中的重要组成部分，开始突显教师教育的实践性。

从课程范式角度来看，这一时期的课程内容设计维度具有一定的顺序性和连续性，课程内容选择主体依然为国家和学校，课程结构以客观性为主，课程内容价值取向以学习者经验取向为主，课程内容选择以基础性和适切性为准则，但课程评价依然以由学校内部人员做出的目标本位的总结性评价为主。

综上所述，这一时期的中等师范教育和高等师范教育以补充培养师资力量和普及初等教育为主，因此课程设置以知识传递为中心，课程范式表现为以知识为本位。虽然后来教育部出台了若干政策对教师教育发展做了很多调整，但受限于当时的社会经济和教育发展水平，知识本位课程范式一直延续到20世纪80年代。

四 砥志研思：学术本位课程范式

1978年4月，教育部召开全国教育工作会议，明确提出：

> 大力发展和办好师范教育，是建设教师队伍的根本大计。高师、中师、幼师等各级师范学校，特别是高等师范院校，都要努力发展，扩大招生，提高教育质量，以便为教育战线不断补充合格的教师。①

1980年6月，教育部在北京召开第四次全国师范教育工作会议，提出当前的首要任务就是要进一步完善师范教育体制，建立健全师范教育体系，使之成为培养各类中等、初等学校和幼儿园合格教育师资力量的基地。1980年8月，教育部颁发《中等师范学校规程（试行草案）》，强调"中等师范学校必须贯彻以教学为主的原则，全面安排学校工作"，"教育实习应有领导、有计划、有组织地进行"②。同年10月，《教育部关于印发中等师范学校教学计划试行草案和幼儿师范学校教学计划试行草案的通知》，对三年制和四年制师范学校及幼儿师范学校的课程设置、教育实习与生产劳动、时间分配等做出明确规定。

中等师范学校课程设置是以培养德、智、体全面发展的热爱教育事业的小学教师为目标，以推荐和考试相结合的方式招取初中毕业生或具有同等学力者，学习年限为3年至4年；幼儿师范学校课程设置以培养具有专业知识和技能的热爱幼儿的幼儿园教师为目标，以推荐和考试相结合的方式招取初中女毕业生，学习年限3年至4年。课程设置详见表15-9：

---

① 何东昌主编：《国务院批转教育部〈刘西尧同志在全国教育工作上的报告和总结〉》，载何东昌主编《中华人民共和国重要教育文献（1976—1990）》，海南出版社1998年版，第1615页。

② 何东昌主编：《中等师范学校规程（试行草案）》，载何东昌主编《中华人民共和国重要教育文献（1976—1990）》，海南出版社1998年版，第1836—1838页。

表 15-9　　　　　　　　　1980 年起中等师范学校课程计划表

学校类别	培养目标	招生对象	课程设置	学制
中等师范学校	培养德、智、体全面发展的热爱教育事业的小学教师	初中毕业生或具有同等学力者	政治、语文（文选和写作、语文基础知识、小学语文教材教法）、数学（数学、小学数学教材教法）、物理学、化学、生物学、生理卫生、历史、地理、外语、心理学、教育学、体育及体育教学法、音乐及音乐教学法、美术及美术教学法、小学自然常识教学法等课程，民族师范学校开设民族语文	3—4 年
幼儿师范学校	培养具有专业知识和技能的热爱幼儿的幼儿园教师	初中女毕业生	政治、语文、语言及常识教学法、数学、计算教学法、物理学、化学、生物学、历史、地理、外语、幼儿心理学、幼儿教育学、幼儿卫生学、体育及体育教学法、美工及美工教学法、音乐及音乐教学法、舞蹈	3—4 年

资料来源：何东昌主编：《中华人民共和国重要教育文献（1976—1990）》，海南出版社 1998 年版，第 1862—1865 页。表格为笔者根据该资料自制。

截至 1981 年，全国高等师范院校共设有：汉语言文学、中国少数民族语言文学、英语、俄语、日语、历史学、政治教育、学校教育、学前教育、心理学、数学、物理学、化学、生物学、地理学、体育、音乐、美术、德语、法语、哲学、政治经济学、教育学、图书馆学、天文学、无线电电子学、生物化学、计算机科学、地貌、电化教育技术、机械制造、工业自动化、政史、史地、理化、艺术、艺体共 37 个专业，其中前 18 个为高等师范学校的通用专业。全国高等师范院校共有专业点 1443 个，其中本科 641 个，专科 802 个。[①]

1989 年 4 月，国家教育委员会发布《普通高等学校本科专业设置暂行规定》，开始下放部分专业设置审批权，[②] 以增强专业适应性。高等师范学校的专业和课程设置自主权开始提升，本科教学计划和课程设置开始关注教师教育的专业学术素养。专业设置开始细化，对学生提出了掌握本专业的理论知识、基础知识和基本技能的要求；同时要求学生拓宽视野，关注本学科的发展前沿，培养学生的科学研究能力和分析问题、解决问题的实践能力。为培养具有合格的从事中学教育和教学工作能力、能够初步开展学术研究的教育工作者，要求学生掌握至少一种外语，具有阅读本专业相关外文文献的能力。为了提高教师教育师资队伍，开始开设离职进修、业余进修和函授进修等，课程包括思想政治课程、教育理论课程、专业基础课程、地方规定课程四类，开始关注教师教育人才的专业知识和学术能力。

---

① 《中国教育年鉴》编辑部编：《中国教育年鉴（1949—1981）》，中国大百科全书出版社 1984 年版，第 260 页。

② 何东昌主编：《国家教委关于印发〈普通高等学校本科专业设置暂行规定〉的通知》，载何东昌主编《中华人民共和国重要教育文献（1976—1990）》，海南出版社 1998 年版，第 2854—2855 页。

这一时期的高等师范教育专业设置更加细化，因此课程内容设计维度的范围开始向纵深化发展，课程计划开始具有系统性。课程内容选择以适切性和整合性为准则，体现专业学术价值取向和学习者经验取向。课程范式开始呈现以学术为本位的原则。

五 合纵连横：多元融合课程范式

随着后现代思潮对于课程理论的影响，建设性后现代主义课程理论代表人物多尔提出课程的基本观念应包括以下六个方面：课程应发展实践性，从而将体现人的能动思想的"转化"概念置于课程的核心；课程应利用自身组织，在满足其复杂性的同时，增加丰富性和开放性；建构教师在课程中内生性的权威观；课程要运用隐喻的、叙述的、解释的思维方式；课程目标、课程计划和课程目的应蕴含于课程行动；注重课程评价的动态性、开放性与复杂性，注重其转化与发展功能而非鉴别功能，主张将课程作为一种不断探究的过程。多尔还提出后现代课程构建的四个标准（丰富性、循环性、关联性、严密性）。[1] 建设性后现代主义课程理论对于 21 世纪的教师教育课程产生了深远的影响，一定程度上孕育了课程模块化设计和课程群构建等新的课程设计理念的诞生。

进入 21 世纪以来，围绕教师专业化素养以及职业化发展等问题，美国、英国、澳大利亚等很多国家先后发布并不断修改各类教师认证标准，确立了教师教育专业化导向和职业化进程的发展趋势。在这种大的国际教育改革背景之下，如何实现教师的职业化发展也成了一个亟待解决的问题。1999 年欧盟正式启动了"博洛尼亚进程"。有人认为其对于芬兰教师教育的影响主要是在教师教育课程设置层面，而非教师教育制度方面。也有学者认为，从前教育目标可以通过严格的标准操作实现，现在大家已经普遍接受教育目标可以通过设置国家核心课程和后期绩效评价来达成。[2] 若是以芬兰这个教育强国作为参照标准，那它明确反映出了课程范式当中的课程设置和评价对于教育目标实现的重要作用。

我国教育部于 2011 年 10 月颁布《教师教育课程标准（试行）》，其中的"学习领域"和"建议模块"内容在很大程度上与教师资格证考试中的"教育知识与能力"模块是相符合的，体现出教师职业标准对教师教育课程标准及其课程设置的导向作用。[3] 2014 年 8 月，教育部再次提出"建立模块化教师教育课程体系"的要求。"模块课程"（Modular Curriculum）具有灵活性、开放性的特点，有利于突破学科界限进行教学内容的重新组合，以便于知识的及时更新，可以很大程度

---

[1] 顾明远主编：《中国教育大百科全书》第 2 卷，上海教育出版社 2012 年版，第 1225 页。
[2] Risto Rinne, Joel Kivirauma and Hannu Simola, "Shoots of Revisionist Education Policy or Just Slow Readjustment? The Finnish Case of Educational Reconstruction", *Journal of Education Policy*, Vol. 17, No. 6, November 2002, pp. 643–658.
[3] 余德英、王爱玲：《教师教育课程范式变革及其启示》，《教育理论与实践》2018 年第 1 期。

地满足学生差异性发展的要求。① 因此对于以后的教师教育课程设置而言，应该以教师教育职业标准为导向，向模块化设计和课程群构建方向发展，在课程群内构建模块化教学课程组织形式。

课程群可以对相近学科的不同课程进行纵向贯通，也可以对不同学科的相关课程进行横向整合，打破了传统学科课程的组织方式，课程架构呈现网状组织形式，课程内容生成更具系统性，课程组织结构具有开放性和包容性，这充分体现出课程范式中课程设计维度整合性以及课程结构转变性的特点。

随着时代的发展，社会对于多元化复合型人才的需求越来越高，对于职业化发展态势的教师教育也不例外。在学科交叉与专业融合的趋势之下，单纯的一两个学科的知识和技能的培养不可能满足职业对于多元化复合型人才的需求。因此，模块化设计和课程群构建的课程设置范式突破了传统意义上的教师教育课程、专业学科课程以及教育实践实习三维框架的培养模式，更有利于教师教育的培养向多元化方向发展。课程范式本身是一个动态的发展变化过程，因此对于教师教育课程设置内容和体系而言，应该以职业化为标准，以多元化为取向，以传统的教师教育课程、专业学科课程、教育实践实习为框架，从纵向上去贯通、横向上去整合适合教师教育职业标准的课程模块和课程群，以满足当下多元化时代对于复合型教师教育人才的需求，因此，21世纪的教师教育课程范式也转变为以多元融合为本位。

中华人民共和国成立之初，由于遭受战乱的破坏，教师教育基础相对薄弱，民国初步形成的学科化范式也被打破。因此，中华人民共和国成立后的课程范式又演化为以知识为本位，尽管发展缓慢，但是到20世纪80年代末，我国建立起了相对完善的学士、硕士、博士三级学位的教师教育培养体系，课程学科架构相对完善，课程范式开始趋向于学术本位。进入21世纪，随着信息技术的发展，学科交叉发展趋势越来越显著，促使教师教育课程设置开始打破学科界限，课程范式逐渐演变为以多元融合为本位。

范式的转变是一个具体领域正常发展的标志，虽然这种转变并不总是很快。② 所以课程范式的生成和转变也是一个长期的过程，并且没有严格的边缘界定。对于一个特定时期内的课程范式而言，它可能是某一个课程范式，而对于处在教育改革时期的课程范式而言，它也可以是两个甚至于几个课程范式的交互综合，③ 正是这种范式之间的相互交叉和替换的融合过程进而才促使了新范式的出现和

---

① 袁强：《教师教育类课程模块化设计与实施——基于卓越教师培养的视角》，《课程·教材·教法》2015年第6期。

② Ruth C. West, "Is a New Paradigm in Teacher Education Possible?" *The Educational Forum*, Vol. 50, No. 4, August 1986, p. 456.

③ Watts Doyle, "Themes in Teacher Education Research", in W. R. Houston et al. eds., *Handbook of Research on Teacher Education*, New York: Macmillan Publishing Company, 1990, pp. 3–24.

生成。

第三节 推轮捧毂：教师教育课程范式功能

随着时间的推移，人们的思想和所面对的问题总会发生变化，这种变化所带来新的问题又会挑战人们所接受的思维方式。事实上，重大的变化有可能出现得相当缓慢，多年来仍处于萌芽状态，[1] 因而范式的出现和发展是一个漫长的过程。教师教育课程范式是包含了诸多组成要素的一个复杂综合体，因此，课程范式的生成和转变也是一个漫长的过程。

一 良苗怀新：涵育课程理论

英国课程学家 A. V. 凯利（A. V. Kelly）认为：

……课程研究的任务需要我们发展一定的技能：运用这些技能，对课程方案、课程建议和课程理论进行挑战性的理性分析和评价，无论其是个人的创造还是由他人所提供；运用这些技能，严格探索课程方案、建议和理论的根本的概念结构，对教育实践进行类似的批判性评价（同样，无论它们是个人所创还是他人所创），探索和评价的角度不仅包括其有效性，还有其教育价值和概念的一致性。简单地说，课程研究需要我们提高对课程理论与实践的方方面面的领悟和意识水平。[2]

这一论述充分说明了课程理论对于教育课程开发的重要性。从本质上来说，课程理论不是工具，它是一种解释探究的形式，是对现实的创造，是为了寻求理解和反省性思考。[3] 因此当一种课程范式不能完全满足和解释当下的课程现象时，人们开始在旧有的知识经验基础之上以新的思维方式思考解决问题。有时，刺激这种变化不断加剧的职业危机会将传统的思想和实践转换成新的观点。[4] 这种新的观点会试图从新的角度去理解和反思现存的问题，以便寻找出一个能够解决问题的新的理解和阐述，这就孕育了课程理论的雏形。

从实践角度来看：

---

[1] Ruth C. West, "Is a New Paradigm in Teacher Education Possible," *The Educational Forum*, Vol. 50, No. 4, August 1986, p. 458.

[2] ［英］凯利（A. V. Kelly）：《课程理论与实践》，吕敏霞译，中国轻工业出版社2007年版，第23页。

[3] James B. MacDonald, "How Literal is Curriculum Theory?", *Theory into Practice*, Vol. 21, No. 1, March 1982, pp. 55–61.

[4] Ruth C. West, "Is a New Paradigm in Teacher Education Possible?", *The Educational Forum*, Vol. 50, No. 4, August 1986, p. 458.

  课程理论是人们由课程实践概括出来的关于课程的有系统的结论，是对课程规律的认识与把握。理论是历史性的，有价值的。①

因此，便有了理论来源于实践这一说法。由此可见，理论的诞生是对实践过程中所遇见的问题进行归纳和总结，并提出指导性解决方案的过程。因为教学实践问题的多变性，所以课程理论也不是一成不变的，它总是处于一个发展变化的过程，具有历史发展性特征。

从认识论视角来看，由于认识论的局限性，导致"课程理论是一种地方性知识"②。这说明课程理论具有局限性和地域性特征，意味着一种课程理论只是针对一个地方或群体的课程问题做出的描述和解释，不可能涵盖全部的课程现象。即便是对同一地区和群体的课程问题，源于人们认识论上的差异也会导致对同一课程问题产生不同的描述和解释。这也是近现代教育史上课程理论纷繁多样的原因。

  课程理论具有描述与解释的作用，描述即对课程现象、课程问题进行归纳和叙述性分类，对其发生、发展的状况、可观察的表象、发生的变化及存在的特点进行客观性描述，明晰其间的各种关系和互动的方式。③

然后通过这种描述与解释，对于课程现象中存在的问题进行深入的理解和反省性思考。在涵盖了课程理论的课程范式导向之下，通过对现有的课程理论的归纳、演绎、综合分析，对课程现象的反思以及对未来课程发展的科学推测，做出一个长远的、深层次的课程计划预设，这便促成了新课程理论的诞生。

二　有的放矢：确定课程目标

课程目标是指学校通过一定的课程设置，在一段时间内对学生发展的预期，体现了课程开发与教学设计中的教育价值，承载着培养目标，指导着教学目标。课程目标的主要作用是，为组织课程、选择课程内容、指导课程实施、进行课程评价提供依据。④ 因此课程目标的设立都具有统一的整体性设计，体现出课程的组织方式和内容的价值取向，指导着课程实施与评价的开展，为具体教学活动的开展提供了清晰的目标架构。"课程目标的基本来源是学习者的需要、当代社会生活的需求和学科的发展"⑤ 课程的中心任务是促进学习者的全面发展，因此课程目标的确立首先应该考虑学习者的实际需求，符合学习者认知发展规律；同时

---

① 靳玉乐、罗生全：《课程理论的文化自觉》，《教育研究》2008年第6期。
② 雷晓云：《论全球化背景下课程理论的本土建构》，《课程·教材·教法》2016年第9期。
③ 汪霞：《怎样理解课程理论的作用》，《全球教育展望》2009年第4期。
④ 顾明远主编：《中国教育大百科全书》第2卷，上海教育出版社2012年版，第1226页。
⑤ 顾明远主编：《中国教育大百科全书》第2卷，上海教育出版社2012年版，第1228页。

从宏观上考虑社会生活的需求和变迁，以符合学习者认知接受水平的层次去设置学科知识和建构学科框架。课程范式作为宏观层面的纲领存在，在课程目标设置过程中，对学习者、当代社会生活、学科知识这三个因素的考虑能起到综合统筹的作用。

作为课程范式的组成要素之一，课程目标帮助建构了课程范式。同时，课程范式对于一定时期的课程目标确立具有一定的指导作用。教师教育课程目标由目标领域、目标和基本视点共同构成，目标领域则由"教育信念与责任""教育知识与技能""教育实践与体验"三大领域组成，由此建立起课程标准目标的整体框架。① 作为涵盖课程目标的课程范式，同样包含了课程的具体价值取向，也体现出课程教育的信念与责任、知识与技能、实践与体验。从这个层面来讲，课程范式间接地确定了课程目标的"教育信念与责任""教育知识与技能"与"教育实践与体验"的框架结构。

美国课程理论专家舒伯特把课程目标分为普遍性目标、行为性目标、生成性目标以及表现性目标。普遍性目标一般指与课程和教学领域一致的普遍性教育宗旨或原则，课程范式则从宏观上指导了这些普遍性教育宗旨或原则的制定。因此，课程范式也间接地规定了课程普遍性目标的确立。

还有学者把课程范式理解为对教师准备的一种特殊的理解方式，包括一系列关于教学、学习教学、教师准备的目标以及实现这些目标的方法的假设。教师准备计划反映了一种特定的方向或多种方向的结合。② 因此，课程范式还包含了具体教学活动的教学计划和目标。教学目标是课程目标的进一步具体化，是指导教学活动、实施课程计划和做出教学评价的基本依据。从这个层面来理解，课程范式意味着教师对于课程目标的一种更加细化的理解方式，为课程内容的组织和选择以及课程教学活动的开展提供了更加精准的实施依据。

三 循名核实：指导课程实施

沙伦·费曼－尼姆塞（Sharon Feiman-Nemser）认为明确的课程范式有助于教师确定"逻辑上"和"实践上"属于教师的中心任务和核心活动。③ 美国学者艾伦·C.奥恩斯坦（Allan C. Ornstein）等人提出，课程实施是一个"做"（doing）的过程，它致力于改变学习者个体的知识、行为和态度，是制订课程方案者与传

---

① 崔允漷：《职前教师教育课程目标框架》，《教育发展研究》2012年第10期。
② Zongyi Deng and S. Gopinathan, "Continuity and Change in Conceptual Orientations for Teacher Preparation in Singapore: Challenging Teacher Preparation as Training", *Asia-Pacific Journal of Teacher Education*, Vol. 31, No. 1, March 2003, p. 51.
③ Sharon Feiman-Nemser, "Teacher Preparation: Structural and Conceptual Alternatives", in W. R. Houston eds., *Handbook of Research on Teacher Education*, New York: Macmillan Publishing Company, 1990, pp. 212-233.

递课程方案者之间的互动过程。① 因此课程实施从本质上来讲是一个过程化的行动，在这个过程化的教学活动之中教师通过自己的解读把观念形态的课程转化为学生所能接受的知识形态的课程，从而体现出课程的价值和教育意义。课程实施的核心是教师对于课程的解读和学生对于课程的理解，而课程本身是作为一种媒介角色而存在。

因此，施瓦布认为课程领域现行的方法和原则已不能维持其对于课程的研究，课程改革必须把更多的精力从追求理论研究转向实践研究，② 从一定程度来讲"教育哲学是实践哲学"③。在课程领域内，课程实践是课程理论的验证方式，是课程目标实现的途径，也是课程评价生成的基础，所以也有人认为"课程哲学是实践哲学"④，高度肯定了实践在课程领域内的重要性：

> 20世纪70年代后，国外一般将课程实施看作将革新思想转变为实践的过程。加拿大学者富兰认为，课程实施是把某项改革付诸实践的过程，其焦点是实践中改革的程度和影响改革程度的因素。美国学者利思伍德认同此界定，认为课程实施涉及缩短现存实践与革新所建议的实践之间的差距。中国学者认同富兰的观点，认为课程实施是课程变革过程的一个环节，是将革新付诸实践的过程。在课程变革的视角下，对课程实施的研究是探讨课程变革的实施，即如何推行新的课程革新计划以实现课程变革的理想。由于教育情境和话语系统的差异，中国在基本认同国外对课程实施的理解的基础上，赋予其新的理解，即从课程开发的视角，将课程实施作为课程开发过程的一个环节。在此视角下，课程实施即实施课程计划，是将既定的课程推向学生，将课程内容转化为学生知识结构的内在组成部分的过程。中国学者施良方从课程目标、课程内容、课程实施和课程评价等维度分析课程编制原理，把课程实施作为课程编制的一个阶段。⑤

由此可见，课程实施更侧重于实践性课程的开发，在课程编制过程中起到了重要作用。

课程范式处在课程诸要素的统筹地位，在课程范式的导向下，教育权力部门对课程的开发与设置应首重实践性活动课程，教师通过对课程内容的选择和调适，以新的实践化教学把概念化课程转化为实际的教学内容，将课程内容落实到课堂

---

① 顾明远主编：《中国教育大百科全书》第2卷，上海教育出版社2012年版，第1238页。
② Joseph J. Schwab, "The Practical 3: Translation into Curriculum", *The School Review*, Vol. 81, No. 4, August 1973, p. 511.
③ 金生：《教育哲学是实践哲学》，《教育研究》1995年第1期。
④ 李孔文：《课程实践哲学的逻辑分析》，《课程·教材·教法》2017年第12期。
⑤ 顾明远主编：《中国教育大百科全书》第2卷，上海教育出版社2012年版，第1238页。

教学层面，以便更好地能让学生在做的过程中体验和接受知识，用实践过程把外在的经验知识转化成学生内在的体验知识。内化知识结构的调整可以使学生对于课程内容产生更为深刻的理解，再通过对这一教学实践过程的体验、反思与总结，提出新的改进意见和建议，以便使下一次实践过程能够更好地运转。因此，课程范式下的课程实施本质上涵盖了把新的课程制度化、新的课程计划实践化以及新的课程实施理论化的一个循环过程，也就是说，课程范式在指导课程实践的同时，课程实践也在不断地完善课程范式。

四　排沙拣金：选择课程内容

> 从总体上讲，课程内容是根据课程目标，有目的地选择的各种直接经验和间接经验的知识体系，它是课程的核心要素。[①]

课程内容作为课程范式的组成要素之一，在课程的发展过程之中，其价值取向一定程度上影响着这一时期课程范式的价值本位的生成，同时既定的课程范式会对课程内容的选择产生重要的影响，二者相互依存。

课程内容的价值取向主要包括学科知识取向、社会生活经验取向和学习者经验取向。[②]课程内容的学科知识价值取向一定程度上促生了学科本位课程范式，社会生活经验取向引起了范式向能力和标准本位的演变，而以课程内容为导向的学习者经验价值取向也影响着文化知识本位和学术本位课程范式。但是当某一课程范式出现并经过一段时间稳定下来之后，它的整体功能就会凸显出来，又会开始慢慢作用于构成它的每一个要素。对课程内容而言，范式的功能会促使它不断地判断、选择、修正、改组，以达到一个更好的状态。课程内容这种不断的发展变化的过程，同时也是课程范式自身完善的一个过程。可以说课程内容的选择始于范式的需求，终于范式的演变。这意味着随着课程范式的演变，课程内容的选择始终处于一个变化的过程，因而没有恒定的课程内容。

课程内容选择主体主要包括国家、地方和学校。范式作为宏观层面的架构，在统筹三者关系上起到了重要作用。从国家层面来讲，对广泛的地方和学校课程做出统一设置显然是不科学的，因此纳入课程范式之下的国家课程为地方和学校课程的开设提供了必要的参照标准。作为课程内容价值选择主体的地方和学校，对于课程内容必然要依照课程范式下的课程政策、课程理论、课程目标等做出选择。因此，课程范式对于课程内容选择主体而言也具有一定的指导性。随着信息技术和学科交叉的发展，课程变得越来越具有多元性和包容性，因而课程内容选择主体越来越倾向于学校，甚至于学科教师开始作为课程内容选择主体而出现。

[①] 廖哲勋、田慧生主编：《课程新论》，教育科学出版社2003年版，第180页。
[②] 顾明远主编：《中国教育大百科全书》第2卷，上海教育出版社2012年版，第1228—1229页。

对课程内容组织而言，知识、学术本位范式强调知识的传递和学术的研究，课程内容组织较多地关注知识的连续性和顺序性；能力、多元融合本位范式则强调能力的培养和学科的融合发展，因此对于课程内容组织更突出整合性特点。由此可见，课程范式对课程内容价值取向、课程内容选择主体以及课程内容组织形式都具有一定的指导性。一定时期的课程范式一定程度上决定了该时期课程内容的选择。

五 遥相应和：组织课程结构

组织课程结构指的是课程各个组织要素和部分之间的组织和配合。乔治·J. 波斯纳（George J. Posner）认为要实现课程各个部分和要素之间的结构化组织，必须要以课程结构的两个维度：课程结构的广度（the extensiveness of curriculum structure）和课程结构的深度（the depth of curriculum structure）为标准，[①] 而课程范式的存在无疑为课程结构的组织提供了基础支撑。范式的本位导向有助于课程结构厘清学科交叉的主次关系与课程要素设置的顺序关系。

在传统的以文化知识、学术为本位的课程范式下，课程结构的组织主要关注客观性和有序性，以最有效的方式把知识传递给学习者，关注焦点是知识的传授，但忽略了学习者的接受能力和实践能力，课程结构组织相对稳定。以技术为本位的课程范式目的是以科学的方式开展教学活动，以技术化手段评估教学过程，关注焦点在于过程的操控，因而课程结构具有明显的可度量性。随着学科的发展，课程范式逐渐演变为以能力、多元融合为本位，目的是培养学习者的综合能力和多元文化能力，关注焦点转变为人类、社会、生态等普世价值观，这决定了以能力、多元融合为本位的范式拓展了课程结构的广度，也加深了课程结构的深度，极大地提升了课程要素组织的时序性，因此课程结构更具有包容性和转变性。

对于教师教育而言，既定的课程范式决定了课程结构的组织方式。对于课程及其结构应该是以学科为中心还是以学习者为中心这一问题，不同的范式决定了课程结构的不同组织形式。在学科本位范式之下，课程结构的组织形式就是以学科知识为中心（如赫尔巴特、布鲁纳等），而在能力本位课程范式之下，课程结构的组织形式就是以学习者为中心（如杜威等）。[②] 在多元融合本位范式之下，由于课程内容的选择开始打破传统的学科壁垒，课程结构组织也打破了传统的线性组织方式。课程结构逐渐以学科为支撑，开始纵向贯通和横向整合，呈现出树状或网状特征的"模块化"和"课程群"等组织结构形式，突出表现了课程结构组织的包容性和转变性。

[①] George J. Posner, "The Extensiveness of Curriculum Structure: A Conceptual Scheme", *Review of Educational Research*, Vol. 44, No. 4, November 1974, p. 402.

[②] 吕长生：《波斯纳基于预期学习结果的课程结构思想》，《全球教育展望》2017年第2期。

课程范式是一个动态的过程，意味着课程结构作为课程范式的组成要素之一，也是一个发展变化的过程。结构的演变源于课程内部的改变，随着实践需求的改变，课程结构会做出适度的调整和转变，这种调整和转变一定程度上也反映出了课程范式的演变。

六 水到渠成：生成课程评价

作为课程范式的组成要素之一的课程评价，它与课程范式也是一个相互依存共生的关系，其根本目的在于保证课程开发与教学设计的合理性。从评价对象上看，课程与教学评价是对课程与教学计划、活动以及结果等有关问题的评价，但事实上，评价绝大多数是针对学生的学习特别是学习结果进行的。①

由于课程范式的本位导向不同，因而在既定的课程范式之下对于课程的评价不可避免地产生了影响。在文化知识导向的课程范式之下，课程评价所关注的只是对于课程文化知识的学习评价，考核多以闭卷考试为主，考核方式单一，其类型主要属于内部人员教师所做的目标本位的总结性评价，评价步骤简单，评价功能主要是为了反映课程的普遍性目标达成程度；对于技术本位范式下的课程评价，试图用科学的手段和技术化程序对教学活动过程做出精确的判断，因此其评价方式以过程性评价为主，开始出现分步骤评价，评价类型属于过程性与总结性评价的结合，评价功能是为课程和教学的改进提供信息，反映出课程的行为目标和生成性目标；而对于多元融合本位的课程范式而言，由于课程目标以行为性目标和表现性目标为主，课程结构以包容性和转变性为特征，因此课程评价步骤复杂，课程评价类型属于目标本位与目标游离的综合评价，以学习者行为为关注焦点的过程学习意味着评价结果属于形成性评价与总结性评价的结合，评价功能是为了反映课程的内在价值、判断课程教学目标的达成程度和为课程决策服务，因此更加突出了效果评价。由此可见，在不同的课程范式下，课程的评价方式也不相同。从一定程度而言，课程范式规定了一定时期的课程评价方式、评价功能以及评价类型。

韦斯特认为当实践者开始以新的方式运用旧的思想和工具来解决传统观点无法解决的问题时就促使了新范式的出现。② 库恩认为好的范式可以为专业实践带来更高的精确性，允许更准确的预测，或者为人们理解理论提供更清晰的表达。如同理论源于实践且又会反过来指导实践一般，课程范式也是如此。范式的出现一定程度而言是为了满足实践或实践者的需求。在一个既定的课程范式之下，当其所有组成要素：课程理论、课程目标、课程实施、课程结构、课程内容以及课

---

① 张华：《课程与教学论》，上海教育出版社2001年版，第372—373页。
② Ruth C. West, "Is a New Paradigm in Teacher Education Possible?", *The Educational Forum*, Vol. 50, No. 4, August 1986, p. 458.

程评价等在一个时期内的教学实践过程中不断结合和相互发生作用而达到一定程度时，即现有的范式要素不能满足因教育发展而引起的新的教学实践需求时，既定的范式要素会做出新的适当的调整或改变来满足新的教学实践的需求，而这些做出调整和改变的新要素通过一定时期内的相互影响和作用，同时也促成了既定的课程范式的转变和调整，这种转变和调整促成了旧范式向新范式的演变。当然，课程范式的组成要素之间相互影响和发生作用进而推动课程范式的转变有时候可能会是一段漫长的时期，但可以确定的是这种转变肯定会发生，正如库恩所说的那样，"一种范式通过革命向另一种范式的过渡，便是成熟科学通常的发展模式"[1]。

---

[1] ［美］托马斯·库恩：《科学革命的结构》，金吾伦、胡新和译，北京大学出版社2003年版，第11页。

第十六章　张设布列：中国教师教育的课程设置

课程（curriculum），作为在教学活动中连接教师与学生的关键纽带，其重要性毋庸置疑。同时，随着知识的发展更新，课程作为教育知识的物质载体，处于一个不断发展变化的动态过程，教师教育课程也不例外。如前所述，中国严格意义上的教师教育始于晚清时期，正规的教师教育课程设置也是从这一时期开始的，历经一百多年的发展，中国的教师教育也取得了辉煌的成绩。本章以中国教师教育发展的历史时期为主线，梳理中国教师教育课程在不同时期设置、发展及其变化的形态，旨在厘清中国的教师教育课程设置的历史变化与形态演进。

第一节　春木发枝：晚清教师教育课程设置

1897年盛宣怀在上海创办南洋公学，由此拉开了中国教师教育的帷幕。1901年创建的京师大学堂师范馆分设大学院、专门科、预备科，共开设14门课程，成为我国高等教师教育的开端。1902年创建的直隶师范学堂，选取由日文译成的西方教材，再由日文转译为中文。1907年开始在全国设立女子师范学堂，以养成女子小学堂教习，讲习保育幼儿方法，期于裨补家计，有益家庭教育为宗旨。整体看来：

> 中国师范教育的萌芽阶段，这些零零星星的师范学堂显然并无正式的学制系统。它们虽然师法日本师范学堂，但大多只有其名而已；其办法与课程固不能与现在之师范学校相提并论，其精神则颇有中国历代相承之"师道尊严"的遗风。就其创办动机而言，亦缺乏对师范教育特质的深入认识，而主要缘于现代教育的推行、急需相应的师资。[①]

虽然如此，他们依然为早期的中国教师教育培养了第一批现代意义上的教师教育师资力量，为中国近代的教师教育发展做出了重大贡献。

[①] 马啸风主编：《中国师范教育史》，首都师范大学出版社2003年版，第8页。

一 风云变幻：教育背景

维新派代表人物康有为在《日本变政考》中说：

> （日本）大聘外国专门教习至数十人，小学有五万余所，其余各学，皆兼教五洲之事。又大派游学之士，归而用之，数年之间，成效如此。我自乙未败于日后，议开学校，至今三年，绪端未起。至师范学校，尤为小学之根，我更未能立，如之何而得人才也？盖日主立于教部书院，皆躬诣之，以作人心而厉（励）士气，致之欤！①

因此，许多教育改革者主张中国学习外国经验，远法德国，近效日本，以定学制。而为什么要效法学习日本，张之洞有言："至游学之国，西洋不如东洋……凡西学不切要者，东人已删节而酌改之，中、东情势风俗相近，易仿行，事半功倍，无过于此"②。因为学习日本更为便捷有效，所以我国晚清时期的课程设置主要是借鉴于日本。尤其是日本在日俄战争和中日甲午战争中取得胜利之后，强大的国力更是增强了当时中国学习效法日本改革经验的决心。

而在教师教育方面，晚清借鉴了日本免收师范学费的做法。当时正在担任京师大学堂总教习的吴汝纶去日本亲自进行实地考察，翻阅日本文部省关于师范教育的政策文件，参加师范讲座，与日本教育学者交流，观摩多所日本师范学校，回国后集其所见所闻成书《东游丛录》，对当时日本的教师教育的成型、发展和取得的成绩等做了详细的介绍，还建议中国师范学堂免收学费。以上海南洋公学师范院为例，其学制中，由师范院招收的学生不仅免其学杂费、食宿费，每月还按时为其发放津贴补助，对其中成绩优良的学生还发放奖学金。虽然上海南洋公学存在的时间不长，但由上可见它已经初具我国早期教师教育的雏形。作为我国教育史上第一所正规意义上的师范学校，上海南洋公学标志着中国教师教育的开启，因此对我国教师教育而言，它具有里程碑式的意义。

1904年，在癸卯学制颁布以后，晚清的教师教育工作者主要源于曾经的私塾老师和一些举贡生，他们在培训结业以后，可以到一些乡镇的小学堂和中学堂去担任教书工作。对于教师教育而言，晚清当时的教育工作者普遍缺乏国际视野，因此除了官派大量留学生去日本留学，还大量聘请日本教习到中国师范学堂任教。在李鸿章、吴汝纶等改革派的支持之下，日本文部省同意向晚清选派教习。这些早期的教习多数从日本的名校招募，来中国之前先经过短期的培训，学习了解中

---

① 康有为：《日本变政考》，载汤志钧、陈祖恩、汤仁泽编《戊戌时期教育》，陈元晖主编《中国近代教育史资料汇编》，上海教育出版社2007年版，第118页。
② 林子勋：《中国留学教育史（一八四七至一九六五年）》，中国台湾华冈出版部1976年版，第123页。

国的语言文化、历史传统等。

值得肯定的是由于师范学制、课程等仿效日本的师范学校的设置，而日本的学制，尤其是课程内容多效法欧美国家的课程设置，由此间接地把大量西学传到了晚清时代的中国，同时开拓了当时中国教师教育的国际视野，促进了当时中国教师教育的萌芽和发展。

二 草创未就：教师教育课程设置

1896 年，盛宣怀与南洋公学第一任总理（即校长）何嗣焜、华文总教习张焕纶等在筹设公学时共同拟订了《南洋公学纲领》。其中第 2、3 条规定：

> 今南洋公学本系大学，惟西法由小至大，循序升进，中国小学、中学未兴，大学无从取材。议于公学内，先分别上、中两院，以上院为入学，中院为中学，考选十三岁以上、十五岁以下，已通小学堂功夫者，挑入中院肄业，俾得早充大学之选……今于公学内分设外院，初次考选可以宽为录取，统入外院考查三月，选其性情、气象、才能之兼美者，使入中院，不入选者仍遣归。①

由此可见，南洋公学筹建的初衷是大学，即上院。因为小学和中学都未曾发展，所以采取先办中学，即中院，目的是为上院培养生源。又设外院，新入中院的学生须先入外院考察三个月，合格者才可正式选入中院。同时仿日本和西方学制，公学内设师范院，旨在为中小学培养所需教习人员，其师范院课程设置见表 16-1。

表 16-1　　　　　　　　　南洋公学师范院课程设置

类别	课程设置
中文	任选"经史子集"自行研究，不设国语课
数学	笔算书写、代数备旨、勾股六术等
格致	物理、化学为主（理论课 + 实践课）
其他	教育、动植物学、生理学、矿学、地理学、外语（英文、日文，后设法文，由学生挑选）

资料来源：朱隆泉主编：《思源湖：上海交通大学故事撷英》，上海交通大学出版社 2006 年版，第 366 页。表格为笔者根据该资料自制。

南洋公学作为中国教师教育史的发端，培养了第一批中国近代真正意义上的

---

① 盛宣怀：《南洋公学纲领》，《集成报》1897 年第 12 期。

教师教育人才，对中国的教师教育发展意义深远，尤其是对后来的师范学堂的设立提供了参照标准。后来又开设译书院，除了翻译了一批教学所需的日本和西方教材，还培养了一批优秀的翻译人才，为之后中小学的教科书和课程建设做出了巨大贡献。

梁启超在《论师范》一文中说：

> 故欲革旧习，兴智学，必以立师范学堂为第一义，日本寻常师范学校之制，（日本凡学校皆分二种：一高等，二寻常。）其所教者有十七事：一修身，二教育，三国语，（谓日本文语。）四汉文，五史志，六地理，七数学，八物理化学，（兼声光热力等。）九博物，（指全体学、动植物学。）十习字，十一图画，十二音乐，十三体操，十四西文，十五农业，十六商业，十七工艺。今请略依其制而损益之，一须通习六经大义，二须讲求历朝掌故，三须通达文字源流，四须周知列国情状，五须分学格致专门，六须伨习诸国言语。以上诸事，皆以深知其意，能以授人为主义。至其所以为教之道，则微言妙义，略具于学记之篇，循而用之，殆庶几矣。①

故 1902 年《钦定京师大学堂章程》第二章规定，欲定功课，先详门目。今定大学堂全学名称：一曰大学院，二曰大学专门分科，三曰大学预备科。师范馆照原奏招考举贡生监入学肄业，其功课如普通学，而加入教育一门。今表列门目如下：

> 伦理第一，经学第二，教育学第三，习字第四，作文第五，算学第六，中、外史学第七，中、外舆地第八，博物第九，物理第十，化学第十一，外国文第十二，图画第十三，体操第十四。以上各科，均用译出课本书，由中教习及日本教习讲授；惟外国文用各国教习讲授。②

师范馆课程分年级表详见表 16-2：

按《钦定高等学堂章程》，中学堂内应附设师范学堂，以造成小学堂教习之人才，中学堂附设师范学堂，照此课程（表 16-4）每一星期减去外国文 3 小时，加教育学、教授法 3 小时；女子师范学堂修业年限四年，教授日数为每年 45 星期，教授时刻为每星期 34 钟点（见表 16-5）。

---

① 梁启超：《论师范》，载汤志钧、陈祖恩、汤仁泽编《戊戌时期教育》，陈元晖主编《中国近代教育史资料汇编》，上海教育出版社 2007 年版，第 81 页。
② 璩鑫圭、童富勇、张守智编：《钦定京师大学堂章程》，载璩鑫圭、童富勇、张守智编《实业教育 师范教育》，陈元晖主编《中国近代教育史资料汇编》，上海教育出版社 2007 年版，第 583—584 页。

表16-2　　　　　　　《钦定京师大学堂章程》师范馆课程分年级表

学科阶段	课程设置
第一年	伦理（考中国名人言行），经学（考经学家家法），教育学（教育宗旨），习字（楷书），作文（作记事文），算数（加减乘除、分数、比例、开方），中、外史学（本国史典章制度），中、外舆地（全球大势、本国各境、兼仿绘地图），博物（动、植物之形状及构造），物理（力学、声学、热学），化学（考质、求数），外国文（音义），图画（就实物模型授毛笔画），体操（器具操）
第二年	伦理（考外国名人言行），经学（考经学家家法），教育学（授教育之原理），习字（楷书、行书），作文（作论理文），算数（账簿用法、算表成式、几何面积、比例），中、外史学（外国上世史、中世史），中、外舆地（外国各境兼仿绘地图），博物（动、植物之形状及构造），物理（热学、光学），化学（无机化学），外国文（句法），图画（就实物模型、帖谱手本授毛笔画），体操（器具操）
第三年	伦理（考历代学案、本朝圣训、以周知实践为主），经学（考经学家家法），教育学（教育之原理及学校管理法），习字（楷书、行书、篆书），作文（学章奏、传记、词赋、诗歌诸体文），算数（代数、加减乘除、分数、方程、立体几何），中、外史学（外国近世史），中、外舆地（地文地质学），博物（生理学），物理（电气、磁气），化学（无机化学），外国文（文法），图画（用器画大要），体操（兵式）
第四年	伦理（授以教修身之次序方法），经学（考经学家家法），教育学（实习），习字（行书、篆书、草书、并授以教习字之次序方法），作文（考文体流别），算数（代数、级数、对数、并授以教算数及几何之次序方法），中、外史学（外国近世史、并授以教史学之次序方法），中、外舆地（授以教地理之次序方法），博物（矿物学），物理（授以教理科之次序方法），化学（有机化学），外国文（文法），图画（授以教图画之次序方法），体操（兵式，并授以教体操之次序方法）

资料来源：璩鑫圭、童富勇、张守智编：《钦定京师大学堂章程》，载璩鑫圭、童富勇、张守智编《实业教育　师范教育》，陈元晖主编《中国近代教育史资料汇编》，上海教育出版社2007年版，第584—585页。表格为笔者根据该资料自制。

表16-3　　　　　　　《钦定京师大学堂章程》师范馆课程一星期时刻表

第一年		第二年		第三年		第四年	
伦理	1	伦理	1	伦理	1	伦理	1
经学	1	经学	1	经学	1	经学	1
教育学	3	教育学	4	教育学	4	教育学	3
习字	3	习字	3	习字	3	习字	3
作文	2	作文	2	作文	2	作文	2
算数	3	算数	4	算数	4	算数	4
中、外史学	2	中、外史学	1	中、外史学	2	中、外史学	2
中、外舆地	2	中、外舆地	2	中、外舆地	2	中、外舆地	2
博物	2	博物	2	博物	2	博物	2
物理	3	物理	3	物理	3	物理	3
化学	2	化学	2	化学	2	化学	3
外国文	6	外国文	6	外国文	4	外国文	4

续表

第一年		第二年		第三年		第四年	
图画	3	图画	2	图画	3	图画	3
体操	3	体操	3	体操	3	体操	3
合计	36	合计	36	合计	36	合计	36

资料来源：璩鑫圭、童富勇、张守智：《钦定京师大学堂章程》，载璩鑫圭、童富勇、张守智编《实业教育 师范教育》，陈元晖主编《中国近代教育史资料汇编》，上海教育出版社2007年版，第585页。

表16-4　　　《钦定中学堂章程》中学堂课程一星期时刻表

第一年		第二年		第三年		第四年	
修身	2	修身	2	修身	2	修身	2
读经	3	读经	3	读经	3	读经	3
算学	6	算学	6	算学	6	算学	6
词章	3	词章	3	词章	3	词章	3
中外史学	3	中外史学	3	中外史学	3	中外史学	3
中外地理	3	中外地理	3	中外地理	3	中外地理	3
外国文	9	外国文	9	外国文	9	外国文	9
图画	2	图画	2	图画	2	图画	2
博物	2	博物	2	博物	2	博物	2
物理	2	物理	2	物理	2	物理	
化学		化学		化学	3	化学	3
体操	2	体操	2	体操	2	体操	2
共计	37	共计	37	共计	38	共计	38

资料来源：璩鑫圭、童富勇、张守智编：《钦定京师中学堂章程（节录）》，载璩鑫圭、童富勇、张守智编《实业教育 师范教育》，陈元晖主编《中国近代教育史资料汇编》，上海教育出版社2007年版，第587页。

表16-5　　　《女子师范学堂章程》女子师范学堂一星期时刻表

学科	第一年每星期钟点	第二年每星期钟点	第三年每星期钟点	第四年每星期钟点
修身	2	2	2	2
教育	3	3	3	15
国文	4	4	4	
历史	2	2	2	
地理	2	2	2	

续表

学科	第一年 每星期钟点	第二年 每星期钟点	第三年 每星期钟点	第四年 每星期钟点
算学	4	4	3	2
格致	2	2	2	2
图画	2	2	2	1
家事	2	2	2	2
裁缝	4	4	4	3
手艺	4	4	4	3
音乐	1	1	2	2
体育	2	2	2	2
合计	34	34	34	34

资料来源：璩鑫圭、童富勇、张守智编：《学部奏详议女子师范学堂折（附章程）》，载璩鑫圭、童富勇、张守智编《实业教育 师范教育》，陈元晖主编《中国近代教育史资料汇编》，上海教育出版社2007年版，第601页。

同时为了满足初级师范学堂和中学堂的师资需要，1906年7月21日颁布《学部订定优级师范选科简章》，在初级师范学堂之上又设立优级师范选科，对于优级师范选科，要求每个省份设立学堂1所，学生在200人之上。入学学生必须是由师范简易科毕业或者在中学堂学习满两年者，选拔合格者入预科学习1年毕业后，再入本科学习。预科和本科通习课程设置见表16-6、表16-7：

表16-6　　　　　　　　《学部订定优级师范选科简章》预科科目

科目	每星期钟点	主要内容
伦理	2	人伦道德要旨
国文	3	讲授及练习各体文
数学	8	算数、代数学初步
地理	3	世界地理大要
历史	3	世界史大要
理化	2	理化示教
博物	2	博物示教
体操	3	普通体操
图画	2	天然画
英文	8	读方　译解　会话　文法

资料来源：璩鑫圭、童富勇、张守智编：《钦定京师大学堂章程》，载璩鑫圭、童富勇、张守智编《实业教育 师范教育》，陈元晖主编《中国近代教育史资料汇编》，上海教育出版社2007年版，第592页。表格为笔者根据该资料自制。

表16-7　　　　　　　《学部订定优级师范选科简章》本科通习科目

学期\学科	第一学年				第二学年			
	每星期钟点	第一	每星期钟点	第二	每星期钟点	第三	每星期钟点	第四
伦理	1	伦理学史	1	伦理学史	1	东西洋伦理学	1	东西洋伦理学
教育	3	教育学	3	教育学	3	学校制度及管理法	3	管理法教授法
心理	2	心理学	2	心理学	1	心理学	1	心理学
论理	2	论理学	2	论理学	1	论理学	1	论理学
英文	5	英文	5	英文	5	英文	5	英文
日文			2	日文	2	日文	2	日文
体操	2	普通体操	2	普通兵式体操	2	兵式体操	2	兵式体操

资料来源：璩鑫圭、童富勇、张守智编：《学部订定优级师范选科简章》，载璩鑫圭、童富勇、张守智编《实业教育　师范教育》，陈元晖主编《中国近代教育史资料汇编》，上海教育出版社2007年版，第592页。

本科通习课程是每个科目都要必修的课程。专业科目主要分为历史地理本科主课科目（见表16-8）、理化本科主课科目（见表16-9）、博物本科主课科目（见表16-10）、数学本科主课科目（见表16-11）等科目。

表16-8　　　　　《学部订定优级师范选科简章》历史地理本科主课科目

学期\学科	第一学年				第二学年			
	每星期钟点	第一	每星期钟点	第二	每星期钟点	第三	每星期钟点	第四
历史	10	中国历代史	10	中国近世史	10	亚洲各国史 西洋近世史	10	西洋近世史 历史研究法
地理	8	地理总论 中国地理	8	中国地理 各洲分论	8	各洲分论	8	地质　地文 人文地理
法制理财	3	法制大意 理财学大意	3	法制大意 法制史 理财学大意 理财学史	3	法制史 理财学史	3	法制史 理财学史

资料来源：璩鑫圭、童富勇、张守智编：《学部订定优级师范选科简章》，载璩鑫圭、童富勇、张守智编《实业教育　师范教育》，陈元晖主编《中国近代教育史资料汇编》，上海教育出版社2007年版，第593页。

表 16-9　　　　《学部订定优级师范选科简章》理化本科主课科目

学期\学科	第一学年				第二学年			
	每星期钟点	第一	每星期钟点	第二	每星期钟点	第三	每星期钟点	第四
物理	6	物性论力学	6	力学 音学 热学	6	热学 光学	6	磁学 气学
化学	6	无机化学	6	无机化学	5	有机化学	5	化学理论
数学	5	代数及平面几何	5	代数及平面几何	5	三角及立体几何	5	解析几何及微积大意
物理实验	2		2		2		2	
化学实验	2		2		2		2	
地文					1	地文学	1	地文学

资料来源：璩鑫圭、童富勇、张守智编：《学部订定优级师范选科简章》，载璩鑫圭、童富勇、张守智编《实业教育　师范教育》，陈元晖主编《中国近代教育史资料汇编》，上海教育出版社 2007 年版，第 593 页。

表 16-10　　　　《学部订定优级师范选科简章》博物本科主课科目

学期\学科	第一学年				第二学年			
	每星期钟点	第一	每星期钟点	第二	每星期钟点	第三	每星期钟点	第四
动物	6	动物各论脊椎动物分类及比较解剖实验二回	6	节足动物软体动物蠕形动物实验二回	6	棘皮动物腔肠动物原生动物动物发生学实验二回	6	动物学通论比较解剖学动物进化论实验二回
植物	6	植物形态学植物解剖学实验二回	6	植物解剖学植物生理学实验二回	5	植物分类学实验二回	5	植物之应用及对人生之关系
地质矿物	1	矿物通论	1	矿物通论	6	矿物物理学矿物化学矿物各论	8	岩石各论岩石通论地相动力及历史
生理卫生	2	生理	2	生理	2	卫生		
图画	2	天然画	2	天然画	2	几何画	2	几何画
物理	2	物理	2	物理				
化学	2	化学	2	化学				

资料来源：璩鑫圭、童富勇、张守智编：《学部订定优级师范选科简章》，载璩鑫圭、童富勇、张守智编《实业教育　师范教育》，陈元晖主编《中国近代教育史资料汇编》，上海教育出版社 2007 年版，第 594 页。

表 16-11　　　　《学部订定优级师范选科简章》数学本科主课科目

学期\学科	第一学年 每星期钟点	第一	每星期钟点	第二	第二学年 每星期钟点	第三	每星期钟点	第四
数学	15	代数、几何三角	16	代数、几何三角、微分积分初步	16	方程式论解析几何微分	16	微分积分及微分方程式数学用模型制造
理化	3	物理	3	物理	2	化学	2	化学
天文	1	天文学	1	天文学	1	天文学	1	天文学
图画	2	天然画	1	几何画	1	几何画	1	几何画
簿记					1	簿记法	1	簿记法

资料来源：璩鑫圭、童富勇、张守智编：《学部订定优级师范选科简章》，载璩鑫圭、童富勇、张守智编《实业教育　师范教育》，陈元晖主编《中国近代教育史资料汇编》，上海教育出版社 2007 年版，第 594 页。

综观晚清的教育改革，主要有以下特点：因为教育改革是在晚清政府的主导之下，因此早期的教师教育依然充满了封建色彩，教育主旨依然首推"忠、孝"；各级学堂不得妄干国政，教育举措必得先奏请朝廷审批之后方可实施；受"中学为体、西学为用"教学宗旨的影响，课程名目繁杂，涉及面广，每周上课时数达 36 钟点，学习负担过重，一定程度上限制了师范教育的发展，但是吸收了以科举出身的知识分子，以同等学力者进入师范教育体系，解决了当时师资短缺的燃眉之急。值得肯定的是本科通习科目开始出现学科划分，尽管学科划分比较粗略且专业设置比较简单，但是已经初具我们今天的教师教育课程设置的雏形，对于刚起步的教师教育而言已是难能可贵。晚清的教育重视道德素养教育，维护师道尊严，同时也重视学生能力的培养；在教师教育制度和课程设置方面借鉴了国外尤其是日本新的教育思想，提出新的教育理念，设置新的教育模式。这一系列举措为后来的中国教师教育发展奠定了基础。

第二节　斗折蛇行：民国教师教育课程设置

民国时期高等师范学校的课程进一步完善，师范学院课程开始出现了学科分化，除了一般的通修课程和教师教育课程，还出现了分专业的学科课程以及各科的教材教法研究和专业训练实习等门类。此外，女子师范教育在民国时期也取得了长足的发展，教师教育开始朝向专业化方向发展。相较于晚清时代，民国时期师范教育制度更加完备，计划更加周密，实施更加具体，成为我国高等师范教育史上最好的发展时期之一。① 但由于受当时国内复杂的社会环境和政治、经济等诸多因素的影响,教师教育的发展也并非一帆风顺,依据民国时期的教育改革,教师教育发展主要经历了以下四个时期。

一 云程发轫：教师教育初步发展时期的课程设置（1912—1922）

相较于晚清时期,民国初期更为重视教师教育,全国实行教育学区管理制度,基本形成了教师教育学科化雏形和中、高等教师教育培养体系。这一时期的女子师范教育也取得了进一步的发展。

（一）教育背景

1912 年中华民国建立。国民政府教育部 1912 年 9 月 29 日颁布《师范教育令》后,陆续发布了《高等师范学校规程》《高等师范学校课程标准》《高等师范学校招考学生办法》《女子高等师范学校规程》等文件,对清末《奏定学堂章程》进行了修订、补充和完善。1914 年 12 月颁布《教育部整理教育方案草案》,对于如何提高国内当下师范教育质量,扩大师范教育问题等做出了明确规定。1915 年,国民政府教育部于北京召开全国师范学校校长会议,拟定出多项发展师范教育文件。1919 年,教育部向全国各地中学发出咨文,正式允许各地中学对民国初年设置的课程"酌量增减"。②

师范学校的主要目标是培养小学的教职人员,女子师范学校以培养幼稚园教员为主要目的。师范学校都是由各省提供经费而办,分为本科和预科。招收对象为身体健康、品学兼优的高等小学毕业生。其中学习年限为预科 1 年,本科 4 年。

高等师范学校的主要目标是培养中学和师范学校教职人员,女子师范学校的主要目标是培养女子中学和女子师范学校教职人员。民国初期的高等师范学校多由清末的优级师范学堂改组而来,均改为由国家提供经费的国立高等师范学校。高等师范学校已经出现了分级教学的雏形,学校分为预科、本科和研究科。预科主要招收对象为身体健康、品学兼优的中学毕业生和师范学校毕业生。经过 1 年学习后,预科生可升入本科学习,研究科主要选拔优秀的本科毕业生进行深造。学习期限为预科 1 年,本科 3 年,研究科 1—2 年。

（二）课程设置

师范学校分为预科和本科,预科主要开设 10 门课程；女子师范学校预科在普通预科的课程基础之上增加缝纫 1 科；本科学习科目主要包含 18 门课程；女子师范学校本科在普通本科科目基础上取消农业 1 科,增设家事园艺和缝纫两门,视地方具体情形也可选择把英语或其他语种定为世界语选修课。详见表 16 - 12：

---

① 岳刚德:《中国教师教育课程的历史变革及问题反思》,《全球教育展望》2005 年第 1 期。
② 周宁之:《近代中国师范教育课程研究》,教育科学出版社 2017 年版,第 48—51 页。

表 16-13   民国初期师范学校课程设置

学校类别		课程设置	周学时		学制
师范学校	预科	修身、读经、国文、习字、外国语、数学、图画、手工、乐歌、体操	33		1年
	本科第一部	修身、读经、教育（包括实习）、国文、习字、外国语、历史、地理、数学、博物、物理、化学、法制经济、图画、手工、农业、乐歌、体操、商业（选修）	第一年	34	4年
			第二年	35	
			第三年	35	
			第四年	35	
	本科第二部	修身、读经、教育、国文、数学、博物、物理、化学、图画、手工、农业、乐歌、体操	36		1年
女子师范学校	预科	修身、读经、国文、习字、外国语、数学、图画、手工、乐歌、体操、缝纫	32		1年
	本科第一部	修身、读经、教育（包括实习）、国文、习字、历史、地理、数学、博物、物理、化学、法制经济、图画、手工、乐歌、体操、家事、园艺、缝纫、外国语（选修）	第一年	33	4年
			第二年	33	
			第三年	33	
			第四年	34	
	本科第二部	修身、读经、教育、国文、数学、博物、物理、化学、图画、手工、缝纫、乐歌、体操	36		1年

资料来源：刘问岫编：《中国师范教育简史》，人民教育出版社 1984 年版，第 29—32 页。表格为笔者根据该资料自制。

1919 年 3 月，教育部颁布《女子高等师范学校规程》，规定女子高等师范学校设预科和本科，此外亦可设选科、专修科与研究科等。本科下设文科、理科和家事科 3 科，课程设置详见表 16-13：

表 16-13   民国初期女子高等师范学校课程设置

课程类别		课程设置	选修课程
女子预科		伦理学、国文、数学、论理学、图画、乐歌、体操	英语
女子本科	文科	伦理、教育、国文、外国语、历史、地理、家事、乐歌、体操	外国语
	理科	伦理、教育、国文、数学、物理、化学、植物、动物、生理卫生、矿物及地质、外国语、家事、图画、乐歌、体操	
	家事科	伦理、教育、国文、家事、应用理科、缝纫、手工、手艺、园艺、图画、乐歌、体操	

资料来源：刘问岫编：《中国师范教育简史》，人民教育出版社 1984 年版，第 41—42 页。表格为笔者根据该资料自制。

研究科是选拔各个学部的优秀毕业生，并为其开设本学部 2—3 门专业科目，提供更进一步的研究。

这一时期的中国划分出了六大师范教育学区（直隶区、东三省区、湖北区、四川区、广东区、江苏区），每一个教育学区都设有1所高等师范学校，在每个教育学区所辖之下的每个省份又设立省立师范学校，加之各地所设的师范学校，基本形成了中国早期的全国教师教育体系。这一时期的教师教育课程设置摒弃了清末时期封建色彩浓厚的忠君尊孔的教育思想，代之以西方民主自由的教育思想。在重视西方的科学技术学习的同时，也注重人文师道教育，课程内容比较广泛，学生有较大的自主选择权，课程体系日臻成熟，教师教育在中国取得了初步的发展。

二 峰回路转：教师教育迂回发展时期的课程设置（1922—1927）

壬戌学制的颁布为这一时期的教师教育提供了制度性保障，从国家层面建立了相对完备的教师教育体系。教师教育培养方式呈现多样化特征，课程设置学科化发展更加显著，开始向现代化大学教育方向迈步。

（一）教育背景

1922年民国政府教育部正式公布《学校系统改革案》，因1922年系中国旧历壬戌年，故又称为"壬戌学制"。新学制列出了7条新的教育宗旨：（1）适应社会进化之需要；（2）发挥平民教育精神；（3）谋个性之发展；（4）注意国民经济力；（5）注意生活教育；（6）使教育易于普及；（7）多留各地方伸缩余地。① 这七条标准明显体现出了美国自由主义和杜威实用主义教育思想的影响，采用美国的"六三三"分段学制，即初等教育6年（初级小学4年，高级小学2年），中等教育6年（初级中学3年，高级中学3年），师范学校与高级中学平行设置，高等教育4年。

由于初级小学教员不足，规定高级中学可设师范科，普通大学教育系也可以附设二年制师范专修科，各地可以应需开设师范讲习所，其修业年限和课程设置可应需自行设定。按壬戌学制规定，1922年后高等师范学校改为师范大学或并入普通大学。师范教育培养方式共设有六类，如表16-14所示：

表16-14　　　　　　　　壬戌学制师范教育培养方式

校别	年限	入学资格	培养目的
师范大学	四年	高等中学或师范学校毕业	培养中等学校师资
师范专修科	二年	高等中学或师范学校毕业	培养初级中学师资
师范学校	六年	高级小学毕业	培养小学师资
后期师范学校	二年或三年	初级中学毕业	培养小学师资

---

① 璩鑫圭、唐良炎编：《大总统颁布施行之学校系统改革案》，载璩鑫圭、唐良炎编《学制演变》，陈元晖主编《中国近代教育史资料汇编》上海教育出版社2007年版，第1008—1009页。

续表

校别	年限	入学资格	培养目的
高中师范科	二年或三年	初级中学毕业	培养小学师资
师范讲习所	不定	高等小学毕业	培养初级小学教员

资料来源：毛礼锐、沈灌群主编：《中国教育通史》第5卷，山东教育出版社1988年版，第113页。表格为笔者根据该资料自制。

壬戌学制的颁布，标志着这一时期的教师教育初步形成了完备的体系，为以后的教师教育发展打下了基础，同时师范学校的课程设置也开始出现了学科细化，在课程选择上选修课程科目增加，很大程度上提高了学生学习的自主性。

（二）课程设置

民国政府教育部正式公布壬戌学制的同时，组织了新学制课程标准起草委员会，并于1923年正式公布《新学制师范课程标准纲要》（以下简称《新学制》），对中等师范教育的课程做出明确规定。其中，《新学制》中六年制师范学校科目分社会科、语文科、算学科、自然科、艺术科、体育科、教育科七大类。课程具体设置标准如表16-15所示：

表16-15　　1923年"新学制"六年制师范学校课程设置标准表

科目	修习形式	课程名称	学分
社会科	必修	公民	6
		历史	14
		地理	14
		人生哲学	4
		社会问题	6
		小计	44
语文科	必修	国语	54
		外国语	52
		小计	106
算学科	必修	算术	10
		珠算	2
		代数	8
		几何	5
		立体几何	2
		平面三角	3
		混合理科	16
		小计	46

续表

科目	修习形式	课程名称	学分
自然科	必修	生物学	6
		化学	6
		物理	6
		小计	18
艺术科	必修	手工	8
		图画	8
		音乐	8
		小计	24
体育科	必修	体育	22
		生理卫生	4
		小计	26
教育科	必修	教育入门	4
		心理学入门	2
		教育心理学	3
		教学法	8
		小学校行政	3
		教育测验及统计	3
		小学各科教材研究	6
		职业教育概论	3
		教育原理	3
		教育实习	20
		小计	55
合计			319
选修课程			11
总计			330

资料来源：曾煜编著：《中国教师教育史》，商务印书馆2016年版，第86—87页。

高中师范科和后期师范学校的课程设置基本相同，分为公共必修科目、专业必修科目和选修科目三大类。具体课程设置标准详见表16-16：

表 16-16　　1923 年"新学制"高中师范科和后期师范学校课程标准表

科目	课程	学分	说明
公共必修科目	国语	16	
	外国语	16	
	人生哲学	4	
	社会问题	6	
	世界文化史	6	
	科学概论	6	
	体育	10	
	音乐	4	
	小计	68	
专业必修科目	心理学入门	2	
	教育心理	3	
	普通教学法	2	
	各科教学法	6	
	小学各科教材研究	6	
	教育测验与统计	3	
	小学校行政	3	
	教育原理	3	
	实习	20	
	小计	48	
选修科目	第一组（文科）	国语	8	至少选修 20 学分
		外国语	8	
		本国史	6	
		西洋近代史	4	
		地学通论	4	
		政治概论	3	
		经济概论	3	
		乡村社会学	3	
		小计	39	
	第二组（理科）	算术	8	至少选修 20 学分
		代数	6	
		几何	6	
		三角	3	
		物理	6	
		化学	6	
		生物	6	
		矿物地质	4	
		园艺	4	
		农业大意	6	
		小计	55	

续表

科目		课程	学分	说明
选修科目	第三组（艺术科）	图画	8	至少选修20学分
		手工	8	
		音乐	8	
		体育	6	
		家事	8	
		小计	38	
	教育选修科目	教育史	4	至少选修8学分
		乡村教育	3	
		职业教育概论	3	
		儿童心理	4	
		教育行政	3	
		图书馆管理法	3	
		现代教育思潮	3	
		幼稚教育	6	
		保育学	3	
		小计	32	
纯粹选修科目				各校自定

资料来源：曾煜编著：《中国教师教育史》，商务印书馆2016年版，第88—89页。

壬戌学制颁布之后，高等师范学校改为师范大学或并入普通大学，目标变为培养师范学校教师、中学教师以及教育行政管理人员。学制分为本科4年，预科2年。预科第一年学生修普通科目，第二年开始分文理科目。本科开设九个科（系），分别为：教育学科、中国文学科、外国文学科、历史地理科、数理科、物理化学科、博物学科、体育科和工艺科。除此之外师范大学还附设了附属中学、小学和幼稚园，以便为教育实习和教学研究提供场所。1923年北京师范大学正式成立（时称男师大，以别于女子师范大学），这是中国教育史上第一所师范大学。学校采用选修制，开设公共必修科、主科、副科和选修科4类科目供学生修习。其课程设置如表16-17所示：

表16-17　　　　　　　　1923年北京师范大学课程设置表

科目	内容要求	学分要求
公共必修科	教育学科	20
主科	学生于各学系中认定一系学科为主科	52—76

续表

科目	内容要求	学分要求
副科	学生于主科外，按个人兴趣及需求，就其余各学系择定一系为副科	22
选修科	学生就各系学科自由选习	26—50
总学分最低要求		144

资料来源：刘问岫编：《中国师范教育简史》，人民教育出版社1984年版，第56—57页。表格为笔者根据该资料自制。

所有本科学生必须修满144学分，另外需修够体育8学分和实习8学分，总计达到160学分后方可毕业，授学士学位。1924年北京女子高等师范学校升格为北京女子师范大学，这是中国教育史上第一所女子师范大学，亦采用学分制，课程设置与男师大类似，另附加家事科，增设园艺、缝纫、手艺手工等女性课程。本科生需修满144学分方可毕业，授学士学位。

这一时期教师教育的整体发展已经开始初步具备现代大学的特征，学科设置增多，选科制课程使学生自由度提高。但由于其时政局动荡，教育经费匮乏，这一时期的教师教育发展也困难重重。

值得一提的是，乡村师范教育在这一时期开始兴起。1927年，陶行知在南京北郊创办了晓庄师范学校，提出了"社会即学校""生活即教育""教学做合一"的教育主张，形成了生活教育的理论，其课程设置打破传统，分设五个部分，详见表16-18：

表16-18　　　　　　　　晓庄师范学校课程设置表

科目	内容	学分
中心学校活动教学做	国语、算术、历史地理等知识科目	30
中心学校行政教学做	整理校舍、布置校景、学校教务等科目	3
分任院务教学做	文牍、会计、庶务、清扫等生活事务	6
征服天然环境教学做	农艺、木工等劳技科目	16
改造社会环境教学做	农村调查、民众教育等实践科目	5

资料来源：曾煜编著：《中国教师教育史》，商务印书馆2016年版，第93页。

晓庄师范学校以培养乡村教师为目标，学校一切事物均构成了教学活动和内容，学习年限按实际情况酌情商定，课程设置贴近实际乡村生活，把教育和农业结合起来，使培养出来的乡村教师不仅掌握了知识技能，还懂得农村的农业生产技能，可以把教育知识运用到农业生产，提高农业产量，真正做到了教、学、做合一，其独特的教学培养方式引起了当时教育界的关注，成为中国教师教育史上一道靓丽的风景。

三 行随事迁：教师教育复兴发展时期的课程设置（1927—1937）

《师范学校规程》的颁布标志着国民政府教育体系的确立。这一时期的教师教育课程设置受到国民政府教育部的严格审核，以纠正壬戌学制所带来的自由化教育之风。教师教育课程开始重视教育实践，以满足社会发展的需求。

（一）教育背景

1927年，南京国民政府成立。由于壬戌学制深受美国自由主义和实用主义思潮的影响，当时的教育处于放任状态，国民政府开始积极整顿全国教育，同时出台了各类教育政令法规。1928年5月，国民政府召开全国第一次教育工作会议，在壬戌学制的基础上重新整理制定《中华民国学校系统》（因1928年是中国旧历戊辰年，故亦称"戊辰学制"）。1932年12月17日国民政府教育部公布了《师范学校法》，自公布之日起施行。1933年3月18日，又公布了《师范学校规程》，自8月1日起施行。1934年9月公布《师范学校课程标准》。1935年6月公布《修正师范学校规程》。[①] 至此，形成了国民政府时期相对完备的师范教育体系。

按照《师范学校规程》的要求，师范学校和女子师范学校以培养小学教师为目标，招收对象为初中毕业生，学制3年；乡村师范学校以培养乡村小学教师为目标，招收对象为初中毕业生，学制3年；简易师范学校、简易乡村师范学校，其目标是为简易小学和短期小学培养教学人员，招收对象为小学毕业生，学制4年，简易师范科招收初中毕业生，学制1年，毕业后成绩优秀者可升入师范学校或幼稚师范科肄业；师范学校另设特别师范科及幼稚师范科：特别师范科以培养劳作、美术、音乐、体育、童子军等学科教师为目的，招收对象为高中毕业生或高级职业学校毕业生，学制3年；幼稚师范科以培养幼稚园教师为目标，招收对象为初中毕业生，学制为2年或3年。

（二）课程设置

按《师范学校规程》要求，这一时期教师教育课程所采用的教材等由国民政府教育部编辑和审定，学校和教师自行开发编制的教材用书要合乎教育部颁布的课程标注的要求，先呈送教育主管部门审定，后转教育部备案。具体课程设置详见表16-19：

---

① 马啸风主编：《中国师范教育史》，首都师范大学出版社2003年版，第25页。

表 16-19　　1933 年起民国各类师范学校课程设置表

学校类型	开设课程	学制	总学时
师范学校	公民、体育、军事训练（女生习军事看护）、卫生、国文、算学、地理、历史、生物学、化学、物理、论理学、劳作（分农业、工艺、家事三科）、美术、音乐、教育概论、教育心理、教育测验及统计、小学教材及教学法、小学行政、实习等	3 年	205
乡村师范学校	公民、体育、军事训练（女生习军事看护及家事）、卫生、国文、算学、地理、历史、生物、化学、物理、论理学、劳作（工艺）、美术、音乐、农业及实习、农村经济及合作、水利概要、教育概论、小学教材及教学法、教育心理、小学行政、教育测验及统计、乡村教育及实习等	3 年	216
特别师范科	国文、体育、图画、音乐、劳作、教育概论、教育心理、小学教材及教学法小学行政、教育测验及统计、地方教育行政及教学视导、民众教育及乡村教育、实习等（招生对象为高中毕业生）	3 年	
	公民、国文、体育、算学、图画、历史、地理、珠算、初中及小学应用农艺、初中及小学应用工艺、初中及小学应用家事、初中及小学应用商业、教育概论、教育心理、教学法、教育测验及统计、职业教育、实习等（招生对象为高级职业学校毕业生）	3 年	
幼稚师范科	公民、体育与游戏、卫生、军事看护、国文、算学、历史、地理、生物、化学、物理、劳作、美术、音乐、论理学、教育概论、儿童心理、幼稚园教材及教学法、保育法、幼稚园行政、教育测验及统计、实习等	3 年	
	公民、体育与游戏、卫生、国文、算学、历史、地理、生物、理化、劳作、美术、音乐、教育概论、儿童心理、幼稚园教材及教学法、保育法、幼稚园行政、实习等	2 年	
简易师范科	体育、国文、算学、历史、地理、自然、劳作（农艺）、图画、音乐、教育概论、教育心理、小学教材及教学法、小学行政、实习等	1 年	
简易师范学校	公民、体育、卫生、国文、算学、历史、地理、植物、动物、物理、化学、劳作（农艺、工艺、家事）、美术、音乐、教育概论、教育心理、乡村教育及民众教育、教育测验及统计、小学教材及教学法、小学行政、实习等	4 年	275
简易乡村师范学校	公民、体育、卫生、国文、算学、历史、地理、植物、动物、物理、化学、劳作（工艺）、美术、音乐、农业及实习、水利概要、农村经济及合作、教育概论、教育心理、小学教材及教学法、教育测验及统计、乡村教育、小学行政、实习	4 年	286

资料来源：刘问岫编：《中国师范教育简史》，人民教育出版社 1984 年版，第 66—74 页。表格为笔者根据该资料自制。

这一时期的师范学校课程设置注重实践，大量开设教育类课程，一定程度上提升了教师教育的专业性，很大程度上满足了小学对于师资的需求，教师教育课程的设置与编排力求达到适应社会的需要、适应国家民族的需要、适应时代的要求、适应生活的需要、适应学校发展的需要和适应专业发展的需要。

整体而言，这一时期的高等教师教育处于风雨飘摇的状态。南京国民政府实行大学区制，认为没有单独设立师范大学的必要。因此在抗战前夕，历史悠久的高等师范学校，只留有国立北平师范大学1所。北平师范大学自行制定课程，大致可以分为4种（见表16-20），各个系科的课程内容，大致可以分为3类（见表16-21）：

表16-20　　20世纪30年代北平师范大学教师教育科目设置表

科目	学分
公共必修科目	50（教育系26、体育系40）
主科	50—70
副科	20—30
自由选修科	8—16

资料来源：刘问岫编：《中国师范教育简史》，人民教育出版社1984年版，第89页。表格为笔者根据该资料自制。

表16-21　　20世纪30年代北平师范大学教师教育课程设置表

类别	课程	学分	占比
修养类	党义、哲学概论、社会科学概论、自然科学概论、卫生、体育等	16	10.96%
教材类	视各系科专业课程而定	96	65.75%
专业类	教育概论、教育心理、教学法、中等教育、教育史、教育行政、儿童及青年心理、参观、教育实习等	34	23.29%

资料来源：刘问岫编：《中国师范教育简史》，人民教育出版社1984年版，第89页。表格为笔者根据该资料自制。

其他普通大学可以开设教育学院或教育系科，但课程设置标准需上报教育部审核批准后方可实施。因此，这一时期的高等教师教育课程设置比较自由。由于对于教师教育重要性认识不足，这种附属于大学而设置的教育学院或教育系科一定程度上限制了教师教育的独立性，也影响了高等教师教育的发展。

四　曲径通幽：教师教育曲折发展期的课程设置（1937—1949）

由于深受战争环境的影响，这一时期的教师教育发展困难重重，教师教育课程设置也做了调整以备抗战之需。即便如此，教师教育依然在风雨飘摇中前行，专业师范科在这一时期取得了很大发展，高等师范教育开始显现现代教师教育的特征。

（一）教育背景

1937年，抗日战争全面开始，社会环境的剧变给教师教育带来了极大的影响，国民政府依然按照《抗战建国纲领》和《战时各级教育实施方案纲要》的规定，①在艰难的环境中继续推行教师教育，争取满足抗战时期社会对于教师教育人才的需要。因为抗战时期教育资金匮乏，国民政府教育部规定中等师范学校设置学田的办法，由师生自己组织农场，以实现自给自足。

为了适应抗战时期的教学需要，国民政府教育部对教师教育教学科目、课程设置以及课时均做了重新修订。1939年4月举行第三次全国教育会议，约集专家及有关人员对各类师范学校课程修订，做了初步的商讨。后由教育部拟订师范学校教学科目及各科教学时数的修订草案及说明。同时还拟定师范学校及简易师范学校课程标准修订原则八项。师范学校类型主要有：

（1）师范学校。由省或直隶于行政院的市设立，招收对象为初中毕业生，学制三年，入学年龄为15—20岁，师范生免收学费，服务年限为3年。

（2）乡村师范学校。以培养乡村小学教师为目标，招收对象、学制、入学年龄、服务年限等与师范学校规定相同，因为是为乡村小学培养教职人员，故课程增设有乡村科目。

（3）特别师范科。附设于师范学校或公立高级中学，招收对象为高中毕业生，或同等学力者，以参加入学考试进入，学制1年，其他与师范学校相同。

（4）简易师范学校。以县、市设立为原则，招收对象为年满15岁的小学毕业生，学制3年至4年，编制、待遇和服务年限与师范学校相同，毕业后为国民学校服务。

（5）简易乡村师范学校。其要求与简易师范学校基本相同，因学校设于乡村，故课程开设增加乡村科目等。

（6）简易师范科。附设于师范学校或公立初级中学，招收对象为初中毕业生，或同等学力者，以参加入学考试进入，学制1年，编制、待遇、服务年限等与特别师范科相同。②

此修订原则对师范学校类别做出划分，形成了相对全面的师范学校体系，尤其是乡村师范学校的建立，对于普及初等教育、提高人民的整体文化素养起到了积极的作用。

（二）课程设置

1941年7月，国民政府教育部公布《师范学校教学科目及各学期每周各科教学时数表》，此课程设置方案同时也适用于女子师范学校和乡村师范学校，同年发布《四年制简易师范学校教学科目及各学期每周各科教学时数表》，此课程设置方案同时也适用于简易乡村师范学校，后来教育部又于1945年4月发布《三年制简易师范学校教学科目及各学期每周各科教学时数表》，规定了师范学校的教

---

① 崔运武编著：《中国师范教育史》，山西教育出版社2006年版，第131页。
② 刘问岫编：《中国师范教育简史》，人民教育出版社1984年版，第101—102页。

学科目和简易师范学校教学科目。课程设置内容详见表16-22：

表16-22　　　　　　20世纪40年代民国师范学校课程设置表

学校类别		开设课程	学制	总学时
师范学校		国文、数学、地理、历史、博物、化学、物理、体育、卫生、军事训练、童子军教育、公民、美术、音乐、教育通论、教育行政、教材及教学法、教育心理、测验与统计、地方自治、农村经济及合作、实用技艺（甲）、实用技艺（乙）、实习、选修科目等	3年	204
简易师范学校	三年制	国文、数学、地理、历史、博物、化学、物理、生理卫生、体育、童子军、公民、音乐、教育通论、教育行政、教育心理、地方自治、农村经济及合作、实用技艺（甲）、实用技艺（乙）、教学及实习等	3年	204
	四年制	国文、数学、地理、历史、博物、化学、物理、生理卫生、体育、童子军、军事训练、公民、美术、音乐、教育通论、教育行政、教材及教学法、教育心理、测验及统计、地方自治、农村经济及合作、实用技艺（甲）、实用技艺（乙）、实习等	4年	262

资料来源：刘问岫编：《中国师范教育简史》，人民教育出版社1984年版，第112—117页。表格为笔者根据该资料自制。

此外，教育部还根据师范生将来服务的需要，设置了甲、乙、丙、丁4组选修课科目，甲组包括社会教育、教育辅导、地方行政、地方建设；乙组包括美术、实用技艺；丙组包括音乐、体育；丁组包括卫生教育、医学知识。各师范学校根据当地实际情况选设1组或几组，学生均须自第二学年开始选修1组科目且中途不能变更。[①]

1942年至1946年间，国民政府教育部又分别增设了其他各种专业师范科：音乐师范科、美术师范科、体育师范科、劳作师范科、童子军师范科以及社会教育师范科，并列出了其培养目标和课程设置（详见表16-23）。

表16-23　　　　　　20世纪40年代民国专业师范科课程设置表

专业类别	开设课程	学制	总学时
体育师范科	国文、地理、历史、生物、理化、解剖生理、卫生学、公民、音乐、军事训练（男）、看护（女）、童子军、家事（女）、教育概论、教育心理、体育教材及教学法、体育原理、体育行政、体育测验及统计、健康检查、改正操与按摩术、运动裁判、韵律活动、田径运动、球类运动、技巧运动、体操游戏、水上及冰上运动（有设备者）、武术及实习等	3年	198—215

---

① 曾煜编著：《中国教师教育史》，商务印书馆2016年版，第168页。

续表

专业类别	开设课程	学制	总学时
音乐师范科	国文、地理、历史、博物、理化、劳作、教育概论、教育心理、体育教材及教学法、音乐教材及教学法、音乐概论（含音乐史）、普通乐学、和声学（含作曲法）、视唱练耳、公民、美术、体育、军事训练（男）、看护（女，含军事救护）、齐唱、合唱、独唱、国乐、键盘乐、指挥法、实习等	3 年	212
美术师范科	国文、地理、历史、博物、理化、公民、音乐、体育、军事训练（男）、看护（女，含军事救护）、劳作（含小学劳作教材教法）、教育概论、教育心理、美术教材及教学法、美术史、透视学、色彩学、解剖学、素描、水彩、国画、图案、实习等	3 年	202—210
劳作师范科	国文、地理、历史、博物、理化、公民、音乐、体育、卫生、军事训练（男）、看护（女）、教育概论、教育心理、美术（含小学图画教材教法）、劳作教材及教学法、劳作大意、工艺、农艺、家事、实习等	3 年	206
童子军师范科	国文、地理、历史、博物理化、公民、美术、音乐、体育、数学、军事训练（女生习看护）、实用技艺（含劳作教材教法）、教育概论、教育心理、教育法（含童子军教学法）、童子军教育概论（含童子军概论）、童子军行政及组织、童子军三级训练、童子军专科、童子军野外生活、实习等	3 年	199
社会教育师范科	国文、数学、地理、历史、博物、理化（含民众科学常识）、公民、美术、音乐、体育（含体育原理及教材教法）、卫生（以乡村卫生为主）、军事训练、看护（含军事救护）、劳作（注重实用技艺）、教育通论、教育心理（含儿童及成人学习心理）、社会心理、教育行政（含社教行政）、社教原理及实施（含社会调查与统计）、地方自治、社教教材及教法、分组选修科目（共分三组，甲组：补习教育、社会福利事业、事务管理、民教馆实施法；乙组：乡村建设、生产教育、农村经济及合作、民众组训；丙组：国画、音乐、戏剧教育、电化教育。要求学生修完一组的全部科目外，还须选修其他两组的科目，总学时达 16 学时）、实习等	3 年	210

资料来源：刘问岫编：《中国师范教育简史》，人民教育出版社 1984 年版，第 118—135 页。表格为笔者根据该资料自制。

这些增设的专业师范科，既可以成立单独的师范学校，也可以附设于师范学校之下，其招生对象、入学资格和毕业后的服务年限等与师范学校培养计划一致。

如前所述，抗战前夕全国只有 1 所师范大学——北平师范大学，为了解决中等教师教育师资培训问题，1938 年国民政府教育部颁布了《师范学院规程》，开始酌情在全国范围内设立师范学院，其目的是为中等教师教育培养师资力量。依据《师范学院规程》，师范学院可以单独设立，也可以附设于大学之内，可分男女两部，也可单独设立女子师范学院，其入学资格为公立或已立案之私立高级中学或同等学校毕业生，经入学实验及格者；师范学校毕业生服务两年，成绩优良，有志深造，经所在学校呈请主管教育行政机关准予暂缓继续服务者，可应师范学院入学试验；师范学院修业年限 5 年（后改为 4 年），期满考试及格，并经教育部复核无异者，由院校授予学士学位，并由教育部给予中等学校教科员资格证明书；师范学院各专修科，修业年限 3 年，期满考试及格并经教育部复核无异者，由院校授予毕业证书，并由教育部给予中等学校合格教员资格证明书。①

师范学院课程分为：普通基本科目、教育基本科目、分系专门科目及专业训练科目四类，其学分设置见表16－24：

表16－24　　　　　　　　1938年起民国师范学院课程设置表

学科类别	开设科目	学分
普通基本科目	党义、国文、外国文、社会科学、自然科学、哲学概论、本国文化史、西洋文化史	52
教育基本科目	教育概论、教育心理、中等教育、普通教学法	22
分系专门科目	（系专门系科而定）	72
专业训练科目	分科教材教法研究	8
	教学实习	16
总计		170

资料来源：刘问岫编：《中国师范教育简史》，人民教育出版社1984年版，第147—148页。表格为笔者根据该资料自制。

对师范学院学生综合考核分为以下4种：

1. 入学考试；2. 平时考试；3. 学期考试；4. 毕业考试。师范学院学生入学考试，除体格检查与笔试外，应注重口试，注意受试者的思想、姿态及应对演说的能力。平时考试，由各系任课教师随时举行。每学期内至少要举行一次。……学期考试，由院长会同各系主任及任课教师，于每学期末举行一次。学期考试成绩须与平时成绩合并计算，作为学期成绩。毕业考试，由教育部派院校长、校内教师及该区内教育行政长官、校外专门学者，组织毕业考试委员会，主管学生毕业考试。……学生毕业考试分笔试与口试两种。笔试就普通、专门、教育、专业等四类科目，分类综合命题，通考四年所学。口试注重其思想、学力、态度、修养与说话技术。……师范学院于第五学年（后改为第四学年）设论文研究班，学生选定毕业论文题目后，除了受该课教师及所属导师指导外，每星期在论文研究班讨论一次，轮流报告其研究结果，听取教师和同学的意见，加以修正。师范学院学生的毕业论文，应偏重各科的教材或教法的研究。毕业论文须与毕业考试成绩、实习成绩及各学期成绩合并计算，作为毕业成绩。②

由此可见，师范学院的考试考核标准已完全体系化、规范化，具有现代教师教育

---

① 刘问岫编：《中国师范教育简史》，人民教育出版社1984年版，第144—145页。
② 刘问岫编：《中国师范教育简史》，人民教育出版社1984年版，第149—150页。

考核特征。

综观整个民国时期，从历史发展角度来看，受西方教育思潮的影响，这一时期的教师教育体现出教育发展民主化、科学化的特征，显示出与世界教师教育发展接轨的趋势。学校体系建设和学制划分趋于制度化，学科设置逐步完善，课程标准和课程考核制度基本实现了规范化、标准化和系统化，教师教育开始出现现代课程设置的特点。普通大学开始参与教师教育培养，拓宽了教师教育知识视野，开始形成开放型教师教育培养体系。课程设有主、副科，必修科和选修科等，课程体系富有弹性，极大地提高了学生学习自由度。教师教育课程科目比重加大，开设社会实践调查，增强教育实习，开始关注教师教育能力培养。乡村师范教育开始发展，拓展了教师教育培养途径，为我国以后的教师教育发展奠定了基础。

但是受 1908 年美国"庚款兴学"政策的影响，民国时期的教师教育带有明显的仿美色彩，不论是"六三三"学制划分，还是学分制、选科制等皆仿效美国。[①] 陶行知的"教育即生活"也带有明显的杜威实用主义教育哲学的痕迹。整个民国时期的教师教育自由化严重，缺乏整体统一的培养目标，因而很难解决民国时期对于教师教育师资需求数量庞大的问题。

第三节　星火燎原：中央苏区和解放区教师教育课程设置

1927 年第一次国共合作破裂，共产党人开始创建农村革命根据地，并建立起了以瑞金为首都的中华苏维埃共和国。因为当时这些农村革命根据地的政权组织形式都采用苏维埃代表大会的形式，因而也简称"苏区"。在工农革命政权之下，创建了新民主主义教育制度。抗日战争胜利以后，苏皖边区召开宣教会议，拟定国民教育方针、学制、课程、教法等。随着解放战争的逐步推进，解放区面积不断扩大，此前的抗日根据地逐渐发展为解放区，包括华北解放区、东北解放区、陕甘宁解放区、晋绥解放区、山东解放区、苏皖解放区、中原解放区等。由于受制于当时的经济、交通、地理等原因，各地的实际教育情况颇有差异，学制设定和课程设置也不尽相同。

一　星星之火：中央苏区教师教育课程设置

中央苏区的教师教育主要以提高人民大众的基本文化知识水平和政治觉悟为核心，以为革命战争和苏维埃共和国建设服务为目的，充分发挥教育在人民大众之中的动员力量。

---

① 曾煜编著：《中国教师教育史》，商务印书馆 2016 年版，第 100 页。

(一) 教育背景

1932年秋,《第二次闽浙赣省苏大会文化工作决议案》中指出:

> 在目前日益开展的国内阶级战争中,加紧工农群众的革命的阶级的政治教育,提高工农群众的文化水平,激励工农群众的斗争情绪,坚定工农群众对革命斗争的胜利信心与决心,粉碎反动统治阶级麻醉工农群众的精神工具——封建迷信和国民党教育,团结工农群众在革命的阶级战线上,争取革命战争的完全胜利,这是文化教育工作的中心任务。①

该决议案提出了政治教育的重要性,同时为文化教育工作指明了方向。1933年4月15日,《中华苏维埃共和国临时中央政府教育人民委员部训令(第一号)——目前的教育任务》(简称《训令》)指出:

> 苏区当前文化教育的任务,是要用教育与学习的方法,启发群众的阶级觉悟,提高群众的文化水平与政治水平,打破旧社会思想习惯的传统,以深入思想斗争,使能更有力的动员起来,加入战争,深入阶级斗争,和参加苏维埃各方面的建设。②

该《训令》认为当前教育和学习的任务是进行政治思想层面的斗争,以服务于苏维埃各方面建设为目的。但随着国共两党关系的恶化和政治环境的变化,1933年7月,中央教育人民委员部在第四号训令中指出:

> 在目前一切给与战争,一切服从斗争利益这一国内战争环境中,苏区文化教育不应是和平的建设事业,恰恰相反,文化教育应成为战争动员中一个不可少的力量,提高广大群众的政治文化水平,吸引广大群众积极参加一切战争动员工作,这是目前文化教育建设的战斗任务,各级教育部必须以最大的努力,来完成这一战斗任务。③

苏区文化教育的主旨演变为为革命战争服务。扩大教育,提高人民大众的政

---

① 顾明远主编:《第二次闽浙赣省苏大会文化工作决议案》,载顾明远主编《中国教育大系·马克思主义与中国教育》下卷,湖北教育出版社1994年版,第1031页。
② 顾明远主编:《中华苏维埃共和国临时中央政府教育人民委员部训令(第一号)——目前的教育任务》,载顾明远主编《中国教育大系·马克思主义与中国教育》下卷,湖北教育出版社1994年版,第103页。
③ 顾明远主编:《中华苏维埃共和国中央教育人民委员部训令(第四号)——文化教育工作在查田运动中的任务》,载顾明远主编《中国教育大系·马克思主义与中国教育》下卷,湖北教育出版社1994年版,第1036页。

治文化水平是为了动员广大人民群众能够积极投身于革命战斗之中,而且把政治文化教育视为战斗任务。"教育为革命战争服务",这是苏区教育的一项基本方针。[①] 其实质就是要通过教育提高人民大众的文化水平和政治觉悟,充分发挥苏区教育在发动人民群众支持和参加革命斗争中的动员和教育作用。

(二) 课程设置

第二次国内革命战争时期,中央根据地党和各级工农民主政府,为了培养文教干部和师资,于1932年3月成立了闽瑞师范学校,这是小学师资训练性质的师范学校。学生毕业后,派到各县创办列宁小学。1932年10月又成立了中央列宁师范学校,由徐特立任校长。由各级工农民主政府保送贫苦农民的子弟入学,学习期限为3—6个月。课程设置有国文、算术、历史、地理、政治、图画、唱歌、生理、体操、游戏、劳作等。1934年以后,中央教育人民委员部把培养教育工作干部和师资的学校分为四类:(1) 高级师范学校;(2) 初级师范学校;(3) 短期师范学校;(4) 小学教员训练班。其具体课程设置见表16-25:

表16-25　　　　　　　　中央苏区师范学校课程科目表

学校类别	培养目标	课程设置/内容	修业时间
高级师范学校	培养目前实际上急需的初级及短期师范学校、训练班教员及社会教育与普通教育的高级干部	教育学、教育行政、社会政治科学、自然科学、国文文法等(此外进行政治工作、教育实习、科学实验等)	以1年为标准,可伸缩,但不得少于6个月
初级师范学校	能用新的方法,从事实际的儿童教育及社会教育的干部	小学五年课程的教授法、小学组织与设备、社会教育问题、教授方法总论、教育行政改论、政治常识与自然科学的常识	以6个月为标准,可伸缩,但不得少于3个月
短期师范学校	迅速养成教育干部及小学教员	小学五年课程的教授原则、小学管理法、社会教育问题、教育行政略论、政治常识及科学常识	以3个月为标准,可伸缩,但不得少于2个月
小学教员训练班	专收现任或将任列宁小学教员者	以小学管理法、小学五年教科书为主,注重小学教育的实习批评会工作,并讨论社会教育问题及政治问题	(仅在寒暑假开办)

资料来源:江西省教育学会编:《苏区教育资料选编(1929—1934)》,江西人民出版社1981年版,第215—220页。表格为笔者根据该资料自制。

这一时期的课程,虽然受制于经济、环境等因素,课程设置比较简单,但是

[①] 于述胜:《民国时期(1912年—1949年)》,李国钧、王炳照总主编《中国教育制度通史》第7卷,山东教育出版社1999年版,第268—269页。

教育学、教育行政以及教授法等专业教育课程的开设，使苏区的师范教育具有鲜明的教师教育特色。值得一提的是，这一时期的课程设置中彻底抛弃了具有封建色彩的"经书"科目，客观上促进了新民主主义的发展。

二　燎原之势：解放区教师教育课程设置

由于受制于当时的社会现状，解放区教师教育发展相对不均衡，各地的教师教育课程设置也不相同。但整体来讲，教师教育学科和课程设置逐渐趋于健全。

（一）教育背景

老解放区延安师范教育始于1937年2月创立的鲁迅师范学校。1939年鲁迅师范学校和边区中学合并，成立陕甘宁边区第一师范学校。1940年，边区政府在关中设立第二师范学校，学制2年，招收完全小学毕业生或有相当完全小学毕业文化程度的社会青年入学。在课程方面增设了心理学和教育学等教育课程。1940年5月，陕甘宁边区政府又成立第三师范学校。1941年，陕甘宁边区政府教育厅接管了绥德师范学校（原为陕西省立第四师范学校），主要是培养小学教师，并设有地方干部训练班。1942年陕甘宁边区教育厅公布的《陕甘宁边区暂行师范学校规程草案》规定：

> 师范学校，为依照新民主主义教育方针，培养健全的地方小学教师及区、乡级文化教育干部之场所。其训练原则为：
> （一）培养正确的政治方向；
> （二）建立民主的工作作风；
> （三）养成劳动的习惯；
> （四）锻炼健康的体格；
> （五）充实一般的文化知识；
> （六）给予从事教育工作的知识技能；
> （七）培植热心服务教育的精神。[①]

东北解放区从四个方面规定师范学校的教育目标：

> 一、思想教育目标：在于培养学生具有反帝、反封建、反官僚资本主义的、人民爱国主义的、国际主义的思想，劳动观念，遵守纪律，团结互助的集体主义精神，及为人民教育事业服务的志愿。
> 二、文化教育目标：培养学生具有中等文化水平，基本科学知识。

[①] 陕西师范大学教育研究所编：《陕甘宁边区暂行师范学校规章草案》，载陕西师范大学教育研究所编《陕甘宁边区教育资料》中册《中等教育部分》，教育科学出版社1981年版，第32页。

三、业务教育目标：培养学生具备从事小学教育的业务知识技能，并启发研究儿童教育的志趣。

四、健康教育目标：使学生获得体育卫生知识，锻炼健康体魄。①

教育的主要任务是培养具有健康体魄和共产主义革命理想，有能力担任小学文化科学知识教育的小学教师。

很多革命根据地在学校设置方面都将师范学校分为初级师范学校和高级师范学校两种。初级设3年学制，以培养小学教员为目标；高级设2年学制，以培养高级小学教员为目标。但在解放战争后期，随着解放区面积的扩大，师范学校的发展也慢慢趋于正规化，在修习年限设置上，如华北地区规定为3年；东北地区实行"三三"分段的六年制，也有实行"三二"分段的五年制。整体来讲，学校的设置和发展开始慢慢趋于健全，对于师范学校的称谓也有严格规定，如《东北区师范学校暂行实施办法（草案）》规定：凡师范学校同时设置初级师范与中级师范者称为师范学校，仅设中级师范者称为中级师范学校，仅设初级师范者称为初级师范学校，凡各省市设立的短期师资训练班不得称为师范学校。②

（二）课程设置

困于时局，各地教育发展情况极不平衡，师范学校的课程设置在各地来说也不尽相同，但总体而言，科目的类别划分基本是相同的，也就是说所有师范学校的课程基本是按照政治课、文化课、业务课这3类科目设置的。1946年苏皖边区制定了高级师范学校和幼稚师范教育科的课程标准，初级师范学校所设课程与高级师范学校基本相同，只是学习时数相对较短。确定了政治课、文化课和业务课所占比例分别是30%、30%和40%。课程设置详见表16-26：

表16-26　　　　　　　　苏皖边区师范学校课程科目表

学校类别	科目类别	课程设置	占比
高级师范学校	政治课	时事政治、政治概论、中国农村问题研究、中国历史、中国地理、世界历史、世界地理、思想方法论初步	30%
	文化课	国语、实用数学、实用自然、艺术、体育	30%
	业务课	新民主主义教育概论、国民教育各科教学法、教育史略、教育行政、心理学、群众教育、实习	40%

---

① 辽宁教育科学研究所编：《东北区师范学校暂行实施办法（草案）》，载辽宁教育科学研究所编《东北解放区教育资料选编》，教育科学出版社1983年版，第230—231页。

② 辽宁教育科学研究所编：《东北区师范学校暂行实施办法（草案）》，载辽宁教育科学研究所编《东北解放区教育资料选编》，教育科学出版社1983年版，第232页。

续表

学校类别	科目类别	课程设置	占比
幼稚师范教育科	政治课	时事政治、政治概论、世界史地、中国史地	30%
	文化课	国语、自然、医药卫生、音乐、舞蹈、游戏研究	30%
	业务课	新教育概论、幼稚教育概论、教育史略、儿童生理学、儿童心理学、幼儿教育教学法、实习	40%

资料来源：戴伯韬编：《中等教育组总结节录》，载戴伯韬编《解放战争初期苏皖边区教育》，人民教育出版社1982年版，第114—122页。表格为笔者根据该资料自制。

这一时期的课程设置有一个突出的特点就是业务课所占比重较大，这说明解放区在教师教育发展之初就意识到专业教师教育的重要性。尽管受时代、经济、环境等诸多因素的限制，但是其课程设置充分突出了教师教育的专业特点。

到解放战争后期，师范学校的课程设置已经开始出现学科精细化的特征。以东北解放区为例，在初级师范学校中，文化课开始出现细化趋势，业务课和政治课所占比重相对有所下降，而且初级师范学校和高级师范学校的课程设置有较大的变化，其具体课程设置详见表16-27、表16-28：

表16-27　　　　　　东北解放区初级师范学校课程项目及时数

科目		第一学年		第二学年		第三学年	
	学年度	上学期	下学期	上学期	下学期	上学期	下学期
国文		6	6	6	6	6	6
数学	算术	4	4	2			
	代数			2	3		
	几何					2	2
博物		3	3	3			
理化					3	4	4
生理卫生		2	2				
史地	本国史	3	3	3			
	世界史				2	2	
	本国地理	2	2	2			
	世界地理				2	2	
体育		2	2	2	2	2	2
音乐		2	2	2	2	2	2
美术工艺		1	1	1	1	1	1
习字		1	1	1			
业务	小学教学理论与实际			2	2	2	2
	教材教法					3	3

续表

学年度\科目	第一学年 上学期	第一学年 下学期	第二学年 上学期	第二学年 下学期	第三学年 上学期	第三学年 下学期
政治常识	2	2	2	2	2	2
参观实习	师范生毕业生业务实习可在第三年进行，期限1—2个月					

资料来源：于述胜：《民国时期（1912年—1949年）》，李国钧、王炳照总主编《中国教育制度通史》第7卷，山东教育出版社1999年版，第347页。

表16-28　　**东北解放区高级师范学校课程项目及时数**

学年度\科目	第一学年 上学期	第一学年 下学期	第二学年 上学期	第二学年 下学期	第三学年 上学期	第三学年 下学期
国文	6	6	5	5	5	5
俄文	3	3	3	3	3	3
算术	4	2				
代数		2	4			
几何				3	3	
生物					3	3
物理					3	3
化学			3	3		
中国革命运动史	2	2	2			
世界史				2	2	2
地理学	2	2	2	2		
体育	2	2	2	2	2	2
美术工艺	2	2	1	1	1	1
音乐	2	2	2	2	2	2
新民主主义教育建设				2	2	
教育原理			3	2		
教材教法					2	4
教育统计					2	
政治经济学	2	2				
哲学						4
政策					2	2
新民主主义论			2	2		
参观实习	师范毕业生业务实习可在第三学年进行，期限为1—2个月					

资料来源：于述胜：《民国时期（1912年—1949年）》，李国钧、王炳照总主编《中国教育制度通史》第7卷，山东教育出版社1999年版，第348页。

从东北解放区的课程设置来看，强化了基础文化课程的教学，目的是培养国家建设时期所需要的具有较高科学文化素质的教师教育师资，但是对于师范学校而言，降低教师教育类课程所占比重，一定程度上也影响了教师教育专业素养的训练。

除了在解放区成立初级、高级师范学校，大学设立教育学院也是培养这一时期教师教育师资的另一途径。1948年5月，北方大学与华北联大合并成立华北大学，全校分为四个部、两个院，其中第二部系教育学院性质（见表16-29）。

表16-29　　　　　　　　　　华北大学第二部教育学院课程信息

系别	主要课程内容	
	共同必修课	各系部课程
国文系	国文 社会科学概论 教育概论	近代文选、作文及文法、中国文字演变、中国新文学思潮等
史地系		中国通史、史料选读、世界革命运动史、美国侵华史、中外史地等
教育系		教育概论、教学方法、教育行政、教学统计、中国近代教育史
社会科学系		社会科学概论、中国社会发展史、政治经济学、社会调查等
外语系		
数理化系		

资料来源：成仿吾：《战火中的大学——从陕北公学到人民大学的回顾》，人民教育出版社1982年版，第152—153页。表格为笔者根据该资料自制。

由华北大学教育学院的教师教育课程设置可以看出，大学教师教育课程是以在大学开设教育系或教育学院形式设置。课程设置较中等师范教育课程更加全面，但由于受当时社会环境的影响，课程开设时数较短、整体学习年限不长。

苏区师范教育的突出特点是注重培养学生正确的政治方向和艰苦奋斗的革命精神，坚持教育为革命任务服务的宗旨，培养学生以建立新民主主义新中国为革命理想，同时坚持教育与工农民主运动相结合的路线，发扬教育在革命宣传中的动员力量。教学活动除了学习教育理论和文化知识，鼓励学生积极参与抗日生产活动和抗日救国运动，组织和发动广大群众集体学习抗日救国的道理，定期安排学生到定点小学试教和参观，注重教育实践和锻炼，以提高学生的实际教学能力。随着解放区面积的不断扩大，解放区教育的突出特点是加强基础文化课程的学习。由于摒弃了带有封建色彩的"经书"的学习，因此解放区的师范教育带有浓厚的民主气息，师生关系融洽，极大地调动了学生学习的积极性和主动性，注重教育参观实习，一定程度上提高了学生的教学实践能力。整体来看，苏区师范教育和解放区师范教育都属于中等教师教育的范畴，课程设置相对简单，学科划分并不明显，因此，整体教育水平还有待提高。高等师范教育主要是在大学设立教育学院，教师教育课程设置相对丰富，但主要是依附于大学存在，并无自己独立的体系，因此培养的中等教师教育人才相对较少。但是属于教师教育中坚力量的师范学校,在这一时期培养了大批的小学教员,极大地促进了新民主主义时期教师教育的发展。

第四节　行远自迩:新中国教师教育课程设置

中华人民共和国成立之初,由于深受战争破坏,国家百废待兴。如何改造和建设社会主义教师教育体制,为新中国的发展培养足够的教师教育人才也成了当时最为紧迫的任务之一。教育部于1949年12月在北京召开了第一次全国教育工作会议。会议上讨论了各地区教育工作的情况和目前存在的问题,确定了教育工作的总方针,对如何改造国民政府遗留下来的旧教育以及如何发展和建立新时期新民主主义教育确立了新的方向:"以老解放区教育经验为基础,吸收旧教育有用经验,借助苏联经验,建设新民主主义教育"[1]。在这一宏观教育方针的指引之下,教师教育作为建设中国教育大计的重要组成部分,也开始步入崭新的历史发展时期。

一　旭日东升:教师教育课程建设期(1949—1956)

中华人民共和国成立初期,为了确立新型的社会主义教师教育体制,对旧有的教师教育体制进行了大的改造,包括召开全国师范教育工作会议和颁布一系列师范教育法规,从制度层面确保了教师教育的社会主义新改造。

(一)教育背景

1951年9月,第一次全国师范教育工作会议召开,确定了中等师范学校的调整及设置原则:

> (1)争取每一专署区及省辖市设立师范学校一所,条件不够时,可设初级师范学校。较大的县争取设立初级师范学校一所,较小的县,可由两、三个联合设立初级师范学校或师范学校一所。(2)各省目前以"增设"初级师范学校为主,如有条件,即有计划地将初级师范学校转变为师范学校。[2]

同年10月,国家颁布《政务院关于改革学制的决定》,确定了各级各类学校的学制,为教育的发展提供了基本依据。同时将我国的师范教育划分为中等师范教育和高等师范教育两个层次:中等师范教育包括初级师范学校和中等师范学校

---

[1] 《中国教育年鉴》编辑部编:《钱俊瑞副部长在第一次全国教育工作会议上的总结报告要点》,载《中国教育年鉴》编辑部编《中国教育年鉴(1949—1981)》,中国大百科全书出版社1984年版,第684页。
[2] 何东昌主编:《教育部关于第一次全国师范教育会议的报告》,载何东昌主编《中华人民共和国重要教育文献(1949—1975)》,海南出版社1998年版,第128页。

（含幼儿师范学校），培养初等教育（含幼儿园）的师资；高等师范教育包括师范专科学校、师范学院或师范大学，培养中等师范学校的师资。这是中华人民共和国成立后首次以法令法规形式确保了师范院校的独立地位，对于教师教育的规范化和制度化发展具有重要意义。

（二）课程设置

1952年7月，教育部颁布《师范学校暂行规程》和《关于高等师范学校的规定》，规定中等师范教育培养目标是培养具有中等文化水平和教育专业知识、技能，全心全意为人民教育事业服务的初等教育师资和幼儿教育师资。师范学校及幼儿师范学校招收初级中学毕业生或具有同等学力者，入学年龄暂定为15—30岁；初级师范学校招收25岁以下的小学毕业生或具有同等学力者；师范速成班招收初中毕业生或具有同等学力者。其课程设置详见表16-30：

表16-30　　　　　　　　　1952年起中等师范学校课程设置表

类别	课程设置	学习年限
师范学校	语文及教学法（语文、语文教学法）、数学及算术教学法（算术及教学法、代数、几何、三角）、物理、化学、达尔文理论基础、自然教材教法、地理及教学法（地理、地理教学法）、历史及教学法（历史、历史教学法）、政治（社会科学基本常识、共同纲领、时事政策）、心理学、教育学、学校卫生、体育及教学法（体育、体育教学法）、音乐及教学法（音乐、音乐教学法）、美术及教学法（美术、美术教学法）、参观实习	3年
幼儿师范学校	语文及语言教学法（语文、语言教学法）、数学及计算教学法（代数、几何、三角、计算教学法）、物理、化学、达尔文理论基础、地理、历史、政治（社会科学基本常识、共同纲领、时事政策）、幼儿心理、幼儿教育、幼儿卫生及生活管理、认识环境教学法、体育及教学法（体育、体育教学法）、音乐及教学法（音乐、音乐教学法）、美工及教学法（美工、美工教学法）、参观实习	3年
师范学校速成班	语文及教法（语文、语文教学法）、算术及教法（算术、算术教学法）、自然教材教法、地理教材教法、历史教材教法、政治（共同纲领、时事政策）、心理学、教育学、体育及教学法、音乐及教学法、美术及教学法、参观实习	1年
初级师范学校 三年制	语文及教学法（语文、语文教学法）、数学及算术教学法（算术、代数、平面几何、算术教学法）、物理、化学、自然及教学法（植物学、动物学、生理卫生、自然教学法）、地理及教学法（地理、地理教学法）、历史及教学法（历史、历史教学法）、政治（中国革命常识、时事政策）、心理学、教育学、学校卫生、体育及教学法（体育、体育教学法）、音乐及教学法（音乐、音乐教学法）、美术及教学法（美术、美术教学法）、参观实习	3年
初级师范学校 四年制	语文及教学法（语文、语文教学法）、数学及算术教学法（算术、代数、平面几何、算术教学法）、物理、化学、自然及教学法（植物学、动物学、生理卫生、自然教学法）、地理及教学法（地理、地理教学法）、历史及教学法（历史、历史教学法）、政治（中国革命常识、共同纲领、时事政策）、心理学、教育学、学校卫生、体育及教学法（体育、体育教学法）、音乐及教学法（音乐、音乐教学法）、美术及教学法（美术、美术教学法）、参观实习	4年

资料来源：曾煜编著：《中国教师教育史》，商务印书馆2016年版，第275—276页。表格为笔者根据该资料自制。

1952年7月，教育部颁发《关于高等师范学校的规定（试行）》，对全国高等师范学校办学的一系列方针和措施做了统一规定。规定高等师范学校的主要任务是培养具有马列主义与中国革命实际相结合的以毛泽东思想为基础、高级文化与科学水平和教育的专门知识与技能、全心全意为人民教育事业服务的中等学校师资。招生对象为高级中学及师范学校毕业生或具有同等学力者，师范学院、师范专科学校须免试收录由教育行政部门保送的高级中学、中等师范毕业生，师范专科学校为两年，师范学院修习年限为4年。高等师范学校应根据中等学校教学计划设置中国语文、外国语（分设俄语、英语等组）、历史、地理、数学、物理、化学、生物、教育（分设学校教育及学前教育等组）、体育、音乐、美术等系科。参观与实习为师范学院、师范专科学校各系科教学计划中重要的组成部分，分平时参观、见习与定期集中参观、实习。① 1954年教育部正式发布中国语文、俄语、历史、地理、数学、物理、化学、生物、教育9个系别的《师范学院暂行教学计划》，对于师范学院的课程设置做了明确规划，分为政治理论科目、教育科目、专业科目及教育实习4个部分，截至1956年共颁发了94门课程的统一教学大纲，② 课程设置详见表16-31：

表16-31　　　　　　　　　1954年起师范学院课程设置表

教学科目	课程
公共必修科目 （政治理论科目、教育科目）	马克思列宁主义基础、新民主主义论、政治经济学、心理学、教育学、教育史、学校卫生、体育、外国语（主要为俄语）
专业必修科目	具体视各系别专业而定
教育见习	教育实习

资料来源：《当代中国》丛书教育卷编辑室编：《师范学院教学计划（草案）》，载《当代中国》丛书教育卷编辑室编《当代中国高等师范教育资料选》上册，华东师范大学出版社1986年版，第286—287页。表格为笔者根据该资料自制。

该教学计划是参考苏联1951年所颁布的师范学院教学计划，结合当时中国的具体实际，在苏联专家的帮助之下制定的，是中华人民共和国成立后拟定的第一个师范学院教学计划。由于受制于当时教师教育师资力量的限制，其中的一些系科专业可合并开设（如数学、物理两系合并为数理系，化学、生物两系合并为化学生物系）。

经过中华人民共和国成立初期的努力，中等教师教育体系正在逐步建立，为这一时期的初等教育和幼儿教育培养了大量人才；高等师范院校有了统一的教学

---

① 刘英杰主编：《中国教育大事典》上册，浙江教育出版社1993年版，第803—804页。
② 曾煜编著：《中国教师教育史》，商务印书馆2016年版，第294页。

计划，探索了新的教学形式和方法，以教学为中心的教育改革很大程度上推进了这一时期高等教师教育的全面发展。至此，中国建立了由师范学校、师范专科学校、师范学院和大学组成的较为完整的三级师范教育体系。

二 红紫乱朱：教师教育课程混乱期（1956—1966）

"大跃进"的开展和片面强调阶级斗争，严重影响了这一时期的教师教育发展。教师教育人才培养机制被打乱，教师教育的核心课程遭遇停授和批判，教师教育课程设置曾一度处于混乱状态。整体而言，这一时期的教育质量有所下滑。

（一）教育背景

1957年8月，《教育部关于中学、师范学校设置政治课的通知》发布，开始片面强调政治理论课的重要性而忽视了教师教育专业发展的特点；1958年1月，《共青团中央关于在学生中提倡勤工俭学的决定》发布，此后各师范学校掀起勤工俭学的热潮；[1]师范学校开始大搞生产劳动教育，混淆了教育和生产劳动的概念，影响了教学秩序，打乱了正常的教学计划；1958年4月教育部通知停授师范学校三年级教育学教材，改授与我国教育方针、政策有关的内容。后来又把教育学课程变成了教育方针政策课。1958年8月，《光明日报》发表题为《拔掉资产阶级教育科学中的一面白旗》的社论，对北京师范大学彻底批判心理学教学中的资产阶级方向给予充分肯定。由此开始，全国各地师范院校和综合大学开始把心理学批判成"伪科学"，一些心理学的专家和学者被当成"拔白旗"的对象，致使心理学教学和研究长期处于停滞状态。[2]直到1960年中央文教小组召开全国文教工作会议，检查和批评了文教战线的"共产风、浮夸风、强迫命令风、干部特殊风和瞎指挥风"，集中研究了在教育工作中贯彻执行"调整、巩固、充实、提高"八字方针的问题。会议强调要正确处理教育事业发展过快、战线过长等问题。[3]至此，教育中的"大跃进"才慢慢得以遏制。这一时期的教师教育课程设置处于一种混乱的状态，影响了中国教师教育的正常发展，教师教育质量开始下降。

（二）课程设置

随着全国各项建设事业"大跃进"地进行，教师教育也深受影响。教育部认为原有的教学计划已经跟不上时代的需求，开始放权允许各地根据自己的实际情况修改教学计划，直到1963年开始正式发布《三年制中等师范学校教学计划草案（征求意见稿）》，对中等师范教育再次做出修订——培养目标为合格的小学教师，招生对象为16—25岁初中毕业生，修习年限3年，1年设置教学时间9个

---

[1] 中央教育科学研究所编：《中华人民共和国教育大事记（1949—1982）》，教育科学出版社1984年版，第202、212页。
[2] 马啸风主编：《中国师范教育史》，首都师范大学出版社2003年版，第48—49页。
[3] 中央教育科学研究所编：《中华人民共和国教育大事记（1949—1982）》，教育科学出版社1984年版，第285页。

月，校内外劳动1个月，寒暑假期2个月。具体课程设置见表16-32：

一年制师范科第一学期每周上课时数32学时，共上课14周，教育实习4周，上课及教育实习总时数576学时；第二学期每周上课时数28学时，共上课13周，教育实习4周，上课及教育实习总时数476学时；全年劳动1个月。一年制师范科的开设在短期之内及时有效地解决了小学教学师资不足的问题，为中国的教师教育做出了历史性贡献。

表16-32　　　　　　　1963年起三年制中等师范学校课程设置表

科目	课程	占比
政治课	政治理论课	7%
文化课	语文、数学、物理、化学、生物、历史、地理、农业科学技术知识	64%
教育专业课	教育学、教育心理学、教材教法（小学语文和小学算术）、教育实习	4%
体育艺术课	体育、音乐、美工	15%
其他		10%

资料来源：何东昌主编：《三年制中等师范学校教学计划草案（征求意见稿）》，载何东昌主编《中华人民共和国重要教育文献（1949—1975）》，海南出版社1997年版，第1208—1209页。表格为笔者根据该资料自制。

除了颁布《三年制中等师范学校课程教学计划草案（征求意见稿）》，还附发了一年制师范科教学计划草案，课程设置见表16-33：

表16-33　　　　　　　1963年起一年制师范科课程设置表

学期	课程	劳动	周数	周时数	教育实习	总计
第一学期	政治、语文、小学语文教材教法、小学算术教材教法、算术及珠算、农业科学技术知识、教育学、教育心理、体育	1个月	14	32	4周	576
第二学期	政治、语文、小学语文教材教法、小学算术教材教法、算术及珠算、农业科学技术知识、教育学、体育		13	28	4周	476

资料来源：何东昌主编：《三年制中等师范学校教学计划草案（征求意见稿）》，载何东昌主编《中华人民共和国重要教育文献（1949—1975）》，海南出版社1998年版，第1209—1210页。表格为笔者根据该资料自制。

1961年10月，第二次全国师范教育会议召开，会议拟定了高等师范院校教学计划修订的若干原则：（1）重申教学是学校的重心任务，必须依据教学为主的原则全面安排学校的各项任务；（2）在课程设置上，注意解决政治教育、文化科学知识和生产劳动的合理安排及各类课程的比重；（3）师范学校一定要加强和重视教育业务训练，充分体现师范教育的特点；（4）生产劳动对师范教育是十分重要的。师范生不仅要通过生产劳动养成爱好劳动的品质和习惯,而且要有一定的生产劳动知识;(5)高师本科高年级学生可结合一定的教学环节进行科学研究。会议讨论了师范学校的学制、高等师范院校的专业设置、各级师范院校的教材等问题,并提出了处理意见。①

1963 年 3 月,《全日制中学暂行工作条例(草案)》进一步强调了提高教师教育质量的重要性,各地开始加强对教师教育的在职培训,并鼓励教师参与到教材编写之中,以提高教师的教材教法能力。②

关于高等师范教育课程设置,教育部于 1962 年 5 月和 7 月,分别在北京和上海召开高等师范院校各专业教学计划讨论会,讨论修订了四年制本科数学、物理、化学、生物、地理、汉语言文学、历史、俄语、英语、体育 10 个专业的教学计划(草案),于 1963 年 8 月正式颁布各校参照执行。各专业教学计划(草案)均包括:

> 培养目标、时间安排、课程设置、教育实习、生产劳动、科学研究 6 部分。并附有"教学、生产劳动、科学研究和教育实习时间分配表"、"教学时间计划表"、"选修课程和加选课程表"等,供各校参考。教学计划中的时间安排是四年共上课 124 周、考试 16 周、教育实习 6 周、生产劳动 18 周、科学研究 4 周、机动时间 4 周、寒暑假 36 周,共 208 周。各系大致相同,有些系稍有不同。不同的有:中文系上课 123 周、生产劳动 20 周、科学研究 3 周;历史系上课 120 周、生产劳动 20 周、科学研究 6 周;体育系上课 127 周、科学研究 1 周;化学系上课 121 周、科学研究 5 周,另有工业见习 2 周;生物系上课 121 周、科学研究 2 周,另有教学实习 5 周;地理系上课 113 周、生产劳动 16 周,另有教学实习 13 周。③

所有教学计划当中的公共必修课程和教师教育课程设置见表 16 – 34。

总体而言,这一时期的教师教育深受当时"大跃进"的冲击和影响,高等师范学校发展一度盲目地向综合大学看齐,照搬模仿综合大学课程设置,弱化了教师教育的专业特点;同时教学计划和教学进度冒进,过度强调生产劳动的重要性,一定程度上挤占了学校课程正常的教学时数。因此这一时期的教师教育质量有所下降,反映出探索适合中国国情的教师教育发展道路一波三折,殊为不易。

---

① 何东昌主编:《教育部党组关于全国师范教育会议的报告》,载何东昌主编《中华人民共和国重要教育文献(1949—1975)》,海南出版社 1998 年版,第 1080 页。
② 中央教育科学研究所编:《中华人民共和国教育大事记(1949—1982)》,教育科学出版社 1984 年版,第 329 页。
③ 刘英杰主编:《中国教育大事典》上册,浙江教育出版社 1993 年版,第 834—835 页。

表 16-34　　　　　　　　1963 年起高等师范学校教育课程设置表

科目	课程	占比	备注
政治理论课	马克思列宁主义概论、中共党史、思想政治教育报告	10% 左右	课程占比视各专业具体情况不同其具体设置也略有不同
教育课	教育学、心理学、中学各科教材教法	10% 左右	
专业课	视各专业而定	70% 左右	
其他课	外国语、体育	10% 左右	

资料来源：《当代中国》丛书教育卷编辑室编：《教育部关于办法高等师范学校教学计划（草案）的通知》，载《当代中国》丛书教育卷编辑室编《当代中国高等师范教育资料选》上册，华东师范大学出版社 1986 年版，第 693—766 页。表格为笔者根据该资料自制。

三　珠零玉落：教师教育课程衰退期（1966—1976）

"文革"对于教师教育产生了极大的破坏，由于片面强调阶级斗争和生产劳动，彻底打乱了教师教育的培养机制，教师教育课程的开设被迫中断，整个教师教育发展进入衰退期。

（一）教育背景

1966 年 5 月 16 日，中共中央政治局扩大会议召开，会议通过了《中国共产党中央委员会通知》提出：

> 高举无产阶级文化革命的大旗，彻底揭露那批反党反社会主义的所谓"学术权威"的资产阶级反动立场，彻底批判学术界、教育界、新闻界、文艺界、出版界的资产阶级反动思想，夺取在这些文化领域中的领导权。[1]

同年 8 月，党的八届十一中全会通过《中共中央关于无产阶级文化大革命的决定》，"文化大革命"运动迅即席卷全国。《关于一九六七年大专院校毕业生分配工作问题的通知》颁发，明确提出：

> 要坚持面向农村，面向边疆，面向工矿，面向基层，与工农兵相结合的方针，分配一九六七年大专院校毕业生。打破大专院校毕业生一出校门只能分配当干部，不能当工人、农民的制度。[2]

---

[1] 中央教育科学研究所编：《中华人民共和国教育大事记（1949—1982）》，教育科学出版社 1984 年版，第 395 页。

[2] 中央教育科学研究所编：《中华人民共和国教育大事记（1949—1982）》，教育科学出版社 1984 年版，第 418 页。

在这种政治背景下，师范学校的正常教学计划和教学活动完全被中断，片面强调参加农业生产劳动的重要性，忽视了理论知识的价值，教师教育课程一片混乱。

(二) 课程设置

"文革"时期的各级各类师范学校受到了严重的冲击，否定了教师教育课程设置的理论依据，提出"以典型产品组织教学""以生产战斗任务组织教学"，大大削减了基础理论课程，提倡理工科学生把教与学都结合在一个典型产品的设计与制造的全过程中，典型产品的生产需要什么知识，就上什么课程，学生边干边学，边学边设计，边制造。文科生则搞什么战斗任务需要什么知识，就上什么课程。[①]

这种狭隘的课程设置割裂了课程理论与实践之间的关系，片面强调实用主义导致培养的学生缺乏系统的科学知识。号召师生走出校门参加生产劳动，师范学院本科学制缩短至2—3年，中等师范学校学制缩短至2年，严重削减了学生的在校学习时间。

这一时期的课程强调以阶级斗争为主课，以生产劳动为基础课，全面否定原有的教学制度和教学秩序。教学实行"社来社去"，走"半工（农）半读"的办学道路。师范学校所开设的教育学、心理学等被认为是资本主义制度的产物，因而原本就不甚完善的教师教育课程被大量取消，大量的师范院校也被迫关停。教育专业课程改为教育革命理论和实践课，科学与文化课程也必须反映两个阶级、两条路线的斗争，加强"革命大批判"，深入进行基本路线教育。[②] 进入20世纪70年代后，"批林批孔""评水浒""批宋江"以及反潮流成了当时的功课。[③] 中华人民共和国成立初期建立的教师教育制度和体系遭到破坏。因此，这一时期的教师教育课程建设处于衰退状态。

四 拨乱反正：教师教育课程重建期（1976—1985）

由于遭受"文革"的破坏，这一时期的教师教育基本处于重建阶段，1980年确立了教师教育作为"工作母机"的重要地位。教师教育人才培养开始关注社会发展实际需求，教师教育课程设置重新回归以科学文化知识为主线。

(一) 教育背景

1976年，"文化大革命"宣告结束，全国各个领域开始进入恢复和重建的工作当中，教师教育也不例外，十年动乱使当时的教师教育举步维艰。1978年10

---

① 曾煜编著：《中国教师教育史》，商务印书馆2016年版，第330—331页。
② 何东昌主编：《全国教育工作会议纪要》，载何东昌主编《中华人民共和国重要教育文献（1949—1975）》，海南出版社1998年版，第1482页。
③ 王尧：《"文革"对"五四"及"现代文艺"的叙述与阐释》，《当代作家评论》，2002年第1期。

月，教育部发布《关于加强和发展师范教育的意见》，把建设中小学教师队伍作为发展教育事业和提高教育质量的关键，以适应在20世纪内把我国建设成为农业、工业、国防和科学技术现代化强国的基本要求。同时也提出应该恢复和建立全国范围内的师范教育网络体系。[①] 1980年6月，教育部在北京召开第四次全国师范教育工作会议，明确了师范教育在整个教育发展当中的重要地位和办好师范教育的重大意义，确立了当前的首要任务就是建立健全我国当下的师范教育体系，使之成为培养中等、初等学校和幼儿园的合格教师的人才培养的"工作母机"。会议重新强调了我国师范教育的三级培养体系，即高等师范院校培养中等师范学校师资，师范专科学校培养初级中等学校师资，中等师范学校和幼儿师范学校培养小学和幼儿园师资。[②]

关于高等师范院校教育，1980年3月，教育部发布《关于印发高等师范院校艺术专业教学座谈会文件的通知》，颁发了高等师范学校四年制本科音乐、美术专业教学计划（试行草案）。同年5月，教育部发布《关于试行高等师范学校理科五个专业教学计划的通知》，颁发了四年制本科数学、物理、化学、生物、地理等专业教学计划（试行草案）。同年12月，教育部发布《关于试行高等师范院校体育专业教学计划的通知》，颁布了四年制本科体育专业教学计划（试行草案）。1981年4月，教育部发布《关于试行高等师范院校文科三个专业教学计划的通知》，颁发了四年制本科汉语言文学、历史学和政治教育专业教学计划（试行草案）。1982年3月，教育部发布《关于印发师专教学工作座谈会有关文件的通知》，颁发了二年制和三年制师范专科学校汉语言文学、历史学、政治教育、数学、物理、化学、生物、地理、音乐、美术十科的教学计划（试行草案）。[③] 随着这一系列的教育政策和法规的颁布与实施，我国教师教育在经历了十余年的衰退之后，又开始逐步被重建起来。

(二) 课程设置

1980年8月，《教育部关于办好中等师范学校的意见》发布，规定中等师范学校的培养目标是培养德、智、体全面发展的热爱教育事业的合格的小学教师；学习年限三年至四年，招收初中毕业生和具有同等学力的社会青年；同时对课程设置、教学计划和教材以及领导管理等做出了具体规定。具体课程设置见表16-35：

---

① 何东昌主编：《教育部印发关于加强和发展师范教育的意见》，载何东昌主编《中华人民共和国重要教育文献（1976—1990）》，海南出版社1998年版，第1648—1649页。
② 何东昌主编：《教育部印发关于师范教育的几个问题的请示报告的通知》，载何东昌主编《中华人民共和国重要教育文献（1976—1990）》，海南出版社1998年版，第1850页。
③ 《中国教育年鉴》编辑部编：《中国教育年鉴（1949—1981）》，中国大百科全书出版社1984年版，第261页。

表16-35　　　　　　　1980年起中等师范学校课程设置表

课程类别 \ 学校类别	中等师范学校			幼儿师范学校		
课程设置	政治、语文（文选和写作、语文基础知识、基本技能、小学语文教材教法）、数学（数学、小学数学教材教法）、物理学、化学、生物学、生理卫生、历史、地理、外语、心理学、教育学、体育及体育教学法、音乐及音乐教学法、美术及美术教学法、小学自然常识教学法等课程，民族师范学校设民族语文			政治、语文、语言及常识教学法、数学、计算教学法、物理学、化学、生物学、历史、地理、外语、幼儿心理学、幼儿教育学、幼儿卫生学、体育及体育教学法、美工及美工教学法、音乐及音乐教学法、舞蹈等课程		
教育实习	参观、见习、毕业实习	3年制	8周	参观、见习、毕业实习	3年制	8周
		4年制	10周		4年制	10周
学制	3—4年			3—4年		

资料来源：何东昌主编：《教育部关于印发中等师范学校教学计划试行草案和幼儿师范学校教学计划试行草案的通知》，载何东昌主编《中华人民共和国重要教育文献（1976—1990）》，海南出版社1998年版，第1862—1865页。表格为笔者根据该资料自制。

1980年6月，《关于高等师范学校专业设置的意见（征求意见稿）》发布，规定我国高等师范学校的教学计划和专业课程应根据党的教育方针和中等教育事业发展的需要做出决定，总结了1949年以来高等师范教育的实践经验并进行修订。高等师范学校本科教育主要是培养中等学校的师资，专科培养初级中等学校的师资。要合理安排课程，切实加强基础理论、基本知识的教学和基本技能的训练，扎扎实实地打好基础，使学生具有较强的自学能力、思维能力、研究能力，以及口头、文字表达能力，以适应中等学校教学的需要。① 具体课程安排详见表16-36：

表16-36　　　　1980年起高等师范学校本科各专业课程设置基本情况

专业	总学时数	政治理论课	外国语课	教育课	体育课	专业基础课
汉语言文学	2429	中国共产党历史、政治经济学、哲学	外国语	心理学、教育学、中学语文教材教学法	体育	现代汉语、语言学概论、古代汉语、写作、文学概论、中国现代文学（包括当代）、中国古代文学、外国文学、美学、逻辑知识
英语	2727	中国共产党历史、政治经济学、哲学		心理学、教育学、英语教学法	体育	汉语、英语实践课（精读、泛读、听说、散文与作文）、英美文学知识与选读、实用语音、实用语法、翻译、英美概况、第二外国语

---

① 《中国教育年鉴》编辑部编：《中国教育年鉴（1949—1981）》，中国大百科全书出版社1984年版，第261页。

续表

专业	总学时数	政治理论课	外国语课	教育课	体育课	专业基础课
历史学	2285	政治经济学、哲学	外国语	心理学、教育学、中学历史教材教学法	体育	中国古代史、中国近代史、中国现代史、世界古代史、世界近代史、世界现代史、马克思列宁主义经典著作研读、史学概论、语文与习作、中国历史要籍介绍及选读
政治教育	2515		外国语	心理学、教育学、中学政治课研究	体育	中国共产党历史、中国通史、汉语与写作、形式逻辑、国际共产主义运动史、世界通史、法学概论、政治经济学、科学社会主义、马克思主义哲学原理、哲学原著选读、《资本论》选读、马克思主义伦理学
学校教育	2251	中国共产党历史、政治经济学、哲学、国际共产主义运动史	外国语		体育	文选与习作、生理学、马列、毛泽东教育论著选读、普通心理学、儿童心理学、教育心理学、教育学、中国教育史、外国教育史、小学教材教学法
数学	2637	中国共产党历史、政治经济学、哲学	外国语	心理学、教育学、中学数学教材教学法	体育	解析几何、数学分析、高等代数、高等几何、普通物理、常微分方程、复变函数、微分几何、实变函数与泛函分析、理论力学、计算数学、概率论与数理统计、近世代数、拓扑学
物理	2641	中国共产党历史、政治经济学、哲学	外国语	心理学、教育学、中学物理教材教学法	体育	高等数学、数学物理方法、力学、热学及分子物理、电磁学、光学、原子物理、电工学、无线电基础、理论力学、热力学及统计物理、电动力学、量子力学、制图学、普通物理实验、中级物理实验、工艺训练
化学	2745—2793	中国共产党历史、政治经济学、哲学	外国语	心理学、教育学、中学化学教材教学法	体育	高等数学、普通物理、无机化学、分析化学、有机化学、物理化学、物理化学实验、结构化学、化工基础及工业化学
生物学	2609	中国共产党历史、政治经济学、哲学	外国语	心理学、教育学、中学生物学教材教学法	体育	高等数学、普通物理、无机及分析化学、有机化学、生物化学、植物学、动物学、微生物学、植物生理学、人体组织解剖学、人体及动物生理学、遗传学、农业基础
地理	2773	中国共产党历史、政治经济学、哲学	外国语	心理学、教育学、中学地理教材教学法	体育	数学、物理、化学、地球概论、地质学基础、测量与地图、地貌学、气象气候学、水文地理、土壤地理、植物地理、自然地理学原理、中国自然地理、世界自然地理、经济地理导论、中国经济地理、世界经济地理、动物地理、遥感概论、环境学原理、计量地理学

续表

专业	总学时数	政治理论课	外国语课	教育课	体育课	专业基础课
体育	3027	中国共产党历史、政治经济学、哲学	外国语	教育心理学、教育学		人体解剖学、人体生理学、运动生理学、体育保健、运动心理学、运动生物力学、运动生物化学、人体测定、体育统计、体育理论、体育史、人体遗传与变异、阅读与写作、田径、球类、体操、艺术体操（女生）、武术、游泳、滑冰、举重
音乐	2084	中国共产党历史、政治经济学、哲学	外国语	心理学、教育学、中学音乐教材教学法	体育	视唱练耳、钢琴、基本乐理、歌曲作法、和声、声乐、器乐、合唱与指挥、艺术概论、民族民间音乐、外国音乐作品欣赏、中国音乐史、外国音乐史、形体与舞蹈、文学选读
美术	3604	中国共产党历史、政治经济学、哲学	外国语	心理学、教育学、中学美术教材教学法	体育	艺术概论、中国美术史、外国美术史、文艺讲座、素描、技法理论（解剖、透视、色彩）、色彩画、中国画、应用美术、书法篆刻

资料来源：《中国教育年鉴》编辑部编：《师范学校暂行规程（草案）》，载《中国教育年鉴》编辑部编《中国教育年鉴（1949—1981）》，中国大百科全书出版社 1984 年版，第 262—263 页。

专科各专业开设的专业科目如表 16－37 所示：

表 16－37　　　　1980 年起高等师范专科学校专业课程设置基本情况

| 专业 | 专业课科目 ||
	三年制	二年制
汉语言文学	中国古代文学、中国现代文学（含当代）、外国文学、文学概论、古代汉语、现代汉语、写作、中学语文教材教学法、逻辑学、中国通史	中国古代文学、中国现代文学（含当代）、外国文学、文学概论、古代汉语、现代汉语、写作、中学语文教材教学法、逻辑学
历史学	中国古代史、中国近代史、中国现代史、世界古代史、世界近代史、世界现代史、马列主义经典著作研读、中国历史要籍介绍及选读、中学历史教材教学法、汉语及写作	中国古代史、中国近代史、中国现代史、世界古代史、世界近代史、世界现代史、中国历史要籍介绍及选读、中学历史教材教学法、汉语及写作
政治教育	中国共产党历史、哲学、政治经济学、国际共产主义运动史、科学社会主义、马列主义经典著作选读、道德概论、法学概论、中学政治课教材教法、逻辑学、中国历史、世界历史、汉语及习作	中国共产党历史、哲学、政治经济学、国际共产主义运动史、科学社会主义、道德概论、法学概论、中学政治课教材教学法、逻辑学、中国通史、世界通史
数学	解析几何、高等代数、数学分析、逻辑代数与电子计算机简介、普通物理、初等数学研究与教法、常微分方程、概率论与数理统计、高等几何、复变函数、实变函数	解析几何、高等代数、数学分析、逻辑代数与电子计算机简介、普通物理、初等数学研究与教法、概率论与数理统计、高等几何

续表

专业	专业课科目	
	三年制	二年制
物理学	高等数学、力学、分子物理及热学、电磁学、光学、原子物理学、理论力学、理论物理概论、电工及实验、电子技术基础及实验、普通物理实验、中学物理教材教法及实验、制图工艺训练	数学分析、空间解析几何与线性代数力学、分子物理与热力学、电磁学、光学、原子物理、理论力学、电工与实验、电子线路基础与实验、普通物理实验、中学物理教材教学法
化学	高等数学、普通物理、无机化学、无机化学实验、有机化学、有机化学实验、分析化学、物理化学、结构化学基础、工业化学、中学化学教材教学法	高等数学、普通物理、无机化学、无机化学实验、有机化学、有机化学实验、分析化学、物理化学、工业化学、中学化学教材教学法
生物学	高等数学、无机及分析化学、有机化学、生物化学、植物学、动物学、微生物学、植物生理学、人体组织解剖学、人体及动物生理学、遗传学、生物进化、农业基础、中学生物教材教学法	无机及分析化学、有机化学、生物化学、植物学、动物学、微生物学、植物生理学人体解剖及生理学、遗传学、生物进化、农业基础、中学生物教材教学法
地理学	高等数学、中学地理教学法、地球概论、地质学基础、地图学、气象气候学、地貌学、普通水文学、土壤地理、植物与动物地理学、经济地理导论、中国自然地理、中国经济地理、世界自然地理、世界经济地理、乡土地理	中学地理教学法、地质与地貌、地图学、普通自然地理、中国地理、世界地理、乡土地理
音乐	视唱练耳、基本乐理、和声学、歌曲作法、钢琴、声乐、手风琴、乐队编配知识、器乐、民族民间音乐、音乐作品欣赏、中外音乐史纲、艺术概论、中学音乐教学法、形体与舞蹈、合唱与指挥	视唱练耳、基本乐理、和声学、歌曲作法、钢琴、声乐、手风琴、器乐、音乐作品欣赏、中外音乐史纲、艺术概论、中学音乐教学法、形体与舞蹈、合唱与指挥
美术	艺术概论、中国美术简史、外国美术简史、美术讲座、技法理论、素描、色彩画、中国画、应用美术、书法、中学美术教学法、文学名著选读	艺术概论、中国美术简史、外国美术简史、技法理论、素描、色彩画、中国画、应用美术、书法、中学美术教学法

资料来源：《中国教育年鉴》编辑部编：《师范学校暂行规程（草案）》，载《中国教育年鉴》编辑部编《中国教育年鉴（1949—1981）》，中国大百科全书出版社1984年版，第263—264页。

上述本科、专科专业课程设置，强调课程之间的系统性和连贯性，加强核心课程的开设，增加选修课程比重。文科须进行社会调查，理科要加强实验教学，适度减少课堂讲授时数，增加学生自主学习时间，各个学校根据自己的实际教学情况可对学时分配做出适当调整，要重视学生实践能力的培养。

除了本科、专科的培养，这一时期也重建教师培训制度，以此普遍提升中小学教师的业务水平和教学能力，在全国各省、市、县、社等地建立教师教育师资培训网络。可离职进修，亦可采用函授或在学校组织巡回辅导等诸多培训形式。培训课程设置非常丰富，包括本科、专科进修，课程设置详见表16-38、

表 16－39：

表 16－38　　　　　　　　20 世纪 80 年代专科学校进修课程设置表

	政治教育专业	汉语言文学专业	历史专业	英语专业
课程设置	教育学 心理学 中学政治教材教法 中国通史 世界通史 逻辑知识 中共党史 国际共产主义运动史 科学社会主义专题 政治经济学哲学 法学概论 伦理学常识	教育学 心理学 中学语文教材教法 逻辑 写作与作文评改 文学概论 现代汉语 中国现代文学 古代汉语 中国古代文学 外国文学作品选读	教育学 心理学 中学历史教材教法 中国古代史 中国近代史 中国现代史 世界古代史 世界近代史 世界现代史 中国历史要籍介绍和选读	教育学 心理学 中学英语教材教法 英语写作 精读课 泛读课 听说课 实用语音课 实用语法课
	数学专业	物理专业	化学专业	生物专业
课程设置	教育学 心理学 中学数学教材教法 解析几何 高等几何 数学分析 高等代数 普通物理 概率论与数理统计 逻辑代数与电子计算简介	教育学 心理学 中学物理教材教法 高等数学 力学 分子物理学及热学 电磁学 原子物理学 光学 电工学 无线电基础 理论力学 普通物理实验	教育学 心理学 中学化学教材教法 高等数学 普通物理 无机化学 有机化学 分析化学 物理化学 工业化学	教育学 心理学 中学生物教材教法 无机与分析化学 有机化学 生物化学 植物学 动物学 微生物学 人体解剖及生理学 植物生理学 生物进化 遗传学 生物技术
	地理专业	体育专业	音乐专业	美术专业
课程设置	教育学 心理学 中学地理教材教法 地球概论 地质学基础 地图概论 自然地理基础 气象学基础 中国地理 世界地理	教育学 心理学 体育理论 人体解剖学 运动生理学 运动保健 田径 球类 体操 武术 游泳或滑冰 讲座	教育学 心理学 中学音乐教材教法讲座 视唱练耳 基本原理 声乐 钢琴 和声学 音乐简史与名作欣赏 合唱指挥讲座	教育学 心理学 中学美术教材教法 艺术概论 中国美术史专题讲座 外国美术史专题讲座 素描 技法理论 水彩画 国画 应用美术 油画 书法篆刻 毕业创作练习

资料来源：《中国教育年鉴》编辑部编：《师范学校暂行规程（草案）》，载《中国教育年鉴》编辑部编《中国教育年鉴（1949—1981）》，中国大百科全书出版社 1984 年版，第 203 页。

表 16-39　　20 世纪 80 年代本科学校进修课程设置表

	政治教育专业	汉语言文学专业	历史专业	英语专业
课程设置	教育学 心理学 中学政治教材教法 写作知识 中国通史 世界通史 形式逻辑 中共党史 国际共产主义运动史 科学社会主义 政治经济学 马克思主义哲学原理 法学概论 马克思主义伦理学 马列、毛泽东经典著作选读 中外哲学史专题	教育学 心理学 中学语文教材教法 逻辑 语言学概论 文学概论 写作与作文教学研究 现代汉语 中国现代文学 古代汉语 中国古代文学 外国文学 中国通史	教育学 心理学 中学历史教材教法 中国古代史 中国近代史 中国现代史 世界古代史 世界近代史 世界现代史 史学概论 中国历史要籍介绍和选读 马列主义经典著作选读	教育学 心理学 中学英语教材教法 汉语写作 精读课 泛读课 听说课 实用语音课 实用语法课 英语作文 翻译课 英美文学知识与作品选读 当代英语语法概论 语言学概论（选修） 英语语音学（选修） 英美报刊选读（选修） 科技英语（选修） 英美概况（选修）
	数学专业	物理专业	化学专业	
课程设置	教育学 心理学 中学数学教材教法 解析几何 数学分析 高等代数 普通物理 高等几何 概率论与数理统计 常微分方程 复变函数 近世代数 计算方法 微分几何 实变函数与泛函分析 理论力学	教育学 心理学 中学物理教材教法 高等数学 力学 分子物理学及热学 电磁学 光学 电工学 无线电基础 原子物理学 数学物理方法 理论力学 热力学及统计物理 电动力学 量子力学 制图学 普通物理实验 近代物理实验 电工无线电实验	教育学 心理学 中学化学教材教法 高等数学 普通物理 无机化学 有机化学 分析化学 物理化学 物理化学实验 结构化学 化工基础及工业化学	

资料来源：《中国教育年鉴》编辑部编：《师范学校暂行规程（草案）》，载《中国教育年鉴》编辑部编《中国教育年鉴（1949—1981）》，中国大百科全书出版社 1984 年版，第 202 页。

1981 年 1 月 1 日，《中华人民共和国学位条例》开始正式实施：

> 7 月 26 日至 8 月 2 日，国务院学位委员会在京召开学科评议组第一次会议，审议我国首批硕士、博士研究生点和博士研究生导师名单。10 月 8 日，国务院学位委员会第三次会议审议通过了我国首批硕士、博士研究生点和博士研究生导师名单。11 月 26 日，国务院学位委员会下达首批博士和硕士学

位授予单位及学科专业名单。其中，硕士学位授予单位及学科专业名单中有北京师范大学等 27 所高等师范院校，授予硕士学位的学科、专业点 230 个；博士学位授予单位及其学科、专业和指导教师名单中有北京师范大学、华东师范大学等 6 所高等师范院校，授予博士学位的学科、专业点 36 个，指导教师 36 名。1982 年 1 月 12 日，国务院批准首批授予学士学位的高等师范院校有北京师范大学等 56 所。①

至此，我国高等师范院校建立了完整的培养和授予学士、硕士、博士三级学位的教师教育体系，教师教育开始取得长足的发展。

为了普及初等教育，这一时期新建了一大批高等师范专科学校，成为师范教育的主力军，为当时的中国培养了大批的教师教育人才。随着职业技术教育的发展，师资不足以成为一个亟待解决的问题，因此，创建职业师范教育成为这一时期教育发展的一大特色。民族师范教育也开始起步，新建了许多民族师范院校。为了进一步提升全国中小学教师的学术能力和教学水平，1980 年 8 月，全国师范教育工作会议讨论通过《关于进一步加强中小学在职教师培训工作的意见》，制定和调整中小学教师培训规划，课程设置应当：

> 从实际出发，分类指导，根据"教什么，学什么"，"缺什么，补什么"的原则，把长远的文化、专业知识的系统学习和搞好当前教学工作的教材教法学习结合起来……②

职后教育也开始逐步兴建。整体而言，这一时期的师范教育学校体系趋于完备，课程设置初步实现规范化、系统化，师资人才培养能力提高，显现出蓬勃发展的新气象。

五　朝气蓬勃：教师教育课程改革期（1985—1993）

为了适应新的社会发展需求，这一时期的教师教育开始关注人本发展和教育实践，力求培养出具有理论和实践相结合的合格的教师教育人才。课程审批权限开始下放，教师教育人才培养强调社会实践和教育实践，教师教育课程设置逐步趋于灵活自由。

（一）教育背景

1986 年 8 月，国家教委发布《国家教委关于调整中等师范学校教学计划的通

---

① 曾煜编著：《中国教师教育史》，商务印书馆 2016 年版，第 372—373 页。
② 何东昌主编：《教育部印发关于进一步加强中小学在职教师培训工作的意见等三个文件的通知》，载何东昌主编《中华人民共和国重要教育文献（1976—1990）》，海南出版社 1998 年版，第 1831—1832 页。

知》，针对以前教学活动中存在的诸多问题，如课时偏多、学习负担过重、自主学习和课外活动时间太少等进行调整。此次调整主要体现在以下几个方面：

一、严格控制教学时数和课程门类
二、适当延长假期，每学年上课周数相对减少
三、适当增加政治课的课时
四、妥善安排选修课
五、加强教育理论课程和教育实习
六、加强学生基本功训练
七、适应课时调整，对教学内容和教材做相应的安排①

同时还鼓励有条件的学校可在获得国家教委批准后自行拟定一些实验性的教学计划以提高各级师范学校办学的自主权。1989年4月，国家教委颁布《普通高等学校本科专业设置暂行规定》，② 开始逐渐下放专业和课程设置审批权限。

（二）课程设置

1988年2月，国家教委印发《二年制师范专科学校教学计划》，该教学计划把高等师范专科学校课程设置分为六个模块，详见表16-40：

表16-40　　　　1988年颁发二年制师范专科学校课程设置表

课程设置	课程
公共必修科	政治理论课（中国革命和建设的基本问题、马克思主义基本原理）、教育理论课（教育学、心理学）、体育课
专业必修科	在设置学生必需的基础理论、基本知识和技能的同时，开设一些开发当地经济所需的劳动技能课程和具有地方特色的乡土课程
选修课	由各校适当开设，一般100学时左右
教育实习	统一安排在第四学期，共六周
生产劳动、军事训练和社会实践	学校组织学生参加，共四周
基本功训练	普通话及教师基本素质和基本技能的训练

资料来源：曾煜编著：《中国教师教育史》，商务印书馆2016年版，第397页。表格为笔者根据该资料自制。

1989年6月，《三年制中等师范学校教学方案（试行）》颁布。根据中等师

---

① 何东昌主编：《国家教委关于办法〈三年制中等师范学校教学方案（试行）〉的通知》，载何东昌主编《中华人民共和国重要教育文献（1976—1990）》，海南出版社1998年版，第2488页。
② 刘英杰主编：《中国教育大事典》上册，浙江教育出版社1993年版，第832页。

范教育的特点把中等师范学校的课程设置分为必修课、选修课、教育实践、课外活动四个模块。课程设置详见表 16－41：

表 16－41　　　　　　　1989 年颁发三年制中等师范学校课程设置表

课程设置	课程
必修课	思想政治、文化知识、教育理论、艺术、体育和劳动技术教育等课程
选修课	文化知识、小学各科教材教法、艺术、体育以及适应本地经济发展需要的职业技术教育等课程
教育实践	参观小学、教育调查、教育见习和教育实习 时间安排十周左右（一、二年级各两周，三年级六周）
课外活动	讲座、组织兴趣小组等多种形式开展的学科、科技、文体以及社会调查等

资料来源：何东昌主编：《国家教委关于办法〈三年制中等师范学校教学方案（试行）〉的通知》，载何东昌主编《中华人民共和国重要教育文献（1976—1990）》，海南出版社 1998 年版，第 2868—2869 页。表格为笔者根据该资料自制。

有关高等教育教育，1988 年，国家教委颁布《普通高等师范院校本科专业目录（征求意见稿）》。截至 1989 年年底，全国高等师范院校开设 22 种教师教育基本专业，详见表 16－42：

表 16－42　　　　　　　1989 年高等师范学校基本专业设置情况

序号	专业名称	专业点（个）		
		合计	本科	专科
	总计	1928	727	1201
1	学校教育	26	26	
2	学前教育	10	10	
3	特殊教育	1	1	
4	教育管理	9	9	
5	心理教育	9	9	
6	电化教育	10	10	
7	汉语言文学教育	250	66	184
8	少数民族语言文学教育	5	5	
9	思想品德和政治教育	128	62	66
10	历史教育	113	49	64
11	英语教育	226	61	165
12	俄语教育	17	17	
13	日语教育	11	11	

续表

序号	专业名称	专业点（个）		
		合计	本科	专科
14	数学教育	240	66	174
15	计算机科学教育	13	13	
16	物理教育	227	65	162
17	化学教育	215	63	152
18	生物教育	109	47	62
19	地理教育	69	37	32
20	音乐教育	60	28	32
21	美术教育	64	26	38
22	体育教育	116	46	70

资料来源：刘英杰主编：《中国教育大事典》上册，浙江教育出版社1993年版，第832页。

1989年1月，国家教委印发《高等学校教育系教育专业改革的意见》，对高等学校教育系教育专业改革提出要求：一、拓宽培养目标，培养合格的教育专业人才；二、加强课程建设，更新教学内容；三、改变生源，改革招生办法；四、加强实践环节，改进教学方法。① 此后，教师教育一直处于不停地摸索改革期间，各级师范院校都在积极探索，不断地更新理念，拓宽知识视野，争取做到与国际接轨，不断地加强教育实践操作，努力总结经验，力图使我国的教师教育能有更进一步的发展。

这一时期课程设置开始体现教师教育人才培养层次，小学教师培养开始提升为专科学校培养，课程进一步强化教师基本素质和基本技能的训练，加大普通话推广力度。中等师范教育开始出现必修课、选修课、教育实践、课外活动等板块化划分，开始强化教育实践，努力提高师专办学质量。师范教育体系进一步完善，师范专业进一步拓展，调整为幼儿教育专业、特殊教育专业、小学教育专业、中等教育专业（包括职业技术教育）和高等教育专业，五类师范教育专业搭建了我国完善的教师教育体系。

六 日新月异：教师教育课程改革发展期（1993—2001）

（一）教育背景

1993年10月31日，《中华人民共和国教师法》正式颁布，并自1994年1月1日起实施。它的颁布意味我国的教师教育在法律层面有了制度化保障。1995年

---

① 何东昌主编：《国家教委关于印发〈高等学校教育系教育专业改革意见〉的通知》，载何东昌主编《中华人民共和国重要教育文献（1976—1990）》，海南出版社1998年版，第2830—2832页。

3月,《中华人民共和国教育法》颁布,在法律层面明确规定我国实行教师资格制度。同年12月12日,国务院颁布《教师资格条例》,对教师资格分类与使用、教师资格条件、教师资格考试、教师资格认定等做出详细规定。[①] 同时颁布中等幼儿师范学校教学方案、三年制中等师范学校课程计划、修订高等学校本科专业目录等一系列改革创新措施,为我国的高等教师教育的进一步深化改革和发展奠定了基础。

(二) 课程设置

1995年1月,国家教委颁布《三年制中等幼儿师范学校教学方案(试行)》,规定中等幼儿师范学校课程设置由必修课、选修课、教育实践和课外活动四部分组成,具体课程设置见表16-43：

表16-43　　　　1995年起三年制中等幼儿师范学校课程设置表

课程设置		课程	占比
必修课	思想政治	马克思主义基本知识的教育、建设有中国特色社会主义基本理论的教育、爱国主义教育、国情教育、师德教育、民主法制教育等	65%
	文化知识	语文、数学、物理、化学、生物、历史、地理	
	幼儿教育	幼儿卫生保育教程、幼儿心理学、幼儿教育概论、幼儿教育活动设计与指导	
	艺术课	音乐、舞蹈、美术	
	体育课	体育基础知识,进行基本技能、技巧训练	
	劳动技术	必要的生产劳动、生活知识教育和劳动技能训练	
	教师口语	掌握必备的教师口语知识、口语表达的技能训练	
	电化教育基础	计算机基本知识和操作、常见电教设备使用、电教软件制作等	
选修课		文化知识、教育理论、艺术、体育、劳技、外语等	15%
教育实践		参观幼儿园、实际观察幼儿身心发展状况、教育见习、教育实习、教育调查以及为幼儿园服务等,共安排十周(一年级一周,二年级两周,三年级七周)	10%
课外活动		讲座,组织兴趣小组、社团、社会调查等	10%

资料来源:苏林、张贵新主编:《国家教育委员会关于颁发〈三年制中等幼儿师范学校教学方案(试行)〉的通知》,载苏林、张贵新主编《中国师范教育十五年》,东北师范大学出版社1996年版,第185—186页。表格为笔者根据该资料自制。

1995年国家教委颁布《大学专科程度小学教师培养课程方案(试行)》,适用于初中毕业生五年制试点学校,其目的是培养具有大学专科文凭的小学教师,课程设置见表16-44：

---

① 曾煜编著:《中国教师教育史》,商务印书馆2016年版,第430—431页。

表 16-44　　　　　　　1995 年起大学专科程度小学教师课程设置表

课程设置		课程	占比
必修课	公共必修课	思想政治、语文、小学语文教法、数学、小学数学教法、外语、物理学、化学、生物（含少年儿童生理卫生）、历史、地理、心理学、教育学、计算机基础、教师口语、劳动技术、现代教育技术、体育、音乐、美术等	70%
	主科必修课	是对于学生进行某一学科的专业定向教育，分设语文、数学、外语、音乐、美术、体育、自然、社会等门类，学生必须主修其中一门学科	
选修课	第一类	开设语文、数学、外语、音乐、美术、体育、自然、社会	15%
	第二类	开设人口、生态、环境保护、特殊教育以及适应当地经济、文化发展需要的课程，具体科目由各地确定	
	第三类	开设发展学生兴趣、爱好和特长的课程，具体科目由各地确定	
教育实践		参观小学、教育调查、教育见习实习等，共安排 15 周，贯穿于五年之中	9%
课外活动		有关学科、科技、文体等方面的讲座、兴趣小组及社会实践等活动	6%

资料来源：苏林、张贵新主编：《国家教育委员会关于下发〈大学专科程度小学教师培养课程方案（试行）〉的通知》，载苏林、张贵新主编《中国师范教育十五年》，东北师范大学出版社 1996 年版，第 188—191 页。表格为笔者根据该资料自制。

1998 年国家教委颁布《三年制中等师范学校课程计划（试行）》，其目的是培养德、智、体全面发展的适合教育改革和需要的新时期的合格的小学教师。课程由必修课、选修课、活动课和教育实践课组成，具体设置详见表 16-45：

表 16-45　　　　　　　1998 年起三年制中等师范学校课程设置表

课程设置	课程
必修课	思想政治、语文（含小学语文教材教法）、数学（含小学数学教材教法）、物理、化学、生物学（含少年儿童生理卫生）、计算机应用基础、历史、地理、心理学、小学教育学、体育、音乐、美术和劳动技术
选修课	文化科技知识、教育理论与技能、艺术、体育和劳动技术等
活动课	讲座、社团、兴趣小组、"园丁科技教育行动"、社会调查等
教育实践	参观小学、教育调查、教育见习和教育实习

资料来源：何东昌主编：《三年制中等师范学校课程计划（试行）》《中华人民共和国重要教育文献（1998—2002）》，海南出版社 2003 年版，第 91—92 页。表格为笔者根据该资料自制。

就高等教师教育而言，1998 年 7 月，新修订的《普通高等学校本科专业目录（1998 年颁布）》开始实施。新增目录共设 11 个学科门类，71 个专业类，249 个专业种类。新目录中作为纯师范类专业保存下来的仅有教育学专业、学前教育专业、教育技术专业、特殊教育专业和体育教育专业。大量的师范类专业不再作为一个独立的专业存在，如汉语言文学教育、历史教育、化学教育等一律归并到相关专业名称之下，仅以"师范类"注明。① 这一改革优化了高等学校的专业结构，意味着高等教师教育专业内涵有了拓展。

这一时期的中等教师教育课程设置加大了实践课程和选修课程比重，教育实践得到提升，整体做到了理论与实践相结合，必修课与选修课合理搭配，使知识结构得到优化，充分发挥了教师教育专业教育的特点。高等教师教育开始开展专业改革，同一专业分别开设师范类和非师范类，进一步优化了课程结构，拓宽了教师教育课程范围，优化了师范专业和非师范专业的教学资源配置，使其更加合理有效，提高了高等师范院校毕业生的综合能力，促进了教师教育开放式培养模式的构建。

七 与时俱进：教师教育课程创新发展期（2001 年至今）

为了进一步适应新时代的需求，培养出与国际接轨的教师教育专业人才，这一时期的教师教育以培养创新型人才为目标。课程设置以学习领域为指导，进行模块化划分，进一步打破学科壁垒，充分做到优化专业和资源配置，同时融入"课程思政"和爱国主义教育，力求培养新时代教师教育人才的爱国主义人文情怀。

（一）教育背景

2001 年，我国在《国务院关于基础教育改革与发展的决定》中首次使用"教师教育"的概念，取代了长期使用的"师范教育"概念，提出"完善以现有师范院校为主体、其他高校共同参与、培养培训相衔接的开放的教师教育体系"②。2004 年 3 月，国务院批转教育部《2003—2007 教育振兴行动计划》，进一步强调教师教育在国民教育体系中的重要基础地位，提出"构建中国特色社会主义现代化教育体系"的改革发展目标。③ 2007 年 5 月，国务院批准《国家教育事业发展"十一五"规划纲要》，再一次明确提出"为全面落实科学发展观，坚持教育优先发展，充分发挥教育在现代化建设中的基础性、先导性、全局性作用"的教育改革发展目标，并从"教师教育与培训""教师管理制度"等方面做出战略安排，以实现"切实加强教师队伍建设，全面提高教师队伍素质"的任务。④ 2010 年 5 月，国务院常务会议审议并通过《国家中长期教育改革和发展规划纲要（2010—

---

① 曾煜编著：《中国教师教育史》，商务印书馆 2016 年版，第 437 页。
② 钟启泉、王艳玲：《从"师范教育"走向"教师教育"》，《全球教育展望》2012 年第 6 期。
③ 中华人民共和国教育部：《2003—2007 年教育振兴行动计划》，http：//www.moe.gov.cn/jyb_sjzl/moe_177/201003/t20100304_2488.html，2004 年 2 月 10 日 [2020 - 11 - 08]。
④ 中华人民共和国教育部：《国家教育事业发展"十一五"规划纲要》，http：//www.moe.gov.cn/jyb_xwfb/gzdt_gzdt/moe_1485/tnull_22875.html，2007 年 5 月 31 日 [2020 - 11 - 08]。

2020年)》,从加强师德建设、提高教师业务水平、提高教师地位待遇、健全教师管理制度等方面提出一系列建议,力求全面提升教师素质。① 2012年8月,《国务院关于加强教师队伍建设的意见》提出,到2020年形成一支师德高尚、业务精湛、结构合理、充满活力的高素质专业化教师队伍。②

2018年2月,教育部等五部门印发《教师教育振兴行动计划(2018—2022年)》,提出:采取切实措施建强做优教师教育,推动教师教育改革发展,全面提升教师素质能力,努力建设一支高素质专业化创新型教师队伍。③ 把创新型教师队伍建设作为教师教育改革的新目标。这些具有战略性的纲要安排指明了新时代下中国教师教育体系的改革思路和发展方向,同时也强化了师范院校在现代教师教育体系当中的重要位置和作用,体现了新时代对于高素质教师教育人才的期望,有助于新时代下中国教师教育发展能够与国际接轨,以培养出具有国际视野的教师教育人才。

(二)课程设置

2011年10月8日,教育部颁布《教师教育课程标准(试行)》(以下简称《标准》),为新时代下设置教师教育课程、制定教师教育课程方案、开发教材与课程资源、开展教学评价等提供了重要依据。《标准》确立了育人为本、实践取向和终身学习的基本理念,为职前教师确立了"教育信念与责任"、"教育知识与能力"和"教育实践和体验"三大目标领域。对于课程设置,《标准》从"学习领域""建议模块""学分要求"三个方面确立了幼儿园(见表16-46)、小学(见表16-47)以及中学(见表16-48)职前教师教育课程的基本框架。

表16-46 2011年《教师教育课程标准(试行)》幼儿园职前教师教育课程设置

学习领域	建议模块	学分要求		
		三年制专科	五年制专科	四年制本科
1. 儿童发展与学习	儿童发展、幼儿认知与学习、特殊儿童发展与学习等	最低必修学分40学分	最低必修学分50学分	最低必修学分44学分
2. 幼儿教育基础	教育发展史略、教育哲学、课程与教学理论、学前教育原理等			

---

① 中华人民共和国中央人民政府:《国家中长期教育改革和发展规划纲要(2010—2020年)》,http://www.gov.cn/jrzg/2010-07/29/content_1667143.htm,2010年7月29日[2020-05-08]。
② 中华人民共和国中央人民政府:《国务院关于加强教师队伍建设的意见》,http://www.gov.cn/zwgk/2012-09/07/content_2218778.htm,2012年8月20日[2020-05-08]。
③ 中华人民共和国教育部:《教育部等五部门关于印发〈教师教育振兴行动计划(2018—2022年)〉的通知》,http://www.moe.gov.cn/srcsite/A10/s7034/201803/t20180323_331063.html,2018年2月11日[2020-05-08]。

续表

学习领域	建议模块	学分要求 三年制专科	学分要求 五年制专科	学分要求 四年制本科
3. 幼儿活动与指导	幼儿游戏与指导、教育活动的设计与实施、幼儿健康教育与活动指导、幼儿语言教育与活动指导、幼儿社会教育与活动指导、幼儿科学教育与活动指导、幼儿艺术教育与活动指导、0—3岁婴儿的保育与教育、幼儿园教育环境创设、幼儿园教育评价、教育诊断与幼儿心理健康指导等	最低必修学分40学分	最低必修学分50学分	最低必修学分44学分
4. 幼儿园与家庭、社会	幼儿园组织与管理、幼儿园班级管理、家庭与社区教育、教育资源的开发与利用、幼儿教育政策法规等			
5. 职业道德与专业发展	教师职业道德、教育研究方法、师幼互动方法与实践、教师专业发展、教师语言技能、音乐技能、舞蹈技能、美术技能、现代教育技术应用等			
6. 教育实践	教育见习、教育实习等	18周	18周	18周
教师教育课程最低总学分数（含选修课程）		60学分+18周	72学分+18周	64学分+18周

说明：（1）1学分相当于学生在教师指导下进行课程学习18课时，并经考核合格；（2）学习领域是每个学习者都必修的；建议模块供教师教育机构或学习者选择或组合，可以是必修也可以是选修；每个学习领域或模块的学分数由教师教育机构按相关规定自主确定

资料来源：中华人民共和国教育部：《教育部关于大力推进教师教育课程改革的意见》，http://old.moe.gov.cn/publicfiles/business/htmlfiles/moe/s3702/201110/xxgk_125722.html，2011年10月8日［2020-05-08］。表格为笔者根据该资料自制。

表16-47 2011年《教师教育课程标准（试行）》小学职前教师教育课程设置

学习领域	建议模块	学分要求 三年制专科	学分要求 五年制专科	学分要求 四年制本科
1. 儿童发展与学习	儿童发展、小学生认知与学习等	最低必修学分20学分	最低必修学分26学分	最低必修学分24学分
2. 小学教育基础	教育哲学、课程设计与评价、有效教学、学校教育发展、班级管理、学校组织与管理、教育政策法规等			
3. 小学学科教育与活动指导	小学学科课程标准与教材研究、小学学科教学设计、小学跨学科教育、小学综合实践活动等。			
4. 心理健康与道德教育	小学生心理辅导、小学生品德发展与道德教育等			

续表

学习领域	建议模块	学分要求 三年制专科	学分要求 五年制专科	学分要求 四年制本科
5. 职业道德与专业发展	教师职业道德、教育研究方法、教师专业发展、现代教育技术应用、教师语言、书写技能等	最低必修学分20学分	最低必修学分26学分	最低必修学分24学分
6. 教育实践	教育见习、教育实习	18周	18周	18周
教师教育课程最低总学分数（含选修课程）		28学分+18周	35学分+18周	32学分+18周

说明：（1）1学分相当于学生在教师指导下进行课程学习18课时，并经考核合格；（2）学习领域是每个学习者都必修的；建议模块供教师教育机构或学习者选择或组合，可以是必修也可以是选修；每个学习领域或模块的学分数由教师教育机构按相关规定自主确定

资料来源：中华人民共和国教育部：《教育部关于大力推进教师教育课程改革的意见》，http：//old.moe.gov.cn/publicfiles/business/htmlfiles/moe/s3702/201110/xxgk_125722.html，2011年10月8日［2020-05-08］。表格为笔者根据该资料自制。

表16-48　2011年《教师教育课程标准（试行）》中学职前教师教育课程设置

学习领域	建议模块	学分要求 三年制专科	学分要求 四年制本科
1. 儿童发展与学习	儿童发展、中学生认知与学习等	最低必修学分8学分	最低必修学分10学分
2. 中学教育基础	教育哲学、课程设计与评价、有效教学、学校教育发展、班级管理等		
3. 中学学科教育与活动指导	中学学科课程标准与教材研究、中学学科教学设计、中学综合实践活动等		
4. 心理健康与道德教育	中学生心理辅导、中学生品德发展与道德教育等		
5. 职业道德与专业发展	教师职业道德、教师专业发展、教育研究方法、教师语言、现代教育技术应用等		
6. 教育实践	教育见习、教育实习	18周	18周
教师教育课程最低总学分数（含选修课程）		12学分+18周	14学分+18周

说明：（1）1学分相当于学生在教师指导下进行课程学习18课时，并经考核合格；（2）学习领域是每个学习者都必修的；建议模块供教师教育机构或学习者选择或组合，可以是必修也可以是选修；每个学习领域或模块的学分数由教师教育机构按相关规定自主确定

资料来源：中华人民共和国教育部：《教育部关于大力推进教师教育课程改革的意见》，http：//old.moe.gov.cn/publicfiles/business/htmlfiles/moe/s3702/201110/xxgk_125722.html，2011年10月8日［2020-05-08］。表格为笔者根据该资料自制。

《教师教育课程标准（试行）》的颁布为新时期中国教师教育课程设置提供了

标准性框架，学习领域内的阶段性划分体现了课程设计维度的顺序性和连续性特征。模块化课程设置打破了学科壁垒，反映出课程设计的整合性与系统性。学分制计量标准使课程的设计结构具有了可度量性，必修课与选修课配之以模块式课程设置，尽可能地做到了差异化教学，满足了不同学习者的不同发展需求。

2017年2月，国务院印发《关于加强和改进新形势下高校思想政治工作的意见》，指出应该以科学的理念、丰富的内容和创新的手段使教育工作增强时代感和实效性。[1] 2017年12月，教育部下发《高校思想政治工作质量提升工程实施纲要》，进一步提出：

> 课程育人质量提升体系。大力推动以"课程思政"为目标的课堂教学改革，优化课程设置，修订专业教材，完善教学设计，加强教学管理，梳理各门专业课程所蕴含的思想政治教育元素和所承载的思想政治教育功能，融入课堂教学各环节，实现思想政治教育与知识体系教育的有机统一。[2]

这充分强调课程建设的重要性，提出应该把思想政治理论融入课程建设。2019年11月，国务院印发《新时代爱国主义教育实施纲要》指出：

> 充分发挥课堂教学的主渠道作用。……将爱国主义精神贯穿于学校教育全过程，推动爱国主义教育进课堂、进教材、进头脑。在普通中小学、中职学校，将爱国主义教育内容融入语文、道德与法治、历史等学科教材编写和教育教学中，在普通高校将爱国主义教育与哲学社会科学相关专业课程有机结合，加大爱国主义教育内容的比重。[3]

把爱国主义和课程建设融为一体，注重培养学生的爱国主义人文情怀，为新时代的教师教育课程设置提出了导向。

这一时期教师教育课程设置更加灵活，把教师教育课程划分为不同的学习领域，增强了课程的设计维度，更加注重教师教育课程的实践环节，努力做到理论与实践相结合，在确保教育实践质量的同时，加深了学习者的专业理解，力求在实践过程中实现教师的专业发展。以"课程思政"为课堂教学改革的目标，评

---

[1] 中华人民共和国中央人民政府：《中共中央 国务院印发〈关于加强和改进新形势下高校思想政治工作的意见〉》，http://www.gov.cn/xinwen/2017-02/27/content_5182502.htm，2017年2月27日［2020-05-08］。

[2] 中华人民共和国教育部：《中共教育部党组关于印发〈高校思想政治工作质量提升工程实施纲要〉的通知》，http://www.moe.gov.cn/srcsite/A12/s7060/201712/t20171206_320698.html，2017年12月4日［2020-05-08］。

[3] 中华人民共和国中央人民政府：《中共中央 国务院印发〈新时代爱国主义教育实施纲要〉》，http://www.gov.cn/zhengce/2019-11/12/content_5451352.htm，2019年11月12日［2020-05-08］。

设置融合爱国主义教育，增强了教师教育的人文关怀精神，凸显出新时代教师教育课程多元融合范式的时代特征，也有效提升了职前教师的综合教育能力。

纵观中国百余年师范史，教师教育途经了一条曲折复杂的发展之路。始于晚清的教师教育虽然带有浓厚的封建色彩，教师教育体系亦缺乏制度性，课程设置主要效法日本，但是作为中国教师教育的萌芽阶段，依然为中国培养了第一批现代意义上的教师教育师资队伍，为中国近代的教师教育发展奠定了基础。民国时期，源于时局动荡，教师教育发展亦是斗折蛇行，曲折前进。受美国"庚款兴学"政策的影响，整个民国时期的教育带有明显的美式色彩。20世纪20年代末，教师教育基本建立了完整的中等教师教育体系，高等教师教育主要依附于大学开设教育学院或教育系科，教师教育逐步向学科化导向发展。课程设置相对自由，课程范式呈现以学科为本位，教师教育向系统化发展。中华人民共和国成立初期，由于深受战争的破坏，教师教育基础薄弱，师资人才短缺，课程设置相对简单。经过社会主义改造期的努力，初步建立了师范学校、师范专科学校、师范学院和大学组成的较为完整的三级师范教育体系。后受"浮夸风"和"文革"的冲击和破坏，新生的教师教育体系遭到破坏。"文革"结束后，教师教育开始回归正常的发展轨迹，中等师范教育成为教师教育人才培养的主力。改革开放之后，随着与国际间政治、经济、文化交流的加深，教师教育开始与国际接轨，西方教育思潮的传入丰富了教师教育课程理论，推动了教师教育的发展。进入21世纪，基本建立起了完备的开放式教师教育培养体系。教育课程充分考虑设计维度的顺序性、连续性和整合性，课程建设融入了"课程思政"和爱国主义教育思想。整个课程标准显现出育人为本、实践取向和终身学习的基本理念，凸显出新时代教师教育课程多元融合范式的时代特征。

篇五

中国教师教育研究索迹

中国教师教育研究索迹一篇聚焦国内外以中国教师教育为核心主题的研究成果，从研究图景、研究热点、研究方法及研究展望四个方面切入，对国内外中国教师教育研究成果的形式和内容进行系统梳理，全景式地呈现国内外中国教师教育研究的主要成果和核心进展。

本篇第十七章由共时分布、历时沿革、演进逻辑三部分构成。首先，对国内外以中国教师教育研究为主题的专著、期刊论文进行梳理，对国内有关中国教师教育研究的科研项目进行系统整理，从不同成果形式入手，呈现国内外中国教师教育研究的共时分布和历时发展。其次，以"知网"和 Web of Science 作为重要期刊论文的检索来源，建立了"中国教师教育研究文献资源数据库"，为后续研究提供全面的数据支持。最后，研究基于自建数据库及对不同形式成果的系统梳理，抽绎出了中国教师教育研究的演进逻辑，客观呈现中国教师教育研究的基本规律和发展进路。

第十八章涉及中国教师教育研究的热点范畴、热点分布和热点内容。从宏观范畴而言，中国教师教育研究主要涉及教师教育的本体学科建设、教师教育的历史学研究、教师教育的国际比较研究和中国教师教育的学科应用研究；就微观的分布及内容而言，国内中国教师教育研究中政策完善和改革推进为主要影响因素，国外有关中国教师教育的研究成果则聚焦于不同社会群体的区别性特征，对中国教师教育现象进行描写。

第十九章涵盖了中国教师教育研究范式分类、方法厘定、型态分布。首先，研究溯源哲学，澄清了中国教师教育研究的范式、型态及方法，建构了多层多级的研究方法谱系图。其次，在本研究所厘定型态的基础上，对自建的"中国教师教育研究文献资源数据库"中期刊论文所使用的研究方法逐一爬梳、整体归纳，呈现并比较了国内外研究型态的分布特征。最后，着眼于国内外中国教师教育研究期刊论文的方法选择，对国内外研究论文所使用的具体方法进行描述性统计，并辅之以区别性特征分析，基于数据资料对比中外研究方法的异同。

第二十章基于对国内外中国教师教育研究的历时梳理和共时归纳，对未来中国教师教育研究的主题选择、路径选择和学科互动进行展望，从研究内容、研究型态与方法、学科范畴发展三个方面呈现了未来中国教师教育研究的发展路径。

第十七章　多象海汇：中国教师教育研究图景

宋代教育家李觏曾在《广潜书十五篇》中言道："善之本在教，教之本在师"，[①] 教师教育正是生发于对教师在人类发展历史上的关键作用的认识，随着教师教育实践的不断发展，相关研究应运而生。而"任何一种科学创造过程，都是先把结晶的知识单元游离出来，然后再在全新的思维势场上重新结晶的过程"[②]，本章基于对已有研究的梳理回顾与量化统计，在本研究场域内进行分条缕析的学理分析，以期为以中国教师教育为主题的相关研究提供全景式的理性认识。

第一节　卷帙浩繁：中国教师教育研究共时分布

20世纪90年代以前，我国对教师进行的专业教育主要称为"师范教育"（normal education），而后逐渐发展演变为"教师教育"（teacher education），这一转变是师范教育在新的历史语境下教师教育内涵持续深化、外延不断拓展的必然结果。《中国教育大百科》中将"教师教育"定义为"对拟入职教师和在职教师进行的专业教育。包括对职前教师的师范专业教育、初任教师的考核试用和在职教育的继续教育等方面"[③]，换言之，就历时发展角度而言，"教师教育"是"师范教育"的衍生概念；于共时层面而言，"教师教育"在现代教育学框架中是"师范教育"的上位概念。据此，本章在文献搜集检索过程中兼用"教师教育"及"师范教育"两种表述，以避免因不同阶段表述不同产生信息误差，力图再现中国教师教育研究的发展历程及现状。

本章系统收集和梳理了国内外关于中国教师教育研究的各类成果，主要包括专著、论文集、科研项目及期刊论文四类，共获取的中国教师教育研究相关文献数据如下：专著219部，论文集8本，科研项目141项，[④] 期刊论文724篇。[⑤]

[①]（宋）李觏：《广潜书十五篇》，载（宋）李觏《李觏集》，中华书局1981年版，第227页。
[②] 赵红洲：《知识单元与指数规律》，《科学学与科学技术管理》1984年第9期。
[③] 顾明远主编：《中国教育大百科全书》第1卷，上海教育出版社2012年版，第582页。
[④] 科研项目仅涉及国家社会科学基金项目（含全国教育科学规划项目）及教育部相关项目。
[⑤] 外文期刊仅收录SSCI，A&HCI源刊论文，中文期刊仅收录CSSCI及核心期刊论文。

一 专著及论文集

为充分反映中国教师教育研究的成果现状，本章选取了中外文数据平台6个，对相关专著及论文集进行搜集梳理，中外文专著、论文集的具体资料来源、检索方式及数据结果如下：

（一）英文专著及论文集

本研究选取"Library Genesis"数据平台及"SpringerLink"数据平台对中国教师教育研究相关专著及论文集进行搜集，具体检索方式如下：[①]

"Library Genesis"数据平台：以4种检索命令进行文献搜索：

（1）标题（title）并含"teacher education"和"China"，析出专著1本，论文集0本；

（2）标题（title）并含"teacher education"和"Chinese"，析出专著3本，论文集0本；

（3）标题（title）并含"normal education"和"China"，析出专著0本，论文集0本；

（4）标题（title）并含"normal education"和"Chinese"析出专著0本，论文集0本。

"SpringerLink"数据平台：Content Type限定为Book，检索命令及数据处理如下：

标题（title）含"teacher education"作为检索条件，析出专著81本，论文集0本。

基于中外文平台数据库共获取专著85本，论文集0本，剔除与中国教师教育无关专著77本，除重处理后得到有效英文专著5本，具体信息如下：

表17-1　　　　　　　中国教师教育研究英文专著信息一览

书名	作者	出版社	出版年份
Language Teacher Education in a Multilingual Context: Experiences from Hong Kong	John Trent 等	Springer, Dordrecht	2014
Quality and Change in Teacher Education: Western and Chinese Perspectives	John Chi-Kin Lee Christopher Day	Springer, Cham	2016
Quest for World-Class Teacher Education?: A Multiperspectival Study on the Chinese Model of Policy Implementation	Jun Li	Springer, Singapore	2016

---

① 数据截取时间为2019年12月12日。

续表

书名	作者	出版社	出版年份
Pre-Service Teacher Education and Induction in Southwest China: A Narrative Inquiry through Cross-Cultural Teacher Development	Ju Huang	Palgrave Macmillan, Cham	2018
Mandarin Chinese Teacher Education: Issues and Solutions	Fotini Diamantidaki 等	UCL IOE Press	2018

资料来源：笔者自制。

（二）中文专著及论文集

研究选取"中国国家数字图书馆""读秀""大学数字图书馆国际合作计划"（China Academic Digital Associative Library，CADAL）及"超星数字图书馆"4个数据平台作为资料来源，对中国教师教育研究的相关专著及论文集进行检索，具体检索条件及结果如下：[①]

"中国国家数字图书馆"数据平台：

文献类型限定为"图书"，使用以下4种检索条件检索：

（1）题目含"教师教育"且关键词为"教师教育"，析出图书600本；
（2）题目含"教师教育"且关键词为"师范教育"，析出图书70本；
（3）题目含"师范教育"且关键词为"教师教育"，析出图书7本；
（4）题目含"师范教育"且关键词为"师范教育"，析出图书300本。

"读秀"数据平台：

（1）书名含"教师教育"且主题词为"教师教育"，析出图书0本；
（2）书名含"教师教育"且主题词为"师范教育"，析出图书5本；
（3）书名含"师范教育"且主题词为"教师教育"，析出图书0本；
（4）书名含"师范教育"且主题词为"师范教育"，析出图书22本。

"大学数字图书馆国际合作计划"数据平台：

资源类型限定为"图书"，使用以下两种检索条件检索：

（1）名称含"教师教育"，析出图书529本；
（2）名称含"师范教育"，析出图书205本。

"超星数字图书馆"数据平台：

（1）书名含"教师教育"且主题词为"教师教育"，析出图书0本；
（2）书名含"教师教育"且主题词为"师范教育"，析出图书2本；
（3）书名含"师范教育"且主题词为"教师教育"，析出图书0本；

---

① 数据截取时间为2019年12月12日。

(4) 书名含"师范教育"且主题词为"师范教育",析出图书 11 本。

通过以上检索条件共获取相关图书 1751 本,经除重处理后剩余 1407 本,剔除与中国教师教育研究无关书目后,剩余 222 本,其中论文集 8 本,专著 214 本。

二 科研项目

选取"国家社科基金项目数据库""教育部中国高校人文社会科学信息网""中华人民共和国教育部全国教育科学规划领导小组办公室"3 个网站作为科研项目的资料来源,具体检索条件及结果如下:①

"国家社科基金项目数据库"网站:

通过"立项查询"栏目(网址:http://fz.people.com.cn/skygb/sk/)分别以"教师教育"和"师范"作为检索词进行检索,各析出项目 16 项,共 32 项。

"教育部中国高校人文社会科学信息网"网站:

通过"常用速查"栏目查询全国高校人文社科研究项目(网址:http://pub.sinoss.net/portal/webgate/CmdNormalList),分别以如下检索条件进行检索:

(1) 项目类别限定为"一般项目",在项目名称栏分别以"教师教育"或"师范"作为检索词,分别析出项目 36 项、39 项;

(2) 项目类别限定为"基地重大项目",在项目名称栏分别以"教师教育"或"师范"作为检索词,分别析出项目 8 项、0 项;

(3) 项目类别限定为"重大攻关项目",在项目名称栏分别以"教师教育"或"师范"作为检索词,均析出项目 0 项;

(4) 项目类别限定为"各类专项及后期资助项目",在项目名称栏分别以"教师教育"或"师范"作为检索词,均析出项目 0 项。

"中华人民共和国教育部全国教育科学规划领导小组办公室"网站:

通过对"立项数据"之"年度课题"栏目中所列"全国教育科学'十三五''十二五''十一五'及'十五'规划年度立项课题名单"(网址:http://onsgep.moe.edu.cn/edoas2/website7/level2list2.jsp?infoid=1335260046576122&firstId=1335254793983223)进行梳理,得到项目名称含"教师教育"一词的项目 72 项,含"师范"一词的项目 64 项。

基于以上 3 个数据来源网站共获取项目 251 项,进行除重处理后剩余项目 225 项,剔除与中国教师教育无关的项目,得到有效科研项目 141 项,② 各类项目的分布如表 17-2 所示。

---

① 数据截取时间为 2019 年 12 月 18 日。
② 梳理过程中,"全国教育科学规划项目"与"国家社科基金项目"的重复项目,本书中按"全国教育科学规划项目"计数。

表17-2　　　　　中国教师教育研究相关科研项目数据一览

类别		数量（单位：项）
国家社会科学基金项目 （9项）	重点项目	2
	一般项目	4
	青年项目	2
	成果文库	1
教育部人文社会科学研究项目 （50项）	基地重大项目	7
	一般项目	43
全国教育科学规划课题 （82项）	国家重点课题	1
	国家一般课题	25
	国家青年课题	9
	国家西部课题	2
	教育部重点课题	26
	教育部规划课题	9
	教育部青年专项课题	10

资料来源：笔者自制。

由表17-2可知，有关教师教育研究的科研项目共计141项，其中"全国教育科学规划课题"数量最多，教育部人文社会科学研究项目次之，国家社会科学基金项目最少。在"全国教育科学规划课题"当中，教育部重点课题计26项，可见教育部对教师教育问题的关注。教师是教育发展的直接参与者，有关教师教育的研究课题可集该领域研究者之所长，深入了解教师群体的发展现状，并从项目成果中发掘教师教育发展的内生动力。

三　期刊论文

为准确定位且尽可能覆盖以中国教师教育为研究主题的主要期刊论文，本书基于Web of Science科研数据库平台（下文简称"WoS数据平台"）和中国知识基础设施工程（China National Knowledge Infrastructure，CNKI）数据库（下文简称"知网"）对中国教师教育相关文献进行了检索搜集，形成了本研究自建的"中国教师教育研究文献资源数据库"，具体文献数据收集方式及结果如下。

（一）文献检索方法及结果

文献限定及检索方式如下：

WoS数据平台：

文献类型限定为研究论文（article），选取WoS核心合集中SSCI数据库及A&HCI数据库作为文献来源，分别以4种命令进行文献检索：

（1）主题以"teacher education"并含"China"为检索条件，析出文献

125 篇；

（2）主题以"teacher education"并含"Chinese"为检索条件，析出文献 139 篇；

（3）主题以"normal education"并含"China"为检索条件，析出文献 1 篇；

（4）主题以"normal education"并含"Chinese"为检索条件，析出文献 0 篇。

"知网"数据库：

文献类型限定为期刊论文，选取中文社会科学引文索引（Chinese Social Sciences Citation Index，CSSCI）及核心期刊作为文献来源，以 4 种检索命令进行文献搜索：

（1）主题为"教师教育"并含"中国"，且关键词含"教师教育"作为精确检索条件，析出文献 120 篇；

（2）主题为"教师教育"并含"我国"，且关键词含"教师教育"作为精确检索条件，析出文献 252 篇；

（3）主题为"师范教育"并含"中国"，且关键词含"师范教育"作为精确检索条件，析出文献 146 篇；

（4）主题为"师范教育"并含"我国"，且关键词含"师范教育"作为精确检索条件，析出文献 98 篇。

（二）文献来源期刊分布

基于中外文学术平台数据库共获取的 724 篇有效文献构成本研究的"中国教师教育研究文献资源数据库"。其中，就 WoS 数据平台所搜集的英文文献进行标记结果选定，并进行除重处理后得到有效英文文献 196 篇，文献发表时间范围为 2007 年至 2019 年；[①]"知网"数据库共获取中文文献 616 篇，经除重处理并筛去"会议预告""刊物推介""征订启事"及其他新闻稿等，得到有效中文文献 528 篇，文献发表时间范围为 1992 年至 2019 年。[②] 其期刊来源分布如图 17-1、图 17-2 所示。

自以上两图不难发现，"知网"数据库中有关中国教师教育研究的中文文献主要来源于《教师教育研究》《黑龙江高教研究》《高等师范教育研究》《高等教育研究》《继续教育研究》《教育与职业》《中国成人教育》7 种期刊，各期刊自 1992 年以来关于中国教师教育的研究论文数累计均大于或等于 15 篇，总数占相关研究中文文献的 24.24%，其中《教师教育研究》发文量以 33 篇居首位，占中文文献总数的 6.25%。

[①] 数据截取时间为 2019 年 11 月 6 日，囿于所购买的 WoS 数据平台权限限制，文献数据时间范围为 2007 年至 2019 年。

[②] 数据截取时间为 2019 年 11 月 7 日。

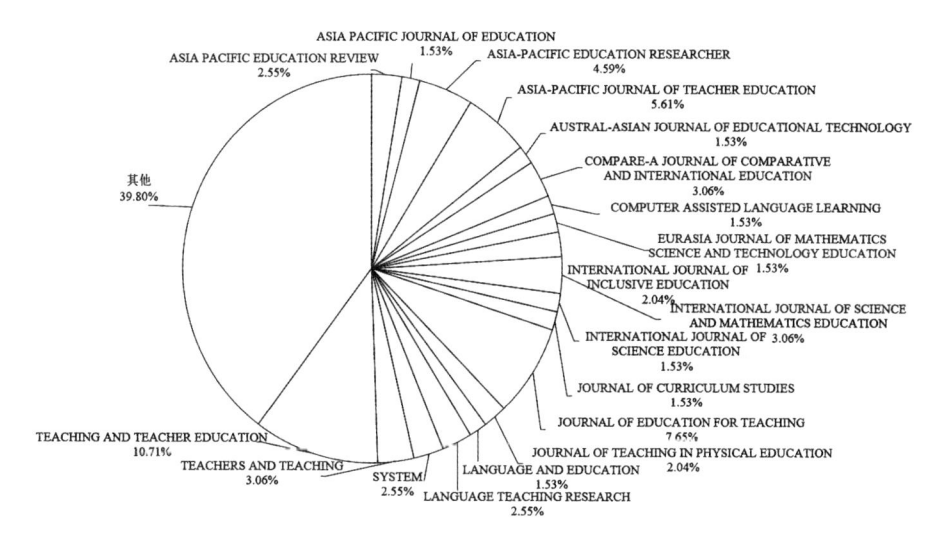

图 17-1　"知网"数据库中国教师教育研究论文来源期刊分布

资料来源：笔者自制。

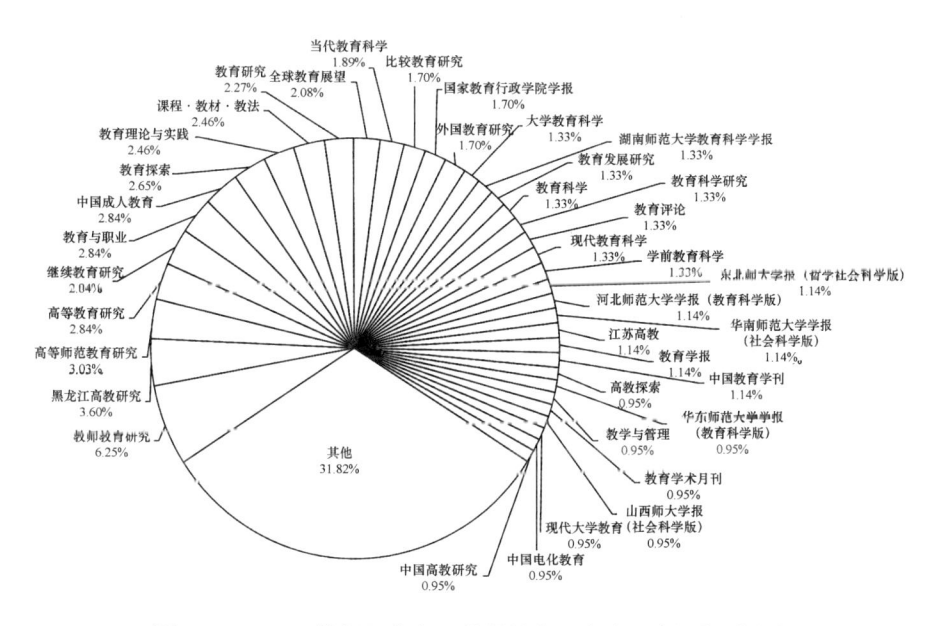

图 17-2　WoS 数据平台中国教师教育研究论文来源期刊分布

资料来源：笔者自制。

WoS 数据平台中，有关中国教师教育研究的英文文献则主要来源于 *Teaching and Teacher Education*，*Journal of Education for Teaching*，*Asia-Pacific Journal of Teacher Education*，*Asia-Pacific Education Researcher* 4 种期刊，自 2007 年至今相关发文量共计 56 篇，占英文相关研究文献总量的 28.57%，其中，仅 *Teaching and Teacher Education* 一刊，发表聚焦中国教师教育研究的学术论文达 21 篇，占英文

相关研究文献数量的 10.71%。

(三) 文献来源期刊共被引分析

"网络"是社会学与信息科学共享的一个关键概念,网络本质是指有一个或多个类型链接的一组节点之间的联系,而网络分析方法的发展则在社会学与信息科学中均得到了充分的应用。[①]

为对中国教师教育研究论文主要来源期刊之间的社会网络有所了解,本章以美国德雷塞尔大学(Drexel University)、大连理工大学陈超美(Chaomei Chen)教授研发的 Information Visualization-CiteSpace 信息可视化软件作为分析工具绘制科学知识图谱(本研究使用的软件版本为 CiteSpace 5.5. R2),对课题组的自建"中国教师教育研究文献资源数据库"中来自 WoS 数据平台的英文文献进行了期刊共被引分析(Journal Co-Citation Analysis,JCA)。[②]

相关参数设置如下:时间覆盖"中国教师教育研究文献资源数据库"中英文文献发表时间的始终,设置为 2007 年至 2019 年;时间上以一年为一阶段进行分析,即时间切片(Time slicing)为 1;为全面反映论文来源期刊的共被引情况,各时间切片阈值设置为 Top 100%,即包含研究文献库内全部英文论文;节点类型(Nodes Type)选择被引期刊(Cited Journal),网络连线强度计算用余弦(Cosine)算法,分析中未选择使用任何剪裁方法,得到中国教师教育研究论文的期刊共被引网络(如图 17-3 所示),图中所析出期刊的共被引阈值均大于 15。

由图 17-3 可知,期刊 Teaching and Teacher Education(图中简称"TEACH TEACH EDUC")处于共被引网络的核心位置,结合上文中对中国教师教育的文献计量统计结果,充分体现了该期刊在中国教师教育相关研究中的核心地位。根据期刊引用报告(Journal Citation Reports,JCR)历年来的数据可知,Teaching and Teacher Education 期刊自 2011 年以来为该领域的一区(Quartile:Q1)期刊(2005 年至 2010 年位于 JCR 二区)。同样处于期刊共被引网络中心的还有期刊 Journal of Teacher Education(图中简称"J TEACH EDUC")、Review of Educational Research(图中简称"REV EDUC RES")、Journal of Education for Teaching(图中简称"J EDUC TEACH"),以上 4 种期刊共被引阈值均大于 50,其中,Teaching and Teacher Education 共被引计量达到 110 次,Journal of Teacher Education 61 次,Review of Educational Research 53 次,Journal of Education for Teaching 51 次。

其他期刊以上述 4 种期刊为中心分布于周围,自图 17-3 不难发现,在有关中国教师教育的研究论文来源及被引期刊中,高频次被引期刊处于社会网络中心且其分布出现了一定程度上的重合,其他期刊也以高频次被引期刊为中心且分布

[①] Patrick Doreian and Thomas J. Fararo, "Structural Equivalence in a Journal Network", *Journal of the American Society for Information Science*, Vol. 36, No. 1, January 1985, pp. 28-37.

[②] 由于"知网"数据库导出文献不包含共被引信息,因此无法进行相应分析。

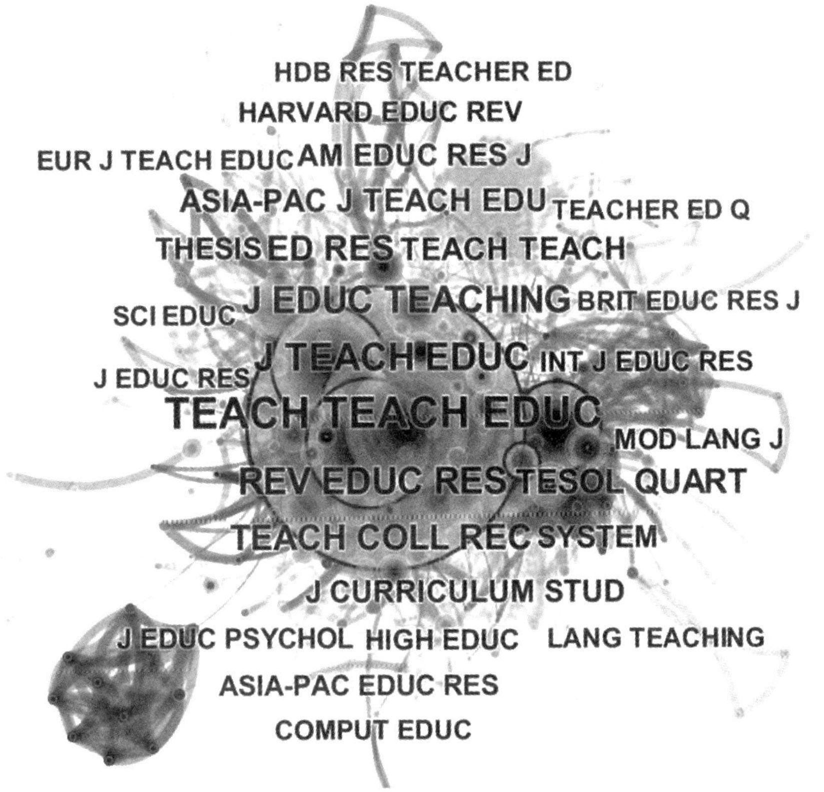

图 17-3　WoS 数据平台中国教师教育研究论文期刊共被引网络
资料来源：笔者自制。

相对集中，说明在中国教师教育相关研究论文期刊之间关联性较强。为深入了解期刊共被引的聚合分布机理，研究进一步对"中国教师教育研究文献资源数据库"中期刊的共被引情况进行了聚类分析（Cluster Analysis），网络聚类分析结果如图 17-4 所示。

可视化网络聚类结果中，共被引期刊聚类模块值（Modularity）表明中国教师教育研究文献来源期刊共被引聚类结构显著（Q = 0.5184，Q > 0.3），由此再次印证了共被引网络分析中期刊分布相对集中的结论。

由图 17-4 可知，在期刊共被引网络聚类分析中，中国教师教育相关英文研究文献的共被引期刊主要聚焦于以下 8 类研究重点：（1）epistemological belief（认识论信念）；（2）preservice science teacher（职前科学教师）；（3）Asian American middle schooler（亚裔美国中学生）；（4）narrative inquiry（叙事研究）；（5）surveying Chinese in-service K12 teachers technology（中国职前全学段教师技术素养调查）；（6）Hong Kong, China（中国香港）；（7）critical teacher education（批判取向教师教育）；（8）temperament trait（品质特征）。

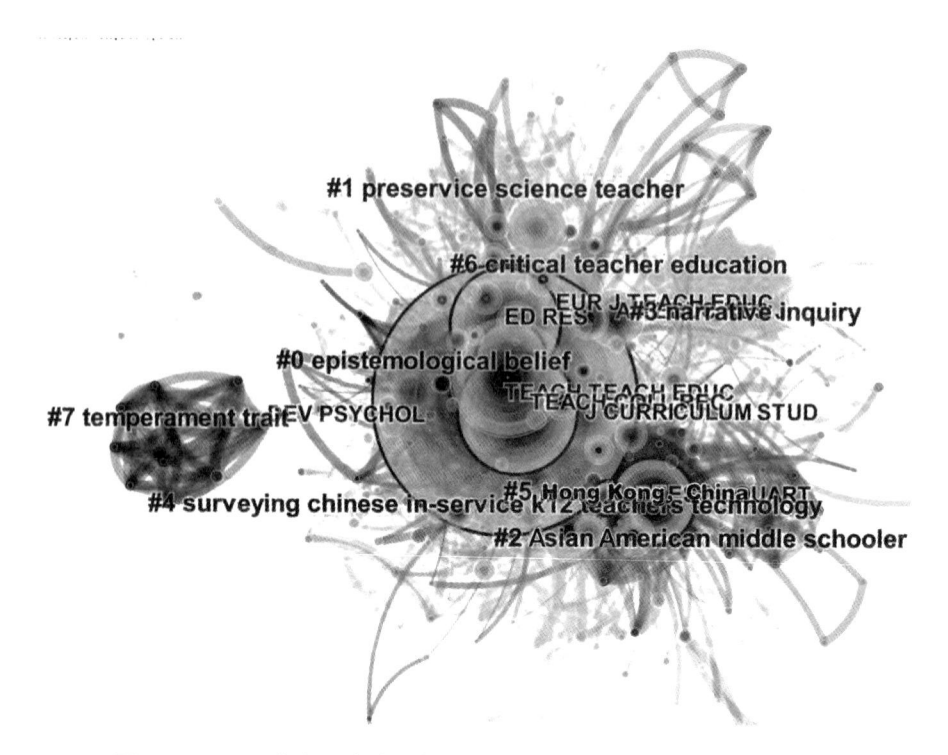

图 17 - 4　WoS 数据平台中国教师教育研究论文期刊共被引网络聚类
资料来源：笔者自制。

结合共被引期刊的分布可知，*Teaching and Teacher Education*，*Teachers College Record*（图中简称"TEACH COLL REC"），*Journal of Curriculum Studies*（图中简称"J CURRICULUM STUD"）3 本期刊从共被引角度来看，相互之间社会关系更加紧密，且其中中国教师教育相关的学术论文大多讨论教师的认识论信念；*European Journal of Teacher Education*（图中简称"EUR J TEACH EDUC"），*Education Research*（图中简称"EDU RES"），*American Educational Research Journal*（图中简称"AM EDUC RES J"）更倾向于叙事研究；从图 17 - 3 右下方不难发现，*TESOL Quarterly*（图中简称"TESOL QUART"）作为一个关注语言教育的国际期刊，在教育研究相关的期刊中也形成一个次中心，聚焦语言教师职前阶段的技术素养；此外，心理学作为与教育学结合紧密的学科，其相关刊物 *Developmental Psychology*（图中简称"DEV PSYCHOL"）则以教师品质特征为主题，从心理学角度对中国教师教育研究予以观照。

（四）文献责任作者分布

为了解中国教师教育研究的主要责任作者分布，本书运用 CiteSpace 这一 Java 应用程序，分别就本研究建立的"中国教师教育研究文献资源数据库"中论文的责任作者及其相关要素进行分析，以了解本领域研究的主要文献贡献作者。研究对"中国教师教育研究文献资源数据库"中的中文文献责任作者分析主要设计其所在机构及其研究关键词的提取,对英文文献责任作者的分析在此之外添加了国家这一节点类型。

1. 中文文献责任作者及所在机构分布

笔者就责任作者的文献贡献数量进行了计量统计,旨在初步了解我国关注中国教师教育研究的专家学者。计量统计结果以图 17-5 的形式呈现。

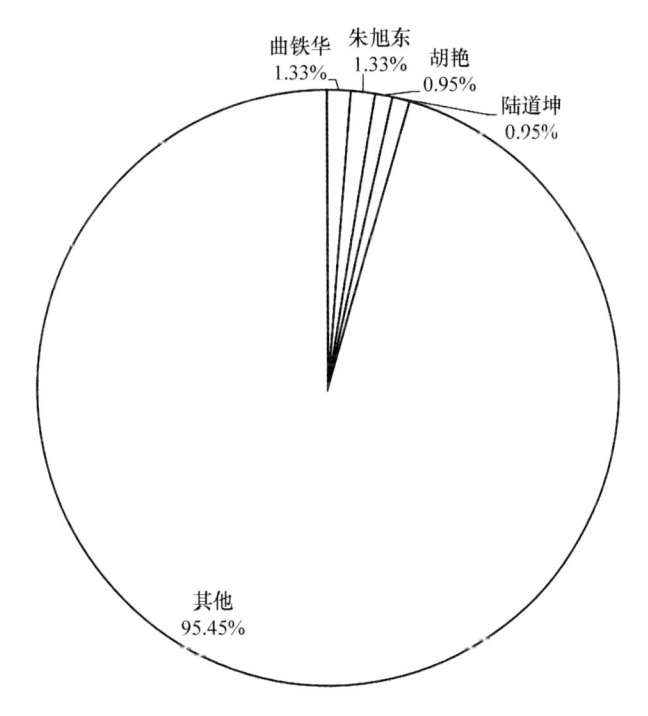

图 17-5 中国教师教育相关中文论文责任作者文献贡献量占比

资料来源:笔者自制。

在中国教师教育研究相关的中文论文中,曲铁华、朱旭东均以 7 篇文献贡献量列于首位,胡艳、陆道坤则各贡献论文 5 篇,4 人在 1992 年至 2019 年为我国教师教育研究贡献文章共计 24 篇,占到该领域中文文献总量的 4.56%。

除以上 4 位文献高贡献率的学者外,我国仍有诸多学者关注中国教师教育研究。为全面反映关注我国教师教育研究的专家学者的分布情况,对中文文献责任作者及其所在机构进行了分析。相关参数设置如下:时区范围设置为 1992 年至 2019 年,时间切片设为 1;各时间切片阈值设置为 Top 100%,节点类型选择作者(Author)及机构(Institution)两项,网络连线强度计算仍采用余弦算法,分析中未选择使用任何剪裁方法,分析结果如图 17-6 所示。

由图 17-6 可见,就中国教师教育相关中文论文的发表而言,研究院校及科研机构主体以高等师范院校为主。其中,华东师范大学课程与教学研究所居于首

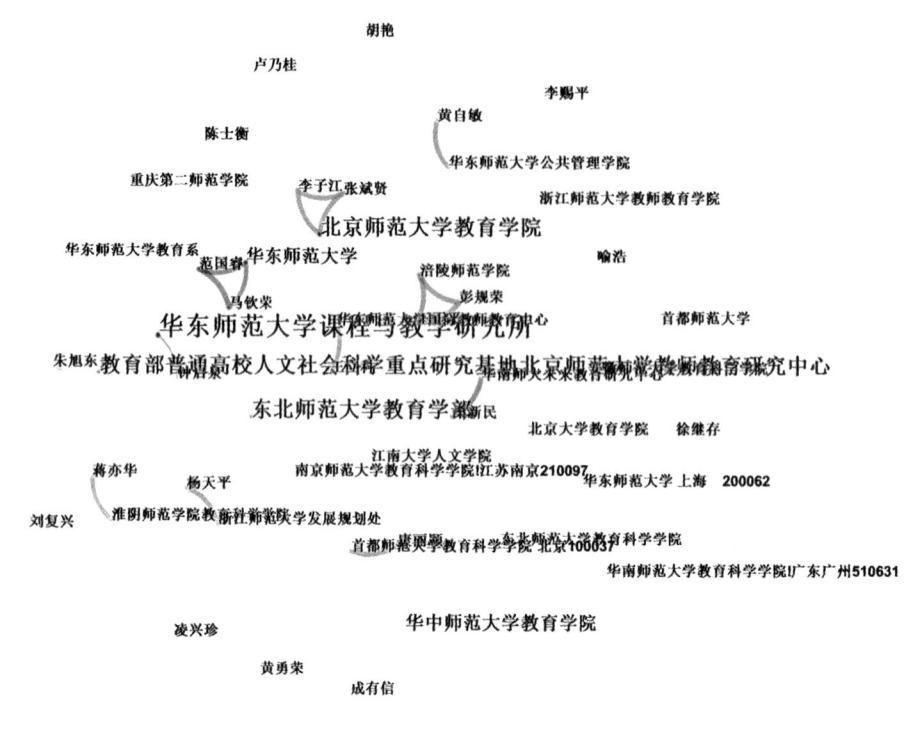

胡艳
卢乃桂
李赐平
黄白敏
陈士衡
华东师范大学公共管理学院
重庆第二师范学院
李子江 张斌贤
浙江师范大学教师教育学院
北京师范大学教育学院
华东师范大学教育系 范国睿 华东师范大学
涪陵师范学院 喻浩
马钦荣 彭规荣
华东师范大学课程与教学研究所 首都师范大学
朱旭东 教育部普通高校人文社会科学重点研究基地 北京师范大学教师教育研究中心
东北师范大学教育学部 新民
北京大学教育学院 徐继存
蒋亦华
江南大学人文学院
杨天平 南京师范大学教育科学学院/江苏南京210097 华东师范大学 上海 200062
刘复兴 淮阴师范学院教育科学学院 陕西师大学发展规划处
首都师范大学教育科学学院/北京100037 东北师大学教育科学学院
华南师范大学教育科学学院/广东广州510631
凌兴珍 华中师范大学教育学院
黄勇荣
成有信

图 17-6　"知网"数据库中国教师教育研究论文责任作者及科研机构分布

资料来源：笔者自制。

位，东北师范大学教育学部、教育部普通高校人文社会科学重点研究基地、北京师范大学教育学院次之。其中，就华中师范大学课程与教学研究所而言，钟启泉与其关系强度更为凸显；朱旭东则与教育部普通高校人文社会科学重点研究基地紧密相关；北京师范大学教育学院在此领域则以李子江、张斌贤最为凸显。

除对责任作者与科研机构的亲疏关系分布予以展示以外，图 17-6 中对作者或机构的科研合作网络也有所呈现，从图中合作网络及其联结要素的节点可以发现，图中的主要科研合作关系主要以某个或多个作者与其所在院校或科研机构之间形成的合作关系为主，而关于中国教师教育的研究学者和机构尚未形成跨院校、跨机构的科研合作关系，更未呈现出体系化的研究网络。

2. 中文文献责任作者及研究关键词分布

通过对文献责任作者及关键词的分布分析，可知文献作者在中国教师教育研究领域中的主要研究倾向。软件分析参数设置如下：时区范围设置为 1992 年至 2019 年，时间切片设为 1，各时间切片阈值设置为 Top 100%，节点类型选择作者（Author）及关键词（Keyword）两项，网络连线强度计算采用余弦算法，分析中未选择使用任何剪裁方法，软件分析结果如图 17-7 所示。

由图 17-7 可见，从中国教师教育相关研究的中文文献中析出的关键词中，"教师教育"与"师范教育"最为凸显，诸多学者围绕以上两个核心展开有所侧

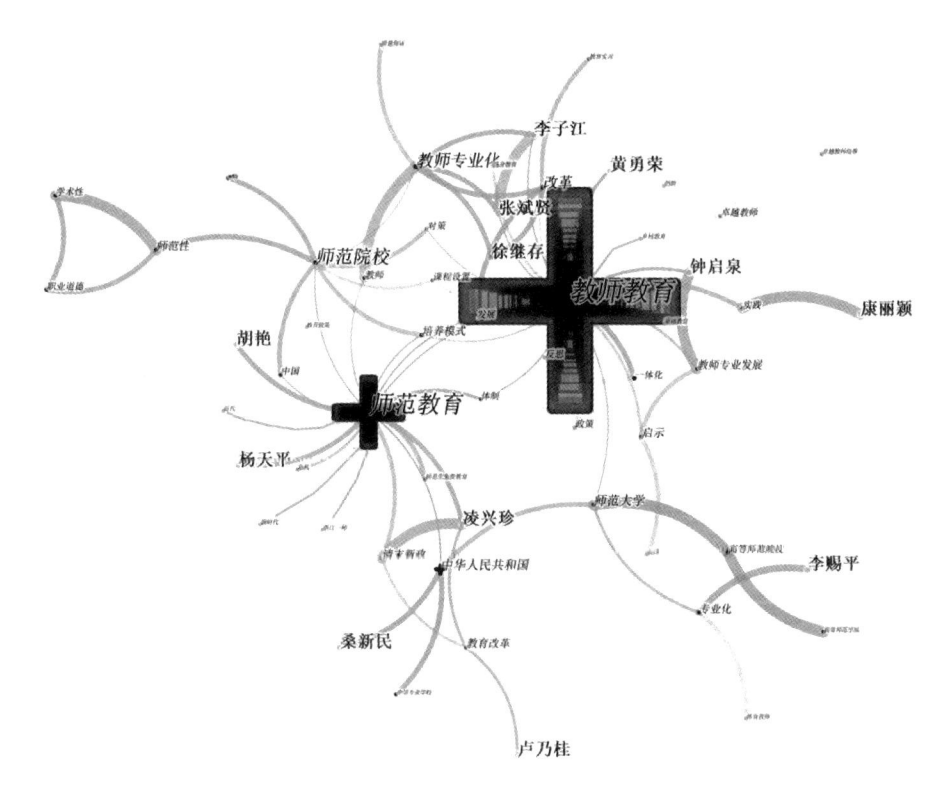

图17-7 "知网"数据库中国教师教育论文作者及关键词分布

资料来源：笔者自制。

重的中国教师教育研究。李子江、张斌贤、徐继存主要关注教师专业化问题，并将此问题与教师教育改革、教师的终身教育问题紧密结合。车丽娜、徐继存将中国教师职业的发展历程总结为从兼职到专职再到专业，在历时回顾的基础上，研究指出中国教师专业化发展中主要存在三方面问题：专业技能本位的教师专业化认识误区，学科课程本位的教师职前培养困境，以及学历晋升本位的教师周后培训的形式化偏向。在中国教师教育改革推进中，应帮助教师确立专业发展的主体地位，并通过以行政权利向专业权利让渡的方式为教师发展提供制度保障。[1]

在教师教育专业化问题上，以上学者从发展历程、政策导向等宏观层面助力教师教育改革，钟启泉从中观的课程设置、培养理念等方面聚焦于教师的专业发展；康丽颖则着眼于微观，侧重教师专业发展的实践性。康丽颖认为教师教育是一种社会实践活动，因此在教师教育研究中，要避免使用理论逻辑代替实践逻辑，应当将教师教育定位于实践状态，使用实践话语，研究教师教育这一实践形态和教师这一实践对象。[2]

---

[1] 车丽娜、徐继存：《我国教师专业化：历程、问题与发展》，《教育理论与实践》2008年第4期。
[2] 康丽颖：《教师教育研究的实践意蕴——布迪厄实践理论对我国教师教育研究的启示》，《比较教育研究》2006年第7期。

此外，胡艳和杨天平两位学者分别从近代和现代两个不同时期讨论中国师范教育制度的演进与现状。胡艳在系统梳理了中国近代师范教育改革的演变历程的基础上，提出中国近代师范教育改革中主要存在的问题有三，其一是中国近代师范教育改革是对外国教育制度的简单移植；其二是当时未能从根本上认识师范教育的本质；其三则是相较于非师范教育，师范教育的质量尚待提升。① 胡艳将中国近代师范教育改革的困境归结于师范教育的课程设置和具体的教育问题，而非师范教育制度本身。在此基础上，杨天平总结了中国近代以来的师范教育变迁的传统特征，面向从师范教育向教师教育转型的战略局面，指出中国教师教育制度应做到国际性与本土化、定向性与开放化、职业性与综合化、专业性与大学化、阶段性与终身化、规范性与多元化六个方面的结合，走中国特色的教师教育之路。②

通过对我国不同研究者合作网络、所在机构科研合作网络、研究关键词三个方面的可视化图谱分析，我们已大体呈现了中文文献中以中国教师教育为主题的研究状况，下文将对所建立"中国教师教育研究文献资源数据库"中的英文文献从所在国家、所在机构及科研合作网络、研究关键词三个方面了解英文文献责任作者的分布情况。

3. 英文文献责任作者及国家分布

相关参数设置如下：时区范围设置为 2007 年至 2019 年，时间切片设为 1，各时间切片阈值设置为 Top 100%，节点类型选择作者（Author）及国家（Country）两项，网络连线强度计算采用余弦算法，分析中未选择使用任何剪裁方法，软件分析结果如图 17－8 所示。

由图 17－8 可知，在英文国际学术刊物上发表的中国教师教育相关学术论文的责任作者主要来自中国、美国、澳大利亚、加拿大、新加坡、英国、芬兰、南非、比利时、挪威 10 个国家。其中，除芬兰外，其他国家的作者均与中国有或强或弱的联系。

在许多具体的应用中，中介中心性是图中节点的重要性的量化表达，可以用作网络分析、社团发现，及识别有影响力的主体。③ 结合各个国家节点的中介中心性（Betweenness Centrality），可对其在中国教师教育研究网络中的影响力进行分析和判断。在对文献责任作者及其国家分布的分析结果中，中国在这一社会网络中处于中心地位，且以 1.03 的中介中心值成为该领域研究宏观层面上国家科研合作网络中的最大子网络。

---

① 胡艳：《试论近代中国师范教育的改革》，《高等师范教育研究》1997 年第 3 期。
② 杨天平：《论中国特色现代教师教育制度建设》，《国家教育》2009 年第 6 期。
③ Fuad Jamour, Spiro Skiadopoulos and Panos Kalnis, "Parallel Algorithm for Incremental Betweenness Centrality on Large Graphs", *IEEE Transactions on Parallel and Distributed Systems*, Vol. 29, No. 3, March 2018, p. 659.

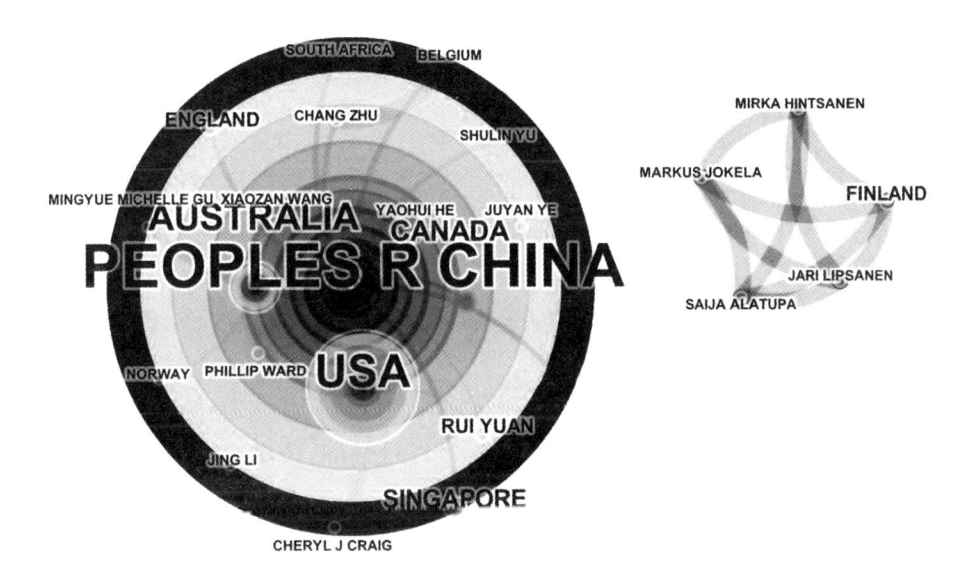

图 17-8　WoS 数据平台中国教师教育论文作者及国家分布[①]

资料来源：笔者自制。

就芬兰而言，研究者中较为凸显的有 Jari Lipsanen、Markus Jokela、Mirka Hintsanen、Saija Alatupa 四位学者，且他们之间显现出了较强的关联性，构成了一个相对分离于核心网络的小型科研合作子网络。这四位学者与 Taina Hintasa、Mare Leino、Sari Mullola、Liisa Keltikangas-Jarvinen 等不同学者合作，以教学环境下教师和学生的品质特征（temperament trait）为视角，探讨教师教育问题。Mirka Hintsanen、Saija Alatupa、Mirka Hintsanen、Markus Jokela 等从活动（activity）、抑制（inhibition）、负情绪性（negative emotionality）、持久性（persistence）、注意力分散（distractibility）、情绪（mood）六个方面着眼，对学生自评品质特征、教师评价品质特征与数学成绩的相关性进行检验，实验发现，除了情绪，其他 5 个观测点均与数学成绩呈现出一定的相关性，研究建议在学校教育与教师教育中引入对品质特征相关内容的教育和培训。[②]

在以中国为中心的发文作者及国家关系网络中，凸显出了 10 位作者：Rui Yuan、Yu Shulin、Ward Phillip、Gu Mingyue Michelel、He Yaohui、Wang Xiaozan、Ye Juyan、Li Jing、Zhu Chang、Craig J. Cheryl，其中，以 Rui Yuan 最为突出。在所建立的"中国教师教育研究文献资源数据库"英文文献中，Rui Yuan 以独作形

[①] 为确保图中高频信息的清晰呈现，个别低频信息在图片截取过程中省去。

[②] Mirka Hintsanen, et al., "Associations of Temperament Traits and Mathematics Grades in Adolescents Are Dependent on the Rater but Independent of Motivation and Cognitive Ability", *Learning and Individual Differences*, Vol. 22, No. 4, August 2012, pp. 490-497.

式贡献论文 3 篇，与其他作者合作贡献论文 6 篇，其总文献贡献量占到本研究领域英文文献总数的 4.56%，具体作者相应研究内容在"英文文献责任作者及其研究关键词分布"部分再做介绍。

4. 英文文献责任作者及所在机构分布

在对英文文献责任作者及其所在机构之间的科研合作网络分析的相关参数设置中，时区范围、时间切片、各时间切片阈值、网络连线强度算法均与前文对英文文献责任作者及国家分布的分析相同，节点类型选择作者（Author）及机构（Institution）两项，分析结果的呈现未使用任何剪裁方法，软件分析结果如表 17-3、图 17-9 所示。

由表 17-3 可知，在英文文献责任作者所在院校或科研机构中，就合作关系计量而言，香港教育大学（表格中为 Educ Univ Hong Kong）应以 25 频次居于首位，因排在第三位的香港教育学院（表格中为 Hong Kong Inst Educ）实为香港教育大学的前身，于 2016 年更名为"香港教育大学"，北京师范大学（表格中为 Beijing Normal Univ）、香港中文大学（表格中为 Chinese Univ Hong Kong）两所大学则分别以合作关系强度计量频次 14 次、11 次紧随其后，此外还有华东师范大学（表格中为 East China Normal Univ）、香港大学（表格中为 Univ Hong Kong）、南洋理工大学（表格中为 Nanyang Technol Univ）、澳门大学（表格中为 Univ Macau）、得克萨斯农工大学（表格中为 Texas A & M Univ）5 所大学的合作关系强度计量频次均大于或等于 5 次。

表 17-3　WoS 数据平台中国教师教育论文作者及所在机构分析数据结果[①]

Count	Centraity	Year	Authors ｜ Institutions
14	0.19	2014	Beijing Normal Univ
13	0.42	2017	Educ Univ Hong Kong
12	0.00	2008	Hong Kong Inst Educ
11	0.00	2013	Chinese Univ Hong Kong
8	0.45	2017	East China Normal Univ
7	0.13	2011	Univ Hong Kong
6	0.00	2011	Nanyang Technol Univ
5	0.07	2015	Univ Macau
5	0.00	2017	Texas A&M Univ

资料来源：笔者自制。

---

① 表格中仅截取呈现了合作关系计量次数大于 4 的院校及研究机构。

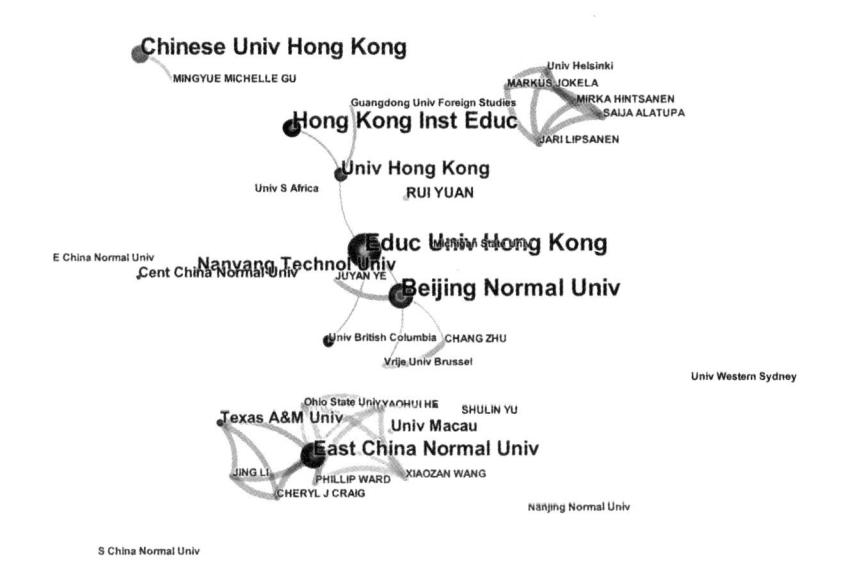

图 17-9　WoS 数据平台中国教师教育论文作者及所在机构分布

资料来源：笔者自制。

就各学校的中心中介值而言，华东师范大学则以 0.45 居于首位，香港教育大学次之（0.42），这两所院校在中国教师教育研究方面显示出了突出的影响力。从图 17-10 的下方中部不难发现，以华东师范大学这一节点为中心形成了一个较为明显的作者及所在院校的科研合作网络。这一合作网络主要涉及四所院校，分别为：华东师范大学、得克萨斯农工大学、澳门大学及俄亥俄州立大学（表格中为 Ohio State Univ），主要涉及作者有 Li Jing, Cheryl J. Craig, Ward Phillip, Wang Xiaozan, Yu Shulin, He Yaohui 6 人。

在初步了解英文文献中关于中国教师教育研究的学术论文的责任作者和其所在国家、所在院校或机构的分布及其之间的科研合作关系后，现对英文文献责任作者的研究关键词进行分析，以了解相关研究者的研究方向及偏好。

5. 英文文献责任作者及研究关键词分布

软件参数设置中，时区范围、时间切片、各时间切片阈值、网络连线强度算法均与上文中对英文文献的分析相同，节点类型选择作者（Author）及关键词（Keywords）两项，分析结果的呈现未选择使用任何剪裁方法，分析结果如图 17-10 所示。

由可视化图谱分析可见，与研究者 Zhu Chang 相关联的四个关键词分别是模式（model）、信念（belief）、语境（context）及技术（technology），其中模式最为凸显。结合其所发表文章的研究内容可知，Zhu Chang 与 Wang Di 通过访谈法与调查法相结合的混合研究方法对中国中学教师的教学创新能力及特点进行了探索，研究建构了教学创新核心能力及特征模型（core competencies and characteristics for innovative teaching），该模型将教师的教学创新的核心能力归纳为学习能力（learning competency)、教育能力（educational competency）、技术能力（technological competency）和社会能力（social competency）。① 该研究构建的能力框架为中国教师教育的课程设置、培养方向提供了一定的理论借鉴。

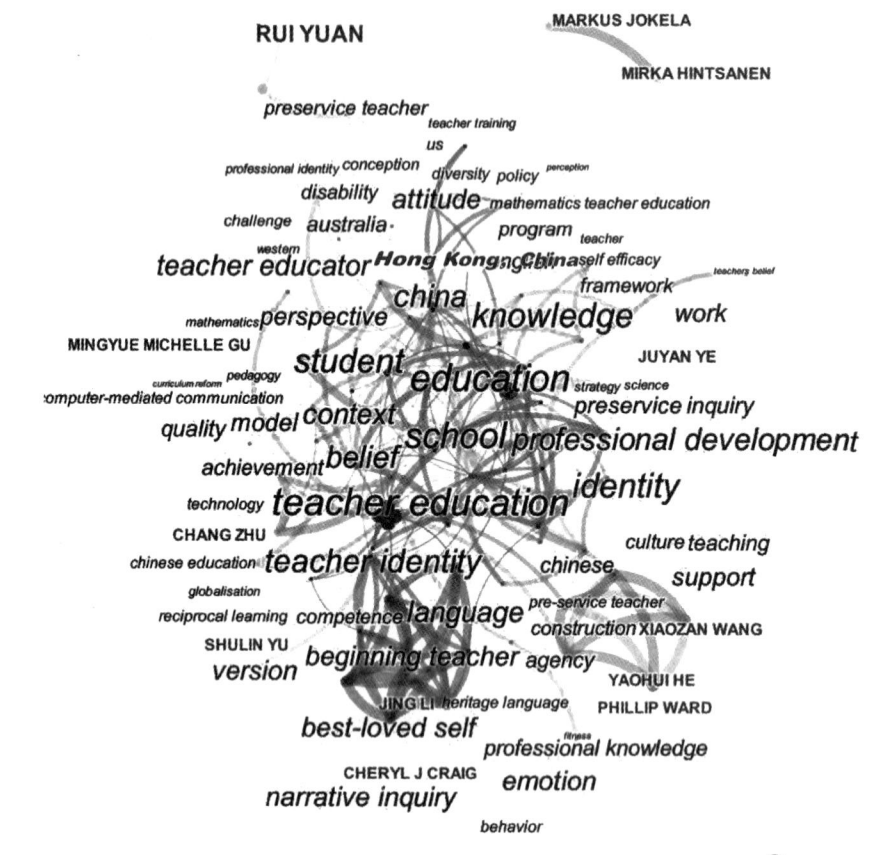

图 17-10　WoS 数据平台中国教师教育论文作者及关键词分布②

资料来源：笔者自制。

除中国教师的教学能力以外，部分学者以教师的专业知识（professional knowledge）、身份认同（teacher identity）为重点，探究中国教师教育的培养问题。首先，图中显现出明显科研合作关系的作者 Yaohui He, Phillip Ward 和 Xiaozan Wang 主要关注了中国体育教师关于足球的专业知识，分析发现，专业化的知识并不能直接从教学经验中获得。③ 其次，Jing Li 与 Cheryl J. Craig 也呈现出了明显的合作

---

① Chang Zhu and Wang Di, "Key Competencies and Characteristics for Innovative Teaching Among Secondary School Teachers: A Mixed-Methods Research", *Asia Pacific Education Review*, Vol. 15, No. 2, February 2014, pp. 299-311.
② 为确保图中高频信息的清晰呈现，个别低频信息在图片截取过程中省去。
③ Phillip Ward, et al., "Chinese Secondary Physical Education Teachers' Depth of Specialized Content Knowledge in Soccer", *Journal of Teaching in Physical Education*, Vol. 37, No. 1, October 2018, pp. 101-112.

关系，两人主要通过叙事研究的方法，探究诸如教师的情绪及认同、[①]"最佳自我"的培养等教师的身份认同问题。[②]

分析发现，与前文中提到的高频文献量作者 Rui Yuan 密切相关的两个关键词为职前教师（preservice teacher）和实习教师（student teacher），显而易见，Rui Yuan 主要关注中国教师的职前教育阶段，其相关研究信息如表 17-4 所示。

表 17-4　　　　　　　　　Rui Yuan 所贡献英文文献信息一览[③]

题名	作者	期刊	发表时间
Pre-service teachers' changing beliefs in the teaching practicum: Three cases in an EFL context	Yuan, Rui Lee, Icy	System	2014 年
The cognitive, social and emotional processes of teacher identity construction in a pre-service teacher education programme	Yuan, Rui Lee, Icy	Research Papers in Education	2015 年
Exploring student teachers' motivation change in initial teacher education: A Chinese perspective	Yuan, Rui Zhang, Lawrence Jun	Teaching and Teacher Education	2017 年
Appropriating national curriculum standards in classroom teaching: Experiences of novice language teachers in China	Yuan, Rui	International Journal of Educational Research	2017 年
Exploring pre-service school counselling teachers' learning needs: perceptions of teacher educators and student-teachers	Yuan, Rui	Journal of Education for Teaching	2017 年
Teachers' views on the qualities of effective EFL teacher educators	Yuan, Rui Hu, Yalin	ELT Journal	2018 年
Living in parallel worlds: investigating teacher educators' academic publishing experiences in two Chinese universities	Yuan, Rui	Compare-A Journal of Comparative and International Education	2019 年

资料来源：笔者自制。

从以上论文信息可知，Rui Yuan 主要关注外语学科职前教师（以英语教师为

[①] Jing Li and Cheryl J. Craig, "A Narrative Inquiry into a Rural Teacher's Emotions and Identities in China: Through a Teacher Knowledge Community Lens", *Teachers and Teaching*, Published Online: 12, August, 2019, https://doi.org/10.1080/13540602.2019.1652159.

[②] Jing Li, Xiaohong Yang and Cheryl J. Craig, "A Narrative Inquiry into the Fostering of a Teacher-Principal's Best-Loved Self in an Online Teacher Community in China", *Journal of Education for Teaching*, Vol. 45, No. 3, April 2019, pp. 290-305.

[③] 表中仅呈现了 Rui Yuan 作为第一作者所发表的文献信息。

主)及新晋教师这一职业群体,从其教师信念、身份建构、动机变化、学习需求、学术出版经验等与教师本身密切相关的话题展开研究。例如,Rui Yuan 在对 285 名新入职英语教师的调查研究中发现,教师在对国家课程标准的理解和落实方面存在差异,且此种差异主要源于教师本身的专业能力及其自我能动性之间的相互作用。① 因此,帮助中国教师缩小课程标准要求及其实践课堂教学之间的差距,引导教师寻求可持续的专业发展变得尤为重要。

除了从新入职教师的角度切入,其研究还选取了教师教育者及职前教师双重视角,通过深度访谈及对课程方案的文本分析,挖掘教师在职前阶段的学习需求。研究发现关键职前阶段教师的学习需求主要有四:首先,职前教师表现出了夯实教学知识基础,提升教学研究能力的强烈诉求;其次,职前教师们希望能在具体实践中对其所学内容予以应用和检验;再次,他们表现出了对社会交际支持及个人情绪引导的需求;最后,职前教师对在教师职业愿景及教师主体性方面的自我建构表现出了明显的冀望。在此基础上,研究主张开发一套兼具递归性与综合性的情境化的教师教育课程,旨在帮助职前教师在专业发展方面获取丰富的实践机会,在个体成长方面得到充分的社会支持及情感支持。②

综上所述,国内外关于中国教师教育这一主题的研究可谓卷帙浩繁。就研究视角而言,稽古振今,辅之以他山之石。对中国自师范教育到教师教育的转型进行历时回顾,对国际教师教育经验进行共时比较,以建构具有中国特色的教师教育体系。就研究内容来看,涉及宏观的制度建设、中观的办学旨趣,以及微观的教师发展。通过对教师教育本身和具体学科教师培养的研究,逐步健全中国教师教育体系,充分发挥中国教师教育研究对具体实践的引领作用。同时,在对研究群体本身的分析中不难发现,在中国教师教育研究领域,尚未形成系统化的科研合作网络,为推进中国教师教育改革进程,亟待建立跨院校、跨地域、国际化的研究合作关系,激发立足本土的教师教育研究活力,寻求不同科研主体间的适度张力,廓清中国教师教育研究的知识谱系。

第二节 中外融彻:中国教师教育研究历时沿革

相较于专著、科研项目等类型的科研成果,期刊论文因其连续性和时效性,在整体把握特定研究主题的流变与发展上更具代表性,现就国内外以中国教师教育为研究主题的期刊论文进行分析,以期厘清中国教师教育研究的历时沿革。

笔者对自两个数据平台所收集的 724 篇有效文献进行了系统梳理,得到以中

---

① Rui Yuan, "Appropriating National Curriculum Standards in Classroom Teaching: Experiences of Novice Language Teachers in China", *International Journal of Educational Research*, Vol. 83, December 2017, pp. 55 – 64.

② Rui Yuan, "Exploring Pre-Service School Counselling Teachers' Learning Needs: Perceptions of Teacher Educators and Student-Teachers", *Journal of Education for Teaching*, Vol. 43, No. 4, June 2017, pp. 474 – 490.

国教师教育为研究主题的期刊论文发表时间分布如图17-11所示。

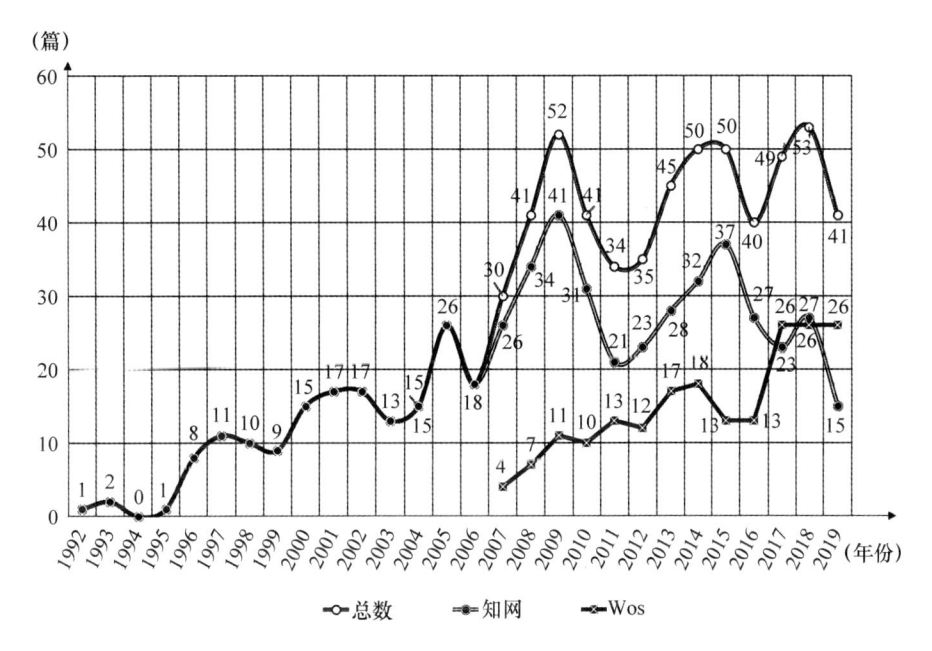

图17-11 中国教师教育研究相关论文发表时间分布

资料来源：笔者自制。

就检索到的文献数据而言，关于中国教师教育研究的中文文献最早出现于1992年，为苏梦发表于《教育评论》当年第6期的书评"简评《福建师范教育史》"；英文文献则为由Patricia Vertinsky, Alison McManus及Cindy Sit三人合作发表的论文"Dancing class": Schooling the dance in colonial and post-colonial Hong Kong，该文就中国香港特别行政区的舞蹈教育的发展趋势予以探讨，尤其强调教师教育在中国香港舞蹈教育未来发展方向上所起到的关键性作用。

整体而言，中国教师教育相关研究呈波浪式上升趋势，基于图17-11中的总体文献量的变化曲线，1992年至1995年，我国关于中国教师教育的研究论文零星出现；1996年至1998年相关研究论文发文量出现小幅度增长；在此基础上，1999年至2002年发文量又呈现出一定程度的增长；2003年至2009年，以中国教师教育为研究主题的期刊论文数量激增，并于2009年达到顶点，一年间国内外累计发文量达到52篇。此后，相关研究论文数量则在一定文献发表量的基础上维持波浪形的分布状态。

据此，可大致将中国教师教育研究分为1992年至1995年、1996年至1998年、1999年至2002年、2003年至2009年、2010年至今五个发展阶段。研究的发展从来不以时期或阶段分而治之，演进过程中的不同特点则呈相异相融之态。现结合现代中国教师教育的历时发展及相关研究文献量变化趋势，对其隐含的发展机理进行评析。

一　第一阶段（1992 年至 1995 年）

这一时期，中国教师教育研究以学术论文形态初步散现，4 年间仅 4 篇（具体信息见表 17-5），其研究内容主要涉及历史反观、模式创建、资源建设三方面的初步探索。

表 17-5　　第一阶段（1992 年至 1995 年）中国教师教育研究期刊论文一览

序号	题名	作者	期刊	发表时间
1	简评《福建师范教育史》	苏梦	《教育评论》	1992-12-26
2	创建有中国特色的地方高师办学模式	徐国林	《黑龙江高教研究》	1993-03-02
3	师专图书馆核心期刊的确定	郭鸿珠	《图书馆工作与研究》	1993-12-31
4	中国卫星电视师范教育纵横录	/	《中国电大教育》	1995-06-15

资料来源：笔者自制。

20 世纪 60 年代中期至 70 年代中后期，昔时作为师范教育的主要实践形态的中高等师范院校招生及培养工作停滞，诸多院校在此期间匿迹，师范教育遭受重大挫折。1978 年，教育部发布《关于加强和发展师范教育的意见》，并于 1980 年召开第四次全国师范教育工作会议，师范教育得以恢复。随着 1993 年《中国教育改革和发展纲要》《中华人民共和国教师法》的颁布与实施，师范教育的重要性在国家政策文本及法律形态中得以确立，相关研究也零星出现，聚焦于中国师范教育的基础建设。

二　第二阶段（1996 年至 1998 年）

经过教师教育实践的恢复与重建阶段，20 世纪 90 年代中期，中国师范教育体系逐渐得以建立。1996 年，第五次全国师范教育工作会议召开，会议将师范教育事业的发展提升至战略高度，并重点强调了从师范教育内涵、教育教学内容、教学方式手段等方面着手，进行师范专业的教育教学改革，推进师范教育的现代化发展。相应教师教育研究的文献数量也自 1996 年出现了明显增长。中国教师教育实践的发展催生了教师教育研究的历史追溯及发展构想。根据本阶段研究的具体内容可将其分为中国师范教育近现代史回顾，20、21 世纪之交建设路径探讨及国际经验借鉴三个方面。

第一，诸多学者就中国早期及近现代师范教育的热点问题、发展历程、教育改革、教育特点等方面进行了回顾与反思，基于历史观照探寻其发展趋势。

其中，陈桂生、胡惠闵、王鉴君就"大师范教育"观念、结构、规模及历史性贡献四个方面梳理了1981年至1996年中国师范教育的发展进程，[1] 并指出这15年"堪称我国师范教育中兴时期……一个颇具规模的'大师范教育'体系正在成熟中"[2]，并基于对实践发展的回顾发出了师范教育的科学研究与规范研究的呼吁。

第二，处于20、21世纪之交，陈士衡[3]、王建磐[4]、李建求[5]、张东娇、傅维利[6]、桑新民[7]等学者聚焦21世纪的师范教育建设及发展，就世纪之交中国师范教育面临的现实挑战、发展趋向、战略思考等予以探讨，力图为21世纪的师范教育发展模式提供学理支撑。其中，方洪锦、严燕于1998年发表于《高等教育研究》的论文《我国综合性大学师范教育办学模式探析》着眼中国高等师范教育办学的实践形态，系统阐释了综合性师范大学办学的三种模式（相对完整的实体模式、虚实结合的开放性模式、开放的课程制模式），强调以"大师范"观念审视高等师范教育，[8] "'大师范'的概念，不仅应该包括普通学校师资的培养，还包括职业技术教育师资的培养；不仅要重视职前的教育，还要重视职后的培训"，[9]并预测综合性师范大学办学模式将沿"并存—完善—混合"这一路向发展。[10] 该研究在我国师范教育体制研究方面体现出了一定的前瞻性，至今仍为相关师范办学体制研究频繁引证。

第三，部分研究着眼中外师范教育的对比。项世新[11]、李大琪[12]等部分学者就中美两国在师范教育课程设置、体育师范教育等方面进行了比较分析。徐琳则从法国、英国、日本等国家中小学教师在职培训切入，深入探究了以终身教育理念与教师自身发展需求为耦合原因，以达标和提高为目的原则，以法制化、多样化、科学化及系统化为特点的教师在职培训的国际经验，并据此指出中国中小学教师在职培训实施保障缺乏，地区发展不均衡，灵活性不足，重知识、轻能力等问题，建议中国中小学教师职后培训应在制度方面立法设规，空间上因地制宜，时间上

---

[1] 陈桂生、胡惠闵、王鉴君：《中国师范教育：1981—1996》，《华东师范大学学报》（教学科学版）1996年第3期。
[2] 陈桂生、胡惠闵、王鉴君：《中国师范教育：1981—1996》，《华东师范大学学报》（教学科学版）1996年第3期。
[3] 陈士衡：《试谈迈向21世纪的我国教育取向》，《高教探索》1996年第3期。
[4] 王建磐：《为21世纪建设一流的师范教育》，《高等师范教育研究》1997年第2期。
[5] 李建求：《论世纪更迭中的中国师范教育改革》，《高教探索》1997年第4期。
[6] 张东娇、傅维利：《世纪之交我国高等师范教育的发展趋势》，《高等教育研究》1998年第6期。
[7] 桑新民：《我国师范教育面临的跨世纪挑战及其对策思考》，《高等师范教育研究》1998年第6期。
[8] 方洪锦、严燕：《我国综合性大学师范教育办学模式探析》，《高等教育研究》1998年第6期。
[9] 方洪锦、严燕：《我国综合性大学师范教育办学模式探析》，《高等教育研究》1998年第6期。
[10] 方洪锦、严燕：《我国综合性大学师范教育办学模式探析》，《高等教育研究》1998年第6期。
[11] 项世新、高原、D. 巴特利、S. 威尔科克斯：《中美本科体育师范教育的比较研究》，《体育科学》1997年第2期。
[12] 李大琪、蓝云、谭江、朱永新：《中美师范教育课程设置的比较》，《上海高教研究》1997年第4期。

长短结合,内容上侧重实践等建设意见。① 自此,中国教师教育研究领域出现了国际比较的共时视角。

三 第三阶段(1999年至2002年)

由文献量于各年份分布(图17-11)中不难发现,这一阶段教师教育研究成果数量明显增长,而此阶段教师教育的主要表现形态为师范教育,"师范教育总是要为一定社会培养师资的。它从产生的那一刻起就鲜明地表现出了它对一定社会政治的绝对的依附性质"②。就本阶段教师教育研究而言,其充分体现了这一依附性质,具体研究主题主要关注21世纪师范教育改革、高等师范教育、国际视域下的中国师范教育、教师职业与专业发展四个方面,本阶段各研究主题占比分布如图17-12所示。

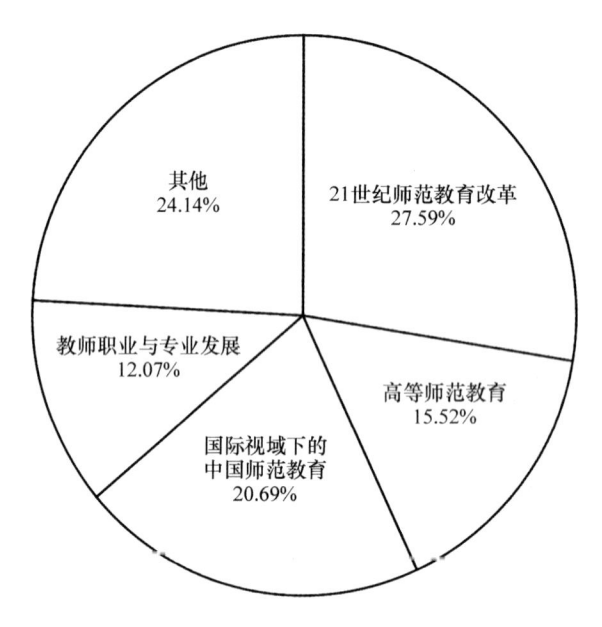

图17-12 第三阶段(1999年至2002年)中国教师教育研究主题分布
资料来源:笔者自制。

由图17-12可知,本阶段聚焦中国教师教育研究的58篇学术论文中,以上述四个方面作为研究主题的文献数量占到了本阶段相关研究的75.87%,其中,16篇以21世纪师范教育改革作为研究主题,9篇论文以高等师范教育为研究对象展开讨论,12篇论文着眼于国际视域下的中国师范教育,力图为我国师范教育发

---

① 徐琳:《浅谈国外中小学教师在职培训发展及对我国师范教育改革的启示》,《外国教育研究》1996年第5期。
② 张燕镜主编:《师范教育学》,福建教育出版社2013年版,第91页。

展带来启示，7篇论文则关注教师职业与专业发展。

在21世纪师范教育改革方面，国务院于1999年1月转批了教育部所发布的《面向21世纪教育振兴行动计划》，该计划提出实施"跨世纪园丁工程"，基于此，本阶段教育研究沿袭上一阶段的部分研究的关注点，继纪之交的师范教育的历程总结及发展构想后，继续讨论21世纪的中国师范教育。相关研究如表17-6所示：

表17-6　　　　第三阶段（1999年至2002年）21世纪中国师范
教育相关研究论文一览

序号	论文题名	作者	期刊	发表时间
1	走向21世纪的中国师范教育	马立	《教学与教材研究》	1999年
2	面向21世纪中国师范教育的环境教育行动指南	张振克	《高等师范教育研究》	1999年
3	知识经济与21世纪中国师范教师的素质培养	张仲孚等	《黑龙江高教研究》	2000年
4	教师养成方式的演变和21世纪我国师范教育发展的宏观走向	成有信	《教育研究》	2000年
5	新世纪中国师范教育改革与发展构想	柳海民	《东北师大学报》	2000年
6	谈21世纪我国师范教育发展宏观走向	成有信	《中国高等教育》	2000年
7	现代远程教育形式与"跨世纪园丁工程"	杨永博	《中国远程教育》	2000年
8	走向新世纪的粤港澳台师范教育	冯增俊	《华南师范大学学报》（社会科学版）	2000年
9	构建适合中国国情的一流教师教育新体制	檀传宝	《高等教育研究》	2001年
10	我国师范教育体制转换中的问题与建议	张乐天	《南京师大学报》（社会科学版）	2001年
11	中国师范教育改革发展的理论问题研究	谢安邦	《高等教育研究》	2001年
12	关于我国教师培养途径改革的设想	唐颖 阮文海	《教育探索》	2001年
13	新世纪教师教育改革路径探索	黄崴	《陕西师范大学学报》（哲学社会科学版）	2001年
14	中国师范教育世纪走向的政策分析	冯增俊	《教育发展研究》	2001年
15	新世纪我国师范教育的基本走向	陈大超	《教育科学》	2001年
16	从系统科学的有序原理谈转型期我国师范教育的开放与涨落	张定国 杨水平	《辽宁教育研究》	2002年

资料来源：笔者自制。

由表17-6可知，这一阶段关于21世纪师范教育的讨论以宏观层面的政策走向、形势分析及构想设计为主，研究内容与中国当时教师教育改革的相关政策指向密切相关。

1999年3月，《教育部关于师范院校布局结构调整的几点意见》（下文简称

《意见》）进一步就中国教师教育体制予以改善，提出了混合开放型教师教育体制这一建设思路，强调"（1）以师范院校为主体，其他高等学校积极参与，中小学教师来源多样化；（2）师范教育层次结构重心逐步升高；（3）职前职后教育贯通，继续走上法制化轨道，以现代教育技术和信息传播技术为依托，开放型的中小学教师继续教育网络初步建立。下世纪初，逐步形成具有中国特色、时代特征，体现终身教育思想的中小学教师教育新体系"。① 简言之，《意见》在混合开放型的发展体制规划中重点强调了教师来源多样、层次结构升高、职前职后贯通、现代化教育技术辅助等诸多方面。

成有信着眼教师来源，将教师培养发展过程梳理为3个阶段：第一阶段为经验——模仿阶段，第二阶段为封闭式定向培养——教师职业专业化的师范教育阶段，第三阶段为开放式非定向培养——教师职业证书阶段，并结合具体形势分析指出中国师范教育处于第二阶段，部分发达国家则已经进入第三阶段。② 基于当时国家经济发展情况，成有信认为：

> 我国发达地区完全过渡到职业证书阶段需要20年左右的实践，到21世纪下半叶，除了低年级教师的培养还保留封闭式定向培养——师范教育的若干特征外，我国才有可能真正实行教师职业证书制度，完成师范教育的历史使命。③

陈大超紧密结合《意见》，从层次结构升高、职前职后贯通等视角，对我国21世纪师范教育的基本走向予以阐释。新三级师范将取代旧三级师范，从而实现办学层次的提升；而在培养体制的变革方面，混合型师范将取代定向型师范；在培养类别的整合过程中，教师职前培养与职后教育机构的界线将逐渐淡化；同时，就中国师范教育的功能而言，也将由单一功能逐渐向复合功能发展。这一复合功能主要包括：（1）师范教育的主要功能——教师培训功能；（2）教育科研功能；（3）教育社会服务功能；（4）其他教育与科研功能。④

杨永博则重点关注教育技术的现代化发展对中国21世纪师范教育发展的辅助作用。其研究指出，在"跨世纪园丁工程"的具体目标及内容中，囿于经济发展区域间的不平衡，面向全体教师的全面培训难以实现，因此强调远程教育的必要性及关键作用，并提出在未来研究中，教师培训的网络发展将是面临的一大重要

---

① 何东昌总主编：《中华人民共和国重要教育文献》（1998—2002），海南出版社2003年版，第241页。
② 成有信：《教师养成方式的演变和21世纪我国师范教育发展的宏观走向》，《教育研究》2000年第1期。
③ 成有信：《教师养成方式的演变和21世纪我国师范教育发展的宏观走向》，《教育研究》2000年第1期。
④ 陈大超：《新世纪我国师范教育的基本走向》，《教育科学》2001年第4期。

课题。①

以上学者紧密联系《意见》，为中国师范院校的布局改革政策提供了不同指向的研究支持。此外，这一阶段，在师范院校的布局调整方面，中共中央、国务院颁布了《关于深化教育改革全面推进素质教育的决定》（下文简称《决定》），指出"鼓励综合性高等学校和非师范类高等学校参与中小学教师培养"②，同时依据该决定，各地展开了以骨干教师培养为重点、全体教师培训为目标的继续教育。《决定》重点强调了中国师范教育发展中高等师范教育在中小学教师培养上的关键作用，也为该阶段诸多学者的研究提供了重点关注对象——高等师范教育，研究具体信息如表17-7所示：

表17-7 第三阶段（1999年至2002年）高等师范教育相关研究论文一览

序号	题名	作者	期刊	发表时间
1	试析中国高等师范教育的发展及其特点	周丽华	《吉林教育科学》	1999年
2	世纪之交我国高等师范教育的发展走向	赵麟斌	《福建师范大学学报》（哲学社会科学版）	2000年
3	我国高等师范教育"学术性"与"师范性"世纪之争及启示	赵国强	《黑龙江高教研究》	2000年
4	我国高等师范教育体系面临的挑战与改革思路	李永杰	《华南师范大学学报》（社会科学版）	2000年
5	建立高水平、有活力的教师教育体系——关于"十五"期间我国高师院校改革与发展的战略思考	王建磐等	《高等师范教育研究》	2001年
6	从基础教育课程改革看我国高师教育改革	郭晓明	《高等师范教育研究》	2001年
7	论我国部属师范大学的现状、问题及发展	朱新梅	《高等师范教育研究》	2002年
8	论二十一世纪初中国高等师范教育的转型	李忠康	《山西师大学报》（社会科学版）	2002年
9	论我国高等师范教育的生存与发展	胡家会	《高等理科教育》	2002年

资料来源：笔者自制。

首先，周丽华在《试析中国高等师范教育的发展及其特点》一文中，对中国高等师范教育的历史发展过程进行了梳理，并将其大致分为4个时期：1902年至1929年为"初创时期"，该时期我国高等师范教育的产生与我国近代化的发展进程基本同步进行；1929年至1949年为"办学多样化时期"，这一时期中国教育取法美国，效仿其开放、多样的师范教育体制，独立的高等师范院校大幅萎缩，综

---

① 杨永博：《现代远程教育形式与"跨世纪园丁工程"》，《中国远程教育》2000年第4期。
② 中华人民共和国教育部：《热点关注 我国教师教育改革走向》，http://www.moe.gov.cn/jyb_sjzl/moe_364/moe_258/moe_173/tnull_3061.html，2002年4月21日［2020-05-08］。

合性高等院校中的师范教育则逐渐高涨；1949 年至 1976 年为"独立高师定型时期"，中华人民共和国成立后，国家对我国高等院校专业设置等进行了大幅调整与优化，为后期高等师范教育的体制和模式的确立奠定了基础。1977 年至今（文章发表时间为 1999 年）为"改革发展时期"，20 世纪 70 年代中后期至 80 年代末，高等师范院校数量不断增长，规格也逐步扩大。20 世纪 90 年代后，我国高等师范教育从办学思路、专业设置、课程结构等方面着手改革，在量变的基础上开始了寻求质变的探索。[1]

其次，诸多学者也从研究层面助力于高等师范教育改革的质变探索。事实上，这一阶段关于高等师范教育改革的部分研究仍延续了 1999 年 3 月颁布的《意见》中的发展思路，赵麟斌[2]、李永杰[3]、李忠康[4]等研究者们提倡在高等师范教育阶段，教育体制应从定向型（也称"封闭型"）走向定向与非定向（也称"开放型"）相结合；同时，赵麟斌[5]、赵国强[6]、胡家会[7]等研究者认为培养内容指向上应注重"师范性"与"学术性"并重。

最后，部分学者则着眼于高等师范教育改革的具体实施层面及实施主体，就基础教育课程改革、部属师范大学发展等展开讨论。郭晓明提倡"在主辅修制的基础上进一步扩大专业跨度，设置新型'综合专业'，如'综合理科教育'专业和'综合文科教育'专业"，[8]以对师范教育进行课程调整，使其逐步满足综合课程改革的要求，以实现在观念层面向"大师范"理念的进一步转变。北京师范大学朱新梅则结合高等师范教育的发展形势，进一步厘清了北京师范大学、华东师范大学、东北师范大学、华中师范大学、西南大学及陕西师范大学 6 所教育部直属高等师范院校的教育改革措施，主要包括重新确定培养目标，建立富有弹性的多种人才培养方式，建立优化整合的教育类课程体系与教学内容，建立教师职前培养和在职（职后）培训一体化的师资培训体系，建立高效的管理与激励机制五个方面。[9]研究鼓励部属师范大学在国家宏观调控及相关政策的支持下，积极主

---

[1] 周丽华：《试析中国高等师范教育的发展及其特点》，《吉林教育科学》1999 年第 5 期。
[2] 赵麟斌：《世纪之交我国高等师范教育的发展走向》，《福建师范大学学报》（哲学社会科学版）2000 年第 1 期。
[3] 李永杰：《我国高等师范教育体系面临的挑战与改革思路》，《华南师范大学学报》（社会科学版）2000 年第 3 期。
[4] 李忠康：《论二十一世纪初中国高等师范教育的转型》，《山西师大学报》（社会科学版）2002 年第 1 期。
[5] 赵麟斌：《世纪之交我国高等师范教育的发展走向》，《福建师范大学学报》（哲学社会科学版）2000 年第 1 期。
[6] 赵国强：《我国高等师范教育"学术性"与"师范性"世纪之争及启示》，《黑龙江高教研究》2000 年第 2 期。
[7] 胡家会：《论我国高等师范教育的生存与发展》，《高等理科教育》2002 年第 5 期。
[8] 郭晓明：《从基础教育课程改革看我国高师教育改革》，《高等师范教育研究》2001 年第 4 期。
[9] 朱新梅：《论我国部属师范大学的现状、问题及发展》，《高等师范教育研究》2002 年第 1 期。

动地调整人才培养规格,以适应未来发展需要。

上述研究兼顾中国高等师范院校的历时演变与共时发展,并结合具体教育改革主体,准确把握、梳理并总结了中国高等师范教育的阶段性特征,为中国师范教育研究的发展及教育改革政策的制定提供了理论支持。此外,部分学者则着眼于国际,在比较和探索中谋求中国教师教育的新发展(相关研究信息如表 17-8 所示)。

表 17-8　　　第三阶段（1999 年至 2002 年）国际视域下的中国师范教育相关研究论文一览

序号	题名	作者	期刊	发表时间
1	放眼全球师范教育,指点当今中国教改——评《国际师范教育改革比较研究》	邹海燕	《比较教育研究》	1999 年
2	国际师范教育发展的趋势及对我国师范教育的启示	陈笃彬	《教育评论》	2000 年
3	世界师范教育发展的趋势及其对我国的启示	张旭东	《社会科学战线》	2000 年
4	国外师范教育的发展与我国小学教育本科专业	王智秋	《高等师范教育研究》	2001 年
5	重视职前教师综合素质的培养——英国 DfEE 1998（4）号文件及其对提高我国师范教育质量的启示	魏永红	《河南师范大学学报》（哲学社会科学版）	2001 年
6	选择和承诺：中美两国教师候选人比较研究	赵志毅等	《高等教育研究》	2001 年
7	教师教育：国际视野与中国特色	陈永明	《职业技术教育》	2002 年
8	国外师资培养制度对我国少数民族地区师资培养的启示	吴永忠	《贵州民族研究》	2002 年
9	择其善者而从之——从美国教师教育看我国高等师范教育的走向	工成云	《现代教育科学》	2002 年
10	加入 WTO 与中国师范教育的走向	陆丹 王鲁宁	《江苏高教》	2002 年
11	经济全球化与中国教师教育改革	梁忠义 王春光	《比较教育研究》	2002 年
12	经济全球化与我国教师教育的创新	袁锐锷	《比较教育研究》	2002 年

资料来源：笔者自制。

本阶段面向中国教师教育的国际比较研究,主要聚焦于美国、英国、法国、德国、日本及俄罗斯等国家的教师教育政策、管理体制及培养路径,学者们力图从其他国家的教师教育实践中挖掘有益经验,以服务于中国教师教育发展。其中,陈永明在分析了国际教师教育实践形态的基础上提出"'反思型教师'更有助于启导、培养、发展现代青少年的创意性、创造性、创新性。可以说，这些也应该是我国21世纪师范教育改革的新起点或者重点"[1]。该研究强调结合中国的具体实际，建设和发展具有中国特色的教师教育制度，更新了中国师范教育发展的改革理念，提出组织创办教师教育网络大学，并倡导教师努力成为终身学习的模范，具体思路为"将传统的'一次性师范教育'观念转变成'终身教育'、'终身学习'思想，以适应当今世界学习社会化、社会学习化的发展趋势"[2]。

与此同时，中国于2001年12月11日正式加入世界贸易组织（World Trade Organization，WTO），成为其第143个成员，这无疑推动了中国在经济全球化背景下的国际化发展进程，也为中国教师教育的人才培养提出了更高的要求。部分学者基于这一经济发展中的重要事件，就中国教师教育走向及改革路径进行了探讨，研究强调要加速师范教育质量评估的市场化，具体路径有二：其一，提升师范教育质量评估的"公开化、透明性，充分发挥大众传媒的舆论监督作用"[3]；其二，在教师教育的管理体制上实行责任制和信用制，"凡师范生的培养、教师培训的资格认定及职级升迁水平评估等，都要经过市场化标准的检验，都需要将当事人资质同时与办学单位、认证机构、评估单位及所有当事人的资质、业绩、信誉实行责任连带"[4]。由此可见，在教师教育研究发展的第三阶段里，国际视域下的教师教育研究已从第二阶段的总结学习国际经验逐渐向具体落实措施转变。随之，建立中国特色的教师培养、任用、管理体制等相关研究也在不断深入。

除此之外，以教师自身发展为主题的研究在这一阶段首次出现。学者们就教师职业发展及相关观念的历时嬗变、教师职业专业化发展、师德及教师人格等问题进行讨论（研究具体信息如表17-9所示）。

表17-9　　第三阶段（1999年至2002年）教师职业与专业发展相关研究论文一览

序号	题名	作者	期刊	发表时间
1	我国教师职业的历史变迁	张如珍 张学强	《教育评论》	2000年
2	中国教师在职进修观念的演进	舒志定	《高等师范教育研究》	2000年
3	关于我国教师职业专业化的思考	苏连福	《高等师范教育研究》	2000年
4	我国中小学教师职业道德面临的主要问题及解决对策	于永顺	《教育科学》	2001年

---

[1] 陈永明：《教师教育：国际视野与中国特色》，《职业技术教育》2002年第9期。
[2] 陈永明：《教师教育：国际视野与中国特色》，《职业技术教育》2002年第9期。
[3] 陆丹、王鲁宁：《加入WTO与中国师范教育的走向》，《江苏高教》2002年第6期。
[4] 陆丹、王鲁宁：《加入WTO与中国师范教育的走向》，《江苏高教》2002年第6期。

续表

序号	题名	作者	期刊	发表时间
6	教师职业专业化与我国师范教育	刘捷	《天津师范大学学报》（社会科学版）	2001 年
7	我国教师人格的现代特征审视	王荣德	《山东教育科研》	2001 年

资料来源：笔者自制。

1999 年颁布的《中华人民共和国职业分类大典》对我国职业进行了科学化的分类，教师这一职业划归为专业技术人员一类，对教师职业归属的确认也使教师教育研究的关注范围逐步扩大，从顶层设计方面的政策、体制、改革等问题的研讨进一步具象至教师职业本身。张如珍、张学强回顾了中国自西周起教师职业的萌芽、出现、发展及逐步制度化这一过程，梳理了这一历时过程中中国教师职业从依附到独立、从单一到复杂、从无序到制度化的演进路径，以期能以史为镜，为教师职业发展研究提供借鉴。[①] 舒志定则从教师在职进修的战略观、素质发展观、全员培训守法观、重点策略观、系统观五个方面重点论述了中国教师在职进修观念的演进历程，并强调了教师对在职进修的认识自觉和提升转变对教师素质提升的重要意义。[②] 以上研究条分缕析地就教师这一职业及其进修观念进行梳理，并廓清了其内在演进逻辑，为教师专业发展研究提供了理性认识。

2001 年 5 月，《国务院关于基础教育改革与发展的决定》发布，指出要"完善教师教育体系，深化人事制度改革，大力加强中小学教师队伍建设"[③]，"教师教育"这一概念首次出现在国家教育政策文本当中，较之"师范教育"这一概念，"教师"内涵更为丰富，从终身发展的角度使得教师教育的连续性更为凸显。

刘捷在《教师职业专业化与我国师范教育》一文中论及这一表述变化所蕴含的教育旨趣的转变，"教师教育作为传统的'师范教育'与'教师在职教育'的整合与延伸的专业教育，在经历了古代'长者化'、'教师圣者化'和近现代'教师专业化'之后，将成为人类文明发展新的高度上的专业教育，专业化程度会愈来愈强"[④]，就教师教育研究内容而言，教师专业化发展问题在这一阶段引起了学界重视。

对于中国教师专业化在此阶段的发展状况，苏连福则指出"我国教师职业与专业化的要求还有相当大的距离，充其量也只能属于'准专业'或半专业"[⑤]，并

[①] 张如珍、张学强：《我国教师职业的历史变迁》，《教育评论》2000 年第 1 期。
[②] 舒志定：《中国教师在职进修观念的演进》，《高等师范教育研究》2000 年第 2 期。
[③] 中华人民共和国中央人民政府：《国务院关于基础教育改革与发展的决定》，http://www.gov.cn/gongbao/content/2001/content_ 60920. htm，2001 年 5 月 29 日［2020 - 05 - 08］。
[④] 刘捷：《教师职业专业化与我国师范教育》，《天津师范大学学报》（社会科学版）2001 年第 2 期。
[⑤] 苏连福：《关于我国教师职业专业化的思考》，《高等师范教育研究》2000 年第 5 期。

从教师自身专业认识、社会地位、薪资待遇、职业准入资格、教师专业主体性及教师教育研究等方面对这一专业化不足问题进行了阐释，该研究强调"我国关于教师专业教育的研究比较薄弱。没有对教师工作的专业特性，专业的知识、能力和技能素质结构及其发展规律，以及专业培训的理论与方法进行全面而深刻的研究和认识，想确立教师职业的专业地位，提高专业培训的水平和效果，提高教师的专业主体性水平，都是不现实的"[①]。由此可见，中国学者对教师专业化发展理念的态度初步趋于认同，实操层面则表现出了对教师教育研究理论引领及方法论建构的诉求。

四 第四阶段（2003 年至 2009 年）

教师教育体制使师范教育与教师职后继续教育彼此联系，相互融通，内含教师的培养与培训一体化的历史发展趋势。我国学术界内，在 20 世纪 80 年代便有以"教师教育"替代"师范教育"的观点，但一直未有定论。直至 2001 年，"教师教育"这一概念在国家教育政策文本中得以明确后，以教师教育作为主题的相关研究大幅增长，研究内容及表述方式也随之自然变化。

基于本研究所建的"中国教师教育研究文献资源数据库"，将 2003 年至 2009 年的 173 篇中文文献，以文章标题为统计数据来源对"师范教育"及"教师教育"两种表述进行了计量化统计（统计结果如图 17-13 所示）。

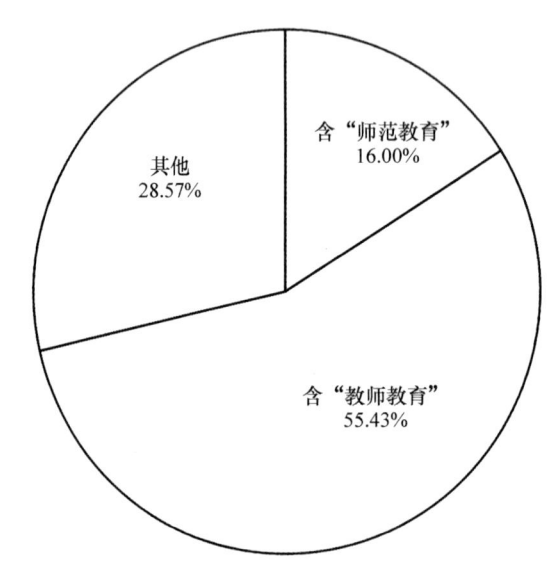

图 17-13　第四阶段（2003 年至 2009 年）文章标题含"师范教育"或"教师教育"文献计量分布

资料来源：笔者自制。

---

① 苏连福：《关于我国教师职业专业化的思考》，《高等师范教育研究》2000 年第 5 期。

由图 17-13 可知，文献标题中使用"教师教育"这一表述的文章共计 97 篇，使用"师范教育"的共计 28 篇（其中两篇文献在标题中同时使用了两种不同表述），分别占本阶段中文文献总量的 55.43% 和 16.00%。

在标题含"师范教育"这一表述的 28 篇论文中，部分学者通过共时的国际比较，试图从发达国家教师教育发展中提炼有益经验，以服务于中国教师教育发展。其中，孙丽莉讨论了俄罗斯师范教育的学科专业课程、教师发展课程、专业实践安排三类课程的设置，强调中国师范教育课程尚有待丰富及优化，并提倡构建教育类课程体系，将教师教育的师范性及学术性有机结合。[①] 在此基础上，王常颖从学制安排、课程设置、实习活动、业务进修及培养规格等方面系统比较分析了中国、俄罗斯两国高等师范教育的异同，指出中国师范教育发展应注重教师专业化、教育科学化、内容丰富化、方式多样化、教育终身化、培训网络现代化。[②]

与此同时，诸多学者着眼于中国师范教育的历时发展走向，力图从师范教育自身的发展经验中挖掘演变逻辑及存在的问题，通过学理分析及政策建议，以期服务于转型阶段的教师教育体制。

严丽萍通过对中国师范教育发展经验的回顾，对中国师范教育体制进行了学理反思，将影响师范教育体制变化的因素概括为科学技术发展、人口及教育变化、国家政治经济体制影响 3 个方面，并在此基础上强调了中国师范教育体制改革的必然性，提倡以渐进性的方式从"定向"师范教育体制向"定向""非定向"结合，再向"非定向"的师范教育体制转变。[③] 朱旭东则基于转型时期特征，将中国师范教育置于师范教育时代、后师范教育时代、教师教育制度重建时代的概念框架下予以探讨。研究认为"'教师教育重建'是指在一个可以预见的'后师范教育时代'结束后，教师培养和培训体系再造的一种努力。再造的过程是一种在原有制度基础上的继承和创新，就教师教育的再造而言，应当是继承'师范教育'又在师范教育之外的教师教育制度的创新"。[④]

由此可见，中国教师教育研究发展至这一阶段，"师范教育"与"教师教育"的概念内涵已基本廓清。此时，以"师范教育"为研究重点进行探讨的学者大多立足于对历时流变的追溯，"教师教育"这一表述已基本取代传统意义上的"师范教育"。但从具体研究内容而言，仍以传统的"师范教育"为主，由 CiteSpace 软件对此阶段的研究关键词共现分析也可佐证这一判断。

对"知网"数据库所收集的中文文献关键词共现分析参数设置如下：时区范围设置为 2003 年至 2009 年，时间切片设为 1，为覆盖本阶段的全部文献，各时

[①] 孙丽莉：《中国与俄罗斯师范教育课程设置比较引发的思考》，《黑龙江高教研究》2005 年第 5 期。
[②] 王常颖：《中俄高等师范教育之比较》，《学术交流》2008 年第 9 期。
[③] 严丽萍：《从师范教育的历史发展看我国师范教育体制的走向》，《现代教育论丛》2003 年第 2 期。
[④] 朱旭东：《论我国后师范教育时代的教师教育制度重建》，《教育学报》2005 年第 2 期。

间切片阈值设置为 Top 100%，节点类型选择关键词（Keyword），网络连线强度计算采用余弦算法，分析中未选择使用任何剪裁方法，分析结果如图 17-14、表 17-10 所示。

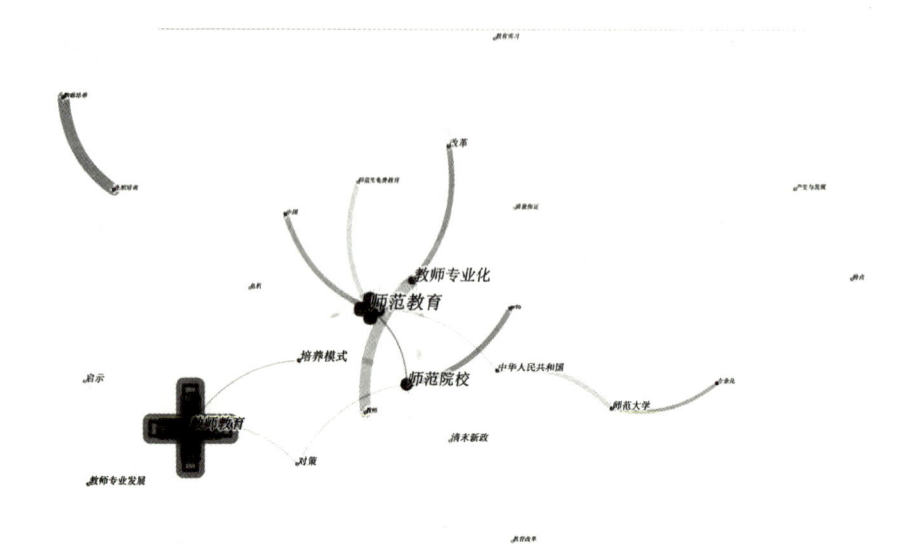

图 17-14　第四阶段"知网"数据库中国教师教育论文关键词共现分布①

资料来源：笔者自制。

表 17-10　"知网"数据库中国教师教育论文关键词分析数据结果②

Count	Centrality	Year	Cited References ｜ Keywords
121	0.18	2003	教师教育
40	0.59	2003	师范教育
10	0.56	2003	师范院校
9	0.34	2004	教师专业化
8	0.16	2006	培养模式
6	0.09	2005	师范大学
4	0.09	2004	改革
4	0.00	2009	教育改革
4	0.00	2005	专业化
4	0.00	2008	教师专业发展
3	0.00	2009	启示
3	0.00	2006	高师院校

---

① 为确保图中高频信息的清晰呈现，个别低频信息在图片截取过程中省去。
② 表格中仅截取呈现了计量次数大于 3 的关键词。

续表

Count	Centrality	Year	Cited References | Keywords
2	0.00	2005	中国
2	0.00	2008	产生与发展
2	0.00	2008	危机
2	0.00	2004	问题
2	0.00	2008	教育实习
2	0.08	2007	对策
2	0.00	2003	在职培训
2	0.00	2009	质量保证
2	0.00	2007	师范生免费教育
2	0.00	2006	教师
2	0.00	2003	WTO
2	0.00	2003	职前培养
2	0.00	2008	特点
2	0.00	2009	改革开放
2	0.18	2007	中华人民共和国
2	0.09	2009	清末新政
2	0.00	2006	实践
2	0.00	2007	中小学教师

资料来源：笔者自制。

由图 17-14 直观可见，相较于"师范教育"这一关键词节点，"教师教育"更为凸显，然而以此节点为核心展开的研究网络却显得较为单薄。结合表 17-10 中数据可知，就关键词频次而言，"教师教育"（121 频次）远高于"师范教育"（40 频次），这表明在中国教师教育这一研究场域内，"教师教育"这一表述已逐渐取代"师范教育"。但从中介中心值来看，师范教育（0.59）仍处于首位，且以师范教育为核心展开的师范院校相关研究（0.56）、教师专业化发展研究（0.34）在中国教师教育研究关键词共现网络中仍占据较大比重，以"教师教育"为关键词的研究中介中心值仅为 0.18，其影响力仍有待加强。

五 第五阶段（2010 年至今）

2010 年 7 月 29 日，《国家中长期教育改革和发展规划纲要（2010—2020年）》（下文简称《教育规划纲要》）颁布，《教育规划纲要》第十七章题为"加强教师队伍建设"，其中主要涉及建设高素质教师队伍，加强师德建设，提高教师业务水平，提高教师地位待遇，健全教师管理制度等方面的内容。① 此外，《教育规划纲要》明确指出要"加强教师教育，构建以师范院校为主体、综合大学参与、开放灵活的教师教育体系。深化教师教育改革，创新培养模式，增强实习实践环节，强化师德修养和教学能力训练，提高教师培养质量"②。自此，教师教育与师范教育的内涵关系进一步明确，这在本阶段的研究中也可见一斑。

研究仍使用 CiteSpace 软件对本阶段中文研究论文进行关键词共现分析，具体参数设置如下：时区范围设置为 2010 年至 2019 年，时间切片设为 1，为覆盖本阶段的全部文献，各时间切片阈值设置为 Top 100%，节点类型选择关键词（Keyword），网络连线强度计算采用余弦算法，分析过程中未选择使用任何剪裁方法，分析结果如图 17－15 所示。

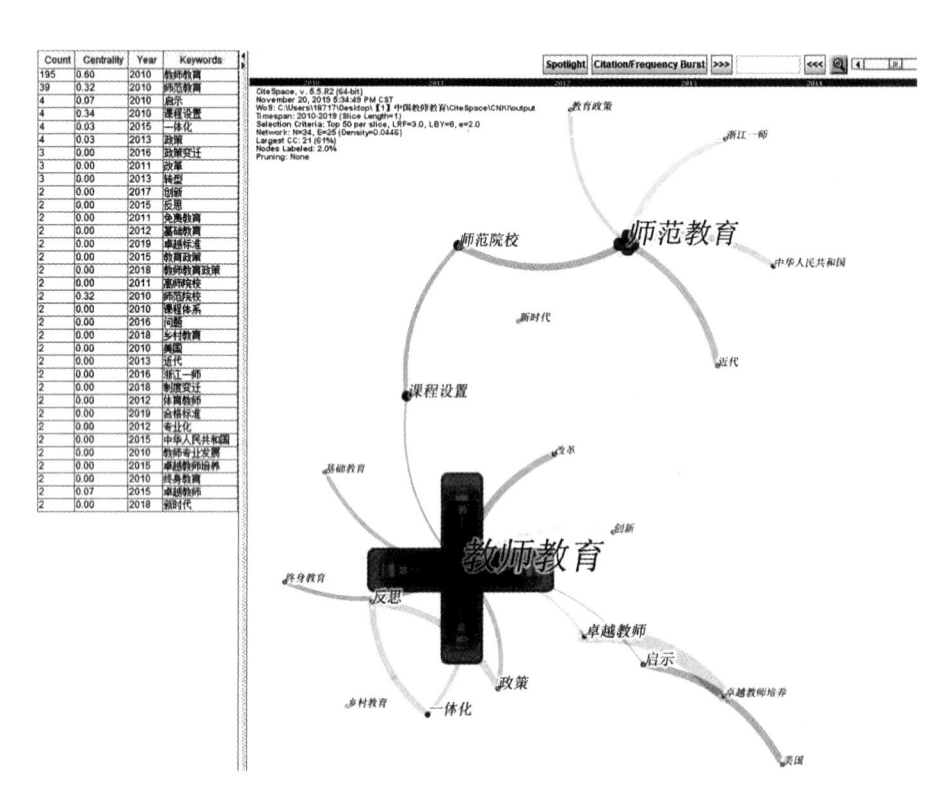

图 17－15　第五阶段"知网"数据库中国教师教育论文关键词共现分布③

资料来源：笔者自制。

相较于第四阶段研究的关键词共现分析结果（见表 17－10、图 17－15），本

---

① 中华人民共和国中央人民政府：《国家中长期教育改革和发展规划纲要（2010—2020 年）》，http：//www. gov. cn/jrzg/2010－07/29/content_ 1667143. htm，2010 年 7 月 29 日［2020－05－08］。
② 范国睿主编：《教师教育政策辞典》，华东师范大学出版社 2017 年版，第 101 页。
③ 为确保图中高频信息的清晰呈现，个别低频信息在图片截取过程中省去。

阶段以"教师教育"为重心的研究比重明显增大，在计量频次和中介中心性两方面，"教师教育"均处于核心地位。值得强调的是，在本阶段围绕"教师教育"这一中心已形成了以"课程设置""反思""政策""一体化"等为关键词的研究网络，在这一阶段"师范教育"逐步成为中国教师教育研究的次网络中心，且经由"师范院校"这一研究关键词与"教师教育"研究网络紧密相连（连接线粗细代表关系强弱）。结合不同阶段的文献数量变化可知，这一阶段中国教师教育研究发文量已趋于稳定，且以中国教师教育为研究主题的英文文献量逐步增加，中国教师教育研究已初步显现出立足于本土，着眼于国际的发展趋势。

第三节　兼包并容：中国教师教育研究逻辑演进

本章第一、第二节系统梳理了中国教师教育研究各类成果，并以期刊论文为主线追溯了中国教师教育研究的历时沿革。纵观中国教师教育研究发展历程，根据其研究内容主要可分为：中国教师教育史研究、教师教育比较研究（以国际比较研究为主）、中国教师教育研究3类，本节着重探讨除教师教育史、教师教育国际比较以外的中国教师教育研究。研究的主要对象涉及宏观、中观和微观3个层面：宏观层面的教师教育政策研究、中观层面的教师教育办学主体研究以及微观层面的教师自身的个体发展研究。本节基于国内外教师教育研究的发展路径，从培养旨趣、办学主体到人本范式3个侧面，探赜中国教师教育研究的内在演进逻辑。

一　培养旨趣：从二元对立到融合统

在中国教师教育发展历程中，对于教师素质的要求在强调教育实践与强调学科知识之间蝉联往复，反映在学界，便衍生出了关于教师教育发展的"师范性"与"学术性"之争、教师职业属性的"职业化"与"专业化"之争。

（一）"师范性"与"学术性"之争

中国教师教育中的"师范性"是指"培养教师所不可缺少的教育类学科知识以及教师的职业道德、教育教学能力等"[1]，而教师教育的学术性问题的产生，主要源于对师范类院校和综合类院校的人才培养理念的比较。"学术性"主要关涉教师、课程、学生3个不同教育要素："一是指师范院校各系科教师所表现出的学术水平与综合大学同类系科相同；二是同类学科教学内容上所体现的专门化水平和学术前沿程度；三是学生从事科学研究的能力"[2]。

高等师范教育的"师范性"与"学术性"之争实则是中国近代时期关于师范

---

[1] 顾明远主编：《中国教育大百科全书》第1卷，上海教育出版社2012年版，第584页。
[2] 顾明远主编：《中国教育大百科全书》第1卷，上海教育出版社2012年版，第584页。

教育"专门"与"专业"之争的延续，① 这一争论在中国师范教育体系的层级转变时期尤为突出。随着中国师范教育体系由三级向二级转变，中等师范院校逐步向高等师范院校转型（部分中等师范院校取消）。师范教育由于其自身在学科内涵、培养理念方面的双重性，显现出了一定的异质性。"师范院校的性质，特别是师范院校的培养目标决定了师范院校的学生同其他院校不同，它具有专业性与师范性的双重标准"。② 就学科内涵而言，师范教育不但要求学生掌握其执教学科的知识技能，同时还需要深入了解教育学本身的学科内涵；就培养理念而言，高等师范教育既重视知识技能的培养，也强调教学实践的锻炼。在高等师范教育应更具师范性抑或学术性的问题上，实则决定于对教师职业本质的认识，究其本质是在时代推进过程中，高等师范教育为适应教师从业人员的人才配演规格要求而产生的教师教育培养旨趣之争。

（二）"师范性"与"学术性"之合

随着中国师范教育体制的转型与发展，关于"师范性"与"学术性"的讨论也由二元对立逐步走向平衡和融合，二者融合的趋势在中国教师教育研究中尤为明显。学者们从概念厘定、课程设置及争论辨析等不同视角切入，主张消解"师范性"与"学术性"这一争论，也预示着贯穿中国百余年师范教育发展历程的一对矛盾终于握手言和。

理论层面上，叶澜指出所谓"'师范性'与'学术性'之争"实质上是"一个真实的假问题"③，其研究类比了医学教育与师范教育，基于医学教育中没有"医学性"与"学术性"之争，质疑师范教育中的"师范性"与"学术性"之争源于"对教师职业的非专业化的定性和肤浅而陈旧的观念"④。概言之，其"肤浅"与"陈旧"主要体现为在三对关系上的简化和混同：第一，将教书育人简化为知识传授，只见书而不见人；第二，将所传授知识的已知性误解为教师教学无关创造性，第三，将所教内容与教学方法两种教师必备的知识混作一谈。⑤

在此基础上，谢安邦则聚焦这一争论两端概念的具体内涵，将高等师范教育阶段的"学术性"与"师范性"问题归结为教师教育中对教师"教什么"与"怎么教"两方面的素质要求，且明确指出二者"作为教师教育两个不可相互替代的重要基石，显然并不构成非此即彼的对立关系，而是彼此相对独立，处于一

---

① 李剑萍：《中国近代师范教育争论问题的透视》，《华东师范大学学报》（教育科学版）1996年第3期。
② 张燕镜主编：《师范教育学》，福建教育出版社2013年版，第90页。
③ 叶澜：《一个真实的假问题——"师范性"与"学术性"之争的辨析》，《高等师范教育研究》1999年第2期。
④ 叶澜：《一个真实的假问题——"师范性"与"学术性"之争的辨析》，《高等师范教育研究》1999年第2期。
⑤ 叶澜：《一个真实的假问题——"师范性"与"学术性"之争的辨析》，《高等师范教育研究》1999年第2期。

种不均衡发展的链条型联系之中"①。

除理论层面上的概念厘定外,部分学者则从实证研究出发,为这一争论的平息与统一提供数据支持。例如,鲁静曾以华东师范大学的语文、数学两个师范专业60年来课程设置的演变为线索,统计了学科专业课、教育专业课、公共基础课三类课程的比重变化,以此探究其"师范性"与"学术性"之争的关键内核所在,该研究认为应深挖课程体系内的逻辑统一性,而非简单地将学科专业课与教育专业课分而治之。②

自此,百年师范教育中僵持不下的"师范性"和"学术性"之争在中国教师教育研究中尘埃落定。就教师教育的人才培养而言,"师范性"与"学术性"不是相互对立的矛盾两方,也并非一个概念连续统的两极,而是教师成长的知识需求在不同侧面的反映,是教师主体不断发展的阶段性诉求。

(三)"职业化"与"专业化"之问

在中国教师教育发展的转型历程中,除"师范性"与"学术性"之争以外,中国教师教育的"职业化"与"专业化"问题也受到了学界的广泛关注,其争论焦点集中于教师是否是一项专业化的职业。究其本质,是在教师职业性质的认识方面存在差异。传统意义上,教师职业类似于工匠一般,侧重于职业技能,而教师教育也相应地以口传心授的师徒制为主;而后,对教师的职业属性的认识逐渐从"工匠说"向"专门职业说"转变。1966年,国际劳工组织与联合国教科文组织共同发布了《关于教师地位的建议》,这是首次以官方文本的形式确立了教师这一职业的专业化属性。③尽管如此,学界对于教师职业的属性探究并未止步。

事实上,自2000年后,教师的专业化发展问题就已然成为中国教师教育研究的热点话题之一。2004年,胡卫平与胡耀岗从师范院校的课程改革问题出发,讨论教师职业属性的发展状况:"教师作为一种普通职业是被社会广泛认可的,但教师职业是否如同医生、律师一样是一种专业化的职业,国际教育界还争论不休,但普遍认同教师行业正处于从半专业、准专业向完全专业不断发展的过程"。④

由此可见,虽然对教师职业属性问题在此阶段尚未有定论,但对于教师的专业化发展趋势已得到了广泛认同,而提升教师这一群体的专业化水平,也成为中国教师教育改革的重要任务之一。曲铁华则将教师专业化置于教师教育改革的核心地位,并指出"以教师专业化为核心进行教师教育改革"⑤是教师教育发展的

---

① 谢安邦:《中国师范教育改革发展的理论问题研究》,《高等师范教育》2001年第4期。
② 鲁静:《我国教师教育课程体系的历史和逻辑分析——以华东师范大学为例》,《教师教育研究》2010年第5期。
③ 顾明远主编:《中国教育大百科全书》第1卷,上海教育出版社2012年版,第584页。
④ 胡卫平、胡耀岗:《中国教师教育与师范院校课程改革》,《山西师大学报》(社会科学版)2004年第3期。
⑤ 曲铁华:《专业化语境下我国教师教育的困境与破解路径》,《湖南师范大学教育科学学报》2012年第4期。

大势所趋。中国教师教育研究中关涉教师主体发展的研究重心也逐渐由"职业化"或"专业化"之问转向推动教师专业化发展的政策、路径、策略等方面的探索,具体研究内容将在下一章详细阐释,在此不作赘述。

结合中国教师教育事业的发展历程概而述之,这一"争"从分而治之到融合统一,这一"问"从悬而未决到尘埃落定,皆由不同阶段中国教育事业发展的历史特征所决定。教师"与其他职业不同,不是一开始就是高水平的。但是进入20世纪后半叶以后,由于科学技术的进步,教育学科和心理学科的发展,教师专业化程度在提高,教师教育的水平也在提高"[1]。在中国师范教育体制确立的前期,由于我国人口基数较大,各级各类基础教育对教师的需求首先表现在数量上,培养一批基础教育从业人员成为中国师范教育的首要任务,此前的师范教育体系为缓解当时中国教育事业的师资紧缺做出了不可磨灭的贡献。随着社会的不断发展,教育水平不断提升,中国师范教育的发展已在最初的增量基础上,亟待寻求质的变化。在这一由量及质的过程中,教师行业的专业化程度也逐步提升。自此,高等师范教育"师范性"与"学术性"之争逐渐落下帷幕,教师的职业化属性也随之转化为专业化职业发展。

二 办学主体:从独立封闭到混合开放

回顾中国教师教育史,便是回望中国教师教育体制由封闭走向开放的发展历程。曾煜在《中国教师教育史》中将中国教师教育发展梳理为13个阶段,并结合具体的历史语境,从政治、经济、文化、社会等背景下讨论不同时期中国教师教育发展的阶段性特征。[2] 笔者基于曾煜对中国教师教育发展历程的划分,通过图17-16来呈现这一脉络。

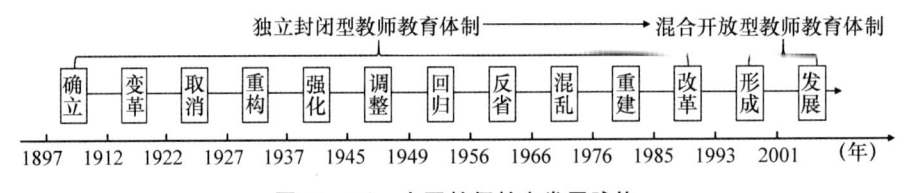

图 17-16 中国教师教育发展脉络
资料来源:曾煜编著:《中国教师教育史》,商务印书馆2016年版。图为笔者根据该资料自制。

由图17-16可知,中国教师教育体制的主要变革表现在由独立封闭型发展转变为混合开放型。中国独立封闭型的教师教育体制经历了从确立到取消,再从重建到改革。1993年10月31日第八届全国人民代表大会常务委员会第四次会议通

---

[1] 顾明远:《论教师教育的开放性》,载顾明远《教育:传统与变革》,人民教育出版社2004年版,第201页。

[2] 曾煜编著:《中国教师教育史》,商务印书馆2016年版。

过了《中华人民共和国教师法》（后简称《教师法》），并于 1994 年 1 月 1 日起施行。《教师法》在第四章中明确指出"非师范学校应当承担培养和培训中小学教师的任务"①。同时，在强调师范学校毕业生应按照有关规定从事教育教学工作的基础上，拓宽了教师行业的准入范畴，提出："国家鼓励非师范高等学校毕业生到中小学或者职业学校任教"②。自此，中国教师教育混合开放型体制发展路径在法律政策层面得以确认。

在中国教师教育研究层面，诸多学者关注中国教师教育体制的发展问题，并从不同视角剖析体制改革隐含的发展机理，在转型的不同阶段为中国教师教育事业发展提供学理支撑，研究聚集中国教师教育体制转型问题，根据研究对象主体不同，其主要焦点可以分为两类：综合类院校参与教师教育的实践路径和转型背景下师范院校的发展定位。

（一）综合类院校参与教师教育的实践路径探索

中国教师教育体制由封闭转向开放、一元转向多元、"旧三级"转向"新三级"的关键举措便是将教师教育不再局限于师范类院校，鼓励综合类院校参与教师培养。通过何种路径参与及如何培养便成了研究者们关注的重点。

研究者们深入剖析了中国师范教育体制转型过程中不同主体所面临的可能问题，并在此基础上提出了综合类高等院校在教师发展的不同阶段参与师范教育的现实路向。③ 就综合类院校的课程设置而言，顾明远认为"应该在综合大学中恢复教育专业课程"④，帮助综合类大学中有志于从事教师行业的毕业生在校期间储备一定的教育专业知识。相较于师范院校，综合类大学具有明显的学科知识资源优势。据此，张乐天指出，综合类高等院校在转型初期应立足于自身在学科专业上的资源优势，将侧重点放在教师的职后培养阶段，帮助在职教师提升专业水准；而在职前教育阶段，综合类院校可以"通过建立教育学院，面向学生开设师范教育专业课程，同时试行学分制管理"⑤，通过此种方式为综合类高等院校学生提供第二种职业选择。

中国教师教育办学主体由单一的师范院校拓展至综合类大学，准入范围得以扩大。但从以上研究不难发现，在师范教育办学主体趋于开放的过程中，学界研究所强调的是综合类院校在教师教育体制中的参与问题，而师范类院校仍是中国师资培养的办学主体所在。基于中国具体国情而逐步确立的教师教育体制的开放

---

① 中华人民共和国中央人民政府：《中华人民共和国教师法》，http：//www.gov.cn/banshi/2005-05/25/content_937.htm，1993 年 10 月 31 日 [2020-05-08]。
② 中华人民共和国中央人民政府：《中华人民共和国教师法》，http：//www.gov.cn/banshi/2005-05/25/content_937.htm，1993 年 10 月 31 日 [2020-05-08]。
③ 张乐天：《我国师范教育体制转换中的问题与建议》，《南京师大学报》（社会科学版）2001 年第 3 期。
④ 顾明远：《论教师教育的开放性》，载顾明远《教育：传统与变革》，人民教育出版社 2004 年版，第 205 页。
⑤ 张乐天：《我国师范教育体制转换中的问题与建议》，《南京师大学报》（社会科学版）2001 年第 3 期。

属性和混合属性在办学主体方面得以合理彰显。

(二) 转型背景下师范院校的发展定位

综合类院校逐步参与到教师教育发展中的同时，师范院校自身的定位及发展路径也受到了学界的广泛关注。一直以来，高等师范院校被指囿于培养教师从业的专业性人才导致学校发展趋于单一，人才培养口径也相应窄化。同时，基于中国教育发展对高水平师资的长期需求，高等师范院校的持续存在也有其必要性，因此在保证教师教育、人才培养质量、师范院校发展的3个条件下，相关研究主要从师范院校的综合化发展、师范性凸显等方面为教师教育体制转型师范院校提供发展思路及借鉴。

第一，在综合化转型问题上，高等师范院校"应该统筹好师范性、学术性和应用性的关系"[1]，为满足不同维度的特性需求实现可持续发展，高等师范院校的综合化必须"因地制宜"。陈大超认为21世纪的师范教育的功能应当予以扩充，由教师培养这单一功能转向兼具教师培训、教育科研、教育社会服务等的复合功能。[2] 高等师范院校应合理配置其教育资源，在教师培育的基础上开展教学研究。同时发挥其教育社会服务功能，主要体现在"① 宣传普及教育科学知识；② 为政府的教育决策提供咨询服务；③ 为社区内学校教育评估提供专业技术支持；④ 为学校的建设和发展进行科学的论证和设计"[3] 等方面。可见，师范院校的综合化并不代表简单地"去师范化"，而是在充分发挥其师范特性的基础上，谋求综合化的、可持续性的发展。

第二，在高等师范院校的综合化发展路径中，必须彰显其师范特性。高等师范院校的教育学科培养及不同学科的教育资源丰富，且其学科知识教学及教育学教学在长期教育实践中得以有机融合，教师人才培养质量也逐步得到了社会的普遍认可，高等师范院校教师教育中的师范教育仍是其首要任务，无论办学主体开放程度如何，这一指向不应也不会改变。

在中国教师教育转型过程中，高等师范院校的综合化进程并非一气呵成，一定程度上出现了转型后的师范院校办学指向不明的困境。部分学者就转型中高等师范院校的定位困境进行了剖析。宋争辉认为问题主要表现为"转型发展的标签化现象十分严重，广大高校和社会公众陷入了转型之后是否属于职业院校的身份之争"，[4] 深入探究可知，其原因在于"我国地方高校的转型发展主要是在外部政策因素主导下进行的，缺乏前期充分的实践探索和理论准备，没有在更大程度上形成改革共识"[5]。不同高等师范院校的转型表现出了相当程度的同质化，未能切

---

[1] 宋争辉：《高等师范院校转型发展：趋势、内涵与路径》，《国家教育行政学院学报》2018年第2期。
[2] 陈大超：《新世纪我国师范教育的基本走向》，《教育科学》2001年第4期。
[3] 陈大超：《新世纪我国师范教育的基本走向》，《教育科学》2001年第4期。
[4] 宋争辉：《高等师范院校转型发展：趋势、内涵与路径》，《国家教育行政学院学报》2018年第2期。
[5] 宋争辉：《高等师范院校转型发展：趋势、内涵与路径》，《国家教育行政学院学报》2018年第2期。

实结合院校自身的情况进行改革。袁奋光以重点师范大学为研究对象，指出高等师范院校的转型应明确以下 3 个关键点：首先，要通过培养研究型教师走向研究型大学；其次，提升科研水平和技术创新能力；最后，要将对学校和社会的贡献率视为重点。[①] 高等师范院校要顺利实现综合化转型，应基于教师教育这一特色属性，审视其自身与综合类院校办学宗旨的差异，从办学理念、学科建设、课程设置、管理体制等方面深入挖掘师范院校自身的核心竞争力，将其师范性、学术性及应用型有机结合，为其综合化的可持续发展赋能增能。

本章通过对国内外中国教师教育各类研究成果进行搜集和整理，从研究的共时分布、历时沿革及演进逻辑 3 个视角呈现了中国教师教育的研究图景。纵观国内外中国教师教育研究，成果数量整体呈上升趋势，研究关注点也趋于多样。微观层面上，主要聚焦于以教师为主体的研究。教育阶段上，从职前为主到职前职后衔接，再到终身教育研究；培养目标上，逐步出现了以"反思"为旨趣的个体主动发展理念，教师发展由职业化向专业化的转变基本得以实现。中观层面上，通过对中国不同形态的师范院校的办学理念、管理思路及培养旨趣的研究，加之对综合类院校的教师教育实践的讨论，中国教师教育体制逐步开放，教师教育的师范性与学术性之争从二元对立向平衡与综合发展。宏观层面上，伴随中国教师教育的发展与转型，诸多专家学者聚焦顶层设计，为中国教师教育体制的改革和发展建言献策。

---

① 袁奋光：《我国重点师范大学应逐步实现"三个转型"》，《高等教育研究》2005 年第 1 期。

第十八章 廓道明理：中国教师教育研究热点

上一章已对以中国教师教育为焦点问题的研究进行了系统的梳理和呈现，在基本了解了国内外教师教育研究的共时分布、历时沿革及其演进逻辑的基础上，本章将以已建立的"中国教师教育研究文献资源数据库"为主要数据来源，抽绎出当前中国教师教育研究的主要类型，并通过知识图谱的可视化分析，重点呈现中国教师教育领域当前的研究热点，以探明研究发展的未来走向。

第一节 经世济学：中国教师教育研究的热点范畴

希尔达·博尔科（Hilda Borko）、珍妮弗·A. 惠特科姆（Jennifer A. Whitcomb）、凯瑟琳·伯恩斯（Kathryn Byrnes）三人在《教师教育研究的类型》一文中对不同教师教育研究类型的特征进行了描述，研究将教师教育研究分为"教师教育效果"（effects of teacher education）研究、解释性（interpretive）研究、实践者（practitioner）研究及设计（design）研究四种类型，并对不同研究类型的优势与局限进行了分析。该分类方式一定程度上将研究目标与内容和研究过程与方法进行了融合，本质上侧重于以研究方法作为分类标准，在研究中强调教师教育研究的复杂性并且呼吁为不同的研究问题提供解决方法。[1]

本书以研究内容作为标准，基于对国内外中国教师教育研究内容的系统梳理，可初步探知其研究的关注焦点，据其研究侧重点及研究范式的不同，可将中国教师教育研究大致分为4个范畴（如图18-1所示）。

如图18-1所示，国内外中国教师教育研究主要包括教师教育本体研究、教师教育史研究、教师教育国际比较研究、教师教育学科研究。其中，教师教育本体研究又可分为教师教育研究和教师教育学研究。

---

[1] ［美］希尔达·博尔科、［美］珍妮弗·A. 惠特科姆、［美］凯瑟琳·伯恩斯：《教师教育研究的类型》，载［美］玛丽莲·科克伦—史密斯、［美］沙伦·费曼—尼姆塞尔、［美］D. 约翰·麦金太尔主编《教师教育研究手册：变革中的永恒问题》（第三版），范国睿等译，华东师范大学出版社2017年版，第1035—1066页。

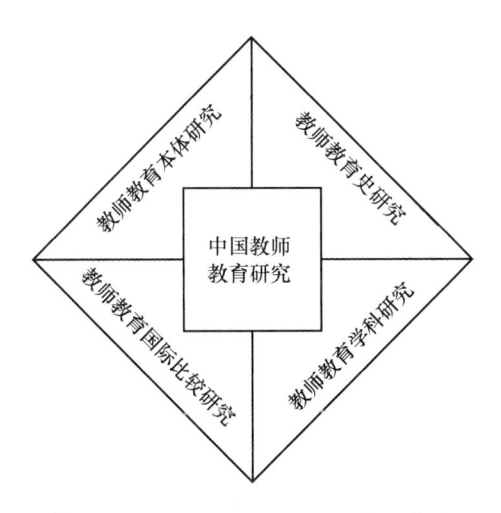

图 18-1 中国教师教育研究主要范畴

资料来源：笔者自制。

一 固本培元：教师教育本体研究

在所收集的以中国教师教育为研究主题的期刊论文中，教师教育本体研究占据了主流。从具体内容上看，教师教育的本体研究主要涉及了教师教育研究和教师教育学研究。教师教育本身关涉对职前教师教育、教师职后培训两个阶段，相应地，教师教育研究也同样涉及在教师教育的不同阶段的教育政策、教育理念、教育制度、课程设置、教学设计，以及教师专业化发展等多方面的研究（具体研究内容将在本章第三节详述）。

在此基础上，有学者提出建立教师教育学作为教育学的二级学科。杨天平在《呼唤现代教师教育学的学科建设》一文中，就教师教育学科建设的实践基础、理论前沿、关联属性，以及教师教育学科的核心概念、目标指向和思维路线进行介绍，并在此基础上强调学科、科研与教学之间的互动关系，以强调建立教师教育学科的重要性。[1] 陈永明与王健则系统阐释了教师教育学作为独立学科建设的必要性，其研究认为建立"教师教育学"学科是"历史和逻辑的统一"[2]，并进一步界定了教师教育学的概念、学科性质、研究对象、研究范围、研究方法及教师教育学的学科体系，在此基础上，研究从学科实践、学科制度、课程体系、教师队伍建设四个方面就当代中国"教师教育学"建构的方略进行了阐释。[3] 此后，陈永明于2012年出版了专著《教师教育学》，从教师教育学的学科立场、国际视野、社会功能、知识基础、课程建设、实践模式、终身理念、文化特色、政策导

---

[1] 杨天平：《呼唤现代教师教育学的学科建设》，《教育理论与实践》2009年第7期。
[2] 陈永明、王健：《"教师教育学"学科建立之思考》，《教育研究》2009年第1期。
[3] 陈永明、王健：《"教师教育学"学科建立之思考》，《教育研究》2009年第1期。

向，以及教师教育研究方法十个维度进一步体系化地阐述了教师教育学作为一门独立学科的建构。

结合20世纪90年代以来的教师培养与师范教育机构改革的实践看，要推动师范教育更好、更快地发展，不仅要实现"师范教育"向"教师教育"的"话语"转变，而且要提出建设一门新的学科，即"教师教育学"，使它成为教育学一级学科下属的一门新的二级学科，以顺应社会发展与教师教育改革的要求。①

陈永明等诸位专家学者对教师教育学科建设的呼吁充分彰显了在教师教育改革历程中，学界不但关注教师教育实践的改革与发展，而且也重视教师教育研究的理论建构，厘定教师教育的基本概念，探求其原理及发展规律。

二 探源溯流：教师教育史研究

在研究建立的中国教师教育期刊论文库中，诸多文献聚焦于中国教师教育。从历史阶段上来看，以中国近代师范教育历史回顾最为凸显，有20篇论文回顾了中国近代师范教育的发展历程，其中李剑萍较为系统地梳理了我国近代师范教育的中国化历程，研究将这一历史流变过程划分为四个阶段（如表18-1所示）。

表18-1　　　　　我国近代师范教育的中国化历程

阶段	时间	特征
第一阶段	1904年之前	师范教育理念的引入
第二阶段	1904年至1921年	学习日本过程中的变通与僵化
第三阶段	1922年至1927年	学习美国过程中的因果背反
第四阶段	1928年至1949年	动荡战乱中的民族道路的曲折探索

资料来源：李剑萍：《中国近代师范教育的中国化历程》，《高等师范教育研究》1998年第2期。表格为笔者根据该资料自制。

第一阶段（1904年之前）：中国的教师教育形态虽然已长期存在，但尚未正式建立师范教育理念。"师范教育"这一理念是由黄遵宪通过《日本杂事诗广注》介绍到中国的，后来逐渐被接受，而师范教育的价值直到明治维新运动时期才逐渐被理解。② 直至1904年，清政府颁行"癸卯"学制，中国的师范学校自此正式

---

① 陈永明等：《教师教育学》，北京大学出版社2012年版，第1页。
② 李剑萍：《中国近代师范教育的中国化历程》，《高等师范教育研究》1998年第2期。

建立，并纳入了现代学校系统当中，中国师范教育制度也就此开篇。

第二阶段（1904年至1921年）：延续上一阶段由日本引进的师范教育理念，这一阶段的特征主要体现为向日本学习。学习的重要来源之一便是由罗振玉主编的《教育世界》杂志，该杂志对日本的师范教育进行了全面且详尽的介绍，也对当时中国师范教育制度的建立和推动产生了显著的影响。清末师范教育制度在向日本学习的过程中基于本国国情进行了适当的变通，囿于清政府的财政匮乏，对不同类型的师范学校进行了分权管理。民国成立后，中国师范教育制度的变动并不明显，并且逐渐呈现出了僵化的态势。

第三阶段（1922年至1927年）：清末民初对日本的盲目学习限制了教育的发展，中国的师范教育走上了向美国学习谋求变革的历程，在这新旧交替的矛盾变革时期，出现了独立派与合并派之争，两派的核心争议在于是否需要将师范教育独立于高等教育之外专而设之。当时合并派略占上风，经由 系列合并和改制，以日本为样板的师范教育制度在中国逐渐湮没。在合并过程中，"实际上除北京高师升格为北京师范大学，北京女子高师升格为北京女子师范大学，其余相继并入或改为综合性大学，成为其下属学院或系科"，[①] 高等院校得以蓬勃发展，而师范院校的力量也随之被削弱，背离了最初的设计意图，导致了一定程度的混乱。

第四阶段（1928年至1949年）：在这一阶段初期，中师逐渐走向独立与复兴，但高师却身陷囹圄，难以为继，"从1922年到1937年，专门培养中学师资的独立机构，全国只剩下北京师大和北京女子师大勉强维持，惨淡经营"[②]。1937年抗日战争全面爆发之后，中师教育进一步强化，高师教育也逐渐走向复兴。直到1946年，中国近代师范教育愈加壮盛，从办学数量和修读人数上都达到了近代师范教育的顶峰。

该研究详叙了中国近代师范教育不同阶段的发展特征，并就其原因进行探析，呈现了中国近代师范教育由向外学习到本土发展的历时演进过程。此外，李海萍聚焦中国清末民国师范生免费教育政策；[③] 曲铁华、王莹莹关注了我国近代师范教育学费制度的嬗变，[④] 并对其内在逻辑及特征进行了细致的分析；刘争先则从国家建构的视角切入，探赜我国近代师范教育发展。[⑤] 关于中国教师教育的历史研究从不同角度透析了其阶段性特点，澄清了中国教师教育发展的演变脉络，为中国教师教育研究储备了史实供给及理据支持。

---

① 李剑萍：《中国近代师范教育的中国化历程》，《高等师范教育研究》1998年第2期。
② 李剑萍：《中国近代师范教育的中国化历程》，《高等师范教育研究》1998年第2期。
③ 李海萍：《清末民国师范生免费教育政策的历史审视》，《教育研究》2013年第11期。
④ 曲铁华、王莹莹：《近代我国师范教育学费制度嬗变的内在逻辑及特征探析》，《湖南师范大学教育科学学报》2010年第5期。
⑤ 刘争先：《中国近代国家建构视野中的师范教育——评师范学校与中国的现代化：〈民族国家的形成与社会转型（1897—1937）〉》，《大学教育科学》2015年第1期。

三 酌盈剂虚：教师教育国际比较研究

如前文所述，中国教师教育的历时发展过程中，对不同国家的教师教育体制有所借鉴，在研究中，国际比较与分析研究也侧重于挖掘国外经验对中国教师教育发展的借鉴作用，成为中国教师教育研究的热点范畴之一。1998 年，华东师范大学陈永明教授主编出版了专著《国际师范教育改革比较研究》，该书从中国的师范教育出发，介绍了美国、英国、法国、德国、瑞典、西班牙、俄罗斯、日本、韩国、朝鲜等国家的师范教育，并对各国的师资培养课程、人事制度、师资培养体制进行了比较和分析，在此基础上，对中国师范教育改革所面临的挑战及中国教师教育体制改革提出了建议。① 全书使用比较的研究方法，基于全面系统、详略结合的共时对比，为中国师范教育的改革与发展提出了相应的建议。

除专著外，诸多研究论文也选取了国际对比视角，以探析不同国家教师教育发展政策、特征及其优劣，以期为中国教师教育发展提供借鉴与启示。研究主要涉及教师教育课程标准及设置、教师教育改革理念与措施，以及教师教育认证制度的发展和革新三个方面。

在教师教育课程标准及课程设置方面，周宁之梳理了中国 21 世纪前十年有关澳大利亚教师教育课程的研究以及中澳教师教育课程对比研究，分析了中国关于中澳教师教育课程的相关研究。②《教师教育课程标准》专家组则就教师教育课程标准问题展开国家比较研究，研究选取了美国、英国、法国、日本、新加坡、俄罗斯六个国家及中国香港特别行政区作为研究对象，分析上述国家与地区的教师教育理念、标准和实践形态。研究上述国家与地区教师教育课程标准的内在逻辑主要有二：第一，其教师教育课程标准的划分主要立足于具体的教师教育实践；第二，从其课程的设计思路上看，主要是依据泰勒模式进行开发的。③

在逻辑一中，研究将其教师教育课程标准的划分方式归纳为 3 个部分："知存""知识""知做"，其具体内涵如表 18-2 所示。

表 18-2 美国等国家及地区的教师教育课程标准的内在逻辑组织部分及内涵

组成部分	内涵
知存	（1）价值观 （2）信念 （3）职业道德

---

① 陈永明主编：《国际师范教育改革比较研究》，人民教育出版社 1998 年版。
② 周宁之：《关于中澳教师教育课程研究的研究》，《湖南社会科学》2011 年第 1 期。
③《教师教育课程标准》专家组、钟启泉、张文军、王艳玲：《教师教育课程标准的国际比较研究》，《全球教育展望》2008 年第 9 期。

续表

组成部分	内涵
知识	（1）学科知识 （2）关于儿童的知识
知做	（1）学科教学能力 （2）课堂管理能力 （3）校内外所需的其他能力

资料来源：《教师教育课程标准》专家组、钟启泉、张文军、王艳玲：《教师教育课程标准的国际比较研究》，《全球教育展望》2008年第9期。表格为笔者根据该资料自制。

基于对课程标准逻辑的抽绎，研究指出英国的教师教育课程标准主要侧重于知识和知做两个方面，法国则兼具三个方面，就中国香港特别行政区而言，其教师教育课程标准主要以"教与学"这一范畴展开，着重以"知识"和"知做"两个维度为主。

就逻辑二而言，以泰勒模式开发，即"在开发教师教育课程标准时从课程目标、课程内容、课堂组织方法、课程评价几个方面介入，并展演绎式的分析与深入，使标准的每一条都非常具体，可操作性很强"①。研究认为以该模式作为课程开发的基准有益于保证课程标准的科学性和可操作性，并建议中国教师教育课程标准的制定可参考这一模式。

除课程设置以外，部分研究着眼于教师教育改革的国际经验。唐开秀梳理和总结了瑞典教师教育改革的背景、障碍性因素、实现策略、操作路径，认为21世纪瑞典所进行的教师教育是一次彻底性的改革；② 方增泉、李进忠则从美国的教师教育改革新趋势中挖掘有益经验，研究以马里兰大学为例分析了美国教师教育改革的特点和趋势，研究为中国教师教育提出了4点建议：

（1）建立和完善国家教师教育课程标准，强化教师综合素质提升；
（2）完善教育实习顶层制度设计，建立国家级教师教育实习基地；
（3）健全和完善国家评定标准，把好教师准入关；
（4）完善多层级的专业发展模式，促进教师素质持续提升。③

在美国教师教育改革中，教师教育认证是一个重要组成部分，周钧对美国教师教育认证标准的发展历程进行了追溯，研究以美国全国教师教育认证委员会（National Council for Accreditation of Teacher Education，NCATE）为研究案例，对

---

① 《教师教育课程标准》专家组、钟启泉、张文军、王艳玲：《教师教育课程标准的国际比较研究》，《全球教育展望》2008年第9期。
② 唐开秀：《瑞典教师教育改革研究及对我国的启示》，《中国成人教育》2014年第22期。
③ 方增泉、李进忠：《美国教师教育改革新趋势对中国的启示》，《北京师范大学学报》（社会科学版）2010年第5期。

不同时期的认证标准的特征进行提炼，研究认为 NCATE 的教师教育观主要经历了技术理性主义教师教育观、科学主义教师教育观、专业化教师教育观、多元化教师教育观的转变历程。在此基础上，研究指出中国的教师教育机构认证制度也应当走多元道路，并且提倡明确教师教育计划的理论基础，并廓清教师的知识基础，倡导教师教育的智力化。[①] 以上研究在国际视域下审视中外教师教育改革、教师教育课程设计以及教师职业认证标准，在比较中择善而从，酌盈剂虚，让国际化经验助力中国教师教育本土化发展。

四　研以致用：教师教育学科研究

在中国教师教育研究中，着眼于具体学科的研究屡见不鲜，现以本研究建立的"中国教师教育研究文献资源数据库"中的研究论文为基础，梳理中国教师教育学科研究中的学科分布。"中国教师教育研究文献资源数据库"中，中英文教师教育研究论文中有 29 篇文章涉及了具体学科的教师教育研究，其学科分布如图 18-2 所示。

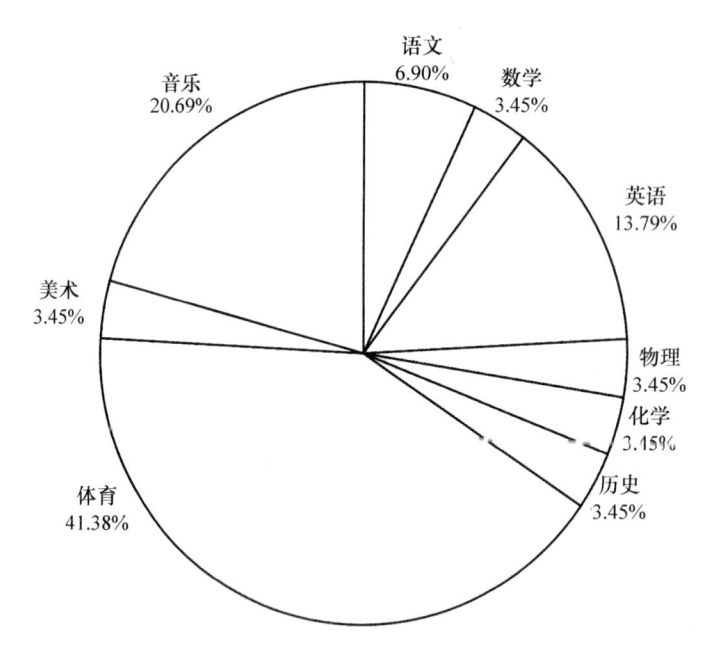

图 18-2　中国教师教育学科研究中的学科分布

资料来源：笔者自制。

语文 6.90%
数学 3.45%
英语 13.79%
物理 3.45%
化学 3.45%
历史 3.45%
体育 41.38%
美术 3.45%
音乐 20.69%

由图 18-2 可知，中国教师教育的具体学科教师教育研究中，有关体育学科教师培养的相关研究数量占据了该研究类型的半壁江山，在 29 篇论文中有 12 篇

---

① 周钧：《美国教师教育认证标准的发展历程及对我国的启示》，《比较教育研究》2007 年第 2 期。

论文以体育教师教育作为研究主题,占到了学科教师教育研究的41.38%,音乐、英语次之,分别占学科教师教育研究的20.69%和13.79%;而语文、数学、物理、化学、历史、美术六门学科的教师教育研究数量总计占比24.15%;生物、地理、政治等学科在所收集数据中未有呈现。

以上数据表明,在当前中国教师教育的学科教师教育研究中,体育、音乐、英语较受关注,而其他学科的教师教育具体化研究仍有待加强,尤其是生物、地理、政治等科目的教师教育及培养研究。

第二节 旗布星峙:中国教师教育研究的热点分布

在科学计量研究中,通过对研究中词频的定量分析探索该领域的研究动向,本节仍沿用 CiteSpace 这一 Java 应用程序,分别对国内外中国教师教育研究论文(数据库容量范围如第十七章所述)进行关键词共现分析,以探析本领域的研究热点分布。

一 改革驱动:中文文献中国教师教育研究热点分布

基于"知网"数据库所搜集到的528篇中国教师教育研究中文文献,使用 CiteSpace 应用程序进行关键词共现分析,软件参数设置如下:时区范围设置为1992年至2019年,时间切片设为1,各时间切片阈值设置为Top100%,节点类型选择关键词(Keyword),网络连线强度计算采用余弦算法,分析中未选择使用任何剪裁方法,软件分析结果如图18-3、表18-3所示。

由图18-3可知,中文文献的中国教师教育研究网络以"教师教育"为中心,以"师范教育"为次中心向外拓展开来。结合表18-3不难看出,从"知网"数据库中获取的中国教师教育研究论文的关键词主要围绕"教师教育"和"师范教育"两个关键词展开,虽然其频次差异较大("教师教育"330次,"师范教育"144次),但从其中介中心性来看("教师教育"中心中介值为0.41,"师范教育"为0.40),两个关键词在中国教师教育研究网络中的影响力不相上下,为抽绎出研究热点分布的特点,研究对关键词贡献分析进行了聚类,并以时间线视图(timeline view)方式予以呈现(如图18-4所示)。

由聚类模块度($Q = 0.6951$,$Q > 0.3$)可知,该聚类结构显著,此外,轮廓系数(Silhouette Coefficient)是用于评价聚类的效果参数,"具体是通过衡量网络同质性的指标来进行聚类的评价"[①],上图聚类的轮廓系数($S = 0.5215$)大于0.5,表明该聚类结果的同质性合理。

---

① 李杰、陈超美:《CiteSpace:科技文本挖掘及可视化》,首都经济贸易大学出版社2017年版,第171页。

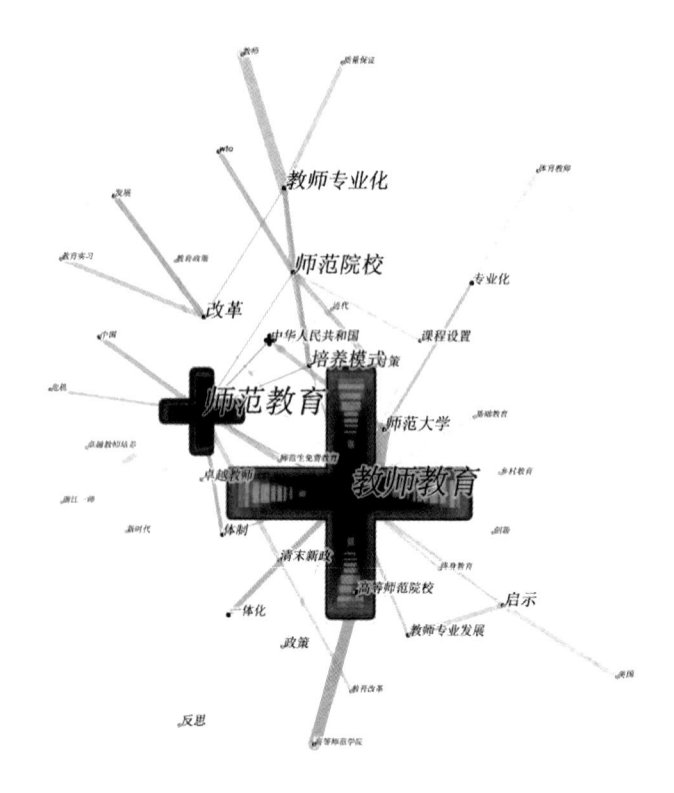

图 18 - 3　"知网"数据库中国教师教育研究文献关键词共现分析①

资料来源：笔者自制。

表 18 - 3　"知网"数据库中国教师教育研究文献关键词共现分析计量结果②

Visible	Count	Centrality	Year	Keywords
√	330	0.41	2001	教师教育
√	144	0.40	1993	师范教育
√	22	0.15	1996	中华人民共和国
√	14	0.07	1997	师范院校
√	11	0.07	2002	教师专业化
√	10	0.04	2002	培养模式
√	9	0.08	2000	改革
√	8	0.13	1996	师范大学
√	8	0.03	1996	高等师范院校
√	7	0.03	2009	启示

---

① 为确保图中高频信息的清晰呈现，个别低频信息在图片截取过程中省去。
② 表格中仅截取了计量频次大于 2 的关键词相关信息，低频信息在截取过程中省去。

续表

Visible	Count	Centrality	Year	Keywords
√	6	0.02	2002	一体化
√	6	0.00	2001	问题
√	6	0.03	2005	专业化
√	6	0.00	2008	教师专业发展
√	5	0.00	2006	高师院校
√	4	0.01	2010	课程设置
√	4	0.00	1997	职前培养
√	4	0.00	1997	师范性
√	4	0.00	1998	综合性大学
√	4	0.00	1998	高等师范学院
√	4	0.02	2013	政策
√	4	0.00	2001	教师
√	4	0.00	2009	教育改革
√	4	0.00	1996	中小学教师
√	3	0.00	2013	转型
√	3	0.00	2000	教师职业
√	3	0.00	2016	政策变迁

资料来源：笔者自制。

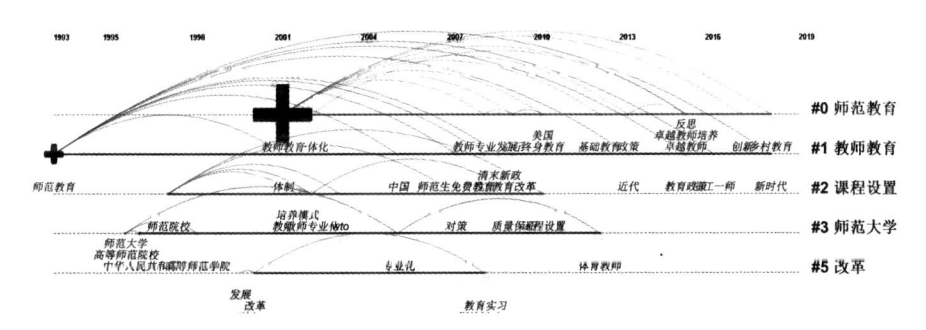

图 18 - 4　"知网"数据库中国教师教育研究文献关键词聚类时间线

资料来源：笔者自制。

由表 18 - 3 可知，在历时的发展过程中，"师范教育"（1993 年）先于"教师教育"（2001 年）成为该研究领域的中心，该领域研究主要集中于五个聚类：（1）师范教育；（2）教师教育；（3）课程设置；（4）师范大学；（5）改革。而在各聚类术语序列中，诸多术语均以"教师教育"和"师范教育"为中心聚类，序列结果如表 18 - 4 所示。

表18-4　"知网"数据库中国教师教育研究文献关键词聚类术语序列

聚类	聚类术语序列
#0	教师教育、标准导向、实践路径、卓越教师、体育教育、学校体育、公民教育能力、小学全科教师、卓越教师培养、供给侧改革、卓越教师、卓越教师培养、小学全科教师、学校体育、体育教学法教材、实践路径、体育教育、公民教育能力、供给侧改革、制度变迁
#1	师范教育、中华人民共和国、教师继续教育、清末新政、教育改革、历史分期、教育发展、教师教育、高等师范学院、办学形式、高等师范学校、办学形式、高等师范教育改革、综合大学、高等师范院校、京师大学堂、综合性大学、办学组织形式、高等师范学院、艺术教育
#2	教师教育、教师专业化、质量保障、质量保证、教师素质、经济全球化、改革进展、部属师范大学、师范教育、课程设置、课程设置、改革进展、部属师范大学、师范教育、师范院校、培养模式、质量保证、教师素质、教师教育、普通学校音乐教师培养
#3	师范教育、中华人民共和国、教师继续教育、办学形式、高等师范学院、高等师范教育改革、高等师范学校、师资培训、教育行政组织、综合大学、高等师范教育改革、综合大学、高等师范院校、综合性大学、高等师范学院、高等师范学校、办学形式、京师大学堂、办学组织形式、师资培训
#5	教师教育、教育实习、高师院校、教师教育模式、存在焦虑、远程教育、师范教育、发展历程、研究现状、师范教育、存在焦虑、远程教育、发展历程、研究现状、教师教育、高师院校、教育实习、教师教育模式

资料来源：笔者自制。

由表18-4不难发现，随着研究数量不断增多，内容愈加丰富，"教师教育"与"师范教育"两个研究中心的具体着眼点趋向融合，逐渐形成了相互交错的聚类。为了更为清晰地呈现中文文献中中国教师教育的研究关键热点的历时分布，本研究使用图谱可视化分析对中文文献资料进行了突变检测（Burst detection）分析（检测数据来源为关键词），共检测出4个与引用突变（Citation Burst）产生强烈关联的关键词（如图18-5所示）。

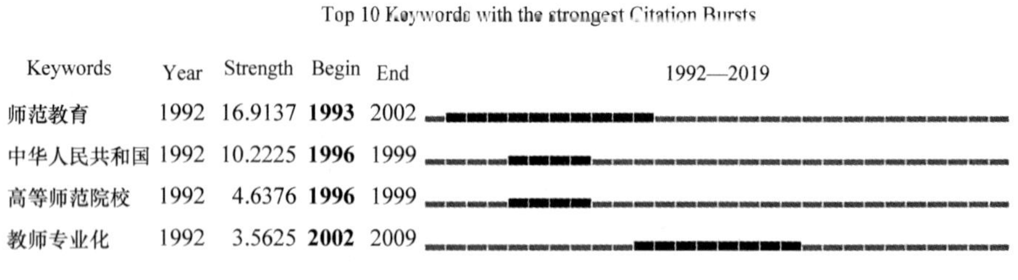

Top 10 Keywords with the strongest Citation Bursts

Keywords	Year	Strength	Begin	End	1992—2019
师范教育	1992	16.9137	**1993**	2002	
中华人民共和国	1992	10.2225	**1996**	1999	
高等师范院校	1992	4.6376	**1996**	1999	
教师专业化	1992	3.5625	**2002**	2009	

图18-5　"知网"数据库中国教师教育研究文献关键词突变检测分析[①]

资料来源：笔者自制。

如图18-5所示，在中国教师教育研究的中文文献中，由强度来看，"师范教

---

① CiteSpace应用程序与"知网"数据库数据兼容性较弱，此处图中标题应为"Top 4 Keywords with the Strongest Citation Burst"。

育"作为关键词仍是最为凸显的研究关键词（16.9137）；"中华人民共和国"作为研究关键词在该领域以 10.2225 的强度处在第二位；"高等师范院校"和"教师专业化"则分别以强度 4.6376 和强度 3.5625 处于两者之后。就时间而言，"师范教育"持续时间的强烈突变自 1993 年开始至 2002 年结束；"中华人民共和国"与"高等师范院校"作为中国教师教育研究的关键词，其突变强度自 1996 年起始，到 1999 年结束；随后，在 21 世纪初（2002 年至 2009 年），"教师专业化"在中国教师教育研究中引起强烈突变，这表明在这一阶段，中文文献中的教师教育研究主要转向了教师本身，且以教师的专业化发展作为主流的研究关键词。

二　群体凸显：英文文献中国教师教育研究热点分布

基于"知网"数据库所搜集到的 296 篇中国教师教育研究英文文献，使用 CiteSpace 应用程序进行关键词共现分析，软件参数设置除时区时间范围设为 2007 年至 2019 年外，其他参数设置与中文文献的关键词共现分析相同，分析结果如图 18-6、表 18-5 所示。

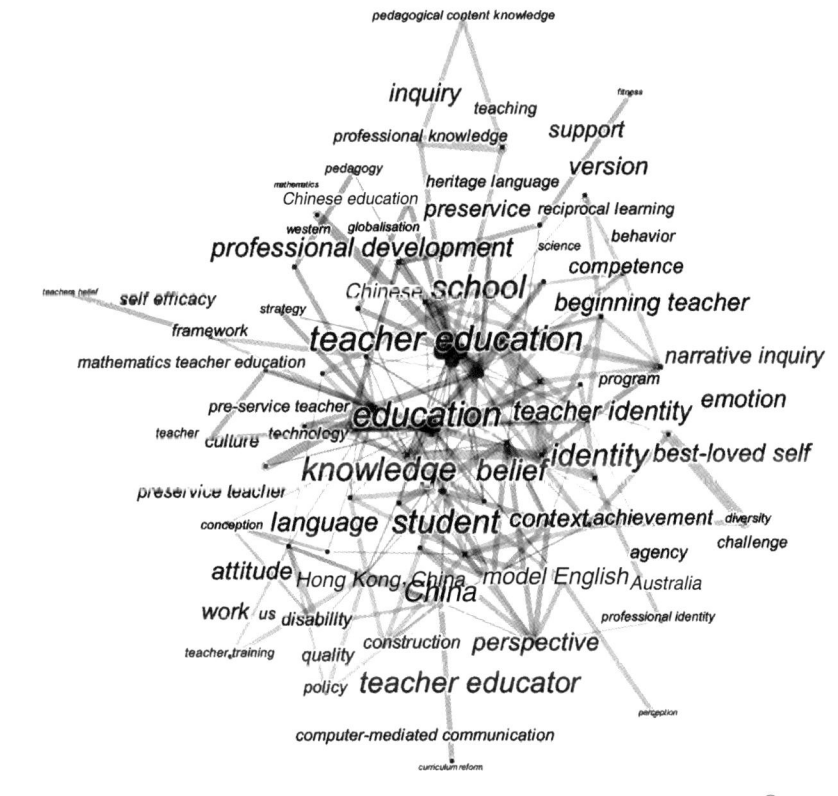

图 18-6　WoS 数据平台中国教师教育研究文献关键词共现分析[①]

资料来源：笔者自制。

---

① 为确保图中高频信息的清晰呈现，个别低频信息在图片截取过程中省去。

由图 18-6 直观可见，在中国教师教育研究的英文文献网络中，研究主要围绕"teacher education"（教师教育）和"education"（教育）两个关键词展开，此外"knowledge"（知识）、"school"（学校）、"student"（学生）和"China"（中国）4 个关键词也在两个凸显中心的周围形成了一定的次网络。结合表 18-5 则不难发现，从计量频次来看，"teacher education"（教师教育）以 52 次居于首位，"education"（教育）次之（31 次），"China"（中国）则以 28 次的计量紧随其后，"knowledge"（知识）、"student"（学生）、"school"（学校）则分别为 25 次、22 次和 14 次。

表 18-5　WoS 数据平台中国教师教育研究文献关键词共现分析计量结果[①]

Visible	Count	Centrality	Year	Keywords
√	52	0.45	2009	teacher education
√	31	0.32	2011	education
√	28	0.13	2010	China
√	25	0.33	2009	knowledge
√	22	0.19	2011	student
√	14	0.23	2009	school

资料来源：笔者自制。

就各关键词的中介中心值而言，"教师教育""知识"和"教育"分别以 0.45、0.33 和 0.32 成为该研究关键词网络的主要中心和两个次中心，对该网络的影响作用最为凸显；"student"（学生）和"belief"（信念）则以 0.19 和 0.14 的中介中心值在该网络中发挥着较为重要的影响作用；值得注意的是"identity"（身份）虽然频次并不突出（6 次），但其中介中心值达到了 0.13，与"China"（中国）并列第 6 位，在本研究网络中的影响也相对突出。与中文文献分析同理，为抽绎出研究热点的分布特点，对关键词贡献分析进行了聚类，并以时间线视图予以呈现（如图 18-7 所示）。

由聚类模块度（$Q = 0.4472$，$Q > 0.3$）可知，该聚类结构显著；轮廓系数（$S = 0.4034$）大于 0.5，表明该聚类结果的同质性较弱，意味着在中国教师教育研究的英文文献中，虽然形成了一定的聚类，但研究具体的关注点呈现出一定的多样化和异质性。

自图 18-7 可知，"teacher education"（教师教育）于 2009 年成为中国教师

[①] 表格中仅截取了计量频次大于 10 的关键词相关信息，低频信息在截取过程中省去。

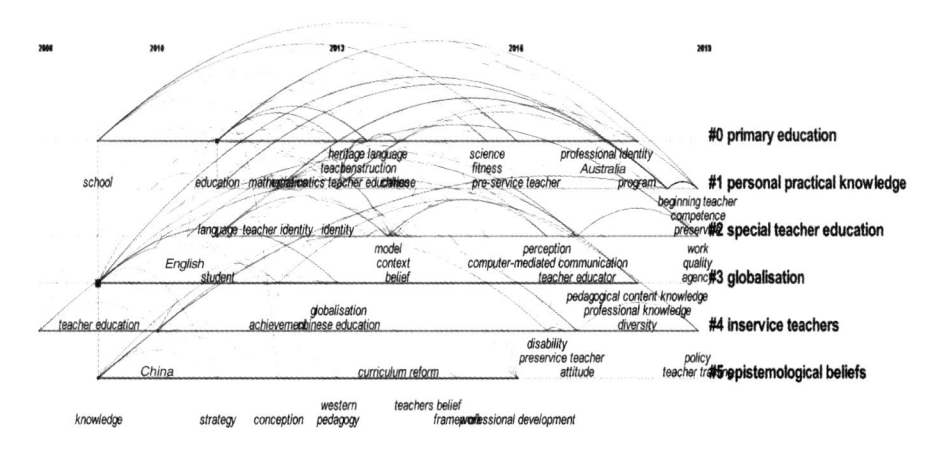

图 18-7 WoS 数据平台中国教师教育研究文献关键词聚类时间线

资料来源：笔者自制。

教育研究领域的中心，且影响作用一直持续至今。该领域研究主要集中于 6 个聚类：（1） primary education （小学教育）；（2） personal practical knowledge （个人实践知识）；（3） special teacher education （特殊教师教育）；（4） globalisation （全球化）；（5） inservice teacher （在职教师）；（6） epistemological beliefs （认识论信念）。而在各聚类术语序列中，诸多术语均以"教师教育"和"师范教育"为中心聚类，序列结果如表 18-6 所示。

表 18-6　WoS 数据平台中国教师教育研究文献关键词聚类术语序列

聚类	聚类术语序列
#0	teacher education； heritage language teacher； heritage language； teacher identity； English immersion； technological pedagogical content knowledge； mathematics teacher education； school performance； academic achievement； mathematics； primary education； educational beliefs； student teachers； Chinese education； heritage language teacher； heritage language； teacher identity； English immersion； technological pedagogical content knowledge； mathematics teacher education
#1	teacher education； narrative inquiry； collaborative partnership； pre-service teacher education； teachers' perceptions； transitions； English immersion； comparative study； explicit instruction； teachers' beliefs； teacher identity； personal practical knowledge； teacher knowledge community； best-loved self； English immersion； comparative study； explicit instruction； teacher education； transitions； teachers' beliefs
#2	teaching； approaches； closeness； research； teaching inventory； Chinese teacher education context； teacher educators； teacher education； teacher learning； special teacher education； teacher education； Chinese students； cross-border pre service teachers； teaching identity； teacher learning； special teacher education； closeness； primary education； teaching； research
#3	teacher education； professional experience； English immersion； physical education； discourse practices； new curriculum； shrinking world； content map； education； academic achievement； globalisation； migrant teachers； social injustice； Chinese education； market economy； minority education； rural-urban disparity； curricular reforms； inequity； English immersion

续表

聚类	聚类术语序列
#4	teacher education; inservice teachers; intercultural competence; personal practical theory; mastery experiences; self-efficacy; inclusive education; mathematics teaching; tongzhi students; heterosexism; tongzhi students; heterosexism; teacher training; Chinese LGBQ students; sexual prejudice; mathematics teaching; teacher education; cross-border teaching; educational equality; intercultural competence
#5	teacher education; teachers' beliefs; technological pedagogical content knowledge; design disposition; cultural values; Chinese learner; changing contexts; domain-general beliefs; English immersion; mathematics teacher education; problem; mathematics education; division; Chinese teachers; remainder; mathematics teacher education; word problems; teacher learning; foreign language education; intercultural communication

资料来源：笔者自制。

由表18-6不难看出，在各个聚类的术语序列中，除聚类#2（即特殊教师教育聚类）以外，"teacher education"（教师教育）均排在首位，再次证明了"教师教育"这一关键词在该研究网络中的核心影响力。在特殊教师教育这一聚类中，位于前列的是"teaching"（教学）与"approaches"（方法），《简明教育辞典》曾对"特殊教育"进行了如下限定：

> 运用特殊的方法、设备和措施对特殊的对象进行的教育。所谓特殊的对象，狭义的是指身心有缺陷的人，即盲、聋、哑、智力落后或肢残、病弱的儿童、青少年和成人；广义的则兼指超常儿童、有品德缺陷的问题儿童和精神病的儿童等。[①]

事实上，随着教育事业不断地发展与健全，在特殊教育的实践形态中，面向少数超常儿童开设的"少年班"，面向轻微犯罪性的青少年设立的工读学校，都属于特殊教育的范畴。因此，对于特殊教育而言，其教师教育及师资培养都应更具针对性和特殊性。面对不同的对象，教师的具体教学行为及实践方法也体现出其自身的特殊性。面对特殊的受教育群体，教学行为与实践方法是为实现特定的教学效果所必需的。

本节基于所建立的"中国教师教育研究文献资源数据库"进行了关键词共现分析，并在此基础上进一步以关键词为来源探析了中英文文献中以中国教师教育为研究主题的研究论文的聚类分布，从共时和历时两个不同视角呈现了中国教师教育研究的热点分布情况，本章第三节将在此基础上对中国教师教育研究的热点进行具体呈现与阐释。

---

① 中国知网："特殊教育"，"知网"数据库"百科"栏目，《简明教育辞典》，https：//kns.cnki.net/kns/brief/default_result.aspx，[2019-12-16]。

第三节　并行不悖：中国教师教育研究热点

为全面细致地反映国内外学术研究论文对中国教师教育的关注热点，本节将在可视化图谱分析的基础上对中英文文献中的热点逐一进行评介。为避免热点抽取的主观性，本节仍沿用上一节 CiteSpace 应用程序的关键词共现聚类分析结果，结合以上聚类分析结果，逐一探析中国教师教育的研究热点及其内涵。

一　兴制拓轨：中文文献中国教师教育研究热点

自本章第二节关键词共现的聚类分析可知，中文文献中，中国教师教育研究的热点呈现出 5 个聚类，分别为：（1）师范教育；（2）教师教育；（3）课程设置；（4）师范大学；（5）改革。因"师范教育"和"教师教育"为资料收集阶段的重要检索关键词，是限定本研究的范畴概念，同时在研究层面上属于相对的上位概念和主题限定关键词，因此在具体的热点讨论中不单独阐释，现结合具体研究内容对"课程设置""师范大学""改革"3 个热点进行逐一探析。

（一）课程设置

"课程"一词内涵丰富，涉及教材资料、教学内容、教学组织、教学评价等诸多方面，是人才培养目标与计划落实的重要实践载体。就课程研究而言，其研究范畴也涉及了教育教学的诸多层面；就过程而言，关涉课程相关政策的制定研究、课程内容的设计和方案研究、课程的具体组织与实施过程的研究，以及课程实践的效果研究。从课程设置研究来看，对教师教育的人才培养目标、教学内容、教学方法、教学评价等均有所观照。

在中国教师教育的课程设置研究中，从研究主题上看，主要分为本土化讨论及国际化比较两类。本土化讨论主要聚焦不同学段、不同学校，以及不同课程类型中，中国师范院校教师教育课程设置的构想与策略；国际化比较研究则通过将美国、俄罗斯、意大利等国家的教师教育课程设置的对比分析，与中国教师教育课程设置的发展状况进行深入比较，以从中挖掘中国教师教育课程建设的有益经验。

1. 中国教师教育课程设置研究的本土讨论

部分学者侧重于对教师教育通识类课程的设置问题，王芳亮、杨必武和张广杰认为，教师教育的通识类课程目前存在课程自身特点不明显、体系设计不科学等问题，并指出针对教师教育通识课程的改革"应通过明晰通识课程的教学目标，突出通识课程体系的人本化、综合化和特色化，来加强教师教育的通识化"[①]。

---

① 王芳亮、杨必武、张广杰：《通识教育背景下教师教育课程设置的策略》，《教育探索》2010 年第 12 期。

在通识类课程之外，东北师范大学的李广、杨宏丽等则关注了教育类课程的设置问题，于2008年通过调查研究对中国高等师范院校的教育课程设置的具体情况进行了探索。研究获取了12所师范院校以"本科教学计划"为代表的文本资料，访谈了9位主管教学领导，并面向部分学生进行了问卷调查和访谈。该研究将中国高等师范院校教师教育课程设置的问题分为八个方面：

（1）课程目标定位不准，课程体系混乱；
（2）课程内容比较陈旧，课程分布失衡；
（3）课程以教师为中心，学生主体地位缺失；
（4）课程学术性过强，缺乏主动适应基础教育的意识；
（5）课程结构模式僵化，课程资源匮乏；
（6）教育技能课程封闭，教育实践课程单一；
（7）课程忽视能力培养，课程文化肤浅；
（8）课程结构趋同，课程特色不鲜明。[①]

针对以上问题，该研究指出教师教育的课程设置应当充分彰显出师范教育的特色，并且在课程结构上要保持均衡，同时关注教师教育理论与教学实践方面的知识积累，重视教师培养的专业精神塑造和专业身份确认。[②]

除实证调查研究外，段兆兵、朱家存就中国教师教育课程设置提出了多维立体构想，提倡从中国教师教育中等师范学校、高等师范专科学校、本科师范院校及研究生阶段的教师教育四个层次，不同学科教师教育的专业维度、教师职前教育与职后教育的两个阶段，以及课程设置的理论性与实践性特征等方面整体设计，实现多层次、多维度的教师教育课程的立体化设置。[③]

专家学者们对教师教育不同类型的课程设置的现状进行了调查，并提出了相应的改进措施。整体梳理可知，中国教师教育研究课程设置研究的本土探析，主要关注了教师教育课程的价值取向、内涵特征及结构设置三个方面。

第一，在教师教育课程设置的价值取向上，相关研究均强调要立足于基础教育的师资需求，将人才培养的理念导向深植于教师教育的课程价值当中，以培育弥合师资诉求为价值导向，突出教师教育课程的师范性特征。第二，在内涵上，要突出教师教育课程的专业化内涵，将教育学及学科知识的学习与教师教育实习充分结合，寻求教师教育课程环节中理论因素与实践因素的跨层互动。第三，在结构设置方面，要兼顾纵向与横向的设置平衡性。纵向平衡主要体现在不同课程在不同培养阶段的时间安排，涉及职前教师在不同阶段的接受能力、发展需求以

---

① 李广、杨宏丽、许伟光、高夯：《我国高师院校教师教育课程设置及实施问题调查研究》，《东北师大学报》（哲学社会科学版）2008年第6期。
② 李广、杨宏丽、许伟光、高夯：《我国高师院校教师教育课程设置及实施问题调查研究》，《东北师大学报》（哲学社会科学版）2008年第6期。
③ 段兆兵、朱家存：《多维立体：我国教师教育课程设置的构想》，《课程·教材·教法》2009年第4期。

及各阶段课程之间的衔接问题；横向平衡主要关乎同一阶段不同类型课程的搭配与协调问题，力求在共时层面课程与课程之间的关涉与互补。

2. 中国教师教育课程设置研究的国际比较

在教师教育课程设置研究中，部分学者着眼于其他国家及地区的课程设置形态，深入挖掘其可资借鉴的课程理念，力图为中国教师教育课程设置的改革提供支持。孙丽莉、杨宏均关注了中国与俄罗斯的教师教育课程设置的比较问题。

就知识性课程的内容而言，1995年6月，俄罗斯国家高等教育委员会颁布了《高等职业教育国家教育标准》（后简称《标准》），该标准将俄罗斯高等师范教育的培养目标界定为四个方面，分别为一般文化方面、医学—生物方面、心理—教育方面，以及专业方面。其基本原则并不局限于任课教师的教育和培养，更侧重于"培养教育过程的组织者，培养能教授学生一定知识、技能、技巧，并依据学生的天赋、爱好和倾向性，与学生一起进行共同创造的教育家"[①]。就课程内容的设计上讲，中俄两国的教师教育课程主要区别在于俄罗斯的教师教育课程在教育、心理、文化及学科专业之外增设了医学及生物学方面的课程；从共性上看，两国的教师教育课程均体现了对教师专业知识的深度挖掘和对教师发展知识的广度延伸。

从实践环节课程设置上看，俄罗斯的教育实践环节主要分为两个组成部分，第一部分为贯穿整个教师培养学段的教育实践活动，第二部分为教育实习。与中国的主要区别在于，俄罗斯的教育实习实行年度实习制，中国的教育实习主要集中在学段的后半段。在这一问题上，孙丽莉认为"教师的工作是实践性和操作性很强的职业，职前的这种实践机会非常重要，它需要相应的时间做保证"；[②] 杨宏则侧重于俄罗斯教师教育实践活动设置的多样性（涉及参观访问、交流探讨等多种形式），认为丰富的实践环节的设置和实施有助于激发学生的创造力，培养学生的独立学习能力。[③]

除中俄对比外，学者们对中国教师教育课程设置对比研究也着墨不少。李大琪、蓝云、谭江等人以美国得克萨斯理工大学（Texas Tech University，TTU）教育学院中学教师教育课程设置为样本与中国师范院校的课程设置进行了对比和讨论。研究发现：该学校的教育类课程种类相较于中国师范院校的相关课程更为丰富，且多以选修课的形式出现，学生对教育教学相关知识的学习也比较重视。研究建议中国师范院校在课程设置方面开设教育选修课，充分激发学生的学习兴

---

① 王泽农、曹慧英主编：《中外教师教育课程设置比较研究》，高等教育出版社2003年版，第62—63页。
② 孙丽莉：《中国与俄罗斯师范教育课程设置比较引发的思考》，《黑龙江高教研究》2005年第5期。
③ 杨宏：《中俄教师教育专业课程设置比较探究》，《黑龙江高教研究》2012年第2期。

趣。① 该对比研究成果发表于1997年，现如今中国师范院校的课程设置在此方面已得到了系统性的优化，例如陕西师范大学外国语学院在其英语师范专业本科生的课程设置方案中，便开设了"班级管理与指导""教师教育行动研究""教育统计与语言测试"等与专业紧密相关的教育类选修课程。

除高等教师教育课程设置外，邱丽春、陶波就高职师范院校的教师教育课程设置进行了中美比较，研究认为中国职业技术师范学院的课程体系中教育类课程设置不足，占整体课程体系的比例较小，基于这一问题，研究提出了建立三模块构成的课程体系，分别为素质教育、学科教育以及职业教育教师技能教育。②

概言之，在教师教育课程设置的中外对比研究中，对比视角主要集中于课程设置的教师教育课程设置所涉及的内容范畴及教育实践的充分性两个问题。研究体现了中国专家学者对教师教育课程内容中的教师教育内涵的凸显性的强调及对教育教学实践环节的重视，究其本质仍是在教师教育课程设置中如何科学合理地保持"师范性"与"学术性"的相对平衡，促进两者的深度融合。

（二）师范大学

师范大学，是"培养中等和高等学校师资的专业大学。它担负着研究和传播教育科学、培养教师、提高全民族科学文化水平的重大任务。它是教育事业中的'工作母机'"③。中国师范大学主要经历了孕育、筹备、确立、发展等主要节点：

> 我国最早的师范学校是南洋公学"师范院"（1897年）和京师大学堂师范馆（1902年），它们都不是单独设校的，1903年在"癸卯学制"中正式规定了我国师范教育制度。新中国成立后，中央教育部曾设立中等师范教育司和高等师范教育司，专门管理师资培训工作。经过对高等院校的院系调整，高等师范学校全部独立设置。1952年教育部颁布了《关于高等师范学校的规定（草案）》，它规定了师范大学修业年限为四年，主要是培养中等学校师资。到1989年，经过四十年的努力，师范大学有了长足发展……④

师范大学在中国教师教育发展历程中起到了师资培养数量补充及质量提升的重要作用，关乎于师范大学的中国教师教育研究主要可以分为现状及发展探究和师范大学转型研究两类。

---

① 李大琪、蓝云、谭江、朱永新：《中美师范教育课程设置的比较》，《上海高教研究》1997年第4期。
② 邱丽春、陶波：《高职师范院校教师教育类课程设置刍议——中美职教师资培养教育类课程比较》，《职教论坛》2010年第5期。
③ 中国知网："师范大学"，"知网"数据库"百科"栏目，《国情教育大辞典》，https://kns.cnki.net/kns/brief/default_result.aspx，[2019-12-20]。
④ 中国知网："师范大学"，"知网"数据库"百科"栏目，《国情教育大辞典》，https://kns.cnki.net/kns/brief/default_result.aspx，[2019-12-20]。

1. 师范大学现状及发展探究

在师范大学发展现状的相关研究中，罗明东、陈瑶着重分析了中国师范大学所面临的教师教育改革的一种"亚制度环境"，其研究将这一环境划分为4种类型：（1）少数高水平师范院校转型为"综合大学+教育学院"；（2）部分地方重点高等师范学校以发展综合性师范大学为目标；（3）行政层面设立教师教育管理的职能部分，如教师教育科；（4）将教育学科建设作为学校的特色学科，着重于教育领域的学术研究。研究强调了"亚制度环境"下师范大学学科建设的综合化的必要性，且有益于师范大学的综合性研究型的长期发展。[1] 简言之，该研究所提出的中国师范大学所面临的"亚制度环境"实则是教师教育这一师范大学的核心价值在目前的师范大学改革与发展当中的实现形式。

除宏观的发展环境探讨外，诸多文献都将研究对象聚焦于部属师范大学的现状研究及发展路径探析。朱新梅于2002年发表文章《论我国部属师范大学的现状、问题及发展》，研究指出我国部属师范大学主要面临着教师教育发展、师资来源开放、高教体制改革、省属师范大学崛起，以及办学经费及条件五方面的挑战。[2] 教师教育事业的不断发展对教师专业素养及职业能力等都提出了更高的要求，而基础教育阶段的师资来源逐步开放，师范大学在教师行业的就业份额一定程度上受到压缩。在高教体制改革中，部分学校经过合并、改制等，实现了高等院校教育资源的优化和整合，师范院校在此方面因其师范特性与其他综合类高等院校的可耦合性较低。在办学经费及相关条件上，因为条块分割的管理体制使得部属师范院校的进一步发展有所局限。

面对以上种种问题，该研究主要提出了5点发展建议。第一，部属师范大学应当积极改革，重新确定自身的人才培养目标。调高对师资培养的要求和标准，拓宽自身教师培养的面向，除基础教师教育外，要着力培养中等职业教育教师；第二，人才培养模式多元化、弹性化发展，可将"4+0"模式、"4+2"模式、"4+3"模式、"嫁接式"模式等多种人才培养模式有机整合，建立高素质师资的养成体系；第三，优化整合课程体系及教学内容；第四，弥合教师职前教育与职后培养；第五，优化管理及激励机制。[3]

2012年后，周钧、王姣莉在发展的社会语境中讨论了中国部属师范大学的现状特征及未来的发展趋势。研究认为中国部属师范大学呈现出"走学术道路、形成综合性学科布局、建设高水平学科、改革教育培养模式、建设研究型大学以及积极落实国家师范生免费教育等六大特征"[4]，对比上述两个研究的现状分析，则不难发现，我国部属师范大学的综合化发展取得了显著的成效，但是仍要明确我

---

[1] 罗明东、陈瑶：《我国师范大学教师教育"亚制度环境"的探讨》，《教师教育研究》2007年第3期。
[2] 朱新梅：《论我国部属师范大学的现状、问题及发展》，《高等师范教育研究》2002年第1期。
[3] 朱新梅：《论我国部属师范大学的现状、问题及发展》，《高等师范教育研究》2002年第1期。
[4] 周钧、王姣莉：《我国部属师范大学的发展现状及未来趋势》，《教师教育研究》2012年第4期。

国部属师范大学与国内一流综合性大学、世界一流综合性大学之间的差距，在此基础上强化办学的教师教育特色，并持续其综合性、研究型大学发展的实践路向。

2. 师范大学转型路径研究

面对人才与教育竞争的社会语境，师范大学如何充分彰显自身特征，发挥教育优势，成为师范大学转型研究的重心。张济顺曾在研究中，基于中国教师教育的走向以及新型教师教育体系的框架和特点，对师范大学的转型问题进行了讨论。其研究认为中国教师教育的走向要体现三个"适应"：第一，中国教师教育发展要适应全面建设小康社会的宏伟目标；第二，教师作为教育资源中的第一资源，其培养与教育要适应社会对优质教育的迫切需求；第三，教育作为人才培养的基础事业，应当适应国家人才强国的战略需求。[①] 在此基础上，该研究强调，师范大学的转型要防止两种倾向：第一，要防止在定位不准的情况下盲目向综合性大学靠拢；第二，要防止在院校本身教育培养条件不成熟的情况下，"轻易涉足，仓促上马"[②]。该研究在师范院校"转型热"中切中肯綮，强调师范大学的审慎转型、科学转型。

袁奋光则以中国重点师范大学为转型研究的讨论对象，提出了"三个转型"："一是要实现从传统的师范教育向现代教师教育转型，二是要实现从单一的师范大学向以教师教育为主要特色的综合性大学转型，三是要实现从教学科研型大学向研究型大学转型。"[③] 究其根本，便是强调了师范大学转型中的现代化理念、综合性学科、研究型导向。具体而言，首先，就是要突出师范大学的教师教育特色，对自身的办学准确定位，并着力于在该定位上如何凸显学校优势；其次，要在专业设置和学科设置上实现综合化，以培养综合化的教师人才，建构综合化的师范大学；最后，在办学导向上要逐渐转型向研究型大学靠拢，作为师范大学，要培养研究型教师人才，同时找准学校与一流综合性大学之间的差距，通过研究型学校建设，提升学校的研究实力，逐渐形成研究引领教师教育，教师教育涵养研究的良性互动机制。

（三）改革

在中国教师教育研究当中，"改革"被数据提取为研究关键词，主要是以改革开放和教师教育改革两种概念存在。诸多学者关注中国改革开放以来教师教育的发展状况，该范畴的其他研究则侧重于教师教育理念、政策、课程等方面的改革研究。

1. 改革开放以来中国教师教育发展历程及趋势研究

改革开放以来，中国教师教育的发展在培养理念、制度模式、办学主体等方

---

① 张济顺：《教师教育与师范大学的转型》，《陕西师范大学学报》（哲学社会科学版）2005年第5期。
② 张济顺：《教师教育与师范大学的转型》，《陕西师范大学学报》（哲学社会科学版）2005年第5期。
③ 袁奋光：《我国重点师范大学应逐步实现"三个转型"》，《高等教育研究》2005年第1期。

面的转变可谓厥功至伟，其历史演进中的基本过程、经验得失以及对未来发展的经验，都引起了学界的关注，尤其在改革开放发展的一定时间节点处，相关研究信息如下：

由表18-7可知，聚焦中国改革开放后的教师教育发展历程的研究论文主要侧重于教师发展历程及趋势、教育政策及制度、教师专业化发展，以及教师教育课程改革等方面。

表18-7　　　　与改革开放相关的中国教师教育研究文献信息一览

序号	题名	作者	期刊	发表时间
1	改革开放30年来我国教师教育体制改革的进展	张斌贤 李子江	《教师教育研究》	2008年
2	我国教师教育改革开放三十年的历程、成就与基本经验	管培俊	《中国高教研究》	2009年
3	历史的演进与现实的走向——论改革开放三十年来我国教师教育的发展与趋势	孟引变	《课程·教材·教法》	2009年
4	改革开放30年来教师教育政策法规浅析	徐维忠	《现代教育科学》	2010年
5	改革开放以来我国教师教育政策的反思与改进	秦继新	《继续教育研究》	2015年
6	改革开放以来我国职教教师教育的历史演变及未来走向	周昊昊 张棉好	《教育与职业》	2018年
7	改革开放40年我国本科教师教育课程制度变迁	万爱莲	《河北师范大学学报》（教育科学版）	2018年
8	改革开放四十年我国教师制度的变迁与逻辑	杜明峰	《全球教育展望》	2018年
9	改革开放40年教师教育改革与未来展望	曲铁华 于萍	《教育研究》	2018年
10	改革开放40年我国教师教育政策变迁分析	闫建璋 王换芳	《教师教育研究》	2018年
11	改革开放40年来我国教师专业化的回顾与展望	黄友初	《课程·教材·教法》	2018年
12	迈向多元化的教师教育研究——改革开放40年的回顾与展望	伍远岳 杨莹莹	《教育研究与实验》	2019年

资料来源：笔者自制。

改革开放以来，中国教师教育取得了历史性的发展，管培俊将中国改革开放后的教师教育发展以1999年为节点分为两个阶段：第一阶段（1978年至1998年）是中国独立设置的师范教育体系的重建阶段，改革开放以来的前20年，师范教育整体上经历了由恢复到重建，再到发展，逐步完善的过程；第二阶段（1999年以后）则是开放性的教师教育体系探索阶段。在这一阶段，师资培养数量大幅上升，教师教育办学层次也得以明显提升，教师教育体系逐渐走向开放，教师教育模式的探索也多方位地开展起来。[①] 同时，探讨中国教师教育改革开放30年发展的还有孟引变，其研究将中国改革开放30年来中国教师教育形态的演变历程总结为坐标图示（如图18-8所示）。

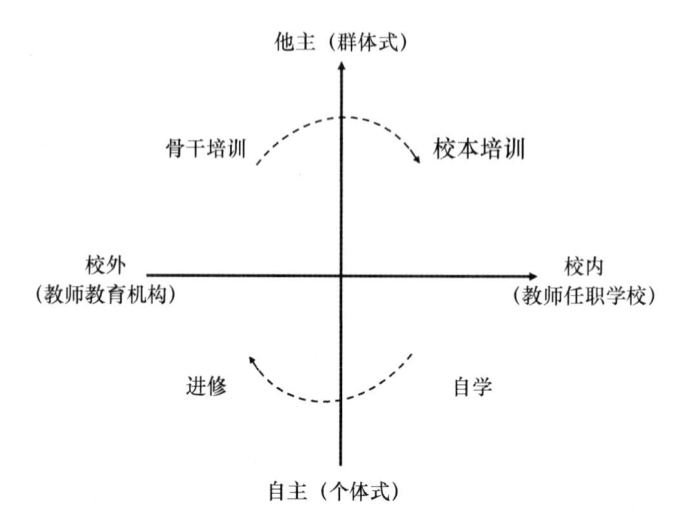

图18-8　改革开放三十年来中国教师教育形态的演变历程

资料来源：孟引变：《历史的演进与现实的走向——论改革开放三十年来我国教师教育的发展与趋势》，《课程·教材·教法》2009年第3期。

由图18-9可知，改革开放的前30年里，从教师受教育的环境形态及相应学习实践来看，从校内教师任职学校的自学方式，转向校外教师教育机构的进修，再经由骨干培训，最终回归教学岗位的教学实践，进行校本培训，可见在这一发展历程中，中国教师教育中教师的主体地位逐渐受到重视，其教育培养过程趋向一体化，教育活动的组织主体也逐步多元。事实上，这也是中国教师教育发展的一大重要趋势，教师教育形式日益多样，其教育内容与功能也逐渐丰富。

2. 中国教师教育改革研究

教师教育改革研究一直是中国教育研究中的热点问题，上至宏观的教师教育体制改革，下至微观的教师教育课程改革及师范院校的发展改革。中国教师教育改革的步伐从未停止，相关研究也与时俱进，成果颇丰。

教师教育改革研究方面，杨天平就中国20世纪80年代中叶以来教师教育改革的战略转型的实践现状进行了回顾，并将存在问题梳理为以下五个方面："高等师范院校的教师教育职能有所削弱、普通综合高校的教师教育工作没有到位、中等师范学校的教师教育资源严重流失、教师进修院校的教师教育水平亟待提高、

---

① 管培俊：《我国教师教育改革开放三十年的历程、成就与基本经验》，《中国高教研究》2009年第2期。

各级各类院校的教师教育模式落后单一"，① 针对以上问题，研究提出了相应的解决办法："第一，应以国际经验为参照，推进教师教育的本土化。……第二，应以师范院校为主体，推进教师教育的开放化。……第三，应以综合性大学为依托，推进教师教育的大学化。……第四，应以提高质量为宗旨，推进教师教育的一体化"②。

类似的师范教育改革的研究还有赵火根、陈和生的《我国师范教育改革与发展的问题与对策》，研究指出我国师范教育改革存在的问题主要表现在改革动机存在意识偏差，课程设置重理论、轻知识技能，招生宣传力度有待提升，教育理论与实践脱节严重四个方面。针对以上问题，该研究认为应当要从办学理念上突破创新，增强学校活力；从人才管理上，建设高素质教师队伍；改革招生制度，提升学校的吸引力；深化教育教学改革，激发学生的自主选择意识及自主探究能力；提升教育质量及教学特色建设；重视学生的实践活动。③

概言之，中国教师教育改革研究大多从教师教育改革的实践现状切入，挖掘表层现象下的问题所在，并根据具体情况提出了相应的解决对策及改革建议，研究内容涵盖了体制改革、理念改革、制度改革、课程改革等，涉及了宏观微观的诸多方面，为中国教师教育改革提供了可资借鉴的理论及实践路标。

二 行明知澄：英文文献中国教师教育研究热点

在自建文献资料库中，英文文献的关键词贡献分析中呈现出了6个聚类，分别为：（1）primary education（小学教育）；（2）personal practical knowledge（个人实践知识）；（3）special teacher education（特殊教师教育）；（4）globalisation（全球化）；（5）inservice teacher（在职教师）；（6）epistemological beliefs（认识论信念）。研究发现，以上聚类所提取的内容涉及了研究背景、研究主题、研究对象等多个维度，聚类"小学教育""在职教师""全球化"均为在诸多文献中涉及的研究对象或研究背景，因而在数据中得以提取，相关文献从研究主题上看仍归其他聚类，因此不单独讨论。现结合研究内容，就"个人实践知识""特殊教师教育""认识论信念"3个聚类逐一探析。

（一）个人实践知识

教师个人实践知识研究最初来源于学者们对教师知识（teacher knowledge）的研究，教师知识研究在20世纪80年代至90年代出现并逐渐成为教学研究中的热点，该研究的焦点逐步从教师所拥有的知识转向教师如何在教学实践中表达和传递知识，至此关于教师个人的实践知识研究也逐步成为教师教育研究中的一大要

---

① 杨天平：《中国教师教育制度改革的战略审思》，《中国教育学刊》2009年第6期。
② 杨天平：《中国教师教育制度改革的战略审思》，《中国教育学刊》2009年第6期。
③ 赵火根、陈和生：《我国师范教育改革与发展的问题与对策》，《江西教育科研》2006年第9期。

素。关于教师个人实践知识的定义各不相同,Connelly 与 Clandinin 在其 1988 年的研究中给出如下界定,教师个人实践知识是:

> ...a term designed to capture the idea of experience in a way that allows us to talk about teachers as knowledgeable and knowing persons. Personal practical knowledge is in the teacher's past experience, in the teacher's present mind and body, and in the future plans and actions. Personal practical knowledge is found in the teacher's practice. It is, for any one teacher, a particular way of reconstructing the past and the intentions of the future to deal with the exigencies of a present situation.[①]
>
> (……用以描述教师知识结构与指数水平的术语,个人实践知识内嵌于教师以往经验、当前思想、未来计划和行动中,它来自教师实践,是教师整合往期经验与未来意向,以应对当前的特有方式。)

简言之,教师的个人实践知识是以教师个人实践为来源,且在具体的实践过程中不断生成、持续调整的知识。在此理论框架下,Sun D. 以一个移民汉语教师作为样本对象进行了个案研究,以访谈为主,非参与性课堂观察为辅,并对该教师的课程计划、工作记录,以及教授学生的作业样本等文本进行分析。研究发现,除传统研究所强调的学校教育经历对教师个人的实践知识的显著影响之外,教师本人的身份认同及文化背景对个人实践知识及教学实践的影响也不容忽视。具体而言,教师的职业身份认同很大程度上决定了教师的教学方式以及其自身的职业发展规划。同时,社会及他人对教师的期待及形象建构也会对教师个人的身份认同产生影响。因此,研究认为教师应当准确定位自身职业的坐标,并根据有助于自身发展的经验性知识来指导自身的教学实践。[②]

此外,Li Jing, Yang Xiaohong, Cheryl J. Craig 以一个中国小学教师的线上社区为载体,以农村地区乡村学校的教师为对象,开展了长达 13 个月的叙事研究,深入了解了教师们如何积累个人实践经验,以及如何逐渐完成了自身关于教师的职业原则的建构。研究发现,线上教师知识社区对教师的专业发展以及教师身份认同都有积极的影响。[③]

有关教师个人实践知识的研究往往与教师职业认同、教师身份建构,以及教

---

① Michael F. Connelly and Jean D. Clandinin, *Teachers as Curriculum Planners*: *Narratives of Experience*, 转引自 Connelly, F. Michael, Clandinin, D. Jean., and He, Ming Fang, "Teacher's Personal Practical Knowledge on the Professional Knowledge Landscape", *Teaching and Teacher Education*, Vol. 13, No. 7, October 1997, p. 666.

② Dekun Sun, " 'Everything Goes Smoothly': A Case Study of an Immigrant Chinese Language Teacher's Personal Practical Knowledge", *Teaching and Teacher Education*, Vol. 28, No. 5, July 2012, pp. 760 – 767.

③ Jing Li, Xiaohong Yang and Cheryl J. Craig, "A Narrative Inquiry into the Fostering of a Teacher-Principal's Best-Loved Self in an Online Teacher Community in China", *Journal of Education for Teaching*, Vol. 45, No. 3, April 2019, pp. 290 – 305.

师信念等因素紧密结合。教师自身的教育背景、成长经历，以及在职业发展中经验累积，都伴随着个人实践知识的不断生成与革新，从而引起教师信念、身份建构、职业认同等诸多方面的内在变化。

(二) 特殊教师教育

从现实状况来看，缺乏合格的教师服务于特殊学生的教育一直以来都是一个国际问题。Yan Wang 和 Guanglun Michael Mu 列举了多项数据，以证明特殊学生是中国受教育群体的重要组成部分，并且指出"鉴于中国特殊教育的规模和目前面临的挑战，中国特殊教育越来越受到国际社会的关注"[1]。特殊教育对师资的需求在质与量两个层面并存，这给特殊教师教育带来了巨大的压力。特殊教师教育的规模逐步增大，面临的挑战也越来越多，相关研究、政策和实践也越来越受到重视。然而 Yan Wang 和 Guanglun Michael Mu 在其研究中指出"据我们所知，中国目前还没有对特殊教师教育进行系统、全面、情境化的考察。"[2]

该研究阐释了在中国特殊教师教育的复杂性，并对有关中国教师教育研究的英语出版物进行了系统的回顾。在此基础上，研究对中国特殊教师教育的政策制定轨迹、发展历程、发展战略和面临的挑战等进行了深入分析，并对特殊教师教育的未来发展提出了一些切实可行的建议。

第一，在特殊师资存在大量缺位的情况下，在特殊教师教育体制正式确立之前，学徒制、师徒制等非正式的师资培训形式应该并将继续在当代中国保持其突出地位，其对特殊教育行业师资补充所起到的重要作用应当得到肯定，并给予充分的重视。

第二，中国应走特殊教育教师专业化的国际化道路，把教师专业化放在特殊教师教育的核心地位。为了巩固特殊教师专业化的发展，需要中国就特殊教师的职业准入资格及职业道德、专业技能等从业条件多方面进行研究，并发布一套成体系的资格认证办法。

第三，特殊教师教育应该在跨学科的基础上进行，与医学的合作尤为重要。有特殊需要的受教育群体在接受正规教育的诉求之外，还需要教师在语言、行为、社交等诸多方面的帮助和干预。[3]

综观特殊教师教育的相关研究可知，特殊教师教育是教师教育中重要的组成

---

[1] Yan Wang and Guanglun Michael Mu, "Revisiting the Trajectories of Special Teacher Education in China through Policy and Practice, International Journal of Disability", *Development and Education*, Vol. 61, No. 4, October 2014, p. 346.

[2] Yan Wang and Guanglun Michael Mu, "Revisiting the Trajectories of Special Teacher Education in China through Policy and Practice, International Journal of Disability", *Development and Education*, Vol. 61, No. 4, October 2014, p. 346.

[3] Yan Wang and Guanglun Michael Mu, "Revisiting the Trajectories of Special Teacher Education in China Through Policy and Practice, International Journal of Disability", *Development and Education*, Vol. 61, No. 4, October 2014, pp. 346 - 361.

部分，同时也是具有多重复杂性的存在。特殊教师教育的复杂性主要体现在群体差异、知识储备、社会公平三个方面。

首先，特殊教师教育的类型具有一定的复杂性。就特殊教育本身而言，不仅仅涉及对残疾的受教育群体的教育问题，还关涉到犯罪群体、心理疾病群体，以及智力超群群体的教育问题，不同类型的特殊教育对教师的需求差异较大。

其次，特殊教师教育对教师学科知识要求具有多重性。以面向残疾学生群体的特殊教师教育为例，在教育知识、学科知识以外，教师还应具备一定医学、护理学、心理学、行为学等方面的知识，才能从容应对特殊教育中存在的各类情况。

最后，特殊教师教育不仅关乎于面向不同群体的教育公平问题，其工作对社会公平也至关重要。从受教育群体上看，当特殊教育行业的教育问题及师资问题得到充分重视后，教育公平性才能在受教育个体上得到一定程度的实现，而如何在贫困地区实现这一群体的教育及师资补充问题，还关涉到地域差异、受教育程度而引起的教育理念和价值观差异等问题。

特殊教育教师的教育问题存在以上诸多复杂性，如何提升年青一代从事特殊教育的职业动机，是当前和未来世界各国需要共同面对的又一主要课题。

（三）认识论信念

在中国教师教育研究中，梳理关于教师认识论信念的相关研究发现，作者 Chan，Kwok Wai 及其所在团队尤为凸显，现以其研究作为主要来源，对中国教师教育中的认识论信念研究进行呈现与阐释（其相关研究文献信息如表 18-8 所示）。

表 18-8　Chan，Kwok Wai 有关中国教师教育认识论信念研究文献信息一览

序号	题名	作者	期刊	发表时间
1	Revisiting the relationships of epistemological beliefs and conceptions about teaching and learning of pre-service teachers in Hong Kong	Wong, Angel Kit-yi 等	Asia-Pacific Education Researcher	2009 年
2	The role of epistemological beliefs in Hong Kong preservice teachers' learning	Chan, Kwok-Wai	Asia-Pacific Education Researcher	2010 年
3	Preservice teacher education students' epistemological beliefs and conceptions about learning	Chan, Kwok-Wai	Instructional Science	2011 年

资料来源：笔者自制。

Chan，Kwok-Wai 及其合作者关注中国教师教育中的认识论信念问题，从研究对象来看，其研究主要关注中国香港特别行政区的职前教师群体，而就研究切入点而言，则主要探讨教师的认识论信念与其学习观念的关联以及交互影响问题。

在研究中，该团队对中国香港一所大学的 604 名职前教师教育学生进行了调查研究。研究发现，认识论信念方面，被试学生倾向于相信知识不受权威人物的传授干预，亦不受天生能力的限制，而是在学习过程中努力构建的结果，知识是试验性的和不断变化的。数据分析发现，职前教师的认识论信念和其教育观念及学习观念之间存在显著的相关关系。[1]

在认识论信念与学习观念的相关关系得到论证的基础上，Chan 结合文献梳理，将这一相关关系应用于 Biggs 的 3P 课堂模式[2]当中，以挖掘认识论信念在中国香港职前教师学习观念中的作用。[3] 此外，Chan 对 231 名中国香港职前师范教育学生进行问卷调查，以深入了解他们的认识论信念和学习观念。研究通过对数据进行相关分析、回归分析和路径探析发现，认识论信念对学习观念表现出了显著的预测能力。[4] 系列研究说明，认识论信念在职前教师的学习观念中起着重要的作用。因此，在教师教育的具体实践当中，应当注重对教师的认识论信念的引导。

本章基于对数据的图谱可视化分析，从中国教师教育研究的热点范畴、热点分布及研究热点三个方面对中国教师教育研究聚焦主题进行了呈现和探析。比较中国教师教育研究相关中英文文献中所提取的研究热点不难发现，中文研究文献主要侧重于中国教师教育的宏观层面及中观层面，而英文研究文献则更为关注教师教育的微观层面。宏观上看，中国教师教育热点主要关注教师教育改革问题；中观层面上，则着重探析中国教师教育的课程设置、师范大学的发展等问题；微观层面上，研究热点主要体现在特殊教育从业教师培养以及教师的知识、信念等方面。整体上看，中国教师教育研究热点从顶层设计到具体实践，覆盖了不同层面、不同维度的研究问题，为教师教育研究的后续发展提供了充分的范式借鉴和理论支持。

---

[1] Angel Kit-yi Wong, Kwok-wai Chan and Po-yin Lai, "Revisiting the Relationships of Epistemological Beliefs and Conceptions About Teaching and Learning of Pre-Service Teachers in Hong Kong", *Asia-Pacific Education Researcher*, Vol. 18, No. 1, June 2009, pp. 1 – 19.

[2] J. Biggs 提出的 "3P 课堂模式" 即前期 (Presage)、过程 (Process) 及产出 (Product) 三个课堂环节。

[3] Kwok-wai Chan, "The Role of Epistemological Beliefs in Hong Kong Preservice Teachers' Learning", *Asia-Pacific Education Researcher*, Vol. 19, No. 1, February 2010, pp. 7 – 24.

[4] Kwok-wai Chan, "Preservice Teacher Education Students' Epistemological Beliefs and Conceptions About Learning", *Instructional Science*, Vol. 39, No. 1, January 2011, pp. 87 – 108.

第十九章　善事利器：中国教师教育研究方法

作为教育学的热点话题之一，教师教育研究的范式及方法与教育学研究有诸多雷同。教师教育研究领域中，不同研究型态的研究过程、技术、方法各有差异，但其内在共核均具备一定的经验性特征。本章将在教育研究方法的基础上，结合所收集梳理的中国教师教育研究论文，对中国教师教育研究范式及方法进行分析。

第一节　达地知根：教育研究的范式、型态及方法

对于社会科学研究在教师研究中的分类多有讨论但各有不同，未有定论的原因主要在于不同层次及维度之间的关系尚有诸多重合交错之处。为清晰呈现社会科学研究方法在教师教育研究中的型态划分，本书从概念厘定、研究范式、型态和方法等维度进行呈现。

一　哲学溯源：教育研究的范式

教育学作为社会科学中的重要组成部分，其研究范式与社会科学范式的发展紧密相关。与自然科学研究不同，社会科学的研究范式的发展演变一定程度上是在已有基础上的先后推演，而非破立更迭的新旧更替。哈贝马斯提出人类认知的三种兴趣紧密相关，诸多学者将此兴趣延伸至社会科学研究当中，而后被托马斯·S. 波普科维茨（Thomas S. Popkewitz）经由对美国社会教育科学传统的探讨，引入教育科学研究，而后逐渐形成了教育研究的基本范式。

（一）哈贝马斯：人类的三种认识兴趣

哈贝马斯对于人类认识兴趣的三分法孕育了社会科学研究范式的雏形，哈贝马斯认为在自我反思的影响下，知识和兴趣是一体的（…in the power of self-reflection, knowledge and interest are one[①]），而"人的认识兴趣决定了人的科学活动，

[①] Jürgen Habermas, *Knowledge and Human Interests*, translated by Jeremy J. Shapiro, Boston: Beacon Press, 1971, p.314.

而每一种科学活动又有它自己的特殊的认识兴趣"①。在此基础上，哈贝马斯将人类的认识兴趣分为技术兴趣（technical interest）、实践兴趣（practical interest）和解放兴趣（emancipatory interest）。

1. 技术兴趣

哈贝马斯在对实证主义、实用主义和历史主义加以区分和阐释的过程中指出："问题的解决具有一种维持兴趣的重要意义，同时也具有一种认识的意义。……我们是在最消极地加以区别的意义上谈论人对可能的技术支配所产生的指导认识的兴趣的，这种兴趣决定着研究过程的先验框架内现实的必然客体化的方向。"②技术认识兴趣的意图实则"是试图解决自然界的不可认识性和不可理解性，是排除自然界对人的盲目统治"③，自然科学便是在人与自然在力量上的博弈中，在人对技术和工具的不断占有、创新和支配当中，逐渐孕育诞生，也为社会科学研究中工具理性的发展奠定了基础。

哈贝马斯对技术兴趣的阐释肯定了工具和技术在社会和研究发展中的推动作用。同时，他反对唯技术论和唯理性论。将"兴趣"这一概念引入科学认识本身就是一种对唯技术论和唯理性论的破解。在教育层面，如若局限于对技术知识的积累的关注，而忽视了人本身的发展，则起初受助于技术，而后必受限于技术。当教育背离人本价值时，则失去了教育的原初之意。为避免社会发展过程中为技术而技术的纯工具理性发展趋势，哈贝马斯在认识兴趣问题上提出了三分法，在技术兴趣之外提出了实践兴趣和解放兴趣的存在和作用。

2. 实践兴趣

在哈贝马斯看来，技术兴趣与实践兴趣都是指导认识的兴趣。技术兴趣指导人们正确地处理人与技术之间的关系，并科学合理地对技术加以应用；实践的兴趣则引导人们全面认识并妥善处理在自我交往、人际交往以及集体交往中所产生的问题和关系。如果说技术兴趣是关于人与自然、人与工具、人与技术之间的探讨，那么实践兴趣便是人与人、个体与集体之间的观照，确保共同性的存在。这其中关涉到3个主体：个人、他人及集体，实践兴趣便是要确保个人与个人、个人与他人，以及个人与集体之间的双向观照。

从研究层面上讲，哈贝马斯强调反思的重要性，也就是在实践基础上所突显的自我意识和自我批判。实践兴趣的反思与批判精神为历史阐释学提供了理据支持。实践兴趣的存在肯定了历史阐释学的合理性和科学性，一定程度上消解了唯实证分析方为科学研究的局面。

---

① ［德］尤尔根·哈贝马斯：《认识与兴趣》，郭官义、李黎译，学林出版社1999年版，译者前言第12页。
② ［德］尤尔根·哈贝马斯：《认识与兴趣》，郭官义、李黎译，学林出版社1999年版，第130页。
③ ［德］尤尔根·哈贝马斯：《认识与兴趣》，郭官义、李黎译，学林出版社1999年版，译者前言第12页。

3. 解放兴趣

哈贝马斯认为，必须将技术兴趣、实践兴趣与解放兴趣联系起来，才能不招致误解。解放兴趣是一切认识的前提与基础，在技术兴趣与实践兴趣之间充当中间环节，帮助科学定位问题并合理地解决问题。① 哈贝马斯将解放兴趣与黑格尔在《现象学》中所阐明的反思经验紧密相连。"理性同时服从于对理性的兴趣。我们可以说，理性遵循的是解放性的认识兴趣（das emanzipatorische Erkenntnisinteresse）；解放性的认识兴趣的目的是完成反思本身"②。哈贝马斯在谈及具有历史语境下功能主义导向的社会科学研究时，他提到："它以解放的认知兴趣为指导，这种兴趣以反思为目标，并要求对其形成过程本身有所启发"。③ 可见哈贝马斯不但重视反思的效果，同时也强调反思的生成过程。解放兴趣体现的是同时关涉具体演变和最终成果的全过程反思。

就教育范畴而言，培养全面发展的人是人类教育一直以来的追求，其最终旨归是追求人的真善美并实现人性的解放。④ 解放兴趣的核心在于对人性的解放，通过教育激发人的自觉，从而实现自我解放和自由。就科学研究而言，解放兴趣强调了在研究中的反思自觉，也就是研究者在研究过程中的元认知，并在元认知当中寻求主观意识与理性反思的耦合。

长久以来，哈贝马斯关于认识与兴趣的论断遭到了诸多学者的批判，认为其有强烈的唯心主义倾向，本研究无意介入学界关于哈贝马斯思想的唯心与否的争论，以上论述仅就其所提出的三种人类的认识兴趣对社会科学研究，尤其是教育科学研究，在范式和内容上的启示予以阐释。

（二）波普科维茨：教育研究的三种范式

波普科维茨将哈贝马斯所提出的三种认知兴趣引入教育科学研究中，并提出美国社会教育科学有三种传统：实证分析科学（empirical-analytic science）、符号科学或语言科学（symbolic or linguistic inquiry）和批判科学（critical science）。波普科维茨认为这三种科学传统均可以被看作教育研究的范式（paradigm）——实证分析范式（empirical-analytic paradigm）、符号范式（symbolic paradigm）、批判范式（critical paradigm），而这三种范式分别隐含着各自不同的假设、价值以及认识兴趣。

实证分析范式旨在探寻规律本身；而符号范式则关注人类互动所产生的规则制定过程，以及在所指定的规则之下的互动行为；批判范式则聚焦于社会关系在

---

① 欧力同、张伟：《法兰克福学派研究》，重庆出版社1990年版，第133页。
② ［德］尤尔根·哈贝马斯：《认识与兴趣》，郭官义、李黎译，学林出版社1999年版，第201页。
③ Jürgen Habermas, *On the Logic of the Social Sciences*, translated by Shierry Weber Nicholsen and Jerry A. Stark, Cambridge and Massachusetts: The MIT Press, 1998, p. 188.
④ 单美贤：《论教育的专业性、实践性和全面性——从哈贝马斯认识兴趣看当代中国教育》，《南京师大学报》（社会科学版）2012年第4期。

历史上的发展,以及历史发展中研究技术来对人的能动性的弱化过程。① 在教育研究领域,以上三种范式均有具体的研究实践表征。

1. 实证分析范式

实证分析范式是西方社会科学的主流范式,在波普科维茨看来,实证分析范式的研究目的与物理及生命科学的研究目的并无二致。实证分析范式强调研究的体系化和规范化,其中暗含着哈贝马斯所提出的人类认识的"技术兴趣","技术兴趣主张合理应用技术,以实现特定情境下的特定目标"。②

首先,在实证分析范式中,研究所得出的理论应当具有普适性,且不因具体情景的变化而变化,具有一定的稳定性。发展完善的理论应当是不言自明的。其次,实证分析范式是客观研究范式,其研究的具体表述也不应该受人为价值目标的干扰。实证分析的客观性主要体现在对研究过程的实施与检测,以及对研究结果的呈现,都应当避免人为因素的影响。再次,实证分析范式下,社会科学是体系化的变量,在这一体系当中,不同变量相互独立的同时也相互作用。在具体的研究中,应当对变量之间的影响加以控制,以尽量保障研究的有效性。又次,实证分析的研究范式中暗含着对形式化知识(formalized knowledge)的推崇和信仰。这就要求在研究实施前对变量进行清晰且准确的界定,并基于此给出具体的操作化定义。最后,实证分析的研究范式倾向于以数理计算作为理论建构的基础。③

需要澄清的是,虽然数学计算是实证分析范式重要的工具,但这并不意味着实证分析范式可以等同于量化研究。事实上,观察、访谈等也是实证分析范式的重要研究策略,通过对研究参与者行为及活动的实证观察,挖掘并深化对相关研究概念和研究命题的理解。

2. 符号范式

符号范式也被称为解释范式(interpretative paradigm),或解释学范式(hermeneutic paradigm),主要体现在对规则的制定(rule-making)和对规则的遵从(rule-governed),而在符号范式中,"规范"一词的内涵也由其规定性本质发生了转变,逐渐关注人际交流以及人的行为和意图,从微观的人种学的角度切入,探析社会语境下人与人之间行为的互动及话语意义的协商。这便是人类文化社会相较于物质社会的区别性特征,文化研究的焦点之一便是人类对符号的创造和实用,波普科维茨在书中谈到"人类的独特品质便存在于人类为意义交流和日常生活解

---

① Thomas S. Popkewitz, *Paradigm and Ideology in Educational Research*, London and New York: The Falmer Press, 1984, p. 32.
② Thomas S. Popkewitz, *Paradigm and Ideology in Educational Research*, London and New York: The Falmer Press, 1984, p. 40.
③ Thomas S. Popkewitz, *Paradigm and Ideology in Educational Research*, London and New York: The Falmer Press, 1984, pp. 36 – 38.

读所创造出的符号当中"。①

在一定的情境下，人们创造共识性的规范，并依据此规范活动，而这一共识性的规范当中，主体间性（intersubjectivity）是一个不可或缺的要素。就社会的共同规范而言，其对人行为的约束并不取决于规范的客观性，而是由人的主体间性决定的。波普科维茨以测试（test）为例，对这一点进行了阐释：就测试而言，其结果并不是由被试的个人特征或是测试工具决定的，而是由所达成的社会共识决定的，这种共识使人们能够以特定的方式解释测试结果，并就测试的有效性达成一致。② 社会共识便逐渐形成于人的主体间性的不断发挥作用的过程当中。本质上，实证研究范式的科学性也是人类所达成的高度共识的一种体现。

从某种意义上讲，实证分析范式与符号范式的研究目的有一定的共同之处，两种研究范式都是基于社会现象完成对理论的建构。其区别在于，实证分析范式所建构的理论侧重于"理"，其目的是建构如公理一般的理论，重心在于理论在限定研究范畴内的确定性；而符号范式则侧重于"论"，趋向于挖掘社会事件及社会活动中对社会规则的潜在影响因素。

3. 批判范式

批判范式是伴随着社会的快速发展产生的，在其产生及发展过程中，有两个主要趋势：遗留趋势（residual tendency）和生成趋势（emergent tendency）。遗留趋势，顾名思义，指的是先前发展过程中的社会要素在当下发展中的遗留；而生成趋势则主要侧重于伴随发展而新生的社会要素。一般情况下，遗留的社会文化要素与当下主流文化保持着一种相离且相连的关系，一些在价值观念上符合主流文化趋势的遗留要素，会在新的历史语境下被重新批判解读，并最终融入主流社会文化当中。而生成趋势中的社会要素则以创新为核心价值，新的意义、价值、事件以及其之间的关联都在发展的生成趋势中被不断地创造，而这种创新与主流社会文化密切相关，并不断为主流文化提供新的视角。③

正如哈贝马斯所言，"自我反省的实际后果是态度的改变，这种改变是由对过往的因果关系的洞察引起的"。④ 批判范式为研究提供了一个观察者的视角，通过对价值、意图及行为的反思，更加准确且客观地探究不同价值观念、不同活动意图、不同社会行为之间的关系。但批判范式的内在理念并不仅仅停留在对先前社会文化要素的批判，更多的是在保留有益要素的同时，激发社会发展的生成趋势，最终改变世界。在理论层面的反思和改变世界的实践之间，批判起到了至关

---

① Thomas S. Popkewitz, *Paradigm and Ideology in Educational Research*, London and New York: The Falmer Press, 1984, pp. 40-41.

② Thomas S. Popkewitz, *Paradigm and Ideology in Educational Research*, London and New York: The Falmer Press, 1984, p. 42.

③ Raymond Williams, *Marxism and Literature*, Oxford and New York: Oxford University Press, 1977.

④ Jürgen Habermas, *Theory and Practice*, translated by John Viertel, Boston: Beacon Press, 1974, p. 39.

重要的作用。

实证分析范式、符号范式和批判范式共同构成了教育科学的三大研究范式。而在质性研究与量化研究的历史论战中,量化研究曾一度被认为在某种意义上等同于实证研究,而质性研究则主要与诠释论和批判论相连。本研究认为,量化研究与质性研究同为实证研究概念下有不同侧重的研究型态,并且与不同的数据收集、数据分析方法紧密相关。

二 较若画一:教育研究的型态与方法

教育研究领域中,就研究的类别而言,诸多学者所持观点各不相同。Louis Cohen、Lawrence Manion 和 Keith Morrison 在其合作的专著 *Research Methods in Education*(《教育研究方法》)中对教育研究方法的划分进行了系统的阐释。[①] 书中从教育研究类型(style)出发,将研究划分为自然研究及人种志研究(naturalistic and ethnographic research),历史研究及文献研究(historical and documentary research),调查研究、纵贯研究、横断研究及趋势研究(surveys, longitudinal, cross-sectional and trend studies),基于互联网研究及计算机使用(internet-based research and computer usage),案例研究(case studies),追溯性研究(ex post facto research),实验、准实验、个案研究及元分析研究(experiments, quasi-experiments, single-case research and meta-analysis)和行动研究(action research)八个大类。该分类方式涉及研究路径、方法、策略、技术等多个层面,因此不同研究型态之间在概念上多有重合。

考虑到教育研究型态中的概念重合问题,徐辉、季诚钧就高等教育的研究方法进行了分析,并将高等教育研究方法分为"定性与思辨""定量与实证"两类,[②] 并对以上两种类别的具体方法及特征进行了描述(如表 19-1 所示)。

表 19-1   方法分类及其特征一览

方法类别	具体方法	特征
定性与思辨	感悟性思辨分析方法	以自身经验、学识积累出发对研究对象进行解释或阐述
	哲学性思辨分析方法	引用哲学观点或从哲学高度进行相关论述
	历史性思辨分析方法	利用历史资料、历史事实对研究对象进行思辨阐发
	比较性思辨分析方法	对不同时期、地点的教育问题进行考察比较、阐述观点
	多学科思辨分析方法	从经济学、法学、系统理论等学科出发探讨高等教育问题

---

① Louis Cohen, Lawrence Manion and Keith Morrison, *Research Methods in Education*, New York: Routledge, 2007.
② 徐辉、季诚钧:《高等教育研究方法现状及分析》,《中国高教研究》2004 年第 1 期。

续表

方法类别	具体方法	特征
定量与实证	观察方法	在自然状态下有目的、有计划地观察研究对象的状态和现象
	调查方法	有目的、有计划地搜集研究对象的有关资料
	个案研究	选择典型的案例加以研究，并得出一般结论
	数学分析	运用数学手段对数据进行处理，探寻事物关系
	实验方法	有意识地控制变量，揭示事物之间的因果关系
	多学科方法	从其他学科出发进行相关的定量与实证研究

资料来源：徐辉、季诚钧：《高等教育研究方法现状及分析》，《中国高教研究》2004年第1期。

该研究对高等教育研究方法的分类引起了学界的讨论，其中，冯向东认为将"定量研究和定性研究视为两种基本的研究类型或是两种不同的'研究范式'，而把实证和思辨视为这两类研究的重要方式或者典型特征。这种观点是可以商榷的"[①]，并且在其研究中提出应当将"定量研究与定性研究视为对所获得的研究资料做形式处理的方法，而把实证研究与质的研究视为更高层次的经验研究方法"[②]。而后我国诸多学者就教育研究领域研究型态及策略的分类进行了探究。

国内学者高耀明和范围基于对高等教育研究相关文献的梳理，将研究方法分为思辨研究、质性研究和定量研究3类。[③] Olatz Lopez-Fernandez 与 Jose F. Molina-Azorin 则将研究分为理论研究（theoretical）和实证研究（empirical）两大类，并进一步将实证研究分为量化研究（quantitative）、质性研究（qualitative）和混合研究（mixed）3个次类（见图19-1）。

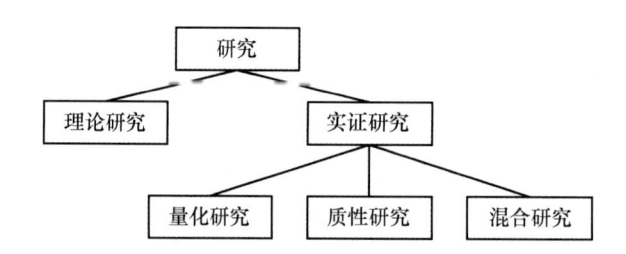

图19-1 Olatz Lopez-Fernandez 与 Jose F. Molina-Azorin 的研究方法分类

资料来源：Olatz Lopez-Fernandez and Jose F. Molina-Azorin, "The Use of Mixed Methods Research in the Field of Behavioural Sciences", *Quality and Quantity*, Vol. 45, No. 6, October 2011, pp. 1459–1472. 图为笔者根据该资料自制。

[①] 冯向东：《高等教育研究中的"思辨"与"实证"方法辨析》，《北京大学教育评论》2010年第1期。
[②] 冯向东：《高等教育研究中的"思辨"与"实证"方法辨析》，《北京大学教育评论》2010年第1期。
[③] 高耀明、范围：《中国高等教育研究方法：1979—2008——基于CNKI中国引文数据库（新）"高等教育专题"高被引论文的内容分析》，《大学教育科学》2010年第3期。

采用类似的分类方法的还有陆根书、刘萍等人，陆根书等基于文献梳理以及对国内外 9 种教育研究期刊的分析，将高等教育研究分为思辨研究、实证研究两大类，实证研究下有质性研究、定量研究和混合研究 3 个类别，同时将质性研究和定量研究根据具体数据收集方式及数据分析路径的不同，进行了具体研究方法的分类，并对不同类别下具体的研究方法的特征进行了阐释，[①] 其具体分类如表 19-2 所示。

表 19-2　　　　　　　　　　　教育研究方法的分类

思辨研究	通过言辞辩论对事物性质进行探讨，包括文献综述、概念分析、理论研究等		
实证研究	质性研究	案例研究	以特定的事件为观察对象并提出参考性或咨询性意见的研究
		叙事研究	通过故事叙述的形式来揭示研究对象的内在世界
		历史研究	对具有标志性意义的重大历史事实进行逻辑分析，揭示历史发展规律，寻找历史对今天的启示
		行动研究	研究重点不在于描述事实，而在于制定行动方案，改善行动
		民族志研究	强调实地考察、进行田野研究，解释研究对象独特地理解世界的方式和生活方式
		文本分析	以搜集到的文本资料为对象，对其进行比较、分析、综合，从而提炼出更深刻、全面的见解
		话语分析	对话语的有关维度进行综合性的描述，包括语言使用、信念传递、社会情境中的互动等，也包括批判性话语分析
		其他质性研究	不属于上述 7 类的其他质性研究
	定量研究	定量研究包括采用描述性统计分析、方差分析、回归分析、时间序列分析、生存函数分析等方法的研究，也包括采用分层线性模型（HLM）、数据包络分析（DEA）、社会网络分析等高级统计分析方法的研究	
	混合研究	既采用质性研究方法，又采用定量研究方法的研究	

资料来源：陆根书、刘萍、陈晨、刘琰：《中外教育研究方法比较——基于国内外九种教育研究期刊的实证分析》，《高等教育研究》2016 年第 10 期。

由表 19-2 可知，该分类方法在一级编码（"思辨研究"与"实证研究"）与二级编码（"质性研究""定量研究""混合研究"）两个层级上，与 Olatz Lopez-Fernandez 与 Jose F. Molina-Azorin 的分类（一级编码："理论研究""实证研究"；二级编码："质性研究""量化研究""混合研究"）以及高耀明、范围的分类除非实证研究之外基本一致。

[①] 陆根书、刘萍、陈晨、刘琰：《中外教育研究方法比较——基于国内外九种教育研究期刊的实证分析》，《高等教育研究》2016 年第 10 期。

在对质性研究与定量研究的具体研究方法划分中，该研究选取了不同的分类标准。针对质性研究，陆根书等人从数据的具体来源对象及收集方法出发，将质性研究分为案例研究、叙事研究、历史研究、行动研究、民族志研究等；面向定量研究，则主要着眼于数据的分析方法，将其分为采用描述性统计分析、方差分析、回归分析等多种统计分析方法的研究。就混合研究而言，该研究简要介绍了混合研究的基本特征，未进行进一步分类。

从以上诸多分类方式可以看出，教育研究型态及方法的分类尚未形成统一且清晰的划分标准，其原因之一是在研究范式、型态、方法等概念层面稍显混乱，对概念本身的定义方式不同，导致了具体分类之间的概念重合。本书结合已有文献的研究成果及社会科学研究的相关成果，对教育研究从非实证研究型态论真、教育研究型态与方法谱系两个层面进行梳理和划分。

（一）非实证研究型态论真

教育研究型态划分上的纠葛主要在非实证研究方面，如前文所述，徐辉、季诚钧将量化研究和质性研究分别与思辨研究和实证研究相连，并且形成了"思辨与质性""量化与实证"的对立关系。Olatz Lopez-Fernandez，Jose F. Molina-Azorin，高耀明，范围均将非实证研究统一划归为"理论研究"，而陆根书、刘萍等则将非实证研究定义为"思辨研究"。究其本质，是不同分类标准之间的掺杂。现就研究分类标准及质性研究的属性对不同研究型态进行界定。

1. 理论研究与思辨研究

"理论研究"与"应用研究"是一组对应概念，其主要是从"教育研究成果的直接影响角度所作的区分"[①]；而"思辨研究"与"实证研究"相对，是以"研究问题的特征及所规约的研究方法体系"[②] 区分出的两种研究型态。

思辨研究与实证研究是一组相对应的研究概念，思辨研究（conceptual research）通常与抽象的概念或理论相关，在思辨研究中，"研究者可以运用逻辑推理或信仰的方式去把握"[③]；而实证研究则主要依赖于经验或观察，以数据为基础进行分析，实证研究所得出的结论也可以通过观察或实验加以验证。

就理论研究与应用研究而言，顾明远曾对理论研究和应用研究这一对概念进行过界定，"理论研究亦称基础研究，是指能够直接为教育理论知识体系增添新的内容的研究；应用研究是用来解决实际教育问题或者为教育改革和发展提供有用知识的研究"[④]。此外，C. R. Kothari 在 *Research Methodology：Methods and Tech-*

---

① 顾明远主编：《中国教育大百科全书》第 2 卷，上海教育出版社 2012 年版，第 968 页。
② 顾明远主编：《中国教育大百科全书》第 2 卷，上海教育出版社 2012 年版，第 968 页。
③ 顾明远主编：《中国教育大百科全书》第 2 卷，上海教育出版社 2012 年版，第 968 页。
④ 顾明远主编：《中国教育大百科全书》第 2 卷，上海教育出版社 2012 年版，第 968 页。

niques 一书中也对以上两类研究进行了区分。① 书中提到：

>……应用研究的核心目标是为紧迫的实际问题寻求解决办法，而基础研究的目的则是挖掘具有广泛应用基础的信息，并将其加入现有的组织化的科学知识体系当中。②

综合以上区分理念可知，理论研究与应用研究本质上是在实践与理论两个主体之间的不同方向运作的研究过程，就理论研究而言，是从实践探索中不断积累和挖掘具有普适性的信息，并将其提升到理论的层面，发展和补充已有的学科理论体系；而应用研究则是利用以后的理论框架和具体内涵去解决尚未解决的现实问题。

2. 质性研究之方法论归属

在质性研究的方法论归属问题上，部分学者认为质性研究与量化研究为完全不同的两种研究型态，且质性研究与思辨研究均为非实证研究范畴。本研究认为质性研究与量化研究之间并非对立关系，且两者均为实证研究下的重要研究型态。现从实证研究和质性研究的特征出发，以理清其间关联。

陈向明曾基于社会科学研究的 4 种范式（实证主义、后实证主义、批判理论、建构主义）将质性研究的理论范式归结为后实证主义、批判理论和建构主义 3 种范式，并从研究方法的角度上讨论了质性研究的特征。③

>而"质的研究"却十分强调研究者在自然情境中与被研究者互动，在原始资料的基础上建构研究的结果或理论，其探究方式不包括纯粹的哲学思辨、个人见解和逻辑推理，也不包括一般意义上的工作经验总结。……"质的研究"与"量的研究"有一定的共同之处，即：两者都强调研究中的经验主义成分；尽管收集的资料类型以及分析资料和利用资料的方法有所不同，但是都必须有深入、细致、系统的调查资料作为基础……④

此外，Norman K. Denzin 和 Yvonna S. Lincoln 也曾对质性研究的内涵做出过如下描述："定性研究涉及对各种经验材料的研究使用和收集"。⑤

---

① C. R. Kothari, *Research Methodology: Methods and Techniques*, New Delhi: New Age International (P) Ltd., Publishers, 2004.
② C. R. Kothari, *Research Methodology: Methods and Techniques*, New Delhi: New Age International (P) Ltd., Publishers, 2004, p. 3.
③ 陈向明：《质的研究方法与社会科学研究》，教育科学出版社 2000 年版。
④ 陈向明：《质的研究方法与社会科学研究》，教育科学出版社 2000 年版，第 23 页。
⑤ Norman K. Denzin and Yvonna S. Lincoln, eds., *The SAGE Handbook of Qualitative Research* (Fifth Edition), California: SAGE Publications, Inc., 2018, p. 43.

综上所述，质性研究本身虽未涉及数字化信息的统计及分析，但其所分析的数据同量化研究一样，来自实证资料。同时，质性数据的收集强调数据环境的自然性，并尽可能地通过反思等途径确保基于研究分析、编码、阐释所建立的理论与所研究的现实情境同构。据此，本研究将质性研究列为实证研究的下位型态之一。

（二）教育研究型态与方法谱系

在对理论研究、思辨研究的辨析以及对质性研究归属厘定的基础上，本书将教育研究型态划分为实证研究与思辨研究两类，并结合约翰·W.克雷斯威尔（John W. Creswell）和陆根书等对研究设计的划分，进一步将实证研究分为量化研究、质性研究和混合研究3种型态（如图19-2所示）。

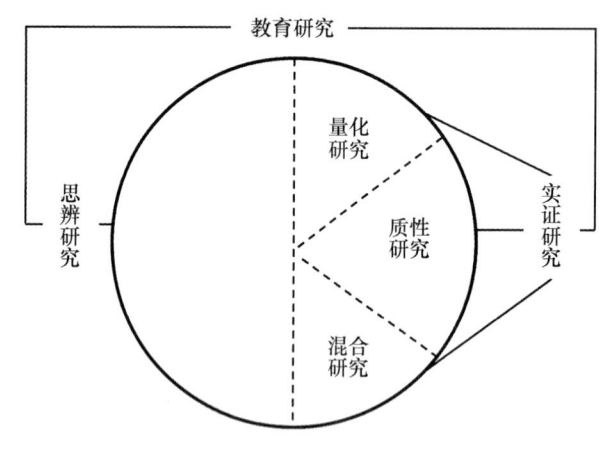

图19-2　教育研究型态[①]

资料来源：笔者自制。

事实上，就思辨研究的显著特征——逻辑推理而言，在实证研究设计中也必然会有所涉及，本书所划分的研究型态以及下文将要探讨的研究方法均非排他性、一元性的阐释，而是基于研究最为凸显的型态和方法予以分类界定。

在质性研究、量化研究和混合研究的讨论中，克雷斯威尔做出了较为清晰的区分。克雷斯威尔将研究设计分为质性研究、量化研究及混合研究3类，并对其所蕴含的世界观及相应的研究方法进行梳理（如表19-3所示）。

由表19-3可知，从具体的研究策略（方法）角度上看，克雷斯威尔将质性研究的主要研究方法归纳为现象学研究、扎根理论、人种志（也称民族志）、个案研究和叙事研究五种，量化研究的分类则主要涉及调查研究和实验研究两种，混合研究的分类则主要根据研究设计中所涉及的质性研究方法与量化研究方法的

[①] 本图仅呈现型态，不涉及对所占比重的映射。

结合方式，将其划分为序列性研究、并行性研究和变革性研究3类。现基于克雷斯威尔对3种实证研究的研究类型的划分，结合教育学科研究的特征，对教育实证研究采取的主要研究方法进行梳理。

表 19 – 3　　　　　　　　质性研究、量化研究及混合研究路径[①]

	质性研究路径	量化研究路径	混合研究路径
哲学假设	建构主义知识观	后实证主义知识观	实用主义知识观
调查策略	现象学研究 扎根理论 人种志 个案研究 叙事研究	调查研究 实验研究	序列性研究 并行性研究 变革性研究
方法	开放式问题 生成性方式 文本及影像数据	封闭式问题 预设性方式 数字数据	开放式及封闭式问题 生成性及预设性方式 量化及质性数据 量化及质性分析
研究者的实践行为	置身其中 收集参与者意义 聚焦于单一概念或现象 研究中包含个人价值观念 研究参与者所处语境及情景 确认研究的准确性 对数据进行阐释解读 提出改善或变革方案 与研究参与者合作	测试或验证某种理论或解释 明确研究变量 联系变量与研究假设（问题） 使用信度及效度标准 通过数字观察或测量信息 使用客观方式 使用统计流程	收集质性数据和量化数据 进行合理混合 将不同阶段的数据整合 呈现研究过程的流程图 包含质性和量化研究实践

资料来源：John W. Creswell, *Research Design: Qualitative, Quantitative, and Mixed Methods Approaches* (3rd ed.), California: SAGE Publications, Inc., 2009, p. 17.

就量化研究而言，教育研究与一般的社会科学研究方法大致相同，主要涉及实验研究及调查研究两种。详细探究这两种研究方法的特征可知，实验研究根据抽样方法的不同，实则包含两种方法：实验研究与准实验研究。其中，实验研究一般采取随机抽样的方法，尽可能地保证研究样本对整体的代表性，但囿于现实条件的限制，部分实验研究会采取方便抽样的方法对研究问题进行研究，此类便为准实验研究。而调查研究则并非量化研究的专属方法，其研究型态的划分取决于所收集数据的类型以及对数据的分析方法，调查研究中，问卷调查是其数据收集方法之一，以问卷为例，如果以量表等方式呈现，并对数据进行统计分析，则为量化的调查研究；如果以开放式问题进行数据采集，并对数据进行编码等分析，则为质性的调查研究。

---

① 本表在引用时进行了翻译和删减。

在实验研究与量化的调查研究之外，技术革新和分析软件的不断开发，为量化研究补充了新的方法，如 Biconmb、CiteSpace 应用软件，为对已有文献的词类共现分析提供了技术支持，使研究者可以基于相对充足的数据在短时间内获取目标研究范畴的分布、热点、聚类等各类数据信息，元分析方法（meta-analysis）逐渐普及，并在教育科学研究中得以推广。

基于以上讨论，本研究将量化研究的具体研究方法分为实验研究、准实验研究、调查研究（量化）及元分析研究，并结合米歇尔·刘易斯·伯克、艾伦·布里曼、廖福挺（Michael S. Lewis-Beck，Alan Bryman，Tim Futing Liao）共同编著的《社会科学研究方法百科全书》（*The SAGE Encyclopedia of Social Science Research Methods*）① 将其主要特征列示如下（见表 19-4）。

表 19-4　　　　　　　　　　　　　　量化研究方法

量化研究方法		特征	
实验研究	实验研究	对实验样本对象进行有计划的实验干预	随机分配（random assignment）
	准实验研究		非随机分配（nonrandom assignment）
调查研究（量化）		以量表、问卷等多种形式对特定研究问题进行直接或间接的数据收集，并对所收集数据进行统计分析	
元分析研究		对一定范围的研究结果进行统计分析，并将统计分析结果进行整合	

资料来源：笔者自制。

一直以来，质性研究好似一个"松散的联合体"②，但在学者们通过质性研究对中国教育现状的不断探索中，逐渐形成了一系列教育质性研究的主要研究路径，主要包括教育民族志、教育现象学研究、扎根理论、教育叙事研究和教育话语分析，③ 结合表 19-3 不难发现，杨帆、陈向明与克雷斯威尔对质性研究的进一步划分有一定的相似性，均包含现象学研究、扎根理论、人种志（民族志）以及叙事研究四类，但对于该分类的上位概念的定位有所不同，克雷斯威尔将其确定为调查策略（inquiry strategies），杨帆、陈向明则将其划归为研究路径，对此，本研究中暂统称为质性研究方法。

从数据收集角度上看，质性研究常用的数据收集方法主要有访谈法、观察法及文献资料法；从数据分析角度来看，质性研究的区别性特征在于其以研究本身作为开展分析的主体，对所收集数据进行阐释并在此基础上进行意义或理论的建构。莎兰·B. 麦瑞尔姆（Sharan B. Merriam）所著的《质性研究——设计与实施

---

① Michael S. Lewis-Beck, Alan Bryman and Tim Futing Liao eds., *The SAGE Encyclopedia of Social Science Research Method*, California: SAGE Publication, Inc., 2004.
② 杨帆、陈向明：《论我国教育质性研究的本土发展及理论自觉》，《南京社会科学》2019 年第 5 期。
③ 杨帆、陈向明：《论我国教育质性研究的本土发展及理论自觉》，《南京社会科学》2019 年第 5 期。

指南》(*Qualitative Research: A Guide to Design and Implementation*) 则从研究目标着眼，将质性研究方法划分为：案例研究 (qualitative case research)、现象学研究 (phenomenology)、批判性研究 (critical qualitative research)、民族志研究 (ethnography)、扎根理论 (grounded theory) 和叙事研究 (narrative analysis) 六类。[①] 为清晰且明确呈现质性研究在教师教育研究中的具体研究方法及策略的应用，本研究结合教育研究的具体方法的使用情况，在麦瑞尔姆的分类基础上，增加文本分析 (text analysis)、行动研究及调查研究 3 种质性研究方法，各方法的具体特征如表 19-5 所示。

表 19—5　　　　　　　　　　　质性研究方法

质性研究方法	特征
个案研究	对有界的（一个或多个）研究对象进行深入分析，强调基于研究对象的自身经历及其对外部世界的认识进行意义抽绎与意义建构
现象学研究	对研究对象的经历以及其经历的意识化过程进行分析，从现象切入，聚焦研究对象经历中的共核因素在意识上的呈现结果
批判性研究	一般研究对象为宏观语境而非微观个体，强调社会力量的动态性，侧重于通过批判和挑战，以实现力量结构的改变和新社会力量的赋权
民族志研究	对特定的研究群体进行深入分析，从其行为模式 (behavior patterns) 对该群体的信仰、价值观、态度等进行抽绎和建构
扎根理论研究	通过对研究数据的充分分析和逐级编码，最终完成新理论的建构
叙事研究	以研究对象所提供的叙述性文本作为数据，对研究对象的过程性经历进行分析，以完成意义建构
文本分析	对特定的文本资料进行分析，旨在系统、深刻地挖掘文本思想及内涵要旨
行动研究	研究者本身既为研究者又为具体研究的实践者，通过对自身的认知和反思，以及个人以外的研究情境进行分析，最终完成对特定研究范畴的意义建构
调查研究	以开放式问题问卷、访谈等多种形式对特定研究问题进行直接或间接的数据收集，并对所收集的文本数据进行意义探究

资料来源：笔者自制。

在具体的研究中，部分研究为了同时兼顾研究的广度和深度，或根据不同研究阶段的设计需要，同时使用了量化研究方法和质性研究方法，即混合研究方法。本研究采用克雷斯威尔在 2015 年对混合研究的划分方法，按照混合研究设计中量

[①] Sharan B. Merriam, *Qualitative Research: A Guide to Design and Implementation*, San Francisco: Jossey-Bass, A Willy Imprint, 2009.

化研究与质性研究的整合方式将混合研究分为6种：聚敛式混合研究（convergent design）、解释性混合研究（explanatory sequential design）、探索性混合研究（exploratory sequential design）、干预性混合研究（intervention designs）、社会正义混合研究或转型混合研究（social justice/transformative designs）、多阶段评估混合研究（multistage evaluation designs），其具体特征如表19-6所示。

表19-6　　　　　　　　　　　　混合研究方法[①]

	混合研究方法	特征
基础研究方法	聚敛式混合研究	同时收集和分析定量数据及定性数据，最后基于对两种结果的比较，进行聚合分析
	解释性混合研究	先收集定量数据，后收集定性数据，使用定性数据深入解释定量研究的结果
	探索性混合研究	先通过定性研究探索研究问题，后将定性研究的发现用于定量研究，测量相关变量
高阶研究方法	干预性混合研究	研究者在大型的实验研究框架内采用聚敛式混合研究、解释性混合研究或探索性混合研究，将定性研究的数据嵌套入实验研究的数据当中
	社会正义混合研究或转型混合研究	研究者在社会正义的理论框架下采用聚敛式混合研究、解释性混合研究或探索性混合研究
	多阶段评估混合研究	研究者采用聚敛式混合研究、解释性混合研究或探索性混合研究来进行多层次结合的混合方法研究。该设计整体为历时性的纵向追踪研究，各个阶段的数据整合过程环环相扣

资料来源：[美]克雷斯威尔：《混合方法研究导论》，李敏谊译，格致出版社、上海人民出版社2015年版，第7—8页。表格为笔者根据该资料自制。

如表19-6所示，根据混合研究设计的复杂程度和数据收集、整合过程的阶段性安排，聚敛式混合研究、解释性混合研究和探索性混合研究被认为是混合研究的基础研究方法，而干预性混合研究、社会正义混合研究或转型混合研究，以及多阶段评估混合研究则被划归高阶研究方法当中。综合如上所述，并结合上节研究型态中主要涉及的研究方法，本书建构了教育研究方法谱系图（如图19-3所示）。

本研究所建构的研究方法谱系，涵盖了教育研究中主要的研究型态和相应的研究方法，在对思辨研究和实证研究概念厘定的基础上，区分了量化研究、质性研究和混合研究，并基于以上3种研究对其具体研究方法的区别性特征进行了描述，以期对厘清教育研究方法的内涵、谱系和应用有所贡献。

---

① 资料整合制表过程中进行了修改。

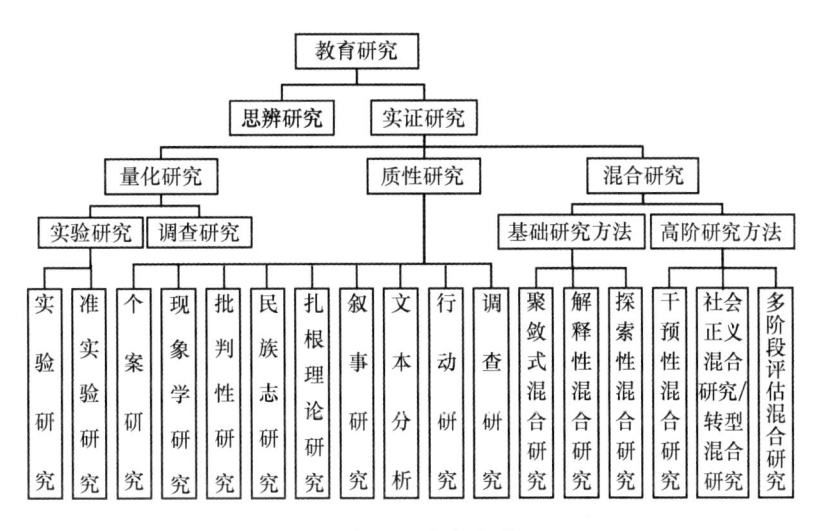

图 19-3　教育研究方法谱系图示

资料来源：笔者自制。

第二节　张本继末：中国教师教育研究型态

基于本研究所建立的教育研究方法谱系图，现以自建的中国教师教育研究论文的数据库为文献来源，对国内外中国教师教育研究方法论层面的研究型态的分布情况及数理分析予以呈现。历时层面上，对国内外中国教师教育研究的方法上的研究型态流变进行数理统计，以探析国内外在中国教师教育研究论文中方法论型态的发展脉络；共时层面上，对国内外中国教师教育研究的方法视角的研究型态进行比较分析，以甄别国内外在中国教师教育研究方面的型态上的共性与差异。在历时发展和共时比较的基础上，定位中国教师教育研究在研究型态上的立体坐标。

为了全景式地呈现以中国教师教育为研究主体的学术论文中所体现的方法论层面的研究型态，本研究分析了自建的国内外教师教育研究期刊论文数据库中所包含的 724 篇期刊论文方法型态分布情况，表 19-7 为样本文献在 1992 年至 2019 年的刊发情况。

样本文献中，中文文献（528 篇）来源于中国"知网"数据库中的核心与 CSSCI 论文，英文文献共 196 篇，占总文献量的 27.07%，均来源于 WoS 数据平台的 WoS 核心合集中 SSCI 数据库及 A&HCI 数据库，具体检索方式及样本剔除标准及具体过程在本书第十八章进行了详细描述。在最终得到的研究分析样本中，中文文献有 528 篇，占总文献量的 72.93%，发表时间为 1992 年至 2019 年，英文文献的发表时间为 2007 年至 2019 年。

表 19-7　　　　　　　　　　　样本文献的刊发数量分布

	篇数（篇）	占比（%）
国内	528	72.93
国外	196	27.07
总计	724	100.00

资料来源：笔者自制。

为了客观反映所收集的中国教师教育研究论文的研究型态，本研究以思辨研究、实证研究的研究型态划分对期刊论文进行分类，并将实证研究进一步划分为量化研究、质性研究和混合研究，以整体反映中国教师教育研究的型态分布及其相关数理特征。对各研究型态进行辅之，并使用 SPSS 17.0 软件进行分析，主要采用的具体数据分析方法有描述性统计和独立样本 T 检验。

一　思辨为重：国内中国教师教育研究型态

就研究型态而言，本研究对所收集的 528 篇国内中国教师教育研究论文的研究型态进行逐一分析和数理统计，并就其研究型态进行了描述性统计分析。现就国内中国教师教育研究期刊论文的研究型态的统计量及频率分布予以呈现（如表 19-8 和表 19-9 所示）。

表 19-8　　　　　　　　国内中国教师教育研究型态统计量

	研究型态	
N	有效	528
	缺失	0

资料来源：笔者自制。

由表 19-9 不难发现，国内中国教师教育研究的期刊论文中，思辨研究型态占据了主流，在 528 篇论文中，481 篇选用了思辨研究型态对中国教育进行了探索和呈现，占国内论文的 91.10%；相比之下，仅有 8.90% 的论文在研究中使用了实证研究型态（共 47 篇），其中质性研究为国内中国教师教育实证研究的主要研究类型，共有 31 篇论文使用了质性研究方法，占到国内文献量的 5.87%；量化研究 13 篇，占 2.46%；仅有 3 篇论文采用了混合研究方法，占国内总文献量的 0.57%。从图 19-4 中直观可见国内中国教师教育研究论文中，实证研究型态下各类研究的分布情况。

表19-9 国内中国教师教育研究所采用的研究型态

		篇数（篇）	百分比（%）	有效百分比（%）
有效	思辨研究	481	91.10	91.10
	实证研究	47	8.90	8.90
	质性研究	31	5.87	5.87
	量化研究	13	2.46	2.46
	混合研究	3	0.57	0.57
	合计	528	100.0	100.0

资料来源：笔者自制。

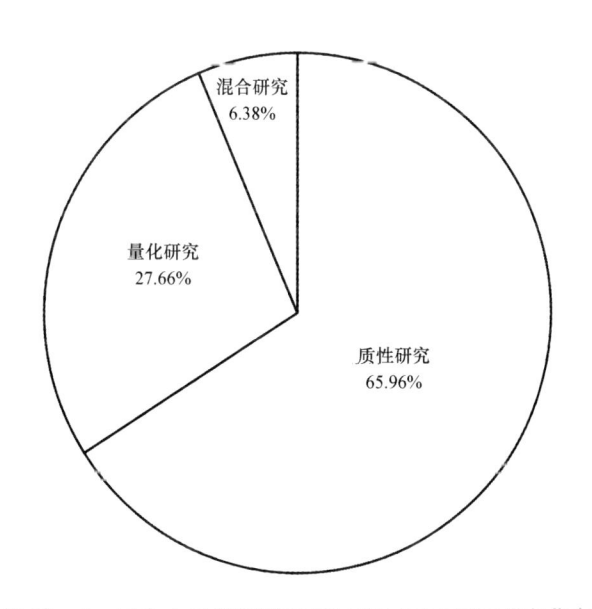

图19-4 国内中国教师教育研究论文实证研究型态分布

资料来源：笔者自制。

此外，本研究根据论文的见刊年份对不同研究型态进行了统计分析，以明晰中国教师教育研究型态的发展变化过程，研究对国内中国教师教育研究论文中的思辨研究和实证研究的使用按年份进行了统计，结果如图19-5所示。

从图19-5可见，自1992年以来，思辨研究的数量在各年分布中均明显大于实证研究，在1992年至2015年，思辨研究数量呈现波浪式上升趋势，并在2009年达到顶峰，该年国内关于中国教师教育研究的期刊论文发表综述为41篇，其中仅有一篇采用了实证研究型态。

从实证研究型态来看，国内中国教师教育研究期刊论文中，第一篇采用了实证研究型态的论文出现在1997年，为由崔允漷和张俐蓉发表在《课程·教材·

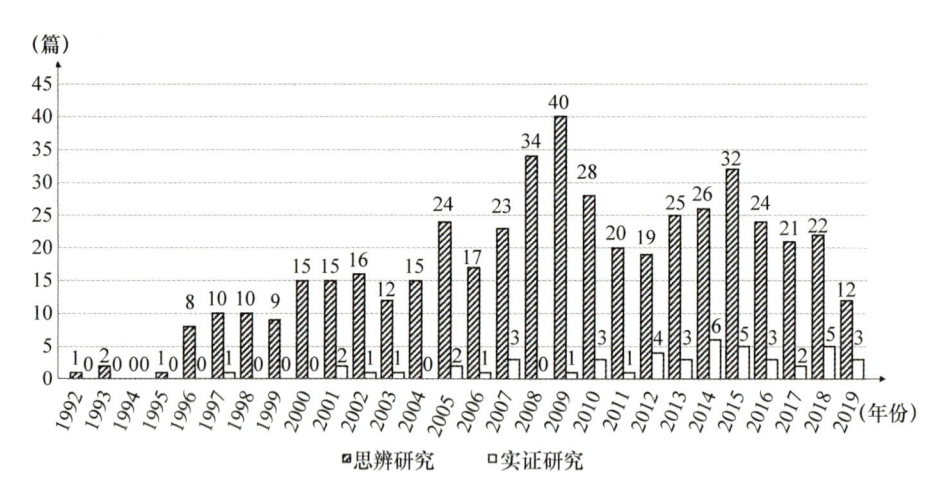

图 19-5　1992—2019 年国内中国教师教育研究论文研究型态分布

资料来源：笔者自制。

教法》上的论文《我国三套义务教育课程方案比较》，[1] 研究采用了实证研究中的质性研究型态（其具体研究方法的使用将在下文详述）。此后，实证研究型态一直零星散见于中国教师教育研究论文当中。自 2007 年起，实证研究逐渐增多，但相较于思辨研究，其数量仍有待提升。

事实上，在中国教师教育研究当中，思辨研究一直占据着研究方法的主流型态，近年来也有诸多学者对我国教师教育研究在方法层面重思辨、轻实证的局面进行了讨论。王晶莹、弋草和尚巧巧三人曾分别选取中外教师教育权威期刊各五本，对其研究方法的使用进行了统计分析，研究发现，国内注重思辨研究，而实证研究型态的使用远不及思辨研究。[2] 事实上，这一现象并非仅存在于国内的教师教育研究当中，在教育科学整体的研究中也普遍存在。陆根书、刘萍等人在对国内外九种教育研究期刊的研究类型和方法进行实证分析之后，建议我国教育研究中应当积极推进教育实证研究。其研究认为，相较于思辨研究，"实证研究则强调通过对教育现象进行实证的观察和分析来把握教育现象的数量关系或本质特征，以事实为依据进行深入分析，规范性较强"[3]。

从实证研究的应用现状及实证研究本身的特性而言，学者们倡导教育研究应当走出书斋，从经验主义的角度出发，探求有充分研究证据支撑的教育研究。需要说明的是，在国内教师教育研究中提倡实证研究，并非站在将实证研究与思辨

---

[1] 崔允漷、张俐蓉：《我国三套义务教育课程方案比较》，《课程·教材·教法》1997 年第 5 期。
[2] 王晶莹、弋草、尚巧巧：《中外教师教育研究方法的比较研究——基于国内外是本教师教育期刊的文本分析》，《外国中小学教育》2019 年第 11 期。
[3] 陆根书、刘萍、陈晨、刘琰：《中外教育研究方法比较——基于国内外九种教育研究期刊的实证分析》，《高等教育研究》2016 年第 10 期。

研究二元对立的立场，而是呼吁并期待教育研究的方法型态向多元化发展。

除了对思辨研究与实证研究两种型态的分析，本研究使用交叉分析对文章发表年份与研究型态及各型态下的具体类型进行了统计，数据结果如表19-10所示，实证研究中各型态的分布情况如图19-6所示。

表19-10　　**国内中国教师教育研究论文发表年份与研究型态分布**　　单位：篇

年份	思辨研究	实证研究				合计
		质性研究	量化研究	混合研究	小计	
1992	1	0	0	0	0	1
1993	2	0	0	0	0	2
1994	0	0	0	0	0	0
1995	1	0	0	0	0	1
1996	8	0	0	0	0	8
1997	10	1	0	0	1	11
1998	10	0	0	0	0	10
1999	9	0	0	0	0	9
2000	15	0	0	0	0	15
2001	15	1	0	1	2	17
2002	16	1	0	0	1	17
2003	12	1	0	0	1	13
2004	15	0	0	0	0	15
2005	24	2	0	0	2	26
2006	17	1	0	0	1	18
2007	23	1	2	0	3	26
2008	34	0	0	0	0	34
2009	40	1	0	0	1	41
2010	28	3	0	0	3	31
2011	20	1	0	0	1	21
2012	19	2	2	0	4	23
2013	25	1	2	0	3	28
2014	26	4	2	0	6	32
2015	32	2	1	2	5	37
2016	24	2	1	0	3	27
2017	21	2	0	0	2	23
2018	22	3	2	0	5	27
2019	12	2	1	0	3	15
合计	481	31	13	3	47	528

资料来源：笔者自制。

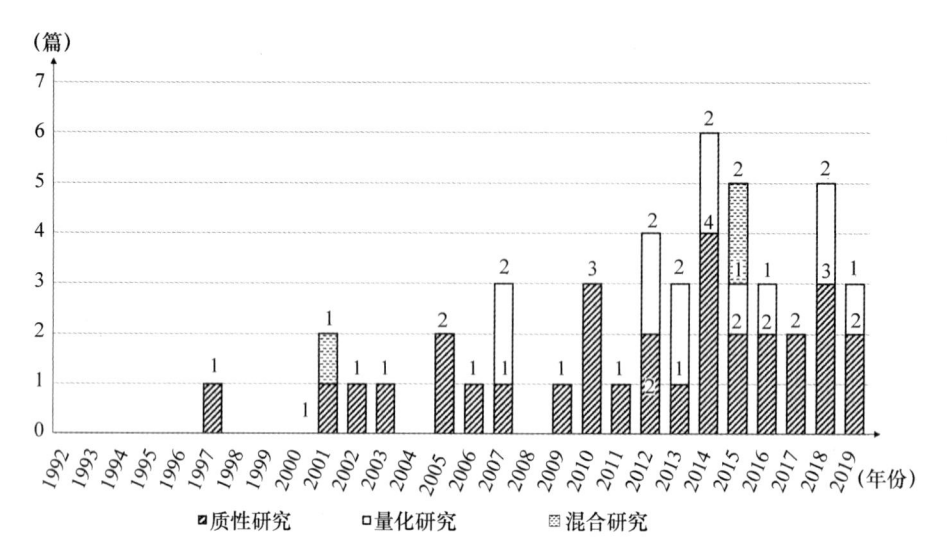

图 19-6 1992—2019 年国内中国教师教育研究实证研究型态分布

资料来源：笔者自制。

结合表 19-10 和图 19-6 可知，国内中国教师教育实证研究当中，以质性研究为主要研究型态，量化研究次之，混合研究则鲜见诸文献。2007 年，国内采用量化研究型态探析中国教师教育问题的期刊论文出现，共两篇，分别为刘霞发表于《学前教育研究》的论文《我国幼儿教师的人口学特征分析》①及高云峰和李小光合作发表于《外语界》的论文《近十年我国高校外语教师教育研究文献评析》②，但此后四年间，未再见量化研究型态的出现。直至 2012 年，量化研究型态在国内的中国教师教育研究当中再次出现，并在此后逐渐成为实证研究型态中的主要次型态之一。

2001 年，国内第一篇以中国教师教育研究为主题的混合研究论文出现，为赵志毅、黄涛、苏智欣三人合作发表于《高等教育研究》的论文《选择和承诺：中美两国教师候选人比较研究》③，而后，仅在 2015 年国内有两篇论文采用了混合研究型态探究中国教师教育这一主题。直至 2019 年，混合研究型态在我国关于中国教师教育研究中的使用仍屈指可数。

教师教育为我国教育事业中重要的实践组成部分之一，其研究思辨性与实证性兼备，但从相关研究的方法论型态上看，我国中国教师教育研究中各研究型态出现了一定程度上的结构性失衡，思辨研究占据了研究的主体地位，实证研究虽

---

① 刘霞：《我国幼儿教师的人口学特征分析》，《学前教育研究》2007 年第 1 期。
② 高云峰、李小光：《近十年我国高校外语教师教育研究文献评析》，《外语界》2007 年第 4 期。
③ 赵志毅、黄涛、苏智欣：《选择和承诺：中美两国教师候选人比较研究》，《高等教育研究》2001 年第 5 期。

逐渐增多，但与思辨研究相比仍有待加强。在实证研究中，则以质性研究为主，量化研究数量逐渐增多并趋于稳定的上升趋势，但混合研究型态仍寥若晨星，混合研究本身兼具量化研究的科学数理性和质性研究的人文建构性，对兼具科学性和人文性的教师教育研究而言，混合研究能够有效地弥合教育实践研究与教师个体发展之间的间隙。

二 实证为主：国外中国教师教育研究型态

在明晰了国内有关中国教师教育研究期刊论文的研究型态分布后，本研究就对从 WoS 数据平台检索收集的 196 篇英文文献的研究型态和方法进行了赋值，并进行了描述性统计分析，国外中国教师教育研究期刊论文所使用的研究型态的统计量如表 19-11、表 19-12 所示。

表 19-11　　　　　　　　　　国外中国教师教育研究型态统计量

	研究型态	
N	有效	196
	缺失	0

资料来源：笔者自制。

表 19-12　　　　　　　国外中国教师教育研究所采用的研究型态

		篇数（篇）	百分比（%）	有效百分比（%）
有效	思辨研究	25	12.76	12.76
	实证研究	171	87.24	87.24
	质性研究	92	46.94	46.94
	量化研究	52	26.53	26.53
	混合研究	27	13.78	13.78

资料来源：笔者自制。

如表 19-11 和表 19-12 所示，从整体的研究型态分布看，所采集到的国外有关中国教师教育研究的 196 篇论文中，思辨研究较少，共计 25 篇，仅占国外文献量总数的 12.76%。实证研究则为国外教师教育研究的主要型态，共计 171 篇，占到国外研究文献量的 87.24%。实证研究当中，与国内研究相似，以质性研究为主要的方法论研究型态，量化研究次之，混合研究数量最少，三者在实证研究中的分布情况如图 19-7 所示。

国外的实证研究型态中，质性研究数量过半，占实证研究文献数量的 53.80%，量化研究和混合研究共占比 46.20%。结合表 19-9 可知，中国教师教育国外研究中，相较于思辨研究，国外期刊更为推崇实证研究，两种型态的年份分布如图 19-8 所示。

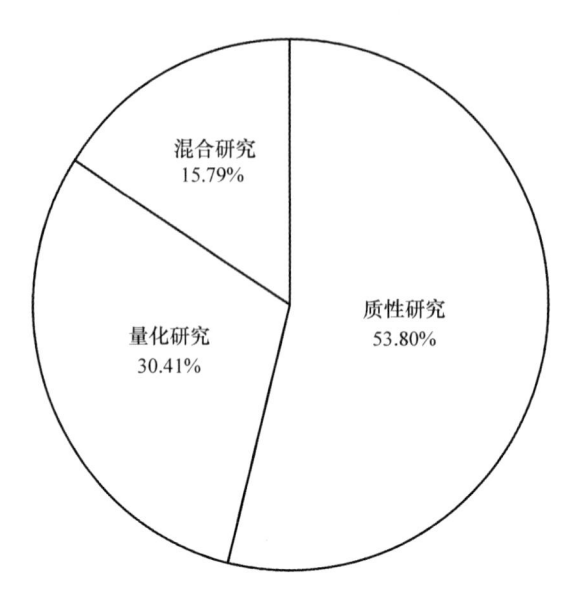

图 19-7　2007—2019 年国外中国教师教育研究论文实证研究型态分布
资料来源：笔者自制。

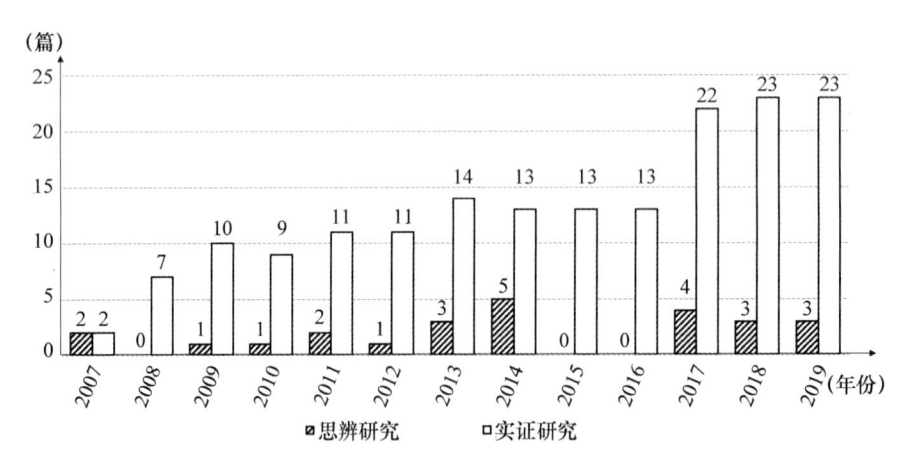

图 19-8　2007—2019 年国外中国教师教育研究论文研究型态分布
资料来源：笔者自制。

由图 19-8 可知，在国外对中国教师教育研究的期刊论文中，思辨研究一直处于弱势地位，散见于各年份，其中 2008 年、2015 年、2016 年三年甚至没有就中国教师教育问题展开研究的论文发表。从实证研究的逐年分布来看，整体呈上升趋势。2007 年至 2016 年实证研究数量稳步增多，在 2017 年则出现了更为凸显的数量增长。由此可知，国外教师教育研究当中，思辨研究在 2007 年至 2019 年，虽出现了短暂数量增长，但程度微弱，尚未形成较明显的数量增长或降低趋势，而实证研究不但占据了主要的研究型态地位,而且呈持续增长的态势。

结合研究内容来看,国外的思辨研究在中国教师教育研究方面主要涉及两类研究,第一类研究聚焦于中国教师教育的发展演变,并通过类比和逻辑推理探究中国教师教育发展的内在动力机制,如 Zhou Jun 发表于 *Journal of Education for Teaching* 的论文 *Teacher Education Changes in China:1974—2014*,研究回顾了 1974 年至 2014 年中国师范教育改革的历程。该研究认为,在我国师范教育的持续改革中,相对稳定的师范教育体系得以建立,师范教育的培养计划和课程方案逐步规范,同时,为职后教师提供继续教育和学历提升的机会,研究充分肯定了我国教师教育改革中所取得的成绩。[1]

第二类研究则主要聚焦中国教师教育研究的某个具体问题进行思辨性的探讨,并提出相应的对策与建议。以 Qi Jing 2014 年的研究为例,该研究基于波尔坦斯基对批判理论(critical theories)的批判性论述指出,目前对于教师的批判性教育实则与批判精神背道而驰,研究通过探究相关理论对批判教育的制约和偏离,指出应当重视互通的网络化批判思维(networked-hutong siwei of critiques),提升教师的素养和技能,从逻辑上为重塑批判性教师教育提供了概念基础。

在实证研究中,质性研究、量化研究与混合研究均有一定程度的涉及。本研究对各型态的分布与论文见刊年份进行了交叉分析,其结果如表 19-13 和图 19-9 所示。

表 19-13   国外中国教师教育研究论文发表年份与研究型态分布   单位:篇

年份	思辨研究	实证研究				合计
		质性研究	量化研究	混合研究	小计	
2007	2	0	1	1	2	4
2008	0	3	3	1	7	7
2009	1	3	6	1	10	11
2010	1	5	2	2	9	10
2011	2	6	3	2	11	13
2012	1	4	6	1	11	12
2013	3	9	4	1	14	17
2014	5	9	2	2	13	18
2015	0	8	4	1	13	13
2016	0	6	5	2	13	13
2017	4	13	5	4	22	26
2018	3	11	7	5	23	26

---

[1] Zhou Jun, "Teacher Education Changes in China: 1974 - 2014", *Journal of Education for Teaching*, Vol. 40, No. 5, October 2014, pp. 507-523.

续表

年份	思辨研究	实证研究				合计
		质性研究	量化研究	混合研究	小计	
2019	3	15	4	4	23	26
合计	25	92	52	27	171	196

资料来源：笔者自制。

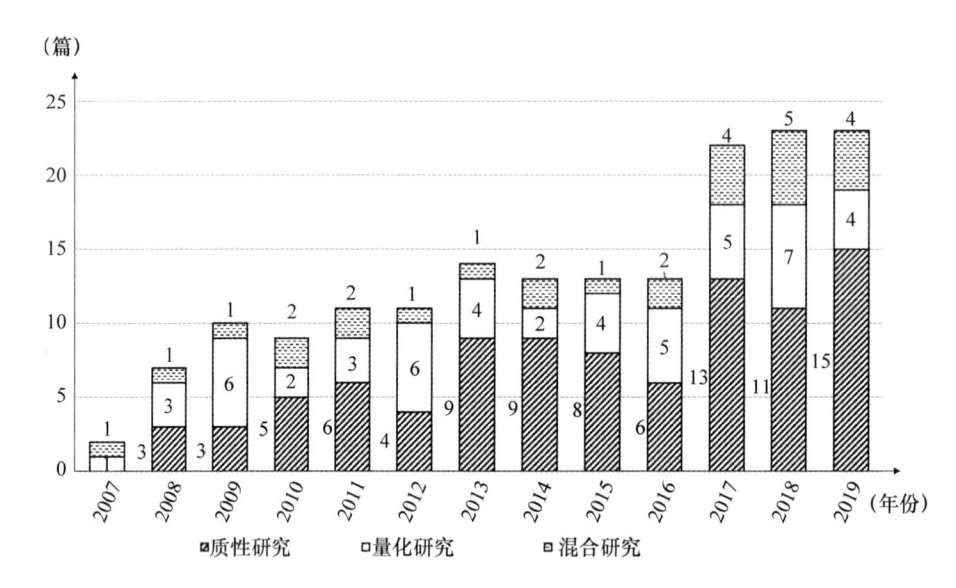

图 19-9　2007—2019 年国外中国教师教育研究实证研究型态分布

资料来源：笔者自制。

结合表 19-13 和图 19-9 可知，实证研究型态中，质性研究数量整体呈增长趋势，尤其是在 2017 年出现了明显的上升；量化研究数量在各年则基本保持稳定，数量增长不明显；而混合研究虽然数量不多，但呈现出了一定的增长态势。2007 年至 2016 年，混合研究零星散落在各年的教师教育研究当中，自 2017 年起，出现了就自身数量而言较为明显的上升趋势。

在国外对中国教师教育研究的期刊论文中，就实证研究型态下的二级型态而言，呈现出以质性研究型态为主，量化研究、混合研究为辅的型态结构，其中量化研究型态基本稳定，质性研究和混合研究数量呈上升趋势。但就实证研究和思辨研究而言，国外的中国教师教育研究在方法论型态上出现了对实证研究明显的型态依赖。这一点与国内研究恰恰相反，本研究将进一步对国内外研究型态的量化数据进行推断性统计分析，以明晰国内外在中国教师教育研究中研究方法型态上的异同。

三 千秋各具：国内外中国教师教育研究型态比较

前文已分别对国内外中国教师教育研究相关期刊论文的研究型态分布及变化趋势进行了描述性的数据分析和讨论，本研究现对国内外各研究型态的具体分布和变化趋势进行推断性统计分析，通过对推断数据的分析，甄别国内外中国教师教育在研究型态上的具体差异。

（一）国内外中国教师教育研究一级型态比较

研究以思辨研究—实证研究作为一级研究型态分类，且一级型态研究以文献语言作为分组变量（所建立的期刊论文数据库中，从中国"知网"数据库获取的文献均为中文，自 WoS 数据平台得到的文献语言均为英文），对中国教师教育相关期刊论文的研究一级型态进行了均值比较，独立样本 t 检验结果如表 19-14 和表 19-15 所示。

表 19-14　　**国内外中国教师教育一级研究型态均值比较组统计量**

	文献语言	N	均值	标准差	均值的标准误
研究型态	中文	528	1.09	0.285	0.012
	英文	196	1.87	0.334	0.024

资料来源：笔者自制。

表 19-15　　**国内外中国教师教育一级研究型态独立样本检验**

		方差方程的 Levene 检验		均值方程的 t 检验						
		F	Sig.	t	df	Sig.（双侧）	均值差值	标准误差值	差分的95%置信区间	
									下限	上限
研究型态	假设方差相等	9.170	0.003	-31.307	722	0.000	-0.783	0.025	-0.833	-0.734
	假设方差不相等			-29.105	306.100	0.000	-0.783	0.027	-0.836	-0.730

资料来源：笔者自制。

在本研究数据库的变量标签赋值中，研究型态这一变量中的"思辨研究"标签赋值为 1，"实证研究"为 2，从表 19-14 的均值来看，中文文献在研究型态这一变量中均值明显小于英文文献，且接近 1（$\bar{x}_z = 1.09$），而英文文献的均值则接近 2（$\bar{x}_y = 1.87$），由此可知英文文献中实证研究居多，中文文献以思辨研究为主。

从表 19-15 中的方差方程的 Levene 检验中 P 值来看，其数据不满足方差齐性（$P=0.003$ 且 $P<0.05$），因此该组数值的差异应以"假设相差不相等"一行的检验结果为准。由国内外论文的研究型态的 t 检验结果可知，国内外有关中国教师教育研究的期刊论文在一级研究型态思辨研究与实证研究这一组变量上显现出了显著的差异性（$P=0.000$ 且 $P<0.005$，$t=-29.105$）。为直观呈现国内外研究在两级研究型态上差异的发展变化，本研究就国内外研究的思辨研究—实证研究型态逐年分布予以对比呈现，其结果如图 19-10 所示。

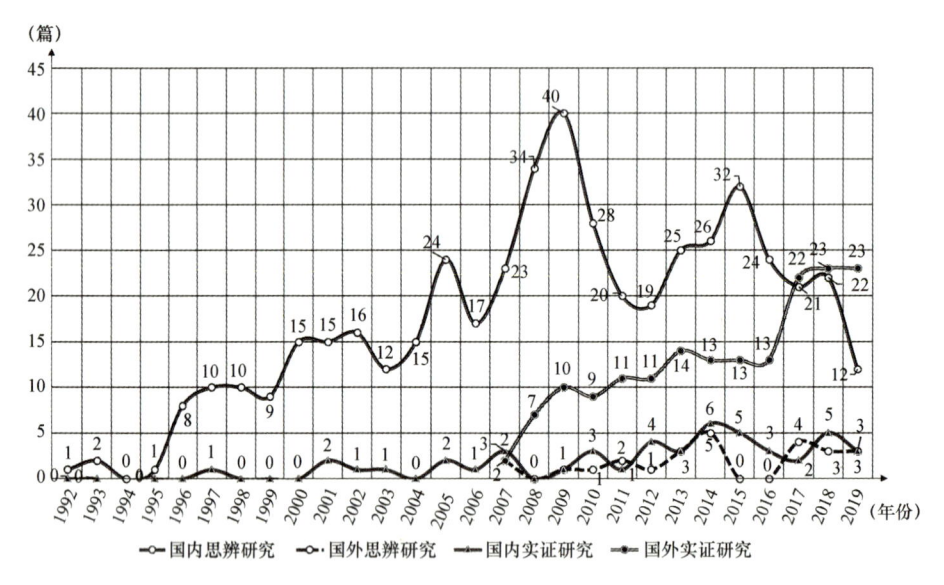

图 19-10　1992—2019 年国内外中国教师教育研究型态分布

资料来源：笔者自制。

如图 19-10 所示，就思辨研究型态而言，国内研究 1992 年至 2009 年整体论文数量急速增加，于 2010 年起出现了一定幅度的减少，2013 年至 2015 年有所回升，2015 年至 2019 年思辨研究型态的中国教师教育研究论文则呈现出了明显的下降趋势；国外论文中的思辨研究相较于国内总量较小，整体保持波浪式且相对稳定的分布情况。

从实证研究来看，国内研究总量较少，1992 年至 2012 年，逐年间的实证研究呈零星之态，自 2012 年后出现了小幅增长；国外实证研究自 2007 年至 2009 年迅速增长，成为其中国教师教育研究的主要型态，并于 2009 年至 2016 年以相对稳定的态势逐渐增长，国外的量化研究型态在 2017 年出现激增，并在此后保持高量产出。对比整体变化趋势可知，国外有关中国教师教育研究的期刊论文中，实证研究型态将在未来的一定时间阶段内持续占据相关研究中的主要型态地位，但增加速度将会逐渐减缓；相应地，国外思辨研究将在保持稳定的基础上，逐渐增多。国内相关研究中的思辨型态虽长期为我国教师教育研究中的主要型态,但在未来其数量可能会在一定程度上减少;实证研究型态在国内的中国教师教育研究中将逐渐增多,国内相关研究的方法论型态上有望形成相对平衡的分布态势。

(二) 国内外中国教师教育实证研究二级型态比较

为进一步明晰国内外就中国教师教育相关论文的实证研究当中二级研究型态的具体差异,本研究设置变量"二级研究型态",具体标签赋值情况如下:"质性研究"=1,"量化研究"=2,"混合研究"=3。此外,为避免思辨研究在实证研究二级型态中呈现的数据缺失,在此变量下对思辨研究添加标签"无",赋值为0,并在就实证研究的二级型态进行独立样本T检验剔除了该部分数据,检验结果如表19-16和表19-17所示。

表19-16　国内外中国教师教育实证研究二级型态均值比较组统计

	文献语言	N	均值	标准差	均值的标准误
实证研究二级型态	中文	47	1.40	0.614	0.090
	英文	171	1.62	0.745	0.057

资料来源:笔者自制。

表19-17　国内外中国教师教育实证研究二级型态独立样本检验

		方差方程的Levene检验		均值方程的t检验					差分的95%置信区间	
		F	Sig.	t	df	Sig.(双侧)	均值差值	标准误差值	下限	上限
实证研究二级型态	假设方差相等	6.425	0.012	-1.821	216	0.070	-0.216	0.118	-0.449	0.018
	假设方差不相等			-2.033	86.937	0.045	-0.216	0.106	-0.426	-0.005

资料来源:笔者自制。

如表19-16所示,结合表19-14中的一级型态数量可知,国内研究文献数量大于国外研究,但就实证研究的数量而言,国外期刊论文明显多于国内。从表19-17来看,方差方程的Levene检验中P值小于0.05,因此不满足于方差齐性,其独立样本检验以"假设方差不相等"的分析结果为准。其中P=0.045,达到了显著性水平的要求(P<0.05),因此国内外研究在实证研究的二级型态质性研究—量化研究—混合研究的数量层面上存在显著性差异。

国内研究实证研究整体较少,中国教师教育研究相关期刊论文在1992年至2006年对实证研究型态更是鲜有涉及。为了更加直观地对比国内外实证研究下二级型态的时间分布和发展变化趋势，本研究就 2007 年至 2019 年国内外实证研究中的质性研究、量化研究和混合研究的数量图示（图 19-11）如下。

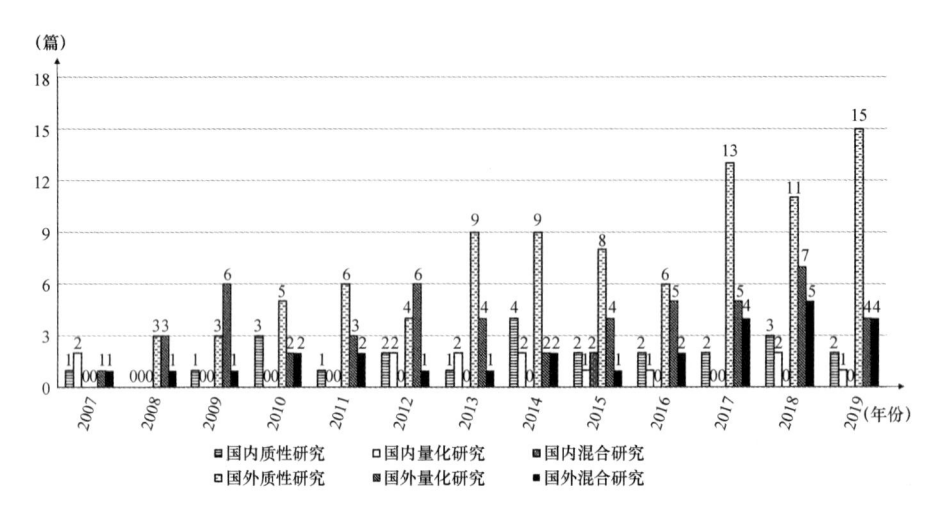

图 19-11　2007—2019 年国内外中国教师教育实证研究型态分布

资料来源：笔者自制。

如图 19-11 所示，就质性研究而言，国内质性研究型态虽然基本占据了国内实证研究各年的首要型态，但其数量上未出现明显的增长，一直保持相对稳定的数量；国外的质性研究型态是各二级研究型态中最为突出的，2007 年至 2016 年保持波浪式缓慢增长，于 2017 年以后数量大幅增加，并有持续上升的发展趋势。

对比国内外的量化研究型态，国内量化研究型态在 2012 年之前鲜有涉及，2012 年至 2019 年数量初步稳定，尚未呈现明显的变化趋势；国外的量化研究型态数量在 13 年间基本稳定，且出现了小幅上升。

从国内外混合研究型态来看，2007 年至 2019 年，国外的混合研究型态在各年的中国教师教育研究期刊论文当中均有涉及，并且自 2017 年起数量明显增加；这 13 年间，国内的混合研究型态仅在 2015 年的中国教师教育研究中有所应用。这表明，在中国教师教育研究领域内，国外的混合研究型态应用已逐渐成为该研究范畴内较为主要且将会日益重要的一种研究型态。相较于此，国内的混合研究型态在中国教师教育研究中尚处于起步阶段。

第三节　异同互现：中国教师教育的实证研究方法

本节将在第一节所建构的教育研究方法谱系图框架内对国内外中国教师教育研究期刊论文的实证研究方法分别进行梳理和统计，在描述中国教师教育研究方法的应用现状的基础上，对中外实证研究方法应用的异同进行比较研究。

一 精意覃思：国内中国教师教育实证研究方法

对国内中国教师教育研究期刊论文的实证研究方法进行统计、分析和讨论，各研究方法的统计量如表 19-18 所示。

表 19-18　　　　　　　　国内中国教师教育研究方法统计　　　　　　　　单位：篇

研究方法			N 有效	N 缺失
量化研究		调查研究	3	525
		准实验研究	0	528
		实验研究	0	528
		元分析研究	10	518
质性研究		文本分析	22	506
		个案研究	5	523
		民族志研究	0	528
		叙事研究	1	527
		行动研究	0	528
		现象学研究	0	528
		批判性研究	0	528
		扎根理论研究	0	528
		调查研究	3	525
混合研究	基础研究方法	聚敛式混合研究	2	526
		解释性混合研究	0	528
		探索性混合研究	1	527
	高阶研究方法	干预性混合研究	0	528
		转型混合研究	0	528
		多阶段评估混合研究	0	528

资料来源：笔者自制。

由表 19-18 可知，国内有关中国教师教育的量化研究型态中，尚未涉及准实验研究和实验研究，且主要以元分析研究为主；质性研究型态的研究方法中则以文本分析方法最为凸显，个案研究、调查研究和叙事研究也均有涉及，其中叙事研究仅有 1 例；混合研究型态中，目前高阶混合研究方法尚未见诸文献，基础研究方法也仅有 3 例，主要为聚敛式混合研究及探索性混合研究。现就不同研究型态中所使用的研究方法进行逐一探析。

(一) 国内中国教师教育研究中的量化研究方法

在国内中国教师教育研究文献当中，使用量化研究方法的共有13篇，其中3篇论文使用了调查研究的方法，10篇使用了元分析研究方法，其时间分布情况如表19-19所示。

表19-19　　　　国内中国教师教与量化研究方法时间分布　　　　单位：篇

发表年份	调查研究	元分析研究	合计
2007	1	1	2
2012	2	0	2
2013	0	2	2
2014	0	2	2
2015	0	1	1
2016	0	1	1
2018	0	2	2
2019	0	1	1
合计	3	10	13

资料来源：笔者自制。

量化调查研究与元分析研究在国内中国教师教育研究的期刊论文中均在2007年首次出现，元分析研究在教师教育研究中的应用主要集中在2013年至2019年，且占据了量化研究方法的主体，其原因在于技术的发展为研究提供了对大量文献数据进行统计分析的可能，技术革新与教育研究之间的充分融合也在一定程度上为教师教育研究中量化研究方法的发展提供了可能。

不同研究方法的应用丰富了我国对教师教育问题的研究路径，但同时也随之显现出了一定的问题，尤其是在研究设计的呈现上，对研究方法的重视稍显不足。就量化研究而言，在文章中对样本量、样本特征、数据收集和分析方法等基本信息的汇报是不可或缺的，但在所收集的研究中，虽有部分研究仅在摘要或正文中提及其数据来源和处理方法，但对研究样本的数量、特征及具体的研究步骤等含糊其词。

(二) 国内中国教师教育研究中的质性研究方法

国内中国教师教育研究中所采用的质性研究方法主要有四类：文本分析、个案研究、叙事研究和调查研究，其分布情况如图19-12所示。

由图19-12直观可见，国内关于中国教师教育的质性研究当中，文本分析的使用最为广泛，占使用质性研究方法文献总量的70.97%，个案研究次之，占16.13%，调查研究和叙事研究分别占比9.68%和3.23%。

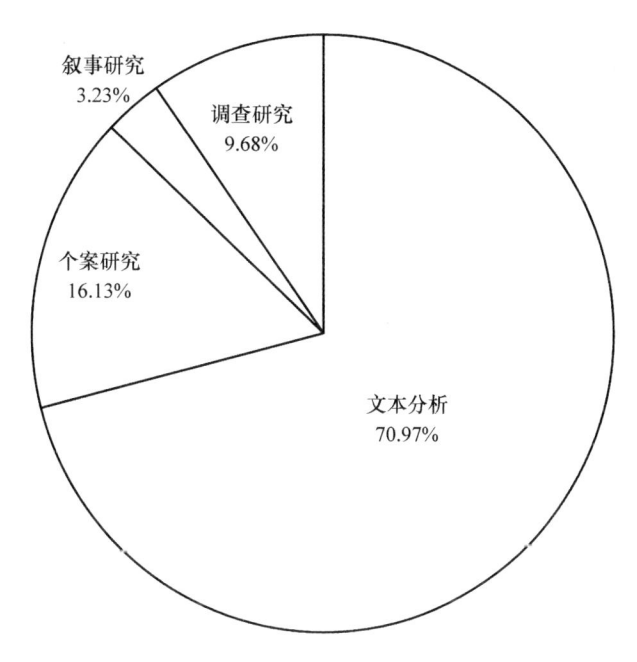

图 19-12　国内中国教师教育质性研究方法占比

资料来源：笔者自制。

1. 文本分析方法

文本分析方法的使用主要体现在研究者对教师教育政策、法规的文本分析当中，如石亚兵与刘君玲两个人合作的《我国中小学教师专业素质结构发展的特征和演变逻辑——基于1980—2012年教师教育政策文本的分析》一文中，对国家以公开方式发布的权威政策性文本进行逐级编码，并借助软件 Nvivo 9.0 对各参考点（reference points）、节点（nodes）之间的关系进行分析和呈现，通过文本分析，挖掘出思想政治与道德、知识、教育教学技能、学历、身体五类教师基本要素，并对教师专业核心素质矩阵结构、职业发展素质的主要指标（教育科研、信息技术、终身学习）、非传统性教师专业素质要素进行了提取和抽绎，最终建构了教师专业素质的多维立体结构。[1]

该研究除了将文本分析方法贯穿始终，还对该方法在政策研究中的可行性进行了论证，文章援引袁振国在《教育政策学》中对教师政策的特征描写："一个政党或国家为实现一定时期的教育任务而制定的行为准则"[2]，强调教育政策的"时代信息负载"[3] 特质，对不同历史语境下的教育政策进行文本分析，可帮助研究者

---

[1] 石亚兵、刘君玲：《我国中小学教师专业素质结构发展的特征和演变逻辑——基于1980—2012年教师教育政策文本的分析》，《全球教育展望》2019年第3期。
[2] 袁振国：《教育政策学》，江苏教育出版社1996年版，第115页。
[3] 石亚兵、刘君玲：《我国中小学教师专业素质结构发展的特征和演变逻辑——基于1980—2012年教师教育政策文本的分析》，《全球教育展望》2019年第3期。

相对客观地认识不同时期社会特征与教师之间的互动关系，以及一定时间长度内教育政策的因果背反，并从中推理教育发展的动力机制和内在演进逻辑。

2. 个案研究方法

除文本分析研究外，个案研究也在质性研究方法中有所体现，研究数量虽然不多，但所选取的对象案例涵盖了地域、学校、个人三类，国内中国教师教育研究中使用个案研究方法的期刊论文信息如表19-20所示。

表19-20　　国内中国教师教育质性研究采用个案研究方法的期刊论文一览

题名	作者	期刊	发表时间
民国时期的基督教师范教育——基于以四川为中心的考察	凌兴珍	《四川师范大学学报》（社会科学版）	2005年
我国教师教育课程体系的历史和逻辑分析——以华东师范大学为例	鲁静	《教师教育研究》	2010年
香港教师教育国际化的历程与路径——基于香港教育学院的案例研究	田小红 钟泽	《教师教育研究》	2016年
精英大学为什么不愿意参与教师教育？——以中国两所精英大学P和Q为个案	康晓伟	《教师教育研究》	2016年
课程改革中教师挑战与困境：中国大陆教师的个案分析	黄显涵等	《教师教育研究》	2017年

资料来源：笔者自制。

从表19-20中不难发现，使用个案研究方法探究中国教师教育问题的论文主要集中发表在《教师教育研究》一刊上，《教师教育研究》由中华人民共和国教育部主管，北京师范大学、华东师范大学和教育部高校师资培训交流北京中心主办。

毋庸讳言，个案研究常因其研究对象数量的有限招致诟病，从研究前期选样的典型性到研究过程中样本的自然性都曾被质疑，当研究者通过诸多方式尽力确保研究对象的典型性，亦有学者认为最典型的个案也最不典型。个案研究的科学性似乎在典型性与自然性的博弈之间陷入困境。我国部分学者曾就个案研究的典型性予以讨论，渠敬东认为个案研究意义上的典型性正是其自身的优势特征所在。[①] 个案研究的过程实则是一个先聚集而后拓展的过程，通过对一个或多个个体的深入认识和探究，而后逐渐实现对个案发现的延伸与推衍。

3. 调查研究方法

调查研究方法在质性研究中的使用主要以开放式问题问卷、访谈等多种方式进行数据收集，并通过编码等方式分析和提炼问题。在国内的中国教师教育研究当中，质性调查方法的使用在数据收集环节则主要体现为对调查对象相关资料的收集。

---

① 渠敬东：《迈向社会全体的个案研究》，《社会》2019年第1期。

以《我国教师教育伙伴合作的本土经验》[①]一文为例，研究通过对中国40所师范类高等院校在教师教育上达成的伙伴合作关系进行了摸底调查，并对其中的三所师范大学重点调研，并主要以调研过程中的信息提取与处理为依据，提炼中国在教师教育实践中就伙伴合作关系达成及良性互动形成的本土经验，点面兼顾地探究了中国高等师范院校在教师教育实践中的合作发展关系。

国内的教师教育研究当中，以质性调查研究而言，一方面数量有待提升；另一方面具体的研究实施方式也应更加多元，研究者可依托线上平台进行开放式问题问卷的发放和收集，或通过访谈等方式，获取一手的研究资料，深入了解研究对象的经历和认识，并在此基础上逐级编码，完成研究场域内的意义建构。

4. 叙事研究方法

国内对中国教师教育研究的期刊论文中，仅有一例使用了叙事研究方法——胡艳与郑新蓉合作发表的论文《1949—1976年中国乡村教师的补充任用——基于口述史的研究》[②]，囿于公开资料的不完整，该研究采用了口述史的研究策略，对来自中国18个省份的近70位乡村教师进行了访谈。从研究对象的个人历史叙事当中，剖析了中国乡村教师的补充任用方面的政策、实际运作和后续的成绩和影响。同时，研究还回顾和还原了1949年至1976年中国乡村教师在补充任用问题上的阶段性历史发展过程。

该研究成果论文发表于2018年，可见在中国教师教育相关研究中，叙事研究于近年来方才出现。结合个案研究、调查研究使用情况，可知在国内对中国教师教育问题的实证研究中，质性研究虽为主要的研究型态，但在具体方法的使用上较为单一。

（三）国内中国教师教育研究中的混合研究方法

目前，国内中国教师教育研究中，使用混合研究方法的共有3例，3例研究均采用了混合研究中的基础研究方法，研究的具体信息如表19-21所示。

表19-21　国内中国教师教育质性研究采用混合研究方法的期刊论文一览

题名	作者	期刊	发表时间
承诺与选择：中美两国教师候选人比较研究	赵志毅等	《高等教育研究》	2001年
面向教师教育远程网络培训平台的技术接受扩展模型研究	王耀莹 王凯丽	《中国电化教育》	2015年
中美职前数学教师理想知识的比较研究——基于培养方案的分析	尚晓青 Ann. Farrell 陈晓端等	《数学教育学报》	2015年

资料来源：笔者自制。

---

① 程茹、郭丽娟：《我国教师教育伙伴合作的本土经验》，《国家教育行政学院学报》2017年第6期。
② 胡艳、郑新蓉：《1949—1976年中国乡村教师的补充任用——基于口述史的研究》，《北京师范大学学报》（社会科学版）2018年第4期。

表 19-21 所呈现的 3 例混合研究中,《面向教师教育远程网络培训平台的技术接受扩展模型研究》一文在研究中使用了探索性混合涉及研究方法,研究前期基于对理性行为理论（Theory of Reasoned Action, TRA）、技术接受模式（Technology Acceptance Model, TAM）、计划行为理论（Theory of Planned Behavior, TPB）和用户满意理论（User Satisfaction, US）的深入剖析,对某一教师教育网络培训平台的用户进行访谈,从中进行影响因素的提取,建立了技术接受扩展模型（Extended Technology Acceptance Model, ETAM）。在该模型框架下开发了研究调查问卷,问卷除人口学信息以外,以李克特（Likert）五级量表的形式对不同维度的观测点进行数据采集。经过对数据的量化分析,研究不但验证了前期所建构的模型中的 10 个假设,同时获取了研究对象关于教师教育网络培训平台的满意度信息反馈。从方法论角度来看,研究前期采用了质性调查研究方法,以提炼后期所需问卷的结构因子;后期基于对量化调查研究（主要表现为五级量表形式的问卷调查）结果的分析对教师教育的网络培训提出了对策及建议。

在探索性混合研究方法之外,《承诺与选择:中美两国教师候选人比较研究》和《中美职前数学教师理想知识的比较研究——基于培养方案的分析》两篇文章则在研究中使用了聚敛式混合研究方法。聚敛式混合研究方法实施的主要特征如图 19-13 所示。

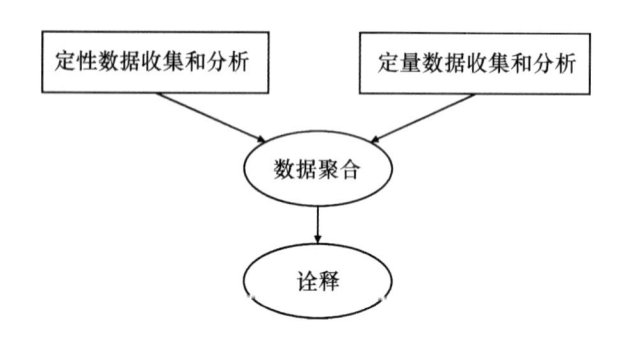

图 19-13　聚敛式混合研究方法①

资料来源:[美]克雷斯威尔:《混合方法研究导论》,李敏谊译,格致出版社、上海人民出版社 2015 年版,第 42 页。

以上两篇论文在研究方法上被归结为聚敛式混合研究方法的主要原因在于其同时收集了量化研究数据及质性研究数据,且面向同一研究问题进行了两类数据的整合和分析,从而得出其研究结论。

《承诺与选择:中美两国教师候选人比较研究》中,同时使用了量化调查研究方法（问卷调查法）、质性调查研究（访谈法）和文本分析法对中国师范

---

① 图示引用过程中进行了修改。

教育中准教师群体进行研究,并在此基础上就中美两国的教师候选人进行了对比分析。《中美职前数学教师理想知识的比较研究——基于培养方案的分析》一文对中美职前数学教师的培养方案进行文本分析,同时从中提取学分赋值作为量化研究数据,通过对质性数据和量化数据的分析,对比两国职前数学教师的理想知识。

二 查实访证:国外中国教师教育实证研究方法

相较于国内的研究方法使用而言,国外就中国教师教育这一研究范畴的实证方法更为多元,除准实验研究、行动研究、批判性研究、干预性混合研究和转型混合研究 5 种研究方法外,几乎涉及了其他所有方法,其各类方法的统计结果如表 19-22 所示。

从表 19-22 可见,国外关于中国教师教育的期刊论文中,研究方法所呈现出较强的多元化态势,国外研究以调查研究为主(共 49 例),另有 3 篇论文使用了实验研究和元分析研究;质性研究则主要以质性调查研究和个案研究为主,现象学研究也多有涉及;在使用混合研究的论文当中,在研究方法层面最为突出的是聚敛式混合研究,解释性混合研究次之,干预性混合研究与转型混合研究尚未采用。现就以上方法逐一讨论其在研究中的具体使用。

表 19-22   国外中国教师教育研究方法统计   单位:篇

研究方法		N 有效	N 缺失
量化研究	调查研究	49	147
	准实验研究	0	196
	实验研究	2	194
	元分析研究	1	195
质性研究	文本分析	4	192
	个案研究	24	172
	民族志研究	7	189
	叙事研究	9	187
	行动研究	0	196
	现象学研究	15	181
	批判性研究	0	196
	扎根理论研究	1	195
	调查研究	32	164

续表

研究方法			N	
			有效	缺失
混合研究	基础研究方法	聚敛式混合研究	18	178
		解释性混合研究	6	190
		探索性混合研究	1	195
	高阶研究方法	干预性混合研究	0	196
		转型混合研究	0	196
		多阶段评估混合研究	2	194

资料来源：笔者自制。

（一）国外中国教师教育研究中的量化研究方法

在国外的中国教师教育研究期刊论文当中，主要采用的量化研究方法包含调查研究、实验研究和元分析研究3种，在量化研究论文中的占比如图19-14所示。

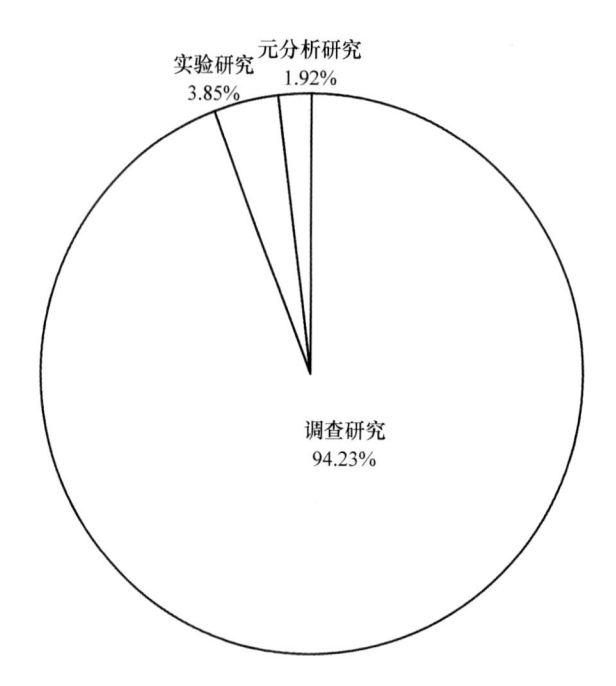

图19-14 国外中国教师教育研究量化研究方法占比

- 实验研究 3.85%
- 元分析研究 1.92%
- 调查研究 94.23%

资料来源：笔者自制。

由图19-14直观可见调查研究在国外量化研究中所占比重极大，占到量化研究文献量的94.23%，而实验研究与元分析研究则分别以2篇和1篇的文献量占量化研究文献的3.85%和1.92%，准实验研究则尚未涉及。现结合三种量化研究方法在国外中国教师教育研究中的具体使用进行逐一讨论。

1. 量化调查研究方法

中国教师教育研究中主要使用的量化方法为以 Sang, Guoyuan; Valcke, Martin; Tondeur, Jo 等人发表的论文 *Exploring the Educational Beliefs of Primary Education Student Teachers in the Chinese Context* 为例，研究使用改编、验证后的教师信念量表（Teacher Beliefs Scale，TBS）对来自中国四所师范大学的 727 名师范生进行了调查研究，并基于所收集的问卷数据，通过单因素方差分析（ANOVA）发现，在中国师范学生中，其建构主义教学观念在学生的性别、学习年份和专业三个方面存在显著性差异，样本学生中，相对于高年级师范生，大一年级的师范生表现出了更加强烈的建构主义教学信念。[①]

再如 *Surveying Chinese In-Service K12 Teachers' Technology, Pedagogy, and Content Knowledge* 一文中，作者在 Koh、Chai 和 Tsai 所开发的调查问卷的基础上进行了改编，并就信度和效度进行了验证，研究使用该工具调查了 2728 名中国在职教师对 TPACK 的态度，对于所收集的数据进行了独立样本 T 检验。数据分析发现，从性别上看，男性教师对内容知识（CK）的评价高于女老师，而对教学内容知识（pedagogical content knowledge）的评价较低；就服务年限而言，在职青年教师更加倾向于提升自身的应用技术能力（technological knowledge），而在教学方法和教学主题方面的能力则处于弱势。此外，研究还是用回归分析方法研究了技术知识、教学知识、内容知识、教学内容知识、技术内容知识和技术教学知识 6 个变量对 TPACK 的影响和预测程度。研究表明，在职 K12 教师的教学知识、技术知识和内容知识对 TPACK 具有更为显著的影响。

从以上两个研究不难发现，国外中国教师教育相关期刊论文中的量化调查研究路径主要是在已有问卷或量表的基础上根据研究需要进行改编的，在新的研究工具的信度、效度得到验证之后，以教师作为研究样本进行广泛调查。为了更加充分地反映研究对象的具体情况与特征，此类研究普遍样本量较大。对于所收集的数据，则根据研究需要采用了单因素方差分析、独立样本 T 检验和回归分析等多种推断性统计分析方法，以数据分析结果阐明研究发现。

2. 实验研究方法

在国外量化研究当中，仅有 2 篇论文使用了实验研究方法，其主要研究路径是将随机招募的研究对象通过随机分配的方式分为实验组与对照组，经过一定时间的实验干预，评估对比两组的表现，以验证实验假设。事实上，目前实验研究方法在中国教师教育研究中的使用还不够具有普遍性，现有的两篇文献主要是通过对学生分组进行实验干预，实验组由教师进行教学干预，以此来验证教师自身

[①] Guoyuan Sang, et al., "Exploring the Educational Beliefs of Primary Education Student Teachers in the Chinese Context", *Asia Pacific Education Review*, Vol. 13, No. 3, September 2012, pp. 417–425.

的教学技能的优势和有待提升，从而对教师教育问题提出相应的对策和建议。此类研究以间接的样本作为实验干预对象，对教师教育问题的解释的有效性还有待讨论。但是从教师教育研究来看，以职前教师、职后接受继续教育的教师等作为直接研究对象，进行一定的实验干预，能够更直接、更具针对性地挖掘教师教育的深层机制，在这一方面国内外研究都有待加强。

3. 元分析研究方法

元分析研究方法，也称荟萃分析研究方法，最初主要应用于医学领域研究的综述当中，通过对大量研究数据的收集，循证医学的重要研究路径，而在国外对中国教师教育展开的研究当中，仅有一篇论文使用了元分析方法。从国外研究的一级研究型态中或许可对该研究方法鲜少涉及的这一现象进行归因。本质上讲，元分析研究方法是综述类研究的一种。传统的综述类研究主要为思辨研究，研究者通过对前人研究文献的爬梳，通过逻辑推理和个人思辨对相关研究范畴的研究进展和不足进行阐释和说明。元分析研究则是在传统的综述类研究的基础上，为综述类研究赋予量化数据的支持。而在国外教师教育研究当中，思辨类研究本身所占比重远不及实证研究，思辨类研究中涉及综述思辨类的内容更是寥若晨星，综述类文章在国外的研究中鲜有涉及，这一定程度上能说明国外学术类期刊对研究的偏好，或许能为元分析研究的少有应用提供一些可能的线索。

(二) 国外中国教师教育研究中的质性研究方法

质性研究在国外的中国教师教育研究中为主要的实证研究型态，其具体的研究方法也更为多元，但截至资料收集之日，国外尚未有采用行动研究和批判性研究两种质性研究方法进行中国教师教育的相关研究，在自建"中国教师教育研究文献资源数据库"中，有一文通过对中国一项在大学研究人员与高中英语教师之间进行的教师合作行动研究项目的介绍，初次探及了中国教师教育研究中的行动研究发展迹象。该研究认为行动研究是教师自我发展、自主发展、自助发展的理想选择，并且在课程开发和语言教育的相关领域已有学者在试图促进行动研究的发展，文章就该合作行动研究项目的参与者学习合作情况进行了分析，并指出促进高校与基础教育之间有关行动研究的合作必须以合作的有效性作为前提条件，以此促进在中国语境下的教师教育自治。除行动研究外，国外的相关质性研究，主要涉及了文本分析、个案研究、民族志研究、叙事研究、现象学研究、扎根理论研究和调查研究七种。其具体使用频率如图19-15所示。

从图19-15中不难看出，在国外中国教师教育相关的质性研究当中，调查研究、个案研究和现象学研究是当下较为主流的质性研究方法，分别占质性研究文献量的34.78%、26.09%和16.30%，叙事研究和民族志研究也有所体现，分别占比9.78%和7.61%，文本分析及扎根理论研究则相对较少，两者共计占质性研究文献的5.44%。现以频次由高到低的顺序对以上七种研究方法在国外中国教师

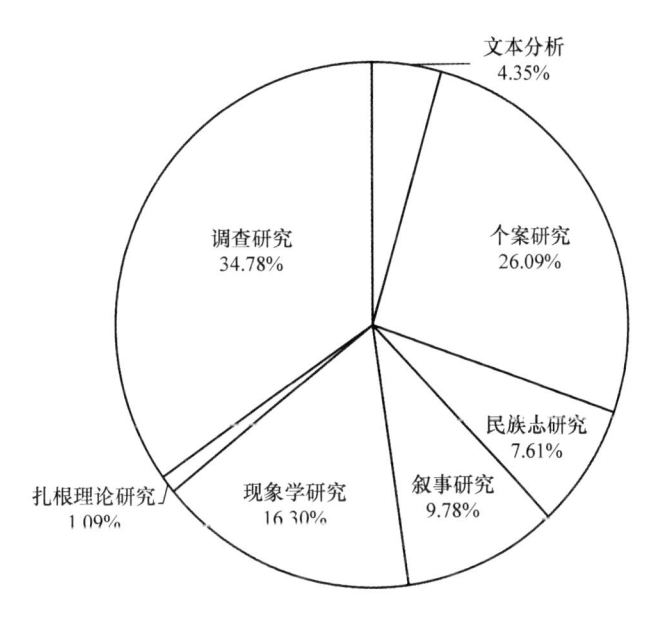

图 19-15 国外中国教师教育研究质性研究方法占比

资料来源：笔者自制。

教育研究中的使用情况进行分析。

1. 调查研究方法

调查研究方法是国外中国教师教育质性研究的主要研究方法之一，在本研究自建的"中国教师教育研究文献资源数据库"中，显示采用调查研究方法首次出现在中国教师教育研究领域是在 2009 年由 Yang，Robin 和 Ruowei 合作发表的论文 *Other-Repair in Chinese Conversation: A case of Web-Based Academic Discussion* 一文中，该研究收集了中国香港某大学教师教育课程中的网络讨论栏目中自然发生的书面互动数据，并就此对该课程的参与者的话语进行分析，并着重讨论了在此教师教育课程的线上讨论中研修教师话语特征中的中国文化因素。此后，质性调查研究方法在中国教师教育研究的使用频数逐渐增加。

如图 19-16 所示，国外质性调查研究方法在中国教师教育研究当中的使用在 2009 年至 2015 年呈现出小幅度有规律的波动增减变化，并于 2015 年之后逐渐上升，保持稳定缓慢增长的趋势。

现以 Chen，Zan 与 Goh，Christine 两人 2011 年的研究为例，简述国外中国教师教育研究中质性调查研究方法的具体使用。该研究同时使用了开放式问题构成的问卷调查和访谈两种策略进行了数据收集，来自中国 22 座城市 44 所大学的 331 名 EFL（English as a Foreign Language）教师参与了问卷调查，30 名教师接受了访谈。研究通过质性数据的收集挖掘了英语教师所面临的外部困境以及自身发展的需求。外部制约因素主要涉及班级规模较大以及教学资源的匮乏；从英语教

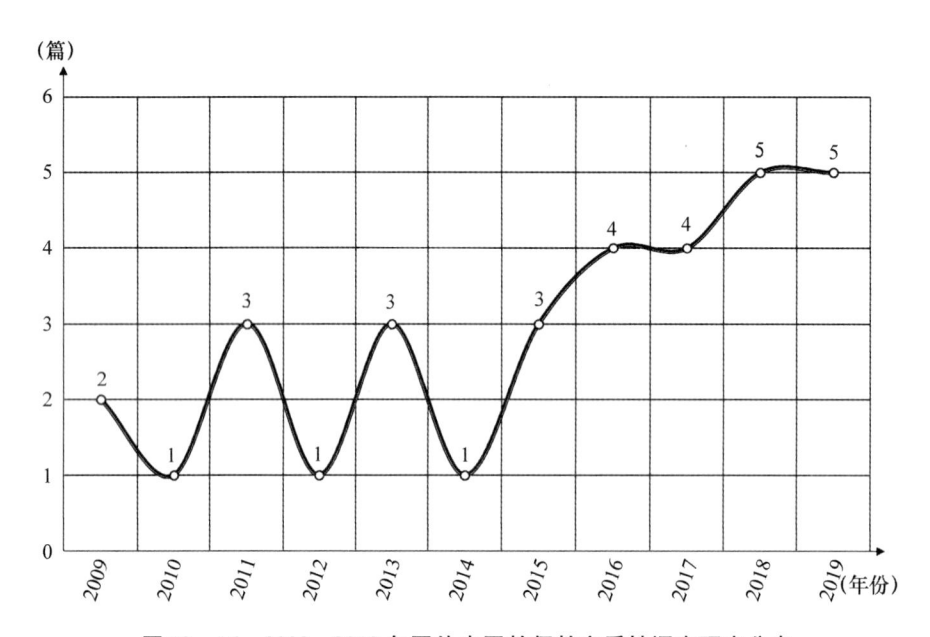

图 19-16　2009—2019 年国外中国教师教育质性调查研究分布

资料来源：笔者自制。

师群体来看，他们渴望提升自身的英语口语水平，并且期待接受有关有效课堂任务设计的继续教育。①

质性调查研究中，研究者以自身为研究实施工具，将研究参与者的观点、感受、期待等镜像化，从中抽绎出有关具体研究主题的要素及要素之间的关系，在信息挖掘和提炼上为教师教育研究拓宽了纵深发展的路径。

2. 个案研究方法

国外研究中，个案研究方法自 2008 年至 2019 年几乎每年均有使用。2017 年，在数量上出现了明显的增加，个案研究方法在国外中国教师教育中的使用情况如图 19-17 所示。

结合国外个案研究方法的研究对象来看，国外有关中国教师教育研究的个案研究所聚焦的主要研究对象包含教师、学校、教师教育项目等。以 Sun, Dekun 发表于 2012 年的研究 "*Everything Goes Smoothly*：*A Case Study of an Immigrant Chinese Language Teacher's Personal Practical Knowledge*" 为例，该研究以三名移民新西兰的中国汉语教师为个案，研究移民教师个人知识与身份认知的融合。研究认为移民教师对个人身份和文化背景的认识对其塑造自身教学实践知识和具体的教学实践有着深远的影响，研究认为要进一步了解教师知识，应当开展更多的跨文化教

---

① Zan Chen and Christine Goh, "Teaching Oral English in Higher Education: Challenges to EFL Teachers", *Teaching in Higher Education*, Vol. 16, No. 3, June 2011, pp. 333–345.

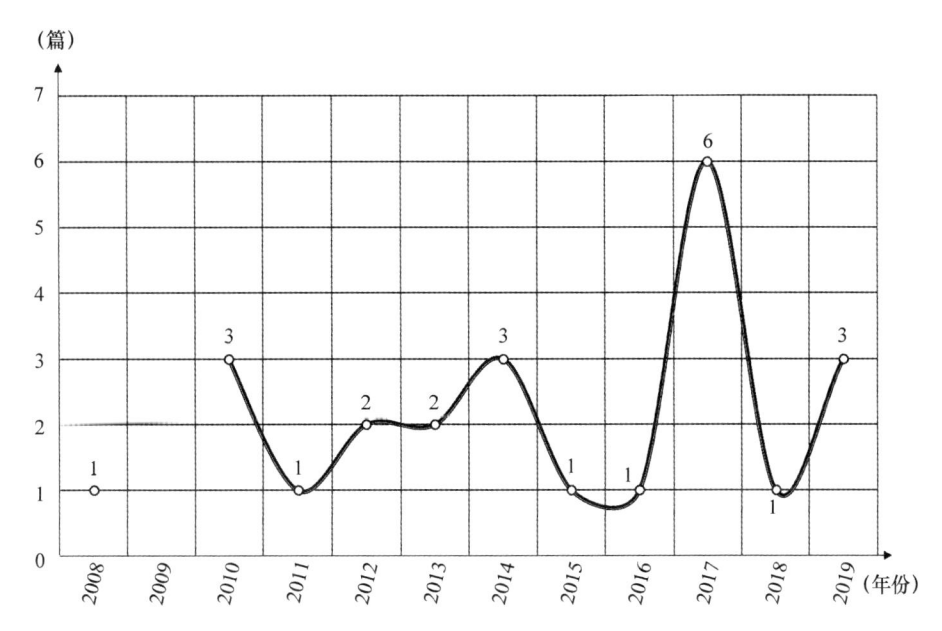

图 19-17 2008—2019 年国外中国教师教育个案研究分布

资料来源：笔者自制。

师教育研究。① 个案研究中，研究者通过聚焦少数的研究对象，围绕研究目标建构了具体的研究场域，并从中挖掘前人研究中尚未触及的问题，拓宽教师教育研究范畴。

3. 现象学研究方法

在国外中国教师教育研究中，共有 15 篇期刊论文采用了现象学研究方法，探究中国教师在接受教育的过程中的意识建构和生成。以研究 *The Cognitive, Social and Emotional Processes of Teacher Identity Construction in a Pre-Service Teacher Education Programme* 为例，该研究以三位中国公费师范生为研究对象，聚焦于公费师范生在中国公费师范教育环境中对个人身份的构建和重建过程。研究通过访谈、实地观察和研究参与者反思日记收集相关数据，探索了师范生关于其教师身份建构的认知、社会和情感过程。

现象学作为人文社会科学的一种方法而言，它所关注的"现象"是体验化、抽象化、意识化的现象，徐辉富曾通过具体两例来阐明现象学所关注的核心问题：

> 现象学关心"学生学习这一事物的体验的本质是什么？与恋人分手后心里的感受是怎么样的？"而不关心"这些学生是如何学习（这一事物）的，

---

① Dekun Sun, "'Everything Goes Smoothly': A Case Study of an Immigrant Chinese Language Teacher's Personal Practical Knowledge", *Teaching and Teacher Education*, Vol. 28, No. 5, July 2012, pp. 760-767.

您与恋人是如何分手的"。后者关注学习事实、分手原因的本身，而前者关注学习体验、失恋体验的内在结构。①

现象学研究侧重于收集研究对象有关个人感受、思考过程的有关资料，并将其意识化，通过研究的分析结果的呈现，帮助对象群体获取自身作为意识生成主体与特定现象的互动建构过程，其具体实施步骤可用图19-18表示。

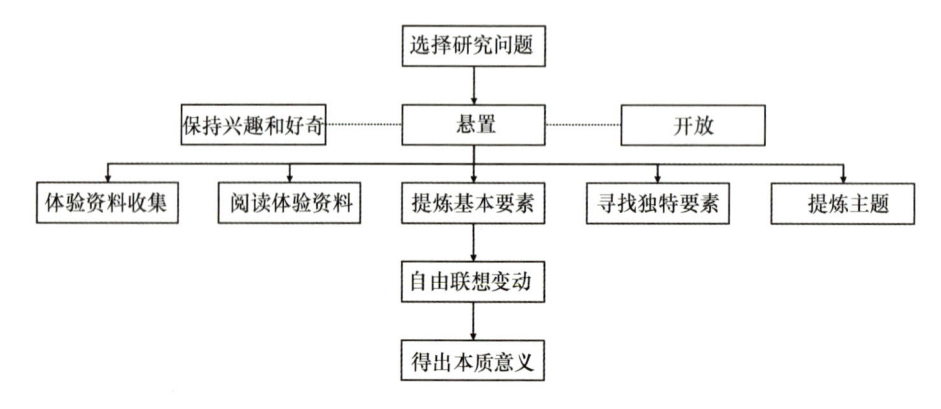

图 19-18 现象学研究方法实施步骤

资料来源：徐辉富：《现象学研究方法与步骤》，学林出版社 2008 年版，第 184 页。

研究过程中，研究者必须摒弃个人的偏见或预设，并排除已有研究或相关结论对自身客观视角占位的影响；同时还应保持敏感，积极捕捉可能对研究推进有益的信息与资料，善于从研究数据中捕捉并提纯意义的建构过程和特点。

4. 叙事研究方法

叙事研究方法聚焦于对叙事性研究资料的收集和分析，主要从被研究者的经历叙述中分析过程、建构意义。在自建"中国教师教育研究文献资源数据库"中，国外中国教师教育研究中有 9 篇期刊论文主要使用这一研究方法展开研究。研究 A Narrative Inquiry into a Rural Teacher's Emotions and Identities in China: Through a Teacher Knowledge Community Lens 以乡村教师为对象，以访谈转写文本、乡村教师的自我反思日志以及教师在线上的交流对话记录作为叙述性资料，探究了除学校因素以外，对教师亲身感受和自我身份建构的其他影响因素，研究从教师的叙述文本中挖掘乡村教师的经历带给个体的感受变化和身份协调。② 此外，还有个别研究以研究者自身作为叙事主体，研究者 Yang 基于个人对自我的观察和

---

① 徐辉富：《现象学研究方法与步骤》，学林出版社 2008 年版，第 41 页。
② Jing Li and Cheryl J. Craig, "A Narrative Inquiry into a Rural Teacher's Emotions and Identities in China: Through a Teacher Knowledge Community Lens", *Teachers and Teaching*, (August 2019), doi: 10.1080/13540602.2019.1652159.

日记撰写，对个人作为汉语教师在教育教学实践中语言教育思想的转变过程进行了叙事研究。[①]

据此可知，使用叙事研究方法进行教师教育研究，其对象并不局限于他者，以自身作为叙述主体亦可；此外，从数据收集策略来看，叙事研究可以采用访谈、观察、课堂录像、日志撰写等多种方式进行。

行文至此，本研究就以研究者自身为叙述主体的叙事研究方法与行动研究方法进行区分。在由莉萨·M. 吉文（Lisa M. Given）主编的《质性研究方法百科全书》（*The SAGE Encyclopedia of Qualitative Research Methods*）中曾对行动研究方法的实施过程建构了循环式模型，如图19-19所示。

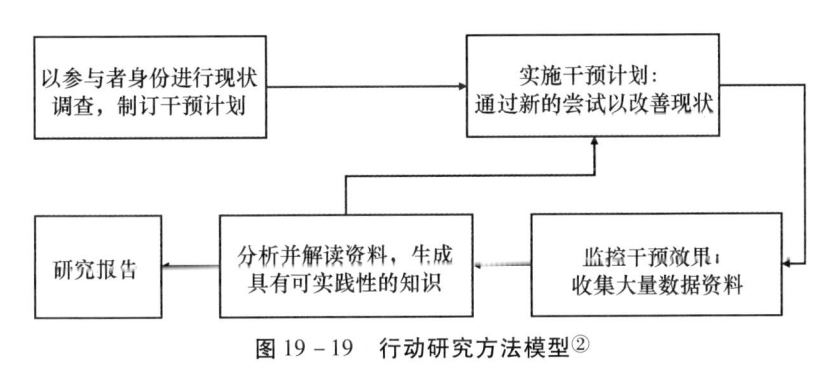

图19-19 行动研究方法模型[②]

资料来源：Lisa M. Given ed., *The SAGE Encyclopedia of Qualitative Research Method*, California: SAGE Publications, Inc., 2008, p.4. 图为笔者根据该资料自制。

在研究环节和侧重上，两者均存在明显的差异，叙事研究侧重于对经历性和过程性资料的收集、分析和提取，而行动研究则具有明显的循环性，且其研究的主要目标是通过干预，改善研究者所处的现实环境，并将该研究行动干预活动抽象为可重复实践、可推广的研究成果。

5. 民族志研究方法

民族志研究方法，也称人种志研究方法，起初是人类学研究中的主要方法之一，而后被引介入教育学、语言学、考古学等多学科研究当中。国外有关中国教师教育的研究论文当中，有7篇论文使用了这一研究方法。其中，Yongcan Liu使用这一方法对中国语言教学改革的背景下某大学的语言教师在工作商议中的谈话实践进行研究，该研究使用专业录像设备记录了某教师专业发展团体的8场会议，研究者本身也参与其中，最终得到了616分钟的录像资料，经分析发现，教师在互动中形成了不同的身份，并且在互动和身份建构之间的相互作用下，产生了

[①] Shih-Hsien Yang, "Narrative of a Cross-Cultural Language Teaching Experience: Conflicts Between Theory and Practice", *Teaching and Teacher Education*, Vol. 24, No. 6, August 2008, pp. 1564-1572.

[②] 图片引用时进行了翻译和修改。

种不同强度的权利关系，这种关系使部分参与者话语资源的利用受到限制，研究建议监控并确保教师专业发展团体中的关系的平等性，避免失衡的对话关系对教师的学习效果产生负面影响。①

在该方法的实施中，具体数据资料的收集策略主要有参与性观察与深度访谈两种。随着民族志研究方法在教育学科研究中积累沉淀，逐渐形成了一种独特的跨学科研究方法——教育民族志（或教育人种志，educational ethnography）。我国学者王鉴在人类学民族志研究方法的基础上，对教育民族志研究的理论与方法进行了阐释。王鉴认为，教育民族志研究并非一门学科，也不是一种研究范畴，而是一种"以参与观察和整体性研究为主要特征的描述性的研究方法"②，不同学科间尚且有联系，研究方法的借用甚至互通，有助于打破学科壁垒，从研究方法层面入手，实现不同学科之间的跨界互动。

6. 文本分析方法

文本分析方法在国内的中国教师教育研究中被广泛使用，但在国外的中国教师教育研究中却较少涉及，仅有4篇期刊论文使用该方法开展研究，具体信息如表19-23所示。

表19-23　　国外中国教师教育质性研究采用文本分析方法的期刊论文一览

题名	作者	期刊	发表时间
Choosing teaching in Hong Kong: a strategy to survive the financial crisis?	Draper, Janet	Educational Research	2012年
Different moves, similar outcomes: a comparison of Chinese and Swedish preschool teacher education programmes and the revisions	Vong, Keang-ieng Peggy 等	Compare-A Journal of Comparative and International Education	2015年
Teaching other people's children, elsewhere, for a while: the rhetoric of a travelling educational reform	Ellis, Viv 等	Journal of Education Policy	2016年
Reform of teacher education in China: a survey of policies for systemic change	Ye, Juyan 等	Teachers and Teaching	2019年

资料来源：笔者自制。

研究 Choosing Teaching in Hong Kong: A Strategy to Survive the Financial Crisis? 中，Janet Draper 以中国香港特别行政区特区政府及相关机构有关经济发展及教师教育出版物进行文本分析研究，研究认为金融危机对特区的教师教育产生了负面

---

① Yongcan Liu, "The Social Organisation of Talk-in-Interaction at Work in a Language Teacher Professional Community", Learning Culture and Social Interaction, Vol. 2, No. 3, September 2013, pp. 195-207.
② 王鉴：《教育人种志研究的理论与方法》，首届中国教育人类学学术研讨会论文，兰州，2007年9月，第74页。

影响，主要体现在课程、学校、高等教育结构等诸多方面，教学岗位数量也有所减少。研究通过对出版物进行文本分析，在宏观的经济环境下探究了中国香港的教师教育现状及所面临的问题，联通了经济、文化、教育等诸多要素。

另有 Juyan Ye，Xudong Zhu 与 Leislie N. K. Lo 三人的合作论文使用了文本分析方法，研究回顾和分析了中国教师教育改革过程中的 21 份政策文件，并通过归纳分析提炼出 5 个主题：（1）促进教师教育机构的多元化发展，以扩大教师教育力量；（2）整合资源，升级、合并或淘汰教师教育学校或机构，优化教育结构；（3）创新教师职前教育阶段的课程与教学实践模式；（4）教师资格认证及考核；（5）加强农村学校的师资供给。在此基础上，研究基于政策文本进一步分析了影响教师教育改革政策制定和实施的现实条件，客观评判了改革政策对中国教师教育发展的作用。[①]

不难发现，国外使用文本分析方法研究中国教师教育问题的论文中，文本对象主要是政府等官方机构发布的政策文件及相关出版物，有利于将教师教育研究置于社会发展、政策制定、经济环境等宏观现实语境当中，发掘真实客观的教师教育诉求。

7. 扎根理论研究方法

根据自建"中国教师教育研究文献资源数据库"，扎根理论研究方法在国外教师教育研究期刊论文当中仅有 1 例，为 2018 年发表在刊物 *Asia-Pacific Education Researcher* 上的论文 *Student Teachers' Emotions, Dilemmas, and Professional Identity Formation Amid the Teaching Practicums*。研究通过半结构化访谈（semi-structural interview）和情绪日志（emotional journals）收集数据资料，从情感和困境的两个维度出发，建构实习教师的专业身份形成过程。通过采用扎根理论分析方法，揭示了 6 名实习教师从教育实习开始到结束所经历的情绪轨迹模式：实习初期的急切和焦虑，实习过程中的愤怒和困惑，实习末期的无助和孤独，以及实习结束后的内疚和遗憾。通过扎根理论方法对资料的编码和处理，研究还抽绎出了实习教师所面临的四个主要困难：（1）课堂权威与情感关怀之间的微妙关系；（2）局内人或局外人的身份选择；（3）实习阶段担任行政工作助理或是任课老师的工作选择；（4）面对不同层次学生的教学方法选择。以上难点共同构成了实习教师在教学阶段所面临的复杂状况，研究认为应加强对职前阶段实习教师的身份认同和教师职业素养等方面的引导。

扎根理论研究方法当中涉及的数据资料收集、分析和编码、理论建构等过程实则是研究在不同阶段的互动共生过程，研究者对所收集资料的认识和判断、提炼和编码都会影响到后期阶段理论的最终建构结果。扎根理论研究方法对研究者

---

① Juyan Ye, Xudong Zhu and Leislie N. K. Lo, "Reform of Teacher Education in China: A Survey of Policies for Systemic Change", *Teachers and Teaching*, July 2019, https://doi.org/10.1080/13540602.2019.1639498.

的综合素质有着极高的要求，相应地，其为教师教育研究领域所能够贡献的成果理论也将不断深化和拓宽本研究范畴的内涵和外延。

(三) 国外中国教师教育研究中的混合研究方法

混合研究是国外中国教师教育研究中的主要二级研究型态之一，在本研究自建文献资源库中的196篇英文文献中，共有27篇论文使用了混合研究方法，其中主要涉及了聚敛式混合研究方法、解释性混合研究方法和探索性混合研究方法三种基础混合研究方法，以及多阶段评估混合研究方法这一种高阶混合研究方法，干预性混合研究方法和转型混合研究方法两种高阶混合方法尚未见诸于文献，涉及的四种混合研究方法分布如图19-20所示。

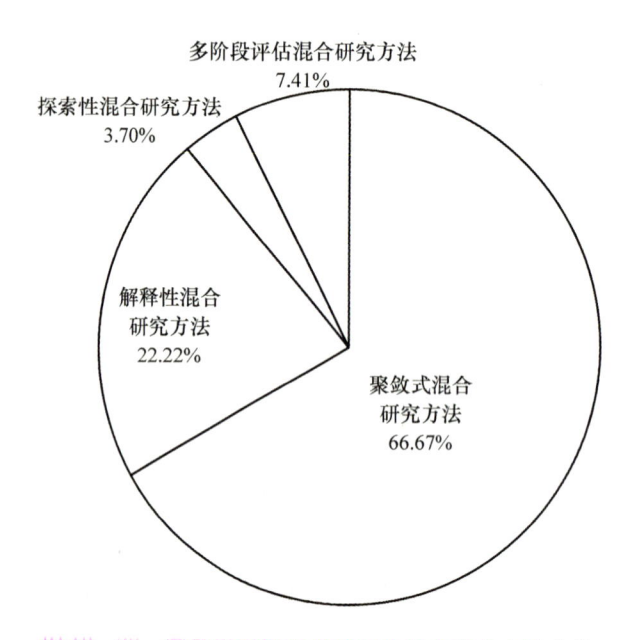

图19-20 国外中国教师教育研究混合研究方法占比

资料来源：笔者自制。

如图19-20所示，混合研究方法在国外中国教师教育中的使用以聚敛式混合研究方法为主，占混合研究方法研究文献的66.67%；解释性混合研究次之，占22.22%；而多阶段评估混合研究方法和探索性混合研究方法则分别占混合研究文献的7.41%和3.70%，现结合国外中国教师教育研究对所涉及的四种混合研究方法的具体使用逐一介绍。

1. 聚敛式混合研究方法

聚敛式混合研究方法在中国教师教育研究的使用主要表现为研究者通过同时收集量化和质性数据，且将两部分数据在分析阶段有机结合。以研究 *Innovation in Higher Education in China: Are Teachers Ready to Integrate ICT in English Language*

Teaching? 为例,该研究以中国大学英语教学改革为背景,选取南方一所大学的英语教师作为研究对象,重点探究大学英语教师对教学改革中要求教师使用教学导向的态度,研究选用了问卷调查、课堂观察、访谈等数据收集策略,并对所收集的量化和质性数据进行整合。分析发现,大学英语教师在改革初期对信息通信技术在课堂中的使用持积极态度,但由于支持和培训不足,其热情正在消退。[1]

事实上,国外研究中,采用聚敛式混合研究方法研究中国教师教育的期刊论文主要表现为调查研究,在确定研究问题或研究假设后,研究者一般同时进行量表式问卷或其他赋值型问卷的量化数据收集和以开放式问题问卷、访谈、观察等策略进行的质性数据收集,并在研究分析阶段将两部分数据整合,通过兼具广度与深度的调查和分析以共同解答研究问题或验证研究假设。

2. 解释性混合研究方法

从研究阶段上看,解释性混合研究方法一般情况以量化研究开始,后以质性研究对量化研究结果进行进一步的探究与阐释。国外中国教师教育研究当中,2015 年在 Xi Bei Xiong 与 Cher Ping Lim 两人合作的研究中,就采用了解释性混合研究方法。研究共有三个问题:(1)师范教育项目在职前教师对 TPACK 的理解上有何影响?(2)课程领导力与师范教育项目两者间如何相互影响?(3)课程负责人在职前教师的信息通信技术(ICT)教育能力培养方面起到了哪些作用?

针对以上问题,研究首先使用在《职前教师教学知识与技术知识调查》(*Survey of Pre-service Teachers' Knowledge of Teaching and Technology*)基础上多次修改、验证形成的调查问卷对 99 名职前教师进行调查(其中 57 名为职前数学教师,42 名为职前历史教师),掌握了样本职前教师的教学知识与技术知识的现状;然后,研究对课程领导团队进行了访谈,主要针对师范教育方案所涉及的信息通信技术有关教学内容进行提问;最后研究分别对四名男性职前教师和四名女性职前教师进行了焦点小组半结构化访谈,深入了解职前教师对在教学中应用信息通信技术的看法以及其在该方面学习的经验。研究指出,课程领导应从政策支持、课程管理和课程评估等方面支持师范教育项目的实施。此外,还应加强信息通信技术学习氛围的营造,并对相关课程进行有效监督,从硬件完善和学习资源更新等方面提供支持。[2]

研究在调查问卷数据分析结果的基础上,通过两组不同对象、不同形式的访谈结果对量化分析结果进行了进一步的说明和阐释,在研究过程中体现出了明显

---

[1] Zhiwen Hu and Ian McGrath, "Innovation in Higher Education in China: Are Teachers Ready to Integrate ICT in English Language Teaching?", *Technology, Pedagogy and Education*, Vol. 20, No. 2, March 2011, pp. 41-59.

[2] Xi Xiong and Cher Lim, "Curriculum Leadership and the Development of ICT in Education Competencies of Pre-service Teachers in South China", *The Asia-Pacific Education Researcher*, Vol. 24, No. 3, May 2015, pp. 515-524.

的历时序列性,且通过质性研究对量化研究分析结果进行解释的路径将两种不同的研究方法结合,从现状分析到可能的影响因素分析,最终对改善现状提出对策和建议,完成且清晰地呈现出了解释性混合研究方法的特征和优势。

类似的研究方法在中国教师教育研究当中的使用目前还不普遍,仍存在类似以量化为先、质性续后的研究实施方案,但由于整体研究设计上两部分研究相对独立,其质性研究环节并不能在真正意义上深入阐释量化研究分析结果,因此严格来讲,这只是量化研究与质性研究的简单拼接,并不属于解释性混合方法的研究范畴。

3. 探索性混合研究方法

探索性混合研究方法与解释性混合研究方法在实施过程中都体现出了明显的序列性特征,不同之处在于,在探索性混合研究方法当中,质性研究往往先于量化研究开展。现结合国外中国教师教育研究中仅有的一例就该研究方法进行说明。

研究 Key Competencies and Characteristics for Innovative Teaching Among Secondary School Teachers: A Mixed-Methods Research 使用探索性混合研究方法,以中学教师为研究对象,就其对创新教学的关键能力与特点的认知进行了研究。研究首先通过对教师访谈的分析,确定了4个关键能力及17个特征,然后基于抽绎出的能力与特征设计了调查问卷,并使用此问卷测量325名样本教师的关键能力和特征对创新教学的影响。经过对量化数据的分析,4个关键能力构成的模型和特征的重要性均得到了验证。

如前所述,在探索性混合研究方法当中,质性研究一般在研究的初始阶段展开,通过对某现象或问题的观察、探究和分析,抽绎出一组界定清晰、定义明确的概念要素,并在研究的后续阶段针对以上要素进行数据收集,通过对所提取因子赋值和量化分析,以了解各因子之间的关系或异同。

4. 多阶段评估混合研究方法

多阶段评估混合研究方法也是国外中国教师教育研究当中唯一涉及的一种高阶混合研究方法。例如,为考察中国山西省"2+2"教师绩效评估系统的实施情况,Weiping Wang 以来自山西省6所不同中学的78名教师作为对象进行研究。其研究先后采用了准实验研究方法、量化调查研究方法和质性调查研究方法,具体的数据收集环节则包含了测试成绩、量表式调查问卷、开放式问题调查问卷、结构化访谈等多种策略;数据分析环节则涉及了协方差分析(ANCOVA)、内容分析等数据资料分析策略。研究评估结果表明"2+2"项目对教师的课堂教学产生了显著的积极影响。[①]

多阶段评估混合研究方法主要用于对特定项目的实施成效进行评估,其最显

---

① Weiping Wang, "Evaluation of 2 + 2 Alternative Teacher Performance Appraisal Program in Shanxi, People's Republic of China", *Teaching and Teacher Education*, Vol. 23, No. 7, October 2007, pp. 1012 – 1023.

著的特征为在该方法的实施过程中分为多个不同的阶段,且每个阶段都可视为一个相对独立的研究。从研究设施上看,多阶段评估混合研究方法对研究者从研究设计到数据分析各环节的各个方面的技术和能力都有一定的要求,一般情况下由团队合作完成。该研究方法在中国教师教育研究领域的应用,为教师教育相关实践项目的评估和监督提供了行之有效的科学模式和规范化的操作流程。

三 慎思明辨：国内外中国教师教育实证研究方法比较

基于前文对国内外中国教师教育实证研究方法的介绍和梳理,本研究对各研究方法进行赋值,并以文献语言（中文=1,英文=2）作为分组变量,对国内外教师教育研究中量化研究方法、质性研究方法和混合研究方法的使用情况进行分析,以探明在具体方法上国内外研究的异同。

（一）国内外中国教师教育量化研究方法比较

研究以具体方法作为变量,主要使用方法的研究在此变量处赋值为1,未使用为0,研究仍使用软件SPSS 17.0就国内外量化研究方法的使用情况进行了独立样本t检验,数据分析结果如表19-24和表19-25所示。

表19-24　　国内外中国教师教育研究量化研究方法均值比较组统计

	文献语言	N	均值	标准差	均值的标准误
量化调查研究方法	中文	528	0.01	0.075	0.003
	英文	196	0.25	0.434	0.031
准实验研究方法	中文	528	0.00	0.000[a]	0.000
	英文	196	0.00	0.000[a]	0.000
实验研究方法	中文	528	0.00	0.000	0.000
	英文	196	0.01	0.101	0.007
元分析方法	中文	528	0.02	0.136	0.006
	英文	196	0.01	0.071	0.005

a：无法计算t,因为两个组的标准差都为0。
资料来源：笔者自制。

结合表19-24中的均值和标准差可知,国内外中国教师教育研究的期刊论文中目前均尚未涉及以准实验研究方法开展的实证研究；在量化型态的研究方法当中,国外对调查研究的使用频数明显大于国内；就元分析方法而言,国内稍多于国外。

表19-25　　国内外中国教师教育研究量化研究方法独立样本检验

		方差方程的 Levene 检验		均值方程的 t 检验						
		F	Sig.	t	df	Sig.（双侧）	均值差值	标准误差值	差分的95%置信区间	
									下限	上限
调查研究方法	假设方差相等	1127.932	0.000	-12.452	722	0.000	-0.244	0.020	-0.283	-0.206
	假设方差不相等			-7.835	199.363	0.000	-0.244	0.031	-0.306	-0.183
实验研究方法	假设方差相等	22.168	0.000	-2.330	722	0.020	-0.010	0.004	-0.019	-0.002
	假设方差不相等			-1.418	195.000	0.158	-0.010	0.007	-0.024	0.004
元分析研究方法	假设方差相等	7.487	0.006	1.352	722	0.177	0.014	0.010	-0.006	0.034
	假设方差不相等			1.768	643.890	0.078	0.014	0.008	-0.002	0.029

资料来源：笔者自制。

从表19-25中的方差方程的Levene检验，三种研究方法的P值均小于0.05，因此其独立样本检验以"假设相差不相等"一行结果为准。由三种研究方法的独立样本t检验结果可知，国内外有关中国教师教育研究的期刊论文在量化调查研究的使用上存在显著性差异（$P_d = 0.000$ 且 $P_d < 0.05$），而在实验研究方法与元分析研究方法的使用上，虽然国内外使用频率有差异，但未达到统计分析的显著性水平（$P_s = 0.158$，$P_y = 0.078$ 且 P_s 与 P_y 均大于0.05）。

（二）国内外中国教师教育质性研究方法比较

同理，研究对国内外中国教师教育研究中质性研究方法的使用进行了独立样本T检验，分组变量为文献语言，其统计量结果如表19-26所示。

表19-26　　国内外中国教师教育研究质性研究方法均值比较组统计

	文献语言	N	均值	标准差	均值的标准误
文本分析研究方法	中文	528	0.04	0.200	0.009
	英文	196	0.02	0.142	0.010
个案研究方法	中文	528	0.01	0.087	0.004
	英文	196	0.12	0.329	0.024
民族志研究方法	中文	528	0.00	0.000	0.000
	英文	196	0.04	0.187	0.013

续表

	文献语言	N	均值	标准差	均值的标准误
叙事研究方法	中文	528	0.00	0.044	0.002
	英文	196	0.05	0.210	0.015
行动研究方法	中文	528	0.00	0.000[a]	0.000
	英文	196	0.00	0.000[a]	0.000
现象学研究方法	中文	528	0.00	0.000	0.000
	英文	196	0.08	0.267	0.019
批判性研究方法	中文	528	0.00	0.000[a]	0.000
	英文	196	0.00	0.000[a]	0.000
扎根理论研究方法	中文	528	0.00	0.000	0.000
	英文	196	0.01	0.072	0.005
调查研究方法	中文	528	0.01	0.075	0.003
	英文	196	0.16	0.371	0.027

a：无法计算 t，因为两个组的标准差都为 0。

资料来源：笔者自制。

从表 19-26 不难发现，由于国内外中国教师教育研究中均尚未有研究以行动研究方法和批判性研究方法开展相关研究的论文出现，因此上述两方法无法进行独立样本检验。结合均值与标准差可知，相较于国外的质性研究方法来看，国内较多地使用了文本分析方法，而国外中国教师教育研究则更倾向于使用个案研究方法、民族志研究方法、叙事研究方法、现象学研究方法、扎根理论研究方法及调查研究方法。

如表 19-27 中所呈现的方差方程的 Levene 检验结果，文本分析研究方法等七种质性研究方法的 P 值均小于 0.05，不满足方差齐性，因此其独立样本 T 检验以"假设方差不相等"的结果为准。在中国教师教育质性研究方法的使用上，国内外期刊论文在文本分析研究方法与扎根理论研究方法上没有显著性差异（$P_w = 0.115$，$P_z = 0.319$，且 P_w 与 P_z 均大于 0.05）；而在个案研究方法、民族志研究方法、叙事研究方法、现象学研究方法和调查研究方法的使用上，统计学意义上的显著性差异则有所体现（$P_g = 0.000$，$P_m = 0.008$，$P_{xs} = 0.004$，$P_{xx} = 0.000$，$P_d = 0.000$，且均小于 0.05）。

（三）国内外中国教师教育混合研究方法比较

在自建的"中国教师教育研究文献资源数据库"中，国内外均没有使用干预性混合研究方法和转型性混合研究方法探索中国教师教育的问题研究，六种混合研究方法的均值比较统计量结果和独立样本 T 检验结果如表 19-28 和表 19-29 所示。

表 19-27　国内外中国教师教育研究质性研究方法独立样本检验

		方差方程的 Levene 检验		均值方程的 t 检验					差分的 95% 置信区间	
		F	Sig.	t	df	Sig.（双侧）	均值差值	标准误差值	下限	上限
文本分析研究方法	假设方差相等	7.582	0.006	1.356	721	0.176	0.021	0.016	-0.009	0.052
	假设方差不相等			1.580	485.948	0.115	0.021	0.013	-0.005	0.047
个案研究方法	假设方差相等	261.902	0.000	-7.400	721	0.000	-0.116	0.016	-0.146	-0.085
	假设方差不相等			-4.835	204.028	0.000	-0.116	0.024	-0.163	-0.068
民族志研究方法	假设方差相等	84.604	0.000	-4.428	721	0.000	-0.036	0.008	-0.052	-0.020
	假设方差不相等			-2.688	194.000	0.008	-0.036	0.013	-0.062	-0.010
叙事研究方法	假设方差相等	90.418	0.000	-4.581	721	0.000	-0.044	0.010	-0.063	-0.025
	假设方差不相等			-2.915	200.163	0.004	-0.044	0.015	-0.074	-0.014
现象学研究方法	假设方差相等	208.875	0.000	-6.624	721	0.000	-0.077	0.012	-0.100	-0.054
	假设方差不相等			-4.021	194.000	0.000	-0.077	0.019	-0.115	-0.039
扎根理论研究方法	假设方差相等	10.969	0.001	-1.647	721	0.100	-0.005	0.003	-0.011	0.001
	假设方差不相等			-1.000	194.000	0.319	-0.005	0.005	-0.015	0.005
质性调查研究方法	假设方差相等	474.027	0.000	-9.310	721	0.000	-0.158	0.017	-0.192	-0.125
	假设方差不相等			-5.913	199.910	0.000	-0.158	0.027	-0.211	-0.106

资料来源：笔者自制。

表 19-28　国内外中国教师教育研究混合研究方法均值比较组统计

	文献语言	N	均值	标准差	均值的标准误
聚敛式混合研究方法	中文	528	0.00	0.061	0.003
	英文	196	0.09	0.290	0.021

续表

	文献语言	N	均值	标准差	均值的标准误
解释性混合研究方法	中文	528	0.00	0.000	0.000
	英文	196	0.03	0.173	0.012
探索性混合研究方法	中文	528	0.00	0.044	0.002
	英文	196	0.01	0.071	0.005
干预性混合研究方法	中文	528	0.00	0.000[a]	0.000
	英文	196	0.00	0.000[a]	0.000
转型混合研究方法	中文	528	0.00	0.000[a]	0.000
	英文	196	0.00	0.000[a]	0.000
多阶段评估混合研究方法	中文	528	0.00	0.000	0.000
	英文	196	0.01	0.101	0.007

a：无法计算 t，因为两个组的标准差都为 0。

资料来源：笔者自制。

表19-29　**国内外中国教师教育研究混合研究方法独立样本检验**

		方差方程的Levene检验		均值方程的 t 检验						
		F	Sig.	t	df	Sig.（双侧）	均值差值	标准误差值	差分的95%置信区间	
									下限	上限
聚敛式混合研究方法	假设方差相等	203.608	0.000	-6.605	722	0.000	0.088	0.013	-0.114	-0.062
	假设方差不相等			-4.222	201.563	0.000	-0.088	0.021	-0.129	-0.047
解释性混合研究方法	假设方差相等	70.919	0.000	-4.078	722	0.000	-0.031	0.008	-0.045	-0.016
	假设方差不相等			-2.482	195.000	0.014	-0.031	0.012	-0.055	-0.006
探索性混合研究方法	假设方差相等	2.132	0.145	-0.730	722	0.466	-0.003	0.004	-0.012	0.005
	假设方差不相等			-0.589	250.683	0.556	-0.003	0.005	0.014	0.008
多阶段评估混合研究方法	假设方差相等	22.168	0.000	-2.330	722	0.020	-0.010	0.004	-0.019	0.002
	假设方差不相等			-1.418	195.000	0.158	-0.010	0.007	-0.024	0.004

资料来源：笔者自制。

如表19-29中方差方程的Levene检验结果所示，聚敛式混合研究方法、解释性混合研究方法和多阶段评估混合研究方法的P值均小于0.05，不满足方差齐性，因此其独立样本T检验以"假设方差不相等"的结果为准；而解释性混合研究方法的方差方程的Levene检验P值为0.145，大于0.05，因此其独立样本T检验以"假设方差相等"的数据结果为准。

在中国教师教育混合研究方法的使用上，国内外期刊论文在探索性混合研究方法和多阶段评估混合研究方法上没有显示出统计学意义上的差异（$P_t = 0.466$，$P_d = 0.158$，且P_t与P_d均大于0.05）；而在聚敛式研究方法与解释性混合研究方法的使用上，其独立样本T检验结果显示，$P_{jl} = 0.000$，$P_{js} = 0.014$，且P_{jl}与P_{js}均小于0.05，这表明在这两种混合研究方法的使用上，国内外存在显著差异。

在国内外中国教师教育研究当中，国内外从研究型态、研究方法上均呈现出了各自的趋向和特征，本章从研究方法的概念厘定、方法特征等维度对中国教师教育研究方法进行了界定与阐释，建构了研究方法谱系，并在此基础上，对国内外中国教师教育研究期刊论文的研究型态与方法进行了分析和比较。国内中国教师教育研究以思辨为主，而国外则更倾向于实证研究型态。在国内外实证研究中，质性研究是最为凸显的实证研究型态。就具体的研究方法使用而言，国内外呈现出了一定的差异。现有研究中，已有部分国内外专家学者合作展开对中国教师教育的研究，在未来研究方法的使用上，国内外也随之走向互动与融通，加之对不同学科研究方法的引介，形态丰富、方法多元的研究路径可望成为未来中国教师教育研究图景的重要特征。

第二十章 日臻多元：中国教师教育研究展望

本篇前三章就国内外中国教师教育研究的图景、热点、型态与方法进行了梳理，从本体论上厘清中国教师教育研究在不同历史语境下的发展历程，从认识论上定位中国教师教育研究的发展现状，从方法论上把握中国教师教育研究的主流研究范式、型态及方法。本章以国内中国教师教育研究为主体，从中国教师教育研究主题、型态、方法等方面展望未来本研究范畴的发展趋势。

第一节 不名一格：中国教师教育研究的主题选择

回望中国教师教育研究的轨迹，研究内容上，从师范教育研究到教师教育研究，其间的转变绝非仅二字之差，教师教育研究突破了职前教师培养的时间界限，也走出了师范培养的空间限制，研究视野的时空范畴不断拓展；研究主体上，中国从事教师教育研究的学者与国外研究者从通力合作到自主发展，相关研究成果也逐步呈现于国际相关重要学术期刊。本节主要着眼于国内中国教师教育研究，探赜中国有关教师教育研究未来的主题选择。

一 人本理念：建构教师群体与个体的互生关系

1992年至2019年，我国学者对中国教师教育的研究热点集中于教师教育改革、师范大学办学以及教师教育课程设置三个方面，从政策完善、结构革新、课程优化等方面探析了中国教师教育发展，并在后期相对集中地出现了对卓越教师培养以及卓越教师标准的讨论。本研究立足于前文对研究热点与研究前沿的分析，认为对教师个体、社会群体，以及个体与群体之间互动关系的研究可望成为中国教师教育研究的趋势之一。

（一）教师主体的内生动力：从终身教育到终身发展

教师教育研究将持续挖掘教师主体发展的内生动力，从教师的职业身份认同中激活和唤醒教师自我发展的内在需求。目前的教师教育研究从政策保障、体制完善、教师专业能力提升等诸多方面对教师教育改革的推进提供了学理支撑，教师作为教师教育的主体，无疑也是教师教育研究的核心对象，在对教师专业化发展的充分探讨的基础上，中国教师教育研究将逐步探索教师作为发展本体对自身的认同以及在终身学习理念下，对本体的自我发展路径的探索与反思。

一方面，中国教师教育研究在对教师个人的培养上主要关注教师的专业能力提升。在科学技术打破教学实施的时空限制的同时，教师作为教育的主要要素之一，其专业化发展的可能性也不断生长。教师自身在教师教育视域中逐渐从教育客体向教育主体转型，行动研究方法在学科教育中的使用便是这一研究路向的有力证明。教师逐渐从对知识的接收者转向为个人教育教学能力发展的主导者，教师角色在教育活动中弱化的同时，逐渐在教师教育和自我反思和自我实践中得以强化。教师教育研究可望在教师专业化发展中，引导教师塑造自身的职业发展愿景，帮助教师在实现其个人发展愿景的同时，从研究层面为教师专业发展的具体实践提供方法论支持。

另一方面，教师教育的内涵远不止教师的专业化发展，当前对教师师德修养的关注便是教师教育研究重要的切入视角之一。以课程设置为例，现阶段有关"课程思政"的倡导在教师教育课程的设计和实施中有所体现。上施下效，教师作为课程最直接的设计者和组织者，其自身的价值取向对教育本身有着至关重要的影响作用。在教师教育环节，将进一步深化教师的家国情怀，涵修教师的人文素养，明晰教师在教育教学环境当中对价值观导向的关键作用。在教师教育研究中，应拓宽教师专业化发展的概念外延，在现行的教师教育培养方案改革、教师教育课程计划调整相关研究的基础上，进一步强化对教师教育和教师发展的各个维度能力提高和素养提升方面的研究，尤其在对教师师德涵养的教育实践方面，其具体路径还有待进一步探索。

此外，Joseph J. Schwab 曾提出最佳自我（best-loved self）的概念。[1] 教师除了在课堂活动中对学生的塑造和期待，激活教师关于"最佳自我"的本体意识和发展理念，也为未来教师教育发展提供了全新的视角。教师教育研究不仅应当关注教师在教育教学活动中对学生自我的辅助塑造作用和知识积累的引导作用，还应当对教师个人的身份认同和自我发展意识持续关注。在教师教育语境下，将教师置于核心地位，引导其知识与技能的积累和提升的同时，唤醒教师自主反思的意识和自我发展的内生动力，将终身接受教育的理念逐步转向教师自发的终身发展追求。

（二）社会群体的教育需求：特殊教育的师资培养研究

在新的社会语境下，教育需求愈加多样化，为不同社会群体提供针对性的教育服务成了教师教育研究的具象课题，尤其是对特殊教育的师资培养，需要科学、

---

[1] Joseph J. Schwab, "Eros and Education: A Discussion of One Aspect of Discussion", *The Journal of General Education*, Vol. 8, No. 1, October 1954, pp. 51–71.

系统、合理的研究指引和学理支撑。

就特殊教育而言，不仅包含对残疾人群体的教育，还包括在身份上具有一定特殊性的群体教育，例如对违法犯罪群体的教育干预，抑或是对智力超群的儿童群体的教育引导，都需要根据受教育群体的特征进行不同视角的教育关怀。相应地，特殊群体教育的特殊性也为特殊教育的师资培养提出了更为专业的要求。

21世纪以来，世界各国对特殊教育的关注持续增长。2017年7月，中国教育部、国家发展和改革委员会等七部门联合发布了《第二期特殊教育提升计划（2017—2020年）》（后文简称《计划》），该《计划》明确将"加强专业化特殊教师队伍建设"[1]列为主要措施之一。《计划》提出"支持师范类院校和其他高校扩大特殊教育专业招生规模，提高培养质量。加大特殊教育专业硕士、博士研究生培养力度"[2]，同时，"普通师范院校和综合性院校的师范专业普遍开设特教课程"[3]。国家对特殊教育事业发展的关注，社会对特殊教师教育的需求，呼唤中国教师教育研究对特殊教育教师培养进行探索。未来教师教育研究对特殊教育的从业教师资源开展研究的过程中应兼具纵深性和延展性。一方面可关注残疾人群体教育的师资培养研究；另一方面可从特殊教育内涵出发，着力拓宽特殊教师教育的受众面，为不同的特殊群体提供接受专业化教育的机会。

从社会视角着眼，对特殊群体教师教育研究的意义和价值并不仅限于特定群体的教育质量提升和教师资源专业化，同时也关涉社会教育公平这一重大命题。保障教育公平的要义在于确保弱势群体的教育权力，在中国教育事业发展的历史进程中，教育公平一直是重要的一环，如"十二五"期间国家便发布了约19项涉及确保教育公平的教育政策，且现有政策对不同类型、不同层次的教育事业的公平发展均有强调，不仅关涉不同学段的教育水平差异，而且关注不同弱势群体的教育问题，对其受教育的权利及所受教育的公平保障均有涉及。[4]

不同群体的教育质量水平问题与其对应的师资力量密切相关，弱势群体的多样性要求相应教师教育培养要具备特定导向的针对性，由此便要求教师教育的研究范畴在社会学、人类学的视角下，对社会不同群体的教育需求和公平保障进行探索和研讨，丰盈教师教育研究对具体现实发展路向的指导借鉴意义。

---

[1] 中华人民共和国教育部：《教育部等七部门关于印发〈第二期特殊教育提升计划（2017—2020年）〉的通知》，http://www.moe.gov.cn/srcsite/A06/s3331/201707/t20170720_309687.html，2017年7月17日［2020-05-08］。

[2] 中华人民共和国教育部：《教育部等七部门关于印发〈第二期特殊教育提升计划（2017—2020年）〉的通知》，http://www.moe.gov.cn/srcsite/A06/s3331/201707/t20170720_309687.html，2017年7月17日［2020-05-08］。

[3] 中华人民共和国教育部：《教育部等七部门关于印发〈第二期特殊教育提升计划（2017—2020年）〉的通知》，http://www.moe.gov.cn/srcsite/A06/s3331/201707/t20170720_309687.html，2017年7月17日［2020-05-08］。

[4] 王刚、王艺璇：《"十三五"期间我国关键教育政策问题与对策建议》，《现代教育管理》2020年第3期。

二 应用导向：教师教育研究的实践赋能

中国教师教育研究发展至今，为中国不同类型、不同学段的师资培养与教师发展提供了镜像般的理性认识，同时也为明晰教师教育的现实发展路向提供了学理支持。从型态上看，现阶段我国有关中国教师教育的研究以思辨研究为主；就思辨研究的内容而言，则主要以对历史演进的梳理、国际经验的归纳、改革措施的反思等维度为主。中国教师教育关涉中国教师教育顶层设计的宏观探索必不可少。同时，应结合时代和社会发展的需求，从中观、微观层面开展具有实践指导意义的应用研究。未来中国教师教育研究的发展可望出现应用型研究趋势，这一趋势主要体现在弥合教师教育实践与国家战略发展需求、教师资源内涵性提升两个方面。

向上对接国家战略需求，向下结合实践发展需要，以研究为中枢，形成顶层设计与实践探索的互动循环。以"一带一路"倡议规划为例，"一带一路"倡议下，中外交往深化，语言作为文化的承载者，承担起了世界沟通的战略功能。李明宇认为，语言有"通事"和"通心"之别，与"一带一路"沿线国家以英语作为通用语言进行沟通固然可行，但只可"通事"，难以"通心"[①]，这便为中国多语种语言教师的培养提出了更高的要求。

第一，一方面中国教师教育研究应当侧重于多语教师的培养，尤其是"一带一路"沿线国家所使用语言的语言教师资源储备；另一方面，还应当加深国际汉语教师教育的研究力度，在中国与"一带一路"沿线国家之间构建汉语、目标国家外语双向互通的沟通媒介；此外，可以就中外教师交流合作以及教师教育合作办学等现实路径进行探索，从教师教育层面激活"一带一路"倡议与教师教育实践的互动与融合。

第二，在教师教育研究中注重应用型、专家型、研究型等师资培养的研究。教育部于2020年1月发布《关于在部分高校开展基础学科招生改革试点工作的意见》（又称"强基计划"），"强基计划"旨在"服务国家战略，招收一批有志向、有兴趣、有天赋的青年学生进行专门培养，为国家重大战略领域输送后备人才"，并在培养模式上明确"对通过强基计划录取的学生可单独编班，配备一流师资，提供一流的学习条件，创造一流的学术环境与氛围，实行导师制、小班化等培养模式"[②]。

由此可见，教育事业的服务功能已从为社会发展角度提升教育质量逐渐走向从国家政策需求的高度储备教育资源。从教师教育研究来看，更要与时俱进，精

---

① 李宇明：《语言在全球治理中的重要作用》，《外语界》2018年第5期。
② 中华人民共和国教育部：《教育部关于在部分高校开展基础学科招生改革试点工作的意见》，http://www.moe.gov.cn/srcsite/A15/moe_776/s3258/202001/t20200115_415589.html，2020年1月13日 [2020-05-08]。

准把握国际整体局势当中国家政策发展的师资需求，并从研究层面建言献策，服务国家政策发展。

无论是"一带一路"倡议还是"强基计划"，在影响着社会发展路向的同时，也为教师教育研究提供了可贵的实践课题和研究素材。着眼国家战略高度，立足实践应用需求，开展教师教育研究是时代发展的需要，也是社会发展的必然。

三 现实路向：多元教师教育主体的跨层互动

当前，从中国教师教育的现实发展来看，已经逐步形成了政府、社会、高校、中小学多方合作的教师准入、教师培养、教师发展的共同体，但就教师教育研究而言，对不同主体在教师教育实践的参与程度及合作机制的研究相对滞后。面对准教师主体与教师教育办学主体的双重开放，教师教育研究的学理准备还略显不足。

第一，从教师准入来看，教师资格认证标准的确定与实施一方面规范了教师准入的要求与原则，另一方面也开放了教师行业的准入机制。一些非师范院校、非师范专业的但有志于从事教师行业的优秀人才有机会通过教师职业资格认定考试获取教师行业的准入资格。准教师主体已然向多元化发展，但中国教师教育研究中对非师范出身的教师群体关注不足。从范畴上看，师范教育已成为教师教育中的重要组成部分，但教师教育中师范教育以外的教师群体的教育与继续教育都需要学界给予更多的关注和探索。

事实上，教师资格认证制度的确立本身，并不仅仅关涉非师范院校出身的准教师群体，教师准入机制的开放也为师范教育的人才培养与办学理念带来了更高的要求。高敬芝、尹筱莉等已着眼这一趋势，并对教师资格认证考试体制下师范院校发展、师范教育专业设置优化、师范教育专业毕业生的就业等多方面所面临的就业压力进行了分析，[1] 但相关研究对缓解以上压力的对策及未来发展的路向着墨甚少，可将社会、经济、文化等多方面因素纳入研究考虑，在师范教育专业教师与非师范教师准入之间探求平衡，兼顾双方的发展诉求与利益表达，实现教师教育资格考试认证制度从规制走向赋能。

第二，就教师教育办学主体而言，改革开放以来，教师教育办学主体逐步走向多元和开放。1999年，教育部印发了《关于师范院校布局结构调整的几点意见》（后文简称《意见》），《意见》明确了自1999年起我国师范教育的发展趋势："（1）以师范院校为主体，其他高等学校积极参与，中小学教师来源多样化；（2）师范教育层次结构重心逐步升高；（3）职前职后教育贯通，继续教育走上法制化轨道，以现代教育技术和信息传播技术为依托，开放型的中小学教师继续教

---

[1] 高敬芝、尹筱莉：《教师资格认证考试体制下师范教育的机遇与挑战》，《教育理论与实践》2019年第21期。

育网络初步建立"①。自此中等师范教育逐渐弱化，经过整合和调整，高等师范教育逐步走向一体和开放。在日后的发展中高等师范院校逐步引入综合类大学的发展思路和学术资源，实现高等师范院校的综合化发展。

同期，部分非师范类的高等院校也参与到了教师教育的办学工作当中，办学主体逐步形成多元化发展的态势。有学者认为，"当前的教师教育现状是多元化教师教育机构并存，但整体形态并没有明确下来的实践状态"。②就具体的多元发展实践对策和路径而言，还应通过教师教育研究，探索教师培养的现实路径。发展必然伴随着坎坷、停滞甚至反复，而研究本身便是在不同的发展阶段科学客观地剖析具体的现实困境，并为其找寻或探究一个个破解困境的方法。在教师教育体系相对完备的当代中国，如何在育人模式中平衡教师教育的开放性与独立性还有待进一步探索。

第二节　山鸣谷映：中国教师教育研究的路径选择

如前所述，国内有关中国教师教育的研究以思辨研究型态为主，实证型态为辅，且实证研究型态中以质性研究为主，量化研究为辅；就实证研究的具体方法而言，文本分析法成为中国教师教育研究的主要方法。本节结合前文对中国教师教育研究型态及方法的建构和分布进行讨论，对中国教师教育研究在方法论层面上的路径选择予以探析。

一　渐次充盈：中国教师教育研究的型态撷取

在自建的"中国教师教育研究文献资源数据库"中国内有关中国教师教育研究的528篇期刊论文中，481篇论文选用思辨研究型态，对中国教师教育进行学理探索，占国内中国教师教育与研究期刊论文的91.10%，而涉及实证研究型态的论文仅占8.90%，仅从其占比便可以看出研究型态上分布的结构差异。现分别从教师教育研究的思辨型态与实证型态出发，分析教师教育研究的走向与发展趋势。

（一）中国教师教育思辨研究型态的哲学观照

中国教师教育研究以思辨研究型态为主，内容涉及历史演变的逻辑抽绎与政策发展的动力剖析等诸多方面，为中国教师教育研究提供了较为明晰的范畴界定与理论建构。在此基础上，未来教师教育研究中则期待着更多从哲学高度对中国教师教育研究进行观照的思辨研究。

---

① 中华人民共和国教育部：《关于印发〈关于师范院校布局机构调整的几点意见〉的通知》，http://www.moe.gov.cn/srcsite/A10/s7058/199903/t19990316_162694.html，1999年3月16日［2020-05-08］。
② 周彬：《教师教育变革40年：历程、经验与挑战》，《教师教育研究》2019年第2期。

科学注重找寻证据对结论进行证明，而哲学则强调对理的论证。在此并无意将科学与哲学两者对立，事实上，无论是自然科学还是社会科学，实证型态还是思辨型态，没有哲学思辨与逻辑推理的研究都不能称为研究。哲学强调的是逻辑严密的思辨和清楚明晰的事理呈现，通过论辩与推演，使人对世界的认识尽可能地摒弃个人意志的困扰，让理性阐释成为可能。对具体研究而言，提倡从哲学的高度对中国教师教育研究进行观照，究其本质是对教师教育研究自身发展的反思和升华——反思中国教师教育的发展与现状，升华教师教育思辨研究的高度。

第一，客观看待教师教育研究的现状及发展。以中国教师教育思辨研究型态中的历史演变相关研究为例，从黑格尔的哲学史观来看，他"要求用公正不倚的态度尊重和忠于原著的材料"[①]，在中国教师教育的思辨研究型态当中，不乏通过对历史演变的历时研究，但其中部分研究尚未能从历时动态变化的视角静观某一事件在历史特定语境下存在的意义。立足于当下评价讨伐看似客观公正，但深层展现的是哲学思辨的缺失和自顾的傲慢。以史为鉴，并非是从中信手撷取经验，而是在辩证思维的主导下从历史语境中抽丝剥茧，以获得可供借鉴的有益经验。

以哲学视角切入教师教育研究而言，目前已有诸多研究以哲学为基础，讨论教育的本质、目的，以及教育理论与教育实践之间的辩证关系。亚历山大·M.希尔多金（Alexander M. Sidorkin）在研究中强调，教育改革难以成功的主要原因在于对教育的本质探析不够明晰，[②] 基于哲学本体论层面明辨教育的本质是教育学界恒久不衰的话题，其研究中如此论及教育的本质："教育的本质是进步的限度。教育是人类学习能力的人为延伸，是学习者自身努力的产物，也是成系列劳动分配的历史形式。"[③] 其教育本质内涵中，人类作为学习者的主观能动性得到了明显的关注，但不能忽视的是，作为影响"人类学习能力"的"人为延伸"的教师群体，其教育环节中的"历史性劳动分配形式"也应当更进一步明晰。就中国教师教育研究而言，深入挖掘中国哲学思想对中国教师教育的内涵滋养，明辨教师教育的本质、目的及实现进路的同时，厘清并夯实国际环境下中国教师教育本体的根植所在。

第二，从哲学高度充分提炼教师教育的研究成果，建构具有持续性、科学性的研究体系。目前，中国有关教师教育的研究中，已累积了大量的研究结论和成果，但教师教育研究尚未完全建构有中国自身特色的且被国际广泛认可和接受的教师教育研究理论体系。在现行的教师教育研究及成果中，杜威等诸多西方哲学家的教育成果在中国得以广泛译介，并形成了不同历史阶段的范式联结，相较之

---

① 赵敦华：《西方哲学简史》，北京大学出版社 2012 年版，第 356 页。
② Alexander M. Sidorkin, "On the Essence of Education", *Studies in Philosophy and Education*, Vol. 30, No. 5, June 2011, p. 527.
③ Alexander M. Sidorkin, "On the Essence of Education", *Studies in Philosophy and Education*, Vol. 30, No. 5, June 2011, p. 527.

下，研究对中国本土的哲学家、教育家及相关经典著作的思想内涵的阐释、发展和生发亟需学界更为广泛的关注和探索。

用哲学的理念探求中国教师教育研究的本质问题，从中国文化中挖掘中国教师教育研究的区别性特征，在开放包容与自我建构的过程中，基于中国教师教育的本土化特征，努力建构教师教育研究的中国化理论体系，并在该理论体系的充盈过程中，从教师教育研究具体问题的本体论、认识论和目的论等不同视角切入，不断丰富和发展中国教师教育研究体系。

（二）中国教师教育实证研究型态的渐次充盈

在国内以思辨研究型态为主的中国教师教育研究中，实证研究不但数量较少且二级型态分布不均，主要以质性研究为主，量化研究为辅，混合研究在研究领域的应用却仍属凤毛麟角。从前文中有关国内中国教师教育研究一级研究型态思辨研究和实证研究的各年分布趋势来看，思辨研究数量在 2010 年后呈波浪式下降态势，同期，实证研究虽然数量较少，但有逐渐增长的趋势。

相应地，随着实证研究数量在未来的增长，实证研究的二级型态中，质性研究虽然保持着中国教师教育实证研究主要型态的比率，但量化研究也将在未来的研究发展当中占有重要的地位。相较于一般的教学研究而言，教师教育研究中量化研究缺乏的主要原因之一是教师群体作为研究的样本对象，在具体研究当中如果缺乏地方或学校等管理层面的支持，在数据收集上存在一定的现实困难，很难达到量化研究中对量的需求。但伴随着技术发展和一些数据收集平台的建立，数据收集环节可以通过时间灵活且跨地域的线上途径得以实现，且部分线上平台还提供了数据统计和分析的基本功能，为量化研究的充实和增加提供技术动力与媒介支持。

实证研究在国内各学科的研究领域中，于理工学科研究范畴内广泛运用，而在人文社会科学中"科学"二字与自然科学之"科学"相互联系却也有所区别，其联系之结节则主要在于实证研究。

研究型态本身并无优劣之分、高下之较，根据研究问题指向与研究内容，在适当的研究型态下开展科学研究，有益于提升研究结果的有效性、科学性和适切性。就混合研究型态而言，国内中国教师教育研究仍处在起步阶段。混合研究型态要求研究者对质性研究型态和量化研究型态的优势与劣势都有清晰明确的认识，同时掌握不同研究型态下具体的研究方法与策略，对研究者的综合研究能力有一定的要求。一般情况下，通常以团队合作的方式实施，这便要求在中国教师教育研究者之间搭建学术研究平台，联动互通，建立密切学术联系，并形成有效的学术合作关系，并在合作当中各显所长，互惠共赢。

二 互动融合：中国教师教育研究的方法选择

国内有关中国教师教育研究的期刊论文当中，主要使用的研究方法包括量化调查研究方法、元分析方法两种量化研究方法，质性研究方法中则主要涉及文本分析方法、个案研究方法、调查研究方法和叙事研究方法四种质性研究方法，以及聚敛式混合研究方法与探索性混合研究方法两种混合研究方法。从研究方法层面来看，中国教师教育研究方法趋向多元化发展，其主要体现在国内外方法互鉴和研究方法厘定建构两个方面。

在方法互鉴方面，我国学者对中国教师教育现实发展的审视和探究会催生类型多元的研究问题，面对不同指向的教师教育问题，必然会呈现出多元化的研究方法。同时，国内外关注中国教师教育研究的专家学者在近几年逐渐出现了跨国合作的趋势，国外在实证研究型态中对具体研究方法的应用相对丰富，通过研究者与研究者、研究团队与研究团队之间科研合作关系的生成和深化，有关中外教师教育研究方法的互通与融合自然发生，与国外中国教师教育研究者的互动，会加速国内中国教师教育研究方法的丰富和多元发展。

在研究合作中，我国对研究方法的使用也在对国外产生影响，悄然丰富着国外中国教师教育研究的方法图景。以质性研究方法之文本分析法为例，文本分析法为我国教师教育研究中所采用的主要研究方法之一，在我国实证研究中占据着相当大的比重，但在国外期刊有关中国教师教育研究的论文当中却鲜少使用，本研究所收集的 196 篇英文文献当中，仅有 4 篇使用了文本分析方法，其中发表于 2019 年的论文 *Reform of Teacher Education in China：A Survey of Policies for Systemic Change* 便是由我国学者叶菊艳、朱旭东与 Leislie N. K. Lo 合作完成，发表于 *Teachers and Teaching* 一刊。研究通过对中国教师教育政策问题文本的分析，探究了中国教师教育改革所取得的成就和面临的挑战。对中国教师教育研究而言，国内学者仍旧且将持续为该领域研究的中坚力量，并通过研究理念、研究型态、研究方法等多个维度，改变国外中国教师教育研究的分布和发展路向。

在研究方法厘定建构方面，中国教师教育研究问题本身是极具中国本体化特征的研究主题，现阶段国内研究以思辨研究为主，但在思辨研究型态之下，尚未形成体系化的思辨研究方法体系。思辨研究注重逻辑的推演及论证，研究型态中多将个人自主推理与他人研究结论或历史发展经验结合予以印证，归纳、演绎、类比等在思辨研究中多有涉及，但就方法论层面而言，思辨研究尚未形成明晰的方法进路。

通过前文数据可知，中国教师教育研究范畴中，思辨研究是国内研究的主流型态。因此，厘清思辨研究的主要特征以及思辨研究中的逻辑推演方法及进路，是中国教师教育研究发展的重点之一。建构科学合理、泾渭分明且结构完善的思辨研究方法论体系，才能消除学界对思辨研究缺乏科学性的歧见，完善教师教育研究方法的思辨范式。

第三节 相得益彰：中国教师教育研究的学科互鉴

"学科互动与互鉴是现代学科发展的基本特征",[①] 中国教师教育研究的发展过程中也不乏在教育学科之外的跨学科借鉴与融通。中国教师教育研究的未来发展趋势的主要特征之一便是学科互鉴，其跨学科互动与互鉴主要体现在研究方法和研究技术两个方面。

一 多元视角：中国教师教育研究的跨学科方法互动

从研究方法上讲，教育学已吸纳了人类学、科学学、历史学、社会学、语言学、管理学等诸多学科的研究方法，形成了教育人种志、课堂志等极具人类学特征的质性研究方法，使用科学学中的文献计量法在教育学范畴内进行元分析研究，通过借鉴历史学的史料分析策略等对教育史进行爬梳与整理。学科间的方法互通，为教育研究创设了新的研究路径，也拓宽了教育研究的方法论范畴。

教师作为一个多元身份的教育文化主体，以教师作为对象的教师教育研究也呈现出了以教育学为本，外延拓展至多元学科的发展趋势。而在研究方法的跨学科互通互鉴中，中国教师教育研究对其他学科研究的方法借鉴在相当一段时间内还将主要集中在实证研究领域，在一定的积累和融合之后形成质变，建构完备且开放的教师教育研究方法体系。就研究方法层面上看，教师教育研究应当从社会学、经济学、政治学、心理学、文化学、历史学、认知科学、传播学等诸多学科汲取养分，从不同的方法视角对教师教育研究进行多维透视。

以心理学为例，自行为主义心理学的主要倡导者桑代克将心理学范畴的行为主义范式与教育学范畴的学习行为概念相联结以来，心理学研究中的测量、评估、统计等方法在教育研究范畴中广泛使用，并逐渐固化为教育学范畴中量化研究的重要方法。已有诸多研究从心理学视角切入，心理学的研究方法也在教育学研究领域内深度融合，扎根固稳。来自心理学的调查研究法、实验研究法等研究方法已然在教育学科内生长为主流的研究方法，诸多学者也通过一定的心理学研究方法来探究教师在不同职业阶段、不同教育场合的心理状况及自我效能，但结合我国教师教育研究中具体方法的使用则不难发现，在教师教育研究范畴中教师心理及教师心理教育等方面的研究上，所采用的心理学教师教育研究方法以调查研究法为主，实验研究方法则很少被采用。

再如教师教育与社会学之间的互动关系。教育本身便起源于个体之间对生存

[①] 刘全国：《"互联网+"语境下外语教育的学科内涵与范式转型》，《中国社会科学报》2019 年 11 月 12 日第 3 版。

经验和生存技能的模仿与传授。① 在无意识的模仿与有意识的传授之间，经验得以知识化，知识得以再生产。据此，教师这一社会角色也随之形成。教育活动与教师身份本身便具有明显的社会属性，从社会学视角切入教师教育研究，将教师教育放在兼具多元性、动态性、复杂性的社会语境下，必将为教师教育研究拓宽研究范畴，补充研究中的关键变量。微观上，易于在教师所处的环境中明晰教师个人的身份、认知及发展状况；中观上，可定位教师教育机构在社会多环中所处的共时坐标，研究、拓宽并创新教师教育机构性主体的发展路径；宏观上，在社会动态发展的大背景下，调整不同发展阶段教师教育的培养旨要、人才培养目标等导向性政策。

本书并无意呼吁在教师教育研究跨学科发展的大趋势下，不加选择地对其他学科的研究方法通盘接受，而是主张在研究方法的借鉴和互通上应当逐步深化，避免停留仅借用其他学科方法填补本研究领域的方法论空白，却在研究的具体实施上表现出了多借少鉴，甚至仅借不鉴的尴尬局面。在中国教师教育研究的未来趋势中，将会在本研究领域内广泛应用已借入的研究方法，同时持续从不同研究领域的具体方法中选择和引介新的方法，延伸学科方法论触角。

二 相辅相成：中国教师教育研究的跨学科技术耦合

在教师教育研究中，除了研究方法的学科互鉴，不同学科研究技术的革新也为教师教育研究的深度拓展孕育了新的可能，从本研究已经占有的文献资料来看，其实技术早已悄然改变着中国教师教育研究的路径，以元分析研究方法为例，Cite-Space，Bicomb（Bibliographic Items Co-occurrence Matrix Builder，书目共现分析系统）等文本挖掘软件的开发已然在我国中国教师教育研究的方法谱系中画上了以"元分析研究"为标签的浓墨重彩的一笔，技术发展对研究路径的革新和改变为研究者省去了一定的人力、物力，使研究问题始终聚焦在最终目标，大大节省了研究的时间成本。

就教师教育研究本身而言，可借鉴近年在心理学、语言学实验研究当中广泛运用的事件相关电位（Event-Related Potentials，ERP）认知实验技术。科学研究中，人脑一直以来被认为是黑匣子。传统的研究中，黑匣子之内思想的变化过程均通过口头报告、访谈等一些外化方式进行探究，事件相关电位技术则基于技术支持，直观观察受试的自发电位，便可对其对应的认识和感受予以判断。事件相关电位技术为获知人类大脑的真实反应提供了有力的技术支持，依托该技术的实验通过让受试者佩戴实验设备，通过对受试者的脑电波变化的观测，探知实验对象对面对不同实验干预行为的真实反应。

---

① 胡敏、陈婧：《教育科学与教育政策的关联性：一种知识社会学的视角》，《科学技术哲学研究》2020年第2期。

目前，事件相关电位的实验范式逐渐丰富，在经典的 Oddball 范式和 Go-Nogo 范式的基础上，事件相关电位实验发展出了知觉和意识研究实验范式、视觉注意研究实验范式、记忆研究实验范式、语言文字研究实验范式、思维研究实验范式、情绪与认知相关关系实验范式、结果评价研究实验范式等多种实验范式及实践路径，[①] 其可解决的研究问题也随之增多。教师教育研究中，可通过事件相关电位实验的不同范式对教师的知觉、意识、注意、记忆、思维、情绪、认知等诸多方面进行探究，为教师教育提供一手的教育主体信息数据，增强教师教育的针对性、科学性和合理性。

此外，教师教育研究还可以借助眼动追踪（Eye-tracking）技术对教师这一对象群体展开研究。例如，通过眼动仪的使用，观测教师在学习或工作当中对特定情境下某信息的眼动反应，对其视线的扫描路径、注视点数量以及目标注视频率等信息通过意识进行精确捕捉和记录，收集实验参与者的眼动痕迹数据，通过其注意力的分布和信息关注度分析受试者在学习或工作中信息处理的真实过程。技术的参与和辅助无疑会在一定程度上规避传统的问卷法、观察法等数据搜集策略中的主观性弊端，从技术层面确保研究结果的客观性和有效性。虽然在当前的教师教育研究中，一些科技革新赋予研究路径以新的方向还尚未在此领域崭露，但发展带来的研究的技术范式是中国教师教育研究不可回避、也无法抗拒的演进方向。

就中国教师教育的未来路向而言，多元的研究主题、多样的研究方法以及打破学科壁垒的研究视野将在发展的进程中深刻改变教师教育的研究范式。在辩证发展的历史语境中，以实然的目光审视中国教师教育研究的演进轨迹，用应然的态度悦纳促进研究深化的变革与尝试，建构适用于中国教师教育研究的本土化研究框架与方法论体系，成为诸多教师教育学人今后孜孜努力的方向。唯其如此，中国教师教育才能在未来日益精细又相通互鉴的学科格局中与时俱进、健康生长。

[①] 魏景汉、罗跃嘉编著：《事件相关电位原理与技术》，科学出版社 2010 年版，第 93—147 页。

参考文献

中文参考文献

一 专著

《二程文选译》，郭齐译注，巴蜀书社1994年版。
《礼记译解》，王文锦译解，中华书局2016年版。
《论语》：陈晓芬译注，中华书局2016年版。
《孟子》，万丽华、蓝旭译注，中华书局2016年版。
《内蒙古教育志》编委会编：《内蒙古教育史志资料》第2辑，内蒙古大学出版社1995年版。
《尚书译注》，樊东注，上海三联书店2013年版。
《五经四书全译》，陈襄民等译注，中州古籍出版社2000年版。
《荀子》，方达评注，商务印书馆2016年版。
（东汉）班固：《汉书》，谢秉洪注评，凤凰出版社2011年版。
（汉）董仲舒：《春秋繁露·天人三策》，岳麓书社1997年版。
（南朝宋）范晔：《后汉书》，罗文军编，太白文艺出版社2006年版。
（唐）柳宗元：《柳宗元集》，易新鼎点校，中国书店2000年版。
（宋）黎靖德编：《朱子语类》，岳麓书社1997年版。
（宋）朱熹：《四书章句集注》，曾军整理，岳麓书社2007年版。
（明）王阳明：《王阳明全集：新编本》，吴光等编校，浙江古籍出版社2011年版。
（清）毕沅校注：《墨子》，吴旭民校点，上海古籍出版社2014年版。
（魏）徐干：《中论（附札记）》，中华书局1985年版。
北京师范大学外国问题研究所 外国教育研究室编译：《苏联教育法令汇编》，北京人民出版社1978年版。
北京师范人学校史编写组编：《北京师范大学校史》（1902—1982），北京师范大学出版社1984年版。
陈承明、曹艳春、王宝珠编著：《微观经济学》，上海财经大学出版社2016年版。
陈桂生：《中国革命根据地教育史》上，华东师范大学出版社2015年版。
陈桂生：《中国革命根据地教育史》中，华东师范大学出版社2016年版。

陈鹤琴编著:《活教育理论与实施》,立达图书服务社1947年版。

陈青之:《中国教育史》,中国文史出版社2016年版。

陈山榜:《颜元评传》,人民教育出版社2004年版。

陈侠:《课程论》,人民教育出版社1989年版。

陈向明:《质的研究方法与社会科学研究》,教育科学出版社2000年版。

陈晓端、郝文武主编:《西方教育哲学流派课程与教学思想》,中国轻工业出版社2008年版。

陈学恂主编:《中国近代教育史教学参考资料》中册,人民教育出版社1987年版。

陈永明等:《教师教育学》,北京大学出版社2012年版。

陈永明主编:《国际师范教育改革比较研究》,人民教育出版社1998年版。

陈元晖主编:《老解放区教育简史》,教育科学出版社1981年版。

成仿吾:《战火中的大学——从陕北公学到人民大学的回顾》,人民教育出版社1982年版。

成有信编:《十国师范教育和教师》,人民教育出版社1990年版。

程舜英编著:《中国古代教育制度史料》,北京师范大学出版社2011年版。

辞海编辑委员会编:《辞海》,上海辞书出版社1989年版。

崔运武编著:《中国师范教育史》,山西教育出版社2006年版。

戴伟芬:《美国教师教育课程思想30年》,北京师范大学出版社2012年版。

单中惠主编:《西方教育思想史》,中国人民大学出版社2017年版。

邓洪波:《中国书院史》,武汉大学出版社2012年版。

董纯才主编:《中国革命根据地教育史》第3卷,教育科学出版社1993年版。

范国睿主编:《教师教育政策辞典》,华东师范大学出版社2017年版。

方明主编:《陶行知全集》第12卷,四川教育出版社2009年版。

方明主编:《陶行知全集》第1卷,四川教育出版社2009年版。

方明主编:《陶行知全集》第2卷,四川教育出版社2009年版。

方明主编:《陶行知全集》第8卷,四川教育出版社2009年版。

冯克诚主编:《魏晋南北朝时期的教育学说与论著选读》,人民武警出版社2010年版。

傅道春主编:《教师的成长与发展》,教育科学出版社2001年版。

高奇主编:《现代分卷》,陈学恂主编《中国教育史研究》,华东师范大学出版社2009年版。

高时良、黄仁贤编:《洋务运动时期教育》,陈元晖主编《中国近代教育史资料汇编》,上海教育出版社2007年版。

古楳编著:《乡村师范概要》,商务印书馆1936年版。

顾明远主编:《中国教育大百科全书》第1卷,上海教育出版社2012年版。

顾明远主编:《中国教育大百科全书》第2卷,上海教育出版社2012年版。

顾明远主编：《中国教育大系·马克思主义与中国教育》下卷，湖北教育出版社1994年版。

顾明远主编：《中外教育思想概览》，广东教育出版社2009年版。

广少奎、孔祥爱主编：《中国古代儒家教育生活及教育思想研究》，北京师范大学出版社2017年版。

郭齐家：《中国教育史》下卷，人民教育出版社2015年版。

国家职业分类大典修订工作委员会组织编写：《中华人民共和国职业分类大典：2015年版》，中国劳动社会保障出版社；中国人事出版社2015年版。

何东昌主编：《中华人民共和国重要教育文献（1949—1975）》，海南出版社1998年版。

何东昌主编：《中华人民共和国重要教育文献（1976—1990）》，海南出版社1998年版。

何东昌主编：《中华人民共和国重要教育文献（1998—2002）》，海南出版社2003年版。

何东昌主编：《中华人民共和国重要教育文献（2003—2008）》，新世界出版社2010年版。

何晓夏编：《简明中国学前教育史》，北京师范大学出版社2002年版。

洪明：《教师教育的理论与实践》，福建教育出版社2002年版。

胡适：《胡适品人录》，华文出版社2014年版。

黄济、王策三主编：《现代教育论》，人民教育出版社1996年版。

江山野主编译：《课程》，教育科学出版社1991年版。

江西省教育学会编：《苏区教育资料选编（1929—1934）》，江西人民出版社1981年版。

教育部课题组：《深入学习习近平关于教育的重要论述》，人民出版社2019年版。

教育大辞典编纂委员会编：《教育大辞典》第11卷《外国教育史》，上海教育出版社1991年版。

教育大辞典编纂委员会编：《教育大辞典》第2卷《师范教育 幼儿教育 特殊教育》，上海教育出版社1990年版。

教育大辞典编纂委员会编：《教育大辞典》第9卷《中国古代教育史》下，上海教育出版社1992年版。

教育科学研究所筹备处编：《老解放区教育资料选编》，人民教育出版社1959年版。

金林祥：《清代（下）（公元1840—1911年）》，李国钧、王炳照总主编《中国教育制度通史》第6卷，山东教育出版社1999年版。

金忠明主编：《秦汉魏晋南北朝分卷》，陈学恂主编《中国教育史研究》，华东师范大学出版社2009年版。

李秉德主编：《教学论》，人民教育出版社2001年版。

李德顺主编：《价值学大词典》，中国人民大学出版社1994年版。

李国钧主编：《中国教育大系·历代教育制度考》上卷，湖北教育出版社1994年版。

李杰、陈超美：《CiteSpace：科技文本挖掘及可视化》，首都经济贸易大学出版社2017年版。

李连科：《世界的意义——价值论》，人民出版社1985年版。

李其龙、陈永明主编：《教师教育课程的国际比较》，教育科学出版社2002年版。

李溪桥主编：《李蒸纪念文集》，中国社会科学出版社1996年版。

李友芝、李春年、柳传欣、葛嘉训编：《中国近现代师范教育史资料》，内部交流资料。

廖圣河：《教师课程论》，中国社会科学出版社2016年版。

廖哲勋、田慧生主编：《课程新论》，教育科学出版社2003年版。

林子勋：《中国留学教育史（一八四七至一九六五年）》，中国台湾华冈出版部1976年版。

刘静：《20世纪美国教师教育思想的历史分析》，北京师范大学出版社2009年版。

刘问岫编：《中国师范教育简史》，人民教育出版社1984年版。

刘问岫主编：《当代中国师范教育》，教育科学出版社1993年版。

刘晓冬：《明代的塾师与基层社会》，商务印书馆2010年版。

刘英杰主编：《中国教育大事典》上册，浙江教育出版社1993年版。

鲁迅：《鲁迅小说集》，黑龙江人民出版社2004年版。

陆有铨：《现代西方教育哲学》，北京大学出版社2012年版。

马啸风主编：《中国师范教育史》，首都师范大学出版社2003年版。

马镛：《清代（上）（公元1644—1840年）》，李国钧、王炳照总主编《中国教育制度通史》第5卷，山东教育出版社1999年版。

毛礼锐、沈灌群主编：《中国教育通史》第3卷，山东教育出版社1987年版。

毛礼锐主编：《中国教育史简编》，教育科学出版社1984年版。

毛泽东：《毛泽东选集》第2卷，人民出版社1991年版。

孟宪承等：《中国古代教育史资料》，华东师范大学出版社2010年版。

苗春德主编：《中国近代乡村教育史》，人民教育出版社2004年版。

木心讲述，陈丹青笔录：《文学回忆录》上册，广西师范大学出版社2013年版。

聂志成：《教师教育与教师教育课程研究》，西南交通大学出版社2007年版。

欧力同、张伟：《法兰克福学派研究》，重庆出版社1990年版。

乔卫平：《宋辽金元（公元960—1368年）》，李国钧、王炳照总主编《中国教育制度通史》第3卷，山东教育出版社1999年版。

曲士培：《中国大学教育发展史》，山西教育出版社1993年版。

曲铁华主编：《中国教育史》，武汉大学出版社2011年版。

璩鑫圭、唐良炎编:《学制演变》,陈元晖主编《中国近代教育史资料汇编》,上海教育出版社 2007 年版。

璩鑫圭、童富勇、张守智编:《实业教育 师范教育》,陈元晖主编《中国近代教育史资料汇编》,上海教育出版社 2007 年版。

陕西师范大学教育研究所编:《陕甘宁边区教育资料》上册《教育方针政策部分》,教育科学出版社 1981 年版。

陕西师范大学教育研究所编:《陕甘宁边区教育资料》中册《中等教育部分》,教育科学出版社 1981 年版。

舒新城编:《近代中国教育史料》,中国人民大学出版社 2012 年版。

司马云杰:《文化价值哲学(一)文化价值论》,山东人民出版社 1990 年版。

宋大川、王建军:《魏晋南北朝 隋唐(公元 220—960 年)》,李国钧、王炳照总主编《中国教育制度通史》第 2 卷,山东教育出版社 1999 年版。

宋恩荣、章咸编:《中华民国教育法规选编》,江苏教育出版社 2005 年版。

苏强:《教师课程观研究》,中国社会科学出版社 2016 年版。

孙培青主编:《隋唐分卷》,陈学恂主编《中国教育史研究》,华东师范大学出版社 2009 年版。

谭顶良主编:《高等教育心理学》,河海大学出版社 2002 年版。

檀传宝、王啸主编:《中外德育思想流派》,人民教育出版社 2015 年版。

汤志钧、陈祖恩、汤仁泽编:《戊戌时期教育》,陈元晖主编《中国近代教育史资料汇编》,上海教育出版社 2007 年版。

王炳照、郭齐家主编:《宋元分卷》,陈学恂主编《中国教育史研究》,华东师范大学出版社 2009 年版。

王炳照、郭齐家主编:《宋元分卷》,陈学恂主编《中国教育史研究》,华东师范大学出版社 2009 年版。

王炳照、阎国华总主编,董葆良、陈桂生、熊贤君主编:《中国教育思想通史》第 7 卷,湖南教育出版社 1994 年版。

王炳照:《中国古代书院》,中国国际广播出版社 2009 年版。

王道俊、王汉澜主编:《教育学》,人民教育出版社 1988 年版。

王贵元编著:《说文解字校笺》,学林出版社 2002 年版。

王桂编著:《日本教育史》,吉林教育出版社 1987 年版。

王力、岑麒祥、林焘等编:《古汉语常用字字典》,商务印书馆 2016 年版。

王晓昕主编:《王阳明与阳明文化》,中华书局 2011 年版。

王泽农、曹慧英主编:《中外教师教育课程设置比较研究》,高等教育出版社 2003 年版。

王宗光主编:《上海交通大学史》第 1 卷《南洋公学》,上海交通大学出版社 2016 年版。

魏景汉、罗跃嘉编著：《事件相关电位原理与技术》，科学出版社 2010 年版。
吴宣德：《明代（1368—1644 年）》，李国钧、王炳照总主编《中国教育制度通史》第 4 卷，山东教育出版社 1999 年版。
武强主编：《东北沦陷十四年教育史料》第 1 辑，吉林教育出版社 1989 年版。
夏东元：《盛宣怀传》，上海交通大学出版社 2007 年版。
谢赛：《日本教师教育》，华东师范大学出版社 2018 年版。
熊贤君：《俞庆棠教育思想研究》，辽宁教育出版社 1997 年版。
徐辉富：《现象学研究方法与步骤》，学林出版社 2008 年版。
徐辉主编：《课程改革论：比较与借鉴》，人民教育出版社 2010 年版。
徐学福、艾兴、周先进编著：《反思教学》，四川教育出版社 2006 年版。
徐仲林：《中国传统文化与教育》，西南师范大学出版社 2015 年版。
许良英、范岱年编译：《爱因斯坦文集》第 1 卷，商务印书馆 1976 年版。
杨之岭、林冰、苏渭昌编著：《中国师范教育》，北京师范大学出版社 1989 年版。
叶澜等：《教师角色与教师发展新探》，教育科学出版社 2001 年版。
叶澜：《教育概论》，人民教育出版社 2006 年版。
于述胜：《民国时期（1912—1949 年）》，李国钧、王炳照总主编《中国教育制度通史》第 7 卷，山东教育出版社 1999 年版。
余家菊：《师范教育》，上海中华书局社 1926 年版。
俞启定、施克灿：《先秦 秦汉（远古—公元 220 年）》，李国钧、王炳照总主编《中国教育制度通史》第 1 卷，山东教育出版社 1999 年版。
俞婷婕：《澳大利亚政府优质教师计划研究》，教育科学出版社 2013 年版。
虞伟庚主编：《陶行知教育思想概论》，武汉大学出版社 2012 年版。
喻本伐、熊贤君：《中国教育发展史》，华中师范大学出版社 2011 年版。
袁振国：《教育政策学》，江苏教育出版社 1996 年版。
臧佩虹：《日本近现代教育史》，世界知识出版社 2010 年版。
曾煜编著：《中国教师教育史》，商务印书馆 2016 年版。
张大均主编：《教育心理学》，人民教育出版社 2015 年版。
张岱年主编：《中国哲学大辞典》，上海辞书出版社 2010 年版。
张华：《经验课程论》，上海教育出版社 2000 年版。
张华：《课程与教学论》，上海教育出版社 2001 年版。
张华、石伟平、马庆发：《课程流派研究》，山东教育出版社 2000 年版。
张焕庭主编：《教育辞典》，江苏教育出版社 1989 年版。
张立文：《朱熹思想研究》，中国社会科学出版社 1981 年版。
张鸣岐：《董仲舒教育思想初探》，吉林教育出版社 1988 年版。
张燕镜主编：《师范教育学》，福建教育出版社 2013 年版。
张挚、张玉龙主编：《中央苏区教育史料汇编》上册，南京大学出版社 2016 年版。

赵敦华：《西方哲学简史》，北京大学出版社2012年版。

赵国权主编：《中国教育史》，河南大学出版社2014年版。

中国第二历史档案馆编：《中华民国史档案资料汇编》第5辑第1编，江苏古籍出版社1994年版。

《中国教育年鉴》编辑部编：《中国教育年鉴（1949—1981）》，中国大百科全书出版社1984年版。

《中国教育年鉴》编辑部编：《中国教育年鉴（1982—1984）》，湖南教育出版社1986年版。

《中国教育年鉴》编辑部编：《中国教育年鉴（1985—1986）》，湖南教育出版社1988年版。

《中国教育年鉴》编辑部编：《中国教育年鉴（1990）》，人民教育出版社1991年版。

《中国教育年鉴》编辑部编：《中国教育年鉴（1994）》，人民教育出版社1994年版。

《中国教育年鉴》编辑部编：《中国教育年鉴（1996）》，人民教育出版社1997年版。

《中国教育年鉴》编辑部编：《中国教育年鉴（1997）》，人民教育出版社1997年版。

《中国教育年鉴》编辑部编：《中国教育年鉴（1999）》，人民教育出版社1999年版。

《中国教育年鉴》编辑部编：《中国教育年鉴（2000）》，人民教育出版社2000年版。

《中国教育年鉴》编辑部编：《中国教育年鉴（2012）》，人民教育出版社2013年版。

《中国近代史资料丛刊》编委会编：《戊戌变法》第3册，上海书店出版社2000年版。

中国社会科学院近代史研究所中华民国史研究室、广东省社会科学院历史研究室、中山大学历史系孙中山研究室合编：《孙中山全集》第2卷，中华书局1982年版。

中华人民共和国教育部：《普通高中课程方案（2017年版）》，人民教育出版社2018年版。

中华人民共和国教育部：《普通高中英语课程标准：（2017年版）》，人民教育出版社2018年版。

中华人民共和国教育部、中共中央文献研究室编：《毛泽东邓小平江泽民论教育》，人民教育出版社2002年版。

中华书局编辑部编：《二十四史》，中华书局2000年版。

中央教育科学研究所编:《解放战争时期》,《老解放区教育资料（三）》,教育科学出版社1991年版

中央教育科学研究所编:《抗日战争时期》下册,《老解放区教育资料（二）》,教育科学出版社1986年版。

中央教育科学研究所编:《中华人民共和国教育大事记（1949—1982）》,教育科学出版社1984年版。

钟启泉:《现代课程论》,上海教育出版社2003年。

周德昌、王建军主编:《明清分卷》,陈学恂主编《中国教育史研究》,华东师范大学出版社2009年版。

周钧:《美国教师教育理论与实践》,北京师范大学出版社2015年版。

周宁之:《近代中国师范教育课程研究》,教育科学出版社2017年版。

周详、潘慧主编:《教育心理学》,南开大学出版社2014年版。

周晓红:《西方社会学历史与体系》第1卷,上海人民出版社2002年版。

朱隆泉主编:《思源湖:上海交通大学故事撷英》,上海交通大学出版社2006年版。

朱有瓛主编:《中国近代学制史料》第2辑下册,华东师范大学出版社1989年版。

左松涛:《近代中国的私塾与学堂之争》,生活·读书·新知三联书店2017年版。

［德］康德:《纯粹理性批判》,蓝公武译,商务印书馆1960年版。

［德］马克斯·韦伯（M. Weber）:《学术与政治》,冯克利译,外文出版社1998年版。

［德］尤尔根·哈贝马斯:《认识与兴趣》,郭官义、李黎译,学林出版社1999年版。

［美］B. S. 布鲁姆等编:《教育目标分类学》第1分册《认知领域》,罗黎辉等译,华东师范大学出版社1986年版。

［美］伯茨:《西方教育文化史》,王凤玉译,山东教育出版社2013年版。

［美］杜威（Dewey J.）:《民主主义与教育》,陶志琼译,中国轻工业出版社2014年版。

［美］杜维明:《道、学、政:论儒家知识分子》,钱文忠、盛勒译,上海人民出版社2000年版。

［美］费奥斯坦（Lynda Fielstein）、［美］费尔普斯（Patrica Phelps）:《教师新概念:教师教育理论与实践》,王建平等译,中国轻工业出版社2002年版。

［美］格罗斯曼:《专业化的教师是怎样炼成的》,李广平、何晓芳等译,人民教育出版社2012年版。

［美］克雷斯威尔:《混合方法研究导论》,李敏谊译,格致出版社、上海人民出版社2015年版。

［美］莱斯利·P. 斯特弗等编:《教育中的建构主义》,高文等译,华东师范大学出版社2002年版。

［美］梯利：《西方哲学史》，葛力译，商务印书馆2015年版。

［美］托马斯·库恩：《科学革命的结构》，金吾伦、胡新和译，北京大学出版社2003年版。

［美］约翰·杜威：《杜威教育论著选》，赵祥麟、王承绪编译，华东师范大学出版社1981年版。

［美］约翰·杜威：《杜威教育名篇》，赵祥麟、王承绪编译，教育科学出版社2006年版。

［美］约翰·杜威：《我们如何正确思维》，常春藤国际教育联盟译，现代出版社2016年版。

［日］佐藤学：《教育方法学》，于莉莉译，教育科学出版社2016年版。

［苏联］凯洛夫：《教育学》上册，沈颖等译，人民教育出版社1953年版。

［苏联］帕纳钦：《苏联师范教育——重要历史阶段和现状》，李子卓、赵玮译，文化教育出版社1981年版。

［英］凯利（A. V. Kelly）：《课程理论与实践》，吴敏霞译，中国轻工业出版社2007年版。

二 学术论文

（东汉）王充：《论衡》，岳麓书社1991年版。

安维复：《社会建构主义：后现代知识论的"终结"》，《哲学研究》2005年第9期。

北京师范大学教务处：《创新教师教育模式，构建中国特色教师教育体系》，《教师教育研究》2005年第3期。

蔡国春：《改革在路上：中国特色教师教育体系建设之省思》，《江苏高教》2019年第12期。

蔡华健、曹慧英：《新中国成立70年我国教师教育政策的演变、特点与启示》，《河北师范大学学报》（教育科学版）2019年第4期。

曹婧、马玉芳：《公费师范生教育政策存在的问题及应对策略探究》，《黑龙江高教研究》2019年第5期。

曹夕多：《论公共产品理论视野下的教师教育产品属性及政府责任》，《教师教育研究》2013年第6期。

常芳、党伊玮、史耀疆、刘承芳：《"优绩优酬"：关于西北农村教师绩效工资的实验研究》，《华东师范大学学报》（教育科学版）2018年第4期。

车丽娜、徐继存：《我国教师专业化：历程、问题与发展》，《教育理论与实践》2008年第4期。

陈大超：《新世纪我国师范教育的基本走向》，《教育科学》2001年第4期。

陈桂生、胡惠闵、王鉴君：《中国师范教育：1981—1996》，《华东师范大学学报》

（教学科学版）1996 年第 3 期。

陈桂生：《略论教育学"西学中化"问题的症结——三谈教育学究竟是怎么一回事》，《教育学报》2019 年第 3 期。

陈建华：《后现代主义教育思想评析》，《外国教育研究》1998 年第 2 期。

陈磊、栗洪武：《传统文化教育：我国教师教育课程"精神转向"的重要路径》，《当代教育科学》2013 年第 5 期。

陈鹏：《重新确立教师的法律地位是〈教师法〉修订的核心问题》，《中国教育学刊》2020 年第 4 期。

陈时见：《全球化视域下多元文化教育的时代使命》，《比较教育研究》2005 年第 12 期。

陈士衡：《试谈迈向 21 世纪的我国教育取向》，《高教探索》1996 年第 3 期。

陈霞：《标准本位的教师教育：内涵、特征与操作模式》，《外国中小学教育》2007 年第 7 期。

陈向明：《实践性知识：教师专业发展的知识基础》，《北京大学教育评论》2003 年第 1 期。

陈晓端、龙宝新：《教师专业学习共同体的实践基模及其本土化培育》，《课程·教材·教法》2012 年第 1 期。

陈学军：《民国时期的中师合并与分离》，《教师教育研究》2012 年第 4 期。

陈永明：《教师教育：国际视野与中国特色》，《职业技术教育》2002 年第 9 期。

陈永明、王健：《"教师教育学"学科建立之思考》，《教育研究》2009 年第 1 期。

成有信：《教师养成方式的演变和 21 世纪我国师范教育发展的宏观走向》，《教育研究》2000 年第 1 期。

程茹、郭丽娟：《我国教师教育伙伴合作的本土经验》，《国家教育行政学院学报》2017 年第 6 期。

程耀忠：《教师学习理论的流变与融合》，《教学与管理》2015 年第 6 期。

丛立新：《教学概念的形成及意义》，《北京师范大学学报》（社会科学版）2007 年第 5 期。

丛小平：《从母亲到国民教师——清末民族国家建设与公立女子师范教育》，《清史研究》2003 年第 1 期。

崔允漷：《职前教师教育课程目标框架》，《教育发展研究》2012 年第 10 期。

崔允漷、张俐蓉：《我国三套义务教育课程方案比较》，《课程·教材·教法》1997 年第 5 期。

单美贤：《论教育的专业性、实践性和全面性——从哈贝马斯认识兴趣看当代中国教育》，《南京师大学报》（社会科学版）2012 年第 4 期。

邓丹：《澳大利亚教师教育标准化的新发展——"职前教师教育课程国家认证系统"的构建》，《比较教育研究》2011 年第 8 期。

邓泽军：《试论教师教育师范性与学术性的对质与融合》，《西南交通大学学报》（社会科学版）2007年第6期。

丁东红：《现代西方人本主义思潮》，《中共中央党校学报》2009年第4期。

丁福兴、周琴：《师范教育的公共产品属性辨析——兼论其免费供给的适切性》，《学术论坛》2011年第4期。

董泽芳、黄建雄：《60年我国高等教育价值取向变迁的回顾与思考》，《华中师范大学学报》（人文社会科学版）2011年第1期。

杜海平：《外促与内生：教师专业学习范式的辩证》，《教育研究》2012年第9期。

杜岩岩：《俄罗斯师范教育现代化再出发：方向与措施》，《教育研究》2015年第9期。

段兆兵、朱家存：《多维立体：我国教师教育课程设置的构想》，《课程·教材·教法》2009年第4期。

方洪锦、严燕：《我国综合性大学师范教育办学模式探析》，《高等教育研究》1998年第6期。

力增泉、李进忠：《美国教师教育改革新趋势对中国的启示》，《北京师范大学学报》（社会科学版）2010年第5期。

冯生尧、李子建：《香港课程实施影响因素之分析》，《全球教育展望》2001年第5期。

冯铁山：《卓越教师培养的"本"与"道"》，《教育科学研究》2018年第7期。

冯文全、冯碧瑛：《论孟子对孔子德育思想的传承与弘扬》，《教育研究》2013年第1期。

冯向东：《高等教育研究中的"思辨"与"实证"方法辨析》，《北京大学教育评论》2010年第1期。

忉道明：《课程思政视角下教师教育课程重构的内涵与当代关照》，《教育评论》2019年第11期。

傅淳华、杜时忠：《论当前师德教育的困境与超越——基于教师道德学习阶段性特质的反思》，《教师教育研究》2016年第3期。

傅敏：《论学校课程范式及其转型》，《教育研究》2005第7期。

傅维利、工维荣：《关于行为主义与建构主义教学观及师生角色观的比较与评价》，《比较教育研究》2000年第6期。

干正：《苏联师范教育的今昔和未来》，《外国教育动态》1986年第2期。

高敬芝、尹筱莉：《教师资格认证考试体制下师范教育的机遇与挑战》，《教育理论与实践》2019年第21期。

高鸾：《当代西方建构主义教师教育思想简述》，《比较教育研究》2016年第9期。

高闰青、胡德海：《中国传统文化的主要内容、基本特性及其价值意义——专访胡德海先生》，《当代教育与文化》2020年第2期。

高新民、张蔚琳：《心灵研究的"归属论"走向：解释主义及其最新发展》，《社会科学研究》2019年第5期。

高耀明、范围：《中国高等教育研究方法：1979—2008——基于CNKI中国引文数据库（新）"高等教育专题"高被引论文的内容分析》，《大学教育科学》2010年第3期。

高云峰、李小光：《近十年我国高校外语教师教育研究文献评析》，《外语界》2007年第4期。

顾久幸：《论中国古代教育的状况及功能》，《华中师范大学学报》（人文社会科学版）1998年第4期。

顾明远：《"人工智能+"正引起一场教育革命》，《新华文摘》2019年第20期。

顾明远：《中国教育路在何方——教育漫谈》，《课程·教材·教法》2015年第3期。

管培俊：《我国教师教育改革开放三十年的历程、成就与基本经验》，《中国高教研究》2009年第2期。

管培俊：《以科学发展观指导教师队伍建设的认识论和方法论问题》，《教育研究》2009年第1期。

郭晓明：《从基础教育课程改革看我国高师教育改革》，《高等师范教育研究》2001年第4期。

郭志明：《美国教师教育课程变迁与教师专业化》，《学科教育》2004年第5期。

韩清林：《教育政策的若干理论与实践问题》，《当代教育科学》2003年第17期。

顾泠沅、周超：《教师专业化的实践与反思——顾泠沅教授专访》，《苏州大学学报》（教育科学版）2017年第2期。

何茜、张学斌：《教师教育一体化课程体系及其实施保障》，《教育研究》2013年第8期。

贺永平：《中小学教师准入制度存在的问题与完善》，《教学与管理》2019年第31期。

洪明：《反思实践取向的教学理念——舍恩教学思想探析》，《外国教育研究》2003年第8期。

胡德海：《关于什么是儒家传统修养问题的学理解读》，《中国教育科学》2019年第2期。

胡家会：《论我国高等师范教育的生存与发展》，《高等理科教育》2002年第5期。

胡娇：《我国师范生免费制度考略（1902年—1949年）》，《河北师范大学学报》（教育科学版）2008第5期。

胡克森：《论北朝私学与科举制诞生的关系》，《贵州社会科学》2006年第4期。

胡敏、陈婧：《教育科学与教育政策的关联性：一种知识社会学的视角》，《科学技术哲学研究》2020年第2期。

胡卫平、胡耀岗：《中国教师教育与师范院校课程改革》，《山西师大学报》（社会科学版）2004年第3期。

胡卫平、刘丽娅：《中国古代教育家思维型课堂教学思想及其启示》，《教育理论与实践》2011年第28期。

胡相峰：《为人师表论》，《教育研究》2000年第9期。

胡艳：《试论近代中国师范教育的改革》，《高等师范教育研究》1997年第3期。

胡艳：《迎接知识经济的挑战，深化改革我国的高等师范教育——面向21世纪高等师范教育国际研讨会综述》，《高等师范教育研究》1998年第6期。

胡艳、郑新蓉：《1949—1976年中国乡村教师的补充任用——基于口述史的研究》，《北京师范大学学报》（社会科学版）2018年第4期。

胡重庆、黄桂梅：《实践导向范式教师教育课程的重构》，《江西师范大学学报》（哲学社会科学版）2010年第1期。

扈中平：《人是教育的出发点》，《教育研究》1989年第8期。

黄甫全：《论课程范式的周期性突变律》，《课程·教材·教法》1998年第5期。

黄甫全：《美国多元课程观的认识论基础探析》，《比较教育研究》1999年第2期。

黄明喜：《韩愈与柳宗元师道观之比较》，《华南师范大学学报》（社会科学版）2001年第5期。

黄友初：《核心素养视域下教师知识的解构与建构》，《上海师范大学学报》（哲学社会科学版）2019年第2期。

霍东娇、曲铁华：《民国时期乡村师范教育实践探析》，《当代教育与文化》2017年第4期。

季轩民、程红艳：《溯本追源：现代教师道德建设的良知之维》，《现代大学教育》2019年第2期。

江峰：《客观与主观：当代课程哲学的两种知识观评析》，《北京大学教育评论》2006年第4期。

姜秋霞、刘全国：《西北农村和牧区中小学英语信息化教育教学模式研究》，《电化教育研究》2008年第4期。

姜霞、王雪梅：《我国外语教师知识研究：回顾与展望——基于外语类和教育类CSSCI期刊论文的分析》，《外语界》2016年第6期。

蒋纯焦：《中国传统教师文化的特点与意蕴》，《教师教育研究》2019年第2期。

蒋平：《国家教师资格统一考试政策的价值审视：影响师范生培养的利弊分析》，《教师教育研究》2018年第3期。

《教师教育课程标准》专家组、钟启泉、张文军、王艳玲：《教师教育课程标准的国际比较研究》，《全球教育展望》2008年第9期。

金生：《教育哲学是实践哲学》，《教育研究》1995年第1期。

靳玉乐：《当代美国课程研究的五种范式简析》，《课程·教材·教法》1996年第8期。

靳玉乐、罗生全：《课程理论的文化自觉》，《教育研究》2008年第6期。

靳玉乐、杨红：《试论文化传统与课程价值取向》，《西南师范大学学报》（哲学社会科学版）1997年第6期。

瞿凯乐：《英国师范教育课程的沿革、现状及特点》，《南京高师学报》1998年第9期。

康丽颖：《教师教育研究的实践意蕴——布迪厄实践理论对我国教师教育研究的启示》，《比较教育研究》2006年第7期。

雷晓云：《论全球化背景下课程理论的本土建构》，《课程·教材·教法》2016年第9期。

黎利云：《柳宗元"交以为师"师生观的哲学意蕴与教育价值》，《当代教育论坛》2018年第5期。

黎平辉：《唤醒"自我"：论教师专业发展中的教师教学个性》，《全球教育展望》2010年第2期。

李本友、王洪席：《过程哲学视域下传统课程范式转型》，《中国教育学刊》2011年第5期。

李大琪、蓝云、谭江、朱永新：《中美师范教育课程设置的比较》，《上海高教研究》1997年第4期。

李广、马云鹏：《课程价值取向：含义、特征及其文化解析》，《东北师大学报》（哲学社会科学版）2010年第5期。

李广、杨宏丽、许伟光、高夯：《我国高师院校教师教育课程设置及实施问题调查研究》，《东北师大学报》（哲学社会科学版）2008年第6期。

李国庆、张正锋：《论高等师范院校的师范性》，《教育研究》2002年第8期。

李海、彭刚、程靖、毛耀忠、鲍建生：《数学教师实践知能研究述评与展望》，《数学教育学报》2019年第5期。

李海萍：《清末民国师范生免费教育政策的历史审视》，《教育研究》2013年第11期。

李建求：《论世纪更迭中的中国师范教育改革》，《高教探索》1997年第4期。

李剑萍：《中国近代师范教育的中国化历程》，《高等师范教育研究》1998年第2期。

李剑萍：《中国近代师范教育争论问题的透视》，《华东师范大学学报》（教育科学版）1996年第3期。

李瑾瑜、吴冬华:《追寻课堂开放的实践真义——促进教师专业发展的有效途径》,《教育科学研究》2010年第2期。

李军:《终身教育视角下的教师教育体系》,《教师教育改革》2008年第3期。

李孔文:《课程实践哲学的逻辑分析》,《课程·教材·教法》2017年第12期。

李丽丽、王凌皓:《论先秦儒家的师生友朋思想》,《教育研究》2011年第8期。

李敏谊:《美国早期教育课程模式与当代中国早期教育课程改革》,《学前教育研究》2009年第1期。

李琰、易连云:《从"道德榜样"到"道德能动者"——教师道德形象的当代变迁》,《教育发展研究》2014年第10期。

李永杰:《我国高等师范教育体系面临的挑战与改革思路》,《华南师范大学学报》(社会科学版)2000年第3期。

李宇明:《语言在全球治理中的重要作用》,《外语界》2018年第5期。

李育球:《论当代西方分析教师教育哲学思想》,《比较教育研究》2017年第1期。

李忠康:《论二十一世纪初中国高等师范教育的转型》,《山西师大学报》(社会科学版)2002年第1期。

栗洪武、郭向宁:《"五经博士"的设置与儒学尊崇地位的形成》,《教育研究》2006年第10期。

梁秋英、孙刚成:《孔子因材施教的理论基础及启示》,《教育研究》2009年第11期。

梁忠义:《日本教师教育制度的演进》,《外国教育研究》1996年第6期。

林群、周春地:《差异视角下对国家教师资格证统一考试制度的思考》,《教学与管理》2014年第36期。

林正范、贾群生:《教师行为研究:课程与教学论的重要研究方向》,《教育研究》2006年第10期。

刘长欣:《道德教育及其知识化路径》,《教育研究》2014年第8期。

刘洪祥:《论教师引导者角色的内涵定位及实践优化》,《中国教育学刊》2018年第3期。

刘建:《主体、智慧与道德:教师教育课程实践的反思与建构》,《教育发展研究》2014年第24期。

刘捷:《"高师改大运动"及其现代价值研究》,《高等师范教育研究》2001年第3期。

刘捷:《建构与整合:论教师专业化的知识基础》,《课程·教材·教法》2003年第4期。

刘捷:《教师职业专业化与我国师范教育》,《天津师范大学学报》(社会科学版)2001年第2期。

刘峻杉：《复兴传统文化对教师教育的需求及其应对》，《教育科学研究》2017 年第 3 期。

刘峻杉：《教师道德意识澄清：道德教育的起点》，《教师教育研究》2012 年第 3 期。

刘莉莉、陆超：《高校师范类专业认证的历史必然与制度优化》，《教师教育研究》2019 年第 5 期。

刘丽红：《皮亚杰发生认识论中的具身认知思想》，《科学技术哲学研究》2014 年第 1 期。

刘丽强、谢泽源：《教师核心素养的模型及培育路径研究》，《教育学术月刊》2019 年第 6 期。

刘全国：《"国培"创新：从唤醒与提升开始》，《中国教育报》2015 年 8 月 27 日第 7 版。

刘全国：《"互联网＋"语境下外语教育的学科内涵与范式转型》，《中国社会科学报》2019 年 11 月 12 日第 3 版。

刘霞：《我国幼儿教师的人口学特征分析》，《学前教育研究》2007 年第 1 期。

刘向永、周惠颖：《我国课程价值研究的现状与趋势》，《教育理论与实践》2012 年第 32 期。

刘欣：《范式转换：课程开发走向课程理解的实质与关系辨析》，《教育研究与实验》2014 年第 1 期。

刘旭东：《论分立知识视野中的教师知识》，《华东师范大学学报》（教育科学版）2016 年第 1 期。

刘争先：《中国近代国家建构视野中的师范教育——评师范学校与中国的现代化：〈民族国家的形成与社会转型（1897—1937）〉》，《大学教育科学》2015 年第 1 期。

龙宝新：《教师学习：当代教师教育变革的第三条道路》，《教育科学研究》2010 年第 5 期。

娄立志、张玉：《教师教育应关注学生专业道德的养成》，《教师教育研究》2014 年第 5 期。

卢小陶、杜德栎：《新中国 70 年教师教育政策的历史、结构与动力》，《教育科学研究》2019 年第 9 期。

鲁静：《我国教师教育课程体系的历史和逻辑分析——以华东师范大学为例》，《教师教育研究》2010 年第 5 期。

陆丹、王鲁宁：《加入 WTO 与中国师范教育的走向》，《江苏高教》2002 年第 6 期。

陆道坤、蒋叶红：《思想的混乱与发展的迷茫——对教师资格证制度改革背景下教师教育发展的思考》，《湖北社会科学》2016 年第 10 期。

陆根书、刘萍、陈晨、刘琰：《中外教育研究方法比较——基于国内外九种教育研究期刊的实证分析》，《高等教育研究》2016年第10期。

吕长生：《波斯纳基于预期学习结果的课程结构思想》，《全球教育展望》2017年第2期。

吕洋、刘生良：《免费师范生教育硕士培养模式的实证研究——以陕西师范大学的培养方案为研究范本》，《当代教师教育》，2013年第3期。

罗明东、陈瑶：《我国师范大学教师教育"亚制度环境"的探讨》，《教师教育研究》2007年第3期。

罗生全：《70年课程研究范式的回顾与展望》，《湖南师范大学教育科学学报》2019年第3期。

马颂歌：《中国语境下的生存、批判、创造——质变学习的生态整合流派》，《现代远程教育研究》2018年第3期。

马永全：《当代西方多元文化教师教育思想的三种价值取向分析》，《外国教育研究》2015年第11期。

毛菊：《教师社会建构学习理论框架与启示》，《外国教育研究》2017年第2期。

孟引变：《历史的演进与现实的走向——论改革开放三十年来我国教师教育的发展与趋势》，《课程·教材·教法》2009年第3期。

明庆华、程斯辉：《论榜样示范与教师成长》，《教育科学》2002年第6期。

欧七斤：《南洋公学学生群体考论》，《史林》2016年第6期。

潘洪林：《西方人本主义的沉浮》，《云南社会科学》2000年第1期。

潘小明：《学科教学知识（PCK）的理论及其发展》，《教育探索》2015年第1期。

潘涌：《国外教育思潮的融入与中国现代教育思想的价值演绎》，《清华大学教育研究》2011年第4期。

裴淼、谭士驰、刘静：《教师教育变革的理念演进及其启示》，《教师教育研究》2012年第6期。

彭虹斌：《从"实体"到"关系"——论我国当代课程与文化的定位》，《教育研究》2006年第1期。

彭虹斌：《论课程与文化之间的关系》，《教育理论与实践》2004年第12期。

彭香萍：《教师教育课程取向的历史演进及其启示》，《教育学术月刊》2010年第9期。

乔清举：《儒道尊严思想简论》，《社会科学》2013年第4期。

邱丽春、陶波：《高职师范院校教师教育类课程设置刍议——中美职教师资培养教育类课程比较》，《职教论坛》2010年第5期。

曲铁华、崔红洁：《我国教师教育政策的演进历程及特点分析——基于（1978—2013）政策文本的分析》，《国家教育行政学院学报》2014年第12期。

曲铁华：《民国时期乡村教育的基本特征论析》，《四川师范大学学报》（社会科学版）2019年第3期。

曲铁华、王莹莹：《近代我国师范教育学费制度嬗变的内在逻辑及特征探析》，《湖南师范大学教育科学学报》2010年第5期。

曲铁华：《专业化语境下我国教师教育的困境与破解路径》，《湖南师范大学教育科学学报》2012年第4期。

渠敬东：《迈向社会全体的个案研究》，《社会》2019年第1期。

饶从满、李广平：《芬兰研究本位教师教育模式：历史考察与特征解析》，《外国教育研究》2016年第12期。

任友群：《建构主义学习理论的哲学社会学源流》，《全球教育展望》2002年第11期。

茹秀芳：《教师循证教学能力及培养研究》，《教育理论与实践》2016年第7期。

阮春林：《浅析京师大学堂师范馆的创设》，《历史教学》2004年第4期。

桑新民：《我国师范教育面临的跨世纪挑战及其对策思考》，《高等师范教育研究》1998年第6期。

商应美：《免费师范生就业政策实施10周年追踪研究——以东北师范大学五届免费师范生为例》，《教育研究》2017年第12期。

沈红宇、蔡明山：《公平价值的引领：从免费到公费的师范生教育》，《大学教育科学》2019年第2期。

沈晓敏：《从文化传承到文化创造——日本"传统与文化教育"的走向》，《全球教育展望》2011年第11期。

盛宣怀：《南洋公学纲领》，《集成报》1897年第12期。

盛宣怀：《太常寺少堂盛招考师范学生示》，《申报》1897年3月2日第4版。

盛懿、孙萍、欧七斤编著：《三个世纪的跨越：从南洋公学到上海交通大学》，上海交通大学出版社2006年版。

施克灿：《中国古代教育家理想中的教师标准探究》，《教师教育研究》2006年第1期。

施良方：《课程定义辨析》，《教育评论》1994年第3期。

石伟平：《英国地方公立师范学校与英国师范教育（上）》，《外国教育资料》1988年第2期。

石伟平：《英国地方公立师范院校与英国师范教育（下）》，《外国教育资料》1988年第4期。

石亚兵、刘君玲：《我国中小学教师专业素质结构发展的特征和演变逻辑——基于1980—2012年教师教育政策文本的分析》，《全球教育展望》2019年第3期。

石中英：《波兰尼的知识理论及其教育意义》，《华东师范大学学报》（教育科学版）2001年第2期。

史志乐:《乡村教师素质提高的政策审视与路径探析》,《教师教育研究》2019 年第 3 期。

舒志定:《中国教师在职进修观念的演进》,《高等师范教育研究》2000 年第 2 期。

宋捷、陈钿、拜根兴:《"2+2"人才培养模式下的专业导引——以陕西师范大学为例》,《陕西师范大学学报》(哲学社会科学报),2009 年第 S1 期。

宋希仁:《中国传统伦理学的特点》,《光明日报》2019 年 7 月 8 日第 15 版。

宋争辉:《高等师范院校转型发展:趋势、内涵与路径》,《国家教育行政学院学报》2018 年第 2 期。

苏连福:《关于我国教师职业专业化的思考》,《高等师范教育研究》2000 年第 5 期。

孙邦华、姜文:《20 世纪二三十年代高师改大运动的偏误与纠正》,《天津师范大学学报》(社会科学版)2015 年第 4 期。

孙二军、李国庆:《高师院校"学术性"与"师范性"的释义及实现路径》,《高教探索》2008 年第 2 期。

孙丽利:《中国与俄罗斯师范教育课程设置比较引发的思考》,《黑龙江高教研究》2005 年第 5 期。

檀传宝:《教育是人类价值生命的中介——论价值与教育中的价值问题》,《教育研究》2000 年第 3 期。

唐开秀:《瑞典教师教育改革研究及对我国的启示》,《中国成人教育》2014 年第 22 期。

田慧生:《苏联早期课程改革的历史回顾》,《课程·教材·教法》1987 年第 7 期。

田慧生:《战后苏联课程改革述评》,《外国教育动态》1987 年第 6 期。

田正平、杨云兰:《中国近代的私塾改良》,《浙江大学学报》(人文社会科学版)2005 年第 1 期。

万明钢:《教师教育课程体系研究——以师范大学教育学院教师教育课程体系建构为例》,《课程·教材·教法》2005 年第 7 期。

汪霞、钱小龙:《澳大利亚教师教育及其课程标准的改革》,《全球教育展望》2012 年第 8 期。

汪霞、钱小龙:《英国教师教育课程标准的改革》,《比较教育研究》2011 年第 11 期。

汪霞:《怎样理解课程理论的作用》,《全球教育展望》2009 年第 4 期。

王炳照:《传承与创新——从新民主主义教育方针到社会主义教育方针》,《北京大学教育评论》2009 年第 1 期。

王常颖:《中俄高等师范教育之比较》,《学术交流》2008 年第 9 期。

王芳亮、杨必武、张广杰:《通识教育背景下教师教育课程设置的策略》,《教育探索》2010年第12期。

王刚、王艺璇:《"十三五"期间我国关键教育政策问题与对策建议》,《现代教育管理》2020年第3期。

王光明、黄蔚、吴立宝、卫倩平:《教师核心素养和能力双螺旋结构模型》,《课程·教材·教法》2019年第9期。

王光明、康玥媛、曹一鸣:《芬兰独特而平稳的教育改革及启示》,《天津师范大学学报》(社会科学版)2015年第5期。

王光明、苏丹等:《教师教育本硕一体化培养模式的探索与成效——以天津师范大学"3+1+2"模式为例》,《学位与研究生教育》2017年第12期。

王欢、史耀疆、王爱琴、罗朴尚、罗思高、诸彦杰:《农村教师对后进学生刻板印象的测量研究》,《经济学》2017年第3期。

王嘉毅:《教师教育的课程设置与教学方法》,《课程·教材·教法》2007年第1期。

王建磐:《为21世纪建设一流的师范教育》,《高等师范教育研究》1997年第2期。

王鉴:《教育人种志研究的理论与方法》,首届中国教育人类学学术研讨会论文,兰州,2007年9月。

王鉴、徐立波:《教师专业发展的内涵与途径——以实践性知识为核心》,《华中师范大学学报》(人文社会科学版)2008年第3期。

王晶莹、弋草、尚巧巧:《中外教师教育研究方法的比较研究——基于国内外是本教师教育期刊的文本分析》,《外国中小学教育》2019年第11期。

王陆、彭功、马如霞、杨佳辰:《大数据知识发现的教师成长行为路径》,《电化教育研究》2019年第1期。

王沛:《教师教育视野下的教育心理学:贡献、问题与启示》,《教育科学研究》2009年第7期。

王沛、康廷虎:《建构主义学习理论述评》,《教师教育研究》2004年第5期。

王卫华、李书琴:《"国培计划"实施十年:历程、经验与展望》,《教师发展研究》2020年第1期。

王晓华、钱丽欣:《颜元实学教育思想及其现代意义》,《教育研究》1999年第12期。

王尧:《"文革"对"五四"及"现代文艺"的叙述与阐释》,《当代作家评论》2002年第1期。

王颖、胡国华、赵静:《本世纪俄罗斯教师专业发展政策与启示》,《教育理论与实践》2015年第5期。

王玉萍:《论外语教师PCK发展路径》,《外语界》2013年第2期。

王兆璟、陆红燕：《论新时代精神指引下的师范教育》，《西北师大学报》（社会科学版）2018年第5期。

魏曼华：《反思大跃进中的"教育革命"》，《教育学报》2013年第2期。

吴东照、王运来、操太圣等：《师范生公费教育的政策创新与实践检视》，《中国教育学刊》2019年第11期。

吴刚平：《课程资源的理论构想》，《教育研究》2001年第9期。

吴小鸥：《南洋公学师范生与中国近现代教科书发展》，《高等教育研究》2017年第9期。

吴也显：《学校课程和文化传播》，《课程·教材·教法》1991年第3期。

吴永军：《再论后现代主义对于我国课程改革的价值》，《教育发展研究》2010年第18期。

吴宗杰：《外语教师发展的研究范式》，《外语教学理论与实践》2008年第3期。

伍远岳、杨莹莹：《迈向多元化的教师教育研究——改革开放40年的回顾与展望》，《教育研究与实验》2019年第1期。

项世新、高原、D. 巴特利、S. 威尔科克斯：《中美本科体育师范教育的比较研究》，《体育科学》1997年第2期。

项贤明：《在人工智能时代如何学为人师》，《中国教育学刊》2019年第3期。

肖瑶、陈时见：《教师教育一体化的内涵与实现路径》，《教育研究》2013年第8期。

肖正德：《基于教师发展的教师信念：意蕴阐释与实践建构》，《教育研究》2013年第6期。

谢安邦：《中国师范教育改革发展的理论问题研究》，《高等师范教育》2001年第4期。

谢安邦、朱宇波：《教师素质的范畴和结构探析》，《教师教育研究》2007年第2期。

谢赛：《教师教育课程范式研究的回顾与展望》，《全球教育展望》2017年第4期。

辛涛、申继亮、林崇德：《从教师的知识结构看师范教育的改革》，《高等师范教育研究》1999年第6期。

徐辉、季诚钧：《高等教育研究方法现状及分析》，《中国高教研究》2004年第1期。

徐琳：《浅谈国外中小学教师在职培训发展及对我国师范教育改革的启示》，《外国教育研究》1996年第5期。

徐文秀、刘学智：《英国教师教育改革三十年：背景、历程与启示》，《现代教育管理》2019年第8期。

荀渊：《1949年以来我国教师教育的制度变迁》，《教师教育研究》2013年第

5 期。

荀渊：《从政策转变看教师专业化的发展》，《教师教育研究》2004 年第 2 期。

荀渊：《当前我国教师专业制度与专业教育的冲突及其融合的策略》，《教师教育研究》2018 年第 2 期。

闫建璋：《对全面恢复师范生免费教育制度的经济学思考——教师教育产品属性的视角》，《教育与经济》2007 年第 4 期。

闫建璋、王换芳：《改革开放 40 年我国教师教育政策变迁分析》，《教师教育研究》2018 年第 5 期。

严丽萍：《从师范教育的历史发展看我国师范教育体制的走向》，《现代教育论丛》2003 年第 2 期。

杨彩霞：《教师学科教学知识：本质、特征与结构》，《教育科学》2006 年第 1 期。

杨帆、陈向明：《论我国教育质性研究的本土发展及理论自觉》，《南京社会科学》2019 年第 5 期。

杨国荣：《学科性与超学科性：哲学的二重品格》，《哲学动态》2012 年第 4 期。

杨宏：《中俄教师教育专业课程设置比较探究》，《黑龙江高教研究》2012 年第 2 期。

杨启亮：《儒、墨、道教学传统比较及其对现代教学的启示》，《南京师大学报》（社会科学版）2002 年第 4 期。

杨天平：《呼唤现代教师教育学的学科建设》，《教育理论与实践》2009 年第 7 期。

杨天平：《论中国特色现代教师教育制度建设》，《国家教育行政学院学报》2009 年第 6 期。

杨天平：《中国教师教育制度改革的战略审思》，《中国教育学刊》2009 年第 6 期。

杨修平：《习近平总书记"四有"好老师的教育哲学意蕴》，《中国教育学刊》2018 年第 7 期。

杨永博：《现代远程教育形式与"跨世纪园丁工程"》，《中国远程教育》2000 年第 4 期。

杨跃：《论我国教师教育政策研究》，《南京师大学报》（社会科学版）2018 年第 1 期。

杨尊伟：《美国教师教育：从"能力本位"到"标准本位"》，《比较教育研究》2004 年第 1 期。

叶波：《关于教师教育课程实践转向的反思》，《课程·教材·教法》2015 年第 10 期。

叶澜：《一个真实的假问题——"师范性"与"学术性"之争的辨析》，《高等师范教育研究》1999 年第 2 期。

叶澜：《中国哲学传统中的教育精神与智慧》，《教育研究》2018 年第 6 期。

叶秀山：《康德之启蒙观念及其批判哲学》，《中国社会科学》2004 年第 5 期。

于勇、卜娟娟、张海：《TPACK 理论研究面临的挑战》，《中国电化教育》2014 年第 5 期。

余德英、王爱玲：《教师教育课程范式变革及其启示》，《教育理论与实践》2018 年第 1 期。

余进利、张雪：《关于教师教育范式的思考》，《浙江师范大学学报》（社会科学版）2009 年第 3 期。

余维武：《论先秦儒家的榜样教化思想》，《教育科学研究》2018 年第 6 期。

余新：《"国培计划"十年研究综述与展望》，《教师发展研究》2020 年第 1 期。

袁奋光：《我国重点师范大学应逐步实现"三个转型"》，《高等教育研究》2005 年第 1 期。

袁贵仁：《价值与认识》，《北京师范大学学报》（社会科学版）1985 年第 3 期。

袁强：《教师教育类课程模块化设计与实施——基于卓越教师培养的视角》，《课程·教材·教法》2015 年第 6 期。

岳刚德：《中国教师教育课程的历史变革及问题反思》，《全球教育展望》2005 年第 1 期。

曾明、徐晨：《深化教学方式方法改革 探寻创新人才培养新路》，《中国高等教育》2011 年第 Z3 期。

曾天山：《教师教育应由满足数量向调整结构和提高质量转变》，《教育研究》2004 年第 9 期。

詹艾斌、戴彧：《空间批评的内在精神意蕴》，《江西师范大学学报》（哲学社会科学版）2015 年第 2 期。

张传燧、周文和：《〈学记〉教学艺术思想探微》，《教育评论》2002 年第 5 期。

张春兴：《从思想演变看教育心理学发展宜采的取向》，《北京大学教育评论》2005 年第 1 期。

张丹华：《俄罗斯师范教育的演进》，《外国教育研究》1995 年第 4 期。

张东娇、傅维利：《世纪之交我国高等师范教育的发展趋势》，《高等教育研究》1998 年第 6 期。

张凤娟、刘永兵：《教师认知研究的综述与展望》，《外国教育研究》2011 年第 1 期。

张国玲：《新中国 70 年教师队伍建设的"变"与"常"——基于历年国务院政府工作报告的语料分析》，《教师发展研究》2019 年第 3 期。

张红霞：《建构主义对科学教育理论的贡献与局限》，《教育研究》2003 年第 7 期。

张华军：《论教师作为研究者的内涵：教师研究性思维的运用》，《教育学报》

2014 年第 1 期。

张华:《美国当代"存在现象学"课程理论初探》,《外国教育资料》1997 年第 5 期。

张华:《美国当代批判课程理论初探(上)》,《外国教育资料》1998 年第 2 期。

张济顺:《教师教育与师范大学的转型》,《陕西师范大学学报》(哲学社会科学版)2005 年第 5 期。

张建伟、陈琦:《从认知主义到建构主义》,《北京师范大学学报》(社会科学版)1996 年第 4 期。

张乐天:《我国师范教育体制转换中的问题与建议》,《南京师大学报》(社会科学版)2001 年第 3 期。

张立昌:《试论教师的反思及其策略》,《教育研究》2001 年第 12 期。

张良才:《中国古代教育家的师爱及其现代价值》,《教育研究》1999 年第 9 期。

张良、靳玉乐:《论课程知识的内在价值及其实现》,《教育研究与实践》2016 年第 3 期。

张凌洋、易连云:《专业化视域下的教师专业道德建设》,《教育研究》2014 年第 4 期。

张梦雨、陈倩娜、周钧:《美国批判取向的教师教育》,《比较教育研究》2016 年第 1 期。

张如珍、张学强:《我国教师职业的历史变迁》,《教育评论》2000 年第 1 期。

张婷:《终身学习理念下教师教育改革》,《中国教育学刊》2019 年第 S1 期。

张文军:《关于未来的社会想象与课程创生》,《教育发展研究》2017 年第 12 期。

张文兰:《建构主义学习环境下教师角色的再定位》,《电化教育研究》1999 年第 4 期。

张晓光:《研究性反思:芬兰师范生教育实习探析》,《教育研究》2019 年第 5 期。

张学民、申继亮:《国外教师职业发展及其促进的理论与实践》,《比较教育研究》2003 年第 4 期。

张挚:《论中央苏区教育发展的经验与意义》,《江西社会科学》2006 年第 12 期。

章飞、陈蓓:《公费师范生教师职业认同的动力机制与强化路径》,《黑龙江高教研究》2020 年第 1 期。

章勤琼、[澳]麦克斯·斯蒂芬斯:《西方教师知识研究发展的专业化路径》,《比较教育研究》2016 年第 4 期。

章勤琼、徐文彬:《试论义务教育数学教师专业素养及其结构——基于教师专业标准与数学课程标准的思考》,《数学教育学报》2016 年第 4 期。

赵国强:《我国高等师范教育"学术性"与"师范性"世纪之争及启示》,《黑龙江高教研究》2000 年第 2 期。

赵红洲：《知识单元与指数规律》，《科学学与科学技术管理》1984年第9期。

赵火根、陈和生：《我国师范教育改革与发展的问题与对策》，《江西教育科研》2006年第9期。

赵磊磊、赵可云、侯丽雪、徐进：《技术接受模型视角下教师TPACK能力发展研究》，《教育理论与实践》2015年第11期。

赵麟斌：《世纪之交我国高等师范教育的发展走向》，《福建师范大学学报》（哲学社会科学版）2000年第1期。

赵明仁：《培养反思性与研究型卓越教师：新师范教育的内涵与体系建构》，《西北师大学报》（社会科学版）2018年第5期。

赵士果：《培养研究型教师——芬兰以研究为基础的教师教育探析》，《全球教育展望》2011年第11期。

赵志毅、黄涛、苏智欣：《选择和承诺：中美两国教师候选人比较研究》，《高等教育研究》2001年第5期。

郑晨、李淑文：《中国数学教师学科知识研究的现状与展望》，《数学教育学报》2018年第4期。

郑红苹、崔友兴：《"互联网+教育"下循证教学的理念与路径》，《教育研究》2018年第8期。

郑师渠：《论京师大学堂师范馆》，《北京师范大学学报》（人文社会科学版）2002年第5期。

郑鑫、尹弘飚：《美国教育研究协会教师与教学研究的百年脉络》，《外国教育研究》2019年第1期。

钟秉林、王新凤：《迈入普及化的中国高等教育：机遇、挑战与展望》，《中国高教研究》2019年第8期。

钟启泉：《从后结构主义看后现代课程论》，《全球教育展望》2002年第10期。

钟启泉、王艳玲：《从"师范教育"走向"教师教育"》，《全球教育展望》2012年第6期。

钟启泉：《中国课程改革：挑战与反思》，《比较教育研究》2005年第12期。

钟仕伦等：《"2+2"人才培养模式改革的实践与思考——以四川师范大学为例》，《西南民族大学学报》（人文社会科学版）2004年第4期。

周彬：《教师教育变革40年：历程、经验与挑战》，《教师教育研究》2019年第2期。

周成海：《国际教师教育范式转移及其哲学基础》，《外国教育研究》2008年第12期。

周钧：《技术理性与反思性实践：美国两种教师教育观之比较》，《教师教育研究》2005年第6期。

周钧：《美国教师教育认证标准的发展历程及对我国的启示》，《比较教育研究》

2007 年第 2 期。

周钧、王姣莉:《我国部属师范大学的发展现状及未来趋势》,《教师教育研究》2012 年第 4 期。

周丽华:《试析中国高等师范教育的发展及其特点》,《吉林教育科学》1999 年第 5 期。

周宁之:《关于中澳教师教育课程研究的研究》,《湖南社会科学》2011 年第 1 期。

周晓静、何菁菁:《我国师范类专业认证：从理念到实践》,《江苏高教》2020 年第 2 期。

周莹、莫宗赵:《我国 TPACK 研究的回顾、反思与展望》,《黑龙江高教研究》2019 年第 8 期。

朱德全、许丽丽:《技术与生命之维的耦合：未来教育旨归》,《中国电化教育》2019 年第 9 期。

朱金卫、霍涌泉:《探究心理学科服务于教师教育发展的应用路径》,《教育研究》2016 年第 10 期。

朱小蔓:《回归教育职场 回归教师主体——新时期师德建设的思考》,《中国教育学刊》2007 年第 10 期。

朱晓民、张德斌:《近二十年来教师知识结构研究述评》,《山西师大学报》(社会科学版) 2006 年第 2 期。

朱新梅:《论我国部属师范大学的现状、问题及发展》,《高等师范教育研究》2002 年第 1 期。

朱旭东:《国外教师教育的专业化和认可制度》,《比较教育研究》2001 年第 3 期。

朱旭东:《论当代西方教师教育思想》,《比较教育研究》2015 年第 10 期。

朱旭东:《论"国培计划"的价值》,《教师教育研究》2010 年第 6 期。

朱旭东:《论我国后师范教育时代的教师教育制度重建》,《教育学报》2005 年第 2 期。

朱旭东、周钧:《教师专业发展研究述评》,《中国教育学刊》2007 年第 1 期。

祝刚:《英国新一轮国家课程修订的解读及启示》,《外国中小学教育》2012 年第 10 期。

[德] 奥特弗利德·赫费、黄竞欧:《培育我们的世界：论技术与教育的人道旨归》,《社会科学战线》2019 年第 3 期。

[美] R. J. 斯腾伯格、[美] J. A. 霍瓦斯:《专家型教师教学的原型观》,高民、张春莉译,《华东师范大学学报》(教育科学版) 1997 年第 1 期。

三 网站资源

任友群:《2020 年教师政策支撑体系将更加"全方位、全领域"》,http：//www.moe.gov.cn/s78/A10/moe_882/202003/t20200316_431788.html,2020 年 3 月

16日［2020－05－08］。

张荫桓：《三洲日记》卷3，http：//dh. ersjk. com/spring/front/jumpread（网络版谱牒库）［2020－10－31］。

中国共产党新闻网：《高校思想政治理论课教师的新使命》，http：//dangjian. people. com. cn/n1/2019/0410/c117092－31021960. html，2019年4月10日［2020－05－08］。

中国教育专业学位研究生教育网：《关于公布〈全日制教育硕士专业学位研究生指导性培养方案（修订）〉的通知》，http：//edm. eduwest. com/viewnews. jsp? id＝1114，2017年3月6日［2020－10－29］。

中国知网："师范大学"，"知网"数据库"百科"栏目，《国情教育大辞典》，https：//kns. cnki. net/kns/brief/default_ result. aspx，［2019－12－20］。

中国知网："特殊教育"，"知网"数据库"百科"栏目，《简明教育辞典》，https：//kns. cnki. net/kns/brief/default_ result. aspx，［2019－12－16］。

中华人民共和国教育部：《2003—2007年教育振兴行动计划》，http：//www. moe. gov. cn/jyb_ sjzl/moe_ 177/201003/t20100304_ 2488. html，2004年2月10日［2020－11－08］。

中华人民共和国教育部：《党的十八大以来教师队伍建设进展成效》，http：//www. moe. gov. cn/jyb_ xwfb/xw_ fbh/moe_ 2069/xwfbh_ 2017n/xwfb_ 20170901/sfcl_ 20170901/201709/t20170901_ 312866. html，2017年9月1日［2020－05－08］。

中华人民共和国教育部：《高等学校收费管理暂行办法》，http：//www. moe. gov. cn/srcsite/A02/s5911/moe_ 621/199612/t19961216_ 81884. html，1996年12月16日［2020－05－08］。

中华人民共和国教育部：《关于开展幼儿园园长岗位培训工作的意见》，http：//old. moe. cn/publicfiles/business/htmlfiles/moe/s3327/201001/xxgk_ 81986. html，1996年1月25日［2020－05－08］。

中华人民共和国教育部：《关于实施全国教师教育网络联盟计划的指导意见》，http：//www. moe. gov. cn/srcsite/A10/s7011/200309/t20030904_ 146042. html，2003年9月4日［2020－05－08］。

中华人民共和国教育部：《关于印发〈关于师范院校布局机构调整的几点意见〉的通知》，http：//www. moe. gov. cn/srcsite/A10/s7058/199903/t19990316_ 162694. html，1999年3月16日［2020－05－08］。

中华人民共和国教育部：《国家教育事业发展"十一五"规划纲要》，http：//www. moe. gov. cn/jyb_ xwfb/gzdt_ gzdt/moe_ 1485/tnull_ 22875. html，2007年5月31日［2020－05－08］。

中华人民共和国教育部：《国务院关于基础教育改革与发展的决定》，http：//www.

gov. cn/gongbao/content/2001/content_ 60920. htm,2001 年 5 月 29 日 [2020 - 05 - 08]。

中华人民共和国教育部：《国务院关于〈中国教育改革和发展纲要〉的实施意见》，http：//old. moe. gov. cn/publicfiles/business/htmlfiles/moe/moe_ 177/200407/2483. html,1994 年 7 月 3 日 [2020 - 05 - 08]。

中华人民共和国教育部：《教师资格条例》，http：//www. moe. gov. cn/s78/A10/moe_ 631/tnull_ 11557. html,1995 年 12 月 12 日 [2020 - 10 - 31]。

中华人民共和国教育部：《〈教师资格条例〉实施办法》，http：//www. moe. gov. cn/srcsite/A02/s5911/moe_ 621/200009/t20000923_ 180473. html,2000 年 9 月 23 日 [2020 - 05 - 08]。

中华人民共和国教育部：《教育部办公厅 财政部办公厅关于印发〈"国培计划"示范性集中培训项目管理办法〉等三个文件的通知》，http：//www. moe. gov. cn/srcsite/A10/s7034/201303/t20130320_ 149949. html,2013 年 1 月 29 日 [2020 - 05 - 08]。

中华人民共和国教育部：《教育部办公厅 财政部办公厅关于做好 2013 年"国培计划"实施工作的通知》，http：//www. moe. gov. cn/srcsite/A10/s7034/201304/t20130411_ 150803. html,2013 年 4 月 9 日 [2020 - 05 - 08]。

中华人民共和国教育部：《教育部办公厅关于 2018 年农村义务教育阶段学校教师特设岗位计划实施情况的通报》，http：//www. moe. gov. cn/srcsite/A10/s7151/201901/t20190116_ 367111. html,2019 年 1 月 8 日 [2020 - 05 - 08]。

中华人民共和国教育部：《教育部办公厅关于公布 2019 年通过普通高等学校师范类专业认证的专业名单的通知》，http：//www. moe. gov. cn/srcsite/A10/s7011/201908/t20190829_ 396489. html,2019 年 8 月 16 日 [2020 - 05 - 08]。

中华人民共和国教育部：《教育部办公厅关于公布全国乡村教师队伍建设优秀工作案例的通知》，http：//www. moe. gov. cn/srcsite/A10/s3735/201609/t20160919_ 281513. html,2016 年 9 月 1 日 [2020 - 01 - 04]。

中华人民共和国教育部：《教育部办公厅关于进一步扩大中小学教师资格考试与定期注册制度改革试点的通知》，http：//www. moe. gov. cn/srcsite/A10/s7151/201507/t20150731_ 197045. html,2015 年 7 月 20 日 [2020 - 05 - 08]。

中华人民共和国教育部：《教育部办公厅关于启动实施全国中小学班主任培训计划的通知》，http：//www. moe. gov. cn/srcsite/A10/s7058/200608/t20060831_ 81509. html,2006 年 8 月 31 日 [2020 - 05 - 08]。

中华人民共和国教育部：《教育部办公厅关于实施〈"国培计划"课程标准（试行）〉的通知》，http：//www. moe. gov. cn/srcsite/A10/s7034/201205/t20120517_ 146087. html,2012 年 5 月 17 日 [2020 - 10 - 30]。

中华人民共和国教育部：《教育部办公厅关于印发乡村教师培训指南的通知》，http：// www. moe. gov. cn/srcsite/A10/s7034/201601/t20160126_ 228910. html,

2016 年 1 月 13 日 [2020-05-08]。

中华人民共和国教育部:《教育部办公厅关于印发〈职业院校教师素质提高计划项目管理办法〉的通知》,http://www.moe.gov.cn/srcsite/A10/s7011/201705/t20170512_304448.html,2017 年 3 月 31 日 [2020-05-08]。

中华人民共和国教育部:《教育部办公厅关于印发〈中小学教师信息技术应用能力培训课程标准试行〉的通知》,http://www.moe.gov.cn/srcsite/A10/s7034/201405/t20140519_170126.html,2014 年 5 月 30 日 [2020-05-08]。

中华人民共和国教育部:《教育部办公厅关于召开乡村教师支持计划实施办法制定工作现场经验交流会的通知》,http://www.moe.gov.cn/srcsite/A10/s3735/201511/t20151105_217881.html,2015 年 10 月 27 日 [2020-01-04]。

中华人民共和国教育部:《教育部办公厅关于做好 2011 年特岗教师在职攻读教育硕士工作的通知》,http://www.moe.gov.cn/srcsite/A10/s7058/201111/t20111121_127051.html,2011 年 11 月 21 日 [2020-01-03]。

中华人民共和国教育部:《教育部办公厅关于做好 2019 届教育部直属师范大学公费师范毕业生就业工作的通知》,http://www.moe.gov.cn/srcsite/A10/s7058/201901/t20190102_365712.html,2018 年 12 月 21 日 [2020-05-08]。

中华人民共和国教育部:《教育部 财政部关于改革实施中小学幼儿园教师国家级培训计划的通知》,http://www.moe.gov.cn/srcsite/A10/s7034/201509/t20150906_205502.html,2015 年 8 月 25 日 [2020-05-08]。

中华人民共和国教育部:《教育部 财政部关于实施幼儿教师国家级培训计划的通知》,http://old.moe.gov.cn/publicfiles/business/htmlfiles/moe/s7034/201301/146630.html,2011 年 9 月 5 日 [2020-05-08]。

中华人民共和国教育部:《教育部 财政部关于实施职业院校教师素质提高计划(2017—2020 年)的意见》,http://www.moe.gov.cn/srcsite/A10/s7011/201611/t20161115_288823.html,2016 年 10 月 28 日 [2020-05-08]。

中华人民共和国教育部:《教育部 财政部 人事部 中央编办关于实施农村义务教育阶段学校教师特设岗位计划的通知》,http://www.gov.cn/zwgk/2006-05/18/content_284197.htm,2006 年 5 月 15 日 [2020-05-08]。

中华人民共和国教育部:《教育部等七部门关于印发〈第二期特殊教育提升计划(2017—2020 年)〉的通知》,http://www.moe.gov.cn/srcsite/A06/s3331/201707/t20170720_309687.html,2017 年 7 月 17 日 [2020-05-08]。

中华人民共和国教育部:《教育部等七部门印发〈关于加强和改进新时代师德师风建设的意见〉的通知》,http://www.moe.gov.cn/srcsite/A10/s7002/201912/t20191213_411946.html,2019 年 11 月 15 日 [2020-05-08]。

中华人民共和国教育部:《教育部等四部门关于印发〈深化新时代职业教育"双师型"教师队伍建设改革实施方案〉的通知》,http://www.moe.gov.cn/srcsite/A10/s7034/201910/t20191016_ 403867. html，2019 年 8 月 30 日 ［2020 - 05 - 08］。

中华人民共和国教育部：《教育部等五部门关于印发〈教师教育振兴行动计划（2018—2022 年）〉的通知》，http：//www. moe. gov. cn/srcsite/A10/s7034/201803/t20180323_ 331063. html，2018 年 2 月 11 日 ［2020 - 05 - 08］。

中华人民共和国教育部：《教育部等五部门印发〈关于加强新时代中小学思想政治理论课教师队伍建设的意见〉的通知》，http：//www. moe. gov. cn/srcsite/A10/s7034/201910/t20191012_ 403012. html，2019 年 9 月 18 日 ［2020 - 05 - 08］。

中华人民共和国教育部：《教育部关于大力推进教师教育课程改革的意见》，http：//old. moe. gov. cn/publicfiles/business/htmlfiles/moe/s3702/201110/xxgk_ 125722. html，2011 年 10 月 8 日 ［2020 - 05 - 08］。

中华人民共和国教育部：《教育部关于高校教师师德失范行为处理的指导意见》，http：//www. moe. gov. cn/srcsite/A10/s7002/201811/t2018111 5_ 354923. html，2018 年 11 月 8 日 ［2020 - 05 - 08］。

中华人民共和国教育部：《教育部关于加快建设高水平本科教育全面提高人才培养能力的意见》，http：//www. moe. gov. cn/srcsite/A08/s7056/201810/t20181017_ 351887. html，2018 年 9 月 17 日 ［2020 - 05 - 08］。

中华人民共和国教育部：《教育部关于建立中等职业学校教师到企业实践制度的意见》，http：//old. moe. gov. cn//publicfiles/business/htmlfiles/moe/moe_ 1444/201006/xxgk_ 88962. html，2006 年 9 月 28 日 ［2020 - 05 - 08］。

中华人民共和国教育部：《教育部关于扩大中小学教师资格考试与定期注册制度改革试点的通知》，http：//old. moe. gov. cn/publicfiles/business/htmlfiles/moe/s7151/201309/xxgk 156677. html，2013 年 8 月 15 日 ［2020 - 05 - 08］。

中华人民共和国教育部：《教育部关于深化本科教育教学改革全面提高人才培养质量的意见》，http：//www. moe. gov. cn/srcsite/A08/s7056/201910/t20191011_ 402759. html，2019 年 9 月 29 日 ［2020 - 05 - 08］。

中华人民共和国教育部：《教育部关于深化中小学教师培训模式改革全面提升培训质量的指导意见》，http：//www. moe. gov. cn/srcsite/A10/s7034/201305/t20130508_ 151910. html，2013 年 5 月 6 日 ［2020 - 05 - 08］。

中华人民共和国教育部：《教育部关于深入学习贯彻〈国家职业教育改革实施方案〉的通知》，http：//www. moe. gov. cn/srcsite/A07/zcs_ zhgg/201905/t20190517_ 382357. html，2019 年 5 月 6 日 ［2020 - 05 - 08］。

中华人民共和国教育部：《教育部关于"十五"期间教师教育改革与发展的意见》，http：//www. moe. gov. cn/srcsite/A10/s7058/200203/t20020301_ 162696. html，2002 年 3 月 1 日 ［2020 - 05 - 08］。

中华人民共和国教育部：《教育部关于实施卓越教师培养计划2.0的意见》，http：//www.moe.gov.cn/srcsite/A10/s7011/201810/t20181010_350998.html，2018年9月17日［2020-05-08］。

中华人民共和国教育部：《教育部关于实施卓越教师培养计划的意见》，http：//www.moe.gov.cn/srcsite/A10/s7011/201408/t20140819_174307.html，2014年8月18日［2020-05-08］。

中华人民共和国教育部：《教育部关于学习贯彻温家宝总理在北京师范大学首届免费师范生毕业典礼上重要讲话精神的通知》，http：//old.moe.gov.cn//publicfiles/business/htmlfiles/moe/s5878/201212/xxgk_145912.html，2011年6月24日［2020-05-08］。

中华人民共和国教育部：《教育部关于一流本科课程建设的实施意见》，http：//www.moe.gov.cn/srcsite/A08/s7056/201910/t20191031_406269.html，2019年10月24日［2020-05-08］。

中华人民共和国教育部：《教育部关于印发〈2010年中小学教师国家级培训计划——示范性项目实施方案〉的通知》，http：//www.moe.gov.cn/srcsite/A10/s7058/201006/t20100630_92835.html，2010年4月27日［2020-05-08］。

中华人民共和国教育部：《教育部关于印发〈高等学校人工智能创新行动计划〉的通知》，http：//www.moe.gov.cn/srcsite/A16/s7062/201804/t20180410_332722.html，2018年4月2日［2020-05-08］。

中华人民共和国教育部：《教育部关于印发〈关于开展基础教育新课程师资培训工作的意见〉的通知》http：//old.moe.gov.cn//publicfiles/business/htmlfiles/moe/s7058/201401/xxgk_162695.html，2001年10月17日［2020-05-08］。

中华人民共和国教育部：《教育部关于印发〈关于首次认定教师资格工作若干问题的意见〉的通知》，http：//old.moe.gov.cn/publicfiles/business/htmlfiles/moe/moe_16/201301/147248.html，2001年5月14日［2020-05-08］。

中华人民共和国教育部：《教育部关于印发〈教师资格证书管理规定〉的通知》，http：//old.moe.gov.cn//publicfiles/business/htmlfiles/moe/s3305/201001/xxgk_81561.html，2001年8月8日［2020-05-08］。

中华人民共和国教育部：《教育部关于印发〈普通高等学校师范类专业认证实施办法（暂行)〉》，http：//www.moe.gov.cn/srcsite/A10/s7011/201711/t20171106_318535.html，2017年10月26日［2020-05-08］。

中华人民共和国教育部：《教育部关于印发〈普通高中校长专业标准〉〈中等职业学校校长专业标准〉〈幼儿园园长专业标准〉的通知》，http：//www.moe.gov.cn/srcsite/A10/s7151/201501/t20150112_189307.html，2015年1月10日［2020-01-05］。

中华人民共和国教育部：《教育部关于印发〈特殊教育教师专业标准（试行)〉的

通知》，http：//www.moe.gov.cn/srcsite/A10/s6991/201509/t20150901_204894.html，2015年8月21日［2020-05-08］。

中华人民共和国教育部：《教育部关于印发〈义务教育学校校长专业标准〉的通知》，http：//www.moe.gov.cn/srcsite/A10/s7151/201302/t20130216_147899.html，2013年2月4日［2020-05-08］。

中华人民共和国教育部：《教育部关于印发〈幼儿园教师专业标准（试行）〉〈小学教师专业标准（试行）〉和〈中学教师专业标准（试行）〉的通知》，http：//old.moe.gov.cn//publicfiles/business/htmlfiles/moe/s6991/201212/xxgk_145603.html，2012年2月10日［2020-05-08］。

中华人民共和国教育部：《教育部关于印发〈中等职业学校教师专业标准（试行）〉的通知》，http：//www.moe.gov.cn/srcsite/A10/s6991/201309/t20130924_157939.html，2013年9月20日［2020-05-08］。

中华人民共和国教育部：《教育部关于印发〈中小学教师教育技术能力标准（试行）〉的通知》，http：//old.moe.gov.cn/publicfiles/business/htmlfiles/moe/moe_496/201212/145623.html，2004年12月15日［2020-05-08］。

中华人民共和国教育部：《教育部关于在部分高校开展基础学科招生改革试点工作的意见》，http：//www.moe.gov.cn/srcsite/A15/moe_776/s3258/202001/t20200115_415589.html，2020年1月13日［2020-05-08］。

中华人民共和国教育部：《教育部 国家发展改革委 财政部关于深化教师教育改革的意见》，http：//www.moe.gov.cn/srcsite/A10/s7011/201211/t20121108_145544.html，2012年9月6日［2020-05-08］。

中华人民共和国教育部：《教育部："国培计划"五年内将轮训1000万教师》，http：//www.gov.cn/jrzg/2011-05/17/content_1865044.htm，2011年5月17日［2020-05-08］。

中华人民共和国教育部：《教育部 人力社会资源保障部关于向乡村学校从教30年教师颁发荣誉证书的决定》，http：//www.moe.gov.cn/srcsite/A10/s7000/201609/t20160919_281506.html，2016年9月1日［2020-01-03］。

中华人民共和国教育部：《教育部直属师范大学免费师范毕业生在职攻读教育硕士专业学位实施办法（暂行）》，http：//www.moe.gov.cn/srcsite/A10/s7011/201005/t20100526_145913.html，2010年5月21日［2020-05-08］。

中华人民共和国教育部：《教育部 中国教科文卫体工会全国委员会关于重新修订和印发〈中小学教师职业道德规范〉的通知》，http：//www.moe.gov.cn/jyb_xxgk/gk_gbgg/moe_0/moe_1964/moe_2462/tnull_39978.html，2008年9月1日［2020-05-08］。

中华人民共和国教育部：《热点关注 我国教师教育改革走向》，http：//www.moe.gov.cn/jyb_sjzl/moe_364/moe_258/moe_173/tnull_3061.html，2002年4月

21日[2020-05-08]。

中华人民共和国教育部:《中共教育部党组关于印发〈高校思想政治工作质量提升工程实施纲要〉的通知》,http://www.moe.gov.cn/srcsite/A12/s7060/201712/t20171206_320698.html,2017年12月4日[2020-05-08]。

中华人民共和国教育部:《中共教育部党组关于印发〈"新时代高校思想政治理论课创优行动"工作方案〉》,http://www.moe.gov.cn/srcsite/A13/moe_772/201909/t20190916_399349.html,2019年9月2日[2020-05-08]。

中华人民共和国教育部:《中共中央关于教育体制改革的决定》,http://old.moe.gov.cn/publicfiles/business/htmlfiles/moe/moe_177/200407/2482.html,1985年5月27日[2020-05-08]。

中华人民共和国教育部:《中共中央 国务院关于深化教育改革,全面推进素质教育的决定》,http://old.moe.gov.cn/publicfiles/business/htmlfiles/moe/moe_177/200407/2478.htm,1999年6月13日[2020-05-08]。

中华人民共和国教育部:《中共中央 国务院印发〈中国教育现代化2035〉》,http://www.moe.gov.cn/jyb_xwfb/s6052/moe_838/201902/t20190223_370857.html,2019年10月24日[2020-05-31]。

中华人民共和国中央人民政府:《2003—2007年教育振兴行动计划》,http://www.gov.cn/zhengce/content/2008-03/28/content_5687.htm,2004年2月10日[2020-05-08]。

中华人民共和国中央人民政府:《国家中长期教育改革和发展规划纲要(2010—2020年)》,http://www.gov.cn/jrzg/2010-07/29/content_1667143.htm,2010年7月29日[2020-05-08]。

中华人民共和国中央人民政府:《国务院办公厅关于印发乡村教师支持计划(2015—2020年)的通知》,http://www.gov.cn/zhengce/content/2015-06/08/content_9833.htm,2015年6月1日[2020-05-08]。

中华人民共和国中央人民政府:《国务院办公厅关于转发教育部等部门教育部直属师范大学师范生公费教育实施办法的通知》,http://www.gov.cn/zhengce/content/2018-08/10/content_5313008.htm,2018年7月30日[2020-05-08]。

中华人民共和国中央人民政府:《国务院办公厅转发教育部等部门关于教育部直属师范大学师范生免费教育实施办法(试行)的通知》,http://www.gov.cn/zwgk/2007-05/14/content_614039.htm,2007年5月9日[2020-05-08]。

中华人民共和国中央人民政府:《国务院办公厅转发教育部等部门关于完善和推进师范生免费教育意见的通知》,http://www.gov.cn/zhengce/content/2016-08/24/content_5101954.htm,2012年1月7日[2020-05-08]。

中华人民共和国中央人民政府:《国务院关于基础教育改革与发展的决定》,http://

www. gov. cn/gongbao/content/2001/content_ 60920. htm，2001 年 5 月 29 日［2020 - 05 - 08］。

中华人民共和国中央人民政府：《国务院关于加强教师队伍建设的意见》，http：// www. gov. cn/zwgk/2012 - 09/07/content_ 2218778. htm，2012 年 8 月 20 日［2020 - 05 - 08］。

中华人民共和国中央人民政府：《国务院关于印发国家职业教育改革实施方案的通知》，http：//www. gov. cn/zhengce/content/2019 - 02/13/content_ 5365341. htm，2019 年 2 月 13 日［2020 - 05 - 08］。

中华人民共和国中央人民政府：《教育部 财政部关于实施高等学校本科教学质量与教学改革工程的意见》，http：//www. gov. cn/zwgk/2007 - 01/31/content_ 513448. htm，2007 年 1 月 22 日［2020 - 05 - 08］。

中华人民共和国中央人民政府：《教育部 财政部关于实施"中小学教师国家级培训计划"的通知》，http：//www. gov. cn/zwgk/2010 - 06/30/content_ 1642031. htm，2010 年 6 月 11 日［2020 - 05 - 08］。

中华人民共和国中央人民政府：《教育部关于大力推进师范生实习支教工作的意见》，http：//www. gov. cn/zwgk/2007 - 07/11/content_ 680592. htm，2007 年 7 月 5 日［2020 - 05 - 08］。

中华人民共和国中央人民政府：《教育部关于加快推进全国教师教育网络联盟计划组织开展新一轮中小学教师全员培训的意见》，http：//www. moe. gov. cn/srcsite/A10/s7058/200409/t20040907_ 81254. html，2004 年 9 月 7 日［2020 - 05 - 08］。

中华人民共和国中央人民政府：《教育部关于印发〈国家教育事业发展第十二个五年规划〉的通知》，http：//www. gov. cn/gongbao/content/2012/content_ 2238967. htm，2012 年 6 月 14 日［2020 - 05 - 08］。

中华人民共和国中央人民政府：《教育部关于印发〈基础教育课程改革纲要（试行）〉的通知》，http：//www. gov. cn/gongbao/content/2002/content_ 61386. htm，2001 年 6 月 8 日［2020 - 05 - 08］。

中华人民共和国中央人民政府：《教育部关于印发〈普通高等学校思想政治理论课教师队伍培养规划（2019—2023 年）〉的通知》，http：//www. gov. cn/xinwen/2019 - 04/29/content_ 5387361. htm，2019 年 4 月 17 日［2020 - 05 - 08］。

中华人民共和国中央人民政府：《教育部 国家发展改革委 财政部关于深化教师教育改革的意见》，http：//www. gov. cn/zwgk/2012 - 12/13/content_ 2289684. htm，2012 年 9 月 6 日［2020 - 05 - 08］。

中华人民共和国中央人民政府：《教育部 国家计委 财政部关于 2001 年高等学校招生收费工作有关问题的通知》，http：//www. gov. cn/gongbao/content/2001/content_ 60735. htm，2001 年 2 月 12 日［2020 - 05 - 08］。

中华人民共和国中央人民政府：《教育部日前启动实施"教师教育创新平台项目

计划"》，http：//www. gov. cn/gzdt/2009 - 06/12/content_ 1338691. htm，2009年 6 月 12 日［2020 - 05 - 08］。

中华人民共和国中央人民政府：《习近平出席全国教育大会并发表重要讲话》，http：//www. gov. cn/xinwen/2018 - 09/10/content_ 5320835. htm，2018 年 9 月 10 日［2020 - 05 - 08］。

中华人民共和国中央人民政府：《习近平主持召开学校思想政治理论课教师座谈会》，http：//www. gov. cn/xinwen/2019 - 03/18/content_ 5374831. htm，2019 年 3 月 18 日［2020 - 05 - 08］。

中华人民共和国中央人民政府：《中共中央办公厅 国务院办公厅印发〈关于深化新时代学校思想政治理论课改革创新的若干意见〉》，http：//www. gov. cn/zhengce/2019 - 08/14/content_ 5421252. htm，2019 年 8 月 14 日［2020 - 05 - 08］。

中华人民共和国中央人民政府：《中共中央 国务院关于全面深化新时代教师队伍建设改革的意见》，http：//www. gov. cn/zhengce/2018 - 01/31/content_ 5262659. htm，2018 年 1 月 20 日［2020 - 05 - 08］。

中华人民共和国中央人民政府：《中共中央 国务院关于推进社会主义新农村建设的若干意见》，http：//www. gov. cn/test/2008 - 08/20/content_ 1075348_ 2. htm，2005 年 12 月 31 日［2020 - 05 - 08］。

中华人民共和国中央人民政府：《中共中央 国务院印发〈关于加强和改进新形势下高校思想政治工作的意见〉》，http：//www. gov. cn/xinwen/2017 - 02/27/content_ 5182502. htm，2017 年 2 月 27 日［2020 - 05 - 08］。

中华人民共和国中央人民政府：《中共中央 国务院印发〈新时代爱国主义教育实施纲要〉》，http：//www. gov. cn/zhengce/2019 - 11/12/content_ 5451352. htm，2019 年 11 月 12 日［2020 - 05 - 08］。

中华人民共和国中央人民政府：《中华人民共和国教师法》，http：//www. gov. cn/banshi/2005 - 05/25/content_ 937. htm，1993 年 10 月 31 日［2020 - 05 - 08］。

四　学位论文

曹彦杰：《师范为何下乡：民国时期乡村师范教育的兴起》，博士学位论文，华东师范大学，2018 年。

陈海燕：《同文馆外语人才培养困境与破解途径的研究》，博士学位论文，北京外国语大学，2015 年。

霍东娇：《中国百年师范教育制度变迁研究》，博士学位论文，东北师范大学，2018 年。

李庆刚：《"大跃进"时期"教育革命"研究》，博士学位论文，中共中央党校，2002 年。

刘清华：《教师知识的模型建构研究》，博士学位论文，西南师范大学，2004年。
苏刚：《民国时期乡村师范教育制度变迁研究》，博士学位论文，东北师范大学，2015年。
曾能建：《福建中小学教师教育发展研究（1949—2009）》，博士学位论文，福建师范大学，2010年。

五　析出文献

（唐）韩愈：《师说》，载《韩愈集》，严昌校点，岳麓书社2000年版。
（唐）韩愈：《原道》，载《韩愈集》，严昌校点，岳麓书社2000年版。
（宋）李觏：《广潜书十五篇》，载（宋）李觏《李觏集》，中华书局1981年版。
（清）黄宗羲：《续师说》，载陈乃乾编《黄梨洲文集》，中华书局1959年版。
（清）李塨：《颜习斋先生年谱（节选）》，载陈山榜编《颜李学派教育论著选》，人民教育出版社2015年版。
（清）颜元：《存学编·学辨一》，载《颜元文集》上，河北教育出版社2009年版。
戴伯韬编：《中等教育组总结节录》，载戴伯韬编《解放战争初期苏皖边区教育》，人民教育出版社1982年版。
《当代中国》丛书教育卷编辑室编：《教育部关于颁发高等师范学校教学计划（草案）的通知》，载《当代中国》丛书教育卷编辑室编《当代中国高等师范教育资料选》上册，华东师范大学出版社1986年版。
《当代中国》丛书教育卷编辑室编：《师范学院教学计划（草案）》，载《当代中国》丛书教育卷编辑室编《当代中国高等师范教育资料选》上册，华东师范大学出版社1986年版。
邓颖超：《我们对于战时妇女工作的意见》，载中华全国妇女联合会编《蔡畅 邓颖超 康克清妇女解放问题文选》，人民出版社1983年版。
顾明远：《论教师教育的开放性》，载顾明远《教育：传统与变革》，人民教育出版社2004年版。
江苏省档案馆、中共江西省委党校党史教研室选编：《中华苏维埃共和国中央执行委员会与人民委员会对第二次全国苏维埃代表大会的报告》，载江苏省档案馆、中共江西省委党校党史教研室选编《中央革命根据地史料选编》下，江西人民出版社1982年版。
教育部教育年鉴编撰委员会：《战后各省市五年师范教育实施方案》，载教育部教育年鉴编撰委员会编《第二次中国教育年鉴》，商务印书馆1948年版。
康有为：《应诏统筹全局折》，载（清）朱寿朋编《光绪朝东华录》第4册，张静庐等校点，中华书局1958年版。
梁启超：《变法通议·论变法不知本源之害》，载易鑫鼎编《梁启超选集》上卷，中国文联出版社 2006 年版。
辽宁教育科学研究所编：《东北区师范学校暂行实施办法（草案）》，载辽宁教育科学研究所编《东北解放区教育资料选编》，教育科学出版社 1983 年版。
毛泽东：《童子团》，载《毛泽东农村调查文集》，人民教育出版社 1982 年版。
盛宣怀：《盛宣怀上李鸿章禀》，载陈旭麓、顾廷龙、汪熙主编《盛宣怀档案资料选辑之二　湖北开采煤铁总局·荆门矿务总局》。
盛宣怀：《致五亩园学堂谢家福函》，载夏东元编著《盛宣怀年谱长编》下册，上海交通大学出版社 2004 年版。
苏林、张贵新主编：《国家教育委员会关于颁发〈三年制中等幼儿师范学校教学方案（试行）〉的通知》，载苏林、张贵新主编《中国师范教育十五年》，东北师范大学出版社 1996 年版。
苏林、张贵新主编：《国家教育委员会关于下发〈大学专科程度小学教师培养课程方案（试行）〉的通知》，载苏林、张贵新主编《中国师范教育十五年》，东北师范大学出版社 1996 年版。
王筠：《教童子法》，载璩鑫圭主编《鸦片战争时期教育》，陈元晖主编《中国近代教育史资料汇编》，上海教育出版社 2007 年版。
萧垠：《晏阳初的农村教育思想与实验方法的现实意义》，载宋恩荣主编《教育与社会发展——晏阳初思想国际学术研讨会论文集》，湖南教育出版社 1991 年版。
徐特立：《给湖南省幼儿师范学校的一封信》，载中央教育科学研究所编《徐特立教育文集》，人民教育出版社 1986 年版。
晏阳初：《九十自述》，载宋恩荣主编《晏阳初全集：全 4 册》，天津教育出版社 2013 年版。
晏阳初：《平民教育新运动》，载宋恩荣主编《晏阳初全集：全 4 册》，天津教育出版社 2013 年版。
余家菊：《乡村教育的危机》，载余子侠、郑刚编《中国近代思想家文库·余家菊卷》，中国人民大学出版社，2013 年版。
余家菊：《乡村教育运动的含义和方向》，载余子侠、郑刚编《中国近代思想家文库·余家菊卷》，中国人民大学出版社 2013 年版。
俞庆棠：《努力推进民众教育，加强抗战力量》，载茅仲英、唐孝纯编《俞庆棠教育论著选》，人民教育出版社 1992 年版。
张謇：《师范学校开校演说》，载沈行恬编注《张謇教育文论选注》，南京大学出版社 2016 年版。
张謇：《通州师范学校议》，载沈行恬编注《张謇教育文论选注》，南京大学出版社 2016 年版。
张宗麟：《现行的乡村师范课程》，载张泸编《张宗麟乡村教育论集》，湖南教育出版社 1987 年版。

钟启泉选编：《关于教育改革的第二次咨询报告》，载钟启泉选编《日本教育改革》，瞿葆奎主编《教育学文集》，人民教育出版社1991年版。

周扬、郭青平、吕良：《边区国防教育的方针与实施办法》，载陕西师范大学教育研究所编《陕甘宁边区教育资料·教育方针政策部分》上册，教育科学出版社1981年版。

［美］希尔达·博尔科、［美］珍妮弗·A.惠特科姆、［美］凯瑟琳·伯恩斯：《教师教育研究的类型》，载［美］玛丽莲·科克伦-史密斯、［美］沙伦·费曼-尼姆塞尔、［美］D.约翰·麦金太尔主编《教师教育研究手册：变革中的永恒问题》（第三版），范国睿等译，华东师范大学出版社2017年版。

［美］刘易斯：《价值判断和事实判断》，载《刘易斯文选》，李国山等编译，社会科学文献出版社2007年版。

［美］欧内斯特·波伊尔：《学术水平反思——教授工作的重点领域》，载国家教育发展研究中心编《发达国家教育改革的动向和趋势——美国、日本、英国、联邦德国、俄罗斯教育改革文件和报告选编》，人民教育出版社1994年版。

［苏联］列宁：《给喀普里党校学员尤利、万尼亚、萨维里、伊万、弗拉基米尔、斯塔尼斯拉夫和弗马诸同志的信》，载《列宁全集》第15卷，人民出版社1959年版。

六　其他

教育部教师工作司　教育部高等教育教学评估中心：《普通高等学校师范类专业认证工作指南（试行）》，2018年6月。

英文参考文献
一　专著

B. Othanel Smith, *Fundamentals of Curriculum Development*, New York: World Book Company, 1957.

Carl R. Rogers, *On Becoming a Person: A Therapist's View of Psychotherapy*, Boston: Houghton Mifflin Company, 1961.

Carter V. Good and Phil D. Kappa, *Dictionary of Education*, New York: McGraw-Hill Book Company, Inc., 1973.

Christopher J. Lucas, *Teacher Education in America: Reform Agendas for the Twenty-First Century*, New York: St. Mantin's Press, 1999.

Clive Beck and Clare Kosnik, *Innovations in Teacher Education: A Social Constructivist Approach*, Albany: State University of New York Press, 2006.

C. R. Kothari, *Research Methodology: Methods and Techniques*, New Delhi: New Age International (P) Ltd., Publishers, 2004.

Dennis Sparks, *Designing Powerful Professional Development for Teachers and Principals*. Oxford: National Staff Development Council, 2002.

Donald A. Schön, *The Reflective Practitioner: How Professions Think in Action*, New York: Basic Books, 1983.

Etienne Wenger, *Communities of Practice: Learning, Meaning, and Identity*, New York: Cambridge University Press, 1998.

Harold O. Rugg, *Foundations for American Education*, New York: World Book Company, 1947.

Jean Lave and Etienne Wenger, *Situated Learning: Legitimate Peripheral Participation*, Cambridge: Cambridge University Press, 1991.

John Dewey, *Democracy and Education*, New York: Macmillan Publishing Company, Inc., 1916.

John W. Creswell, *Research Design: Qualitative, Quantitative, and Mixed Methods Approaches* (3rd ed.), California: SAGE Publications, Inc., 2009.

Jürgen Habermas, *Knowledge and Human Interests*, translated by Jeremy J. Shapiro, Boston: Beacon Press, 1971.

Jürgen Habermas, *On the Logic of the Social Sciences*, translated by Shierry Weber Nicholsen and Jerry A. Stark, Cambridge and Massachusetts: The MIT Press, 1998.

Jürgen Habermas, *Theory and Practice*, translated by John Viertel, Boston: Beacon Press, 1974.

Louis Cohen, Lawrence Manion and Keith Morrison, *Research Methods in Education*, New York: Routledge, 2007.

Michael F. D. Yong, *Knowledge and Control: New Directions for Sociology of Education*, London: Collier Macmillan, 1971.

Michael J. Wallace, *Training Foreign Language Teachers: A Reflective Approach*, Cambridge: Cambridge University Press, 1991.

Michael Polanyi, *Personal Knowledge: Toward a Post-Critical Philosophy*, London and Henley: Routlege and Kegan Raul Ltd., 1958.

Michael Polanyi, *The Tacit Dimension*, Chicago and London: University of Chicago Press, 1966.

Michael S. Lewis-Beck, Alan Bryman and Tim Futing Liao eds., *The SAGE Encyclopedia of Social Science Research Method*, California: SAGE Publication, Inc., 2004.

Norman K. Denzin and Yvonna S. Lincoln, eds., *The SAGE Handbook of Qualitative Research* (Fifth Edition), California: SAGE Publications, Inc., 2018.

Raymond Williams, *Marxism and Literature*, Oxford and New York: Oxford University

Press, 1977.

Ronald C. Doll, *Curriculum Improvement*. Berkshire: NFER Public. Company, 1978.

Sharan B. Merriam, *Qualitative Research: A Guide to Design and Implementation*, San Francisco: Jossey-Bass, A Willy Imprint, 2009.

Thomas S. Kuhn, *The Structure of Scientific Revolutions*, Chicago: University of Chicago Press, 1962.

Thomas S. Popkewitz, *Paradigm and Ideology in Educational Research*, London and New York: The Falmer Press, 1984.

二 学术论文

Alan R. Tom, "Teaching as a Moral Craft: A Metaphor for Teaching and Teacher Education", *Curriculum Inquiry*, Vol. 10, No. 3, December 1980.

Aldrin E. Sweeney, "Incorporating Multicultural and Science Technology-Society Issues into Science Teacher Education Courses: Successes, Challenges and Possibilities", *Journal of Science Teacher Education*, Vol. 12, No. 1, February 2001.

Alexander M. Sidorkin, "On the Essence of Education", *Studies in Philosophy and Education*, Vol. 30, No. 5, June 2011.

Ana Maria Villegas and Tamara Lucas, "Preparing Culturally Responsive Teachers: Rethinking the Curriculum", *Journal of Teacher Education*, Vol. 53, No. 1, January/February 2002.

Angel Kit-yi Wong, Kwok-wai Chan and Po-yin Lai, "Revisiting the Relationships of Epistemological Beliefs and Conceptions About Teaching and Learning of Pre-Service Teachers in Hong Kong", *Asia-Pacific Education Researcher*, Vol. 18, No. 1, June 2009.

Anita Woolfolk Hoy, "Educational Psychology in Teacher Education", *Educational Psychologist*, Vol. 35, No. 4, December 2000.

Anne Reynolds, "What is Competent Beginning Teaching? A Review of the Literature", *Review of Educational Research*, Vol. 62, No. 1, March 1992.

Auli Toom et al., "Experiences of A Research-Based Approach to Teacher Education: Suggestions for Future Policies", *European Journal of Education*, Vol. 45, No. 2, April 2010.

Carl A. Grant, "Best Practices in Teacher Preparation for Urban Schools: Lessons from the Multicultural Teacher Education Literature", *Action in Teacher Education*, Vol. 16, No. 3, September 1994.

Catherine D. Ennis, Leslie K. Mueller and Linda. M. Hooper, "The Influence of Teacher Value Orientations on Curriculum Planning Within the Parameters of a Theoretical

Framework", *Research Quarterly for Exercise and Sport*, Vol. 61, No. 4, October 1990.

Catherine D. Ennis, "The Influence of Value Orientations in Curriculum Decision Making", *Quest*, Vol. 44, No. 3, September 1992.

Chang Zhu and Wang Di, "Key Competencies and Characteristics for Innovative Teaching Among Secondary School Teachers: A Mixed-Methods Research", *Asia Pacific Education Review*, Vol. 15, No. 2, February 2014.

Christine Hall and Renate Schulz, "Tensions in Teaching and Teacher Education: Professionalism and Professionalisation in England and Canada", *Compare: A Journal of Comparative and International Education*, Vol. 33, No. 3, September 2003.

Connelly, F. Michael, Clandinin, D. Jean, and He, Ming Fang, "Teacher's Personal Practical Knowledge on the Professional Knowledge Landscape", *Teaching and Teacher Education*, Vol. 13, No. 7, October 1997.

Dekun Sun, "'Everything Goes Smoothly': A Case Study of an Immigrant Chinese Language Teacher's Personal Practical Knowledge", *Teaching and Teacher Education*, Vol. 28, No. 5, July 2012.

Denis Lawton, "Class, Language and Learning", *Mental Health*, Vol. 26, No. 6, December 1967.

D. Hogben, "The Behavioral Objectives Approach: Some Problems and Some Dangers", *Journal of Curriculum Studies*, Vol. 4, No. 1, May 1972.

Edward Terhart, "Formalised Codes of Ethics for Teachers: Between Professional Autonomy and Administrative Control", *European Journal of Education*, Vol. 33, No. 4, December 1998.

Fuad Jamour, Spiro Skiadopoulos and Panos Kalnis, "Parallel Algorithm for Incremental Betweenness Centrality on Large Graphs", *IEEE Transactions on Parallel and Distributed Systems*, Vol. 29, No. 3, March 2018.

Gail McCutcheon, "Whatin the World is Curriculum Theory?", *Theory into Practice*, Vol. 21, No. 1, February 1982.

George J. Posner, "The Extensiveness of Curriculum Structure: A Conceptual Scheme", *Review of Educational Research*, Vol. 44, No. 4, November 1974.

Guoyuan Sang, et al., "Exploring the Educational Beliefs of Primary Education Student Teachers in the Chinese Context", *Asia Pacific Education Review*, Vol. 13, No. 3, September 2012.

Helen Harrington, "Teaching and Knowing", *Journal of Teacher Education*, Vol. 45, No. 3, May-June 1994.

Jack C. Richards, "Second Language Teacher Education Today", *RELC Journal*,

Vol. 39, No. 2, July 2008.

James A. Banks, "Citizenship Education and Diversity: Implications for Teacher Education", *Journal of Teacher Education*, Vol. 52, No. 1, January 2001.

James B. MacDonald, "How Literal is Curriculum Theory?", *Theory into Practice*, Vol. 21, No. 1, March 1982.

Jan H Van Driel, Douwe Beijaard and Nico Verloop, "Professional Development and Reform in Science Education: The Role of Teachers' Practical Knowledge", *Journal of Research in Science Teaching*, Vol. 38, No. 2, February 2001.

Janet S. Stuart and María Teresa Tatto, "Designs for Initial Teacher Preparation Programs: An International View", *International Journal of Educational Research*, Vol. 33, No. 5, December 2000.

Jari Lavonen and Seppo Laaksonen, "Context of Teaching and Learning School Science in Finland: Reflections on PISA 2006 Results", *Journal of Research in Science Teaching*, Vol. 46, No. 8, August 2009.

Jing Li and Cheryl J. Craig, "A Narrative Inquiry into a Rural Teacher's Emotions and Identities in China: Through a Teacher Knowledge Community Lens", *Teachers and Teaching*, (August 2019), doi: 10. 1080/135 40602. 2019. 1652159.

Jing Li, Xiaohong Yang and Cheryl J. Craig, "A Narrative Inquiry into the Fostering of a Teacher-Principal's Best-Loved Self in an Online Teacher Community in China", *Journal of Education for Teaching*, Vol. 45, No. 3, April 2019.

John Chi-Kin Lee, et al., "Effects of Epistemological and Pedagogical Beliefs on the Instructional Practices of Teachers: A Chinese Perspective", *Australian Journal of Teacher Education*, Vol. 38, No. 12, December 2013.

Joseph J. Schwab, "Eros and Education: A Discussion of One Aspect of Discussion", *The Journal of General Education*, Vol. 8, No. 1, October 1954.

Joseph J. Schwab, "The Practical 3: Translation into Curriculum", *The School Review*, Vol. 81, No. 4, August 1973.

Juyan Ye, Xudong Zhu and Leislie N. K. Lo, "Reform of Teacher Education in China: A Survey of Policies for Systemic Change", *Teachers and Teaching*, Vol. 25, (July 2019), https: //doi. org/10. 1080/13540602. 2019. 163 9498.

Kwok-wai Chan, "Preservice Teacher Education Students' Epistemological Beliefs and Conceptions About Learning", *Instructional Science*, Vol. 39, No. 1, January 2011.

Kwok-wai Chan, "The Role of Epistemological Beliefs in Hong Kong Preservice Teachers' Learning", *Asia-Pacific Education Researcher*, Vol. 19, No. 1, February 2010.

Lawrence Kohlberg and Rochelle Mayer, "Development as The Aim of Education", *Harvard Educational Review*, Vol. 42, No. 4, Novermber 1972.

Lee. S. Shulman, "Knowledge and Teaching: Foundations of the New Reform", *Harvard Educational Review*, Vol. 57, No. 3, February 1987.

Lidna Valli and Peter Rennert-Arivs, "New Standards and Assessment. Curriculum Transformation in Teacher Education", *Curriculum Studies*, Vol. 34, No. 2, March 2002.

Linda Valli, "Listening to Other Voices: A Description of Teacher Reflection in the United States", *Peabody Journal of Education*, Vol. 72, No. 1, January 1997.

Maryilynne Boyle-Baise, "Community Service Learning for Multicultural Teacher Education", *Equity & Excellence in Education*, Vol. 31, No. 2, October 1998.

Matthew Koehler and Punya Mishra, "What is Technological Pedagogical Content Knowledge (TPACK)?", *Contemporary Issues in Technology and Teacher Education*, Vol. 9, No. 1, March 2009.

Michael W. Apple, "Power, Meaning and Identity: Critical Sociology of Education in the United States", *British Journal of Sociology of Education*, Vol. 17, No. 2, April 1996.

Mirka Hintsanen, et al., "Associationsof Temperament Traits and Mathematics Grades in Adolescents Are Dependent on the Rater but Independent of Motivation and Cognitive Ability", *Learning and Individual Differences*, Vol. 22, No. 4, August 2012.

Morwenna Griffiths and Sarah Tann, "Using Reflective Practice to Link Personal and Public Theories", *Journal of Education for Teaching*, Vol. 18, No. 1, January 1992.

Nancy L. Zimpher and Elizabeth A. Ashburn, "Studying the Professional Development of Teachers: How Conceptions of the World Inform the Research Agenda", *Journal of Teacher Education*, Vol. 36, No. 6, December 1985.

Neville Hatton and David Smith, "Reflection in Teacher Education: Towards Definition and Implementation", *Teaching and Teacher Education*, Vol. 11, No. 1, January 1995.

Olatz Lopez-Fernandez and Jose F. Molina-Azorin, "The Use of Mixed Methods Research in the Field of Behavioural Sciences", *Quality and Quantity*, Vol. 45, No. 6, October 2011.

Parviz Maftoon, "A Critical Look at Different Classifications of Curriculum Principles: The Influence on Enhancing Learners' Autonomy", *International Journal of Applied Linguistics and English Literature (IJALEL)*, Vol. 1, No. 6, November 2012.

Patrick Doreian and Thomas J. Fararo, "Structural Equivalence in a Journal Network", *Journal of the American Society for Information Science*, Vol. 36, No. 1, January 1985.

Peter A. Cooper, "Paradigm Shifts in Designed Instruction: From Behaviorism to Cognitivism to Constructivism", *Educational Technology*, Vol. 33, No. 5, May 1993.

Peter H. Koehn and James N. Rosenau, "Transnational Competence in an Emergent Epoch", *International Studies Perspectives*, Vol. 3, No. 2, December 2002.

Phillip Ward, et al. , "Chinese Secondary Physical Education Teachers' Depth of Specialized Content Knowledge in Soccer", *Journal of Teaching in Physical Education*, Vol. 37, No. 1, Qctober 2018.

Pinchas Tamir, "Subject Matter and Related Pedagogical Knowledge in Teacher Education", *Teaching and Teacher Education*, Vol. 4, No. 2, December 1988.

Richard D. Kinpston, Howard Y. Williams and William S. Stockton, "Ways of Knowing and the Curriculum", *The Educational Forum*, Vol. 56. No. 2, February 1992.

Richard J. Shavelson and Paula Stem, "Research on Teachers' Pedagogical Thoughts, Judgments, Decisions, and Behavior", *Review of Educational Research*, Vol. 51, No. 4, December 1981.

Richard W. Burns and Gary D. Brooks, "Process, Problem Solving and Curriculum Reform", *Educational Technology*, Vol. 10, No. 5, May 1970.

Risto Rinne, Joel Kivirauma and Hannu Simola, "Shoots of Revisionist 1 Education Policy or Just Slow Readjustment? The Finnish Case of Educational Reconstruction", *Journal of Education Policy*, Vol. 17, No. 6, November 2002.

Robert B. Barr and John Tagg, "From Teaching to Learning-A New Paradigm for Undergraduate Education", *Change: The Magazine of Higher Learning*, Vol. 27, No. 6, November 1995.

Rod Chadbourne, "Teacher Education in Australia: What Difference Does a New Government Make", *Journal of Education for Teaching*, Vol. 23, No. 1, January 1997.

Rui Yuan, "Appropriating National Curriculum Standards in Classroom Teaching: Experiences of Novice Language Teachers in China", *International Journal of Educational Research*, Vol. 83, December 2017.

Rui Yuan, "Exploring Pre-Service School Counselling Teachers' Learning Needs: Perceptions of Teacher Educators and Student-Teachers", *Journal of Education for Teaching*, Vol. 43, No. 4, June 2017.

Ruth C. West, "Is a New Paradigm in Teacher Education Possible," *The Educational Forum*, Vol. 50, No. 4, August 1986.

Satu Uusiautti and Kaarina Määttä, "Significant Trends in the Development of Finnish Teacher Education Programs (1860 – 2010)", *Education Policy Analysis Archives*, Vol. 21, No. 59, July 2013.

Sherri Gibson and Myron H. Dembo, "Teacher Efficacy: A Construct Validation", *Journal of Educational Psychology*, Vol. 76, No. 4, August 1984.

Shih-Hsien Yang, "Narrative of a Cross-Cultural Language Teaching Experience: Conflicts Between Theory and Practice", *Teaching and Teacher Education*, Vol. 24, No. 6, August 2008.

Stephan Dutke, Manfred Holodynski and Elmar Souvignier, "What Psychology can Contribute to Contemporary Teacher Education: Basic Concepts and Exemplary Implementations", *Pedagogika*, Vol. 68, No. 4, January 2018.

Thomas DeiBinger, Robin Heine and Mariska Ott, "The Dominance of Apprenticeships in the German VET System and Its Implications for Europeanisation: A Comparative View in the Context of the EQF and the European LLL Strategy", *Journal of Vocational Education and Training*, Vol. 63, No. 3, September 2011.

Thomas S. Popkewitz, B. Robert Tabachnick and Kenneth M. Zeichner, "Dulling the Senses: Research in Teacher Education", *Journal of Teacher Education*, Vol. 30, No. 5, October 1979.

Virginia Richardson, "From Behaviorism to Constructivism in Teacher Education", *Teacher Education and Special Education*, Vol. 19, No. 3, July 1996

Weiping Wang, "Evaluation of 2 + 2 Alternative Teacher Performance Appraisal Program in Shanxi, People's Republic of China", *Teaching and Teacher Education*, Vol. 23, No. 7, October 2007.

Westbury Ian and Steimer William, "Curriculum: A Discipline in Search of Its Problems", *The School Review*, Vol. 79, No. 2, February 1971.

Xi Xiong and Cher Lim, "Curriculum Leadership and the Development of ICT in Education Competencies of Pre-service Teachers in South China", *The Asia-Pacific Education Researcher*, Vol. 24, No. 3, May 2015.

Yan Wang and Guanglun Michael Mu, "Revisiting the Trajectories of Special Teacher Education in China Through Policy and Practice, International Journal of Disability", *Development and Education*, Vol. 61, No. 4, October 2014.

Yongcan Liu, "The Social Organisation of Talk-in-Interaction at Work in a Language Teacher Professional Community", *Learning Culture and Social Interaction*, Vol. 2, No. 3, September 2013.

Zan Chen and Christine Goh, "Teaching Oral English in Higher Education: Challenges to EFL Teachers", *Teaching in Higher Education*, Vol. 16, No. 3, June 2011.

Zhiwen Hu and Ian McGrath, "Innovation in Higher Education in China: Are Teachers Ready to Integrate ICT in English Language Teaching?", *Technology, Pedagogy and Education*, Vol. 20, No. 2, March 2011.

Zhou Jun, "Teacher Education Changes in China: 1974 – 2014", *Journal of Education for Teaching*, Vol. 40, No. 5, October 2014.

Zongyi Deng and S. Gopinathan, "Continuity and Change in Conceptual Orientations for Teacher Preparation in Singapore: Challenging Teacher Preparation as Training", *Asia-Pacific Journal of Teacher Education*. Vol. 31, No. 1, March 2003.

三 析出文献

Bruce Torff, "Tacit Knowledge in Teaching: Folk Pedagogy and Teacher Education", in Robert J. Sternberg and Joseph A. Horvath eds. , *Tacit Knowledge in Professional Practice: Researcher and Practitioner Perspectives*, Mahwah: Lawrence Erlbaum Associates, 1999.

Chris Dede, "Theoretical Perspectives Influencing the Use of Information Technology in Teaching and Learning", in Joke Voogt and Gerald Knezek eds. , *International Handbook of Information Technology in Primary and Secondary Education*, New York: Springer, 2008.

Joel Westheimer and Karen Emily Suurtamm, "The Politics of Social Justice Meets Practice: Teacher Education and Social Change", in William Ayers, Therese Quinn and David Stovall eds. , *Handbook of Social Justice in Education*, New York: Routledge, 2009.

Sharon Feiman-Nemser, "Teacher Preparation: Structural and Conceptual Alternative", in W. R. Houston, M. Haberman and J. Sikula eds. , *Handbook of Research on Teacher Education*. New York: Macmillan Publishing Company, 1990.

Vanessa P. Dennen and Kerry J. Burner, "The Cognitive Apprenticeship Model in Educational Practice", in J. Micheal Spector, M. David Merrill, Jeroen Van Merrienboer and Marcy P. Driscoll eds. , *Handbook of Research on Educational Communications and Technology*, New York: Taylor and Francis Group, 2008.

Virginia Richardson, "Constructivist Teaching and Teacher Education: Theory and Practice", in Virginia Richardson ed. , *Constructivist Teacher Education: Building New Understandings*, London and Washington, D. C. : The Falmer Press, 1997.

Watts Doyle, "Themes in Teacher Education Research", in W. R. Houston, M. Haberman and J. Sikula eds. , *Handbook of Research on Teacher Education*. New York: Macmillan Publishing Company, 1990.

Watts Doyle, "Themes in Teacher Education Research", in W. R. Houston, M. Haberman and J. Sikula eds. , *Handbook of Research on Teacher Education*. New York: Macmillan, 1990.

索　引

B

办学主体　148
北洋女子师范学堂　423
标准本位课程范式　593

C

程颢　71
存在主义　562

D

导生制　5
道德教育　43
敌后抗日民主根据地　466
调查研究方法　810
董仲舒　58
多阶段评估混合研究方法　824
多元融合本位　586

E

二级型态比较　805

F

反思教学　26
反思实践型教师教育　3
方法型态分布　793
方法选择　706
非实证研究型态　786
芬兰教师教育课程范式　601
符号范式　780

复辟教育　404

G

改革　6
岗前培训　514
个案研究方法　810
个人实践知识　763
国际比较研究　706
"国培计划"　102
"国培计划"课程标准　320

H

韩愈　65
混合研究方法　723
混合研究方法比较　829
"活教育"　30

J

技术本位范式　611
技术范式　133
技术兴趣　779
价值　11
建构主义　3
匠才型教师教育　3
教师教育本体研究　750
教师教育法制化　514
教师教育课程标准　84
教师教育课程的价值　538
教师教育内涵式发展　332
教师教育史研究　743

教师教育学科研究　750
教师培训　5
教师知识　13
教师专业标准　88
教师资格认定制度　372
教师资格认证　16
"教学做合一"　30
教育课程价值取向　538
教育研究的范式　706
教育研究方法谱系图　792
教育研究型态　783
教育政策　2
解放区师范教育政策　480
解放兴趣　779
解释范式　781
解释性混合研究方法　824
解释主义　23
京师大学堂　146
京师大学堂师范馆　194
京师同文馆　146
聚敛式混合研究方法　812

K

课程　2
课程范式　537
课程价值　538
课程结构　20
课程类型　541
课程理论　540
课程目标　96
课程内容　20
课程评价　20
课程设计维度　542
课程设置　11
课程资源　101
孔子　42
跨学科方法互动　842
跨学科技术耦合　843

L

《礼记·学记》　42
理论研究　90
量化调查研究方法　812
量化研究方法比较　827
柳宗元　65

M

美国教师教育课程范式　583
蒙学教育　162
孟子　42
民国女子高等师范教育　249
民国乡村师范教育　146
民国综合性大学教师教育　146
民众教育　9
民族志研究方法　821

N

南洋公学　146
南洋公学师范院　180
能力本位范式　581

P

批判范式　780
平民教育运动计划　7
普通高等师范教育　146
普通高等学校师范类专业认证　18

Q

期刊共被引分析　714
期刊论文发表时间分布　727
情境知识　36

R

热点范畴　706
人本价值取向　555
人本主义　133
"壬戌学制"　205

壬子·癸丑学制　205
认识论信念　715
认识兴趣　778
认知主义　82
日本教师教育课程范式　569

S

三级培养　320
"三民主义"师范教育　446
陕甘宁边区　253
上海南洋公学　180
社会环境　28
社会价值取向　556
社会建构主义教师教育　3
生态整合价值取向　558
盛宣怀　180
师范大学　4
师范类专业认证　18
师范生公费教育　146
师范生免费教育　141
师范生免费教育政策　338
"师范性"　291
"师范性"与"学术性"之争　590
师范学院体制　237
师范院校结构布局　516
实践价值取向　554
实践兴趣　779
实验研究方法　142
实用主义　25
实证分析范式　780
实证研究方法　806
实证主义　11
书院　71
塾师　147
私塾　146
思辨研究　784
"四有"好老师标准　528
苏俄教师教育课程范式　577
苏区师范教育　262

苏区师范教育政策　269

T

探索性混合研究方法　812
特岗教师计划　320
特殊教师教育　763

W

王充　58
王守仁　75
文本分析方法　807
文化传统　148
文化价值取向　547
文化知识本位课程范式　569
文献来源期刊分布　712

X

现象学研究方法　819
乡村教师队伍发展　526
乡村教师支持计划　320
乡村师范教育政策　454
小学教育专业认证标准　384
校长专业标准　320
新时代教师师德师风建设　525
新时代思想政治理论课教师队伍建设　525
新中国高等师范教育　262
新中国幼儿师范教育　146
新中国中等师范教育　262
行为主义　12

X

徐干　63
徐遵明　64
叙事研究方法　811
学科本位范式　642
学前教育专业认证标准　392
学术本位范式　611
学术价值取向　551
"学术性"　291

荀子　42

Y

研究本位范式　612
研究热点　706
研究热点分布　757
研究型态比较　802
颜元　78
要素主义　11
一级型态比较　803
艺友制师范教育　8
应用科学型教师教育　3
应用型教师教育理论　2
英国教师教育课程范式　589
幼儿师范教育政策　505
元分析研究方法　808

Z

责任作者分布　716
扎根理论研究方法　823
知识价值取向　549
职业价值取向　552
质性研究　783
质性研究方法比较　828
中国教师教育研究　2
"中小学教师国家级培训计划"　346
中小学教师教育技术能力标准　89
中学教育专业认证标准　20
朱熹　48
主题选择　706
专业发展　12
专业角色　110
最佳自我　725